FUSSBALL LEXIKON

Bernd Rohr

FUSSBALL LEXIKON

Die große Fußball-Enzyklopädie

COPRESS SPORT

Mitautor der Vorauflagen
Günter Simon, Neu Fahrland

Neubearbeitung und Redaktion
Bernd Rohr, Leipzig

Titelbild
Sven Simon

Bildquellen
Embleme und Zeichnungen:
Stier, Harald; Leipzig
Weis, Matthias; Leipzig
Borleis, Jens; Leipzig
Junghanns, Birgit; Langenleuba
Zindler, Jochen; Leipzig
Fotos:
Zentralbild; Berlin
Almonat, H.; Berlin
Berndt, Johannes; Dresden
Beyer, Hanns Peter; Halle (Saale)
»Bild und News«, Zürich
Dallü, Frank; Leipzig
Deutsche Presseagentur; Frankfurt am Main
Dittrich, Heinz; Großpösna
Dressel, Manfred; Berlin
Eigler, Uwe (Archiv); Leipzig
Feuerherm, Klaus; Berlin
FIFA; Zürich
IFFHS; Wiesbaden
Franke, Bernd; Lugau
Gallus, Mike; München
Härtrich, Thomas; Leipzig
Höhne, Christoph; Berlin
Huba, Karl-Heinz (Fußball-Weltgeschichte, Ausgabe 2002; Archiv)
Jänicke, Klaus-Dieter; Dessau
Käpermann, Hans; Magdeburg
Kilian, Gert; Berlin
Kruczynski, Frank; Zwickau
Mallwitz, Wolfgang; Potsdam
Matischak-Werbung, Pressebilderdienst; Bremen
Mausolf, Winfried; Frankfurt (Oder)
Müller, Horst; Düsseldorf
Müller, Kurt; Warnemünde
Münchener Olympiapark GmbH
Österr. Fußball-Bund; Wien
Pressebildagentur Schirner; Düsseldorf
Rohr, Bernd; Leipzig
Rowell, Günther; Berlin
Schlage, Klaus; Berlin
Schmidt, Dieter; Erfurt
Pressefoto Nora Schuster; Wien
Schulz, Rainer; Rostock
Schulze, Werner; Berlin
Schweizer. Fußballverband; Bern
Simon, Günter (Archiv); Neu Fahrland
Simon, Sven; Essen, Werek
Foto Sündhofer; Wien
Stecher, W.; Rostock
Tretbar, Erika (Archiv); Leipzig
UEFA; Nyon
Van der Klooster, Piet; Rotterdam
Pressebildagentur VOTAVA; Wien
Wagner, Karl; Chemnitz
Wlocka, Lothar; Dresden

Bibliografische Information
Der Deutschen Bibliothek
Die Deutsche Bibliothek verzeichnet diese Publikation in der Deutschen Nationalbibliothek; detaillierte bibliografische Daten sind im Internet über http://dnb.ddb.de abrufbar.

Satz: bookwise, München,
in Zusammenarbeit mit Buchflink, Nördlingen
Projektmanagement/Herstellung:
Stiebner München
www.copress.de
Printed in Denmark
ISBN 3-7679-0942-1

Inhalt

Zu diesem Buch

Das Fußball-Lexikon ist ein Erfolgswerk, das seit Jahren einen großen Nutzerkreis erreicht und eine hohe Informationsfülle aufweist. Die lexikonübliche alphabetische Stichwortfolge sowie ein umfangreiches Verweissystem erleichtern dem Benutzer den schnellen Zugriff auf die von ihm gewünschte Information. Die vorliegende vierte Auflage wurde um ca.130 Seiten und 100 Bilder erweitert, sodass zusätzliche Stichwörter und aktuelle Entwicklungen im Fußball eingearbeitet werden konnten.

Der Text zeichnet sich durch hohe Allgemeinverständlichkeit und Sachbezogenheit aus. Um die zahlreichen Personenartikel visuell und inhaltlich etwas aufzulockern, wurden sie hier und da mit charakterisierenden Sprüchen und Aussagen der Betreffenden ergänzt. Darüber hinaus geben neu geschaffene Infokästchen bei ausgewählten Trainern übersichtlich Auskunft über deren Erfolgsstationen.

Das Fußball-Lexikon stellt in über 5 000 Stichwörtern alles vor, was im Fußball relevant ist: nationale und internationale Klubs und Vereine, Spieler, Trainer, Schiedsrichter, Funktionäre, Verbände und Wettbewerbe, außerdem Sachbegriffe und das gesamte Regelwerk. Zahlreiche Übersichten (z. B. europäische Landesmeister und Pokalsieger) vervollständigen das Werk.

Für Anregungen wären wir sehr dankbar, insbesondere für fundierte Hinweise bezüglich bislang fehlender Geburtsorte bei einigen Personen.

München und Leipzig, im Februar 2006 *Verlag und Autor*

Abkürzungen im Text

Abk.	Abkürzung
Bez.	Bezeichnung
CL	Champions League
Dép.	Département
d. h.	das heißt
dt.	deutsch
ebd.	ebenda
EC	European Cup [»Europapokal«]
EC I	1956–92 für Europapokal der Landesmeister
EC II	1961–99 für Europapokal der Pokalsieger
EC III	1972–99 für UEFA-Pokal
eigtl.	eigentlich
evtl.	eventuell
europ.	europäisch
frz.	französisch
gegr.	gegründet
LM	Landesmeister
min	Minute
österr.	österreichisch
Prov.	Provinz
PS	Pokalsieger
svw.	soviel wie
zw.	zwischen

Bei den Klubs und Vereinen sind in der Regel die Spieler und Trainer genannt, die einen eigenen Lexikonartikel haben. Aus Umfangsgründen werden nur bei den Trainern Erfolgsstationen aufgeführt.

Klubs und Vereine

Ägypten
Al-Ahly Kairo → Kairo [1]
Zamalek SC Kairo → Kairo [2]

Albanien
KS Teuta Durrës → Durrës, KS Teuta
KS Flamurtari → Flamurtari, KS
Vllaznia Shkodër → Shkodër, Vllaznia
Dinamo Tirana → Tirana [1]
Partizani Tirana → Tirana [2]
SK Tirana → Tirana [3]

Algerien
JE Tizi Ouzou → Tizi Ouzou, JE

Argentinien
Argentinos Juniors Buenos Aires → Buenos Aires [1]
Boca Juniors Buenos Aires → Buenos Aires [2]
Huracán Buenos Aires → Buenos Aires [3]
Independiente Buenos Aires → Buenos Aires [4]
Racing Club Buenos Aires → Buenos Aires [5]
River Plate Buenos Aires → Buenos Aires [6]
San Lorenzo de Almagro → Buenos Aires [7]
Vélez Sarsfield → Buenos Aires [8]
Estudiantes de La Plata → La Plata, Estudiantes de
Newell's Old Boys → Rosario [1]
Rosario Central → Rosario [2]

Armenien
MIKA Ashtarak → Ashtarak, MIKA
Ararat Jerewan → Jerewan [1]
Banants Jerewan → Jerewan [2]
Piunik Jerewan → Jerewan [3]

Aserbaidschan
Neftschi Baku → Baku, Neftschi

Australien
FC South Melbourne → South Melbourne, FC
FC Sydney → Sydney, FC

Boca Juniors gewinnt 2000 den Weltpokal.

Belgien
Antwerp FC → Antwerpen [1]
Beerschot VAC → Antwerpen [2]
GB Antwerpen → Antwerpen [3]
KSK Beveren → Beveren, KSK
Cercle Brügge → Brügge [1]
FC Brügge → Brügge [2]
FC Brüssel → Brüssel [1]
RSC Anderlecht → Brüssel [2]
Union St. Gilloise → Brüssel [3]
Sporting Charleroi → Charleroi, Sporting
KRC Genk → Genk, KRC
KAA Gent → Gent, KAA
KV Kortrijk → Kortrijk, KV
Lierse SK
SC Lokeren → Lokeren, SC
Standard Lüttich → Lüttich, Standard
KV Mechelen → Mechelen, KV
VV St. Truiden → St. Truiden, VV
KVC Westerlo → Westerlo, KVC
SV Zulte-Waregem → Zulte-Waregem, SV

Bolivien
The Strongest

Bosnien und Herzegowina
Borac Banja Luka → Banja Luka, Borac
Široki Brijeg → Brijeg, Široki
Velež Mostar → Mostar, Velež
FK Sarajevo → Sarajevo [1]
Zeljeznicar Sarajevo → Sarajevo [2]
Leotar Trebinje → Trebinje, Leotar
Čelik Zenica → Zenica, Čelik

Brasilien
EC Bahia Salvador → Bahia Salvador, EC
Atlético Mineiro Belo Horizonte → Belo Horizonte [1]
Cruzeiro Belo Horizonte → Belo Horizonte [2]
Grêmio Pôrto Alegre → Pôrto Alegre [1]
Internacional Pôrto Alegre → Pôrto Alegre [2]
Botafogo Rio de Janeiro → Rio de Janeiro [1]
Flamengo Rio de Janeiro → Rio de Janeiro [2]
Fluminense Rio de Janeiro → Rio de Janeiro [3]
Vasco da Gama Rio de Janeiro → Rio de Janeiro [4]
FC Santos → Santos, FC
Corinthians São Paulo → São Paulo [1]
FC São Paulo → São Paulo [2]
Palmeiras São Paulo → São Paulo [3]

Bulgarien
Nafteks Burgas → Burgas [1]
Tschernomoretz Burgas → Burgas [2]
Litex Lovetsch → Lovetsch, Litex
Botev Plovdiv → Plovdiv [1]
Lokomotive Plovdiv → Plovdiv [2]
Levski Sofia → Sofia [1]
Slavia Sofia → Sofia [2]
ZSKA Sofia → Sofia [3]
Spartak Varna → Varna, Spartak

Vor dem (Europa-)Supercup-Finale 1976 (RSC Anderlecht – FC Bayern München 4:1).

Chile
Colo Colo Santiago → Santiago [1]
Universidad Católica → Santiago [2]
Universidad de Chile → Santiago [3]

China
Shanghai Shenhua Top

Dänemark
Ålborg BK
Århus GF
Esbjerg fB
Herfølge BK
Køge BK
AB Kopenhagen → Kopenhagen [1]
B 1893 Kopenhagen → Kopenhagen [2]
B 1903 Kopenhagen → Kopenhagen [3]
Brøndby IF → Kopenhagen [4]
FC Kopenhagen → Kopenhagen [5]
Frem Kopenhagen → Kopenhagen [6]
Hvidovre IF → Kopenhagen [7]
KB Kopenhagen → Kopenhagen [8]
Lyngby FC → Kopenhagen [9]
FC Midtjylland → Midtjylland, FC
Odense BK
Silkeborg IF
Vejle BK
Viborg FF

Deutschland
Alemannia Aachen → Aachen, Alemannia
VfR Aalen → Aalen, VfR
LR Ahlen → Ahlen, LR
TSV Aindlingen → Aindlingen, TSV
SV Alsenborn → Alsenborn, SV
Motor Altenburg → Altenburg, Motor
Viktoria Aschaffenburg → Aschaffenburg, Viktoria
FC Erzgebirge Aue → Aue, FC Erzgebirge
FC Augsburg → Augsburg [1]
Schwaben Augsburg → Augsburg [2]
SV Babelsberg 03 → Babelsberg 03, SV
Eintracht Bad Kreuznach → Bad Kreuznach, Eintracht
SC Bad Neuenahr → Bad Neuenahr, SC
FV Bad Vilbel → Bad Vilbel, FV
KSV Baunatal → Baunatal, KSV
Budissa Bautzen → Bautzen, Budissa
SpVgg Bayreuth → Bayreuth, SpVgg
SSG Bergisch Gladbach → Bergisch Gladbach, SSG
Berliner FC Dynamo → Berlin [1]
BFC Germania 88 → Berlin [2]
1. FC Union Berlin → Berlin [3]
FC Vorwärts Berlin → Berlin [4]
Hertha BSC → Berlin [5]

Dortmunder Fans in der »Südkurve«.

Hertha 03 Zehlendorf → Berlin [6]
Reinickendorfer Füchse → Berlin [7]
SV Blau-Weiß → Berlin [8]
SV Tasmania Gropiusstadt 1973 → Berlin [9]
Tennis Borussia → Berlin [10]
Türkiyemspor Berlin → Berlin [11]
VfB Einheit »zu Pankow« → Berlin [12]
Bielefeld, Arminia → Bielefeld, Arminia
Hassia Bingen → Bingen, Hassia
Bischofswerdaer FV 08
Eintracht Bitterfeld → Bitterfeld, Eintracht
1. FC Bocholt → Bocholt, 1. FC
SG Wattenscheid 09 → Bochum [1]
VfL Bochum → Bochum [2]
Chemie Böhlen → Böhlen, Chemie
Bonner SC
VfB Bottrop → Bottrop, VfB
Brandenburger SC Süd → Brandenburg an der Havel [1]
Stahl Brandenburg → Brandenburg an der Havel [2]
Eintracht Braunschweig → Braunschweig, Eintracht
FFC Brauweiler-Pulheim → Brauweiler-Pulheim, FFC
FC Oberneuland → Bremen [1]
SV Werder Bremen → Bremen [2]
FC Bremerhaven 93 → Bremerhaven [1]
OSC Bremerhaven → Bremerhaven [2]
Glückauf Brieske-Senftenberg → Brieske-Senftenberg, Glückauf
Eider Büdelsdorf → Büdelsdorf, Eider
Wacker Burghausen → Burghausen, Wacker
VfR Bürstadt → Bürstadt, VfR

Die Münchner Allianz-Arena, erbaut zwischen 2002 und 2005.

FC Memmingen → Memmingen, FC
SV Meppen → Meppen, SV
SV Merseburg 99 → Merseburg 99, SV
ZFC Meuselwitz → Meuselwitz, ZFC
Borussia Mönchengladbach → Mönchengladbach [1]
Rheydter SV → Mönchengladbach [2]
FC Bayern München → München [1]
SC 06 München → München [2]
TSV München 1860 → München [3]
Türk SV München → München [4]
Preußen Münster → Münster, Preußen
FC Neubrandenburg → Neubrandenburg, FC
VfR Neumünster → Neumünster, VfR
Borussia Neunkirchen → Neunkirchen, Borussia
MSV Neuruppin → Neuruppin, MSV
VfR Neuss → Neuss, VfR
TSG Neustrelitz → Neustrelitz,TSG
1. SC Norderstedt → Norderstedt, 1. SC
Wacker Nordhausen → Nordhausen, Wacker
Eintracht Nordhorn → Nordhorn, Eintracht
1. FC Nürnberg → Nürnberg, 1. FC
Adler Osterfeld → Oberhausen [1]
Rot-Weiß Oberhausen → Oberhausen [2]
Kickers Offenbach → Offenbach, Kickers
VfB Oldenburg → Oldenburg, VfB
VfL Osnabrück → Osnabrück, VfL
SC Paderborn 07 → Paderborn 07, SC
1. FC Pforzheim → Pforzheim, 1. FC
SC Pfullendorf → Pfullendorf, SC
FK Pirmasens → Pirmasens, FK
VfL Pirna-Copitz → Pirna-Copitz, VfL
VFC Plauen → Plauen, VFC
VfB Pößneck → Pößneck, VfB
Turbine Potsdam → Potsdam, Turbine
Optik Rathenow → Rathenow, Optik
Jahn Regensburg → Regensburg, Jahn
FC Remscheid → Remscheid, FC
SSV Reutlingen → Reutlingen, SSV
Eintracht Rheine → Rheine [1]
FFC Heike Rheine → Rheine [2]
FC Stahl Riesa → Riesa, FC Stahl
FC Hansa Rostock → Rostock [1]
SV Hafen Rostock → Rostock [2]
SV Warnemünde → Rostock [3]
Vorwärts Rostock → Rostock [4]
1. FC Saarbrücken → Saarbrücken [1]
Saar 05 Saarbrücken → Saarbrücken [2]
FSV Salmrohr → Salmrohr, FSV
SV Sandhausen → Sandhausen, SV
TuS Schloss Neuhaus → Schloss Neuhaus
FC Schönberg → Schönberg, FC
1. FC Schweinfurt 05 → Schweinfurt 05, 1. FC
FC Eintracht Schwerin → Schwerin, FC Eintracht
Sportfreunde Siegen → Siegen, Sportfreunde
FC Singen 04 → Singen 04, FC
Union Solingen → Solingen, Union
FSV Sömmerda → Sömmerda, FSV
SV 08 Steinach → Steinach, SV 08
1. FC Lok Stendal → Stendal, 1. FC Lok
Pommern Stralsund → Stralsund, Pommern
Stuttgarter Kickers → Stuttgart [1]
VfB Stuttgart → Stuttgart [2]

Chelseas »German« Robert Huth.

1. Suhler SV 06 → Suhl
FC Teningen → Teningen, FC
Stahl Thale → Thale, Stahl
Eintracht Trier → Trier, Eintracht
KFC Uerdingen 05 → Uerdingen 05, KFC
SSV Ulm 1846 → Ulm 1846, SSV
SpVgg Unterhaching → Unterhaching, SpVgg
SSVg Velbert → Velbert, SSVg
SC Verl → Verl, SC
Röchling Völklingen → Völklingen, Röchling
Eintracht Wald-Michelbach → Wald-Michelbach, Eintracht
SV Wehen → Wehen, SV
SpVgg Weiden → Weiden, SpVgg
SC Weimar 03 → Weimar 03, SC
TSG 1862 Weinheim → Weinheim, TSG 1862
1. FC Weißenfels → Weißenfels, 1. FC
SV Wilhelmshaven → Wilhelmshaven, SV
Anker Wismar → Wismar, Anker
Grün-Weiß Wolfen → Wolfen, Grün-Weiß
VfL Wolfsburg → Wolfsburg, VfL
Wormatia Worms → Worms, Wormatia
Wuppertaler SV Borussia
Kickers Würzburg → Würzburg [1]
Würzburger FV → Würzburg [2]
ATSV Wurzen → Wurzen, ATSV
1. FC Zeitz → Zeitz, 1. FC
VfB Zittau → Zittau, VfB
FSV Zwickau → Zwickau, FSV

England

FC Barnsley → Barnsley, FC
Aston Villa → Birmingham [1]
Birmingham City → Birmingham [2]
West Bromwich Albion → Birmingham [3]
Blackburn Rovers
FC Blackpool → Blackpool, FC
Bolton Wanderers
Boston United
AFC Bournemouth → Bournemouth, AFC
FC Brentford → Brentford, FC
Brighton & Hove Albion
Bristol City
FC Burnley → Burnley, FC
FC Bury → Bury, FC
Chester City
FC Chesterfield → Chesterfield, FC
Coventry City
Derby County
Huddersfield Town
Ipswich Town
Leeds United
Leicester City
FC Everton → Liverpool [1]
FC Liverpool → Liverpool [2]
Charlton Athletic → London [1]
Crystal Palace → London [2]
FC Arsenal → London [3]
FC Chelsea → London [4]
FC Fulham → London [5]
FC Millwall → London [6]
FC Watford → London [7]
FC Wimbledon → London [8]
Queen's Parc Rangers → London [9]
Tottenham Hotspur → London [10]
Wanderers Football Club → London [11]
West Ham United → London [12]
Luton Town
FC Middlesbrough → Middlesbrough, FC
FC Milton Keynes Dons → Milton Keynes Dons, FC
Newcastle United
Norwich City
Nottingham Forest → Nottingham [1]
Notts County → Nottingham [2]
FC Portsmouth → Portsmouth, FC
Preston North End
Sheffield United → Sheffield [1]
Sheffield Wednesday → Sheffield [2]
FC Southampton → Southampton, FC
Stoke City
FC Sunderland → Sunderland, FC
FC Swindon Town → Swindon Town, FC
FC Wigan Athletic → Wigan Athletic, FC
Wolverhampton Wanderers

Estland
Flora Tallinn → Tallinn [1]
Levadia Tallinn → Tallinn [2]
Tallinna VMK → Tallinn [3]

Färoer
B36 Tórshavn → Tórshavn [1]
HB Tórshavn → Tórshavn [2]

Finnland
MyPa Anjalankoski → Anjalankoski, MyPa
HJK Helsinki → Helsinki [1]
Jokerit Helsinki → Helsinki [2]
FC Jazz Pori → Jazz Pori, FC
FC KooTeePee → KooTeePee, FC
Kuopio PS
FC Lahti → Lahti, FC
Tampere United
PS Turku → Turku, PS
Haka Valkeakoski → Valkeakoski, Haka

Frankreich
AC Ajaccio → Ajaccio, AC
SCO Angers → Angers, SCO
AJ Auxerre → Auxerre, AJ
SC Bastia → Bastia, SC
Girondins Bordeaux → Bordeaux, Girondins
SM Caen → Caen, SM
AS Cannes → Cannes, AS
LB Châteauroux → Châteauroux, LB
EA Guingamp → Guingamp, EA
UC Le Mans → Le Mans, UC
RC Lens → Lens, RC
OSC Lille → Lille, OSC
Olympique Lyon → Lyon, Olympique
Olympique Marseille → Marseille, Olympique
FC Metz → Metz, FC
AS Monaco → Monaco, AS
SC Montpellier → Montpellier, SC
AS Nancy-Lorraine → Nancy-Lorraine, AS
FC Nantes → Nantes, FC
Olympique Nîmes → Nîmes, Olympique
OGC Nizza → Nizza, OGC
Paris Saint-Germain → Paris [1]
Racing Paris → Paris [2]
Stade Reims → Reims, Stade
Stade Rennes → Rennes, Stade
FC Rouen → Rouen, FC
AS Saint-Étienne → Saint-Étienne, AS
FC Sochaux → Sochaux, FC
RC Straßburg → Straßburg, RC
FC Toulouse → Toulouse, FC
ES Troyes → Troyes, ES

Georgien
Torpedo Kutaissi → Kutaissi, Torpedo
Dynamo Tiflis → Tiflis [1]
Georgia Tiflis → Tiflis [2]

Olympique Lyon, Frankreichs Landesmeister 2005.

Ghana
Great Olympics → Accra [1]
Hearts of Oak SC → Accra [2]
Ashanti Kotoko Kumasi → Kumasi, Ashanti Kotoko

Griechenland
AEK Athen → Athen [1]
AS Aigaleo → Athen [2]
Panathinaikos Athen → Athen [3]
Panionios Athen → Athen [4]
OFI Kreta → Kreta, OFI
PAE Larissa → Larissa, PAE
Ethnikos Piräus → Piräus [1]
Olympiakos Piräus → Piräus [2]
Aris Saloniki → Saloniki [1]
Iraklis Saloniki → Saloniki [2]
PAOK Saloniki → Saloniki [3]
Skoda Xanthi → Xanthi, Skoda

Irland
Cork City
Drogheda United
Bohemians Dublin → Dublin [1]
Dublin City → Dublin [2]
FC Shelbourne → Dublin [3]
Shamrock Rovers → Dublin [4]
St. Patrick's Athletic → Dublin [5]
Longford Town
Waterford United

Island
IA Akranes → Akranes, IA
FH Hafnarfjördur → Hafnarfjördur, FH
Fram Reykjavik → Reykjavik [1]
KR Reykjavik → Reykjavik [2]
Valur Reykjavik → Reykjavik [3]
IB Vestmannæyjar → Vestmannæyjar, IB

Israel
Hapoel Haifa → Haifa [1]
Maccabi Haifa → Haifa [2]
Beitar Jerusalem → Jerusalem, Beitar
Maccabi Netanya → Netanya, Maccabi
Maccabi Petach Tikva → Petach Tikva, Maccabi
Bnei Yehuda Tel Aviv → Tel Aviv [1]
Hapoel Tel Aviv → Tel Aviv [2]
Maccabi Tel Aviv → Tel Aviv [3]

Italien
Ancona Calcio
Ascoli Calcio
US Avellino → Avellino, US
AS Bari → Bari, AS
Atalanta Bergamo → Bergamo, Atalanta

Ibrahimovic (vorn) gegen Deisler.

FC Bologna → Bologna, FC
Brescia Calcio
Cagliari Calcio
Catania Calcio
AC Cesena → Cesena, AC
Como Calcio
FC Empoli → Empoli, FC
AC Florenz → Florenz, AC
Genua 1893 → Genua [1]
Sampdoria Genua → Genua [2]
US Lecce → Lecce, US
ASC Livorno → Livorno, ASC
AC Mailand → Mailand [1]
Inter Mailand → Mailand [2]
AC Mantova → Mantova, AC
FC Messina → Messina, FC
FC Modena → Modena, FC
SSC Neapel → Neapel, SSC
US Palermo → Palermo, US
FC Parma → Parma, FC
AC Perugia → Perugia, AC
Pescara Calcio
Piacenza Calcio
Pisa Calcio
US Pro Vercelli → Pro Vercelli, US
AC Reggiana → Reggiana, AC
Reggina Calcio
AS Rom → Rom [1]
Lazio Rom → Rom [2]
AC Siena → Siena, AC
Ternana Calcio
FC Treviso → Treviso, FC
USC Triestina → Triestina, USC
FC Turin → Turin [1]
Juventus Turin → Turin [2]
Udinese Calcio

AC Venedig → Venedig, AC
Chievo Verona → Verona [1]
Hellas Verona → Verona [2]
Vicenza Calcio

Japan
JEF Ichihara Chiba → Ichihara Chiba, JEF
Júbilo Iwata → Iwata, Júbilo
Kashima Antlers
Nagoya Grampus Eight
Urawa Red Diamonds
Yokohama Marinos

Kamerun
Canon Yaoundé → Yaoundé, Canon

Kasachstan
Kairat Almaty → Almaty, Kairat
Zhenis Astana → Astana, Zhenis

Kolumbien
Millonarios Bogotá → Bogotá, Millonarios
Independiente Medellin → Medellin [1]
Nacional Medellin → Medellin [2]

Demokratische Republik Kongo
Vita Club Kinshasa → Kinshasa, Vita Club
TP Mazembe → Mazembe, TP

Kroatien
NK Osijek → Osijek, NK
HNK Rijeka → Rijeka, HNK
Hajduk Split → Split, Hajduk
NK Zadar → Zadar, NK
Dinamo Zagreb → Zagreb [1]
NK Zagreb → Zagreb [2]
Inter Zapresic → Zapresic, Inter

Lettland
Metalurgs Liepaja → Liepaja, Metalurgs
Skonto Riga → Riga, Skonto

Liechtenstein
FC Balzers → Balzers, FC
USV Eschen/Mauren → Eschen/Mauren, USV
FC Triesen → Triesen, FC
FC Vaduz → Vaduz, FC

Litauen
FBK Kaunas → Kaunas, FBK
Žalgiris Vilnius → Vilnius, Žalgiris

Luxemburg
Avenir Beggen → Beggen, Avenir
Aris Bonnevoie → Bonnevoie, Aris
Red Boys Differdingen → Differdingen, Red Boys
F91 Düdelingen → Düdelingen, F91
AS Esch → Esch, AS
Spora Luxemburg → Luxemburg [1]
US Luxemburg → Luxemburg [2]

Makedonien
Pobeda Prileb → Prileb, Pobeda
Rabotnicki Skopje → Skopje [1]
Vadar Skopje → Skopje [2]

Malta
Hamrun Spartans
Sliema Wanderers
FC Floriana → Valletta [1]
FC Valletta → Valletta [2]

Mexiko
CD Guadalajara → Guadalajara [1]
Atlas Guadalajara → Guadalajara [2]
CD Cruz Azul → Mexiko City [1]
CF América → Mexiko City [2]
UNAM »Los Pumas« → Mexiko City [3]

Moldawien
Zimbru Chisinau → Chisinau, Zimbru
Sheriff Tiraspol → Tiraspol [1]
Tiligul Tiraspol → Tiraspol [2]

Niederlande
AZ Alkmaar → Alkmaar, AZ
Ajax Amsterdam → Amsterdam, Ajax
Vitesse Arnheim → Arnheim, Vitesse
NAC Breda → Breda, NAC
ADO Den Haag → Den Haag, ADO
De Graafschap Doetinchem → Doetinchem, De Graafschap
FC Dordrecht → Dordrecht, FC
PSV Eindhoven → Eindhoven, PSV
FC Groningen → Groningen, FC
FC Haarlem → Haarlem, FC
SC Heerenveen → Heerenveen, SC
Roda JC Kerkrade → Kerkrade, Roda JC
SC Cambuur-Leeuwarden → Leeuwarden
MVV Maastricht → Maastricht, MVV
NEC Nimwegen → Nimwegen, NEC
Feyenoord Rotterdam → Rotterdam [1]
Sparta Rotterdam → Rotterdam [2]
Fortuna Sittard → Sittard, Fortuna
Willem II Tilburg → Tilburg, Willem II
FC Twente → Twente, FC
FC Utrecht → Utrecht, FC
VVV Venlo → Venlo, VVV
FC Volendam → Volendam, FC
RKC Waalwijk → Waalwijk, RKC
FC Zwolle → Zwolle, FC

Nordirland

FC Crusaders → Belfast [1]
FC Distillery → Belfast [2]
FC Glentoran → Belfast [3]
FC Linfield → Belfast [4]
FC Coleraine → Coleraine, FC

Norwegen

Brann Bergen → Bergen, Brann
FK Bodø-Glimt → Bodø-Glimt, FK
Ham-Kam
Lillestrøm SK
Molde FK
Moss FK
Lyn Oslo → Oslo [1]
Skeid Oslo → Oslo [2]
Vålerenga Oslo → Oslo [3]
Rosenborg BK
Stabæk IF
Viking Stavanger → Stavanger, Viking

Österreich

SC Bregenz → Bregenz, SC
SC Eisenstadt → Eisenstadt, SC
Grazer AK → Graz [1]
Sturm Graz → Graz [2]
FC Wacker Tirol → Innsbruck [1]
SVG Reichenau → Innsbruck [2]
Kapfenberger SV
FC Kärnten → Kärnten, FC
ASK Kottingbrunn → Kottingbrunn, ASK
Kremser SC
DSV Leoben → Leoben, DSV
FC Blau-Weiß Linz → Linz [1]
LASK Linz → Linz [2]
Austria Lustenau → Lustenau, Austria
SV Mattersburg → Mattersburg, SV
Admira-Wacker Mödling → Mödling, Admira-Wacker
SV Ried → Ried, SV
RB Salzburg → Salzburg [1]
Salzburger AK → Salzburg [2]
SKN St. Pölten → Sankt Pölten, SKN
SV Schwechat → Schwechat, SV
Vorwärts Steyr → Steyr, Vorwärts
FC Superfund → Superfund, FC
SC Untersiebenbrunn → Untersiebenbrunn, SC
Admira-Wacker Wien → Wien [1]
Austria Wien → Wien [2]
Floridsdorfer AC → Wien [3]
Rapid Wien → Wien [4]

Rapid-Fans, nachdenklich und zuversichtlich.

Vienna Wien → Wien [5]
Wiener AC → Wien [6]
Wiener SK → Wien [7]
SV Wörgl → Wörgl, SV

Paraguay
Olimpia Asunción → Asunción, Olimpia

Peru
Alianza Lima → Lima [1]
Universitario Lima → Lima [2]

Polen
Ruch Chorzów → Chorzów, Ruch
GKS Katowice → Katowice, GKS
Wisla Kraków → Kraków, Wisla
LKS Lodz → Lodz [1]
Widzew Lodz → Lodz [2]
Zaglebie Lublin → Lublin, Zaglebie
Zaglebie Sosnowiec → Sosnowiec, Zaglebie
Pogon Szczecin → Szczecin, Pogon
Gwardia Warschau → Warschau [1]
Legia Warschau → Warschau [2]
Polonia Warschau → Warschau [3]
Slask Wrocław → Wrocław, Slask
Amica Wronki → Wronki, Amica
Górnik Zabrze → Zabrze, Górnik

Portugal
SC Beira-Mar → Beira-Mar, SC
SC Braga → Braga, SC
Académica Coimbra → Coimbra, Académica
Maritimo Funchal → Funchal [1]
Nacional Funchal → Funchal [2]
Vitória Guimarães → Guimarães, Vitória
UD Leiria → Leiria, UD
Belenenses Lissabon → Lissabon [1]
Benfica Lissabon → Lissabon [2]
Sporting Lissabon → Lissabon [3]
Boavista Porto → Porto [1]
FC Porto → Porto [2]
SC Salgueiros → Salgueiros, SC
Vitória Setúbal → Setúbal, Vitória
SC Varzim → Varzim, SC

Rumänien
Arad, UT → Arad, UT
Gloria Bistrita → Bistrita, Gloria
FC Braşov → Braşov, FC
Dinamo Bukarest → Bukarest [1]
National Bukarest → Bukarest [2]
Rapid Bukarest → Bukarest [3]
Steaua Bukarest → Bukarest [4]
CFR Cluj → Cluj, CFR
Universitatea Craiova → Craiova, Universitatea
Arges Pitesti → Pitesti, Arges
Petrolul Ploiesti → Ploiesti, Petrolul
Poli-AEK Timisoara → Timisoara, Poli-AEK

Russland
Terek Grosnyj → Grosnyj, Terek
Schinnik Jaroslawl → Jaroslawl, Schinnik
Kuban Krasnodar → Krasnodar, Kuban
Dynamo Moskau → Moskau [1]
FK Moskau → Moskau [2]
Lokomotive Moskau → Moskau [3]
Spartak Moskau → Moskau [4]
Torpedo Moskau → Moskau [5]
ZASK Moskau → Moskau [6]
FK Rostow → Rostow, FK
Zenit St. Petersburg → Sankt Petersburg, Zenit
Alania Wladikawkas → Wladikawkas, Alania
Rotor Wolgograd → Wolgograd, Rotor

San Marino
SS Pennarossa → Pennarossa, SS

Saudi-Arabien
Al-Hilal
Al-Ittihad

Schottland
Aberdeen, FC → Aberdeen, FC
Dundee United → Dundee [1]
FC Dundee → Dundee [2]
Dunfermline Athletic
Heart of Midlothian → Edinburgh [1]
Hibernian Edinburgh → Edinburgh [2]
Celtic Glasgow → Glasgow [1]
FC Queen's Park → Glasgow [2]
Glasgow Rangers → Glasgow [3]
FC Kilmarnock → Kilmarnock, FC
FC Livingston → Livingston, FC

Schweden
Assyriska FF
Åtvidabergs FF
Elfsborg Borås → Borås, Elfsborg
BK Häcken → Göteborg [1]
IFK Göteborg → Göteborg [2]
Örgryte IS → Göteborg [3]
Halmstads BK
Helsingborgs IF
Landskrona BoIS
Malmö FF
IFK Norrköping → Norrköping, IFK
Örebro SK
Östers Växjö
AIK Solna → Stockholm [1]
Djurgårdens IF → Stockholm [2]
Hammarby IF → Stockholm [3]
GIF Sundsvall → Sundsvall, GIF

C. Gross, der Meister-Trainer des FC Basel.

Schweiz
FC Aarau → Aarau, FC
FC Basel → Basel [1]
Concordia Basel → Basel [2]
AC Bellinzona → Bellinzona, AC
Young Boys Bern → Bern, Young Boys
FC Biel → Biel, FC
FC Bulle → Bulle, FC
FC Chiasso → Chiasso, FC
Chur 97
SR Delémont → Delémont, SR
Servette Genf → Genf, Servette
FC Glarus → Glarus, FC
FC Grenchen → Grenchen, FC
FC La Chaux-de-Fonds → La Chaux-de-Fonds, FC
Lausanne-Sports
FC Locarno → Locarno, FC
FC Lugano → Lugano, FC
FC Luzern → Luzern, FC
FC Meyrin → Meyrin, FC
Xamax Neuchâtel → Neuchâtel, Xamax
FC Sankt Gallen → Sankt Gallen, FC
FC Schaffhausen → Schaffhausen, FC
FC Sion → Sion, FC
FC Solothurn → Solothurn, FC
FC Thun → Thun, FC
FC Wil → Wil, FC
FC Winterthur → Winterthur, FC
FC Wohlen → Wohlen, FC
FC Yverdon-Sports → Yverdon-Sports, FC
FC Zug → Zug, FC
FC Zürich → Zürich [1]
Grasshopper-Club Zürich → Zürich [2]

Serbien und Montenegro
Borac Belgrad → Belgrad [1]
OFK Belgrad → Belgrad [2]
Partizan Belgrad → Belgrad [3]
Roter Stern Belgrad → Belgrad [4]
Vojvodina Novi Sad → Novi Sad, Vojvodina
FC Smederevo → Smederevo, FC

Slowakische Republik
Dukla Banská Bystrica → Banská Bystrica, Dukla
Artmedia Bratislava → Bratislava [1]
Inter Bratislava → Bratislava [2]
Slovan Bratislava → Bratislava [3]
1. FC Kosice → Kosice, 1. FC
Spartak Trnava → Trnava, Spartak
MSK Zilina → Zilina, MSK

Slowenien
NK Domžale → Domžale, NK
ND Gorica → Gorica, ND
NK Ljubljana → Ljubljana [1]
Olimpija Ljubljana → Ljubljana [2]
NK Maribor → Maribor, NK

Spanien
Deportivo Alavés → Alavés, Deportivo
Albacete Balompié
UD Almeria → Almeria, UD
Espanyol Barcelona → Barcelona [1]
FC Barcelona → Barcelona [2]
Athletic Bilbao → Bilbao, Athletic
CF Cádiz → Cádiz, CF
FC Córdoba → Córdoba, FC
FC Elche → Elche, FC
FC Getafe → Getafe, FC
Sporting Gijón → Gijón, Sporting
Deportivo La Coruña → La Coruña, Deportivo
Atlético Madrid → Madrid [1]
Rayo Vallecano → Madrid [2]
Real Madrid → Madrid [3]
Real Madrid Castilla → Madrid [4]
FC Málaga → Málaga, FC
RCD Mallorca → Mallorca, RCD
Real Murcia → Murcia, Real
CD Numancia → Numancia, CD
CA Osasuna → Osasuna, CA
Real Oviedo → Oviedo, Real
UD Salamanca → Salamanca, UD
Real Sociedad San Sebastián → San Sebastián, Real Sociedad
Racing Santander → Santander, Racing
Real Saragossa → Saragossa, Real
FC Sevilla → Sevilla [1]
Real Betis Sevilla → Sevilla [2]
CD Tenerife → Tenerife, CD
Real Valladolid → Valladolid, Real
CF Valencia → Valencia [1]
UD Levante → Valencia [2]
Celta Vigo → Vigo, Celta
CF Villarreal → Villarreal, CF
CD Xerez → Xerez, CD

Südafrika
Kaizer Chiefs

Südkorea
Pohang Steelers
Pusan Icons

Tschechische Republik
Chemel Blsany → Blsany, Chemel
1. FC Brno → Brno, 1. FC
SK Ceske Budejovice → Budejovice, SK Ceske
Slovan Liberec → Liberec, Slovan
Sigma Olomouc → Olomouc, Sigma
Banik Ostrava → Ostrava, Banik
Viktoria Plzeň → Plzeň, Viktoria
Bohemians Prag → Prag [1]
Dukla Prag → Prag [2]
Slavia Prag → Prag [3]
Sparta Prag → Prag [4]
Viktoria Zizkov → Prag [5]
Synot Stare Mesto → Stare Mesto, Synot
FK Teplice → Teplice, FK

Türkei
Genclerbirligi Ankara → Ankara [1]
MKE Ankaragücü → Ankara [2]
Antalyaspor
Bursaspor
Denizlispor
Diyarbakirspor
Gaziantepspor
Besiktas Istanbul → Istanbul [1]
Fenerbahce Istanbul → Istanbul [2]
Galatasaray Istanbul → Istanbul [3]
Istanbulspor → Istanbul [4]
Altay Izmir → Izmir [1]
Göztepe Izmir → Izmir [2]
Konyaspor
Malatyaspor
Caykur Rizespor → Rizespor, Caykur
Sakaryaspor
Samsunspor
Sivasspor
Trabzonspor

Ukraine
Dnepr Dnepropetrowsk → Dnepropetrowsk, Dnepr
Schachtjor Donezk → Donezk, Schachtjor
Dynamo Kiew → Kiew, Dynamo
Tschernomorez Odesa → Odesa, Tschernomorez
Metalurg Saporoshje → Saporoshje, Metalurg
Tavria Simferopol → Simferopol, Tavria

Fenerbahce-Trainer C. Daum.

Ungarn
Ferencvaros Budapest → Budapest [1]
Kispest-Honved Budapest → Budapest [2]
MTK Hungaria Budapest → Budapest [3]
Ujpest Budapest → Budapest [4]
Vasas Budapest → Budapest [5]
VSC Debrecen → Debrecen, VSC
FC ETO Györ → Györ, FC ETO
Pécsi MFC
Matáv Sopron → Sopron, Matáv
Videoton Székesfehérvár → Székesfehérvár, Videoton
LFC Tatabánya → Tatabánya, LFC
Zalaegerszegi TE

USA
Los Angeles Galaxy
Cosmos New York → New York [1]
New York/New Jersey MetroStars → New York [2]

Wales
Bangor City
Cardiff City
TNS Llansantfffraid → Llansantfffraid, TNS
Rhyl FC
AFC Wrexham → Wrexham, AFC

Weißrussland
Belschina Bobruisk → Bobruisk, Belschina
FK Gomel → Gomel, FK
Dynamo Minsk → Minsk, Dynamo
Slavia Mozyr → Mozyr, Slavia

Zypern
Anorthosis Famagusta → Larnarca [1]
AEK Larnaca → Larnaca [2]
AEL Limassol → Limassol [1]
Apollon Limassol → Limassol [2]
APOEL Nikosia → Nikosia [1]
Olympiakos Nikosia → Nikosia [2]
Omonia Nikosia → Nikosia [3]

Geschichte des Fußballs

Schräg stehende Jahreszahlen bedeuten Näherungs- oder Schätzangaben

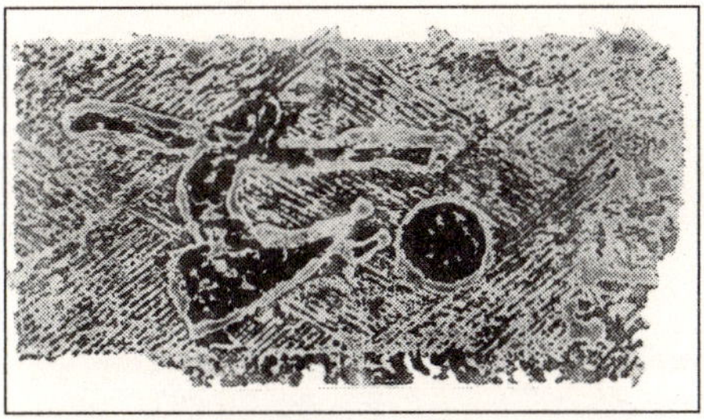

»Ts'uh-küh« – mit dem Fuß stoßen – nannten die alten Chinesen ihr Ballspiel, das als das erste historisch nachweisbare »Fußballspiel« gilt.

2700 v. Chr.
Dem chines. »Gelben Kaiser« Huangdi (Mythenzeit) wird nachgesagt, dass er die ersten Regeln für »Ts'uh-küh« aufgestellt hat.

600 v. Chr.
Dokumentar. Nachweis eines griech. »Linien- oder Grenzballspiels« (Episkyros), aber keine exakten Angaben, ob der Ball mit dem Fuß gespielt werden durfte.

1.–5. Jh.
Das röm. Mannschaftskampfspiel Harpastum (griech. Harpaston) ist im gesamten Imperium verbreitet.

2. Jh.
Es wird angenommen, dass in Dalmatien »Fußball« gespielt wird, möglicherweise durch die Römer inspiriert.

3. Jh.
In der Gegend um Derby (Britannien) spielen Briten angeblich in einem Spiel gegen röm. Legionäre; wahrscheinlich myth. Ursprungs.

Altgriechische Ballspieler (etwa um 510 v. Chr.) aus dem Attischen Relief von Dipylon.

Ballspielübung in der Palästra, einem Ringerplatz (nach einem antiken Relief).

587
In Japan ist Kemari (nicht wettkampfmäßig betriebener Kreis-»Fußball«) bekannt.

Kemari in einer Holzschnitt-Darstellung nach einem Gemälde von Tosa Tsunemitsu.

6. Jh.
In Guatemala gibt es Darstellungen von Ballspielen, die Fußballelemente enthalten. In der vorspan. Zeit Mittel- und Südamerikas liegen die unterschiedlichsten Formen von Ballspielen bei den Völkern vor (Gummiballspiele bei den Olmeken, Tlaxtli bei den Mayas, Kopfballspiele der Inkas und Otomaken, Linao bei den Araukanern). Als Ära nimmt man 8000 v. Chr.

»Auf Soliche manier spilen die Indianer mit einem aufgeblasenen bal mit dem hindern On die Hend an zue Rieren auf der Erdt; haben auch ain hardt leder for dem hindern, darmit er vom bal den widerstreich Entpfacht, haben auch solich ledern hentschuch an.«

Aus dem Trachtenbuch von Christoph Weiditz: Altmexikanische Steißballspieler bei einer Demonstration in Spanien (1529). An dem oben wiedergegebenen Text ist nur die Bemerkung falsch, dass die Bälle aufgeblasen wurden.

bis zur span. Kolonisierung, teils auch danach, an.

7.–11. Jh.
In Städten der Normandie, der Bretagne, der Picardie, in Wales, Schottland, Irland und England entwickeln sich einheim. »Fußball«-Spiele.

9. Jh.
Zw. England und Schottland kommt es bei Kildear-Castle zu einem »Grenzspiel«, der Urform heutiger Länderspiele (je 20 Spieler, 3:2 für England).

12. Jh.
Das frz. Soule ist belegt, vor allem in der Bretagne und Picardie.

1150
Bei Osterzeremonien finden im Palast des Bischofs von Vienne und in der Kirche von Auxerre Ballspiele unter Teilnahme von Geistlichen statt.

1174
Der Mönch William Fitzstephan berichtet in der »Descriptio Nobilissimae Civitatis Londoniae« von Ballspielen (»Lusus pilae celebrem«) zw. Handwerkern und Studenten zur Fastnachtszeit.

1250
In einer anonymen Ballade von Sir Hugh (»Little St. Hugh of Lincoln«) werden Fertigkeiten des Ballspiels beschrieben.

1280
Am Trinity-Sonntag (Sonntag nach Pfingsten) wird Henry de Ellington während eines »Fußball«-Spiels in Ulgham beim Zusammenprall mit David de Ken durch dessen heraushängendes Messer so schwer verletzt, dass er 5 Tage später verstirbt.

1313/14
König Eduard II. verbietet 1313, bei Androhung von Gefängnisstrafen, das Ballspiel. Auch der Bürgermeister Nicholas Farnden untersagt (1314) in einer Proklamation das »Fußball«-Spiel auf freien Plätzen Londons. Diese Spielverbote werden über ein Jahrhundert mehrfach wiederholt (u. a. 1331, 1349 und 1365 Eduard III., 1388 Richard II., 1401, 1409 und 1410 Heinrich IV., 1415 Heinrich V. und 1491 Heinrich VII.).

1319
Der frz. König Philipp V. verbietet Soule, ebenso Karl V. 1369.

1396
Das Kapitel von Auxerre erlässt Bestimmungen (»Ordinatio de pila facienda«) für die Anfertigung von Spielbällen und für das Spiel.

Das »Fußball«-Spiel »Soule« der Franzosen ging auf einen germanischen Sonnenkult zurück. Für den japanischen Adel war »Kemari« eine kultische Handlung.

1410
In Italien wird ein »Fußball«-Spiel (»Giuoco del Calcio«) in einem kleinen Gedicht eines unbekannten Verfassers erwähnt.

1424
Ein schott. Parlamentsdekret verbietet das »Fußball«-Spiel (wiederholt 1457).

1480
Der frz. König Ludwig XI. beschäftigt sich in einem Erlass an die Hersteller von Bällen in Rouen mit der Konstruktion der Bälle.

1480
Giovanni II. Bentivoglio berichtet von der Einführung des Calcio-Spiels in Bologna und von einer Geldprämie an die Spieler für ein erzieltes Tor.

1526
Der engl. König Heinrich VIII. lässt sich »ein Paar Schuhe für Fußball« anfertigen.

1527
Der »große Fußball« wird in Irland durch die Gesetze von Galway unterstützt, während andere Sportarten verboten werden.

1556
An der Jesuitenschule der österr. Ordensprovinz ist ein Ballspiel (»Pila palmaria«) belegt.

1564
Die Spanier beobachten bei den Philippinern verschiedene Ballspiele mit Bällen aus Rohrgeflecht (»Rattan«) über Netze, gewertet nach Punkten (Einzel und Doppel).

1577
Für Königin Elisabeth I. wird in Kenilworth eine »Week of Sports and Pastimes« mit »Fußball« veranstaltet. Erstmals wird dabei »goal« erwähnt.

1580
Johannes de Bardi, Graf von Vernio, gibt das »Discorso sopra il giuoco del calcio fiorentino« mit den ersten Spielregeln (27 Spieler in 4 Reihen) heraus.

17. Jh.
Bei den Indianern und Eskimos in Kanada sind »Fußball«-Spiele nachweisbar. – Den engl. »Fußball« bringen Einwanderer nach Amerika.

1605
In Indien wird ein »Fußball«-Spiel (Kreis-«Fußball«) mit Bällen aus Palmenfasern gespielt.

1609
In der Kolonie Virginia wird »Fußball« gespielt.

1620
Im Trinity College und St. John's College (Cambridge) wird der »Fußball« organisiert.

1650
Ein »Ballonspiel« auf dem Marktplatz von Graz ist überliefert.

1658
Das »Fußball«-Spiel wird in Boston verboten.

»Straßenfußball« in der Londoner Crowe Street (eine Zeichnung aus dem Jahre 1721).

1681
Karl II. (Haus Stuart) veranstaltet einen »Fußball«-Wettkampf der Bediensteten.

1686
J. Dutton beobachtet ein »Fußball«-Spiel, wobei mit bloßen Füßen gespielt wurde (Rowley, Massachusetts).

1701
Ein königlich brit. Gesetz versucht, die Gefahren beim »Fußball« in Amerika zu vermindern.

1720
- Ein walis. »Fußball«-Spiel zw. lokalen Mannschaften, beschrieben von Anna Beynon, einer Anhängerin, findet statt.
- Der Transfer von Spielern wird dokumentiert, und zwar in den Poemen des Iren Matthew Concanen.

Vor einem italienischen »Pallo«-Spiel (um 1700) wird der Ball aufgepumpt.

1780
- Auf Hawaii wird ein Tret-/Rennballspiel beobachtet (»Pe-ku-ki-ni-po-po«).
- Mit engl. Einwanderern kommt »Fußball« nach Neuschottland, nach Neubraunschweig und nach Oberkanada.

1800
Das Interesse am Spiel lässt in Großbritannien nach. – An der Schule von Rugby begründet W. W. Ellis das Rugbyspiel (auch »Rugbyfußball« genannt, im Unterschied zum späteren Association Football), bei dem es gestattet ist, den Ball auch mit den Händen zu spielen.

1830
In England bemühen sich Studenten, das fast vergessene (»Fußball«-)Spiel wieder salonfähig zu machen (Eton, Westminster, Harrow, Charterhouse).

1846
In Cambridge wird ein Universitätsfußballklub gegründet. Es werden Spielregeln aufgestellt und angewendet; sie besagen, dass eine Mannschaft aus 15 bis 20 Spielern besteht.

1850
An den Oberstufen der Grund- und Fortbildungsschulen Indiens wird engl. »Fußball« gespielt.

1853
Am Christ's College im neuseeländ. Wellington wird mit Ochsenblasen »Fußball« gespielt (nach einem Bericht von C. T. Dudley).

1857
Von Oberst Sir Creswick und Major Vickers wird der älteste Fußballklub, Sheffield FC, gegründet.

1861
In Buenos Aires wird der Cricket Club gegründet, ab 1867 auch Fußball gespielt.

1862
- J. C. Thring, Rektor der Uppinghamer Schule, veröffentlicht einen Spielregelentwurf (»The simplest game«).
- Notts County, der älteste engl. Ligaverein, wird gegründet.

1863
- In London konstituiert sich am 26. Oktober der erste nationale Fußballverband der Welt, die engl. Football Association (FA). Der Gründungstag gilt als Geburtsstunde des modernen Fußballs und rechtfertigt Englands Ruf, »Mutterland des Fußballs« zu sein.
- Ende 1863 (oder Anfang 1864) findet in England das erste »reguläre« Fußballspiel der Geschichte statt (Harrow School – Cambridge 3:1).
- In Christchurch (Neuseeland) wird ein Fußballklub gegründet. – Die folgenden Jahrzehnte bringen eine Vielzahl von Klubgründungen, wbei teilweise nach eigenen Regeln gespielt wird.

Geburtsstätte des modernen Fußballs: In der Freemason's Tavern wurde 1863 die Football Association (FA) gegründet.

1867
- Der erste schott. Fußballklub wird in Glasgow gegründet (Queen's Park Football Club).
- Mitglieder des Buenos Aires Cricket Club (gegr. 1861) bilden den Buenos Aires Football Club und tragen im Juni in Argentinien das erste Fußballspiel aus.
- In Neuseeland wird die AAFU (Auckland Association Football Union) gegründet.

1868
- Erster neuseeländ. Fußballklub ist der Nelson Football Club.
- Als Gegenpol zur engl. FA wird die Sheffield and Hallemshire Association (SA) gegründet (1877 in die FA eingegliedert).

1869
Der Mitbegründer der FA C. W. Alcock publiziert seine berühmten Fußballannalen (»Football Annuals«).

1870
- In Campo Pequeno (bei Lissabon) existiert ein nur von Engländern benutzter Fußballplatz.
- Der Ball-Club Göteborg (gegr. 1866) spielt einen eigenen »Fußball« (Mischung mit Rugby).
- Engl. Reisende bringen Fußball nach Ungarn. L. Molnár veröffentlicht in der »Reform-Tageszeitung« Aufsätze über Fußball und Athletik.
- In Australien wird das Spiel von brit. Grubenarbeitern eingeführt.

1870
Die schott. Nationalmannschaft kreiert das 1-2-2-6-System (»Passing Game«).

1871
Die Rugby Football Union wird gegründet und besiegelt den endgültigen Bruch zw. Rugby und Fußball.

So sah es der Pressezeichner des Jahres 1872: erstes Länderspiel zwischen England und Schottland in Glasgow.

1872

• Im ersten Länderspiel der Geschichte (nach 2 inoffiziellen 1870 und 1871) trennen sich Schottland und England in Glasgow 0:0, nachdem die Schotten die engl. Regeln übernommen und anerkannt haben.

• im Endspiel um den engl. Pokal (FA Cup) besiegt der London Wanderers FC im Londoner Kensington Oval den Royal Engineers AFC Chatam mit 2:0.

• C.W. Alcock präsentiert mit dem Wanderers FC das 1-1-2-7-System.

1873

• In Glasgow wird der Schott. Fußballverband gegründet.

• Erster walis. Fußballklub ist der Wrexham Football Club.

1874

• S. Weller-Widdowson, engl. Nationalspieler, erhält ein Patent auf Schienbeinschützer, die später (ab 1880) von der FA als verbindlich vorgeschrieben werden.

• Erster Schott. Pokalsieger wird Queens Park Glasgow.

• In Deutschland wird der sportliche engl. Fußball übernommen (K. Koch) und in Brauschweig ein dt. Schulfußballverein gegründet.

1875

• Eine Universitätsmannschaft aus Oxford reist durch Deutschland und macht den Fußball bekannt. An verschiedenen dt. Universitäten werden Fußballmannschaften ins Leben gerufen.

• Der erste niederländ. Verein Koninklijke U.D. (»Utile Dulci«) wird in Deventer gegründet.

1876

• In seinem ersten Länderspiel unterliegt Wales in Glasgow gegen Schottland 0:4, nachdem zuvor im gleichen Jahr in Wrexham der Walis. Fußballverband gegründet wurde.

• Der erste dän. Klub KB Kopenhagen wird gegründet (spielt erst »Langball«, ab 1879 Fußball).

1877

• In Großbritannien macht das 1-2-3-5-System Furore (»schott. Furche«).

• In Newton findet am 13. Oktober das Spiel um den Welsh Cup statt (Newton FC – Druids Ruabon 1:1).

1878 in Sheffield: Erstes Fußballspiel bei elektrischer Beleuchtung.

1878

• Erster walis. Pokalsieger wird FC Wrexham.

• Auf dem Bramall Lane Road in Sheffield findet erstmals ein Spiel bei elektr. Beleuchtung (»Flutlicht«) statt, und zwar zw. 2 Auswahlmannschaften der Sheffield Football Association.

• In Belgien wird der Verein Cercle des Régatas de Bruxelles mit Fußballabteilung gegründet.

1879

• Der erste schweizer. Verein ist der am 19. April gegründete FC St. Gallen.

• In den Niederlanden gründet Pim Multier den KHFC 1879 Haarlem.

• Die ersten Fußballprofis sind Schotten aus Glasgow, die nach Darwen verpflichtet werden.

1880

• Erster dt. Fußballverein ist der Bremer Football Club. – Gründung des Hamburger »Komitees für Laufsport«, aus dem später der Hamburger Sportklub hervorgeht.

• In Belfast wird auf Initiative von John Sinlair am 18. 11. im »Queens Park Hotel« der Irische Fußballverband gegründet.

• In Schweden werden erste Fußballvereine gegründet.

• Engl. Studenten gründen im Antwerpener »Café Alsacienne« einen belg. Fußballklub (mit Tennisabteilung: »Football and Lawn Tennis Club«).

• In Australien wird am 14. August der English Association Club Sydney gegründet (5 Tage später in Wanderers Sydney umbenannt).

1881

Erster nordir. Pokalsieger wird Moyala Park.

1882

• Nordirland verliert das erste Länderspiel mit 0:13 gegen England in Belfast.

• Die Besatzung eines brit. Kriegsschiffes bringt Fußball nach Korea.

1883

• Die brit. Verbände beginnen mit der Durchführung ihrer internationalen Meisterschaft für Nationalmannschaften (»Brit. Meisterschaft«); erster internationaler Wettbewerb überhaupt.

• In Glasgow wird die Glasgow Football Association gegründet.

• Erster Berliner Fußballverein ist der Berliner Football- und Cricket-Club.

1884

Schottland gewinnt die erstmals durchgeführte Brit. Meisterschaft.

1885

• In den brit. Verbänden wird der Profifußball legalisiert.

• Erstes internationales Auswahlspiel in Nordamerika: Kanada – USA 2:0 (in Galt [Ontario]).

• Der erste norweg. Verein, FC Kristiana (Oslo), wird gegründet.

• Der erste ungar. Fußballklub, BTC (»Budapesti Torna Club«), konstituiert sich in Budapest.

• In Australien hat im Juli in Sydney der erste nationale Fußballwettbewerb Premiere (»Badge Series«).

1886

In England werden erstmals Länderspielkappen für Nationalmannschaftseinsätze verliehen.

1887

Bogotá erlebt das erste kolumbian. Fußballspiel (20. Juli).

1888

• Die engl. Liga (»The League«) mit anfangs 12 Profiklubs wird eingeführt; erste nationale Liga der Welt.

• Cambuslang Glasgow gewinnt den erstmals ausgetragenen Glasgow Cup.

• In Berlin wird am 15. April Germania 1888 gegründet; einziger deutscher Verein aus dieser Zeit, der von Beginn an ausschließlich Fußball spielte.

1889

• Preston North End wird Englands Meister und gewinnt im gleichen Jahr den FA Cup (und damit das erste Double überhaupt).

• Der Valparaiso-Fußballklub, ältester Klub in Chile, wird von brit. Einwohnern gegründet.

• Gymnasiumschüler gründen in Istanbul den ersten türk. Fußballverein.

• Die engl. Handelsgesellschaft stiftet in Indien den Trades Football Cup (ab 1893: Indian Football Association Trophy).
• In Kopenhagen wird der Dän. Fußballverband gegründet, in Den Haag der Niederländ. Fußball- und Athletik-Verband (mit Athletik bis 1895, seit 1929 mit der heutigen Bezeichnung »Königlicher Niederländ. Fußballbund«).

1890

• Der »Bund Dt. Fußballspieler« wird am 4. November in Berlin gegründet (1892 wieder aufgelöst).
• Der FC Inter, der erste italien. Klub, wird in Turin gegründet.
• In Neuseeland findet ein erstes Spiel zw. den Distrikten Canterbury und Wellington statt (2:0).

1891

• Der Dt. Fußball- und Kricket-Club wird am 18. November in Berlin gegründet (veranstaltet eine »Dt. Meisterschaft«, Sieger: Germania 1888 Berlin).
• Die »Dt. Ballspielzeitung« (später »Spiel und Sport«) erscheint in Deutschland.
• Das Spiel wird in Griechenland von brit. Seeleuten eingeführt.
• Der Neuseeländ. Fußballverband wird in Wellington gegründet.
• Dumbarton und Glasgow Rangers (beide gleichauf) werden erste schott. Landesmeister.
• Erster nordir. Landesmeister wird der FC Linfield.

1892

• Gründung der Societá Ginnastica Pro Vercelli, deren spätere Fußballsektion (nach 1903) zu einem der besten italien. Frühvereine werden sollte (Pro Vercelli: Kleinstadt in der Nähe Turins).
• Die II. Division der engl. Fußballiga wird eingeführt.
• Der Südafrikan. Fußballverband wird gegründet.

1893

• In Leipzig konstituieren sich der Klub »Sportbrüder« (1898 Fusion mit dem VfB Leipzig) und der Leipziger Ballspiel-Club (LBC).
• Der Argent. Fußballverband, der älteste Fußballverband in Südamerika, wird in Buenos Aires gegründet und eine nationale Meisterschaft, die erste in Südamerika, eingeführt.
• Der Versuch zur Organisierung einer Spielervereinigung in England schlägt fehl.
• Professor Kiritescu spielt mit Schülern in Bukarest Fußball.
• Die Süddt. Fußball-Union wird am 3. Juli gegründet.

Fußball in Deutschland vor der Jahrhundertwende (von einem Zeichner festgehaltene Szene eines Städtespiels zwischen Dresden und Berlin im Jahre 1892).

1894
- Premierenspiel in Peru (von Engländern gegen Einheimische gewonnen).
- Erstes Fußballspiel in Polen, wobei 2 »Sokol«-Mannschaften aus Lemberg und Krakau gegeneinander spielen (1:0, nach 7 min abgebrochen!).
- Der Engländer Charles Miller, während seines Studiums beim FC Southampton aktiv, »exportiert« den Fußball nach São Paulo.
- Erstes offizielles Spiel am 15. November in Wien zw. Vienna und Cricketer (0:4) auf der »Kuglerwiese« in Döbling.
- Der Hamburg-Altonaer Fußball-Bund wird am 20. Oktober gegründet.

1895
- In Olten wird am 7. April der Schweizer. Fußballverband gegründet.
- In England bestreiten Frauen ein Fußballspiel (»British Lady Football Club 1895«).
- CR Flamengo, der älteste Klub in Brasilien, wird in Rio de Janeiro gegründet.
- In Brüssel wird der Belg. Fußballverband gegründet und am 10. November das Spiel um die erste Landesmeisterschaft (»Coupe de Belgique«) ausgetragen.

1895
- In den 90er-Jahren des 19. Jh. existieren in St. Petersburg 3 Mannschaften (Newskij Club, Newka und Viktoria). Diese Vertretungen bestanden vornehmlich aus Engländern. Die erste Mannschaft mit ausschließlich russ. Spielern wird 1897 gegründet (»Zirkel der Sportfreunde St. Petersburg«). Das erste Spiel zw. 2 russ. Mannschaften findet 1898 statt (Zirkel der Sportfreunde – Petersburger Zirkel der Sportler 4:3).

1896
- Im ersten dt. Städtespiel schlägt Berlin die Hamburger Vertretung mit 13:0.
- Die Spielabteilung des Duisburger Turnvereins unternimmt eine Englandtournee (4 Spiele, 4 Niederlagen, 0:46 Tore).
- Ein inoffizielles (Fußball-)Demonstrationsspiel wird bei den Olymp. Spielen in Athen gezeigt.
- Erste internationale Amateurwettkämpfe zw. brit. Ländern sowie dt., österr. und böhm. Auswahlmannschaften werden ausgetragen.
- In Leipzig wird am 13. Mai der VfB gegründet (1903 erster Dt. Meister).

1897
- Im August erfolgt die Gründung des Verbandes Leipziger Ballspielvereine (aufgelöst 1905).
- In internationalen Städtespielen mit dt. Beteiligung verlieren Hamburg gegen Kopenhagen 0:5 und Leipzig gegen Prag 2:4.
- In Seoul wird die erste korean. Fußballmannschaft (»Daehan«) gegründet.
- Der Verband Brandenburg. Ballspiel-Vereine wird durch Zusammenschluss des Berliner Fußball-Verbands und des Märk. Fußball-Bundes gegründet.
- Die Wiener »Cricketer« gewinnen den österreich. Pokalwettbewerb (offiziell ab 1919 ausgetragen).
- Ein Auf- und Abstiegssystem wird in der engl. Liga eingeführt.
- Athlétic Bilbao, der älteste span. Klub, wird von brit. Ingenieuren gegründet.
- In Düsseldorf erfolgt am 23. Oktober die Gründung des Rhein. Spielverbandes, des späteren Westdt. Fußballverbandes.
- In Karlsruhe wird der Verband Süddt. Fußball-Vereine aus der Taufe gehoben.
- Grasshopper-Club Zürich wird erster schweizer. Landesmeister.
- In Turin wird der Italien. Fußballverband gegründet; erster Landesmeister: FC Genua 1893.
- Atletica Mackenzie São Paulo (benannt nach einer traditionsreichen Schule) ist der erste brasilian. Verein ohne ausländ. Spieler.

1899
- Deutschland bestreitet gegen England seine ersten inoffiziellen Länderspiele (»Ur-Länderspiele«) und unterliegt 2:13, 2:10 und 0:7.
- Das erste Städtespiel zw. Wien und Berlin endet 0:2.
- In England wird die Ablösesumme eingeführt (damaliger Höchstbetrag: 10 Pfund Sterling).
- RAP Amsterdam wird erster niederländ. Pokalsieger und gewinnt auch das Double.

1900
- Vertreter von 86 dt.Vereinen gründen am 28. Januar in Leipzig (Restaurant »Zum Mariengarten«, Carlstraße; die Dachorganisation des dt. Fußballs, den Dt. Fußball-Bund (DFB). – Erster Präsident: F. Hueppe.
- Im Leipziger Mariengarten wird am 26. Dezember der Verband Mitteldt. Ballspielvereine gegründet.
- Das erste inoffiziellen olymp. »Fußballturnier« (als Demonstrationswettberb) mit 3 Teilnehmern gewinnt Großbritannien, vertreten durch den Upton Park FC.
- Der Verband der »Prager Dt. Fußball-Vereine« wird am 7. November gegründet.

1901
- Deutschland beendet seine »Ur-Länderspiele« in England mit 2 weiteren Niederlagen (0:12 und 0:10).
- Tottenham Hotspur gewinnt als erster Nicht-

ligaklub den FA Cup (Endspiel vor 110 820 Zuschauern im »Crystal Palace«).
- Der Böhm. Fußballverband konstituiert sich in Prag (seit 1922: Tschechoslowak. Fußballverband).
- Seit dem 22. März gibt es den Verband Dresdner Ballspiel-Vereine.

1902
- Wien gewinnt den ersten Städtevergleich gegen den späteren Erzrivalen Budapest zu Hause mit 5:0.
- Der Frauenfußball wird in England untersagt.
- Beim Einsturz einer Tribüne im Glasgower Ibroxpark während des Länderspiels Schottland gegen England werden 25 Personen getötet und 340 zum Teil schwer verletzt.
- Die mexikan. Meisterschaft, erste nationale in Mittelamerika, nimmt ihren Spielbetrieb auf.
- In Paraguay wird am 25. Juli – initiiert von dem Niederländer Willem Paats – ein Fußballklub gegründet (Football Club Olimpia Asunción).

1903
- Erster Dt. Meister wird am 31. Mai in Hamburg-Altona der VfB Leipzig durch einen 7:2-Endspielsieg über den DFC Prag.

1904
- In Paris gründen europ. Vertreter am 21. Mai die FIFA (Belgien, Dänemark, Frankreich, Niederlande, Schweden, Schweiz, Spanien); Präsident: Robert Guérin. – Deutschland wird im gleichen Jahr FIFA-Mitglied.
- F.-W. Nohe wird DFB-Präsident (Nachfolger von F. Hueppe).
- Beim olymp. »Fußballturnier« (als Demonstrationswettbewerb) in St. Louis (3 Klubs aus den USA und Kanada) gewinnt der Galt FC Ontario für Kanada.
- In Glasgow wird der Hampden Park eingeweiht.
- Der Österr. Fußball-Bund (ÖFB) konstituiert sich in Wien.

1905
- Die Schweiz unterliegt in ihrem ersten offiziellen Länderspiel in Paris gegen Frankreich mit 0:1.
- Die Prager »Ulička« sorgt für Furore.
- Der Österreicher »Luggi« Hussak fintiert seine verblüfften Gegner mit »Schuster-Schmäh«.
- G. Hinze wird DFB-Präsident (Nachfolger von F.-W. Nohe).
- Der DFB gibt das erste Fußballjahrbuch heraus.
- In Hamburg wird der Norddt. Fußballverband gegründet.
- Als weitere FIFA-Mitglieder kommen hinzu: England, Irland, Italien, Österreich, Schottland, Ungarn, Wales

1906
- Sieger beim Fußball-Demonstrationswettbewerb im Rahmen der »Zwischenolympiade« in Athen wird die »Auswahl Dänemark«.
- D. B. Woolfall wird FIFA-Präsident (Nachfolger von R. Guérin).
- Fluminense gewinnt die erste Rio-de-Janeiro-Meisterschaft.

1908
- Fußball hat sich olympisch durchgesetzt. Unter 6 teilnehmenden Mannschaften wird Großbritannien in London erster Olympiasieger (2:0 gegen Dänemark).
- Deutschland verliert sein erstes offizielles Länderspiel 3:5 gegen die Schweiz in Basel.
- Manchester United FC gewinnt den erstmals ausgetragenen Charity Shield Cup.
- In Bukarest wird der Rumän. Fußballverband gegründet.

London 1908. Das ist die englische Nationalelf, die für Großbritannien das olympische Turnier gewann und als erster »echter Fußball-Olympiasieger« gefeiert wurde.

1909
- Durch die Aufnahme von Spielvereinen in den Arbeiter-Turner-Bund Deutschland entfaltet sich der Arbeiterfußball.
- Den ersten Wettbewerb um den Kronprinzenpokal gewinnt Mitteldeutschland.

1910
- Die philippin. Meisterschaft, die erste nationale in Asien, wird ausgetragen.
- Die ersten Länder aus Übersee werden in der FIFA registriert: Südafrika (1910), Argentinien, Chile (1912), USA (1913).
- Young Boys Bern wird erster schweizer. Pokalsieger und gewinnt darüber hinaus das Double.
- Gründung des Niederösterr. und des Dt.-Alpenländ. Fußballverbandes, des späteren Steir. Fußballverbandes.

1912
• Großbritannien holt sich unter 13 Teilnehmerländern (mit Deutschland und Österreich) nach 1908 erneut den Olympiasieg (4:2 gegen Dänemark).
• Rapid Wien wird erster österr. Fußballmeister.
• In Moskau wird die Allruss. Fußballunion gegründet, der spätere Sowjet. Fußballverband.

1913
• China und die Philippinen organisieren eine internationale Meisterschaft Asiens in Manila.
• In New York wird der »Fußballverband der USA« gegründet.
• Spanien, 1904 Gründungsmitglied der FIFA, tritt dem Weltverband bei.

1914
In Rio de Janeiro wird der Brasilian. Fußballverband gegründet.

1916
Gründung des Südamerikan. Fußballverbandes (CONMEBOL). – Uruguay gewinnt in Buenos Aires die erste Südamerikameisterschaft.

1918
Durch Ministerialerlass des Preuß. Ministeriums für geistige Unterrichts- und Medizinalangelegenheiten wird im Rahmen des neuen Schulturnens das Fußballspiel ab Obersekunda zugelassen.

1919
• In Wien wird die »Freie Vereinigung der Arbeiter-Fußballvereine« gegründet.
• Rapid Wien gewinnt den ersten offiziellen österr. Pokalwettbewerb (bis 1949 als »Wiener Cup« geführt).
• Der Racing-Club Tunis erringt die erste Nordafrikameisterschaft.
• Norddeutschland gewinnt den erstmals ausgetragenen Bundespokal.
• Gründung des Tiroler Fußballverbandes.

1920
• Sieger des olymp. Fußballturniers von Antwerpen wird Belgien (im Endspiel beim Stand von 2:0 gegen die Tschechoslowakei abgebrochen).
• Das Endspiel um die Dt. Arbeiterfußballmeisterschaft gewinnt TuSV Fürth (Bayern) gegen Süden-Forst in Leipzig-Lindenau mit 3:1.
• In Konstanz am Bodensee gründet W. Bensemann die Fußballfachzeitschrift »kicker«.
• Die brit. Verbände verlassen (bis 1924) die FIFA.
• Gründung des Vorarlberger Fußballverbandes.

1921
• J. Rimet wird FIFA-Präsident (Nachfolger von D. B. Woolfall).
• In England wird Fußballtoto eingeführt.
• In Kairo wird der Ägypt. Fußballverband gegründet.
• In Tokio konstituiert sich der Japan. Fußballverband.
• Cracovia Kraków gewinnt die erste poln. Landesmeisterschaft.
• Gründung des Salzburger, des Oberösterr., des Kärtner und des Steir. Fußballverbandes.
• Irland wird Freistaat, muss aber Nordirland abgeben. Daher erfolgt in Dublin die Gründung des Fußballverbandes von Irland, während der Irische Fußballverband nur noch für Nordirland zuständig ist.

1922
• Erster portugies. Pokalsieger wird der SC Porto.
• In Luxemburg wird Racing Luxemburg erster Pokalsieger.
• St. James' Gate wird sowohl erster irischer Landesmeister als auch Pokalsieger, d. h. Gewinner des Doubles.

1922
Der italien. Nationalspieler U. Caligaris demonstriert erstmals den »Scherenschlag«.

1923
• In London wird vor 126 000 Besuchern anlässlich des FA-Cup-Finales das Wembleystadion eingeweiht.
• In Berlin-Lichtenberg unterliegt in einem vom Arbeiterfußball organisierten Städtespiel Berlin einer Moskauer Auswahl mit 0:6.
• Gründung des Wiener Fußballverbandes.

1924
• Beim olymp. Fußballturnier in Paris (mit der Schweiz) siegt Uruguay im Endspiel gegen die Schweiz mit 3:0.
• In seinem ersten Arbeiterfußball-Länderspiel unterliegt Deutschland in Paris gegen Frankreich 0:3.
• Die Skandinav. Meisterschaft, der erste nicht brit. europ. regionale Wettbewerb zw. Nationen, wird eingeführt.
• Die brit. Verbände treten nach ihrem Abgang 1920 wieder der FIFA bei.

1925
• F.Linnemann wird DFB-Präsident (Nachfolger von G.Hinze).
• Nach Französisch und Englisch wird Deutsch dritte offizielle FIFA-Sprache.

1926
• O. Nerz wird erster DFB-Bundestrainer (»Reichstrainer«); Assistent: J. Herberger.
• In Athen wird der Griech. Fußballverband gegründet.

1927
• Sparta Prag gewinnt den erstmals ausgetragenen Mitropapokal.

- In England setzt sich das WM-System durch (H. Chapman, FC Arsenal), verbunden mit der Einführung des Stoppers und des »mag. Vierecks«.
- Erste Rundfunkübertragung eines Fußballspiels: FC Arsenal gegen Sheffield United (22. Januar in Highbury).

1928

- Beim olymp. Fußballturnier in Amsterdam (mit Deutschland und der Schweiz) wird Uruguay nach 1924 erneut Olympiasieger (1:1 n. V. und 2:1 im Wiederholungsspiel gegen Argentinien).
- Die brit. Verbände verlassen erneut die FIFA (unter anderem wegen Streitigkeiten über eine teilweise Bezahlung von Amateuren) und sollten erst 1946 zurückkehren.
- Dänemark gewinnt die erstmals ausgetragene Skandinav. Meisterschaft.
- Den ersten Baltic-Cup gewinnt Lettland.

1929

- In Madrid muss England die erste Niederlage gegen eine Vertretung des europ. Kontinents hinnehmen (Spanien – England 4:3).
- Erste Rundfunkübertragung eines Länderspieles: Italien – Deutschland (1:2) in Turin (Reporter: Dr. P. Laven) am 28. April.

1930

- In Montevideo wird Uruguay erster Fußballweltmeister (4:2 gegen Argentinien).
- Italien gewinnt den ersten Nationenpokal.
- Kuba ist der erste Sieger des Fußballturniers im Rahmen der Zentralamerikanisch-Karib. Spiele.
- Den ersten Nordafrikacup gewinnt der Club des Joyseusetés Oran.

1931

- Die Glanzzeit des österr. »Wunderteams« beginnt in Wien mit einem 5:0 gegen Schottland.

Der erste Weltmeister: Uruguays Nationalelf vor dem Endspiel 1930 in Montevideo; stehend von links: Masseur Figoli, Gestido, Nasazzi, Ballesteros, Mascheroni, Andrade, Fernandez, Betreuer Greco. Sitzend von links: Dorado, Scarone, Castro, Cea, Iriarte.

- Eröffnung des Wiener Praterstadions (später Ernst-Happel-Stadion).
- Rumänien gewinnt den erstmals ausgetragenen Balkanpokal (für Nationalmannschaften).

1932

Zürich wird FIFA-Sitz (vorher Paris).

1933

- Mit Hitlers Machtübernahme wird der DFB innerhalb Deutschlands zum »Fachverband Fußball« im Reichssportführerring des dt. Sports »umfunktioniert«.
- Die Ära des »Wunderteams« geht mit einem 1:2 gegen die Tschechoslowakei zu Ende.

1934

- Der »Fachverband Fußball« wird zum »Fachamt Fußball« im Dt. Reichsbund für Leibesübungen umgebildet, wobei der DFB lediglich formal (der FIFA wegen) als selbständige Organisation bestehen bleibt.
- Nachdem erstmals Qualifikationsspiele erforderlich waren, gewinnt Italien im eigenen Land die Weltmeisterschaft mit 2:1 (1:1, 0:0) n. V. gegen die Tschechoslowakei.

1935

- In Düsseldorf gewinnt der 1. FC Nürnberg das Endspiel um den erstmals ausgetragenen DFB-Vereinspokal gegen den FC Schalke 04 mit 2:0.

1936

- Beim olymp. Fußballturnier in Berlin (mit Deutschland) gewinnt Italien das Endspiel gegen Österreich mit 2:1 n. V. – Anlässlich der Olymp. Spiele erfolgt die Einweihung des Berliner Olympiastadions.
- J. Herberger wird als Nachfolger von O. Nerz (Nationalmannschafts-)DFB-Trainer.
- Erste sowjet. Landesmeister werden Dynamo Moskau (Frühjahr) und Spartak Moskau (Herbst); erster Pokalsieger: Lokomotive Moskau.

1937

- Der Glasgower Hampden Park erlebt bei der Begegnung Schottland gegen England Besucherrekord (149 547 Zuschauer).
- Als erster dt. Mannschaft gelingt dem FC Schalke 04 das nationale Double.
- Erste Fernsehübertragung (Ausschnitte) eines Fußballspiels: Preston North End gegen Sunderland im FA-Cup-Finale.

1938

- Italien gewinnt in Frankreich bei der Weltmeisterschaft nach 1934 seinen zweiten Titel und schlägt im Finale in Paris Ungarn mit 4:2.
- Anlässlich des 75-jährigen Jubiläums der FA gewinnt England in London gegen eine FIFA-Auswahl mit 3:0.

Triumph in Paris: Vittorio Pozzo und seine Schützlinge gewinnen 1938 zum zweitenmal die Weltmeisterschaft für Italien. Stehend von links: Biavati, Pozzo (mit der Trophäe), Piola, Ferrari, Colaussi; kniend: Locatelli, Meazza, Foni, Olivieri, Rava, Andreolo; vorn: Serantoni.

• Nach der Annexion Österreichs durch Deutschland scheidet der Österr. Fußball-Bund bis 1945 aus der FIFA aus.

1939

• In der Schweiz wird Fußballtoto eingeführt.

• Der FIFA-Kongress beschließt, 1942 die Weltmeisterschaft in Deutschland durchzuführen (wozu es aufgrund des Zweiten Weltkrieges nicht kommt).

• M. Sindelar, der »Mozart des Fußballs«, begeht in Wien unter mysteriösen Umständen wahrscheinlich Selbsttötung.

• Beim 3:2-Sieg Italiens gegen Deutschland in Florenz demonstriert S. Piola den Fallrückzieher.

1942

• Letztes Spiel einer dt. Nationalmannschaft vor dem Zweiten Weltkrieg (am 22. November 5:2 gegen die Slowakei in Preßburg).

1944

• Abschließender Dt. Meister vor Beginn des Zweiten Weltkriegs wird der Dresdner SC durch einen 4:0-Endspielsieg gegen den LSV Hamburg.

1945

• Die FIFA schließt nach der Zerschlagung der Hitlerdiktatur Deutschland aus ihrer Organisation aus und verbietet den Mitgliedsländern den Spielkontakt mit dt. Mannschaften. – Österreich tritt der FIFA wieder bei und bestreitet am 6. Dezember in Wien sein erstes Länderspiel nach dem Zweiten Weltkrieg (4:1 gegen Frankreich).

• In den Westzonen (der späteren BRD) werden als höchste Spielklasse (bis 1963) Oberligen eingeführt (Süd und Südwest, Nord und West folgen 1947).

• In Paris erscheint die Sporttageszeitung »L'Equipe«.

• Gründung des Burgenländ. und des Tiroler Fußballverbands.

1946

• Die Trophäe »Weltpokal« wird in »Coupe Jules Rimet« umbenannt.

• Die brit. Verbände schließen sich nach ihrem Austritt 1928 der FIFA wieder an.

• Beim Tribüneneinsturz während eines Pokalspieles zw. Bolton Wanderers und Stoke City kommen 33 Personen ums Leben.

1947
• Jugoslawien gewinnt in Budapest die erste USIC-Meisterschaft.
• In England wird das FA-Cup-Finale zum ersten Mal live im Fernsehen übertragen.
• In der sowjet. Besatzungszone (der späteren DDR) erscheint erstmals am 5. Mai das »Dt. Sportecho«.
• Glasgow erlebt anlässlich der im Jahr zuvor erfolgten Rückkehr der brit. Verbände in die FIFA ein Spiel zw. Großbritannien und einer FIFA-Auswahl (6:1).
• In Frankfurt am Main wird der »Dt. Fußballausschuss« gegründet, aus dem 1950 der neu zu gründende DFB hervorgehen sollte.
• Das Madrider Saniago Bernabéu wird eingeweiht.
• In Havanna gewinnt Mexiko die erste NAFC-Meisterschaft.

1948
• Beim olymp. Fußballturnier in London wird Schweden Olympiasieger, nachdem man im Finale in London Jugoslawien mit 3:1 besiegen konnte.
• England gewinnt in London das erstmals ausgetragene FIFA-Juniorenturnier.
• In der sowjet. Besatzungszone werden Betriebssportgemeinschaften gebildet. – SG Planitz wird erster Ostzonenmeister durch ein 1:0 gegen Freiimfelde Halle am 4. Juli in Leipzig.
• Erster (Nachkriegs-)Meister der Westzonen wird der 1. FC Nürnberg durch ein 2:1 gegen den 1. FC Kaiserslautern.
• Erster internationaler Spielertransfer (aus Schweden zum AC Mailand): G. Gren, G. Nordahl, N. Liedholm.
• Der Saarländ. Fußballbund wird gegründet.
• In Italien hält der »Catenaccio« Einzug.

1949
• Bei einem Flugzeugabsturz in der Nähe von Turin kommt die gesamte Mannschaft des AC Turin (darunter V. Mazzola) ums Leben.
• Spanien gewinnt den erstmals veranstalteten Latein Cup.
• In der Ostzone wird die DS-Liga, die spätere DDR-Oberliga, geschaffen (14 Mannschaften).
• In Österreich wird die Staatsliga eingeführt (13 Teams).
• Erster FDGB-Pokalsieger (Pokalwettbewerb der Ostzone) wird am 28. August in Halle (Saale) die BSG Waggonbau Dessau durch ein 1:0 n. V. gegen die BSG Gera-Süd.
• Im Dt. Sportausschuss der Ostzone, gegr. am 1. Oktober, wird eine Fußballsparte gebildet (erster Leiter: G. Schulz), aus der sich 1950 in Berlin-Pankow der »Fachausschuss Fußball« konstituieren sollte.
• Am 7. September wird die Bundesrepublik Deutschland (BRD), am 7. Oktober die Dt. Demokratische Republik (DDR) gegründet.
• Im ersten internationalen Spiel verliert eine DDR-Vertretung (als Sachsenauswahl) in Berlin gegen eine ungar. Gewerkschaftsauswahl mit 1:2.
• P. Bauwens wir erster DFB-Präsident nach dem Zweiten Weltkrieg (Nachfolger von F. Linnemann).
• Die FIFA hebt das Spielverbot von 1945 gegen dt. Mannschaften auf.
• In Berlin (Ost) erscheint die »Die Neue Fußballwoche« (»fuwo«), in Reutlingen die Fußballfachzeitschrift »Der Fußball-Trainer«.

1950
• »Berühmteste« Niederlage Englands, und zwar 0:1 gegen die USA in Belo Horizonte (WM-Endrundenspiel).
• Uruguay siegt im Maracaná-Stadion vor 203 850 Zuschauern 2:1 gegen Brasilien und holt nach 1930 seinen zweiten Weltmeistertitel.
• Österreich ist die erste Ländervertretung des europ. Kontinents, die in Schottland (Glasgow) gewinnt (1:0).
• In der BRD erfolgt die formelle Neugründung des DFB, der im gleichen Jahr der FIFA beitritt. – In ihrem ersten Länderspiel besiegt die BRD in Stuttgart die Schweiz mit 1:0. – Das Land Bayern gewinnt den einmalig ausgetragenen Länderpokal der DFB-Landesverbände (ab 1951: Amateur-Länderpokal).
• Brasilien gewinnt den erstmals veranstalteten Oswaldo-Cruz-Cup.
• Der Saarländ. Fußballbund wird Mitglied der FIFA.
• In Hannover wird am 10. Dezember der Dt. Sportbund (DSB) gegründet.
• J. Herberger beginnt seine Tätigkeit als erster DFB-Trainer nach dem Zweiten Weltkrieg.
• Die BSG Horch Zwickau wird erster DDR-Fußballmeister (5:1 gegen SG Dresden-Friedrichstadt im Dresdner Heinz-Steyer-Stadion).
• In Berlin (Ost) wird das Walter-Ulbricht-Stadion eingeweiht (später: Stadion der Weltjugend), in Aue das Otto-Grotewohl-Stadion (heute: Erzgebirgsstadion).
• H. Satrapa wird erster Torschützenkönig der DDR-Oberliga (23 Treffer).

1951
• Das erste Fußballturnier der Panamerikan. Spiele gewinnt Argentinien in Buenos Aires.
• Palmeiras São Paulo (Brasilien) wird Sieger der erstmals ausgetragenen Copa Internacional in Montevideo.

- Bei den ersten Asienspielen in Delhi gewinnt Indien den Fußballwettbewerb.
- Den ersten Amateur-Länderpokal der BRD gewinnt Niederrhein.
- Der Ball wird »fernsehgerecht« (schwarz-weiß oder weiß, »Fernsehball«), auch der zunehmenden Flutlichtspiele wegen.
- In Nürnberg erscheint wieder der »kicker«, der sich rasch zur führenden Fußballfachzeitschrift in der BRD entwickeln sollte.

1952
- Ungarn wird beim olymp. Fußballturnier in Helsinki Olympiasieger nach einem 2.0-Endspielsieg gegen Jugoslawien.
- Die »Sektion Fußball« (hervorgegangen aus dem 1950 gebildeten »Fachausschuss Fußball«) der DDR wird am 24. Juli FIFA-Mitglied.
- Die DDR bestreitet ihr erstes Länderspiel (0:3 gegen Polen in Warschau).

1953
- Die FIFA legalisiert die Gründung weiterer kontinentaler Verbände.
- Im »Spiel des Jahrhunderts« gewinnt Ungarn im Londoner Wembleystadion gegen England 6:3 und besiegelt damit die erste Heimniederlage Englands gegen eine Elf des europ. Kontinents.
- In der BRD gewinnt Rot-Weiss Essen den erstmals nach dem Zweiten Weltkrieg ausgetragenen DFB-Vereinspokal (2:1 gegen Alemannia Aachen).

1954
- Die Bundesrepublik Deutschland schafft das »Wunder von Bern«: Sie besiegt im Finale der Weltmeisterschaft in der Schweiz die bis dahin in 32 Länderspielen unbezwungenen Ungarn im Wankdorfstadion mit 3:2 und wird sensationell Weltmeister.
- In Basel wird die UEFA gegründet; Präsident: E. Schwartz.
- R. W. Seeldrayers wird FIFA-Präsident (Nachfolger von J. Rimet).
- In der DDR entstehen die ersten Sportklubs.
- Vom Erzgebirge an die Ostsee: Die Oberligamannschaft von BSG Empor Lautern wird zum neu gegründeten SC Empor Rostock »delegiert«.
- Gründung des Asiat. Fußballverbandes (AFC) in Kuala Lumpur (Malaysia).

1955
- Annahme der UEFA-Statuten durch deren Mitgliedsverbände und erster Auftritt einer Europaauswahl anlässlich des 75-jährigen Bestehens des Irischen Fußballverbands in Belfast (Großbritannien – Europaauswahl 1:4).
- Der DDR gelingt in ihrem siebenten Länderspiel der erste Sieg (3:2 gegen Rumänien in Bukarest).
- Brasilien gewinnt den erstmals ausgetragenen Bernardo-O'Higgins-Cup.

1953 im Wembleystadion: Erste Heimniederlage der englischen Nationalelf. Ungarn gewinnt 6:3. Puskás erzielt den dritten Treffer.

Das wichtigste Tor der deutschen Fußballgeschichte: Helmut Rahn hat das 3:2 erzielt. Die Bundesrepublik Deutschland ist Weltmeister 1954.

1956

- Beim olymp. Fußballturnier in Melbourne wird die UdSSR nach einem 1:0 gegen Jugoslawien Olympiasieger.
- Die UEFA wird mit der Durchführung des seit 1948 durchgeführten FIFA-Juniorenturniers betraut (»UEFA-Juniorenturnier«).
- Real Madrid gewinnt in Paris das Endspiel um den ausgetragenen Europapokal der Landesmeister (4:3 gegen Stade Reims).
- 250 Spieler Ungarns, darunter viele Spieler von Honved Budapest, verlassen nach dem sowjet. militär. Übergriff ihre Heimat.
- S. Matthews wird erster Europas Fußballer des Jahres.
- A. Drewry wird FIFA-Präsident (Nachfolger von R. W. Seeldrayers).
- Gründung des Afrikan. Fußballverbandes (CAF) in Kairo.
- Der Saarländ. Fußballbund (SFB) wird in den DFB überführt.
- Einweihung des Leipziger Zentralstadions. – Im gleichen Jahr gelingt dort F. Walter beim Freundschaftsspiel des SC Wismut Karl-Marx-Stadt gegen den 1. FC Kaiserslautern (3:5) vor 115 000 Zuschauern ein unvergessenes Hackentricktor (im Hechtflug erzielt).
- In Hongkong gewinnt Südkorea die ersten Asienmeisterschaft.
- Brasilien ist Sieger des ersten Wettbewerbs um den Atlantikpokal.

1957

- Ägypten gewinnt die erste Afrikameisterschaft (2:0 gegen Gastgeber Sudan).
- Beim erstmals ausgetragenen Merdeka Anniversary Football Tournament siegt Hongkong in Malaysia.
- In Berlin (Ost) wird am 27./28. April der Dt. Turn- und Sportbund der DDR (DTSB) gegründet.
- In der BRD bildet sich der Bund Dt. Fußball-Lehrer (BDFL).
- Landesmeister Borussia Dortmund wird in der BRD bei der Wahl der »Sportler des Jahres« als »Mannschaft des Jahres« gewählt (erstmals durchgeführt).

1958

- Bei der Weltmeisterschaft in Schweden gewinnt Brasilien seinen ersten WM-Titel (5:2 gegen Schweden in Stockholm) und demonstriert dabei ein 4–2-4-System.
- Barcelona gewinnt den ersten Internationalen Messepokal, den Vorläufer des UEFA-Pokals (ab 1972).
- Bulgarien gewinnt in der DDR die SKDA-Meisterschaft der »befreundeten Armeen«.
- In Berlin (Ost) wird der Dt. Fußballverband der DDR (DFV der DDR) gegründet (Nachfolger der Sektion Fußball).
- Bei einer Flugzeugkatastrophe in München-Riem kommen 8 Spieler von Manchester United ums Leben.

1959

- Das UEFA-Generalsekretariat wird von Paris nach Bern verlegt.
- W. (»Billy«) Wright beendet seine internationale Laufbahn als erster Spieler mit über 100 Länderspielen (105).

1960

- Die UdSSR gewinnt in Frankreich in Paris den »Europapokal der Nationen«, den Vorläufer der Europameisterschaft, durch ein 2:1 (1:1) n. V. gegen Jugoslawien.
- Im Endspiel des olymp. Fußballturniers in Rom schlägt Jugoslawien Dänemark mit 3:1.
- Real Madridgewinnt zum fünften Mal hintereinander (nach 1956–59) den Europapokal der Landesmeister (Endspiel: 7:3 gegen Eintracht Frankfurt) und wird anschließend Sieger im Weltpokal (0:0 und 5:1 gegen Peñarol Montevideo).
- U. Seeler wird erster Fußballer des Jahres in der BRD.
- Die UEFA verlegt ihren Sitz von Basel nach Bern.

1961

- Sir S. Rous wird FIFA-Präsident (Nachfolger von A. Drewry) .
- Den Europapokal der Pokalsieger gewinnt der AC Florenz nach 2:0 und 2:1 gegen die Glasgow Rangers.
- Gründung der CONCACAF (Nord-, Zentralamerika, Karibik) in Guatemala.
- FC Aston Villa gewinnt den erstmals veranstalteten engl. Ligapokal (»League Cup«).
- Der Landesmeister 1. FC Nürnberg wird in der BRD bei der Wahl der »Sportler des Jahres« als »Mannschaft des Jahres« gewählt, ebenso der SC Empor Rostock in der DDR.

1962

- Brasilien wird bei der Weltmeisterschaft in Chile nach einem 3:1-Endspielsieg in Santiago de Chile gegen die ČSSR zum zweiten Mal nach 1958 Weltmeister.
- G. Wiederkehr wird UEFA-Präsident (Nachfolger von E. Schwartz).
- H. Gössmann wird DFB-Präsident (Nachfolger von P. Bauwens).

1960: Real Madrid gewinnt zum fünften Male den Europapokal der Landesmeister und den erstmals ausgetragenen Weltpokal (gegen Peñarol Montevideo).

• Ajax Amsterdam wird Sieger der ersten Intertotorunde.
• In der schweizer. Uhrenstadt Grenchen findet der erste »Uhrencup« statt.

1963
• Anlässlich des 100-jährigen Bestehens der FA gewinnt im Londoner Wembleystadion England gegen den »Rest der Welt« 2:1.
• In der BRD wird die Bundesliga mit 16 Mannschaften gebildet. – Nächst niedrigere Spielklasse (bis 1974) ist die Regionalliga, unterteilt in Nord, West, Süd, Südwest, West/Südwest und Berlin (West).
• M. Kaiser (SC Wismut Karl-Marx-Stadt) wird in der DDR erster Fußballer des Jahres.
• Zuschauerweltrekord bei einem Klubspiel: 177 656 bei Flamengo – Fluminense im Maracaná-Stadion von Rio de Janeiro.
• Bei Pflichtspielen darf nicht mehr barfuß gespielt werden (Indien).
• Die Nationalmannschaft der DDR wird bei der Wahl der »Sportler des Jahres« als »Mannschaft des Jahres« gewählt.

1964
• Im Endspiel um den »Europapokal der Länder« gewinnt Spanien gegen die UdSSR in Madrid mit 2:1.
• Beim olymp. Fußballturnier in Tokio gewinnt Ungarn im Finale mit 2:1 gegen die ČSSR und wird nach 1952 wieder Olympiasieger.
• In der Bundesrepublik Deutschland wird der 1. FC Köln erster Bundesligameister. – Torschützenkönig: U. Seeler (Hamburger SV, 30 Tore).
• H. Schön wird als Nachfolger von J. Herberger (Nationalmannschafts-)Bundestrainer.
• Fußballtragödie größten Ausmaßes in Lima: Nach dem Länderspiel Peru gegen Argentinien kommt es zu schweren Ausschreitungen, die über 300 Tote fordern.
• Die Olympiaauswahl der DDR (Olympiadritter) wird bei der Wahl der »Sportler des Jahres« als »Mannschaft des Jahres« gewählt, ihr Spielführer K. Urbanczyk als »Sportler des Jahres«.

1965
• Die DDR gewinnt in der BRD das UEFA-Juniorenturnier.
• S. Matthews wird von Königin Elisabeth II. als erster engl. Fußballspieler in den Adelsstand erhoben (»Sir Stan«).
• In der DDR etabliert sich der Samstag als Punktspieltag. – Der erste Fußballklub wird in Magdeburg gegründet (1. FC Magdeburg).
• Die Bundesliga wird auf 18 Mannschaften erhöht.

1966
• Im Weltmeisterschaftsendspiel in London wird England nach einem 4:2-Sieg n. V. (vorher 2:2) gegen die BRD zum ersten Mal Weltmeister. Erstmals tritt bei einer WM ein Maskottchen in Erscheinung (»World Cup Willie«).

Triumph für England. Bei der Weltmeisterschaft 1966 gewinnen die Engländer im fünften Anlauf endlich die »Coupe Jules Rimet«.

• Borussia Dortmund gewinnt das Endspiel im Europapokal der Pokalsieger in Glasgow mit 2:1 nach Verlängerung (zuvor 1:1) gegen Liverpool und holt damit erstmals einen Europapokal für die BRD .
• Der 1. FC Lokomotive Leipzig wird Sieger der Intertotorunde.
• Gründung des Ozean. Fußballverbandes (OFC) in Auckland (Neuseeland).
• Die Nationalmannschaft der BRD (WM-Zweiter) wird bei der Wahl der »Sportler des Jahres« als »Mannschaft des Jahres« gewählt, ebenso in der DDR die dortige Nationalmannschaft.

1967

• Der FC Bayern München gewinnt das Endspiel im Europapokal der Pokalsieger in Nürnberg gegen Glasgow Rangers mit 1:0 nach Verlängerung.

• Im Endspiel der I. Amateureuropameisterschaft (für Länder mit Profifußball) in Palma de besiegt Österreich Schottland mit 2:1.

• Hapoel Tel Aviv (Israel) holt sich den ersten Asienpokal der Landesmeister.

• Der FC Bayern München wird in der BRD bei der Wahl der »Sportler des Jahres« als »Mannschaft des Jahres« gewählt.

1968

• Bei der I. Europameisterschaft in Italien gewinnt der Gastgeber in Rom das Finale (Wiederholungsspiel, zuvor 1:1 n. V.) gegen Jugoslawien mit 2:0 und holt damit den EM-Titel.

• Beim olymp. Fußballturnier in Mexiko City wird Ungarn nach 1952 und 1964 zum dritten Mal Olympiasieger (4:1 gegen Bulgarien in Tokio). – Erstmals wird (nach einer Idee von Sir S. Rous) die Einführung der gelben und roten Karte erprobt.

• Eusebio (Benfica Lissabon) wird erster Torschützenkönig Europas (42).

• »FIFPro«, die internationale Vereinigung zum Schutz der Rechte von Profifußballspielern, wird gegründet (Sitz: Gouda [Südholland]).

• Die USA und Kanada gründen die North American Soccer League (NASL); erster Sieger: Atlanta Chiefs.

• Erste Kunstrasenplätze finden Anwendung (bes. in den USA, in Skandinavien und in der UdSSR).

1969

• Einführung des Bonifikationssystems für Auswärtstore und feststehender Termine für alle Runden der Europapokalwettbewerbe.

• Das Subtraktionsverfahren (»Tordifferenz«) löst das Divisionsverfahren (»Torverhältnis«) bei der Ermittlung des Tabellenstandes ab.

• Pelé erzielt im Maracaná-Stadion im Spiel seines Klubs FC Santos gegen Vasco da Gama Rio de Janeiro sein 1000. Punktspieltor.

• Dem FC Bayern München gelingt als erster bundesdeutschen Mannschaft der Gewinn des nationalen Doubles.

• In Wien wird der Bund Österreich. Fußball-Lehrer (BÖFL) gegründet.

1970

• Brasilien gewinnt zum dritten Mal nach 1958 und 1962 den WM-Titel, nachdem im Finale in Mexiko City Italien 4:1 bezwungen wird (Schiedsrichter: R. Glöckner/Markranstädt).

• Die DDR wird in Schottland (durch Losentscheid) zum zweiten Mal nach 1965 Sieger des UEFA-Juniorenturniers.

1970: Pelè umringt von seinen Kameraden. Brasilien hat das Endspiel 1970 gegen Italien gewonnen und ist nach 1958 und 1962 zum dritten Male Weltmeister.

• Die Nationalmannschaft der BRD (WM-Dritter) wird bei der Wahl der »Sportler des Jahres« als »Mannschaft des Jahres« gewählt.

1971

• In der Bundesliga wird durch den Präsident von Kickers Offenbach H.-G. Canellas eine Bestechungsaffäre aufgedeckt (»Bundesligaskandal«).

• In der DDR-Oberliga gelingt erstmals SG Dynamo Dresden der Gewinn des nationalen Doubles.

• Erster Südamerikas Fußballer des Jahres wird Tostão (Brasilien).

• Landesmeister Borussia Mönchengladbach wird in der BRD bei der Wahl der »Sportler des Jahres« als »Mannschaft des Jahres« gewählt.

1972

• Die BRD wird bei der Europameisterschaft in Brüssel Europameister und besiegt im Endspiel in Brüssel die UdSSR mit 2:0.

• Im Finale des olymp. Fußballturniers gewinnt im Münchner Olympiastadion Polen gegen Ungarn mit 2:1.

• Die erste Europameisterschaft der Nachwuchsmannschaften (»U 23«) wird von der ČSSR gewonnen (2:2 und 3:1 gegen die UdSSR).

• Den ersten UEFA-Pokal (Nachfolger des Internationalen Messepokals) holt sich Tottenham Hotspur (2:1 und 1:1) gegen Wolverhampton Wanderers.

- Erstmals wird der (Europa-)Supercup ausgespielt; Sieger: Ajax Amsterdam (3:2 und 3:1 gegen Glasgow Rangers).

1973

- A. Franchi wird UEFA-Präsident (Nachfolger von G. Wiederkehr).
- Uganda gewinnt im eigenen Land den erstmals ausgetragenen Ost-und-Zentralafrika-Challenge-Cup.
- Den ersten Ozeanien-Cup holt sich Neuseeland.
- DDR-Meister SG Dynamo Dresden wird bei der Wahl der »Sportler des Jahres« als »Mannschaft des Jahres« gewählt.

1974

- Die BRD gewinnt zum zweiten Mal nach 1954 den WM-Titel, nachdem im Finale in München die Niederlande mit 2:1 besiegt werden.
- FC Bayern München gewinnt als erster dt. Klub den Europapokal der Landesmeister (in Brüssel gegen AtléticoMadrid: 0:0, 1:1 n. V.; 4:0 im Wiederholungsspiel).
- Erster und damit auch letzter DDR-Europapokalsieger wird der 1. FC Magdeburg, der im Finale des Europapokals der Pokalsieger in Rotterdam den AC Mailand mit 2:0 besiegt.
- J. Havelange wird FIFA-Präsident (Nachfolger von Sir S. Rous).
- In der BRD wird die zweigleisige Zweite Liga (Gruppe Süd, Gruppe Nord) eingeführt (existiert bis 1981). Die Sieger beider Gruppen steigen direkt in die Bundesliga auf, während die beiden Zweiten den dritten Aufsteiger ermitteln.
- In England finden erstmals Sonntagsspiele statt (Liga, FA Cup).
- Erster Landesmeister der BRD im Frauenfußball wird der TuS Wörrstadt.
- In der Bundesliga wird die Trikotwerbung gestattet.

1974: Gerd Müller schießt – Tor für die Bundesrepublik Deutschland. Die Elf von Helmut Schön gewinnt das Finale der WM 1974 und ist Weltmeister.

• Die Nationalmannschaft der BRD wird bei der Wahl der »Sportler des Jahres« als »Mannschaft des Jahres« gewählt, ebenso der 1. FC Magdeburg in der DDR.

1975

• Der FC Bayern München wird nach 1975 zum zweiten Mal Sieger des Europapokals der Landesmeister (in Paris 2:0 gegen Leeds United).

• Borussia Mönchengladbach gewinnt den UEFA-Pokal (0:0 und 5:1 gegen Twente Enschede '65).

• H. Neuberger wird DFB-Präsident (Nachfolger von H. Gössmann).

• In der BRD wird H. Aldinger wird erster »Schiedsrichter des Jahres«.

• Borussia Mönchengladbach wird in der BRD bei der Wahl der »Sportler des Jahres« als »Mannschaft des Jahres« gewählt.

1976

• Bei der Europameisterschaft in Jugoslawien gewinnt die ČSSR den Titel, nachdem im Finale in Belgrad die BRD im Strafstoßschießen 5:3 (2:2 n.V.) bezwungen wird.

• Im Endspiel des Fußballturniers in Montreal besiegt die DDR Polen mit 3:1 und wird Olympiasieger.

• Der FC Bayern München gewinnt zum dritten Mal in Folge den Europapokal der Landesmeister (in Glasgow gegen AS St.-Étienne 1:0) und holt sich im gleichen Jahr den Weltpokal (2:0 und 0:0) gegen Cruzeiro Belo Horizonte).

• Israel wird aus dem asiat. Kontinentalverband (AFC) ausgeschlossen und schließt sich Ozeanien (OFC) als assoziiertes Mitglied an.

• Die Olympiaauswahl der DDR wird bei der Wahl der »Sportler des Jahres« als »Mannschaft des Jahres« gewählt.

1977

• Die UdSSR gewinnt in Tunis (Tunesien) das I. Jugend-Weltturnier (ab 1981: Juniorenweltmeisterschaft U 20) durch ein 7:6 im Strafstoßschießen (zuvor 2:2) gegen Mexiko.

• Der Hamburger SV schlägt im Endspiel des Europapakals der Pokalsieger in Amsterdam den RSC Anderlecht 2:0.

1978

• Bei der Weltmeisterschaft in Argentinien siegt der Gastgeber im Finale gegen die Niederlande mit 3:1 n. V. und wird erstmals Weltmeister.

• J. Derwall wird als Nachfolger von H. Schön (Nationalmannschafts-)Bundestrainer.

• Einführung des Wertkoeffizientensystems (»Fünfjahreswertung«) für alle Europapokalwettbewerbe.

• Tottenham Hotspur verpflichtet mit 2 Argentiniern erstmals ausländ. Spieler in England.

1979

• Borussia Mönchengladbach setzt sich in den 2 Endspielen gegen Roter Stern Belgrad durch (1:1, 1:0) und gewinnt den UEFA-Pokal.

• Bei der ersten »Bestenermittlung« im DFV-Frauenfußball gewinnt BSG Motor Mitte Karl-Marx-Stadt in Templin den Titel.

• Einweihung des neuen FIFA-Hauses in Zürich.

• 17 Spieler des sowjet. Oberligaklubs Pachtakor Taschkent kommen bei einem Flugzeugabsturz innerhalb der UdSSR ums Leben.

• Nach der islam. Revolution ist es den iran. Sportlern (und damit auch Fußballspielern) per Gesetz verboten, gegen israel. Teams anzutreten.

1980

• Die BRD gewinnt bei der Europameisterschaft in Rom nach einem 2:1-Endspielsieg gegen Belgien zum zweiten Mal nach 1972 den Titel.

• Im olymp. Fußballturnier gewinnt die ČSSR das Endspiel in Moskau gegen die DDR mit 1:0 und holt damit erstmals bei Olympia Gold.

• Eintracht Frankfurt gewinnt den UEFA-Pokal (2:3 und 1:0 gegen Borussia Mönchengladbach).

• Der Weltpokalsieger wird in nur noch einem Spiel ermittelt (in Tokio).

• In Wien wird die Union Europ. Fußball-Trainer (UEFT), in Zug die Union Schweizer Fußball-Trainer (USFT) gegründet.

• Die Nationalmannschaft der BRD wird bei der Wahl »Sportler des Jahres« als »Mannschaft des Jahres« gewählt.

1981

• In Australien wird die erste Juniorenweltmeisterschaft (U 20) ausgetragen, die Nachfolgerin des Jugend-Weltturniers. Das Endspiel in Sydney gewinnt die BRD mit 4:0 gegen Katar.

• Bei der ersten Junioreneuropameisterschaft (Nachfolgerin des 1955–80 ausgetragenen UEFA-Juniorenturniers) in der BRD gewinnen die Gastgeber den Titel (1:0 gegen Polen).

• In der BRD wird die eingleisige Zweite Bundesliga als Nachfolgerin der zweigleisigen Zweiten Liga (seit 1974) eingeführt. Erster und Zweiter steigen direkt in die Bundesliga auf, während der Dritte gegen den 16. der Bundesliga 2 Relegationsspiele bestreiten muss (Bundesligaaufstieg/Bundesligaverbleib).

• Den ersten Frauen-DFB-Vereinspokal gewinnt die SSG Bergisch-Gladbach (5:0 im Finale gegen TuS Wörrstadt).

• J. S. Blatter wird FIFA-Generalsekretär.

• Wegen »versuchter Republikflucht« wird G. Weber von der SG Dynamo Dresden 11 Monate inhaftiert. Seine Vereinskameraden P. Kotte und M. Müller werden der »Mitwisserschaft« bezichtigt und in unterklassige Teams verbannt.

1982

• Bei der WM in Spanien bestreiten 24 Mannschaften (bislang 16) die Endrunde. Im Endspiel gewinnt Italien gegen die Bundesrepublik Deutschland mit 3:1 und holt sich damit nach 1934 und 1938 seinen dritten WM-Titel. – Brasilien bekommt die erstmals bei einer WM-Endrunde verliehene FIFA Fair Play Trophy (»Sport Billy«).

• Das erste Frauenländerspiel der BRD endet mit einem 5:1-Sieg gegen die Schweiz (in Koblenz).

• Erstmals wird das »Freiburger Turnier« (der heutige »Kaiserstuhl-Cup«) ausgetragen; Sieger: Borussia Mönchengladbach.

1983

• Die Coupe Jules Rimet wird in Rio de Janeiro gestohlen und später von den Dieben (wahrscheinlich) eingeschmolzen.

• Der Hamburger SV besiegt im Finale des Europapokals der Landesmeister in Athen Juventus Turin mit 1:0.

1984

• Bei der Europameisterschaft in Frankreich gewinnt der Gastgeber das Finale in Paris 2:0 gegen Spanien und demonstriert während der Endrunde das 1–2–5–2-System. – Als erstes EM-Maskottchen stellt sich »Peño« vor.

• F. Beckenbauer wird als Nachfolger von J. Derwall (Nationalmannschafts-)Teamchef.

• Beim olymp. Fußballturnier in Los Angeles gewinnt Frankreich das Finale gegen Brasilien mit 2:0.

• Bei der ersten Fraueneuropameisterschaft gewinnt Schweden vor England (2 Spiele: 1:0 und 0:1; 4:3 im Strafstoßschießen).

• Letztmalig wird die Brit. Meisterschaft ausgespielt (Sieger: Nordirland).

• J. Georges wird UEFA-Präsident (Nachfolger von A. Franchi).

• Bei der Jugendeuropameisterschaft in der BRD gewinnt der Gastgeber den Titel vor der UdSSR (2:0 im Finale).

1985

• Die FIFA stiftet anlässlich ihres 80-jährigen Bestehens für verdienstvolle Persönlichkeiten (ehemalige Aktive, Trainer, Offizielle) den FIFA-Orden, der seitdem unregelmäßig verliehen wird.

• In Leipzig wird von A. Pöge am 27. März die »International Federation of Football History & Statistics« (IFFHS) gegründet.

• In der DDR wird als zweithöchste Spielklasse die zweigeteilte Liga (A und B, je 18 Mannschaften) gebildet.

1985

• Vor dem Endspiel um den Europapokal der Landesmeister Juventus Turin geen den FC Liverpool (1:0) richten fanatisierte engl. Rowdys (»Hooligans«) in einer Zuschauerkurve des Brüsseler Heysel-Stadions ein Blutbad an, das 39 Menschenleben und Hunderte zum Teil Schwerverletzte fordert. – Dies veranlasst die UEFA, ab 1985/86 die engl. Klubs für alle Europapokalwettbewerbe auf zunächst »unbestimmte Zeit« zu sperren.

• Beim Brand einer Tribüne im engl. Bradford (II. Division) kommen 56 Zuschauer ums Leben.

• Im Endspiel der I. Jugendweltmeisterschaft (»U 16«) in China besiegt Nigeria die Auswahl der BRD mit 2:0.

• Schottland gewinnt den erstmals ausgetragenen »Sir Stanley Rous Cup«.

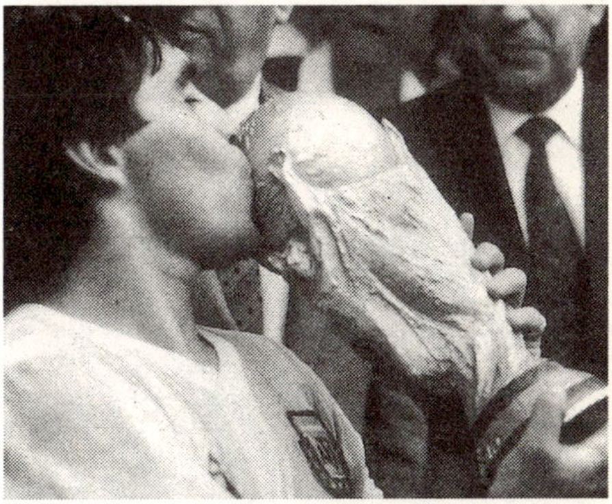

1986: Argentiniens Maradona küsst die WM-Trophäe. Die Nationalelf hat das Endspiel gewonnen und den Titel zum zweiten Mal nach 1978 errungen.

1986

• Bei der Weltmeisterschaft in Mexiko besiegt Argentinien die BRD im Endspiel mit 3:2 und wird damit nach 1978 zum zweiten Mal Weltmeister. – Stimmungsvolle Atmosphäre in den Stadien erzeugen die in- und ausländ. Zuschauer mit »La Ola«, der mexikan. (Begeisterungs-)»Welle«.

• Im Endspiel der Junioreneuropameisterschaft in Jugoslawien besiegt die DDR die italien. Vertretung mit 3:1 und wird bei der Wahl der »Sportler des Jahres« als »Mannschaft des Jahres« gewählt.

• Der FC Liverpool setzt im FA-Cup-Finale nur ausländ. Spieler ein.

1987

- Bei der Fraueneuropameisterschaft in Norwegen gewinnen die Gastgeberinnen im Finale in Oslo gegen Schweden mit 2:1.
- In der BRD wird erstmals der Supercup ausgespielt; Sieger: FC Bayern München.
- Die »Vereinigung der Vertragsfußballspieler e. V. » (VDV) wird gegründet.
- Die IFFHS veranstaltet erste Weltwahlen: »Welttorhüter des Jahres«, »Weltschiedsrichter des Jahres«.
- Sir S. Matthews wird mit der »Pierre de Coubertin Trophy« des Internationalen Olymp. Komitees (IOK) geehrt.
- Bei einem Flugzeugabsturz in der Nähe von Lima kommt am 7. Dezember die gesamte Mannschaft von Alianza Lima ums Leben (16 Spieler, 21 Offizielle).
- Die erste Seniorenweltmeisterschaft (»Pelé-Cup«) in Brasilien gewinnt Argentinien vor dem Gastgeberland.

1988

- Bei der Europameisterschaft in der BRD (»EURO '88 ») besiegen die Niederlande in München die UdSSR im Endspiel mit 2:0 und werden damit zum ersten Mal Europameister.
- Beim olymp. Fußballturnier in Seoul gewinnt die UdSSR nach 1956 zum zweiten Mal die Goldmedaille (2:1 n. V. gegen Brasilien).
- Nach einer Panik im Stadion von Katmandu (Nepal) bei Vorkommnissen im Spiel zw. Janakpur (Nepal) und Mukti Joddha (Bangladesh) sind 75 Tote und Hunderte Verletzte zu beklagen.
- In den USA vollzieht die neu geschaffene American Soccer League (ASL) ihren Punktspielstart.
- M. van Basten wird erster offizieller Weltfußballer des Jahres.
- Der private Fernsehsender RTL löst die ARD in der Fußballberichterstattung ab.

1989

- Bei der Fraueneuropameisterschaft in der BRD gewinnen die Gastgeberinnen das Finale in Osnabrück mit 4:1 gegen Norwegen.
- Bei der ersten Futsal-Weltmeisterschaft in den Niederlanden gewinnt Brasilien in Rotterdam das Endspiel gegen den Gastgeber mit 2:1.
- In Korea wird eine Profiliga etabliert (K-League).
- Beim FA-Cupspiel im engl. Sheffield zw. dem FC Liverpool und Nottingham Forest kommen 95 meist jugendl. Fans ums Leben, als infolge eines überfüllten Zuschauerblocks Panik ausbricht.
- In der DDR wird für die Leistungsklassenspieler der Status »Nichtamateurspieler« eingeführt.

1990: Franz Beckenbauer, 1974 Kapitän der Weltmeisterelf, hat die deutsche Mannschaft, diesmal als Teamchef, erneut zum Titel geführt. Im Bild: Beckenbauer jubelt mit Kohler.

1990

- Bei der Weltmeisterschaft in Italien besiegt die BRD im Endspiel Argentinien mit 1:0 und wird damit nach 1954 und 1974 zum dritten Mal Weltmeister.
- Die engl. Klubs dürfen nach 1984/85 ab 1990/91 wieder an den Europapokalwettbewerben teilnehmen.
- H.-H. Vogts wird als Nachfolger von F. Beckenbauer (Nationalmannschafts-)Bundestrainer.
- L. Johansson wird neuer UEFA-Präsident (Nachfolger von J. Georges).
- Während die DDR sich ihrem Ende nähert, verabschieden sich die ostdt. Fußballanhänger von der DDR-Oberliga.
- Die DDR-Frauennationalmannschaft verliert am 9. Mai in Potsdam ihr erstes (und gleichzeitig letztes) Länderspiel 0:3 gegen die ČSFR.
- Nord- und Südkorea tragen im Oktober zum ersten Mal seit der Teilung des Landes 2 Freundschaftsspiele aus.
- Die Wiedervereinigung Deutschlands vollzieht sich am 3. Oktober und eröffnet damit dem dt. Fußball völlig neue Perspektiven.
- In Leipzig löst sich am 20. November der Dt. Fußball-Verband der DDR (DFV der DDR) auf und konstituiert sich neu als NOFV (Nordostdt. Fußball-Verband).
- Auf dem 77. DFB-Bundestag in Leipzig schließt sich der NOFV am 21. November dem DFB an.
- Die DFB-Nationalmannschaft wird bei der Wahl der »Sportler des Jahres« in Deutschland als »Mannschaft des Jahres« gewählt.

1991

- Die USA gewinnen im Finale in Guangzhou (China) die erste Frauenweltmeisterschaft (2:1 gegen Norwegen).
- Deutschland wiederholt seinen EM-Sieg von 1989 bei den Frauen durch ein 3:1 (1:1 nach Verlängerung) im Finale gegen Norwegen in Ålborg (Dänemark).
- Der FC Hansa Rostock gewinnt die zum ersten und letzten Mal ausgetragene NOFV-Oberligameisterschaft sowie den Pokalwettbewerb (1:0 gegen den Eisenhüttenstädter FC Stahl).
- Am 2. August beginnt die erste gesamtdt. Bundesligasaison mit den NOFV-Vereinen FC Hansa Rostock und 1. FC Dynamo Dresden.
- Übergangsweise wird eine 1991/92 zweigeteilte Zweite Bundesliga eingerichtet, um 6 führende Vereine aus der bisherigen Oberliga des Nordostdt. Fußballverbands (NOFV) dort einzugliedern.
- Der DFB-Beirat beschließt die eingleisige Zweite Bundesliga mit 24 Vereinen für die Saison 1992/93 (danach 7 Ab-, 3 Aufsteiger).

1991: Die erste Weltmeisterschaft der Frauen endet mit einem Triumph des US-Teams. Im Bild: Michelle Akers, die Star-Spielerin der USA.

- Der Pay-TV-Kanal Premiere überträgt live Bundesligaspiele.
- Erster Meister der 1997 im Frauenfußball eingeführten zweigleisigen Bundesliga wird der TSV Siegen (4:2 gegen FSV Frankfurt).
- Die UEFA entscheidet mit der Aufnahme Israels, dass dessen Verband ab 1992/93 mit Klub- und Auswahlmannschaften an den Europapokalwettbewerben und ab 1996 an der Europameisterschaft teilnehmen darf.
- Der Die Auflösung der UdSSR und der Zerfall Jugoslawiens bewirkt, dass es zur Bildung neuer Länder kommt, die sich in den kommenden Jahren auch Zugang zur FIFA schaffen sollten.
- Landesmeister 1. FC Kaiserslautern wird in Deutschland bei der Wahl der »Sportler des Jahres« als »Mannschaft des Jahres« gewählt.

1992

- Die UEFA schließt Jugoslawien von der Europameisterschaftsendrunde in Schweden wegen des Bürgerkriegs in Bosnien und Herzegowina aus. »Vertreter« Dänemark wird in Göteborg erstmals Europameister durch einen 2:0- Endspielsieg gegen die BRD .
- Spanien wird in Barcelona Olympiasieger nach einem 3:2-Sieg im Endspiel gegen Polen.
- Der Europapokal der Landesmeister wird ab der Saison 1992/93 durch die Champions League abgelöst.

• Der SV Werder Bremen gewinnt in Lissabon das Finale um den Europapokal der Pokalsieger mit 2:0 gegen den AS Monaco.
• Deutschland gewinnt auf Zypern die Jugend-EM (U 16) im Endspiel gegen Spanien mit 2:1.
• Ab 1992/93 gibt es 3 direkte Absteiger aus der und 3 direkte Aufsteiger in die Bundesliga.
• E. Baun wird DFB-Präsident (Nachfolger von H. Neuberger).
• Argentinien gewinnt den erstmals ausgetragenen Intercontinental Cup, den späteren Confederations Cup.
• Armenien, Georgien, Slowenien, Ukraine und Weißrussland treten der FIFA bei.
• In Japan wird eine Profiliga etabliert (J-League)

1993

• Bei der Frauenеuropameisterschaft gewinnt Norwegen in Cesena (Italien) mit einem 1:0 gegen die Gastgeberinnen nach 1987 den zweiten Titel.
• Die FIFA-Weltrangliste wird eingeführt. Sie ermöglicht es, in regelmäßigen Abständen die Stärke von international aktiven Nationalmannschaften zu bestimmen und zu vergleichen.

1994

• Brasilien gewinnt zum vierten Mal nach 1958, 1962 und 1970 den WM-Titel, nachdem im Finale in Los Angeles Italien im Strafstoßschießen 3:2 (0:0 n. V.) bezwungen wird.
• Das erste internationale Turnier der C-Junioren (U 15) um den Nike Premier Cup wird gestartet.
• Das bekannteste »Nicht-Tor« der Bundesligahistorie erzielt am 25. April T. Helmer vom FC Bayern München, als er den den Ball gegen den 1. FC Nürnberg am Gehäuse vorbei ins Aus schiebt, der Linienrichter aber Tor signalisiert. Bayern siegt 2:1, das Ergebnis wird annulliert. Das Wiederholungsspiel gewinnen die Münchener 5:0.
• Aserbaidschan, Mazedonien, Moldawien, Turkmenistan und Usbekistan treten der FIFA bei. Die FIFA–Mitgliedsländer werden zunehmend »exotisch« (Beispiele): 1994 Turks- und Caicos-Inseln, 1996 Anguilla, British Virgin Islands, 1998 Amerikan. Samoa, Neukaledonien und Virgin Islands of the United States.

1995

• Im Finale der Weltmeisterschaft der Frauen gewinnt Norwegen in Stockholm gegen Deutschland 2:0.
• Die dt. Frauennationalmannschaft wird in Deutschland zum dritten Mal nach 1989 und 1991 Europameister; Endspielgegner in Kaiserslautern: Schweden (3:1).
• In Deutschland wird 1995/96 die »Dreipunktewertung« eingeführt (3 Punkte für Sieg, ein Punkt für Unentschieden).
• Im Dezember wird vom vom Europ. Gerichtshof verfügt, dass für Lizenzspieler, deren Vertrag ausgelaufen ist, keine Ablösesummen gezahlt werden müssen (»Bosman-Urteil«). Ebenso entfällt die zahlenmäßige Beschränkung der EU-Ausländer in einem Team.
• Die UEFA verlegt ihren Sitz von Bern nach Nyon (Kt. Waadt).
• Die vierte Umbenennung des früheren und heutigen FC Wacker Innsbruck seit 1992: FC Tirol Milch Innsbruck.
• Landesmeister Borussia Dortmund wird in Deutschland bei der Wahl der »Sportler des Jahres« als »Mannschaft des Jahres« gewählt.

1996

• Deutschland gewinnt zum dritten Mal nach 1972 und 1980 den Europameistertitel, nachdem im Finale in London die Tschech. Republik n. V. (1:1) durch »Golden Goal« (erstmals bei dieser EM angewandt) mit 2:1 bezwungen wird.
• Beim ersten olymp. Turnier der Frauen in Atlanta werden die USA im eigenen Land nach einem 2:1 gegen China (in Athens) Olympiasieger. – Durch einen 3:2-Sieg gegen Argentinien im Endspiel der Männer (in Barcelona) wird mit Nigeria erstmals ein afrikan. Land Olympiasieger.

1996: Die deutsche Nationalelf um ihren Kapitän Jürgen Klinsmann wird zum dritten Mal nach 1972 und 1980 Europameister – und das vor der Queen im Mutterland des Fußballs.

• Der FC Bayern München gewinnt zum ersten Mal den UEFA-Pokal und schlägt in den Finals zweimal Girondins Bordeaux (2:0 und 3:1).
• Der UI-Cup für europ. und israel. Vereine wird eingeführt, Nachfolger der seit 1961 bestehenden Intertotorunde.
• Die dt. Nationalmannschaft wird bei der Wahl der »Sportler des Jahres« als »Mannschaft des Jahres« gewählt.

1997

• Borussia Dortmund gewinnt in München das Finale der Champions League gegen Juventus Turin mit 3:1 und holt sich im gleichen Jahr den Weltpokal (2:0 gegen Cruzeiro Belo Horizonte).
• Der FC Schalke 04 erringt zum ersten Mal einen Europapokal und gewinnt nach 0:1 und 1:0 durch ein 4:1 im Strafstoßschießen gegen Inter Mailand den UEFA-Pokal.
• In Deutschland wird der Supercup vom Ligapokal abgelöst.

1998

• In Frankreich gewinnen die Hausherren das Finale gegen Brasilien mit 3:0 und werden damit zum ersten Mal Weltmeister. Bei Gewalttaten dt. Hooligans am Rande des Vorrundenspiels Deutschland gegen Jugoslawien in Lens wird ein frz. Polizist schwer verletzt.
• E. Ribbeck wird als Nachfolger von H.-H. Vogts (Nationalmannschafts-)Teamchef.
• Im Frauenfußball wird FSV Frankfurt Meister der neuen eingleisigen Bundesliga.
• Nach dem Bundesligaabstieg 1996 und Wiederaufstieg 1997 wird der 1. FC Kaiserslautern sofort Dt. Meister.
• J. S. Blatter wird FIFA-Präsident (Nachfolger von J. Havelange).
• Der Landesmeister 1. FC Kaiserslautern wird in Deutschland bei der Wahl der »Sportler des Jahres« als »Mannschaft des Jahres« gewählt.

1999

• Die USA-Frauen wiederholen ihren Weltmeisterschaftserfolg von 1991 und gewinnen im Endspiel in Los Angeles gegen China im Strafstoßschießen 5:4 (0:0 n.V.).
• In der Champions League wird ab 1999/2000 eine zusätzl. Zwischenrunde gespielt.
• Lazio Rom gewinnt den letzten Europapokalwettbewerb der Pokalsieger in Birmingham durch ein 2:1 gegen RCD (ab 2000 spielen die nationalen Pokalsieger im UEFA-Pokal).
• Der UEFA-Pokal-Sieger wird ab 1998/99 in nur einem Spiel (auf neutralem Platz) ermittelt; bislang Hin-und Rückspiel.
• Ausgliederung der Lizenzspielerabteilung von Bayer 04 Leverkusen in die Bayer 04 Leverkusen Fußball GmbH.

2000: Der deutsche Teamchef E. Ribbeck verlässt nach dem 0:3 gegen Portugal bei der EM-Endrunde entnervt das Rotterdamer Stadion.

2000

• Weltmeister Frankreich gewinnt zum zweiten Mal nach 1984 den Europameistertitel, nachdem im Finale in Rotterdam Italien n. V. (1:1) durch ein »Golden Goal« von D. Trézeguet mit 2:1 bezwungen wird.
• R. Völler wird als Nachfolger von E. Ribbeck (Nationalmannschafts-)Teamchef.
• Im Endspiel des olymp. Fußballturniers der Frauen gewinnt Norwegen in Sydney das Endspiel gegen den amtierenden Weltmeister USA 3:2 (2:2) durch ein »Golden Goal«. – Mit Kamerun gibt es bei den Männern wiederum einen afrikan. Olympiasieger (5:3 im Strafstoßschießen [2:2 n.V.] gegen Spanien in Sydney).
• Beim (Europa-)Supercup spielt erstmals der UEFA-Pokal-Sieger (Galatasaray Istanbul) gegen den Gewinner der Champions League (Real Madrid); 2:1 n. V. für Galatasaray.
• Deutschlands U 19-Auswahl der Frauen gewinnt in Boulogne im Endspiel 4:2 gegen Spanien und wird Europameister.
• Als erster dt. Bundesligist vollzieht am 31. Oktober Borussia Dortmund den Gang an die Börse.

• Der Ligaverband wird gegründet, der über die neu geschaffene Dt. Fußball-Liga (DFL) seinen Geschäftsbereich regelt; hervorgegangen aus dem Zusammenschluss der lizenzierten Vereine der Zweiten Bundesliga und Bundesliga.
• Vom FIFA-Exekutivkomitee erhält Deutschland im Juli den Zuschlag für die Austragung der Weltmeisterschaft 2006.
• An der Gründungsstätte des DFB in Leipzig wird anlässlich seines 100-jährigen Bestehens in Anwesenheit von DFB-Präsident E. Braun eine Gedenktafel enthüllt.
• Nach dem Länderspiel am 7. Oktober England gegen Deutschland (0:1) beginnt der Abriss des Londoner Wembleystadions.

2001

• Bei der Fraueneuropameisterschaft in Deutschland gewinnen die Gastgeberinnen (nach 1995 und 1997) den dritten Titel in Folge und den fünften insgesamt (seit 1989). Endspielgegner: Schweden (0:0 n. V., 1:0 durch »Golden Goal«).
• Deutschlands U 19-Auswahl der Frauen gewinnt in Lilleström im Endspiel 3:2 gegen Norwegen und wird zum zweiten Mal Europameister.
• In der Bundesliga setzt der FC Energie Cottbus gegen den VfL Wolfsburg nur ausländ. Spieler ein.
• Der FC Bayern München gewinnt in Mailand das Finale der Champions League gegen CF Valencia (1:1 n. V., 5:4 im Strafstoßschießen) und holt sich im gleichen Jahr den Weltpokal (1:0 gegen Boca Juniors Buenos Aires).
• Die FIFA beschließt, dass ein Spieler nach Vertragsabschluss frühestens nach 12 Monaten wieder wechseln darf.
• G. Mayer-Vorfelder wird neuer DFB-Präsident (Nachfolger von E. Braun).
• Die DFL ist ab Juli eigenverantwortlich für die Bundesliga und Zweite Bundesliga.
• Am 3. August wird das Berner Wankdorfstadion gesprengt, das den dt. WM-Triumph von 1954 (3:2-Sieg gegen Ungarn) erlebte.
• Beim FC Bayern München erfolgt die Umwandlung des Klubs in eine Aktiengesellschaft (»FC Bayern München AG«).
• Der FC Bayern München wird in Deutschland bei der Wahl der »Sportler des Jahres« als »Mannschaft des Jahres« gewählt.

2002

• Brasilien gewinnt zum fünften Mal nach 1958, 1962, 1970 und 1994 den WM-Titel, nachdem es im Finale von Yokohama Deutschland mit 2:0 besiegt. – Letztmals war der Titelverteidiger (hier Frankreich) für die WM-Endrunde »automatisch« gesetzt.
• Bei der ersten »U 19-EM« in Norwegen gewinnt Spanien das Finale in Oslo mit 1:0 gegen Deutschland.
• Deutschlands U 19-Auswahl der Frauen gewinnt in Helsingborg im Endspiel 3:1 gegen Frankreich und wird zum dritten Mal hintereinander Europameister.
• Der 1. FFC Frankfurt gewinnt bei den Frauen den erstmals ausgetragenen UEFA-Women's Cup (2:0 gegen Umea IK, Schweden).
• Durch Insolvenz der KirchMedia, dem Kernunternehmen der KirchGruppe, kommt es zu ernsten Finanzproblemen bei den Vereinen der DFL. Zuvor hatte der Konzern für 3 Milliarden DM die Rechte zur TV-Übertragung der Bundesligaspiele gekauft.
• Am 16. April werden vom DFB die Spielorte für die Weltmeisterschaft 2006 in Deutschland benannt: Berlin (Endspiel), Dortmund, Frankfurt am Main, Gelsenkirchen, Hamburg, Hannover, Kaiserslautern, Köln, Leipzig, München (Eröffnungsspiel), Nürnberg, Stuttgart.
• Der Begriff »Vertragsamateur« wird durch »Nichtamateur ohne Lizenz«, die Bezeichnungen »Profi« und »Lizenzsspieler« durch »Nichtamateur mit Lizenz« ersetzt.

2002: Cafú, der Spielführer Brasiliens, mit dem FIFA World Cup: Nach 1994 und 1998 stand er zum dritten Mal in Folge auf dem Rasen, als im Endspiel der Weltmeister gekürt wurde. Das hatte vor ihm noch keiner geschafft.

Fanprotest in Fernost: Bei der WM-Endrunde 2002 blieb so mancher Sitz aus unerklärlichen Gründen leer.

• F. Stickler wird neuer ÖFB-Präsident (Vorgänger: B. Mauhart).
• Der italien. Traditionsverein AC Florenz wird nach seinem Zwangsabstieg im September aus dem Vereinsregister gestrichen, Nachfolger: Fiorentina Viola.
• Die mittelasiat. Republik Kasachstan (bis 2001 AFC) schließt sich der UEFA an.
• Die dt. Nationalmannschaft (WM-Zweiter) wird bei der Wahl der »Sportler des Jahres« als »Mannschaft des Jahres« gewählt.

2003

• Bei der WM-Endrunde der Frauen in den USA triumphiert Europameister Deutschland im Finale gegen Schweden mit 2:1 (durch »Golden Goal« in der Verlängerung).
• Die südamerikan. Confederación Sudamericana de Fútbol (CONMEBOL) beschließt, ab 2004 die Südamerikameisterschaft nur noch alle 4 Jahre (parallel zur Europameisterschaft) auszutragen.
• Die 1999 eingeführte Zwischenrunde in der Champions League wird wieder abgeschafft.
• Die UEFA bschließt, ab 2004/05 im UEFA-Pokal eine »Gruppenphase« einzubringen.
• Der DFB führt 2003/04 eine Junioren-Bundesliga mit 3 Staffeln ein.
• Für das Spieljahr 2003/04 wurden in der Bundesliga bis zum 31. Mai für 17,2 Mio. Euro Spielertransfers getätigt, im vergangenen Jahr waren es zum gleichen Zeitpunkt 80,6 Mio. Euro.
• Die ARD übernimmt nach 1988 wieder die Fußballberichterstattung (bislang SAT 1).
• Am 2. Juli kauft der russ. Geschäftsmann R. Abramovich für 210 Mio. Euro den engl. Spitzenklub FC Chelsea London.
• Die Schweizerin N. Petignat leitet als erste Frau ein Europapokalspiel der Männer (UEFA-Pokal).
• Die amerikan. Frauenprofiliga »WUSA« wird nach 3 Meisterschaftsjahren im September eingestellt.
• Die dt. Nationalmannschaft der Frauen wird bei der Wahl der »Sportler des Jahres« als »Mannschaft des Jahres« gewählt.

2004

• Griechenland gewinnt überraschend den Europameistertitel, nachdem im Finale in Lissabon der Gastgeber Portugal durch ein Tor von A. Charisteas mit 1:0 bezwungen wird.
• Im Endspiel des olymp. Fußballturniers in Athen gewinnt Argentinien das Endspiel gegen Paraguay 1:0. – Bei den Frauen siegt der Olympiasieger von 1996 USA über die brasilian. Auswahl mit 2:1 n. V.
• In China nimmt im Mai eine Profiliga den Spielbetrieb auf (»Siemens Mobile Super League«).
• Der FC Arsenal bleibt in allen 38 Ligaspielen ungeschlagen und wird unangefochten Landesmeister.
• Die FIFA tritt der Welt-Antidoping-Agentur (WADA) bei und unterzeichnet in Paris den Antidoping-Code.

- Die Zweite Bundesliga der Frauen startet mit den 2 Staffeln Nord (12 Teams) und Süd (11 Teams).
- Die DFB-Führung besteht aus einer »Doppelspitze«: G. Mayer-Vorfelder und T. Zwanziger.
- Im Juli bildet der DFB nach dem Rücktritt (EM-Debakel) von R. Völler ein von den Medien »Trainerfindungskommission« genanntes Gremium; neuer Bundestrainer der Nationalmannschaft wird J. Klinsmann.
- In Nürnberg wird die «Dt. Akademie für Fußball-Kultur« gegründet.
- Das Punktspiel der elften Spielklasse (3. Kreisklasse) 1. FC Lokomotive Leipzig gegen Eintracht Großdeuben II im Leipziger Zentralstadion wird von 12 421 Zuschauern besucht.
- Die UEFA beschließt, Kunstrasen ab 2005/06 bei allen nationalen und internationalen Wettbewerben zuzulassen.
- Deutschlands U 19-Auswahl der Frauen gewinnt in Bangkog im Endspiel 2:0 gegen China und wird Weltmeister.
- In Italien wird das Champions-League-Spiel AS Rom gegen Dynamo Kiew wegen Zuschauerausschreitungen abgebrochen.
- Das letzte Weltpokalspiel (künftig: Klubweltmeisterschaft) gewinnt der FC Porto.

2005

- In Brüssel wird am 29. Mai, 20 Jahre nach der Heysel-Tragödie, eine 60 m² große »Sonnenuhr-Skulptur« zum Gedenken an die damaligen 39 Todesopfer eingeweiht.
- Das Ortsderby (Champions League) Inter Mailand gegen AC Mailand wird wegen Ausschreitungen der Inter-»Fans« abgebrochen.
- Australien verlässt nach der WM-Endrunde 2006 die Oceania Football Confederation (OFC) und tritt der Asian Football Confederation (AFC) bei.
- Bei der U 17-WM in Peru wird der »Chip-Ball« getestet.
- Folgende WM-Endrunden-Stadien in Deutschland werden fertig gestellt: Allianz-Arena (München), AWD-Arena (Hannover), Commerzbank-Arena (Frankfurt am Main).
- Der FC São Paulo wird in Yokohama erster Klubweltmeister.
- In der Bundesliga werden zur Vorweihnachtszeit »Kopfnüsse« verteilt.

Nicht nur Fußballer sind »ballverliebt« ...

Deutschland wird bei den Frauen Europameister 2005.

A

Aachen, Alemannia, eigtl. »Aachener TSV Alemannia« (Aachener Turn- und Sportverein Alemannia 1900), Deutschland (Nordrhein-Westfalen), gegr. am 10. April 1900 als FC Alemannia Aachen, 1919 Fusion mit Aachener TV 1847 zu TSV Alemannia Aachen, seit 1924 Aachener TSV Alemannia; Bundesliga 1967–70; Zweite Bundesliga 1981–90, 1999–2006; Spielkleidung: Schwarz-Gelb/Schwarz/Gelb; Stadion: Tivoli, 22 500 Plätze. – INTERNET: www.alemannia-aachen.de

Spieler (Auswahl): V. Beara – S. Blank – M. Daun – J. Derwall – M. Ebbers – M. Feinbier – T. Frings – I. Grlic – E. Hach – H.-J. Kapellmann – W. Landgraf – E. Meijer – K. Michalke – R. Münzenberg – K. Pflipsen – S. Pinto – S. Rolfes – S. Rösler – G. Stollenwerk – B. Trares – B. Zebec. – **Trainer** (Auswahl): J. Berger – F. Engel – D. Ferner – E. Hach – D. Hecking – G. Knöpfle – H. Kronsbein – P. Neururer – O. Pfau – G. vom Bruch – L. Wieder.

Aalen, VfR (Verein für Rasenspiele Aalen), Deutschland (Baden-Württemberg), gegr. am 8. März 1921; Spielkleidung: Weiß/Anthrazit/Anthrazit; Stadion: Städt. Waldstadion, 11 201 Plätze. – INTERNET: www.vfr-aalen.de

Spieler (Auswahl): D. Hoeneß – S. Kohn – M. Metzelder. – **Trainer** (Auswahl): W. Entenmann – F. Wormuth.

Aarau, FC (Fußballclub Aarau), Schweiz (Kt. Aargau), gegr. am 26. Mai 1902; Spielkleidung: Schwarz-Rot/Weiß/Schwarz-Rot; Stadion: Brügglifeld, 14 000 Plätze. – INTERNET: www.fcaarau.ch

Spieler (Auswahl): S. Ciric – D. Gygax – W. Olk – E. Pogatetz – W. Rufer – C. Sforza – M. Walker – P. Zuberbühler. – **Trainer** (Auswahl): W. Frank – O. Hitzfeld.

A-Auswahl, svw. → Nationalmannschaft.

»Abbauen«, Nachlassen der Leistung durch Kraft-, Ausdauer- und Konzentrationsverlust, z. B.: »die Mannschaft baute in der zweiten Halbzeit rapide ab«.

»Abblocken«, 1) Abfangen der gegner. Angriffe durch eine gut gestaffelte Abwehr (Abwehrblock, -bollwerk). – **2)** Abwehren eines (Tor-)Schusses mit dem (Ober-)Körper. – **3)** (Ab-)Sichern des Balles bei gegner. Bedrängnis.

»Abbrechen« → Fußballerjargon.

Abbruch, svw. → Spielabbruch.

»Abdrücken«, unvermittelte Schussabgabe auf das gegner. Tor, meist aus dem Fußgelenk und (schnell-)kräftig ausgeführt.

»Abducken«, svw. → Unterlaufen [1].

Abdullah, Majed Mohammed, eigtl. »Majed Ahmad Abdullah Mohammed«, saudi-arab. Angriffsspieler, * 11. Januar 1959 im Sudan (später eingebürgert); 1977–98 Al-Nasr (Saudi-Arabien); 140 Länderspiele (1978–94; 67 Tore); WM-Endrunde 1994; olymp. Fußballturnier 1984; Asiens Fußballer des Jahres 1984, 1985, 1986.

Abegglen, 1) André (»Trello«), schweizer. Angriffsspieler, * 7. März 1909, † 8. November 1944, Bruder von 2); 1928–30 Cantonal-Neuchâtel FC, 1930–35 Grasshopper-Club Zürich, 1935–38 FC Sochaux, 1938–41 Servette Genf, 1941–44 FC La Chaux-de-Fonds; 52 Länderspiele (1927–43; 30 Tore). – **2)** Max (»Xam«), schweizer. Mittelfeldspieler (Läufer), * 11. April 1902, † 26. August 1970, Bruder von 1); 1918–26 Cantonal-Neuchâtel FC und Lausanne-Sports, 1927–39 Grasshopper-Club Zürich; 68 Länderspiele (1922–38; 33 Tore); WM-Endrunde 1934, 1938.

Aberdeen, FC, eigtl. »Aberdeen FC« (Aberdeen Football Club), Schottland, gegr. 1903; Spielkleidung: Rot; Stadion: Pittodrie Stadium, 22 199 Plätze. – Internationale Erfolge: Europapokal der Pokalsieger 1983, (Europa-)Supercup 1983. – INTERNET: www.afc.co.uk

Spieler (Auswahl): J. Leighton – G. Strachan – Z. Varga. – **Trainer** (Auswahl): A. Ferguson.

ABFA, Abk. von **A**ntigua/**B**arbuda **F**ootball **A**ssociation, den Fußballverband von → Antigua und Barbuda.

»Abfallen«, Zurückbleiben in der Leistung im Vergleich zu anderen Spielern, schwächer werdend; z. B. »er fiel gegenüber seinen Mitspielern deutlich ab«.

»Abfälschen«, (unabsichtl.) Berühren des Balles in der Weise, dass dieser aus seiner vorgegebenen Richtung abgelenkt wird, z. B.: »er fälschte den Ball ins eigene Tor ab«.

»Abfangen«, 1) Abwehren des gegner. Angriffs bzw. Aufhalten des Balles in der Abwehrzone. – **2)** A. des Balles durch den Torhüter.

»Abfangjäger«, laufstarker defensiver Mittelfeldspieler, der vor der eigenen Abwehrkette agiert.

»Abfuhr«, (hohe) Niederlage, z. B.: »dem Gegner eine ›A.‹ erteilen«.

»abgekartetes Spiel« → »Trauerspiel«.

»abgeklärt« ist ein Spieler, der im Fußball gereift ist und sich durch besonnene Aktionen auszeichnet. Das Prädikat kommt meist Routiniers zu, früher insbesondere auf der Position des Liberos angesiedelt.

»Abjagen«, »Den-Ball-Abnehmen«, z. B.: »er jagte ihm den Ball wieder ab«.

Ablage, seitl. oder rückwärtiges Ablegen des Balles, z. B. um dem Mitspieler eine Schussmöglichkeit zu schaffen; erfolgt meist als Innenseitstoß (→ Stoßarten).

»Ablenken«, bewusstes Verändern der Richtung des Balles durch den Torhüter, z. B.: »er lenkte den Ball um den Pfosten«.

Ablösespiel, Lizenzfußball: Freundschaftsspiel eines höherklassigen Vereins bei einem unterklassigen, der zuvor einen überdurchschnittl. Spieler an den Gastverein verkauft hat und die Einnahmen des A. behalten darf.

Ablösesumme, im Lizenzfußball ein (Fest-) Geldbetrag, den in der Vergangenheit ein Verein, der einen neuen Spieler verpflichtete (»anstellte«), an dessen bisherigen Verein bezahlen musste. Letzterer legte auch die A. fest, was dazu führte, dass ein Verein den Wechsel des Spielers verhindern konnte, indem er eine extrem hohe A. forderte. Kam dadurch der Transfer nicht zustande, hatte der Spieler Anspruch auf einen neuen Vertrag bei seinem bisherigen Verein. A. standen in der Regel in keinem angemessenen Verhältnis zu dem, was daraus sportlich und finanziell für den künftigen Verein resultierte. Sie behinderten den Spieler bei der Wahl seines Arbeitsplatzes und schränkten seine Handlungsfreiheit weitgehend ein. – Im Dezember 1995 wurde vom Europ. Gerichtshof der Beschluss gefällt (bekannt als → »Bosman-Urteil«), dass in Europa für Lizenzspieler, deren Vertrag ausläuft, nach Vertragsende keine A. gezahlt werden muss. – Im Amateurbereich werden nach wie vor A. (als »Entschädigungsbetrag« deklariert) gezahlt. Bei Abmeldung des Spielers bis zum 30. Juni und Eingang des Antrags auf Spielberechtigung bis zum 31. August des jeweiligen Jahres kann die Zustimmung des abgebenden Vereins bis zum 31. August durch den Nachweis der Zahlung des festgelegten Entschädigungbetrags ersetzt werden. Die Höhe des Entschädigungsbetrags richtet sich nach der Spielklassenzugehörigkeit der ersten Mannschaft des aufnehmenden Vereins in dem Spieljahr, in dem die Spielberechtigung für Pflichtspiele erteilt wird und beträgt von 5000 Euro (Regionalliga) bis 250 Euro (7. Spielklasse und tiefer).

Abmahnung, Lizenzfußball: eine vereinsinterne Disziplinarmaßnahme des Präsidiums gegenüber einem Aktiven, dem vereinsschädigendes Verhalten vorgeworfen wird; Delikte können u. a. sein: öffentl. Kritik an (vermeintl.) Misständen in der Mannschaft und deren Umfeld, ausschweifender Lebenswandel (z. B. nächtl. Barbesuch vor einem Spiel oder wiederholt unter der Woche), Tätlichkeit im Training. Eine A. kann verbal ausgesprochen werden, ist aber in der Regel mit einer Geldbuße für den »Sünder« verbunden. Bei Wiederholungen dürfte sich der Betreffende bald auf der Transferliste (→ Transfer) wiederfinden. – Bei A. eines Trainers handelt es sich um eine Rüge mit Kündigungsdrohung. Im Wiederholungsfall kann fristlose Kündigung erfolgen (»außerordentl. Kündigung«), wobei die bei »vorzeitiger Entlassung« (aus dem Vertrag) übl. Abfindung nicht gewährleistet ist.

»Abmelden«, Beherrschen des Gegenspielers, ihn nicht zur Entfaltung kommen lassen, z. B.: »er meldete den gefährl. Angreifer völlig ab«.

Abpfeifen, 1) Unterbrechen des Spiels durch Schiedsrichterpfiff, z. B. den Angriff wegen Abseits abpfeifen. – **2)** Beenden der ersten Halbzeit bzw. des Spiels durch Schiedsrichterpfiff *(Abpfiff)*.

Abpfeifen [2]
Give the final whistle [engl.]
Siffler la fin du match [frz.]
Dar la pitada final [span.]
Apitar para terminar o jogo [portugies.]
Fischiare la fine [italien.]

Abpraller, Ball, der nach einem Torschuss von Querlatte, Torpfosten oder Abwehrspieler ins Spielfeld zurückspringt; oft eine willkommene »Beute« für → »Abstauber«.

Abramczik, Rüdiger, dt. Angriffsspieler (Rechtsaußen), *18. Februar 1956 Gelsenkirchen-Erle; 1973–80 FC Schalke 04, 1980–83 Borussia Dortmund, 1983/84 1. FC Nürnberg, 1984/85 Galatasaray Istanbul, 1985–87 Rot-Weiß Oberhausen, 1987/88 FC Schalke 04, 1988/89 Wormatia Worms, 1990/91 FC Gütersloh; 316 Bundesligaspiele (77 Tore); 19 Länderspiele (1977–79; 2 Tore); WM-Endrunde 1978. – Später Trainer:

Rüdiger Abramczik

1999–2001 Antalyaspor, 2002 Levski Sofia, 2002/03 FC Kärnten. – Sein Bruder **Volker A.** (*1964) war ebenfalls Angriffsspieler: 1982/83 FC Schalke 04 (3 Spiele, 1 Tor).

»Abrutscher«, verunglückter Schlag bzw. Schuss; der Ball »rutscht über den Senkel« und gerät somit außer Kontrolle des Schützen. Wiederholte »A.« sind eigtl. unentschuldbar.

»Absatzkick« → »Sohlenkick«.

»Abschalten«, geistig momentan abwesend und der jeweiligen Folge-(Spiel-)Situation dadurch nicht gewachsen sein (oft bei psychisch anfälligen Typen anzutreffen), z. B. »nach seinem Fehlpass schaltete er ab«. (→ »Blackout«)

Abschiedsspiel, Freundschaftsspiel anlässlich des Rücktritts eines erfolgreichen und populären (Ex-)Nationalspielers vom Leistungssport. A. mit internationaler Beteiligung sind möglich, wenn ein Spieler in einer vom DFB-Präsidium bestimmten Anzahl von Länderspielen des DFB mitgewirkt hat und die Bestimmungen der FIFA beachtet werden.

»Abschießen des Trainers«, den Verantwortlichen für Wettkampf und Training wegen permanenter Erfolglosigkeit der Mannschaft (oder aus klubinternen Gründen) kurzfristig und in schnöder Weise entlassen (ihn »feuern«); wird meist umschrieben (»einhüllend« bzw. »einvernehmlich«) der Öffentlichkeit mitgeteilt.

»Abschirmen«, 1) Decken eines gegner. Spielers, ohne diesen körperlich zu berühren; auf »Tuchfühlung« bleiben. – **2)** (Ab-)Sichern des Balles gegen einen attackierenden Gegner.

Abschlag, Weiterleiten des Balles im laufenden Spielgeschehen aus der Hand des Torhüters (innerhalb des Strafraums); erfolgt meist durch Vollspannstoß. Beim A. darf der Torhüter von gegner. Spielern behindert werden; er muss innerhalb des Strafraums den Ball aus der Hand spätestens nach 6 Sekunden freigeben. Beim A. bleibt – im Gegensatz zum → Abstoß – die Abseitsregel voll wirksam. Der A. kann wie der Abstoß direkt zum Torerfolg führen.

Abschlag
Goal kick [engl.]
Renvoi du gardien de but [frz.]
Golpe [span., portugies.]
Colpo [italien.]

Abseits, Begriff des Regelwerks, verwendet in speziellen Angriffssituationen. Ein Spieler befindet sich im A., wenn er in dem Augenblick, in dem der Ball gespielt wird, der gegner. Torlinie näher ist als der Ball und als der vorletzte Spieler der gegner. Mannschaft. Ausnahmen:

• Der Spieler befindet sich in der eigenen Spielfeldhälfte.
• Der Spieler befindet sich auf gleicher Höhe mit dem vorletzten oder mit den beiden letzten Spielern der gegner. Mannschaft.
• Der Spieler erhält den Ball direkt nach einem Abstoß, Eckstoß oder Einwurf.

Die A.-Stellung eines Spielers stellt formal noch keine Regelübertretung dar. Ein Spieler wird nur dann für seine A.-Stellung bestraft, wenn er nach Ansicht des Schiedsrichters ins Spiel eingreift. Dies bedeutet, dass der Spieler a) den Ball, der zuletzt von einem Mannschaftskollegen berührt oder

Abseits (Beispiele)
● Spieler der angreifenden Mannschaft
○ Spieler der verteidigenden Mannschaft
········► Ballbewegung
- - - -► Spielerbewegung

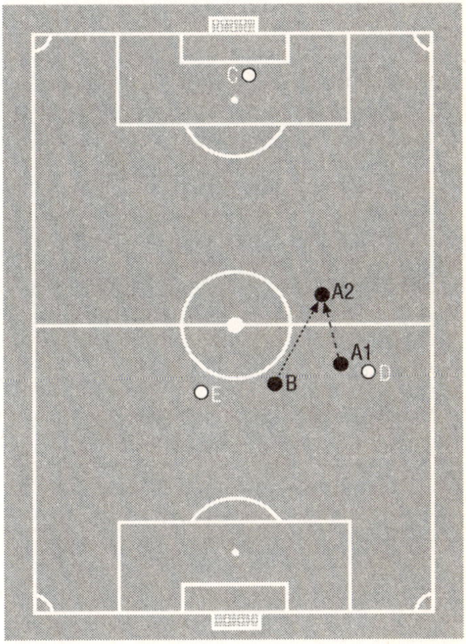

Nicht Abseits – Pass zu einem Spieler der eigenen Mannschaft
B spielt den Ball vorwärts zu A, der sich in seiner eigenen Spielfeldhälfte befindet. Obwohl sich A zum Zeitpunkt der Ballabgabe durch B näher der gegner. Torlinie befindet als der vorletzte Abwehrspieler (D), ist A nicht abseits, da sich ein Spieler in der eigenen Hälfte nicht in Abseitsposition befinden kann.

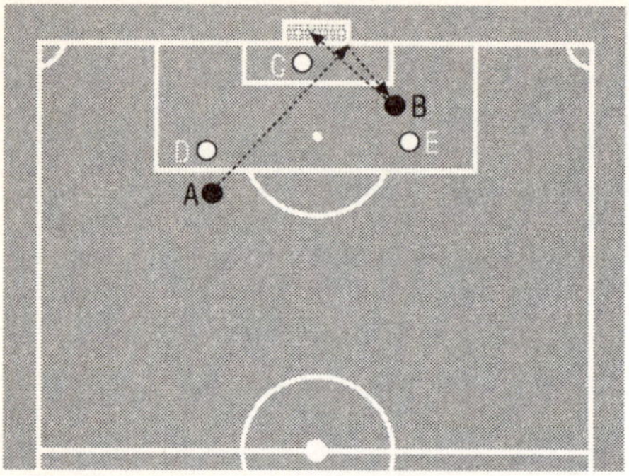

Abseits – Der Ball prallt von Torpfosten oder Querlatte ab
A schießt aufs Tor, und der Ball prallt vom Torpfosten zu B, der ein Tor erzielt. Das Tor von B, der sich, als A den Ball zuletzt spielt, in einer Abseitsstellung befindet, wird anulliert, da er aktiv ins Spiel eingreift und aus seiner Position einen Vorteil zieht.

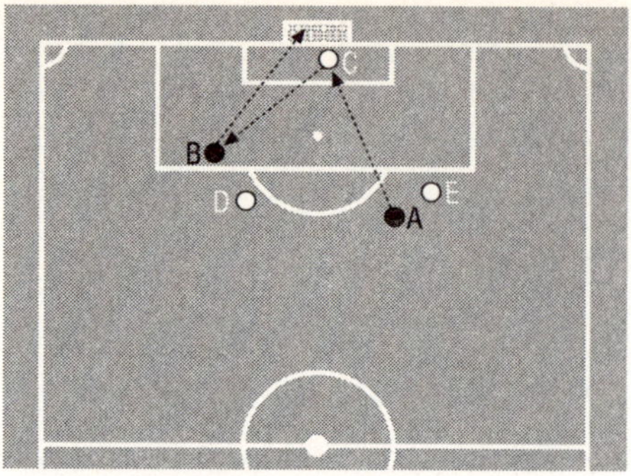

Abseits – Der Ball prallt vom Torhüter ab
A schießt aufs Tor. Der Ball wird vom Torhüter (C) abgewehrt und gelangt zu B, der ein Tor erzielt. Das Tor wird annulliert, weil B, der sich in einer Abseitsposition befindet, als A den Ball zuletzt spielt, aktiv ins Spiel eingreift und aus seiner Position einen Vorteil zieht.

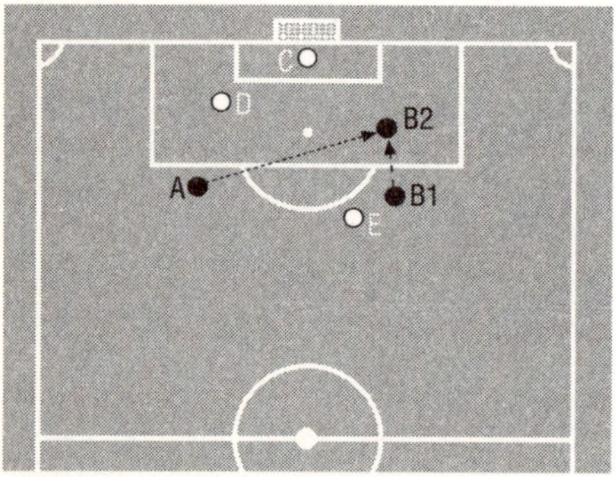

Nicht Abseits – Pass zu einem Spieler der eigenen Mannschaft
A schlägt einen Pass zu B, der von Position 1 zu Position 2 läuft, um den Ball zu spielen. B ist nicht abseits, weil er sich zum Zeitpunkt, als A den Ball spielt, nicht in einer Abseitsposition befindet, da er nicht vor dem Ball und nicht näher bei der gegner. Torlinie ist als der vorletzte Abwehrspieler.

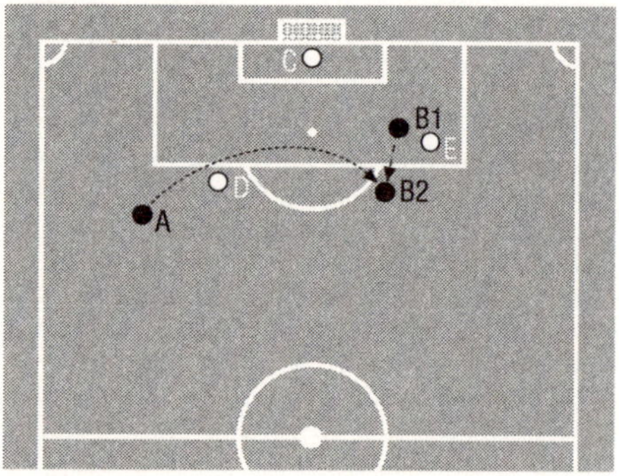

Abseits – Pass zu einem Spieler der eigenen Mannschaft
A spielt hoch gegen das Tor, und der Wind trägt den Ball zurück. B läuft von Position 1 zu Position 2 und erzielt ein Tor. B ist abseits, weil er im Augenblick, als A den Ball spielt, näher zur gegner. Torlinie steht als der vorletzte Abwehrspieler (E) und sich durch aktives Eingreifen ins Spiel einen Vorteil verschafft.

gespielt wurde, selbst spielt oder berührt; b) einen Gegenspieler daran hindert, den Ball zu spielen oder spielen zu können, indem er eindeutig die Sicht des Gegners versperrt oder Bewegungen oder Gesten macht, die den Gegner nach Ansicht des Schiedsrichters behindern, täuschen oder ablenken; c) einen Vorteil aus einer A.-Stellung erlangt, indem er den Ball spielt, der vom Pfosten oder der Querlatte oder von einem gegner. Spieler zu ihm prallt. Entscheidend für die Bewertung, ob sich ein Spieler in A.-Stellung befindet, ist stets seine Position im Augenblick der Ballabgabe durch einen Mitspieler, nicht die im Moment der Ballannahme. Die Spielfortsetzung nach Unterbrechung wegen A. erfolgt durch indirekten Freistoß (→ Freistoß) für den Gegner. Beim Confederations Cup 2005 in Deutschland durfte der Schiedsrichterassistent erst dann die Fahne heben, wenn der in A.-Position befindl. Spieler den Ball berührte. War dies nicht der Fall ist, lief das Spiel

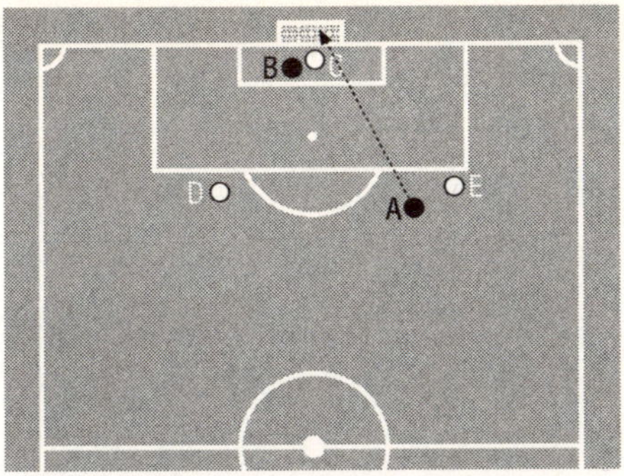

Abseits – Behindern des Gegners
A schießt aufs Tor, und der Ball landet im Netz. Da zuvor B den Torhüter (C) daran gehindert hat, den Ball richtig zu spielen, wird er für seine Abseitsposition bestraft. Durch sein Behindern greift er aktiv ins Spiel ein und beeinflusst einen Gegner.

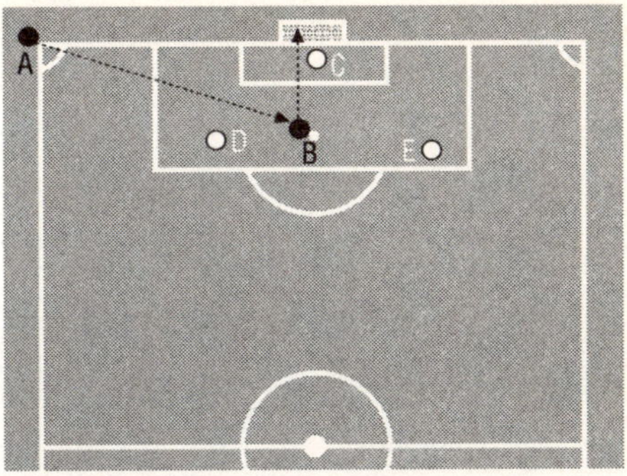

Nicht Abseits – Nach einem Eckstoß
A führt einen Eckstoß aus, und der Ball geht zu B, der ihn ins Tor befördert. Obwohl sich nur ein Gegner zw. B und der Torlinie befindet, ist das Tor gültig, da ein Spieler nicht abseits sein kann, wenn er den Ball direkt nach dem Eckstoß annimmt.

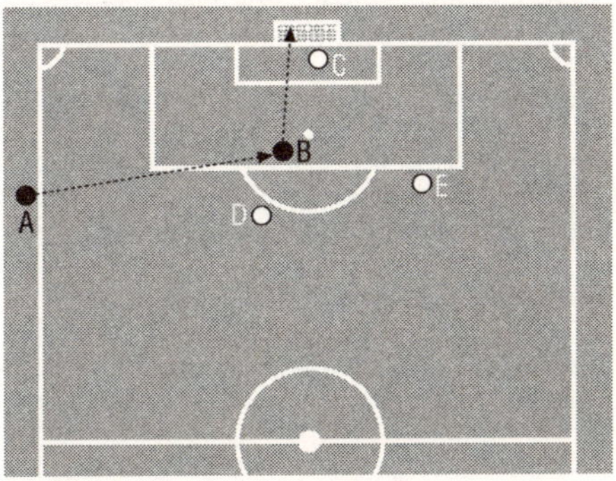

Nicht Abseits – Nach einem Einwurf
A wirft den Ball zu B, der ein gültiges Tor erzielt. Obwohl B vor dem Ball ist und sich nur ein Gegner zw. ihm und der Torlnie befindet, ist er nicht abseits, da ein Spieler nicht abseits sein kann, wenn er den Ball direkt durch einen Einwurf zugespielt bekommt.

weiter. Nach wenigen Wochen wurde diese Auslegung wieder rückgängig gemacht.

Abseits
Offside [engl.]
Hors-jeu [frz.]
Fuera de juego [span.]
Off-side [portugies.]
Fuorigioco [italien.]

Abseitsstellung
Bei einem im Abseits stehenden Spieler sind die Position seiner Füße, seines Rumpfes sowie seines Kopfes maßgebend, nicht aber die seiner Arme.

Abseitsfalle, legitimes takt., aber auch riskantes Mittel der Abwehr, um den bzw. die gegner. Angreifer abseits zu stellen. Dabei müssen die Abwehrspieler auf einer Linie stehen und auf Kommando des Abwehrchefs (früher meist der Libero) blitzartig (im »richtigen« Moment) aus der Abwehr heraustreten. Das Augenmerk der Abwehrreihe gilt dabei sowohl dem Ball und dem den Ball führenden Angreifer (»zentraler Blick«) als auch der Bewegung im Umfeld (»peripherer Blick«). Durch den (riskanten) Aufbau der A. kurz vor der Mittellinie in der eigenen Spielhälfte wird den Mittelfeld- und Angriffsspielern die Möglichkeit gegeben, den Gegner frühzeitig zu attackieren (→ Forechecking).
Die A. ist Kräfte sparend, da der Raum verengt wird und die Laufwege sich dadurch verringern; das Geschehen spielt sich weitgehend im Bereich um die Mittellinie ab, d. h. auf etwa 20–25% der gesamten Spielfeldfläche. Problematisch ist das Stellen einer A. nicht zuletzt deshalb, weil sie bedingt, dass der Schiedsrichter und vor allem der zuständige Schiedsrichterassistent die entstandene Abseitsstellung sofort erkennen und sie akustisch (Schiedsrichter) bzw. optisch (Schiedsrichterassistent) anzeigen.

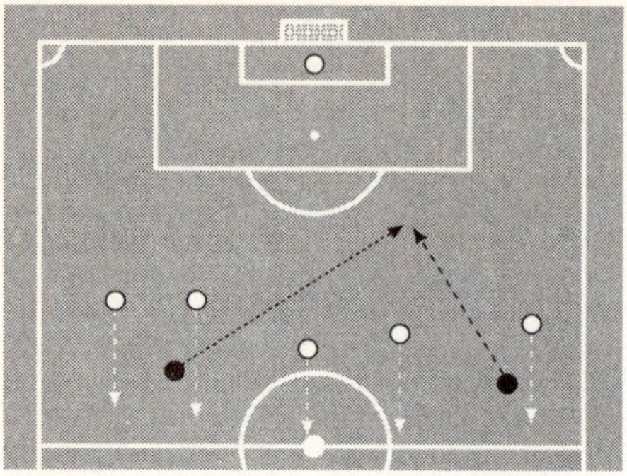

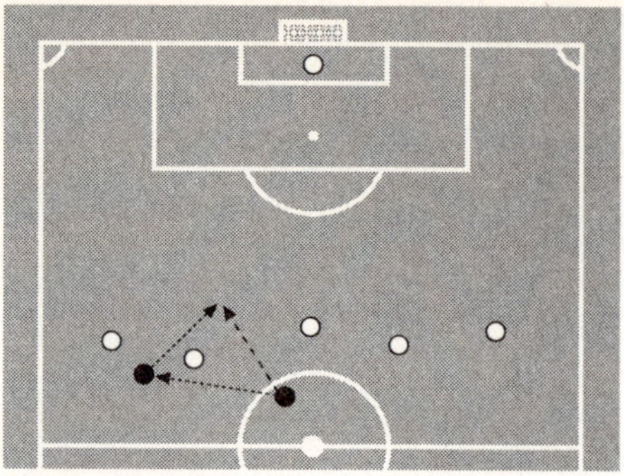

Abseitsfalle: Umgehen durch Diagonalpass (links) bzw. Doppelpass (rechts); gepunktet: Weg des Balls, gestrichelt: Laufweg

Probate Gegenmittel zum Ausschalten der A. sind: a) Alleingang (Solo) des Ballführenden; b) (Lang-) Diagonalpass über die heraustretende Abwehrreihe hinweg zum steil laufenden Mitspieler; und c) Doppelpass. – Als »Meister« des Stellens der A. galten früher die Belgier und Niederländer (1974 bei der Weltmeisterschaft erstmals konsequent praktiziert). Die A. wird aber heute von Experten zwiespältig beurteilt, da sie destruktiven Charakter aufweist und unansehnlich für die Zuschauer sein kann. Für Teile des Publikums – oft der Abseitsregel unkundig – ist die A. ohnehin ein »Buch mit 7 Siegeln«.

»abseitsverdächtige Position«, mögl. Abseitsstellung eines angespielten Angreifers, die aber als solche vom Schiedsrichter und bzw. oder Schiedsrichterassistenten nicht eingeschätzt oder erkannt (angezeigt) wurde; oft eine Ermessensfrage, zumal bei diffizilen Situationen. Die »a. P.« ist kein Terminus des Regelwerks.

»Abservieren«, Beherrschen des gegner. Spielers, ihn nicht zur Entfaltung kommen zu lassen.

Absichern, 1) das rasche Besetzen der Position des vorstoßenden Abwehrspielers durch einen anderen Mitspieler; ein takt. Mittel. – **2)** Behaupten des Balles gegen einen attackierenden Gegner.

»absichtlich« beinhaltet bewusstes, vorsätzl. Vergehen (rohes Spiel) und Unsportlichkeit, wobei im regeltechn. Sinn auch eine bestimmte Fahrlässigkeit und mangelnde Voraussicht der Folgen jegl. risikovollen Spielweise diesem Begriff gleichzusetzen sind (z. B. absichtl. Foulspiel).

absichtliches Handspiel → Handspiel.

Abspiel, Weiterleiten (»Abspielen«) des Balles an einen eigenen (möglichst frei stehenden) Mitspieler; erfolgt meist auf engem Raum. Beim *direkten A.* wird der ankommende Ball unmittelbar weitergeleitet. (→ Pass)

»Abstauber«, Bez. für einen Stoßstürmer, der im gegner. Strafraum durch reaktionsschnelles Handeln und ständiges Nachsetzen wiederholt (»A.«-)Tore erzielte, die aus Fehlern oder Nachlässigkeiten der Abwehr sowie aus Abprallern resultierten. – Verb: »Abstauben«.

Absteiger → Abstieg.

»Abstellen«, einen Spieler für ein Spiel außerhalb der Klubebene zur Verfügung stellen, z. B. ihn für die Nationalmannschaft »abstellen«.

Abstieg, Wechsel von einer höheren in eine niedrigere Spielklasse. In der Regel steigen diejenigen Mannschaften ab, die nach Abschluss des Spieljahres die letzten Tabellenpositionen einnehmen (national und regional unterschiedlich). Eine Mannschaft, die von diesem Schicksal ereilt wird, heißt *Absteiger.*

Abstieg
Descent [engl.]
Rélégation [frz.]
Bajada [span.]
Descida [portugies.]
Discesa [italien.]

Abstoß, den Ball wieder ins Spiel bringen, nachdem dieser die Torlinie außerhalb des Tores vollständig überschritten hat und von einem gegner. Spieler zuletzt berührt wurde. Der A. erfolgt gegen den ruhenden Ball durch den Torhüter oder Feldspieler von irgendeinem Punkt innerhalb des Torraums. Der Ball muss über die Strafraumgrenze hinweg ins Spiel gebracht werden, ansonsten ist der A. zu wiederholen. Der den A. ausführende Spieler darf den Ball nicht ein zweites Mal spielen, bevor ihn ein anderer Spieler berührt oder gespielt hat. Aus einem A. kann unmittelbar ein Tor erzielt werden. Die Abseitsregel für den Spieler, der den Ball zuerst annimmt, ist aufgehoben.

Abstoß
Goal kick [engl.]
Coup d'envoi [frz.]
Lanzamiento [span.]
Empurrão [portugies.]
Rimessa [italien.]

»Abtasten«, Studieren der gegner. Spielweise während der Anfangsminuten; bedächtiger Spielaufbau und auf Sicherheit betonte Spielweise, um Ballverluste zu vermeiden. Je länger das »A.«, desto ermüdender für den Betrachter.

Abtrainieren, schrittweiser Abbau hoher Trainingsbelastung mit dem Ziel der Anpassung an geringere Anforderungen, um somit den Herz-Kreislauf-Bereich zu »akklimatisieren«; z. B. A. in einer niedrigeren Spielklasse.

»Abtropfen lassen«, den gegen den Körper oder einen Körperteil prallenden Ball von dort fast senkrecht nach unten fallen lassen; verlangt Ballgefühl und techn. Geschick.

Abwehr, 1) Handlung bzw. Handlungsfolge mit defensivem Charakter, die darauf abzielt, die Angriffshandlungen des Gegners abzuwehren und Ausgangspositionen für den eigenen Angriff zu schaffen. Vorrangig auf Abwehr orientierte Spielweise einer Mannschaft (Defensivtaktik) äußert sich im Defensivspiel. – **2)** Gesamtheit der verteidigenden Spieler einer Mannschaft, z. B.: »die A. stand sicher« (oder nicht).

Abwehrblock, engere Abwehrformation einer Mannschaft; bei relativer Undurchdringlichkeit spricht man auch von »Abwehrbollwerk«.

Abwehrkette, Formation von 3 (→ Dreierkette) oder 4 (→ Viererkette) Abwehrspielern als letztes Bollwerk vor dem Torhüter.

»Abwehrorganisator«, früher der »letzte Mann« im Abwehrverbund, heute der mittlere Spieler in einer Dreierkette oder einer der beiden Innendecker in einer Viererkette.

Abwehrreihe → Reihe.

Abwehrriegel, stat. Verteidigungsform, bei der dem Angreifer stets ein *Riegel,* eine schräg gestaffelte Abwehr, entgegengestellt wird. – Bekannt war in früheren Jahren der »Schweizer Riegel« von K. → Rappan.

»Abwehrschlacht«, aufopferungsvoller Kampf der Abwehr – unter Einbeziehung der übrigen Mannschaftsteile – gegen das übermächtige, ständige Anrennen des Gegners, ohne dass es zu wiederholten eigenen Entlastungsangriffen kommt.

Abwehrspieler, Bez. für diejenigen Spieler, die die Abwehr einer Mannschaft bilden und deren vorrangige Aufgabe es ist, Gegentreffer zu verhindern. Im modernen Fußball schalten sich, wenn es die Situation erfordert, die A. in den eigenen Angriff ein *(offensive A.).* Der Torhüter zählt regeltechnisch (z. B. beim Abseits) ebenfalls als A. – Früher bezeichnete man die A. als *rechten* und *linken Verteidiger* sowie als *Mittelverteidiger.* Letzterer wurde auch *Mittelläufer* (»Stopper« oder »Ausputzer«) genannt.

Abwurf, svw. → Handabwurf.

»Abziehen«, svw. → »Abdrücken«.

Accra, Ghana, **1) Great Olympics,** gegr. 1954; Spielkleidung: Weiß/Blau/Blau; Stadion: Accra Sports Stadium, 85 000 Plätze.
2) Hearts of Oak SC (Hearts of Oak Sporting Club), gegr. 1911; Spielkleidung: Gelb-Blau/Rot/Rot; Stadion: Accra Sports Stadium, 85 000 Plätze. – INTERNET: www.accraheartsofoak.com

Achillessehnenverletzung → Sportmedizin/Sportverletzungen.

Achse, zentral postierte, überdurchschnittl. Spieler innerhalb einer Mannschaft; als vertikale Formation z. B. Torhüter – Spielmacher (früher auch Libero) – Mittelstürmer. – Eine »Gala«-A. war in den 1970er-Jahren die des FC Bayern München: Maier – Beckenbauer – Müller (auch in der Nationalmannschaft).

Achtelfinale, die viertletzte Runde eines im K.-o.-System ausgetragenen Turnier- oder Pokalwettbewerbs, an dem noch 16 Mannschaften (8 Spiele) beteiligt sind; die Sieger erreichen das → Viertelfinale.

Achtelfinale
Eighth final [engl.]
Huitième de finale [frz.]
Octavo de final [span.]
Oitavo de final [portugies.]
Ottavo di finale [italien.]

Achterberg, Eddy, belg. Trainer, *21 Februar 1947 Utrecht; war Mittelfeldspieler: 1967–76 FC Twente, 1976–78 FC Groningen. – Später Trainer: 1988–94 FC Twente (Trainerassistent), 1994–98 Roda JC Kerkrade (Trainerassistent), 1998–2005 FC Schalke 04 (Trainerassistent).

»Achtungserfolg«, knappe Niederlage oder Unentschieden gegen einen bedeutend spielstärkeren und renommierteren Gegner, z. B. stellte die 1:2-Niederlage (EM-Qualifikationsspiel) am 16. Oktober 2002 in Hannover gegen den Vizeweltmeister Deutschland für die Färöer einen »A.« dar.

Adriano

Acimovic, 1) Jovan, serb. Mittelfeldspieler, *21. Juni 1948 Belgrad; 1958–76 OFK Belgrad und Roter Stern Belgrad, 1976–78 1. FC Saarbrücken; 41 Bundesligaspiele (1 Tor); 56 Länderspiele für Jugoslawien (1968–76); WM-Endrunde 1974; EM-Endrunde 1968, 1972, 1976. – **2)** Milenko, slowen. Mittelfeldspieler, *15. Februar 1977 Ljubljana; 1996/97 Olimpija Ljubljana, 1997–2002 Roter Stern Belgrad, 2002–04 Tottenham Hotspur, 2004–06 OSC Lille; 64 Länderspiele; WM-Endrunde 2002; EM-Endrunde 2000.

Adamec, Jozef, slowak. Trainer, *26. Februar 1942 Vrbové; war Angriffsspieler: 1959–61 Spartak Trnava, 1961–63 Dukla Prag, 1963/64 Spartak Trnava, 1964/65 Slovan Bratislava, 1966–76 Spartak Trnava, 1977–80 Wiener SC; 44 Länderspiele für die ČSSR (1960–73; 14 Tore); WM-Endrunde 1962, 1970. – Später Trainer: 1980/81 Slovan Duslo Sala, 1981–83 Dukla Banská Bystrica, 1988/89 Vorwärts Steyr, 1991–93 Dukla Banská Bystrica.

Addo, Otto, dt. Mittelfeldspieler ghanaischer Herkunft, *9. Juni 1975 Hamburg; bis 1991 Hummelsbütteler SV, 1991/92 Hamburger SV, 1992/93 Bramfelder SV, 1993–96 VfL 93 Hamburg, 1996–99 Hannover 96, 1999–2005 Borussia Dortmund, 2005/06 FSV Mainz 05; 83 Bundesligaspiele (11 Tore); 12 Länderspiele für Ghana (1 Tor). – 3 Kreuzbandrisse.

Adduktorensyndrom → Sportmedizin/Sportverletzungen.

Adebayor, Sheyi Emmanuel, togoischer Angriffsspieler, *26. Februar 1984 Momé; 2001–03 FC Metz, 2003–05 AS Monaco; 10 Länderspiele.

Ademir, eigtl. »Ademir Marques de Menezes«, brasilian. Angriffsspieler, *8. November 1922 Recife, † 11. Mai 1996; 1938–41 Pernambuco EC, 1942–45 Vasco da Gama Rio de Janeiro, 1946/47 Fluminense Rio de Janeiro, 1948–55 Vasco da Gama Rio de Janeiro; 41 Länderspiele (1945–53; 31 Tore); WM-Endrunde 1950 (Torschützenkönig [9]).

> **Ademir**
> »Ich weiß, wohin ich schieße. Wohin der Torwart läuft, ist mir egal.«

Adhemar, eigtl. »Adhemar Ferreira de Camargo Neto«, brasilian. Angriffsspieler, *24. April 1972 Tatui; bis 1996 Estrela Porto Feliz, São José dos Campos EC, Ponta Grossa EC und EC São Bento Sorocaba, 1997–2001 AD São Caetano, 2001/02 VfB Stuttgart, 2002/03 São Caetano (Brasilien); 39 Bundesligaspiele (9 Tore).

Adler, Oliver, dt. Torhüter, *14. Oktober 1967 Duisburg; bis 1984 Schwarz-Weiß Essen, 1984–90 FV Duisburg 08, 1990–92 Schwarz-Weiß Essen, 1992/93 FV Duisburg 08, 1993/94 SC Brück, 1994/95 Viktoria Köln, 1995–2005 Rot-Weiß Oberhausen; 224 Zweitligaspiele.

»Adler von Karthago«, Bez. für die Nationalmannschaft Tunesiens.

Adriaanse, Jacobson (»Co«), niederländ. Trainer, *21. Juli 1947 Amsterdam; war Abwehrspieler: bis 1964 HRVC Amsterdam, OSV Amsterdam und DRC Amsterdam, 1964–70 De Volewijckers Amsterdam, 1970–76 FC Utrecht. – Später Trainer: 1979–92 Zilvermeeuwen (Trainerassistent), PEZ Zwolle und FC Den Haag, 1992–2000 Willem II Tilburg, 2000/01 Ajax Amsterdam, 2002–05 AZ Alkmaar, 2005/06 FC Porto.

Adriano, eigtl. »Leite Ribeiro Adriano«, brasilian. Angriffsspieler, *17. Februar 1982 Rio de Janeiro; 1999–2001 Flamengo Rio de Janeiro, 2001 Inter Mailand, 2002 AC Florenz, 2002–04 AC Parma, 2004–06 Inter Mailand; 27 Länderspiele (seit 2000; 17 Tore).

Advocaat, Dick, niederländ. Trainer, *27. September 1947 Den Haag; war Abwehrspieler: 1966–71 ADO Den Haag, 1971–73 FC Den Haag, 1973–77 Roda JC Kerkrade, 1977–79 VVV Venlo, 1979/80 FC Den Haag, 1980–82 Sparta Rotterdam, 1982 Berchem Sport, 1982–84 FC Utrecht. – Später Trainer: 1984–87 Niederlande (Nationalmannschaft [Trainerassistent]), 1987–89 FC Haarlem, 1989–92 SSV Schiedam, 1992–95 Niederlande

Dick Advocaat

(Nationalmannschaft; WM-Endrunde 1994), 1995–98 PSV Eindhoven, 1998–2001 Glasgow Rangers, 2002–04 Niederlande (Nationalmannschaft; EM-Endrunde 2004), 2004/05 Borussia Mönchengladbach, 2005 VAE (Nationalmannschaft), 2005/06 Südkorea (Nationalmannschaft).

D. Advocaat: Erfolgsstationen (Auswahl)	
PSV Eindhoven	PS 1996 LM 1997
Glasgow Rangers	LM 1999, 2000 PS 1999, 2000

AFA, Abk. von **A**ssociación del **F**útbol **A**rgentino, den Fußballverband von → Argentinien. – **2)** Abk. von **A**nguilla **F**ootball **A**ssociation, den Fußballverband von → Anguilla.

AFC, 1) Abk. für **A**sian **F**ootball **C**onfederation, Vereinigung der nationalen asiat. Verbände, Sitz: Kuala Lumpur (Malaysia); 1954 während der zweiten Asienspiele in Manila von Afghanistan, Birma, Hongkong, Indien, Indonesien, Japan, Pakistan, Südkorea, Malaysia, Philippinen, Singapur und Südvietnam gegründet. Sie organisiert die → Asienmeisterschaft, den → Asienpokal der Landesmeister, den → Asienpokal der Pokalsieger und das Fußballturnier der → Asienspiele. Außerdem initiiert sie die Wahl zu → Asiens Fußballer des Jahres. Die AFC (nach der WM-Endrunde 2006 mit Australien) umfasst 45 Landesverbände. – INTERNET: www.footballasia.com – **2)** Abk. für **A**sociación de **F**útbol de **C**uba, den Fußballverband von → Kuba.

AFC [1]: WM-Modus

Die beiden Gruppensieger und -zweiten sind direkt für die WM-Endrunde qualifiziert. Die drittplazierten Mannschaften tragen 2 Play-off-Spiele aus. Der Sieger dieser Spiele trifft dann in 2 weiteren Play-off-Spielen auf die viertplatzierte Mannschaft aus Nord- und Mittelamerika (→ CONCACAF).

AFC [1]: Mitgliedsländer

Afghanistan	Macao
Australien	Malediven
Bahrain	Malaysia
Bangladesh	Mongolei
Bhutan	Nepal
Birma	Nordkorea
Brunei	Oman
China	Pakistan
Guam	Palästina
Hongkong	Philippinen
Indien	Saudi-Arabien
Indonesien	Singapur
Irak	Sri Lanka
Iran	Südkorea
Japan	Syrien
Jemen	Tadschikistan
Jordanien	Taiwan
Kambodscha	Thailand
Katar	Turkmenistan
Kirgistan	Usbekistan
Kuwait	Vereinigte Arab. Emirate
Laos	
Libanon	Vietnam

AFC Champions League → Asienpokal der Landesmeister.

AFF, 1) Abk. für Union of **A**rab **F**ootball **F**ederationes, 1963 gegr. Vereinigung arab. Fußballverbände. Sie organisiert den → Arab Cup. – **2)** Abk. für **A**fghanistan **F**ootball **F**ederation, den Fußballverband von → Afghanistan.

AFF [1]: Mitgliedsländer

Ägypten	Katar
Algerien	Kuwait
Bahrain	Libanon
Irak	Libyen
Jemen	Marokko
Jordanien	Sudan

AFFA, Abk. von **A**ssociation of **F**ootball **F**ederations of **A**zerbaijan, den Fußballverband von → Aserbaidschan.

Affekthandlung, von einem Spieler in heftiger Erregung begangene strafbare Handlung während des Spiels; äußert sich z. B. durch Schlagen, Treten oder Spucken. Auch wenn der betreffende Spieler evtl. zuvor provoziert wurde, ist das Verhalten unentschuldbar und vom Schiedsrichter (in der Regel durch Feldverweis) streng zu ahnden. – Zu A. neigen insbesondere impulsive und aggressive Spieler.

Afrikameisterschaft

Jahr	Veranstalter	Sieger	Jahr	Veranstalter	Sieger
1957	Sudan	Ägypten	1984	Elfenbeinküste	Kamerun
1959	Ägypten	Ägypten	1986	Ägypten	Ägypten
1962	Äthiopien	Äthiopien	1988	Marokko	Kamerun
1963	Ghana	Ghana	1990	Algerien	Algerien
1965	Tunesien	Ghana	1992	Senegal	Elfenbeinküste
1968	Äthiopien	Demokrat. Rep. Kongo	1994	Tunesien	Nigeria
1970	Sudan	Sudan	1996	Südafrika	Südafrika
1972	Kamerun	Rep. Kongo	1998	Burkina Faso	Ägypten
1974	Ägypten	Zaire	2000	Ghana/Nigeria	Kamerun
1976	Äthiopien	Marokko	2002	Mali	Kamerun
1978	Ghana	Ghana	2004	Tunesien	Tunesien
1980	Nigeria	Nigeria	2006	Ägypten	Ägypten
1982	Libyen	Ghana			

Afghanistan, Staat im Nordosten Vorderasiens, 647 500 km², 28,72 Mio. Ew.; Verband: Afghanistan Football Federation, Abk. AFF, gegr. 1933, Sitz: Kabul; Mitglied der FIFA seit 1948, der AFC seit 1954; Spielkleidung: Weiß-Rot/Weiß-Rot/Weiß-Rot.

African Champions League → Afrikapokal der Landesmeister.

Afrikameisterschaft, African Cup of Nations, ACN, Kontinentalmeisterschaft der Mitgliedsländer der Confédération Africaine de Football (→ CAF). Nach Qualifikationsspielen mit Hin- und Rückspiel wird wie bei der Europameisterschaft eine Endrunde ausgetragen. Die A. wird seit 1968 im Zweijahresrhythmus ausgetragen.

Afrika-Nationencup, svw. → Afrikameisterschaft.

Afrikanische Spiele, svw. → Afrikaspiele.

Afrikapokal der Landesmeister, bedeutendster Klubwettbewerb des afrikan. Kontinents, seit

Afrikapokal der Landesmeister

1964	Oryx de Douala (Kamerun)	1985	FAR Rabat (Marokko)
1966	Stade d'Abidjan/Elfenbeinküste)	1986	Zamalek SC Kairo (Ägypten)
1967	TP Mazembe (Demokrat. Republik Kongo)	1987	Al-Ahly Kairo (Ägypten)
1968	TP Mazembe (Demokrat. Republik Kongo)	1988	ES Setif Algier (Algerien)
1969	SC Ismailia (Ägypten)	1989	Raja Casablanca (Marokko)
1970	Ashanti Kotoko Kumasi (Ghana)	1990	JS Kabylie (Algerien)
1971	Canon Yaoundé (Kamerun)	1991	Club Africain Tunis (Tunesien)
1972	Haifa FC Conakry (Guinea)	1992	Wydad Athletic Casablanca (Marokko)
1973	AS Vita Club (Demokrat. Republik Kongo)	1993	Zamalek SC Kairo (Ägypten)
1974	C.A.R.A. Brazzaville (Republik Kongo)	1994	Espérance Tunis (Tunesien)
1975	Haifa FC Conakry (Guinea)	1995	Orlando Pirates Johannesburg (Südafrika)
1976	AC Mouloudia Chaabia (Algerien)	1996	Al-Mokaoulun Kairo (Ägypten)
1977	Haifa FC Conakry (Guinea)	1997	Raja Casablanca (Marokko)
1978	Canon Yaoundé (Kamerun)	1998	ASEC Mimosas Abidjan (Elfenbeinküste)
1979	Union Sportive Douala (Kamerun)	1999	Raja Casablanca (Marokko)
1980	Canon Yaoundé (Kamerun)	2000	Hearts of Oak Accra (Ghana)
1981	Jeunesse Electronique Tizi Ouzou (Algerien)	2001	Al-Ahly Kairo (Ägypten)
1982	Al-Ahly Kairo (Ägypten)	2002	Zamalek SC Kairo (Ägypten)
1983	Ashanti Kotoko Kumasi (Ghana)	2003	Enyimba FC Aba (Nigeria)
1984	Zamalek SC Kairo (Ägypten)	2004	Enyimba AC Aba (Nigeria)
		2005	Al-Ahly Kairo (Ägypten)

Afrikapokal der Pokalsieger			
1975	Tonnerre Yaoundé (Kamerun)	1989	Al Merreikh Omdurman (Sudan)
1976	Shooting Stars Club Ibadan (Nigeria)	1990	BBC Lions Gboko (Nigeria)
1977	Enugu Rangers International (Nigeria)	1991	Power Dynamos Kitwe (Sambia)
1978	Horoya Conacry (Guinea)	1992	Africa Sports Abidjan (Elfenbeinküste)
1979	Canon Yaoundé (Kamerun)	1993	Al-Ahly Kairo (Ägypten)
1980	TP Mazembe (Zaire)	1994	DC Motemba Pemba (Zaire)
1981	Union Sportive Douala (Kamerun)	1995	JS Kabylie (Algerien)
1982	Arab Contractors Kairo (Ägypten)	1996	Al-Mokaoulun Kairo (Ägypten)
1983	Arab Contractors Kairo (Ägypten)	1997	Étoile du Sahel Sousse (Tunesien)
1984	Al-Ahly Kairo (Ägypten)	1998	Espérance Tunis (Tunesien)
1985	Al-Ahly Kairo (Ägypten)	1999	Africa Sports Abidjan (Elfenbeinküste)
1986	Al-Ahly Kairo (Ägypten)	2000	Zamalek SC Kairo (Ägypten)
1987	Gor Mahia Nairobi (Kenia)	2001	Kaizer Chiefs Johannesburg (Südafrika)
1988	CA Bizerte (Tunesien)	2002	Wydad AC Casablanca (Marokko)
		2003	Étoile du Sahel Sousse (Tunesien)

1965 organisiert und durchgeführt von der Confédération Africaine de Football (→CAF); ausgetragen zw. Februar und Dezember im K.-o.-System (mit Hin- und Rückspielen). Seit 1997 wird der Wettbewerb als *African Champions League* geführt. Nach 2 vorangehenden Qualifikationsrunden wird in 2 Gruppen à 4 Mannschaften gespielt (jeder gegen jeden, Hin- und Rückspiel); die beiden Ersten jeder Gruppe ermitteln dann im Überkreuzvergleich die Endspielteilnehmer. Seit 1992 spielt der Gewinner gegen den Sieger des →Afrikapokals der Pokalsieger um den →Afrika-Supercup.

Afrikapokal der Pokalsieger, seit 1975 durchgeführter Wettbewerb für die Pokalsieger der Mitgliedsländer der Confédération Africaine de Football (→CAF) um den »Nelson-Mandela-Cup«; ausgetragen im K.-o.-System (mit Hin- und Rückspiel). Seit 1992 spielt der Gewinner gegen den Sieger des →Afrikapokals der Landesmeister um den →Afrika-Supercup.

Afrikas Fußballer des Jahres, 1970 bis 1993 von der frz. Fachzeitschrift »France Football« (afrikan. Ausgabe) jährlich durch deren Korrespondenten ermittelt und als »Le Ballon d'Or d'Afrique« (»Goldener Ball von Afrika«) überreicht; seit 1994 von der Confédération Africaine de Football (→CAF) durchgeführt.

Afrikaspiele, entsprechend dem olymp. Reglement 1960 in der Hauptstadt Madagaskars Tananarive (seit 1977: Antananarivo) zum erstenmal durchgeführter Fußballwettbewerb, weitere folgten 1961 in Abidjan (Elfenbeinküste) und 1963 in Dakar (Senegal); seit 1965 mit offiziellem

Afrikas Fußballer des Jahres			
1970	S. Keita (Mali)	1987	R. Madjer (Algerien)
1971	I. Sunday (Ghana)	1988	K. Bwalya (Sambia)
1972	C. Souleymane (Guinea)	1989	G. Weah (Liberia)
1973	T. Bwanga (Zaire)	1990	R. Milla (Kamerun)
1974	P. Moukila (Kongo Brazzaville)	1991	A. Pele (Ghana)
1975	A. Faras (Marokko)	1992	A. Pele (Ghana)
1976	R. Milla (Kamerun)	1993	A. Pele (Ghana)
1977	T. Dhiab (Tunesien)	1994	G. Weah (Liberia)
1978	A. Razak (Ghana)	1995	G. Weah (Liberia)
1979	T. N'Kono (Kamerun)	1996	N. Kanu (Nigeria)
1980	J. M. Onguene (Kamerun)	1997	V. Ikpeba (Nigeria)
1981	L. Belloumi (Algerien)	1998	M. Hadji (Marokko)
1982	T. N'Kono (Kamerun)	1999	N. Kanu (Nigeria)
1983	M. A. Khatib (Ägypten)	2000	P. Mboma (Kamerun)
1984	T. Abega (Kamerun)	2001	E. H. Diouf (Senegal)
1985	M. Timoumi (Marokko)	2002	E. H. Diouf (Senegal)
1986	E. Baddou (Marokko)	2003	Eto'o Fils (Kamerun)
		2004	Eto'o Fils (Kamerun)

Charakter, vorher nur Freundschaftsspiele. Das Turnier geriet zwar in terminl. Konflikt mit der Afrikameisterschaft, fand aber dennoch große Resonanz.

Afrikaspiele

1965	Kongo	1991	Kamerun
1973	Nigeria	1995	Ägypten
1978	Algerien	1999	Kamerun
1987	Ägypten	2003	Kamerun

Afrika-Supercup, von der Confédération Africaine de Football (→CAF) seit 1992 sanktionierter Wettbewerb zw. den Siegern des →Afrikapokals der Landesmeister und des →Afrikapokals der Pokalsieger, ausgetragen in jeweils nur einer Begegnung. Seit 2004 als *Confederation Cup* geführt.

Afrika-Supercup

1992	Africa Sports Abidjan (Elfenbeinküste)
1993	Zamalek SC Kairo (Ägypten)
1994	Espérance Tunis (Tunesien)
1995	Orlando Pirates Johannesburg (Südafrika)
1996	Zamalek SC Kairo (Ägypten)
1997	Étoile du Sahel Sousse (Tunesien)
1998	ASEC Mimosas Abidjan (Elfenbeinküste)
1999	Raja Casablanca (Marokko)
2000	Hearts of Oak Accra (Ghana)
2001	Al-Ahly Kairo (Ägypten)
2002	Zamalek SC Kairo (Ägypten)
2003	Enyimba AC Aba (Nigeria)
2004	Enyimba AC Aba (Nigeria)

Agali, Victor, nigerian. Angriffsspieler, *29. Dezember 1978 Okpanam; bis 1996 FC Nitel Lagos, 1997 Olympique Marseille, 1997/98 SC Toulon-Vare, 1998–2001 FC Hansa Rostock, 2001–04 FC Schalke 04, 2004/05 OGC Nizza, 2005/06 Erciyesspor (Türkei); 120 Bundesligaspiele (31 Tore); 12 Länderspiele (seit 2001; 5 Tore).

Agnolin, Luigi (»Gigi«), italien. Schiedsrichter, *21. März 1943 Bassano del Grappa (Region Veneto); seit 1961 Schiedsrichter, seit 1979 FIFA-Referee; über 30 Länderspiele; WM-Endrunde 1986, 1990; EC II-Finale 1987; (Europa-)Supercup 1887; in Italien siebenmal Schiedsrichter des Jahres.

Agostino, Paul, austral. Angriffsspieler, *9. Juni 1975 Adelaide; bis 1993 Polonia Adelaide, Salisbury United, Hellas West Adelaide und Yverdon-Sports, 1993–95 Young Boys Bern, 1995–97 Bristol City, 1997–2006 TSV München 1860; 121 Bundesligaspiele (30 Tore); 18 Länderspiele (4 Tore); olymp. Fußballturnier 1996.

Ägypten, Republik im Nordosten Afrikas, 1,001 Mio. km², 74,719 Mio. Ew; Verband: Egyptian Football Association, Abk. EFA; gegr. 1921, Sitz: Kairo; Mitglied der FIFA seit 1923, der CAF seit 1957; Spielkleidung: Rot/Weiß/Schwarz. – Erfolge: Afrikameister 1957, 1959, 1986, 1998. – INTERNET: www.efa.com.eg

AH, Abk. für **A**lte **H**erren. (→Altersmannschaft)

Ägypten: Landesmeister

1975	Al-Ahly Kairo
1976	Al-Ahly Kairo
1977	Al-Ahly Kairo
1978	Zamalek SC Kairo
1979	Al-Ahly Kairo
1980	Al-Ahly Kairo
1981	Al-Ahly Kairo
1982	Al-Ahly Kairo
1983	Al Moukawilou
1984	Zamalek SC Kairo
1985	Al-Ahly Kairo
1986	Al-Ahly Kairo
1987	Al-Ahly Kairo
1988	Zamalek SC Kairo
1989	Al-Ahly Kairo
1990	nicht beendet
1991	Al Ismailia
1992	Zamalek SC Kairo
1993	Zamalek SC Kairo
1994	Al-Ahly Kairo
1995	Al-Ahly Kairo
1996	Al-Ahly Kairo
1997	Al-Ahly Kairo
1998	Al-Ahly Kairo
1999	Al-Ahly Kairo
2000	Al-Ahly Kairo
2001	Zamalek SC Kairo
2002	SC Ismailia
2003	Zamalek SC Kairo
2004	SC Ismailia

Ahanfouf, Abdelaziz, marokkan. Angriffsspieler, *14. Januar 1978 Flörsheim am Main (Hessen); 1988–93 Eintracht Rüsselsheim, 1993/94 VfB Ginsheim, 1994/95 Kickers Offenbach, 1995–97 VfB Stuttgart, 1997–99 SpVgg Unterhaching, 1999/2000 FC Hansa Rostock, 2001 SpVgg Unterhaching, 2002 FSV Mainz 05, 2002/03 1. FC Dynamo Dresden, 2003–06 MSV Duisburg; 40 Bundesligaspiele (4 Tore); 4 Länderspiele.

Ahlen, LR (Leichtathletik – Rasensport Ahlen), Deutschland (Nordrhein-Westfalen), entstand am 1. Juni 1996 nach Fusion von TuS Ahlen (gegr. 1948) und Blau-Weiß Ahlen; Zweite Bundesliga 2000–06; Spielkleidung: Rot-Weiß/Rot/Rot; Stadion: Wersestadion, 11 000 Plätze. – INTERNET: www.lrahlen.de

Spieler (Auswahl): H. Bonan – A. Brinkmann – G. Canale – D. Felgenhauer – K. Hutwelker – M. Ketelaer – A. Labak – D. Langerbein – B. Meier – N. Patschinski – D. Schuster. – **Trainer** (Auswahl): U. Fuchs – S. Kuntz – P. Linz – W. Lorant – P. Neururer – I. Peter – H. Spörl – F. Straka – F.-J. Tenhagen.

Ahlenfelder, Wolf-Dieter (Oberhausen), dt. Schiedsrichter, *11. Februar 1944 München; Bundesligaschiedsrichter 1975–88 (106 Spiele).

AIFF, Abk. für **A**ll **I**ndia **F**ootball **F**ederation, den Fußballverband von → Indien.

Aigaleo, AS, Griechenland: → Athen [2].

Aigner, Gerhard, dt. Funktionär, *1. September 1943 Regensburg; spielte 1957–64 beim VfB Regensburg, 1968/69 beim FC Moutier (Schweiz) und 1970–79 beim FC Muri-Gümlingen (Schweiz); 1963–66 Schiedsrichter; 1989–2000 UEFA-Generalsekretär (Nachfolger von H. → Bangerter), 2000–03 UEFA-Generaldirektor.

Ailton, eigtl. »Ailton Conçalves da Silva«, brasilian. Angriffsspieler, *19. Juli 1973 Mogeiro; bis 1992 Mogeiro EC, 1993 Mogi Mirim EC, 1994–96 Santa Cruz FC Recife, 1996/97 Guarani FC Campinas, 1998 Universidad Nuevo León, 1998–2004 SV Werder Bremen, 2004/05 FC Schalke 04, 2005 Besiktas Istanbul, 2006 Hamburger SV; 198 Bundesligaspiele (102 Tore); Bundesliga-Torschützenkönig 2004 (28); in Deutschland Fußballer des Jahres 2004.

»Toni« Ailton

> **Ailton**
> »Es ist leichter, Tore zu schießen, als den deutschen Führerschein zu machen.«

Aindling, TSV (Turn- und Sportverein Aindlingen), Deutschland (Bayern), gegr. 1946 als TSV Aindling-Todtenweis, seit 1950 TSV Aindling (1956 Anschluss von TSV Pichl); Spielkleidung: Rot/Rot/Weiß; Stadion: Am Schlüsselhauser Kreuz, 4000 Plätze. – INTERNET: www.tsv-aindling.de

Spieler (Auswahl): B. Meier.

Ajaccio, AC (Athletic Club Ajaccio), Frankreich, gegr. 1909; Spielkleidung: Rot/Weiß/Weiß; Stadion: Stade François-Coty (9000 Plätze. – INTERNET: www.ac-ajaccio.com

Spieler (Auswahl): D. Prso – T. Sylva.

Akers, Michelle, US-amerikan. Angriffsspielerin; *1. Februar 1966 Santa Clara (Kalifornien); 1984–89 Collegeteam University of Central Florida, 1990, 1992 und 1996 Tyresoe FC (Schweden), 1994–2001 in verschiedenen US-Soccer-Teams; 153 Länderspiele (1985–2000; 105 Tore); WM-Endrunde 1991 (Weltmeisterin), 1995, 1999 (Weltmeisterin); Olympiasiegerin 1996; in den USA Fußballerin des Jahres 1990, 1991, 2000.

Akonnor, Charles, ghanaischer Mittelfeldspieler, *12. März 1974 Accra; bis 1992 Young Hearts of Tema, Okwahu Stores United Nkawkaw und Goldfields SC Obuasi, 1992–98 Fortuna Köln, 1998–2004 VfL Wolfsburg, 2004/05 SpVgg Unterhaching, 2005/06 Hapoel Kfar Sava (Israel); 121 Bundesligaspiele (13 Tore); 48 Länderspiele; olymp. Fußballturnier 1996; in Ghana Fußballer des Jahres 1994.

Akpoborie, Jonathan, nigerian. Angriffsspieler, *20. Oktober 1968 Lagos; 1983–88 FC Julius Berger Lagos, 1988/89 Brooklyn College (USA), 1990–92 1. FC Saarbrücken, 1992–94 FC Carl Zeiss Jena, 1994/95 Stuttgarter Kickers, 1995 Waldhof Mannheim, 1995–97 FC Hansa Rostock, 1997–99 VfB Stuttgart, 1999–2001 VfL Wolfsburg, 2001/02 1. FC Saarbrücken; 144 Bundesligaspiele (61 Tore); 14 Länderspiele (1985–2000; 4 Tore).

Akranes, IA (Ithróttabandalag Akranes), Island gegr. 1946; Spielkleidung: Gelb/Schwarz/Gelb; Stadion: Akranesvöllur, 5800 Plätze. – INTERNET: www.ia.is

Akrapovic, Bruno, bosn. Mittelfeldspieler; 26. September 1967 Zenica; bis 1988 NK Čelik Zenica, 1988–90 Arminia Hannover, 1990/91 Göttingen 05, 1991/92 TuS Celle, 1992–94 VfL Wolfsburg, 1994–97 FSV Mainz 05, 1997–2000 Tennis Borussia, 2000–02 FC Energie Cottbus, 2002/03 FC Rot-Weiß Erfurt, 2003–05 Kickers Offenbach; 67 Bundesligaspiele; 13 Länderspiele für Bosnien und Herzegowina.

Aktion, die (Spiel-)Handlung; ein Fallrückzieher z. B. ist eine »spektakuläre A.«.

Aktionsfreiheit, die einem vom Gegner eingeräumte Möglichkeit, sich relativ frei und ungedeckt auf dem Spielfeld zu bewegen.

Aktionsradius, (gedachter) Bewegungsraum eines Spielers auf dem Spielfeld während seines Mitwirkens. Bewegt er sich kaum oder nur sporadisch, spricht man von *kleinem A.* (»Bierdeckel«-A.), ist er dagegen »überall« zu finden, von *großem Aktionsradius.*

aktive Erholung, Beseitigung von Ermüdungsfolgen durch gezielte körperl. Belastungen. Die Arbeitsfähigkeit ermüdeter Muskeln stellt sich schneller wieder her, wenn während der Erholungszeit andere Muskelgruppen eingesetzt werden.

aktive Laufbahn, Zeitspanne, während der ein Spieler einer Mannschaft der → Seniorenklasse angehört; unterschiedlich, beträgt etwa 10 bis 14 Jahre (altersmäßig 18 bis 32). Nach Beendigung der a. L. kann aber der Spieler weiterhin aktiv bleiben, z. B. in einer → Altersmannschaft.

Aktiver, (Fußball-)Spieler; einer, der wettkampfmäßig (»aktiv«) Fußball betreibt.

Aktivposten, Spieler mit überdurchschnittl. Leistungen innerhalb eines Spiels bzw. gleichbleibend guten Leistungen über einen längeren Zeitraum hinweg.

Akyel, Fatih, türk. Abwehrspieler, *26. Dezember 1977 Istanbul; 1997–2001 Galatasaray Istanbul, 2001 RCD Mallorca, 2002–04 Fenerbahce Istanbul, 2005 VfL Bochum, 2005/06 PAOK Saloniki; 1 Bundesligaspiel; 61 Länderspiele; WM-Endrunde 2002; EM-Endrunde 2000.

Al-Ahly SC [arab., »Die Größten«], Ägypten: → Kairo [1].

A-Länderspiel, Spiel zw. 2 der FIFA angehörenden Landesverbänden, für das beide Verbände ihre erste repräsentative Nationalmannschaft stellen. (→ B-Länderspiel)

Alavés, Deportivo, Spanien, gegr. 1921 als als Deportivo Alavés Vitoria; Spielkleidung: Blau-Weiß/Blau/Weiß; Stadion: Estadio »Mendizorroza«, 19 841 Plätze. – INTERNET: www.alaves.com

Spieler (Auswahl): Jordi Cruyff – A. Zubizarreta Urreta.

Albacete Balompié, Spanien (Albacete), gegr. 1940 als Albacete FC, seit 1955 Albacete Balompié; Spielkleidung: Blau/Weiß/Rot; Stadion: Estadio »Carlos Belmonte«, 16 362 Plätze. – INTERNET: www.albacete-bp.es

Spieler (Auswahl): E. Amunike – I. Helguera – F. Morientes.

Albanien, eine Republik in Südosteuropa, 28 748 km², 3,582 Mio. Ew.; Verband: Football Association of Albania, Abk. FAA, gegr. 1930, Sitz: Tirana; Mitglied der FIFA seit 1932, der UEFA seit 1954; Spielkleidung: Rot/Schwarz/Rot. – INTERNET: www.fshf.org

Albert, Flórián, ungar. Angriffsspieler (Mittelstürmer), *15. September 1941 Herceg Szántó; 1952–75 Ferencvaros Budapest; 75 Länderspiele (1959–74; 33 Tore); WM-Endrunde 1962, 1966; Europapokal der Nationen 1964, EM-Endrunde 1972; olymp. Fußballturnier 1960; Europas Fußballer des Jahres 1967.

Albertini, Demetrio, italien. Mittelfeldspieler, *23. August 1971 Besana; 1989–2002 AC Mailand (1991/92 an AC Padua ausgeliehen), 2002/03 Atlético Madrid, 2003/04 Lazio Rom, 2004 Atalanta Bergamo, 2005 FC Barcelona; 78 Länderspiele; WM-Endrunde 1994, 1998; EM-Endrunde 1996, 2000, 2004; olymp. Fußballturnier 1992.

Albertosi, Enrico, italien. Torhüter, *2. November 1939 Pontremoli; 1950–58 FC La Spezia, 1958–68 AC Florenz, 1968–74 US Cagliari bzw. Cagliari Calcio, 1974–80 AC Mailand; 34 Länderspiele (1961–72); WM-Endrunde 1962, 1966, 1970, 1974; EM-Endrunde 1968.

Albertz, Jörg, dt. Mittelfeldspieler, *29. Januar 1971 Mönchengladbach; 1975–78 PSV Mönchengladbach, 1978–90 Borussia Mönchengladbach, 1990–93 Fortuna Düsseldorf, 1993–1996 Hamburger SV, 1996 –2001 Glasgow Rangers, 2001–03 Hamburger SV, 2003/04 Shanghai Shenhua Top (China), 2004/05 SpVgg Greuther Fürth, 2005/06 Fortuna Düsseldorf; 150 Bundesligaspiele (29 Tore); 3 Länderspiele (1996–98); in China Fußballer des Jahres 2003.

Albiceleste [südamerikan., die »Weiß-Blauen«], Bez. für die Nationalmannschaft Argentiniens.

Ålborg BK, eigtl. »ÅaB« (Ålborg Boldspilklub A/S), Dänemark, gegr. 1885 als Ålborg Cricketclub, seit 1899 ÅaB; Spielkleidung: Rot/Weiß/Rot; Stadion: Ålborg-Stadion, 16 000 Plätze. – INTERNET: www.aalborg-bk.dk

Spieler (Auswahl): J. Grønkjær. – **Trainer** (Auswahl): J. Piontek.

Albrecht, 1) Ernst, war ein dt. Angriffsspieler (Rechtsaußen), *12. November 1907 Düsseldorf, †26. März 1976; 1923–44 Fortuna Düsseldorf, 1951/52 PSV Düsseldorf; 17 Länderspiele (1928–34; 4 Tore); WM-Endrunde 1934 (nicht eingesetzt); olymp. Fußballturnier 1928. – **2)** Hermann, dt. Schiedsrichter (Kaufbeuren), *1. September 1961 Buchenberg (Allgäu); seit 1985 DFB-Schiedsrichter, 1987–2005 Zweite Bundesliga (84 Spiele), 1989–2005 Bundesliga (186 Spiele), 1993–2003 FIFA-Referee; 10 Länderspiele; 21 Europapokalspiele; U 16-EM 1994, U 20-WM 1995; DFB-Pokalfinale 2001; 2003 kurzzeitig in der südkorean. K-League.

Alcock, Charles William, engl. Clubfunktionär, *2. Dezember 1842, †26. Februar 1907; gründete 1859, nach Absolvierung der Harrow School, mit seinem Bruder und anderen »Harrovians« den Forest Football Club, der sich dem »Dribbling Game« verschrieb. – 1863 Mitbegründer der Football Association (FA) und Inspirator eines internationalen Regelwerks.

Aldair, Nascimento dos Santos, brasilian. Abwehrspieler, *30. November 1965; 1986–88 Flamengo Rio de Janeiro, 1988/89 Benfica Lissabon, 1989/90 Flamengo Rio de Janeiro, 1990–2003 AS Rom, 2003/04 Genua 93; 81 Länderspiele (1989–2000; 3 Tore); WM-Endrunde 1990, 1994 (Weltmeister), 1998.

Al-Deayea, Mohammed, saudi-arab. Torhüter, *2. August 1972 Hael; bis 1999 Al Taei, 1999–2004 Al-Hilal (Saudi-Arabien); 170 Länderspiele (1990–2002); WM-Endrunde 1994, 1998, 2002.

A-League, Australien: seit August 2005 etablierte Profiliga mit 8 Mannschaften.

Alejnikow, Sergej, russ. Mittelfeldspieler weißruss. Herkunft, *7. November 1961 Minsk; 1975–81 Burewestnik Minsk, 1981–89 Dynamo Minsk, 1989/90 Juventus Turin, 1990/91 US Lecce, 1991/92 Gamba Osaka; 75 Länderspiele für die UdSSR bzw. GUS (1984–92; 4 Tore); WM-Endrunde 1986, 1990; EM-Endrunde 1988, 1992.

Alemannia [nach einem german. Volksstamm], Vereins-Bez. aus den Anfängen des dt. Fußballs, z. B. A. Aachen.

Alemão, eigtl. »Ricardo Rogiero de Brito«, brasilian. Mittelfeldspieler, *22. November 1961 Lavras; 1975–80 CD Lavras, 1980–86 Botafogo Rio de Janeiro, 1986–88 Atlético Madrid, 1988–92 SSC Neapel, 1992–94 Atalanta Bergamo, 1994/95 FC São Paulo, 1996 Volta Redonda; 37 Länderspiele (1983–90; 3 Tore); WM-Endrunde 1986, 1990.

Alemão

Alex, eigtl. »Alessandro de Souza«, brasilian. Mittelfeldspieler, *14. September 1977 Curitiba; 1995–97 FC Coritiba, 1997–2000 Palmeiras São Paulo, 2000 Flamengo Rio de Janeiro, 2001 Palmeiras São Paulo und Cruzeiro Belo Horizonte, 2002 Palmeiras São Paulo, 2002–04 Cruzeiro Belo Horizonte, 2004–06 Fenerbahce Istanbul; 46 Länderspiele; in Brasilien Fußballer des Jahres 2003.

Algerien, Republik in Nordafrika, 2,382 Mio. km², 32,819 Mio. Ew; Verband: Fédération Algérienne de Football, Abk. FAF, gegr. 1962, Sitz: Algier; Mitglied der FIFA seit 1963, der CAF seit 1964; Spielkleidung: Grün/Weiß/Grün. – Erfolge: Afrikameister 1990. – INTERNET: www.af.org.dz

Al-Hilal, Saudi-Arabien (Riad), gegr. 1957; Spielkleidung: Rot/Weiß/Weiß, Stadion:Monserrate, 22 000 Plätze. – Internationale Erfolge: Asienpokal der Landesmeister 1992, 2000, Asienpokal der Pokalsieger 1997, 2002. – INTERNET: www.alhilal.net

Spieler (Auswahl): M. Al-Deayea – S. Al-Jaber – I. Lupescu – R. Rivelino. – **Trainer** (Auswahl): A. de Mos – S. B. Lazaroni – F. Maturano – W. van Hanagem – M. Zagalo.

Alianza [span.], Bund oder Bündnis, z. B. A. Lima (Peru).

»Alibipass«, gehemmtes und ängstl. Abspiel über kurze Entfernung und ohne Raumgewinn, womit man sich selbst aus dem konstruktiven Spielaufbau herausnimmt. Wiederholungen dieser Art zeugen von unsicherer Spielweise und sollten den Trainer veranlassen auszuwechseln.

Al-Ittihad, Saudi-Arabien (Djidda), gegr. 1928; Spielkleidung: Weiß; Stadion: Ittihad Areal, 40 000 Plätze. – Internationale Erfolge: Asienpokal der Pokalsieger 1999, AFC Champions League 2004, 2005.

Spieler (Auswahl): Bebeto – E. Beer – A. Okocha – A. Ortega – L. Témime. – **Trainer** (Auswahl): D. Cramer – S. B. Lazaroni – J. Piontek – T. Santana.

Al-Jaber, Sami Abdullah, saudi-arab. Mittelfeldspieler,* 11. Dezember 1972 Riad; 1987–2000 Al-Hilal Riad, 2000 Wolverhampton Wanderers, 2001–03 Al-Hilal (Saudi-Arabien); 149 Länderspiele (38 Tore); WM-Endrunde 1994, 1998, 2002.

Alkmaar, AZ, eigtl. »AZ« (Alkmaar-Zaanstreek), Niederlande, entstand 1967 nach Zusammenschluss von FC Zaanstreek und VV Alkmaar (gegr. 1954) als AZ '67, seit 1986 AZ; Spielkleidung: Rot/Weiß/Weiß; Stadion: Alkmaarderhout, 11 132 Plätze. – INTERNET: www.az-alkmaar.nl

Spieler (Auswahl): W. Kist – P. Cocu – B. van Galen – W. van Hanegem – B. van Marwijk – **Trainer** (Auswahl): J. Adriaanse – W. Frank – G. Kessler – L. van Gaal – W. van Hanegem.

Allbäck, Marcus, schwed. Angriffsspieler,* 5. Juli 1973 Göteborg; 1992–97 Örgryte Göteborg, 1997 Lyngby FC, 1997/98 AS Bari, 1998–2000 Örgryte Göteborg, 2001/02 SC Heerenveen, 2002–04 Aston Villa, 2004/05 FC Hansa Rostock, 2005/06 FC Kopenhagen; 47 Länderspiele (18 Tore); 23 Bundesligaspiele (4 Tore); WM-Endrunde 2002; EM-Endrunde 2000 (nicht eingesetzt), 2004.

Allchurch, Ivor John, walis. Angriffsspieler, * 12. September 1933 Swansea, † 1997; 1949–59 Swansea Town, 1959–61 Newcastle United, 1962–65 Cardiff City, 1965–68 Swansea Town; 68 Länderspiele (1950–66; 23 Tore); WM-Endrunde 1958.

Alleingang, Durchbruch eines Spielers durch die gegner. Abwehr bzw. unbehindert, nachdem die gegner. Abwehr überschlagen wurde.

Allemandi, Luigi, italien. Abwehrspieler, * 13. Juli 1903, † 16. Mai 1959; 1915–28 Juventus Turin, 1928–34 SS Ambrosiana Mailand, 1934–41 AS Rom; 24 Länderspiele (1925–36); Weltmeister 1934.

Allemann, Anton (»Toni«), schweizer. Mittelfeldspieler (Läufer), * 6. Januar 1936 Dreisecks; 1957–61 Young Boys Bern, 1961–63 AC Mantova, 1963/64 PSV Eindhoven, 1964–66 1. FC Nürnberg, 1966/67 Grasshoppers Zürich, 1968/69 La Chaux-de-Fonds, 1969–73 FC Solothurn und FC Schaffhausen; 50 Bundesligaspiele (8 Tore); 29 Länderspiele (1958–66; 9 Tore); WM-Endrunde 1962, 1966.

»Allerweltsfoul«, kein vorsätzl. oder gar grobes, sondern »normales« Foul, wie es in jedem, auch im fairsten Spiel wiederholt vorkommt (aus Übereifer, Unachtsamkeit, Ungeschicklichkeit usw.). Wenn sich bei einer Mannschaft oder einem Spieler derartige Fouls häufen, wird sie der Schiedsrichter aber zu Recht nicht mehr als »A.« gelten lassen.

»Alles-oder-Nichts«-Spiel, svw. → »Vabanquespiel«.

Allgöwer, Karl, dt. Mittelfeldspieler, * 5. Januar 1957 Geislingen (Baden-Württemberg); bis 1977 SV Altenstadt, 1977–80 SC Geislingen, SV Altenstadt und Stuttgarter Kickers, 1980–91 VfB Stuttgart; 338 Bundesligaspiele (129 Tore); 10 Länderspiele (1980–86); WM-Endrunde 1986 (nicht eingesetzt).

Allianz-Arena [nach der Versicherungsgruppe Allianz AG Holding], München, Heimstätte der Vereine FC Bayern München und TSV 1860 München ; erbaut Oktober 2002 bis April 2005, 69 901 Plätze (auf 3 Rängen). Dach und Fassade bestehen aus rautenförmigen Kissen (0,2 mm dickes Tetrafluorethylen), die je nach Gastgeber rot (FC Bayern München) oder blau (1860 München) beleuchtet werden können; WM-Stadion 2006.

Allievi, Sergio, dt. Angriffsspieler, * 17. Januar 1964; bis 1982 Sportfreunde Steele und SG Schonnebeck, 1982–86 SG Wattenscheid 09, 1986–90 1. FC Kaiserslautern, 1990–92 1. FC Dynamo Dresden, 1992/93 SpVgg Unterhaching, 1993–95 Fortuna Düsseldorf, 1995–2000 SG Wattenscheid 09, 2000–02 FC Rhade; 129 Bundesligaspiele (15 Tore).

Allofs, 1) Klaus, dt. Funktionär; * 5. Dezember 1956 Gerresheim, Bruder von 2); war Angriffsspieler: 1964–72 TuS Düsseldorf-Gerresheim, 1972–81 Fortuna Düsseldorf, 1981–87 1. FC Köln, 1987–90 Olympique Marseille, 1990–93 SV Werder Bremen; 424 Bundesligaspiele (177 Tore); Bundesliga-Torschützenkönig 1979 (22), 1985 (26); 56 Länderspiele (1978–88; 17 Tore); WM-Endrunde 1986; EM-Endrunde 1980 (Europameister), 1984. – Seit 2000 Sportdirektor (SV Werder Bremen). – **2)** Thomas, dt. Angriffsspieler,* am 17. November 1959 Düsseldorf; Bruder von 1); 1978–82 Fortuna Düsseldorf, 1982–86 1. FC Kaiserslautern, 1986–89 1. FC Köln, 1989/90 RC Straßburg, 1991/92 Fortuna Düsseldorf; 378 Bundesligaspiele (148 Tore); Bundesliga-Torschützenkönig 1989 (17, mit R. Wohlfahrt).

Klaus Allofs

> **K. Allofs**
> »Wir müssen unsere Fehler minimieren, dann kann uns kein Schiri am Sieg hindern.«

Alpine, DSV, Österreich: 1971–92 Vorgänger des DSV → Leoben.

»Allroundspieler«, auf (fast) allen (Feld-)Positionen einsetzbarer Spieler.

Allsvenskan, höchste Spielklasse in Schweden.

»Alm«, Alm-Stadion, Bielefeld, errichtet 1926, Heimstätte von Arminia Bilefeld, mehrere Renovierungen seit 1996; seit 2004 Schüco-Arena (→ Bielefeld, Arminia).

Alma-Ata, Kasachstan: russisch für → Almaty ...

Almaty, Kairat, Kasachstan (Almaty), gegr. 1954 als als Lokomotiv Almaty, 1955–99 Urozhai Almaty, seitdem Kairat Almaty; Spielkleidung: Rot/Blau/Blau; Stadion: Tsentralny, 25 000 Plätze.

Almeria, UD, eigtl. »Almeria UD« (Almeria Unión Deportivo), Spanien, gegr. 1930 als AD Almeria, 1982 aufgelöst und 1983 als Almeria CF neu gegr., seit 2001 Almeria UD; Spielkleidung: Rot/Blau/Weiß; Stadion: Estadio »Juan Rojas«, 13 648 Plätze. – INTERNET: www.udalmeriasad.com

Trainer (Auswahl): U. Stielike.

Alpay, Özalan, türk. Abwehrspieler, *29. Mai 1973 Karisyaled; bis 1992 Soma Linyitspor, 1992/93 Altay Izmir, 1993–99 Besiktas Istanbul, 1999/2000 Fenerbahce Istanbul, 2000–03 Aston Villa, 2004 FC Incheon United (Südkorea), 2004/05 Urawa Red Diamonds, 2005/06 1. FC Köln; 7 Bundesligaspiele (1 Tor); 88 Länderspiele (seit 1995; 4 Tore); WM-Endrunde 2002; EM-Endrunde 1996, 2000.

Alpencup, seit 2002 jährlich in Orten der Schweiz und Österreichs ausgetragener Wettbewerb zw. europ. Klubmannschaften, die während der Vorbereitungszeit auf die neue Spielsaison in den Alpenregionen Trainingslager durchführen. In der Regel handelt es sich um Teams der höchsten Spielklasse ihres Landes, einschließlich der Vertretungen der Gastgeber.

Alpenpokal, Sommerturnier für Klubs aus den Alpenländern, 1960–91 mit italien. und schweizer. Klubs als »Coppa Alpi Italo-Svizzera« in Gruppen mit Hin- und Rückspiel ausgetragen. Die Gruppensieger bestritten das Finale. Weitere Teilnehmer kamen später aus der BRD (1967 und 1969) sowie aus Frankreich (1972) hinzu. 1960 und 1961 wurde Italien (beide Male Sieger) durch Auswahlmannschaften repräsentiert. 1995 gewann Deutschland den Alpenpokal.

Alpenstadion, Turin: das → Delle Alpia.

Alsace, frz. für das → Elsass.

Alsenborn, SV (Sportverein Alsenborn), Deutschland (Enkenbach-Alsenborn [Rheinland-Pfalz]), gegr. 1919; Spielkleidung: Blau; Stadion: Stadion an der Kinderlehre, 13 000 Plätze (früher auch Südweststadion [Ludwigshafen am Rhein]). – INTERNET: www.sv-alsenborn.de

Trainer (Auswahl): F. Walter.

Altafini → Mazzola [2].

Altair, eigtl. »Altair Gomes de Figueiredo«, brasilian. Abwehrspieler, *22. Januar 1938 Niterói; 1955–70 Fluminense Rio de Janeiro; 22 Länderspiele; WM-Endrunde 1962 (Weltmeister), 1966.

»alt aussehen« → Fußballerjargon.

Altay GK, Türkei: → Izmir [1].

Altenburg, Motor, eigtl. »SV Motor Altenburg« (Sportverein Motor Altenburg), Deutschland (Thüringen), gegr. 1908 als Eintracht 08 Altenburg, 19545 aufgelöst und 1946 als SG Altenburg Nord neu gegr., 1949/50 ZSG Altenburg, 1950–52 BSG Stahl Altenburg, 1952–90 BSG Motor Altenburg, 1990–97 SV 1990 Altenburg, seitdem SV Motor Altenburg; Oberliga 1949–52; Spielkleidung: Gelb-Schwarz/Gelb/Schwarz; Stadion: Waldstadion, 25 000 Plätze. – ITERNET: www.sv-altenburg.de

Spieler (Auswahl): R. Baumann – P. Bräutigam.

Altersmannschaft, Abk. **AM**, Mannschaft, die sich aus Spielern über 32 Jahren zusammensetzt. In der Regel handelt es sich dabei um Spieler, die zuvor über Jahre bei Seniorenmannschaften gespielt haben, also durchweg routiniert sind (oder es sein müssten); früher als **Alte Herren** (Abk. **AH**) bezeichnet. – Analoge Fraueneteams bezeichnen sich oftmals als »Old Ladys« (zuzüglich Vereinsname).

Altintop, 1) Halil, türk. Angriffsspieler (auch dt. Staatsbürgerschaft), *8. Dezember 1982 Gelsenkirchen, Zwillingsbruder von 2); 1991/92 Schwarz-Weiß Gelsenkirchen-Süd, 1992–97 TuS Rotthausen, 1997–2003 SG Wattenscheid 09, 2003–06 1. FC Kaiserslautern; 71 Bundesligaspiele (18 Tore); 3 Länderspiele für die Türkei (seit 2005). – **2)** Hamit, türk. Abwehrspieler; Zwillingsbruder von 1); 1991/92 Schwarz-Weiß Gelsenkirchen-Süd, 1992–97 TuS Rotthausen, 1997–2003 SG Wattenscheid 09, 2003–06 FC Schalke 04; 74 Bundesligaspiele (5 Tore); 15 Länderspiele (seit 2004).

> **Hamit Altintop**
> »Bekannt zu sein, ist ein Geschenk Gottes.«

Altinternationaler, langjähriger früherer Nationalspieler.

Altmeister, Mannschaft die in (längst) vergangenen Jahren wiederholt den Meistertitel in der höchsten Spielklasse errang, ohne in neuerer Zeit an die damaligen Erfolge heranreichen zu können; nicht zu verwechseln mit *Exmeister*, einem ehemaligen Dt. Meister. – Zu den A. im dt. Fußball bis 1945 zählen z. B. der 1. FC Nürnberg und FC Schalke 04 (je sechsmal Landesmeister), aber auch die früheren VfB Leipzig und SpVgg Fürth (je dreimal Landesmeister).

Altobelli, Alessandro (»Spillo«), italien. Angriffsspieler, *28. November 1955 Sonnino; 1965–74 Union Calcio Latina, 1974–77 Brescia Calcio, 1977–88 Inter Mailand, 1988/89 Juventus Turin,

Allesandro Altobelli

1989/90 Brescia Calcio, 1990–92 Ascoli Calcio; 61 Länderspiele (1980–88; 25 Tore); WM-Endrunde 1982 (Weltmeister), 1986; EM-Endrunde 1980, 1988.

Altona 93, FC, Deutschland: → Hamburg [4].

Altrepräsentativer, ehemaliger Spieler der ersten Seniorenmannschaft eines Klubs; tritt gelegentlich mit eben dieser Mannschaft (der »Altrepräsentativmannschaft«) in Aktion.

»Altstar«, noch aktiver »Methusalem« (meist in unterklassigen oder Altersmannschaften), der in seinen besten (Fußballer-)Jahren ein überdurchschnittl. Spieler (»Star«) war; beherrscht nach wie vor Technik und Taktik, während Kondition und Schnelligkeit (etrem) nachgelassen haben.

Alves, Alex, eigtl. »Alexandro Alves do Nascimento«, brasilian. Angriffsspieler, *30. Dezember 1974 Campo Formoso; 1993/94 Vitória Bahia, 1994–96 Palmeiras São Paulo, 1996 Juventude Caxias do Sul, 1996/97 Portuguesa São Paulo, 1998–2000 Cruzeiro Belo Horizonte, 2000–03 Hertha BSC, 2003 Atlético Mineiro Belo Horizonte, 2004 Vasco da Gama, 2005 Vitória da Bahia; 81 Bundesligaspiele (25 Tore).

AM, Abk. für → **A**lters**m**annschaft.

Amadó, Lauro, schweizer. Angriffsspieler, *15. März 1912, †6. Juni 1971; 1923–32 FC Lugano, 1932–34 Servette Genf, 1934–40 FC Lugano, 1940–49 Grasshopper-Club Zürich; 54 Länderspiele (1935–48; 21 Tore).

Amanatidis, Ioannis, griech. Angriffsspieler, *3. Dezember 1981 Kozami; 1991–95 Stuttgarter SC, 1995–2000 VfB Stuttgart, 2001/02 SpVgg Greuther Fürth, 2002/03 VfB Stuttgart, 2004 Eintracht Frankfurt, 2004/05 1. FC Kaiserslautern, 2005/06 Eintracht Frankfurt; 87 Bundesligaspiele (21 Tore); 7 Länderspiele (seit 2003).

Amancio, Amaro Varelos, span. Mittelfeldspieler, *17. Oktober 1939 La Coruña, Vater von → Michel [3]; 1953–57 Deportivo Coruña, 1958–62 Deportivo La Coruña, 1962–78 Real Madrid; 42 Länderspiele (1962–74; 11 Tore); WM-Endrunde 1966; Europapokal der Nationen 1964. – Später Trainer: 1984–86 Real Madrid.

Amarildo, eigtl. »Amarildo Tavares da Silveira«, brasilian. Angriffsspieler; *29. Juli 1940 Campos; 1956/57 Goytacaz FC, 1958 Flamengo Rio de Janeiro, 1959–63 Botafogo Rio de Janeiro, 1963–67 AC Mailand, 1967–71 AC Florenz, 1971/72 AS Rom, 1973/74 Vasco da Gama Rio de Janeiro; 24 Länderspiele (1962/63; 9 Tore); Weltmeister 1962. – Später Trainer: 1984–87 ES Tunis (Tunesien), 1990–92 AC Florenz (Trainerassistent), 1991–93 Al-Ain (VAE).

Amateur, Aktiver, der aufgrund seines Mitgliedsschaftsverhältnisses Fußball spielt und als Entschädigung kein Entgelt bezieht, sondern seine nachgewiesenen Auslagen und allenfalls einen pauschalierten Aufwandersatz von bis zu 149,99 Euro im Monat erstattet bekommt. (→ Nichtamateur)

> **Amateur**
> Amateur [eng., frz.]
> Aficionado [span.]
> Amador [portugies.]
> Dilettante [italien.]

Amateureuropameisterschaft, zw. 1966 und 1978 viermal ausgetragener Wettbewerb für Amateurnationalmannschaften. Die Qualifikationsspiele wurden in 4 Vorrundengruppen ausgetragen, wobei sich die jeweiligen Sieger für die Endrunde qualifizierten. Die attraktiveren Europapokalwettbewerbe und die 1966 einsetzenden EM-Qualifikationsspiele für Nationalmannschaften ließen den Amateurwettbewerb von Beginn an ein ausgesprochenes »Schattendasein« fristen. Der zudem noch zusehends schwindende »Erfolg« (den es interessenweit ohnehin nie gab) bewog die UEFA 1978 dazu, den Wettbewerb abzuschaffen. Der ewige Streit um eine einheitl. Amateurdefinition und die spärl. Zuschauerzahlen bei den Spielen trugen maßgeblich zu dieser Entscheidung bei.

Amateureuropameisterschaft

1967	Österreich
1970	Spanien
1974	Bundesrepublik Deutschland, Jugoslawien (Spielausfall, beide zum Sieger erklärt)
1978	Jugoslawien

Amateur-Länderpokal, DFB: ein 1951–96 von den Landesverbänden ausgetragener Pokalwettbewerb, 1951–64 in einfacher Runde (K.-o.-System) und seit 1965 mit Hin- und Rückspiel; seit 1996/97 nur für U 19-Mannschaften, seit 2001/02 für U 21-Mannschaften (»U 21-Länderpokal«).

Amateur-Länderpokal

1951	Niederrhein	1979	Württemberg
1952	Bayern	1980	Bayern
1953	Bayern	1981	Südwest
1954	Bayern	1982	Südwest
1955	Bayern	1983	Hessen
1956	Hessen	1984	Bremen
1957	Niedersachsen	1985	Rheinland
1958	Niederrhein	1986	Westfalen
1959	Hamburg	1987	Niedersachsen
1960	Mittelrhein	1988	Württemberg
1961	Hamburg	1989	Bayern
1962	Westfalen	1990	Bayern
1963	Bayern	1991	Niederrhein
1964	Mittelrhein	1992	Hessen
1965	Bayern	1993	Westfalen
1966	Westfalen	1994	Westfalen
1967	Nordbaden	1995	Niederrhein
1968	Bayern	1996	Baden
1969	Nordbaden	1997	Westfalen
1970	Bayern	1998	Westfalen
1971	Bayern	1999	Schleswig-Holstein
1972	Nordbaden		
1973	Nordbaden	2000	Bayern
1974	Mittelrhein	2001	Württemberg
1975	Südwest	2002	Mittelrhein
1976	Niedersachsen	2003	Südwest
1977	Bayern	2004	Mittelrhein
1978	Westfalen	2005	Sachsen

Amateurliga, DFB: 1951–78 (im Norden 1951–74) höchste Spielklasse (16 Staffeln) der Amateure.

Amateurnationalmannschaft, Nationalauswahl eines Landes mit Profifußball, in der ausschließlich Amateure spielen dürfen. Die A. des DFB setzte sich z. B. aus Spielern der Amateur- und Oberligen zusammen. – Das Interesse der Öffentlichkeit in diesen Ländern richtet sich aber hauptsächlich auf die eigtl. Nationalmannschaft, die sich aus den besten Spielern des Landes, d. h. aus Profis zusammensetzt.

Amateuroberliga, seit 1978 (im Norden ab 1974) dritthöchste, seit 1994 vierthöchste dt. Spielklasse. (→ Oberliga [1b])

Amateurspieler, svw. → Amateur.

Amerell, Manfred, dt. Schiedsrichter (München), * 25. Februar 1947 München; 1986–94 Bundesliga (66 Spiele); DFB-Pokalfinale 1994; Mitglied des DFB-Schiedsrichterausschusses.

Amerhauser, Martin, österr. Mittelfeldspieler, * 23. Juli 1974 Salzburg; 1995/96 Grazer AK, 1996–99 Casino bzw. Wüstenrot Salzburg, 1999–2006 Grazer AK; 11 Länderspiele (seit 1998; 3 Tore); WM-Endrunde 1998.

América, CF, Mexiko: → Mexiko City [2].

Américo, Mario (stets nur »Américo«, nicht Mario genannt), brasilian. (Kult-)Masseur, * 28. Juli 1912 São Paulo, † Anfang der 1990er-Jahre; Ex-Amateurboxer; betreute die brasilian. Nationalmannschaft bei 7 WM-Endrunden (1950–74). Typisch für ihn: im rasenden Tempo hin zum verletzten Spieler, »bewaffnet« mit Plastikeimer und Patronentaschengürtel für medizin. Utensilien (Tinkturen aus Pflanzen und Heilkräutern). – Später Stadtverordneter von São Paulo.

Amerikanische Jungferninseln, Virgin Islands of the United States (→ Jungferninseln).

Amerikanisch-Samoa, ***Ostsamoa,*** nicht eingemeindetes Territorium der USA auf den Samoainseln, einer Inselgruppe in Polynesien; 199 km², 70 300 Ew.; Verband: American Samoa Football Association, Abk. ASFA, gegr. 1984, Sitz: Pago Pago; Mitglied der FIFA seit 1998, der OFC seit 1993; Spielkleidung: Blau/Weiß/Rot.

»Am-Mann-Kleben«, svw. »sture Manndeckung« (→ konsequente Manndeckung).

Amokachi, Daniel, nigerian. Angriffsspieler, * 30. Dezember 1972 Gboko; bis 1990 Ranchers Bees, 1990–95 Cercle Brügge, 1995–97 FC Everton, 1997–2000 Besiktas Istanbul, 2000/01 Fenerbahce Istanbul, 2002/03 Colorado Rapids (USA); 20 Länderspiele; WM-Endrunde 1994, 1998; Olympiasieger 1996.

Amoros, Manuel, frz. Abwehrspieler, * 1. Februar 1962 Nîmes; 1972–78 Gallia Club Lunel,

1978–89 AS Monaco, 1989–93 Olympique Marseille, 1993–95 Olympique Lyon, 1995/96 Olympique Marseille; 78 Länderspiele (1982–92; 1 Tor); WM-Endrunde 1982, 1986; EM-Endrunde 1984 (Europameister), 1992; in Frankreich Fußballer des Jahres 1986.

Amoroso, Marcio, eigtl. »Marcio Amoroso dos Santos«, brasilian. Angriffsspieler, *5. Juli 1974 Brasilia; bis 1992 FC Guarani (Brasilien), 1992/93 Verdy Kawasaki (Japan), 1994/95 FC Guarani, 1996 Flamengo Rio de Janeiro, 1996–99 Udinese Calcio, 1999–2001 AC Parma, 2001–04 Borussia Dortmund, 2004/05 FC Málaga, 2005 FC São Paulo, 2006 AC Mailand; 59 Bundesligaspiele (28 Tore); Bundesliga-Torschützenkönig 2002 (18, mit M. Max); 17 Länderspiele (seit 1995; 9 Tore).

»Ampelkarte«, umgangssprachlich für → »gelbe und rote Karte«; nimmt Bezug auf eine Verkehrsampel: auf »Gelb« folgt »Rot«.

Amstel Cup, Landespokal der Niederlande

Amsterdam, Ajax, eigtl. »AFC Ajax« (Amsterdamse Football Club Ajax), Niederlande, gegr. 1900 als Amsterdamse FC Ajax, 1908 Fusion mit Holland Amsterdam unter Beibehaltung des Namens; Spielkleidung: Weiß-Rot/Weiß/Weiß-Rot; Stadion: Amsterdam Arena, 51 853 Plätze. – Internationale Erfolge: EC I 1971, 1972, 1973, CL 1995, EC II 1987, EC III 1992, Weltpokal 1972, 1995, (Europa-)Supercup 1972, 1973, 1995, Internationaler Fußballcup 1962. – INTERNET: www.ajax.nl

Spieler (Auswahl): F. Arnesen – D. Bergkamp – K. Boulahrouz – A. Charisteas – J. Cruiyff – E. Davids – F. und R. de Boer – G. M. Geels – J. Grønkjær – A. Haan – A. Hossam – Z. Ibrahimovič – W. Jansen – N. Kanu – P. J. Keizer – W. Kieft – P. Kluivert – R. Koeman – R. J. Krol – R. Koeman – B. und M. Laudrup – S. Lerby – J. Litmanen – B. McCarthy – M. J. Michels – Y. Mulder – J. Neeskens – S. Oliseh – M. Overmars – P. Pasanen – N. Rafael – N. Rep – F. Rijkaard – P. Schrijvers – C. Seedorf – W. Sneijder – W. Sonck – F. Stapleton – W. Suurbier – H. Trabelsi – M. van Basten – E. van der Sar – G. M. Vanenburg – Z. Varga – V. Vasovic – F. Verlaat – J. Wouters. – **Trainer** (Auswahl): J. Adriaanse – L. Beenhakker – V. Boskov – J. Cruiyff – A. de Mos – R. Koeman – S. Kovačs – M. J. Michels – M. Olsen – M. van Basten – L. van Gaal – J. Wouters.

Amunike, Emmanuel, nigerian. Angriffsspieler, *25. Dezember 1970 Lagos; bis 1990 Nigerlux Lagos, 1990/91 Concord FC, 1991/92 Julius Berger Lagos, 1992/93 Zamalek SC Kairo, 1993–97 Sporting Lissabon, 1997–2000 FC Barcelona, 2000/01 Albacete Balompié; 17 Länderspiele; WM-Endrunde 1994; Olympiasieger 1996; Afrikas Fußballer des Jahres 1994.

Anastasi, Pietro, italien. Angriffsspieler (Mittelstürmer), *7. April 1948 Catania; 1966–68 US Varese, 1968–76 Juventus Turin, 1976–78 Inter Mailand, 1978–81 Ascoli Calcio; 25 Länderspiele (1968–75; 8 Tore); WM-Endrunde 1974; Europameister 1968.

Anastopoulos, Nikos, griech. Angriffsspieler, *22. Januar 1958 Piräus; 1973/74 Ethnikos Piräus, 1975–80 Panionios Athen, 1981–87 Olympiakos Piräus, 1987/88 US Avellino, 1988–92 Olympiakos Piräus; 73 Länderspiele (1979–88; 28 Tore); EM-Endrunde 1980.

»anbieten und freilaufen«, sich in anspielbare Position begeben *(anbieten)* und vom Gegner lösen *(freilaufen)*; grundsätzliches takt. Mittel, geübt im Training.

Ancelotti, Carlo, italien. Trainer, *10. Juni 1959 Reggiolo; war Mittelfeldspieler: 1976–79 AC Parma, 1979–87 AS Rom, 1987–92 AC Mailand; 26 Länderspiele; WM-Endrunde 1990; EM-Endrunde 1988. – Später Tainer: 1992–95 Italien (Nationalmannschaft [Trainerassistent]), 1995/96 AC Reggiana, 1996–98 AC Parma, 1999–2001 Juventus Turin, 2001–06 AC Mailand.

C. Ancelotti: Erfolgsstationen (Auswahl)	
AC Mailand	LM 2004 PS 2003 CL 2003 (Europa-)Supercup 2003

Carlo Ancelotti

Ancona Calcio, Italien (Ancona), gegr. 1905 als US Anconitana Ancona, 1927 Fusion mit SEF Stamura Ancona zu SS Ancona, 1932–45 US Anconitana Bianchi Ancona, 1945–82 US Anconitana Ancona, seitdem Anconia Calcio; Spielkleidung: Rot; Stadion: Stadio »Del Conero«, 25 000 Plätze. – INTERNET: www. anconacalcio.it
Spieler (Auswahl): D. Baggio – L. Détari – M. Jardel – S. F. Zaraté.

»An-den-Ketten-Zerren«, das ständige, kämpferisch engagierte Bemühen der Angreifer, die fest gefügte gegner. Abwehr aufzureißen, um somit Tormöglichkeiten zu schaffen.

Anderbrügge, Ingo, dt. Abwehrspieler, *21. Januar 1964 Datteln (Nordrhein-Westfalen); 1984–88 Borussia Dortmund, 1988–2000 FC Schalke 04, 2000/01 Sportfreunde Siegen; 292 Bundesligaspiele (53 Tore). – Später »American-Football«-Spieler: 2001–04 Rhein Fire (Düsseldorf).

> **I. Anderbrügge**
> »Ich habe zum ersten Mal gegen eine Mannschaft mit schwarzen Trikots gespielt. Das ist ja schlimm, man denkt, da laufen lauter Schiedsrichter herum.«

Anderlecht, RSC, Belgien: → Brüssel [2].

Andermatt, Martin, schweizer. Trainer, *21. November 1961 Baar (Kt. Zug); war Mittelfeldspieler: FC Baar, FC Zug, FC Wettingen, FC Basel, Grasshopper Zürich und FC Emmenbrücke; 11 Länderspiele. – Später Trainer: 1986–90 Grasshopper-Club Zürich (Jugend), 1990–92 FC Wettingen (Jugend), 1992–95 FC Emmenbrücke (Jugend, Spielertrainer), 1995–97 FC Winterthur (Sportchef), 1997 Nigeria (FIFA-Instrukteur), 1998/99 FC Baden, 1999/2000 SSV Ulm, 2001/02 Eintracht Frankfurt, 2003 FC Wil, 2003–05 FC Vaduz (in Personalunion Lichtenstein [Nationalmannschaft]).

Andersen, 1) Henrik, dän. Mittelfeldspieler, *7. Mai 1965; 1985–90 RSC Anderlecht, 1990–98 1. FC Köln; 125 Bundesligaspiele (5 Tore); 30 Länderspiele; WM-Endrunde 1986; Europameister 1992. – **2)** Jörn, dt. Trainer norweg. Herkunft (seit 1992 dt. Staatsbürgerschaft), *3. Februar 1963 Fredrikstad; war Angriffsspieler: 1975–81 Östsiden IL, 1982–84 Fredrikstad FK, 1985 Vålerenga Oslo, 1985–88 1. FC Nürnberg, 1988–90 Eintracht Frankfurt, 1990/91 Fortuna Düsseldorf, 1991–93 Eintracht Frankfurt, 1994 Hamburger SV, 1995 Dynamo Dresden, 1995–97 FC Zürich, 1997–99 FC Lugano, 2000/01 FC Locarno (Spielertrainer); 243 Bundesligaspiele (67 Tore); Bundesliga-Torschützenkönig 1990 (18); 27 Länderspiele (1985–89; 5 Tore). – Später Trainer: 2001–03 FC Luzern (U 21), 2003/04 Rot-Weiß Oberhausen, 2005/06 Borussia Mönchengladbach (Trainerassistent).

Jörn Andersen

Andersson, Patrik Jonas, schwed. Abwehrspieler, *18. August 1971 Borgeby; 1979–88 Bjärreds IF, 1988–92 Malmö FF, 1993 Blackburn Rovers, 1993–99 Borussia Mönchengladbach, 1999–2001 FC Bayern München, 2001–04 FC Barcelona, 2004/05 Malmö FF; 212 Bundesligaspiele (11 Tore); 100 Länderspiele (1992–2003); WM-Endrunde 1994, 2002; EM-Endrunde 1992, 2000; olymp. Fußballturnier 1992; in Schweden Fußballer des Jahres 1995, 2001.

Andorra, Fürstentum in den östl. Pyrenäen, 468 km², 69 200 Ew.; Verband: Federció Andorrana de Fútbol, Abk. FAF, gegr. 1994, Sitz: Andorra la Vella; Mitglied der FIFA und der UEFA seit 1996; Spielkleidung: Gelb/Rot/Blau. – INTERNET: www.fedandfutf.com

Andrade, José Leandro, uruguay. Mittelfeldspieler (Außenläufer), *20. November 1901 Montevideo, † 5. Oktober 1957 ebd.; Bella Vista, Nacional und Peñarol Montevideo; 31 Länderspiele (1922–33); Weltmeister 1930; Olympiasieger 1924, 1928. – Sein Neffe **Victor Rodríguez A.** (*1928) wurde bei der WM-Endrunde 1950 mit Uruguay Weltmeister, und zwar, wie früher sein Onkel, auf der Position des Außenläufers; außerdem Teilnehmer an der WM-Endrunde 1954.

Andreev, Herman (»German«), russ. Trainer, *28. Januar 1968 Murmansk; war Mittelfeldspieler: 1978–84 Spartak Moskau, 1988–90 Rotor Wolgograd. – Später Trainer: 1990–92 Rotor Wolgograd, 1992–94 El-Masri Port Said (Ägypten), 1994–2003 SV Babelsberg, 2003/04 VfB Leipzig, 2004 Hallescher FC, 2005 SV Yesilyurt (Berlin).

Andrejevic, Mihajlo, serb. Funktionär (Prof. Dr. med.), *16. Juli 1898, † 20. September 1989; 1938–82 Mitglied des FIFA-Exekutivkomitees, FIFA-Vertreter beim »Board«, Vorsitzender der Medizin. Komission (seit der WM 1970) und der Schiedsrichterkommission (WM 1966, 1970), 1966–82 Mitglied der WM-Organisationskommission; vertrat die FIFA bei 9 olymp. Fußballturnieren und bei den WM-Endrunden 1930–82.

Andreolo, Michel Miguel Angel, italien. Abwehrspieler (Mittelläufer) uruguay. Abstammung; *6. September 1912, † 15. Mai 1981; spielte als

Nicolas Anelka

→»Oriundi« beim Bologna AGC; 26 Länderspiele für Italien (1936–42; 1 Tor); Weltmeister 1938.

Andrews, Marvin, Abwehrspieler aus Trinidad und Tobago, *22. Dezember 1974 Sanguan; 1997–2000 Raith Rovers (Schottland), 2000–04 FC Livingston, 2004–06 Glasgow Rangers; 102 Länderspiele.

Anelka, Nicolas, frz. Angriffsspieler, *14. März 1979 Versailles; 1994–97 Paris Saint-Germain, 1997–99 FC Arsenal, 1999/2000 Real Madrid, 2000/01 Paris Saint-Germain, 2001/02 FC Liverpool, 2002–04 Manchester City, 2005/06 Fenerbahce Istanbul; 29 Länderspiele (seit 1998); Europameister 2000.

ANFA, Abk. für **A**ll **N**epal **F**ootball **A**ssociation, den Fußballverband von →Nepal.

Anfangsoffensive, takt. Mittel, den Gegner in den ersten Spielminuten durch unaufhörl. Anrennen in die Defensive zu drängen, um dadurch rasch zu einem Torerfolg zu gelangen. In dem Maße, wie es dem Gegner gelingt, sich frei zu machen, verebbt die Anfangsoffensive

»Anfeuern«, lautstarkes und stimmungsvolles Unterstützen der eigenen Mannschaft durch die Zuschauer (Beifall, Sprechchöre, Fahnenschwenken usw.). Dabei sollte der sportl. Anstand gegenüber Schiedsrichter sowie Gegner (Mannschaft und Anhang) stets gewahrt bleiben.

Anfeuern
Animate [engl.]
Animer [frz.]
Animar [span.]
Estimular [portugies.]
Incitare [italien.]

Anfield Road, Heimstätte des FC Liverpool, 45 076 Plätze, 1884 errichtet und bis 1892 auch Stadion des FC Everton; erster großer Ausbau 1895, weitere folgten 1975, 1992 und 1995; berühmt ist der Tribünensektor »The Kop« (12 500 Plätze) für die Liverpooler Fans.

Angerer, Nadine, dt. Torhüterin, *10. November 1978 Lohr am Main (Bayern); 1996–2001 ASV Hofstetten, 1. FC Nürnberg, FC Wacker München und FC Bayern München, 2001–06 1. FFC Turbine Potsdam; 37 Länderspiele (seit 1996); Weltmeisterin 2003 (nicht eingesetzt); Europameisterin 1997 (nicht eingesetzt), 2001 (nicht eingesetzt); olymp. Fußballturnier 2000 (nicht eingesetzt).

Angers, SCO (Sporting-Club de l'Ouest Angers), Frankreich, gegr. 1919; Spielkleidung: Weiß/Schwarz/Schwarz; Stadion: Stade Jean-Bouin, 17 000 Plätze. – INTERNET: www.angerssco.fr

Spieler (Auswahl): R. Kopa. – **Trainer** (Auswahl): V. Vasovic.

»angeschossene Hand« →Handspiel.

Anglo-Italian-Cup, in Hin- und Rückspielen zw. engl. und italien. Klubs ausgetragener Einladungswettbewerb. Die Organisation liegt bei den Profiligen aus England und Italien. 1970 (erster Sieger: FC Swindon Town) bis 1976 war der A. offen für Vereine aller Divisionen, ab 1976 nur noch für Drittdivisionäre; ausgetragen als »Gigi Peronace Memorial«.

Anglo-Scottish-Cup, Pokalwettbewerb für 16 engl. und schott. Vereine (aber auch unter Einbeziehung nordir. Klubs), die sich nicht für den Europapokal qualifizieren konnten. Das Finale wird mit Hin- und Rückspiel ausgetragen. Erster Sieger 1971: Wolverhampton Wanderers.

Angola, Republik an der Westküste Afrikas, 1,247 Mio. km², 10,767 Mio. Ew.; Verband: Federaçao Angolana de Futebol, Abk. FAF, gegr. 1979, Sitz: Luanda; Mitglied der FIFA und der CAF seit 1980; Spielkleidung: Rot/Schwarz/Rot. – INTERNET: www.fafutebol.com

Angreifen, 1) Durchführen einer offensiven Handlung. – **2)** Stören eines in Ballbesitz befindl. Gegenspieler mit körperl. Einsatz.

Angreifer, Kurz-Bez. für →Angriffsspieler.

Angriff, Handlung bzw. Handlungsfolge mit offensivem Charakter, die darauf abzielt, den Gegner in die Defensive zu drängen und für den Ausgang des Spieles entscheidende Vorteile zu erringen. A. und Abwehr sind im modernen Fußball nicht exakt abgrenzbar, da mit der Abwehr des gegner. A. bereits der eigene A. eingeleitet wird. Vorrangig angriffsorientierte Spielweise einer Mannschaft (Offensivtaktik) äußert sich im →Offensivspiel.

Angriff
Offensive action [engl.]
Action offensive [frz.]
Acción ofensiva [span.]
Acção ofensiva [portugies.]
Giocare in attacco [italien.]

Angriffsfußball, der Offensivfußball (→ Offensivspiel).

Angriffsregisseur, im früheren WM-System Bez. für den angriffslenkenden Halbstürmer (z. B. F. Walter), auch für den zurückgezogen spielenden Mittelstürmer (z. B. N. Hidegkuti). Als A. moderner Prägung gilt Z. Zidane, Ausnahmefußballer der 1990er-Jahre.

Angriffsreihe → Reihe.

Angriffsspieler, Bez. für den vorgeschobensten Mannschaftsteil (meist 2 oder 3 Angreifer), z. B. rechter (früher: Rechtsaußen) und linker A. (früher: Linkssaußen), mittlerer A. (früher: Mittelstürmer); auch → Doppelspitze [1].

Angriffsspieler
Stürmer
Forward [engl.]
Attaquant [frz.]
Delantero [span.]
Avançado [portugies.]
Attaccante [italien.]

»Angstgegner«, Mannschaft, gegen die man sich in der Vergangenheit trotz erwiesener Überlegenheit (tabellarisch, spielerisch) oft schwer tat, vielfach sogar verlor; Mannschaft, die einem »nicht liegt«. Für ein Team, das ständig verliert, ist jeder Gegner ein »A.«.

Anguilla, Insel der Kleinen Antillen in der Karibik, brit. Kronkolonie, 102 km², 12 700 Ew.; Verband: Anguilla Football Association, Abk. AFA, gegr. 1992, Sitz: The Valley; Mitglied der FIFA und der CONCACAF seit 1996; Spielkleidung: Türkis-Weiß-Orange-Blau/Türkis-Weiß-Orange-Blau/Türkis-Orange.

Anjalankoski, MyPa (MyPa: Abk. für Myllykosken Pallo-47), Finnland, gegr. 1947; Spielkleidung: Blau/Weiß/Blau; Stadion: Anjalankosken Jalkapallostadion, 4067 Plätze. – INTERNET: www.mypa.fi
Spieler (Auswahl). S. Hyypiä – J. Litmanen.

Ankara, Türkei, **1) Genclerbirligi Ankara,** eigtl. »Ankara Gençlerbirligi SK« (Ankara Gençlerbirligi Spor Kulübü), gegr. 1923 als Angora Gençlerbirligi, seit 1930 Ankara Gençlerbirligi SK; Spielkleidung: Rot; Stadion: 19 Mayis Stadi, 24 000 Plätze. – INTERNET: www.genclerbirligi.org.tr
Spieler (Auswahl): A. Edvaldsson – Ö. Ümit – T. Zdebel.
2) MKE Ankaragücü (Makineve Kimya Endüstrisi Ankaragücü), gegr. 1910 als MKE Angoragücü, seit 1930 MKE Ankaragücü; Spielkleidung: Blau/Gelb/Gelb; Stadion: 19 Mayis, 19 125 Plätze. – INTERNET: www.ankaragucu.org.tr
Spieler (Auswahl): I. Mansiz

Anpfeifen, 1) Anzeigen des Beginns eines Spieles bzw. der zweiten Halbzeit durch Schiedsrichterpfiff *(Anpfiff)*. – **2)** Signalisieren des Beginns der Ausführung eines Strafstoßes durch Anpfiff (das »Freizeichen« für den Schützen).

Anpfeifen [1]
Starting whistle [engl.]
Coup de sifflet d'envoi [frz.]
Pitada inicial [span.]
Fischio d'inizio [italien.]
Apito inicial [portugies.]

Anschießen, Treffen eines gegner. oder (seltener) eigenen Spielers mit dem Ball, so dass dieser unkontrolliert vom Körper bzw. Körperteil (meist Bein) abprallt. A. ist nicht beabsichtigt, kommt aber häufig vor, da der Gegner stets versucht, bei Schussversuchen den Ball abzublocken bzw. dessen Richtung (bei Torschüssen) zu verändern. – Wird vor dem Tor ein Abwehrspieler angeschossen, und der abgefälschte Ball geht ins Tor, wird nicht von → Eigentor gesprochen, sondern der Treffer dem Absender des Schusses zugeschrieben.

Anschlusstor, *Anschlusstreffer,* Tor, das einen gegner. Zweitorevorsprung bis auf ein Tor reduziert, z. B. von 2:4 auf 3:4. (→ Ehrentor)

Anschneiden, bewusst außermittiges Treffen des Balls, um ihm dadurch einen Drall zu verleihen (→ Effetstoß); nichts für technisch Unbegabte.

Anspiel, 1) Zuschieben des Balles zu einem Mitspieler. – **2)** svw. → Anstoß.

Anspielpunkt, (meist Mittelfeld-)Spieler, der aufgrund seiner techn. und takt. Fähigkeiten in der Lage ist, ein Spiel aufzubauen und seine Mitspieler, insbesondere die Angriffsspieler, erfolgreich in Szene zu setzen. Er wird in der Regel von seinen Mitspielern zum Anspiel »gesucht«, wobei es für eine Mannschaft günstig ist, wenn sie mehrere A. besitzt.

Anstoß, Anspiel des Balles zu Spielbeginn, nach einem Torerfolg, zu Beginn der zweiten Halbzeit und zu Beginn jeder Spielzeithälfte einer Verlängerung; wird im Mittelpunkt des Mittelkreises ausgeführt, wenn der Schiedsrichter durch einen Pfiff das Zeichen dazu gegeben hat. Aus einem A. kann ein Tor direkt erzielt werden. Ein inoffizieller A. (als Zeremonie gedacht) ist der → Ehrenanstoß.

Anstoß
Kick off [engl.]
Coup d'envoi [frz.]
Salida [span.]
Pontapé de saída [portugies.]
Calcio d'inizio [italien.]

Anstoßkreis, svw. Mittelkreis (→ Spielfeld [BILD]).

Anstoßpunkt, der Mittelpunkt des Mittelkreises (→ Spielfeld [BILD]).

Antalyaspor, eigtl. »Antalyaspor AŞ« (Antalyaspor Anonym Şirketi), Türkei (Antalya), gegr. 1966 als Antalyaspor Kulübü, seit 1997 Antalyaspor AŞ; Spielkleidung: Rot-Schwarz/Rot/Rot; Stadion: Stadium Antalya Atatürk, 12 000 Plätze. – INTERNET: www.antalyaspor.net

Spieler (Auswahl): M. Gaudino – R. Recber – D. Schuster. – **Trainer** (Auswahl): R. Abramczik.

Antar, Roda, libanes. Mittelfeldspieler, * 12. September 1980 Freetown (Sierra Leone); bis 2001 Al-Tadamun Şür (Libanon), 2001–03 Hamburger SV, 2003–06 SC Freiburg; 67 Bundesligaspiele (12 Tore); 41 Länderspiele.

Antäuschen, svw. Fintieren (→ Finte).

Antenen, Charles, schweizer. Angriffsspieler (Außenstürmer); * 3. November 1929; 1941–45 FC La Chaux-de-Fonds, 1951–53 Lausanne-Sports, 1953–65 FC La Chaux-de-Fonds; 56 Länderspiele (1948–62; 22 Tore); WM-Endrunde 1950, 1954, 1962.

Antic, Radomir, serb. Trainer, * 22. November 1949 Zitiste (Banat); war Abwehrspieler: 1967/68 Sloboda Tuzla, 1968–76 Partizan Belgrad, 1976/77 Fenerbahce Istanbul, 1977–79 Real Saragossa, 1979–84 Luton Town. – Später Trainer: 1988–90 Real Saragossa, 1991/92 Real Madrid, 1992–95 Real Oviedo, 1995–2000 Atlético Madrid (LM, PS 1996), 2000/01 Real Oviedo, 2003 FC Barcelona, 2004 Celta Vigo.

Radomir Antic

Giancarlo Antognoni

Antigua und Barbuda, Staat im Karib. Meer, Kleine Antillen, 443 km², 67 900 Ew.; Verband: Antigua/Barbuda Football Association, Abk. ABFA, gegr. 1928, Sitz:: Saint John's; Mitglied der FIFA seit 1970, der CONCACAF seit 1980; Spielkleidung: Rot-Schwarz-Gelb-Blau/Schwarz-Rot-Gelb-Blau/Schwarz-Rot-Gelb-Blau.

Antizipation, Fähigkeit der gedankl. Vorausnahme der Spielabsichten bzw. -handlungen.

Antognoni, Giancarlo, italien. Angriffsspieler, * 1. April 1954 Marsciano; 1970–72 Astimacobi, 1972–87 AC Florenz, 1987–89 Lausanne-Sports; 73 Länderspiele (1974–83; 7 Tore); WM-Endrunde 1978, 1982 (Weltmeister); EM-Endrunde 1980.

Antreten, Auflaufen mit mindestens 7 (regulär 11) Aktiven in Spielkleidung zum festgesetzten Spielbeginn auf das Spielfeld, wobei sich die Mannschaften bis Spielschluss, einschließlich eventueller Verlängerung, vervollständigen können.

Antritt, Fähigkeit eines Spielers, aus der Ruhestellung oder aus dem Lauf plötzlich Höchstgeschwindigkeit zu erreichen; wichtige Komponente im Fußball. Beim A. kommt es darauf an, auf den ersten etwa 20 Metern Boden zu gewinnen und somit dem Gegner zuvorzukommen bzw. ihm zu entwischen. Entsprechend unterscheidet man zw. *antrittsstarken* und *anstrittsschwachen Spielern.*

Antwerpen, Belgien, **1) Antwerp FC** (Antwerp Football Club), Deurne (zu Antwerpen), gegr. 1880 als Antwerp Cricket and Football Club, 1894 Anschluss von Cercle d'Agrément Antwerpen, seit 1895 Antwerp FC; Spielkleidung: Rot/Weiß/Rot; Stadion: Bosuilstadion, 16 649 Plätze. – INTERNET: www.rfc.be

Spieler (Auswahl). N. Claesen – L. Fazekas – V. Mees – E. Meijer – L. Pilot – J. Poortvliet – W. van Moer. – **Trainer** (Auswahl): P. Csernai – A. Haan – G. Kessler – L. Novak – G. Thys.

2) Beerschot VAC (Beerschot Voetbalen Atletikclub), gegr. 1899 als Beerschot AC, 1926–68 R Beerschot AC, 1968–99 Beerschot VAC, 1999 aufgelöst durch Fusion mit KFC Germinal Ekeren zu Germinal Beerschot Antwerpen (→ Antwerpen [1]).

Spieler (Auswahl): R. Braine – H. Coppens – L. Emmerich – W. Sonck – G. Thys – A. Tolsa – J. Tomaszewski. – **Trainer** (Auswahl): J. Bonfrère – L. Novák.

3) GB Antwerpen, eigtl. »Germinal Beerschot Antwerpen«, Belgien, gegr. 1920 als FC Germinal Ekeren, 1971–99 KFC Germinal Ekeren, 1999 Fusion mit K Beerschot VAC zu Germinal Beerschot Antwerpen; Spielkleidung: Violett/Weiß/Violett-Weiß; Stadion: Stade de Olympique (»Het Kiel«), 25 000 Plätze. – INTERNET: www.germinal-beerschot.be

Spieler (Auswahl): N. Claesen – S. Keitar. – **Trainer** (Auswahl): H. Coppens.

AOL-Arena [nach AOL Deutschland, einem 1995 gegründeten Internetunternehmen], Hamburg, Heimstätte des Hamburger SV; an gleicher Stelle 1925 als Altoner Stadion eingeweiht, 1952/53 zum Volksparkstadion umgebaut, 1998–2000 neu gebaut (Spielfeld um 90° »gedreht«) und danach umbenannt; 55 000 Plätze; WM-Stadion 2006.

Apertura, höchste Spielklasse in Paraguay, Peru und Uruguay.

APF, Abk. für **A**sociación **P**araguaya de **F**útbol, den Fußballverband von → Paraguay.

Aqsaqtuk → Fußball (Geschichte).

Äquatorialguinea, Repulik in Westafrika, 28 051 km², 510 500 Ew.; Verband: Federación Ecuatoguineana de Fútbol, Abk. FEGUIFUT, gegr. 1960, Sitz: Malabo; Mitglied der FIFA und der CAF seit 1986; Spielkleidung: Rot.

Arab Cup, im Rahmen des Fußballturniers während der Panarab. Spiele ausgetragener Wettbewerb der Union of Arab Football Federationes (→ AFF [1]), offen für alle Mitgliedsländer der AFF und seit 1963 ausgetragen.

Arab Cup

1963	Tunesien	1988	Irak
1964	Irak	1992	Ägypten
1966	Irak	1998	Saudi-Arabien
1985	Irak	2002	Saudi-Arabien

Arabisches Golfturnier, svw. → Golf Cup.

Arad, UT, eigtl. »FC UT Arad« (Fotbal Club Unizale Textile Arad), Rumänien, gegr. 1945 als IT Arad, 1949–58 Flamura Roşie IT Arad, 1958–85 UT Arad, 1985–94 FCM UT Arad, 1994–97 UT Arad, seitdem FC UT Arad; Spielkleidung: Gelb/Blau/Blau; Stadion: UTA, 14 000 Plätze.

Aragonés Suárez, Luis, span. Trainer, *28. Juli 1938 Madrid; war Angriffsspieler: bis 1964 Red Recreativo, Oviedo und Real Betis Sevilla, 1964–68 Atlético Madrid; 11 Länderspiele (1964–71). – Später Trainer: 1974–80, 1982–87, 1991–93 und 2001–03 Atlético Madrid, 2003/04 RCD Mallorca, 2004–06 Spanien (Nationalmannschaft).

Aranycsapat [ungar., »Goldene Elf«], Bez. für die ungar. Nationalmannschaft zw. 1950 und 1954, die 32 Pflichtspiele in Folge (vom 14. Mai 1950 bis zum WM-Finale am 4. Juli 1954) nicht verlor. Unvergessen in dieser Ära bleibt das → »Spiel des Jahrhunderts«. Legendärste Vertreter der A. waren G. Grosics, J. Bozsik, S. Kocsis, N. Hidegkuti, F. Puskás und Z. Czibor.

Arbeiter-Turner-Bund, Abk. **ATB,** am 1893 gegr. erster proletar. Körperkulturverband Deutschlands, in dem der Arbeiterfußball seine Heimat fand. Der 9. ATB-Bundesturntag fasste am 1. Juni 1909 den Beschluss, dass »Spielvereine, welche die Statuten des ATB anerkennen, in den ATB aufgenommen werden dürfen«. Danach entwickelte sich der Arbeiterfußballsport zwar sprunghaft, blieb jedoch im Vergleich zum bürgerl. Fußball relativ unbedeutend. Ab 1920 fanden Endrunden um die dt. Meisterschaft der Sparte Fußball des **ATSB** (Abk. für **A**rbeiter-**T**urn-und-**S**port-**B**und, 1919 aus dem ATB hervorgegangen) statt. Die Nationalmannschaft des ATSB absolvierte 1924–32 45 Länderspiele (30 Siege, 3 Unentschieden, 12 Niederlagen; 284:90 Tore). Das Endspiel der ersten ATSB-Meisterschaft gewann 1920 in Leipzig TuSV Fürth gegen SC Süden-Forst mit 3:0.

»Arbeitssieg«, Erfolg gegen einen schwächer einzuschätzenden Gegner, ohne spieler. Glanz und mit relativ hohem Kraftaufwand erzielt.

Arconada, Luis Miguel, span. Torhüter, *26. Juni 1954 San Sebastián; 1964–73 Lagun Onak und SC San Sebastián, 1973–89 Real Sociedad San Sebastián; 68 Länderspiele (1977–85); EM-Endrunde 1980, 1984.

Ardiles, Osvaldo César, argentin. Trainer, *3. August 1952 Córdoba; war Mittelfeldspieler: 1969–73 Instituto Córdoba, 1973/74 Belgrano Córdoba, 1975–78 Huracán Buenos Aires, 1978–82 Tottenham Hotspur, 1982/83 Paris Saint-Germain, 1983–88 Tottenham Hotspur, 1988/89 Blackburn Rovers, 1989–91 FC Swindon Town (Spielertrainer); 42 Länderspiele (1975–82; 12 Tore); WM-Endrunde 1978 (Weltmeister), 1982. – Später Trainer: bis 2003 Newcastle United, Westbromwich Albion, Tottenham Hotspur, CD Gua-

Osvaldo Ardiles (vorn)

Luis Miguel Arconada

dalajara, Japan (J-League) und Croatia Zagreb, 2003 Racing Club Buenos Aires.

Ardizoglou, Christos, griech. Angriffsspieler, *28. April 1953 Athen; 1968–73 Apollon Athen, 1974–83 AEK Athen, 1984–89 Apollon Athen; 45 Länderspiele (1976–84; 4 Tore); EM-Endrunde 1980.

Arena → Stadion.

Arena AufSchalke, Gelsenkirchen: → VELTINS-Arena.

Argentinien, Staat in Südamerika, 2,767 Mio. km², 38,741 Mio. Ew.; Verband: Associación del Fútbol Argentino, Abk. AFA, gegr. 1893, Sitz: Buenos Aires; Mitglied der FIFA seit 1912, der CONMEBOL seit 1916; Spielkleidung: Hellblau-Weiß/Dunkelblau/Weiß. – Der ersten argentin. Liga gehören 20 Mannschaften an. Die Vorrunde (»Torneo Apertura«) und die Rückrunde (»Torneo Clausura«) werden getrennt ausgetragen; die jeweiligen Tabellenersten gelten unabhängig voneinander als Landesmeister. – Erfolge: Weltmeister 1978, 1986, 13-mal Südamerikameister (zw. 1921 und 1991), Copa América 1993, Confederations Cup 1992, Olympiasieger 2004. – INTERNET: www.afa.org.ar

Århus GF (Århus Gymnastik Forening), Dänemark, gegr. 1880; Spielkleidung: Weiß/Blau/Weiß; Stadion: Århus, 9877 Plätze. – INTERNET: www.agf.dk

Spieler (Auswahl): L. Bastrup – F. Povlsen. – **Trainer** (Auswahl): B. Guttmann.

Armenien, Republik im Hochland von Armenien, Vorderasien, 29 800 km², 3,326 Mio. Ew.; Verband: Football Federation of Armenia, Abk. FFA, gegr. 1992, Sitz: Jerewan; Mitglied der FIFA und der UEFA seit 1992; Spielkleidung: Rot/Blau/Orange. – INTERNET: www.armenia.fifa.com

Armfield, James, engl. Abwehrspieler, *21. September 1935; 1954–71 FC Blackpool; 43 Länderspiele (1959–66); WM-Endrunde 1962. – Später Trainer: 1971–74 Bolton Wanderers, 1974–78 Leeds United.

Arnesen, Frank, dän. Mittelfeldspieler, *30. September 1956 Kopenhagen; 1962–75 BK Fremad Amager (Kopenhagen), 1975–81 Ajax Amsterdam, 1981–83 CF Valencia, 1983–85 RSC Anderlecht, 1985–91 PSV Eindhoven; 52 Länderspiele (1977–86; 14 Tore); WM-Endrunde 1986; EM-Endrunde 1984.

Arnheim, Vitesse, eigtl. »SBV Vitesse« (Stichting Betaald Voetball Vitesse), Niederlande, gegr. 1892 als Arnhemsche VAV Vitesse Arnhem, 1984–90 Arnhemse VC Vitesse, seitdem SBV Vitesse; Spielkleidung: Gelb/Schwarz/Schwarz; Stadion: Gelredome, 29 000 Plätze. – INTERNET: www.vitesse.nl

Spieler (Auswahl): P. Cocu – R. Makaay – P. Rink – P. van Hooijdonk. – **Trainer** (Auswahl): L. Beenhakker – A. Jorge – R. Koeman.

Arppi Filho, Romualdo, brasilian. Schiedsrichter, *7. Januar 1939 Santos; seit 1957 Schiedsrichter, 1963–87 FIFA-Referee; 36 Länderspiele (1966–87); WM-Endrunde 1986 (Finale); olymp. Fußballturnier 1968, 1980, 1984; Weltpokal 1984; Weltschiedsrichter des Jahres 1987.

Arsenal, FC, England: → London [3].

Artime, Luis, argentin. Angriffsspieler (Mittelstürmer), *12. Dezember 1938 Buenos Aires; 1958–66 River Plate Buenos Aires, 1966–68 Independiente Buenos Aires, 1969 Palmeiras São Paulo, 1970 Fluminense Rio de Janeiro, 1971/72 Nacional Montevideo; 25 Länderspiele (1961–67); WM-Endrunde 1966.

Aruba, Insel der Kleinen Antillen vor der Nordküste Südamerikas, 193 km², 70 800 Ew.; Verband: Arubaanse Voetbal Bond, Abk. AVB, gegr. 1932, Sitz: Oranjestad; Mitglied der FIFA und der CONCACAF seit 1988; Spielkleidung: Gelb/Blau/Gelb-Blau.

Arvidsson, Magnus, schwed. Angriffsspieler, *12. Februar 1973 Förslov; bis 1991 Förslov IF, 1991–99 Helsingborgs IF, IFK Hässleholm und Trelleborgs FF, 1999–2006 FC Hansa Rostock; 154 Bundesligaspiele (27 Tore); 2 Länderspiele (1999).

ASAL, Abk. für **A**ustralian **S**occer **A**ssociation **L**imited, den Fußballverband von → Australien.

Asamoah, Gerald, dt. Angriffsspieler ghanaischer Herkunft (seit 2000 dt. Staatsbürgerschaft), *3. Oktober 1978 Mampong (Ghana); 1991–94 Werder Hannover, 1994–99 Hannover 96, 1999–2006 FC Schalke 04; 182 Bundesligaspiele (29 Tore); 36 Länderspiele für Deutschland (seit 2001; 6 Tore); WM-Endrunde 2002.

> **G. Asamoah**
> »Da krieg' ich so den Ball, und das ist ja immer mein Problem.«

Aschaffenburg, Viktoria, eigtl. »SV Viktoria Aschaffenburg« (Sportverein Viktoria Aschaffenburg), Deutschland (Bayern), gegr. am 6. August 1901 als Aschaffenburger FC 1901, 1904 Fusion mit FC Viktoria Aschaffenburg zu FC Viktoria 1901 Aschaffenburg, 1906–37 SV Viktoria Aschaffenburg, 1937 Fusion mit Reichsbahn TuSpo Aschaffenburg zu Reichsbahn-Viktoria Aschaffenburg, 1939 Beendigung der Fusion und Umbenennung in SV Viktoria Aschaffenburg; Spielkleidung: Blau/Weiß/Weiß; Stadion: Am Schönbusch, 15 000 Plätze. – INTERNET: www.viktoria01-aschaffenburg.de

Spieler (Auswahl): R. Bommer – E. Lehner – C. Reitmaier – J. Seitz. – **Trainer** (Auswahl): R. Bommer – W. Lorant – F.-W. Magath.

Aschtarak, Armenien: andere Schreibweise für → Ashtarak ...

Ascoli Calcio, Italien (Ascoli Piceno), gegr. 1898; Spielkleidung: Schwarz-Weiß/Schwarz/Schwarz; Stadion: Stadio »Cino e Lillo del Duca«, 20 000 Plätze. – INTERNET: www.ascolicalcio.it

Spieler (Auswahl): A. Altobelli – O. Bierhoff – L. Brady – W. J. Casagrande – G. J. Dirceu. – **Trainer** (Auswahl): V. Boskov – G. De Sisti.

Asensi, Juan Manuel Ripoli, span. Mittelfeldspieler * 23. September 1949 Alicante; 1967–80 CF bzw. FC Barcelona, 1980–82 CF Puebla (Mexiko), 1982/83 Oaxtepec (Mexiko); 41 Länderspiele (1969–1980; 7 Tore); WM-Endrunde 1978; EM-Endrunde 1980.

Aserbaidschan, Republik in Südwestasien, 86 600 km², 7,831 Mio. Ew.; Verband: Association of Football Federations of Azerbaijan, Abk. AFFA, gegr. 1992, Sitz: Baku; Mitglied der FIFA und der UEFA seit 1992; Spielkleidung: Weiß/Blau/Weiß. – INTERNET: www.affa-az.com

ASFA, Abk. für **A**merican **S**amoa **F**ootball **A**ssociation, den Fußballverband von → Amerikanisch-Samoa.

Ashtarak, MIKA, eigtl. »FC MIKA Ashtarak« (Football Club MIKA Ashtarak), Armenien, gegr. als FC Kasach Ashtarak, seit 1999 FC MIKA Ashtarak; Spielkleidung: Schwarz-Weiß/Schwarz/Schwarz; Stadion: Vardanank-451, 1200 Plätze.

Asiatische Kontinentalkonföderation, die **Asian Football Confederation** (→ AFC [1]).

Asiatische Spiele, svw. → Asienspiele.

Asienmeisterschaft, 2 Jahre nach der 1954 erfolgten Gründung der Asian Football Confederation (→ AFC [1]) aus der Taufe gehobene, für alle asiat. Landesverbände offene Meisterschaft, durchgeführt im Vierjahresrhythmus. Nach Qualifikationsspielen in Zonengruppen gibt es die Finalrunde der Gruppensieger in einem vorher festgelegten Austragungsland. – Das Turnier der 13. A. fand 2004 in China mit 16 Mannschaften statt. Die vorangegangene Qualifikation (weitgehend in Turnierform) wurde in 7 Vierergruppen ausgetragen, wobei die jeweils beiden Ersten jeder Gruppe die Teilnahmeberechtigung für das Endturnier erwarben. Gesetzt waren der Gastgeber und Japan als Titelverteidiger.

Asienmeisterschaft

1956	Südkorea	1984	Saudi-Arabien
1960	Südkorea	1988	Saudi-Arabien
1964	Israel	1992	Japan
1968	Iran	1996	Saudi-Arabien
1972	Iran	2000	Japan
1976	Iran	2004	Japan
1980	Kuwait		

Asienpokal der Landesmeister, seit 1967 ausgetragener Wettbewerb, offen für alle Landesmeister der Asian Football Confederation (→ AFC [1]); 1969 nicht ausgetragen, ebenso 1972 und 1973–85 (wegen polit. und finanzieller Probleme). Bis 1989/90 wurden Vorrunden in den Zonengruppen Ostasien und Westasien gespielt, darunter gab es weitere Regionalgruppen. Seit 1990/91 folgten nach 2 einleitenden Runden, in denen nach dem K.-o.-System mit Hin- und Auswärtsspielen die Vereine der jeweiligen Regionen aufeinander trafen, die Turniere der 8 Besten. Diese wurden in 2 Gruppen (Ost- und Westasien) mit je 4 Mannschaften gebildet. Die Sieger erreichten das Halbfinale, das wie das Finale auf → »neutralem Platz« ausgetragen wurde. 1995–2002 spielte der Gewinner gegen den Sieger des → Asienpokals der Pokalsieger um den Supercup. – Seit 2003 gibt es die *AFC Champions League*, an der nur noch die stärksten 14 Länder teilnehmen. Weitere 14 National-

Asienpokal der Landesmeister

1967	Hapoel Tel Aviv (Israel)	1994	Thai Farmers Bank Bangkog (Thailand)
1968	Maccabi Tel Aviv (Israel)	1995	Thai Farmers Bank Bangkog (Thailand)
1970	Taj Club Teheran (Iran)	1996	Chuan Ilhwa Chunma (Südkorea)
1971	Maccabi Tel Aviv (Israel)	1997	Pohang Steelers (Südkorea)
1986	Pusan Daewoo Royals (Südkorea)	1998	Pohang Steelers (Südkorea)
1987	Furukawa Electric Company (Japan)	1999	Júbilo Iwata (Japan)
1988	Yomiuri Kawasaki (Japan)	2000	Al-Hilal (Saudi-Arabien)
1990	Liaoning Shenyang (China)	2001	Suwon Samsung Bluewings (Südkorea)
1991	Esteghlal Teheran (Iran)	2002	Suwon Samsung Bluewings (Südkorea)
1992	Al-Hilal (Saudi-Arabien)	2003	Al-Ain Sports Club (VAE)
1993	Paas Teheran (Iran)	2004	Al-Ittihad (Saudi-Arabien)
		2005	Al-Ittihad (Saudi-Arabien)

Asienpokal der Pokalsieger

1991	Pirouzi Teheran (Iran)	1997	Al-Hilal (Saudi-Arabien)
1992	Nissan FC Yokohama (Japan)	1998	Al-Nasr (Saudi-Arabien)
1993	Yokohama Flügels (Japan)	1999	Al-Itttihad Djidda (Saudi-Arabien)
1994	Al-Qadisiyah Dammam (Saudi Arabien)	2000	Shimizu S-Pulse (Japan)
1995	Yokohama Flügels (Japan)	2001	Al-Shabab (Saudi-Arabien)
1996	Bellmare Hiratsuka (Japan)	2002	Al-Hilal (Saudi-Arabien)

Asiens Fußballer des Jahres

1988	J. Radhi (Tunesien)	1997	H. Nakata (Japan)
1989	K. Joo-Sung (Südkorea)	1998	H. Nakata (Japan)
1990	K. Joo-Sung (Südkorea)	1999	A. Daei (Iran)
1991	K. Joo-Sung (Südkorea)	2000	N. Al-Temyat (Saudi-Arabien)
1992	nicht vergeben	2001	F. Zhiyi (China)
1993	K. Mihura (Japan)	2002	S. Ono (Japan)
1994	S. Al-Owairan (Saudi-Arabien)	2003	M. Mahdavikia (Iran)
1995	M. Ihara (Japan)	2004	A. Karimi (Iran)
1996	K. Azizi (Iran)	2005	H. Al Montashari (Saudi-Arabien)

mannschaften spielen in einer B-Gruppe um den *AFC Cup* und die am schwächsten eingestuften Länder um den *Presidents Cup.*

Asienpokal der Pokalsieger, seit 1991 ausgetragener Wettbewerb, offen für alle Pokalsieger der Asian Football Confederation (→AFC [1]) und ausgetragen im K.-o.-System mit Hin- und Rückspiel. Bis 1994 wurden 2 Finals (Hin- und Rückspiel) ausgetragen, seit 1995 nur noch ein Spiel (evtl. auf →»neutralem Platz«). Seit 1995 spielt der Gewinner gegen den Sieger des →Asienpokals der Landesmeister um den Supercup.

Asiens Fußballer des Jahres, von der Asian Football Confederation (→AFC[1]) seit 1988 jährlich durchgeführte Wahl.

Asienspiele, Wettkämpfe (u. a. im Fußball) zw. den Olymp. Spielen, offen für Amateure nach dem IOK-Reglement. Am ersten Fußballturnier bei den A. nahmen Indien, Indonesien, Afghanistan, Japan, Iran und Birma teil.

Asienspiele

1951	Indien	1978	Nordkorea und Südkorea
1954	Taiwan	1982	Irak
1958	Taiwan	1986	Südkorea
1962	Indien	1990	Iran
1966	Birma	1994	Usbekistan
1970	Birma und Südkorea	1998	Iran
1974	Iran	2002	Iran

Asparuchov, Georgi, bulgar. Angriffsspieler (war Mittelstürmer), *4. Mai 1943 Sofia, †30. Juni 1971 (Verkehrsunfall); 1955–63 Botev Plovdiv, 1964–71 Levski Sofia; 50 Länderspiele (1962–70; 19 Tore); WM-Endrunde 1962, 1966, 1970. – Ihm zu Ehren wurde das »Wassil-Lewski-Stadion« (Levski Sofia) in »Georgi-Asparuchov-Stadion« umbenannt.

Georgi Asparuchov

Asprilla, Faustino Hernán Hinestroza, kolumbian. Angriffsspieler, *10. November 1969 Tulua; bis 1989 Cucuta Depotivo, 1990–92 Nacional Medellin, 1993–95 AC Parma, 1995–98 Newcastle United, 1998/99 AC Parma, 1999 Palmeiras São Paulo, 2000/01 Fluminense Rio de Janeiro, 2002/03 Universidad de Chile, 2004 Estudiantes de la Plata; WM-Endrunde 1994, 1998.

Assauer, Rudolf (»Rudi«), dt. Manager, *30. April 1944 Altenwald (Saarland); war Abwehrspieler: 1952–63 SpVgg Herten, 1964–70 Borussia Dortmund, 1970–76 SV Werder Bremen; 307 Bundesligaspiele (12 Tore). – Später Manager: 1976–81 SV Werder Bremen, 1981–86 FC Schalke 04, 1990–93 VfB Oldenburg, 1993–2006 FC Schalke 04.

> **R. Assauer**
> »Es gibt so viele Trainer, die kommen und gehen. Irgendwann vergisst du mal die Vornamen.«

ASSE, Frankreich : Abk. für **AS** → **Saint-Étienne.**

Assistenztrainer, svw. → Trainerassistent.

Assmy, Horst, dt. Angriffsspieler, * 29. November 1933 Berlin, † 14. Januar 1972; bis 1953 BSG Einheit Pankow, 1953/54 BSG Motor Oberschöneweide, 1954–59 ASK Vorwärts Berlin, 1959–61 Tennis Borussia (gesperrt), 1961/62 FC Schalke 04, 1962–65 Hessen Kassel; 91 (DDR-) Oberligaspiele (22 Tore); 12 Länderspiele für die DDR (4 Tore).

Association-Football, historisch gewachsene Bez. aus der Zeit um 1863, als die engl. Football Association (FA) gegr. wurde; sollte den Unterschied zum Rugby Football verdeutlichen.

Assyriska FF (Assyriska Fotbollförening), Schweden (Södertälje), gegr. 1971; Spielkleidung: Weiß-Violett/Weiß/Violett; Stadion: Bårsta IP, 5000 Plätze. – INTERNET: www.assyria.se

Spieler (Auswahl): E. Hellström.

Astafjevs, Vitalijs, lett. Mittelfeldspieler, * 3. April 1971 Riga; 1992–96 Skonto Riga 1996/97 Austria Wien, 1997–99 Skonto Riga, 1999–2003 Bristol City, 2003/04 Admira-Wacker Mödling, 2004/05 Rubin Kazan; 105 Länderspiele (seit 1992; 10 Tore); EM-Endrunde 2004.

Astana, Zhenis, eigtl. »FC Zhenis Astana« (Football Club Zhenis Astana), Kasachstan (Astana), gegr. 1964 als Dinamo Astana, 1975–94 Tselinnik Astana, 1994–96 Tsesna Astana, 1996/97 Tselinnik Astana, 1997/98 FC Astana, seitdem FC Zhenis Astana; Spielkleidung: Gelb/Schwarz/Schwarz; Stadion: Kazhimukan Munaitpasov, 13 500 Plätze. – INTERNET: www.zhenis.kz

Aston Villa, England: → Birmingham [1].

Asunción, Olimpia (Club Olimpia), Paraguay, gegr. 1902; Spielkleidung: Rot-Blau/Weiß/Weiß; Stadion: Manuel Ferreira, 20 000 Plätze. – Internationale Erfolge: Copa Libertadores de América 1979, 1990, 2002, Weltpokal 1979. – INTERNET: www.olimpia.com.py

ATB, Abk. für → **Ar**beiter-**T**urner-**B**und.

Athen, Griechenland, **1) AEK Athen,** eigtl. »AS AEK« (Athlitikos Syllogos Athlitiki Enosis Konstantinoupoleos), gegr. 1924; Spielkleidung: Schwarz-Gelb/Schwarz/Gelb; Stadion: Leoforos Alexandras, 17 000 Plätze. – INTERNET: www.aekfc.gr

Spieler (Auswahl): D. Bajevic – C. Bonev – T. Dellas – D. Domasov – K. Katsouranis – T. Mavros – M. Okonski – D. Papaioannou. – **Trainer** (Auswahl): D. Bajevic – O. Blokhin – Z. Čajkovski – I. Dumitrescu – K. Górski – F. Puskás – T. Zagorakis.

2) AS Aigaleo (Athlitikos Syllogos Aigaleo), gegr. 1924 als AO Aigaleo, seit 1947 AS Aigaleo; Spielkleidung: Blau/Weiß/Blau; Stadion: Dimitikon, 12 000 Plätze.

Trainer (Auswahl): I. Dumitrescu.

3) Panathinaikos Athen, eigtl. »Panathinaikos AO« (Panathinaikos Athlitikos Omilos), gegr. 1908 als PPO Athen, 1910–24 POA Athen, seitdem als Panathinaikos AO; Spielkleidung: Grün/Weiß/Weiß; Stadion: Leoforos Alexandras, 17 000 Plätze. – INTERNET: www.pao.gr

Spieler (Auswahl): Júlio César – F. Conceiçao – D. Domasos – I. M. Galakos – E. Gonzalez – G. Karagounis – K. Konstantinidis – M. Münch – A. Nikopolidis – E. Olisadebe – G. Pantziaras – M. C. Paulo-Sousa – K. Pflipsen – Y. Seitaridis. – **Trainer** (Auswahl): S. Bobek – C. Bonev – K. Górski – B. Guttmann – S. Kovács – A. Moreira – I. Osim – F. Puskás – H. Senekowitsch.

4) Panionios Athen, eigtl. »Panionios PAE« (Panionos Podosfeiriki Athlitikos Enosis), gegr. 1890 als Orfea Smyrna, 1895–22 Panionos GS Smyrna, 1922–96 Panionios Athen, seitdem Panionios PAE; Spielkleidung: Blau/Rot/Rot; Stadion: Neas Smirnis, 15 000 Plätze. – INTERNET: www.panionios.gr

Spieler (Auswahl): T. Cichon – T. Christiansen – N. Krupnikovic – T. Mavros. – **Trainer** (Auswahl): I. Netto.

Äthiopien, Staat im Osten Afrikas, 1,127 Mio. km², 66,558 Mio. Ew.; Verband: Ethiopian Football Federation, Abk. EFF, gegr. 1943, Sitz: Addis Abeba; Mitglied der FIFA seit 1953, der CAF seit 1957; Spielkleidung: Grün/Gelb/Rot. – Erfolge: Afrikameister 1962.

Athirson, eigtl. »Athirson Mazzoli de Oliveira«, brasilian. Abwehrspieler (italien. Großeltern), * 16. Januar 1977 Rio de Janeiro; 1996–98 Flamengo Rio de Janeiro, 1998 FC Santos, 1999–2001 Flamengo Rio de Janeiro, 2001/02 Juventus Turin, 2002/03 Flamengo Rio de Janeiro, 2003/04 Juventus Turin, 2004 CSKA Moskau und Flamengo Rio de Janeiro, 2005 Cruzeiro Belo Horizonte, 2005/06 Bayer 04 Leverkusen; 12 Bundesligaspiele (1 Tor); 5 Länderspiele; olymp. Fußballturnier 2004.

»athletischer Fußball«, Spielweise, die weitgehend die Komponente des → »Kraftfußballs« übernahm, ohne dabei die Vorzüge des techn. Fußballs zu negieren; bevorzugt angewendet von Mannschaften, bei denen die Athletik gegenüber der Spieltechnik stärker ausgeprägt ist. (→ »technischer Fußball«).

Atlantikpokal, 1) 1956 zum ersten Mal von den Nationalmannschaften Brasiliens, Argentiniens, Uruguays und Paraguays ausgetragener Pokalwettbewerb; insgesamt dreimal mit Hin- und Rückspielen durchgeführt. Brasilien gewann alle 3 Veranstaltungen: 1956, 1960, 1976. – **2)** früher ausgetragener Wettbewerb der Besatzungen von Schiffen, die den Atlantik befuhren. 1925 stiftete Mrs. Caroline de Lancy Cowl, die Tochter eines New Yorker Warenhausbesitzers, aus Kommerzgründen eine Silbertrophäe. – Reglement: Jedes Besatzungsmitglied musste ein halbes Jahr zur See gefahren sein; wer von den Besatzungen die meisten Spiele in New York austrug und gewann, erhielt die jährlich ausgespielte Trophäe.

Atlético Nacional, Kolumbien: → Medellín [2].

»Ato, Nik und Kaz« [computeranimierte Figuren], offizielle → WM-Maskottchen der WM-Endrunde 2002 in Japan/Südkorea.

Atouba, Thimotée, ein kamerun. Abwehrspieler, * 17. Februar 1982 Douala; bis 1999 Mineduc FC, 2000 Union Sportive Douala, 2000/01 Xamax Neuchâtel, 2002–04 FC Basel, 2004/05 Tottenham Hotspur, 2005/06 Hamburger SV; 14 Bundesligaspiele; 24 Länderspiele.

ATSB, Abk. für **A**rbeiter-**T**urn-und-**S**port-**B**und (→ Arbeiter-Turner-Bund).

Attackieren, Bekämpfen des gegner. Spielers vor bzw. bei dessen Ballannahme mit allen erlaubten Mitteln (z. B. Abblocken, Rempeln, Tackling), um in Ballbesitz zu gelangen oder zumindest den Gegner zu stören. A. ist vornehmlich Aufgabe der Abwehrspieler, setzt sich aber zunehmend im Mittelfeld und Angriff fort. (→ Forechecking)

Åtvidabergs FF (Åtvidabergs Fotboll Förening), Schweden (Åtvidaberg), gegr. 1907; Spielkleidung: Blau/Weiß/Rot; Stadion: Koppervallen, 10 000 Plätze. – INTERNET: www.atvidabergff.se

Spieler (Auswahl): R. Edström – B. Gustavsson – T. Ravelli.

Aue, FC Erzgebirge (Fußballclub Erzgebirge Aue), Deutschland (Sachsen), gegr. am 4. März 1945 als SG Aue, 1946–49 Pneumatik Aue, 1949–51 Zentra Wismut Aue, 1951–54 BSG Wismut Aue, 1954–63 SC Wismut Karl-Marx-Stadt (in Aue wurde weiter gespielt), 1963–90 BSG Wismut Aue, 1990–93 FC Wismut Aue, seitdem FC Erzgebirge Aue; DDR-Oberliga 1951–90; Zweite Bundesliga 2003–06; Spielkleidung: Violett/Weiß/Weiß; Stadion: Erzgebirgsstadion, 16 500 Plätze (DDR: Otto-Grotewohl-Stadion, 20 000 Plätze). – INTERNET: www.fc-erzgebirge.de

Spieler (Auswahl): S. Curri – D. Erler – S. Helbig – A. Juskowiak – M. Kaiser – M. Kischko – M. Reichel – H. Satrapa – K. Schaller – E. Skela – D. Toppmöller – W. Tröger – J. Weißflog – K. und S. Wolf. – **Trainer** (Auswahl): W. Fritzsch – G. Schädlich – F. Lieberam – L. Lindemann – R. Minge – B. Müller – K. Schaller – U. Schulze – H.-U. Thomale – K. Toppmöller.

Auer, 1) Benjamin, dt. Angriffsspieler, * 11. Januar 1981 Landau in der Pfalz (Rheinland-Pfalz); bis 1991 HSV Landau, FSV Offenbach/Pfalz und 1. FC Kaiserslautern, 1999/2000 Karlsruher SC, 2000–02 Borussia Mönchengladbach, 2002–06 FSV Mainz 04; 50 Bundesligaspiele (11 Tore). – **2)** Karl, dt. Angriffsspieler, * 12. August 1898, † 21. Februar 1945; 1917–30 SpVgg Fürth; 3 Länderspiele (1924, 1926; 2 Tore); spielte repräsentativ für Süddeutschland und Nürnberg/Fürth (Stadtauswahl).

AUF, Abk. für **A**sociación **U**ruguaya de **F**útbol, den Fußballverband von → Uruguay.

»Aufbauen«, 1) das Vorbereiten und Ausführen eines offensiven Spielzugs über mehrere Stationen. – **2)** einen nach längerer Verletzungspause wieder einsatzfähigen Spieler allmählich (stufenweise) einer steigenden Belastung aussetzen, so dass dieser in absehbarer Zeit das phys. (und psych.) Niveau der Mitspieler erreicht. Diese Aufbauphase wird vom Trainer (in Abstimmung mit dem Aktiven sowie mit dem behandelnden bzw. Mannschaftsarzt) vorgegeben. – Analog hierzu das »A.« eines Nachwuchsspielers, der durch zunächst kurzzeitige Einsätze in der ersten Mannschaft Fuß fassen soll. Dem Geschick des Trainers obliegt es, den Prozess zu forcieren, ohne dabei den Aktiven zu überfordern (zu »verheizen«).

Aufbauer, schweizer. Bez. für → Mittelfeldspieler.

Aufbauspieler, im WM-System Bez. für den offensiven Läufer.

»auf dem falschen Fuß« kennzeichnet die Situation, dass ein Spieler den unmittelbar neben ihm ankommenden Ball nicht erreichen kann, weil er zuvor seinen Körperschwerpunkt auf den ballabseitigen Fuß verlagert hat (in Erwartung des Ballverlaufs auf dieser Seite). Häufig bei Torhütern vorkommend, z. B. bei zuvor angetäuschten bzw. bei überraschenden Torschüssen. Die Gegenreaktion erfolgt dann meist zu spät, so dass diese eigtl. haltbaren Bälle den Torhüter ziemlich »alt« aussehen lassen.

Aufhauser, René, österr. Mittelfeldspieler, * 21. Juni 1976 Voitsberg (Steiermark); bis 2001 Wüstenrot Salzburg, 2001–05 Grazer AK, 2005/06 RB Salzburg; 29 Länderspiele (seit 2002; 5 Tore).

»Aufholjagd«, engagiertes Bemühen, einen hohen Torevorsprung des Gegners durch eigene Torerfolge zumindest noch wettzumachen, z. B.: 0:4, 1:4 (→ Ehrentor), 2:4 (hier beginnt die eigtl. »A.«), 3:4 (das → Anschlusstor), 4:4.

»Auflaufen lassen«, das Stellen in die Laufrichtung des gegner. Spielers, ohne die Chance zu besitzen, den Ball zu treffen bzw. zu spielen; wird als →verbotenes Spiel mit direktem Freistoß geahndet.

Aufrücken, svw. → Nachrücken.

Aufsetzer, Ball, der unmittelbar vor dem Tor (etwa 30 cm bis 2 m) aufspringt und damit eine für den Torhüter schwer zu berechnende Flugbahn erhält, insbesondere bei wuchtigen Schüssen und glattem Geläuf. A. sind deshalb für die Torhüter ein »Albtraum«.

»Aufstecken«, das Aufgeben; moralisch bedingt, z. B.: »nach dem dritten Gegentreffer steckte die Mannschaft auf«.

Aufsteiger → Aufstieg.

Aufstellung, svw. → Mannschaftsaufstellung.

Aufstieg, Wechsel von einer niedrigeren in eine höhere Spielklasse. In der Regel steigt diejenige Mannschaft auf, die die Meisterschaft in der niedrigeren Klasse errungen hat. Der A. kann auch in gesonderten Aufstiegsrunden ermittelt werden. Die Mannschaft, die den A. erreicht hat, heißt *Aufsteiger.*

Aufstiegsrunde, Wettbewerb zur Ermittlung der Aufsteiger in die nächsthöhere Spielklasse; wird meist in Gruppen durchgeführt, wobei die jeweiligen Sieger, evtl. auch Zweitplatzierten, den Aufstieg erreichen. Ein Spiel innerhalb einer A. bezeichnet man als *Aufstiegsspiel.*

Auftaktspiel, erstes Spiel der ersten oder zweiten Serie der Wettkampfperiode einer Meisterschaft, eines Pokalwettbewerbes oder eines Turniers.

Aufwärmen, lockeres Bewegen (mit Steigerungen in der Schlussphase) und Durchführen gymnast. Übungen vor dem Spiel (etwa 10 bis 20 min), um die Kreislauf- und Stoffwechseltätigkeit auf die Belastungen des Spieles vorzubereiten. Durch intensives A. verringert sich die Gefahr des Auftretens von Muskelzerrungen bzw. -faserrissen in den Anfangsminuten des Spieles. International ist das A. der Wechselspieler während des Spieles auf jeweils 3 Aktive beschränkt, national in der Regel nicht limitiert.

Aufwärmen
Warming up [engl.]
Gymnastique à échauffer [frz.]
Gimnasia para calentarse [span.]
Ginnastica per animarsi [italien.]

Auf-Zeit-Spielen, vorsätzliche unsportl. Spielverzögerung, hervorgerufen durch bewusst langatmiges Ausführen von Freistößen, Abstößen, Einwürfen usw., auch durch Vortäuschen von Verletzungen. Damit versucht eine Mannschaft, den momentanen Spielstand bis zum Abpfiff zu halten. Der Schiedsrichter ist dann angehalten, nachspielen zu lassen. – Eine sportl. Spielverzögerung ist dagegen das Halten des Balles in den eigenen Reihen, was vom Schiedsrichter nicht zu ahnden ist. (→ Nachspielen)

Klaus Augenthaler

Augenthaler, Klaus, dt. Trainer, *26. September 1957 Fürstenzell (Bayern); war Abwehrspieler (Libero): 1967–75 FC Vilshofen, 1975–91 FC Bayern München; 404 Bundesligaspiele (52 Tore); 27 Länderspiele (1983–90); WM-Endrunde 1986, 1990 (Weltmeister). – Später Trainer: 1991–97 FC Bayern München (1991/92 Jugend, 1992–97 Trainerassistent), 1997–2000 Grazer AK, 2000–03 1. FC Nürnberg, 2003–05 Bayer 04 Leverkusen, 2006 VfL Wolfsburg.

K. Augenthaler
»Jeder, der heute einen Profivertrag unterschreibt, glaubt, einen Ball stoppen zu können. Das ist ein Irrtum.«

Augsburg, Deutschland (Bayern), **1) FC Augsburg** (Fußballclub Augsburg), gegr. am 8. August 1907 als FC Alemannia Augsburg, 1921–69 BC Augsburg (1935 Fusion mit Sportverein Kriegshaben), 1969 Fusion mit TSV 1847 Schwaben Augsburg zu FC Augsburg; Spielkleidung: Rot; Stadion: Rosenau-Stadion, 32 354 Plätze. – INTERNET: www.fcaugsburg.de

Spieler (Auswahl): R. Aumann – D. Eckstein – H. Haller – K. Hutwelker – D. Kampa – M. Rama – K. Riedle – B. Schuster – Z. Varga – A. Veh – E. Willimowski. – **Trainer** (Auswahl): H.-J. Boysen – H. Cieslarczyk – M. Merkel – E. Middendorp – W. Olk – A. Veh.

2) Schwaben Augsburg, eigtl. »TSV 1847 Schwaben Augsburg« (Turn- und Sportverein 1847 Schwaben Augsburg), gegr. 1847 als TV 1847 Augsburg, 1924 Ausgliederung der Fußball- und anderer Abteilungen als SV Schwaben Augsburg, 1925 Fusion mit SSV Augsburg zu SSV Schwaben Augsburg, 1941 Fusion mit TV 1847 Augsburg zu TSV 1847 Schwaben Augsburg, 1945 aufgelöst und 1946 als TSV Schwaben Augsburg wieder gegr., 1969 Auflösung der Fußballabteilung (1. Mannschaft) und deren Fusion mit dem BC Augsburg zum FC Augsburg, 1970 Anschluss von FA 1969 Eintracht Augsburg; Spielkleidung: Weiß-Schwarz/Weiß/Weiß; Stadion: Ernst-Lehner-Stadion, 6000 Plätze. – INTERNET: www.tsv-schwaben-augsburg.de

Spieler (Auswahl): E. Lehner – O. Rohr – A. Veh.

Augusto, eigtl. »José Pinto de Almeida«, portugies. Angriffsspieler (Rechtsaußen), *13. April 1937; 1951–59 Barreirense, 1959–69 Benfica Lissabon; 45 Länderspiele (1960–68); WM-Endrunde 1966.

Aumann, Raimond, dt. Torhüter, *12. Oktober 1963 Augsburg; 1970–76 SV Stadtwerke Augsburg, 1976–80 FC Augsburg, 1980–94 FC Bayern München, 1994/95 Besiktas Istanbul; 216 Bundesligaspiele; 4 Länderspiele (1989/90); WM-Endrunde 1990 (nicht eingesetzt).

Ausball, Ball, der auf dem Boden oder in der Luft die Tor- (Ab-, Eckstoß) oder Seitenlinie (Einwurf) mit seinem vollständigen Durchmesser (nicht mit dem Umfang, wie oft fälschlich zu lesen) überschritten hat.

Ausbildungsentschädigung, bei Vereinswechsel eines Spielers zu zahlende Entschädigung des neuen Vereins an den Verein, der den Spieler ausgebildet hat. D. h. Vereine, die einen Spieler ab dessen 12. Lebensjahr ausgebildet haben, erhalten bei dessen erstem Profivertrag und bei jedem Transfer des Spielers bis zum 23. Lebensjahr eine Entschädigung.

»ausgebrannt sein« → Fußballerjargon.

»ausgekocht«, saloppe Bez. für → clever.

Ausgleich, Treffer, der den Gleichstand mit den erzielten Toren des Gegners herstellt.

»Ausholfinte«, svw. → »Stoßfinte«.

Ausländerregelung, Lizenzfußball: in den letzten Jahren wiederholt geänderte DFL-Bestimmung, die z. B. besagte, dass Klubs maximal 4 (2005/06) Spieler verpflichten können, die nicht aus dem UEFA-Bereich stammen. Ab dem Spieljahr 2006/07 wird diese Einschränkung aufgehoben. Spieler aus dem UEFA-Bereich können seit 1996 unbegrenzt eingesetzt werden. Einem dt. Spieler gleichgestellt ist ein »Fußballdeutscher«, der – ohne die dt. Staatsangehörigkeit zu besitzen – in den letzten 5 Jahren, davon mindestens 3 Jahre als Jugend-/Juniorenspieler, ununterbrochen für dt. Vereine gespielt hat.

»Auslaufmodell«, früher erfolgreicher Spieler, der seinen Leistungszenit längst überschritten hat; sollte in einer anderen, unterklassigen Mannschaft weiterspielen oder – besser – aufhören. »A.« sind, falls sie wechseln, sehr preiswert zu haben.

Auslosung, Form der Ermittlung von Spielpaarungen durch Verlosen der Namen der beteiligten Mannschaften; so werden z. B. bei Pokalwettbewerben die gegeneinander spielenden Mannschaften und – je nach Austragungsmodus – die Platzvorteile durch A. bestimmt. Bei Turnieren gibt es auch *Gruppenauslosungen.*

»Ausnahmefußballer«, Genie unter den Fußball-»Handwerkern«; einer, der Fußball nicht arbeitet, sondern zelebriert. Derartige Spieler sind in in den höchsten Spielklassen international führender Nationen angesiedelt. In der Regel sind es Mittelfeldspieler, also »Spielmacher«, seltener Abwehr- oder Angriffsspieler; Beispiele: Pelé – Beckenbauer – Platini – Zidane – Ronaldo– Ronaldinho.

»Ausputzer«, letzter Abwehrspieler in der Abwehrkette vor dem Torhüter, deshalb oft auch als »letzter Mann« bezeichnet. Er soll krit. Situationen vor dem eigenen Tor bereinigen und gegebenenfalls, z. B. bei zahlenmäßiger Überlegenheit der Angreifer, kurzzeitig zur Manndeckung übergehen. Da er aber in der Regel keinen direkten Gegenspieler hat, wird er oftmals fälschlich auch als Libero (»freier Mann«) bezeichnet. Doch im Gegensatz zu diesem verlässt der »A.« seine Abwehrposition nicht. Heute findet man A. allenfalls in unteren und Altersmannschaften.

Ausrüstung, umfassende Bez. für Dress, Hose, Schuhwerk und Schienbeinschützer der Spieler. Werden *Thermohosen* getragen, muss deren Farbe mit der Hauptfarbe der Hosen übereinstimmen.

Ausscheidungsspiel, Spiel mit Pokalcharakter, das vor dem eigtl. Wettbewerb ausgetragen wird und zur Ermittlung (Qualifikation) der in den Ausschreibungen festgelegten Teilnehmerzahl dient.

»Ausschwärmen«, nach einem abgewehrten gegner. Angriff rasch auf den Gegenzug umschalten, indem die eigenen Angreifer auf die Flügel ausweichen bzw. diagonal in die freien Räume starten; oft unter Einbeziehung der nachrückenden Mittelfeldspieler. »A.« trägt zur Verunsicherung der gegner. Abwehr bei, da dadurch mehrere Anspielstationen über die gesamte Breite des Spielfeldes vorhanden sind.

Außen, Kurz-Bez. für → Außenstürmer.

Außenbandriss → Sportmedizin/Sportverletzungen.

Außenläufer, rechter und linker Läufer mit den Rückennummern 4 und 6 im früheren WM-System.

Außenlinie, svw. Seitenlinie (→ Spielfeld [BILD]).

Außenrist, svw. Außenspann (Außenspannstoß → Stoßarten).

Außenseiter, Mannschaft, die gegen einen (bedeutend) höher einzustufenden Gegner antreten muss (z. B. Klassenunterschied bei Pokal-, Tabellenunterschied bei Meisterschaftsspielen). Außenseitersiege sind im (Pokal-)Fußball nicht selten (im Unterschied z. B. zum Handball) und tragen nicht unwesentlich zu seiner »Würze« bei.

Außenseitstoß, -spannstoß → Stoßarten.

Außenstürmer, an den Seitenlinien postierte Angriffsspieler einer Mannschaft; rechte Seite: *Rechtsaußen,* linke Seite: *Linksaußen.* Ausgeprägte A. gab es im WM-System (Rückennummern 7 und 11); im Spitzenfußball nicht mehr anzutreffen. Vielmehr begeben sich die Sturmspitzen wechselseitig auf die Außenpositionen, um von dort aus die gegner. Abwehr auszumanövrieren (durch Sprints, Dribblings usw.).

Außenstürmer
Rechtsaußen
Right wing [engl.]
Ailier droit [frz.]
Extremo derecho [span.]
Extremo direito [portugies.]
Ala destra [italien.]
Linksaußen
Left wing [engl.]
Ailier gauche [frz.]
Extremo izquierdo [span.]
Extremo esquerdo [portugies.]
Ala sinistra [italien.]

Außenverteidiger, die beiden äußeren Abwehrspieler (im früheren WM-System mit den Rückennummern 2 und 3 als *rechter (Rechts-)* und *linker (Links-)Verteidiger* bezeichnet), deren Aufgabe in der Bewachung der gegner. Außenstürmer bestand. Offensivverteidiger unterstützen darüber hinaus nach einem abgewehrten gegner. Angriff die eigenen Angriffsbemühungen, indem sie mit nach vorn prellen und somit Überraschungsmomente schaffen.

Außenverteidiger
rechter Verteidiger
Right back [engl.]
Arrière droit [frz.]
Defenza derecho [span.]
Defesa direito [portugies.]
Terzino destro [italien.]
linker Verteidiger
Left back [engl.]
Arrière gauche [frz.]
Defenzo izquierdo [span.]
Defesa esquerdo [portugies.]
Terzino sinistro [italien.]

»Aussteigen lassen«, Umspielen des Gegners, z. B.: »er ließ drei Abwehrspieler aussteigen«.

Ausstiegsklausel, Lizenzfußball: Vertragspassus, der es dem Spieler erlaubt, den Verein unter besonderen Umständen ohne bzw. mit vertraglich festgeschriebener Ablösesumme vor Vertragsablauf zu verlassen (z. B. bei Abstieg).

Aust, Jürgen, dt. Schiedsrichter (Köln), *30. Januar 1960 Köln; seit 1984 Schiedsrichter, 1991–2003 Bundesliga (160 Spiele), 1995–97 FIFA-Referee; 2 Länderspiele; 6 Europapokalspiele; DFB-Pokalfinale 1999.

Austragungsmodus, Art und Weise der Durchführung von Wettkampfspielen; unterschieden werden *Punktsystem* im Punktspielbetrieb und *Pokal-* oder *K.-o.-System* bei Pokalwettbewerben. In Weltmeisterschaftsendrunden wird z. B. das *Punkt-/K.-o.-* oder *kombinierte System* angewandt. Es besagt, dass zunächst die erste Finalrunde im Punktsystem gespielt wird, um dann im Pokalsystem (Achtel-, Viertel-, Halbfinale) die Finalteilnehmer zu ermitteln.

Australien, Austral. Bund, engl. **Commonwealth of Australia,** Bundesstaat, umfasst das austral. Festland, Tasmanien und kleinere Inseln, 7,687 Mio. km², 19,732 Mio. Ew.; Verband: Australian Soccer Association Limited, Abk. ASF, gegr. 1961, Sitz: Sydney; Mitglied der FIFA seit 1963, der OFC 1966–2006, der AFC nach der WM-Endrunde 2006; Spielkleidung: Grün-Gold/Grün-Gold/Grün-Gold. – Erfolge: Ozeanienmeister 1980, 1996, 2000, 2004. – INTERNET: www.australiansoccer.com.au

Austria [lat. »Österreich«], Vereinsbezeichnung, z. B. A. Wien.

Austria Magna, FK, Österreich: → Wien [2].

»Austricksen«, trickreiches Aus- oder Umspielen des Gegenspielers, ihn »verladen« oder »vernaschen«.

Auswahlmannschaft, kurz *Auswahl,* Mannschaft, die sich aus den besten Spielern z. B. einer Schule *(Schulauswahl),* Stadt *(Stadtauswahl),* eines Kreises *(Kreisauswahl),* Landes *(Landesauswahl,* → Nationalmannschaft), Kontinents *(Kontinentauswahl,* z. B. → Europaauswahl) oder der Welt *(Weltauswahl,* → FIFA-Auswahl) zusammensetzt. Eine A. repräsentiert jeweils eines der genannten Terrains, deshalb auch die Bez. *Repräsentativmannschaft.*

Auswahlmannschaft
Selection team [engl.]
Equipe sélectionée [frz.]
Equipo seleccionado [span.]
Equipa de selecção [portugies.]
Squadra rappresentativa [italien.]

»Auswärtskomplex«, psych. Anfälligkeit einer Mannschaft bei Auswärtsspielen, die sich in gehemmter Spielweise und damit in geminderter Spielstärke äußert. Mannschaften mit A. lassen sich leicht durch die gegner. Zuschauerkulisse beeindrucken, ihnen fehlen die »geballten« Anfeuerungen seitens des eigenen Anhangs. Auch die ungewohnte Umgebung (Platz, äußere Einflüsse) können eine Rolle spielen. (→ »Heimkomplex«)

Auswärtsstärke, wiederholte Erfolge oder Teilerfolge auf gegner. Platz, auch gegen stärkere Mannschaften; zeigt sich unter anderem in relativ unbekümmerter Spielweise und taktisch klugem Verhalten (z. B. Konterspiel).

Auswärtstoreregel, Festlegung bei Pokal- oder Entscheidungsspielen, die besagt, dass nach Hin- und Rückspiel bei gleichem Punkt- und Torverhältnis die höhere Anzahl der auswärts erzielten Treffer über den Gesamtsieg entscheidet *(Bonifikationssystem);* 1969 von der UEFA für alle Europapokalwettbewerbe eingeführt und von den meisten Verbänden national nachvollzogen. Der oft zitierte Ausspruch »Auswärtstore zählen doppelt« ist korrekt, insofern er sich nicht auf das jeweilige Ergebnis, sondern ausschließlich auf den Vergleich der Auswärtstore bezieht. Eine Mannschaft, die auswärts 2:3 unterliegt, hat demzufolge nicht 4:3 gewonnen. Die A. soll eine offensivere Einstellung bei Auswärtsspielen bewirken und damit die Spiele attraktiver gestalten.

Auswärtstoreregel *(Beispiele)*

1)	A – B	3:1	Gesamtsieger:	A	(zwei Auswärtstore)
	B – A	4:2	Unterlegener:	B	(ein Auswärtstor)
2)	C – D	2:2	Gesamtsieger:	C	(drei Auswärtstore)
	D – C	3:3	Unterlegener:	D	(zwei Auswärtstore)

Auswechslung, Austausch von Spielern während des Spiels durch den Trainer. Spieler, die in das Spiel kommen, bezeichnet man als *Einwechselspieler,* solche, die das Spielfeld verlassen, als *ausgewechselte Spieler.* Die häufig gebrauchte Bez. *Auswechselspieler* für die Erstgenannten ist eigtl. unkorrekt, da sie nicht aus-, sondern eingewechselt (es wird »gewechselt«) werden. Es dürfen drei Spieler jeder Mannschaft ausgetauscht werden (drei Feldspieler oder zwei Feldspieler und Torhüter), in der Junioren-Bundesliga vier. Bei Freundschaftsspielen z. B. kann aber die Zahl der Wechselspieler vorher vereinbart werden. Bereits ausgewechselte Spieler dürfen nicht wieder eingesetzt werden. – Die umgangssprachl. Bez. *Ersatzspieler* (für Wechselspieler) ist unterklassig immer noch üblich, im Profifußball wird der von H.-H. Vogts geprägte Begriff »Ergänzungsspieler« zunehmend gebraucht.
Die *Wechsel-* oder *Spielerbank* ist eine überdachte Sitzbank für (3–7) Wechselspieler, Trainer, Arzt, Masseur und Betreuer; für jede der beiden Mannschaften links und rechts der Mittellinie (für Gastgeber und Gäste stets gleicher Standort) installiert oder aufgestellt.

Auswechslung
Interchange [engl.]
Échange [frz.]
Cambio [span.]
Substituiçao [portugies.]
Baratto [italien.]
(Ein-)Wechselspieler
Substitute [engl.]
Le remplaçant [frz.]
El substituto [span.]
Suplente [portugies.]
Riserva [italien.]

Ausweichplatz, Anlage, auf der eine Heimmannschaft antreten muss, weil ihr eigener Platz gesperrt ist (z. B. wegen Baumaßnahmen, Unbespielbarkeit); nicht zu verwechseln mit → »neutralem Platz« bei Platzsperre.

»automatische Sperre«, Aussetzen des darauf folgenden Pflichtspiels gleichen Charakters (Punkt- oder Pokalspiel) für einen Spieler nach

Entgegennahme von »Gelb-Rot« (→»gelbe und rote Karte«).

»automatisch qualifiziert« hat sich eine Mannschaft für einen Wettbewerb dann, wenn ihr gemäß den Durchführungsbestimmungen ohne vorherige Qualifikation ein Teilnahmebonus zuteil wird, z. B. die Veranstalterländer bei Welt-, Europameisterschaften und olymp. Fußballturnieren (früher auch die amtierenden jeweiligen Titelträger).

Auxerre, AJ (Association de la Jeunesse Auxerre), Frankreich, gegr. 1905; Spielkleidung: Weiß; Stadion: Abbé-Deschamps, 21 000 Plätze. – INTERNET: www.aja.tm.fr

Spieler (Auswahl): J. Bats – B. Boli – L. Blanc – E. Cantona – D. Cissé – P. Janas – L. Laslandes – S. Marlet – G. Roux – V. Scifo – A. Szarmach – F. Verlaat – T. West – N. Zelic. – **Trainer** (Auswahl): G. Roux – J. Santini.

AVB, Abk. für **A**rubaanse **V**oetbal **B**ond, den Fußballverband von →Aruba.

Aveiro, Portugal: →Beira-Mar, SC.

Avellino, US (Unione Sportiva Avellino), Italien, gegr. 1912; Spielkleidung: Grün/Weiß/Weiß; Stadion: Stadio »Partenio«, 37 000 Plätze.

Spieler (Auswahl): N. Anastopoulos – F. De Napoli – G. J. Dirceu – F. Ravanelli – W. Schachner. – **Trainer** (Auswahl): Z. Boniek – Z. Zeman.

AWD-Arena [nach dem 1988 gegr. **A**llgemeinen **W**irtschafts**d**ienst, seit 1998 AWD Holding], Hannover, Heimstätte von Hannover 96, umgebaut 2002–05 (1954–2002 **Niedersachsenstadion,** seitdem AWD-Arena); 49 000 Plätze; WM-Stadion 2006.

Ayala, 1) Roberto Fabián, argentin. Abwehrspieler *12. April 1973 Paraná; 1992–94 Ferro Carril Oeste, 1994/95 River Plate Buenos Aires, 1995–98 SSC Neapel, 1998–2000 AC Mailand, 2000–06 CF Valencia; 74 Länderspiele (seit 1994; 3 Tore); WM-Endrunde 1998, 2002; olymp. Fußballturnier 2004. – **2)** Rubén Hugo (»Raton«), argentin. Angriffsspieler, *8. Januar 1950 Buenos Aires; 1964–73 San Lorenzo de Almagro, 1973–79 Atlético Madrid, 1980/81 FC Atlante (Mexiko); 45 Länderspiele (1971–74; 11 Tore); WM-Endrunde 1974.

Azaouagh, Mimoun, dt. Mittelfeldspieler marokkan. Herkunft, *17. November 1982 Benisidel (Marokko); 1989–94 FSV Frankfurt, 1994–99 Eintracht Frankfurt, 1999–2004 1. FSV Mainz 05, 2005/06 FC Schalke 04; 8 Bundesligaspiele (1 Tor).

Azizi, Khodadad, iran. Angriffsspieler, 22. Juni 1971 Meschhed; bis 1992 Abu Muslim Meschhed, 1992–94 FC Bahman Teheran, 1995–97 Pirouzi Teheran, 1997–2000 1. FC Köln, 2000/01 San José Earthquakes (USA), 2001 Al-Nasr (Saudi-Arabien), 2004/05 Pas Teheran, 2005/06 Admira-Wacker Mödling; 20 Bundesligaspiele (5 Tore); 53 Länderspiele; WM-Endrunde 1998; Asiens Fußballer des Jahres 1996; im Iran Fußballer des Jahres 1996, 1997.

Azkargorta, Uriarte Xavier Francisco, span. Trainer, *26. September 1953 Guipúzcoa; bis 1983 Lagun Onak, Aurrera Ondarroa und Gimnastic Tarragona, 1983–89 FC Sevilla, 1989–91 CD Tenerife, 1992–94 Bolivien (Nationalmannschaft; WM-Endrunde 1994), 1994–96 Chile (Nationalmannschaft).

Aztekenstadion, ***Estadio Azteka,*** Nationalstadion von Mexiko (Mexiko City); eröffnet 1966, heute 114 000 Plätze; WM-Endspielstätte 1970, 1986; Heimstätte des CF América (→Mexiko City [2]).

Azzouzi, Rachid, marokkan. Mittelfeldspieler, *10. Januar 1971 Fès; bis 1988 Hertha und Alemannia Mariadorf, 1988/89 1. FC Köln, 1989–95 MSV Duisburg, 1995–97 Fortuna Köln, 1997–2003 SpVgg Greuther Fürth, 2003 Chongqing Lifan Xinganjue (China), 2004 SpVgg Greuther Fürth; 64 Bundesligaspiele (3 Tore); 37 Länderspiele (bis 1998); WM-Endrunde 1994, 1998; olymp. Fußballturnier 1992.

Azzurri(s) [eigtl. »Die Blauen«, nach der Farbe des Auswahltrikots], Bez. für die Spieler der Nationalmannschaft Italiens, der »Squadra Azzurra«.

B

Babbel, Markus, dt. Abwehrspieler, * 8. September 1972 München; 1979–81 TSV Gilching-Argelsried, 1981–92 FC Bayern München, 1992–94 Hamburger SV, 1994–2000 FC Bayern München, 2000–03 FC Liverpool, 2003/04 Blackburn Rovers, 2004–06 VfB Stuttgart; 278 Bundesligaspiele (11 Tore); 51 Länderspiele (1995–2000; 1 Tor); WM-Endrunde 1998; EM-Endrunde 1996 (Europameister), 2000. – Musste 2001/02 wegen Guillarin-Barré-Syndroms (GBS), einer selten auftretenden Entzündung des Nervensystems, pausieren.

Babelsberg 03, SV (Sportvereinigung Babelsberg von 1903), Deutschland (Brandenburg), gegr. 1903 als SC Jugendkraft 1903, 1905 Gründung des FC Fortuna 05 Nowawes, 1919 Fusion beider Vereine zu SV Nowawes 03, 1938/39 SV Babelsberg 03, 1939 Fusion mi t den Sportfreunden Babelsberg zu Sportvereinigung 03 Potsdam, 1946–49 SG Babelsberg, 1949/50 BSG Märkische Volksstimme, 1950–62 BSG Rotation Babelsberg, 1962–66 SC Potsdam, 1966–91 BSG Motor Babelsberg, seitdem SV Babelsberg 03; DDR-Oberliga 1949–58; Zweite Bundesliga 2001/02; Spielkleidung: Blau-Weiß/Weiß/Blau; Stadion: Karl-Liebknecht-Stadion, 14 490 Plätze. – INTERNET: www.svbabelsberg03.de

Spieler (Auswahl): N. Patschinski – H. Schöne. –**Trainer** (Auswahl): G. Andreev – L. Wieder.

Bachramov, Tofik, aserbaidschan. Schiedsrichter, * 29. November 1925 Baku, † 29. März 1993; WM-Endrunde 1966 (signalisierte als Linienrichter im Finale dem Schiedrichter G. Dienst das → »Wembley-Tor«); erstes EC III-Finale 1972.

Back [engl.], der Verteidiger; *left back:* linker Verteidiger, *right back:* rechter Verteidiger.

Bade, Alexander, dt. Torhüter, * 25. August 1970 Berlin (West); 1975–88 Tennis Borussia, 1988–94 1. FC Köln, 1994–98 KFC Uerdingen 05, 1998–2000 Hamburger SV, 2000–06 1. FC Köln; 28 Bundesligaspiele.

> **A. Bade**
> »Ich war die Nummer zwei – überall.«

Bad Kreuznach, Eintracht, eigtl. »SG Eintracht Bad Kreuznach« (Sportgemeinde Eintracht Bad Kreuznach), Deutschland (Rheinland-Pfalz), gegr. am 18. Juni 1902 als FC Kreuznach, 1907 Fusion mit SC Kreuznach zu 1. FC Kreuznach, 1932 Fusion mit FSV Kreuznach zu SG Eintracht Bad Kreuznach; Spielkleidung: Blau/Weiß/Weiß; Stadion: Friedrich-Möbius-Stadion, 10 000 Plätze. – INTERNET: www.sgeintracht-badkreuznach.de

Spieler (Auswahl): M. Friedrich – K. Toppmöller.

Bad Neuenahr, SC, eigtl. »SC 07 Bad Neuenahr« (Sportclub Bad Neuenahr von 1907), Deutschland (Bad Neuenahr-Ahrweiler [Rheinland-Pfalz]), Frauenfußball; gegr. 1907; Bundesliga 1998–2006; Spielkleidung: Weiß-Rot/Rot/Rot; Stadion: Apollinaris-Stadion, 4500 Plätze. – INTERNET: www.sc07badneuenahr.de

Spielerinnen (Auswahl): I. Grings – M. Meinert – M. Müller – S. Rottenberg – S. Smisek – K. Stegemann – M. Voss.

Bad Vilbel, FV (Fußballverein Bad Vilbel), Deutschland (Hessen), gegr. 1919 als SV 1919 Bad Vilbel, 1933 Fusion mit FG Phönix Bad Vilbel zu FC Phönix Bad Vilbel, 1945 aufgelöst und 1947 als FV Bad Vilbel neu gegr.; Spielkleidung: Grün/Weiß/Weiß; Stadion: Nidda-Sportfeld, 6000 Plätze. – INTERNET: www.fv-bad-vilbel.de

Spieler (Auswahl): J. Jones.

Baffoe, Anthony, ghanaischer Mittelfeldspieler, * 25. Mai 1965 Bad Godesberg (seit 1969 zu Bonn); bis 1983 Godesberger FV, 1983–85 1. FC Köln, 1985/86 Rot-Weiß Oberhausen, 1986/87 Stuttgarter Kickers, 1987–89 Fortuna Köln, 1989–92 Fortuna Düsseldorf, 1992/93 FC Metz; 74 Bundesligaspiele (4 Tore); 14 Länderspiele (1991–93; 1 Tor).

»Bagatellfoul«, svw. → »Allerweltsfoul«.

Baggio, 1) Dino, ein italien. Mittelfeldspieler, * 24. Juli 1971 Camposampiero; 1988–91 AC Turin, 1991/92 Inter Mailand, 1992–94 Juventus Turin, 1994–2000 AC Parma, 2000–03 Lazio Rom, 2003/04 Blackburn Rovers, 2004 Ancona Calcio, 2004/05 Lazio Rom, 2005/06 USC

Roberto Baggio

Triestina; 19 Länderspiele (1991–98); WM-Endrunde 1994, 1998; EM-Endrunde 1996. – **2)** Roberto, italien. Mittelfeldspieler, *18. Februar 1967 Caldogno; 1982–85 SS Lanerossi Vicenza, 1985–90 AC Florenz, 1990–95 Juventus Turin, 1995–97 AC Mailand, 1997/98 FC Bologna, 1998–2000 Inter Mailand, 2000–04 Brescia Calcio; 55 Länderspiele (1988–98; 27 Tore); WM-Endrunde 1990, 1994, 1998; EM-Endrunde 1996; Weltfußballer des Jahres 1993; Europas Fußballer des Jahres 1993.

Bahamas, Staat auf den B.-Inseln, zw. Florida und Haiti, 13 940 km², 297 500 Ew; Verband: Bahamas Football Association, Abk. BFA, gegr. 1967, Sitz: Nassau; Mitglied der FIFA seit 1968, der CONCACAF seit 1981; Spielkleidung: Gelb/Schwarz/Gelb. – INTERNET: www.bahamas footballassoc.com

Bahia Salvador, EC (Esporte Clube Bahia), Brasilien, entstand 1931 durch Fusion von AA Bahia und Bahiano de Tênis; Spielkleidung: Weiß/Blau/Rot; Stadion: Fonte Nova, 80 000 Plätze.

Trainer(Auswahl): A. Moreira.

Bahrain, Inselstaat im Pers. Golf, 665 km², 667 200 Ew.; Verband: Bahrain Football Association, Abk. BFA, gegr. 1957, Sitz: Manama (Al-Manamah); Mitglied der FIFA seit 1966, der AFC seit 1970; Spielkleidung: Rot. – Klubs (Auswahl): Al-Ahli, Al-Hilal, Al-Nasr, Al-Qadisiya. – INTERNET: www.bahrainfootball.org

Bähringer, Jürgen, dt. Angriffsspieler, *19. August 1950 Greiz (Thüringen); bis 1972 BSG Fortschritt Greiz, 1972/73 BSG Motor Werdau, 1973–88 FC Karl-Marx-Stadt; 350 Oberligaspiele (57 Tore); 1 Länderspiel (1980).

Báia, Vitor, eigtl. »Vitor Manuel Martins Báia«, portugies. Torhüter; *15. Oktober 1969 São Pedro da Afurada; 1981–97 FC Porto, 1997–99 FC Barcelona, 1999–2006 FC Porto; 80 Länderspiele (seit 1990); WM-Endrunde 2002; EM-Endrunde 1996, 2000; in Portugal Fußballer des Jahres 1989, 1991.

Baiano, 1) Fernando, eigtl. »João Fernando Nelo«, brasilian. Angriffsspieler, *18. März 1979 São Paulo; bis 2003 Corinthians São Paulo, Internacional Pôrto Alegre und Flamengo Rio de Janeiro, 2003/04 VfL Wolfsburg, 2004/05 FC Málaga, 2005/06 Celta Vigo. – **2)** → Júnior Baiano.

Bajevic, Dušan, ein serb. Trainer (auch griech. Staatsangehörigkeit), *10 Dezember 1948; war Angriffsspieler: 1973/74 Velež Mostar, 1978–80 AEK Athen; WM-Endrunde 1974; EM-Endrunde 1972. – Später Trainer: 1988–96 AEK Athen, 1996–99 Olympiakos Piräus, 2000–02 PAOK Saloniki, 2002–04 AEK Athen, 2004/05 Olympiakos Piräus.

D. Bajevic: Erfolgsstationen (Auswahl)

AEK Athen	LM 1989, 1992, 1993, 1994 PS 1996
Olympiakos Piräus	LM 1997, 1998, 1999, 2005 PS 1999, 2005
PAOK Saloniki	PS 2001

Bajramovic, Zlatan, ein bosn. Mittelfeldspieler, *12. August 1979 Hamburg (lebte 1985–89 in Vitez, Bosnien); 1989–2002 FC St. Pauli, 2002–05 SC Freiburg, 2005/06 FC Schalke 04; 73 Bundesligaspiele (11 Tore); 18 Länderspiele für Bosnien und Herzegowina (seit 2002; 2 Tore).

Baku, Neftschi, eigtl. »FC Neftschi Baku« (Football Club Neftschi Baku), Aserbaidschan, gegr. 1937 als Neftjanik Baku, 1968–87 Neftschi Baku, seitdem FC Neftschi Baku; Spielkleidung: Blau/Gelb/Gelb; Stadion: City, 10 000 Plätze.

Spieler (Auswahl): A. Banischewski.

Balaban, Bosko, kroat. Angriffsspieler, *15. Oktober 1978 Rijeka; 1995–2000 NK Rijeka, 2000/01 Dinamo Zagreb, 2001/02 Aston Villa, 2002/03 Dinamo Zagreb, 2003 Aston Villa, 2004–06 FC Brügge; 20 Länderspiele; WM-Endrunde 2002.

Balakov, Krassimir, bulgar. Mittelfeldspieler, *29. März 1966 Veliko Tarnovo; bis 1990 Etar Veliko Tarnovo, 1991–95 Sporting Lissabon, 1995–2003 VfB Stuttgart; 236 Bundesligaspiele (54 Tore); 92 Länderspiele (1988–98; 16 Tore); WM-Endrunde 1994, 1998; EM-Endrunde 1996; Fußballer des Jahres 1995, 1997. – Später Trainer: 2003–05 VfB Stuttgart (Trainerassistent), 2006 Grasshoppers Zürich.

Krassimir Balakov

K. Balakov
»Für mich spielen Punkte keine Rolle. Ich schaue immer nach oben, weil ich am Ende dort stehen möchte.«

Balboa, Marcelo, US-amerikan. Abwehrspieler, *8. August 1967; spielte u. a. bei Blackhaws San Francisco und Colorado Rapids (1998), zwischenzeitlich vereinslos; 125 Länderspiele; WM-Endrunde 1990, 1994, 1998; in den USA Fußballer des Jahres 1992, 1994.

Bálint, László, ungar. Abwehrspieler, * 1. Februar 1948 Budapest; 1967–79 Ferencvaros Budapest, 1979–81 FC Brügge, 1981–85 FC Toulouse; 74 Länderspiele (1972–82); WM-Endrunde 1978, 1982; EM-Endrunde 1976. – Später Trainer: 1985–87 Ferencvaros Budapest, 1987/88 Ungarn (Nationalmannschaft).

Balitsch, Hanno, dt. Mittelfeldspieler, * 2. Januar 1981 Darmstadt; 1986–98 FC Alsbach, 1998–2001 Waldhof Mannheim, 2001/02 1. FC Köln, 2002–04 Bayer 04 Leverkusen, 2005 FSV Mainz 05, 2005/06 Hannover 96; 114 Bundesligaspiele (3 Tore); 1 Länderspiel (2003).

Balkanpokal, 1) 1929 erstmals als regionale Meisterschaft der Balkanländer Rumänien, Jugoslawien, Griechenland und Bulgarien ausgetragener Pokalwettbewerb. Der erste B. wurde mit Hin- und Rückspiel absolviert, die folgenden in einer einfachen Punktrunde. Nach 1946 nahmen darüber hinaus Ungarn, Polen und die Tschechoslowakei an dem Wettbewerb (nunmehr *Balkan-Zentraleuropa-Pokal)* teil. Erster Sieger 1929/31: Rumänien. – **2)** Bez. für den seit 1961/62 ausgetragenen Wettbewerb für Klubmannschaften der Balkanländer. Erster Sieger: Steagul Rosu Brasov (Rumänien).

»Balken«, Kurz-Bez. für Querbalken (*Querlatte*).

Ball, 1) *Fußball,* kugelförmiges Spielgerät, dessen äußere Hülle aus Leder oder einem anderen genehmigten Material besteht, und das mit Luft gefüllt ist (→ Spielregeln [Regel 2]). Ein neu entwickelter B. ist »Roteiro™« (benannt nach dem Logbuch des Entdeckers und Weltreisenden Vasco da Gama). Die nahtlose Oberfläche dieses B.s ist hoch abriebfest und zeichnet sich durch äußerst geringe Wasseraufnahme aus. Unter der Oberfläche befindet sich eine elast., kälteflexible Schicht aus dem syntakt. Polyurethanschaum »Impranil«, der aus gleich großen, extrem elast. und hoch widerstandsfähigen, gasgefüllten Mikrozellen besteht. Dieser Verbund gewährleistet sowohl einen besonders gefühlvollen B.-Kontakt und sorgt für gute Dämpfungseigenschaften, ist aber auch verantwortlich für die präzise, gut berechenbare Flugbahn des B.s. In der Erprobungsphase befindet sich der »Chip-B.« (»Smart-B.«). Er soll den Schiedsrichtern in Zukunft bei strittigen Torentscheidungen behilflich sein. Ein ca. 15 mm großer Chip, der in den B. integriert ist, sendet ein Radiosignal aus, sobald der B. vollständig mit seinem Durchmesser die Linie überschreitet. Das Signal wird von bis zu 12 rund um das Spielfeld positionierten Antennen an einen Computer geschickt und von dort aus in weniger als einer Sekunde auf die Schiedsrichteruhr weitergeleitet. Der »Chip-B.« wurde erstmals 2005 bei der U 17-WM getestet. – In der Frühzeit bestanden B. aus runden Naturprodukten (z. B. Kokosnüsse, Apfelsinen), Pflanzenfasern, Naturgummi, Lederhüllen mit Filz-, Haar- od. Wollfüllung, umwickelten Lumpen u. Ä. Bei kult. B.-Spielen wurden sogar Totenschädel verwendet, während die Griechen bereits den Hohl-B. kannten. – **2)** der der sich bewegende B., z. B.: Aufsetzer-, »Flatter«-B.

Ball (1)	»Kirsche«
Ball [engl.]	»Kugel«
Ballon [frz.]	»Kuller«
Balón [span.]	»Murmel«
Bola [portugies.]	»Nille«
Palla [italien.]	»Murmel«
Ball (1)	»Pille«
volkstümlich	»Rinde«
»Blase«	*journalistisch*
»Ei«	»Leder«
»Gurke«	»Streitobjekt«

Ball, Alan, engl. Trainer, * 12. Mai 1945 Farnworth; war Mittelfeldspieler (Läufer): 1955–62 FC Farnworth, 1962–65 Bolton Wanderers, 1965–67 FC Blackpool, 1967–71 FC Everton, 1972–77 FC Arsenal, 1977–80 Southhampton FC und Bristol City, 1979 Vancouver Whitecaps; 72 Länderspiele (1965–75; 8 Tore); WM-Endrunde 1966 (Weltmeister), 1970; EM-Endrunde 1968. – Später Trainer; 1980/81 FC Blackpool, 1981/82 FC Portsmouth, 1983 Bristol Rovers, 1984 Vancouver Whitecaps, 1984–89 FC Portsmouth, 1989–91 Stoke City, 1991–93 Exeter City.

Ballabio, Erwin, schweizer. Torhüter, * 20. Oktober 1918; 1930–40 FC Grenchen, 1940/41 Lausanne-Sports, 1941–46 FC Grenchen, 1946–48 FC Thurn, 1948–59 FC Grenchen; 27 Länderspiele (1939–47); WM-Endrunde 1938.

Ballack, Michael, dt. Mittelfeldspieler, * September 1976 Görlitz; 1983–97 FC Karl-Marx-Stadt bzw. Chemnitzer FC, 1997–99 1. FC Kaiserslautern, 1999–2002 Bayer 04 Leverkusen, 2002–06 FC Bayern München; 216 Bundesligaspiele (66

Michael Ballack

Tore); 61 Länderspiele (seit 1999; 29 Tore); WM-Endrunde 2002; EM-Endrunde 2000, 2004; in Deutschland Fußballer des Jahres 2002, 2003, 2005.

Ballaman, Robert, schweizer. Angriffsspieler, *21. Juni 1926; 1938–50 FC Biel, 1950–61 Grasshopper-Club Zürich; 50 Länderspiele (1948–61; 18 Tore); WM-Endrunde 1954.

Ballannahme, den zugespielten Ball mit Fuß, Oberschenkel, Brust oder (seltener) Kopf unter Kontrolle bringen, um nachfolgend einen Schuss, eine Flanke o. Ä. anzubringen. Meist entwickelt sich aus der B. unmittelbar die → Ballmitnahme.

Ballbehandlung, techn. Können und Geschick bei Ballannahme, -führung u. -abgabe auf der Grundlage gut ausgebildeter koordinativer Fähigkeiten.

Ballbeherrschung, svw. → Ballkontrolle.

»Ballern« → Fußballerjargon.

Ballführen, svw. Dribbeln (→ Dribbling).

Ballgefühl, Bez. für die motor. Differenzierungsfähigkeit beim Umgang mit dem Ball; basiert auf kinästhet., Tast- u. opt. Empfindungen, die bei der Ballannahme, -abgabe, -führung und den Stoßarten entstehen. – Eigtl. ist die Bez. B. unexakt, da es sich nicht um ein »Gefühl«, also eine Emotion, sondern um ein Empfinden handelt.

Ballhalten, takt. Mittel, um a) nach überhasteten Aktionen wieder Ruhe in das eigene Spiel zu bringen oder b) (legitim) auf Zeit zu spielen.

Ballkontrolle, Fähigkeit, den Ball so an- und mitzunehmen sowie zu behaupten, dass der Ballbesitz gewährleistet ist.

Ballmitnahme, Übernehmen des ankommenden Balles (→ Ballannahme) und sein kontrolliertes Weiterführen.

»Ballschlepper«, (meist Mittelfeld-)Spieler, der sich durch großen Aktionsradius auszeichnet und ständig bemüht ist, den ihm aus der Abwehr zugespielten Ball über das Mittelfeld in den Angriff zu treiben (zu »schleppen«), ohne dabei seine Mitspieler zu vernachlässigen und ohne den Ball zu lange zu halten.

Ballstafette, Raumgewinn beinhaltende, ununterbrochene Passfolge über mehrere Spielstationen hinweg.

Balltreiben, svw. Dribbeln (→ Dribbling).

Ballübergabe, den Ball beim Ballführen dem entgegenkommenden oder nachlaufenden Mitspieler überlassen (für den Mitspieler ergibt sich daraus die *Ballübernahme)*.

»ballverliebt« ist ein Spieler, der zwar technisch beschlagen ist, sich aber in der Regel zu spät vom Ball trennt; hemmt den Spielfluss.

»Ballvirtuose«, Spieler, der die fußballtechn. Elemente (»tänzerisch«) spielend beherrscht (»Supertechniker«); B. sind vollkommene Stilisten (→ »Ausnahmefußballer«).

Ballwegschlagen, unsportl. Betragen nach einer Spielunterbrechung, indem der Ball von einem Spieler als Zeichen der Unmutsäußerung (weit) weg geschlagen wird; ist situationsbedingt mit Ermahnung, Verwarnung oder sogar (z. B. im Wiederholungsfall nach »Gelb«) mit »Gelb-Rot« zu ahnden.

Baltic-Cup, vor dem Zweiten Weltkrieg zw. Estland, Lettland und Litauen ausgetragener Pokalwettbewerb.

Baltic-Cup

1928	Lettland	1933	ungültig
1929	Estland	1935	Litauen
1930	Litauen	1936	Lettland
1931	Estland	1937	Lettland
1932	Lettland	1938	Estland

Balzers, FC (Fußballclub Balzers), Liechtenstein, gegr. 1932; Spielkleidung: Blau/Gelb/Blau-Gelb; Stadion: Sportplatz Rheinau, 5000 Plätze.

Banach, Maurice, dt. Angriffsspieler, *9. Oktober 1967 Münster, †17. November 1991 (Verkehrsunfall bei Remscheid); 1974–81 Preußen Münster, 1981–88 Borussia Dortmund, 1988–90 SG Wattenscheid 09, 1990/91 1. FC Köln; 63 Bundesligaspiele (27 Tore); Zweitliga-Torschützenkönig 1990 (22).

»Bananenflanke«, kurz *»Banane«*, meist halbhoher, mit dem Innenrist angeschnittener Flankenball von rechts (»Rechtsbanane«) oder links (»Linksbanane«), der durch den verliehenen Drall in der Luft bananen-(od. sichel-)förmig vom gegner. Torhüter zum Spielfeld hin abdreht. »B.« irritieren den Torhüter (herauslaufen oder nicht ...) und gestatten dem Angreifer, dass er aus dem Lauf mit der Stirn kraftvoll einköpfen kann. – Als »Erfinder« der »B.« gilt M. → Kaltz, der die (Rechts-)Banane perfekt beherrschte und deshalb in seiner aktiven Zeit auch als »Bananen-Manni« bezeichnet wurde.

Bandenwerbung, lukrative Nebeneinnahme bei TV-Liveübertragung; die »Reiter«, auf denen die Werbung platziert wird, sind weltweit bei Fußballgroßveranstaltungen präsent und heute auch als automat. »Wechselbanden« eingerichtet.

Bänderriss → Sportmedizin/Sportverletzungen.

Banerjee, Pradip Kumar, ind. Angriffsspieler (Rechtsaußen), *23. Juni 1936 Jamshedpur (Bihar); 1950–54 Jamshedpur, 1954–66 Eastern

Railway Calcutta; 84 Länderspiele (1955–64; 64 Tore); olymp. Fußballturnier 1956, 1960; in Indien Fußballer des Jahres 1957, 1959, 1962, 1963.

Bangerter, Hans, schweizer. Funktionär, *10. Juni 1924 Studen (Kt. Bern); 1953–59 Generalsekretäradjunkt der FIFA, 1960–88 Generalsekretär der UEFA (Vorgänger: P. →Delaunay, Nachfolger: G. →Aigner); führte 1969 die festen Daten für Europapokalwettbewerbe sowie die Auswärtstoreregel ein.

Bangladesh, Republik in Vorderindien, 144 000 km², 138,448 Mio. Ew; Verband: Bangladesh Football Federation, Abk. BFF, gegr. 1972, Sitz: Dacca; Mitglied der FIFA und der AFC seit 1974; Spielkleidung: Grün.

Bangor City, eigtl. »Bangor City FC« (Bangor City Football Club), Wales (Bangor), gegr. 1876 als Bangor FC, 1898–1910 Bangor City FC, 1910–20 Bangor Comrades FC, 1920–23 Fusion mit Bangor Cricket Club zu Bangor Athletic FC, im gleichen Jahr Umbenennung in Bangor City FC; Spielkleidung: Blau/Rot/Rot; Stadion: Farrar Road, 8000 Plätze. – INTERNET: www.bangorcityfc

Banischewski, Anatoli, russ. Angriffsspieler, *23. Dezember 1946; 1956–61 Lokomotive Baku, 1962–78 Neftjanik bzw. Neftschi Baku; 49 Länderspiele für die UdSSR (1965–72; 19 Tore); WM-Endrunde 1966; EM-Endrunde 1968, 1972.

Banja Luka, Borac, eigtl. »FK Borac Banja Luka« (Fudbalski Klub Borac Banja Luka), Bosnien und Herzegowina, gegr. 1926, aufgelöst 1992 und Umzug nach Belgrad als FK Borac Beograd (→Belgrad [1]), 1996 Rückkehr des Teams nach Banja Luka und als FK Borac Banja Luka neu gegr.; Spielkleidung: Rot/Blau/Weiß; Stadion: Gradski, 15000 Plätze.

Trainer (Auswahl): J. Kuze.

»Bank«, kurz für Wechselbank (→Auswechslung).

»Bankdrücker«, abschätzig für einen (teuer) eingekauften (»Top«-)Spieler, der sich in seiner neuen Umgebung (Mitspieler, Trainer u. Ä.) nicht zurechtfindet, ein Leistungstief durchmacht oder nicht in das Konzept des Trainers passt; sitzt deshalb (fast) ständig auf der Wechselbank (deshalb »B.«).

Banks, Gordon, engl. Torhüter, *30. Dezember 1937 Tamworth; 1954/55 Romarsh Welfare, 1955–59 FC Chesterfield, 1959–67 Leicester City, 1967–73 Stoke City, 1973/74 Fort Lauderdale Strikers; 73 Länderspiele (1963–72); WM-Endrunde 1962 (nicht eingesetzt), 1966 (Weltmeister), 1970; EM-Endrunde 1968.

Banská Bystrica, Dukla, eigtl. »FK Dukla Banská Bystrica« (Futbalový Klub Dukla Banská Bystrica), Slowak. Republik, gegr. 1965 als VTJ Dukla Banská Bystrica, 1967–75 AS Dukla Banská Bystrica, 1975–92 ASVS Dukla Banská Bystrica, seitdem FK Dukla Banská Bystrica; Spielkleidung: Rot/Blau/Blau; Stadion: Stiavnicky, 11 500 Plätze. – INTERNET: www.fkdukla.sk

Spieler (Auswahl): – L. Jurkemik – M. Masný – A. Ondrus – J. Pivarnik – J. Pollak – **Trainer** (Auswahl): J. Adamec.

Baptista, Júlio César, brasilian. Mittelfeldspieler, *1. Oktober 1981 São Paulo; 2000–03 FC São Paulo, 2003–05 FC Sevilla, 2005/06 Real Madrid; 17 Länderspiele.

Baraja, Rubén Vegas, span. Mittelfeldspieler, *11. Juli 1977 Valladolid; 1993–96 Real Valladolid, 1996–2000 Atlético Madrid, 2000–06 CF Valencia; 19 Länderspiele (seit 2000; 5 Tore); WM-Endrunde 2002; EM-Endrunde 2004.

Barbados, östlichste Insel der Kleinen Antillen und unabhängiger Staat, 431 km², 277 300 Ew.; Verband: Barbados Football Association, Abk. BFA, gegr. 1910, Sitz: Bridgetown; Mitglied der FIFA und der CONCACAF seit 1968 (2005 vorübergehend aus der FIFA ausgeschlossen); Spielkleidung: Königsblau-Gold/Gold/Weiß-Gold-Blau.

Barbarez, Sergej, bosn. Mittelfeldspieler, *17. September 1971 Mostar; 1984–90 Velež Mostar, 1991–93 Hannover 96, 1993–96 1. FC Union Berlin, 1996–98 FC Hansa Rostock, 1998–2000 Borussia Dortmund, 2000–06 Hamburger SV; 250 Bundesligaspiele (80 Tore); Bundesliga-Torschützenkönig 2001 (22, mit E. Sand); 35 Länderspiele für Bosnien und Herzegowina (seit 1998); in Bosnien und Herzegowina Fußballer des Jahres 2001, 2003.

Sergej Barbarez

> **S. Barbarez**
> »Ich bin schon sehr stolz. Es ist bei uns Bosniern ganz normal, besonders stolz zu sein.«

Barberis, Umberto, schweizer. Mittelfeldspieler, *5. Juni 1952; 1970–74 FC Sion, 1974–77 Grasshopper-Club Zürich, 1977–80 Servette Genf, 1980–83 AS Monaco, 1983–85 Servette Genf; 54 Länderspiele (1976–85; 7 Tore); in der Schweiz Fußballer des Jahres 1975, 1979, 1980. – Später Trainer: 1987–93 Lausanne-Sports

Barbosa, eigtl. »Moacyr Nascimento Barbosa«, brasilian. Torhüter, *27. März 1921 Campinas, †7. April 2000 (verarmt); 1940/41 Desportiva

Comércio e Indústria, 1942–44 EC Ypiranga, 1945–55 Vasco da Gama Rio de Janeiro, 1955/56 Santa Cruz, 1957 Bonsucesso, 1958–60 Santa Cruz, 1960–62 Campo Grande; 22 Länderspiele (1945–53); WM-Endrunde 1950.

Barcelona, Spanien, **1) Espanyol Barcelona,** eigtl. »RCD Espanyol Barcelona« (Real Club Deportivo Espanyol de Barcelona), gegr. 1900 als Español FC Barcelona, im gleichen Jahr Umbenennung in Sociedad Española de Fútbol Barcelona, 1901–09 CF Español Barcelona, 1909/10 CD Español Barcelona, 1910–95 Español Barcelona, seitdem RCD Espanyol Barcelona; Spielkleidung: Blau-Weiß/Blau/Weiß; Stadion: Montjuïc, 55 000 Plätze. – INTERNET: www.rcdespayol.com

Spieler (Auswahl): J. Cruyff – Z. Czibor – A. di Stéfano – M. Hadji – A. Iniesta – T. N'Kono – L. Kubala – A. Manninger – A. Ogris – W. Wuttke – R. Zamora. – **Trainer** (Auswahl): J. Camacho – J. Clemente – L. Petrović – J. E. Santamaria.

2) FC Barcelona (Fútbol Club Barcelona), gegr. 1899 als FC Barcelona, 1941–74 CF Barcelona, seitdem wieder FC Barcelona; Spielkleidung: Blau-Rot/Blau/Rot-Blau; Stadion: → Nou Camp. – Internationale Erfolge: EC I 1992, EC II 1979, 1982, 1989, 1997, (Europa-)Supercup 1992, 1997, Messepokal 1958 (als Städtemannschaft), 1960, 1966. – INTERNET: www.fcbarcelona.com

Spieler (Auswahl): E. Amunike – D. Albertini – P. J. Andersson – J. Asensi –V. Báia – L. Blanc – T. Christiansen – P. Cocu – F. Couto – H. J. und J. Cruyff – Z. Czibor – F. und R. de Boer – J. Borgetti – E. Davids – Deco – C. Dugarry – R. Enke – Fausto – L Figo – J. S. Guardiola – G. Hagi – M. Hughes – P. Kluivert – S. Kocsis – R. Koeman – J. Krankl – L. Kubala – H. Larsson – M. Laudrup – G. Lineker – J. Litmanen – M. G. Luis Enrique – A. Manninger – D. A. Maradona– G. Z. Mendieta – L. Messi – J. Neeskens – M. Overmars – E. Petit – G. Popescu – R. Prosinecki – C. S. Puyol – E. C. Quini – A. Ramallets – J. R. Riquelme – Rivaldo – Romário – R. Recber – J. Saviola – H. P. Scarone – B. Schuster – Simão – C. Stoichkov – L. M. Suárez – M. van Bommel – Viktor – R. Zamora – B. Zenden – A. Zubizarreta Urreta. – **Trainer** (Auswahl): R. Antic – H. J. Cruyff – H. Herrera – L. Kubala – C. L. Menotti – M. J. Michels – J. Mourinho – F. Rijkaard – R. W. Robson – L. van Gaal – T. F. Venables – H. Weisweiler.

FC Barcelona
Der Club ist mit 134 000 Mitgliedern und 1600 Fanklubs der größte Fußballclub der Welt.

Francesco Baresi

Otto Barić

Baresi, Francesco, italien. Abwehrspieler (Libero), *8. Mai 1960 Travagliato; 1977–97 AC Mailand; (719 Serie-A-Spiele); 81 Länderspiele (1982–94; 1 Tor); WM-Endrunde 1982 (Weltmeister), 1990, 1994; EM-Endrunde 1980, 1988; in Italien Fußballer des Jahres 1990. – Später Trainer: 2002/03 FC Fulham (Trainerassistent).

Bari, AS, eigtl. »Bari AS« (Bari Associazione Sportiva), Italien, gegr. 1908 als Liberty FBC Bari, 1927/28 FBC Bari, 1928 Fusion mit Ideale US Bari zu US Bari, 1945–52 Bari AS, 1952–68 Bari FC, seitdem Bari AS; Spielkleidung: Weiß-Rot/Weiß/Weiß-Rot; Stadion: Stadio »San Nicola«, 58 000 Plätze. – INTERNET: www.asbari.it

Spieler (Auswahl): M. Allbäck– Z. Boban – A. Cassano – T. Doll – F. Farina – D. Platt – J. Uridil – G. Zambrotta – **Trainer** (Auswahl): Z. Boniek – S. Lazzaroni – L. Radice – M. Tardelli.

Barić, Otto, kroat. Trainer, *19. Juni 1932 Eisenkappel (Kärnten); war Mittelfeldspieler: 1948–54 Dinamo Zagreb, 1954–60 Lokomotive Zagreb. – Später Trainer: 1961–67 Lokomotive Zagreb, 1967–69 Opel Rüsselsheim, 1969/70 Germania Wiesbaden, 1970–72 Wacker Innsbruck, 1972–74 Linzer ASK, 1974–76 FC Zagreb, 1976–79 Dinamo Vinkovci, 1979/80 Dinamo Zagreb, 1980–82 Sturm Graz, 1982–85 Rapid Wien, 1985/86 VfB Stuttgart, 1986–88 Rapid Wien, 1988/89 Sturm Graz, 1990/91 Vorwärts Steyr, 1991–95 Casino Salzburg, 1996 Kroatien (Nationalmannschaft [Trainerassistent]), 1996/97 Croatia Za-

O. Barić: Erfolgsstationen (Auswahl)	
Wacker Innsbruck	LM 1971, 1972
Rapid Wien	LM 1983, 1987, 1988 PS 1983, 1984, 1985, 1987
Casino Salzburg	LM 1994, 1995
Croatia Zagreb	LM 1997 PS 1997

greb, 1997–99 Fenerbahce Istanbul, 1998/99 LASK Linz, 1999–2001 Österreich (Nationalmannschaft), 2002 Kroatien (Nationalmannschaft), 2002 Wüstenrot Salzburg (Sportdirektor), 2003/04 Kroatien (Nationalmannschaft; EM-Endrunde 2004).

Barmbek-Uhlenhorst, HSV, Deutschland: → Hamburg [7].

Barnes, John, engl. Angriffsspieler, *7. November 1963 Kingston (Jamaika); 1977–80 Grammar School, 1980/81 Sudbury Court, 1981–87 FC Watford, 1987–97 FC Liverpool, 1997–99 Newcastle United, 1999 Charlton Athletic; 73 Länderspiele (1983–92; 10 Tore); WM-Endrunde 1986, 1990; EM-Endrunde 1988; in England Fußballer des Jahres 1988, 1990.

Barnetta, Tranquillo, schweizer. Mittelfeldspieler, *22. Mai 1985 Rotmonten (Kt. St. Gallen); 2002–04 FC St. Gallen, 2004/05 Hannover 96, 2005/06 Bayer 04 Leverkusen; 19 Bundesligaspiele (5 Tore); 9 Länderspiele; EM-Endrunde 2004.

Barnsley, FC, eigtl. »Barnsley FC« (Barnsley Football Club), England, gegr. 1887 als Barnsley St. Peter's, 1897 Umbenennung in Barnsley FC; Spielkleidung: Rot/Weiß/Rot; Stadion: Oakwell Ground, 23 009 Plätze. – INTERNET: www.barnsleyfc.co.uk

Spieler (Auswahl): D. Blanchflower – J.-A. Fjørtoft – T. Taylor.

Bäron, Karsten, dt. Angriffsspieler, *24. April 1973 Berlin (West); bis 1992 Hertha 03 Zehlendorf, 1992–2000 Hamburger SV; 124 Bundesligaspiele (39 Tore); bis 1998 6 Knieoperationen. – Später Trainer: 2003–06 Hamburger SV (2003–05 Junioren, 2006 HSV II).

Baroš, Milan, tschech. Angriffsspieler, *28. Oktober 1981 Vigantice; 1987–91 FC Vigantice, 1991–93 FK Roznov, 1993–2001 Banik Ostrava, 2001–05 FC Liverpool, 2005/06 Aston Villa; 36 Länderspiele (22 Tore); EM-Endrunde 2004.

Baróti, Lájos, ungar. Trainer, *19. August 1914 Szeged, † 23. Dezember 2005; war Mittelfelspieler (Läufer): 1928–39 Szeged FC, 1939–46 Rába ETO Györ; 2 Länderspiele (1939, 1941). – Später Trainer: 1953–57 Vasas Budapest, 1957–66 Ungarn (Nationalmannschaft; WM-Endrunde 1958, 1962, 1966), 1968–71 Ujpest Budapest, 1975–78 Ungarn (Nationalmanschaft; WM-Endrunde 1978), 1978/79 SSW Innsbruck, 1980/81 Benfica Lissabon.

Lajos Baróti

Barsikow, Dirk, dt. Trainer, *1. Oktober 1962 Friedland (Mecklenburg-Vorpommern); war Abwehrspieler: bis 1989 BSG Post Neubrandenburg, 1989–93 FC Karl-Marx-Stadt bzw. Chemnitzer FC; 55 (DDR-)Oberligaspiele (5 Tore); 35 Zweitligaspiele. – Später Trainer: 2002 (kurzzeitig) und 2004/05 Chemnitzer FC.

Barthez, Fabien, frz. Torhüter, *28. Juni 1971 Lavelanet; 1986–92 FC Toulouse, 1992–95 Olympique Marseille, 1995–2000 AS Monaco, 2000–03 Manchester United, 2004–06 Olympique Marseille; 73 Länderspiele (seit 1994); WM-Endrunde 1998 (Weltmeister), 2002; EM-Endrunde 1996, 2000 (Europameister), 2004; Welttorhüter des Jahres 2000.

Bärwolf, Daniel, dt. Angriffsspieler, *13. Mai 1973 Erfurt; bis 1991 BSG Motor bzw. SV Motor Weimar, 1991 FC Rot-Weiß Erfurt, 1991/92 SC Weimar 1903, 1992–94 FC Rot-Weiß Erfurt, 1994–96 VfB Leipzig, 1996/97 FC Rot-Weiß Erfurt, 1997/98 FC Carl Zeiss Jena, 1998–2006 VfB Lübeck; 113 Zweitligaspiele (20 Tore).

Baschaschkin, Anatoli, russ. Abwehrspieler; *23. Februar 1924 Reutowo; 1934–38 Reutowo, 1938–40 Trud Moskau, 1940/41 Spartak Moskau, 1946/47 ODO Tiflis, 1947–52 ZSKA Moskau, 1953 Spartak Moskau, 1954–58 ZSKA Moskau; 23 Länderspiele für die UdSSR (1952–57); Olympiasieger 1956.

Basel, Schweiz, **1) FC Basel** (Fußballclub Basel), gegr. am 15. November 1893; Spielkleidung: Blau-Rot/Blau/Blau-Rot; Stadion: St. Jakob-Park, 30 500 Plätze (EM-Stadion 2008, dann 40 000 Plätze). – Internationale Erfolge: Alpenpokal 1969, 1970, 1981. – INTERNET: www.fcb.ch

Spieler (Auswahl): T. Atouba – R. Botteron – M. Cantaluppi – L. Coeck – T. Cubillas – P. Degen – F. Foda – M. Gaudino – C. Gimenez – B. Haas – O. Hitzfeld – J. Hügi – O. Kondé – O. Kreuzer – T. Mandl – P. Müller – K. Odermatt – L. Olsen – A. Schaffer – J. Sundermann – M. Walker – H. und M. Yakin – P. Zuberbühler – M. Zwyssig. – **Trainer** (Auswahl): H. Benthaus – J. Berger – C. Gross – K. Odermatt – F. Rausch.

2) Concordia Basel, eigtl. FC Concordia Basel« (Fußballclub Concordia Basel), gegr. am 7. Juni 1907; Spielkleidung: Weiß/Blau/Weiß; Stadion: Rankhof-Stadion, 8000 Plätze. – INTERNET: www.congeli.ch

Spieler (Auswahl): K. Odermatt – M Streller – H. und M. Yakin.

Basler, Mario, dt. Mittelfeldspieler, *18. Dezember 1968 Neustadt an der Weinstraße (Rheinland-Pfalz); 1974–84 VfL Neustadt, 1984–89 1. FC Kaiserslautern, 1989–91 Rot-Weiss Essen, 1991–93

Fabien Barthez

Mario Basler

Hertha BSC, 1993–96 SV Werder Bremen, 1996–99 FC Bayern München, 1999–2003 1. FC Kaiserslautern, 2003 Al-Rayyan (Katar); 262 Bundesligaspiele (62 Tore); Bundesliga-Torschützenkönig 1995 (20, mit H. Herrlich); 30 Länderspiele (1994–98; 2 Tore); WM-Endrunde 1994, EM-Endrunde 1996 (nicht eingesetzt). – Später Teamchef: 2004/05 Jahn Regensburg.

> **M. Basler**
> »Ich habe immer gesagt, mich interessiert nicht, wer spielt. Hauptsache, ich spiele.«

Bastia, SC (Sporting Club de Bastia), Frankreich, gegr. 1905 als SC Bastia, 1962 Fusion mit Étoile Filante Bastia zu SÉC Bastiais, 1987–91 Sporting Club Bastiais, seitdem SC Bastia; Spielkleidung: Blau/Weiß/Blau; Stadion: Armand Cesari, 12 000 Plätze. – INTERNET: www.sc-bastia.com

Spieler (Auswahl): D. Džajić – B. Haas – C. Karambeu – R. Milla – N. Rep – W. G. Rijsbergen – A. C. Tarantini – J. Vincent.

Bastrup, Lars, dän. Angriffsspieler (Außenstürmer), *31. Juli 1955 Århus; 1971–75 Århus GF, 1975/76 Kickers Offenbach, 1976–83 Hamburger SV, 1984–86 Ikast FS (Schweden); 77 Bundesligaspiele (20 Tore); 30 Länderspiele (10 Tore).

Bastürk, Yildiray, türk. Mittelfeldspieler, *24. Dezember 1978 Herne; 1986/87 Sportfreunde Wanne-Eickel, 1987–97 SG Wattenscheid 09, 1997–2001 VfL Bochum, 2001–04 Bayer 04 Leverkusen, 2004–06 Hertha BSC; 182 Bundesligaspiele (22 Tore); 41 Länderspiele (seit 1998; 1 Tor); WM-Endrunde 2002.

Basualdo, José Horacio, argentin. Mittelfeldspieler, *20. Juni 1963 Campana; 1979–89 Villa Dolmine und Deportivo Mandiyu Corrientes, 1989–91 VfB Stuttgart, 1991/92 Racing Club Avellaneda, 1992–94 Vélez Sarsfield, 1994–2000 Boca Juniors Buenos Aires, 2000/01 FC Extramadura (Spanien); 44 Bundesligaspiele (2 Tore); 36 Länderspiele (9 Tore); WM-Endrunde 1990, 1994. – Später Trainer: 2003/04 Deportivo Quito (Ecuador), 2004/05 Universitario Lima.

Batistuta, Gabriel Omar, argentin. Angriffsspieler, *1. Februar 1969 Santa Fe; 1987–89 Newell's Old Boys, 1989/90 River Plate Buenos Aires, 1990/91 Boca Juniors Buenos Aires, 1991–2000 AC Florenz, 2000–02 AS Rom, 2002/03 Inter Mailand, 2003–05 Al-Arabi (Katar); 75 Länderspiele (1991–2002; 55 Tore); WM-Endrunde 1994, 1998, 2002; in Argentien Fußballer des Jahres 1998.

Bats, Joël, frz. Torhüter, *4. Januar 1957 Mont-de-Marsan; 1974–80 FC Sochaux, 1980–85 AJ Auxerre, 1985–92 Paris Saint-Germain; 50 Länderspiele (1980–86); WM-Endrunde 1986, Europameister 1984. – Später Trainer: 1992–94 Paris Saint-Germain (Torhütertrainer), 1998/99 La Berrichonne Chateauroux, 2000–06 Olympique Lyon (Torhütertrainer).

Battiston, Patrick, frz. Abwehrspieler, *12. März 1957 Amneville; 1969–73 US Talange, 1973–80 FC Metz, 1980–83 AS St.-Étienne, 1983–87 Girondins Bordeaux, 1987–89 AS Monaco, 1989–91 Girondins Bordeaux; 53 Länderspiele (1977–87); WM-Endrunde 1978, 1982, 1986; Europameister 1984.

Bauchspieß, Bernd, dt. Mittelfeldspieler (Halbstürmer), Dr. (Orthopäde), *10. Oktober 1939 Zeitz; 1950–60 BSG Chemie Zeitz, 1961 SC Dynamo Berlin, 1962/63 BSG Chemie Zeitz, 1963–73 BSG Chemie Leipzig; 264 Oberligaspiele (120 Tore); Oberliga-Torschützenkönig 1959 (18), 1960 (25), 1965 (14); 1 Länderspiel (1959); olymp. Fußballturnier 1964.

Bauer, Edi, österr. Trainer, *1894, †4. März 1948; war Angriffsspieler: 1911–26 Rapid Wien; 23 Länderspiele (1912–21; 13 Tore). – Später Trainer: 1926–36 Rapid Wien, 1945–48 Österreich (Nationalmannschaft).

E. Bauer: Erfolgsstationen (Auswahl)	
Rapid Wien	LM 1929, 1930, 1935 PS 1927 Mitropapokal 1930

Baum, Frank, dt. Trainer, *30. Januar 1956 Zwenkau (Sachsen); war Abwehrspieler: 1963–68 BSG Aktivist Zwenkau, 1968–74 1. FC Lokomotive Leipzig, 1974–79 BSG Chemie Leipzig, 1979–89 1. FC Lokomotive Leipzig, 1989/90 BSG Chemie Böhlen, 1990–92 FC Sachsen Leipzig, 1992–1994 VfB Zwenkau; 248 Oberligaspiele (10 Tore);

17 Länderspiele (1979–84); olymp. Fußballturnier 1980. – Später Trainer: 1999–2003 Kickers 94 Markkleeberg, 2003/04 VfB Leipzig (A-Jugend), 2004–06 SG LVB Leipzig.

Baumann, 1) Frank, dt. Abwehrspieler, *29. Oktober 1975 Würzburg; 1981–91 TSV Grombühl, 1991–99 1. FC Nürnberg, 1999–2006 SV Werder Bremen; 215 Bundesligaspiele (14 Tore); 28 Länderspiele (seit 1999; 2 Tore); WM-Endrunde 2002; EM-Endrunde 2004. – **2)** Rainer, dt. Mittelfeldspieler, *21. Januar 1930 Altenburg; 1940–51 Eintracht 08 Altenburg, SG Altenburg Nord, ZSG Altenburg bzw. BSG Stahl Altenburg, 1951/52 BSG Chemie Leipzig, 1953/54 Vorwärts Leipzig bzw. Vorwärts Berlin, 1955–61 SC Lokomotive Leipzig; 158 Oberligaspiele (15 Tore); 2 Länderspiele (1956).

Baumgart, Steffen, dt. Angriffsspieler, *5. Januar 1972 Rostock; 1980–88 Dynamo Rostock-Mitte, 1988–91 Dynamo bzw. PSV Schwerin, 1991–94 SpVgg Aurich, 1994–98 FC Hansa Rostock, 1998/99 VfL Wolfsburg, 1999–2002 FC Hansa Rostock, 2002–04 1. FC Union Berlin, 2004–06 FC Energie Cottbus; 184 Bundesligaspiele (27 Tore).

Baumgärtner, Willy, dt. Angriffsspieler (Linksaußen), *23. Dezember 1890, †16. November 1953; 1905–07 Germania 88 Berlin, 1907–23 SV 04 Düsseldorf; 4 Länderspiele (1908/09); verließ Deutschland 1932 und ging nach Südamerika.

Baunatal, KSV (Kraftsportverein Baunatal), Deutschland (Hessen), gegr. 1904 als DTV Altenbauna, 1918–33 DTSV Altenbauna, 1933–45 TV Gut Heil Altenbauna, 1945–64 KSV Altenbauna, 1964 Fusion mit KSV Altenritte zu KSV Baunatal (1970 Anschluss von SV Baunatal); Spielkleidung: Weiß; Stadion: Parkstadion, 9000 Plätze. – INTERNET: www.ksv-baunatal.de

Spieler (Auswahl): U. Erkenbrecher.

B-Auswahl, Bez. für die Auswahlmannschaft eines Landes, in der die Nachfolgekandidaten für die A-Auswahl, also die Nationalmannschaft, zum Einsatz kommen. Die B. bestreitet fast ausschließlich Freundschaftsspiele und wurde mittlerweile meist von den Nachwuchsauswahlmannschaften der jeweiligen Länder abgelöst.

Bautzen, Budissa, eigtl. »FSV Budissa Bautzen« (Fußballspielvereinigung Budissa Bautzen; »Budissa«: evtl. nach dem früheren Stadtnamen »Budissin«), Deutschland (Sachsen), gegr. am 24. Mai 1904 als Fußballclub Budissa Bautzen, 1907–46 Sportverein Budissa 04, 1946–50 Sparte Süd, 1950 Übergang mit Sparte West (früher: Bautzener Sportclub) in die 1948 gegr. Betriebssportgemeinschaft LOWA und Umbenennung in BSG LOWA Bautzen, 1951–90 BSG Motor Bautzen, seit 1991 FSV Budissa Bautzen; Spielkleidung: Weiß/Schwarz/Weiß; Stadion: Müllerwiese, 3000 Plätze. – INTERNET: www.budissa-bautzen.de

Spieler (Auswahl): S. Kmetsch. – **Trainer** (Auswahl): H. Satrapa.

Bauwens, Peco, dt. Funktionär (Dr.), *24. Dezember 1886 Köln, †24. November 1963 ebd.; bestritt als Abwehrspieler ein Länderspiel (1910); leitete als FIFA-Schiedsrichter 82 Länderspiele und 4 DFB-Meisterschaftsendspiele (zw. 1920 und 1929); seit 1926 Mitglied des »Boards«; 1950–62 erster DFB-Präsident nach dem Zweiten Weltkrieg (Nachfolger: H. → Gösmann).

Baxter, James (»Jimmy«), schott. Mittelfeldspieler, *30. Dezember 1939; 1959/60 Raith Rovers, 1960–65 Glasgow Rangers, 1965–68 FC Sunderland, 1968 Nottingham Forest, 1969 Ipswich Town, 1969–73 Glasgow Rangers; 34 Länderspiele (1960–67; 3 Tore).

Baya, Zoubaier, tunes. Mittelfeldspieler, *15. Mai 1971 M'saken; bis 1997 Étoile Sportive du Sahel Sousse, 1997–2001 SC Freiburg, 2001/02 Besiktas Istanbul, 2002 Al-Arabi (Katar), 2003–05 ES Sahel (Tunesien); 85 Bundesligaspiele (15 Tore); 81 Länderspiele; WM-Endrunde 1998, 2002; olymp. Fußballturnier 1996; in Tunesien Fußballer des Jahres 1999, 2000.

Bayreuth, Spvgg (Spielvereinigung Bayreuth), Deutschland (Bayern), gegr. am 23. Juli 1921 als SpVgg Bayreuth, im gleichen Jahr Anschluss des FC Stern Bayreuth, 1925 Anschluss der Freien SpVgg Bayreuth-Altstadt, 1933 aufgelöst und 1945 als SpVgg Bayreuth neu gegr.; Spielkleidung: Gelb/Schwarz/Gelb; Stadion: Hans-Walter-Wild-Stadion, 21500 Plätze. – INTERNET: www.spvgg-bayreuth.de

Spieler (Auswahl): M. Driller – A. Veh. – **Trainer** (Auswahl): F. Brungs – L. Emmerich.

Bazina, Mario, kroat. Angriffsspieler, *8. September 1975 Široki Brijeg (Bosnien und Herzegowina); bis 1989 NK Široki Brijegm 1989–92 Velež Mostar, 1992–95 Hajduk Split, 1995–98 Hrvatski Dragovoljac, 1999–2001 Dinamo Zagreb, 2001–06 Grazer AK, 2006 Rapid Wien; 1 Länderspiel; in Österreich Fußballer des Jahres 2005.

BDFL, Abk. für **B**und **D**eutscher **F**ußball-**L**ehrer, Berufsverband der vom DFB lizenzierten Fußballtrainer mit Fußball-Lehrer-Diplom oder A-Lizenz, Sitz: Frankfurt am Main. Zentrale Aufgaben des Verbandes: a) Fortbildung der Trainer, b) Überwachung des Fairplay in Trainerangelegenheiten, c) Interessenvertretung des Berufsstandes, d) Öffentlichkeitsarbeit. Der BDFL gliedert sich in 8 regionale Verbandsgruppen, die jährlich 3 bis 4 Fortbildungstagungen durchführen. Er wurde im Jahr 1957 unter Mitwirkung von H. Widmayer und J. Herberger gegründet und ist mit ca. 3500 Mitgliedern einer der größten Fußball-Trainerverbände der Welt. – INTERNET: www.bdfl.de

BDFL	
Präsident	H. Zingraf
Vizepräsident Profitrainer	F. Magath
Vizepräsident Amateurtrainer	L. Hangartner
Präsidiumsmitglieder	J. Klinsmann, E. Rutemöller
Vertreter Bundesliga	T. Schaaf
Vertreter Zweite Bundesliga	B. Möhlmann

Beachsoccer [engl., »Strandfußball«], barfuß oder in Socken auf Sand gespieltes Fußballmatch, wobei sich auf jeder Seite 5 Spieler (einschließlich Torhüter) gegenüber stehen. Die Spielfeldabmessung beträgt 36 m x 28 m, die Spielzeit 3 x 12 min mit 3 min Pause zw. den Dritteln. (Fliegende) Wechsel sind unbeschränkt möglich. Eine Abseitsregel existiert nicht. Bei Einwürfen wird der Ball entweder eingeworfen oder eingeschossen. Das Regelwerk im B. ist relativ einfach gehalten, um den Spielfluss möglichst nicht zu unterbrechen. Der Schiedsrichter greift in den meisten Fällen nur bei schweren Fouls ein. Grundsätzlich werden alle härteren Vergehen mit einer sofortigen Zeitstrafe für den Spieler (3 min) geahndet. Der betreffende Spieler muss dann auf die Strafbank und darf nicht ersetzt werden. Steht es nach drei Dritteln unentschieden, gibt es eine dreiminütige Verlängerung mit »Golden-Goal«-Regelung. – B. entstand in Brasilien und wurde 1993 erstmals einer breiten Öffentlichkeit vorgestellt. Der seit 2002 existierende »Dt. Beach Soccer Verband« (DBSV) ist Mitglied des 1992 gegr. »Beach-Soccer-Weltverbandes« (BSW). Seit 1994 wird jährlich die Weltmeisterschaft ausgetragen (bis 2004 gewann Brasilien, außer 1998: Spanien), 2005 erstmals unter FIFA-Regie (Sieger: Frankreich).

Beara, Vladimir, kroat. Torhüter *8. November 1928 Split; 1946–55 Hajduk Split, 1955–60 Roter Stern Belgrad, 1960–62 Alemannia Aachen, 1963–65 Viktoria Köln; 60 Länderspiele für Jugoslawien (1950–59); WM-Endrunde 1950, 1954, 1958; olymp. Fußballturnier 1952. – Später Trainer: FC Freiburg, Fortuna Köln, in Jugoslawien (NK Rijeka, Hajduk Split, Osijek Dinara), Kamerun (Nationalmannschaft), Österreich (Vienna Wien).

Beardsley, Peter, engl. Angriffsspieler, *18. Januar 1961 Newcastle; 1978–81 Carlisle United, 1981/82 Vancouver Whitecaps, 1982/83 Manchester United, 1983–86 Newcastle United, 1987–93 FC Liverpool, 1993–97 Newcastle United, 1997/98 Bolton Wanderers; 49 Länderspiele (8 Tore); WM-Endrunde 1986, 1990; EM-Endrunde 1988.

Bearzot, Vicenzo (»Enzo«), italien. Trainer, *26. September 1927 Ajello; war Mittelfeldspieler (Läufer): 1948–50 Inter Mailand, 1951–53 Club Calcio Catania, 1954/55 AC Turin, 1956 Inter Mailand, 1956–64 AC Turin; 1 Länderspiel (1955). – Später Trainer: 1977–86 Italien (Nationalmannschaft; WM-Endrunde 1878, 1982 [Weltmeister], 1986, EM-Endrunde 1980).

Vicenzo Bearzot

Bebeto, eigtl. »José Roberto Gama de Oliveira«, brasilian. Angriffsspieler, *16. Februar 1964 Salvador (Bahia); bis 1982 Vitória da Bahia, 1983–89 Flamengo Rio de Janeiro, 1989–92 Vasco da Gama Rio de Janeiro, 1992–96 Deportivo La Coruña, 1996 FC Sevilla, 1997 Vitória da Bahia und Cruzeiro Belo Horizionte, 1998/99 Botafogo Rio de Janeiro, 1999 Toros Neza (Mexiko), 2000 Kashima Antlers und Vitória da Bahia, 2001 Vasco da Gama Rio de Janeiro, 2002 Al-Ittihad (Saudi-Arabien); 75 Länderspiele (1985–98; 39 Tore); WM-Endrunde 1990, 1994 (Weltmeister), 1998; olymp. Fußballturnier 1988; Südamerikas Fußballer des Jahres 1989.

Beck, Christine, dt. Schiedsrichterin (Magstadt [Baden-Württemberg]), *2. März 1974; seit 1999 DFB-Schiedsrichterin, seit 2004 (Frauen-)Bundesliga- und FIFA-Schiedsrichterin.

Beckenbauer, Franz, dt. Funktionär, *11. September 1945 München; war Abwehrspieler (Libero): 1954–58 SC 1906 München, 1958–77 FC Bayern München, 1977–80 Cosmos New York, 1989–82 Hamburger SV; 424 Bundesligaspiele (44 Tore); 103 Länderspiele (1965–77; 14 Tore); WM-Endrunde 1966, 1970, 1974 (Weltmeister); EM-Endrunde 1972 (Europameister), 1976; Europas Fußballer des Jahres 1972, 1976; in der BRD Fußballer des Jahres 1966, 1968, 1974, 1976. – Später Temchef: 1984–90 dt. Nationalmannschaft (WM-Endrunde 1986, 1990 [Weltmeister], EM-Endrunde 1988), 1990/91 Olympique Marseille. – Seit 1994 Präsident des FC Bayern München, seit 1998 Vizepräsident des DFB, 2001–06 Präsident des Organisationskomitees der Weltmeisterschaft 2006 in Deutschland und seit 2002 Aufsichtsratsvorsitzender der

Franz Beckenbauer

FC Bayern München AG. B. erhielt 2004 gemeinsam mit Pelé den »FIFA-Jahrhundert-Verdienstorden«. – Sein Sohn **Stefan B.** (*1968) war Abwehrspieler: 1992/93 1. FC Saarbrücken (12 Bundesligaspiele).

> **F. Beckenbauer**
> »Abseits ist, wenn der Schiedsrichter pfeift.«

Becker, 1) Edmund, dt. Trainer, *18. Juli 1956 Reichenbach (Baden-Württemberg); war Mittelfeldspieler: bis 1976 TSV Reichenbach, 1976–86 Karlsruher SC, 1986–91 TSV Reichenbach (Spielertrainer); 94 Bundesligaspiele (9 Tore). – Später Trainer: 1990–2005 Karlsruher SC (1990–2000 und 2003–05 Trainerassistent, 1995–2000 und 2002–05 Amateure, 2005/06 Cheftrainer). – **2)** Fritz, dt. Mittelfeldspieler (Halbstürmer), *13. September 1888 Frankfurt am Main, †22. Februar 1963; 1905–13 Kickers Frankfurt; 1 Länderspiel (1908; 2 Tore) in Basel (3:5) gegen die Schweiz (erstes Länderspiel Deutschlands).

Beckham, David, engl. Mittelfeldspieler, *2. Mai 1975 Leytonstone (heute zu London); 1984–2003 Manchester United (1995 kurzzeitig an Preston North End ausgeliehen), 2003–06 Real Madrid; 85 Länderspiele (seit 1996; 16 Tore); WM-Endrunde 1998, 2002; EM-Endrunde 2000, 2004.

> **D. Beckham**
> »Meine Eltern waren immer für mich da – ungefähr seit ich sieben Jahre alt war.«

Bedienen, Abgeben des Balles zum freistehenden oder freigelaufenen Mitspieler.

Beeck, Christian, dt. Abwehrspieler, *18. Dezember 1971 Rathenow; bis 1989 1. FC Union und Berliner FC Dynamo, 1990–92 Stahl Brandenburg, 1992/93 Bergmann-Borsig Berlin, 1993–95 1. FC Union Berlin, 1995–97 FC Hansa Rostock, 1997–99 Fortuna Düsseldorf, 1999–2005 FC Energie Cotttbus; 79 Bundesligaspiele (2 Tore). – Später Teammanager: 2005/06 1. FC Union Berlin.

Beenhakker, Leo, niederländ. Trainer, *2. August 1942 Rotterdam; war Abwehrspieler: bis 1961 Tediro, Xerxes DHC und Zwart-Wit '28. – Später Trainer: 1965–67 SV Epe, 1967/68 Go Ahead Eagles (Jugend), 1968–72 SV Veendam, 1972–75 SC Cambuur-Leeuwarden, 1975/76 Go Ahead Eagles, 1976–78 Feyenoord Rotterdam (Nachwuchs), 1978/79 Ajax Amsterdam (Nachwuchs), 1979–81 Ajax Amsterdam, 1981–84 Real Saragossa, 1984/85 FC Volendam, 1985/86 Niederlande (Nationalmannschaft), 1986–89 Real Madrid, 1989–91 Ajax Amsterdam (betreute 1990 bei der WM-Endrunde Nationalmannschaft der Niederlande), 1991/92 Real Madrid (1991 Techn. Direktor, 1992 Cheftrainer), 1992/93 Grasshopper-Club Zürich, 1993/94 Saudi-Arabien (Nationalmannschaft), 1994/95 CF América, 1995–96 CD Guadalajara, 1996/97 Vitesse Arnheim, 1997–2000 Feyenoord Rotterdam, 2000–03 Ajax Amsterdam (Sportdirektor), 2003/04 CF América, 2005/06 Trinidad und Tobago (Nationalmannschaft).

L. Beenhakker: Erfolgsstationen (Auswahl)	
Ajax Amsterdam	LM 1980
Real Madrid	LM 1987, 1988, 1989 PS 1989
Ajax Amsterdam	LM 1990
Feyenoord Rotterdam	LM 1999

David Beckham

Leo Beenhakker

Beer, Erich, dt. Mittelfeldspieler, *9. Dezember 1946 Neustadt (bei Coburg [Bayern]); 1960–66 VfL Neustadt, 1966–68 SpVgg Fürth, 1968/69 1. FC Nürnberg, 1969–71 Rot-Weiss Essen, 1971–79 Hertha BSC, 1979–81 Al-Ittihad (Saudi-Arabien), 1981/82 TSV München 1860; 341 Bundesligaspiele (95 Tore); 24 Länderspiele (1975–78; 7 Tore); WM-Endrunde 1978; EM-Endrunde 1976. – Später Trainer: 1983 und 1984 TSV München 1860.

Beerschot VAC, Belgien: → Antwerpen [2].

»Befreiungsschlag«, Wegschlagen des Balles in gefährl. Situationen vor dem eigenen Tor in die gegner. Hälfte, auch wenn dort kein Mitspieler steht. Der »B.« ist weitestgehend richtungsorientiert, im Gegensatz zum »unkontrollierten B.«, dem → »Notschlag«.

Beggen, Avenier, eigtl. »FC Avenir Beggen« (Football Club Avenir Beggen), Luxemburg, gegr. 1915 als FC Daring Beggen (im gleichen Jahr in FC Avenir Ceggen umbenannt), 1940–44 SV Beggen, seitdem wieder FC Avenir Beggen; Spielkleidung: Gelb/Schwarz/Schwarz-Gelb; Stadion: Emile-Metz-Tesch-Stadion, 5500 Plätze.

Begrüßung, Aufstellung beider Mannschaften und des Schiedsrichtertrios in der Mitte des Spielfeldes in Linie (längs der Breitseiten), wobei die Zuschauer durch Winken mit der Hand begrüßt werden (gleiches nach Kehrtwendung). – Bei Spielen unterklassiger Manschaften (kaum Zuschauer) stehen sich beide Vertretungen längs der Mittellinie gegenüber. Im Anschluss an die Publikums- bzw. Mannschafts-B. folgt die B. der Kapitäne (untereinander und mit dem Schiedsrichtertrio), bevor es zur *Seitenwahl* (in welche Richtung in der ersten Halbzeit gespielt wird) und zum offiziellen Spielbeginn, dem → Anstoß kommt. – Bei Länderspielen unterliegt die B. besonderen Zeremonien.

Begrüßung
Salutation [engl.]
Salut [frz.]
Saludo [span.]
Saudação [portugies.]
Saluto [italien.]

»beidbeinig« ist die Bez. für einen Spieler, der den Ball mit dem linken Fuß ebenso zu spielen versteht (Ballbehandlung, Torschuss usw.) wie mit dem rechten; selten. (→ »einbeinig«)

Beiersdorfer, Dietmar, dt. Funktionär, *16. November 1963 Fürth; war Abwehrspieler: 1970–75 TSC Cadolzburg, 1975–77 TSV Altenberg, 1977–84 ASV Herzogenaurach, 1984/85 1. FC Bamberg, 1985/86 SpVgg Fürth, 1986–92 Hamburger SV, 1992–95 SV Werder Bremen, 1996 1. FC Köln, 1996/97 Reggina Calcio; 254 Bundesligaspiele (21 Tore); 1 Länderspiel (1991). – Später Sportl. Leiter: 2002–06 Hamburger SV.

Bein, Uwe, dt. Mittelfeldspieler, *26. September 1960 Heringen (Hessen); 1970–75 TSV Lengers, 1975–78 VfB Heringen, 1978–84 Kickers Offenbach, 1984–87 1. FC Köln,1987–89 Hamburger SV, 1989–94 Eintracht Frankfurt, 1994–96 Urawa Red Diamonds, 1997/98 VfB Gießen, 2002 SV Asbach Bad Hersfeld; 300 Bundesligaspiele (91 Tore); 16 Länderspiele (1989–93; 3 Tore); Weltmeister 1990.

Beinlich, Stefan, dt. Mittelfeldspieler, *13. Januar 1972 Berlin (Ost); 1978–86 Berliner FC Dynamo, 1986–91 BSG bzw. PFV Bergmann-Borsig Berlin, 1991–94 Aston Villa, 1994–97 FC Hansa Rostock, 1997–2000 Bayer 04 Leverkusen, 2000–03 Hertha BSC, 2003–06 Hamburger SV; 274 Bundesligaspiele (56 Tore); 5 Länderspiele (1998, 2000).

»Beinschuss«, sprachlich falsch für → »Tunneln«.

Beira-Mar, SC (Sport Clube Beira-Mar), Portugal (Aveiro), gegr. 1922; Spielkleidung: Gelb/Schwarz/Gelb; Stadion: Estádio Municipal de Aveiro, 30 000 Plätze. – INTERNET: www.beiramar.pt

Spieler (Auswahl): M. A. Caneira.

Belanow, Igor (auch **Belanov**), ukrain. Angriffsspieler, *25. September 1960 Odessa; 1979/80 SKA Odessa, 1981–84 Tschernomorez Odessa, 1985–89 Dynamo Kiew, 1989–91 Borussia Mönchengladbach, 1991–93 Eintracht Braunschweig, 1993–96 Tschernomorez Odessa; 24 Bundesligaspiele (4 Tore); 36 Länderspiele für die UdSSR (1985–88; 9 Tore); WM-Endrunde 1986; EM-Endrunde 1988; Europas Fußballer des Jahres 1986.

Belfast, Nordirland, **1) FC Crusaders,** eigtl. »Crusaders FC« (Crusaders Football Club), gegr. 1898; Spielkleidung: Schwarz-Rot/Schwarz/Schwarz-Rot; Stadion: Seaview, 16 000 Plätze. – INTERNET: www.crusadersfc.com

2) FC Distillery, eigtl. »Distillery FC« (Distillery Football Club), gegr. 1880; Spielkleidung: Weiß/Weiß/Schwarz-Weiß; Stadion: New Grosvenor Stadium, 20 000 Plätze.

3) FC Glentoran, eigtl. »Glentoran FC« (Glentoran Football Club), entstand 1882 durch Fusion von Oakfields und Nettlefields; Spielkleidung: Weiß; Stadion: The Oval, 50 000 Plätze. – INTERNET: www.glentoran.com

Spieler (Auswahl): W. Bingham – R. Blanchflower.

4) FC Linfield, eigtl. »Linfield FC« (Linfield Football Club), gegr. 1886; Spielkleidung: Blau/Weiß/Blau-Rot; Stadion: Windsor Park, 58 000 Plätze.
Spieler (Auswahl): W. Bingham – J. Milburne.

Belgien, Königreich in Westeuropa, 30 510 km², 10,289 Mio. Ew., Verband: Union Royale Belge des Sociétés de Football Association, Abk. URBSFA, gegr. 1895, Sitz: Brüssel; Mitglied der FIFA seit 1904, der UEFA seit 1956; Spielkleidung: Rot. – Erfolge: Olympiasieger 1920. – INTERNET: www.footbel.com

Belgrad, Serbien und Montenegro, **1) Borac Belgrad,** eigtl. »FK Borac Beograd« (Fudbalski Klub Borac Beograd), unter diesem Namen 1992–96 Gastrolle des FC Borac Banja Luka in Belgrad (→ Banja Luka, Borac).

2) OFK Belgrad, eigtl. »OFK Beograd« (Omladinski Fudbalski Klub Beograd), gegr. 1911 als BSK (1945 aufgelöst und neu gegr.), 1945–50 Metalac Beograd 1950–57 BSK Beograd, 1957–59 OSD Beograd, seitdem OFK Beograd; Spielkleidung: Weiß/Blau/Blau; Stadion: Omladinski, 20 000 Plätze.
Spieler (Auswahl): N. Krupnikovic – M. Milutinović – P. Radenkovic – D. Sekularac – J. Skoblar – D. Stepanovic.

3) Partizan Belgrad, eigtl. »FK Partizan Beograd« (Fudbalski Klub Partizan Beograd), gegr. 1945 als JSD Partizan Beograd, seit 1963 FK Partizan Beograd; Spielkleidung: Grün-Weiß/Weiß/Weiß; Stadion: Partizan, 32 710 Plätze. – INTERNET: www.partizan.co.yu
Spieler (Auswahl): S. Bobek – Z. Čajkovski – M. Galić – F. Jusufi – S. Katanec – M. Kezman – M. Krstajic – M. und V. Milutinović – M. Soskic – V. Vasovic – B. Zebec. – **Trainer** (Auswahl): S. Bobek – F. Jusufi – L. Matthäus – M. Milutinović – I. Osim – J. Röber – V. Vasovic.

4) Roter Stern Belgrad, eigtl. »FK Crvena Zvezda Beograd« (Fudbalski Klub Crvena Zvezda Beograd), gegr. 1945; Spielkleidung: Rot-Weiß/Weiß/Rot; Stadion: Roter Stern, 52 000 Plätze. – Internationale Erfolge: EC I 1991. – INTERNET: www.fc-redstar.net
Spieler (Auswahl): J. Acimovic – M. Acimovic – V. Beara – D. Džajić – N. Krupnikovic – D. Ljuboja – P. Mijatovic – M. Miljanić – R. Mitić – D. Pancev – M. Pantelic – R. Prosinecki – P. Radenkovic – D. Savicevic – D. Sekularac – M. Soskic – D. Stepanovic – D. Stojković – V. Vasovic – B. Zebec. – **Trainer** (Auswahl): M. Miljanić – L. Petrović – D. Sekularac – V. Vasovic – W. Zenga.

Belize, brit. Kolonie an der Ostküste Zentralamerikas, 22 966 km², 266 400 Ew.; Verband: Football Federation of Belize, Abk. FFB, gegr. 1980, Sitz: Belmopan; Mitglied der FIFA und der CONCACAF jeweils seit 1986; Spielkleidung: Rot-Weiß-Blau/Rot-Weiß-Blau/Rot-Weiß-Blau. – INTERNET: www.belizefootball.bz

Bell, Joseph-Antoine, kamerun. Torhüter, * 8. Oktober 1954 Mouandé; 1972–88 Union Sportive Douala, Africa Sports Abidjan (Elfenbeinküste) und Arab Contractors (Ägypten), 1988–90 Girondins Bordeaux, 1990/91 Olympique Marseille, 1991/92 AS St. Etienne; 28 Länderspiele; WM-Endrunde 1982, 1990 (nicht eingesetzt).

Bella, Michael, dt. Abwehrspieler, * 29. September 1945; bis 1964 DJK Meiderich-Lösort, 1964–78 Meidericher SV bzw. MSV Duisburg, 1978/79 Sterkrade 06/07; 405 Bundesligaspiele (13 Tore); 4 Länderspiele (1968–71); Europameister 1972 (nicht eingesetzt).

Bellini, eigtl. »Hideraldo Luis Bellini«, brasilian. Abwehrspieler (Mittelläufer), * 7. Juni 1930 Itapira; 1947/48 Itapirense, 1949–51 Sanjoanense, 1952–61 Vasco da Gama Rio de Janeiro, 1962–67 FC São Paulo, 1968/69 Atlético Paranaense; 58 Länderspiele (1957–66); WM-Endrunde 1958 (Weltmeister), 1962 (Weltmeister), 1966.

Bellinzona, AC (Associazione Calcio Bellinzona), Schweiz (Kt. Tessin), gegr. am 1. Januar 1904 als AC Bellinzona, 1925 Anschluss von AC Dare Bellinzona unter Beibehaltung des Klubnamens; Spielkleidung: Rot/Blau/Rot; Stadion: Stadio Comunale, 6000 Plätze. – INTERNET: www.acbellinzona.ch
Spieler (Auswahl): H. Buhtz – Gelson – L. Paulo César – K. Türkyilmaz. – **Trainer** (Auswahl): V. Vasovic.

Belloumi, Lakhdar, alger. Trainer, * 29. Dezember 1958 Mascara; war Mittelfeldspieler: 1970–89 Mascara; 81 Länderspiele (1978–89; 32 Tore); WM-Endrunde 1982, 1986; in Afrika Fußballer des Jahres 1981. – Später Trainer: 2005/06 Algerien (Nationalmannschaft).

Belo Horizonte, Brasilien, **1) Atlético Mineiro Belo Horizonte,** eigtl. »CA Mineiro« (Club Atlético Mineiro), gegr. 1908; Spielkleidung: Schwarz-Weiß/Schwarz/Weiß; Stadion: Mineirão, 72 000 Plätze. – Internationale Erfolge: zweimal Copa Conmebol 1992, 1997. – INTERNET: www.atletico.vitrine.com.br
Spieler (Auswahl): Alves – A. C. Cerezo – Dédé – Didi – G. J. Dirceu – Evanilson – L. Mazurkiewicz – T. Santana – C. A. M. Taffarel. – **Trainer** (Auswahl): Carlos Alberto – C. Parreira – T. Santana.

2) Cruzeiro Belo Horizonte, eigtl. »Cruzeiro EC« (Cruzeiro Esporte Club), gegr. 1921 als Palestra Itália, seit 1942 Cruzeiro EC; Spielkleidung: Blau/Weiß/Blau; Stadion: Mineirão, 72 000 Plätze. – Internationale Erfolge: Copa Libertadores de América 1976.

Spieler (Auswahl): Alex – Alves – Athirson – Cris – Dida – G. Elber – Evanilson – Gilberto – Jairzinho – R. Perfumo – Rivaldo – Ronaldo – Serginho – D. Teixeira – Tostão. – **Trainer** (Auswahl): Didi – V. Luxemburgo – L. F. Scolari.

Ben Barek, Larbi, frz. Mittelfeldspieler (Läufer) marokkan. Abstammung, *16. Juni 1917 Casablanca; 1929–34 FC Quatane, 1937–38 USM Casablanca, 1938/39 Olympique Marseille, 1939–46 USM Casablanca, 1946–48 Stade Français Paris, 1948–53 Atlético Madrid, 1953/54 Olympique Marseille, 1954 AC Neapel; 17 Länderspiele für Frankreich (1939–54).

Bender, Manfred, dt. Mittelfeldspieler, *24. Mai 1966 München; bis 1985 TB München, TSV München 1860 und MSV München, 1985–89 SpVgg Unterhaching, 1989–92 FC Bayern München, 1992–96 Karlsruher SC, 1996–99 TSV München 1860, 1999/2000 Karlsruher SC, 2000–02 1. FC Saarbrücken, 2003 SV Wilhelmshaven, 2004 FC Ismaning, 2004/05 TSV Eching (Bayern); 229 Bundesligaspiele (42 Tore).

Ferenc Bene

Bene, Ferenc, ungar. Angriffsspieler (Mittelstürmer), *17. Dezember 1944 Kaposvár; 1954–61 Mercali Kaposvár, 1961–79 Ujpest Budapest, 1979/80 SC Volan Budapest, 1980–82 Sepsi 75 Seinajoki (Finnland), 1982/83 SC Volan Budapest; 76 Länderspiele (1962–79; 36 Tore); WM-Endrunde 1966; Europapokal der Nationen 1964; Olympiasieger 1964.

Benefizspiel, Lizenzfußball: Abschiedsspiel für einen besonders erfolgreichen Spieler der Vergangenheit, wobei die finanziellen Einnahmen zum Teil dem verabschiedeten Spieler zugute kommen.

Benetti, omeo, ital. Mittelfeldspieler, *20. Oktober 1945 Albaredo; 1963–64 ASSI Bolzano, 1964/65 AS Siena, 1965–67 Taranto, 1967/68 SS Palermo, 1968/69 Juventus Turin, 1969/70 Sampdoria Genua, 1970–76 AC Mailand, 1976–79 Juventus Turin, 1979–81 AS Rom; 55 Länderspiele (1971–80; 2 Tore); WM-Endrunde 1974, 1978; EM-Endrunde 1980.

Benfica, SL, Portugal: → Lissabon [2].

Benin, Republik in Westafrika, 112 620 km², 7,042 Mio. Ew.; Verband: Fédération Béninoise de Football, Abk. FBF, gegr. 1962, Sitz: Cotonou; Mitglied der FIFA seit 1962, der CAF seit 1969; Spielkleidung: Grün/Gelb/Rot.

Benitez Maudes, Rafael, span. Trainer, *16. April 1960 Madrid; war Mitelfeldspieler: 1973–81 Castilla CF Madrid, 1981–85 AD Parla, 1985/86 CD Linares. – Später Trainer: 1986–89 Castilla CF Madrid (Jugend), 1989–95 Real Madrid (1989–93 Jugend, 1993–95 B-Mannschaft), 1995/96 Real Valladolid, 1996/97 CA Osasuna, 1997–99 CD Extremadura (Spanien), 2000/01 CD Tenerife, 2001–04 CF Valencia, 2004–06 FC Liverpool.

R. Benitez Maudes: Erfolgsstationen (Auswahl)	
CF Valencia	LM 2002, 2004 UEFA-Pokal 2004
FC Liverpool	CL 2005

Benjamin, Collin, namib. Mittelfeldspieler, *3. August 1978 Windhuk; bis 1999 FC Windhuk, 1999/2000 Germania Schneisen, 2000 Rasensport Elmshorn, 2001–06 Hamburger SV; 80 Bundesligaspiele (9 Tore).

Bensemann, Walther, dt. Sportpublizist, *13. Januar 1873 Berlin, †10. Oktober 1934 Montreux; Fußballpionier; gründete mit 14 Jahren 1887 den FC Montreux und war Initiator bzw. Taufpate zahlreicher dt., schweizer. und frz. Klubs; bemühte sich, den Fußball engl. Prägung in Deutschland populär zu machen; prägte den Namen »Dt. Fußball-Bund« (1900). Er gab 1920 die erste Auflage einer Fußballzeitschrift (»kicker«) heraus, musste wegen seiner jüd. Mutter Deutschland 1933 verlassen und emigrierte in die Schweiz. Sein Mitarbeiter H. J. Müllenbach führte den »kicker« weiter. Nach dessen Tod (Flugzeugabsturz in Norwegen) leitete E. Menzel die Redaktion bis zu ihrer Einstellung im Jahr 1944.

Benthaus, Helmut, dt. Trainer, *5. Juni 1935 Herne; war Mittelfeldspieler: bis 1963 Rasensport Holthausen, Westfalia Herne und TSV München 1860, 1963–65 1. FC Köln; 38 Bundesligaspiele (2 Tore); 8 Länderspiele (1958–60). – Später Trainer: 1965–82 FC Basel, 1982–85 VfB Stuttgart.

H. Benthaus: Erfolgsstationen (Auswahl)	
FC Basel	LM 1967, 1969, 1970, 1972, 1973, 1977, 1980 PS 1967, 1975
VfB Stuttgart	LM 1984

Bento, Manuel Galrinho, portugies. Torhüter, *25. Juni 1948; 1964/65 SC Riachense, 1965–72 FC Barreirense, 1972–86 Benfica Lissabon; 66 Länderspiele (1976–86); WM-Endrunde 1986; EM-Endrunde 1984.

Berbatov, Dimitar, bulgar. Angriffsspieler, *30. Januar 1981 Blagoevgrad; 1992–97 Pirin Blagoevgrad, 1997–2000 ZSKA Sofia, 2001–06 Bayer 04 Leverkusen; 134 Bundesligaspiele (53 Tore); 42 Länderspiele (seit 2002; 26 Tore); EM-Endrunde 2004; in Bulgarien Fußballer des Jahres 2002, 2004.

Berg, Alfons, dt. Schiedsrichter (Konz [Rheinland-Pfalz]), *9. Oktober 1955 Trier; 1983–2002 DFB-Schiedsrichter, 1986–89 Zweite Bundesliga, 1989–2002 Bundesliga (155 Spiele); DFB-Pokalfinale 2000; DFB-Schiedsrichter des Jahres 1997.

Bergamo, Atalanta, eigtl. »Atalanta Bergamasca Calcio«, Italien, gegr. 1907 als FC Bergamo, 1913 Fusion mit Societa Bergamasca di Gimnastica e Scherma zu SS Bergamo, 1920–45 Bergamasca di Gimnastica e Scherma, seitdem Atalanta Bergamasca Calcio; Spielkleidung: Blau-Schwarz/Schwarz/Schwarz; Stadion: Stadio »Atleti Azzurri d'Italia«, 26 638 Plätze. – INTERNET: www.atalanta.it

Spieler (Auswahl): D. Albertini – Alemão – A. Cabrini – C. Caniggia – A. Domenghini – R. Donadoni – T. Francis – B. Gustavsson – F. Inzaghi – G. Meazza – R. Prytz – G. Scirea – G. P. Strömberg – C. Vieri – D. Vugrinec. – **Trainer** (Auswahl): M. Lippi – F. Valcareggi.

Bergedorf 85, ASV, Deutschland: → Hamburg [1].

Bergen, Brann, eigtl. »SK Brann« (Sportsklubben Brann), Norwegen, gegr. 1908; Spielkleidung: Weiß/Rot/Rot-Weiß; Stadion: Brann-Stadion, 19 200 Plätze. – INTERNET: www.brann.no

Spieler (Auswahl): T. A. Flo – T. Helstad.

Berger, 1) Jan, tschech. Mittelfeldspieler, *27. November 1955 Prag; 1965–76 TJ Brevnov (Prager Vorort), 1976–78 TJ Skoda Plzeň, 1978–80 Dukla Prag, 1980–86 Sparta Prag, 1986–89 FC Zürich; 27 Länderspiele für die ČSSR (1980–85; 3 Tore); WM-Endrunde 1982; EM-Endrunde 1980. – **2)** Jörg, dt. Trainer, *13. Oktober 1944 Gotenhafen (bei Stettin [poln. Szczecin]); war Angriffsspieler: 1964–67 SC Leipzig bzw. 1. FC Lokomotive Leipzig; 16 Oberligaspiele. – Später Trainer: 1972–74 FC Carl Zeiss Jena, 1974–76 Hallescher FC Chemie, 1976–79 DFV der DDR (Nachwuchs [1979 Flucht in die BRD]), 1979/80 SV Darmstadt 98, 1980/81 SSV Ulm 1846, 1981/82 Fortuna Düsseldorf, 1983–86 Hessen Kassel, 1986 Hannover 96, 1986–88 SC Freiburg, 1988–91 Eintracht Frankfurt, 1991–93 1. FC Köln, 1993–96 FC Schalke 04, 1997 FC Basel, 1998 Karlsruher SC, 1999 Eintracht Frankfurt, 2000 Bursaspor, 2001–04 Alemannia Aachen, 2004/05 FC Hansa Rostock. – **3)** Patrik, tschech. Mittelfeldspieler, *10. November 1973 Prag; bis 1990 Sparta Prag, 1990–95 Slavia Prag, 1995/96 Borussia Dortmund, 1996–2003 FC Liverpool, 2003–05 FC Portsmouth, 2005/06 Aston Villa; 27 Bundesligaspiele (4 Tore); 40 Länderspiele (1993–2002; 18 Tore); EM-Endrunde 1996, 2000; in der Tschech. Republik Fußballer des Jahres 1996.

Jörg Berger

> **J. Berger**
> »Dass wir heute verloren haben, ärgert mich viel mehr, als dass ich morgen Geburtstag habe«.

Bergisch Gladbach, SSG, eigtl. »SSG Bergisch Gladbach 09« (Spiel- und Sportgemeinschaft Bergisch Gladbach von 1909), Deutschland (Nordrhein-Westfalen), gegr. 1909 als FC Bergisch Gladbach, 1919–73 SV Bergisch Gladbach, 1973 Anschluss von SSG Bergisch Gladbach und Umbenennung in SSG Bergisch Gladbach 09; Frauenfußball 1973–96 (Wechsel zu TuS Köln rrh.); Bundesliga 1991–94; Spielkleidung: Rot/Weiß/Weiß; Stadion: Am Kradepohl, 12000 Plätze. – INTERNET: www.ssg09.de

Spielerinnen (Auswahl): S. Neid.

Bergkamp, Dennis, niederländ. Angriffsspieler, *10. Mai 1969 Amsterdam; 1986–92 Ajax Amsterdam, 1992–95 Inter Mailand, 1995–2005 FC Arsenal; 79 Länderspiele (1990–2000; 37 Tore); WM-Endrunde 1994, 1998; EM-Endrunde 1996, 2000; in den Niederlanden Fußballer des Jahres 1991, 1992, in England Fußballer des Jahres 1998.

Bergmark, Orvar, schwed. Trainer, *16. November 1930 Burea, † 10. Mai 2004; war Abwehrspieler: 1940–47 IF Vargarna Byske, 1947–61 Örebro SK, 1962–64 AS Rom, 1964/65 AIK Solna; 94 Länderspiele (1951–65); WM-Endrunde 1958; in Schweden Fußballer des Jahres 1958. – Später Trainer: 1966–70 Schweden (Nationalmannschaft; WM-Endrunde 1970).

Bergomi, Giuseppe, italien. Abwehrspieler, *22. Dezember 1963 Mailand; 1976–99 Inter Mailand; 519 Serie-A-Spiele; 81 Länderspiele (1982–98); WM-Endrunde 1982 (Weltmeister), 1986, 1990, 1998; EM-Endrunde 1988.

Berhalter, Gregg, US-amerikan. Abwehrspieler, *1. August 1973 Englewood (New Jersey); bis 1995 University of North Carolina, 1995/96 FC Zwolle, 1996/97 Sparta Rotterdam, 1997–2001 SC Cambuur-Leeuwarden, 2001/02 Crystal Palace, 2002–06 FC Energie Cottbus; 23 Bundesligaspiele; 34 Länderspiele; WM-Endrunde 2002.

Berlin, Deutschland, **1) Berliner FC Dynamo** (Berliner Fußballclub Dynamo, Abk. BFC Dynamo), gegr. am 15. Januar 1966, 1990–99 FC Berlin, seitdem wieder Berliner FC Dynamo; Vorgänger: 1952–54 VP (Volkspolizei) und SC Dynamo Berlin; nach der Saison 1953/54 wurde die Mannschaft der SG VP Dresden nach Berlin »delegiert« und bildete ab November 1954 den Stamm des neu gegr. SC Dynamo Berlin; DDR-Oberliga 1954–56, 1958–67, 1968–90; NOFV-Oberliga 1990/91 Spielkleidung: Rot/Weiß/Weiß; Stadion: Sportforum Hohenschönhausen, 12 000 Plätze. – INTERNET: www.bfcdynamo.de

Spieler (Auswahl): B. Bauchspieß – C. Beeck – S. Beinlich– H. Bonan – T. Doll – R. Ernst – F. Götz – W. Heine – H. Herzog – R. Lauck – N. Patschinski – H.-J. und M. Riediger – F. Rohde – B. Rudwaleit – R. Rydlewicz – H. Schoen – G. Schröter – A. Thom – A. Vier. – **Trainer** (Auswahl): J. Bogs – J. Gyarmati – G. Schröter.

2) BFC Germania 88 (Berliner Fußballclub Germania von 1888), gegr. am 15. April 1888 als BFC Germania 1888 (ältester dt. »reiner« Fußballverein), 1946–48 Sportgruppe Neu-Tempelhof, seitdem BFC Germania 88; 1890 und 1891 inoffizieller Dt. Meister; Spielkleidung: Rot/Schwarz/Schwarz; Stadion: Stadion Götzstraße. – INTERNET: bfcgermania88.de

Spieler (Auswahl): W. Baumgärtner.

3) 1. FC Union Berlin (1. Fußballclub Union Berlin), gegr. am 17. Juni 1906 als SC Olympia 06 Oberschöneweide, 1920–45 SC Union 06 Oberschöneweide, 1945–48 SG Oberschöneweide, 1948–50 SC Union 06 Oberschöneweide, 1950/51 SG Union Oberschöneweide (erste Mannschaft wechselte 1950 nach Berlin [West] und gründete dort den SC Union 06 Berlin), 1951–55 BSG Motor Oberschöneweide, 1955–57 SC Motor Oberschöneweide, 1957–63 TSC Oberschöneweide, 1963–66 TSC Berlin, seit 1966 1. FC Union; DDR-Oberliga 1950–53 1966–69, 1970–73, 1976–80, 1982–84; Zweite Bundesliga 2001–04; Spielkleidung: Rot-Weiß/Weiß/Rot; Stadion: Alte Försterei, 18 000 Plätze. – INTERNET: www.fc-union-berlin.de

Spieler (Auswahl): H. Assmy – S. Barbarez – S. Baumgart – C. Beeck – W. Heine – J. Heinrich – H. Isa – P. Közle – T. Kurbjuweit – R. Lauck – N. Patschinski – M. Pieckenhagen – M. Rath – M. Rehmer – M. Rietpietsch – E. Skela – T. Sobotzik – G. Wirth – **Trainer** (Auswahl): F. Bohla – F. Engel – E. Krautzun – F. Lieberam – H. Meyer – F. Pagelsdorf – A. Ristic – U. Schulze – J. Sobek – M. Votava – G. Wassilev – H. Werner.

4) FC Vorwärts Berlin (Fußballclub Vorwärts Berlin), entstand 1953 nach Umzug von SK Vorwärts KVP Leipzig nach Berlin als ZSK Vorwärts KVP Berlin, 1954–56 ASK Vorwärts Berlin, 1956–66 ZASK Vorwärts Berlin, 1966–71 FC Vorwärts Berlin (danach Wechsel nach Frankfurt [Oder], → Frankfurter FC Viktoria '91); DDR-Oberliga: 1954–71; Spielkleidung: Gelb/Rot/Rot; Stadion: Friedrich-Ludwig-Jahn-Sportpark, 15 000 Plätze.

Spieler (Auswahl): H. Assmy – W. Eilitz – O. Fräßdorf – F. Götz – G. Körner – H.-D. Krampe – R. Krause – R. Nachtigall – J. Nöldner – H. Scherbaum – K.-H. Spickenagel – G. Wirth – W. Wolf. – **Trainer** (Auswahl): S. Cambal – J. Gyarmati – W. Wolf.

5) Hertha BSC (Hertha Berliner Sport-Club), gegr. am 25. Juli 1892 als Berliner FC Hertha, 1923 Fusion mit Berliner SC 1899 zu Hertha BSC, 1945 aufgelöst und neu gegr. als SG Gesundbrunnen, im gleichen Jahr wieder umbenannt in in Hertha BSC; Bundesliga 1963–65, 1968–80, 1982/83, 1990/91, 1997–2006; Zweite Bundesliga 1981/82, 1983–86, 1988–90, 1991/92 (Nord), 1992–97; Spielkleidung: Weiß; Stadion: → Olympiastadion [1]. – INTERNET: www.herthabsc.de

Spieler (Auswahl): Alves – M. Basler – Y. Bastürk – E. Beer – S. Beinlich – F. Bobic – R. Bonhof – F. Brungs – E. Cairo – A. Daei – P. Dárdai – S. Deisler – S. Demandt – H. Ehrmantraut – W. Fahrian – M. Feinbier – A. Friedrich – B. Goor – F. Götz – M. Hartmann – T. Helmer – H. Herzog – H. Isa – W. Junghans – S. Karl – G. Király – W. Kleff – U. Kliemaschewski – A. Köpke – K. Konstantinidis – E. Kostedde – A. Kruse – N. Kovač – H. Kreische – W. Kremer – Luizão – I. Mansiz – K. Michalke – A. Neuendorf – N. Nigbur – P. Nogly – Y. Okudera – M. Pantelic – B. Patzke – R. Pinto – M. Preetz – N. Rafael – U. Rahn – C. Ramelow – M. Rath – O. Rehhagel – M. Rehmer – G. Reina – K.-A. Rekdal – J. Riedl – F. Rohde – A. Rraklli – C.-H. Rühl – H. Schön – W. Sidka – J. Simunic – J. Sobek – J. Sundermann – E. Sverrisson – A. Thom – R. Tretschok –Z. Varga – U. Weidemann – A. Wichniarek – C.-D. Wollitz – F. Wormuth –D. Wosz – H. Wolter. – **Trainer** (Auswahl): P. Csernai – G. Gawliczek – F. Götz – R. Gutendorf – G. Kessler – U. Klimaschefski – K. Klötzer – H. Kronsbein – H. Meyer – P. Neururer – J. Röber – H. Schön – G. Sebert – B. Stange – H. Stevens – J. Sundermann.

6) Hertha Zehlendorf, eigtl. »FC Hertha 03 Zehlendorf« (Fußballclub Hertha 03 Zehlendorf), gegr. am 10. März 1903 als Turn- und Fußballclub Germania 1903 Zehlendorf, 1906 Umbenennung in FC Hertha Zehlendorf, 1938 Fusion mit SC Union-Südost zu SC Hertha-Union 1903 Berlin-Zehlendorf, 1939 Beendigung der Fu-sion und Fortsetzung als FC Hertha Zehlendorf, 1945 aufgelöst und neu gegr. als SG Zehlendorf, seit 1949 FC Hertha 03 Zehlendorf; Spielkleidung: Hellblau/Dunkelblau/Weiß; Stadion: Ernst-Reuter-Stadion, 4500 Plätze. – INTERNET: www.h03.de

Spieler (Auswahl): K. Bäron – M. Feinbier – H. Isa – N. und R. Kovac – P. Littbarski – Ramelow – C. Ziege.

7) Reinickendorfer Füchse, gegr. am 28. Januar 1891 als MTV Reinickendorf, 1893–1930 TV Dorner, 1930–37 TSV Dorner 1891, 1937 Fusion mit RFC Halley-Concordia 1910 und Reinickendorfer HC zu TuRa Reinickendorf, 1945 aufgelöst und 1947 als Reinickendorfer Füchse – BTSV 1891 neu gegr., 1948 Anschluss von RFC Halley-Borussia und Umbenennung in Reinickendorfer Füchse; Spielkleidung: Grün/Weiß/Weiß; Stadion: Sportplatz Freiheitsweg, 4000 Plätze. – INTERNET: www.rein-fuechse.de

Spieler (Auswahl): T. Häßler – A. Neuendorf. – **Trainer** (Auswahl): F. Rohde.

8) SC Charlottenburg (Sport-Club Charlottenburg), gegr. 1902 als Sport-Club Charlottenburg 1902, 1911 Fusion mit Sport-Club Westen 05 zu SC Charlottenburg, 1945–49 bei der SG Charlottenburg eingegliedert (→ Berlin [11]), seit 1949 wieder selbstständig; Spielkleidung: Weiß/Schwarz/Schwarz; Stadion: Mommsenstadion, 18 000 Plätze.

Spieler (Auswahl): A. Köpke – H. Wolter. – **Trainer** (Auswahl): F. Jusufi.

9) SV Blau-Weiß (Sportliche Vereinigung Blau-Weiß), entstand 1927 durch Fusion von Berliner TuFC Union 1892 und Berliner FC 92 zu Spvgg. Blau-Weiß 90 Berlin, 1945 aufgelöst und als SG Mariendorf neu gegr., 1949–92 Spvgg. Blau-Weiß 90 Berlin, 1992 aufgelöst und als SV Blau-Weiß neu gegr.; Bundesliga 1986/87; Zweite Bundesliga 1984–86, 1987–91, 1991/92 (Nord); Spielkleidung: Blau/Weiß/Blau; Stadion: Friedrich-Ludwig-Jahn-Sportpark, 12 000 Plätze. – INTERNET: www.svblauweiss.de

Spieler (Auswahl). E. Lehner – A. Neuendorf – R. Vollborn. – **Trainer** (Auswahl): H. Ehrmantraut – U. Klimaschefski.

10) SV Tasmania-Gropiusstadt 73 (Sportverein Tasmania-Gropiusstadt 1973), gegr. am 2. Juni 1900 als Rixdorfer SC Tasmania, 1912–45 Neuköllner SC Tasmania, 1945 aufgelöst und als SG Rixdorf neu gegr., 1949–73 SC Tasmania 1900 Berlin, 1973 aufgelöst und als SV Tasmania-Gropiusstadt 73 neu gegr.; Bundesliga 1965/66; Spielkleidung: Blau/Weiß/Rot; Stadion: Sportpark Neukölln, 3000 Plätze. – INTERNET: www.tasmania-berlin.de

Spieler (Auswahl): H. Szymaniak – C. Ramelow. – **Trainer** (Auswahl): A. Kruse – G. Lóránt.

11) Tennis Borussia (Berliner Tennis Club Borussia), kurz **TeBe** (nach der Lautschrift der Anfangsbuchstaben), gegr. am 9. April 1902 als Berliner Tennis Club Borussia, 1945 aufgelöst und als SG Charlottenburg neu gegr., seit 1949 Tennis Borussia; Bundesliga 1974/75, 1976/77; Zweite Bundesliga 1993/94, 1998–2000; Spielkleidung: Violett/Weiß/Violett; Stadion: Mommsenstadion, 18 000 Plätze. – INTERNET: www.tebe.de

Spieler (Auswahl): B. Akrapovic – A. Bade – H. Berndt – A. Brinkmann – S. Ciric – F. Copado – B. Goldbæk – H. Isa – J. Herberger – D. Jakobs – S. Kirjakov – O. Nerz – P. Peschel – M. Pieckenhagen – C. Ramelow – U. Rapolder – U. Rösler – B. Rudwaleit – K.-H. Schnellinger – R. Tretschok – M. Walker. – **Trainer** (Auswahl): F. Bohla – R. Faßnacht – G. Gawliczek – H. Gerland – R. Gutendorf – H. Johannsen – W. Kremer – O. Nerz – W. Schäfer – M. Slomka – R. Zobel.

12) Türkiyemspor Berlin, gegr. am 10. Oktober 1978 als BFC Izmirsport; Spielkleidung: Blau-Weiß/Blau/Blau; Stadion: Katzbachstadion, 5000 Plätze. – INTERNET: www.tuerkiyemspor.info

Trainer (Auswahl): U. Borowka.

13) VfB Einheit »zu Pankow« (Verein für Bewegungsspiele Einheit »zu Pankow«), gegr. 1893 als VfB Pankow, 1945 aufgelöst und als SG Pankow-Nord neu gegr., 1948–51 VfB Pankow, 1951 Teilung in VfB »zu Pankow« (Berlin/West) und BSG Einheit Pankow (Berlin/Ost), 1990 Beendigung der Teilung und Fusion mit VfB »zu Pankow« zum heutigen VfB Einheit »zu Pankow«; DDR-Oberliga 1950–52; Spielkleidung: Blau-Weiß/Blau/Blau; Stadion: Paul-Zobel-Platz, 3500 Plätze. – INTERNET: www.vfb-einheit-zu-pankow.com

Spieler (Auswahl): H. Assmy – K.-H. Spickenagel.

Berliner Fußball-Verband, Abk. **BVB,** bis 1991 Regionalverband des DFB, seitdem Landesverband im NOFV; war Nachfolgeorganisation des 1897 gegr. »Verbandes Brandenburg. Ballspielvereine«, der nach dem Zweiten Weltkrieg in »Verband Berliner Ballspielvereine« (VBB) umbenannt wurde.

Bermudas, brit. Kronkolonie im westl. Atlantik, 53 km², 64 500 Ew.; Verband: Bermuda Football Association, Abk. BFA, gegr. 1928, Sitz: Hamilton; Mitglied der FIFA seit 1962, der CONCACAF seit 1966; Spielkleidung: Blau. – INTERNET: www.bfa.bm

Bern, Young Boys, eigtl. »BSC Young Boys« (Berner Sport Club Young Boys), Schweiz, gegr. am 14. März 1898 u. a. von in der Schweiz lebenden Engländern; Spielkleidung: Gelb/Weiß/Gelb; Stadion: Stade de Suisse, 32 000 Plätze (EM-Stadion 2008); früher: → Wankdorfstadion. – INTERNET: www.bscyb.ch

Spieler (Auswahl): P. Agostino – A. Allemann – G. Bregy – A. Brülls – S. Chapuisat – Fausto – H. Latour – E. Meier – W. Nausch – K. Odermatt – R. Prytz – U. Rapolder – H. Schneiter – A. Sing – A. Sutter – H. Yakin. – **Trainer** (Auswahl): V. Boskov – P. Csernai – F. Konietzka – G. Rohr – A. Sing.

Bernabéu, Santiago, span. Industrieller, * 8. April 1895 Madrid, † 2. Juni 1978 ebd.; war 1911–26 Angriffsspieler (Mittelstürmer) bei Real Madrid. – Später Generalsekretär der »Königlichen« und 1943 bis zu seinem Tod deren Präsident; initiierte den Bau des nach ihm benannten Großstadions in Madrid (→ Santiago Bernabéu) und führte Real zur Weltklasse.

Bernard, Günter, dt. Torhüter, * 4. November 1939 Schweinfurt; 1957–63 1. FC Schweinfurt 05, 1963–74 SV Werder Bremen, 1974/75 Atlas Delmenhorst; 287 Bundesligaspiele; 5 Länderspiele (1962–68); WM-Endrunde 1966 (nicht eingesetzt). – Sein Vater **Robert B.** (* 1913, † 1990) war Mittelfeldspieler (Läufer): VfR Schweinfurt; 2 Länderspiele (1936).

Bernardi, José Oscar, brasilian. Abwehrspieler, * 20. Juni 1954 Monte Sião; 1972–79 Ponte Preta (Brasilien), 1979/80 Cosmos New York, 1980–87 FC São Paulo, 1987–90 Yokohama Marinos; 60 Länderspiele (1978–86; 2 Tore); WM-Endrunde 1978, 1982, 1986.

Bernardini, Fulvio, italien. Trainer, * 1906, † 1984; war Abwehrspieler (Mittelläufer): Lazio Rom, Inter Mailand und AS Rom; 26 Länderspiele (1925–32). – Später Trainer: 1949/50 AS Rom, 1950–53 AC Vicenza, 1953–58 AC Florenz, 1958–61 Lazio Rom, 1961–65 FC Bologna, Sampdoria Genua und Brescia Calcio, 1974/75 Italien (Nationalmannschaft).

Berndt, Hans (»Hanne«), dt. Angriffsspieler (Mittelstürmer), * 30. Oktober 1913 Berlin, † 9. April 1988 Berlin (West); 1924–32 SC Staaken, 1932–53 Tennis Borussia; 3 Länderspiele (1937/38); spielte repräsentativ für Berlin, nach dem Zweiten Weltkrieg für Berlin (West).

Berner, Bruno, schweizer. Mittelfeldspieler, * 21. November 1977; 1985–92 FC Glattbrugg, 1992–2002 Grasshopper-Club Zürich (2000 ausgeliehen an Real Oviedo, 1 Spiel), 2002–06 FC Freiburg; 45 Bundesligaspiele (1 Tor); 16 Länderspiele; EM-Endrunde 2004.

Berthold, Thomas, dt. Abwehrspieler, * 12. November 1964 Hanau (Hessen); 1971–74 Kewa Wachenbuchen, 1974–78 SG Hochstadt-Wachenbuchen, 1978–87 Eintracht Frankfurt, 1987–89 Hellas Verona, 1989–91 AS Rom, 1991–93 FC Bayern München, 1993–2000 VfB Stuttgart, 2000/01 Adanaspor Kulübü (Türkei); 332 Bundesligaspiele (22 Tore); 62 Länderspiele (1985–994; 1 Tor); WM-Endrunde 1986, 1990 (Weltmeister); EM-Endrunde 1988.

Thomas Berthold

Bertolini, Luigi, italien. Mittelfeldspieler (Läufer), * 13. September 1904, † 11. Februar 1977; US Alessandria und Juventus Turin (1933/34); 26 Länderspiele (1929–35; 3 Tore); Weltmeister 1934.

Bertoni, Daniel Ricardo, argentin. Angriffsspieler, * 14. März 1955 Bahia Blanca; 1971/72 Quilmes, 1972–78 Independiente Buenos Aires, 1978–80 FC Sevilla, 1980–84 AC Florenz, 1984–86 SSC Neapel, 1986/87 Udinese Calcio; 31 Länderspiele (12 Tore); WM-Endrunde 1978 (Weltmeister), 1982.

Berufsspieler, FIFA: Spieler, der den Fußball berufsmäßig, d. h. gegen Entgelt ausübt, wobei er Vergütungen für das Spielen, Gehalt, Prämien u. ä. enthält; auch ein Spieler, der nur einen Scheinberuf oder eine Scheintätigkeit, fiktiv oder simuliert, ausübt. *Berufsfußball* (»bezahlter Fußball«) gab es zuerst in England (Pokal 1872, Meisterschaft 1888). Nach der raschen Verbreitung des Fußballs auf dem europ. Kontinent folgten u. a. Österreich (1924), Ungarn (1926), Tschechoslowakei (1928) sowie Italien und Frankreich (1933). In Deutschland war der Berufsfußball lange umstritten, bis schließlich 1963 mit der Einführung der Bundesliga der Lizenzspielerstatus geschaffen wurde. (→ Nichtamateur)

Berufsspieler
Professional [engl.]
Professionnel [frz.]
Profesional [span.]
Profissional [portugies.]
Professionista [italien.]

Berufung, Protest gegen die Bestrafung oder das Urteil einer Rechtsinstanz; führt zu einer (sport-)gerichtl. Verhandlung *(B.s-Verhandlung)*.

»Beschatten«, svw. → Decken.

Besetzung, svw. → Mannschaftsaufstellung.

Beskow, Konstantin, russ. Trainer, *18. November 1920 Moskau; war Angriffsspieler: 1938–40 Metallurg Moskau, 1941–54 Dynamo Moskau; 2 Länderspiele für die UdSSR (1952); olymp. Fußballturnier 1952. – Später Trainer: 1955–77 mehrere Moskauer Oberligaklubs, 1977–88 Spartak Moskau, 1979–82 UdSSR (Nationalmannschaft, in Personalunion mit Spartak Moskau). 1985 mit dem »Lenin-Orden« geehrt.

Bessonow, Wladimir, ukrain. Angriffsspieler, *3. Mai 1958 Charkow; 1970–75 Metallist Charkow, 1975–90 Dynamo Kiew; 78 Länderspiele für die UdSSR (1977–90); WM-Endrunde1982, 1986, 1990; EM-Endrunde 1988; olymp. Fußballturnier 1980.

George Best

Best, George (»Georgie«), nordir. Angriffsspieler (Außenstürmer), *22. Mai 1946 Creagh (zu Belfast), †25. November 2005 London; 1963–75 Manchester United, 1975 Stockport County, 1976 Los Angeles Aztecs, 1977 FC Fulham, 1977–82 San Francisco Golden Bay, 1982/83 FC Bournemouth; 37 Länderspiele (1964–77; 9 Tore); Europas Fußballer des Jahres 1968. – Er war der erste »Popstar« im Fußball, das »Enfant terrible« im brit. Fußball.

> **G. Best**
> »1969 gab ich mal Alkohol und Frauen auf. Das waren die schlimmsten zwanzig Minuten meines Lebens.«

Bestchastnykh, Vladimir (auch **Bestschastnich,** Wladimir), russ. Angriffsspieler, *1. April 1974; bis 1994 Spartak Moskau, 1994–97 SV Werder Bremen, 1997–2000 Racing Santander, 2000–03 Fenerbahce Istanbul, 2003/04 Kuban Krasnodar, 2005 Dynamo Moskau; 56 Bundesligaspiele (11 Tore); 67 Länderspiele (25 Tore); WM-Endrunde 2002; EM-Endrunde 1996.

Betreuer, svw. → Mannschaftsbetreuer.

Betriebssportgemeinschaft, Abk. **BSG,** DDR: an einen volkseigenen oder genossenschaftl. Betrieb gebundene Einheit des DTSB der DDR; entstanden seit 1948. (→ DDR [ÜBERSICHT])

Bettega, Roberto, italien. Angriffsspieler, *27. Dezember 1950 Turin; 1959–83 Juventus Turin (1969/70 an US Varese ausgeliehen), 1983/84 Toronto Blizzards; 42 Länderspiele (1975–83; 19 Tore); WM-Endrunde 1974, 1978; EM-Endrunde 1980.

»Betzenberg«, Kaiserslautern: → Fritz-Walter-Stadion.

Beveren, KSK (Koninklijke Sportkring Beveren), Belgien, entstand 1934 durch Fusion von Standard und Amical zu SK Beveren-Waes, 1940–78 SK Beveren-Waas, 1978–84 SK Beveren, seitdem KSK Beveren; Spielkleidung: Gelb-Blau/Blau/Gelb-Blau; Stadion: Freethiel, 13 290 Plätze. – INTERNET: www.kskbeveren.be

Spieler (Auswahl) G. Lato – J.-M. Pfaff – W. van Moer. – **Trainer** (Auswahl): L. Novak – G. Thys.

Bewerbspiel, Österreich: Bez. für ein Pflichtspiel.

»bezahlter Fußball«, svw. Berufsfußball (→ Berufsspieler).

Bezirksklasse, NOFV: untere (6.) Spielklasse; nächsthöhere ist die → Bezirksliga [1], nächstniedrige die → Kreisliga.

Bezirksliga, 1) DFB: untere (5.) Spielklasse, nächsthöhere ist die → Landesliga [1], nächstniedrigere die → Bezirksklasse. – **2)** ÖFB: im Bundesland Oberösterreich die dritthöchste Spielklasse (4 Gruppen).

BFA, 1) Abk. für **B**ahamas **F**ootball **A**ssociation, den Fußballverband der → Bahamas. – **2)** Abk. für **B**ahrain **F**ootball **A**ssociation, den Fußballverband von → Bahrain. – **3)** Abk. für **B**arbados **F**ootball **A**ssociation, den Fußballverband von → Barbados. – **4)** Abk. für **B**ermuda **F**ootball **A**ssociation, den Fußballverband der → Bermudas. – **5)** Abk. für **B**otswana **F**ootball **A**ssociation, den Fußballverband von → Botswana.

BFC, Abk. für **B**erliner **F**ußball**c**lub, z. B. BFC Germania 88 (historisch; → Berlin [2]), BFC Dynamo (DDR/Deutschland; → Berlin [1]).

BFF, 1) Abk. für **B**angladesh **F**ootball **F**ederation, den Fußballverband von → Bangladesh. – **2)** Abk. für **B**hutan **F**ootball **F**ederation, den Fußballverband von → Bhutan. – **3)** Abk. für **B**elarus **F**ootball **F**ederation, den Fußballverband von → Weißrussland.

BFU, Abk. für **B**ulgarian **F**ootball **U**nion, den Fußballverband von → Bulgarien.

BFV, Abk. für → **B**urgenländischer **F**ußball**v**erband.

Bhutan, Königreich im östl. Himalaja, 47 000 km², 2,140 Mio. Ew.; Verband: Bhutan Football Federation, Abk. BFF, gegr. 1983, Sitz: Thimphu; Mitglied der FIFA seit 2000, der OFC seit 1993; Spielkleidung: Gelb-Rot/Gelb-Rot/Gelb-Rot.

Bianchi, Carlos, argentin. Trainer, *26. April 1949 Buenos Aires; war Angriffsspieler: 1962–73 Vélez Sarsfield, 1973–77 Stade Reims, 1977–79 Paris Saint-Germain, 1979/80 RC Straßburg, 1980–84 Vélez Sarsfield; 14 Länderspiele (7 Tore). – Später Trainer: 1984–88 Stade Reims, 1989/90 OGC Nizza, 1991/92 Paris Saint-Germain, 1993–96 Vélez Sarsfield, 1996/97 AS Rom, 1998–2004 Boca Juniors Buenos Aires, 2005 Atlético Madrid; Welt-Clubtrainer des Jahres 2000, 2003.

C. Bianchi: Erfolgsstationen (Auswahl)	
Vélez Sarsfield	LM 1993, 1996 Copa Libertadores de América 1994 Weltpokal 1994
Boca Juniors Buenos Aires	LM 1999 Copa Libertadores de América 2000, 2001, 2003 Weltpokal 2000, 2003

Bican, Josef (»Pepi«), österr. Mittelfeldspieler (Halbstürmer) tschech. Herkunft, *25. September 1913 Wien, † 12. Dezember 2001 Prag; 1923–28 Hertha Wien, 1928–31 Schustek und Farbenlutz Wien (Firmenmannschaft), 1931–34 Rapid Wien, 1935–37 Admira Wien, 1937–48 Slavia Prag, 1949–52 TJ VZKG Vitkovice; 19 Länderspiele für Österreich (1933–36; 14 Tore), 14 für die Tschechoslowakei (1938–49, 12 Tore); WM-Endrunde 1934; Repräsentant der →»Wiener Schule« und Mitglied des →»Wunderteams«.

Bickel, 1) Alfred, schweizer. Angriffsspieler, *12. Mai 1918 Seebach (Kt. Zürich), Vater von 2); 1930–34 SV Seebach, 1934–56 Grasshopper-Club Zürich und FC Zürich; 71 Länderspiele (1936–54; 15 Tore); WM-Endrunde 1938, 1950. – **2)** Thomas, schweizer. Mittelfeldspieler, *6. Oktober 1963 Aarberg (Kt. Bern), Sohn von 1); bis 1984 SC Ägerten-Brügg, 1984/85 FC Biel, 1985–88 FC Zürich, 1988–95 Grasshopper-Club Zürich; 37 Länderspiele (1986–94; 3 Tore); WM-Endrunde 1994; in der Schweiz Fußballer des Jahres 1994.

Bicovsky, Premysl, tschech. Angriffsspieler (Außenstürmer), *18. August 1950; 1960–67 Jiskra Kostany, 1967–70 TJ Sklo Union Teplice, 1970–72 Dukla Prag, 1972–76 TJ Slovan Teplice, 1976–83 TJ Bohemians CKD Prag, 1984–87 SC Eisenstadt, 1987–89 VfB Mödling; 45 Länderspiele für die ČSSR (1970–83; 11 Tore); WM-Endrunde 1982.

Biel, FC (Fußballclub Biel), Schweiz (Kt. Bern), gegr. am 13. November 1896 als Football-Club de Bienne, 1907 Fusion mit FC Floria zu Vereinigter Fußball-Klub Biel, seit 1911 FC Biel; Spielkleidung: Rot; Stadion: »Gurzelen«, 15 000 Plätze. – INTERNET: www.fcbiel-bienne.ch

Spieler (Auswahl): R. Ballaman – T. Bickel – J. Derwall – A. Ondrus. – **Trainer** (Auswahl): J. Derwall – W. Hahnemann.

Bielefeld, Arminia, eigtl. »DSC Arminia Bielefeld« (Deutscher Sportclub Arminia Bielefeld), Deutschland (Nordrhein-Westfalen), gegr. am 5. Mai 1905 als 1. Bielefelder FC Arminia, 1907 Fusion mit FC Siegfried Bielefeld, 1919 Fusion mit Bielefelder TG 48 zu TG Arminia Bielefeld (1922 aufgelöst und neu gegr.), 1922–26 1. Bielefelder FC Arminia, seitdem DSC Arminia Bielefeld; Bundesliga 1970–72 (Lizenzentzug 1972), 1978/79, 1980–85, 1996–98, 1999/2000, 2002/03, 2004–06; Zweite Bundesliga 1985–88, 1995/96, 1998/99, 2000–02, 2003/04; Spielkleidung: Blau-Weiß/Schwarz/Weiß; Stadion: Schüco-Arena, 26 601 Plätze (früher: »Alm«). – INTERNET: www.dsc-arminia-bielefeld.de

Spieler (Auswahl): J. Böhme – D. Brei – A. Brinkmann – D. Buckley – D. Burdenski – D.-R. Cha – A. Daei – D. Dammeier – F. Foda – A. Friedrich – U. Fuchs – J. Gelsdorf – H. Gerber – M. Hain – M. Heinz – T. Helmer – D. Hupe – R. Kauf – G. Koch – S. Kohn – L.-G. Köstner – N. Krupnikovic – R. Kucera – S. Kuntz – B. Labbadia – E. Lienen – M. Maric – R. Maurer – S. Meißner – H.-W. Moors – P. Owomoyela – F. Pagelsdorf – Z. Radovic – T. Rau – P. Rautiainen – G. Reina – J. Riedl – G. Roggensack – R. Rydlewicz – E. Skela – U. Stein – M. Sternkopf – T. von Heesen – F. Walter – M. Weissenberger – A. Wichniarek – A. Vier – T. Wohlers – S. Zuma. – **Trainer** (Auswahl): R. Faßnacht – K. Feldkamp – R. Gebhardt – H. Gerland – H. Köppel – E. Middendorp – B. Möhlmann – I. Peter – U. Rapolder – O. Rehhagel – G. Roggensack – W. Sidka – T. von Heesen.

Bielsa, Marcelo, argentin. Trainer, *21. Juli 1955 Rosario; war Mittelfeldspieler: 1969–79 Newell's Old Boys, 1979 Instituto AC Córdoba, 1980 Club Argentino de Rosario. – Später Trainer: 1982–89 Newell's Old Boys (Nachwuchs), 1992–96 Atlas Guadalajara, 1996/97 CF América, 1997/98 Vélez Sarsfield, 1998 Espanyol Barcelona, 1998–2004 Argentinien (Nationalmannschaft [WM-Endrunde 2002]; Olympiaauswahl [Olympiasieger 2004]); Welt-Nationaltrainer des Jahres 2001.

Bienne, Schweiz: frz. für → Biel ...

Bierhoff, Oliver, dt. Funktionär, *1. Mai 1968 Karlsruhe; war Angriffsspieler: 1974–78 Essener SG 99/06, 1978–85 Schwarz-Weiß Essen, 1985–88 Bayer 05 Uerdingen, 1988/89 Hamburger SV, 1990 Borussia Mönchengladbach, 1990/91 Casino Salzburg, 1991–95 Ascoli Calcio, 1995–98 Udinese Calcio, 1998–2001 AC Mailand, 2001/02 AS Monaco, 2002/03 AC Chievo Verona; 73 Bundesligaspiele (10 Tore); 209 Serie-A-Spiele (104 Tore); Serie-A-Torschützenkönig 1998; 70 Länderspiele (1996–2002; 37 Tore); WM-Endrunde 1998, 2002; EM-Endrunde 1996 (Europameister), 2000; in Deutschland Fußballer des Jahres 1998. – Seit Juli 2004 DFB-Nationalmannschafts-Manager.

Bierofka, Daniel, dt. Mittelfeldspieler, *7. Februar 1979 München; bis 1994 SpVgg Unterhaching, 1994–2000 FC Bayern München, 2000–02 TSV München 1860, 2002–05 Bayer 04 Leverkusen, 2005/06 VfB Stuttgart; 133 Bundesligaspiele (19 Tore); 3 Länderspiele (2002; 1 Tor).

Bilardo, Carlos Salvador, argentin. Trainer (Dr. med.), *16. März 1938 La Paternal (zu Buenos Aires); war Mttelfeldspieler: 1955–60 San Lorenzo de Almagro, 1961–65 Deportivo Español Buenos Aires, 1965–70 Estudiantes de La Plata. – Später Trainer: 1971–76 Estudiantes de La Plata, 1977/78 Deportivo Cali (Kolumbien), 1979 San Lorenzo de Almagro, 1980/81 Kolumbien (Nationalmannschaft), 1982 Estudiantes de La Plata, 1983–90 Argentinien (Nationalmannschaft; Weltmeister 1986, WM-Endrunde 1990), 1992/93 FC Sevilla, 1994–96 Boca Juniors Buenos Aires, 1997 FC Sevilla, 1997–2000 Libyen (Nationalmannschaft), 2003 Estudiantes de La Plata.

Bilbao, Athletic (Athletic Club de Bilbao), Spanien, gegr. 1898 als Athletic Bilbao, 1940–72 Atlético Bilbao, seitdem wieder Athletic Bilbao; Spielkleidung: Rot-Weiß/ Schwarz/ Schwarz; Stadion: Estadio San Mamés, 40300 Plätze. – INTERNET: www.athletic-club.es

Spieler (Auswahl): J. L. Guerrero – B. V. Lizarazu – A. Zubizarreta Urreta. – **Trainer** (Auswahl): J. Clemente – J. Heynckes – H. Senekowitsch – D. Stepanovic.

»Bilderbuchaktion«, optisch attraktive und dabei wirkungsvolle Spielhandlung. Als »Bilderbuchkombination« bezeichnet man das direkte, Lehrbuch reife Weiterleiten des Balles über mehrere Stationen, ohne dass der Gegner in Ballbesitz gelangt.

Binder, Franz (»Bimbo«), österr. Angriffsspieler (Mittelstürmer), *1. Dezember 1911 St. Pölten, † 24. April 1989 Wien; 1921–30 ASK Schwarze Elf St. Pölten, 1930–49 Rapid Wien (Repräsentant der → »Wiener Schule«); 756 Spiele (1006 Tore) für Rapid; sechsmal österr. Torschützenkönig (1933, 1937–1941); 19 Länderspiele für Österreich (1933–37 und 1945–47; 16 Tore), 9 für Deutschland nach Annexion Österreichs (1939–41; 10 Tore); WM-Endrunde 1934; in Österreich Fußballer des Jahres 1946, 1948, 1949. – Später Sektionsleiter (1945–51 und 1962–66 Rapid Wien) und Trainer (Jahn Regensburg, 1. FC Nürnberg, PSV Eindhoven, TSV München 1860, 1975/76 Rapid Wien [LM 1976]).

Bindewald, Uwe, dt. Abwehrspieler, *13. August 1968 Friedberg (Hessen); bis 1986 SG Dornheim und SG Melbach-Södel, 1986/87 Kickers Offenbach, 1987–2004 Eintracht Frankfurt, 2004/05 1. FC Eschborn; 263 Bundesligaspiele (2 Tore).

»Bindung«, spieler. Abstimmung und Harmonie innerhalb einer Mannschaft; gibt es keine »B.«, fehlt der Spielfluss. – Auch: »Der eingewechselte Spieler fand keine ›B.‹.«

Bingen, Hassia, eigtl. »BFV Hassia 1910« (Binger Fußballvereinigung Hassia 1910), Deutschland (Bingen am Rhein [Rheinland-Pfalz]), gegr. am 1. September 1910 als Binger FV, 1925 Fusion mit Hassia Kempten zu Binger FVgg Hassia, 1946 aufgelöst und als SV Bingen neu gegr., seit 1949 Hassia Bingen; Spielkleidung: Rot/Schwarz/Rot; Stadion: Stadion am Hessenhaus, 5000 Plätze. – INTERNET: www.hassia-bingen.de

Spieler (Auswahl): P. Eich.

Bingham, William (»Billy«), nordir. Trainer, *5. April 1928; war Angriffsspieler: 1942–50 FC Glentoran, 1950–58 FC Sunderland, 1958–60 Luton Town, 1960–63 FC Everton, 1963/64 FC Port Vale; 56 Länderspiele (1951–63; 9 Tore); WM-Endrunde 1958. – Später Trainer (z. T. in Personalunion): 1967–71 Nordirland (Nationalmannschaft), 1968–70 FC Lienfield, 1971–74 Griechenland (Nationalmannschaft), 1973–77 FC Everton, 1978/79 Mansfield Town, 1980–93 Nordirland (Nationalmannschaft), 1986/87 Saudi-Arabien (Vereinstrainer).

Binz, Manfred, dt. Abwehrspieler, *22. September 1965 Bockenheim (Rheinland-Pfalz); 1971–79 VfR Bockenheim und BSC Schwarz-Weiß Frankfurt 1919, 1979–96 Eintracht Frankfurt, 1997–99 Borussia Dortmund, 1999–2002 Kickers Offenbach, 2002/03 Eintracht Frankfurt (Amateure), 2003/04 KSV Klein-Karben; 349 Bundesligaspiele (26 Tore); 12 Länderspiele (1990–92; 1 Tor); EM-Endrunde 1992. – Später Trainer: 2004–06 Kickers Offenbach (Trainerassistent).

Birma, engl. ***Burma***, seit 1989 amtlich ***Myanmar***, Republik im Nordwesten Hinterindiens,

678 500 km², 42,511 Mio. Ew.; Verband: Myanmar Football Federation, Abk. MFF, gegr. 1947, Sitz: Rangun (amtlich Yangon); Mitglied der FIFA seit 1957, der AFC seit 1954; Spielkleidung: Rot/Weiß/Rot.

Birmingham, England, **1) Aston Villa,** eigtl. »Aston Villa FC« (Aston Villa Football Club), gegr. 1874 als Nachfolger des 1872–74 existierenden Birmingham C & FC (seit 1885 Profifußball); Spielkleidung: Rot-Blau/Weiß/Blau; Stadion: Villa Park, 39 372 Plätze. – Internationale Erfolge: EC I 1982, (Europa-)Supercup 1982. – INTERNET: astonvilla-fc.co.uk

Spieler (Auswahl): M. Allbäck – Ö. Alpay– B. Balaban – M. Baroš – S. Beinlich – P. Berger – M. Bosnich – R. Blanchflower – D. Ginola – T. Hitzlsperger – D. James – A. McInally – D. A. Platt – D. Saunders – P. Schmeichel – D. Six – S. Staunton – D. Yorke. – **Trainer** (Auswahl): T. Docherty – J. Mercer – J. Vengloš.

2) Birmingham City, eigtl. »Birmingham City FC« (Birmingham City Football Club), gegr. 1875 als Small Heath Alliance Birmingham, 1905–45 Birmingham FC, seitdem Birmingham City FC; Spielkleidung: Blau/Weiß/Weiß; Stadion: St. Andrews, 30 016 Plätze. – INTERNET: www.bcfc.com

Spieler (Auswahl): C. Dugarry – M. Forssell – T. Francis – J. Grønkjær – A. Johnson – A. Kelly – D. Seaman – A. Tarantini – D. Yorke. – **Trainer** (Auswahl): S. Cullis – T. Francis.

3) West Bromwich Albion, eigtl. »West Bromwich Albion FC« (West Bromwich Football Club), gegr. 1879 als West Bromwich Strollers, seit 1881 West Bromwich Albion FC (seit 1885 Profifußball); Spielkleidung: Blau/Weiß/Weiß; Stadion: The Hawthorns, 25 396 Plätze. – INTERNET: wba.co.uk

Spieler (Auswahl): B. Haas – G. Hurst – N. Kanu – B. Robson – R. W. Robson – U. Rösler. – **Trainer** (Auswahl): B. Robson.

Biró, Sándor, ungar. Abwehrspieler, * 19. August 1911, † 1988; 1925–48 Hungária FC bzw. MTK Budapest und Ujpest Budapest; 53 Länderspiele (1932–46); WM-Endrunde 1934, 1938.

Bisanz, Gero, dt. Trainer, * 3. November 1935 Koppelgrund (Westpreußen [heute: Kunojad, Polen]); 1969/70 Ford Niehl, 1970–72 1. FC Köln (Amateure), 1972/73 Bayer 04 Leverkusen, 1974/75 TuS Lindlar, 1975–80 1. FC Köln (Amateure), 1981–96 DFB (bis 1982 B-Nationalmannschaft, 1982–96 Nationalmannschaft der Frauen; WM-Endrunde 1991, 1995; Europameister 1989, 1991, 1995; EM-Endrunde 1993).

Bischofswerdaer FV 08 (Bischofswerdaer Fußballverein 1908), Deutschland (Bischofswerda [Sachsen]), gegr. am 4. Juli 1908 als FC Germania Bischofswerda, 1919–40 SV Bischofswerda 08, 1945 SG 08 Bischofswerda, 1946–48 BSG Industrie Bischofswerda, 1948–53 SG Bischofswerda, 1953–56 BSG Einheit Bischofswerda, 1956–72 BSG Motor Bischofswerda, 1972–91 BSG Fortschritt Bischofswerda, seitdem Bischofswerdaer FV 08; DDR-Oberliga 1986/87, 1989/90; Spielkleidung: Blau; Stadion: Stadion der Jugend, 10 000 Plätze.

Spieler (Auswahl): T. Ritter.

Biskup, Werner, dt. Trainer, * 26. April 1942 Bottrop; war Abwehrspieler: bis 1964 VfB Bottrop, 1964/65 Bayer 04 Leverkusen, 1966/67 Fortuna Düsseldorf, 1968–72 1. FC Köln, 1972/73 FC Lüttich; 140 Bundesligaspiele (11 Tore). – Später Trainer: 1975/76 FC Lüttich, 1976–80 Preußen Münster, 1980/81 VfL Osnabrück, 1981–83 Bayer 05 Uerdingen, 1983–86 Hannover 96, 1986 Arminia Hannover, 1986/87 Hessen Kassel, 1988/89 Trabzonspor, 1993–94 VfL Osnabrück, 1995–2000 VfL Köthen (Sachsen-Anhalt), 2000/01 BV Cloppenburg.

Bistrita, Gloria, eigtl. »FC Gloria Bistrita« (Fotbal Club Gloria Bistrita), Rumänien, gegr. 1922 als CS Gloria Bistrita, 1954–56 Progresul Bistrita, 1956–92 CS Gloria Bistrita, seitdem FC Gloria Bistrita; Spielkleidung: Blau/Weiß/Weiß; Stadion: Gloria, 15 000 Plätze. – INTERNET: www.cfgloria.ro

Spieler (Auswahl): I. Ganea – V. Miriuta.

Bittencourt, Franklin, brasilian. Angriffsspieler, * 24. Februar 1969 Rio de Janeiro; 1979–89 Fluminense Rio de Janeiro, 1989–91 Bragentino São Paulo, 1991–97 VfB Leipzig, 1998–03 FC Energie Cottbus, 2003/04 SG Blau-Gelb Laubsdorf (Brandenburg); 61 Bundesligaspiele (6 Tore).

Bitterfeld, Eintracht, eigtl. »VfL Eintracht Bitterfeld 1992« (Verein für Leibesübungen Eintracht Bitterfeld 1992), Deutschland (Sachsen-Anhalt), gegr. im Mai 1911 als VFBS Bitterfeld, im gleichen Jahr Anschluss von Phönix Bitterfeld und Fortsetzung als VfL Bitterfeld, 1920 Anschluss des Turnvereins 1848 Bitterfeld, 1945 aufgelöst und als SG Eintracht Bitterfeld neu gegr., 1946/47 Kombi Mitte Bitterfeld, 1947/48 Kombi Ost Bitterfeld, 1948–91 BSG Chemie Bitterfeld, 1991 Zusammenschluss mit FC Blau-Weiß Bitterfeld (gegr. 1965 als SG Dynamo Bitterfeld) zu FC Blau-Weiß/Chemie Bitterfeld, 1992 Zusammenschluss mit VfL Einheit Bitterfeld (gegr. 1949 als BSG Einheit Bitterfeld) zu Eintracht Bitterfeld; Spielkleidung: Weiß/Rot/Rot; Stadion: Fritz-Heinrich-Stadion, 2000 Plätze. – INTERNET: www.vfl-eintracht-bitterfeld.de

Trainer (Auswahl): E. Mosert – O. Werkmeister.

Björnmose, Ole, dän. Mittelfeldspieler, * 7. Mai 1944; bis 1966 BK 09 Odense, 1966–71 SV Werder Bremen, 1971–77 Hamburger SV; 323 Bundesligaspiele (52 Tore); 25 Länderspiele (6 Tore).

Blackburn Rovers, eigtl. »Blackburn Rovers FC« (Blackburn Rovers Football Club), England (Blackburn), gegr. 1875 (seit 1880 Profifußball); Spielkleidung: Weiß/Blau/Weiß; Stadion: Ewood Park, 31 169 Plätze. – INTERNET: www.rovers.co.uk
Spieler (Auswahl): P. J. Andersson – O. C. Ardiles – D. Baggio – M. Dahlin – Y. Djorkaeff – A. Kelly – O. Kondé – H. Şükür. – **Trainer** (Auswahl): R. Hodgson.

»Blackout« [engl., »Verdunkelung«], Bez. für das plötzl. Versagen der geistigen Wahrnehmung einer aktuellen Spielszene; der betreffende Spieler »schaltet ab« bzw. hat einen »Aussetzer«. In harmlosen Situationen meist ohne Folgen, kann ein »B.« in Tornähe gefährlich werden (eigenes Tor) bzw. eine verheißungsvolle Chance verstreichen lassen (gegner. Tor).

Blackpool, FC, eigtl. »Blackpool FC« (Blackpool Football Club), England, gegr. 1887 als Blackpool St. John, 1899 Fusion mit South Shore zu Blackpool FC; Spielkleidung: Orange-Weiß/Schwarz/Weiß; Stadion: Bloomfield Road, 11 295 Plätze. – INTERNET: www.blackpoolfc.premiumtv.co.uk
Spieler (Auswahl): J. Armfield – A. Ball – E. Hughes – S. Matthews – S. H. Mortensen. – **Trainer** (Auswahl): A. Ball – S. H. Mortensen.

Blanc, Laurent, frz. Abwehrspieler, * 19. November 1965 Alès; 1983–91 Montpellier Pallaide SC bzw. HSC Montpellier, 1991–94 SSC Neapel, 1994–96 AJ Auxerre, 1996/97 FC Barcelona, 1997–99 Olympique Marseille, 1999–2001 Inter Mailand, 2001–03 Manchester United; 25 Länderspiele (1989–2000; 4 Tore); Weltmeister 1998; EM-Endrunde 1992, Europameister 2000; in Frankreich Fußballer des Jahres 1990.

Blanchflower, Robert (»Danny«), nordir. Mittelfeldspieler (Außenläufer), * 10. Februar 1926 Belfast; 1945–48 FC Glentoran, 1948 FC Swindon Town, 1948–51 FC Barnsley, 1951–54 Aston Villa, 1954–64 Tottenham Hotspur; 56 Länderspiele (1949–62); WM-Endrunde 1958.

Blanco, Cuauhtémoc, mexikan. Angriffsspieler, * 17. Januar 1973 Mexiko City; 1992–97 CF América, 1997/98 Necaxa Mexiko, 1998–2000 CF América, 2001/02 Real Valladolid, 2002–04 CF América, 2004 FC Vera Cruz, 2005 CF América; 83 Länderspiele (30 Tore); WM-Endrunde 1998, 2002.

B-Länderspiel, Spiel zw. 2 der FIFA angehörenden Landesverbände, für das beide Verbände eine andere als ihre erste repräsentative Nationalmannschaft stellen; kaum noch üblich, da durch Nachwuchsmannschaften ersetzt.

Blank, Stefan, dt. Abwehrspieler, * 10. März 1977 Gelsenkirchen; 1985–90 FC Schalke 04, 1990–98 SG Wattenscheid 09, 1998–2000 Hannover 96, 2000/01 VfB Stuttgart, 2001/02 SV Werder Bremen, 2003 FC St. Pauli, 2003/04 Alemannia Aachen, 2005/06 1. FC Kaiserslautern; 32 Bundesligaspiele (5 Tore).

Joseph S. Blatter

»blass« → Fußballerjargon.

Blatter, Joseph S. (Sepp), schweizer. Funktionär, * 10. März 1936 Visp (Kt. Wallis); spielte 1948–71 beim FC Visp (Amateurliga); 1977–81 Techn. Direktor und 1981–98 Generalsekretär der FIFA, seitdem FIFA-Präsident (Vorgänger: J. → Havelange), seit 1999 IOC-Mitglied.

J. S. Blatter: Präsidialzeit
2000 olympisches Fußballturnier
2002 WM-Endrunde
2004 olympisches Fußballturnier
2006 WM-Endrunde

Blau-Weiß, SV, Deutschland: → Berlin [9].

Blazevic, Miroslav, kroat. Trainer, * 10. Februar 1935; war Mittelfeldspieler: 1964/65 FC Sion. – Später Trainer: 1973–76 FC Sion (PS 1974), 1976–79 Lausanne Sports, 1982/83 Dinamo Zagreb (PS 1983), 1983/84 Grasshopper-Club Zürich (LM 1984), 1988–91 FC Nantes, 1993/94 Dinamo Zagreb, 1996–2000 Kroatien (Nationalmannschaft; EM-Endrunde 1996, WM-Endrunde 1998), 2004/05 Varteks Varaždin, 2005 Hajduk Split.

M. Blazevic
»Ich habe die Information bekommen, dass unser Gegner die Absicht hat zu siegen.«

»blind« → Fußballerjargon.

»blindes Verstehen«, miteinander eingespielt sein; Voraussehen der Aktion bzw. Reaktion des Mitspielers vor, während oder nach dessen Ballannahme.

»Blitzturnier«, meist während der Saisonvorbereitung meist in einem kleineren Ort ausgetragenes Kurzturnier mit meist 3 Teams; zur Durchführung gelangen 3 Spiele (jeder gegen jeden) zu je 45 min (insgesamt 135 min), sodass jedes Team 90 min ausgelastet ist.

Blochin, andere Schreibweise für → Blokhin ...

Blochwitz, Wolfgang, dt. Torhüter, * 8. Februar 1941, † 8. Mai 2005 Bad Berka (Thüringen); 1960–66 SC Aufbau bzw. 1. FC Magdeburg, 1966–74 FC Carl Zeiss Jena; 275 Oberligaspiele; 19 Länderspiele (1966–74); WM-Endrunde 1974 (nicht eingesetzt).

Blokhin, Oleg (auch **Blochin**), ukrain. Trainer, * 5. November 1952 Kiew; war Angriffsspieler (Linksaußen): 1962–88 Dynamo Kiew, 1988/89 Vorwärts Steyr; 112 Länderspiele für die UdSSR (1972–86; 42 Tore); WM-Endrunde 1982, 1986; olymp. Fußballturnier 1972, 1976; Europas Fußballer des Jahres 1975, 1986. – Wurde später Trainer: 1990–93 Olympiakos Piräus, 1993/94 PAOK Saloniki, 1994–96 Ionikos Nikea (Griechenland), 1998 PAOK Saloniki, 1998/99 AEK Athen, 2000–02 Ionikos Nikea, 2003–06 Ukraine (Nationalmannschaft).

Oleg Blochin

Bloomer, Stephen (»Steve«), engl. Angriffsspieler, * 20. Januar 1874 Cradley Heath, † 16. April 1938; 1892–1906 Derby Schools und Derby Swift, 1906–10 FC Middlesbrough, 1910–14 Derby County; 23 Länderspiele (1895–1907; 28 Tore).

Blšany, Chemel, eigtl. »FK Chemel Blšany« (Fotbalovy Klub Chemel Blšany), Tschech. Republik, gegr. 1946 als Sokol Blšany, 1966–85 TJ Sokol Blšany, 1985–91 TJ JZD Blšany, 1991/92 SK Chmel Blšany, seitdem FK Chemel Blšany; Spielkleidung: Gelb/Blau/Blau; Stadion: FK Chmel Blsany, 2300 Plätze. – INTERNET: www.fkblsany.cz

Spieler (Auswahl): P. Cech.

Blum, Josef (»Pepi«), österr. Abwehrspieler, * 4. Februar 1898 Wien, † 16. Oktober 1956 ebd.; 1912–16 Nußdorfer AC, 1916–33 Vienna Wien; 50 Länderspiele (1920–32; 2 Tore); WM-Endrunde 1934; Mitglied des → »Wunderteams«. – Später Trainer: 1933–35 Austria Wien.

»Board«, Kurz-Bez. für → International Football Association Board.

Boban, Zvonimir, kroat. Mittelfeldspieler, * 8. Oktober 1968 Imotski; 1985–91 Dinamo Zagreb, 1991/92 AS Bari, 1992–2001 AC Mailand, 2001/02 Celta Vigo; 8 Länderspiele für Jugoslawien (1989–91), 43 Länderspiele für Kroatien (1991–99; 12 Tore); WM-Endrunde 1998; EM-Endrunde 1996; in Kroatien Fußballer des Jahres 1991, 1999.

Bobek, Stefan, kroat. Angriffsspieler, * 3. Dezember 1923 Zagreb; 1938–42 SK Zagreb, 1942–44 Licanin, 1945 Gradjanski Zagreb, 1945–58 Partizan Belgrad; 63 Länderspiele für Jugoslawien (1946–56; 37 Tore); WM-Endrunde 1950, 1954; olymp. Fußballturnier 1948, 1952.

Bobic, Fredi, dt. Angriffsspieler slowen. Herkunft (seit 1992 dt. Staatsbürgerschaft), * 30. Oktober 1971 Maribor; 1979/80 VfR Bad Cannstatt, 1980–86 VfB Stuttgart, 1986–90 Stuttgarter Kickers, 1990–92 TSF Ditzingen, 1992–94 Stuttgarter Kickers, 1994–99 VfB Stuttgart, 1999–2001 Borussia Dortmund, 2002 Bolton Wanderers und Borussia Dortmund, 2002/03 Hannover 96, 2003–05 Hertha BSC, 2006 HNK Rijeka; 285 Bundesligaspiele (108 Tore); Bundesliga-Torschützenkönig 1996 (17); 37 Länderspiele (1994–2004; 10 Tore); EM-Endrunde 1996 (Europameister), 2004.

> **F. Bobic**
> »Man darf jetzt nicht alles so schlecht reden wie es war.«

Bobrow, Wsewolod Michailow, russ. Angriffsspieler (Mittelstürmer), * 1. Dezember 1922 Petrograd (heute: St. Petersburg), † 1. Juli 1979; spielte international Fußball und Eishockey; Fußballstationen: 1939–41 Dynamo Leningrad, 1941–44 Progres Omsk, 1945–52 ZSKA Moskau, 1953 Spartak Moskau; 3 Länderspiele für die UdSSR (1952; 5 Tore); olymp. Fußballturnier 1952.

Bobruisk, Belschina, eigtl. »FK Belshina Bobruysk« (Futbolnyj Klub Belshina Bobruysk), Weißrussland, gegr. 1977 als Shinnik Bobruysk, seit 1996 FK Belshina Bobruysk; Spielkleidung: Schwarz/Weiß/Rot; Stadion: Spartak, 3000 Plätze.

Bocholt, 1. FC (1. Fußballclub Bocholt), Deutschland (Nordrhein-Westfalen), gegr. am 21. August 1900 als Bocholter Fußballclub 1900, 1937 Fusion mit BSV Bochum 1909 zu BSV Bochum 1900, 1949 Umbenennung in 1. Fußballclub Bocholt; Spielkleidung: Weiß/Schwarz/Schwarz; Stadion: Stadion am Hünting, 18 000 Plätze. – INTERNET: www.1fcbocholt.de

Spieler (Auswahl): M. Bockenfeld – G. Canale – H. Osieck. – **Trainer** (Auswahl): F.-J. Tenhagen

Bochum, Deutschland (Nordrhein-Westfalen), **1) SG Wattenscheid 09** (Sportgemeinschaft Wattenscheid von 1909), Wattenscheid: Ortsteil von

Bochum; gegr. am 18. September 1909 als BV 1909 Wattenscheid, 1919 Fusion mit TV 1901 Wattenscheid zu TBV 1901 Wattenscheid (1923 Auflösung der Fusion), 1923–34 BV 09 Wattenscheid, 1934 Fusion mit SG 1930 Wattenscheid zu SG 09/30 Wattenscheid, seit 1945 SG Wattenscheid 09; Bundesliga 1990–94; Zweite Bundesliga 1981–90, 1994–96, 1997–99; Spielkleidung: Weiß/Schwarz/Weiß; Stadion: Lorheidestadion, 15 000 Plätze. – INTERNET: www.sgwattenscheid09.de

Spieler (Auswahl): S. Allievi – H. und H. Altintop – M. Banach – Y. Bastürk – S. Blank – H. Bongartz – H.-G. Bruns – M. Ebbers – U. Erkenbrecher – T. Fink – U. Gospodarek – G. Hermann – K. Hutwelker – L. Kobluhn – S. Kohn – M. Lameck – M. Lesniak –T. Maric – K. Michalke – H.-W. Moser – U. Neuhaus – M. Preetz – P. Rautiainen – G. Reina – S. Sané – M. Schupp – M. Skibbe – C. Vander – S. Wächter – B. Winkler – M. Witeczek– C. Wolters. – **Trainer** (Auswahl): H. Bongartz – K. Feldkamp – H.-P. Briegel – F. Jusufi – H.-W. Moors – G. Roggensack – F.-J. Tenhagen – M. Witeczek.

2) VfL Bochum (Verein für Leibesübungen Bochum von 1848), gegr. 1911 als Bochumer TV, 1919 Fusion mit SuS Bochum zu TuS 48 Bochum (1924 Auflösung der Fusion), 1924–38 TV 48 Bochum, 1938 Fusion mit TuS 1908 Bochum und SV Germania 1906 Bochum zu VfL Bochum; Bundesliga 1971–93, 1994/95, 1996–99, 2000/01, 2002–05; Zweite Bundesliga 1993/94, 1995/96, 1999/2000, 2001/02, 2005/06; Spielkleidung: Blau; Stadion: Ruhrstadion, 32 645 Plätze. – INTERNET: www.vfl-bochum.de

Spieler (Auswahl): Y. Bastürk – H. Bonan – D. Buckley – T. Christiansen – T. Ernst – F. Fahrenhorst – K. Fischer – P. Freier – M. Frontzeck – M. Gaudino – H. Gerland – V. Hashemian – M. Herget – H. Höher – K. Hutwelker – A. Iwan – R. Kalla – Y. S. Kim – M. Kischko – W. Kleff – A. Knavs – I. Knoflicek – S. Kohn – P. Közle – T. Kracht – W. Krämer – S. Kuntz – T. Legat – P. Madsen – M. Mahdavikia – M. Maltritz – M. Maric – S. Oliseh – P. Peschel – C. Preuß – M. Reichel – M. Rietpietsch – C. Schreier – F-J. Tenhagen – R. van Duijnhoven – T. Waldoch – A. Wessels – R. Wohlfarth – D. Wosz – E. Wynalda – T. Zdebel – A. Zeyer – R. Zumdick. – **Trainer** (Auswahl): B. Dietz – H. Eppenhoff – J. Gelsdorf – H. Höher – H.Johannsen – M. Koller – E. Middendorp – H. Osieck – R. Saftig – R. Schafstall – F-J. Tenhagen – K. Toppmöller –H. Widmayer.

Bockenfeld, Manfred, dt. Abwehrspieler, * 23. Juli 1960 Oeding (Nordrhein-Westfalen); bis 1978 FC Südlohn-Oeding, 1978–81 1. FC Bocholt, 1981–87 Fortuna Düsseldorf, 1987–89 Waldhof Mannheim, 1989–94 SV Werder Bremen, 1994–97 1. FC Bocholt; 336 Bundesligaspiele (34 Tore); 1 Länderspiel (1984); olymp. Fußballturnier 1984.

Bode, Marco, dt. Mittelfeldspieler, * 23. Juli 1969 Osterode am Harz (Niedersachsen); 1976–88 VfR Osterode, 1988–2002 SV Werder Bremen; 379 Bundesligaspiele (101 Tore); 40 Länderspiele (1995–2002; 9 Tore); WM-Endrunde 2002; EM-Endrunde 1996 (Europameister), 2000.

Bodø-Glimt, FK (Fodsportsklubben Bodø-Glimt), Norwegen (Bodø), gegr. 1916 als SFK Bodø-Glimt, seit 1992 FK Bodø-Glimt; Spielkleidung: Gelb/Schwarz/Schwarz; Stadion: Aspmyra-Stadion, 6100 Plätze. – INTERNET: www.glimt.no

Spieler (Auswahl): J. Sörensen.

BÖFL, Abk. für **B**und **Ö**sterreichischer **F**ußball-**L**ehrer, gegr. 1969, Sitz: Wien. Vereinsziele: a) geregelte Ordnung im Fußball-Lehrerberuf, b) Vertretung seiner Interessen und die seiner Mitglieder gegenüber Behörden und Fußballvereinen, c) Berufs- und Rechtsberatung aller Fußball-Lehrer, d) sportl. Fortbildung seiner Mitglieder, e) enge Zusammenarbeit mit dem Österr. Fußball-Verband (ÖFB) sowie f) Pflege der Beziehungen mit ausländ. Trainerverbänden. Der BÖFL veranstaltet u. a. Fortbildungslehrgänge, Vorträge, Symposien und Exkursionen. Derzeit sind ca. 320 lizenzierte Trainer BÖFL-Mitglieder. – INTERNET: www.boefl.at

Bögelund, Kasper, dän. Abwehrspieler, * 8. Oktober 1980 Odense; bis 1998 Brändekilde Bellinge und Odense BK, 1998–2005 PSV Eindhoven, 2006 Borussia Mönchengldbach; 8 Bundesligaspiele (2 Tore); 14 Länderspiele; WM-Endrunde 2002; EM-Endrunde 2004.

»Bogenlampe«, gehobener Ball aus weiterer Entfernung als beim als →»Lupfen«, der sich über den Torhüter hinweg ins Netz senkt.

BÖFL: Präsidenten	
1969/70	K. Durspekt
1970–73	G. Praschak
1973/74	M. Merkel
1974–95	K. Decker
seit 1995	H. Senekowitsch

Böger, Stefan, dt. Trainer, * 1. Juni 1966; war Mittelfeldspieler: 1984–91 FC Carl Zeiss Jena, 1991/92 FC Hansa Rostock, 1992–95 MSV Duisburg, 1995/96 Fortuna Köln, 1996/97 FC Gütersloh, 1997–99 Hamburger SV; 110 (DDR-) Oberligaspiele (5 Tore); 129 Bundesligaspiele (4 Tore). – Später Trainer: 2002 Hamburger SV

(Amateure), 2003/04 FC Hansa Rostock (Amateure), 2004–06 VfB Lübeck.

Bogotá, Millonarios, eigtl. »CD Millonarios« (Club Deportivo los Millonarios), Kolumbien, gegr. 1938 als Deportivo Municipal, seit 1945 CD Millonarios; Spielkleidung: Blau/Weiß/Weiß-Blau; Stadion: El Campin, 45 297 Plätze. – INTERNET: www.millonarios.com.co

Spieler (Auswahl): A. di Stéfano – S. J. Goycoechea – R. J. Higuita – A. A. Pedernera – N. R. Rossi – D. Sekularac.

Bogs, Jürgen, dt. Trainer, *19. Januar 1947 Biesendahlsdorf (Brandenburg); war Abwehrspieler: 1960–70 BSG Aufbau Schwedt. – Später Trainer: 1970–93 Berliner FC Dynamo bzw. FC Berlin (1970–76 Nachwuchs-, 1976/77 Chef-, 1977–91 Oberligatrainer, 1991/92 Geschäftsführer, 1992/93 Trainer), 1994 1. FC Schwedt, 1995/96 Kickers Emden, 1998 TSG Neustrelitz.

Bohla, Fritz, dt. Trainer, *11. Januar 1948 Krostitz (Sachsen); war Abwehrspieler: 1964–68 SC Leipzig bzw. 1. FC Lokomotive, 1968–70 BSG Energie Cottbus, 1970–74 SG Dynamo Cottbus, 1974–76 BSG Energie Cottbus, 1976–78 1. FC Union Berlin; 51 Oberligaspiele (5 Tore). – Später Trainer: 1978–80 1. FC Union Berlin (Trainerassistent), 1980–83 BSG Robur Zittau, 1983/84 BFA (»Bezirksfachausschuss«) Cottbus, 1984–91 BSG Energie bzw. FC Energie Cottbus, 1991/92 Tennis Borussia, danach FSV Lokomotive Altmark Stendal, Wacker Nordhausen.

Jürgen Bogs

J. Bogs: Erfolgsstationen (Auswahl)	
Berliner FC Dynamo	LM 1979, 1980, 1981, 1982, 1983, 1984, 1985, 1986, 1987, 1988 PS 1988, 1989

Böhlen, Chemie, eigtl. »SV Chemie Böhlen« (Sportverein Chemie Böhlen), Deutschland (Sachsen), gegr. am 1. Januar 1969 als BSG Chemie Böhlen; Vorgänger: 1949–51 BSG Brennstoff Böhlen, 1951/52 Aktivist Böhlen Mitte, 1952 Fusion mit Aktivist Böhlen West (gegr. 1949 als BSG Benzinwerk Böhlen) zu BSG Aktivist Böhlen (bis 1968), 1969–90 BSG Chemie Böhlen, im August 1990 »Fusion« (Böhlen wäre aufgestiegen) mit FC Grün-Weiß Leipzig zu FC Sachsen Leipzig, seitdem als FSV bzw. später SV unterklassiger Spielbetrieb; DDR-Oberliga 1977–79, 1980/81, 1982/83; Spielkleidung: Weiß/Grün/Weiß; Stadion: Jahnbaude, 12 000 Plätze.

Spieler Auswahl): F. Baum – K. Havenstein – B. Hobsch – D. Kühn – R. Lisiewicz – F. Rost – J. Steffens. – **Trainer** (Auswahl): F. Engel – J. Steffens.

Böhme, Jörg, dt. Mittelfeldspieler, *22. Januar 1974 Hohenmölsen (Sachsen-Anhalt); 1982–86 BSG Chemie Zeitz, 1986–94 FC Carl Zeiss Jena, 1994/95 1. FC Nürnberg, 1995/96 Eintracht Frankfurt, 1996–98 TSV München 1860, 1998–2000 Arminia Bielefeld, 2000–04 FC Schalke 04, 2005/06 Borussia Mönchengladbach; 180 Bundesligaspiele (27 Tore); 10 Länderspiele (2001–03; 1 Tor); WM-Endrunde 2002 (nicht eingesetzt).

Bohr, Harald, dän. Mittelfeldspieler (Läufer), Mathematiker (Prof.), *22. April 1887 Kopenhagen, †22. Januar 1951 ebd.; 4 Länderspiele; olymp. Fußballturnier 1908. – Sein Bruder **Niels B.** (*1885, †1962), Physiker, war Torhüter und erhielt 1922 den Nobelpreis (für Physik).

> **N. Bohr**
> »Vorhersagen sind schwierig – vor allem, wenn sie die Zukunft betreffen.«

Bojinov, Valerj, bulgar. Angriffsspieler, *15. Februar 1986 Gorna Oriahovitza; 2001–04 US Lecce, 2005/06 AC Florenz; 5 Länderspiele; EM-Endrunde 2004.

Bökelbergstadion, Stadion am Bökelberg, Mönchengladbach; 1919 als »Westdeutsches Stadion« eingeweiht, seit 1960 B., bis 2004 Heimstätte von Borussia Mönchengladbach, 34 500 Plätze, abgerissen 2006; 2002–04 Neubau eines Stadions im Nordpark: »Stadion im Borussia-Park« (→ Mönchengladbach, Borussia).

Boksic, Alen, kroat. Angriffsspieler, *21. Januar 1970 Makarska; 1987–91 Hajduk Split, 1991/92 AS Cannes, 1992/93 Olympique Marseille, 1993–96 Lazio Rom, 1996/97 Juventus Turin, 1997–2000 Lazio Rom, 2000–04 FC Middlesbrough; 40 Länderspiele (1993–2002); WM-Endrunde 1990 (nicht eingesetzt), 2002; EM-Endrunde 1996; in Kroatien Fußballer des Jahres 1993.

Boli, Basile, frz. Abwehrspieler senegales. Herkunft, *2. Januar 1967 Adjame (zu Abidjan); 1982–90 AJ Auxerre, 1990–95 Olympique Marseille, 1995–97 Urawa Red Diamonds; 32 Länderspiele für Frankreich; EM-Endrunde 1992.

Bolivien, Republik in Südamerika, 1,099 Mio. km^2, 8,586 Mio. Ew., Verband: Federación Boliviana de Fútbol, Abk. FBF, gegr. 1925, Sitz: Cochabamba; Mitglied der FIFA und der CONMEBOL seit 1926; Spielkleidung: Grün/Weiß/Grün. – Erfolge: Afrikameister 1963.

Bologna, FC, eigtl. »Bologna FC« (Bologna Football Club 1909), Italien, gegr. 1909 als Bologna FBC, 1926–43 Bologna AGC, seitdem Bologna FC; Spielkleidung: Weiß/Blau/Weiß; Stadion: Renato Dall'Ara, 38 500 Plätze. – Internationale Erfolge: Mitropapokal 1932, 1934, 1961, Anglo-Italian-Cup 1971. – INTERNET: www.bolognafc.it

Spieler (Auswahl): M. Andreolo – R. Baggio – A. Cabrini – L. Détari – G. Ferrari – H. Haller – R. Mancini – M. Meghni – E. Monzeglio – H. Nakata – A. Schiavio – G. Silva – I. Tare – K. Türkyilmaz – F. Valcareggi – B. Vukas – H. Waas – G. Zagorakis. – **Trainer** (Auswahl): F. Bernardini – T. Burgnich – E. Fabbri – A. Foni – L. Radice.

Bölöni, Laszlo, rumän. Trainer ungar. Abstammung (**Lájos Bölönyi**), *11. März 1953 Tîrgu Mures (dt. Neumarkt [Rumänien]); war Mittelfeldspieler: 1968–70 Chimica Tirnaveni, 1970–77 Tirgu Mures, 1977–88 Steaua Bukarest, 1988–90 Racing Jet Brüssel, 1990/91 US Orleans; 108 Länderspiele (1973–84; 18 Tore); EM-Endrunde 1984. – Später Trainer: 2000/01 Rumänien (Nationalmannschaft), 2003–06 Stade Rennes.

Bolton Wanderers, eigtl. »Bolton Wanderers FC« (Bolton Wanderers Football Club), England (Bolton), gegr. 1874 als Christ Churs FC, seit 1877 Bolton Wanderers FC (seit 1880 Profifußball); Spielkleidung: Rot/Weiß/Rot; Stadion: Reebok Stadium, 25 000 Plätze. – INTERNET: www.bwfc.co.uk

Spieler (Auswahl): A. Ball – P. Beardsley – F. Bobic – J. Borgetti – E. H. Diouf – Y. Djorkaeff – E. S. Gudjohnsen – F. R. Hierro – R. Hunt – M. Jardel – K. Konstantinidis – N. Lofthouse – H. Nakata – A. Okocha – S. Tøfting – I. Walker. – **Trainer** (Auswahl): J. Armfield – N. Lofthouse.

»Bolzen« → Fußballerjargon.

Bommer, Rudolf (»Rudi«), dt. Trainer, *19. August 1957 Aschaffenburg; war Mittelfeldspieler: 1964–71 TV 1860 Aschaffenburg, 1971–73 Viktoria Aschaffenburg, 1973–76 Kickers Offenbach, 1976–85 Fortuna Düsseldorf, 1985–88 Bayer 05 Uerdingen, 1988–92 Viktoria Aschaffenburg, 1992–97 Eintracht Frankfurt; 417 Bundesligaspiele (54 Tore); 6 Länderspiele (1984); olymp. Fußballturnier 1984, 1988. – Später Trainer: 1997/98 VfR Mannheim, 1988–2000 Viktoria Aschaffenburg, 2000–04 Wacker Burghausen, 2004 TSV München 1860, 2005/06 1. FC Saarbrücken.

Bonan, Heiko, dt. Mittelfeldspieler, *10. Februar 1966 Haldensleben (Sachsen-Anhalt); 1972–78 BSG Medizin Haldensleben, 1978–89 1. FC Magdeburg, 1989–91 Berliner FC Dynamo bzw. FC Berlin; 1991–93 VfL Bochum, 1993–95 Karlsruher SC, 1996/97 FC Gütersloh, 1997–2000 LR Ahlen, 2000/01 SV Wilhelmshaven, 2001–04 Rot-Weiss Essen, 2004–06 FC Gütersloh 2000; 169 (DDR-)Oberligaspiele (23 Tore); 2 Länderspiele für die DDR (1989/90); 122 Bundesligaspiele (12 Tore).

Bondscoach, Niederlande: Bez. für den Nationalmannschaftstrainer.

Bonev, Hristo (auch **Bonew,** Christo), bulgar. Trainer, *3. Februar 1947 Plovdiv; war Angriffsspieler: 1958–80 Lokomotive Plovdiv, 1981/82 AEK Athen, 1983 Lokomotive Plovdiv; 96 Länderspiele (1967–77; 47 Tore); WM-Endrunde 1970, 1974; in Bulgarien Fußballer des Jahres 1969, 1972, 1973. – Später Trainer: 1984–86 Lokomotive Plovdiv, 1987–89 Bulgarien (Nationalmannschaft [Trainerassistent]), 1989/90 Panathinaikos Athen, 1990–93 PAE Larissa, 1996–98 Bulgarien (Nationalmannschaft), 2000/01 FC Sachsen Leipzig.

Hristo Bonev

Bonfrère, Jo, niederländ. Trainer, *15. Juli 1946 Maastricht; 1984–86 MVV Maastricht, 1987/88 Roda Kerkrade, 1988/89 KVC Verbroedering Geel (Belgien), 1990 Nigeria (Nationalmannschaft), 1991/92 Beerschot VAC, 1992–96 Nigeria (Nationalmannschaft; 1992–94 Trainerassistent, 1995/96 Cheftrainer; Olympiasieger 1996), 1996 Katar (Nationalmannschaft), 1998/99 Al-Wahda (VAE; LM 1999), 1999/2000 Katar (Nationalmannschaft), 2001/02 Al-Wahda (VAE; Supercup 2002), 2002/03 Al-Ahly Kairo (PS 2003), 2005 Südkorea (Nationalmannschaft).

Bongartz, Hans (»Hannes«), dt. Trainer, *3. Oktober 1951 Bonn; war Mittelfeldspieler: 1961–70 Preußen Duisdorf, 1970/71 Bonner SC, 1971–74 SG Wattenscheid 09, 1974–78 FC Schalke 04, 1978–84 1. FC Kaiserslautern; 298 Bundesligaspiele (39 Tore); 4 Länderspiele (1976/77); EM-Endrunde 1976. – Später Trainer: 1985–87 1. FC Kaiserslautern, 1988/89 FC Zürich, 1989–94 SG Wattenscheid 09, 1994–96 MSV Duisburg, 1996

SG Wattenscheid 09, 1996/97 Borussia Mönchengladbach, 1998–2004 SG Wattenscheid 09.

> **H. Bongartz**
> »Ich habe von ›Stürmen‹ geredet, aber die haben wohl ›Türmen‹ verstanden.«

Bonhof, Rainer, dt. Trainer niederländ. Herkunft (seit 1967 dt. Staatsbürgerschaft), *29. März 1952 Emmerich (Nordrhein-Westfalen); war Mittelfeldspieler: 1964–70 Emmerich 09, 1970–78 Borussia Mönchengladbach, 1978–80 CF Valencia, 1980–82 1. FC Köln, 1982/83 Hertha BSC; 311 Bundesligaspiele (57 Tore); 53 Länderspiele (1972–81; 9 Tore); WM-Endrunde 1974 (Weltmeister), 1978; EM-Endrunde 1976. – Später Trainer: 1989/90 Bayer 05 Uerdingen, 1990–98 DFB (Nationalmannschaft [Trainerassistent], Nachwuchs), 1998/99 Borussia Mönchengladbach, 2001 Kuwait SC, 2002–05 Schottland (U 21).

Rainer Bonhof

Boniek, Zbigniew, poln. Angriffsspieler, *3. März 1956 Bydgoszcz (dt. Bromberg); 1970–75 Zawisza Bydgoszcz, 1975–82 Widzew Lodz, 1982–85 Juventus Turin, 1985–87 Rom; 80 Länderspiele (1976–86; 24 Tore); WM-Endrunde 1978, 1982, 1986; olymp. Fußballturnier 1976. – Später Trainer: 1990/91 US Lecce, 1991–93 AS Bari, 1993–95 US Avellino, 2002 Polen (Nationalmannschaft).

Bonifikationssystem → Auswärtstoreregel.

Boninsegna, Roberto, talien. Angriffsspieler (Mittelstürmer), *13. November 1943 Mantova; 1963/64 AC Prato, 1964/65 AC Potenza, 1965/66 US Varese, 1966–69 US Cagliari, 1969–76 Inter Mailand, 1976–79 Juventus Turin; 22 Länderspiele (1967–74; 9 Tore); WM-Endrunde 1970, 1974.

Boniperti, Giampiero, italien. Angriffsspieler (Rechtsaußen), *4. Juli 1928 Barengo; 1938–42 FC Barengo, 1942–63 Juventus Turin; 38 Länderspiele (1947–60; 8 Tore); WM-Endrunde 1950, 1954. – 1969–80 Techn. Direktor und 1980–90 Präsident von Juventus Turin.

Bonner, Patrick, irischer Torhüter, *24. Mai 1960 Burtonport; 1972–78 Keadue Rovers, 1978–93 Celtic Glasgow; 50 Länderspiele; WM-Endrunde 1990; EM-Endrunde 1988.

Bonner SC (Bonner Sportclub), Deutschland (Bonn [Nordrhein-Westfalen]), gegr. am 18. Juni 1965; Spielkleidung: Blau/Weiß/Rot; Stadion: Sportpark Nord, 12 000 Plätze. – INTERNET: www.bonner-sc.de

Spieler (Auswahl): H. Bongartz. – **Trainer** (Auswahl): E. Rutemöller.

Bonnevoie, Aris, eigtl. »FC Aris Bonnevoie« (Football Club Aris Bonnevoie), Luxemburg, gegr. 1922, 1940/41 FC Aris Bonneweg, 1941 aufgelöst und 1944 als FC Aris Bonnevoie neu gegr.; Spielkleidung: Weiß/Schwarz/Weiß; Stadion: Aris-Stadion, 10 000 Plätze.

Borås, IF Elfsborg, eigtl. »IF Elfsborg« (Idrottsföreningen Elfsborg), Schweden, gegr. 1904; Spielkleidung: Gelb/Schwarz/Gelb; Stadion: Ryavallen, 20 000 Plätze.

Spieler (Auswahl): O. Grahn.

Bordeaux, Girondins, eigtl. »FC Girondins Bordeaux« (Football Club des Girondins de Bordeaux), Frankreich, gegr. 1881 als Girondins Guyonne Sport, 1936 Fusion mit FC Bordeaux, 1991 aufgelöst und als FC Girondins Bordeaux neu gegr.; Spielkleidung: Blau/Weiß/Blau; Stadion: Parc Lescure, 34 462 Plätze. – INTERNET: www.girondins.com

GIRONDINS DE BORDEAUX F C 1881

Spieler (Auswahl): P. Battiston – J.-A. Bell – M. A. Caneira – E. Cantona – F. Chalana – Denilson – D. Deschamps – R. Domenech – C. Dugarry – R. Ernst – A. Giresse – D. Jeandupeux – M. Kaltz – B. Lacombe – L. Laslandes – B. Lizarazu – J. Micoud – D. Müller – J. Olsen – J. P. Papin – Pauleta – U. Reinders – F. Remetter – G. Rohr – E. Scifo – J. A. Tigana – M. Trésor – M. Wilmots – S. Wiltord – Z. Zidane. – **Trainer** (Auswahl): R. Goethals – A. Jacquet – G. Rohr.

Bordon, Marcelo José, brasilian. Abwehrspieler (auch italien. Staatsbürgerschaft), *7. Januar 1976 Ribeirão Preto; bis 1993 Botafogo Ribeirâo Preto, 1993 Botafogo Rio de Janeiro, 1994–98 FC São Paulo, 1999–2004 VfB Stuttgart, 2004–06 FC Schalke 04; 169 Bundesligaspiele (13 Tore); 1 Länderspiel.

Borer, Fabrice, schweizer. Torhüter, *24. Dezember 1971; 1990–92 SR Delémont, 1992–95 Lausanne-Sports, 1995–2001 FC Sion, 2002–04 FC Zürich, 2004–06 FC Sion; 3 Länderspiele (seit 2001).

Borgetti, Jared, eigtl. »Jared Francisco Borgetti Echavarría«, mexikan. Angriffsspieler; *14. August 1973 Culiacancito; bis 1996 Atlas Guadalajara, 1996–2005 Santos Laguna, 2005/06 Bolton Wanderers; 66 Länderspiele (36 Tore); WM-Endrunde 2002.

Borghi, Claudio Daniel, argentin. Angriffsspieler, *28. September 1964 Castelar; 1981–87 Argentinos Juniors Buenos Aires, 1987/88 Como Calcio, 1988/89 AC Mailand, 1989/90 FC Tirol, 1990–93 River Plate Buenos Aires; 18 Länderspiele; Weltmeister 1986.

Borimirov, Daniel, bulgar. Mittelfeldspieler, *15. Januar 1970; bis 1995 Bdin Vidin und Levski Sofia,1995–2003 TSV München 1860, 2003–06 Levski Sofia; 214 Bundesligaspiele (33 Tore); 68 Länderspiele (5 Tore); EM-Endrunde 2004.

Borodjuk, Alexander, russ. Mittelfeldspieler, *30. November 1962 Woronesh; 1976–89 Fackel Woronesh, Dynamo Wologda und Dynamo Moskau, 1989–93 FC Schalke 04, 1993–96 SC Freiburg; 83 Bundesligaspiele (14 Tore); 14 Länderspiele für die UdSSR, GUS und Russland (1 Tor); WM-Endrunde 1990, 1994. – Später Trainer: 2005 Russland (Nationalmannschaft [Trainerassistent]).

Borowka, Ulrich (»Uli«), war dt. Abwehrspieler, *19. Mai 1962 Menden (Nordrhein-Westfalen); 1976–80 FC Oese und SSV Kalthoff, 1980/81 DSC Wanne-Eickel, 1981–87 Borussia Mönchengladbach, 1987–93 SV Werder Bremen, 1993–95 SC Oberneuland; 388 Bundesligaspiele (19 Tore); 6 Länderspiele (1988); EM-Endrunde 1988. – Später Trainer: 2001 Berliner AK, 2002/03 Türkiyemspor Berlin, 2004 Berliner AK.

Borowski, Tim, dt. Mittelfeldspieler, *2. Mai 1980 Neubrandenburg; 1985–96 BSG Post, SV Post Telekom bzw. FC Neubrandenburg, 1996–2006 SV Werder Bremen; 114 Bundesligaspiele (15 Tore); 15 Länderspiele (seit 2002; 1 Tor).

Borussia [lat., »Preußen«], Vereins-Bez. aus den Anfängen des dt. Fußballs, z. B. B. Dortmund.

Boschkow, Stefan, bulgar. Trainer (Dr.), *14. Juni 1924 Sofia; war Mittelfeldspieler: 1945–47 Sportist Sofia, 1947 SK Kladno, 1948–61 ZSKA Sofia; 53 Länderspiele (1946–58); olymp. Fußballturnier 1956. – Später Trainer: 1967–70 Bulgarien (Nationalmannschaft; WM-Endrunde 1970).

Boskov, Vujadin, serb. Trainer, *9. Mai 1931 Begec; war Mittelfeldspieler (Läufer): 1946–61 Sloga bzw. Vojvodina Novi Sad, 1961/62 Genua C & FC, 1962/63 Young Fellows Zürich; 57 Länderspiele für Jugoslawien (1951–58); WM-Endrunde 1954, 1958; olymp. Fußballturnier 1952. – Später Trainer: 1963/64 Young Boys Bern, 1964–74 Vojvodina Novi Sad, 1971–73 Jugoslawien (Nationalmannschaft, in Personalunion Vojvodina Novi Sad), 1974–76 Ajax Amsterdam, 1977/78 Feyenoord Rotterdam, 1978/79 Real Saragossa, 1979–82 Real Madrid, 1982–84 Sporting Gijon, 1984–86 Ascoli Calcio, 1986–92 Sampdoria Genua, 1992/93 AS Rom, 1994–96 SSC Neapel, 1996/97 Servette Genf, 1997/98 Sampdoria Genua, 1999/2000 Jugoslawien (Nationalmannschaft).

V. Boskov: Erfolgsstationen (Auswahl)	
Vojvodina Novi Sad	LM 1966
Real Madrid	LM 1980, PS 1980, 1982
Sampdoria Genua	LM 1991, PS 1988, 1989

»Bosman-Urteil« [nach dem belg. Fußballprofi Jean-Marc Bosman, *1964], Lizenzfußball: im Dezember 1995 vom Europ. Gerichtshof gefällter Beschluss, dass für Lizenzspieler, deren Vertrag ausgelaufen ist, keine Ablösesummen gezahlt werden müssen. Ebenso entfällt die zahlenmäßige Beschränkung der EU-Ausländer in einem Team.

Bosnich, Mark, austral. Torhüter, *13. Januar 1972 Liverpool (bei Sydney); 1980–84 Hajduk Rangers Sydney, 1984–86 Marconi Sydney, 1987/88 Sydney Croatia, 1988–90 Manchester United, 1991/92 Sydney Croatia, 1992–99 Aston Villa, 1999–2001 Manchester United, 2001–03 FC Chelsea; 21 Länderspiele; olymp. Fußballturnier 1992; Ozeaniens Fußballer des Jahres 1997.

Bosnien und Herzegowina, Republik auf der Balkanhalbinsel, 51 129 km², 3,989 Mio. Ew.; Verband: Football Federation of Bosnia and Herzegovina, Abk. FFBH, gegr. 1992, Sitz: Sarajevo; Mitglied der FIFA und der UEFA seit 1996; Spielkleidung: Weiß/Blau/Weiß.

Bossis, Maxim, frz. Abwehrspieler (Libero), *26. Juni 1955 St. André; 1971–73 FC Yonnais La Roche Sur Yon, 1973–85 FC Nantes, 1985–89 Racing Paris, 1990/91 FC Nantes; 76 Länderspiele (1976–86; 2 Tore); WM-Endrunde 1978, 1982, 1986; Europameister 1984; in Frankreich Fußballer des Jahres 1979, 1981.

Boston United, eigtl. »Boston United FC« (Boston United Football Club), England (Boston), gegr. 1933; Spielkleidung: Gelb/Schwarz/Gelb; Stadion: York Street, 6643 Plätze. – INTERNET: www.bostonunited.co.uk

Spieler (Auswahl): P. Gascoigne.

Botswana, Republik im südl. Afrika, 600 370 km², 1,573 Mio. Ew.; Verband: Botswana Football Association, Abk. BFA, gegr. 1970, Sitz: Gaborone; Mitglied der FIFA und der CAF seit 1976; Spielkleidung: Blau-Weiß-Schwarz/Blau-Weiß-Schwarz/Blau-Weiß-Schwarz.

Botteron, René, schweizer. Mittelfeldspieler, *17. Oktober 1954; 1966–74 FC Glarus, 1974–

80 FC Zürich, 1980–82 1. FC Köln, 1982/83 1. FC Nürnberg, 1983–85 Standard Lüttich, 1986 FC Basel; 65 Länderspiele (1975–86; 2 Tore).

Bottrop, VfB (Verein für Ballspiele Bottrop), Deutschland (Nordrhein-Westfalen), gegr. am 29. Juni 1900; Spielkleidung: Schwarz-Weiß/Schwarz/Schwarz; Stadion: Jahnstadion, 2000 Plätze. – INTERNET: www.vfb-bottrop.de

Spieler (Auswahl): W. Biskup – D. Ferner – I. M. Galakos.

Boulahrouz, Khalid, niederländ. Abwehrspieler marokkan. Herkunft (Vater), *28. Dezember 1981 Maassluis; bis 2001 Excelsior Maassluis, Ajax Amsterdam und FC Haarlem, 2001–04 RKC Waalwijk, 2004–06 Hamburger SV; 35 Bundesligaspiele (1 Tor); 8 Länderspiele.

Bournemouth, AFC, eigtl. »Bournemouth AFC« (Bournemouth Association Football Club), England, gegr. 1899; Spielkleidung: Rot/Schwarz/Schwarz; Stadion: The Fitness First Stadium, 10770 Plätze. – INTERNET: www.afcb.premiumtv.co.uk

Spieler (Auswahl): G. Best.

»Boxing Day« [zu engl. boxes »Almosendosen« und day »Tag«], Bez. für den zweiten Weihnachtsfeiertag in England, Kanada und anderen Ländern, an dem Verwandte, Freunde und Bekannte besucht werden. Für die Engländer ist der »B. D.« darüber hinaus ein spezieller Fußballtag, weil dann die gesamte Familie ins Stadion pilgert, um sich ein Punktspiel der Premier League anzuschauen. Am »B. D.« wird stets ein kompletter Spieltag ausgetragen.

Boysen, Hans-Jürgen, dt. Trainer; *30. Mai 1957 Mannheim; war Abwehrspieler: bis 1980 SC Neckarstadt und VfR Mannheim, 1980–85 Karlsruher SC, 1985/86 1. FC Saarbrücken, 1986–88 FV 09 Weinheim, 1988/89 SV Mölenbach; 104 Bundesligaspiele (5 Tore). – Später Trainer: 1989–94 SV Mörlenbach, 1994–96 SV Sandhausen, 1996/97 SV Mölenbach, 1997–99 Kickers Offenbach, 1999/2000 FC Augsburg, 2000 Stuttgarter Kickers, 2001/02 SV Sandhausen, 2002/03 FC Schweinfurt 05, 2004/05 Kickers Offenbach.

Bozsik, Jozsef, ungar. Mittelfeldspieler (Läufer), *22. November 1925 Budapest, †31. Mai 1978 ebd.; 1939–48 Kispest AC, 1948–63 Kispest-Honved Budapest; 101 Länderspiele (1947–62; 11 Tore); WM-Endrunde 1954, 1958; Olympiasieger 1952. – Später Trainer: 1966/67 Kispest-Honved Budapest, 1974 Ungarn (Nationalmannschaft). – Ihm zu Ehren wurde 1986 in Budapest das frühere Honvéd-Stadion in »Jozsef-Bozsik-Stadion« umbenannt.

Brady, Liam (»Chippy«), irischer Mittelfeldspieler, *13. Februar 1956 Dublin; 1965–73 Shamrock Rovers, 1973–78 FC Arsenal, 1978–80 Manchester United, 1980–82 Juventus Turin, 1982–84 Sampdoria Genua, 1984–86 Inter Mailand, 1986/87 Ascoli Calcio, 1987–89 West Ham United; 72 Länderspiele (7 Tore); in Irland Fußballer des Jahres 1976, 1979, in England Fußballer des Jahres 1979. – Später Trainer: 1991–93 Celtic Glasgow.

Braga, SC (Sporting Clube de Braga), Portugal, gegr. 1921; Spielkleidung: Rot-Weiß/Weiß/Rot; Stadion: Estádio Municipal de Braga, 30112 Plätze. – INTERNET: www.scbraga.com

Spieler (Auswahl): M. Fehér.

Braine, Raymond, belg. Mittelfeldspieler (Halbstürmer), *28. April 1907 Antwerpen, †24. Dezember 1978; 1922–30 Beerschot AC (1927 Clapton Orient London), 1930–36 Sparta Prag, 1937–43 R Beerschot AC, 1943/44 La Forestoise Brüssel; WM-Endrunde 1934, 1938; olymp. Fußballturnier 1928.

Branco, Claudio Ibrahim, brasilian. Mittelfeldspieler, *4. April 1964 Bagé; 1981–86 Fluminense Rio de Janeiro, 1986–88 Brescia Calcio, 1988–90 FC Porto, 1990–96 Genua 1893, 1996 FC Middlesbrough, 1997 New York/New Jersey MetroStars; 72 Länderspiele (1985–94; 9 Tore); WM-Endrunde 1986, 1990, 1994 (Weltmeister).

Brandenburg an der Havel, Deutschland,
1) Brandenburger SC Süd, eigtl. »Brandenburger SC Süd 05« (Brandenburger Sportclub Süd von 1905), gegr. am 13. Oktober 1905 als Brandenburger BSC, 1933–42 Brandenburger SC, 1945 aufgelöst und als SG Brandenburg-West neu gegr., 1948/49 BSG Traktorenwerke Brandenburg, 1949 Fusion mit BSG Ernst-Thälmann Brandenburg und BSG Konsum Brandenburg zu ZSG Werner Seelenbinder Brandenburg, 1951–90 BSG Motor Süd Brandenburg, 1991 Anschluss von TSV Chemie Premnitz und kurzzeitig Spielgemeinschaft (Trennung im gleichen Jahr), seitdem Brandenburger SC Süd. – INTERNET: www.bsc-sued-05.de

2) Stahl Brandenburg, eigtl. »FC Stahl 1998 Brandenburg« (Fußballclub Stahl 1998 Brandenburg), gegr. 1945 als SG Brandenburg West, 1950–55 BSG Einheit Brandenburg, 1955–90 BSG Stahl Brandenburg, 1990–93 BSV Stahl Brandenburg, 1993–98 BSV Brandenburg, seitdem FC Stahl 1998 Brandenburg; DDR-Oberliga 1984–90, NOFV-Oberliga 1990/91; Zweite Bundesliga (Nord) 1991/92; Spielkleidung: Weiß/Blau/Blau; Stadion: Stadion am Quenz, 15000 Plätze. – INTERNET: www.fc-stahl.de

Spieler (Auswahl): C. Beeck – S. Freund – M. Hartmann – T. Lange – R. Präger – R. Schneider – A. Vier. – **Trainer** (Auswahl): R. Schafstall – H. Werner.

Brandstätter, Josef, österr. Abwehrspieler (Mittelläufer), *7. November 1891 Wien, † 25. März 1945 ebd.; 1911–25 Rapid Wien; 42 Länderspiele (1912–24; 2 Tore); olymp. Fußballturnier 1912. – Sein Bruder **Fritz B.** (*1892, † 1926) war ebenfalls Abwehrspieler: 1911–16 Rapid Wien; 1 Länderspiele (1912).

Brann, SK, Norwegen: → Bergen, Brann.

Bransch, Bernd, dt. Abwehrspieler, *24. September 1944 Halle (Saale); 1952–54 BSG Motor Halle Süd, 1954–77 SC Chemie Halle-Leuna, SC Chemie Halle bzw. Hallescher FC Chemie (1973/74 FC Carl Zeiss Jena); 317 Oberligaspiele (43 Tore); 72 Länderspiele (1967–76; 3 Tore); WM-Endrunde 1974; olymp. Fußballturnier 1972, 1976 (Olympiasieger); in der DDR Fußballer des Jahres 1968, 1974. – Später Manager: 1990–92 Hallescher FC Chemie bzw. Hallescher FC.

brasilianischer Halbriegel → Spielsystem.

Brasileira, höchste Spielklasse in Brasilien.

Brasilien, Bundesstaat in Südamerika, 8,512 Mio. km², 182,033 Mio. Ew; Verband: Confederação Brasileira de Futebol, Abk. CBF, gegr. 1914, Sitz: Rio de Janeiro; Mitglied der FIFA seit 1923, der CONMEBOL seit 1916; Spielkleidung: Gelb-Grün/Blau/Weiß-Grün. – Erfolge: Weltmeister 1958, 1962, 1970, 1994, 2002, Südamerikameister 1919, 1922, 1949, 1989, Copa América 1997, 1999, 2004, Confederations Cup 1997, 2005. – Die Copa União (bis 1986 »Taca de Ouro«) wird unter Einbeziehung aller Landesregionen seit 1966 ausgespielt. – INTERNET: www.cbfnews.com

Braşov, FC, eigtl. »FC Braşov« (Fotbal Club Braşov), Rumänien, gegr. 1937 als UA Braşov, 1948–50 CS Steagul Rosu Braşov, 1950–53 Metalul Braşov, 1953–57 Dinamo Orasul Stalin, 1957 Fusion mit Dinamo Orasul Stalin zu Energia Orasul Stalin, 1858–61 CS Steagul Rosu Orasul Stalin, 1961–80 CS Steagul Rosu Braşov, 1980–92 FCM Braşov, seitdem FC Braşov; Spielkleidung: Gelb/Schwarz/Schwarz; Stadion: Tineretului, 15 000 Plätze. – INTERNET: www.brasovfc.ro

Spieler (Auswahl): I. Ganea. – **Trainer** (Auswahl): I. Dumitrescu.

Bratislava, Slowak. Republik, **1) Artmedia Bratislava, FK** (Futbalový Klub Artmedia Bratislava), gegr. 1880 als PTE Bratislava, 1919–53 PTE Petržalka, 1953–56 Kovosmalt Bratislava, 1956–63 Spartak Kovosmalt Bratislava, 1963–65 TJ Povazske Strojarne Bratislava, 1965–74 Spartak Sklarske Stroje Bratislava, 1974–76 TJ SKS Bratislava, 1976–86 TJ ZTS Petržalka, 1986 Fusion mit TJ Internacional Slovnaft Bratislava zu TJ Internacional Slovnaft ZTS Bratislava, 1990 Auflösung der Fusion, Rückbenennung in TJ ZTS Petržalka und Umbenennung in 1. FC Hydronika Petržalka, 1991–93 1. FC Petržalka, seitdem FK Artmedia Bratislava; Spielkleidung: Weiß/Schwarz/Weiß; Stadion: Petržalky, 7500 Plätze – INTERNET: www.fcartmedia.sk

Spieler (Auswahl): J. Halenár – M. Masný.

2) Inter Bratislava, eigtl. »FK ASK Inter Slovnaft Bratislava« (Futbalový Klub ASK Inter Slovnaft Bratislava), gegr. 1940 als SK Apollo Bratislava, 1945–48 Sokol SNB Bratislava, 1948–52 Sokol SNB Bratislava, 1952–62 TJ Cervena Hviezda Bratislava, 1962 Fusion mit TJ Iskra Slovnaft Bratislava zu TJ Slovnaft Bratislava, 1965–86 TJ Internacional Slovnaft Bratislava, 1986 Fusion mit TJ ZTS Petržalka zu TJ Internacional Slovnaft ZTS Bratislava, 1990 Auflösung der Fusion und Umbenennung in FK ASK Inter Slovnaft Bratislava; Spielkleidung: Gelb/Schwarz/Schwarz-Gelb; Stadion: ASK Inter Slovnaft Bratislava, 13 000 Plätze. – Internationale Erfolge: Internationaler Fußballcup 1963, 1964. – INTERNET: www.askinter.sk

Spieler (Auswahl): L. Jurkemik – V. L. Kubala-Stecz – M. Masný – P. Molnár. – **Trainer** (Auswahl): K. Brückner.

3) Slovan Bratislava, eigtl. »SK Slovan Bratislava« (Sportový Klub Slovan Bratislava), gegr. 1919 als 1. ČšŠk Bratislava, 1939–48 ŠK Bratislava, 1948 Sokol Bratislava, 1949–53 Sokol NV Bratislava, 1953–61 TJ Slovan Bratislava UNV, 1961 Fusion mit TJ Dimitrov Bratislava zu TJ Slovan CHZJD Bratislava, seit 1990 ŠK Slovan Bratislava; Spielkleidung: Blau/Blau/Blau-Weiß; Stadion: Tehelné Pole, 30 087 Plätze. – Internationale Erfolge: EC II 1969. – INTERNET: www.skslovan.sk

Spieler (Auswahl): J. Adamec – S. Čambal – M. Masný – P. Molnár – A. Ondrus – J. Pivarnik – J. Popluhár – V. Schrojf – J. Vengloš – R. Vittek. – **Trainer** (Auswahl): J. Chovanec – J. Vengloš.

Bratseth, Rune, norweg. Abwehrspieler (Libero), *19. März 1961 Nidelv; 1975–79 Nidelv IF, 1979–86 Rosenborg BK, 1986–93 SV Werder Bremen; 230 Bundesligaspiele (12 Tore); 60 Länderspiele; WM-Endrunde 1994; in Norwegen Fußballer des Jahres 1987, 1988. – Später Manager: 1992–2005 Rosenborg BK.

Braun, 1) Egidius, dt. Funktionär (Dr. h.c), *27. Februar 1925 Breinig (zu Stolberg [Kreis Aachen]); spielte seit 1938 in der Jugend beim SV Breinig und nach Rückkehr aus der Kriegsgefangenschaft in der ersten Mannschaft als selbständiger Unternehmer (»Kartoffel-Braun«); 1960–88 Schiedsrichter; 1977–92 DFB-Schatzmeister, 1992–2001 DFB-Präsident (Vorgänger: H. → Neuberger, Nachfolger: G. → Mayer-Vorfelder). – Nach ihm wurde ein Hilfswerk (→ DFB-Stiftung »Egidius Braun«) und eine DFB-Sportschule in Leipzig-Abtnauendorf benannt (»Egidius-Braun-Sportschule«). – **2)** Georg (»Schurl«), österr. Mittelfeldspieler, *22. Februar 1907 Wien, †22. September 1963 Linz; 1922/23 KSC Donaustadt, 1923–25 SV Straßenbahn Wien, 1925–35 Wiener AC, 1935–39 Stade Rennes, 1939 Linzer ASK (Spielertrainer); 13 Länderspiele (1928–35; 1 Tor); WM-Endrunde 1934. – Später Trainer: 1948–52 Linzer ASK, 1952–54 Oberösterr. Fußballverband, 1954/55 Äthiopien (Nationalmannschaft), 1956–58 VÖEST Linz, 1958/59 SV Grün-Weiss Micheldorf (Berösterreich).

> **E. Braun**
> »Fußball ist mehr als ein 1:0.«

Braunschweig, Eintracht, eigtl. »Braunschweiger TSV Eintracht« (Braunschweiger Turn- und Sportverein Eintracht von 1895), Deutschland (Niedersachsen), gegr. am 15. Dezember 1895 als FuCC Eintracht Braunschweig, 1899–1920 FC Eintracht Braunschweig, 1920–45 SV Eintracht Braunschweig, 1945 aufgelöst und als TSV Braunschweig neu gegr., seit 1949 Braunschweiger TSV Eintracht; Bundesliga 1963–73, 1974–80, 1981–85; Zweite Bundesliga 1985–87, 1988–91, 1991/92 (Nord), 1992/93, 2002/03, 2005/06; Spielkleidung: Gelb/Blau/Blau; Stadion: Stadion an der Hamburger Straße, 25 000 Plätze. – INTERNET: www.eintracht.com

Spieler (Auswahl): I. Belanow – P. Breitner – H. Burdenksi – B. Dörfel – W. Dremmler – W. Dreßel – W. Frank – M. Hain – O. Harder – D. Hecking – R. Hollmann – K. Hutwelker – G. Knöpfle – M. Lorenz – W. Oberländer – P. Posipal – T. Rau – U. Reinders – J. Rische – A. Ristic – D. Schuster – D. Teixeira – H. Widmayer – H. Wolter – R. Worm. – **Trainer** (Auswahl): E. Conen – R. Fanz – H. Johannsen – O. Knefler – G. Knöpfle – W. Kremer – M. Krüger – U. Maslo – B. Möhlmann – W. Olk – U. Reinders – A. Ristic – G. Roggensack – J. Streich – B. Zebec – R. Zobel.

Bräutigam, Perry, dt. Torhüter, *28. März 1963 Altenburg; 1970–76 BSG Motor Altenburg, 1976/77 1. FC Lokomotive Leipzig, 1977–82 BSG Motor Altenburg, 1982–94 FC Carl Zeiss Jena, 1994/95 1. FC Nürnberg, 1995–2006 FC Hansa Rostock (seit 2002 Torhütertrainer); 163 (DDR-) Oberligaspiele; 3 Länderspiele für die DDR (1989/90); 104 Bundesligaspiele.

Brauweiler-Pulheim, FFC (Frauen-Fußballclub Brauweiler-Pulheim), Deutschland (Pulheim [Nordrhein-Westfalen]), gegr. am 1. Juli 2000, hervorgegangen aus der SV Grün-Weiß Brauweiler, die 1974 eine Frauen-Trainergemeinschaft bildete und sich 1987 innerhalb des Vereins verselbstständigte; Bundesliga 1990–2004, 2005/06; Zweite Bundesliga (Nord) 2004/05; Spielkleidung: Weiß/Grün/Grün; Stadion: Sportzentrum Pulheim, 2500 Plätze. – INTERNET: www.ffc-brauweiler.de

Spielerinnen (Auswahl). S. Fuss – M. Meinert – N. Omilade – S. Rottenberg – B. Wiegmann.

»Bravehearts«, Bez. für die Nationalmannschaft Schottlands.

BRD, Abk. für **B**undes**r**epublik **D**eutschland (→ Deutschland).

Brdaric, Thomas, dt. Angriffsspieler, *23. Januar 1975 Nürtingen (Baden-Württemberg); bis 1993 VfB Neuffen, FV Nürtingen, Stuttgarter Kickers und VfL Kirchheim/Teck, 1993/94 VfB Stuttgart, 1994–96 Fortuna Düsseldorf, 1996–99 Fortuna Köln, 1999–2003 Bayer 04 Leverkusen, 2003/04 Hannover 96, 2004/05 VfL Wolfsburg, 2005/06 Hannover 96; 174 Bundesligaspiele (47 Tore); 8 Länderspiele (seit 2002; 1 Tor); EM-Endrunde 2004.

»Brechstangenprinzip«, umgangssprachlich für den meist untaugl. Versuch, ein auf der Verliererstraße befindl. Spiel mit (Brachial-)Gewalt (der »Brechstange«) zu kippen; dabei trennt man sich abrupt von Besonnenheit und bisheriger (wenn überhaupt vorhanden) takt. Linie, d. h., jeder Feldspieler versucht mit Macht, das Leder ins gegner. Tor zu bugsieren. Übereifer und häufige Fouls sind weitere Merkmale dieser »Methode«.

Breda, NAC, eigtl. »Bredase NAC« (Bredase NOAD Advendo Combinatie), Niederlande, gegr. 1894 als NOAD Breda, 1912 Fusion mit Advendo Breda zu NAC Breda, seit 1992 Bredase NAC; Spielkleidung: Gelb/Schwarz/Weiß; Stadion: Fujifilm-Stadion, 17 064 Plätze. – INTERNET: www.nac.nl

Spieler (Auswahl): G. M. Geels – W. Jansen – B. van Galen – P. van Hooijdonk – J. Vonlanthen.

Bregenz, SC (Sportclub Bregenz), Österreich (Vorarlberg), gegr. 1919 als FC Schwarz-Weiß Bregenz, 1971/72 Olympia Bregenz, 1972/73 SC Vorwerk Bregenz, 1973 Fusion mit FC Rätia Bludenz zu SC Vorwerk Vorarlberg Bregenz, 1975 aufgelöst und als FC Schwarz-Weiß Bregenz neu gegr., 1979 Fusion mit FC Dornbirn zu IG Bregenz-Dornbirn, 1987 Auflösung der Fusion und Umbenennung in Casino SW Bregenz, 2005 Konkurs und am 27. Juni 2005 neu gegründet als SC Bregenz; Spielkleidung: Blau/Weiß/Blau; Stadion: Casino-Stadion, 15 000 Plätze. – INTERNET: www.scbregenz.at

Spieler (Auswahl): G. Kaltenbrunner – B. Pezzey.

Andreas Brehme

Paul Breitner

Bregy, Georges, schweizer. Trainer, *17. Januar 1958 Oberwallis; war Mittelfeldspieler: 1984–86 FC Sion, 1986–94 Young Boys Bern; 53 Länderspiele (1984–94; 13 Tore); WM-Endrunde 1994. – Später Trainer: 2000/01 FC Thun, 2002/03 FC Zürich.

Brehme, Andreas, dt. Abwehrspieler, *9. November 1960 Hamburg; 1965–80 Barmbeck-Uhlenhorst, 1980/81 1. FC Saarbrücken, 1981–86 1. FC Kaiserslautern, 1986–88 FC Bayern München, 1988–92 Inter Mailand, 1992/93 Real Saragossa, 1993–98 1. FC Kaiserslautern; 301 Bundesligaspiele (50 Tore); 86 Länderspiele (1984–94; 8 Tore); WM-Endrunde 1990 (Weltmeister), 1994; EM-Endrunde 1984, 1988, 1992; olymp. Fußballturnier 1984; in Italien Fußballer des Jahres 1989. – Später Teamchef: 2000–02 1. FC Kaiserslautern, 2004/05 SpVgg Unterhaching, 2005/06 VfB Stuttgart (Trainerassistent).

Brei, Dieter, dt. Trainer, *30. September 1950; war Mittelfeldspieler: 1970–72 Arminia Bielefeld, 1972–81 Fortuna Düsseldorf; 263 Bundesligaspiele (33 Tore). – Später Trainer: 1985–87 Fortuna Düsseldorf, 2002/03 SC Verl.

Breitner, Paul, dt. Mittelfeldspieler, *5. September 1951 Kolbermoor (Bayern); 1957–61 SV Kolbermoor, 1961–70 ESV Freilassing, 1970–74 FC Bayern München, 1974–77 Real Madrid, 1977/78 Eintracht Braunschweig, 1978–83 FC Bayern München; 285 Bundesligaspiele (93 Tore); 48 Länderspiele (1971–82; 10 Tore); WM-Endrunde 1974 (Weltmeister), 1982; Europameister 1972; in der BRD Fußballer des Jahres 1981.

Bremen, Deutschland, **1) FC Oberneuland,** eigtl. FC Oberneuland 48« (Fußballclub Oberneuland von 1948), gegr. am 13. April 1948; Spielkleidung: Rot/Weiß/Weiß; Stadion: Sportpark Vinnenweg, 3500 Plätze. – INTERNET: www. fc-oberneuland.de
Spieler (Auswahl): U. Borowka. – **Trainer** (Auswahl): T. Gütschow – W. Sidka.

2) SV Werder Bremen (Sport-Verein Werder von 1899 Bremen), gegr. am 1. Februar 1899 als FV Werder Bremen, 1920–45 SV Werder Bremen, 1945 Fusion mit TV Vorwärts Bremen und Freie Schwimmer 1910 Bremen zu TuS Werder 1945 Bremen, 1946 SV Grün-Weiß 99 Bremen und im gleichen Jahr Umbenennung in SV Werder Bremen; im Juli 2003 Ausgliederung der Lizenzspielerabteilung in die Werder Bremen GmbH & Co. KGaA (KGaA: Abk. für **K**ommandit**g**esellschaft **a**uf **A**ktien); Bundesliga 1963–80, 1981–2006; Spielkleidung: Grün-Orange/Grün/Grün-Orange; Stadion: Weserstadion, 42 500 Plätze. – Internationale Erfolge: EC II 1992. – INTERNET: www.werder-online.de
Spieler (Auswahl): Ailton – K. Allofs – R. Assauer – M. Basler – F. Baumann – D. Beiersdorfer – G. Bernard – V. Bestchastnykh – O. Björnmose – S. Blank – M. Bockenfeld – M. Bode – U. Borowka – T. Borowski – R. Bratseth – D. und H. Burdenski – M. Burgsmüller – R. Cardoso – Júlio César – A. Charisteas – E. Coordes – M. Daun – Ü. Davala – W. Dreßel – D. Eilts – U. Erkenbrecher – F. Ernst – F. Fahrenhorst – D. Ferner – K. Fichtel – M. Friedrich – T. Frings – G. Hermann – A. Herzog – B. Hobsch – H.-D. Höttges – A. Hunt – V. Ismaël – D. Jensen – Junior Bahia – I. Klasnić – O. Knefler – S. Kohn – E. Kostedde – M. Krstajic – B. Labbadia – P. Linz – K. Lisztes – M. Lorenz – L. Magnin – N. Meier – J. Micoud – B. Möhlmann – R. Münzenberg – Naldo – G. Nery – F. Neubarth – W. Neuberger – Y. Okudera – F. Ordenewitz – J. Otten – P. Owomoyela – P. Pasanen – B. Pezzey – H. Pfeifenberger – J. Piontek – C. Pizarro – H. Ramzy – P. Rautiainen – O. Reck – U. Reinders – K. Riedle – J. Röber – S. Rolfes – F. Rost – W. Rufer – B. Rupp – T. Schaaf – H. Scholz – C. Schulz – M. Schulz – W. Sidka – P. Stalteri – R. Tjikuzu – J. Todt – B. Trares – N. Valdez – C. Vander – A. van Lent – F. Verlaat – A. Vier – R. Völler – M. Votava – R. Wicky – T. Wiese – T. Wolter – K. Wunder – F. Zandi. – **Trainer** (Auswahl): H. Burdenski – A. de Mos – H.-J. Dörner – R. Gebhardt – K. Klötzer – F. Magath – W. Multhaup – J. Piontek – O. Rehhagel – T. Schaaf – W. Sidka – H. Tilkowski – W. Weber.

Bremerhaven, Deutschland (Bundesland Bremen), **1) FC Bremerhaven** (Fußballclub Bremerhaven), gegr. am 1. Juni 1899 als FC Bremerhaven, 1900–17 FC Bremerhaven-Lehe, 1917 Fusion mit SC Sparta Bremerhaven zu Bremerhaven-Lehe SC Sparta, 1919 Beendigung der Fusion und Umbenennung in VfB Lehe, 1945 aufgelöst und als SG Lehe-Nord neu gegr., 1947–49 ATS Bremerhaven, 1949 Abspaltung von SC Sparta Bremerhaven, 1953 Abspaltung von VfB Lehe, seit 1992 FC Bremerhaven; Spielkleidung: Weiß-Rot/Schwarz/Weiß-Rot; Stadion: Zollinland, 3000 Plätze. – INTERNET: www.fc-bremerhaven.de

Trainer (Auswahl): F. Magath.

2) OSC Bremerhaven (Olympischer Sport-Club Bremerhaven), gegr. 1972, 1974 Fusion mit TuS Bremerhaven 93 (gegr. 1893); Spielkleidung: Rot/Weiß/Weiß; Stadion: Nordseestadion, 10 000 Plätze. – INTERNET: www.osc-bremer haven.de

Spieler (Auswahl): P. Linz – W. Rolff. – **Trainer** (Auswahl): E. Coordes.

Bremner, William John (»Billy«), schott. Mittelfeldspieler, * 9. Dezember 1942 Stirling; 1953–58 Stirling Albion FC, 1958–76 Leeds United, 1976–78 Hull City; 54 Länderspiele (1965–75; 3 Tore); WM-Endrunde 1974; in England Fußballer des Jahres 1970. – Später Trainer: 1978–82 Doncaster Rovers, 1985–89 Leeds United, 1989–92 Doncaster Rovers.

Brentford, FC, eigtl. »Brentford FC« (Brentford Football Club), England, gegr. 1889; Spielkleidung: Rot-Weiß/Rot/Schwarz; Stadion: Griffin Park, 12 763 Plätze. – INTERNET: www.brent fordfc.premiumtv.co.uk

Spieler (Auswahl): R. Greenwood – T. Lawton.

Brescia Calcio, Italien (Brescia), gegr. 1911 als Brescia FC, 1919–76 AC Brescia, seitdem Brescia Calcio; Spielkleidung: Weiß; Stadion: Mario Rigamonti, 27 547 Plätze. – INTERNET: www.brescia calcio.it

Spieler (Auswahl): A. Altobelli – R. Baggio – C. Branco – A. Brülls – J. Guardiola – G. Hagi – A. Manninger – M. Schopp – I. Tare – K. Türkyilmaz – F. Valcareggi – A. Vicini – J. Vonlanthen. – **Trainer** (Auswahl): F. Bernardini – M. Lucescu – W. Zenga.

Breslau, Polen: dt. für → Wrocław ...

»Breslauer Elf«, Ehren-Bez. für diejenige dt. Nationalmannschaft, die am 16. Mai 1937 in Breslau gegen Dänemark mit 8:0 gewann und im gleichen Jahr zehnmal unbesiegt blieb (bei modifizierten Mannschaftsaufstellungen).

»Breslauer Elf« (gegen Dänemark)

H. Jakob	E. Lehner (1)
P. Janes	R. Gellesch
R. Münzenberg	O. Siffling (5)
A. Kupfer	F. Szepan (1)*
L. Goldbrunner	A. Urban (1)
A. Kitzinger	* Spielführer

Briegel, Hans-Peter, dt. Trainer, * 11. Oktober 1955 Rodenbach (Rheinland-Pfalz); war Abwehrspieler: 1965–73 TV Rodenbach, 1973–75 SV Rodenbach, 1975–84 1. FC Kaiserslautern, 1984–86 Hellas Verona, 1986–88 Sampdoria Genua; 240 Bundesligaspiele (47 Tore); 72 Länderspiele (1979–86; 4 Tore); WM-Endrunde 1982, 1986; EM-Endrunde 1980 (Europameister), 1984; in der BRD Fußballer des Jahres 1985. – Später Trainer: 1989 FC Glarus (Spielertrainer), 1992–94 SV Edenkoben, 1994/95 SG Wattenscheid 09, 1996/97 1. FC Kaiserslautern (Sportdirektor), !998/99 Eintracht Trier (Sportdirektor), 1999/2000 Besiktas Istanbul, 2001/02 Trabzonspor, 2003–06 Albanien (Nationalmannschaft).

Brieske-Senftenberg, Glückauf, eigtl. »FSV Glückauf Brieske-Senftenberg« (Fußballsportverein Glückauf Brieske-Senftenberg), Deutschland (Brandenburg), gegr. 1919 als FV Grube Marga, 1928–33 Freier SV Sturm Grube Marga, 1933–45 SV Marga, 1945 aufgelöst und als SG Grube Marga neu gegr., 1948–50 BSG Franz Mehring Marga, 1950–54 BSG Aktivist Brieske-Ost, 1954 aufgelöst und als SC Aktivist Brieske-Senftenberg neu gegr., 1963 aufgelöst und »Delegierung« der Oberligamannschaft nach Cottbus (→ Cottbus, FC Energie), 1963 neu gegr. als BSG Aktivist Brieske Ost, 1972 Fusion mit BSG Aktivist Senftenberg zu BSG Aktivist Brieske-Senftenberg, seit 1990 FSV Glückauf Brieske-Senftenberg; DDR-Oberliga 1949–63; Spielkleidung: Blau-Weiß/Blau/Weiß; Stadion: Elsterkampfbahn, 8000 Plätze. – INTERNET: www.fsv-brieske-senftenberg.de

Spieler (Auswahl): H. Lemanczyk.

»Brieskicker« → »Wiener Schule«.

Brighton & Hove Albion, eigtl. »Brighton & Hove Albion FC« (Brighton & Hove Albion Football Club), England (Brighton), gegr. 1901; Spielkleidung: Blau/Rot/Blau; Stadion: Withdean Stadium, 7053 Plätze. – INTERNET: www.seagulls. premiumtv.co.uk

Spieler (Auswahl): D. Saunders. – **Trainer** (Auswahl): B. Clough.

Brijeg, Široki, eigtl. »NK Široki Brijeg« (Nogometni Klub Široki Brijeg), Bosnien und Herzegowina, gegr. 1947 als Boksit Široki Brijeg, später Borac Široki Brijeg und (bis 1995) Mladost Dubint Široki Brijeg, seitdem NK Široki Brijeg; Spielkleidung: Blau-Weiß-Rot; Stadion: Pecara, 8000 Plätze.

Spieler (Auswahl): M. Bazina.

Brinkmann, Ansgar, ein dt. Mittelfeldspieler, * 5. Juli 1969 Vechta (Niedersachsen); bis 1987 FC Bakum, BW Lohne und Bayer 05 Uerdingen, 1987–91 VfL Osnabrück, 1991–93 Preußen Münster, 1993–95 FSV Mainz 05, 1995 Preußen Münster, 1995/96 FC Gütersloh, 1996 SC Verl, 1996/97 FC Gütersloh, 1997 BV Cloppenburg,

1997–99 Eintracht Frankfurt, 1999/2000 Tennis Borussia, 2000/01 VfL Osnabrück, 2001–03 Arminia Bielefeld, 2003 LR Ahlen, 2003/04 FC Kärnten, 2004 LR Ahlen, 2005 1. FC Dynamo Dresden; 59 Bundesligaspiele (3 Tore).

> **A. Brinkmann**
> »Ich bin nicht disziplinierbar.«

Bristol City, eigtl. »Bristol City FC« (Bristol City Football Club), England (Bristol), gegr. 1894 als Bristol South End FC, seit 1897 Bristol City FC; Spielkleidung: Rot/Weiß/Weiß; Stadion: Ashton Gate, 21479 Plätze. – INTERNET: www.bcfc.premiumtv.co.uk

Spieler (Auswahl): P. Agostino – V. Astafjevs – A. Ball – Andy Cole – D. Moyes. – **Trainer** (Auswahl): A. Ball.

Britische Jungferninseln → Jungferninseln.

Britische Meisterschaft, engl. **Home International Championship,** ältester internationaler Wettbewerb, durchgeführt von den brit. Landesverbänden; seit 1883 jährlich, d.h. 1883/84 beginnend, nach dem Punktspielsystem in einer einfachen Runde ausgetragen; bei gleicher Tor- und Punktzahl wurde der Titel geteilt, ebenso die nachfolgenden Plätze. 1949/50 und 1953/54 war die B. M. mit der WM-, 1966/67 mit der EM-Qualifikation gekoppelt. 1983/84 wurde sie zum letztenmal ausgetragen.

britische Verbände, Bez. für die 4 Verbände Football Association (Abk. FA, England), Scottish Football Association (Abk. SFA, Schottland), Football Association of Wales (Abk. FAW, Wales) und Irish Football Association (Abk. IFA, Nordirland)

British Cup, 1985 bis 1990 ausgetragener Pokalwettbewerb für 20 Vereine der engl. Premier League, 10 Klubs der Premier Division Schottlands sowie für den Meister und Pokalsieger Nord-

Britische Meisterschaft		1915–19	nicht ausgetragen	1957	England
1884	Schottland	1920	Wales	1958	England, Nordirland
1885	Schottland	1921	Schottland	1959	Nordirland, England
1886	England, Schottland	1922	Schottland	1960	England, Schottland,
1887	Schottland	1923	Schottland		Wales
1888	England	1924	Wales	1961	England
1889	Schottland	1925	Schottland	1962	Schottland
1890	Schottland, England	1926	Schottland	1962	Schottland
1891	England	1927	Schottland, England	1964	Schottland, England,
1892	England	1928	Wales		Nordirland
1893	England	1929	Schottland	1965	England
1894	Schottland	1930	England	1966	England
1895	England	1931	Schottland, England	1967	Schottland
1896	Schottland	1932	England	1968	England
1897	Schottland	1933	Wales	1969	England
1898	England	1934	Wales	1970	England, Schottland,
1899	England	1935	England, Schottland		Wales
1900	Schottland	1936	Schottland	1971	England
1901	England	1937	Wales	1972	England
1902	Schottland	1938	England	1973	England
1903	England, Irland,	1939	England, Schottland,	1974	England, Schottland
	Schottland		Wales	1975	England
1904	England	1947	England	1976	Schottland
1905	England	1948	England	1977	Schottland
1906	England, Schottland	1949	Schottland	1978	England
1907	Wales	1950	England	1979	England
1908	Schottland, England	1951	Schottland	1980	Nordirland
1909	England	1952	Wales, England	1981	nicht komplett
1910	Schottland	1953	England, Schottland		ausgespielt
1911	England	1954	England	1982	England
1912	England, Schottland	1955	England	1983	England
1913	England	1956	England, Schottland,	1984	Nordirland
1914	Irland		Wales, Nordirland		

irlands. Die Spiele fanden abwechselnd in London (Wembleystadion) und Glasgow (Hampden Park) statt. – Nach dem 1985–90 erfolgten Ausschluss der engl. Vereine aus den Europapokalwettbewerben durch die UEFA (nach der »Brüsseler Tragödie«) initiierte die engl. Liga diesen Cup.

British Virgin Islands → Jungferninseln.

Brito, eigtl. »Hércules de Ruas Brito«, brasilian. Abwehrspieler, *9. August 1939 Rio de Janeiro; 1955–59 Vasco da Gama Rio de Janeiro, 1959/60 Internacional de Santa Maria, 1960–69 Vasco da Gama Rio de Janeiro, 1969/70 Flamengo Rio de Janeiro, 1971–74 Botafogo Rio de Janeiro, 1974 Corinthians São Paulo; 60 Länderspiele; WM-Endrunde 1966, 1970 (Weltmeister).

Brno, 1. FC, eigtl. »1. FC SA Brno« (1. Football Club Stavo Artikel Brno), Tschech. Republik, gegr. 1913 als SK Zidenice, 1947/48 SK Zbrojovka Zidenice Brno, 1948–51 Sokol Zbrojovka Zidenice Brno, 1951–53 Sokol Zbrojovka Brno, 1953–56 DSO Spartak Zbrojovka Brno, 1956–68 TJ Spartak ZJS Brno (1962 Fusion mit Ruda Hvezda Brno, gegr. 1953), 1968–90 TJ Zbrojovka Brno, 1990–92 FC Zbrojovka Brno, 1992–2000 FC Boby Brno, seitdem 1. FC Brno; Spielkleidung: Rot/Weiß/Rot; Stadion: Stadion v Boby Centru, 12 550 Plätze. – INTERNET: www.1fcbrno.cz

Spieler (Auswahl): V. Bubnik – M. Kadlec – J. Polak – J. Popluhár – I. Viktor. – **Trainer** (Auswahl): K. Brückner – K. Kolský – J. Masopust.

Broich, Thomas, dt. Mittelfeldspieler, *29. Januar 1981 München; 1987–93 ASV Rott/Inn, 1993–96 TSV 1860 Rosenheim, 1996–20001 SpVgg Unterhaching, 2001–03 Wacker Burghausen, 2004–06 Borussia Mönchengladbach; 51 Bundesligaspiele (3 Tore).

Brolin, Thomas, schwed. Angriffsspieler, *29. November 1969 Huderksvall; 1979–86 IF Näsviken, 1986–89 GIF Sundsvall, 1990 IFK Norrköping, 1990–95 AC Parma, 1995/96 Leeds United, 1996 IFK Norrköping und FC Zürich, 1996/97 Leeds United, 1998 Crystal Palace; 20 Länderspiele (13 Tore); WM-Endrunde 1990; EM-Endrunde 1992; olymp. Fußballturnier 1992; in Schweden Fußballer des Jahres 1990, 1994.

Brøndby IF, Dänemark: → Kopenhagen [4].

»brotlose Kunst«, technisch akzentuierte, aber unproduktive Spielweise einer Mannschaft; »Spielerei«, die nichts einbringt (keine Tore); nur für die »Galerie« spielen.

Brückner, Karel, tschech. Trainer, *13. November 1939 Olmütz (tschech. Olomouc); 1972–79 Zelezamy Olomouc, 1979–81 Zelezamy Prostejov, 1981–83 Zbrojovka Brno, 1983–87 Sigma Olomouc, 1987/88 ČSSR (U 21), 1988/89 TJ ZVL Zilina, 1989/90 TJ Vitkovice, 1990–93 Sigma Olomouc, 1994/95 Petra Drnovice, 1995 Inter Bratislava, 1996/97 Sigma Olomouc, 1998–2006 Tschech. Republik (1998–2001 U 21, 2002–06 Nationalmannschaft); EM-Endrunde 2004; olymp. Fußballturnier 2000; in der Tschech. Republik Trainer des Jahres 2004.

Brügge, Belgien, **1) Cercle Brügge,** eigtl. »Cercle Brugge KSV« (Cercle Brugge Koninklijke Sportvereniging), gegr. 1899 als CS Brugeois, 1924–68 RCS Brugeois, 1968–97 KSV Cercle Brugge, seitdem Cercle Brugge KSV; Spielkleidung: Grün/Schwarz/Schwarz; Stadion: Jan-Breydel-Stadion, 18 200 Plätze. – INTERNET: www.cercle-brugge.be

Spieler (Auswahl): D. Amokachi – P. Közle – D. V. Munteanu – M. Olsen – R. Rensenbrink – G. Thys.

2) FC Brügge, eigtl. »Club Brugge KV« (Club Brugge Koninklijke Voetbalvereniging), gegründet 1891 als Brugsche FC, 1892–1920 FC Brugeois, 1920–72 RFC Bruges, seitdem Club Brugge KV; Spielkleidung: Blau-Schwarz/Schwarz/Schwarz; Stadion: Jan-Breydel-Stadion, 18 200 Plätze. – INTERNET: www.clubbrugge.be

Spieler (Auswahl): B. Balaban – L. Bálint – J. Ceulemans – F. Farina – G. Geels – E. Jankauskas – A. Ondrus – J. P. Papin – R. Rüssmann – W. Sonck –F. van der Elst – S. Vermant. – **Trainer** (Auswahl): J. Ceulemans – H. Coppens – E. Gerets – G. Gress – E. Happel – G. Kessler – G. Thys.

Brülls, Albert, dt. Angriffsspieler (Mittelstürmer), *26. März 1937 Anrath (seit 1970 Stadtteil von Willich [Nordrhein-Westfalen]), †28. März 2004 Neuss; 1948–54 AV Anrath, 1955–62 Borussia Mönchengladbach, 1962–65 FC Modena, 1965–68 Brescia Calcio, 1968–70 Young Boys Bern; 25 Länderspiele (1959–66; 9 Tore); WM-Endrunde 1962, 1966.

Brummeier, Horst, österr. Schiedsrichter, *31. Dezember 1945 Linz; seit 1964 Schiedsrichter, seit 1975 1. Division, seit 1977 FIFA-Schiedsrichter; 15 Länderspiele; WM-Endrunde 1986; EM-Endrunde 1988; 20 Europapokalspiele

Brunei, Sultanat im Norden Borneos, an der Nordwestküste Kalimantans, 577 km², 358 100 Ew.; Verband: The Football Association of Brunei Darussalam, Abk. FABD, gegr. 1956, Sitz: Bandar Seri Begawan; Mitglied der FIFA seit 1969, der AFC seit 1970; Spielkleidung: Gelb/Schwarz/Schwarz-Weiß. – INTERNET: www.bafa.org.bn

Brungs, Franz, dt. Trainer, *4. Dezember 1936; war Angriffsspieler: 1946–63 FV Bad Honnef, 1. FC Köln und Borussia Mönchengladbach, 1963–65 Borussia Dortmund, 1965–68 1. FC

Nürnberg, 1968–71 Hertha BSC; 235 Bundesligaspiele (97 Tore). – Später Trainer: 1973–87 SpVgg Büchenbach, FC Herzogenaurach, Kickers Offenbach, SpVgg Fürth, VfB Coburg, SpVgg Bayreuth und VfL Frohnlach, 1987–89 Hessen Kassel, 1990/91 Türk Gücü München, 1992–95 Hessen Kassel.

Brunmayr, Ronald, ein österr. Angriffsspieler, *17. Februar 1975 Steyr; bis 1996 SV Garsten, FC Linz und Vorwärts Steyr, 1996–98 Austria Wien, 1998–2000 SV Ried, 2000–03 Grazer AK, 2003–05 Sturm Graz, 2005/06 SV Ried; 8 Länderspiele (seit 2000; 1 Tor); in Österreich Fußballer des Jahres 2001.

Brünn, Tschech. Republik: dt. für → Brno ...

Brunnenmeier, Rudolf, dt. Angriffsspieler, *11. Februar 1941 Olching (Bayern), † 22. April 2003 München; 1963–68 TSV München 1860, 1968–71 Xamax Neuchâtel, 1971/72 FC Zürich; 119 Bundesligaspiele (66 Tore); Bundesliga-Torschützenkönig 1965 (24); 5 Länderspiele (1964/65; 3 Tore).

Bruns, Hans-Günter, dt. Abwehrspieler (Libero), *15. November 1954 Mülheim an der Ruhr (Nordrhein-Westfalen); bis 1974 Rot-Weiß Mülheim und SG Wattenscheid 09, 1974–77 FC Schalke 04, 1978/79 Borussia Mönchengladbach, 1979/80 Fortuna Düsseldorf; 366 Bundesligaspiele (63 Tore); 4 Länderspiele (1984).

Brüssel, Belgien, **1) FC Brüssel** (Football Club Brüssel), entstand 1973 als Fusion von Racing White Molenbeek und Daring Club Brüssel zu RWD Molenbeek, 2003 Fusion mit KFC Strombeek zu FC Brüssel; Spielkleidung: Rot-Weiß/Schwarz/Weiß; Stadion: Edmond-Machtens-Stadion, 11 000 Plätze. – INTERNET: www.fcbrussels.be

Spieler (Auswahl): L. Coeck – H. Coppens – J. Masopust – M. Olsen – P. van Himst – R. Waseige. – **Trainer** (Auswahl): P. van Himst.

2) RSC Anderlecht (Royal Sporting Club Anderlecht), gegr. 1908 als SC Anderlechtois, 1933–81 RSC Anderlechtois, seitdem RSC Anderlecht; Spielkleidung: Weiß-Violett/Weiß/Weiß-Violett; Stadion: Constant Vanden Stock, 22 187 Plätze. – Internationale Erfolge: EC II 1976, 1978, EC III 1983, (Europa-)Supercup 1976, 1978. – INTERNET: www.rsca.be

Spieler (Auswahl): H. Andersen – F. Arnesen – L. Coeck – G. Geels – B. Goor – A. Haan – J. Koller – V. Kompany – F. Koncilia – J. Mermans – M. Olsen – M. Mpenza – R. Rensenbrink – V. Scifo – E. Vandenbergh – F. van der Elst – P. van Himst. – **Trainer** (Auswahl): A. de Mos – R. Goethals – A. Haan – G. Kessler – P. van Himst.

3) Union St. Gilloise, eigtl. »Royale Union Saint-Gilloise«, gegr. 1897; Spielkleidung: Gelb-Blau/Blau/Gelb; Stadion: Le Stade Joseph Marien, 22 187 Plätze. – INTERNET: www.rusg.be

Trainer (Auswahl): G. Thys.

Brych, Felix, dt. Schiedsrichter (München), Dr. (Jurist), *3. August 1975; seit 1999 Schiedsrichter, seit 2001 Zweite Bundesliga (32 Spiele), seit 2004 Bundesliga (14 Spiele); 2003 kurzzeitig in der südkorean. K-League.

Brychczy, Lucjan, poln. Mittelfeldspieler (Läufer), *13. Juni 1934 Novi Bytom; 1947–53 Pogon Novi Bytom, LTS Labedy und Piast Gliwice, 1953–73 Legia Warschau; 60 Länderspiele (1954–69; 18 Tore); olymp. Fußballturnier 1960.

BSG, DDR: Abk. für → **B**etriebs**s**port**g**emeinschaft.

Bubnik, Vlastimil, ein tschech. Angriffsspieler (Mittelstürmer), *18. März 1931 Kelć; 1944–52 Kralovopole Brno, 1952–59 Ruda Hvezda Brno, 1962–64 Spartak Brno; 11 Länderspiele für die Tschechoslowakei (1957–60; 4 Tore). – War auch ein Weltklasse-Eishockeyspieler (elfmal Landesmeister mit Ruda Hvezda).

Buchwald, Guido, dt. Abwehrspieler, *24. Januar 1961 Berlin (West); 1969–77 SV Wannweil, 1977/78 TSV Pliezhausen, 1978–83 Stuttgarter Kickers, 1983–94 VfB Stuttgart, 1994–97 Urawa Red Diamonds, 1998/99 Karlsruher SC; 334 Bundesligaspiele (28 Tore); 76 Länderspiele (1984–94; 4 Tore); WM-Endrunde 1990 (Weltmeister), 1994; EM-Endrunde 1984, 1988, 1992. – Später Sportdirektor (1999–2001 Karlsruher SC) und Trainer (2004–06 Urawa Red Diamonds; PS 2006).

Buckley, Delron, südafrikan. Angriffsspieler, *7. Dezember 1977 Durban; bis 1995 Butcherville Rovers Durban, 1995–2004 VfL Bochum, 2004/05 Arminia Bielefeld, 2005/06 Borussia Dortmund; 148 Bundesligaspiele (25 Tore); 50 Länderspiele; WM-Endrunde 1998, 2002; olymp. Fußballturnier 2000.

Budapest, Ungarn, **1) Ferencvaros Budapest,** eigtl. »Ferencvárosi TC« (Ferencvárosi Torna Club), gegr. 1899 als Ferencvárosi TC, 1926–44 Ferencvárosi FC, 1944–49 Ferencvárosi TC, 1949/50 ÉDOSZ SE, 1950–56 Budapesti Kinizsi, seitdem wieder Ferencvárosi TC; Spielkleidung: Weiß-Grün/Weiß/Weiß; Stadion: Üllöi Út, 18 100 Plätze. – Internationale Erfolge: Mitropapokal 1928, 1937, Messepokal 1965.

Spieler (Auswahl): F. Albert – L. Bálint – Z. Czibor – M. Fenyvesi – J. Gyarmati – S. Kocsis – L. Kubala – G. Lázár – K. Lisztes – S. Mátrai – V. Miriuta – T. Nyilasi – G. Polgár – G. Sárosi – I. Schlosser I. Szabics Z. Varga O. Vincze. – **Trainer** (Auswahl): L. Bálint – T. Nyilasi – G. Sebes – K. Sóos

2) Honved Budapest, eigtl. »Kispest-Honvéd FC« (Kispest-Honvéd Futball Club), gegr. 1909 als

Kispesti AC, 1926–44 Kispesti FC, 1944–49 Kispesti AC, 1949–91 Budapesti Honvéd FC, 1991–95 Kispest-Honvéd FC, 1995/96 Kispest-Honvéd TIG FC, seitdem Kispest-Honvéd FC; Spielkleidung: Rot-Weiß/Weiß/Weiß; Stadion: Jozsef-Bozsik-Stadion, 15 000 Plätze. – Internationale Erfolge: Mitropapokal 1959.

Spieler (Auswahl): J. Bózsik – Z. Czibor – L. Détari – G. Grosics – S. Kocsis – G. Lóránt – F. Puskás – F. Sipos – L. Tichy. – **Trainer** (Auswahl): J. Bózsik – G. Sebes – K. Sóos – L. Tichy.

3) MTK Hungaria Budapest, eigtl. »MTK Hungária FC« (Magyar Testgyakorlók Köre Hungária Futball Club), gegr. 1888 als MTK Budapest, 1926–40 Hungária FC MTK Budapest, 1940 aufgelöst und 1945 als MTK neu gegr., 1949/50 Budapesti Textiles SE, 1950–52 Budapesti Bástya SE, 1952–56 Budapesti VL, 1956–75 MTK Budapest, 1975 Fusion mit VM Egyetértés SK zu MTK/VM Budapest, 1992–94 MTK Budapest, 1994–98 MTK FC Budapest, seitdem MTK Hungária FC; Spielkleidung: Blau/Weiß/Blau-Weiß; Stadion: Hungária Úti, 10 702 Plätze. – Internationale Erfolge: Mitropapokal 1955, 1963. – INTERNET: www.mtkhungaria.hu

Spieler (Auswahl): S. Biró – B. Guttmann – N. Hidegkuti – M. Lantos – G. Orth Wirth – K. Sándor – A. Schaffer – I. Schlosser – G. Sebes – F. Sipos – P. Titkos. – **Trainer** (Auswahl): N. Hidegkuti.

4) Ujpest Budapest, eigtl. »Újpest FC« (Újpest Futball Club), gegr. 1885 als Újpesti TE, 1926–49 Újpest FC, 1949 Fusion mit Budapesti Rendör Egylet zu Budapesti Dósza, 1956–90 Újpesti Dósza, 1990–94 Újpesti TE, 1994/95 UTE-Novabau, 1995–99 Újpesti TE, seitdem Újpest FC; Spielkleidung: Blau-Weiß/Blau/Blau; Stadion: Megyeri Út, 25 000 Plätze. – INTERNET: www.ujpestfc.hu

Spieler (Auswahl): F. Bene – S. Biró – L. Fazekas – V. Miriuta – F. Szusza – A. Töröcsik – G. Zsengellér. – **Trainer** (Auswahl): L. Baróti – J. Göröcs – B. Guttmann – G. Sebes.

5) Vasas Budapest, eigtl. »Vasas DH« (Vasas Danubius Hotels), gegr. 1911 als Vas és Fémmunkások, 1943/44 Budapesti Kinizsi Vasas, 1944/45 Nemzeti Kinizsi, 1945–48 Vasas SC, 1948–56 Budapesti Vasas, 1957–92 Budapesti Vasas SC, 1992/93 Vasas-Smirnoff, 1993/94 Vasas-Ilzer, 1994–96 Vasas Casino Vigadó, seitdem Vasas DH; Spielkleidung: Rot/Blau/Blau; Stadion: Fáy Útcai, 18 000 Plätze. – Internationale Erfolge: Mitropapokal 1956, 1957, 1962, 1965, 1970, 1983. – INTERNET: www.vasas.hu

Spieler (Auswahl): J. Gyarmati – L. Kubala – K. Mészöly – G. Sebes – O. Vincze. – **Trainer** (Auswahl): L. Baróti – B. Guttmann.

Budejovice, SK Ceske, eigtl. »SK České Budejovice« (Sportovni Klub České Budejovice), Tschech. Republik, gegr. 1899 als Sportovni Kroužek České Budejovice, 1903–05 SK Slavia České Budejovice, 1905–49 SK České Budejovice, 1949–51 Sokol JCE České Budejovice, 1951–53 ZSJ Slavia České Budejovice, 1953–58 DSO Dynamo České Budejovice, 1958–91 TJ Dynamo České Budejovice, 1991/92 SK Dynamo JČE České Budejovice, 1992–99 SK JČE České Budejovice, seitdem SK České Budejovice; Spielkleidung: Schwarz-Weiß/Weiß/Weiß; Stadion: Strelecky Ostrov, 12 000 Plätze. – INTERNET: www.skcb.cz

Spieler (Auswahl): K. Poborský – J. Simak – J. Stajner.

Büdelsdorf, Eider, eigtl. »FT Eider Büdelsdorf« (Freie Turnerschaft »Eider« Büdelsdorf), Deutschland (Schleswig-Holstein), gegr. 1957; Spielkleidung: Rot/Weiß/Rot; Stadion: Eiderstadion, 5000 Plätze. – INTERNET: www.fteider.de

Spieler (Auswahl): T. Ritter.

Budweis, Tschech. Republik : dt. für → Budejovice ...

Buenos Aires, Argentinien, **1) Argentinos Juniors Buenos Aires,** eigtl. »Argentinos Juniors« (Asociación Atlética Argentinos Juniors), gegr. 1904 als Argentinos Juniors, 1934 Fusion mit Atlanta AC zu Atlanta- Argentinos Juniors, Fusion im gleichen Jahr beendet und seitdem wieder Argentinos Juniors; Spielkleidung: Rot/Blau/Weiß; Stadion: Atlanta, 25 300 Plätze. – Internationale Erfolge: Copa Libertadores de América 1985. – INTERNET: www.argentinosjrs.com.ar

Spieler (Auswahl): C. Borghi – U. Fillol – C. R. Ledesma – D. A. Maradona – D. Placente – J. R. Riquelme.

2) Boca Juniors Buenos Aires, eigtl. »CA Boca Juniors« (Club Atlético Boca Juniors), gegr. 1905; Spielkleidung: Blau/Blau/Weiß; Stadion: La Bonbonera, 57 395 Plätze. – Internationale Erfolge: Copa Libertadores de América 1977, 1978, 2000, 2001, 2003, Weltpokal 1977, 2000. – INTERNET: www.bocajuniors.com.ar

Spieler (Auswahl): J. H. Basualdo – G. Batistuta – C. Caniggia – R. Cardoso – H. O. Gatti – C. Gimenez – E. Gonzalez – H. Herrera – D. A. Maradona – A. Matellan – L. Monti – J. M. Morena – J. R. Riquelme – N. Takahara – A. Tarantini – C. A. Tévez – J. Verón. – **Trainer** (Auswahl): C. Bianchi – C. Bilardo – A. di Stéfano – V. Feola – C. L. Menotti – A. A. Pedernera.

3) Huracán Buenos Aires, eigtl. »CA Huracán« (Club Atlético Huracán), gegr. 1908; Spielkleidung: Rot-Weiß/Blau/Weiß; Stadion: Tomás Adolfo Ducó, 48 314 Plätze. – INTERNET: www.cahuracan.com

Spieler (Auswahl): O. Ardiles – L. Gonzáles – A. Pedernera – N. Rossi – G. Stábile. – **Trainer** (Auswahl): C. L. Menotti.

4) Independiente Buenos Aires, eigtl. »CA Independiente« (Club Atlético Independiente), Abk. **CAI,** gegr. 1905 als Independiente FC, seit 1908 Independiente Buenos Aires; Spielkleidung: Rot/Rot/Schwarz; Stadion: Cordero, 57 098 Plätze. – Internationale Erfolge: Copa Libertadores de América 1964, 1965, 1972, 1973, 1974, 1975, 1984, Weltpokal 1973, 1984. – INTERNET: www.independiente.com

Spieler (Auswahl): L. Artime – J. D. L. Bertoni – L. Burruchaga – D. Forlán – H. Yazalde. – **Trainer** (Auswahl): R. Gallego – C. L. Menotti.

5) Racing Club Buenos Aires, gegr. 1903 als Racing FC, seit 1908 Racing Club Buenos Aires; Spielkleidung: Blau-Weiß/Schwarz/Schwarz; Stadion: Presidente Perón, 55 000 Plätze. – INTERNET: www.racingclub.com.ar

Spieler (Auswahl): O. Ardiles – C. R. Ledesma – C. L. Menotti – R. Perfumo – R. Paz – R. Perfumo – D. P. Simeone.

6) River Plate Buenos Aires, eigtl. »CA River Plate« (Club Atlético River Plate), entstand 1901 durch Fusion von Santa Rosa FC und La Rosales FC; Spielkleidung: Weiß/Schwarz/Schwarz; Stadion: A.V. Liberti »El Monumental«, 57 098 Plätze. – Internationale Erfolge: Copa Libertadores de América 1986, 1996, Weltpokal 1986. – INTERNET: www.carp.org.ar

Spieler (Auswahl): L. Artime – G. Batistuta – C. Borghi –C. Caniggia –H. Crespo – A. N. D'Alessandro – M. Demichelis – A. di Stéfano – U. Fillol – E. Francescoli – A. R. Gallego – H. O. Gatti – L. Gonzáles – N. R. Gorosito – S. J. Goycoechea – M. Kempes – A. A. Labruña – C. R. Ledesma – L. J. Luqué – A. A. Ortega – O.A. Ortiz – D. A. Passarella – A. Pedernera – D. Placente – N. A. Pumpido – N. Rossi – M. Sálas – J. Saviola – E. O. Sivori – A. Tarantini – R. F. Ayala. – **Trainer** (Auswahl): Didi – R. Gallego – D. A. Passarella – E. O. Sivori.

7) San Lorenzo de Almagro, eigtl. »CA San Lorenzo de Almagro« (Club Atlético San Lorenzo de Almagro), gegr. 1908; Spielkleidung: Blau-Weiß/Schwarz/Schwarz-Blau; Stadion: El Nuevo Gasómetro, 43 494 Plätze. – INTERNET: www.sanlorenzo.com.ar

Spieler (Auswahl): R. Ayala – C. Bilardo – J. L. Chilavert – N. R. Gorosito – R. A. La Volpe – L. Monti – R. Orsi – B. Romeo. – **Trainer** (Auswahl): V. Milutinović.

8) Vélez Sarsfield, eigtl. »CA Vélez Sarsfield« (Club Atlético Vélez Sarsfield), gegr. 1910 als Argentinos de Vélez Sarsfield, 1912–14 Libreria del Colegio AC, seitdem Vélez Sarsfield; Spielkleidung: Blau; Stadion: José Amalfitani, 49 749 Plätze. – INTERNET: www.velezsarsfield.com.ar

Spieler (Auswahl): J. H. Basualdo – C. Bianchi – J. L. Chilavert – N. A. Pumpido – D. P. Simeone – S. F. Zaraté. – **Trainer** (Auswahl): M. Bielsa – E. O. Sivori.

Buffon, Gianluigi (»Gigi«), italien. Torhüter, *28. Januar 1978 Carrara; 1995–2001 AC Parma, 2001–06 Juventus Turin; 57 Länderspiele (seit 1997); WM-Endrunde 1998 (nicht eingesetzt), 2002; EM-Endrunde 2000 (nicht eingesetzt), EM-Endrunde 2004; olymp. Fußballturnier 1996; Welttorhüter des Jahres 2003, 2004.

Buhtz, Horst, dt. Trainer, *21. September 1923 Magdeburg; war Mittelfeldspieler (Halbstürmer): 1937–58 Fortuna Magdeburg, Kickers Offenbach, VfB Mühlburg, Karlsruher SC, AC Turin (1952–56), Young Fellows Zürich und AC Bellinzona. – Später Trainer: 1962/63 Sportfreunde Saarbrücken, 1963–66 Borussia Neunkirchen, 1966–68 Hannover 96, 1968–74 Wuppertaler SV, 1975/76 Besiktas Istanbul (PS 1976), 1976 Borussia Dortmund, 1976–78 1. FC Nürnberg, 1978–81 Bayer 05 Uerdingen, 1981–83 Alemannia Aachen, 1983/84 Stuttgarter Kickers, 1987 Fortuna Köln. – Seit 1992 Ehrenpräsident von Fortuna Magdeburg.

> **H. Buhtz**
> »Wenn ich gehe, dann ist der große Fußball in Wuppertal für lange Zeit zu Ende!«
> (1974; vom Wuppertaler SV entlassen ...)

Bukarest, Rumänien, **1) Dinamo Bukarest,** eigtl. »FC Dinamo Bucureşti« (Fotbal Club Dinamo Bucureşti), entstand 1948 durch Fusion von Unirea Tricolor Bucureşti und CS Ciocanul Bucureşti; Spielkleidung: Rot/Weiß/Rot-Weiß; Stadion: Dinamo-Stadion, 18 000 Plätze. INTERNET: www.dinamo.ro

Spieler (Auswahl): C. Dinu – F. Dumitrache – D. Georgescu – M. Lucescu – I. Lupescu – D. Mateut – V. Miriuta – D. V. Munteanu – A. Mutu – I. und R. Nunweiler – G. Popescu. – **Trainer** (Auswahl): B. Guttmann – M. Lucescu – I. Nunweiler.

2) National Bukarest, eigtl. »FC National Bucureşti« (Fotbal Club National Bucureşti), gegr. 1944 als Socec Lafayette Bucureşti, 1948–50 Grafica Mnetaria Bucureşti, 1950–54 Spartac Bucureşti, 1954–56 Progresul Finante-Banci Bucureşti, 1956–77 Progresul Bucureşti, 1977 Fusion mit Vulcan Bucureşti zu CS Progresul Vulcan

Bucureşti, 1987/88 Progresul Vointa Bucureşti, 1988/89 Progresul Ernergia Bucureşti, 1989–91 Progresul Soimii IMUC, 1991–94 Progresul BNR Bucureşti, seitdem FC National Bucureşti; Spielkleidung: Blau/Weiß/Weiß; Stadion: Cotroceni, 14 542 Plätze. – INTERNET: www.nationalfc.ro
Trainer (Auswahl): W. Zenga.

3) Rapid Bukarest, eigtl. »UFC Rapid Bucureşti« (Uniunea Fotbal Club Rapid Bucureşti), gegr. 1923 als CFR Bucureşti, 1936–45 FC Rapid Bucureşti, 1945–49 Caile Ferate Romàna Bucureşti, 1949–58 Locomotivá Bucureşti, 1958–92 CS Rapid Bucureşti, seitdem UFC Rapid Bucureşti; Spielkleidung: Weiß/Orange/Rot-Weiß; Stadion: »Rapid«, 19 300 Plätze. – INTERNET: www.rapid.pcnet.ro
Spieler (Auswahl): I. V. Ganea. – **Trainer** (Auswahl): M. Lucescu.

4) Steaua Bukarest, eigtl. »FC Steaua« (Fotbal Club Steaua Bucureşti), gegr. 1947 als ASA Bucureşti, 1948–50 CSCA Bucureşti, 1950–61 CCA Bucureşti, 1961–98 CSA Steaua Bucureşti, seitdem FC Steaua; Spielkleidung: Rot/Blau/Blau-Rot; Stadion: Ghencea, 28 000 Plätze. – Internationale Erfolge: EC I 1986, (Europa-)Supercup 1986. – INTERNET: www.steauafc.com
Spieler (Auswahl): L. Bölöni – G. Hagi – A. Iordanescu – M. Lacatus – G. Popescu – M. Raducanu – L.-A. Reghecampf. – **Trainer** (Auswahl): S. Kovács – W. Zenga.

Bulgarien, eine Republik in Südosteuropa, 110 910 km², 7,538 Mio. Ew.; Verband: Bulgarian Football Union, Abk. BFU, gegr. 1923 (1985 aufgelöst und neu gegr.), Sitz: Sofia; Mitglied der FIFA seit 1924, der UEFA seit 1954; Spielkleidung: Weiß/Grün/Weiß. – INTERNET: www.bfunion.bg

Bulle, FC (Football Club Bulle), Schweiz (Kt. Fribourg), gegr. 1910; Spielkleidung: Rot; Stadion: Stade de Bouleyres, 5150 Plätze. – INTERNET: www.fcbulle.ch
Spieler (Auswahl): S. Henchoz. – **Trainer** (Auswahl): P.-A. Chapuisat.

»Bums« → Fußballerjargon.

Buna Schkopau, Deutschland: → Merseburg 99, SV.

Buncol, Andrzej, poln. Mittelfeldspieler, * 21. September 1959; bis 1986 Piast Gliwice, Ruch Chorzów und Legia Warschau, 1986/87 FC Homburg, 1987–92 Bayer 04 Leverkusen, 1992/93 Fortuna Düsseldorf; 186 Bundesligaspiele (21 Tore); 48 Länderspiele (1981–86); WM-Endrunde 1982, 1986.

Bund Deutscher Fußball-Lehrer → BDFL.

Bundeskapitän, Österreich: frühere Bez. für Bundestrainer.

Bundesliga, 1) Deutschland: am 28. Juli 1962 in Dortmund auf dem DFB-Bundestag eingeführte höchste Spielklasse für Lizenzspieler (1963/64–1964/65 16, seit 1965/66 18 Vereine bei jährlich 3 Absteigern; wegen der Aufnahme des NOFV 1991/92 20 Vereine). Folgende Kriterien fanden bei der Gründung für die Aufnahme Berücksichtigung: a) sportl. Qualifikation in der bis dahin existierenden Oberliga; b) Gemeinnützigkeit durch abgesicherten Amateurbetrieb; c) Stadionkapazität (mindestens 35 000 Plätze) und Flutlichtanlage sowie d) wirtschaftl. Situation. – Bei den Frauen gab es 1990/91–1996/97 eine zweigeteilte B., seit 1997/98 eingleisig (12 Vereine). – Im Nachwuchsbereich existiert seit 2003/04 eine dreigeteilte → Junioren-Bundesliga. – **2)** Österreich: seit 1991/92 höchste Spielklasse (eigtl. »T-Mobile B.«), löste die → Staatsliga ab. Nächstniedrige Spielklasse ist die 1. Liga (eigtl. »Red Zack 1. Liga«).

Bundesliga [1]: Einsätze

K.-H. Körbel	602	(1972–91)
M. Kaltz	581	(1971–91)
K. Fichtel	552	(1965–84)
M. Votava	546	(1976–97)
K. Fischer	535	(1968–88)
E. Immel	534	(1978–95)
W. Neuberger	520	(1966–83)
M. Lameck	518	(1972–88)
S. Reuter	502	(1985–2004)
B. Dietz	495	(1970–87)
D. Jakobs	493	(1971–90)
R. Geye	485	(1971–86)
D. Burdenksi	478	(1970–88)
O. Kahn	474	(seit 1987)
J. Maier	473	(1965–79)

Bundesliga [1]: Tore

G. Müller	365	(1965–79)
K. Fischer	268	(1968–88)
J. Heynckes	220	(1965–78)
M.Burgsmüller	213	(19695–90)
U. Kirsten	181	(1990–2003)
S. Kuntz	179	(1983–99)
K. Allofs	177	(1975–93)
D. Müller	177	(1972–86)
H. Löhr	166	(1964–78)
K.-H. Rummenigge	162	(1974–84)
B. Hölzenbein	160	(1967–81)
F. Walter	157	(1985–97)
T. Allofs	148	(1978–89)
B. Nickel	141	(1967–83)
U. Seeler	137	(1963–72)

»Bundesligaskandal«, am 6. Juni 1971 durch den Vereinspräsidenten von Kickers Offenbach Horst-Gregorio Canellas (*1921, †1999) aufgedeckte Bestechungsaffäre in der Bundesliga; beinhaltete die Manipulation, d.h. den »Verkauf« einiger Spielausgänge. Am stärksten belastet war der Verein Arminia Bielefeld, der Spieler von gegner. Vereinen bestochen hatte, um dem Abstieg zu entgehen, aber auch Vereine wie FC Schalke 04, VfB Stuttgart und Hertha BSC. Darüber hinaus waren noch andere Klubs und Spieler in den »B.« verwickelt. – Insgesamt wurden 52 Bundesligaspieler, Trainer und Funktionäre bestraft (Sperren, Geldbußen). Seinen offiziellen »Abschied« fand der B. erst 1977, als noch einige Schalker Spieler wegen Meineides zu Geldstrafen verurteilt wurden.

Bundespokal, 1919 bis 1933 ausgetragener Pokalwettbewerb in Deutschland für Auswahlmannschaften der Verbände; Nachfolger des → Kronprinzenpokals, 1935 vom → Reichsbundpokal abgelöst.

Bundespokal

1919	Norddeutschland
1920	Westdeutschland
1921	Mitteldeutschland
1922	Süddeutschland
1923	Süddeutschland
1924	Süddeutschland
1925	Norddeutschland
1926	Süddeutschland
1927	Mitteldeutschland
1928	Südostdeutschland
1929	Brandenburg
1930	Norddeutschland
1931	Süddeutschland
1932	Norddeutschland
1933	Süddeutschland

Bundesrepublik Deutschland → Deutschland.

Bundestrainer, (mit-)verantwortl. Trainer der Nationalmannschaft; in Deutschland eingesetzt vom DFB, in Österreich vom Österr. Fußball-Bund (→ ÖFB).

Burdenksi, 1) Dieter, dt. Torhüter, *26. November 1950, Sohn von 2); 1970/71 FC Schalke 04, 1971/72 Arminia Bielefeld, 1972–88 SV Werder Bremen; 478 Bundesligaspiele (1 Tor); 12 Länderspiele (1977–84); WM-Endrunde 1978 (nicht eingesetzt); EM-Endrunde 1984 (nicht eingesetzt). – Später Torhütertrainer: 1997–2005 SV Werder Bremen. – **2)** Herbert, dt. Angriffsspieler, *19. Mai 1922, †15. September 2001, Vater von 1); 1933–39 SV Erle 08, 1939–44 FC Schalke 04, 1944–46 Eintracht Braunschweig, 1946–49 FC Schalke 04, 1949–54 SV Werder Bremen; 5 Länderspiele (1941–51; 2 Tore); spielte repräsentativ für West- und Norddeutschland. – Später Trainer: bis 1969 STV Horst-Emscher, 1969–71 Rot-Weiss Essen, 1972 Borussia Dortmund, 1975/76 SV Werder Bremen, 1976–78 Wuppertaler SV.

Burgas, Bulgarien, **1) Nafteks Burgas,** eigtl. »FK Nafteks Burgas« (Fudbalski Klub Nafteks Burgas), gegr. 1932 als Neftochimik Burgas, seit 2002 FK Nafteks Burgas; Spielkleidung: Grün/Weiß/Grün; Stadion: Naftex, 18 689 Plätze. – INTERNET: www.fcnaftex.com

2) Tschernomoretz Burgas, eigtl. »FK Tschernomoretz Burgas« (Fudbalski Klub Tschernomoretz Burgas), entstand 1947 durch Fusion von Slavija Burgas und Levski-Botev 45 Burgas zu Ljubislav Burgas, 1948–69 Botev Burgas, 1969 Fusion mit Lokomotiv Burgas zu FK Tschernomoretz Burgas; Spielkleidung: Blau/Weiß/Weiß; Stadion: Tschernomoretz, 14 000 Plätze.

Burgener, Erich, schweizer. Torhüter, *15. Februar 1951; 1965–70 FC Razon, 1970–81 Lausanne-Sports, 1981–86 Servette Genf; 64 Länderspiele (1973–86). – Später Torhütertrainer: 2003–06 Schweiz (Nationalmannschaft).

Burgenländischer Fußballverband, Abk. **BFV,** einer der 9 Unterverbände des Österr. Fußball-Bundes (→ ÖFB), gegr. 1923, Sitz: Eisenstadt. – INTERNET: www.bfv.at

Burghausen, Wacker, eigtl. »SV Wacker Burghausen« (Sportverein Wacker Burghausen), Deutschland (Bayern), gegr. am 13. November 1930 (1945 aufgelöst und neu gegr.); Zweite Bundesliga 2002–06; Spielkleidung: Weiß/Schwarz/Weiß; Stadion: Wacker-Arena, 8400 Plätze. – INTERNET: www.sv-wacker.de

Spieler (Auswahl): T. Broich – U. Gospodarek – Y. Mokhtari – S. Reisinger – M. Wiesinger. – **Trainer** (Auswahl): R. Bommer – M. Schupp.

Burgnich, Tarcisio, italien. Trainer, *25. April 1939 Ruda; war Abwehrspieler (Libero): 1958–60 Udinese Calcio, 1960/61 Juventus Turin, 1961/62 US Palermo, 1962–74 Inter Mailand, 1974–77 SSC Neapel; 66 Länderspiele (1963–74; 2 Tore); WM-Endrunde 1966, 1970, 1974; Europameister 1968. – Später Trainer: 1977/78 Supercorso, 1978–80 AS Livorno, 1980/81 US Catanzaro, 1981/82 FC Bologna, 1982–84 Como Calcio, 1985/86 Genua 1893, 1986/87 SS Lanerossi Vicenza, 1987/88 Como Calcio, 1988/89 US Catanzaro, 1989–91 US Cremonese, 1991–93 Salernitana Sport.

Burgsmüller, Manfred, war ein dt. Mittelfeldspieler, *22. Dezember 1949 Essen; 1956–66 VfB 08 Rellinghausen, 1966–71 Rot-Weiss Essen, 1971–74 Bayer 05 Uerdingen, 1974–76 Rot-Weiss Essen, 1976 Bayer 05 Uerdingen, 1976–83 Borussia Dortmund, 1983/84 1. FC Nürnberg, 1984/85 Rot-Weiß Oberhausen, 1985–90 SV Werder Bremen; 447 Bundesligaspiele (213 Tore); Zweitliga-Torschützenkönig 1985 (29); 3 Länderspiele (1977/78).

Burjak, Leonid, ukrain. Mittelfeldspieler, *10. Juli 1953 Odessa; 1965–85 Dynamo Kiew, 1985/86 Torpedo Moskau, 1986–88 Metallist Charkow, 1988/89 PS Turku (Spielertrainer); 48 Länderspiele für die UdSSR (1975–83; 8 Tore); WM-Endrunde 1982. – Später Trainer: 2001–03 Ukraine (Nationalmannschaft), 2005/06 Dynamo Kiew.

Burkina Faso, bis 1984 **Obervolta,** Republik in Westafrika, 274 200 km², 13,229 Mio. Ew.; Verband: Fédération Burkinabé de Foot-Ball, Abk. FBF, gegr. 1960, Sitz: Ouagadougou; Mitglied der FIFA und der CAF seit 1964; Spielkleidung: Grün-Rot-Weiß/Grün-Rot-Weiß/Grün-Rot-Weiß. – INTERNET: www.fasofoot.com

Burma, engl. für → Birma.

Burnley, FC, eigtl. »Burnley FC« (Burnley Football Club), England, gegr. 1882 als Burnley Rovers, im gleichen Jahr umbenannt in Burnley FC; Spielkleidung: Weinrot/Blau/Blau; Stadion: Turf Moor, 22 546 Plätze. – INTERNET: www.burnleyfootballclub.com

Spieler (Auswahl): T. Lawton.

Burruchaga, Jorge Luis, argentin. Angriffsspieler, *9. Oktober 1962 Galagay (Prov. Entrerios); 1978–81 Arsenal de Sarandi Galagay, 1982–85 Independiente Buenos Aires, 1985–93 FC Nantes, 1993–98 Independiente Buenos Aires; 55 Länderspiele (13 Tore); WM-Endrunde 1986 (Weltmeister), 1990. – Später Trainer: 2005/06 Estudiantes La Plata.

Bursaspor, eigtl. »Bursaspor K« (Bursaspor Kulübü), Türkei (Bursa), gegr. 1963; Spielkleidung: Grün/Weiß/Grün; Stadion: Atatürk, 24 000 Plätze. – INTERNET: www.bursaspor.org

Spieler (Auswahl): I. V. Ganea – G. Hagi – I. Lupescu – H. Şükür – Ö. Ümit – **Trainer** (Auswahl): J. Berger – J. Piontek.

Bürstadt, VfR, eigtl. »VfR 1910 Bürstadt« (Verein für Rasenspiele Bürstadt von 1910«), Deutschland (Hessen), gegr. am 1. Februar 1910 als SC 1910 Bürstadt, 1919–45 VfR Bürstadt, 1945 aufgelöst und als SG Bürstadt neu gegr., 1947–73 VfR Bürstadt, 1973–83 VfR OLI Bürstadt, seitdem VfR Bürstadt; Zweite Bundesliga 1984/85; Spielkleidung: Weiß-Schwarz/Schwarz/Schwarz; Stadion: Robert-Kölsch-Stadion, 12 000 Plätze. – INTERNET: www.vfr-buerstadt.de

Spieler (Auswahl): K. Schlappner.

Burundi, Republik in Ostafrika, 27 830 km², 6,096 Mio. Ew.; Verband: Fédération de Football du Burundi, Abk. FFB, gegr. 1948, Sitz: Bujumbura; Mitglied der FIFA seit 1972, der CAF seit 2000; Spielkleidung: Rot-Weiß/Weiß-Rot/Grün.

Bury, FC, eigtl. »Bury FC« (Bury Football Club), England, gegr. 1885; Spielkleidung: Weiß/Blau/Blau; Stadion: Gigg Lane, 11 841 Plätze. – INTERNET: www.buryfc.premiumtv.co.uk

Spieler (Auswahl): S. McIlroy – N. Southall.

Busby, Matthew (»Matt«), seit 1968 Sir, schott. Trainer, *26. Mai 1909 Orbiston, †20. Januar 1994 Manchester; war Mittelfeldspieler (Läufer): 1929–36 Manchester City, 1936–40 FC Liverpool; 1 Länderspiel (1933). – Später Trainer: 1946–69 Manchester United; gewann mit den nach ihm benannten »Busby Babes« den ersten Europapokal der Landesmeister für England. Überlebte 1958 als einer der wenigen das Flugzeugunglück in München-Riem (→ »Fußballtragödien und Katastrophen«). – 1971 bis zu seinem Tod Präsident von »Manu«. 1969 Das Stadion Old Tafford befindet sich am »Sir Matt Busby Way«.

M. Busby: Erfolgsstationen (Auswahl)	
Manchester United	LM 1952, 1956, 1957, 1965, 1967 PS 1948, 1963 EC I 1968

Buschner, Georg, dt. Trainer, *26. Dezember 1925 Gera; war Abwehrspieler: 1936–43 1. SV Gera, 1946–52 Gera-Süd, 1952–58 Motor bzw. SC Motor Jena; 153 Oberligaspiele; 6 Länderspiele (1954–57). – Später Trainer: 1958–71 SC Motor bzw. FC Carl Zeiss Jena, 1970–81 DDR (Nationalmannschaft; WM-Endrunde 1974, olymp. Fußballturnier 1972, 1976).

Georg Buschner

G. Buschner: Erfolgsstationen (Auswahl)	
FC Carl Zeiss Jena	LM 1963, 1968, 1970 PS 1960
DDR	Olympiasieger 1976

Büskens, Michael, dt. Abwehrspieler; *19. März 1968 Düsseldorf; 1974–81 Alemannia Düsseldorf, 1981–86 Fortuna Düsseldorf, 1986/87 VfL Benrath, 1987–92 Fortuna Düsseldorf, 1992–2005 FC Schalke 04 (2002–05 Amateure); 370 Bundesligaspiele (20 Tore). – Später Trainer: 2005/06 FC Schalke 04 II.

Busuttil, Carmel, maltes. Angriffsspieler, *29. Februar 1964 Rabat; 1975–87 FC Ajax Rabat, 1987/88 Verbania Calcio (Italien), 1988–93 KRC Genk, 1993–2001 Sliema Wanderers; 113 Länderspiele (1982–2001; 23 Tore); in Malta Fußballer des Jahres 1983, 1986. – Später Trainer: 2003–05 Malta (Nationalmannschaft [Trainerassistent]).

But, Vladimir, russ. Mittelfeldspieler, *7. September 1977 Novorossisk; bis 1992 Gekris Novorossisk, 1993/94 Tschernomorez Novorossisk, 1995–2000 Borussia Dortmund, 2000–03 SC Freiburg, 2004/05 Hannover 96; 132 Bundesligaspiele (15 Tore); 2 Länderspiele.

Butcher, Terry, engl. Abwehrspieler, *28. Dezember 1958 Singapur; 1977–86 Ipswich Town, 1986–91 Glasgow Rangers, 1991/92 Coventry City (Spielertrainer); 77 Länderspiele (1980–90; 3 Tore); WM-Endrunde 1982, 1986, 1990.

Butragueño, Emilio Santos, span. Angriffsspieler, *22. Juli 1963 Madrid; 1975–80 Colegio Calasancio, 1981–83 Castilla CF Madrid, 1983–95 Real Madrid, 1995–98 Atlético Celaya (Mexiko); 69 Länderspiele (26 Tore); WM-Endrunde 1986, 1990; EM-Endrunde 1984 (nicht eingesetzt), 1988. –2004/05 Sportdirektor bei Real Madrid.

Butt, Hans-Jörg, dt. Torhüter, *28. Mai 1974 Oldenburg; 1980–90 TSV Großenkneten, 1990–97 VfB Oldenburg, 1997–2001 Hamburger SV, 2001–06 Bayer 04 Leverkusen; 282 Bundesligaspiele (25 [Strafstoß-]Tore); 3 Länderspiele (seit 2000); WM-Endrunde 2002 (nicht eingesetzt).

Büttgen, VfR, eigtl. »VfR Büttgen 1912« (Verein für Rasenspiele Büttgen 1912), Deutschland (Nordrhein-Westfalen), gegr. 1912; Spielkleidung: Gelb/Gelb/Schwarz; Stadion: Hermann Dropmann – Bezirkssportanlage Büttgen, 3000 Plätze. – INTERNET: www.vfr-buettgen.de

Spieler (Auswahl): H.-H.-Vogts.

Buyo, Francisco Sánchez, span. Torhüter, *13. Januar 1958 Betanzos; 1972–78 RCD La Coruña, 1978–86 FC Sevilla, 1986–93 Real Madrid; 7 Länderspiele; EM-Endrunde 1984 (nicht eingesetzt), 1988 (nicht eingesetzt). – 1988 und 1992 mit der → »Trofeo Ricardo Zamora« geehrt.

Buzánszky, Jenö, ungar. Abwehrspieler (Rechtsverteidiger), 4. Mai 1925; Dorogoi Banyász; 48 Länderspiele; WM-Endrunde 1954; Olympiasieger 1952.

Buzek, Johann (»Hans«), österr. Angriffsspieler (Mittelstürmer), *22. Mai 1938 Wien; 1950–63 Vienna Wien, 1963–67 Austria Wien, 1967–69 Wiener SC, 1969/70 FC Dornbirn, 1970–72 Rapid Wien; 42 Länderspiele (1955–69; 9 Tore); WM-Endrunde 1958. – Später Trainer (1973–75 Badener AC) und Sportdirektor (1988–92 Vienna Wien Rank Xerox bzw. FC Vienna Wien McDonald's).

Johann Buzek (links) und Hans Tilkowski; Mitte: Schiedsrichter Gottfried Dienst (1965)

BVB, Abk. für → **B**erliner **F**ußball-**V**erband.

BVIFA, Abk. für **B**ritish **V**irgin **I**slands **F**ootball **A**ssociation, den Fußballverband von British Virgin Islands (→ Jungferninseln).

Bwalya, Kalusha, samb. Angriffsspieler (Linksaußen), *16. August 1963 Mufulira; 1980–82 Mufulira Blackpool, 1982–85 Mufulira Wanderers, 1986–89 CS Brügge, 1989–94 PSV Eindhoven, 1994–96 CF América, 1996/97 CID Necaxa (Mexiko), 1997/98 FC León (Mexiko), 1998/99 Al-Wahda (VAE), 1999 Irapuato AC (Mexiko), 2000 CD Cruz Azul; 55 Länderspiele (12 Tore); olymp. Fußballturnier 1988; in Sambia Fußballer des Jahres 1986. – Später Trainer: 2004/05 Sambia (Nationalmannschaft).

Byrne, Roger William, engl. Abwehrspieler (Linksverteidiger), *8. Februar 1926 Manchester, † 6. Februar 1958; 1949–58 Manchester United; 33 Länderspiele (1954–57). – B., Englands größtes Abwehrtalent der 1950er-Jahre, kam mit Manchester United bei dem Flugzeugunglück in München-Riem ums Leben (→ »Fußballtragödien und Katastrophen«).

Byshovets, Anatoli (auch **Byschowez**), ukrain. Trainer; *23. April 1946 Kiew; war Angriffsspieler (Mittelstürmer): 1956–74 Dynamo Kiew; 40 Länderspiele für die UdSSR (1966–71; 15 Tore); WM-Endrunde 1970; EM-Endrunde 1968. – Später Trainer: 1976/86 Kiew (Fußballschule), 1986–88 UdSSR (Olympiaauswahl), 1988–90 Dynamo Moskau, 1990–93 UdSSR bzw. Russland (Nationalmannschaft).

C

Cabanas, Ricardo, schweizer. Mittelfeldspieler span. Herkunft, * 17. Januar 1979 Zürich; 1987–93 Grasshopper-Club Zürich, 1993/94 EA Guingamp, 1994–2006 Grasshopper-Club Zürich; 31 Länderspiele für die Schweiz (3 Tore); EM-Endrunde 2004.

Cabrini, Antonio, italien. Abwehrspieler, * 8. Oktober 1957 Cremona; 1967–75 US Cremonese, 1975/76 Atalanta Bergamo, 1976–89 Juventus Turin, 1989–92 FC Bologna; 73 Länderspiele (1978–87; 9 Tore); WM-Endrunde 1978, 1982 (Weltmeister), 1986; EM-Endrunde 1980.

Cacau, eigtl. »Claudemir Jeronimo Barreto«, brasilian. Angriffsspieler, * 27. März 1981 Santo André; bis 2000 Nacional São Paulo, 2000/01 Türk Gücü München, 2001–03 1. FC Nürnberg, 2003–06 VfB Stuttgart; 101 Bundesligaspiele (26 Tore).

Cádiz, CF, eigtl. »Cádiz CF« (Cadiz Club de Futbol), Spanien, gegr. 1910; Spielkleidung: Gelb/Blau/Blau; Stadion: Estadio »Ramón de Carranza«, 23 000 Plätze. – INTERNET: www.cadizfc.com

Spieler (Auswahl): J. Pivarnik. – **Trainer** (Auswahl): H. Senekowitsch.

Caen, SM (Stade Malherbe Caen), eigtl. »Stade Malherbe Caen Calvados-Basse-Normandie«, Frankreich, gegr. 1898 als Club Malherbe Caennais, 1913 Fusion mit CS Caennais zu Stade Malherbe Caennais, seit 1990 Stade Malherbe Caen Calvados-Basse-Normandie; Spielkleidung: Blau-Rot/Blau/Blau; Stadion: Stade Michel-d'Ornano, 21 500 Plätze. – INTERNET: www.smcaen.fr

Spieler (Auswahl): W. Gallas – A. Mostovoi. – **Trainer** (Auswahl): D. Jeandupeux.

CAF, Abk. für **C**onfédération **A**fricaine de **F**ootball, Vereinigung der nationalen Fußballverbände Afrikas, Sitz: Kairo; gegr. 1956, als Ägypten beim FIFA-Kongress in Lissabon die CAF mit den damaligen FIFA-Mitgliedsländern Ägypten, Äthiopien, Sudan und Südafrika präsentierte. Seit 1957 ist die CAF offiziell FIFA-Kontinentalverband. – Sie organisiert die → Afrikameisterschaft, den → Afrikapokal der Landesmeister, den → Afrikapokal der Pokalsieger (seit 2004 Confederation Cup) und das Fußballturnier während der → Afrikaspiele. In die CAF einbezogen sind die West African Football Union (→ WAFU) und die East and Central African Football Confederation (»Ost- und Zentralafrikan. Fußballkonföderation«). Die CAF umfasst 53 Landesverbände (→ Afrikas Fußballer des Jahres). – INTERNET: www.cafonline.com

CAF: WM-Modus

Die 5 Gruppensieger sind direkt für die WM-Endrunde qualifiziert.

CAF-Mitgliedsländer

Ägypten	Gabun	Liberia	Ruanda	Swasiland
Algerien	Gambia	Libyen	Sambia	Tansania
Angola	Ghana	Madagaskar	Sansibar	Togo
Äquatorialguinea	Guinea	Malawi	São Tomé und Principe	Tschad
Äthiopien	Guinea-Bissau	Mali	Senegal	Tunesien
Benin	Kamerun	Marokko	Seychellen	Uganda
Botswana	Kap Verde	Mauretanien	Sierra Leone	Zentralafrikan. Republik
Burkina Faso	Kenia	Mauritius	Simbabwe	
Burundi	Demokrat. Republik Kongo	Moçambique	Somalia	
Djibouti	Republik Kongo	Namibia	Südafrika	
Elfenbeinküste	Lesotho	Niger	Sudan	
Eritrea		Nigeria		

CAF-Pokal

1992	Shooting Stars Ibadan (Nigeria)
1993	Stella Abidjan (Elfenbeinküste)
1994	Bendel Insurance Benin City (Nigeria)
1995	Étoile du Sahel Sousse (Tunesien)
1996	Kawkab AC Marrakech (Marokko)
1997	Espérance Tunis (Tunesien)
1998	Club Sportif Sfax (Tunesien)
1999	Étoile du Sahel Sousse (Tunesien)
2000	JS Kabylie (Algerien)
2001	JS Kabylie (Algerien)
2002	JS Kabylie (Algerien)
2003	Raja Casablanca (Marokko)

CAF-Pokal, Afrika: 1992 bis 2003 jährlich ausgetragener Wettbewerb, an dem die die zweit- oder nächstplatzierten Mannschaften der nationalen Ligen teilnahmen (ähnlich dem UEFA-Pokal); seit 2004 mit dem → Afrikapokal der Pokalsieger zusammengelegt (Übersicht S. 131).

Cafú, eigtl. »Marcos Evangelista de Morais«, brasilian. Abwehrspieler, *7. Juni 1970 São Paulo; 1988–95 FC São Paulo, 1995/96 Real Saragossa, 1996 Palmeiras São Paulo, 1997–2003 AS Rom, 2003 Yokohama Marinos, 2003–06 AC Mailand; 137 Länderspiele (1990–2005; 5 Tore); WM-Endrunde 1994 (Weltmeister), 1998, 2002 (Weltmeister); Südamerikas Fußballer des Jahres 1994.

Cagliari Calcio, Italien (Cagliari), gegr. 1920 als Cagliari FC, 1924 Fusion mit US Italia Cagliari zu Club Sportivo Calgliari, 1934 Auflösung der Fusion und Neugründung als US Cagliari, seit 1970 Cagliari Calcio; Spielkleidung: Rot-Blau/Blau/Blau; Stadion: Stadio »Sant' Elia«, 40 000 Plätze. – INTERNET: www. cagliaricalcio.net

Spieler (Auswahl): E. Albertosi – R. Boninsegna – A. Domenghini – E. Francescoli – P. Mboma – L. Riva – G. Zola. – **Trainer** (Auswahl): L. Radice – C. Ranieri – G. Trapattoni.

Cahill, Tim, austral. Mittelfeldspieler, * 6. Dezember 1979 Sydney; 1996/97 Sydney United, 1997–2004 FC Millwall, 2004–06 FC Everton; 5 Länderspiele (seit 2003; 7 Tore); olymp. Fußballturnier 2004; Ozeaniens Fußballer des Jahres 2004.

Cairo, Ellery, niederländ. Angriffsspieler, * 3. August 1978 Rotterdam; bis 1994 W Spijkenisse, 1994–97 Feyenoord Rotterdam, 1997/98 Excelsior Rotterdam, 1999/2000 Feyenoord Rotterdam, 2000–03 FC Twente, 2003–05 SC Freiburg, 2005/06 Hertha BSC; 64 Bundesligaspiele (5 Tore).

Čajkovski, Zlatko (»Tschik«), kroat. Trainer, * 24. November 1923 Zagreb, † 27. Juli 1998 München; war Mittelfeldspieler: 1937–40 HASK Zagreb, 1947–55 Partizan Belgrad, 1955–58 1. FC Köln, 1958–60 Hapoel Haifa; 57 Länderspiele für Jugoslawien (1946–55; 18 Tore); WM-Endrunde 1950, 1954; olymp. Fußballturnier 1948, 1952. – Später Trainer: 1960/61 Utrechste AVV DOS, 1961–63 1. FC Köln, 1963–68 FC Bayern München, 1968–70 Hannover 96, 1970 Kickers Offenbach, 1971–73 1. FC Nürnberg, 1973–75 1. FC Köln, 1976 Kickers Offenbach, 1977/78 AEK Athen, 1978–80 FC Zürich, 1980 FC Grenchen, 1981 Grazer AK, 1981/82 AEK Athen.

Cafú

»Tschik« Čajkovski

Z. Cajkovski: Erfolgsstationen (Auswahl)	
1. FC Köln	LM 1962
FC Bayern München	PS 1966, 1967
	EC II 1967
AEK Athen	LM 1978
	PS 1978

Calcio [italien., »Fußball«] → Fußball (Geschichte).

Calcio, SC, Italien: → Pisa Calcio.

Caligaris, Umberto (»Berto«), italien. Abwehrspieler (Außenverteidiger), * 26. Juli 1901, † 1940; 1913–28 Casale, 1928–38 Juventus Turin; 59 Länderspiele (1922–34); Weltmeister 1934 (nicht eingesetzt); olymp. Fußballturnier 1924, 1928; demonstrierte um 1922 erstmals den → »Scherenschlag«. – Später Trainer: 1938–40 Juventus Turin.

Caligiuri, Paul, ein US-amerikan. Abwehrspieler, * 9. März 1964; 1987/88 Hamburger SV, 1988–90 SV Meppen, 1991–94 SC Freiburg, 1994/95 FC Hansa Rostock, 1995/96 FC St. Pauli, 1996 Columbus Crew, 1997–2001 Los Angeles Galaxys; 15 Bundesligaspiele; 110 Länderspiele; WM-Endrunde 1990, 1994; in den USA Fußballer des Jahres 1986.

Camacho, José Antonio, span. Trainer, * 8. Juni 1955 Cieza; war Abwehrspieler: 1972–89 Real Madrid; 81 Länderspiele (1975–88); WM-Endrunde 1982, 1986; EM-Endrunde 1984, 1988. – Später Trainer: 1989/90 Real Madrid, 1991–93 Rayo Vallecano, 1993–96 Español bzw. Espanyol Barcelona, 1996/97 FC Sevilla, 1997/98 Espanyol Barcelona, 1998 Real Madrid, 1998–2002 Spanien (Nationalmannschaft), 2002–04 Benfica Lissabon (PS 2004), 2004 Real Madrid.

J. A. Camacho
»Fußball ist Fußball – ein Spiel, das man gewinnen oder verlieren kann.«

Camara, Souleymane, senegales. Mittelfeldspieler, * 22. Dezember 1982 Dakar; 2001–04 AS Monaco, 2004 EA Guingamp, 2004/05 AS Monaco, 2005/06 OGC Nizza; 3 Länderspiele (seit 2002); WM-Endrunde 2002.

Čambal, Stefan, slowak. Trainer, *16. Dezember 1908 Preßburg (heute: Bratislava), †18. Juli 1990; war Abwehrspieler (Mittelläufer): 1922–29 1. ČšŠk Bratislava, 1929–31 Teplitzer FK, 1931–37 Slavia Prag, 1937/38 SK Zidenice, 1938/39 SK Zilina; 21 Länderspiele für die Tschechoslowakei (1932–35); WM-Endrunde 1934. – Später Trainer: 1949 Tschechoslowakei (Nationalmannschaft), 1961–63 ASK Vorwärts Berlin (LM 1962).

Cambuur-Leeuwarden, SC, Niederlande: → Leeuwarden.

Camoranesi, Mauro, italien. Mittelfeldspieler argentin. Herkunft, *4. Oktober 1976 Tandil (Argentinien); 1996/97 Santos Laguna (Mexiko), 1997/98 CA Banfield (Argentinien), 1998/99 CD Cruz Azul, 1999/2000 CA Banfield, 2000–02 Hellas Verona, 2002–06 Juventus Turin; 13 Länderspiele für Italien (seit 2003); EM-Endrunde 2004

Campbell, Sulzeer Jeremiah (»Sol«), engl. Abwehrspieler, *18. September 1974 Newham; 1989–2001 Tottenham Hotspur, 2001–06 FC Arsenal; 66 Länderspiele (seit 1996; 1 Tor); WM-Endrunde 1998, 2002; EM-Endrunde 1996, 2000, 2004.

Campos, Jorge Navarrete, mexikan. Torhüter, *15.Oktober 1966 Acapulco; bis 1987 Acapulco de Juárez, 1987–96 UNAM »Los Pumas«, 1996–98 Los Angeles Galaxy, 1998–2002 Chicago Fire; 109 Länderspiele; WM-Endrunde 1994, 1998, 2002 (nicht eingesetzt).

Canale, Guiseppe (»Pino«), belg. Mittelfeldspieler (italien. Eltern), *17. März 1977 Gent; bis 1998 BVO Emmen und Roda JC Kerkrade, 1998/99 FC Den Bosch, 1999/2000 FC Gütersloh, 2000/01 LR Ahlen, 2001–03 SC Paderborn 07, 2004 FC Sachsen Leipzig, 2004/05 1. FC Bocholt, 2005/06 Fortuna Düsseldorf; 27 Zweitligaspiele (2 Tore).

»Canários« [portugies., »Kanarienvögel«], Bez. für die Spieler der brasilian. Nationalmannschaft.

Caneira, Marco António, portugies. Abwehrspieler, *9. Februar 1979 Cintra; 1997/98 SC Salgueiros, 1998/99 SC Beira-Mar, 1999/2000 FC Alverca (Portugal), 2000/01 Reggina Calcio, 2001/02 Benfica Lissabon, 2002–04 Girondins Bordeaux, 2004–06 CF Valencia; 46 Länderspiele; WM-Endrunde 2002 (nicht eingesetzt); EM-Endrunde 2004

Caniggia, Cláudio Paul, argentin. Angriffsspieler, *9. Januar 1967 Henderson; 1985–88 River Plate Buenos Aires, 1988/89 Hellas Verona, 1989–92 Atalanta Bergamo, 1992–97 Benfica Lissabon, 1997–99 Boca Juniors Buenos Aires, 1999/2000 Atalanta Bergamo, 2000/01 Dundee United, 2001–03 Glasgow Rangers, 2003/04 Fayacal Kawari (Katar), 2004/05 Al-Arabi (Katar); 50 Länderspiele (1988–2002; 16 Tore); WM-Endrunde 1990, 1994, 2002 (nicht eingesetzt); in Argentinien Fußballer des Jahres 1992.

Cannavaro, Fabio, italien. Abwehrspieler, *13. September 1973 Neapel; 1990–95 SSC Neapel, 1995–2002 AC Parma, 2002–04 Inter Mailand, 2004–06 Juventus Turin; 86 Länderspiele (seit 1997; 1 Tor); WM-Endrunde 1998, 2002; EM-Endrunde 2000, 2004; olymp. Fußballturnier 1996. – Sein Bruder **Paolo C.** (*1981) ist ebenfalls Abwehrspieler: 1998/99 SSC Neapel, 1999–2001 AC Parma, 2001/02 Hellas Verona, 2002–06 AC bzw. SC Parma.

Cannes, AS (Associationa Sportive de Cannes), Frankreich, gegr. 1902, 1946–51 AS Cannes-Grasse, seit 1951 AS Cannes; Spielkleidung: Rot/Weiß/Rot; Stadion: Stade Pierre-de-Coubertin, 11 211 Plätze. – INTERNET: www.ascannes.com
Spieler (Auswahl): A. Boksic – R. Ernst – R. J. Krol – J. Micoud – N. Nachtweih – F. Omam Biyik – G. M. Vanenburg – P. Vieira – Z. Zidane. – **Trainer** (Auswahl): E. Schwartz – A. Wenger.

Cantaluppi, Mario (»Lupo«), schweizer. Abwehrspieler, *11. April 1974 Schlieren (Kt. Zürich); 1982–93 Grasshopper-Club Zürich, 1993–96 FC Basel, 1996–98 Servette Genf, 1999–2004 FC Basel, 2004–06 1. FC Nürnberg; 40 Bundesligaspiele; 23 Länderspiele (4 Tore).

Cantona, Eric, frz. Angriffsspieler, *24. Mai 1966 Marseille; 1983–88 AJ Auxerre, 1988/89 Olympique Marseille, 1989 Girondins Bordeaux, 1989/90 SC Montpellier, 1990/91 Olympique Marseille, 1991 Olympique Nîmes, 1992 Leeds United, 1992–97 Manchester United; 45 Länderspiele (12 Tore); EM-Endrunde 1992; in England Fußballer des Jahres 1996.

Capdeville, Georges, frz. Schiedsrichter; *30. Oktober 1899 Bordeaux, †24. Februar 1991; 1928–45 Schiedsrichter, seit 1938 FIFA-Schiedsrichter; WM-Endrunde 1938 (Finale); gründete 1975 in Soulac die erste Fußballschule Frankreichs.

Capello, Fabio, italien. Trainer, *18. Juni 1946 San Canzian d'Isonzo; war Mittelfeldspieler: 1963–67 Spal Ferrara, 1967–70 AS Rom, 1970–76 Juventus Turin, 1976–80 AC Mailand; 32 Länderspiele (1972–76; 8 Tore); WM-Endrunde 1974. – Später Trainer: 1991–96

Fabio Capello

AC Mailand, 1996/97 Real Madrid, 1997/98 AC Mailand, 1999–2004 AS Rom, 2004–06 Juventus Turin.

F. Capello: Erfolgsstationen (Auswahl)	
AC Mailand	LM 1992, 1993, 1994, 1996 CL 1994 (Europa-)Supercup
Real Madrid	LM 1997
AS Rom	LM 2001
Juventus Turin	LM 2005

Carbajal, Antonio Rodriguez (»Tota«), mexikan. Torhüter, *7. Juni 1929 Guanajuato; 1944–46 Real Oviedo, 1947/48 España Mexico-City, 1948–68 FC León; 47 Länderspiele (1948–66); WM-Endrunde 1950, 1954, 1958, 1962, 1966; olymp. Fußballturnier 1948; 2004 mit dem FIFA-Orden geehrt.

Cardiff City, eigtl. »Cardiff City AFC« (Cardiff City Association Football Club), Wales, gegr. 1899 als Riverside FC, 1902–08 Riverside Albion, seitdem Cardiff City AFC; Spielkleidung: Blau/Weiß/Blau; Stadion: Ninian Park, 14 660 Plätze.

Spieler (Auswahl): I. Allchurch – J. und M. Charles – D. Saunders – J. Toshack.

Cardoso, Rodolfo Estaban (»Pelu«), argentin. Mittelfeldspieler, *17. Oktober 1968 Azul (zu Buenos Aires); 1977–84 Azul Athletic Club, 1984–89 Estudiantes de La Plata, 1989–93 FC Homburg, 1993–95 SC Freiburg, 1995/96 SV Werder Bremen, 1996/97 Hamburger SV, 1998 Boca Juniors Buenos Aires, 1999 Estudiantes de La Plata, 1999–2004 Hamburger SV; 220 Bundesligaspiele (47 Tore); 8 Länderspiele (1 Tor).

Cardozo, José Saturnino, paraguay. Angriffsspieler, *19. März 1971 Nueva Italia; bis 1999 CD Toluca, 2000/01 CD Cruz Azul, 2001–05 CD Toluca; 60 Länderspiele (seit 1991; 15 Tore); WM-Endrunde 1998, 2002; Südamerikas Fußballer des Jahres 2002.

Careca, eigtl. »Antônio de Oliveira Filho«, brasilian. Angriffsspieler, *5. Oktober 1960 Araraquara; 1977–82 FC Guarani, 1983–87 FC São Paulo, 1987–93 SSC Neapel, 1993–96 Kashiwa Reysol (Japan); 60 Länderspiele (1982–93; 29 Tore); WM-Endrunde 1982, 1986, 1990; in Brasilien Fußballer des Jahres 1986.

Carew, John Alieu, norweg. Angriffsspieler, *5. September 1979 Lørenskog; bis 1999 Vålerenga Oslo, 1999/2000 Rosenborg BK, 2000–03 CF Valencia, 2003/04 AS Rom, 2004/05 Besiktas Istanbul, 2005/06 Olympique Lyon; 51 Länderspiele (seit 1998); EM-Endrunde 2000; in Norwegen Fußballer des Jahres 2005.

Carlos Alberto, eigtl. »Carlos Alberto Torres«, brasilian. Trainer, *17. Juli 1944 Rio de Janeiro; war Abwehrspieler: 1963/64 Fluminense Rio de Janeiro, 1965–70 FC Santos, 1971 Botafogo Rio de Janeiro, 1971–75 FC Santos, 1976 Fluminense Rio de Janeiro, 1977 Flamengo Rio de Janeiro, 1977–80 Cosmos New York, 1981 Newport Beach (USA), 1982 Cosmos New York; 69 Länderspiele (1964–70; 9 Tore); Weltmeister 1970. – Später Trainer: 1983/84 Flamengo Rio de Janeiro, 1984/85 Fluminense Rio de Janeiro, 1985/86 Corinthians São Paulo, 1993/94 Botafogo Rio de Janeiro, 1998/99 Atlético Mineiro Belo Horizonte, 1999/2000 Botafogo Rio de Janeiro, 2001/02 Flamengo Rio de Janeiro, 2002/03 Zamalek SC Kairo, 2004/05 Aserbaidschan (Nationalmannschaft).

Carlos-Dittborn-Cup [nach dem chilen. Organisationschef der WM 1962, der wenige Wochen vor Beginn der Endrunde verstarb], in unregelmäßiger Folge mit Hin- und Rückspiel zw. Argentinien und Chile ausgespielter Pokal; Gewinner (1965, 1968, 1971, 1972, 1974 und 1976) jeweils Argentinien.

Casagrande, Júnior Wálter, brasilian. Mittelfeldspieler, *15. April 1964 São Paulo; bis 1981 Corinthians São Paulo, 1981/82 Caidense, 1982–84 Corinthians São Paulo, 1984 FC São Paulo, 1985/86 Corinthians São Paulo, 1986/87 FC Porto, 1987–91 Ascoli Calcio, 1991–93 Turin Calcio; 16 Länderspiele (6 Tore); WM-Endrunde 1986. – Später TV-Kommentator.

Casey, Conor, US-amerikan. Angriffsspieler, *25. Juli 1981 Somersworth; 1999/2000 Universtary of Portland, 2000/01 Borussia Dortmund (Amateure), 2001–03 Hannover 96, 2003/04 Karlsruher SC, 2004–06 SSV Mainz 05; 32 Bundesligaspiele (3 Tore); 8 Länderspiele; olymp. Fußballturnier 2000.

Casillas, Iker, span. Torhüter, *20. Mai 1981 Madrid; 1989–2006 Real Madrid; 34 Länderspiele (seit 2000); WM-Endrunde 2002; EM-Endrunde 2000 (nicht eingesetzt), 2004.

Cassano, Antonio, italien. Angriffsspieler, *12. Juli 1982 Bari; 1999–01 AS Bari, 2001–05 AS Rom, 2006 Real Madrid; 3 Länderspiele (seit 2003; 1 Tor).

Castilho, eigtl. »Carlos José Castilho«, brasilian. Torhüter, *27. April 1927 Rio de Janeiro, † 2. Februar 1987; 1945–47 Olaria FC (Brasilien), 1947–65 Fluminense Rio de Janeiro; 29 Länderspiele; Weltmeister 1858, 1962.

Catania Calcio, Italien (Catania), gegr. 1908 als Pro Patria Catania, 1910–29 US Catanese,

1929/30 SS Catania, 1930–36 AFC Catania, 1936–43 AC Catania, 1943 aufgelöst und 1946 als Club Calcio Catania neu gegr., seit 1966 Catania Calcio; Spielkleidung: Blau-Rot/Blau/Schwarz-Blau; Stadion: Stadio »Angelo Massimino«, 20 000 Plätze. – INTERNET: www.calciocatania.it

Spieler (Auswahl): V. Bearzot – C. Ranieri – H. Szymaniak – D. Vugrinec.

Catenaccio → Spielsystem.

Causio, Franco, italien. Angriffsspieler, *1. Februar 1949 Lecce; 1964/65 US Lecce, 1965/66 SS Sambenedettese, 1966–68 Juventus Turin, 1968/69 Reggina Calcio, 1969/70 SS Palermo, 1970–81 Juventus Turin, 1981–84 Udinese Calcio, 1984/85 Inter Mailand, 1985/86 US Lecce, 1986–88 USC Triestina; 63 Länderspiele (1972–83; 6 Tore); WM-Endrunde 1974, 1978, 1982 (Weltmeister); EM-Endrunde 1980; in Italien Fußballer des Jahres 1982.

Cayasso, Juan, costa-rican. Mittelfeldspieler, *24. Juni 1961; 1975–90 Deportivo Saprissa, 1990–93 Stuttgarter Kickers; 15 Bundesligaspiele (2 Tore); 35 Länderspiele; WM-Endrunde 1990.

Cayman-Islands, Koralleninsel im Karib. Meer, südlich von Kuba, 262 km², 41 900 Ew.; Verband: Cayman Islands Football Association, Abk. CIFA, gegr. 1966, Sitz: George Town; Mitglied der FIFA und der CONCACAF seit 1992; Spielkleidung: Rot-Weiß/Blau-Weiß/Weiß-Rot. – INTERNET: www. caymanfootball.ky

CBF, Abk. für **C**onfederação **B**rasileira de **F**utebol, den Fußballverband von → Brasilien.

CCCF, Abk. für **C**onfederación **C**entroamericana y del **C**aribe de **F**útbol (→ CONCACAF).

Cech, Petr, tschech. Torhüter, *20. Mai 1982 Plzeň (dt. Pilsen); 1998/99 Viktoria Plzeň, 1999–2001 Chmel Blsany, 2001/02 Sparta Prag, 2002–04 Stade Rennes, 2004–06 FC Chelsea; 34 Länderspiele (seit 2001); WM-Endrunde 2004; Welttorhüter des Jahres 2005; in der Tschech. Republik Fußballer des Jahres 2005.

»Celeste« [südamerikan., die »Himmlischen« bzw. die »Blauen«], Bez. für die Nationalmannschaft Uruguays.

Celestini, Fabio, schweizer. Mittelfeldspieler italien. Herkunft, *31. Oktober 1975 Lausanne; 1995–2000 Lausanne-Sports, 2000–02 ES Troyes, 2002–04 Olympique Marseille, 2004/05 UD Levante, 2005/06 FC Getafe; 26 Länderspiele für die Schweiz (2 Tore); EM-Endrunde 2004.

Celle, TuS, eigtl. »TuS Celle FC« (Turn-und Sportverein Celle Fußballclub), Deutschland (Niedersachsen), gegr. am 23. August 1945 als TuS Celle, 1992 Ausgliederung Fußballabteilung als TuS Celle FC, 1996/97 FC Celle, seitdem TuS Celle FC; Insolvenz 2001; Spielkleidung: Gelb/Blau/Blau; Stadion: Stadion an der Nienburger Straße, 15 000 Plätze. – INTERNET: www.tus-fc.de.

Spieler (Auswahl): – B. Akrapovic. – **Trainer** (Auswahl): F. Gerber.

Celtic [engl., »keltisch«; Aussprache: **k**eltik oder **s**eltik], Vereins-Bez. einiger schott. Klubs, bekanntester ist C. Glasgow.

Center [engl.], vom Basketball übernommene Bez. für einen körperlich großen und robusten zentralen Angriffsspieler.

Cerezo, Antonio Carlos, brasilian. Mittelfeldspieler, *21. April 1955 Belo Horizonte; 1973/74 Atlético Mineiro Belo Horizonte, 1974/75 Nacional Manaus, 1976–83 Atlético Mineiro Belo Horizonte, 1983–86 AS Rom, 1986–92 Sampdoria Genua; 74 Länderspiele (1977–82; 6 Tore); WM-Endrunde 1978, 1982, 1986.

Cerny, Harald, österr. Mittelfeldspieler, *13. September 1973 Wien; bis 1992 ASV Hinterbrühl, 1992–94 FC Bayern München, 1994/95 FC Tirol Innsbruck, 1995–2006 TSV München 1860; 254 Bundesligaspiele (16 Tore); 47 Länderspiele (seit 1993; 4 Tore).

Cesena, AC (Associazione Calcio Cesena), Italien, gegründet 1940; Spielkleidung: Weiß-Schwarz/Schwarz/Weiß; Stadion: Stadio »Dino Manuzzi«, 23 860 Plätze. – INTERNET: www.cesenacalcio.it

Spieler (Auswahl): W. Schachner – A. Vicini – V. D. van. – **Trainer** (Auswahl): M. Lippi – L. Radice – A. Sacchi – M. Tardelli – A. Vicini.

Ceulemans, Jan, belg. Trainer, *28. Februar 1957 Lierse; war Mittelfeldspieler: 1967–78 Lierse SK, 1978–91 FC Brügge; 96 Länderspiele (16 Tore); WM-Endrunde 1982, 1986, 1990; EM-Endrunde 1980, 1984; in Belgien Fußballer des Jahres 1980, 1985, 1986. – Später Trainer: 1992–96 Eendracht Aalst, 2000–04 KVC Westerlo (PS 2001), 2004–06 FC Brügge.

Ceylon, bis 1972 Name von → Sri Lanka.

CFA, Abk. für **C**yprus **F**ootball **A**ssociation, den Fußballverband von → Zypern.

CF América, Mexiko: → Mexiko City [2].

CFF, 1) Abk. für **C**ambodian **F**ootball **F**ederation, den Fußballverband von → Kambodscha. – **2)** Abk. für **C**omores **F**ootball **F**ederation, den Fußballverband der → Komoren. – **3)** Abk. für **C**roatian **F**ootball **F**ederation, den Fußballverband von → Kroatien.

Cha, Bum-kun, südkorean. Angriffsspieler, *22. Mai 1953; 1971–78 Luftwaffensportklub Seoul, 1978/79 SV Darmstadt 98, 1979–83 Eintracht Frankfurt, 1983–89 Bayer 04 Leverkusen; 308 Bundesligaspiele (98 Tore); 121 Länderspiele (55 Tore); WM-Endrunde 1986. – Später Trainer: 1990–92 Hyundai Ulsan, 1992 Südkorea (Nationalmannschaft), 2003–06 Suwon Blue Kings (Südkorea). – Sein Sohn **Du-Ri C.** (*1980) ist ebenfalls Angriffsspieler: bis 2002 Korea University, 2002/03 Arminia Bielefeld, 2003–06 Eintracht Frankfurt; 64 Bundesligaspiele (4 Tore); 38 Länderspiele (4 Tore).

Chalana, Fernando, portugies. Mittelfeldspieler, *10. Februar 1959 Barreiro; 1973/74 FC Barreirense, 1974–84 Benfica Lissabon, 1984–86 Girondins Bordeaux, 1986–89 Benfica Lissabon; 32 Länderpiele (2 Tore); EM-Endrunde 1984; in Portugal Fußballer des Jahres 1976, 1984.

Challenge League, Schweiz: → Swiss Football League.

»Champagnerfußball«, in Frankreich Bez. für den modernen Angriffsfußball von Stade Reims Mitte der 1950er-Jahre (LM 1953, 1955), initiiert von R. → Kopa.

Championat [frz., »Meisterschaft«], *C. du Monde:* Weltmeisterschaft.

Champions League, exponiertester und lukrativster Pokalwettbewerb für die Landesmeister der in der UEFA zusammengeschlossenen Landesverbände, wobei nach dem UEFA-Verteilerschlüssel unterschiedl. Kriterien wirken (direkte Teilnahme oder bis zu 3 Qualifikationsrunden). Die C. L. ist seit 1992/93 legitime Nachfolgerin des → Europapokals der Landesmeister. Derzeit umfasst die »Eliteliga« 32 Mannschaften, die in 8 Vorrundengruppen (→ »Gruppenphase«) zu je 4 Teams (6 Spiele je Mannschaft) die jeweils beiden Ersten ermitteln (eine folgende Zwischenrunde, 1999–2003 ausgetragen, bewährte sich nicht). Diese 16 Mannschaften spielen dann weiter im Achtelfinale, es folgen Viertel- und Halbfinale (alles mit Hin- und Rückspiel) bis hin zum Finale (auf → »neutralem Platz«). Der Gewinner der C. L. traf bis 2004 jährlich auf den Gewinner der Südamerikameisterschaft (→ Copa Libertadores de América) und spielte mit ihm den → Weltpokal [1] aus.

Champions League	
1993	Olympique Marseille
1994	AC Mailand
1995	Ajax Amsterdam
1996	Juventus Turin
1997	Borussia Dortmund
1998	Real Madrid
1999	Manchester United
2000	Real Madrid
2001	FC Bayern München
2002	Real Madrid
2003	AC Mailand
2004	FC Porto
2005	FC Liverpool

»Chancenverwertung«, Ausnutzung der sich im Spiel ergebenden Torchancen. Beispiel: Hat eine Mannschaft 10 Torchancen, erzielt aber kein Tor, so ist ihre C. gleich Null (Tore:Torchancen). Verwertet die andere Mannschaft dagegen ihre einzige Torchance, so beträgt ihre C. 100%. Die C. ist Ausdruck der Angriffseffektivität einer Mannschaft.

Chapman, Herbert, engl. Trainer, *1. Januar 1978 Sheffield, † 6. Januar 1934; bis 1907 Leeds United, 1907–12 Northampton Town, 1913–25 Huddersfield Town, 1925–34 FC Arsenal; leitete beim FC Arsenal mit dem WM-System und dem »mag. Viereck« eine neue Ära ein.

H. Chapman: Erfolgsstationen (Auswahl)	
Huddersfield Town	LM 1924, 1925, 1926 PS 1922
FC Arsenal	LM 1931, 1933, 1934 PS 1930

Stéphane Chapuisat

Chapuisat, Stéphane, schweizer. Angriffsspieler, *28. Juni 1969 Lausanne; 1977–80 Red Star Zürich, 1980–85 Lausanne-Sports, 1985–87 ES FC Malley LS (Schweiz), 1987–90 Lausanne-Sports, 1991 FC Bayer 04 Uerdingen, 1991–99 Borussia Dortmund, 1999–2002 Grasshopper-Club Zürich, 2002–05 Young Boys Bern, 2005/06 Lausanne Sports; 228 Bundesligaspiele (106 Tore); 104 Länderspiele (1989–2004; 21 Tore); EM-Endrunde 2004; in der Schweiz Fußballer des Jahres 2001, 2004. – Sein Vater **Pierre-Albert C.** spielte bei Lausanne-Sports, FC Paris, FC Zürich, Vevey Sports und bei Stade Rennes (34 Länderspiele); später war er Trainer bei Lausanne-Sports, FC Bulle und FC Montreux.

Charisteas, Angelos, griech. Angriffsspieler, *9. Februar 1980 Serres; 1993–97 Strimoniko Serres, 1997/98 Aris Saloniki, 1999 Anathinaikos PAE, 1999–2002 Aris Saloniki, 2002–04 SV Werder Bremen, 2005/06 Ajax Amsterdam; 66 Bundesligaspiele (18 Tore); 47 Länderspiele (seit 2001; 13 Tore); Europameister 2004.

Charity Shield Cup [engl., »Wohltätigkeitspokal«] → Community Shield.

Charleroi, Sporting, eigtl. »RSC Charleroi« (Royal Charleroi Sporting Club), Belgien, gegr.

1904 als Charleroi SC, seit 1929 RSC Charleroi; Spielkleidung: Schwarz-Weiß/Weiß/Weiß; Stadion: Stade du Pays de Charleroi, 25 000 Plätze. – INTERNET: www.sporting-charleroi.be

Spieler (Auswahl): V. Ikpeba – S. Kovács – V. Scifo – D. van Buyten. – **Trainer** (Auswahl): V. Scifo – R. Waseige.

Charles, John, walis. Mittelfeldspieler (Läufer), * 27. Dezember 1931 Swansea, † 21. Februar 2004; bis 1947 Swansea Town, 1947–57 Leeds United, 1957–62 Juventus Turin, 1962 Leeds United, 1962/63 AS Rom, 1963–66 Cardiff City, 38 Länderspiele (1949–65; 15 Tore); WM-Endrunde 1958. – Sein Bruder **Melvyn C.** (* 1935), »Mel«, war Abwehrspieler: Swansea Town, FC Arsenal und Cardiff City; 31 Länderspiele (1955–63); WM-Endrunde 1958.

John (l.) und Melvyn Charles

Charlottenburg, SC, Deutschland: → Berlin [8].

Charlton, 1) Jack, engl. Abwehrspieler (Stopper), * 8. März 1935 Ashington, Bruder von 2); 1945–52 Ashington FC, 1952–73 Leeds United; 35 Länderspiele (1965–70; 6 Tore); WM-Endrunde 1966 (Weltmeister), 1970. – Später Trainer: 1973–77 FC Middlesbrough, 1977–83 Sheffield Wednesday, 1984 Newcastle United, 1986–94 Irland (Nationalmannschaft; EM-Endrunde 1988, WM-Endrunde 1990, 1994). – **2)** Sir (seit 1994) Robert (»Bobby«), engl. Mittelfeldspieler, * 11. Oktober 1937 Ashington, Bruder von 1); bis 1951 Preston North End, 1951–73 Manchester United, 1973–75 Preston North End; 106 Länderspiele (1958–70; 49 Tore); WM-Endrunde 1958, 1962, 1966 (Weltmeister), 1970; Europas Fußballer des Jahres 1966. Überlebte 1958 als einer der wenigen das Flugzeugunglück in München-Riem (→ »Fußballtragödien und Katastrophen«) und war maßgeblich am Wiederaufbau der Mannschaft beteiligt. – Später Trainer (1975/76 Preston North End) und Direktor (1984–93 Manchester United). 1984 mit dem FIFA-Orden ausgezeichnet.

»Bobby« Charlton

Charlton Athletic, England: → London [1].

Châteauroux, LB (La Berrichonne de Châteauroux), Frankreich, gegr. 1993; Spielkleidung: Blau/Rot/Blau; Stadion: Stade Gaston-Petit, 17 000 Plätze. – INTERNET: www.berrichonne-football.com

Spieler (Auswahl): F. Malouda – P. Mboma.

Cheftrainer, verantwortl. Trainer eines Fußballklubs.

Chelsea, FC, England: → London [4].

Chemnitz (1953–90 **Karl-Marx-Stadt**), Deutschland (Sachsen), **1) Chemnitzer FC** (Chemnitzer Fußballclub), Deutschland (Chemnitz [Sachsen]), gegr. 1920 als Polizei SV Chemnitz, 1942–45 SG Ordnungspolizei Chemnitz, 1945 aufgelöst und als SG Chemnitz-Nord neu gegr., 1950–53 BSG Fewa Chemnitz, 1953–56 BSG Chemie Karl-Marx-Stadt, 1956–63 SC Motor Karl-Marx-Stadt (1958 Fusion mit BSG Motor West Karl-Marx-Stadt), 1963–66 SC Karl-Marx-Stadt, 1966–90 FC Karl-Marx-Stadt, seitdem Chemnitzer FC; DDR-Oberliga 1954–57, 1962–70, 1971–90, NOFV-Oberliga 1990/91; Zweite Bundesliga 1991/92 (Süd), 1992–96; Spielkleidung: Blau/Weiß/Blau; Stadion: Stadion an der Gellertstraße, 15 000 Plätze. – INTERNET: www.chemnitzerfc.de

Spieler (Auswahl): J. Bähringer – M. Ballack – D. Barsikow – D. Erler – C. Franke – H. Fuchs – H. Gerber – R. Hauptmann – S. Heidrich – L. Hermel – I. Hertzsch – O. Holetschek – S. Karl – N. Krupnikovic – M. Lienemann – U. Mehlhorn – S. Meißner – H. Richter – G. Schädlich – D. und E. Schuster – E. Skela – R. Steinmann – R. Tretschok – E. Vogel – J. Weißflog. – **Trainer** (Auswahl): D. Barsikow – D. Erler – C. Franke – W. Fritzsch – R. Häfner – J. Kuze – H. Meyer – B. Müller – R. Rohde – H. Scherbaum – H. Werner.

2) VfB Fortuna Chemnitz (Verein für Ballspiele Fortuna Chemnitz), gegr. am 16. Mai 1901 als als Reunion Chemnitz, 1919–38 VfB Chemnitz, 1938–45 SV 01 Chemnitz, 1945 aufgelöst und als SG Schloß Chemnitz neu gegr., 1953–56 BSG HSV Karl-Marx-Stadt, 1956–58 BSG Einheit Mitte Karl-Marx-Stadt, 1958–90 BSG Motor »Fritz Heckert« Karl-Marx-Stadt, 1990–96 Chemnitzer SV »Heckert 51«, 1996–2005 VfB Chemnitz, 2005 Fusion mit Fortuna Furth/Glösa zu VfB Fortuna Chemnitz; Spielkleidung: Gelb/Schwarz/Schwarz; Stadion: Stadion an der Beyerstraße, 12 720 Plätze. – INTERNET: www.vfb-chemnitz.de

Spieler (Auswahl): L. Hermel – S. Karl.

Chester City, eigtl. »Chester City FC« (Chester City Football Club), England (Chester), gegr. 1884 als Chester FC, seit 1982 Chester City FC; Spielkleidung: Blau-Weiß/Blau/Blau; Stadion: Saunders Honda Stadium, 6000 Plätze. – INTERNET: www.chestercityfc.net

Spieler (Auswahl): I. Rush. – **Trainer** (Auswahl): I. Rush.

Chesterfield, FC, eigtl. »Chesterfield FC« (Chesterfield Football Club), England, gegr. 1866; Spielkleidung: Blau/Weiß/Blau; Stadion: Recreation Ground, 8880 Plätze. – INTERNET: www.chesterfield-fc.premiumtv.co.uk

Spieler (Auswahl): G. Banks – T. Hitzlsperger.

Chevanton, Ernesto, uruguay. Angriffsspieler, *12. August 1980 Juan Lacaze; 1986–96 FC Juan Lacaze, 1996–2001 FC Danubio, 2001–06 US Lecce; 13 Länderspiele.

Chiasso, FC (Football Club Chiasso), Schweiz (Kt. Tessin), gegr. am 16. Oktober 1905; Spielkleidung: Rot/Blau/Weiß; Stadion: Stadio Comunale, 11 000 Plätze. – INTERNET: www.fcchiasso.ch

Spieler (Auswahl): Mazzola. – **Trainer** (Auswahl): A. Foni.

Chidijatulin, Wagiz, war russ. Abwehrspieler (Libero), *3. März 1959; 1976–80 Spartak Moskau, 1980–85 ZSKA Moskau, 1986 Karpaty Lemberg, 1986–88 Spartak Moskau, 1988/89 FC Toulouse, 1989–91 Spartak Ordschonokidse bzw. Alania Wladikawkas; 48 Länderspiele für die UdSSR; WM-Endrunde 1982, 1990; EM-Endrunde 1988; olymp. Fußballturnier 1990.

Chiesanuova, San Marino: → Pennarossa, SS.

Chilavert, José Luis, paraguay. Torhüter, *27. Juli 1965 Luque; 1975–83 Sportivo Luqueño, 1984 Guarini Asunción, 1985–88 San Lorenzo de Almagro, 1988–92 Real Saragossa, 1992–2000 Vélez Sarsfield, 2000–03 RC Straßburg, 2003/04 Peñarol Montevideo; erzielte in Pflichtspielen 58 Tore (Straf-, Freistöße); 69 Länderspiele (seit 1989; 8 Tore); WM-Endrunde 1998, 2002; Welttorhüter des Jahres 1995, 1997, 1998; Südamerikas Fußballer des Jahres 1996; in Argentinien Fußballer des Jahres 1996.

Chile, Staat an der Südwestküste Südamerikas, 756 950 km², 15,665 Mio. Ew.; Verband: Federación de Fútbol de Chile, Abk. FFCH, gegr. 1895, Sitz: Santiago de Chile; Mitglied der FIFA seit 1913, der CONMEBOL seit 1916; Spielkleidung: Rot-Blau/Blau/Weiß.

China, Volksrepublik C., Republik in Ostasien, 9,597 Mio. km², 1,287 Mrd. Ew.; Verband: Football Association of The People's Republic of China, Abk. FAPRC, gegr. 1924, Sitz: Peking; Mitglied der FIFA seit 1974, der AFC seit 1974; Spielkleidung: Weiß. – INTERNET: www.fa.org.cn

Chişinau, FC Zimbru (Fotbal Club Zimbru Chişinau), Moldawien, gegr. 1947 als Dinamo Kishinev, 1950–58 Burevestnik Kishinev, 1958–66 Moldova Kishinev, 1966–67 Aventul Kishinev, 1967–72 Moldova Kishinev, 1972–91 Nistru Kishinev, seitdem FC Zimbru Chişinau; Spielkleidung: Gelb; Stadion: Constructorul, 18 913 Plätze. – INTERNET: www. zimbru.md

Chivu, Cristian, rumän. Abwehrspieler *26. Oktober 1980 Resita (dt. Reschitz [Banat]); bis 1998 CSM Resita, 1998/99 Universitatea Craiova, 1999–2003 Ajax Amsterdam, 2003–06 AS Rom; 35 Länderspiele (seit 1999); EM-Endrunde 2000.

Chomitsch, Alexej, russ. Torhüter, *14. März 1920 Moskau, †1980; 1939/40 Mjacokombinat Moskau, 1944–52 Dynamo Moskau, 1953–55 Dynamo bzw. Spartak Minsk; 18 Länderspiele für die UdSSR; olymp. Fußballturnier 1952; Vorgänger von L. → Jaschin.

Chorzów, Ruch, eigtl. »KS Ruch Chorzów« (Klub Sportowy Ruch Chorzów), Polen; gegr. 1920 als KS Wielki Hajduki Chorzów, 1923 Fusion mit Bismarkhütter BC zu KS Ruch BBC Wielki Hajduki Chorzów, 1939 aufgelöst und als Bismarkhütter SV 99 neu gegr., 1945 aufgelöst und als KS Ruch Chorzów neu gegr., 1950–55 KS Unia Chorzów, seitdem wieder KS Ruch Chorzów; Spielkleidung: Blau; Stadion: »Ruch«, 20 000 Plätze. – INTERNET: www.ruch-chorzow.com.pl

Spieler (Auswahl): A. Buncol – G. Cieslik – R. Gilewicz – E. Szymkowiak – E. Willimowski.

Chovanec, Jozef, tschech. Trainer slowak. Herkunft, *7. März 1960 Dolné Kockovce; war Mittelfeldspieler: 1979–81 Roter Stern Cheb, 1981–89 Sparta Prag, 1989–91 PSV Eindhoven, 1991–95 Sparta Prag; 52 Länderspiele für die ČSSR bzw. ČSFR (4 Tore); WM-Endrunde 1990. – Später Trainer: 1996/97 Sparta Prag, 1998–2001 Tschech. Republik (Nationalmannschaft), 2004 Slovan Bratislava, 2005/06 Kuban Krasnodar.

Christensen, Bent, dän. Angriffsspieler, *4. Januar 1967 Kopenhagen; 1979–85 Brönshöj BK, 1985–87 Servette Genf, 1987 Vejle BK, 1987–91 Brøndby IF, 1991–93 FC Schalke 04; 49 Bundesligaspiele (8 Tore); 21 Länderspiele (8 Tore); EM-Endrunde 1992.

Christiano Ronaldo, Portugal: → Ronaldo [2].

Christiansen, Thomas, span. Angriffsspieler dän. Herkunft (seit 1993 span. Staatsbürgerschaft), *11. März 1973 Hadsund; bis 1991 Avedöre IF, Brøndby IF, Hvidovre Kopenhagen und B 1893 Kopenhagen, 1991–93 FC Barcelona, 1993 Sporting Gijon, 1994 CA Osasuna, 1994/95 Racing Santander, 1995 FC Barcelona, 1996/97 Real Oviedo, 1998/99 CF Villarreal,

1999 Terrassa CF (Spanien), 2000 Panionios Athen und Herfølge BK, 2001–03 VfL Bochum, 2003–06 Hannover 96; 97 Bundesligaspiele (33 Tore); Bundesliga-Torschützenkönig 2003 (21, mit G. Elber); 2 Länderspiele für Spanien (1 Tor).

Christov, Vojtech, war tschech. Schiedsrichter, *16. März 1945 Vranov nad Topl'ou; seit 1968 Schiedsrichter, seit 1974 Oberliga-, seit 1974 FIFA-Referee; WM-Endrunde 1982, 1986; EM-Endrunde 1984 (Finale); EC II-Finale 1980.

Chumpitaz, Hector Gonzalez, peruan. Abwehrspieler, *12. April 1944 Lima; 1958–84 Municipal, Universitario und Sporting Cristal Lima; 105 Länderspiele (1964–82); WM-Endrunde 1970, 1978.

Chur 97, Schweiz (Chur [Kt. Graubünden]), entstand am 1. Juni 1997 durch Fusion von FC Chur, FC Neustadt und SC Grischuna; Spielkleidung: Weiß-Rot/Weiß/Weiß; Stadion: Sportanlage Ringstraße 2589 Plätze. – INTERNET: www.chur.ch

Trainer (Auswahl): H. Haller – L. Jurkemik.

Churzilawa, Murtas, georg. Abwehrspieler (Libero), *5. Mai 1943; 1958–61 Salchino Gegeckor, 1961–74 Dynamo Tiflis; 67 Länderspiele für die UdSSR (1965–73; 6 Tore); WM-Endrunde 1966, 1970; EM-Endrunde 1972; olymp. Fußballturnier 1972. – Später Trainer: 1977–79 Odischi Zugdidi, 1980–87 Lokomotiv Samtredia, 1987–89 Dynamo Tiflis (Trainerassistent).

»Ciao« [ein Strichmännchen], offizielles → WM-Maskottchen der WM-Endrunde 1990 in Italien.

Cichon, Thomas, dt. Abwehrspieler, *9. Juli 1976 Ruda Slaska (Polen); bis 1995 BV Altenessen und Preußen Essen, 1994/95 Schwarz-Weiß Essen, 1996–2004 1. FC Köln, 2004/05 Rot-Weiß Oberhausen, 2005/06 Panionos Athen; 131 Bundesligaspiele (1 Tor).

Cieslarczyk, Hans, dt. Angriffsspieler, *3. Mai 1937; 1949–55 Rasensport Holthausen, 1955–58 SV Sodingen, 1958–62 Borussia Dortmund, 1962–64 Westfalia Herne, 1964–68 Karlsruher SC; 66 Bundesligaspiele (18 Tore); 7 Länderspiele (1957/58; 3 Tore); WM-Endrunde 1958. – Später Trainer: 1975–77 SpVgg Greuther Fürth, 1977/78 Stuttgarter Kickers, 1978 1. FC Saarbrücken, 1978/79 FC Augsburg, 1979/80 Offenburger SV, 1980/81 ESV Ingolstadt.

Cieslik, Gerard, poln. Mittelfeldspieler (Halbstürmer), *27. April 1927 Breslau (poln. Chorzów); 1945–59 Ruch Chorzów; 46 Länderspiele (1847–58; 27 Tore); olymp. Fußballturnier 1952.

CIFA, Abk. für **C**ayman **I**slands **F**ootball **A**ssociation, den Fußballverband der → Cayman-Islands.

Ciric, Sasa, makedon. Angriffsspieler, *11. Januar 1968 Kumanovo; 1994/95 Vardar Skopje, 1995–97 FC Aarau, 1997–99 1. FC Nürnberg, 1999/2000 Tennis Borussia, 2000–02 Eintracht Frankfurt, 2002–04 1. FC Nürnberg, 2004–06 Kickers Offenbach; 64 Bundesligaspiele (26 Tore); 26 Länderspiele.

Cissé, Djibril, frz. Angriffsspieler, *12. August 1981 Arles; 1998–2004 AJ Auxerre, 2004–06 FC Liverpool; 27 Länderspiele (seit 2002); WM-Endrunde 2002.

Claesen, Nicolaas (»Nico«), belg. Angriffsspieler, *1. Oktober 1962 Leut; 1976–80 Patro Eisden und RFC Seraing, 1980–84 Standard Lüttich, 1984–86 VfB Stuttgart, 1986–88 Tottenham Hotspur, 1988–92 Antwerp FC, 1992/93 KFC Germinal Ekeren; 29 Bundesligaspiele (11 Tore); 36 Länderspiele (12 Tore); WM-Endrunde 1990.

Clausura, höchste Spielklasse in Argentinien.

Clemence, Ray, engl. Torhüter, *5. August 1948; 1965–67 FC Scunthorpe United, 1967–81 FC Liverpool, 1981–87 Tottenham Hotspur; 61 Länderspiele (1972–83); WM-Endrunde 1982 (nicht eingesetzt); EM-Endrunde 1980.

Clemente, Javier, span. Trainer, *12. März 1950 Barakaldo; 1980–86 Athletic Bilbao (LM 1983, 1984, PS 1984), 1986–89 Español Barcelona, 1989/90 Atlético Madrid, 1990/91 Athletic Bilbao, 1991/92 Español Barcelona, 1992–98 Spanien (Nationalmannschaft; WM-Endrunde 1994, 1998), 1998/99 Real Betis Sevilla, 1999/2000 Real Sociedad San Sebastián, 2000/01 Olympique Marseille, 2001/02 CD Tenerife, 2002/03 Espanyol Barcelona, 2005/06 Athletic Bilbao.

clever [engl.], klug, listig, geschickt; die Taktik ausgezeichnet beherrschend, wozu es bestimmter Routine bedarf. – Substantiv: Cleverness.

Clodoaldo, Tavares de Santana, brasilian. Mittelfeldspieler, *25. September 1949 Aracaju; 1970–78 FC Santos; 52 Länderspiele (1969–74; 3 Tore); Weltmeister 1970.

Cloppenburg, BV (Ballspielverein Cloppenburg), Deutschland (Niedersachsen), gegr. am 23. März 1919; Spielkleidung: Gelb/Schwarz/Gelb; Stadion: Stadion an der Friesoyther Straße, 6000 Plätze. – INTERNET: www.bvc-kicker.de

Spieler (Auswahl): A. Brinkmann – V. Ivanauskas – J. Otten. – **Trainer** (Auswahl): W. Biskup.

Clough, Brian, ein engl. Trainer, *21. März 1935 Middlesbrough, †20. September 2004 Derby; war Angriffsspieler (Mittelstürmer): 1951–56 Marton Grove Youth Club und Great Broughton, 1956–61 FC Middlesbrough, 1961/62 FC Sunderland; 2 Länderspiele (1959). – Später Trainer: 1965–67 Hartlepool United FC, 1967–73 Derby County, 1974 Brighton and Hove Albion FC sowie Leeds United, 1975–84 Nottingham Forest. – 1991 zum OBE (Officer of the British Empire) ernannt.

B. Clough: Erfolgsstationen (Auswahl)	
Derby County	LM 1972
Nottingham Forest	LM 1978 EC I 1979, 1980 (Europa-)Supercup 1979

Club [engl.], Kurz-Bez. für → Fußballclub.
»Club«, umgangssprachl. Bez. für mehrere Fußballclubs (FC), z. B. den 1. FC Nürnberg.
Club Brugge KV, Belgien: → Brügge [2].
Cluj, CFR (Caile Ferate Romåna Cluj), Rumänien (Cluj-Napoca [dt. Klausenburg]), gegr. 1907 als CFR Cluj, 1947 Fusion mit Ferar KMSE Cluj, 1950–58 Lokomotiva Cluj, 1958–60 CFR Cluj, 1960 Fusion mit Rapid Cluj zu CSM Cluj, 1964–67 Clujeana Cluj, 1967–74 CFR Cluj, 1974–82 CFR Cluj-Napoca, 1982–85 Steaua CFR Cluj-Napoca, seitdem wieder CFR Cluj; Spielkleidung: Rot/Weiß/Rot; Stadion: CFR, 10 000 Plätze. – INTERNET: www.cfr-ecomax.ro
Spieler (Auswahl): S. Kovács – D. V. Munteanu. – **Trainer** (Auswahl): S. Kovács – D. V. Munteanu.
Coach [engl.], Trainer (z. T. auch Berater, Betreuer) einer Mannschaft.
Coaching [engl.], **1)** allgemein: Anleiten und Betreuen einer Mannschaft durch den Trainer. – **2)** Bundesliga: Nachbetrachtung und Aufbereitung des Spiels durch den Schiedrichterbeobachter mit Schiedsrichter, Schiedsrichterassistenten und (wenn vorhanden) → »viertem Offiziellen«.
Coachingzone, eingeschränkter (»markierter«) Bereich außerhalb des Spielfelds, in dem der Trainer und die übrigen Betreuer auf das Team einwirken dürfen; wird bei Bundesliga- und internationalen Spielen von einem → »vierten Offiziellen« überwacht. Die C. erstreckt sich 1 m auf jeder Seite über die Breite der Wechselbank hinaus und bis 1 m an die Seitenlinie heran. Üblich sind C. vor allem in Stadien, weniger auf Sportplätzen.
Cocu, Phillip, niederländ. Mittelfeldspieler, *29. Oktober 1970 Eindhoven; 1988–90 AZ Alkmaar, 1990–95 Vitesse Arnheim, 1995–98 PSV Eindhoven, 1998–2004 FC Barcelona, 2004–06 PSV Eindhoven; 93 Länderspiele; WM-Endrunde 1998; EM-Endrunde 1996, 2000, 2004.
Coeck, Ludo, belg. Mittelfeldspieler, *25. September 1955 Berchem, †8. Oktober 1985 (verunglückt); 1971/72 Berchem Sports, 1972–83 RSC Anderlecht, 1983/84 Inter Mailand, 1984/85 FC Basel, 1985 RWD Molenbeek; 37 Länderspiele (1974–84; 8 Tore); WM-Endrunde 1982; EM-Endrunde 1984.
Coelho, Arnaldo David Cesar, brasilian. Schiedsrichter, *15. Januar 1943 Rio de Janeiro; seit 1963 Schiedsrichter, 1969–86 FIFA-Schiedsrichter; 27 Länderspiele; WM-Endrunde 1978, 1982 (Finale); olymp. Fußballturnier 1976; Juniorenweltmeisterschaft 1979, 1981; brasilian. Meisterschaftsfinale 1973, 1977, 1983.
Coimbra, Académica (Associacão Académica de Coimbra), Portugal, gegr. 1876; Spielkleidung: Weiß/Schwarz/Schwarz; Stadion: Estádio Municipal de Coimbra, 25 000 Plätze.
Spieler (Auswahl): F. Couto – A. Jorge – Zé António. – **Trainer** (Auswahl): A. Jorge.
Çolak, Tanju, türk. Angriffsspieler (Mittelstürmer), *10. November 1963 Samsun; 1974/75 Samsun Ciftlikspor, 1975–78 Samsun Bölgo Karmasi, 1978–80 Samsun Yolspor, 1980–87 Samsunspor, 1987–91 Galatasaray Instanbul, 1991–95 Fenerbahce Istanbul, 1995/96 Istanbulspor; 31 Länderspiele (8 Tore); Europas Torschützenkönig 1988 (39).
Cole, 1) Andy, engl. Angriffsspieler, *15. Oktober 1971 Nottingham; 1990/91 FC Arsenal, 1991/92 FC Fulham, 1992/93 Bristol City, 1993–95 Newcastle United, 1995–2001 Manchester United, 2001–04 Blackburn Rovers, 2004/05 FC Fulham, 2005/06 Manchester City; 15 Länderspiele (1995–2000). – **2)** Ashley, engl. Abwehrspieler, *20. Dezember 1980 Stepney (zu London); 1998/99 FC Arsenal, 1999/2000 Crystal Palace, 2000–06 FC Arsenal; 44 Länderspiele (seit 2001); WM-Endrunde 2002; EM-Endrunde 2004. – **3)** Joseph Joe, engl. Mittelfeldspieler, *8. November 1981 London; 1998–2003 West Ham United, 2003–06 FC Chelsea; 27 Länderspiele (seit 2001; 4 Tore); WM-Endrunde 2002; EM-Endrunde 2004.
Coleraine, FC, eigtl. »Coleraine FC« (Coleraine Football Club), Nordirland, entstand 1927 durch Fusion von Coleraine Alexandra und Coleraine Olympic; Spielkleidung: Blau-Weiß/Blau/Blau-Weiß; Stadion: The Showgrounds, 12 000 Plätze. – INTERNET: www.coleraine-freeserve.co.ukfc
COLFUTBOL, Abk. für Federación **Col**ombiana de **Fútbol,** den Fußballverband von → Kolumbien.
Collina, Pierluigi, ein italien. Schiedsrichter, *13. Februar 1960 Bologna; 1994–2005 FIFA-Schiedsrichter, leitete seit 1995 Europapokalspiele (CL-Finale 1999), seit 1996 Länderspiele (olymp. Fußballturnier 1996 [Frauenfinale], WM-Endrunde 1998, WM-Finale 2002, EM-

Pierluigi Collina

Endrunde 2004); sechsmal hintereinander Weltschiedsrichter des Jahres (1998–2003).

> **P. Collina**
> »Jeder hat das Recht auf Fehler.«

Collovati, Fulvio, italien. Abwehrspieler (Stopper), *9. Mai 1957 Teor; 1976–82 AC Mailand, 1982–86 Inter Mailand, 1986/87 Udinese Calcio, 1987–89 AS Rom, 1989–93 Genua 1893; 50 Länderspiele (1979–86; 3 Tore); WM-Endrunde 1982 (Weltmeister), 1986; EM-Endrunde 1980.

Colo Colo, Deportivo → Santiago de Chile [1].

Coluna, Mário Esteves, portugies. Mittelfeldspieler, *6. August 1935 Inhoca (Moçambique); 1945–54 FC Magude, Deportivo Lourenço Marques (heute: Maputo) und Olympique Lyon, 1954–70 Benfica Lissabon; 57 Länderspiele (1955–68); WM-Endrunde 1966; in Portugal Fußballer des Jahres 1964. – Später Trainer: 1983 Moçambique (Nationalmannschaft), anschließend Ferroviário Maputo; 2000–06 Präsident des Fußballverbands von Moçambique.

Combi, Gianpiero, italien. Torhüter, *18. Dezember 1902 Turin, † 13. August 1956 Liguria; 1914–41 Juventus Turin; 47 Länderspiele (1924–34); Weltmeister 1934.

Comeback [von engl. to come back, »zurückkommen«], a) Wiederauftreten eines Spielers, der sich eigtl. bereits vom (Leistungs-)Fußball zurückgezogen hatte; b) Anknüpfen an früheres Leistungsvermögen nach längerer Verletzungspause oder nach Formkrise.

Commerzbank-Arena, Frankfurt am Main, Heimstätte von Eintracht Frankfurt, 1925 als *Waldstadion* eingeweiht, 1937 ausgebaut, 1953–55 renoviert, 1972–74 modernisiert, 2002–05 umgebaut, seitdem C.-A.; 52 000 Plätze; Confederations-Cup-Finale 2005, WM-Stadion 2006.

Community Shield, alljährlich traditioneller Spieljahrauftakt in England, wobei der Landesmeister gegen den Cupsieger spielt. Den ersten Wettbewerb 1908 gewann Manchester United. Bis 2000 wurde der Wettbewerb (1908–2001 als *Charity Chield* geführt) im Wembleystadion ausgetragen, nach dessen Abriss 2001–05 im Cardiffer → Millenium Stadium.

Como Calcio, Italien (Como), gegr. 1907 als FBC Como, 1912 Anschluss von Club Studentesco Minerva Como, 1926 Fusion mit Esperia FC Como zu AC Comense Como, 1936 Fusion mit AS Ardita Rebbio Como zu AC Como, seit 1975 Como Calcio; Spielkleidung: Blau/Schwarz/Schwarz; Stadion: Stadio »Giuseppe Senigaglia«, 13 602 Plätze. – INTERNET: www.calciocomo1907.it

Spieler (Auswahl): C. D. Borghi – G. Dirceu – H. Müller – M. Tardelli – G. Zambrotta. – **Trainer** (Auswahl): T. Burgnich.

CONCACAF [Abk. für **Co**nfederación **N**orte-**C**entro**a**mericano y del **Ca**ribe de **F**útbol], Verei-

CONCACAF-Mitgliedsländer

Anguilla	Costa Rica	Guyana	Niederländische Antillen	Sint Maarten
Antigua	Dominica	Haiti	Panama	Suriname
Aruba	Dominikanische Republik	Honduras	Puerto Rico	Trinidad und Tobago
Bahamas	El Salvador	Jamaika	Saint Lucia	Turks- und Caicos-Inseln
Barbados	Französisch Guyana	Kanada	Saint Martin	USA
Belize	Grenada	Kuba	Saint Kitts und Nevis	Virgin Islands of the United States
Bermudas	Guadeloupe	Martinique	Saint Vincent and the Grenadines	
British Virgin Islands	Guatemala	Mexiko		
Cayman Islands		Montserrat		
		Nicaragua		

CONCACAF: WM-Modus

Die ersten 3 Länder sind direkt für die WM-Endrunde qualifiziert. Der Gruppenvierte muss 2 Play-off-Spiele gegen den Fünften der Asiengruppe (→ AFC) bestreiten. Der Sieger daraus ist ebenfalls für die WM-Endrunde qualifiziert.

CONCACAF-Meisterschaft

1973	Haiti	1993	Mexiko
1977	Mexiko	1996	Mexiko
1981	Honduras	1998	Mexiko
1985	Kanada	2000	Kanada
1989	Costa Rica	2002	USA
»CONCACAF Gold Cup«		2003	Mexiko
1991	USA	2005	USA

nigung der Verbände Nord- und Mittelamerikas sowie der Karibik; gegr. 1961, Sitz: New York. – 1924, während der Olymp. Spiele in Paris, gründeten die Teilnehmerländer dieser Region auf einem Kongress die **DC** (Deportiva Centroaméricana), später umbenannt in **ODCC** (Organización Deportiva Centroamericana y del Caribe). 1930 führte die ODCC ihr erstes Sportfestival in Havanna durch, auch das zweite 1935, während das dritte 1938 in Panama stattfand, bei dem auch die Gründung der **CCCF** (Confederación Centroamericana y del Caribe de Fútbol) erfolgte. 1941–61 führte die CCCF die Nationenmeisterschaft durch, offen für Amateur- und Berufsspieler. Gründungsmitglieder der CCCF waren Kolumbien, Costa Rica, El Salvador, Curaçao, Dominikan. Republik, Niederländ. Antillen, Guatemala, Haiti, Honduras, Jamaika, Nicaragua, Panama, Puerto Rico und Venezuela. Mexiko, die USA und Kuba bildeten dagegen die **NAFC** (North American Football Confederation); 1961 initiierte die FIFA die Vereinigung beider Konföderationen. Die CONCACAF umfasst 40 Landesverbände. – INTERNET: www.footballconfederation.com

CONCACAF-Meisterschaft, Campeonato Norte-Centroamericano y del Caribe de Fútbol Mayor, die Titelkonkurrenz der CONCACAF-Mitgliedsverbände (nicht zu verwechseln mit dem Turnier der → Zentralamerikanisch-Karibischen Spiele), seit 1973 ausgespielt und seit 1991 als »CONCACAF Gold Cup« geführt. Hin und wieder werden auch »Gastnationen« eingeladen (z. B. 2005 Südafrika, Kolumbien). Vorgänger war das »Campeonato Centroamericano y del Caribe« (1941–61).

CONCACAF-Pokal der Landesmeister, Campeonato Norte-Centroamericano y del Caribe de Fútbol Mayor de Campeones, nach dem Modell der → Copa Libertadores de América ausgetragener Wettbewerb, offen für alle Landesmeister der CONCACAF-Verbände. Die Teilnehmer werden in der ersten Runde in 3 Gruppen zusammengefasst. Die Sieger bestreiten das Halbfinale bis hin zu 2 Finals. Seit 1992 wird nur noch ein Finale ausgetragen bzw. der Sieger in einem Endrundenturnier mit 4 Mannschaften ermittelt. 1964 und 1965 wurde das Turnier abgebrochen, 1966 nicht ausgetragen.

CONCACAF-Pokal der Pokalsieger, seit 1991 unregelmäßig ausgetragener Wettbewerb, offen für alle Pokalsieger der CONCACAF-Verbände. 1991 und 1993 gab es ein Endrundenturnier mit je 4 teilnehmenden Mannschaften. Nachdem 1992 der Pokal nicht ausgetragen und 1996 sowie 1998 das Turnier abgebrochen wurde, stellte man den Wettbewerb ein.

Conceiçao, Flavio, brasilian. Mittelfeldspieler, *12. Juni 1974 Santa Maria da Sierra; 1992/93 EC Rio Branco, 1993–96 Palmeiras São Paulo, 1996–2000 Deportivo La Coruña, 2000–03 Real Madrid, 2003/04 Borussia Dortmund, 2004/05 Galatasaray Istanbul, 2005 Panathinaikos Athen;

CONCACAF-Pokal der Landesmeister

1962	CD Guadalajara (Mexiko)
1963	Racing Club Cap Haitienne (Haiti)
1967	Alianza FC San Salvador (El Salvador)
1968	CD Toluca (Mexiko)
1969	CD Cruz Azul (Mexiko)
1970	CD Cruz Azul (Mexiko)
1971	CD Cruz Azul (Mexiko)
1972	Olimpia Tegucigalpa (Honduras)
1973	SV Transvaal Paramaribo (Surinam)
1974	Municipal Guatemala-City (Guatemala)
1975	Atlético Español Mexico-City (Mexiko)
1976	Aguila San Salvador (El Salvador)
1977	CF América (Mexiko)
1978	Universidad Guadalajara (Mexiko)/ Comunicaciones Guatemala-City (Guatemala)
1979	Deportivo FAS San Salvador (El Salvador)
1980	UNAM »Los Pumas« (Mexiko)
1981	SV Transvaal Paramaribo (Surinam)
1982	UNAM »Los Pumas« (Mexiko)
1983	FC Atlante (Mexiko)
1984	Violette AC Port-au-Prince (Haiti)
1985	Defence Force Chaguaramas (Tinidad und Tobago)
1986	LD Alajuelense (Costa Rica)
1987	CF América (Mexiko)
1988	Olimpia Tegucigalpa (Honduras)
1989	UNAM »Los Pumas« (Mexiko)
1990	CF América (Mexiko)
1991	Club Puebla de la Franja (Mexiko)
1992	CF America (Mexiko)
1993	Deportivo Saprissa San José (Costa Rica)
1994	CS Cartaginés Cartago (Costa Rica)
1995	Deportivo Saprissa San José (Costa Rica)
1996	CD Cruz Azul (Mexiko)
1997	CD Cruz Azul (Mexiko)
1998	Washington DC United (USA)
1999	Los Angeles Galaxy (USA)
2002	CD Pachuca (Mexiko)
2003	CD Toluca (Mexiko)
2004	LD Alajuelense (Costa Rica)
2005	Deportivo Saprissa (Costa Rica)

CONCACAF-Pokal der Pokalsieger

1991	Atletico Marte San Salvador (El Salvador)
1993	CF Monterrey (Mexiko)
1994	CD Necaxa (Mexiko)
1995	Universidad Autonoma de Guadalajara (Mexiko)

14 Bundesligaspiele (1 Tor); 45 Länderspiele; olymp. Fußballturnier 1996.

Concordia [latein., nach der röm. Göttin der Eintracht], Vereins-Bez. aus den Anfängen des dt. Fußballs, z. B. C. Hamburg.

Conen, Edmund, dt. Angriffsspieler (Mittelstürmer), * 10. November 1914 Lützerath (Nordrhein-Westfalen), † 5. März 1990; 1924–28 SV Ürzig, 1928–37 FV Saarbrücken, 1937–44 Kickers Stuttgart, 1946/47 SG Hermsdorf (Thüringen), 1947–50 Kickers Stuttgart, 1950–52 Young Fellows Zürich; 28 Länderspiele (1934–42; 27 Tore); WM-Endrunde 1934. – Später Trainer: 1952–56 Eintracht Braunschweig, 1956/57 Wuppertaler SV, 1957–60 Bayer 04 Leverkusen, abschließend BV 01 Opladen und SV Bergisch-Gladbach.

Confederations Cup, Kurz-Bez. **Confed-Cup,** Pokalwettbewerb für Nationalmannschaften, 1992 und 1995 als *Intercontinental Cup* (»Interkontinentale Meisterschaft um den König-Fahd-Pokal«) geführt, seit 1997 FIFA-Wettbewerb. Daran nehmen in der Regel die Meister der 6 Kontinentalverbände (→ FIFA), der amtierende Weltmeister sowie der Veranstalter teil. Gespielt wird in 2 Gruppen à 4 Mannschaften (jeder gegen jeden), danach folgen das Halbfinale (2 Überkreuzvergleiche der Gruppenersten und -zweiten), das Spiel um den dritten Platz und das Finale. Deutschland verzichtete auf eine Teilnahme 1997 und 2003. Seit 2005 findet der C. C. nur noch alle 4 Jahre statt, und zwar jeweils ein Jahr vor einer WM-Endrunde im betreffenden WM-Austragungsland.

CONMEBOL [Abk. für **Con**federación Suda**me**ricana de Fút**bol**], Vereinigung der nationalen Verbände Südamerikas, Sitz: Asunció (Paraguay). 1916 in Buenos Aires anlässlich der ersten Südamerikameisterschaft von Argentinien, Brasilien, Chile und Uruguay als erste Kontinentalverband gegründet. In zeitl. Folge stießen dazu: 1917 Paraguay, 1924 Peru, 1925 Bolivien, 1927 Ecuador, 1940 Kolumbien und 1952 Venezuela. Die CONMEBOL organisiert die → Südamerika-

Confederations Cup

Jahr	*Austragungsland*	*Sieger*
1992	Saudi-Arabien	Argentinien
1995	Saudi-Arabien	Dänemark
1997	Saudi-Arabien	Brasilien
1999	Mexiko	Mexiko
2001	Südkorea/Japan	Frankreich
2003	Frankreich	Frankreich
2005	Deutschland	Brasilien
2009	Südafrika	-

CONMEBOL-Mitgliedsländer

Argentinien	Kolumbien
Bolivien	Paraguay
Brasilien	Peru
Chile	Uruguay
Ecuador	Venezuela

CONMEBOL: WM-Modus
Die ersten 4 Länder sind direkt für die WM-Endrunde qualifiziert. Die fünftplatzierte Mannschaft muss 2 Play-off-Spiele gegen den Ozeaniensieger (→OFC) bestreiten.

meisterschaft und die →Copa Libertadores de América. Sie umfasst 10 Landesverbände. – INTERNET: www.conmebol.com

Conti, Bruno, italien. Trainer, *13. März 1955 Nettuno; war Mittelfeldspieler: 1973–75 AS Rom, 1975/76 Genua 1893, 1976–78 AS Rom, 1978/79 Genua FBC, 1979–91 AS Rom; 47 Länderspiele (1980–86; 5 Tore); WM-Endrunde 1982 (Weltmeister), 1986. – Später Trainer: 2003–05 AS Rom.

Cook-Inseln, neuseeländ. Inselgruppe in Polynesien, 240 km², 21000 Ew.; Verband: Cook Islands Football Federation, gegr. 1971, Sitz: Avarua; Mitglied der FIFA und der OFC seit 1994; Spielkleidung: Grün-Gelb/Grün-Gelb/Gelb.

»cool« [engl., »kühl«], gebraucht z. B. in der Wendung »die Mannschaft spielt 'c.'« (abgeklärt, souverän, aber tempoarm).

Coopertest →Training.

Coordes, Egon, dt. Trainer, *13. Juli 1944 Burhave (Schleswig-Holstein); war Abwehrspieler: 1958–69 Leher TS und TuS Bremerhaven 93, 1969–71 SV Werder Bremen, 1971–76 VfB Stuttgart; 157 Bundesligaspiele (9 Tore). – Später Trainer: 1980–82 OSC Bremerhaven 93, 1984–86 FC Bayern München (Trainerassistent), 1986/87 VfB Stuttgart, 1988–91 FC Bayern München (Trainerassistent), 1992 Hamburger SV, 1994/95 Austria Wien, 1995/96 Hannover 96, 1997/98 FC Bayern München (Trainerassistent), 1998 FC Luzern, 1999 Iran (Olympiaauswahl).

Copa América, bis 1992 **Südamerikameisterschaft,** Wettbewerb der Mitgliedsverbände der →CONMEBOL, d. h. ihrer Nationalmannschaften; 1916 von Argentinien, Brasilien, Chile und Uruguay als offizieller Wettbewerb eingeführt. Paraguay (1921), Bolivien (1926), Peru (1927), Ekuador (1938), Kolumbien (1945) und Venezuela (1975) vervollständigten das Teilnehmerfeld. Die S. wird jeweils innerhalb von 2 Wochen in einer zuvor bestimmten Stadt ausgespielt. Weil der CONMEBOL nur 10 Länder angehören, nimmt Mexiko (gehört eigtl. der CONCACAF an) regelmäßig teil, seit 1993 kommen auch andere Länder hinzu (z. B. USA 1993, 1995, Costa Rica 1997, Japan 1999, Kanada 2001).

Copa América

1916	Uruguay	1953	Paraguay
1917	Uruguay	1955	Argentinien
1919	Brasilien	1956	Uruguay
1920	Uruguay	1957	Argentinien
1921	Argentinien	1959	Argentinien/ Uruguay
1922	Brasilien		
1923	Uruguay	1963	Bolivien
1924	Uruguay	1967	Uruguay
1925	Argentinien	1975	Peru
1926	Uruguay	1979	Paraguay
1927	Argentinien	1983	Uruguay
1929	Argentinien	1987	Uruguay
1935	Uruguay	1989	Brasilien
1937	Argentinien	1991	Argentinien
1939	Peru	1993	Argentinien
1941	Argentinien	1995	Uruguay
1942	Uruguay	1997	Brasilien
1945	Argentinien	1999	Brasilien
1946	Argentinien	2001	Kolumbien
1947	Argentinien	2003	ausgefallen
1949	Brasilien	2004	Brasilien

Copa Caribe, die →Karibikmeisterschaft.

Copa Conmebol, 1992–99 in Südamerika durchgeführter Pokalwettbewerb ähnlich dem UEFA-Pokal; die Endspiele wurden mit Hin- und Rückspiel ausgetragen.

Copa del Rey [span., »Königspokal«], Landespokal von Spanien.

Copado, Francisco, span. Mittelfeldspieler, *19. Juli 1974 Kiel; 1992/93 Holstein Kiel, 1993–96 Hamburger SV, 1996/97 RCD Mallorca, 1997–2000 Tennis Borussia, 2000–05 Spvgg Unterhaching, 2005/06 Eintracht Frankfurt; 25

Copa-Conmebol

1992	Atlético Mineiro Belo Horizonte (Brasilien)
1993	Botafogo Rio de Janeiro (Brasilien)
1994	FC São Paulo (Brasilien)
1995	Rosario Central (Argentinien)
1996	Lanús Buenos Aires (Argentinien)
1997	Atlético Mineiro Belo Horizonte (Brasilien)
1998	FC Santos (Brasilien)
1999	Talleres Córdoba (Argentinien)

Copa de Oro (1980/81)	
Gruppe A	
Uruguay – Niederlande 2:0	
Uruguay – Italien 2:0	
Niederlande – Italien 1:1	
Gruppe B	
Argentinien – BRD 2:1	
Argentinien – Brasilien 1:1	
Brasilien – BRD 4:1	
Finale	
Uruguay – Brasilien 2:1	

Bundesligaspiele (1 Tor); Zweitliga-Torschützenkönig 2004 (18, mit M. Mintál, 1. FC Nürnberg).

Copa de Oro [span.], *»Miniweltmeisterschaft«*, vom Dezember 1980 bis Januar 1981 vom Fußballverband Uruguays mit Zustimmung der FIFA aus Anlass des 50-jährigen Jubiläums der ersten WM-Endrunde (1930 in Uruguay) durchgeführtes Turnier der bisherigen Weltmeister. Bis auf England (dafür spielte der zweifache Vizeweltmeister Niederlande) waren alle Weltmeister beteiligt.

Copa Interamericana, Pokalwettbewerb zw. dem Sieger der → Copa Libertadores de América und dem Sieger des → CONCACAF-Pokals der Landesmeister; erfolgt mit Hin- und Rückspiel (bei Tor- und Punktwertung) oder (meist) auf »neutralem Platz«; wurde wiederholt nicht ausgetragen, weil sich die Klubs über die finanziellen Modalitäten nicht einigen konnten. Erster Sieger 1969: Estudiantes de La Plata (Argentinien)

Copa Internacional	
1951	Palmeiras São Paulo
1952	Fluminense Rio de Janeiro
1953	Nacional Montevideo
1963	Botafogo Rio de Janeiro

Copa Internacional, Einladungswettbewerb für südamerikan. und europ. Klubs; nur viermal zw. 1951 und 1963 ausgetragen, und zwar jeweils in einer einfachen Runde (jeder gegen jeden) nach Toren und Punkten.

Copa Latina [span.], svw. → Latein-Cup.

Copa Libertadores de América, Pokalwettbewerb der südamerikan. Landesmeister, von der FIFA sanktioniert und von der → CONMEBOL durchgeführt. Der jeweilige CONMEBOL-Meister spielte bis 2004 mit dem Champions-League-Sieger um den → Weltpokal [1]. Die Idee zur Durchführung des Wettbewerbs wurde vom chilen. Verein Colo Colo Santiago de Chile angeregt. 1949 wurde der Wettbewerb zum erstenmal als »Campeonato Sudamericano de Campeones« mit

Copa Libertadores de América			
1960	Peñarol Montevideo	1983	Grêmio Pôrto Alegre
1961	Peñarol Montevideo	1984	Independiente Buenos Aires
1962	FC Santos	1985	Argentinos Juniors Buenos Aires
1963	FC Santos	1986	River Plate Buenos Aires
1964	Independiente BuenosAires	1987	Peñarol Montevideo
1965	Independiente BuenosAires	1988	Nacional Montevideo
1966	Peñarol Montevideo	1989	Atlético Nacional (Kolumbien)
1967	Racing Club Buenos Aires	1990	Olimpia Asunción (Paraguay)
1968	Estudiantes de La Plata	1991	Colo Colo Santiago de Chile
1969	Estudiantes de La Plata	1992	FC São Paulo
1970	Estudiantes de La Plata	1993	FC São Paulo
1971	Nacional Montevideo	1994	Vélez Sarsfield
1972	Independiente Buenos Aires	1995	Grêmio Pôrto Alegre
1973	Independiente Buenos Aires	1996	River Plate Buenos
1974	Independiente Buenos Aires	1997	Cruzeiro Belo Horizonte
1975	Independiente Buenos Aires	1998	Vasco da Gama Rio de Janeiro
1976	Cruzeiro Belo Horizonte	1999	Palmeiras São Paulo
1977	Boca Juniors Buenos Aires	2000	Boca Juniors Buenos Aires
1978	Boca Juniors Buenos Aires	2001	Boca Juniors Buenos Aires
1979	Olimpia Asunción	2002	Olimpia Asunción
1980	Nacional Montevideo	2003	Boca Juniors Buenos Aires
1981	Flamengo Rio de Janeiro	2004	Once Caldas (Kolumbien)
1982	Peñarol Montevideo	2005	FC São Paulo

dem späteren Sieger Vasco da Gama Rio de Janeiro (Brasilien) sowie mit River Plate Buenos Aires (Argentinien), Nacional Montevideo (Uruguay), Litoral (Bolivien), Emelec (Ekuador), Municipal (Peru) und Colo Colo Santiago de Chile durchgeführt. – Finanz- und Terminprobleme ließen weitere Durchführungen nicht zu. Erst die Einführung des Europapokals der Landesmeister 1956 entfachte die Idee des Wettbewerb aufs Neue. Die ersten 2 Austragungen fanden im K.-o.-System mit Hin- und Rückspielen bis zum Finale statt. Ab 1962 wurden Gruppen mit 2 oder 3 Klubs gebildet. Die Gruppensieger ermittelten in Hin- und Rückspielen den Gesamtsieger. Brasilien verhielt sich in der Vergangenheit recht skeptisch und schnitt bisher – gemessen an seinen Ansprüchen – ziemlich erfolglos ab.
Seit 2005 nehmen an dem Pendant zur europ. Champions League 38 Vereine teil. Neben den Vertretern der südamerikan. Staaten sind auch 3 mexikan. Klubs vertreten. Nach einer Qualifikationsrunde (12 Teams der Plätze 27 bis 28) verbleiben 32 Mannschaften, die in 8 Gruppen aufgeteilt werden. Die beiden Gruppenersten qualifizieren sich dan jeweils für die mit den Achtelfinals beginnende Endrunde.

Copa Pelé, svw. → Pelé-Cup.

Copa União [portugies. »Verbandspokal«], Bez. für die brasilian. Landesmeisterschaft (bis 1986 als »Taca de Ouro« geführt).

»Coppa Alpi Italo-Svizzera« → Alpenpokal.

Coppa Italia, seit 1922 der Landespokal von Italien .

Coppa Latina [italien.], svw. → Latein-Cup.

Coppens, Henri, belg. Trainer, *29. April 1930 Beerschot; war Angriffsspieler (Mittelstürmer): 1942–59 R Beerschot AC, 1960–66 Racing White Molenbeek; 47 Länderspiele (1945–59; 29 Tore); WM-Endrunde 1954; in Belgien Fußballer des Jahres 1954. – Später Trainer: 1971–74 Berchem Sport, 1974–77 Beerschot VAC, 1977–81 Berchem Sport, 1981/82 FC Brügge.

Córdoba, FC, eigtl. »Córdoba CF« (Córdoba Club de Fútbol), Spanien, gegr. 1951 als CS San Alvaro Córdoba, 1954 Fusion mit RCD Córdoba zu Córdoba CF; Spielkleidung: Grün/Weiß/Weiß; Stadion: Estadio »Municipal Arcángel«, 9200 Plätze. – INTERNET: www.cordobacf.com

Trainer (Auswahl): V. L. Kubala.

Cork City, eigtl. »Cork City FC« (Cork City Football Club), Irland (Cork), gegr. 1984; Spielkleidung: Grün-Weiß/Weiß/Grün-Weiß; Stadion: Turners Cross, 9000 Plätze. – INTERNET: www.geocities.com

Corso, Mario, italien. Angriffsspieler (Linksaußen), *25. August 1941 San Michele Extra; 1958–73 Inter Mailand, 1973–75 Genua 1893; 23 Länderspiele (1961–71; 4 Tore); WM-Endrunde 1966. – Später Trainer: 1982/83 US Lecce, 1985/86 Inter Mailand, 1987–89 AC Mantova.

Corver, Charles George Rainier, niederländ. Schiedsrichter, *16. Januar 1936 Leiden; seit 1962 Schiedsrichter, seit 1968 1. Division, seit 1972 FIFA-Referee; WM-Endrunde 1978, 1982; EM-Endrunde 1980; zweites Weltpokalfinale 1974, erstes EC III-Finale 1977, EC I-Finale 1978, zweites EC III—Finale 1983.

Cosmi, Serse, italien. Trainer, *5. Mai 1958 Ponte San Giovanni; 1987–90 Ellera Calcio (Jugend), 1990–95 AS Pontevecchio, 1995–2000 Arezzo Calcio, 2000–04 AC Perugia, 2004/05 Genua 1893, 2005/06 Udinese Calcio.

Costa, Flávio da, brasilian. Trainer, *14. September 1906; war Angriffsspieler (Mittelstürmer): Flamengo Rio de Janeiro. – Später Trainer: 1937–45, 1951/52 und 1963 Flamengo Rio de Janeiro, außerdem Vasco da Gama Rio de Janeiro, Colo Colo Santiago de Chile, Portuguesa São Paulo; mit Brasilien 1950 Vizeweltmeister.

Costacurta, Alessandro, italien. Abwehrspieler, *24. April 1966 Orago; 1978–86 AC Mailand, 1986/87 Monza Calcio, 1987–2004 AC Mailand; 59 Länderspiele (1991–98); WM-Endrunde 1994, 1998; EM-Endrunde 1996.

Costa Rica, Republik in Zentralamerika, 51 100 km², 3,896 Mio. Ew.; Verband: Federación Costarricense de Fútbol, Abk. FEDEFUTBOL, gegr. 1921, Sitz: San José; Mitglied der FIFA seit 1927, der CONCACAF seit 1962; Spielkleidung: Rot/Blau/Weiß. – Erfolge: CONCACAF-Meister 1989. – INTERNET: www. fedefutbol.com

Côte d'Ivoire, frz. und amtl. Bez. für die → Elfenbeinküste.

Co-Trainer, svw. → Trainerassistent.

Cottbus, Energie, eigtl. »FC Energie Cottbus« (Fußballclub Energie Cottbus), Deutschland (Brandenburg), gegr. am 31. Januar 1966 als BSG Energie Cottbus, am 1. Juli 1990 umbenannt in FC Energie; hervorgegangen aus dem 1963 gegr. SC Cottbus, in den im gleichen Jahr die Mannschaft des SC Aktivist Brieske-Senftenberg (→ Brieske-Senftenberg, FSV Glückauf) eingegliedert wurde; DDR-Oberliga 1973/74, 1975/76, 1981/82, 1986/87, 1988–90, NOFV-Oberliga 1990/91; Bundesliga 2000–03; Zweite Bundesliga 1997–2000, 2003–06; Spielkleidung: Rot-Weiß/Rot/Rot-Weiß; Stadion: Stadion der Freundschaft, 22 450 Plätze. – INTERNET: www.fcernergie.de

Spieler (Auswahl): B. Akrapovic – C. Beeck – G. Berhalter – F. Bittencourt – M. Feldhoff – M. Gebhardt –

S. Helbig – A. Juskowiak – F. Kioyo – G. Koch – A. Labak – R. Lauck – H. Lemanczyk – K. McKenna – V. Miriuta – A. Ogungbure – T. Piplica – M. Rath – L.-A. Reghecampf – P. Rink – R. Rydlewicz – P. Sander – S. Schröter – M. Thurk – M. Topic – O. Vincze. – **Trainer** (Auswahl): F. Bohla – E. Geyer – P. Sander.

Coulibaly, Soumaila, mal. Mittelfeldspieler, *15. April 1978 Bamako; bis 1999 Djoliba AC Bamako und AS Real Bamako, 1999/2000 Zamalek Kairo, 2000–06 SC Freiburg; 113 Bundesligaspiele (18 Tore); 35 Länderspiele.

Coupe de France, seit 1918 Landespokal von Frankreich.

»Coupe Jules Rimet« [frz.] → Weltpokal [2].

Courtney, George, engl. Schiedsrichter, *4. Juni 1941 Pago Bank; seit 1962 Schiedsrichter, seit 1974 1. Division, seit 1977 FIFA-Schiedsrichter; WM-Endrunde 1986, 1990; EM-Endrunde 1984.

Coutinho, 1) eigtl. »Antônio Wilson Honório«, brasilian. Angriffsspieler, *11. Juni 1943 Piracicaba; 1958–68 FC Santos, 1968 EC Vitória (Brasilien), 1969 Portuguesa de Desportos Rio de Janeiro, 1970 EC Vitória, 1971 Atlas Guadalajara, 1971/72 Bangu AC, 1973 Saad Campinas (Brasilien); 15 Länderspiele (6 Tore); Weltmeister 1962. – **2)** Cláudio Pécego de Morais, brasilian. Trainer, *5. Januar 1939, †27. November 1981; 1971–73 Vasco da Gama Rio de Janeiro, 1973 Botafogo Rio de Janeiro, 1974 Olympique Marseille, 1976 Brasilien (Olympiaauswahl; olymp. Fußballturnier 1976), 1976–80 Flamengo Rio de Janeiro und in Personalunion 1977/78 Brasilien (Nationalmannschaft; WM-Endrunde 1978), 1981 Los Angeles Aztecs.

Couto, Fernando, portugies. Abwehrspieler, *2. August 1969 Espinho; bis 1988 FC Porto, 1988/89 FC Famalicão, 1989/90 Académica Coimbra, 1990–94 FC Porto, 1994–96 AC Parma, 1996–98 FC Barcelona, 1998–2005 Lazio Rom; 110 Länderspiele (seit 1990; 8 Tore); EM-Endrunde 1996, 2000, 2004.

Coventry City, eigtl. »Coventry City FC« (Coventry City Football Club), England (Coventry), gegr. 1883 als Singers FC Coventry, seit 1893 Coventry City FC (seitdem Profifußball); Spielkleidung: Blau/Weiß/Blau; Stadion: Highfield Road, 23 662 Plätze. – INTERNET: www.ccfc.co.uk

Spieler (Auswahl): T. Butcher – M. Hadji – R. D. Keane – R. Nilsson – S. Staunton – G. D. Strachan – T. Yorath. – **Trainer** (Auswahl): G. Raynor – G. D. Strachan.

Crack [engl.], überragender Spieler; heute meist durch die Bez. »Star« ersetzt.

Craiova, Universitatea, eigtl. »AS Universitatea FC Craiova« (Asociatia Sportiva Universitatea Fotbal Club Craiova), Rumänien, gegr. 1948 als CSU Craiova, 1950–66 Stiinta Craiova, 1966–92 CS Universitatea Craiova, 1992–97 FC Universitatea Craiova, seitdem AS Universitatea FC Craiova; Spielkleidung: Weiß/Rot/Weiß; Stadion: Central, 35 000 Plätze. – INTERNET: www.fcuniversitatea.pcnet.ro

Spieler (Auswahl): I. V. Ganea – G. Popescu.

Dettmar Cramer

Cramer, Dettmar, dt. Trainer, *4. April 1925 Dortmund; war Feldspieler bei Germania Wiesbaden und Viktoria Köln. – Später Trainer: 1946–49 Lippstädter SC Teutonia, VfL Geseke, 1. FC Paderborn und TuS Eving-Lindenhorst (jeweils Spielertrainer), 1949–63 Westdt. Fußballverband, 1964–67 DFB, 1967–74 FIFA (Trainer, Instrukteur), 1974/75 USA (Nationalmannschaft), 1975–77 FC Bayern München (EC I 1975, 1976, Weltpokal 1976), 1977/78 Eintracht Frankfurt, 1978–81 Saudi-Arabien (Nationalmannschaft und Al-Ittihad), 1981/82 Aris Saloniki, 1982–85 Bayer 04 Leverkusen, 1991/92 Südkorea (Olympiaauswahl; olymp. Fußballturnier 1992).

D. Cramer
»Fußball ist ein Spiel aus Zeit und Raum.«
»Der springende Punkt ist der Ball.«
»Der liebe Gott macht Spieler, die Trainer machen Mannschaften.«
»Die Wahrscheinlichkeit, nicht Meister zu werden, ist größer, als die Wahrscheinlichkeit, dem Abstieg nicht zu entgehen.«

Crespo, Hernán Jorge, argentin. Angriffsspieler, *5. Juli 1975 Florida; 1988–96 River Plate Buenos Aires, 1996–98 AC Parma, 2000–02 Lazio Rom, 2002/03 Inter Mailand, 2003/04 FC Chelsea, 2004/05 AC Mailand, 2005/06 FC Chelsea; 50 Länderspiele (seit 1995; 37 Tore); WM-Endrunde 1998, 2002; olymp. Fußballturnier 1996.

Criens, Hans-Jörg, dt. Angriffsspieler, *18. Dezember 1960; bis 1982 VfR Neuss, 1982–93 Borussia Mönchengladbach, 1993–95 1. FC Nürnberg; 303 Bundesligaspiele (94 Tore).

Crijff, andere Schreibweise für → Cruyff ...

Cris, eigtl. »Cristiano Marques Gomes«, brasilian. Abwehrspieler, *3. Juni 1977 Guarulhos; 1991–99 Corinthians São Paulo, 1999–2003 Cruzeiro Belo Horizonte, 2003 Bayer 04 Leverkusen, 2003/04 Cruzeiro Belo Horizonte, 2004–06 Olympique Lyon; 2 Bundesligaspiele; 11 Länderspiele (1 Tor).

Jürgen Croy

Croy, Jürgen, dt. Torhüter, *19. Oktober 1946 Zwickau; 1956/65 BSG Aktivist Karl-Marx Zwickau, 1965–81 BSG Motor bzw. BSG Sachsenring Zwickau; 372 Oberligaspiele; 94 Länderspiele (1967–81); WM-Endrunde 1974; olymp. Fußballturnier 1972, 1976 (Olympiasieger); in der DDR Fußballer des Jahres 1972, 1976, 1978. – Später Trainer (1982–88) und Sektionsleiter (1988–90) bei BSG Sachsenring Zwickau. Seit 1976 Ehrenbürger von Zwickau.

Crusaders, FC, Nordirland: → Belfast [1].

Cruyff (auch: *Crijff*), Hendrik Johannes (»Johan«), niederländ. Trainer, *25. April 1947 Amsterdam; war Mittelfeldspieler: 1957–73 Ajax Amsterdam, 1973–78 CF bzw. FC Barcelona, 1978/79 Los Angeles Aztecs, 1980/81 Washington Diplomats, 1981 UD Levante, 1982/83 Ajax Amsterdam, 1983/84 Feyenoord Rotterdam; 48 Länderspiele (1966–77; 33 Tore); WM-Endrunde 1974; EM-Endrunde 1976; Europas Fußballer des Jahres 1971, 1973, 1974; in den Niederlanden Fußballer des Jahres 1967, 1968, 1969, 1971, 1972, 1974, 1983, 1984. – Später Techn. Direktor (1984 Roda JC Kerkrade, 1985/86 Ajax Amsterdam) bzw. Trainer (1986–88 Ajax Amsterdam [PS 1987], 1988–93 FC Barcelona [LM 1991, 1992, 1993, PS 1990]). – Von der Königin der Niederlande Beatrix 2002 zum »Ritter des Ordens von Oranje-Nassau« geschlagen. – Sein Sohn **Jordi C.** (*1974), war Angriffsspieler: 1992–96 FC Barcelona, 1996–2000 Manchester United, 2000–03 Deportivo Alavés, 2003/04 Espanyol Barcelona; 9 Länderspiele (1995/96; 1 Tor); EM-Endrunde 1996.

»Johan« Cruyff

> **J. Cruyff**
> »Ein Spiel zu gewinnen ist leichter, wenn man gut spielt, als wenn man schlecht spielt.«

Cruz Azul, CD, Mexiko: → Mexiko City [1]

Cruzeiro EC, Brasilien: → Belo Horizonte [2]).

Crystal Palace, England: → London [2].

Csernai, Pál, ungar. Trainer, *21. Oktober 1932 Budapest; war Mittelfeldspieler (Läufer): bis 1956 SC Csepel, 1956–59 Karlsruher SC, 1959–65 Stuttgarter Kickers. – Später Trainer: 1967/68 TuS Lindlar, Antwerp FC und La Chaux-de-Fonds, 1968–70 Wacker 04 Berlin, 1970/71 SSV Reutlingen, 1971–76 Nordbad. Fußballverband, 1976/77 Eintracht Frankfurt (Trainerassistent), 1978–83 FC Bayern München (1978/79 Trainerassistent, 1979–83 Cheftrainer; LM 1980, 1981, PS 1982), 1983/84 PAOK Saloniki, 1984/85 Benfica Lissabon, 1985/86 Borussia Dortmund, 1987/88 Fenerbahce Istanbul, 1988 Eintracht Frankfurt, 1989/90 Young Boys Bern, 1990/91 Hertha BSC.

ČSR, 1918–39 und 1945–60 Abk. für Tschechoslowak. Republik, 1960–90 **ČSSR:** Abk. für Tschechoslowak. Sozialist. Republik, 1990–92 **ČSFR:** Abk. für die Tschech. und Slowak. Föderative Republik. (→ Tschechoslowakei)

CTFA, Abk. für **C**hinese **T**aipei **F**ootball **A**ssociation, den Fußballverband von → Taiwan.

Ctyroký, Josef, tschech. Abwehrspieler, *30. September 1906 Prag, †11. Januar 1985; bis 1928 Slavia Prag, 1928–30 SK Kladno, 1930–40 Sparta Prag; 42 Länderspiele für die Tschechoslowakei (1931–38); WM-Endrunde 1934.

Cuba, andere Schreibweise für → Kuba.

Cubillas, Teofilo, peruan. Angriffsspieler, *8. März 1949 Puente de Piedra; 1963–72 Alianza Lima, 1973/74 FC Basel, 1974–76 FC Porto, 1976–78 Alianza Lima, 1978–82 Fort Lauderdale Strikers (USA); 81 Länderspiele (1969–82; 38 Tore); WM-Endrunde 1970, 1978, 1982; Südamerikas Fußballer des Jahres 1972.

Cullis, Stanley (»Stan«), engl. Abwehrspieler (Mittelläufer), *25. Oktober 1915 Ellesmere Port; 1934–46 Wolverhampton Wanderers; 12 Länderspiele (1937–39). – Später Trainer: 1948–64 Wolverhampton Wanderers, 1965–70 Birmingham City.

Cullmann, Bernhard, dt. Mittelfeldspieler, *1. November 1949 Porz (Nordrhein-Westfalen);

1963–70 SpVgg Porz, 1970–83 1. FC Köln; 341 Bundesligaspiele (29 Tore); 40 Länderspiele (1973–80; 6 Tore); WM-Endrunde 1974; EM-Endrunde 1980. – Sein Sohn **Carsten C.** (*1976) ist Abwehrspieler: 1997–2006 1. FC Köln; 68 Bundesligaspiele (4 Tore).

Cuper, Hector Raul, argentin. Trainer, *16. November 1955 Chabás; war Abwehrspieler: 1969–76 Huracán Chabás, 1976/77 Ferro Carril Oeste, 1977 Club Independiente Rivadiva Mendoza, 1978–88 Ferro Carril Oeste, 1988–92 CA Huracán Buenos Aires. – Später Trainer: 1993–95 CA Lanús, 1997–99 RCD Mallorca, 2000/01 CF Valencia, 2002/03 Inter Mailand, 2004–06 RCD Mallorca.

Cup Final [engl., »Pokalfinale«], offizielle Bez. des Finales um den engl. Fußballpokal (→ FA Cup); erstmals 1872 ausgetragen.

Curri, Skerdilaid, alban. Angriffsspieler, *21. November 1975 Kavajë; bis 1995 Besa Kavajë, 1995–97 Partizani Tirana, 1998 SpVgg Unterhaching, 1998/99 FC Stamberg, 1999–2003 VFC Plauen, 2003–06 FC Erzgebirge Aue; 64 Zweitligaspiele (11 Tore).

Cwmbrân Town, eigtl. »Cwmbrân Town AFC« (Cwmbrân Town Association Football Club), Wales, gegr. 1951; Spielkleidung: Weiß/Schwarz/Schwarz; Stadion: Cwmbrân Park, 8000 Plätze. – INTERNET: www.cwmbrantownfc.homestead.com

Czibor, Zoltán, ungar. Angriffsspieler (Linksaußen), *23. August 1928 Kaposvar, † 1. September 1997; 1945–49 Ferencvaros Budapest, 1950–57 Honved Budapest (1957 Flucht aus Ungarn), 1957–63 FC Barcelona, 1963–65 Espanyol Barcelona; 43 Länderspiele (1949–56; 16 Tore); WM-Endrunde 1954; Olympiasieger 1952.

D

Daei, Ali, iran. Angriffsspieler, *21. März 1969 Ardabil; 1983/84 Javanan Ardabil, 1985–88 Esteghlal Ardabil, 1988–90 Taxirany Teheran, 1991–93 Tejadet Bank Teheran, 1994–96 Pirouzi Teheran, 1996/97 Al-Sad (Katar), 1997/98 Arminia Bielefeld, 1998/99 FC Bayern München, 1999–02 Hertha BSC, 2002/03 Al-Shabab (VAE), 2003/04 Pirouzi Teheran, 2004/05 Saba Battery (Iran); 107 Bundesligaspiele (19 Tore); 135 Länderspiele (seit 1993; 107 Tore); WM-Endrunde 1998; Asiens Fußballer des Jahres 1999.

Dahlin, Martin, schwed. Angriffsspieler, *16. April 1968 Malmö; 1978–86 Lunds BK, 1987–91 Malmö FF, 1992–96 Borussia Mönchengladbach, 1996 AS Rom, 1996/97 Borussia Mönchengladbach, 1997/98 Blackburn Rovers, 1998/99 Hamburger SV; 133 Bundesligaspiele (60 Tore); 21 Länderspiele (11 Tore); EM-Endrunde 1994; EM-Endrunde 1992; olymp. Fußballturnier 1988; in Schweden Fußballer des Jahres 1993.

Daina, Andre, schweizer. Schiedsrichter (Dr.), *8. Juli 1940; war Mittelfeldspieler: 1950–70 Buttes, Cantonal, Young Boys Bern, Servette Genf, Xamax Neuchâtel und Lausanne-Sports; 4 Länderspiele (1965/66). – Seit 1973 Schiedsrichter, ab 1977 FIFA-Schiedsrichter; WM-Endrunde 1986; EM-Endrunde 1984.

Andrés D´Allessandro

D'Alessandro, Andrés Nicolás, argentin. Mittelfeldspieler, *15. April 1981 Buenos Aires; 1985–2003 River Plate Buenos Aires, 2003–05 VfL Wolfsburg; 59 Bundesligaspiele (8 Tore); 18 Länderspiele (3 Tore); Olympiasieger 2004.

> **A. D'Alessandro**
> »Streiten, giftig sein – das ist Teil meines Spiels.«

Dalglish, Kenneth Mathieson (»Kenny«), schott. Mittelfeldspieler, *4. März 1951 Glasgow; 1964–66 Glasgow United, 1966/67 Cumbernauld United, 1967–77 Celtic Glasgow, 1977–85 FC Liverpool; 102 Länderspiele (1971–86; 30 Tore); WM-Endrunde 1974, 1978, 1982; in England Fußballer des Jahres 1979, 1983. – Später Trainer: 1985–91 FC Liverpool (Spielertrainer; LM 1986, PS 1986, LM 1988, PS 1989, LM 1990), 1991–95 Blackburn Rovers, 1997 Newcastle United, 2000 Celtic Glasgow (Interimstrainer). – Ehrenbürger von Glasgow.

»Kenny« Dalglish

Dammeier, Detlev, dt. Mittelfeldspieler, *18. Oktober 1968 Stadthagen (Niedersachsen); bis 1982 SV Nordsehl, 1982–89 Hannover 96, 1989–92 Hamburger SV, 1992–2000 VfL Wolfsburg, 2000–06 Arminia Bielefeld; 244 Bundesligaspiele (10 Tore).

Dänemark, Königreich im Übergangsraum zw. Mittel- und Nordeuropa, 43 094 km² (ohne Grönland und Färöer, die zum Staatsgebiet gehören), 5,384 Mio. Ew.; Verband: Dansk Boldspil-Union, Abk. DBU, gegr. 1889, Sitz: Kopenhagen; Mitglied der FIFA seit 1904, der UEFA seit 1954; Spielkleidung: Rot/Weiß/Rot. – Erfolge: Europameister 1992, Confederations Cup 1995. – INTERNET: www.dbu.dk

»Daniel-Nivel-Cup«, zu Ehren des am 21. Juni 1998 nach dem WM-Halbfinalspiel Deutschland – Jugoslawien im frz. Lens von dt. Hooligans (»Hools«) brutal zusammengeschlagenen frz. Gendarms D. Nivel (überlebte schwerst geschädigt) 2003 erstmals veranstaltetes Turnier für internationale Polizei- und Fanteams, an dem 48 Mannschaften aus Europa, Afrika, Asien, Südamerika und Ozeanien teilnahmen. Das Turnier findet jährlich in Leipzig statt und soll stets zur Erinnerung und als Mahnung dienen.

Dárdai, Pál, ungar. Mittelfeldspieler, *16. März 1976 Pécs; bis 1995 Pécsi MFC, 1995/96 Budapesti VSC, 1997–2006 Hertha BSC; 185 Bundesligaspiele (12 Tore); 42 Länderspiele.

Darmstadt 98, SV (Sportverein Darmstadt von 1898), Abk. **SV 98** (»Lilien«), Deutschland (Hessen), gegr. am 22. Mai 1898 als FC Olympia Darmstadt 1898, 1919 Rasen-SV Olympia Darmstadt 1898, im gleichen Jahr Fusion mit dem Darmstädter SC 05 zu SV Darmstadt 98; Bundesliga 1978/79, 1981/82; Zweite Bundesliga 1982–91, 1991/92 (Süd), 1992/93; Spielkleidung: Blau; Stadion: Stadion am Böllenfalltor, 24 000 Plätze. – INTERNET: www.lilien-online.de **Spieler** (Auswahl): B.-k. Cha – B. Labbadia – Z. Nehoda – O. Nikolov – B. Trares. – **Trainer** (Auswahl): J. Berger – U. Klimaschefski – U. Klug – M. Krafft – E. Krautzun – B. Labbadia – E. Lehner – H.-W. Moser – W. Olk – K. Schlappner – J. Sparwasser.

»Darüberhalten«, Aufsetzen der Sohle auf das Schussbein des Gegners in dem Augenblick, da dieser den Ball abspielt bzw. -schießt; verbotene und rohe Spielweise, die mit direktem Freistoß (im Strafraum: Strafstoß) bestraft wird. – Das Vorsetzen des am Boden bleibenden Fußes vor den Ball wird oft fälschlich als »D.« ausgelegt, ist es aber nicht.

da Silva, Antonio, brasilian. Mittelfeldspieler, *13. Juni 1978 Rio de Janeiro; bis 1991 Flamengo Rio de Janeiro, 1992 TSC Pfalzel, 1992–94 Eintracht Trier, 1994/95 Flamengo Rio de Janeiro, 1995–97 Eisbachtaler SF, 1997–99 Eintracht Frankfurt, 1999–2003 SV Wehen, 2003–06 FSV Mainz 05; 35 Bundesligaspiele (5 Tore).

Rinat Dassajew

Dassajew, Rinat, russ. Torhüter, *13. Juni 1957 Astrachan; 1966–77 Wolgar Astrachan, 1977–88 Spartak Moskau, 1989/90 FC Sevilla; 94 Länderspiele für die UdSSR; WM-Endrunde 1982, 1986, 1990; EM-Endrunde 1988; olymp. Fußballturnier 1980; Welttorhüter des Jahres 1988; in der UdSSR Fußballer des Jahres 1982.

»Das Wunder von Bern«, der Mythos des 3:2-Endspielsiegs der BRD gegen Ungarn am 4. Juli 1954 im Berner Wankdorfstadion; herausragendster Erfolg einer dt. Fußballnationalmannschaft, der je bei einem Turnier errungen wurde (unabhängig von den späteren beiden Titelgewinnen). Der Politologe A. Heinrich spricht im Zusammenhang mit dem Sieg sogar

»Das Wunder von Bern« und seine Helden

1	Anton Turek (Fortuna Düsseldorf)	* 1919	† 1984
2	Josef Posipal (Hamburger SV)	* 1927	† 1997
3	Werner Kohlmeyer (1. FC Kaiserslautern)	* 1924	† 1974
4	Horst Eckel (1. FC Kaiserslautern)	* 1932	
5	Werner Liebrich (1. FC Kaiserslautern)	* 1927	† 1995
6	Karl Mai (Spvgg Fürth)	* 1928	† 1993
7	Helmut Rahn (Rot-Weiss Essen)	* 1929	† 2003
8	Ottmar Walter (1. FC Kaiserslautern)	* 1924	
9	Max Morlock (1. FC Nürnberg)	* 1925	† 1994
10	Fritz Walter (1. FC Kaiserslautern)	* 1920	† 2002
11	Hans Schäfer (1. FC Köln)	* 1927	

»Das Wunder von Bern«: Jules Rimet überreicht Fritz Walter die »Goldene Göttin«

von »der wahren Geburtsstunde der Bundesrepublik«. Während der WM-Endrunde wurde in dem schweizer. Ort Spiez am Thuner See, dem Quartier der Deutschen, der »Geist von Spiez« geboren: »Alle für einen – einer für alle«. Der von J. Herberger vermittelte Gemeinschaftssinn, das Formen einer Mannschaft im urtümlichsten Sinn (spätere Bezeichnung: »Teamwork«), darf als mitausschlaggebend für den völlig überraschenden Endspielsieg gelten. – In den dt. Kinos lief im Oktober 2003 der gleichnamige Film an.

Christoph Daum

Daum, Christoph, dt. Trainer, *24. Oktober 1953 Zwickau; war Mttelfeldspieler: bis 1981 DJK Viktoria Beeck, VfB Ruhrort Laar, Hamborn 07, Eintracht Duisburg und 1. FC Köln (Amateure). – Später Trainer: 1981–90 1. FC Köln (1981–85 Jugend, 1985/86 Trainerassistent, 1986–90 Cheftrainer), 1990–93 VfB Stuttgart, 1994–96 Besiktas Istanbul, 1996–2000 Bayer 04 Leverkusen, 2001/02 Besiktas Istanbul, 2002/03 Austria Wien, 2003–06 Fenerbahce Istanbul.

C. Daum: Erfolgsstationen (Auswahl)	
VfB Stuttgart	LM 1992
Besiktas Istanbul	LM 1995
	PS 1994
Austria Wien	LM 2003
	PS 2003
Fenerbahce Istanbul	LM 2004, 2005

Daun, Markus, dt. Angriffsspieler, *10. September 1980 Eschweiler (Nordrhein-Westfalen); bis 1995 Germania Dürwiß, 1995–2001 Bayer 04 Leverkusen, 2002 Alemannia Aachen, 2002–04 SV Werder Bremen, 2004–06 1. FC Nürnberg; 66 Bundesligaspiele (4 Tore).

Davala, Ümit, türk. Mittelfeldspieler, *30. Juli 1973 Mannheim; 1981–90 VfR Mannheim, 1990–92 ASV Freudenheim, 1992–94 Türkspor Mannheim, 1994/95 Afyonspor, 1995 Istanbulspor, 1996 Diyarbakirspor, 1996–2001 Galatasaray Istanbul, 2001/02 AC Mailand, 2002/03 Galatasaray Istanbul, 2003–05 SV Werder Bremen; 33 Bundesligaspiele; 40 Länderspiele (seit 1996; 4 Tore); WM-Endrunde 2002.

Edgar Davids

Davids, Edgar, niederländ. Mittelfeldspieler, *13. März 1973 Paramaribo (Surinam), seit 1974 in den Niederlanden; 1991–96 Ajax Amsterdam (1995 schwere Augenverletzung), 1996/97 AC Mailand, 1997–2004 Juventus Turin, 2004 FC Barcelona, 2004/05 Inter Mailand, 2005/06 Tottenham Hotspur; 73 Länderspiele (seit 1994; 11 Tore); WM-Endrunde 1998; EM-Endrunde 1996, 2000, 2004.

DBU, Abk. für **D**ansk **B**oldspil-**U**nion, den Fußballverband von → Dänemark.

DC, Abk. für **D**eportiva **C**entroamericana (→ CONCACAF).

DDR, Abk. für **D**t. **D**emokrat. **R**epublik, 1949–90 Staat in Mitteleuropa, 108 333 km², 16,43 Mio. Ew.; Verband: → DFV der DDR; Spielkleidung: Weiß/Blau/Weiß. – Erfolge: Olympiasieger 1976 (Übersicht S. 154).

Dean, William Ralph (»Dixie«), engl. Angriffsspieler (Mittelstürmer), *22. Januar 1907 Birkenhead, † 1. März 1980; bis 1924 Tranmere Rovers (Liverpool), 1925–28 FC Everton, 1939–42 Notts County; 16 Länderspiele (1927–32; 18 Tore).

»Debakel«, eine hohe (deftige) Niederlage gegen einen in der Vergangenheit eigtl. gleichwertigen Gegner, z. B. im Punktspielbetrieb.

de Beer, Wolfgang (»Teddy«), dt. Torhüter, *2. Januar 1964 Dinslaken (Nordrhein-Westfalen); bis 1981 TV Jahn Hiesfeld, 1981–86 MSV Duisburg, 1986–2001 Borussia Dortmund; 182 Bundesligaspiele. – Später Torhütertrainer: 2002–06 Borussia Dortmund.

de Boer, 1) Francius (»Frank«), niederländ. Abwehrspieler, *15. Mai 1970 Hoorn (Prov. Nord-Holland), Zwillingsbruder von 2); bis 1982 Zouaven, 1982–98 Ajax Amsterdam, 1999–2003 FC Barcelona, 2003 Galatasaray Istanbul, 2004 Glasgow Rangers, 2004/05 Al-Rayyan (Katar); 112 Länderspiele (1990–2004; 13 Tore); WM-Endrunde 1994, 1998; EM-Endrunde 1992, 1996, 2000.
– **2)** Ronald, Zwillingsbruder von 1), niederländ. Mittelfeldspieler; bis 1982 Zouaven, 1982–91 Ajax Amsterdam, 1991–93 FC Twente, 1993–99 Ajax Amsterdam, 1999–2000 FC Barcelona, 2000–04 Glasgow Rangers, 2004/05 Al-Rayyan (Katar), 2005/06 Al-Shamal (Katar); 67 Länderspiele (1993–2004; 6 Tore); WM-Endrunde 1994, 1998; in den Niederlanden Fußballer des Jahres 1994, 1996

Fußballer des Jahres in der DDR (1991 NOFV-Bereich)

1963	M. Kaiser (SC Wismut Karl-Marx-Stadt)	1978	J. Croy (BSG Sachsenring Zwickau)
1964	K. Urbanczyk (SC Chemie Halle)	1979	J. Streich (1. FC Magdeburg)
1965	H. Weigang (SC Leipzig)	1980	H.-U. Grapenthin (FC Carl-Zeiss Jena)
1966	J. Nöldner (FC Vorwärts Berlin)	1981	H.-U. Grapenthin (FC Carl-Zeiss Jena)
1967	D. Erler (SC Karl-Marx-Stadt)	1982	R. Schnuphase (FC Carl-Zeiss Jena)
1968	B. Bransch (Hallescher FC Chemie)	1983	J. Streich (1. FC Magdeburg)
1969	E. Vogel (SC Karl-Marx-Stadt)	1984	H.-J. Dörner (SG Dynamo Dresden)
1970	R. Ducke (FC Carl-Zeiss Jena)	1985	H.-J. Dörner (SG Dynamo Dresden)
1971	P. Ducke (FC Carl-Zeiss Jena)	1986	R. Müller (1. FC Lokomotive Leipzig)
1972	J. Croy (BSG Sachsenring Zwickau)	1987	R. Müller (1. FC Lokomotive Leipzig)
1973	H.-J. Kreische (SG Dynamo Dresden)	1988	A. Thom (Berliner FC Dynamo)
1974	B. Bransch (Hallescher FC Chemie)	1989	A. Trautmann (SG Dynamo Dresden)
1975	J. Pommerenke (1. FC Magdeburg)	1990	U. Kirsten (SG Dynamo Dresden)
1976	J. Croy (BSG Sachsenring Zwickau)	1991	T. Gütschow (1.FC Dynamo Dresden)
1977	H.-J. Dörner (SG Dynamo Dresden)		

Torschützenkönige der DDR-Oberliga (1990/91 NOFV-Oberliga)

1950	H. Satrapa (ZSG Horch Zwickau)	23	1970	O. Skrowny (BSG Chemie Leipzig	12
1951	H. Schöne (BSG Rotation Babelsberg)	38	1971	H.-J. Kreische(SG Dynamo Dresden)	17
1952	R. Krause (BSG Chemie Leipzig)	27	1972	H.-J. Kreische (SG Dynamo Dresden)	14
	K. Weißenfels (BSG Lokomotive Stendal)	27	1973	H.-J. Kreische (SG Dynamo Dresden)	26
1953	H. Arlt (BSG Rotation Dresden)	26	1974	H.-B. Matoul (1. FC Lokomotive Leipzig)	20
1954	H. Satrapa (BSG Wismut Aue	21	1975	M. Vogel (Hallescher FC Chemie)	17
	S. Vollrath (SC Turbine Erfurt)		1976	H.-J. Kreische (SG Dynamo Dresden)	24
1955	W. Tröger (SC Wismut Karl-Marx-Stadt)	22	1977	J. Streich (1. FC Magdeburg)	17
1956	E. Lindner (BSG Lokomotive Stendal)	18	1978	K. Havenstein (BSG Chemie Böhlen)	15
1957	H. Kaulmann (ASK Vorwärts Berlin)	15	1979	J. Streich (1. FC Magdeburg)	23
1958	H. Müller (SC Motor Jena)	17	1980	D. Kühn (1. FC Lokomotive Leipzig)	21
1959	B. Bauchspieß (BSG Chemie Zeitz)	18	1981	J. Streich (1. FC Magdeburg)	20
1960	B. Bauchspieß (BSG Chemie Zeitz)	25	1982	R. Schnuphase (FC Carl Zeiss)	19
1961	Übergangsrunde		1983	J. Streich (1. FC Magdeburg)	19
1962	A. Bialas (SC Empor Rostock)	23	1984	R. Ernst (Berliner FC Dynamo)	20
1963	P. Ducke (SC Motor Jena)	20	1985	R. Ernst (Berliner FC Dynamo)	24
1964	G. Backhaus (BSG Lokomotive Stendal)	15	1986	R. Sträßer (1. FC Union Berlin)	14
1965	B. Bauchspieß (BSG Chemie Leipzig)	14	1987	F. Pastor (Berliner FC Dynamo)	17
1966	H. Frenzel (1. FC Lokomotive Leipzig)	22	1988	A. Thom (Berliner FC Dynamo)	20
1967	H. Rentzsch (BSG Motor Zwickau)	17	1989	T. Gütschow (SG Dynamo Dresden)	17
1968	G. Kostmann (FC Hansa Rostock)	15	1990	T. Gütschow (SG Dynamo Dresden)	18
1969	G. Kostmann (FC Hansa Rostock)	18	1991	T. Gütschow (1. FC Dynamo Dresden)	20

Betriebssportgemeinschaften bzw. Sportclubs mit Branchenbezeichnung in der DDR (Auswahl)

Bezeichnung	*Branche*	*Beispiele*
Aktivist	Übertagebau und Grundstoffindustrie	BSG Aktivist Böhlen
Aufbau	Bauindustrie	SC Aufbau Magdeburg
Chemie	chem. sowie Glas- und Keramikindustrie	BSG Chemie Leipzig
Dynamo	staatl. Schutz- und Sicherheitsorgane	Berliner FC Dynamo
Einheit	staatl. Verwaltungen und Einrichtungen	SC Einheit Dresden
Empor	Handel und Nahrungsgüterwirtschaft	SC Empor Rostock
Energie	Energie- und Brennstoffindustrie	BSG Energie Cottbus
Fortschritt	Leicht- und Textilindustrie	BSG Fortschritt Weißenfels
Landbau	Land- und Forstwirtschaft	BSG Landbau Bad Langensalza
Lokomotive	Verkehrswesen	1. FC Lokomotive Leipzig
Medizin	Gesundheitswesen	BSG Medizin Markkleeberg
Motor	Maschinen- und Fahrzeugbau	BSG Motor Zwickau
Post	Nachrichtenwesen und -verkehr	BSG Post Neubrandenburg
Rotation	polygraf. Industrie und Verlagswesen	BSG Rotation Berlin
Stahl	Metallurgie	BSG Stahl Brandenburg
Tabak	Tabakwarenindustrie	BSG Tabak Dresden
Traktor	Landwirtschaft	SC Traktor Schwerin
Turbine	Wasserwirtschaft	SC Turbine Erfurt
Vorwärts	Armee	FC Vorwärts Frankfurt (Oder)
Wismut	Untertagebau	BSG Wismut Aue

Einige Bezeichnungen wurden aus Traditionsgründen in Deutschland beibehalten, z. B. 1. FC **Dynamo** Dresden, 1. FFC **Turbine** Potsdam, 1. FC **Lokomotive** Leipzig – nicht aber die Branchenzugehörigkeit.

Debrecen, VSC, eigtl. »Debreceni VSC« (Debreceni Vasutas Sport Club), Ungarn, gegr. 1902 als Egyetértés FC Debrecen, 1912–48 Debreceni VSC, 1948/49 Debreceni VSE, 1949–56 Debreceni Lokomotiv, 1956/57 Debreceni Törekvés, 1957–79 Debreceni Vasutas, 1979 Fusion mit Devbreceni MTE zu Debreceni MVSC, seit 1989 Debreceni VSC; Spielkleidung: Rot/Weiß/Weiß; Stadion: Nagyerdei-Stadion, 7600 Plätze. – INTERNET: www.dvsc.hu

Debüt [frz.], erster öffentl. Auftritt (Einsatz) eines Debütanten in einer Mannschaft, einem Klub oder in einer Auswahl, z. B. D. in der ersten Mannschaft, internationales D. (auf Klub-, oder Länderspiel-D. auf Auswahlebene).

Debütant
Novice [engl.]
Débutant [frz.]
Nuevo [span.]
Novato [portugies.]
Novizio [italien.]

Decken, Bewachen eines Gegenspielers, ihn in seiner Bewegungsfreiheit einschränken und damit seine Aktionen stören.

Decker, Karl, österr. Trainer, * 5. September 1921 Wien, † 27. September 2005 ebd.; war Mittelfeldspieler (Halbstürmer): bis 1937 Ottakringer SC, Schwarz-Weiß Wien und Weiße Elf Penzing, 1937–52 Vienna Wien, 1952–54 Sturm Graz, 1954–56 FC Sochaux, 1956–58 FC Grenchen; in Österreich Torschützenkönig 1950 (23); 8 Länderspiele für Deutschland (1942; 7 Tore), 30 für Österreich (bis 1952; 27 Tore). – Später Trainer: 1960–66 Österreich (Nationalmannschaft), 1966/67 Vienna Wien, 1967/68 Wiener Sportklub, 1968/69 Rapid Wien. – 1974–95 Präsident des Bundes Österr. Fußball-Lehrer (→ BÖFL).

Deckung, Bez. für die verteidigenden Mannschaftsteile *(D.s-Verband)* und ihre Abwehrtätigkeit.

Deckungsspieler, svw. → Abwehrspieler.

Deco, eigtl. »Anderson Luis de Souza Deco«, portugies. Mittelfeldspieler brasilian. Herkunft (2003 portugies. Staatsbürgerschaft), * 27. August 1977 São Bernardo do Campo; bis 1997 Corinthians São Paulo und Nacional São Paulo, 1997 FC Alverca (Portugal), 1997/98 SC Salgueiros, 1998–2004 FC Porto, 2004–06 FC Barcelona; 29 Länderspiele für Portugal (seit 2003; 1 Tor); EM-Endrunde 2004.

Dédé, eigtl. »Leonardo de Deus Santos«, brasilian. Mittelfeldspieler, * 18. April 1978 Belo

Horizonte; 1989–98 Atlético Mineiro Belo Horizonte, 1998–2006 Borussia Dortmund; 212 Bundesligaspiele (10 Tore); 1 Länderspiel (2004). – Sein Bruder **Leandro** (* 1977) ist ebenfalls Mittelfeldspieler: 2001–04 Borussia Dortmund (meist Amateure; 6 Bundesligaspiele, 1 Tor), 2004–06 Atlético Mineiro Belo Horizonte.

Defensive, svw. Abwehr, Verteidigung.

Defensivspiel, überbetontes, oft ängstl. Abwehrverhalten einer Mannschaft mit daraus resultierender Schwächung des eigenen offensiven Mittelfeld- und Angriffsspiels. Das D. ist vom gewählten Spielsystem unabhängig, weil es vom spielerisch überlegenen Gegner objektiv aufgezwungen wird, sei es in entscheidenden Spielphasen oder während der gesamten Spieldauer. Eine spieltechnisch unterlegene Mannschaft kommt in der Regel nicht umhin, von Beginn an auf D. zu orientieren, um dem Gegner durch Verdichten der Abwehr das Toreschießen zu erschweren. Gegensatz: → Offensivspiel.

Degen, Philipp, schweizer. Abwehrspieler, * 15. Februar 1983 Liestal (Kt. Basel-Landschaft); 1990–96 FC Oberdorf, 1996–2005 FC Basel, 2005/06 Borussia Dortmund; 12 Bundesligaspiele; 10 Länderspiele. – Sein Zwillingsbruder **David D.** ist schweizer. Angriffsspieler: 2003–06 FC Basel.

Dego, Baruch, israel. Mittelfeldspieler, * 26. März 1981 Tel Aviv; 2003–05 Maccabi Tel Aviv, 2005/06 Hapoel Tel Aviv; 6 Länderspiele.

De Graafschap, Niederlande: → Doetinchem, De Graafschap.

Deisler, Sebastian, dt. Mittelfeldspieler, * 5. Januar 1980 Lörrach (Baden-Württemberg); 1985–88 FV Turmringen, 1988–90 TuS Stetten, 1990–95 FV Lörrach, 1995–99 Borussia Mönchengladbach, 1999–2002 Hertha BSC, 2002–06 FC Bayern München; 127 Bundesligaspiele (18 Tore); 35 Länderspiele (seit 2000; 3 Tore); EM-Endrunde 2000.

de Kock, Johan, niederländ. Mittelfeldspieler, * 25. Oktober 1964 Sliedrecht; 1974–84 VV Sliedrecht, 1984–96 Roda JC Kerkrade, 1996–99 FC Schalke 04; 83 Bundesligaspiele (6 Tore); 13 Länderspiele; EM-Endrunde 1996.

Delaunay, Henri, frz. Funktionär, * 15. Juni 1883, † 9. November 1955; wurde 1954 erster UEFA-Generalsekretär; Ritter der Ehrenlegion, gehörte dem »Board« an; ihm zu Ehren trug der der Vorgänger der Europameisterschaft, der Europapokal der Nationen (1960, 1964), den Beinamen »Henri Delaunay«; Nachfolger: H. → Bangerter. – 1956–59 amtierte sein Sohn **Pierre D.** als hauptamtl. UEFA-Generalsekretär.

Del Bosque, Vicente, span. Trainer, * 23. Dezember 1950 Salamanca; war Mittelfeldspieler: 1969/70 Castilla CF Madrid, 1970/71 CD Castellon, 1971–73 Castilla CF Madrid, 1973–84 Real Madrid; 18 Länderspiele (1975–80; 1 Tor); EM-Endrunde 1980. – Später Trainer: 1987–90 Castilla CF Madrid, 1990–2003 Real Madrid (1990–94, 1995–99 Nachwuchstrainer und Trainerassistent, 1994, 1999–2003 Cheftrainer), 2004/05 Besiktas Istanbul; Welt-Clubtrainer des Jahres 2002.

Vicente del Bosque

V. Del Bosque Erfolgsstationen (Auswahl)	
Real Madrid	LM 1995, 1997, 2001, 2003 PS 1993, CL 2000, 2002 Weltpokal 2002 (Europa-)Supercup 2002

Sebastian Deisler

Delbrücker SC (Delbrücker Sport-Club), Deutschland (Delbrück [Nordrhein-Westfalen]), gegr. 1920 als DJK Delbrück, 1925 Ausgliederung Fußballabteilung als BV Delbrück, 1949 aufgelöst und als Delbrücker SC neu gegr.; Spielkleidung: Schwarz; Stadion: Laumeskamp, 1500 Plätze. – INTERNET: : www.sc-delbrueck.de

Spieler (Auswahl): M. Krüger. – **Trainer** (Auswahl): M. Krüger.

Delémont, SR (Sports-Réunis Delémont), Schweiz (Kt. Jura), gegr. 1905 als FC Delémont, seit 1909 SR Delémont; Spielkleidung: Gelb/Schwarz/Schwarz; Stadion: Stade de la Blancherie, 6500 Plätze. – INTERNET: www.srd.ch

Spieler (Auswahl): F. Borer.

Del'Haye, Karl (»Calle«), dt. Angriffsspieler, *18. August 1955 Aachen; 1974–80 Borussia Mönchengladbach, 1980–85 FC Bayern München, 1985–87 Fortuna Düsseldorf; 184 Bundesligaspiele (21 Tore); 2 Länderspiele (1980); Europameister 1980.

Dellas, Traianos, griech. Abwehrspieler, *31. Januar 1976 Saloniki; 1996/97 Aris Saloniki, 1997–99 Sheffield United, 1999–2001 AEK Athen, 2001/02 AC Perugia, 2002–05 AS Rom, 2005/06 AEK Athen; 23 Länderspiele (1 Tor); Europameister 2004.

> **T. Dellas**
> »Wenn der Trainer es will, laufen wir auch rückwärts.«

Traianos Dellas

Delle Alpia, Turin; anlässlich der WM-Endrunde 1990 in Italien gebautes Stadion, 68 841 Plätze; Heimstätte von Juventus Turin und Turin Calcio.

Dellwing, Hans-Peter, dt. Schiedsrichter (Osburg [Rheinland-Pfalz]), *15. März 1950 Trier; seit 1967 Schiedsrichter, 1982–94 Bundesliga-(116 Spiele), 1990–97 FIFA-Schiedsrichter.

Del Piero, Alessandro, italien. Mittelfeldspieler, *9. November 1974 Conegliano; 1982–88 AC San Vendemmiano, 1988–93 AC Padua, 1993–2006 Juventus Turin; 68 Länderspiele (seit 1995; 24 Tore); WM-Endrunde 1998, 2002; EM-Endrunde 1996, 2000, 2004.

Demandt, Sven, dt. Angriffsspieler, *13. Februar 1965 Köln; 1984–89 Fortuna Düsseldorf, 1989/90 Bayer 04 Leverkusen, 1990–92 Fortuna Düsseldorf, 1992–94 Hertha BSC, 1994–2002 FSV Mainz 05, 2002/03 Viktoria Köln; 139 Bundesligaspiele (27 Tore); Zweitliga-Torschützenkönig 1989 (35). – Später Trainer: 2003–05 Union Solingen.

Demichelis, Martin, argentin. Abwehrspieler, *20. Dezember 1980 Justiniano Posse; bis 1998 Complejo Deportivo und Club Renato Cesarini, 1998–2003 River Plate Buenos Aires, 2003–06 FC Bayern München; 47 Bundesligaspiele (3 Tore); 2 Länderspiele (seit 2005).

de Mos, Aad, niederländ. Trainer, *27. März 1947 Den Haag; war Mittelfeldspieler: bis 1965 ADO Den Haag, 1965–67 RVC Rijswijk, 1967–70 Wilhelmus Voorburg Den Haag, 1970–73 Excelsior Rotterdam. – Später Trainer: 1973–75 Wilhelmus Voorburg Den Haag, 1975–78 De Valkeniers Den Haag, 1978–80 RVC Rijswijk, 1980–85 Ajax Amsterdam (1980/81 Jugend, 1981/82 Trainerassistent, 1982–85 Cheftrainer), 1986–89 KV Mechelen, 1989–92 RSC Anderlecht, 1993/94 PSV Eindhoven, 1995/96 SV Werder Bremen, 1997 Standard Lüttich, 1998/99 Sporting Gijon, 1999/2000 Urawa Red Diamonds, 2000–02 KV Mechelen (Sportdirektor), 2002–04 Al-Hilal (Saudi-Arabien), 2004/05 VAE (Nationalmannschaft).

A. de Mos: Erfolgsstationen (Auswahl)	
Ajax Amsterdam	LM 1983, 1985 PS 1983
KV Mechelen	PS 1987 EC II 1988 (Europa-)Supercup 1988
RSC Anderlecht	LM 1989, 1991

Alessandro del Piero

Demuth, Dietmar, dt. Trainer, *14.Januar 1955 Querfurt (Sachsen-Anhalt); war Abwehrspieler: 1974–79 FC St. Pauli, 1979–83 Bayer 04 Leverkusen, 1983/84 Kickers Offenbach, 1984–88 1. FC St. Pauli; 141 Bundesligaspiele (18 Tore). – Später Trainer: 2000–02 1. FC St. Pauli, 2003/04 Ashanti Goldfields SC (Ghana), 2005 Chemnitzer FC.

De Napoli, Fernando, italien. Mittelfeldspieler, *15.März 1964 Chiusano di San Domenico; 1981/82 US Avellino, 1982/83 Rimini Calcio, 1983–86 US Avellino, 1986–92 SSC Neapel, 1992–94 AC Mailand, 1994–97 AC Reggiana; 54 Länderspiele (1 Tor); WM-Endrunde 1986, 1990; EM-Endrunde 1988.

Den Haag, ADO, eigtl. »SV ADO« (Sportvereniging Alles Door Oefening), Niederlande, gegr. 1905 als ADO Den Haag, 1971 Fusion mit Holland Sport Den Haag zu FC Den Haag-ADO, 1976–96 FC Den Haag, seitdem SV ADO; Spielkleidung: Gelb/Grün/Grün; Stadion: Zuiderpark, 11 000 Plätze. – INTERNET: www.adodenhaag.nl

Spieler (Auswahl): D. Advocaat – A. de Mos –**Trainer** (Auswahl): E. Happel – V. Ježek.

Denilson, eigtl. »Denilson de Oliveira«, brasilian. Mittelfeldspieler, *24.August 1977 São Bernado; bis 1991 São Bernardo do Campos, 1992–98 FC São Paulo, 1998/99 Real Betis Sevilla, 1999/2000 FC São Paulo, 2000–05 Real Betis

Regionale Derbys in Deutschland

Hamburger SV – SV Werder Bremen (»Nordderby«)
Eintracht Frankfurt – Kickers Offenbach (»Hessenderby«)
FC Schalke 04 – Borussia Dortmund (»Westfalenderby«)
Rot-Weiss Essen – VfL Bochum (»Ruhrderby«)
1. FC Kaiserslautern – FSV Mainz 05 (»Südwestderby«)
Hannover 96 – Eintracht Braunschweig (»Niedersachsenderby«)
FC Carl Zeiss Jena – FC Rot-Weiß Erfurt (»Thüringenderby«)
FC Erzgebirge Aue – FSV Zwickau (»Westsachsenderby«)

Sevilla, 2005/06 Girondins Bordeaux; 61 Länderspiele (1996–2003; 9 Tore); WM-Endrunde 1998, Weltmeister 2002.

Denizlispor, eigtl. »Denizlispor K« (Denizlispor Kulübü), Türkei (Denizli), gegr. 1966; Spielkleidung: Grün-Schwarz/Schwarz/Schwarz; Stadion: Atatürk, 15 000 Plätze. – INTERNET: www.denizlispor.com

Spieler (Auswahl): D. Heinen.

Deportivo Colo Colo, Chile: → Santiago de Chile [1].

Derby [nach einem engl. Grafen], eigtl. »Pferderennen«; seit geraumer Zeit auch für Wettkämpfe anderer Art gebraucht, im Fußball z. B. für ein → Ortsderby. – Oft werden im nationalen Fußball auch Spiele zw. (Spitzen-)Mannschaften benachbarter Territorien (oder innerhalb einer Region) als D. bezeichnet. Derartige D. sind historisch begründet und beruhen auf jahre- oder jahrzehntelanger sportl. Rivalität zw. den Klubs und Zuschauern. Manche D. verlieren im Laufe der Zeit ihre Bedeutung (z. B. bei differierender Spielklassenzugehörigkeit).

Derby County, eigtl. »Derby County FC« (Derby County Football Club), England (Derby), gegr. 1884 (seitdem Profifußball) als Derby Country Cricket Club und im gleichen Jahr umbenannt in Derby County FC; Spielkleidung: Weiß/Schwarz/Weiß; Stadion: Pride Park Stadium, 33 268 Plätze. – INTERNET: www.dcfc.co.uk

Spieler (Auswahl): S. Bloomer – H. K. Gallacher – P. McGrath – F. Ravanelli – D. Saunders – S. Schnoor – P. Shilton – F. Stapleton – T. West. – **Trainer** (Auswahl): B. Clough – T. Docherty.

»Der Geist von Spiez«, WM-Finale 1954: → »Das Wunder von Bern«.

Derwall, Josef (»Jupp«), dt. Trainer, *10. März 1927 Würselen (Rheinland–Pfalz); war Mittelfeldspieler (Halbstürmer): 1937–49 Rhenania Würselen, 1949–53 Alemannia Aachen, 1953–60 Fortuna Düsseldorf, 1959–61 FC Biel (Spielertrainer); 2 Länderspiele (1954). – Später Trainer: 1961/62 FC Schaffhausen, 1962–64 Fortuna Düsseldorf, 1964–70 Saarland (Verbandstrainer), 1970–84 DFB-Nationalmannschaft (1970–78 Trainerassistent, 1978–84 Cheftrainer; WM-Endrunde 1982, EM-Endrunde 1980, 1984), 1984–88 Galatasaray Istanbul, 1989/90 türk. Verbandstrainer für Auslandsangelegenheiten. Sein Vorgänger als Trainer der dt. Nationalmannschaft war H. → Schön, sein Nachfolger wurde F. → Beckenbauer (als Teamchef).

»Jupp« Derwall

J. Derwall: Erfolgsstationen (Auswahl)	
BRD Galatasaray Istanbul	Europameister 1980 LM 1987, 1988 PS 1985

Desailly, Marcel, frz. Abwehrspieler, *7. September 1968 Accra (Ghana), als Baby von einem frz. Konsul adoptiert; 1980–92 FC Nantes, 1992/93 Olympique Marsille, 1993–98 AC Mailand, 1998–2004 FC Chelsea, 2004/05 Al-Gharrafa (Katar), 2005/06 Qatar SC (Katar); 116 Länderspiele (1993–2004); WM-Endrunde 1998 (Weltmeister), 2002; Europameister 2000, EM-Endrunde 2004.

Deschamps, Didier, war frz. Mittelfeldspieler, *15. Oktober 1968 Bayonne; 1980–83 FC Bayonne, 1983–89 FC Nantes, 1989/90 Olympique Marseille, 1990/91 Girondins Bordeaux, 1991–94 Olympique Marseille, 1994–99 Juventus Turin, 1999/2000 FC Chelsea, 2000/01 CF Valencia; 103 Länderspiele (1989–2000; 4 Tore); Weltmeister 1998; EM-Endrunde 1992, 1996, 2000 (Europameister); in Frankreich Fußballer des Jahres 1996. – Später Trainer: 2001–05 AS Monaco.

De Sisti, Giancarlo, italien. Trainer, *13. März 1943 Rom; war Mittelfeldspieler (Halbstürmer): 1960–65 AS Rom, 1965–74 AC Florenz, 1974–79 AS Rom; 29 Länderspiele (1967–72; 4 Tore); WM-Endrunde 1970; EM-Endrunde 1968. –

Später Trainer: 1979/80 Supercorso (Spielertrainer), 1980–85 AC Florenz, 1985–89 Udinese Calcio, 1991/92 Ascoli Calcio.

Dessau, Deutschland (Sachsen-Anhalt), **1) FC Anhalt Dessau,** gegr. 1974 als ASG Vorwärts Dessau (→ Leipzig 4), 1989/90 SG Dessau 89, seitdem FC Anhalt Dessau; Insolvenz 2004; Spielkleidung: Grün; Stadion: Paul-Greifzu-Stadion, 20 000 Plätze. – INTERNET: www.fc-anhalt-dessau.de

Spieler (Auswahl): M. Gebhardt. – **Trainer** (Auswahl): W. Eilitz – O. Fräßdorf.

2) SV Dessau 05, (Sportverein Dessau 05), gegr. 1905 als Verein für Rasensport vom Jahre 1905, 1921 Fusion mit Sportverein Dessau zu Sportverein 05 Dessau, 1945 aufgelöst und als Blau-Weiß Dessau neu gegr., 1946–48 Freie Volkssportgemeinschaft Dessau Nord, 1948/49 Union Dessau, 1949/50 BSG Waggonfabrik Dessau, 1950–90 BSG Motor Dessau, 1990–95 SG Waggonbau Dessau 05, seitdem SV Dessau 05; DDR-Oberliga 1949–54; Spielkeidung: Schwarz-Weiß/Schwarz/Weiß; Stadion: Schillerpark, 10 000 Plätze. – INTERNET: www.svdessau05.de

Trainer (Auswahl): W. Fritzsch.

Détari, Lájos, ungar. Mittelfeldspieler, * 24. April 1963 Budapest; 1981–87 Kispest-Honved Budapest, 1987/88 Eintracht Frankfurt, 1988–90 Olympiakos Piräus, 1990–92 FC Bologna, 1992/93 Ancona Calcio; 33 Bundesligaspiele (11 Tore); 47 Länderspiele (10 Tore); WM-Endrunde 1986.

Deuser, Erich, dt. Physiotherapeut, * 2. Juli 1910 Düsseldorf, † 29. Juni 1993 ebda.; 1950–53 Dozent an der Dt. Sporthochschule Köln, betreute 1951–82 (303 Länderspiele) die dt. Nationalmannschaft; nahm an 8 WM-Endrunden (1954–82) teil; verfasste zahlreiche Fachbücher. In Köln ist eine Straße nach ihm benannt.

> **E. Deuser**
> »3000 Leute habe ich ausgebildet und Tausende durch Massage geheilt.«

Deutinger, Heribert (»Harry«), dt. Trainer, * 13. Februar 1947 München; war Mittelfeldspieler: bis 1969 TSV Neubiberg. – Später Trainer: bis 1985 TSV Neubiberg, 1985–2006 SpVgg Unterhaching (1985–93 Junioren, 1993–2005 Trainerassistent, 2005/06 Cheftrainer).

Deutsche Akademie für Fußball-Kultur, im Oktober 2004 in Nürnberg gegründete Sport-/Kultur-Einrichtung, initiiert vom »kicker« und der Stadt Nürnberg. Zu den ambitionierten Zielen gehört die Errichtung einer »Ruhmeshalle des deutschen Fußballs« sowie eine jährl. Gala zur Verleihung des »Dt. Fußball-Preises«.

Deutsche Demokratische Republik → DDR.

Deutscher Fußballausschuss, seit 1947 in den 3 westl. Besatzungszonen Vorläufer des formell 1950 neu zu gründenden DFB, Vorsitz: P. Bauwens; ihm voraus gingen 1945 die Fußballsparten (aus diesen erwuchsen die ersten Landes- und Regionalverbände) und der bizonale Fußballausschuss.

Deutscher Fußball-Bund, der → DFB.

Deutscher Fußball-Verband der DDR → DDR.

Deutscher Sportausschuss, Abk. **DS,** DDR: 1948–52 höchstes Organ der Sportbewegung (gegr. 1948 in Berlin [Ost]), 1957 mit Gründung des DTSB der DDR aufgelöst.

Deutscher Sportbund, Abk. **DSB,** gegr. 1950, Sitz: Frankfurt am Main; Dachorganisation des gesamten Sports in Deutschland; größter der Spitzenfachverbände ist der Dt. Fußball-Bund (→ DFB). – INTERNET: www.dsb.de

Deutscher Turn- und Sportbund der DDR, Abk. **DTSB der DDR,** Dachverband für den Sport in der DDR, Sitz: Berlin (Ost); 1957 noch als Gegenpol zum Dt. Sportbund (DSB) gegr., trat er diesem am 15. Dezember 1990 bei.

Deutsches Sportecho, DDR-Sporttageszeitung, gegr. 1947 und herausgegeben vom Sportverlag Berlin (Ost); erschien montags bis freitags mit ausführl. Fußballteil (insbesondere montags), 1990/91 auch sonnabends; letzte Ausgabe am 13. April 1991.

Deutschland, Bundesrepublik Deutschland, Abk. **BRD,** Republik in Mitteleuropa, nach Beitritt der DDR (am 3. Oktober 1990) 357 021 km², 82,398 Mio. Ew.; Verband: Dt. Fußball-Bund (→ DFB); Spielkleidung: Weiß-Schwarz/Schwarz/Weiß. – Erfolge (bis 1990 die frühere

Austragungsorte und Stadien bzw. Arenen der WM-Endrunde 2006

Ort	*Stadion bzw. Arena*
Berlin	Olympiastadion
Dortmund	Signal Iduna Park
Frankfurt am Main	Commerzbank-Arena
Gelsenkirchen	VELTINS-Arena
Hannover	AWD-Arena
Hamburg	AOL-Arena
Kaiserslautern	Fritz-Walter-Stadion
Köln	RheinEnergieStadion
Leipzig	Zentralstadion
München	Allianz-Arena
Nürnberg	Frankenstadion
Stuttgart	Gottlieb-Daimler-Stadion

Fußballer des Jahres

1960	U. Seeler (Hamburger SV)
1961	M. Morlock (1. FC Nürnberg)
1962	K.-H. Schnellinger (1. FC Köln)
1963	H. Schäfer (1. FC Köln)
1964	U. Seeler (Hamburger SV)
1965	H. Tilkowski (Borussia Dortmund)
1966	F. Beckenbauer (FC Bayern München)
1967	G. Müller (FC Bayern München)
1968	F. Beckenbauer (FC Bayern München)
1969	G. Müller (FC Bayern München)
1970	U. Seeler (Hamburger SV)
1971	H.-H. Vogts (Borussia Mönchengladbach)
1972	G. Netzer (Borussia Mönchengladbach)
1973	G. Netzer (Borussia Mönchengladbach)
1974	F. Beckenbauer (FC Bayern München)
1975	J. Maier (FC Bayern München)
1976	F. Beckenbauer(FC Bayern München)
1977	J. Maier(FC Bayern München)
1978	J. Maier(FC Bayern München)
1979	H.-H. Vogts (Borussia Mönchengladbach)
1980	K.-H. Rummenigge (FC Bayern München)
1981	P. Breitner (FC Bayern München)
1982	K. Förster (VfB Stuttgart)
1983	R. Völler (SV Werder Bremen)
1984	H. Schumacher (1. FC Köln)
1985	H.-P. Briegel (Hellas Verona)
1986	H. Schumacher (1. FC Köln)
1987	U. Rahn (Borussia Mönchengladbach)
1988	J. Klinsmann (VfB Stuttgart)
1989	T. Häßler (1. FC Köln)
1990	L. Matthäus (Inter Mailand)
1991	S. Kuntz (1. FC Kaiserslautern)
1992	T. Häßler (AS Rom)
1993	A. Köpke (1. FC Nürnberg)
1994	J. Klinsmann (AS Monaco)
1995	M. Sammer (Borussia Dortmund)
1996	M. Sammer (Borussia Dortmund)
1997	J. Kohler ((Borussia Dortmund)
1998	O. Bierhoff (Udinese Calcio)
1999	L. Matthäus (FC Bayern München)
2000	O. Kahn (FC Bayern München)
2001	O. Kahn (FC Bayern München)
2002	M. Ballack (Bayer 04 Leverkusen)
2003	M. Ballack (FC Bayern München)
2004	Ailton (SV Werder Bremen)
2005	M. Ballack (FC Bayern München)

DFB-Trainergespanne (Nationalmannschaft)

Zeitraum	*Trainer*	*Assistent*
1930–36	O. Nerz	J. Herberger
1936–42	J. Herberger	
1950–64	J. Herberger	
1949–56		D. Cramer
1954/55		H. Weisweiler
1956–64		H. Schön
1964–78	H. Schön	
1964–67		D. Cramer
1965–70		U. Lattek
1970–78		J. Derwall
1978–84	J. Derwall	
1978–82		E. Ribbeck
1982/83		H.-H. Vogts
1983/84		H. Köppel
1984–90	F. Beckenbauer	
1984–87		H. Köppel
1987–90		H. Osieck
1990–98	H.-H. Vogts	R. Bonhof
1998–2000	E. Ribbeck	
1998–2000		U. Stielike
2000		H. Hrubesch
		E. Rutemöller
2000–04	R. Völler	
2000–04		M. Skibbe
2002–04		E. Rutemöller
seit 2004	J. Klinsmann	J. Löw

BRD): Weltmeister 1954, 1974, 1990, Europameister 1972, 1980, 1996; Frauen: Weltmeister 2003, Europameister 1989, 1991, 1995, 1997, 2001, 2005.

Deutschland bis 1945, amtlich **Deutsches Reich,** 470715 km², 66 Mio. Ew. (1935), Verband: Dt. Fußball-Bund (→ DFB); Spielkleidung: Weiß–Schwarz/Schwarz/Schwarz–Weiß. – Im März 1938 annektierte Deutschland Österreich und gliederte es sich als »Ostmark« an.

Kazimierz Deyna

Deyna, Kazimierz, poln. Mittelfeldspieler (Halbstürmer), *23. Oktober 1947 Starogard Danzigi, † (Verkehrsunfall) 5. September 1989 San Diego (USA); 1960–66 Wlókniarz Starogard, 1966 LKS Lodz, 1966–77 Legia Warschau, 1977–80 Manchester City, 1981–87 San Diego Soccers (USA); 102 Länderspiele (1968–78; 45 Tore); WM-Endrunde 1974, 1978; olymp. Fußballturnier 1972 (Olympiasieger), 1976.

DFA, Abk. für **D**ominica **F**ootball **A**ssociation, den Fußballverband von → Dominica.

Bilanz der früheren DFB-Bundestrainer bzw. Teamchefs

Name	*Spiele*	*Siege*	*Unent. schieden*	*Nieder- lagen*	*Punkte- schnitt **	*Welt- meister*	*Europa- meister*
O. Nerz	70	42	10	18	1,94	–	–
J. Herberger	167	94	27	46	1,85	1954	–
H. Schön	139	87	31	21	2,10	1974	1972
J. Derwall	67	44	12	11	2,15	–	1980
F. Beckenbauer	66	34	20	12	1,85	1990	–
H.-H. Voigts	102	66	24	12	2,18	–	1996
E. Ribbeck	24	10	6	8	1,50	–	–
R. Völler	53	29	11	13	1,88	–	–

* Dreipunkteregel

DFB-Präsidenten

1900–04	F. Hueppe
1904/05	F.-W. Nohe
1905–25	G. Hinze
1925–45	F.Linnemann
1949–62	P. Bauwens
1962–75	H. Gösmann
1975–92	H. Neuberger
1992–2001	E. Braun
2001–06	G. Mayer-Vorfelder (seit 2004 international)
seit 2004	T. Zwanziger (national)

DFB, Abk. für **D**t. **F**ußball-**B**und, Fachverband für die Belange des Fußballs in Deutschland; gegr. am 28. Januar 1900 in Leipzig, formell wieder gegr. 1950, Anschluss des → NOFV am 21. November 1990; Mitglied der FIFA seit 1904, der UEFA seit 1954; Sitz: Frankfurt am Main. Alle 3 Jahre (demnächst 2007) tagt der *DFB-Bundestag* (»Fußball-Parlament«), das höchstes Gremium des DFB. Mit fast 6,3 Mio. Mitgliedern (davon 857 220 weiblich) in 26 010 Vereinen mit 170 106 Mannschaften ist der 5 Regional- (→ Regionalverband) und 21 Landesverbände (→ Landesverband [2]) umfassende DFB der größte Sportfachverband der Welt. – INTERNET: www.dfb.de

DFB-Hallenpokal, offizielle Bez. Für das »Masters« (→ Hallenfußball).

DFB-Pokal, DFB-Vereinspokal, a) 1935–43 als »Tschammerpokal« (nach dem damaligen Reichssportführer Hans von Tschammen und Osten [* 1887, † 1943]) jährlich ausgetragener Pokalwettbewerb für Vereinsmannschaften; b) seit 1953 ausgespielter Pokalwettbewerb, ausgetragen im K.-o.-System, nur jeweils ein Spiel (ohne Rückspiel). Seit der Saison 2000/2001 nehmen die Bundesligavereine wieder geschlossen an der ersten Hauptrunde teil. Bei der Auslosung zur ersten Runde wird aus 2 Töpfen gelost. Den ersten Topf bilden die 18 Bundesligisten der abgelaufenen Saison sowie die 14 bestplatzierten Vereine der abgelaufenen Saison der Zweiten Bundesliga. Den zweiten Topf bilden die 4 Absteiger der abgelaufenen Saison der Zweiten Bundesliga, die jeweils Erst- und Zweitplatzierten der abgelaufenen Spielzeit in den Regionalligen Süd und Nord sowie 24 Amateurvertreter, die sich über die regionalen Pokalwettbewerbe der DFB-Landesverbände qualifiziert haben. Diese 32 Vereine erhalten automatisch das Heimrecht. Bei der Auslosung zur zweiten Hauptrunde wird wiederum aus 2 Töpfen gelost. Im ersten sind die Vereine des Lizenzfußballs enthalten, im zweiten die Amateurvertreter, denen auch das Heimrecht zufällt. Ab dem Achtelfinale wird nur noch aus einem Behälter gelost. Die dann noch im Wettbewerb verbliebenen Amateur-

DFB-Pokal

Endspielschiedsrichter (seit 1992)

1992	B. Heynemann Magdeburg)
1993	M. Merk (Kaiserslautern)
1994	M. Amerell (München)
1995	E. Strigel (Horb)
1996	H. Krug (Gelsenkirchen)
1997	E. Steinborn (Sinzing)
1998	H. Strampe (Hondorf)
1999	J. Aust (Köln)
2000	A. Berg (Konz)
2001	H. Albrecht (Landshut)
2002	F.-X. Wack (Biberbach)
2003	L. M. Fröhlich (Berlin)
2004	H. Fandel (Kyllburg)
2005	F. Meyer (Burgdorf)

vertreter behalten bei Spielen gegen Bundesligaklubs weiterhin ihr Heimrecht.
Die Vorschlussrunden werden aus einem Lostopf gezogen. Der zuerst gezogene Verein hat Heimrecht, es sei denn, an einer Spielpaarung nimmt ein Amateurligist teil. Sollte dieser in einer Partie gegen eine Lizenzspielermannschaft an zweiter Stelle gezogen werden, wird das Heimrecht getauscht. Die Sieger der beiden Halbfinals treffen im Berliner Olympiastadion (seit 1985) im Finale aufeinander. Steht nach Ablauf der normalen Spielzeit noch kein Sieger fest, wird die Partie um 2 x 15 min verlängert. Sollte dann noch keine Entscheidung gefallen sein, wird der Sieger durch Strafstoßschießen ermittelt.
DFB-Stiftung »Egidius Braun«, 2001 vom Dt. Fußball-Bund (DFB) ins Leben gerufenes Hilfswerk. Die Schwerpunkte der Arbeit der Stiftung basieren auf 4 Eckpfeilern. Bekannteste Aktionsfeld der Stiftung ist die → »Mexiko-Hilfe«. Das gleiche Ziel verfolgt das Projekt »Kinder in Not«. Durch dieses Programm, werden hilfsbedürftige Kinder und Jugendliche in Osteuropa unterstützt. Dritter Schwerpunkt der Stiftungsarbeit bilden die »Förderungs- und Unterstützungsprogramme«, die ebenfalls hilfsbedürftige Kinder im In- und Ausland unterstützen. Unter der Überschrift »Eigenprojekte« lässt sich der vierte Schwerpunkt zusammenfassen. Dazu gehören die Fußballferien und -freizeiten ebenso wie die individuelle Unterstützung von dt. Nachwuchssportlern.

DFV der DDR

Präsidenten	
1952/53	F. Gödicke
1953–58	H. Schöbel
1958–61	K. Stoph
1961–76	H. Riedel
1976–83	G. Schneider
1983–90	G. Erbach
1990	H.-G. Moldenhauer
Nationalmannschaftstrainer	
1952/53	W. Oelgardt
1954	H. Siegert
1955–57	J. Gyarmati (Ungarn)
1958/59	F. Gödicke
1959–61	H. Krügel
1961–67	K. Sóos (Ungarn)
1967–69	H. Seeger
1970–81	G. Buschner
1982/83	R. Krause
1983–88	B. Stange
1988/89	M. Zapf
1989/90	E. Geyer

DFB-Trainer, seit 1926 offizielle Bez. für die Funktion des verantwortl. Trainers der Nationalmannschaft; auch allgemein für einen beim DFB angestellten Trainer gebraucht.
DFB-Vereinspokal, der → DFB-Pokal.
DFL, Abk. für **D**t. **F**ußball-**L**iga GmbH (→ Ligaverband).
DFV der DDR, Fußballverband der DDR, gegr. am 17. Mai 1958 (1950–52 Fachausschuss Fußball, 1952–58: Sektion Fußball), Sitz: Berlin (Ost); Mitglied der FIFA 1952–90, der UEFA 1954–90; am 20. November 1990 in Leipzig aufgelöst und Gründung des → NOFV.
Diagonalkontrollsystem, einheitl. Kontrollmethode für die koordinierte Bewegungsfolge von Schiedsrichter und Schiedsrichterassistenten. Die gedachte Diagonale, auf der sich der Schiedsrichter bewegt, ist die Linie **A–B** (BILD). Die entgegengesetzte, von den Schiedsrichterassistenten befolgte Diagonale richtet sich nach der Position des Schiedsrichters. Wenn der Schiedsrichter sich bei A aufhält, befindet sich Schiedsrichterassistent SA 2 zw. M und K. Ist der Schiedsrichter bei B, muss Schiedsrichterassistent SA1 zw. E und F sein; dadurch wird die Aktionszone durch 2 Offizielle überwacht, je einer auf jeder Spielfeldhälfte.
SA 1 betrachtet die »Roten« als seine Mannschaft, SA 2 die »Blauen«. Greifen die »Roten«

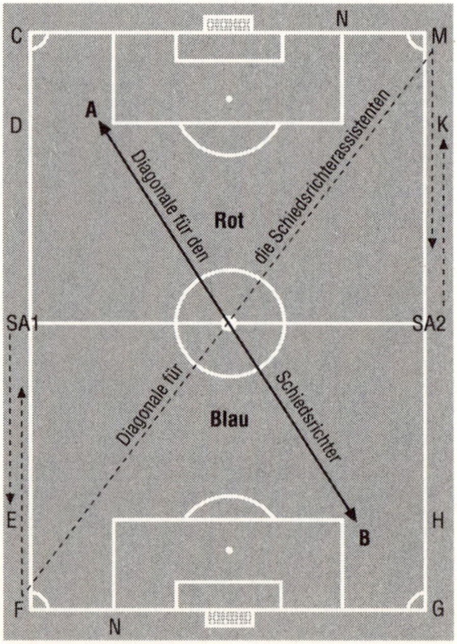

Diagonalkontrollsystem

das Tor der »Blauen« an, hält sich SA 1 auf der Höhe des letzten blauen Feldspielers auf, sodass er sich praktisch kaum in der Spielfeldhälfte der »Roten« befindet. In gleicher Weise bewegt sich SA 2 auf der Höhe des letzten roten Feldspielers und wird deshalb selten in die Spielfeldhälfte der »Blauen« kommen. Bei Eck- oder Strafstößen befindet sich der Schiedsrichterassistent, in dessen Spielfeldhälfte die Ausführung erfolgt, bei N, und der Schiedsrichter läuft in Stellung.
Das D. geht fehl, wenn sich SA 2 zw. G und H aufhält und der Schiedsrichter sich bei B befindet, oder wenn SA 1 zw. C und D ist und der Schiedsrichter sich bei A aufhält, weil sich dann 2 Offizielle (fast) an der gleichen Stelle befinden. Einige Schiedsrichter bevorzugen die entgegengesetzte Diagonale (von F zu M). In diesem Fall müssen sich die Schiedsrichterassistenten danach richten und die entsprechenden Positionen einnehmen. – Bei Spielen ohne Schiedsrichterassistenten bewegt sich der Schiedsrichter relativ »nach Belieben«.

Diarra, 1) Boubacar, mal. Abwehrspieler (auch frz. Staatsbürgerschaft), *15. Juli 1979 Bamako; 1989–96 AS Real Bamako, 1996/97 Djoliba AC Bamako, 1997–2006 SC Freiburg; 38 Länderspiele für Mali. – **2)** Mahamadou, mal. Mittelfeldspieler, *18. Mai 1981 Bamako; 1998/99 OFI Kreta, 1999–2002 Vitesse Arnheim, 2002–06 Olympique Lyon; 22 Länderspiele (seit 1999).

> **B. Diarra**
> »Ich bin aufgewacht, habe aus dem Fenster geguckt, den Schnee gesehen, da war für mich klar: Heute ist kein Training. Doch dann ist der Trainer gekommen und hat gesagt, dass wir raus gehen.«

»Dichtmachen«, svw. → »Mauern«.

Dida, eigtl. »Nelson de Jesús Silva«, brasilian. Torhüter, 7. Oktober 1973 Irará (Bundesstaat Bahia); 1992/93 Vitória da Bahia, 1994–99 Cruzeiro Belo Horizonte, 1999 AC Mailand und FC Lugano, 1999/2000 Corinthians São Paulo, 2000/01 AC Mailand, 2001/02 Corinthians São Paulo, 2002–06 AC Mailand; 81 Länderspiele (seit 1995); WM-Endrunde 1998 (nicht eingesetzt), 2002 (Weltmeister; nicht eingesetzt).

Didi, eigtl. »Waldir Pereira«, brasilian. Trainer, *8. Oktober 1928 Campos, †12. Mai 2001; war Mittelfeldspieler: 1945/46 Américano FC (Campos), 1946 Lencões (São Paulo), 1947 Rio Branco, 1948/49 Madureira Rio de Janeiro, 1949–56 Fluminense Rio de Janeiro, 1956–58 Botafogo Rio de Janeiro, 1959/60 Real Madrid, 1960–62 Botafogo Rio de Janeiro, 1963 Sporting Cristal Lima; 74 Länderspiele (1952–62; 20 Tore); WM-Endrunde 1954, 1958 (Weltmeister), 1962 (Weltmeister). – Später Trainer: 1963/64 Sporting Cristal Lima, 1964 Botafogo Rio de Janeiro, 1965 CD Veracruz, 1966/67 FC São Paulo, 1970 Peru (Nationalmannschaft; WM-Endrunde 1970), 1971/72 River Plate Buenos Aires, 1972–75 Fenerbahce Istanbul (PS 1974, LM 1975), abschließend Saudi-Arabien (Nationalmannschaft), Atlético Mineiro Belo Horizonte, Cruzeiro Belo Horizonte und Alianza Lima.

Dienst, 1) Gottfried, schweizer. Schiedsrichter, *9. September 1919 Basel, †1. Juni 1998 ebd.; seit 1948 Schiedsrichter, seit 1955 FIFA-Referee; 28 Länderspiele, 42 Europapokalspiele; WM-Endrunde 1962, 1966 (Finale; → »Wembley-Tor«); EM-Endrunde 1968 (Finale); EC I-Finale 1961, 1965, EC III-Finale 1965. – **2)** Robert, österr. Angriffsspieler, *1. März 1928, †12. Juni 2000; 1942–48 Floridsdorfer AC, 1948–62 Rapid Wien, 1962–68 SV Schwechat; in Österreich Torschützenkönig 1951 (37), 1953 (30, mit E. Stojaspol), 1954 (25); 27 Länderspiele (1949–57; 12 Tore); WM-Endrunde 1954, 1958. – Später Trainer: Rapid Wien (1966–69 Sektionsleiter), Floridsdorfer AC, SV Stockerau, Austria Wien und Kremser SC.

»die-Sense-ausfahren« → Fußballerjargon.

Dietz, Bernard, dt. Trainer, *22. März 1948 Bockum-Höfel (Nordrhein-Westfalen); war Abwehrspieler: 1962–70 SV Bockum-Hövel, 1970–82 MSV Duisburg, 1982–87 FC Schalke 04; 495 Bundesligaspiele (77 Tore); 53 Länderspiele (1974–81); WM-Endrunde 1978; EM-Endrunde 1976, 1980 (Europameister). – Später Trainer: 1987–92 ASC Schöppingen, 1992–94 SC Verl, 1994–2002 Vfl Bochum (Nachwuchs, Amateure, 1999 und 2001 Cheftrainer), 2002–06 MSV Duisburg (2002 Cheftrainer, 2003–06 Amateure bzw. MSV Duisburg II).

> **B. Dietz**
> »Wir holen unsere Leute aus dem Sauerland. Das ist unspektakulär. Aber es geht.«

Differdingen, Red Boys, eigtl. »FA Red Boys Differdange« (Football Association Red Boys Differdange), Luxemburg, gegr. 1907 als SC Differdange, 1919–40 FA Red Boys Differdange, 1940–44 FK 07 Differdingen, seitdem wieder FA Red Boys Differdange; Spielkleidung: Rot/Weiß/Rot-Weiß; Stadion: Stade Thillenberg, 6000 Plätze.

Dinu, Cornel, rumän. Abwehrspieler, *21. Februar 1949 Tirgoviste; 1959–66 Metalul Tirgoviste, 1966–83 Dinamo Bukarest; 75 Länderspiele (1968–81); WM-Endrunde 1970; in Rumänien Fußballer des Jahres 1970, 1972, 1974. – Später Trainer: 1992–94 Rumänien (Nationalmannschaft; WM-Endrunde 1994).

Diouf, El Hadji, senegales. Angriffsspieler, *15. Januar 1981 Dakar; bis 1998 ASC Linguère (Senegal), 1998/99 FC Sochaux, 1999/2000 Stade Rennes, 2000–02 RC Lens, 2002–04 FC Liverpool, 2004–06 Bolton Wanderers; WM-Endrunde 2002; Afrikas Fußballer des Jahres 2001, 2002.

Dirceu, Guimarães José, brasilian. Mittelfeldspieler (Halbstürmer), *15. Juni 1952 Curitiba; 1968–71 Atlético Parana Curitiba, 1972–75 Botafogo Rio de Janeiro, 1976 Fluminense Rio de Janeiro, 1977/78 Vasco da Gama Rio de Janeiro Rio de Janeiro, 1978/79 Atlético Mineiro Belo Horizonte, 1979–82 Atlético Madrid, 1982/83 Hellas Verona, 1983/84 SSC Neapel, 1984/85 Ascoli Calcio, 1985/86 Como Calcio, 1986/87 US Avellino; 40 Länderspiele (10 Tore); WM-Endrunde 1978, 1982, 1986.

direkter Freistoß → Freistoß.

Direktschuss, ein unmittelbar aus dem Spielgeschehen heraus erfolgender Torschuss, d.h. ohne vorheriges Anhalten des Balles.

Direktspiel, sofortiges Weiterleiten oder Abgeben *(Direktabgabe)* des Balles zum Mitspieler, d.h. ohne den Ball zuvor anzuhalten.

di Salvo, Antonio (»Toni«), italien. Angriffsspieler, *5. Juni 1979 Paderborn; bis 1991 BV Bad Lippspringe, 1991–99 TuS Paderborn-Neuhaus bzw. SC Paderborn 07, 2000/01 FC Bayern München, 2001–06 FC Hansa Rostock; 100 Bundesligaspiele (17 Tore).

Distanzschuss, (Tor-)Schuss aus größerer Entfernung (Distanz).

di Stéfano, Alfredo, argentin. Mittelfeldspieler (auch span. Staatsbürgerschaft), *4. Juli 1926 Barracas (zu Buenos Aires); 1944–46 River Plate Buenos Aires, 1946 Huracán Buenos Aires, 1947/48 River Plate Buenos Aires, 1948–53 Millonarios Bogotá, 1953–64 Real Madrid, 1964–66 Español Barcelona; 7 Länderspiele für Argentinien (1947–49), 31 für Spanien (1957–61); Europas Fußballer des Jahres 1957, 1959. – Später Trainer: 1967/68 FC Elche, 1969 Boca Juniors Buenos Aires (LM 1969), 1970 Argentinien (Nationalmannschaft), 1970–74 (LM 1971) und 1979/80 CF Valencia (PS 1979, EC II 1980), 1982/83 Real Madrid, 1985 Boca Juniors Buenos Aires, 1986–88 CF Valencia, 1991/92 Real Madrid. – 2000 Ehrenpräsident von Real Madrid, 2003 Ehrenbürger von Buenos Aires.

Alfredo di Stéfano

> **A. di Stéfano**
> »In Vollendung praktiziert ist Fußball eine Kunst – genau wie die Malerei.«

Distillery, FC, Nordirland: → Belfast [2].

Division, engl. Bez. für Spielklasse, auch in anderen Ländern üblich. – In England wird die 1. D. seit 1992/93 als *Premier League* (offiziell: *The F. A. Premier League)* bezeichnet, andere Verbände folgten.

Divisionsverfahren, Errechnung der Torquotienten durch Division der erzielten Treffer durch die erhaltenen; früher bei punktgleichem Tabellenstand zweier od. mehrerer Mannschaften angewandt, wurde es 1969 allgemein durch das → Subtraktionsverfahren ersetzt.

Diyarbakirspor, eigtl. »Diyarbakirspor K« (Diyarbakirspor Kulübü), Türkei (Diyarbakir), gegr. 1968; Spielkleidung: Gün/Rot/Rot; Stadion: Atatürk Stadi, 18 000 Plätze. – INTERNET: www.diyarbakirspor.com

Spieler (Auswahl): Ü. Davala – A. Rraklli.

Djalma Santos, eigtl. »Dejalma dos Santos«, eigtl. »Dejalma dos Santos«, brasilian. Abwehrspieler, *27. Februar 1929 São Paulo; 1948–58 Portuguesa São Paulo, 1958–68 Palmeiras São Paulo, 1969/70 Atlético Parana Curitiba; 111 Länderspiele (1952–68; 3 Tore); WM-Endrunde 1954, 1958 (Weltmeister), 1962 (Weltmeister), 1966.

Djibouti, Dschibuti, Republik im Nordosten Afrikas zw. Somalia, Äthiopien und Eritrea, 23 000 km², 457 100 Ew.; Verband: Fédération Djiboutienne de Football, Abk. FDF, gegr. 1977, Sitz: Djibuti; Mitglied der FIFA und der CAF seit 1994; Spielkleidung: Grün/Weiß/Blau.

Djidda, Saudi-Arabien: → Al-Ittihad.

Djordjevic, Kristijan, ein serb. Mittelfeldspieler, *6. Januar 1976 Spaichingen (Baden-Württemberg); bis 1994 SV Spaichingen und Jahn Tuttlingen, 1994–96 SSV Reutlingen, 1996–2001 VfB Stuttgart, 2001–04 FC Schalke 04; 75 Bundesligaspiele (5 Tore); 1 Länderspiel für Jugoslawien.

Djorkaeff, Youri, frz. Mittelfeldspieler, *9. März 1968 Lyon; bis 1984 UGA Decines, FC St. Priest und AS Villeurbanne, 1984–89 AS Grenoble, 1989/90 RC Straßburg, 1990–95 AS Monaco,

1995/96 Paris Saint-Germain, 1996–99 Inter Mailand, 1999–2001 1. FC Kaiserslautern, 2002–04 Bolton Wanderers, 2004 Blackburn Rovers, 2005 MetroStars; 55 Bundesligaspiele (14 Tore); 82 Länderspiele (1993–2002; 28 Tore); WM-Endrunde 1998 (Weltmeister), 2002; EM-Endrunde 1996, 2000 (Europameister).

Djurgårdens IF, Schweden: → Stockholm [2].

Dnepropetrowsk, Dnepr, eigtl. »FK Dnipr Dnipropetrowsk« (Futbolnyi Klub Dnipr Dnipropetrowsk), Ukraine, gegr. 1936 als Stal Dnepropetrowsk, 1949–62 Metallurg Dnepropetrowsk, 1962–89 Dnepr Dnepropetrowsk, seitdem FK Dnipr Dnipropetrowsk; Spielkleidung: Rot/Weiß/Rot; Stadion: Meteor, 34 400 Plätze. – INTERNET: www.fcdnipro.dp.ua

Spieler (Auswahl): G. Litowtschenko – O. Protasov. – **Trainer** (Auswahl): V. Lobanovskiy – B. Stange.

Dobiáš, Karol, slowak. Abwehrspieler, * 18. Dezember 1947 Trnava; 1961–67 Banik Handlová, 1967–77 Spartak Trnava, 1977–80 Bohemians Prag, 1980–85 SC Lokeren; 67 Länderspiele für die ČSSR (1967–80; 5 Tore); WM-Endrunde 1970; Europameister 1976; in der ČSSR Fußballer des Jahres 1970, 1971.

Dobrin, Nicolae, ein rumän. Mittelfeldspieler, * 26. August 1947; 1962–79 Arges Pitesti, 1979–81 CS Tirgoviste; 48 Länderspiele (1966–80); WM-Endrunde 1970; in Rumänien Fußballer des Jahres 1966, 1967, 1971, 1977.

Docherty, Thomas (»Thommy«), schott. Trainer, * 24. August 1928; war Mittelfeldspieler (Läufer): 1945–49 Celtic Glasgow, 1949–58 Preston North End, 1958–61 FC Arsenal und FC Chelsea; 25 Länderspiele (1951–59); WM-Endrunde 1954, 1958. – Später Trainer: 1962–67 FC Chelsea, 1967/68 Rotherham United, 1968 Queen's Parc Rangers, 1968–70 Aston Villa, 1970/71 FC Porto, 1971/72 Schottland (Nationalmannschaft), 1972–77 Manchester United, 1977–79 Derby County, 1979/80 Queen's Parc Rangers, 1980/81 Sydney Olympic, 1981–84 Preston North End, 1984/85 Wolverhampton Wanderers.

Doetinchem, De Graafschap, Niederlande, eigtl. »VBV De Graafschap« (Voetbal Vereniging de Graafschap), gegr. 1954 als BVC de Graafschap, seit 1955 (Fusion mit VV Oosseld) VBV De Graafschap; Spielkleidung: Blau/Weiß/Weiß; Stadion: De Vijverberg, 11 000 Plätze. – INTERNET: www.degraafschap.nl

Spieler (Auswahl): G. Hiddink. – **Trainer** (Auswahl): G. Hiddink.

Dogan, Mustafa, dt. Abwehrspieler türk. Herkunft (seit 1992 dt. Staatsbürgerschaft), * 1. Januar 1976 Yalvaz; 1984–89 TV Asberg, 1989–96 Bayer 05 Uerdingen bzw. KFC Uerdingen 05, 1996–2003 Fenerbahce Istanbul, 2003/04 1. FC Köln, 2004–06 Besiktas Istanbul; 56 Bundesligaspiele (1 Tor); 2 Länderspiele (1999).

Thomas Doll

Doll, Thomas, dt. Trainer, * 9. April 1966 Malchin (Mecklenburg-Vorpommern); war Mittelfeldspieler: 1972–79 BSG Lokomotive Malchin, 1979–86 FC Hansa Rostock, 1986–90 Berliner FC Dynamo bzw. FC Berlin, 1990/91 Hamburger SV, 1991–93 Lazio Rom, 1994 Eintracht Frankfurt und Lazio Rom, 1994–96 Eintracht Frankfurt, 1996–98 AS Bari, 1998–2001 Hamburger SV; 146 (DDR-)Oberligaspiele (37 Tore); 29 Länderspiele für die DDR (1986–90; 7 Tore); 102 Bundesligaspiele (7 Tore); 18 Länderspiele für Deutschland (1991–93; 1 Tor); EM-Endrunde 1992. – Später Trainer: 2001–06 Hamburger SV (2001/02 Jugend, Junioren, 2002–04 Amateure, 2004–06 Cheftrainer).

T. Doll
»Der Funke muss von hinten überspringen und sich als Feuer wie ein roter Faden durch die Mannschaft ziehen.«

Dollinger, Matthias, österr. Mittelfeldspieler, * 12. September 1979 Klagenfurt; 2003–05 Grazer AK, 2005/06 Rapid Wien; 7 Länderspiele (seit 2002).

Domenech, Raymond, frz. Trainer, * 24. Januar 1952 Lyon; war Mittelfeldspieler: 1970–77 Olympique Lyon, 1977–81 RC Straßburg, 1981/82

Paris Saint-Germain, 1982–84 Girondins Bordeaux, 1984/85 FC Mulhouse; 8 Länderspiele. – Später Trainer: 1985–88 FC Mulhouse, 1988–93 Olympique Lyon, 1993–2006 Frankreich (1993–2004 U 21 [1993–95 und 2000/01 zusätzlich U 20], 2004–06 Nationalmannschaft).

Domenghini, Angelo, italien. Angriffsspieler, *25. August 1941 Lallio; 1960–64 Atalanta Bergamo, 1964–69 Inter Mailand, 1970–73 US Cagliari bzw.Cagliari Calcio, 1974–76 AS Rom; 33 Länderspiele (1963–72; 7 Tore); WM-Endrunde 1970; Europameister 1968.

Dominica, Republik in der Karibik, 754 km², 69700 Ew.; Verband: Dominica Football Association, Abk. DFA, gegr. 1970, Sitz: Roseau; Mitglied der FIFA und der CONCACAF seit 1994; Spielkleidung: Grün-Gelb/Schwarz/Grün.

Dominikanische Republik, Republik auf der Ostseite der Insel Haiti, 48730 km², 8,716 Mio. Ew.; Verband: Federación Dominicana de Fútbol, Abk. FEDOFUTBOL, gegr. 1953, Sitz: Santo Domingo; Mitglied der FIFA seit 1958, der CONCACAF seit 1964; Spielkleidung: Blau/Weiß/Rot.

Domžale, NK (Nogometni Klub Domžale), Slowenien, gegr. 1921 als NK Domžale, 1991/92 NK Lek Domžale, seitdem wieder NK Domžale; Spielkleidung: Gelb-Blau/Gelb/Gelb; Stadion: Sportni Park Domžale, 2500 Plätze. – INTERNET: www.nogometniklub-domzale.si

Donadoni, Roberto, italien. Mittelfeldspieler, *9. September 1963 Cisano Bergamasco; 1982–86 Atalanta Bergamo, 1986–96 AC Mailand, 1996/97 New York/New Jersey MetroStars, 1998/99 AC Mailand, 1999/2000 Al-Ittihad (Saudi-Arabien); 44 Länderspiele (4 Tore); WM-Endrunde 1990, 1994; EM-Endrunde 1988, 1996. – Später Trainer: 2001/02 US Lecce, 2002–05 ASC Livorno.

Donawitz, Österreich: Ort in der Steiermark, gehört seit 1939 zu Leoben (D.-Leoben) (→ Leoben, DSV).

»Döner-Cup«, nach R. Assauer svw. → UI-Cup.

Donezk, Schachtjor, eigtl. »FK Schachtjar Donezk« (Futbolnyi Club Schachtjar Donezk), Ukraine, gegr. 1936 als Stachanovetz Stalino, 1947–61 Schachtjor Stalino, 1961–89 Schachtjor Donezk, 1989–92 FK Schachtjor Donezk, seitdem FK Schachtjar Donezk; Spielkleidung: Orange/Schwarz/Orange; Stadion: Centralny Stadion Shakhtyor, 31718 Plätze. – INTERNET: www.shakhtyor.donbass.com

Spieler (Auswahl): V. Lobanovskiy – V. Onopko. – **Trainer** (Auswahl): A. Konkov – M. Lucescu – N. Scala – B. Schuster.

Donovan, London, US-amerikan. Angriffsspieler, *4. März 1982 Ontario (Kalifornien); bis 1999 Redlands East Valley High School, 1999–2001 Bayer 04 Leverkusen, 2001–04 San José Earthquakes, 2005 Bayer 04 Leverkusen, 2005/06 Los Angeles Galaxy; 7 Bundesligaspiele; 59 Länderspiel (19 Tore); WM-Endrunde 2002; olymp. Fußballturnier 2000; in den USA Fußballer des Jahres 2002, 2003, 2004.

Dooley, Thomas-Dennis (»Tom«), US-amerikan. Abwehrspieler, *12. Mai 1961 Bechhofen (Bayern); 1971–80 TuS Bechhofen und TuS Landstuhl, 1980–83 FK Pirmasens, 1983–88 FC Homburg, 1988–93 1. FC Kaiserslautern, 1994/95 Bayer 04 Leverkusen, 1995–97 FC Schalke 04, 1997–99 Columbus Crew (USA), 2000/01 New York/New Jersey MetroStars, 2002 1. FC Saarbrücken; 199 Bundesligaspiele (20 Tore); 83 Länderspiele (1992–99); WM-Endrunde 1994, 1998; in den USA Fußballer des Jahres 1993.

Doping [engl.], Anwendung von Substanzen und Maßnahmen vor oder während des Spiels, die geeignet sind, den phys. und psych. Leistungszustand eines Sportlers künstlich zu verbessern, oder der Versuch von Dritten, solche anzubieten oder jemanden zu deren Verwendung zu veranlassen. Die verbotenen Substanzen und Maßnahmen sind in einer Liste enthalten, die vom DFB aufgestellt und in ihrer jeweils gültigen Fassung den Vereinen und damit den Spielern zur Verfügung gestellt wird.

»Doppelbewachung«, *»Doppeln«,* takt. Maßnahme des Trainers (→ Sonderbewachung).

Doppelpass → Pass.

»Doppelschlag«, einen Tor(e)rückstand innerhalb kürzester Zeit nicht nur wettmachen, sondern – die Verunsicherung des Gegners ausnutzend – anschließend selbst in Führung zu gehen, z. B. 1:2 Rückstand, 2:2, 3:2; ist besonders in der Schlussphase des Spiels von Bedeutung, z. B.: »in der 80. Minute holte die Mannschaft zum ›D.‹ aus«.

»Doppelspitze«, 1) Taktik: Bez. für die beiden Angriffsspieler z. B. im 4-4-2-System; antrittsschnelle Spieler mit ausgeprägten Dribbel- und Torschussfähigkeiten. – **2)** DFB: im Juli 2004 eingeführte Bez. für das bis 2006 amtierende DFB-Präsidentenduo G. Mayer-Vorfelder (international) und T. Zwanziger (national).

Doppelstopper, veraltete Abwehrvariante mit 2 Mittelverteidigern; in dieser verstärkten Abwehr spielten 2 Dreierreihen relativ dicht hintereinander, wobei ein zurückgezogener Stürmer speziell den Mittelverteidiger unterstützte. Der gesamte Abwehrblock verschob sich je nach der Angriffsweise des Gegners. Die Formation mit D. wurde häufig gegen Mannschaften angewendet, die schnell, beweglich und kombinationsreich im Angriff spielten.

»doppelte Lanzenspitze«, in der südamerikan. Fußballgeschichte die »Punta de Lanza« (→ Spielsystem).

»doppelte Staatsbürgerschaft« → Nationalmannschaft.

Dordrecht, FC (Football Club Dordrecht), Niederlande, gegr. 1883 als DFC Dordrecht, 1972–79 FC Dordrecht, 1979–90 DS '79 Dordrecht, 1990/91 FC Dordrecht '90, 1991 Fusion mit SVV Schiedam zu SVV/Dordrecht '90, 1992 Auflösung der Fusion und als Dordrecht '90 neu gegr., seit 2002 FC Dordrecht; Spielkleidung: Grün-Weiß/Weiß/Weiß; Stadion: GN Bouw Stadion, 4100 Plätze. – INTERNET: www.fcdordrecht.nl

Trainer (Auswahl): D. Advocaat.

Dörfel, 1) Bernd, dt. Angriffsspieler (Rechtsaußen), *18. Dezember 1944, Sohn von 2) und Bruder von 3); 1958–68 Hamburger SV, 1968–70 Eintracht Braunschweig; 139 Bundesligaspiele (21 Tore); 15 Länderspiele (1966–69; 2 Tore). – **2)** Friedrich, dt. Mittelfeldspieler (Außenläufer), *19. Februar 1915, † 8. November 1980, Vater von 1) und 3); 1933–48 Hamburger SV; 2 Länderspiele (1942; 1 Tor). – Später Trainer: TB Harburg, VfB Lübeck und Bremer SV. – **3)** Gert (»Charly«), dt. Angriffsspieler (Linksaußen), *18. September 1939, Bruder von 1) und Sohn von 2); 1953–72 Hamburger SV, 1972/73 in Südafrika, 1973–75 HSV Barmbek-Uhlenhorst; 224 Bundesligaspiele (58 Tore); 11 Länderspiele (1960–64; 7 Tore).

> **»Charly« Dörfel**
> »Torhüter und Linksaußen sind andere Menschen.«

Dorfner, Hans, dt. Mittelfeldspieler, *3. Juli 1965 Regensburg; 1973–82 ASV Undorf, 1982–84 FC Bayern München, 1984–86 1. FC Nürnberg, 1986–90 FC Bayern München, 1990–94 1. FC Nürnberg (Laufbahnende: Knieverletzung); 188 Bundesligaspiele (22 Tore); 7 Länderspiele (1987–89; 1 Tor); EM-Endrunde 1988 (nicht eingesetzt).

Dorn, Régis, frz. Angriffsspieler, *22. Dezember 1979 Ingwiller; bis 1997 AS AS Weiterswiller und AS Ingwiller, 1997/98 FC Mulhouse, 1998/99 FR Hagenau, 1999/2000 RC Straßburg, 2000–02 SC Freiburg, 2002/03 SC Amiens, 2003 Shanghai International, 2004/05 SC Freiburg, 2005/06 Kickers Offenbach; 37 Bundesligaspiele (6 Tore).

Dörner, Hans-Jürgen, dt. Trainer, *25. Januar 1951 Görlitz; war Abwehrspieler (Libero): 1960–67 BSG Motor WAMA Görlitz, 1967–86 SG Dynamo Dresden; 392 Oberligaspiele (65 Tore); 100 Länderspiele (1969–85; 9 Tore); Olympiasieger 1976; in der DDR Fußballer des Jahres 1977, 1984, 1985. – Später Trainer: 1986–89 SG Dynamo Dresden (Nachwuchs, II. Mannschaft), 1989/90 DFV der DDR (Olympiaauswahl), 1990–95 DFB (Olympiaauswahl [Trainerassistent], U 17, Nachwuchssichtung), 1996/97 SV Werder Bremen, 1998/99 FSV Zwickau, 2000/01 Al-Ahly Kairo, 2001–03 VfB Leipzig.

Hans-Jürgen Dörner

Dortmund, Borussia, eigtl. »BV 09 Borussia Dortmund« (Ballspielverein von 1909 Borussia Dortmund), Abk. **BVB,** Deutschland (Nordrhein-Westfalen), gegr. am 9. Dezember 1909, 1999 Ausgliederung der Lizenzspielerabteilung in die Borussia Dortmund GmbH & Co. KGaA (KGaA: Abk. für **K**ommandit**g**esellschaft **a**uf **A**ktien), am 31. Oktober 2000 Börsengang; Bundesliga 1963–72, 1976–2006; Spielkleidung: Gelb/Schwarz/Schwarz-Gelb; Stadion: → Signal Iduna Park. – Internationale Erfolge: EC II 1966, CL 1997, Weltpokal 1997. – INTERNET: www.borussia-dortmund.de

Spieler (Auswahl): R. Abramczik – O. Addo – M. Amoroso – I. Anderbrügge – R. Assauer – M. Banach – S. Barbarez – P. Berger – M. Binz – F. Bobic – F. Brungs – D. Buckley – W. Burgsmüller – V. But – S. Chapuisat – H. Cieslarczyk – F. Conceiçao – Dédé – W. de Beer – P. Degen – W. Dreßel – M. Driller – A. Edvaldsson – A. Egli – L. Emmerich – Evanilson – Ewerthon – W. Feiersinger – T. Fink – W. Frank – T. Frings – S. Gorlukowitsch – T. Häßler – J. Heinrich – S. Held – T. Helmer – H. Herrlich – H. Hrubesch – D. Hupe – V. Ikpeba – E. Immel – Júlio César – N. Jensen – S. Kehl – A. Kelbassa – S. Klos – J. Kohler – J. Koller – F. Konietzka – H. Konopka – E. Kostedde – B. Krauss – H. Kwiatkowski – P. Lambert – Leandro – J. Lehmann – A. Lenz – R. Libuda – W. Lippens – W. Lorant – M. McLeod – R. Loose – B. Meier – C. und M. Metzelder – F. Mill – A. Möller – W. Neuberger – A. Nijhuis – S. Oliseh – F. Pagelsdorf – M. C. Paulo Sousa – P. Peschel – Peter – F. Povlsen – A. Preißler – M. Raducanu – G. Reina – A. Reinhardt – S. Reuter –

L. Ricken – K. Riedle – T. Rosický – M. Rummenigge – R. Rüssmann – N. Şahin – M. Sammer – E. Schanko – A. Schmidt – R. Schneider – L. Sippel – E. Smolarek – J. D. Sörensen – R. A. Sosa – M. Stevic – I. Tanko – F.-J. Tenhagen – H. Tilkowski – Z. Varga – M. Votava – C. Wolters – C. Wörns – N. Zelic – M. Zorc. – **Trainer** (Auswahl): H. Buhtz – H. Burdenski – P. Csernai – H. Eppenhoff – K. Feldkamp – M. Henke – O. Hitzfeld – O. Knefler – T. Konietzka – H. Köppel – B. Krauss – U. Lattek – U. Maslo – M. Merkel – W. Multhaup – U. Neuhaus – O. Pfau – O. Rehhagel – E. Ribbeck – G. Roggensack – C.-H. Rühl – R. Saftig – M. Sammer – N. Scala – M. Skibbe – B. van Marwijk – B. Zebec.

Borussia Dortmund: Vereinslied
»Schwarz-Gelb ist unsere Tracht, wir haben stets 'nen heitren Sinn, sind lustig, nie verzagt. Wir kennen eine Feindschaft nicht, wir schaffen Hand in Hand, stets ruhig Blut, ein frisch Gesicht, ist jedem wohl bekannt. Wir halten fest und treu zusammen, Ball-Heil Hurra, Borussia!«.

Döschner, Matthias, dt. Abwehrspieler, *12. Januar 1958 Dohna (Sachsen); 1965–72 FSV Lokomotive Dresden, 1972–90 SG bzw. 1. FC Dynamo Dresden, 1990/91 Fortuna Köln; 253 (DDR-)Oberligaspiele (32 Tore); 40 Länderspiele für die DDR (1982–89; 2 Tore); 24 Zweitligaspiele für Fortuna Köln.

Dospel, Ernst, österr. Abwehrspieler, *8. Oktober 1976 Absdorf (Niederösterreich); bis 1990 SV Absdorf, 1990–2006 Austria Wien; 19 Länderspiele (seit 2000).

Dotchev, Pavel, bulgar. Trainer, *28. September 1965; war Abwehrspieler: 1988–92 ZSKA Sofia, 1992/93 Hamburger SV, 1993/94 FC Hansa Rostock, 1994/95 Holstein Kiel, 1995–2003 TuS Paderborn-Neuhaus bzw. SC Paderborn 07; 8 Bundesligaspiele; 38 Länderspiele. – Später Trainer: 2003–05 SC Paderborn 07, 2005/06 FC Rot-Weiß Erfurt.

Double [frz., »Doppel«], Gewinn des Meister- und Pokaltitels innerhalb eines Spieljahres; wird darüber hinaus noch ein dritter, internationaler Titel (z. B. Europapokal) gewonnen, kann man vom *Triple* sprechen.

Dowe, Jens, dt. Mittelfeldspieler, *1. Juni 1968 Rostock; 1976–88 FC Hansa Rostock, 1988/89 BSG KKW Greifswald, 1989–94 FC Hansa Rostock, 1994–96 TSV München 1860, 1996 Hamburger SV und Woverhampton Wanderers, 1997 Sturm Graz, 1997–99 FC Hansa Rostock, 1999–2001 Rapid Wien, 2001/02 SV Babelsberg 03, 2002–04 Holstein Kiel, 2005/06 TSG Neustrelitz; 33 (DDR-)Oberligaspiele (5 Tore); 143 Bundesligaspiele (16 Tore).

DPR-KFA, Abk. für **DPR K**orea **F**ootball **A**ssociation, den Fußballverband von Nordkorea (→ Korea [1]).

»drahtig« → Fußballerjargon.

Dreher, Bernd, dt. Torhüter, *2. November 1966 Leverkusen; bis 1976 SV Schlebusch, 1976–90 Bayer 04 Leverkusen, 1990–96 Bayer Uerdingen, 1996–2003 und 2005/06 FC Bayern München (auch Torhütertrainer); 152 Bundesligaspiele.

Drehschuss, Schuss aus der Drehung des Oberkörpers; nicht zu verwechseln mit → Effetstoß.

»Dreiangel«, svw. → »oberes Toreck«.

Dreierkette, häufige, aber nicht modernste Abwehrformation mit einem Innen- und 2 Außendeckern, dazu einem Libero (meist hinter der D.).

Dreisamstadion [Dreisam: Zufluss der Elz], 1954 eingeweiht, Heimstätte des SC Freiburg; mehrmals umgebaut (1970, 1980, 1993, 1995, 1999), seit 2004 badenova-Stadion (→ Freiburg [2]).

Dremmler, Wolfgang, war dt. Mittelfeldspieler, *12. Juli 1954 Salzgitter (Niedersachsen); 1968–74 TSV Watenstedt, TSV Hallendorf und Union Salzgitter, 1974–79 Eintracht Braunschweig, 1979–86 FC Bayern München; 310 Bundesligaspiele (15 Tore); 27 Länderspiele (1981–84; 3 Tore); WM-Endrunde 1982.

Dresden, Deutschland (Sachsen), **1) Dresdner SC 98** (Dresdner Sport-Club 1898), Abk. **DSC;** a) gegr. am 30. April 1898 als Dresdner SC, 1945 aufgelöst und als SG Dresden-Friedrichstadt neu gegr.; nach der Saison 1949/50 verließ ein Großteil der Mannschaft die DDR, und die SG wurde aufgelöst.

Spieler (Auswahl): R. Hofmann – H. Kreische – W. Kreß – H. Pohl – H. Schön. – **Trainer** (Auswahl): H. Schön.

Doubles im deutschen Fußball

Deutschland bis 1945	
1937	FC Schalke 04
BRD	
1969	FC Bayern München
1978	1. FC Köln
1986	FC Bayern München
DDR (1991 NOFV)	
1971	SG Dynamo Dresden
1977	SG Dynamo Dresden
1988	Berliner FC Dynamo
1990	1. FC Dynamo Dresden
1991	FC Hansa Rostock
Deutschland	
2000	FC Bayern München
2003	FC Bayern München
2004	SV Werder Bremen
2005	FC Bayern München

b) 1991 nahm die Mannschaft des FSV Lokomotive Dresden den traditionsreichen Namen DSC an; FSV-Vorgänger: 1945–50 SG Mickten, 1950/51 BSG Sachsenverlag Dresden, 1951–54 BSG Rotation Dresden, 1954–56 SC Einheit Dresden, 1966–90 FSV Lokomotive Dresden; Spielkleidung: Rot/Schwarz/Schwarz-Rot; Stadion: Ostragehege, 35 000 Plätze. – INTERNET: www.dsc-fußball98.de

Spieler (Auswahl): A. Trautmann. – **Trainer** (Auswahl): E. Vogel.

2) 1. FC Dynamo Dresden (1. Fußballclub Dynamo Dresden), gegr. am 12. April 1953 als SG Dynamo Dresden, seit 1990 1. FC Dynamo Dresden; Vorläufer war die 1950 gegr. und sofort in die DDR-Oberliga eingegliederte SG VP (Volkspolizei) Dresden (bis 1952); im November 1954 erhielt Dynamo Dresden einen »Delegierungsauftrag« nach Berlin und spielte ab 1954/55 als SC Dynamo Berlin (→ Berlin [1]); es musste unterklassig eine neue Mannschaft (wieder als SG Dynamo Dresden) zusammengestellt werden; DDR-Oberliga 1950–54, 1962/63, 1964–68, 1969–90, NOFV-Oberliga 1990/91; Bundesliga 1991–95 (Lizenzentzug 1995), Zweite Bundesliga 2004–06; Spielkleidung: Gelb/Schwarz/Gelb; Stadion: Rudolf-Harbig-Stadion, 23 940 Plätze. – INTERNET: www.dynamo-dresden.de

Spieler (Auswahl): A. Ahanfouf – S. Allievi – J. Andersen – A. Brinkmann – H.-J. Dörner – M. Döschner – H. Fuchs – E. Geyer – T. Gütschow – R. Häfner – R. Hauptmann – S. Heidrich – B. Hofmann – J. Jeremies – J. B. Kennedy – U. Kirsten – S. Kmetsch – H.-J. Kreische – K. Lavric – F. Lieberam – O. Marschall – R. Minge – R. Müller – N. Patschinski – H.-U. Pilz – T. Ritter – U. Rösler – K. und M. Sammer – H. Schade – H. Schoen – H. Scholz – G. Schröter – S. Schröter – M. Schwarzer – M. Stevic – J. Stübner – A. Trautmann – H. Waas – S. Wätzlich – G. Weber – F. Weichert – A. Zickler. – **Trainer** (Auswahl): H.-J. Dörner – C. Franke – W. Fritzsch – E. Geyer – R. Häfner – D. Halata – S. Held – H. Hrubesch – R. Minge – P. Pacult – K. Sammer – R. Schafstall – H. Schulte.

Dress, Gesamtheit der Spielkleidung; besteht aus jeweils einheitl. (lang- oder kurzärmeligem) → Trikot, kurzer Sporthose und knielangen Strümpfen (»Stutzen«). Die D. haben bei jeder Mannschaft eine bestimmte (Klub-)Farbe und müssen sich (zumindest das Trikot) von dem des Torhüters farblich eindeutig unterscheiden. Trikots sind in der Regel mit → Rückennummern versehen (evtl. zusätzl. Nummerierung an den Hosen), häufig tragen sie das Klubemblem, den Klubnamen und bzw. oder (in der Größe reglementierten) Werbe-, d. h. Sponsorenaufschriften. – Die Sporthosen sind farblich mit den Trikots abgestimmt, ebenso die Stutzen. Im Winter dürfen die Spieler unter der Sporthose *Thermohosen* tragen, deren Farbe mit der Hauptfarbe der Hosen übereinstimmen muss. Eine Armbinde am Oberarm kennzeichnet den Spielführer. Bei Nennung der Vereinsfarben in der Klubbezeichnung, z. B. Blau-Weiß X, bezieht sich erstere Farbe auf das Trikot, letztere auf die Hose der Spielkleidung. Haben 2 Mannschaften die gleichen D., ist der Platzverein verpflichtet, im andersfarbigen D. anzutreten. Im Lizenzfußball ist es umgekehrt, dass heißt, dass die Heimmannschaft die Trikotwahl vornehmen darf.

Dress
Trikot
Jersey [engl.]
Maillot [frz.]
Camiseta [span.]
Tecido [portugies.]
Camicia sportiva [italien.]
Sporthose
Shorts [engl.]
Culottes [frz.]
Pantalón corto [span.]
Calções [portugies.]
Pantalone sportivo [italien.]
Stutzen
Stockings [engl.]
Bas [frz.]
Medias [span.]
Meia [portugies.]
Calzettone [italien.]

Dreßel, Werner, ein dt. Trainer, *30. August 1958 Hambach/Unterfranken (Bayern); war Mittelfeldspieler: 1977–80 SV Werder Bremen, 1980/81 Hamburger SV, 19811980–83 1. FC Nürnberg, 1983–86 Borussia Dortmund, 1986/87 Arminia Hannover, 1988–88 Eintracht Braunschweig; 229 Bundesligaspiele (45 Tore). – Später Trainer: 1999 Borussia Fulda, 2000/01 DFB (Stützpunkttrainer), 2001–03 SpVgg Greuther Fürth (2001–03 Jugend, Trainerassistent, 2003 Interimstrainer).

Drewry, Arthur, engl. Funktionär, *3. März 1891, †25. März 1961; Präsident der engl. Football League (später auch der FA) und Präsident der FIFA-Studienkommission; 1956 in Lissabon zum 5. FIFA-Präsidenten gewählt (bis 1961; Vorgänger: R. W. → Seeldrayers, Nachfolger: Sir S. → Rous).

A. Drewry: Präsidialzeit
1958 WM-Endrunde
1960 olympisches Fußballturnier

Dr.-Gerö-Pokal → Nationenpokal.

Dribbling, Treiben des Balles mit dem Fuß unter ständiger Ballkontrolle; ein individuelles takt. Mittel der Angriffsgestaltung. D. werden angewendet, wenn kein Mitspieler frei steht bzw. zur Schaffung von Überraschungssituationen. Voraussetzungen für ein erfolgreiches D. sind gute Ballführung, (Antritts-)Schnelligkeit, das Beherrschen von Finten und entschlossenes Handeln. – Verb: Dribbeln.
Dribbling

Dribbling [engl.]
Le Dribble [frz.]
Regateo [span.]
Drible [portugies.]
Dribblare [italien.]

Dropkick

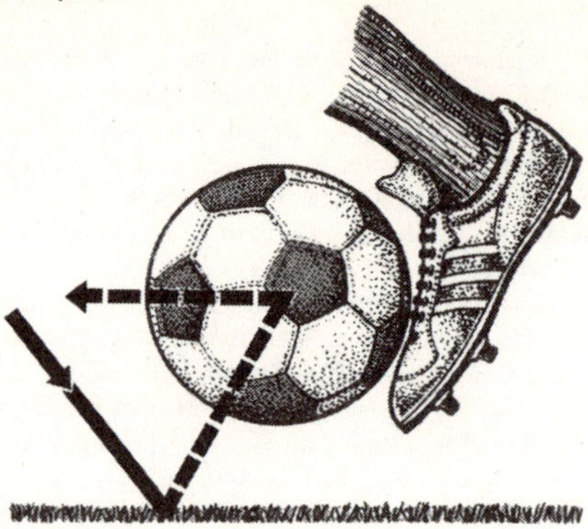

Driller, Martin, dt. Angriffsspieler, *2. Januar 1970 Paderborn; 1988/89 TuS Paderborn-Neuhaus, 1989–91 Borussia Dortmund, 1991–97 FC St. Pauli, 1997–2004 1. FC Nürnberg, 2005 SpVgg Bayreuth, 2006 FC Ingolstadt; 138 Bundesligaspiele (18 Tore).

Drogba, Didier, Angriffsspieler der Elfenbeinküste, *11. März 1978 Abidjan (lebt seit 1983 in Frankreich); 1999–2002 UC Le Mans, 2002/03 EA Guingamp, 2003/04 Olympique Marseille, 2004–06 FC Chelsea; 20 Länderspiele (seit 2004; 13 Tore).

Didier Drogba

Drogheda United, eigtl. »Drogheda United FC« (Drogheda United Football Club), Irland (Drogheda), gegr. 1919 als Drogheda AFC, seit 1975 Drogheda United FC; Spielkleidung: Rot-Blau/Blau/Blau; Stadion: O2 Park, 5400 Plätze. – INTERNET: www.droghedaunited.ie

Dropkick [engl., »Tropfenschuss«], Schlagen des Balls mit dem Fuß, unmittelbar nachdem der Ball den Boden berührt hat; den »abtropfenden« Ball wuchtig wegbefördern. Wurde früher von fußballerisch versierten Torhütern beim Abschlag praktiziert (relativ flache Flugbahn des Balls, größerer Druck auf den Ball). Heute schlagen die Torhüter den Ball meist volley ins Feld.

»Druck«, Kurz-Bez. für → »Leistungsdruck«.

»Drücken des Balles«, durch »Legen« des Oberkörpers über den Ball und hohe Konzentration beim Torschuss dem Ball eine flache Flugbahn verleihen (kantige »Abwehrrecken« können mit diesem Begriff nichts anfangen).

Druckspiel, das → Pressing Game.

DS, Abk. für → **D**eutscher **S**portausschuss.

DSB, Abk. für → **D**eutscher **S**port**b**und.

Dschibuti, andere Schreibweise für → Djibouti.

DS-Liga, DDR: 1949/50 Vorläuferin der Oberliga; wurde aus den Besten der 5 Länder (Brandenburg, Mecklenburg, Sachsen, Sachsen-Anhalt, Thüringen) zusammengesetzt, die dann in einem Vierzehnerfeld den ersten Landesmeister ermittelten (1950: BSG Horch Zwickau).

Dublette, das »Doppelzuspiel« (mit Fuß oder Kopf ausgeführt), z. B. Kopfball-D., Doppelpass.

Dublin, Irland, **1) Bohemians Dublin,** eigtl. »Bohemians FC« (Bohemians Football Club), gegr. 1890; Spielkleidung: Rot/Schwarz/Schwarz; Stadion: Dalymount Park, 14 500 Plätze.

2) Dublin City, eigtl. » Dublin City FC« (Dublin City Football Club), gegr. 2001; Spielkleidung: Blau-Weiß/Blau/Blau; Stadion: Tolka Park, 9681 Plätze. – INTERNET: www.dublincityfc.com

3) FC Shelbourne, eigtl. »Shelbourne FC« (Shelbourne Football Club), gegr. 1895 als Shelbourne AFC, 1934–36 Reds United FC, seitdem FC Shelbourne; Spielkleidung: Rot/Weiß/Rot; Stadion: Tolka Park 9681 Plätze. – INTERNET: www.shelbournefc.ie

4) Shamrock Rovers, eigtl. »Shamrock Rovers FC« (Shamrock Rovers Football Club), gegr. 1901; Spielkleidung: Grün-Weiß/Weiß/Weiß; Stadion: Dalymount Park, 14 500 Plätze. – INTERNET: www.shamrockrovers.ie

Spieler (Auswahl): L. Brady.

**5) St. Patrick`s Athletic**, eigtl. »St. Patrick`s Athletic FC« (St. Patrick`s Athletic Football Club), gegr. 1929 als St. Patrick's FC, später St. Patrick's Athletic FC; Spielkleidung: Rot-Weiß/Rot/Rot; Stadion Stadium of Light, 7000 Plätze. – INTERNET: www.stpatsfc.com

Spieler (Auswahl): P. McGrath.

Ducke, 1) Peter, dt. Angriffsspieler (Mittelstürmer), *14. Oktober 1941 Bencen (heute: Decin [Tschech. Republik]), Bruder von 2); 1950–59 BSG Motor Schönebeck, 1959–77 FC Carl Zeiss Jena; 352 Oberligaspiele (153 Tore); Oberliga-Torschützenkönig 1963 (20); 68 Länderspiele (1960–75; 15 Tore); olymp. Fußballturnier 1972; in der DDR Fußballer des Jahres 1971. – **2)** Roland, dt. Angriffsspieler (Außenstürmer), *19. November 1934 Bencen (heute: Decin [Tschech. Republik]), †26. Juni 2005 Jena, Bruder von 1); 1946/47 Organa Schönebeck, 1947–55 BSG Motor Schönebeck, 1955–73 FC Carl Zeiss Jena; 343 Oberligaspiele (50 Tore); 37 Länderspiele (1958–67; 5 Tore); in der DDR Fußballer des Jahres 1970.

Peter Ducke (verfolgt von Alois Glaubitz)

Dudek, Jerzy, poln. Torhüter, *22. März 1973 Rybnik; 1995/96 Sokol Tychy, 1996–2001 Feyenoord Rotterdam, 2001–06 FC Liverpool; 51 Länderspiele (seit 2002); WM-Endrunde 2002.

Düdelingen, F91, eigtl. »F91 Dudelange«, Luxemburg, entstand 1991 durch Fusion von CS Alliance Dudelange, CS Stade Dudelange und US Dudelange; Spielkleidung: Weiß/Weiß/Rot-Weiß; Stadion: Stade Aloyse Mayer, 5000 Plätze. – INTERNET: www.f91.org.lu

Dugarry, Christophe, frz. Abwehrspieler, *24. März 1972 Lormont; bis 1996 Girondins Bordeaux, 1996/97 AC Mailand, 1997 FC Barcelona, 1997–2000 Olympique Marseille, 2000–02 Girondins Bordeaux, 2002–04 Birmingham City, 2004 Al-Rayyan (Katar); 35 Länderspiele (1994–2002); WM-Endrunde 1998 (Weltmeister), 2002; Europameister 2000.

Christophe Dugarry

Duisburg, Deutschland (Nordrhein-Westfalen), **1)** Frauen: **FCR 2001 Duisburg** (Fußballclub Rumeln-Kaldenhausen Duisburg), gegr. 1955 als FC Rumeln-Kaldenhausen (Stadtteil von Duisburg), 1998–2001 FCR 1955 Duisburg, seitdem FCR 2001 Duisburg; Bundesliga 1994–2006; Spielkleidung: Weiß/Grün/Weiß; Stadion: PCC-Stadion Homberg, 3000 Plätze. – INTERNET: www.fc2001-duisburg.de

Spielerinnen (Auswahl): I. Grings – M. Meinert – S. Rottenberg – S. Smisek – K. Stegemann – S. Thompson – M. Voss.

2) Hamborn 07, eigtl. SV Hamborn 07« (Sportfreunde Hamborn 1907), gegr. 1903 als BC Hamborn, 1911 Fusion mit BC 1903 Hamborn und SV Marxloh zu SV 07 Hamborn, 1943 Fusion mit SV Union Hamborn zu Kriegs-SG 07/Union Hamborn, 1945 Auflösung der Fusion und Umbenennung in SV 07 Hamborn, 1954 Fusion mit SV Sportfreunde Hamborn zu SV Hamborn 07; Spielkleidung: Gelb/Schwarz/Gelb; Stadion: Bezirkssportanlage »Im Holtkamp«, 5500 Plätze. – INTERNET: www.hamborn-07.de

Spieler (Auswahl): R. Schafstall – H. Studener.

3) MSV Duisburg (Meidericher Spielverein von 1902 Duisburg), »Zebras«, gegr. am 17. September 1902 als Meidericher SV, 1905 Fusion mit FC Viktoria Meiderich, 1919 Fusion mit Meidericher TV 1880 zu Meidericher TuS, 1924 (Auflösung der Fusion) bis 1967 Meidericher SV, seitdem MSV Duisburg (seit 2001 MSV Duisburg GmbH Co. KgaA [KGaA: Abk. für **K**ommandit**g**esellschaft **a**uf **A**ktien]); in der Bundesliga 1963–82, 1991/92, 1993–95, 1996–2000, 2005/06; Zweite Bundesliga 1982–86, 1989–91, 1992/93, 1995/96, 2000–05; Spielkleidung: Blau-Weiß/Weiß/Weiß; Stadion: MSV-Arena (früher: Wedaustadion), 31 500 Plätze. – INTERNET: www.msv-duisburg.de
Spieler (Auswahl): A. Ahanfouf – R. Azzouzi – W. de Beer – M. Bella – B. Dietz – M. Ebbers – J. Gelsdorf I. Grlic – T. Hajto – H. Höher – D. Jakobs – K. Jara – G. Koch – E. Kostedde – P. Közle – W. Krämer – W. Kremer – D. Langerbein – K. Lavric – E. Lienen – D. Lottner – K. Michalke – V. Miriuta Duisburg U. Möhrle – A. Nijhuis – P. Peschel – M. Pickenhagen – M. Preetz – H. Rahn – F. Rausch – J. Riedl – M. Rietpietsch – C.-H. Rühl – B. Salou – I. Schalimow – P. Steiner – T. Strunz – M. Tarnat – R. Tjikuzu – S. Töfting – I. Vastic – U. Weidemann – T. Willi – R. Wohlfarth – C. Wolters – R. Worm – K. Wunder – M. Zeyer. – **Trainer** (Auswahl): H. Bongartz – B. Dietz – J. Eichkorn – H. Eppenhoff – W. Frank – F. Funkel – R. Gebhardt – R. Gutendorf – H. Höher – K. Klötzer – O. Knefler – J. Kohler – W. Kremer – H. Kronsbein – E. Lienen – P. Littbarski – G. Lóránt – N. Meier – W. Multhaup – U. Reinders – C.-H. Rühl – R. Schafstall – E. Schwartz.

Dumitrache, Florea, ein rumän. Angriffsspieler (Mittelstürmer), *22. Mai 1948 Bukarest; 1958–78 Dinamo Bukarest; 27 Länderspiele (1968–71); WM-Endrunde 1970; in Rumänien Fußballer des Jahres 1968, 1969.

Dumitrescu, Ilie, rumän. Trainer, *6. Januar 1969 Braşov; war Mittelfeldspieler: 1989–93 Steaua Bukarest, 1993/94 Tottenham Hotspur; 62 Länderspiele (1989–98; 20 Tore); WM-Endrunde 1990, 1994, 1998. – Später Trainer: 2001 FC Braşov, 2003 Apollon Limassol, 2004 AEK Athen, 2005 AO Aigaleo (Griechenland), 2005/06 Akratitos Ano Liossiou (Griechenland).

Dundee, Schottland, **1) Dundee United,** eigtl. »Dundee United FC« (Dundee United Football Club), Schottland, gegr. 1909 als Dundee Hibernians FC, seit 1923 Dundee United FC; Spielkleidung: Orange/Schwarz/Schwarz; Stadion: Tannadice Park, 14 209 Plätze. – INTERNET: www.dundeeunitedfc.co.uk
Spieler (Auswahl): C. P. Caniggia – R. C. Gough.
2) FC Dundee, eigtl. »Dundee FC« (Dundee Football Club), gegr.1893; Spielkleidung: Weiß/Blau/Rot; Stadion: Dens Park, 10 531 Plätze. – INTERNET: www.dundeefc.co.uk
Spieler (Auswahl): J. Leighton – A. McInally – F. Ravanelli – G. D. Strachan.

Dundee, Sean, dt. Angriffsspieler südafrikan. Herkunft (seit 1996 dt. Staatsbürgerschaft), *7. Dezember 1972 Durban; bis 1991 D'Alberton Callies Durban, 1991/92 Bayview Durban, 1992/93 Stuttgarter Kickers, 1993–95 TSF Ditzingen, 1995–98 Karlsruher SC, 1998–99 FC Liverpool (3 Spiele), 1999–2003 VfB Stuttgart, 2003/04 Austria Wien, 2004–06 Karlsruher SC; 162 Bundesligaspiele (61 Tore).

Dunfermline Athletic, eigtl. »Dunfermline Athletic FC« (Dunfermline Athletic Football Club), Schottland (Dunfermline), gegr. 1885; Spielkleidung: Weiß/Schwarz/Schwarz; Stadion: East End Park, 12 509 Plätze. – INTERNET: www.dafc.co.uk
Trainer (Auswahl): J. Stein.

Dunga, Carlos, eigtl. »Carlos Caetano Bledorn Verri«, brasilian. Mittelfeldspieler, *31. Oktober 1963 Ijui; 1980–84 Internacional Pôrto Alegre, 1984/85 Corinthians São Paulo, 1986 FC Santos, 1987 Vasco da Gama Rio de Janeiro, 1987/88 SC Pisa, 1988–92 AC Florenz, 1992/93 Pescara Calcio, 1993–95 VfB Stuttgart, 1995–98 Júbilo Iwata, 1998–2000 Internacional Pôrto Alegre; 54 Bundesligaspiele (7 Tore); 91 Länderspiele (1982–98; 6 Tore); WM-Endrunde 1990, 1994 (Weltmeister), 1998; olymp. Fußballturnier 1984.

Durchsetzungsvermögen, die Fähigkeit, sich bei der Angriffsgestaltung gegenüber dem oder den Gegenspielern im Zweikampf durchzusetzen, sei es durch Robustheit, Schnelligkeit, Trickreichtum usw.

»Durchziehen«, äußerst kraftvoller Einsatz des Schussbeins bis zur Streckung aus der Bewegung heraus bei gegner. Behinderung; kann beim »Darüberhalten« des Gegners zu eigenen schweren Verletzungen führen.

Düren, Schwarz-Weiß, eigtl. »SG Schwarz-Weiß Düren von 1899« (Sportgemeinschaft Schwarz-Weiß Düren von 1899), Deutschland (Nordrhein-Westfalen), gegründet 1899; Spielkleidung: Weiß/Schwarz/Weiß; Stadion: Westkampfbahn, 4000 Plätze. – INTERNET: www.swdueren99.de
Spieler (Auswahl): W. Hannes – H. Konopka – K.-H. Schnellinger – H. Schumacher – G. Stollenwerk.

Durrës, KS Teuta (Klubi Sportiv Teuta Durrës), Albanien, gegr. 1925 als Urania Teuta Durrës, 1945–48 KS Ylli Kug Durrës, 1948–50 KS Durrës, 1950–57 Puna Durrës, 1957–91 KS Lokomotiva Durrës, seitdem KS Teuta Durrës; Spielkleidung: Blau/Weiß/Blau; Stadion: Niko Dovana, 10 000 Plätze.

Dusch, Albert, war dt. Schiedsrichter (Kaiserslautern), *6. Dezember 1912 Kaiserslautern, †27. Oktober 2002; seit 1937 Schiedsrichter, seit 1951 FIFA-Referee; WM-Endrunde 1958, 1962; Messepokalfinale 1958; EC I-Finale 1959; 20 Länderspiele; DFB-Pokalfinale 1954, 1957, 1960.

Düsseldorf, Deutschland (Nordrhein-Westfalen), **1) Fortuna Düsseldorf,** eigtl. »Düsseldorfer TSV Fortuna« (Düsseldorfer Turn- und Sportverein Fortuna von 1895), gegr. am 6. Mai 1895 als FK Alemannia Düsseldorf, 1912/13 FK Fortuna Düsseldorf, 1913 Fusion mit SV 1908 Flinger zu Düsseldorfer FK Fortuna, 1919 Fusion mit Flinger TV 1895 zu Düsseldorfer TSV Fortuna; Bundesliga 1966/67, 1971–87, 1989–92; Zweite Bundesliga 1987–89, 1992/93, 1994/95, 1997–99; Insolvenz 2004; Spielkleidung: Rot/Weiß/Rot; Stadion: → LTU-Arena bzw. Paul-Janes-Stadion (»Flinger Broich«), 8700 Plätze. – INTERNET: www.fortuna-duesseldorf.de

Spieler (Auswahl): J. Albertz – E. Albrecht – S. Allievi – K. und T. Allofs – J. Andersen – A. Baffoe – C. Beeck – Biskup – M. Bockenfeld – R. Bommer – T. Brdaric – D. Brei – H.-G. Bruns – A. Buncol – M. Büskens – G. Canale – S. Demandt – J. Derwall – A. Edvaldsson – H. Fach – R. Fanz – W. Fahrian – U. Fuchs – I. M. Galakos – R. Geye – J. Hickersberger – G. Hochgesang – D. Hotic – K. Hutwelker – P. Janes – E. Juskowiak – R. Kargus – W. Kleff – S. Kobierski – G. Koch – M. Krafft – M. Lesniak – R. Loose – U. Mehlhorn – F. Mill – M. Oberleitner – D. Pancev – M. Preetz – U. Rahn – M. Rietpietsch – J. Schmadtke – C. Schreier – W. Seel – I. Tare – A. Turek – T. Zdebel – G. Zewe – M. Zeyer. – **Trainer** (Auswahl): J. Berger – D. Brei – J. Derwall – H.-J. Gede – J. Hickersberger – G. Hochgesang – H. Höher – K. Klötzer – O. Knefler – H. Köppel – M. Krafft – W. Kremer – P. Neururer – J. Piontek – O. Rehhagel – A. Ristic – R. Schafstall – D. Weise.

2) TuRU Düsseldorf (Turn- und Rasensportunion Düsseldorf), gegr. 1880; Spielkleidung: Weiß; Stadion: Feuerbachstraße, 8000 Plätze. – INTERNET: www.turu-duesseldorf.de

Spieler (Auswahl): S. Kobierski.

Džajić, Dragan, war serb. Angriffsspieler (Linksaußen), *30. Mai 1946 Uba; 1963–74 Roter Stern Belgrad, 1974/75 OGC Nizza, 1975–77 SEC Bastia, 1977/78 Roter Stern Belgrad; 85 Länderspiele für Jugoslawien (1965–79; 23 Tore); WM-Endrunde 1974; EM-Endrunde 1968, 1976; in Jugoslawien Fußballer des Jahres 1963, 1966, 1968, 1969, 1970, 1972.

E

Eastham, George Edward, engl. Mittelfeldspieler (Halbstürmer), *23. September 1936; 1954–56 Newton Ards, 1956–60 Newcastle United, 1960–66 FC Arsenal, 1966–74 Stoke City; 19 Länderspiele (1963–66); WM-Endrunde 1962 (nicht eingesetzt), 1966 (nicht eingesetzt).

Ebbers, Marius, dt. Angriffsspieler, *4. Januar 1978 Essen; 1998/99 MSV Duisburg, 1999/2000 SG Wattenscheid 09, 2000–03 MSV Duisburg, 2003–05 1. FC Köln, 2005/06 Alemannia Aachen; 19 Bundesligaspiele (1 Tor).

EC, Abk. für engl. **E**uropean **C**up; verwendet in Zusammenhang mit dem Europapokal der Landesmeister *(EC I)*, 1961–99 mit dem Europapokal der Pokalsieger *(EC II)* und 1972–99 mit dem UEFA-Pokal *(EC III)*. Seit Wegfall des EC II sind diese Abkürzungen hinfällig geworden.

Eckball, svw. → Eckstoß.

Eckel, Horst, dt. Mittelfeldspieler (Läufer), *8. Februar 1932 Vogelbach (Rheinland-Pfalz); 1943–45 SV Vogelbach, 1946–61 1. FC Kaiserslautern, 1961–66 SV Röchling Völklingen; 214 (Südwest-) Oberligaspiele (64 Tore); 32 Länderspiele (1952–58); WM-Endrunde 1954 (Weltmeister), 1958. – Später Trainer: 1966–68 SV Röchling Völklingen.

Eckenverhältnis, umgangssprachlich für → Eckstoßverhältnis.

Eckraum → Spielfeld (BILD).

Eckstein, Dieter, dt. Angriffsspieler, *12. März 1964 Kehl (Baden-Württemberg); 1970–83 FV Kehl, 1983–88 1. FC Nürnberg, 1988–91 Eintracht Frankfurt, 1991–93 1. FC Nürnberg, 1993–95 FC Schalke 04, 1995 West Ham United, 1995/96 Waldhof Mannheim, 1996 FC Winterthur, 1996–98 FC Augsburg, 1998 SG Post/Süd Regensburg; 289 Bundesligaspiele (84 Tore); 7 Länderspiele (1986/87).

Eckstoß, den Ball aus dem Eckraum wieder ins Spiel bringen; ausgeführt von einem gegner. Spieler, nachdem der Ball hinter die eigene Torlinie außerhalb des Tores gespielt wurde. Aus einem E. kann direkt ein Tor erzielt werden.

Eckstoß
Corner kick [engl.]
Coup de coin [frz.]
Saque de esquina [span.]
Pontapé de canto [portugies.]
Calcio d'angelo [italien.]

Eckstoßverhältnis, Verhältniszahl aus den Eckstößen beider Mannschaften während eines Spiels. Aus dem E. lassen sich Rückschlüsse auf die Feldüberlegenheit einer Mannschaft ziehen, kaum aber auf das Endergebnis (z. B. E. 12:2, Tore 1:2).

Ecuador, Ekuador, Republik im Nordwesten Südamerikas, 283 565 km², 133,710 Mio. Ew.; Verband Federación Ecuatoriana de Fútbol, Abk. FEF gegr. 1925, Sitz: Guayaquil; Mitglied der FIFA seit 1926, der CONMEBOL seit 1930; Spielkleidung: Gelb/Blau/Rot. – INTERNET: www.ecuafutbol.org

»Edelreservist«, umgangssprachlich für einen hoch gehandelten Spieler, der aus takt. Gründen keine Einsatzchance von Spielbeginn an erhält; sitzt auf der Wechselbank und hadert mit sich, der Umwelt und (vor allem) mit dem Trainer.

Eder, Norbert, dt. Abwehrspieler, *7. November 1955 Bibergau (Bayern); bis 1974 VfR Bibergau, 1974–84 1. FC Nürnberg, 1984–88 FC Bayern München, 1988–90 FC Zürich; 286 Bundesligaspiele (11 Tore); 9 Länderspiele (1986); WM-Endrunde 1986.

Edinburgh, Schottland, **1) Heart of Midlothian,** eigtl. »Heart of Midlothian FC Edingurgh« (Heart of Midlothian Football Club Edinburgh), Schottland, gegr. 1874; Spielkleidung: Braun/Weiß/Braun; Stadion: Tynecastle Park, 18 008 Plätze. – INTERNET: www.heartsfc.co.uk

Spieler (Auswahl): T. Flögel – E. Jankauskas – K. McKenna.

2) Hibernian Edinburgh, eigtl. »Hibernian FC« (Hibernian Football Club), gegr. 1875, aufgelöst 1891 und neu gegr. 1893; Spielkleidung: Grün-Weiß/Weiß/Grün-Weiß; Stadion: Easter Road Stadium, 16 531 Plätze. – INTERNET: www.hibs.co.uk

Spieler (Auswahl): M. McLeod. – **Trainer** (Auswahl): J. Stein.

Edmundo, eigtl. »Edmundo Alves de Souza Neto«, brasilian. Angriffsspieler, *2. April 1971 Rio de Janeiro; bis 1992 Vasco da Gama Rio de Janeiro, 1993–95 Palmeiras São Paulo, 1995 Flamengo Rio de Janeiro, 1996 Corinthians São Paulo, 1996/97 Vasco da Gama Rio de Janeiro, 1997–99 AC Florenz, 1999/2000 Vasco da Gama Rio de Janeiro, 2000 FC Santos, 2001 SSC Neapel und Cruzeiro Belo Horizonte, 2001/02 Vasco da Gama Rio de Janeiro, 2002/03 Tokyo Verdy, 2003 Urawa Red Diamonds und Vasco da Gama Rio de Janeiro, 2004 Fluminenese Rio de Janeiro; 25 Länderspiele (1992–98); WM-Endrunde 1998; in Brasilien Fußballer des Jahres 1997.

Edström, Rolf, schwed. Angriffsspieler, *7. Oktober 1952 Degerfors; 1969/70 Degerfors IF, 1970–73 Åtvidabergs FF, 1973–77 PSV Eindhoven, 1977–79 IFK Göteborg, 1979–81 Standard Lüttich, 1981–83 AS Monaco; 40 Länderspiele (1972–80; 15 Tore); WM-Endrunde 1974, 1978; in Schweden Fußballer des Jahres 1972, 1974.

Edu, eigtl. »Jonas Eduardo Américo«, brasilian. Angriffsspieler, *6. August 1949 Campinas; 1966–76 FC Santos, 1977 Corinthians São Paulo, 1977/78 Internacional Pôrto Alegre, 1978–83 CF Monterrey, 1983 São Cristovão (zu Rio de Janeiro); 54 Länderspiele (10 Tore); WM-Endrunde 1966, 1970 (Weltmeister), 1974.

Edvaldsson, Atli, isländ. Mittelfeldspieler (Halbstürmer), *3. März 1957 Reykjavik; 1975–80 Valur Reykjavik, 1980/81 Borussia Dortmund, 1981–85 Fortuna Düsseldorf, 1985–88 Bayer 05 Uerdingen, 1988/89 Valur Reykjavik, 1989–91 Genclerbirligi Ankara, 1991/92 KR Reykjavik; 224 Bundesligaspiele (59 Tore); 56 Länderspiele. – Später Trainer: 1992/93 KR Reykjavik, 1993–2003 Island (Nationalmannschaft).

Edwards, Duncan, engl. Mittelfeldspieler (Läufer), *21. August 1937, *21. Februar 1958; seit 1952 Manchester United; 18 Länderspiele (1955–57). – E., damals Englands größte Fußballhoffnung, starb 1958 an den Folgen des Flugzeugunglücks in München-Riem (→ Flugzeugtragödien und Katastrophen).

EFA, 1) Abk. für **E**gyptian **F**ootball **A**ssociation, den Fußballverband von → Ägypten. – **2)** Abk. für **E**stonian **F**ootball **A**ssociation, den Fußballverband von → Estland.

EFF, Abk. für **E**thiopian **F**ootball **F**ederation, den Fußballverband von → Äthiopien.

Effenberg, Stefan, dt. Mittelfeldspieler, *2. August 1968 Hamburg; bis 1974 Bramfelder SV, 1974–76 Victoria Hamburg, 1986–90 Borussia Mönchengladbach, 1990–92 FC Bayern München, 1992–94 AC Florenz, 1994–98 Borussia Mönchengladbach, 1998–2002 FC Bayern München, 2002/03 VfL Wolfsburg, 2003/04 Al-

Stefan Effenberg

Arabi (Katar); 370 Bundesligaspiele (71 Tore); 35 Länderspiele (1991–98; 5 Tore); EM-Endrunde 1992; WM-Endrunde 1994.

Effetstoß, Stoßart, bei der dem Ball durch besondere Schlagtechnik ein Drall erteilt wird; erfolgt meist mit Innenspann. Effetflanken(bälle), bei denen der Ball eine bananen-(sichel-)förmige Bahn weg vom gegner. Tor beschreibt, bezeichnet man deshalb als »Bananenflanken«. Der E. ist nicht zu verwechseln mit dem → Drehschuss.

Eggen, Nils Arne, norweg. Trainer, * 17. September 1941 Orkdal; war Abwehrspieler: 1960–63 Vålerenga Oslo, 1965–68 Rosenborg BK; 29 Länderspiele. – Später Trainer: 1971/72 Rosenborg BK, 1973–75 Norwegen (U 21), 1976 Rosenborg BK, 1977 Norwegen (U 21), 1978–82 Rosenborg BK, 1983–87 Moss FK, 1998 Norwegen (U 21), 1988–2002 Rosenborg BK.

N.A. Eggen: Erfolgsstationen (Auswahl)	
Rosenborg BK	LM 1971, 1988, 1990, 1992, 1993, 1994, 1995, 1996, 1997, 1999, 2000, 2001, 2002 PS 1971, 1988, 1990, 1992, 1995, 1999

Egli, André (»Andy«), schweizer. Trainer, * 8. Mai 1958; war Abwehrspieler: 1978–84 Grasshopper-Club Zürich, 1984/85 Borussia Dortmund, 1985–90 Grasshopper-Club Zürich, 1990–92 Xamax Neuchâtel, 1992–94 Servette Genf; 31 Bundesligaspiele (6 Tore); 76 Länderspiele (8 Tore); WM-Endrunde 1994. – Später Trainer: 1995–99 FC Thun, 1999–2001 FC Luzern, 2001/02 Waldhof Mannheim, 2004–06 FC Aarau.

Ehrenanstoß, kaum noch ausgeübte Zeremonie, die beinhaltet, dass bei einem Länderspiel ein Prominenter den inoffiziellen Anstoß vollzieht (z. B. bekannter Exnationalspieler, Politiker, Künstler). Nach dem E. erfolgt dann der eigtl. → Anstoß.

Ehrendivision, Bez. für die höchste Spielklasse der Niederlande.

Ehrenkodex, die Ehre und das ehrenhafte Verhalten betreffende Normen. – Im Fußball beinhaltet der E. z. B., bei Verletzung eines Spielers den Ball nach Spielfortsetzung wieder zu der Mannschaft zu spielen, die ihn zuvor freiwillig ins Seitenaus spielte. Ein »ungeschriebenes Gesetz«, auf dessen Einhaltung der Schiedsrichter keinen Einfluss hat.

»Ehrenschale des DFB. Deutscher Fußballmeister«, umgangssprachlich *»Salatschüssel«*, offizielle Bez. für die jährlich vergebene Meisterschale des Dt. Fußball-Bundes (DFB); 11 kg schwer, besetzt mit 5 Edelsteinen (71,98 Karat) aus Turmalin (säulenförmig kristallisierendes Mineral, meist farbig) in Goldfassung. Sie wird seit 1949 als Ersatz für die → »Viktoria« [2] dem Titelgewinner überreicht. 1981 musste die Schale vergrößert werden, um weitere Gravierungen (Jahr und Vereinsname) aufnehmen zu können.

Ehrenspielführer, DFB: überragender Nationalspieler vergangener Jahre, dem während seiner aktiven Laufbahn über einen längeren Zeitraum die Funktion des Spielführers übertragen wurde; inoffizieller Titel; bisherige E.: F. Walter, U. Seeler, F. Beckenbauer, L. Matthäus und B. Wiegmann *(Ehrenspielführerin)*.

Ehrentor, einziges Tor der unterlegenen Mannschaft, wobei die andere Mannschaft zumindest 3 Tore vorgelegt hat (meist soger 4, 5 und mehr). Ein beim Stand von 2:0 erzieltes Gegentor bezeichnet man nicht als E., sondern als → Anschlusstor.

Ehrmann, Gerald, dt. Torhüter, * 18. Februar 1959 Tauberbischofsheim; bis 1977 TSV Tauberbischofsheim,1977–84 1.FC Köln, 1984–97 1. FC Kaiserslautern; 294 Bundesligaspiele. – Später Torhütertrainer: 1997–2006 1. FC Kaiserslautern.

Ehrmantraut, Horst, dt. Trainer, * 11. Dezember 1955; war Abwehrspieler: 1975–79 FC Homburg, 1979/80 Eintracht Frankfurt, 1980–85 Hertha BSC, 1985–88 FC Homburg; 81 Bundesligaspiele (1 Tor). – Später Trainer: 1989–91 Blau-Weiß 90 Berlin (1989/90 Trainerassistent, 1990/91 Cheftrainer), 1991–96 SV Meppen, 1996–98 Eintracht Frankfurt, 2000/01 Hannover 96, 2002/03 und 2004/05 1. FC Saarbrücken.

Eich, Peter, dt. Torhüter, * 18. Juni 1963 Bad Kreuznach; 1989/90 Hassia Bingen, 1990–92 Waldhof Mannheim, 1992–98 FC Homburg, 1998–2006 1. FC Saarbrücken; 200 Zweitligaspiele.

Eichkorn, Josef (»Seppo«), dt. Trainer, * 16. September 1956 Radolfzell am Bodensee (Baden-Württemberg); 1987–94 FC St. Pauli (1987–93 Trainerassistent, 1993/94 Cheftrainer), 1994–2001 MSV Duisburg (1994–2000 Trainerassistent, 2000/01 Cheftrainer), 2001–04 VfB Stuttgart (Trainerassistent), 2004–06 FC Bayern München (Trainerassistent).

»Eidgenossen«, Bez. für die Nationalmannschaft der Schweiz.

Eigentor, unabsichtlich von einem Spieler der verteidigenden Mannschaft ins eigene Tor beförderter Ball; zählt als Treffer für den Gegner.

Eilenburg, FC (Fußballclub Eilenburg), Deutschland (Sachsen), gegr. 1994; Spielkleidung: Grün;

Stadion: Illburg-Stadion, 3500 Plätze. – INTERNET: www.fceilenburg.com

Spieler (Auswahl): M. Kischko – H.-J. Leitzke.

Eilitz, Werner, dt. Abwehrspieler, * 29. August 1923 Leipzig, † 30. November 1995 Dessau; 1946–49 SG Stötteritz, 1949–52 BSG Chemie Leipzig, 1952–58 KVP Vorwärts Leipzig und ASK Vorwärts Berlin; 167 Oberligaspiele (3 Tore); 8 Länderspiele (1952–56). – Später Trainer: 1959–74 ASV Vorwärts Leipzig, 1974–78 ASG Vorwärts Dessau.

Eilts, Dieter, dt. Trainer, * 13. Dezember 1964 Upgant-Schott (Ostfriesland); war Mittelfeldspieler: 1970–84 SV Hage, 1984–2001 SV Werder Bremen; 390 Bundesligaspiele (7 Tore); 31 Länderspiele (1993–97); Europameister 1996. – Später Trainer: 2001–03 SV Werder Bremen (2001/02 Trainerassistent, 2002/03 U 19), 2003–06 DFB (2003/04 U 19, »Team 2006« [Trainerassistent], 2004–06 U 21).

> **D. Eilts**
> »Das interessiert mich wie eine geplatzte Currywurst im ostfriesischen Wattenmeer.«

»einbeinig« ist die Bez. für einen Spieler, wenn er hauptsächlich oder ausschließlich nur ein Bein beim Ballumgang einsetzt. Dieses bezeichnet man als »starkes Bein« (meist das rechte, nicht so bei → »Linksfüßern«), im Gegensatz zum »schwachen Bein«, dem anderen. (→ »beidbeinig«)

Eindhoven, PSV (Philips Sport Verenigung), Niederlande, gegr. 1913, entstand aus einer 1910 gebildeten Fußballelf der Philips Gloeilampenfabrieken; Spielkleidung: Rot-Weiß/Schwarz/ Weiß-Rot; Stadion: Philips, 31 225 Plätze. – Internationale Erfolge: EC I 1988, EC III 1978. – INTERNET: www.psv.nl

Spieler (Auswahl): A. Allemann – F. Arnesen – K. Bögelund – J. Chovanec – P. Cocu – R. Edström – G. M. Geels – E. Gerets – E. S. Gudjohnsen – R. Gullit – A. Haan – J. Heintze – G. Hiddink – G. I. Hysén – N. Jensen – B. Kalusha – M. Kezman – W. Kieft – G. Koch – E. und R. Koeman – Y.-P. Lee – S. Lerby – E. Meijer – B. Nordqvist – J. Poortvliet – G. Popescu – F. Povlsen – A. Robben – Romário – D. Rommedahl – Ronaldo – H. Schöne – D. Schrijvers – J. Stam – H. Stevens – M. van Bommel – J. van Breukelen – R. und W. van de Kerkhof – G. Vanenburg – R. van Nistelrooy – J. Vogel – J. Wouters– B. Zenden – **Trainer** (Auswahl): D. Advocaat – F. Binder – A. de Mos – E. Gerets – G. Hardwick – G. Hiddink – T. Libregts – R. W. Robson – G. Vanenburg.

»Eingehen« → Fußballerjargon.

eingetragener Verein, Abk. **e. V.,** staatlich anerkannter, rechtsfähiger Zusammenschluss von Sportlern und Sportfunktionären, deren Zweck, Organisation und Namen durch Statut bestimmt sind.

»Einigeln«, Zusammenziehen der engeren und weiteren Abwehr (Mittelfeld) vor dem eigenen Tor, um dem Gegner die Räume zu verengen. Damit soll ein momentan günstiges Ergebnis gehalten werden. »E.« ist ein destruktives takt. Mittel.

»Einklemmen«, Blockieren eines oder beider Beine des gegner. Spielers im Liegen; verbotenes Spiel, das mit direktem Freistoß geahndet wird.

»Einnicken«, 1) den Ball mit dem Kopf unmittelbar vor der Torlinie ins Tor befördern. – **2)** unaufmerksam sein (»schlafen«), z. B. »der Torhüter war beim Torschuss ›eingenickt‹«.

»Einschläfern des Gegners«, bewusst langatmige und behäbige Spielweise in der eigenen Spielhälfte, um der gegner. Mannschaft Passivität vorzutäuschen; dadurch gelingt es oftmals, blitzschnelle Vorstöße zu inszenieren und die (bis dahin) »beruhigte« gegner. Abwehr zu überraschen.

»Einschnüren des Gegners«, zeitweises oder ständiges Zurückdrängen des Gegners in dessen Spielhälfte infolge eigener spieler. oder (im Spielverlauf) konditioneller Überlegenheit. Dem Gegner gelingt es in diesen Phasen nicht, sich der Umklammerung zu entziehen, um evtl. eigene Konter zu inszenieren, noch viel weniger, ein durchdachtes Spiel aufzubauen. Unausbleibl. Folge dieses einseitigen Spielverlaufs sind in der Regel Tore, insofern nicht Schussunvermögen, -pech oder ein überragender gegner. Torhüter diese verhindern.

»Einsteigen« → Fußballerjargon.

Einwechselspieler → Auswechslung.

Einwechslung, Hereinnahme eines Einwechselspielers in das Spiel, nachdem ein anderer Spieler zuvor ausgewechselt wurde; obliegt dem Trainer. (→ Auswechslung)

Einwurf, den die Seitenlinie mit seinem Durchmesser vollständig überquerten Ball durch Einwerfen wieder in das Spiel bringen, und zwar durch einen Spieler der Partei, die den Ball zuletzt nicht berührt hat. Dieser Spieler steht mit dem Gesicht zum Spielfeld und wirft den Ball mit beiden Händen über den Kopf ein; dabei muss er mit beiden Füßen auf oder außerhalb der Seitenlinie stehen. Wenn *falscher E.* (regelwidriger E. vorliegt, bekommt der Gegner den E. zugesprochen; häufige Fehler: Einwerfen mit nur einer Hand bzw. den Ball über dem Kopf abwerfen, statt ihn von hinten über den Kopf zu ziehen. Verlegt der Ausführende die E.stelle zu seinen Gunsten (in Richtung gegner. Tor), wird der E. ebenfalls wie ein falscher E. behandelt.

Einwurf
Throw-in [engl.]
Rentrée de touche [frz.]
Saque de banda [span.]
Lance lateral [portugies.]
Rimessa in gioco [italien.]

falscher Einwurf
Foul throw [engl.]
Rentrée de touche incorrecte [frz.]
Saque de banda mal hecho [span.]
Lançamento errado [portugies.]

»Einzelaktion«, eine erfolgreich abgeschlossene Torhandlung mit ausschließlich individuellem Charakter (z. B. Alleingang, Dribbling), d. h. ohne aktive Einflussnahme der Mitspieler. Oft spielentscheidend, z. B.: »er erzielte durch eine ›E.‹ in der letzten Spielminute den Siegtreffer«.

Eisenhüttenstädter FC Stahl (Eisenhüttenstädter Fußballclub Stahl), Abk. **EFC Stahl,** Deutschland (Eisenhüttenstadt [Brandenburg]), gegr. am 27. November 1950 als BSG Stahl Fürstenberg, 1953–60 BSG Stahl Stalinstadt, 1961–90 BSG Stahl Eisenhüttenstadt, seitdem Eisenhüttenstädter FC Stahl; DDR-Oberliga 1969/70, 1989/90, NOFV-Oberliga 1990/91; Insolvenz 2004; Spielkleidung: Weiß-Schwarz-Rot/Schwarz/Schwarz; Stadion: Sportanlage der Hüttenstädter, 10 000 Plätze. – INTERNET: www.efcstahl.de (inoffiziell)
Spieler (Auswahl): M. Rath – B. Rudwaleit.

Eisenstadt, SC (Sportclub Eisenstadt), Österreich (Burgenland), gegr. 1907 als Kismarton FC Eisenstadt, 1922–1953 ATS Eisenstadt, 1953 Fusion mit SC Bewag Eisenstadt zu Roter Husar Eisenstadt, 1957–80 SC Eisenstadt, 1980/81 SC Eintracht Eisenstadt, seitdem wieder SC Eisenstadt; Spielkleidung: Rot/Weiß/Rot; Stadion: Lindenstadion, 14 700 Plätze. – INTERNET: www.sceisenstadt.at
Spieler (Auswahl): P. Bicovsky. – **Trainer** (Auswahl): G. Kaltenbrunner – F. Latzke.

Eklind, Ivan Henning Hjalmar, war schwed. Schiedsrichter, *15. Oktober 1905, † 23. Juli 1981 Stockholm; 1931–51 FIFA-Referee; 31 Länderspiele; WM-Endrunde 1934 (Finale), 1938, 1950.

Ekuador, andere Schreibweise für → Ecuador.

Giovane Elber

Elber, Giovane, eigtl. **Elber de Souza,** brasilian. Angriffsspieler, *30. Juli 1972 Londrina; 1977–91 Londrina SC, 1991–94 Grasshopper-Club Zürich, 1994–97 VfB Stuttgart, 1997–2003 FC Bayern München, 2003/04 Olympique Lyon, 2005 Borussia Mönchengladbach, 2005/06 Cruzeiro Belo Horizonte; 260 Bundesligaspiele (133 Tore); Bundesliga-Torschützenkönig 2003 (21, mit T. Christiansen); 15 Länderspiele.

G. Elber
»Zum Wohle der Mannschaft kann ich nicht nur machen, was der Trainer will.«

Elche, FC, eigtl. »Elche CF« (Elche Club de Fútbol), Spanien, gegr. 1922; Spielkleidung: Blau/Schwarz/Weiß; Stadion: Estadio »Manuel Martínez Valero«, 36 540 Plätze. – INTERNET: www.elchecf.com
Trainer (Auswahl): A. Ramallets – A. di Stéfano.

»Elefantenrunde«, Lizenzfußball: umgangssprachlich für eine Krisensitzung in einer (sportlich und bzw. oder finanziell) bedrohl. Situation für den Verein; beteiligt sind die »Großen« (daher »E.«), d. h. die für das Wohl des Vereins Verantwortlichen (Präsident, Vizepräsident, Schatzmeister, Geschäftsführer und – evtl. – Trainer).

Elfenbeinküste, Republik in Westafrika, 322 460 km², 16,963 Mio. Ew.; Verband: Fédération Ivoirienne de Football, Abk. FIF; gegr. 1960, Sitz: Yamoussoukro; Mitglied der FIFA seit 1961, der CAF seit 2000; Spielkleidung: Orange/Schwarz/Grün. – Erfolge: Afrikameister 1992. – INTERNET: www.fif.ci

Elfmeter ... → Strafstoß ...

»elfmeterreifes Foul«, umgangssprachlich für ein Strafraumfoul, das vom Schiedsrichter nicht als solches betrachtet wurde; er lässt demzufolge weiterspielen.

»Elfmeterschießen«, umgangssprachlich für das reglementierte Ausführen von Torschüssen vom Strafstoßpunkt (→ Strafstoßschießen).

Elfsborg, IF, Schweden: → Borås, IF Elfsborg.

Eliteserie, höchste Spielklasse in Ungarn.

Elkjaer-Larsen, Preben, dän. Angriffsspieler, * 11. September 1957 Frederiksberg; 1973–75 Frederiksberg BK, 1975/76 Vanlöse IF, 1976–78 1. FC Köln, 1978–84 SC Lokeren, 1984–88 Hellas Verona, 1988–90 Vejle BK; 9 Bundesligaspiele (1 Tor); 69 Länderspiele (1977–88; 38 Tore); WM-Endrunde 1986; EM-Endrunde 1984, 1988; in Dänemark Fußballer des Jahres 1984.

Preben Elkjaer-Larsen

»Ellbogencheck«, dem Gegner beim Sprung nach dem Ball, also beim Kopfballduell, den angewinkelten Ellbogen von seitlich ins Gesicht bzw. gegen den Hals »rammen«; in der Bundesliga oft praktiziert und äußerst rücksichtslos, zumal die Zweikampfsituation für den Schiedsrichter bei ungünstigem Standort nicht immer eindeutig erkennbar ist. Je nach Schwere des Vergehens sind »Gelb« oder »Rot« für den Sünder angesagt.

Ellis, Arthur Edward, engl. Schiedsrichter, * 8. Juli 1914; seit 1946 FIFA-Referee; WM-Endrunde 1950, 1954, 1958; Europapokal der Nationen 1960 (Finale); olymp. Fußballturnier 1952 (Finale); EC I-Finale 1956.

El Salvador, Republik in Zentralamerika, am Pazif. Ozean, 21 040 km², 6,470 Mio. Ew.; Verband: Federación Salvadorena de Futbol, Abk. FESFUT, gegr. 1935, Sitz: San Salvador; Mitglied der FIFA seit 1938, der CONCACAF seit 1962; Spielkleidung: Blau. – INTERNET: www.fesfut.vianet.com.sv

Elsass, frz. ***Alsace,*** Landschaft und Region in Ostfrankreich; 1871–1918/19 gehörte das E. mit einem Teil Lothringen als Reichsland Elsass-Lothringen zum Dt. Reich. 1940–44 stand das E. unter dt. Zivilverwaltung, und die beiden hiesigen Klubs (RC Straßburg und FC Mühlhausen) nahmen an der dt. Meisterschaft teil.

Elsener, Rudolf, schweizer. Angriffsspieler, * 18. Februar 1953; 1969–78 Grasshopper-Club Zürich, 1978/79 Eintracht Frankfurt, 1979–83 FC Zürich, 1983–86 Xamax Neuchâtel, 1986 Vevey Sports (Schweiz); 33 Bundesligaspiele (6 Tore); 48 Länderspiele (1975–83; 6 Tore); in der Schweiz Fußballer des Jahres 1978.

Elversberg, SV 07 (Sportvereinigung 07 Elversberg), Deutschland (Bübingen [Saarland]), gegr. am 1. Januar 1907 als Fußballclub »Germania« Elversberg, 1918–45 VfB Sportvereinigung Elversberg, 1945–52 Sportgemeinde Elversberg (Sparte Fußball), seitdem SV 07 Elversberg; Spielkleidung: Gelb/Blau/Blau; Stadion: Waldstadion an der Kaiserlinde, 8000 Plätze. – INTERNET: www.sv07elversberg.de

EM, Abk. für → **E**uropa**m**eisterschaft.

Emden, Kickers, eigtl. »BSV Kickers Emden« (Ballspielverein Kickers Emden), Deutschland (Niedersachsen), gegr. am 24. März 1946 als Blau-Weiß Emden, im gleichen Jahr Umbenennung in BSV Kickers Emden; Spielkleidung: Blau/Blau/Weiß; Stadion: Embdenastadion, 12 000 Plätze. – INTERNET: www.bsv-kickers-emden.de

Spieler (Auswahl): H. Pleß – F. Zandi. – **Trainer** (Auswahl): J. Bogs – M. Krüger – D. Schatzschneider.

EM-Endrunde: Torschützenkönige

1968	D. Dzajic (Jugoslawien)	2
1972	G. Müller (BRD)	4
1976	G. Müller (BRD)	4
1980	K. Allofs (BRD)	3
1984	M. Platini (Italien)	9
1988	M. van Basten (Niederlande)	5
1992	K. Riedle (BRD)	3
	T. Brolin (Schweden)	3
	H. Larsen (Dänemark)	3
	D. Bergkamp (Niederlande)	3
1996	A. Shearer (England)	5
2000	P. Kluivert (Niederlande)	5
	S. Milosevic (Jugoslawien)	5
2004	M. Baroš (Tschech. Republik)	5

EM-Endrunde 2008

Der Qualfikationsmodus für die EM-Endrunde 2008 beinhaltet, dass sich der jeweils Erste der 7 Qualifikationsgruppen (einmal 8, sechsmal 7 Teams) und der Gruppenzweite direkt qualifizieren.
Die Veranstalter Österreich/Schweiz komplettieren das Feld auf 16 teilnehmende Nationen

Ferreira da Rosa Émerson

EM-Maskottchen

1980	»Pinocchio«
1984	»Peno«
1988	»Berni«
1992	»Hasi«
1996	»Goaliath«
2000	»Benelucky«
2004	»Kinas«

EM-Endrunde, Finalwettbewerb der → Europameisterschaft, bei dem nach vorangegangener Qualifikation der Nationalmannschaften der UEFA-Landesverbände (seit 1996 einschließlich Israel, zuvor AFC-Mitglied), der Europameister ermittelt wird; es ist die Europameisterschaft im engeren Sinn.

Émerson, Ferreira da Rosa, brasilian. Mittelfeldspieler, *4. April 1976 Pôrto Alegre; bis 1993 Botafogo Rio de Janeiro, 1994–97 Grêmio Pôrto Alegre, 1997–2000 Bayer 04 Leverkusen, 2000 FC Chelsea, 2000/01 FC Sunderland, 2001–04 AS Rom, 2004–06 Juventus Turin; 82 Bundesligaspiele (11 Tore); 65 Länderspiele (6 Tore); WM-Endrunde 1998.

EM-Maskottchen, offiziell von der UEFA genehmigter Talisman der jeweiligen Ausrichter der EM-Endrunden, womit entsprechende Reklame betrieben wird; seit 1980 praktiziert. (→ WM-Maskottchen)

Emmendingen, FC, eigtl. »FC Emmendingen 03«, (Fußballclub Emmendingen 1903), Deutschland (Baden-Württemberg), gegr. 1903 als FV Emmendingen, 1956 Zusammenschluss mit dem 1921 gegründeten SV Emmendingen zum FC Emmendingen 03; Spielkleidung: Weiß/Schwarz/Weiß; Stadion: Elzstadion, 10 000 Plätze. – INTERNET: www.sc-emmendingen.de

Spieler (Auswahl): H. Herrlich.

Emmerich, Lothar, dt. Angriffsspieler (Linksaußen), *29. November 1941 Dortmund, † 13. August 2003 Hemer (Sauerland); 1951–60 SC Dorstfeld 09, 1960–69 Borussia Dortmund, 1969–72 Beerschot VAC, 1972–74 Austria Klagenfurt, 1974–76 1. FC Schweinfurt 05, 1976/77 Würzburger FV 1977/78 Würzburger FV, 1978/79 SV Neckargerach, 1979–81 FVgg Kastel 06 (Spielertrainer); 183 Bundesligaspiele (115 Tore); Bun-

Lothar Emmerich

desliga-Torschützenkönig 1966 (31), 1967 (28, mit G. Müller); Zweitliga-Torschützenkönig (Liga Süd) 1977 (24); 5 Länderspiele (1966; 2 Tore); WM-Endrunde 1966. – Später Trainer: u.a. 1981/82 SpVgg Bayreuth, 1992–96 SC Idar-Oberstein.

> **L. Emmerich**
> »Gib mich die Kirsche!«

Empoli, FC, eigtl. »Empoli FC« (Empoli Football Club), Italien, gegr. 1920 als Empoli FBC, 1931–36 AS Fascista Empoli, 1936–38 Dopolavoro Empolese, 1938–41 Dopolavoro Interaziendale Italo Gambacciani Sezione Calcio Empoli, 1941–44 AC Empoli, 1944–83 Empoli FBC, seitdem Empoli FC; Spielkleidung: Blau/Weiß/Blau; Stadion: Stadio Comunale »Carlo Castellani«, 20 000 Plätze. – INTERNET: www.empolifc.com

»endgültige Entscheidung«, die Spielentscheidung von (fast) abschließender Gültigkeit, z. B. ein Torerfolg zum 3:0 in der Schlussminute. Vorstufe zur »e. E.« ist die → »Vorentscheidung«.

Endspiel, svw. → Finale.

ENFF, Abk. für **E**ritrean **N**ational **F**ootball **F**ederation, den Fußballverband von → Eritrea.

»eng«, 1) (fast) keinen Spielraum vorfindend; **2)** bei wiederholten Gefahrenmomenten im eigenen Strafraum bzw. für einen Anschlusstreffer des Gegners in der Schlussphase des Spieles gebrauchter Ausdruck, z. B. »das Spiel wird nochmals ›eng‹«.

Engagement [frz.], persönl. Einsatz während des Spiels aus mannschaftl. Verbundenheit und Geschlossenheit heraus; das Gefühl, zur bestmögl. Leistung verpflichtet zu sein. – *Engagierte Spielweise* zeichnet sich durch hohe Einsatzstärke und Willensbereitschaft aus; Gegensatz: *lustlose Spielweise* (eine Zumutung für den Betrachter).

Engel, Frank, dt. Trainer, * 15. Februar 1951 Leipzig; 1976–89 DFV der DDR (1976–88 Nachwuchs, 1988/89 Nationalmannschaft [Trainerassistent]), 1989/90 BSG Chemie Böhlen, 1990/91 Daewoo Royals Busan (Südkorea), 1991/92 FC Sachsen Leipzig, 1992/93 1. FC Markkleeberg, 1993/94 1. FC Magdeburg, 1994/95 1. FC Union Berlin, 1995–97 FC Rot-Weiß Erfurt, 1997/98 FC Carl-Zeiss Jena, 1998/99 SC Ismailia (Ägypten), 1999/2000 Eintracht Frankfurt (Trainerassistent), 2000 FC Rot-Weiß Erfurt, 2002–04 Alemannia Aachen (Trainerassistent), 2004/05 FC Hansa Rostock (Trainerassistent), 2006 DFB (U 18).

Engelhardt, Marco, dt. Mittelfeldspieler, * 2. Dezember 1980 Bad Langensalza (Thüringen); 1986–94 BSG Landbau bzw. FSV Preußen Bad Langensalza, 1994–2001 FC Rot-Weiß Erfurt, 2001–04 Karlsruher SC, 2004–06 1. FC Kaiserslautern; 44 Bundesligaspiele (3 Tore); 3 Länderspiele (seit 2004).

England, mittlerer und südl. Teil von Großbritannien, 130 423 km², 49,800 Mio. Ew.; Verband: The Football Association, Abk. FA, gegr. 1863, Sitz: London; Mitglied der FIFA 1905–20, 1924–28 und seit 1946, der UEFA seit 1954; Spielkleidung: Weiß-Blau/Blau/Weiß. – Erfolge: Weltmeister 1966, Olympiasieger (als Großbritannien) 1908, 1912. – INTERNET: www.thefa.com

englisches System, das 4-3-3-System (→ Spielsystem).

»englische Woche«, Austragung von 3 Punktspielen innerhalb einer Woche (z. B. Samstag – Mittwoch – Samstag). In England gibt es diesen Rhythmus seit langem, deshalb diese Bezeichnung.

Enke, Robert, dt. Torhüter, * 24. August 1978 Jena; bis 1985 SV Jena Pharm, 1985–96 FC Carl Zeiss Jena, 1996–99 Borussia Mönchengladbach, 1999–2002 Benfica Lissabon, 2003 FC Barcelona und Fenerbahce Istanbul (von Barcelona ausgeliehen, ein Spiel), 2004 CD Tenerife, 2004–06 Hannover 96; 80 Bundesligaspiele.

Enkenbach-Alsenborn, Ort bei Kaiserslautern: → Alsenborn, SV.

Enschede, Niederlande: → Twente, FC.

Entenmann, Willi, dt. Trainer, * 29. September 1943 Benningen am Neckar (Baden-Württemberg); war Abwehrspieler: 1953–63 TSV Benningen, 1963–76 VfB Stuttgart, 1976–78 TSG Backnang; 237 Bundesligaspiele (28 Tore). – Später Trainer: 1982–90 VfB Stuttgart (1982 Amateure, 1983–86 und 1987–90 Trainerassistent, 1986 und 1990 Cheftrainer), 1991–93 und 1996/97 1. FC Nürnberg, 1997/98 Spvgg Unterhaching, 1999 SV Sandhausen, 2000/01 VfR Aalen, 2002 SV Sandhausen, 2004/05 SGV Freiberg.

> **W. Entenmann**
> »Unser Schiff hat Schlagseite. Es lässt sich nur wieder aufrichten, wenn wir alle auf dieselbe Seite gehen.«

Entlastungsangriff, Gegenangriff inmitten einer Drangperiode des Gegners; trägt zur Entlastung der eigenen Abwehr bei.

»Entschädigungsbetrag« → Ablösesumme.

»Entscheidung am grünen Tisch«, Spiel-, Meisterschaftsausgang usw., der nicht auf dem Spielfeld, sondern im Nachhinein von der

Rechtskommission eines Verbandes entschieden wird (Proteste, Verstöße gegen die Spielordnung usw.); erfolgt in der Regel durch Punktabspruch für die schuldige Partei.

Entscheidungsspiel, nach einem Spieljahr (im Aufstiegs- oder Abstiegsbereich), Turnier oder Pokalspiel ausgetragene Begegnung zw. 2 Mannschaften, die punkt- und torgleich stehen; wird heute in der Regel bei Pokalspielen durch anschließendes Strafstoßschießen im Rückspiel entschieden. Ansonsten gibt es bei Gleichstand in der Tabelle ein E. mit Hin- und Rückspiel oder eine Begegnung auf »neutralem Platz«. Bei Turnieren wird – je nach Austragungsmodus – unterschiedlich verfahren.

EP, Abk. für → **E**uro**p**apokal.

EPFL, Abkürzung für **E**uropean **P**rofessional **F**ootball **L**eague, von Italien initiierter, im Dezember 2004 gegründeter Verband der Profiverbände (in Deutschland: DFL [→ Ligaverband]) von 15 europ. Ligen, Sitz: Brüssel. Die EPFL fordert Anerkennung durch die etablierten Verbände, von denen sich die Ligen nicht ordnungsgemäß vertreten fühlen. (→ »G 14«)

Episkyros → Fußball (Geschichte).

Eppenhoff, Hermann, dt. Trainer, *19. Mai 1919 Wanne-Eickel (heute zu Herne); † 10. April 1992; war Angriffsspieler: 1928–35 TB Eickel, 1935–38 SpVg Röhlinghausen, 1938–56 FC Schalke 04; 3 Länderspiele (1940/41; 3 Tore). – Später Trainer: 1956–58 Tura Bergkamen, 1958–61 Sportfreunde Gladbeck, 1963–65 Borussia Dortmund, 1965–67 MSV Duisburg, 1967–72 VfL Bochum, 1972 VfB Stuttgart, 1975/76 SpVgg Erkenschwick.

»Equipe Tricolore«, Bez. für die Nationalmannschaft Frankreichs.

Erbach, Günter, dt. Funktionär, *22. Januar 1928; 1983–90 Präsident des DFV der DDR (Vorgänger: G. → Schneider, Nachfolger: H.-G. → Moldenhauer).

Erevan, armenisch für → Jerewan ...

Erfolg, im engeren Sinn ein positives Ergebnis; aus fußballer. Sicht zählt hierzu in erster Linie der Sieg, dann das Unentschieden (»Teil-E.«, zum Beispiel bei schwerem Auswärtsspiel), für Außenseiter unter Umständen auch eine knappe Niederlage (gegen »übermächtige« Gegner).

> **Erfolg**
> Success [engl.]
> Succès [frz.]
> Éxito [span.]
> Êxito [portugies.]
> Esito [italien.]

»Erfolgstrainer«, umgangssprachl. Bez. für einen besonders erfolgreichen Vereinstrainer, der in der Vergangenheit mehrere nationale und bzw. oder internationale Titel (v. a. Landesmeisterschaften, Pokalwettbewerbe) mit oft mehreren Klubs bzw. Vereinen gewinnen konnte.

Erfurt, Deutschland (Thüringen), **1) FC Erfurt-Nord** (Fußballclub Erfurt-Nord), gegr. 1902 als Teutonia Erfurt, 1912 Fusion mit FC Germania Erfurt zu SpVgg Erfurt, 1945 aufgelöst und als SG Erfurt-Nord neu gegr., 1947 Fusion mit SG Erfurt-Ost zu SG Nordstern Erfurt, 1949–51 BSG Pels Erfurt, 1951/52 BSG Stahl Erfurt, 1952–72 BSG Motor Nord Erfurt, 1972–90 BSG UT Erfurt, 1990–92 SSV UT Erfurt, 1992–2003 SSV Erfurt-Nord, seitdem FC Erfurt-Nord; Spielkleidung: Blau-Weiß/Blau/Blau; Stadion: Grubenstraße, 2000 Plätze. – INTERNET: www.fcerfurtnord.de

Spieler (Auswahl): R. Hebestreit. – **Trainer** (Auswahl): J. Heun – H. Nordhaus.

2) FC Rot-Weiß Erfurt (Fußballclub Rot-Weiß Erfurt), entstand 1895 als Cricket Club Erfurt, 1896–1946 SC Erfurt, 1946 aufgelöst und als SG Erfurt-West neu gegr., 1946–49 SG Fortuna Erfurt, 1949–51 BSG KWU (»Kommunales Wirtschaftsunternehmen«) Erfurt, 1951–54 BSG Turbine Erfurt, 1954–66 SC Turbine Erfurt, seitdem FC Rot-Weiß Erfurt; DDR-Oberliga 1949–59, 1961–64, 1965/66, 1967–71, 1972–90, NOFV-Oberliga 1990/91; Zweite Bundesliga 1991/92 (Süd), 2004/05; Spielkleidung: Rot/Weiß/Rot; Stadion: Steigerwaldstadion, 20 000 Plätze (DDR: Georgi-Dimitroff-Stadion, 28 000 Plätze). – INTERNET: www.fc-rot-weiss-erfurt.de

Spieler (Auswahl): B. Akrapovic – M. Engelhardt – C. Fritz – H. Fuchs – R. Häfner – R. Hebestreit – S. Helbig – J. Heun – L. Lindemann – T. Linke – H. Nordhaus – K. Reitmaier – G. Rosbigalle – R. Schnuphase – U. Weidemann – H. Weigang – H., J. und M. Weißhaupt. – **Trainer** (Auswahl): P. Dotchev – F. Engel – W. Gröbner – J. Kocian – L. Kurbjuweit – J. Kuze – H. Meyer – R. Müller – H. Nordhaus – J. Raab – G. Rosbigalle – H.-U. Thomale – K. Urbanczyk – L. Wieder.

»Ergänzungsspieler« → Auswechslung.

Erhardt, Herbert, dt. Abwehrspieler, *6. Juli 1930 Fürth; 1944–62 SpVgg Fürth, 1962–64 FC Bayern München; 50 Länderspiele (1953–62; 1 Tor); WM-Endrunde 1954 (Weltmeister [nicht eingesetzt]), 1958, 1962.

Eriksson, 1) Jan, schwed. Mittelfeldspieler, *24. August 1967; bis 1986 GIF Sundsvall, 1987–90 AIK Solna, 1991/92 IFK Norrköping, 1992–95 1. FC Kaiserslautern, 1995/96 Servette Genf, 1996/97 Helsingborgs IF, 1997/98 FC Sunderland, 1998/99 bei Tampa Bay Rowdies; 37 Bundesligaspiele (4 Tore); 23 Länderspiele;

»Erfolgstrainer« (Auswahl)

Argentinien
C. Bianchi

Belgien
R. Goethals

Bosnien und Herzegowina
I. Osim

Brasilien
V. Luxemburgo
L. F. Scolari

Deutschland
H. Benthaus
J. Bogs (DDR)
G. Buschner (DDR)
C. Daum
J. Derwall
K. Feldkamp
W. Fritzsch (DDR)
O. Hitzfeld
U. Lattek
O. Rehhagel
B. Schröder (DDR/Deutschland)
M. Staab *
H. Weisweiler

England
H. Chapman
B. Clough
R. Hodgson
B. Nicholson
R. W. Robson

Frankreich
G. Houllier
A. Jacquet
L. Leduc
G. Roux
A. Wenger

Italien
C. Ancelotti
F. Capello
M. Lippi
A. Sacchi
G. Trapattoni

Kroatien
O. Barić
Z. Čajkovski
B. Zebec

Niederlande
D. Advocaat
L. Beenhakker
A. de Mos
G. Hiddink
M. Michels
L. van Gaal

Norwegen
N. A. Eggen

Österreich
E. Bauer
E. Happel
M. Merkel
J. Pesser
K. Rappan

Portugal
A. Jorge
R. Mourinho

Rumänien
M. Lucescu

Russland
O. Romanzew
J. Sjomin

Schottland
M. Busby
A. Ferguson
R. Paisley
B. Shankley
G. Souness
J. Stein

Schweden
S. G. Eriksson

Schweiz
C. Gross

Serbien und Montenegro
D. Bajevic
V. Boskov

Slowakische Republik
V. Ježek

Spanien
R. Benitez Maudes
V. Del Bosque
M. Múñoz

Türkei
F. Terim

Ukraine
V. Lobanovskiy

Ungarn
B. Guttmann

Uruguay
R. G. Máspoli

*Trainerin

WM-Endrunde 1990; EM-Endrunde 1992; in Schweden Fußballer des Jahres 1992. – **2)** Sven Göran, schwed. Trainer, *5. Februar 1948 Sunne (Värmlands Län); war Abwehrspieler: bis 1971 Torsby IF, 1971–73 SK Sifhälla, 1973–75 KB Karlskroga. – Später Trainer: 1976–78 Degerfors IF (1976 Trainerassistent, 1977/78 Cheftrainer), 1979–82 IFK Göteborg, 1982–84 Benfica Lissabon, 1984–87 AS Rom, 1987–89 AC Florenz, 1989–92 Benfica Lissabon, 1992–97 Sampdoria Genua, 1997–2000 Lazio Rom, 2001–06 Eng-

S. G. Eriksson: Erfolgsstationen (Auswahl)	
IFK Göteborg	LM 1982 PS 1979, 1982
Benfica Lissabon	LM 1983, 1984, 1991 PS 1983 EC III 1982
AS Rom	PS 1986
Sampdoria Genua	PS 1994
Lazio Rom	LM 2000 PS 1998 EC II 1999 Europa-)Supercup 1999

Sven Göran Eriksson

land (Nationalmannschaft; WM-Endrunde 2002, EM-Endrunde 2004). – **3)** Ulf Helmer Johan, schwed. Schiedsrichter, *26. Mai 1942 Solleftea; seit 1968 Schiedsrichter, seit 1972 1. Division, seit 1974 FIFA-Referee; WM-Endrunde 1978.

Eritrea, Republik in Nordostafrika, am Roten Meer, 121 320 km², 4,362 Mio. Ew.; Verband: Eritrean National Football Federation, Abk. ENFF, gegr. 1996, Sitz: Asmara; Mitglied der FIFA und der CAF seit 1998; Spielkleidung: Blau/Rot/Grün.

Erkenbrecher, Uwe, dt. Trainer, *14. November 1954 Delmenhorst (Niedersachsen); war Abwehrspieler: 1961–67 Bremer SV, 1967–75 SV Werder Bremen, 1975–77 SG Wattenscheid 09, 1977/78 Göttingen 05, 1978/79 KSV Baunatal, 1979/80 Atlas Delmenhorst, 1980–83 1. FC Paderborn, 1983/84 FC Stukenbrock, 1984–86 Teutonia Lippstadt, 1986–88 Borussia Lippstadt; 24 Bundesligaspiele (1 Tor). – Später Trainer: 1992/93 VfL Wolfsburg, 1993/94 FC Carl Zeiss Jena, 2000–02 Spvgg Greuther Fürth, 2002/03 SC Paderborn 07, 2003 Esteghlal Teheran, 2003/04 SSV Reutlingen, 2004–06 VfL Wolfsburg II.

Erkenschwick, SpVgg (Spielvereinigung Erkenschwick), Deutschland (Oer-Erkenschwick [Nordrhein-Westfalen]), gegr. am 19. Juni 1916 als SV Erkenschwick, 1921 Anschluss an TV Erkenschwick, 1922 Fusion mit Blau-Weiß Oer zu SpVgg Erkenschwick; Spielkleidung: Rot/Schwarz/Rot; Stadion: Stimbergstadion, 20 000 Plätze. – INTERNET: www.spvgg-erkenschwick.de

Spieler (Auswahl): G. Koch – M. Metzelder – U. Neuhaus – H. Szymaniak. – **Trainer** (Auswahl): H. Eppenhoff.

Erler, Dieter, dt. Mittelfeldspieler (Halbstürmer), *28. Mai 1939 Glauchau (Sachsen), † 10. April 1998 Chemnitz; 1953–57 BSG Chemie Glauchau, 1957–59 BSG Wismut Gera, 1959–63 BSG Wismut Aue, 1963–71 FC Karl-Marx-Stadt; 290 Oberligaspiele (69 Tore); 47 Länderspiele (1959–67; 12 Tore); in der DDR Fußballer des Jahres 1967. – Später Trainer: 1975/76 FC Karl-Marx-Stadt.

Ermahnung, vorbeugende erzieher. Maßnahme *(Vorwarnung)* des Schiedsrichters als Vorstufe für die → Verwarnung; kann generell nur einmal gegeben werden.

»Ermessensspielraum«, Schiedsrichter: regelsprachlich für → »Fingerspitzengefühl«.

Ernst, 1) Fabian, dt. Mittelfeldspieler, *30. Mai 1979 Hannover; bis 1998 Hannover 96, 1998–2000 Hamburger SV, 2000–05 SV Werder Bremen, 2005/06 FC Schalke 04; 214 Bundesligaspiele (11 Tore); 23 Länderspiele (seit 2002; 1 Tor); EM-Endrunde 2004. – **2)** Rainer, dt. Angriffsspieler, 31. Dezember 1961 Neustrelitz; 1968–75 SG Dynamo Neustrelitz, 1975–90 Berliner FC Dynamo, 1990/91 1. FC Kaiserslautern, 1991/92 Girondins Bordeaux, 1992/93 AS Cannes; 216 (DDR-)Oberligaspiele (91 Tore); Oberliga-Torschützenkönig 1984 (20), 1985 (24); 56 Länderspiele für die DDR (1981–90; 20 Tore); 18 Bundesligaspiele (2 Tore). – **3)** Thomas, dt. Torhüter, *23. Dezember 1967 Wiesbaden (Hessen); 1974–81 FV Biebrich 02, 1981–94 Eintracht Frankfurt, 1994/95 FSV Frankfurt, 1995–2000 VfL Bochum, 2000–03 VfB Stuttgart, 2003–06 1. FC Kaiserslautern; 106 Bundesligaspiele.

Fabian Ernst

Ernst-Happel-Stadion, bis 1992 **Praterstadion,** im Wiener Prater, dem Volks- und Vergnügungspark, gelegenes Großstadion, eröffnet 1931, 69 996 Plätze; Heimstätte der österr. Nationalmannschaft. Anfang der 1980er-Jahre nach starken Verschleißerscheinungen restauriert und 1986 wieder eröffnet. Es verfügt nach erneuter Rekonstruktion über 50 000 Plätze. Das E.-H.-S. wurde in der UEFA-Liste für anerkannte Stadien mit 5 Sternen bedacht und ist EM-Stadion 2008 (u. a. Finale)

Ersatzspieler, der (potenzielle) Wechselspieler (→ Auswechslung).

Erwärmung → Training.

Erzgebirge Aue, FC, Deutschland: → Aue, FC Erzgebirge.

Esbjerg fB (Esbjerg forenede Boldklubber), Dänemark, gegr. 1924; Spielkleidung: Blau-Weiß/Blau/Blau; Stadion: Esbjerg Idraetsparken, 16 630 Plätze. – INTERNET: ww.welcome.to/efb
Trainer (Auswahl): R. Möller-Nielsen.

Esch, AS, eigtl. »AS Jeunesse La Jeunesse d'Esch« (Association Sportive La Jeunesse d'Esch), Luxemburg, gegr. 1907 als Jeunesse la Frontière Esch, 1918–40 AS Jeunesse Esch, 1940–44 SV Schwarz-Weiß Esch, seitdem AS Jeunesse La Jeunesse d'Esch; Spielkleidung: Schwarz-Weiß/Schwarz/Schwarz; Stadion: Stade de la Frontière, 6300 Plätze. – INTERNET: www.jeunesse-esch.lu

Eschborn, 1. FC, eigtl. »1. FC Eschborn 1930« (1. Fußballclub Eschborn 1930), Deutschland (Hessen), gegr. am 10. September 1930; Spielkleidung: Blau-Weiß/Weiß/Weiß; Stadion: Heinrich-Graf-Sportanlage, 3200 Plätze. – INTERNET: www.1fce.de
Spieler (Auswahl): U. Bindewald.

Eschen/Mauren, USV (Unterländer Spielervereinigung Eschen/Mauren), Liechtenstein, gegr. 1963; Spielkleidung: Blau/Weiß/Blau-Weiß; Stadion: Sportpark Eschen-Mauren, 5300 Plätze.

Eschweiler, Walter, dt. Schiedsrichter (Euskirchen [Nordrhein-Westfalen]), *20. September 1936 Bonn-Beuel; seit 1951 Schiedsrichter, seit 1970 FIFA-Referee; WM-Endrunde 1974, 1982; zweites EC III-Finale 1981, EC II-Finale 1982; 29 Länderspiele; 55 Europapokalspiele; 155 Bundesligaspiele (1966–84); DFB-Pokalfinale 1976.

> **W. Eschweiler**
> »Die Leistung eines Schiedsrichters ist mit irdischen Gütern nicht zu bezahlen.«

ESM, Abk. für **E**uropean **S**ports **M**agazines, Verbund europ. Sport- bzw. Fußballfachzeitschriften.

> **ESM: Mitglieder**
> »A Bola« (Portugal)
> »Don Balon« (Spanien)
> »Fanatik« (Türkei)
> »Foot Magazin« (Belgien)
> »kicker« (Deutschland)
> »La Gazzetta dello Sport« (Italien)
> »Sport-Express« (Russland)
> »Tipsbladet« (Dänemark)
> »Voetbal International« (Niederlande)
> »World Soccer« (England)

Essen, Deutschland (Nordrhein-Westfalen), **1) ETB Schwarz-Weiß** (Essener Turnerbund Schwarz-Weiß), gegr. am 11. April 1881 als Essener TB (1900 Gründung der ETB-Fußballabteilung); Spielkleidung: Weiß-Schwarz/Schwarz/Schwarz; Stadion: Uhlenkrug, 25 000 Plätze. – INTERNET: www.etb-schwarz-weiss.de
Spieler (Auswahl): O. Adler – O. Bierhoff – T. Cichon – T. Hörster – J. Lehmann – U. Reinders. – **Trainer** (Auswahl): H. Höher – K. Klötzer – W. Multhaup.
2) Rot-Weiss Essen, Abk. **RWE,** gegr. am 1. Februar 1907 als SV Vogelsheim, 1910/11 SuS Emscher, 1911 Fusion mit TB Bergeborbeck, 1913 Auflösung der Fusion und bis 1920 SV Emscher- Vogelsheim, 1920–23 SuS Emscher, 1923 Fusion mit TB Bergeborbeck zu Rot-Weiss Essen; Bundesliga 1966/67, 1969–71, 1973–77; Zweite Bundesliga 1981–84, 1986–91 (Lizenzentzug 1991), 1993/94 (Lizenzentzug 1994), 1996/97, 2004/05; Spielkleidung: Weiß/Rot/Rot-Weiß; Stadion: Georg-Melches-Stadion, 25 600 Plätze. – INTERNET: www.rot-weiss-essen.de
Spieler (Auswahl): M. Basler – E. Beer – H. Bonan – M. Burgsmüller – D. Ferner – E. Gaede – B. Goldbaek – M. Herget – F. Herkenrath – H. Hrubesch – F. Kioyo – H. Kremers – H. Kwiatkowski – W. Landgraf – D. Langerbein – W. Lippens – F. Mill – U. Neuhaus – H. Rahn – O. Rehhagel – J. Röber – C. Schreier – H. Simmet – D. Teixeira – A. van Lent – A. Vier – T. Zdebel. – **Trainer** (Auswahl): H. Burdenski – H. Fach – D. Ferner – W. Frank – J. Gelsdorf – I. Horvat – H. Hrubesch – K. Klötzer – W. Lorant – H.-W. Moors – W. Multhaup – U. Neuhaus – P. Neururer – H. Pleß – E. Ribbeck – J. Röber – R. Schafstall – E. Schwartz – F. Szepan – J. Uridil.

Essen-Schönebeck, SG (Sportgemeinschaft Essen-Schönebeck), entstand 2000 durch Fusion von SC Essen-Schönebeck und VfB Borbeck; Frauen: Bundesliga seit 2004–06; Spielkleidung: Rot; Stadion: Sportpark am Hallo, 2500 Plätze. – INTERNET: www.sg-schoenebeck.de
Spielerinnen (Auswahl): S. Thompson.

Estadio Camp Nou [katalan.], Vereinsstadion des FC Barcelona, 1957 eröffnet, 98 260 Plätze (seit 1994, 1982–94 120 000 Plätze), WM-Endrunde 1982; Stadion mit dem größten Fassungsvermögen in Europa.

Estland, Republik im nördl. Baltikum, zw. Finn. Meerbusen und Lettland, 45 226 km², 1,409 Mio. Ew.; Verband: Estonian Football Association, Abk. EFA, gegr. 1921, Sitz: Tallinn (dt. Reval); Mitglied der FIFA 1923–39 und seit 1992, der UEFA seit 1992; Spielkleidung: Blau/Schwarz/Weiß. – INTERNET: www.jalgpall.ee

ETB Schwarz-Weiß, Deutschland: → Essen [1].

Samuel Eto'o Fils

Eto'o Fils, Samuel, ein kamerun. Angriffsspieler, * 10. März 1981 Nkon; 1997/98 CD Leganés, 1998 Real Madrid, 1999 Espanyol Barcelona und Real Madrid, 1999–2004 RCD Mallorca, 2004–06 FC Barcelona; 57 Länderspiele (seit 1997; 14 Tore); WM-Endrunde 1998, 2002; Olympiasieger 2000; Afrikas Fußballer des Jahres 2003, 2004.

> **S. Eto'o Fils**
> »Ich werde rennen wie ein Schwarzer, um zu leben wie ein Weißer.«

Ettmayer, Johannes (»Buffy«), österr. Mittelfeldspieler, * 23. Juli 1946 Wien; 1971–75 VfB Stuttgart, 1975–77 Hamburger SV, 1978–81 Freiburger FC; 124 Bundesligaspiele (38 Tore); 30 Länderspiele (1968–75).

> **»Buffy« Ettmayer**
> »Für die meisten Bundesligaprofis wäre es besser, der Ball wäre ein Würfel. Dann würde er nicht so weit wegspringen.«

EURO, Kurzbezeicnung für Europameisterschaft, aber nur mit dem Jahr der Durchführung gebraucht (z. B. EURO 2008).

Europaauswahl, Mannschaft mit Spielern aus den europ. Landesverbänden, die unter der Leitung der UEFA für internationale Begegnungen zusammengestellt wurde. Das erste Spiel einer E. fand am im August 1955 anlässlich des 75-jährigen Bestehens des Nordir. Fußballverbandes in Belfast statt, und zwar gegen eine Auswahl Großbritanniens (4:1). Im Mai 1964 trat eine E. ein weiteres Mal – aus Anlass des 75-jährigen Jubiläums des Dän. Fußballverbandes – in Erscheinung und besiegte in Kopenhagen eine Auswahl Skandinaviens mit 4:2. Im September des gleichen Jahres bezwang schließlich eine von H. Schön betreute E. in Belgrad die jugoslaw. Nationalmannschaft mit 7:2 Toren. Die gesamten Spiel- und Fernseheinnahmen dieses Treffens wurden zur Wiederinstandsetzung der durch das Erdbeben (1963) in Skopje zerstörten Stadien verwendet. – Infolge zunehmender techn. Schwierigkeiten, besonders das Abstellen der Spitzenspieler betreffend, beschloss das UEFA-Exekutivkomitee 1965, künftig auf E.-Spiele zu verzichten.

Europäische Fußballunion, die → UEFA.

Europäischer Messepokal, svw. → Internationaler Messepokal.

Europameisterschaft, neben der Weltmeisterschaft bedeutendster internationaler Wettbewerb für europ. Nationalmannschaften (seit 1996 auch für Israel); seit 1968, jeweils in der Mitte zw. 2 WM-Endrunden alle 4 Jahre ausgetragen. Die Idee brachte H. Delaunay, damals Generalsekretär des Frz. Fußballverbandes, bereits 1927 bei der FIFA ein; dies jedoch zu einem ungünstigen Zeitpunkt, da bereits die organisator. Vorbereitungen für die erste Weltmeisterschaft in Uruguay 1930 liefen. Der Zweite Weltkrieg schob die Ideen weiter hinaus. – Delaunays Sohn Pierre und der Journalist G. Hanot initiierten 1957 über Frankreich einen neuen Vorstoß bei der UEFA. Auf ihrem Kongress in Köln stimmte diese 1957 dem Plan eines »Europapokals der Nationen«

Europameisterschaft: Finalspiele

Jahr	*Austragungsland*	*Ort*	*Datum*	*Schiedsrichter*	*Europameister*	*Vizeeuropameister*	*Ergebnis*
1968	Italien	Rom	6. Juni	G. Dienst (Schweiz)	Italien	Jugoslawien	1:1
			10. Juni	J. M. de Mendibil (Spanien)			2:0 (Wiederholungsspiel)
1972	Belgien	Brüssel	18. Juni	F. Marschall (Österreich)	BRD	UdSSR	3:0
1976	Jugoslawien	Belgrad	20. Juni	S. Gonella (Italien)	ČSSR	BRD	5:3 im Strafstoßschießen (zuvor 2:2)
1980	Italien	Rom	22. Juni	N. Rainea (Rumänien)	BRD	Belgien	2:1
1984	Frankreich	Paris	27. Juni	V. Christov (Bulgarien)	Frankreich	Spanien	2:0
1988	BRD	München	25. Juni	M. Vautrot (Frankreich)	Niederlande	UdSSR	2:0
1992	Schweden	Göteborg	26. Juni	B. Galler (Schweiz)	Dänemark	Deutschland	2:0
1996	England	London	30. Juni	P.Pairetto (Italien)	Deutschland	Tschech. Republik	2:1 (»Golden Goal« in der Verlängerung)
2000	Niederlande/ Belgien	Rotterdam	2. Juli	A. Frisk (Schweden)	Frankreich	Italien	2:1 (»Golden Goal« in der Verlängerung)
2004	Portugal	Lissabon	4. Juli	M. Merk (Deutschland)	Griechenland	Portugal	1:0 (»Silver Goal« in der Verlängerung)

Europapokal: Häufigste Sieger

Klub	*Landesmeister*	*Pokalsieger*	*UEFA-Pokal*	*Gesamt*
Real Madrid	9	–	2	11
AC Mailand	6	2	–	8
FC Liverpool	5	–	3	8
FC Barcelona	1	4	3	8
Ajax Amsterdam	4	1	1	6
FC Bayern München	4	1	1	6
Juventus Turin	2	1	3	6
Inter Mailand	2	–	3	5
CF Valencia	–	1	3	4
Manchester United	2	1	–	3
FC Porto	2	–	1	3
Feyenoord Rotterdam	1	–	2	3
RSC Anderlecht	–	2	1	3
Tottenham Hotspur	–	1	2	3
FC Parma	–	1	2	3
Weitere dt. Vertreter:				
Borussia Dortmund	1	1	–	2
Hamburger SV	1	1	–	2
Borussia Mönchengladbach	–	–	2	2
1. FC Magdeburg	–	1	–	1
SV Werder Bremen	–	1	–	1
Eintracht Frankfurt	–	–	1	1
FC Schalke 04	–	–	1	1

zu. Die ersten beiden Wettbewerbe 1960 und 1964 wurden noch unter dieser Bez. als »Henri-Delaunay-Coupe« durchgeführt; ab 1968 wurde der Wettbewerb dann in E. umbenannt.
1964–1976 wurde die Endrunde mit 4 Mannschaften ausgetragen (Halbfinale, Finale Spiel um den 3. Platz), 1980 gab es 2 Endrundengruppen (je 4 Mannschaften). Die beiden Ersten bestritten das Finale, die Zweiten trugen das Spiel um den 3. Platz aus. 1984–92 gab es wieder 2 Endrundengruppen, aber die Finalgegner wurden durch den Überkreuzvergleich der jeweils beiden Gruppenersten ermittelt. Seit 1996 wird in 4 Endrundengruppen mit je 4 Mannschaften gespielt. Die jeweils beiden Gruppenersten qualifizieren sich für das Viertelfinale. – Im engeren Sinn versteht man unter E. die → EM-Endrunde.

Europameisterschaft
European Championship [engl.]
Championnat d'Europe [frz.]
Campeonato Europeo [span.]
Campeonato Europeu [portugies.]
Campionato Europeo [italien.]

Europameisterschaft U 16 → Junioreneuropameisterschaft U 16/U17.
Europameisterschaftsendrunde, die → EM-Endrunde.

Europapokal der Nationen
1960 in Frankreich
UdSSR – Jugoslawien 2:1 (n. V.)
1964 in Spanien
Spanien – UdSSR 2:1

Europa-Nationenpokal, svw. Europapokal der Nationen (→ Europameisterschaft).
Europapokal, Abk. **EP**, engl. **European Cup,** Abk. **EC,** europ. Klubpokalwettbewerb (auch die jeweilige Trophäe, der »Cup«) für alle der UEFA angehörenden Landesverbände, der in der Regel zw. September und Dezember sowie März und Mai ausgetragen wird. Gespielt wird in der Rangfolge → Champions League (bis 1991/92: → Europapokal der Landesmeister) und → UEFA-Pokal; bis 1998/99 gab es darüber hinaus den → Europapokal der Pokalsieger. – Teilnahmeberechtigt sind die Landesmeister, die Pokalsieger und darüber hinaus die Bestplatzierten der nationalen Meisterschaften gemäß eines → Wertkoeffizientensystems. Beim Gewinn des Doubles nimmt der Landesmeister an der Champions League und der Pokalfinalist am UEFA-Pokal teil. Der jeweilige Pokalverteidiger ist »automatisch« für den gleichen Folgewettbewerb qualifiziert, was aber keine Teilnahmepflicht darstellt. Qualifiziert er sich z. B. als vorjähriger Gewinner des UEFA-Pokals im laufenden Spieljahr national für die Champions

Europapokal: Deutsche Siege in den europäischen Pokalwettberben

Jahr	*Mannschaft*	*Europapokal der Landesmeister bzw. (seit 1992/93) Champions League*	*Europapokal der Pokalsieger (bis 1998/99)*	*UEFA-Pokal*
1966	Borussia Dortmund		X	
1967	FC Bayern München		X	
1974	FC Bayern München	X		
	1. FC Magdeburg		X	
1975	FC Bayern München	X		
	Borussia Mönchengladbach			X
1976	FC Bayern München	X		
1977	Hamburger SV		X	
1979	Borussia Mönchengladbach			X
1980	Eintracht Frankfurt			X
1983	Hamburger SV	X		
1988	Bayer 04 Leverkusen			X
1992	SV Werder Bremen		X	
1996	FC Bayern München			X
1997	Borussia Dortmund	X		
	FC Schalke 04			X
2001	FC Bayern München	X		

League, nimmt er an dieser teil. Falls sich der Pokalverteidiger im laufenden Spieljahr national nicht qualifiziert, startet er praktisch als »zusätzl.« Vertreter des jeweiligen Landesverbandes im entsprechenden Wettbewerb. – Nach 3 gelben Karten (in mindestens 3 Spielen) ist der Spieler automatisch für die nächste Partie gesperrt, weitere Sperren folgen nach jeder weiteren zweiten Verwarnung. Bei Feldverweis in einer Begegnung muss der Spieler mindestens ein Spiel zusehen, wobei der Disziplinar- und Kontrollausschuss der UEFA je nach Schwere des Vergehens die Sperre verlängern kann. Das Reglement besagt, dass diese Spielsperre gegebenenfalls auf das erste Spiel im Folgewettbewerb übertragen wird, egal in welchem Klub der Betreffende dann spielt oder in welchem Wettbewerb seine Mannschaft dann teilnimmt.

Europapokal der Landesmeister, Pokalwettbewerb für alle europ. Landesmeister der in der UEFA zusammengeschlossenen Landesverbände (seit 1992/93 auch Israel), seit 1992/93 als → Champions League geführt. Wettbewerbe wie der Mitropapokal und der Latein Cup form-

Europapokal der Landesmeister

1956	Real Madrid
1957	Real Madrid
1958	Real Madrid
1959	Real Madrid
1960	Real Madrid
1961	Benfica Lissabon
1962	Benfica Lissabon
1963	Mailand AC
1964	Inter Mailand
1965	Inter Mailand
1966	Real Madrid
1967	Celtic Glasgow
1968	Manchester United
1969	Mailand AC
1970	Feyenoord Rotterdam
1971	Ajax Amsterdam
1972	Ajax Amsterdam
1973	Ajax Amsterdam
1974	FC Bayern München
1975	FC Bayern München
1976	FC Bayern München
1977	FC Liverpool
1978	FC Liverpool
1979	Nottingham Forest
1980	Nottingham Forest
1981	FC Liverpool
1982	Aston Villa
1983	Hamburger SV
1984	FC Liverpool
1985	Juventus Turin
1986	Steaua Bukarest
1987	FC Porto
1988	PSV Eindhoven
1989	Mailand AC
1990	Mailand AC
1991	Roter Stern Belgrad
1992	FC Barcelona

Weiterer Verlauf:
→ Champions League

Europapokal der Pokalsieger

1961	AC Florenz
1962	Atlético Madrid
1963	Tottenham Hotspur
1964	Sporting Lissabon
1965	West Ham United
1966	Borussia Dortmund
1967	FC Bayern München
1968	Mailand AC
1969	Slovan Bratislava
1970	Manchester City
1971	FC Chelsea
1972	Glasgow Rangers
1973	Mailand AC
1974	1. FC Magdeburg
1975	Dynamo Kiew
1976	RSC Anderlecht
1977	Hamburger SV
1978	RSC Anderlecht
1979	FC Barcelona
1983	FC Aberdeen
1980	CF Valencia
1981	Dynamo Tiflis
1982	FC Barcelona
1983	AC Parma
1984	Juventus Turin
1985	FC Everton
1986	Dynamo Kiew
1987	Ajax Amsterdam
1988	KV Mechelen
1989	FC Barcelona
1990	Sampdoria Genua
1991	Manchester United
1992	SV Werder Bremen
1993	AC Parma
1994	FC Arsenal
1995	Real Saragossa
1996	Paris Saint-Germain
1997	FC Barcelona
1998	FC Chelsea
1999	Lazio Rom

ten den Gedanken an einen Europapokal. Eine Richtung propagierte die »Klub-Superliga«, ausschließlich den führenden Ländern Europas vorbehalten, eine andere die Teilnahme aller Landesmeister. Der Franzose G. Hanot nahm letztere Idee auf. 1954 veröffentlichte er seinen Plan einer »Europameisterschaft der Klubs und legte 1955 einen Reglementsvorschlag mit Hin- und Rückspielen als Pokalwettbewerb vor, den die UEFA am im gleichen Jahr durch ihr Dringlichkeitskomitee sanktionierte. Die Paarungen der einzelnen Runden wurden ausgelost und mit Hin- und Rückspielen durchgeführt. Bei Punktgleichheit entschied die Anzahl erzielter Tore, bei Torgleichheit zählten die auswärts erzielten Tore »doppelt«. Der Gewinner spielte gegen den Sieger des Europapokals der Pokalsieger um den (Europa-)Supercup, außerdem traf er auf den Südamerikameister (Gewinner der → Copa Libertadores de América) und spielte mit ihm bis 2004 um den → Weltpokal [1].

Europas Fußballer des Jahres

1956	S. Matthews (England)
1957	A. di Stéfano (Spanien)
1958	R. Kopa (Frankreich)
1959	A. di Stéfano (Spanien)
1960	L. Suárez (Spanien)
1961	O. Sivori (Italien)
1962	J. Masopust (ČSSR)
1963	L. Jaschin (UdSSR)
1964	D. Law (Schottland)
1965	Eusébio (Portugal)
1966	R. Charlton (England)
1967	F. Albert (Ungarn)
1968	G. Best (Nordirland)
1969	G. Rivera (Itaien)
1970	G. Müller (BRD)
1971	J. Cruijff (Niederlande)
1972	F. Beckenbauer (BRD)
1973	J. Cruijff (Niederlande)
1974	J. Cruijff (Niederlande)
1975	O. Blokhin (UdSSR)
1976	F. Beckenbauer (BRD)
1977	A. Simonsen (Dänemark)
1978	K. Keegan (England)
1979	K. Keegan (England)
1980	K.-H. Rummenigge (BRD)
1981	K.-H. Rummenigge (BRD)
1982	P. Rossi (Italien)
1983	M. Platini (Frankreich)
1984	M. Platini (Frankreich)
1985	M. Platini (Frankreich)
1986	I. Belanow (UdSSR)
1987	R. Gullit (Niederlande)
1988	M. van Basten (Niederlande)
1989	M. van Basten (Niederlande)
1990	L. Matthäus (Deutschland)
1991	J.-P. Papin (Frankreich)
1992	M. van Basten (Niederlande)
1993	R. Baggio (Italien)
1994	C. Stoichkov (Bulgarien)
1995	G. Weah (Liberia)
1996	M. Sammer (Deutschland)
1997	Ronaldo (Brasilien)
1998	Z. Zidane (Frankreich)
1999	Rivaldo (Brasilien)
2000	L. Figo (Portugal)
2001	M. Owen (England)
2002	Ronaldo (Brasilien)
2003	P. Nedved (Tschech. Republik)
2004	A. Shevchenko (Ukraine)
2005	Ronaldinho (Brasilien)

Europapokal der Nationen, 1960 und 1964 Vorläufer der → Europameisterschaft.

Europapokal der Pokalsieger, bis zu seiner Einstellung nach der Saison 1998/99 der zweitbedeutendste europ. Pokalwettbewerb nach dem → Europapokal der Landesmeister, offen für alle Pokalsieger der zur UEFA gehörenden Landesverbände (außerdem seit 1992/93 Israel); 1960/61 mit 10 Teilnehmern zum erstenmal ausgetragen, ab 1962 unter UEFA-Regie. Wurde ein Klub auf nationaler Ebene Landesmeister und Pokalsieger (→ Double), nahm er am Europapokal der Landesmeister, der unterlegene Pokalfinalist am E. d. P. teil. Der Pokalgewinner spielte bis 1999 gegen den Sieger des Europapokals der Landesmeister um den → (Europa-) Supercup.

Europas Fußballer des Jahres, die Wahl des besten oder populärsten Spielers in Europa, durchgeführt von der Pariser Sportzeitschrift »France Football«. Europ. Sportjournalisten können jeweils 4 Namen nennen. Die seit 1956 vorgenommene Auszeichnung ist mit dem »Goldenen Ball« (»Le Ballon d'Or«) verbunden.

Europas Torschützenkönig, erfolgreichster Torschütze der abgelaufenen Saison in den höchsten Spielklassen der UEFA-Mitgliedsländer, von European Sports Magazines (→ ESM) veranstaltet und seit 1997 offiziell mit dem »Goldenen Schuh« geehrt (2. Platz: »Silberner Schuh«, 3. Platz: »Bronzener Schuh«). Dabei wird die unterschiedl. Spielanzahl in den jeweiligen Ligen nicht berücksichtigt. Seit dem Spieljahr 1996/97 wird die Bewertung unter Zugrundelegung des UEFA-Ranglistenplatzes vorgenommen. Alle Tore in Meisterschaften der Verbände, die in der UEFA-Rangliste vom Platz

Europas Torschützenkönige

Jahr	*Name*	*Herkunft/Verein*	*Tore*
1968	Eusébio	Portugal/Benfica Lissabon	42
1969	P. Jekov	Bulgarien/ZSKA Sofia	36
1970	G. Müller	BRD /FC Bayern München	38
1971	J. Skoblar	Jugoslawien/Olympique Marseille	44
1972	G. Müller	BRD /FC Bayern München	40
1973	Eusébio	Portugal/Benfica Lissabon	40
1974	H. C. Yazalde	Argentinien/Benfica Lissabon	46
1975	D. Georgescu	Rumänien/Dinamo Bukarest	33
1976	S. Kaiafas	Zypern/Omonia Nikosia	39
1977	D. Georgescu	Rumänien/Dinamo Bukarest	47
1978	H. Krankl	Österreich/Rapid Wien	41
1979	K. Kist	Niederlande/AZ Alkmaar	34
1980	E. Vandenbergh	Belgien/Lierse SK	39
1981	G. Slavkov	Bulgarien/Trakija Plovdiv	31
1982	W. Kieft	Niederlande/Ajax Amsterdam	32
1983	F. Gomez	Portugal/FC Porto	36
1984	I. Rush	Wales/FC Liverpool	32
1985	F. Gomez	Portugal/FC Porto	39
1986	M. van Basten	Niederlande/Ajax Amsterdam	37
1987	R. Camataru	Rumänien/Dinamo Bukarest	44
1988	T. Çolak	Türkei/Galatasaray Istanbul	39
1989	D. Mateut	Rumänien/Dinamo Bukarest	43
1990	C. Stoichkov	Bulgarien/ZSKA Sofia	38
	H. Sanchez	Mexiko/Real Madrid	38
1991	D. Pancev	Jugoslawien/Roter Stern Belgrad	34
1992	A. McCoist	Schottland/Glasgow Rangers	34
1993	A. McCoist	Schottland/Glasgow Rangers	34
1994	D. Taylor	Wales/Bangor City	43
1995	A. Avetisyan	Armenien/Ararat Jerewan	39
1996	Z. Endeladze	Georgien/Metalurgi Zestatoni	40
1997	Ronaldo	Brasilien/FC Barcelona	34
1998	N. Mahlas	Griechenland/Vitesse Arnheim	34
1999	M. Jardel	Brasilien/FC Porto	36
2000	K. Philips	England/FC Sunderland	30
2001	H. Larsson	Schweden/Celtic Glasgow	47
2002	M. Jardel	Brasilien/Sporting Lissabon	42
2003	R. Makaay	Niederlande/Deportivo La Coruña	29
2004	T. Henry	Frankreich/FC Arsenal	30
2005	T. Henry	Frankreich/FC Arsenal	25
	D. Forlán	Uruguay/FC Villarreal	25

1–5 liegen, werden mit dem Faktor 2 multipliziert, von Platz 6–21 mit dem Faktor 1,5, alle anderen mit dem Faktor 1. Folglich ist nur die erreichte Punktzahl, nicht aber die absolute Zahl der erzielten Tore für die Einstufung maßgebend.

(Europa-)Supercup, von der UEFA sanktionierter, jährlich (anfangs nicht regelmäßig) ausgetragener Wettbewerb zw. dem Sieger der Champions League (bis 1992 dem Sieger im Europapokal der Landesmeister) und dem Sieger im UEFA-Pokal (bis 1999 dem Sieger im Europapokal der Pokalsieger), zunächst durchgeführt mit Hin- und Rückspiel. Seit 1998 gibt es nur noch ein Finale (in Monaco).

European Professional Football League, die → EPFL.

European Sports Magazines → ESM.

Eusébio, eigtl. »Eusébio Ferreira da Silva«, portugies. Angriffsspieler, *25. Januar 1942 Lourenço Marques (heute: Maputo [Moçambique]); 1957–60 Sporting Clube Lourenço Marques,

(Europa-)Supercup	
1972	Ajax Amsterdam
1973	Ajax Amsterdam
1974	nicht ausgetragen
1975	Dynamo Kiew
1976	RSC Anderlecht
1977	FC Liverpool
1978	RSC Anderlecht
1979	Nottingham Forest
1980	CF Valencia
1981	nicht ausgetragen
1982	Aston Villa
1983	FC Aberdeen
1984	Juventus Turin
1985	ausgefallen
1986	Steaua Bukarest
1987	FC Porto
1988	KV Mechelen
1989	AC Mailand
1990	AC Mailand
1991	Manchester United
1992	FC Barcelona
1993	AC Parma
1994	AC Mailand
1995	Ajax Amsterdam
1996	Juventus Turin
1997	FC Barcelona
1998	FC Chelsea
1999	Lazio Rom
2000	Galatasaray Istanbul
2001	FC Liverpool
2002	Real Madrid
2003	AC Mailand
2004	CF Valencia
2005	FC Liverpool

1960–75 Benfica Lissabon, 1975 Rhode Islands Oceaners (USA) und Boston Minutemen (USA), 1975/76 CF Monterrey (Mexiko), 1976 Toronto Metros-Croatia (Kanada), 1976/77 SC Beira-Mar, 1977 Las Vegas Quicksilvers (USA) und União de Tomar (Portugal), 1977/78 New Jersey Americans USA); 64 Länderspiele (41 Tore); WM-Endrunde 1966 (Torschützenkönig [9]); Europas Torschützenkönig 1968 (42), 1973 (40); Europas Fußballer des Jahres 1965; in Portugal Fußballer des Jahres 1970. – Später Trainer: 1985–92 Benfica Lissabon (Nachwuchs, Trainerassistent).

e.V., Abk. für → **e**ingetragener **V**erein.

Evanilson, eigtl. »Evanilson Aparecido Ferreira«, brasilian. Mittelfeldspieler, * 12. September 1975 Diamantina; bis 1995 EC Santa Tereza, 1996–98 América FC Belo Horizonte, 1999 Cruzeiro Belo Horizonte, 1999–2005 Borussia Dortmund, 2005 Atlético Mineiro Belo Horizonte, 2006 1. FC Köln; 123 Bundesligaspiele (4 Tore); 13 Länderspiele.

Eusébio

Everaldo, eigtl. »Everaldo Marques da Silva«, brasilian. Abwehrspieler, * 11. September 1944 Pôrto Alegre, † 27. Oktober 1974; bis 1965 Juventude Unida Universidad (Brasilien), 1965–74 Grêmio Pôrto Alegre; 29 Länderspiele (1969–72; 31 Tore); Weltmeister 1970.

Everton, FC, England: → Liverpool [1].

Ewerthon, eigtl. »Henrique Souza Ewerthon«, brasilian. Angriffsspieler, * 10. Juni 1981 São Paulo; bis 1988 Roque de Morais, 1988–99 Corinthians São Paulo, 2000 Rio Branco EC Americana, 2000/01 Corinthians São Paulo, 2001–05 Borussia Dortmund, 2005/06 Real Saragossa; 119 Bundesligaspiele (47 Tore); 6 Länderspiele.

Exmeister → Altmeister.

Experte, (Fußball-)Fachmann mit reichem Erfahrungsschatz (z. B. namhafte ehemalige Aktive und Trainer, aber auch Fachjournalisten und -kommentatoren). Die meisten »Fans« sind in der Regel keine E., glauben es aber zu sein.

F

FA, Abk. für The **F**ootball **A**ssociation, den Fußballverband von → England.

FAA, 1) Abk. für **F**ootball **A**ssociation of **A**fghanistan, den Fußballverband von → Afghanistan. – **2)** Abk. für The **F**ootball **A**ssociation of **A**lbania, den Fußballverband von → Albanien.

Fabbri, Edmondo, italien. Trainer, *16. November 1921 Bergamo; 1962–66 Italien (Nationalmannschaft; WM-Endrunde 1966), 1966 AC Mantova, 1967 Hellas Verona, 1967–69 AC Turin, 1969–72 FC Bologna, 1973–75 Turin Calcio, 1991/92 Spal Ferrara.

FABD, Abk. von The **F**ootball **A**ssociation of **B**runei **D**arussalam, den Fußballverband von → Brunei.

Facchetti, Giacinto, italien. Abwehrspieler, *18. Juli 1942 Treviglio; 1956–59 US Trevigliese, 1960–78 Inter Mailand; 94 Länderspiele (1963–77; 3 Tore); WM-Endrunde 1966, 1970, 1974; Europameister 1968; in Italien Fußballer des Jahres 1968.

Fach, Holger, dt. Trainer, *6. September 1962 Wuppertal; war Mittelfeldspieler: 1969–76 Bayer Wuppertal, ASV Wuppertal und Wuppertaler SV, 1976–87 Fortuna Düsseldorf, 1987–91 Bayer 05 Uerdingen, 1991–95 Borussia Mönchengladbach, 1995/96 Bayer 04 Leverkusen, 1996/97 Fortuna Düsseldorf, 1997 TSV München 1860, 1998 Fortuna Düsseldorf; 416 Bundesligaspiele (67 Tore); 5 Länderspiele (1988–89); olymp. Fußballturnier 1988. – Später Trainer: 2001–03 Borussia Mönchengladbach (Amateure), 2003 Rot-Weiss-Essen, 2003/04 Borussia Mönchengladbach, 2005 VfL Wolfsburg.

> **H. Fach**
> »Abgestiegen ist man, wenn man abgestiegen ist.«

Giacinto Facchetti

Holger Fach

Fachamt Fußball, 1934 in Deutschland – nach nationaler Liquidierung des DFB – im »Dt. Reichsbund für Leibesübungen« gebildetes Gremium, dem sämtl. bürgerl. Fußballverbände untergeordnet wurden. Somit war auch der Fußball in Hitlers Politik eingeschaltet. Wegen seiner starken propagandist. Wirkung sowie als Zuschauer- und Kassenmagnet erhielt er besondere Förderung, was leistungsmäßig einen 3. Platz bei der Weltmeisterschaft 1934 in Italien und eine positive Länderspielbilanz zur Folge hatte. – Von den 106 Länderspielen, die von 1933 bis zur durch den Zweiten Weltkrieg erzwungenen Einstellung des internationalen Spielverkehrs 1942 stattfanden, wurden 68 gewonnen, 16 endeten unentschieden, und nur 22 gingen verloren.

Fachausschuss Fußball, DDR: konstituierte sich 1950 im Dt. Sportausschuss in Berlin-Pankow, 1952 in *Sektion Fußball* umbenannt; daraus ging am 1958 der → DFV der DDR hervor.

FACR, Abk. für **F**ootball **A**ssociation of **C**zech **R**epublic, den Fußballverband der → Tschechischen Republik.

FA Cup, eigtl. »FA Challenge Cup« (Football Association Challenge Cup), Kurz-Bez. für den seit 1872 jährlich ausgespielten engl. Fußballpokal (Cup). Damals siegte beim Finale (Cup Final) im Londoner Kensington Oval (heute histor. Kricketfeld) vor 2000 Zuschauern der London Wanderers FC mit 1:0 gegen die Royal Engineers. Der FA Cup sollte bald zu einer der bedeutendsten und populärsten engl. Sporttrophäen werden. Am FA-Cup-Wettbewerb nehmen auch walis. Vereine teil, die aber lediglich1927 (Cardiff City) einen Pokalsieger stellen konnten. 1923 bis 2000 fand das FA-Cup-Finale im Londoner Wembleystadion statt, 2001 bis 200505 im Cardiffer Millenium Stadium. Seit 2006 wird es wieder im neuen Wembleystadion ausgetragen. Der Sieger des FA Cups darf am → UEFA-Pokal teilnehmen.

FAF, 1) Abk. für **F**édération **A**lgérienne de **F**ootball, den Fußballverband von → Algerien. – **2)** Abk. für **F**ederció **A**ndorrana de **F**útbol, den Fußballverband von → Andorra – **3)** Abk. für **F**ederaçao **A**ngolana de **F**utebol, den Fußballverband von → Angola.

Fahnenstange, mindestens 1,50 m hohe, oben stumpfe oder gewölbte Spielfeldmarkierung aus Kunststoff, als Eck- oder Hilfsfahne (z. B. an der Mittellinie, aber mindestens 1 m außerhalb des Spielfelds) verwendet.

Fahrenhorst, Frank, dt. Abwehrspieler, *24. September 1977 Kamen (Nordrhein-Westfalen); bis 1994 Hammer SpVgg, SpVgg Bönen und VfK Nordbögge, 1994–2004 VfL Bochum, 2004–06

SV Werder Bremen; 126 Bundesligaspiele (13 Tore); 2 Länderspiele (2004).

Fahrian, Wolfgang, dt. Torhüter, *31. Mai 1941 Ulm; 1955–64 TSG Ulm 1846, 1964/65 Hertha BSC, 1966/67 TSV München 1860, 1967–69 Fortuna Düsseldorf, 1969–74 Fortuna Köln; 67 Bundesligaspiele; 10 Länderspiele (1962–64); WM-Endrunde 1962. – Lizenzierter Spielervermittler.

»Fahrstuhlmannschaft«, umgangsprachl. Bez. für eine Mannschaft, die in der Vergangenheit wiederholt auf- und wieder abgestiegen ist (für die höhere Spielklasse auf Dauer zu schwach, für die niedrigere zu stark).

FAI, 1) Abk. für **F**ootball **A**ssociation of **I**ndonesia, den Fußballverband von → Indonesien. – **2)** Abk. für The **F**ootball **A**ssociation of **I**reland, den Fußballverband von → Irland.

Fairness [engl.], ein ehrl., sportlich einwandfreies Verhalten, eine den Spielregeln entsprechende Kampfesweise. Ein »ungeschriebenes Gesetz« des *Fair Plays*, d. h. des fairen Spiels, ist z. B. die Einhaltung des → Ehrenkodex. – Im dt. Sprachraum erstmals 1885 nachweisbar, gehört F. seit Beginn des 20. Jh. zum allgemeinen Wortschatz.

FAK, Abk. für **F**ootball **A**ssociation of **K**yrghyztan, den Fußballverband von → Kirgistan.

Falcão, Paulo Roberto, brasilian. Mittelfeldspieler, *16. Oktober 1953 Abelardo Luz; 1963–80 Internacional Pôrto Alegre, 1980–85 AS Rom, 1985/86 FC São Paulo; 36 Länderspiele (9 Tore); WM-Endrunde 1982, 1986; in Brasilien Fußballer des Jahres 1978, 1979. – Später Trainer: 1990/91 Brasilien (Nationalmannschaft), 1991–93 CF América.

Falkenmayer, Ralf, dt. Mittelfeldspieler, *11. Februar 1963 Frankfurt am Main; 1975–80 SV Niederursel, 1980–87 Eintracht Frankfurt, 1987–89 Bayer 04 Leverkusen, 1989–96 Eintracht Frankfurt; 385 Bundesligaspiele (37 Tore); 4 Länderspiele (1984–96); EM-Endrunde 1984 (nicht eingesetzt).

»Fällen« → Fußballerjargon.

Fallrückzieher → Rückzieher.

»fallsüchtig« ist ein Angreifer, der mit »vorgetäuschten Fouls« den Schiedsrichter zu irritieren versucht, um Frei- oder (meist) Strafstöße vor dem gegner. Tor »herauszuschinden«; er »hebt« dabei in der Regel bereits vom Boden ab, wenn er den Atem des Gegenspielers verspürt. Unsportl. Verhalten, das vom Schiedsrichter – falls dieser konsequent ist – erkannt und geahndet werden sollte. (→ »Schwalbe«).

falscher Einwurf, nicht regelgerecht ausgeführter → Einwurf.

FAM, 1) Abk. für **F**ootball **A**ssociation of **M**alawi, den Fußballverband von → Malawi. – **2)** Abk. für **F**ootball **A**ssociation of **M**alaysia, den Fußballverband von → Malaysia. – **3)** Abk. für **F**ootball **A**ssociation of **M**oldova, den Fußballverband von → Moldawien.

Famagusta, Anorthosis, Zypern: → Larnaca [2].

Fan [engl.], leidenschaftlich begeisterter Anhänger einer Mannschaft, der seine Verbundenheit mit der von ihm verehrten Mannschaft durch stimmgewaltige Unterstützung während des Spiels (auch bei Auswärtsspielen nach oftmals erschwerter Anreise), durch äußeres Erscheinungsbild (z. B. aufgenähtes Emblem, Tragen von Mütze oder Schal in den Klubfarben), durch Mitführen von Klubfahne oder Transparent bekundet. F. unterstützen vorbehaltlos die eigene Mannschaft, respektieren aber auch die Leistung der gegner. Mannschaft und die Entscheidungen des Schiedsrichters. »Echte« F., die ihrer Mannschaft übrigens auch bei anhaltender Erfolglosigkeit die Treue halten, sind demzufolge nicht mit »Fans« (Randalierern und Krakeelern) gleichzusetzen. (→ Hooligans)

Fan
Fan [engl.]
Adhérent [frz.]
Hincha [span.]
Partidário [portugies.]
Partigiano [italien.]

Fanatiker, engstirniger Fußballanhänger, der sich im blindem Eifer leidenschaftlich für »seine« Mannschaft einsetzt, ohne Bezug auf die Gesamtwirklichkeit. Er schaltet Selbstkritik und Einwände aus und ist fremden Anschauungen gegenüber blind und (oder) unduldsam. Deshalb ist dem F. Toleranz (das Geltenlassen anderer Normen, Werte und Handlungen) fremd. Einen F. beim Betrachten eines Fußballspiels neben sich zu haben, ist für den neutralen Betrachter ein Gräuel; meist hilft dann nur die »Flucht«.

Fandel, Herbert, dt. Schiedsrichter (Kyllburg [Rheinland-Pfalz]), *9. März 1964 Bitburg (Rheinland-Pfalz); seit 1989 Schiedsrichter, seit 1993 Zweite Bundesliga (53 Spiele), seit 1995 Bundesliga (168 Spiele), seit 1998 FIFA-Referee; 14 Länderspiele, 26 Europapokalspiele; olymp. Fußballturnier 2000; U 16-EM 1998, U 21-EM 2000; DFB-Pokalfinale 2004; Confederations Cup 2005; DFB-Schiedsrichter des Jahres 2001.

Herbert Fandel

Fanz, Reinhold, dt. Trainer, *16. Januar 1954 Mannheim; war Mittelfeldspieler: 1977–79 Fortuna Düsseldorf, 1980–83 Karlsruher SC; 70 Bundesligaspiele (3 Tore). – Später Trainer: 1985–87 FV 09 Weinheim, 1987–96 Hessen (Verbandstrainer), 1998 Hannover 96, 1998/99 Eintracht Frankfurt, 2000/01 Eintracht Braunschweig, 2001/02 und 2003/04 VfB Stuttgart (Amateure), 2004/2005 Karlsruher SC (eine Woche, kein Spiel).

> **R. Fanz**
> »Wenn man keine Tore macht, ist's ganz schwer, ein Spiel zu gewinnen.«

FAPRC, Abk. für **F**ootball **A**ssociation of The **P**eople's **R**epublic of **C**hina, den Fußballverband von → China.

FARE, Abk. für **F**ootball **A**gainst **R**acism in **E**urope, 1999 in Wien gegründete europ. Fan-Dachorganisation gegen Rassismus im Fußball. 2003 fand in London die erste europaweite Antirassismuskonferenz statt, bei der sich mehr als 200 Vertreter von nationalen Fußballverbänden, Ligen und Klubs unter dem Motto »Unite Against Racism« versammelten. Neben Klubs wie Real Madrid, FC Bayern München, FC Arsenal und Galatasaray Istanbul sowie Funktionären von 50 UEFA-Verbänden nahmen auch über 30 antirassist. Fußballinitiativen und Fangruppen aus ganz Europa teil. Ziel der FARE ist es, die internationale Zusammenarbeit von Fan-Initiativen, antirassist. Gruppen und Menschenrechtsorganisationen zu verbessern sowie ein Netzwerk aufzubauen, um die Arbeit in den verschiedenen Ländern besser zu koordinieren und noch effektiver zu gestalten.

Farina, Frank, austral. Trainer, *5. September 1964 Port Moresby; war Angriffsspieler: 1983/84 Canberra City, 1985/86 Sydney Olympic, 1987/88 Marconi Stallions, 1989–91 FC Brügge, 1991 AS Bari, 1992 Notts County, 1992–94 RC Straßburg, 1994/95 OSC Lille, 1995 KSV Waregem, 1996/97 Brisbane Strikers (Australien); 86 Länderspiele (bis 1993); olymp. Fußballturnier 1988; Ozeaniens Fußballer des Jahres 1988. – Später Trainer: 1997–99 Brisbane Strikers, 1999–2005 Australien (Nationalmannschaft).

Färöer, dän. Inselgruppe zw. Schottland und Island, 1399 km², 46 300 Ew.; Verband: Føroya Fotbalbond, Abk. FFB, gegr. 1979, Sitz: Tórshavn; Mitglied der FIFA und der UEFA seit 1988; Spielkleidung: Weiß/Blau/Weiß. – INTERNET: www.football.fo

FAS, 1) Abk. für **F**ootball **A**ssociation of **S**ingapore, den Fußballverband von → Singapur. – **2)** Abk. für **F**ootball **A**ssociation of **S**lovenia, den Fußballverband von → Slowenien.

FASM, Abk. für **F**ootball **A**ssociation of **S**erbia and **M**ontenegro, den Fußballverband von → Serbien und Montenegro.

FAT, 1) Abk. für The **F**ootball **A**ssociation of **T**anzania, den Fußballverband von → Tansania. – **2)** Abk. für The **F**ootball **A**ssociation of **T**hailand, den Fußballverband von → Thailand. – **3)** Abk. für **F**ootball **A**ssociation of **T**urkmenistan, den Fußballverband von → Turkmenistan.

Fath, Josef, dt. Angriffsspieler (Linksaußen), *27. Dezember 1911 Worms, †13. August 1985; 1921–33 Olympia Worms, 1933–40 Wormatia Worms; 13 Länderspiele (1934–38; 7 Tore); spielte repräsentativ für Südwest.

Fatton, Jacques, schweizer. Angriffsspieler (Linksaußen), *19. Dezember 1925; 1946–54 Servette Genf, 1954–63 Olympique Lyon; 53 Länderspiele (1946–55; 29 Tore); WM-Endrunde 1950, 1954.

Faustabwehr, Wegbefördern des anfliegenden Balles durch den Torhüter, erfolgt mit einer bzw.

beiden geschlossenen Händen (den »Fäusten«). Die F. ersetzt bei hohen, platzierten oder scharf getretenen Bällen das Fangen, insofern dies zu risikovoll wäre. Dabei soll der Ball möglichst weit und seitlich aus der Gefahrenzone befördert werden.

> **Faustabwehr**
> Punching the ball [engl.]
> Dégagement du poing [frz.]
> El despeje de puños [span.]
> Desvio da bola com o punho [portugies.]

Fausto, eigtl. »Fausto dos Santos«, brasilian. Mittelfeldspieler, * 8. Januar 1905 Codó, † 28. März 1939 Minas Gerais; 1919–28 FC Bangu, 1928–31 Vasco da Gama Rio de Janeiro, 1931/32 FC Barcelona, 1933 Young Boys Bern, 1934/35 Vasco da Gama Rio de Janeiro, 1935 Nacional Montevideo, 1936–38 Flamengo Rio de Janeiro; 6 Länderspiele (1930); WM-Endrunde 1930.

Favorit, Mannschaft mit großen Siegesaussichten in einem Spiel oder Turnier. Als *Top-F.* bezeichnet man das Team mit den größten Siegesaussichten, als »Geheim-F.« einen Außenseiter, der gerüchteweise zu den F. gezählt wird, und als »F.-Schreck« einen Außenseiter, der im laufenden Spieljahr wiederholt gegen F. Punktgewinne verbuchen konnte.

Favre, Lucien, schweizer. Trainer, * 2. November 1957 Saint-Barthélemy (Kt. Waadt); bis 1997 FC Echallens, 1997–2000 Yverdon-Sports, 2000–02 Servette Genf, 2003–06 FC Zürich.

FAW, Abk. für The **F**ootball **A**ssociation of **W**ales, den Fußballverband von → Wales.

FAZ, Abk. für **F**ootball **A**ssociation of **Z**ambia, den Fußballverband von → Sambia.

Fazekas, László, ungar. Mittelfeldspieler, * 15. Oktober 1947 Budapest; 1961–80 Újpesti FC, 1980–83 Antwerp FC; 92 Länderspiele (1968–83; 24 Tore); WM-Endrunde 1978, 1982; EM-Endrunde 1972; in Ungarn Fußballer des Jahres 1970.

FBB, Abk. von **F**ootball **F**ederation of **B**elize, den Fußballverband von → Belize.

FBF, 1) Abk. von **F**édération **B**éninoise de **F**ootball, den Fußballverband von → Benin. – **2)** Abk. von **F**ederación **B**oliviana de **F**útbol, den Fußballverband von → Bolivien. – **3)** Abk. von **F**édération **B**urkinabé de **F**oot-Ball, den Fußballverband von → Burkina Faso.

FC, Abk. für → **F**ußball**c**lub.

FCF, 1) Abk. für **F**édération **C**aledonienne de **F**ootball, den Fußballverband von → Neukaldonien. – **2)** Abk. für **F**édération **C**entrafricaine de **F**ootball, den Fußballverband der → Zentralafrikanischen Republik.

FDF, Abk. für **F**édération **D**jiboutienne de **F**ootball, den Fußballverband von → Djibouti.

FDGB-Pokal, DDR: Wettbewerb des DFV der DDR bis 1990 (1991: NOFV-Pokal); 1949 durch den FDGB (»Freier Dt. Gewerkschaftsbund«) initiiert, um »die beste Fußballmannschaft der Sportgemeinschaften der volkseigenen Betriebe« zu ermitteln; 1975–91 war das »Stadion der Weltjugend« (früher: »Walter-Ulbricht-Stadion«), Berlin (Ost), jährl. Endspielstätte.

FECAFOOT, Abk. für **Fé**dération **Ca**merounaise de **Foot**ball, den Fußballverband von → Kamerun.

FECOFA, Abk. für **Fé**dération **Co**ngolaise **F**ootball **A**ssociation, den Fußballverband der Demokrat. Republik Kongo (→ Kongo [1]).

FECOFOOT, Abk. für **Fé**dération **Co**ngolaise de **Foot**ball, den Fußballverband der Republik Kongo (→ Kongo [2]).

FEDEFUTBOL, Abk. für **Fede**ración Costarricense de **Fútbol,** den Fußballverband von → Costa Rica.

Federfußball, dem → Fußballtennis ähnl. Spiel auf einem Badmintonfeld mit einem ebenfalls »F.« genannten Spielgerät (zylindr. Gummihohlkörper mit 4 symmetrisch angeordneten Vogelfedern), das mit Fuß, Knie, Hüfte, Oberkörper oder Kopf über ein Netz gespielt wird wird. Jede der beiden Mannschaften besteht aus 6 Spielern, wovon jeweils 3 im Einsatz sind. Gespielt werden 2 Gewinnsätze (je Satz 21 Punkte). F. ist v. a. im (ost-)asiat. Raum verbreitet, wird aber heute auch in anderen europ. Ländern (z. B. Finnland, Frankreich, Griechenland, Serbien und Montenegro, Slowak. Republik, Rumänien, Ungarn) ausgetragen. In Deutschland wird F. vom Dt. F.-Bund (Abk. DFFB; gegr. 1999, Sitz: Hagen) organisiert. Internationaler Dachverband ist die International Shuttlecock Federation (ISF; gegr. 1999, Sitz: Peking), europ. Dachverband die Shuttlecock Federation of Europe (SFE; gegr. 2002, Sitz: Hagen). Seit 2000 werden i. d. R. jährlich Weltmeisterschaften ausgetragen. – Nachdem der jetzige DFFB-Präsident Peter von Rüden (* 1946) F. Ende der 1980er-Jahre bei einem Besuch in China kennen lernte, führte er das Spiel 1990 in Deutschland ein, indem er es beim Dt. Turnfest in Dortmund/Bochum erstmals einer breiten Öffentlichkeit vorstellte

FEDOFUTBOL, Abk. für **Fe**deración **Do**minicana de **Fútbol,** den Fußballverband der → Dominikanischen Republik.

FEF, Abk. von **F**ederación **E**cuatoriana de **F**útbol, den Fußballverband von → Ecuador.

FEGUIFUT, Abk. für **F**ederación **E**cuato**gui**neana de **Fút**bol, den Fußballverband von → Äquatorialguinea.

Fehér, Miklós, ungar. Mittelfeldspieler, *20. Juli 1979 Györ, †25. Januar 2004 Guimarães; bis 1999 FC ETO Györ, 1999–2001 FC Porto und SC Braga, abschließend Benfica Lissabon; 25 Länderspiele (7 Tore). – Erlitt im Auswärtsspiel bei Vitória Guimarães kurz vor Spielende einen tödl. Herzinfarkt.

»Fehleinkauf«, Lizenzfußball: Bez. für Spieler, die für hohe Beträge verpflichtet wurden, jedoch die in sie gesetzten Erwartungen nicht erfüllen konnten; kommt häufig vor.

»Fehlentscheidung«, sachlich falsche Entscheidung des Schiedsrichters im Spielgeschehen, die von ihm im Moment der Entscheidung, d. h. in Sekundenbruchteilen, als richtig empfunden wurde. Obwohl jeder Schiedsrichter bemüht ist, das Spiel gemäß dem Reglement nach bestem Wissen und Gewissen zu leiten, können auch dem qualifiziertesten Referee »F.« unterlaufen. »F.«, die mit dem Spielverlauf und Ergebnis zusammenhängen, werden, sobald das Spiel fortgesetzt wird, zur → Tatsachenentscheidung und sind nicht mehr anfechtbar. Hierzu zählen z. B.: Abstoß- statt Eckstoßentscheidung (und umgekehrt); Torentscheidung, obwohl der Ball die Torlinie noch nicht vollständig überschritten hatte; Toranerkennung trotz Handspiels des Torschützen usw.

Fehlerquote, Anzahl der Abspielfehler dividiert durch die Abspiele insgesamt. Bei einer F. von 50 % »landet« jedes zweite Abspiel beim Gegner.

Feiersinger, Wolfgang, österr. Abwehrspieler, *30. Januar 1965 Saalfelden (Salzburg); 1977–87 SK Saalfelden, 1987–96 Casino Salzburg, 1996–2000 Borussia Dortmund, 2000–02 Wüstenrot Salzburg; 57 Bundesligaspiele; 46 Länderspiele (1990–99); WM-Endrunde 1998.

Feinbier, Marcus, dt. Angriffsspieler, *30. November 1969 Berlin (West); bis 1987 Berliner SV 92 und Hertha 03 Zehlendorf, 1987–92 Bayer 04 Leverkusen, 1992/93 Hertha BSC, 1993/94 Wuppertaler SV, 1994–97 Alemannia Aachen, 1997–99 SG Wattenscheid 09, 1999/2000 1. FC Nürnberg, 2000–03 LR Ahlen, 2003–05 Greuther Fürth, 2005/06 Fortuna Düsseldorf; 69 Bundesligaspiele (3 Tore).

Feldhofer, Ferdinand, österr. Abwehrspieler, *23. Oktober 1979 Vorau (Steiermark); bis 1998 USV Riegersberg, TuS Vorau und TSV Pöllau, 1998–2001 Sturm Graz, 2002–05 Rapid Wien, 2005/06 Wacker Tirol; 4 Länderspiele (seit 2004).

Feldhoff, Markus, dt. Angriffsspieler, *29. August 1974 Oberhausen; 1992–95 Bayer 05 Uerdingen, 1995–98 Bayer 04 Leverkusen, 1998/99 Borussia Mönchengladbach, 1999–2001 VfL Wolfsburg, 2001/02 FC Energie Cottbus, 2003/04 KFC Uerdingen 05, 2004–06 VfL Osnabrück; 158 Bundesligaspiele (25 Tore).

Karlheinz Feldkamp

Feldkamp, Karlheinz (»Kalli«), dt. Trainer, *2. Juni 1934 Essen; war Abwehrspieler bei Rot-Weiß Oberhausen. – Später Trainer: 1968–71 Rot-Weiß Oberhausen (Trainerassistent), 1971–76 SG Wattenscheid 09, 1976 DJK Gütersloh, 1976–78 Arminia Bielefeld, 1978–82 1. FC Kaiserslautern, 1982/83 Borussia Dortmund, 1983/84 Arminia Bielefeld, 1984–87 Bayer 05 Uerdingen, 1987/88 Eintracht Frankfurt, 1989/90 SC Ismailia (Ägypten), 1990–92 1. FC Kaiserslautern, 1992/93 1. FC Kaiserslautern (Techn. Direktor), 1993 Galatasaray Istanbul, 1999 Besiktas Istanbul.

K. Feldkamp: Erfolgsstationen (Auswahl)	
Bayer 05 Uerdingen	PS 1985
Eintracht Frankfurt	PS 1988
1. FC Kaiserslautern	LM 1991
	PS 1990
Galatasaray Istanbul	LM 1993

Feldspieler, alle Spieler mit Ausnahme des Torhüters.

Feldüberlegenheit, größere Spielanteile einer Mannschaft über einen bestimmten Zeitraum hinweg; kann sich im Torestand und im Eckenverhältnis numerisch widerspiegeln, insbesondere bei anhaltender F.

Feldverweis, unumgängl. Straf- und Erziehungsmaßnahme bei grobem bzw. wiederholtem Vergehen gegenüber dem sittl. Spielgesetz. Sollten alle bis an die Grenze des Möglichen vorangegangenen vorbeugenden Appelle an die sportl. Vernunft und Fairness vergeblich gewesen sein, endet die Ermessensfrage für den Schiedsrichter, und er muss die zwar unpopuläre, aber notwendige drast. Entscheidung des F. – äußerlich dokumentiert durch das Zeigen der roten Karte – kompromisslos aussprechen. Je nach Schwere des Vergehens schließt sich für den betroffenen Spieler eine in der Regel mehrwöchige Spielsperre an. (→»gelbe und rote Karte«)

Feldverweis
Expulsion [engl.]
L'expulsion [frz.]
La expulsión [span.]
Squalifica [italien.]

»Feldverweis auf Zeit«, DFB, im Amateurbereich 1978–93 praktizierte Bestimmung, dass der Schiedsrichter einen Spieler einmal während des Spieles für 10 min des Spielfeldes verweisen durfte; erfolgte dann, wenn dem Schiedsrichter eine Verwarnung nicht mehr ausreichend, ein Feldverweis auf Dauer nicht erforderlich erschien. – Seit 1993/94 nur noch im Nachwuchsbereich praktiziert.

Felgenhauer, Daniel, dt. Angriffsspieler, *10. Mai 1976 Hof; bis 1997 AGSV Döhlau und Bayern Hof, 1997–2001 SpVgg Greuther Fürth, 2001–03 Borussia Mönchengladbach, 2003–05 LR Ahlen, 2005/06 SpVgg Greuther Fürth; 21 Bundesligaspiele (1 Tor).

Félix, Mielli Venerando, brasilian. Torhüter, *24. Dezember 1937; Portuguesa São Paulo und Fluminense Rio de Janeiro; 55 Länderspiele (1965–72); Weltmeister 1970.

FENAFUTH, Abk. für **Fe**deración **N**acional **A**utónoma de **Fút**bol de **H**onduras, den Fußballverband von → Honduras.

FENIFOOT, Abk. für **Fé**dération **Ni**gérienne de **Foot**ball, den Fußballverband von → Niger.

FENIFUT, Abk. für **Fe**deración **Ni**caragüense de **Fút**bol, den Fußballverband von → Nicaragua.

Fenyvesi, Márton (»Máte«), ungar. Angriffsspieler (Linksaußen), Dr., *20. September 1933 Budapest; 1946–69 Ferencvaros Budapest; 76 Länderspiele (1954–66; 8 Tore); WM-Endrunde 1958, 1962, 1966 (nicht eingesetzt); Europapokal der Nationen 1964.

Feola, Vicente, brasilian. Trainer, *12. Dezember 1909, †6. November 1975 São Paulo; 1935 Sírio e Libanés São Paulo (Amateure), 1936 Portuguesa Santos, 1937–40 und 1948–50 FC São Paulo, 1950–61 Brasilien (1950–57 Trainerassistent, 1957–61 Cheftrainer; Weltmeister 1958, Südamerikameister 1959), 1961/62 Boca Juniors Buenos Aires, 1962–66 FC São Paulo; betreute Brasilien als Trainerassistent bei den WM-Endrunden 1962 und 1966.

FEPAFUT, Abk. für **Fe**deración **Pa**nameña de **Fút**bol, den Fußballverband von → Panama.

Ferdinand, Rio Gavin, engl. Abwehrspieler, *7. November 1978 Peckham; 1995/96 West Ham United, 1996 Bournemouth AFC (England), 1996–2000 West Ham United, 2000–02 Leeds United, 2002–06 Manchester United; 42 Länderspiele (seit 1997; 1 Tor); WM-Endrunde 1998 (nicht eingesetzt), 2002.

Ferenc-Puskás-Stadion, Budapest; bis August 2002 **Nepstadion** (»Volksstadion«), Nationalstadion Ungarns; Baubeginn nach den Olymp. Spielen 1948; zu Beginn 100 000 Plätze, nach Sanierung 70 000 Plätze.

Ferguson, 1) Sir (seit 1999) Alexander (»Alex«), schott. Trainer, *31. Dezember 1942 Govan (zu Glasgow); 1975–78 FC St. Mirren, 1978–86 FC Aberdeen, 1986–2006 Manchester United; Welt-Clubtrainer des Jahres 1999. – **2)** Barry, schott. Mittelfeldspieler, *2. Februar 1978 Glasgow; 1995–2003 Glasgow Rangers, 2003–05 Blackburn Rovers, 2005/06 Glasgow Rangers; 16 Länderspiele (1 Tor); in Schottland Fußballer des Jahres 2000.

A. Ferguson: Erfolgsstationen (Auswahl)	
FC Aberdeen	LM 1980, 1985 PS 1982, 1983, 1984, 1986 ECII 1983
Manchester United	LM 1993, 1994, 1996, 1997, 1999, 2000, 2001, 2003 PS 1990, 1994, 1996, 1999, 2004 CL 1999 EC II 1991 Europa-)Supercup 1991 Weltpokal 1999

Ferner, Diethelm (»Didi«), dt. Trainer, *13. Juli 1941; war Angriffsspieler (Außenstürmer): bis 1963 Rhenania und VfB Bottrop, 1963–69 SV Werder Bremen, 1969–71 Rot-Weiss Essen; 231 Bundesligaspiele (21 Tore); 2 Länderspiele (1963/64). – Später Trainer: 1973–75 Rot-Weiss-Essen, 1975/76 Wuppertaler SV, 1977/78 FC St. Pauli, 1978/79 Rot-Weiss Essen, 1979–83 Hannover 96, 1983–86 FC Schalke 04, 1986/87 Iraklis Saloniki, 1987 Alemannia Aachen, 1988/89 FC Schalke 04, 1990–94 Apollon Limassol.

Fernschuss → Hinterhaltsschuss.

Ferrari, Giovanni, italien. Mittelfeldspieler (Halblinker), *6. Dezember 1907, †2. Dezember 1982; 1921–25 AC Alessandria, 1925–35 Juventus Turin, 1935–40 Inter Mailand, 1941–43 AGC Bologna;

»Alex« Ferguson

44 Länderspiele (1930–38; 14 Tore); Weltmeister 1934, 1938.

FERWAFA, Abk. für **Fé**dération **Rwa**ndaise de **F**ootball **A**mateur, den Fußballverband von → Ruanda.

FESFUT, Abk. für **Fe**deración **S**alvadorena de **Fut**bol, den Fußballverband von → El Salvador.

Festhalten, mit direktem Freistoß bzw. (im Strafraum) Strafstoß zu ahndendes → verbotenes Spiel. – Sollte der Schiedsrichter bei F. des Gegners vor dem eigenen Strafraum den Vorteil abwarten, das F. sich aber bis in den Strafraum fortsetzen, wird er das Spiel unterbrechen und auf Strafstoß entscheiden.

Feucht, 1. SC (1. Sportclub Feucht), Deutschland (Bayern), gegr. am 1. Juli 1920; Spielkleidung: Rot-Weiß/Rot; Stadion: Waldstadion, 3500 Plätze. – INTERNET: www.scfeucht.de

»Feuern des Trainers«, kurzfristiges Ablösen des Coaches durch den Vereinspräsidenten, ihn »in die Wüste schicken« bzw. »abschießen«; höfl. Umschreibung: ihn »beurlauben«.

»Feuerwehrmann«, umgangssprachl. Bez. für einen (Bundesliga-)Trainer, der in der Vergangenheit wiederholt kurzfristig Mannschaften vor dem Abstieg retten konnte, die sich zum Zeitpunkt seiner Verpflichtung in akuter Abstiegsgefahr befanden (meist in der zweiten Hälfte der Rückserie). »F.« müssen für langfristige Engagements nicht unbedingt geeignet sein.

FFA, 1) Abk. von **F**ootball **F**ederation of **A**rmenia, den Fußballverband von → Armenien. – **2)** Abk. von **F**iji **F**ootball **A**ssociation, den Fußballverband von → Fidschi.

FFB, Abk. von **F**ootball **F**ederation of **B**elize, den Fußballverband von → Belize. – **2)** Abk. von **F**édération de **F**ootball du **B**urundi, den Fußballverband von → Burundi. – **3)** Abk. von **F**øroya **F**otbal**b**ond, den Fußballverband der → Färöer.

FFBH, Abk. von **F**ootball **F**ederation of **B**osnia and **H**erzegovina, den Fußballverband von → Bosnien und Herzegowina.

FFCH, Abk. für **F**ederación de **F**útbol de **Ch**ile, den Fußballverband von → Chile.

FFF, Abk. für **F**édération **F**rançaise de **F**ootball, den Fußballverband von → Frankreich.

FFGB, Abk. für **F**ederação de **F**utebol da **G**uiné-**B**issau, den Fußballverband von → Guinea-Bissau.

FFKR, Abk. für **F**ootball **F**ederation of **K**yrgyz **R**epublic, den Fußballverband von → Kirgistan.

FFM, 1) Abk. für **F**ootball **F**ederation of **M**acedonia, den Fußballverband von → Makedonien. –

2) Abk. für **F**édération de **F**oot-Ball de la République Islamique de **M**auritanie, den Fußballverband von → Mauretanien.

FFSL, Abk. für **F**ootball **F**ederation of **S**ri **L**anka, den Fußballverband von → Sri Lanka.

FFU, Abk. für **F**ootball **F**ederation of **U**kraine, den Fußballverband der → Ukraine.

FGF, 1) Abk. für **F**édération **G**abonaise de **F**ootball, den Fußballverband von → Gabun. – **2)** Abk. für **F**édération **G**uinéenne de **F**ootball, den Fußballverband von → Guinea.

FHF, Abk. für **F**édération **H**aïtienne de **F**ootball, den Fußballverband von → Haiti.

Fichtel, Klaus, dt. Abwehrspieler (Libero), *19. November 1944 Ickern (Nordrhein-Westfalen); 1956–65 Arminia Ickern und Castrop-Rauxel, 1965–80 FC Schalke 04, 1981–84 SV Werder Bremen, 1984–88 FC Schalke 04; 552 Bundesligaspiele (14 Tore; nach K.-H. Körbel [602] und M. Kaltz [581] die häufigstsen Bundesligaeinsätze); 23 Länderspiele (1967–71; 1 Tor); WM-Endrunde 1970.

Fidschi, engl. **Fiji,** Staat und Inselgruppe im Pazif. Ozeann, 18 270 km², 868 500 Ew.; Verband: Fiji Football Association, Abk. FFA, gegr. 1938, Sitz: Suva; Mitglied der FIFA seit 1963, der OFC seit 1966; Spielkleidung: Weiß/Blau/Blau. – INTERNET: www.fijifootball.com

Fiedler, Christian, dt. Torhüter, *27. März 1975 Berlin (West); 1982–90 Lichtenrader BC, 1990–2006 Hertha BSC; 87 Bundesligaspiele.

FIF, Abk. für **F**édération **I**voirienne de **F**ootball, den Fußballverband der → Elfenbeinküste.

FIFA, Abk. für frz. **F**édération **I**nternationale de **F**ootball **A**ssociation, Vereinigung der nationalen Verbände aller Kontinente. Am 21. Mai 1904 wurde sie in Paris (deshalb die frz. Bez.) von den Delegierten aus Frankreich, Belgien, Dänemark, den Niederlanden, Spanien, Schweden und der Schweiz gegründet. Die Idee, eine Fußballweltorganisation aus der Taufe zu heben, verfochten vor allem der Niederländer C. A. W. Hirschmann und der Franzose R. Guérin, Mitbegründer und damaliger Präsident des Frz. Fußballverbands, der 1904 auch zum ersten FIFA-Präsidenten gewählt wurde. 1953 autorisierte die FIFA die 6 Kontinentalföderationen bzw. -ver-

FIFA-Präsidenten

1904–06	R. Guérin (Frankreich)
1906–18	D. B. Woolfall (England)
1921–54	J. Rimet (Frankreich)
1954–55	R. W. Seeldrayers (Belgien)
1956–61	A. Drewry (England)
1961–74	S. Rous (England)
1974–98	J. Havelange (Brasilien)
seit 1998	J. Blatter (Schweiz)

Beitritt der europäischen Landesverbände zur FIFA

1904	Frankreich, Belgien, Dänemark, Niederlande, Schweden, Schweiz, Deutschland
1905	England, Italien, Österreich
1906	Tschechoslowakei (bis 1992), Ungarn
1908	Finnland, Norwegen
1910	Luxemburg, Schottland, Wales
1911	Nordirland
1913	Spanien
1919	Jugoslawien
1923	Irland, Polen, Türkei
1924	Bulgarien
1926	Portugal
1927	Griechenland
1929	Island
1930	Rumänien
1932	Albanien
1946	UdSSR (bis 1991)
1948	Zypern
1950	BRD
1952	DDR (bis 1990)
1974	Liechtenstein
1988	Färöer, San Marino
1992	Armenien, Estland, Georgien, Kroatien, Lettland, Litauen, Makedonien, Russland, Slowenien, Ukraine, Weißrussland,
1994	Aserbaidschan, Moldawien, Slowak. Republik, Tschech. Republik
1996	Andorra, Bosnien und Herzegowina

bände Afrikas (CAF), Asiens (AFC), Europas (UEFA), Nord/Zentralamerikas und der Karibik (CONCACAF), Ozeaniens (OFC) und Südamerikas (CONMEBOL); ihr gehören 204 Landesverbände an. Allein zw. 1975 und 2002 wurden 60 Verbände als Mitglieder aufgenommen – Die FIFA ist für alle sportl., sportpolit. und organisator. Obliegenheiten des Weltfußballs sowie für die Festlegung und Überwachung des Regelwerks (→ International Football Association Board) verantwortlich. Sie organisiert die Weltmeisterschaft, den Confederations Cup, das olymp. Fußballturnier, Kontinentvergleiche, U17- und U20-Weltmeisterschaften, Entwicklungsprogramme und internationale Akademien. Die Amtszeit eines FIFA-Präsidenten beträgt 4 Jahre. Die Wahl findet jeweils ein Jahr nach der WM-Endrunde statt.
1984 stiftete die Weltorganisation den *FIFA-Orden*, der im Rahmen der Feierlichkeiten anlässlich des 80. Jahrestages der Gründung der FIFA an Sir S. Rous, M. Andrejevic, H. Schön, R. Charlton und F. Beckenbauer verliehen wurde (1986 an D. Zoff, 1987 an Pelé). Der Sitz der FIFA befindet sich seit 1979 im FIFA-Haus in Zürich, ab 2007 im Home of FIFA (ebenfalls Zürich). – INTERNET: www.fifa.com

»FIFA 100«, anlässlich des 100-jährigen Bestehens der FIFA am 4. März 2004 von dem Weltverband veröffentlichte Liste, in der die weltweit 125 besten lebenden Fußballer enthalten sind; österr. und schweizer. Spieler sind nicht vertreten.

»FIFA 100« (deutsche Spieler)

M. Ballack	J. Maier
F. Beckenbauer	L. Matthäus
P. Breitner	G. Müller
O. Kahn	K.-H. Rummenigge
J. Klinsmann	U. Seeler

FIFA-Auswahl, früher eine Mannschaft, die sich aus Spielern der der FIFA angeschlossenen Landesverbände zusammensetzte; Organisation, Leitung und Durchführung von Spielen der F. oblagen der FIFA. In der Regel waren es Freundschaftsspiele zu Ehren eines (verabschiedeten) Spielers, eines Klub- oder Verbandsjubiläums. 1938–53 wurde die F. nur mit Spielern Europas besetzt (FIFA-Europa-Auswahl), 1963–86 auch mit südamerikan. Aktiven. Zw. 1938 und 1986 wurden 27 Spiele gegen Klubs und Nationalmannschaften bestritten.

FIFA Confederations Cup, offizielle Bez. für den → Confederations Cup.

FIFA-Dringlichkeitskomitee, Gremium, das einen Präsidenten, den Präsidenten der Finanzkommission und ein Mitglied jedes Kontinentalverbands aus der Mitte des FIFA-Exekutivkomitees umfasst und das sich mit der Behandlung aller Geschäfte, die einer unverzügl. Erledigung zw. 2 Sitzungen des Exekutivkomitees bedürfen, befasst. Alle Beschlüsse des F. sind sofort vollziehbar und sollen durch das Exekutivkomitee zu dessen nächster Sitzung ratifiziert werden.

FIFA-Exekutivkomitee, Gremium (Präsident, 8 Vizepräsidenten, 12 Mitglieder), das für die Verwaltung und Geschäftsführung der FIFA verantwortlich ist und weitestgehende Vollmachten besitzt. Aufgaben des F.: Auferlegen von Disziplinarstrafen (Verwarnung, Verweis, Geldstrafe, Suspension, Ausschluss), Wahl der Vorsitzenden und Mitglieder der Kommissionen, Wahl der 4 Delegierten zum → International Football Association Board, Wahl des FIFA-Generalsekretärs, Festlegung (Ort, Datum) des nächsten FIFA-Kongresses sowie des Ortes der Austragung der WM-Endrunde.

FIFA-Generalsekretär, Leiter des Sekretariats der FIFA, verantwortlich für die Buchführung, die Erstellung der Protokolle der Sitzungen des Exekutivkomitees und der Kommissionen sowie für die Erledigung der FIFA-Korrespondenz. Der F. ist das Bindeglied zw. FIFA, Kontinentalverbänden und Landesverbänden sowie zw. Organen und Kommissionen.

FIFA-Juniorenturnier → Junioreneuropameisterschaft U 18/U 19.

FIFA-Klubweltmeisterschaft, offizielle Bez. für die → Klubweltmeisterschaft.

FIFA-Kongress, oberstes leitendes Organ der FIFA, findet jährlich statt. Auf jedem F. wird Ort und Zeit des folgenden Kongresses bestimmt. Das FIFA-Exekutivkomitee kann jederzeit einen außerordentl. F.-K. einberufen.

FIFA Medical Assessment and Research Center: Sportmedizin: → F-MARC.

FIFA-Orden → FIFA.

FIFA-Schiedsrichter → internationale Schiedsrichter.

FIFA-Generalsekretäre

1904–06	L. Muhlinghaus (Belgien)
1906–31	C. A. W. Hirschmann (Niederlande)
1932–50	I. Schricker (Deutschland)
1951–60	K. Gassmann (Schweiz)
1961–81	H. Käser (Schweiz)
1981–98	J. S. Blatter (Schweiz)
1998–2002	M. Zen-Ruffinen (Schweiz)
seit 2002	U. Linsi (Schweiz)

FIFA World Cup, 1) offizielle Bez. für die (Fußball-)Weltmeisterschaft. – **2)** erstmals 1974 für den Sieger der Weltmeisterschaft von der FIFA neu gestifteter und verliehener Weltpokal, Nachfolger der Coupe Jules Rimet (→ Weltpokal [2]). Der jeweilige Weltmeister erhält für 4 Jahre das Original und danach dessen vergoldete Nachbildung.

FIFPro [Abk. von frz. **F**édération **I**nternational de **F**ootballeurs **Pro**fessionels], 1968 gegr. internationale Vereinigung zum Schutz der Rechte von Profifußballern, Sitz: Gouda (45 Mitgliedsverbände), anerkannt von der FIFA. In Deutschland besteht als nationaler Verband die Vereinigung der Vertragsfußballspieler e. V. (→ VDV).

FIGC, Abk. für **F**ederazione **I**taliana **G**iuoco **C**alcio, den Fußballverband von → Italien.

Figo, Luis, eigtl. »Luis Filipe Madeira Caeiro Figo«, portugies. Mittelfeldspieler, * 4. November 1972 Almada (zu Lissabon); bis 1984 OS Pastilhas, 1984–95 Sporting Lissabon, 1995–2000 FC Barcelona, 2000–05 Real Madrid, 2005/06 Inter Mailand; 113 Länderspiele (seit 1991; 31 Tore); WM-Endrunde 2002; EM-Endrunde 1996, 2000, 2004; Weltfußballer des Jahres 2001; Europas Fußballer des Jahres 2000; in Portugal Fußballer des Jahres 1995, 1996, 1997, 1998, 1999, 2000.

Luis Figo

Figueroa, Elias Brander, chilen. Abwehrspieler, * 25. Oktober 1946; 1960–66 Valparaíso Wanderers, 1966–71 Peñarol Montevideo, 1971–75 Internacional Pôrto Alegre, 1975–80 Palestino Santiago de Chile, 1981–82 Fort Lauderdale Strikers, 1982–84 Colo Colo Santiago de Chile; 70 Länderspiele (1967–82); WM-Endrunde 1974, 1982; Südamerikas Fußballer des Jahres 1974, 1975, 1976.

Fillol, Ubaldo Matildo, argentin. Torhüter, * 21. Juli 1950 San Miguel del Monte (zu Buenos Aires); 1964–67 CA San Miguel del Monte, 1968–71 AC Quilmes, 1972–73 Racing Avellaneda, 1973–83 River Plate Buenos Aires, 1983 Argentinos Juniors Buenos Aires, 1984/85 Flamengo Rio de Janeiro, 1985/86 Atlético Madrid, 1987–90 Racing Club Buenos Aires; 58 Länderspiele (1974–85); WM-Endrunde 1974, 1978 (Weltmeister), 1982; in Argentinien Fußballer des Jahres 1975, 1977.

Finale, das Finale; letztes Spiel in einem Turnier, das die Sieger der vorangegangenen Halb-F. bestreiten. Von einem »kleinen F.« spricht man, wenn die Verlierer der Halb-F. um den dritten Platz spielen.

Finger, Edi, österr. Funk- und Fernsehreporter, * 29. Januar 1924 Klagenfurt, † 13. April 1989 Wien; legendär seine Reportage vom WM-Endrundenspiel 1978 in Córdoba (Österreich–BRD), das Österreich nach Krankl-Tor mit 3:2 gewann.

> **E. Finger**
> »Tooooor, Tooooor, Toooor ..., I wear narrisch!«

»Fingerspitzengefühl«, für den Außenstehenden die Einfühlungsgabe des Schiedsrichters im Umgang mit den Spielern. Referees ohne jegl. »F.« verrichten mehr eine Arbeit, als dass sie ein Spiel leiten. Demgegenüber wird ein erfahrener Schiedsrichter, versehen mit dem nötigen »F.«, stets seinen objektiv vorhandenen Freiraum zw. Einhaltung des Regelwerks und subjektiver Entscheidungsfindung so bemessen, dass er im gegebenen Fall (situationsbedingt) sowohl Strenge als auch Milde walten lassen kann, ohne dass seine Autorität dadurch angetastet wird. Diese Schiedsrichter »ordnen« mehr das Spiel (unauffällig), als dass sie »anordnen«. – Wenn das Spiel droht auszuarten, ist das »F.« für den Schiedsrichter allerdings kein Thema mehr. – Da Schiedsrichter (während des Spieles) keine seel. Regungen (»Gefühle«) zeigen dürfen, verwendet der DFB statt »F.« die Bez. »Ermessensspielraum«.

Fink, Thorsten, dt. Mittelfeldspieler, *29. Oktober 1967 Dortmund; 1975–83 SV Roland Marten, 1983–89 Borussia Dortmund, 1989–94 SG Wattenscheid 09, 1994–97 Karlsruher SC, 1997–2006 FC Bayern München (2003–06 FC Bayern München II); 367 Bundesligaspiele (40 Tore).

Finke, Volker, dt. Trainer, *24. März 1948 Nienburg (Weser), Niedersachsen; war Mittelfeldspieler: 1958–60 TSV Berenbostel, 1960–69 TSV Havelse, 1969–75 Hannoverscher SC. – Später Trainer: 1975–86 TSV Stelingen (Spielertrainer), 1986–90 TSV Havelse, 1990/91 SC Norderstedt, 1991–2006 SC Freiburg.

Finney, Thomas (»Tom), engl. Angriffsspieler (Außenstürmer), *5. April 1922 Preston; 1937–60 Preston North End; 76 Länderspiele (1947–58; 30 Tore); WM-Endrunde 1954, 1958; in England Fußballer des Jahres 1954, 1957.

Finnland, finn. **Suomi,** Republik in Nordeuropa, 337 030 km², 5,191 Mio. Ew.; Verband: Suomen Palloliitto, Abk. SP, gegr. 1907, Sitz: Helsinki; Mitglied der FIFA seit 1908, der UEFA seit 1954; Spielkleidung: Weiß/Blau/Weiß. – INTERNET: www.palloliitto.fi

Finte, meist mit Ball durchgeführtes Schein- oder Täuschungsmanöver (Fintieren), das den Gegner irritieren und zum Begehen takt. Fehler verleiten soll. F. unterstützen wirksam das Dribbling, werden aber auch bei Ballannahme, Torschuss usw. angewandt. Sie müssen situationsbedingt eingesetzt werden. – Verb: Fintieren.

First Division, höchste Spielklasse in Luxemburg und Polen.

Volker Finke

Klaus Fischer

Fischer, Klaus, dt. Angriffsspieler (Mittelstürmer), *27. Dezember 1949 Kreuzstraßl (bei Zwiesel [Bayern]); 1958–61 SC Kreuzstraßl, 1961–68 SC Zwiesel, 1968–70 TSV München 1860, 1970–81 FC Schalke 04, 1981–84 1. FC Köln, 1984–88 VfL Bochum; 535 Bundesligaspiele (268 Tore); 45 Länderspiele (1977–82; 32 Tore); WM-Endrunde 1978, 1982. – Später Trainer: 1992 FC Schalke 04.

> **K. Fischer**
> »Wer den Job als Trainer hat, muss mit dem Druck leben können.«

Fitschen, Doris, dt. Abwehrspielerin, *25. Oktober 1968 Zeven (Niedersachsen); 1982–88 TuS Westerholz, 1988–92 Eintracht Wolfsburg, 1992–96 TSV Siegen, 1996–2001 1. FFC Frankfurt, 2001 Philadelphia Charge; 144 Länderspiele

(1986–2001; 17 Tore); WM-Endrunde 1991, 1999; EM-Endrunde 1989 (Europameisterin), 1991 (Europameisterin), 1993, 1995 (Europameisterin), 1997 (Europameisterin), 2001 (Europameisterin); olymp. Fußballturnier 1996, 2000.

Fjørtoft, Jan-Åage, norweg. Angriffsspieler, *10. Januar 1967 Ålesund; bis 1987 Gurksen SK, IL Hödd und Hamarkameratene, 1988/89 Lillestrøm SK, 1989–93 Rapid Wien, 1993–95 FC Swindon Town, 1995–97 FC Middlesbrough, 1997 Sheffield United, 1998 FC Barnsley, 1998–2001 Eintracht Frankfurt, 2001 Stabæk IF; 52 Bundesligaspiele (14 Tore); 71 Länderspiele (20 Tore); WM-Endrunde 1994; in Norwegen Fußballer des Jahres 1988, in Österreich Fußballer des Jahres 1989.

> **J.-Å. Fjørtoft**
> »Die Entscheidung fiel zwischen mir und dem Busfahrer, aber der Busfahrer hatte keine Schuhe dabei.«

FL, England: Abk. für → **F**ootball **L**eague.

Flamurtari, KS (Klubi Sportiv Flamurtari), Albanien (Vlorë), gegr.1923 als SK Jeronim, 1935–45 KS Ismail Qemali, 1945–50 KS Flamurtari, 1950–56 Puna Vlorë, seitdem KS Flamurtari; Spielkleidung: Rot/Schwarz/Schwarz; Stadion: Flamurtari, 8500 Plätze.

Spieler (Auswahl): E. Skela.

Flanke, 1) Spielfeldseite in der gegner. Hälfte *(rechte F.* und *linke F.). –* **2)** Kurz-Bez. für *Flankenball.*

Flankenball, *Flanke,* Schlag oder Stoß von der Außenposition bis vor das gegner. Tor bei hoher oder halbhoher Flugbahn des Balles (»Bananenflanke« → Effetstoß).

»Flatterball«, infolge Windeinwirkung oder Effets ungerade fliegender Ball; für den Torhüter schwer berechenbar.

Fleischer, Helmut, dt. Schiedsrichter (Sigmertshausen [Bayern]), Dr. (Orthopäde), *22. März 1964 Bamberg (Bayern); seit 1990 Schiedsrichter, seit 1991 Zweite Bundesliga (90 Spiele), seit 1995 Bundesliga (97 Spiele), seit 2000 FIFA-Schiedsrichter; U 16-EM 2000, U 18-EM 2001.

flexibel verhält sich eine Mannschaft, wenn sie sich veränderten Umständen – sei es durch verletzungsbedingtes Ausscheiden eines (wichtigen) Spielers, aber auch durch einen unvorhergesehenen Spielverlauf und -stand – rasch anpasst. Dabei werden innerhalb des Teams takt. Änderungen vollzogen, die meist vom Trainer, aber auch vom Leader vorgegeben werden. Eine Mannschaft, die dies beherrscht, ist *systemflexibel.*

FLF, Abk. für **F**édération **L**uxembourgeoise de **F**ootball, den Fußballverband von → Luxemburg.

Flick, Hans-Dieter (»Hansi«), dt. Trainer, *24. Februar 1965 Heidelberg (Baden-Württemberg); war Mittelfeldspieler: 1971–76 BSC Mückenloch, 1976–81 SpVgg. Neckargmünd, 1981–85 SV Sandhausen, 1985–90 FC Bayern München, 1990–93 1. FC Köln; 148 Bundesligaspiele (6 Tore). – Später Trainer: 2000–05 TSG Hoffenheim.

»Flitzer«, dümmlich-dreiste, meist jugendl. männliche Person, die sich bei »großen« (meist Länder-)Spielen blitzschnell von der unteren Traverse auf den Platz begibt, um dort auf sich aufmerksam zu machen (mit Alkohol- und bzw. oder Vereins- bzw. Nationalfahne). Den Ordern bleibt meist das Nachsehen, zumal die Aktionen nicht voraussehbar sind. Beim Confederations-Cup 2005 in Deutschland gab es mehrere »F.«-Einlagen.

> »Lieber 20 Flitzer auf dem Platz als ein ›Flitzer‹ auf den Rängen.«

Flo, Tore Andre, norweg. Angriffsspieler, *15 Juni 1973 Stryn; 1991–93 Stryn Fotbal, 1994 Sogndal IL, 1995 Tromsø IL, 1996/97 Brann Bergen, 1997–2000 FC Chelsea, 2000–02 Glasgow Rangers, 2002/03 FC Sunderland, 2003–05 AC Siena, 2005/06 Vålerenga Oslo; 44 Länderspiele; WM-Endrunde 1998; EM-Endrunde 2000.

Flögel, 1) Rudolf, österr. Mittelfeldspieler (Halbstürmer), *13. Dezember 1939; 1959–72 Rapid Wien, 1972/73 1. Wiener Neustädter SC, 1973/74 1. Simmeringer SC; 37 Länderspiele (1960–69; 3 Tore). – Später Trainer: 1. Simmeringer SC, VfB Mödling, Prater SV. – **2)** Thomas, österr. Mittelfeldspieler, *7. Juni 1971 Wien; 1990–97 Austria Wien, 1997–2002 Heart of Midlothian, 2002–04 Austria Wien, 2004–05 FC Superfund, 2005/06 Admira-Wacker Mödling; 8 Länderspiele (seit 2000).

Flohe, Heinz, dt. Mittelfeldspieler (Halbstürmer), *28. Januar 1948 Euskirchen (Nordrhein-Westfalen); bis 1966 TSV Euskirchen, 1966–79 1. FC Köln, 1979/80 TSV München 1860; 343 Bundesligaspiele (81 Tore); 39 Länderspiele (1971–78; 8 Tore); WM-Endrunde 1974 (Weltmeister), 1978; EM-Endrunde 1976.

»Flop« [engl., »Misserfolg«], Fehleinkauf eines Spielers, weil dieser die zuvor in ihn gesetzten Erwartungen nicht erfüllt; Gegensatz: → »Top«.

Florenz, AC, eigtl. »ACF Fiorentina« (Associazione Calcio Firenze Fiorentina), Italien, entstand 1926 als Associazione Fiorentina del Calcio durch Fusion von Polisportiva Giovanile Firenze Libertas und CS Firenze, 1928 Fusion mit Fiorenza US und SS Italia Firenze zu AC Fiorentina, 2002 aufgelöst (nach Zwangsabstieg in die 4. Liga [Serie C 2]) und als Florentia Viola neu gegr., seit 2004 wieder ACF Fiorentina; Spielkleidung: Violett/Weiß/Violett; Stadion: »Artemio Franchi«, 47 282 Plätze. – Internationale Erfolge: EC II 1961. – INTERNET: www.acffiorentina.it
Spieler (Auswahl): Adriano – E. Albertosi – Amarildo – G. Antognoni – R. Baggio – G. Batistuta – D. L. Bertoni – V. Bojinov – G. De Sisti – C. Dunga – Edmundo – S. Effenberg – S. Frey – C. Gentile – N. Gomes – E. Gonzalez – F. Graziani – G. Green – K. Hamrin – J. Heinrich – K. Hutwelker – G. Hysén – M. Lacatus – B. Laudrup – A. Manninger – H. Nakata – G. Oriali – A. Orlando – D. A. Passarella – P. Petrone – M. Rui Costa – N. Scala – H. P. Scarone – Sócrates – F. Toldo – T. Ujfalusi. – **Trainer** (Auswahl): Amarildo – F. Bernardini – G. De Sisti – S. G. Eriksson – N. Hidegkuti – N. Liedholm – L. Radice – C. Ranieri – F. Terim – G. Trapattoni – D. Zoff.

Floriana, FC, Malta: → Valletta [1].

Floridsdorfer AC, Österreich: → Wien [3].

Flugball, weit und hoch bis halbhoch geschlagener Ball, der eine relativ flache Flugbahn beschreibt.

Flügel, Raum in der Angriffshälfte entlang der Seitenlinien (*rechter* bzw. *linker F.*).

Flügellauf, Sprint mit Ball entlang der Seitenlinie in Richtung gegner. Torlinie; abgeschlossen durch Flankenball oder Rückpass, seltener durch Torschuss.

Flügelspiel, betontes Spiel über die Außenpositionen, vorausgesetzt, man verfügt über schnelle Außen; ansonsten kann das F. nur sporadisch betrieben werden (»vernachlässigtes F.«).

Flügelstürmer, svw. → Außenstürmer.

Flügelwechsel, Langpass (meist hoch und weit sowie diagonal geschlagen) von einem Flügel auf den anderen; ein spielverlagernder Pass.

»Flügelzange«, Bez. für überdurchschnittlich schnelle und gewitzte Außenstürmer einer Mannschaft (links und rechts), die ihre gegner. Deckungsspieler ständig versetzen und somit stets für Torgefahr sorgen. Bekannt ist die Wendung: »Die ›F.‹ schnappte zu«.

Flugkopfball, gestreckter (fast) waagerechter Sprung durch die Luft, um den anfliegenden Ball mit der Stirn ins Tor oder (bei Abwehrhandlung) wegzustoßen; attraktive Aktion.

Flugparade, Wegschnellen des Torhüters vom Boden, um im Hechtsprung mit gestreckten Armen an den Ball zu gelangen; der Körper liegt dabei frei und meist waagerecht in der Luft. Eine besonders spektakuläre F. wird auch als »Robinsonade« (J. W. → Robinson) bezeichnet.

Flutlichtanlage, blendungsfreie Beleuchtungsanlage in Sportstadien; früher meist auf 4 zur Sportfläche geneigte oder austragende Masten konzentrierte Anordnung von Lichtquellen hoher Beleuchtungsstärke. Moderne Flutlichtanlagen für Großstadien der Bundesliga und Zweiten Bundesliga sowie der Regionalligen und Oberligen verfügen über fernsehgerechte Flutlichtsysteme von 700–1500 lux, ausgeführt als 4-Mast-Anlage, reine Dach-/Cat-Walk-Beleuchtung oder als kombiniertes Dach-/Mastsystem.

F-MARC, Abk. für **F**IFA **M**edical **A**ssessment and **R**esearch **C**enter, 1994 gegründtes Konsortium (Sitz: Zürich), das das seitdem im Auftrag der sportmedizin. Kommission der FIFA Projekte durchführt, in denen fussballbedingte Verletzungen beobachtet und analysiert werden. Das Ziel der Studien besteht in der Untersuchung des Verlaufs der Karriere eines Spielers im Verhältnis zu seiner Leistung, um die Korrelation zw. phys. und mentaler Leistung sowie das Auftreten von Verletzungen zu dokumentieren. Ein wichtiges Ziel besteht ebenfalls in der Formulierung und Empfehlung optimaler Trainingsmethoden, um die Verletzungsrate zu reduzieren.

FMF, 1) Abk. für **F**édération **M**alagasy de **F**ootball, den Fußballverband von → Madagaskar. – **2)** Abk. für **F**édération **M**alienne de **F**ootball, den Fußballverband von → Mali. – **3)** Abk. für **F**ederación **M**exicana de **F**útbol, den Fußballverband von → Mexiko.

FNFG, Abk. für **F**ederación **N**acional de **F**útbol de **G**uatemala, den Fußballverband von → Guatemala.

Föckler, Werner, dt. Schiedsrichter (Weisenheim [Rheinland-Pfalz]), * 24. Juni 1945 Ellerstadt (Rheinland-Pfalz); seit 1969 Schiedsrichter, 1980–92 Bundesliga (127 Spiele), 1982–91 FIFA-Referee; 6 Länderspiele; DFB-Pokalfinale 1985. – Mitglied des DFB-Schiedsrichterlehrstabes.

Foda, Franco, dt. Abwehrspieler, * 23. April 1966 Mainz; 1973–79 SVW Mainz, 1979–81 FSV Mainz 05, 1981–84 1. FC Kaiserslautern, 1984/85 Arminia Bielefeld, 1985–87 1. FC Saarbrücken, 1987–90 1. FC Kaiserslautern, 1990–94 Bayer 04 Leverkusen, 1994–96 VfB Stuttgart, 1997 FC Basel, 1997–2001 Sturm Graz; 321 Bundesligaspiele (20 Tore); 2 Länderspiele (1987). – Später Trainer: 2002/03 Sturm Graz.

Foé, Marc-Vivien, kamerun. Mittelfeldspieler, *1. Mai 1975 Nkolo, †26. Juni 2003 Lyon (während eines Confederations-Cup-Spiels); bis 1994 Canon Yaoundé, 1994–98 RC Lens, 1998–2000 Westham United, 2000–02 Olympique Lyon, 2002/03 Manchester City; 65 Länderspiele (seit 1993); WM-Endrunde 1994, 1998.

»Fohlenelf«, 1) umgangssprachlich für eine Nachwuchs(auswahl)mannschaft. – **2)** Anfang bis Mitte der 1970er-Jahre Bez. für die damals (relativ) junge Mannschaft von Borussia Mönchengladbach, die unter H. Weisweiler 1970, 1971 und 1975 Landesmeister, 1973 Pokalsieger und 1975 EC III-Gewinner wurde.

Foni, Alfredo, italien. Trainer (Dr.), *20. November 1911, †28. Januar 1985; war Abwehrspieler: 1924–44 Juventus Turin; 23 Länderspiele (1936–42); Weltmeister 1938; Olympiasieger 1936. – Später Trainer: AC Venedig, FC Chiasso, Sampdoria Genua, Inter Mailand (LM 1953, 1954), FC Bologna, AS Rom, 1954–58 Italien (Nationalmannschaft), 1964–68 Schweiz (Nationalmannschaft, WM-Endrunde 1966).

Fontaine, Just, frz. Angriffsspieler, *18. August 1933 Marrakech (Marokko); 1947–50 KAC Marrakech, 1950–53 US Marocaine Casablanca, 1953–56 OGC Nizza, 1956–62 Stade Reims; 20 Länderspiele (1956–60; 27 Tore); WM-Endrunde 1958 (Torschützenkönig [13]). – Später Trainer: 1967 Frankreich (Nationalmannschaft).

Football Against Racism in Europe, Fanbetreuung: → FARE.

Football League, Abk. **FL,** am 17. April 1888 von dem schott. Funktionär William McGregor (†1847, †1911) in England gegr. älteste Liga der Welt; Beginn der Premierensaison am 8. September 1888 mit Bolton Wanderers gegen Derby County (3:6); erster Ligameister wurde Preston North End. 1892 unterteilte man die Liga in 2 Divisionen, eine dritte spielte ab 1920, die vierte Division wurde 1958 eingeführt. Die erste Division spielt seit 1992/93 als **Premier League** (20 Teams), die zweite als **F. L.** (24 Teams).

»Footix« [ein »Hahn«], offizielles → WM-Maskottchen der WM-Endrunde 1998 in Frankreich.

Forechecking [engl., »Angriffsverteidigung«], vom Eishockey übernommener Begriff, der das frühzeitige energ. Stören des gegner. Angriffs in der Entwicklung, also bereits in des Gegners Spielhälfte, beinhaltet; verlangt einen ausgezeichneten Fitnesszustand der Spieler, insbesondere der Angreifer und Mittelfeldspieler, da diese in erster Linie das F. ausführen. F. ist Inbegriff und wesentl. Bestandteil des modernen Fußballs.

Forlán, Diego, uruguay. Angriffsspieler, *19. Mai 1979 Montevideo; 1998–2001 Independiente Buenos Aires, 2002–04 Manchester United, 2004–06 CF Villarreal; WM-Endrunde 2002; Europas Torschützenkönig 2005 (25, mit T. Henry).

Form, Zustand der körperlich-sportl. Leistungsfähigkeit eines Spielers bzw. einer Mannschaft. Darüber hinaus spricht man von F.-Tief, -Krise oder -Schwäche (unzureichende Leistung), F.-Schwankung (unterschiedl. Leistungsstärke) und -Anstieg (zunehmende Leistungsstärke). – »Papier-F.« ist die aufgrund früherer Leistungen errechnete und zu erwartende Leistung einer Mannschaft.

Formation, 1) svw. → Mannschaftsaufstellung. – **2)** aufgestellte Reihe, z. B. Sturm-F.

Forssell, Mikael, finn. Angriffsspieler, *15. März 1981 Steinfurt (Nordrhein-Westfalen); bis 1998 HJK Helsinki, 1999/2000 FC Chelsea, 2000/01 Crystal Palace, 2001/02 FC Chelsea, 2002/03 Borussia Mönchengladbach, 2003 FC Chelsea, 2003–05 Birmingham City, 2005 FC Chelsea, 2005/06 Birmingham City; 16 Bundesligaspiele (7 Tore); 21 Länderspiele (7 Tore).

Förster, 1) Bernd, dt. Abwehrspieler, *3. Mai 1956 Unterschwarzbach (Baden-Württemberg), Bruder von 2); 1968–74 TSV Badenia Unterschwarzbach und Waldhof Mannheim, 1974–76 FC Bayern München, 1976–78 1. FC Saarbrücken, 1978–86 VfB Stuttgart; 38 Länderspiele (1979–84); 291 Bundesligaspiele (25 Tore); WM-Endrunde 1982; EM-Endrunde 1980 (Europameister), 1984. – **2)** Karlheinz, dt. Abwehrspieler (Vorstopper), *25. Juli 1958 Unterschwarzbach, Bruder von 1); 1966–73 TSV Badenia Unterschwarzbach, 1973–75 Waldhof Mannheim, 1975–86 VfB Stuttgart, 1986–90 Olympique Marseille, 1991–93 FC Schwarzach; 272 Bundesligaspiele (17 Tore); 81 Länderspiele (1878–86; 2 Tore); WM-Endrunde 1982, 1986; EM-Endrunde 1980 (Europameister), 1984; in der BRD Fußballer des Jahres 1982.

Fotografenlinie svw. → Sperraumlinie.

Foul [engl.], bewusst, seltener unabsichtlich begangene Regelwidrigkeit beim Zweikampf. – Verb: Foulen.

Foul
Foul [engl.]
Incomection [frz.]
Prohibido [span].
Falta [portugies.]
Irregolarità [italien.]

Foulelfmeter, svw. *Foulstrafstoß* (→ Strafstoß).

Foulstrafstoß → Strafstoß.

FPF, 1) Abk. für **F**ederación **P**eruana de **F**útbol, den Fußballverband von → Peru. – **2)** Abk. für **F**ederação **P**ortuguesa de **F**utebol, den Fußballverband von → Portugal. – **3)** Abk. für **F**ederación **P**uertorriqueña de **F**útbol, den Fußballverband von → Puerto Rico.

Frai, Christine, dt. Schiedsrichterin (Bremen), *25. September 1965; seit 1985 Schiedsrichterin, 1991 DFB-Schiedsrichterin, seit 1991 Bundesliga (80 Spiele); olymp. Fußballturnier 2004.

Fraktur [latein.] → Sportmedizin/Sportverletzungen.

França, eigtl. »Françoaldo Sena de Souza«, brasilian. Angriffsspieler, *2. März 1976 Codó; bis 1993 Nacional Fast Clube Manaus, 1994/95 EC XV de Novembre Jaú, 1996–2002 FC São Paulo, 2002–05 Bayer 04 Leverkusen, 2005/06 Kashiwa Reysol (Japan); 70 Bundesligaspiele (21 Tore); 8 Länderspiele (seit 2000; 1 Tor).

Francescoli, Enzo, uruguay. Mittelfeldspieler, *12. November 1961 Capurro (zu Montevideo); 1976–82 Wanderers FC Montevideo, 1983–86 River Plate Buenos Aires, 1986–89 Racing Paris, 1989/90 Olympique Marseille, 1990–93 Cagliari Calcio, 1993/94 Turin Calcio, 1994–97 River Plate Buenos Aires; 55 Länderspiele (9 Tore); WM-Endrunde 1986, 1990; Südamerikas Fußballer des Jahres 1984, 1995; in Argentinien Fußballer des Jahres 1985, 1995.

Karlheinz Förster

Franchi, Artemio, italien. Funktionär (Dr.), *8. Januar 1922 Siena, †12. August 1983 (Verkehrsunfall); langjähriger Präsident des AC Florenz; 1973 bis zu seinem Tod UEFA-Präsident (Vorgänger: G. → Wiederkehr, Nachfolger: J. → Georges). – Ihm zu Ehren wurde 1991 das Florenzer Stadion »Comunale« in »Artemio Franchi« umbenannt

Francis, Trevor, engl. Angriffsspieler, *19. April 1954 Plymouth; 1966–70 FC Plymouth, 1970–79 Birmingham City, 1979–81 Nottingham Forest, 1981/82 Manchester City, 1982–86 Sampdoria Genua, 1986/87 Atalanta Bergamo, 1987/88 Glasgow Rangers, 1988–90 Queen's Parc Rangers, 1991/92 Sheffield Wednesday; 52 Länderspiele (1977–86; 12 Tore); WM-Endrunde 1982. – Später Trainer: 1992–95 Sheffield Wednesday (1992/93 Spielertrainer), 1996–2001 Birmingham City, 2001–03 Crystal Palace.

Franco-Martínez, Angel, span. Schiedsrichter, *31. Oktober 1938 Murcia; seit 1960 Schiedsrichter, seit 1969 Primera División, 1970–83 FIFA-Referee; WM-Endrunde 1978.

Frank, Wolfgang, dt. Trainer, *21. Februar 1951 Reichenbach/Vils (Bayern); war Angriffsspieler: bis 1968 TSV Schlierbach und VfL Kirchheim, 1968–73 VfB Stuttgart, 1973/74 AZ Alkmaar, 1974–78 Eintracht Braunschweig, 1978–80 Borussia Dortmund, 1980–82 1. FC Nürnberg; 215 Bundesligaspiele (89 Tore). – Später Trainer: 1984–88 FC Glarus, 1989–91 FC Aarau, 1991/92 FC Wettingen, 1992/93 FC Winterthur, 1994/95 Rot-Weiss Essen, 1995–97 FSV Mainz 05, 1997/98 Austria Wien, 1998–2000 FSV Mainz 05, 2000 MSV Duisburg, 2002–04 SpVgg Unterhaching, 2004/05 FC Sachsen Leipzig, 2006 Kickers Offenbach.

Franke, Christoph, dt. Trainer, *20. Dezember 1944 Mülsen St. Jacob (Sachsen); war Abwehrspieler: 1958–61 Martin Hoop Mülsen, 1961–63 BSG Motor Zwickau, 1963–69 SC Leipzig bzw. 1. FC Lokomotive Leipzig, 1969–77 FC Karl-Marx-Stadt; 224 Oberligaspiele (23 Tore). – Später Trainer: 1978–2000 FC Karl-Marx-Stadt bzw. Chemnitzer FC (1978–89 Nachwuchs, 1989–96 Trainerassistent, 1996–2000 Cheftrainer), 2001–05 1. FC Dynamo Dresden.

Frankenstadion, Nürnberg, Heimstätte des 1. FC Nürnberg, erbaut 1926–28, renoviert 1988–91, umgebaut 2004/05; 50300 Plätze; WM-Stadion 2006.

Frankfurt am Main, Deutschland (Hessen), **1) Eintracht Frankfurt,** gegr. am 8. März 1899 als Frankfurter FC, 1900 Fusion mit FC Kickers 1899 Frankfurt zu Frankfurter FC 1899 Kickers, 1904–11 FV Kickers Frankfurt, 1911 Fusion mit FC Viktoria Frankfurt zu Frankfurter FV, 1920 Fusion mit Frankfurter TG 1861 zu Frankfurter TSG Eintracht 1861 (1926 Auflösung der Fusion), 1926–28 SG Eintracht Frankfurt, 1968 Fusion mit TG 1861 Frankfurt zu Eintracht Frankfurt (seit Juli 2000 Eintracht Frankfurt Fußball AG); Bundesliga 1963–96, 1998–2001, 2003/04, 2005/06; Zweite Bundesliga 1996–98, 2001–03, 2004/05; Spielkleidung: Rot-Schwarz/Weiß/Rot; Stadion: →Commerzbank-Arena. – Internationale Erfolge: Internationaler Fußballcup 1967, EC III 1980. – INTERNET: www.eintracht-frankfurt.de

Spieler (Auswahl): I. Amanatidis – J. Andersen – M. Azaouagh – U. Bein – T. Berthold – U. Bindewald – M. Binz – J. Böhme – R. Bommer – A. Brinkmann – B.-k. und D.-R. Cha – S. Ciric – F. Copado – A. da Silva – L. Détari – T. Doll – D. Eckstein – H. Ehrmantraut – R. Elsener – T. Ernst – R. Falkenmayer – J.-A. Fjørtoft – N. Frommer – J. Furtok – M. Gaudino – M. Gebhardt – J. Grabowski – R. Gramlich – R-C. Guié-Mien – H. Heese – D. Heinen – H. Heldt – I. Hertzsch – T. Hoffmann – B. Hölzenbein – I. Horvat – P. Houbtchev – J. Jones – F. Jusufi – J. Klopp – A. Köpke – K.-H. Körbel – T. Kracht – A. Kruse – T. Legat – W. Lorant – J. Löw – A. Meier – A. Möller – N. Nachtweih – W. Neuberger – B. Nickel – O. Nikolov – A. Okocha – B. Pezzey – C. Preuß – M. Pröll – U. Rahn – M. Rehmer – D. Roth – B. Salou – E. Schmitt – B. Schneider – M. Schupp – L. Sippel – E. Skela – W. Smolarek – T. Sobotzik – C. Spycher – U. Stein – D. Stepanovic – H. Tilkowski – D. Toppmöller – B. Trares – A. Turek – A. van Lent – M. Weissenberger – A. Yeboah – K. Zchadadse – N. Zelic. – **Trainer** (Auswahl): M. Andermatt – J. Berger – D. Cramer – P. Csernai – H. Ehrmantraut – F. Engel – R. Fanz – K. Feldkamp – F. Funkel – H. Heese – J. Heynckes – I. Horvat – O. Knefler – J. Kocian – K.-H. Körbel – G. Lóránt – F. Magath – M. Prus – F. Rausch – W. Reimann – E. Ribbeck – A. Schaffer – E. Schwartz – H. Senekowitsch – D. Stepanovic – K. Toppmöller – D. Weise – B. Zebec.

2) 1. FFC Frankfurt (1. Frauen-Fußballclub Frankfurt), gegr. am 27. August 1998; Lizenzübernahme und Namensgebung am 1. Januar 1999, hervorgegangen aus der 1970 gegr. SG Praunheim; Bundesliga 1992–2006; Spielkleidung: Rot; Stadion: Stadion am Brentanobad, 5500 Plätze. – Internationale Erfolge: UEFA Women's Cup 2002. – INTERNET: www.ffc-frankfurt.de

Spielerinnen (Auswahl): D. Fitschen – K. Garefrekes – S. Jones – N. T. Künzer – R. Lingor – S. Minnert – B. Prinz – S. Smisek – P. und T. Wunderlich. – **Trainer** (Auswahl): M. Staab.

3) FSV Frankfurt (Fußballsportverein Frankfurt von 1899), gegr. am 20. August 1899, Frauenfußball seit 1970; Bundesliga 1991–2006 (Frauen); Zweite Bundesliga 1994/95 (Männer); Spielkleidung: Blau-Schwarz/Schwarz/Blau-Schwarz; Stadion: Bornheimer Hang, 24 000 Plätze. – INTERNET: www.fsv-frankfurt.de

Spieler (Auswahl): M. Azaouagh – T. Ernst – G. Knöpfle – W. Kreß – Y. Mokhtari – O. Reck – C. Ugi. – **Trainer** (Auswahl): D. Stepanovic – **Spielerinnen** (Auswahl): S. Jones – S. Minnert – B. Prinz – S. Smisek.

Frankfurter FC Viktoria '91 (Frankfurter Fußballclub Viktoria 91), Deutschland (Frankfurt/Oder [Brandenburg]), gegr. am 7. Februar 1991 als FC Viktoria '91 Frankfurt (Oder), nach Fusion mit SV Preußen Umbenennung zu Beginn der Serie 1992/93 in Frankfurter FC Viktoria '91; Vorgänger: 1971–91 FC Vorwärts Frankfurt (Oder); DDR-Oberliga 1971–78, 1979–88; Spielkleidung: Grün/Weiß/Weiß; Stadion: Stadion der Freundschaft, 16 000 Plätze. – INTERNET: www.ffcvictoria.de

Spieler (Auswahl): J. Heinrich– G. Körner – J. Nöldner – M. Rath – M. Rietpietsch. – **Trainer** (Auswahl): H. Irmscher – W. Wolf.

Frankreich, eine Republik in Westeuropa, 547 030 km², 60,181 Mio. Ew.; Verband: Fédération Française de Football, Abk. FFF, gegr. 1918 als Comité Française Interfédéral, 1919 Zusammenschluss mehrerer Verbände zur FFF, Sitz: Paris; Mitglied der FIFA seit 1904, der UEFA seit 1954; Spielkleidung: Blau/Weiß/Rot. – Erfolge: Weltmeister 1998, Europameister 1984, 2000, Olympiasieger 1984, Confederations Cup 2001, 2003. – INTERNET: www.gff.ge

Fräßdorf, Otto, dt. Abwehrspieler, *5. Februar 1942 Magdeburg; 1954–60 Motor Nord Magdeburg, 1961–71 FC Vorwärts Berlin; 183 Oberligaspiele (31 Tore); 33 Länderspiele (1963–70; 4 Tore); olymp. Fußballturnier 1964. – Später Trainer: 1975–78 Talentezentrum Strausberg, 1978–84 ASG Vorwärts Dessau (Nachwuchs).

Frauenfußball war bereits Anfang dieses Jahrhunderts bekannt, wurde aber in England bereits 1902 zum erstenmal öffentlich untersagt; fand größere Verbreitung dann Ende der 1950er-Jahre (vornehmlich in Dänemark, Italien, Frankreich, den Niederlanden und in der BRD); heute mit Meisterschaften und Pokalwettbewerben etabliert. In den 80er-Jahren nahm der F. be-

DFB-Pokal

1981	SSG Bergisch Gladbach
1982	SSG Bergisch Gladbach
1983	KBC Duisburg
1984	SSG Bergisch Gladbach
1985	FSV Frankfurt
1986	TSV Siegen
1987	TSV Siegen
1988	TSV Siegen
1989	TSV Siegen
1990	FSV Frankfurt
1991	Grün-Weiß Brauweiler
1992	FSV Frankfurt
1993	TSV Siegen
1994	Grün-Weiß Brauweiler
1995	FSV Frankfurt
1996	FSV Frankfurt
1997	Grün-Weiß Brauweiler
1998	FCR Duisburg
1999	1. FFC Frankfurt
2000	1. FFC Frankfurt
2001	1. FFC Frankfurt
2002	1. FFC Frankfurt
2003	1. FFC Frankfurt
2004	1. FFC Turbine Potsdam
2005	1. FFC Turbine Potsdam

Bundesliga-Torschützenkönigin

1991	H. Mohr	36
1992	H. Mohr	24
1993	H. Mohr	21
1994	H. Mohr	28
1995	H. Mohr	27
1996	S. Smisek	29
1997	B. Prinz	20
1998	B. Prinz	23
1999	I. Grings	25
2000	I. Grings	38
2001	B. Prinz	24
2002	C. Pohlers	27
2003	I. Grings	20
2004	K. Garefrekes	26
2005	S. Thompson	30

Fußballerin des Jahres

1996	M. Voss	2001	B. Prinz
1997	B. Wiegmann	2002	B. Prinz
1998	S. Rottenberg	2003	B. Prinz
1999	I. Grings	2004	B. Prinz
2000	M. Voss	2005	B. Prinz

Landesmeisterschaft

1974	TuS Wörrstadt
1975	Bonner SC
1976	FC Bayern München
1977	SSG Bergisch Gladbach
1978	SC Bad Neuenahr
1979	SSG Bergisch Gladbach
1980	SSG Bergisch Gladbach
1981	SSG Bergisch Gladbach
1982	SSG Bergisch Gladbach
1983	SSG Bergisch Gladbach
1984	SSG Bergisch Gladbach
1985	KBC Duisburg
1986	FSV Frankfurt
1987	TSV Siegen
1988	SSG Bergisch Gladbach
1989	SSG Bergisch Gladbach
1990	TSV Siegen
1991	TSV Siegen
1992	TSV Siegen
1993	TuS Niederkirchen
1994	TSV Siegen
1995	FSV Frankfurt
1996	TSV Siegen
1997	Grün-Weiß Brauweiler
1998	FSV Frankfurt
1999	1. FFC Frankfurt
2000	FCR Duisburg
2001	1. FFC Frankfurt
2002	1. FFC Frankfurt
2003	1. FFC Frankfurt
2004	1. FFC Turbine Potsdam
2005	1. FFC Frankfurt

»Klub der Hunderter« in Deutschland
(Auswahl)

Länderspiele	*Name*	*Zeitraum*
154	B. Wiegmann	1989–2003
144	D. Fitschen	1986–2001
	B. Prinz	seit 1994
137	K. Stegemann	seit 1995
129	S. Minnert	seit 1992
125	M. Voss	1984–2000
115	S. Rottenberg	seit 1993
	A. Hingst	seit 1996
114	R. Lingor	seit 1995
111	S. Neid	1982–96
104	H. Mohr	1986–96
101	S. Smisek	seit 1995
	P. Wunderlich	seit 1993
100	S. Jones	Seit 1993

DDR-Bestenermittlung	
1979	Motor Mitte Karl-Marx-Stadt
1980	Wismut Karl-Marx-Stadt
1981	Turbine Potsdam
1982	Turbine Potsdam
1983	Turbine Potsdam
1984	Motor Halle
1985	Turbine Potsdam
1986	Turbine Potsdam
1987	Rotation Schlema
1988	Rotation Schlema
1989	Turbine Potsdam
1990	Post Rostock
1991	Uni Jena
DFV-Pokal	
1987	Rotation Schlema
1988	Wismut Karl-Marx-Stadt
1989	Rotation Schlema
1990	Post Rostock
1991	Turbine Potsdam

sonders in China und den USA eine rasante Entwicklung, während sich Deutschland seit den 90er-Jahren zum erfolgreichsten europ. Team entwickelte und seitdem die Weltspitze mitbestimmt (u.a. Europameister 1989, 1991, 1995, 1997, 2001, 2005, Weltmeister 2003).
Die erste Landesmeisterschaft der BRD wurde 1974 ausgetragen, bis 1990 im Rahmen einer Endrunde. 1990/91–1996/97 bestand eine zweigeteilte Bundesliga. Die beiden Ersten aus jeder Gruppe ermittelten nach Abschluss der Saison den Dt. Meister (nach Überkreuzvergleich) in einem Finale. Seit 1997/98 gibt es eine eingleisige Bundesliga. Darüber hinaus wird seit 1980/81 DFB-Pokal ausgetragen. Das Finale der Frauen findet unmittelbar vor dem Finale der Männer im Berliner Olympiastadion statt. 1982 rief der DFB eine Nationalmannschaft ins Leben. Im ersten Länderspielpiel gewann 1982 die BRD gegen die Schweiz mit 5:1. – Der DFV der DDR betrachtete den F. als »notwendiges Übel« und beließ es seit 1979 bei einer »DDR-Bestenermittlung«. Im Übergangsspieljahr 1990/91

Jahr	**U 19-Weltmeisterschaft**		**U 19-Europameisterschaft (bis 2001 U 18)**	
	Weltmeister	*Vizeweltmeister*	*Europameister*	*Vizeeuropameister*
1998	–	–	Dänemark	Frankreich
1999	–	–	Schweden	Deutschland
2000	–	–	Deutschland	Spanien
2001	–	–	Deutschland	Norwegen
2002	USA	Kanada	Deutschland	Frankreich
2003	–	–	Frankreich	Norwegen
2004	Deutschland	China	Spanien	Deutschland

Jahr	**Weltmeisterschaft**			**Europameisterschaft**		
	Erster	*Zweiter*	*Dritter*	*Erster*	*Zweiter*	*Dritter*
1984	–	–	–	Schweden	England	–
1987	–	–	–	Norwegen	Schweden	Italien
1989	–	–	–	BRD	Norwegen	Dänemark
1991	USA	Norwegen	Schweden	Deutschland	Norwegen	Dänemark
1993	–	–	–	Norwegen	Italien	Dänemark
1995	Norwegen	Deutschland	USA	Deutschland	Schweden	–
1996	–	–	–	–	–	–
1997	–	–	–	Deutschland	Italien	–
1999	USA	China	Brasilien	–	–	–
2000	–	–	–	–	–	–
2001	–	–	–	Deutschland	Schweden	–
2003	Deutschland	Schweden	USA	–	–	–
2004	–	–	–	–		–
2005	–	–	–	Deutschland	Norwegen	–

Weltfußballerin des Jahres

2001	M. Hamm (USA)
2002	M. Hamm (USA)
2003	B. Prinz (Deutschland)
2004	B. Prinz (Deutschland)
2005	B. Prinz (Deutschland)

führte der NOFV eine »Damen-Oberliga« ein. Einen Pokalwettbewerb gab es 1987–91.

Dt. Nationalspielerinnen (Auswahl): N. Angerer – D. Fitschen – S. Fuss – K. Garefrekes – I. Grings – A. Hingst – S. Jones – N. Künzer – R. Lingor – M. Meinert – S. Minnert – A. Mittag – H. Mohr – M. Müller – S. Neid – N. Omilade – C Pohlers – B. Prinz – S. Rottenberg – S. Smisek – K. Stegemann – S. Thompson – B. Wiegmann – P. und T. Wunderlich.

Internationale Spielerinnen (Auswahl): M. Akers – M. Hamm – Sun Wen.

Trainer- bzw. Trainerinnen (Auswahl): G. Bisanz – S. Neid – B. Schröder – M. Staab – T. Theune-Meyer.

Fredriksson, Erik, schwed. Schiedsrichter, *13. Februar 1943 Tidaholm; seit 1962 Schiedsrichter, seit 1971 1. Division, seit 1973 FIFA-Referee; WM-Endrunde 1982, 1986, 1990; EM-Endrunde 1984, 1988; EC I-Finale 1984.

Frei, Alexander, schweizer. Angriffsspieler, *15. Juli 1979 Basel; 1997/98 FC Basel, 1998/99 FC Thun, 1999/2000 FC Luzern, 2001/02 Servette Genf, 2003–06 Stade Rennes; 41 Länderspiele (seit 2002; 23 Tore); EM-Endrunde 2004; in der Schweiz Fußballer des Jahres 2005.

Freiberg, SGV (Sport- und Gesangverein Freiberg), Deutschland (Baden-Württemberg), gegr.

olympisches Fußballturnier

Erster	*Zweiter*	*Dritter*
–	–	–
–	–	–
–	–	–
–	–	–
–	–	–
–	–	–
USA	China	Norwegen
–	–	–
–	–	–
Norwegen	USA	Deutschland
–	–	–
–	–	–
USA	Brasilien	Deutschland
–	–	–

UEFA Women's Cup

2002	1. FFC Frankfurt
2003	Umeå IK (Schweden)
2004	Umeå IK (Schweden)
2005	1. FFC Turbine Potsdam

1913 als FC Spartania Heutingsheim, 1919/20 FV Beihingen-Heutingsheim, 1920/21 wieder FC Spartania Heutingsheim, 1921–45 SV Heutingsheim, 1945 aufgelöst und als SGV Heutingsheim neu gegr., seit 1973 SGV Freiberg; Spielkleidung: Blau-Weiß/Blau/Blau; Stadion: Wasenstadion, 4000 Plätze. – INTERNET: www.sgv-freiberg.de

Trainer (Auswahl): W. Entenmann.

Freiburg, Deutschland (Baden-Württemberg), **1) Freiburger FC** (Freiburger Fußballclub), gegr. am 17. Dezember 1897, 1946 aufgelöst und als Fortuna Freiburg neu gegr., seit 1949 FC Freiburg; Spielkleidung: Rot; Stadion: Schönbergstadion, 5000 Plätze. – INTERNET: www.freiburger-fc.de

Spieler (Auswahl): J. Glaser – P. Linz. – **Trainer** (Auswahl): V. Beara – G. Gawliczek.

2) SC Freiburg (Sport-Club Freiburg), Deutschland (Freiburg im Breisgau), gegr. am 30. Mai 1904 als FC Mars Freiburg, danach SV 04 Freiburg, 1912 Fusion mit FC Union Freiburg zu SC Freiburg, 1945 aufgelöst und als VfL Freiburg neu gegr., seit 1951 SC Freiburg; Bundesliga 1993–97, 1998–2002, 2003–05; Zweite Bundesliga 1981–91, 1991/92 (Süd), 1992/93, 1997/98, 2002/03, 2005/06; Spielkleidung: Rot; Stadion: badenova-Stadion, 25 000 Plätze (früher: Dreisamstadion). – INTERNET: www.sc.freiburg.com

Spieler (Auswahl): R. Antar – Z. Bajramovic – Z. Baya – B. Berner – A. Borodjuk – V. But – P. Caligiuri – E. Cairo – R. Cardoso – S. Coulibaly – B. Diarra – R. Dorn – M. Frontzeck – F. Gerber – R. Golz – R.-C. Guié-Mien – J. Heinrich – L. Hermel – H. Herrlich – T. Hoffmann – A. Iashvili – A. Ibertsberger – S. Kehl – E. Krautzun – L. Kobiashvili – O. Kondé – J. Löw – Y. W. Mohamad – U. Rapolder – M. Rietpietsch – A. Rraklli – S. Sané – J. Schmadtke – A. Sellimi – M. Sternkopf – A. Sutter – I. Tanko – J. Todt – L. Tskitishvili – M. Weißhaupt – T. Willi – F. Wormuth – F. Zandy – A. und M. Zeyer. – **Trainer** (Auswahl): J. Berger – V. Finke – L.-G. Köstner – W. Olk.

Frauenfußball: seit 1991; Bundesliga 1998/99, 2002–06; Spielkleidung: Rot; Stadion: Bergmattenhof (in Sexau, Landkreis Emmendingen), 3000 Plätze.

»Freiburger Turnier«, der heutige →»Kaiserstuhl-Cup«.

Freier, Paul, dt. Abwehrspieler (seit 1990 dt. Staatsbürgerschaft), *26. Juli 1979 Bytom (dt. Beuthen [Polen]); bis 1990 LKS Labendy (Polen), 1990–93 SV Holzen, 1993–96 BSV Menden, 1996–2004 VfL Bochum, 2004–06 Bayer 04 Leverkusen; 124 Bundesligaspiele (15 Tore); 18 Länderspiele (seit 2002; 1 Tor).

»freier Mann«, svw. → Libero.

»freier Raum«, der vom Gegner ungedeckte Raum in dessen Spielhälfte; Steil- und Diagonalpässe in diesen Raum bringen höchste Torgefahr, insofern man über schnelle Sturmspitzen verfügt, die den »f. R.« entsprechend nutzen.

Freigabe, Erteilung der Spielberechtigung für einen anderen Klub oder Verband; national und international unterschiedlich geregelt.

Freilaufen, Handlungen mit dem Ziel, sich vom Gegner zu befreien und auf dem Spielfeld eine günstige Position für Ballannahme, Zuspiel, Ballführung bzw. Torschuss zu erlangen. F. erleichtert dem Mitspieler das Zuspiel des Balles und ist insbesondere bei engem Deckungsspiel ein wirksames Mittel im Kampf mit der gegner. Abwehr.

Freilos, bei Pokalwettbewerben durch Losentscheid erworbene Berechtigung zum kampflosen Einzug in die nächste Runde, damit eine für den Fortgang des Wettbewerbs günstige Teilnehmerzahl erreicht wird.

Freistoß, vom Schiedsrichter vergebene (Mindest-)Strafe für körperl. oder techn. Fouls; dabei ist der Ball zu stoßen, wenn er ruhig am Boden liegt (ansonsten Wiederholung). Ein *direkter F.* wird verhängt für alle Vergehen verbotenes Spiel gemäß → Spielregeln (Regel 12), ein *indirekter F.* für alle Vergehen gefährl. Spiel oder unsportl. und grob unsportl. Betragen (ebenfalls gemäß Regel 12) sowie für bestimmte techn. Regelverstöße im Rahmen des gesamten Regelwerkes. Beim indirekten F. ist keine unmittelbare Torerzielung möglich ist, weil der im Spiel befindl. Ball durch einen anderen Spieler eine Zwischenberührung erfahren muss. Seine Ausführung wird vom Schiedsrichter durch Hochheben des Armes angezeigt (z. B. bei Abseits, »gefährl. Spiel«, Sperren). Wird ein indirekter F. direkt ins gegner. Tor geschossen folgt Abstoß, ins eigene Tor Eckstoß.

Freistoß
Free kick [engl.]
Coup franc [frz.]
Golpe franco [span.]
Pontapé de livre [portugies.]
Calcio libero [italien.]

Freistoßkombination, Abschluss eines Freistoßes durch Torschuss, nachdem der Ball stafettenartig, d. h. über mindestens 2 Stationen, vorgelegt bzw. zugespielt wird. Bei einer *Freistoßablage* erfolgt der Torschuss nach einmaliger Zwischenberührung. Eine einstudierte F. wird auch als »Freistoßtrick« bezeichnet.

»Freistoßspezialist«, Spieler, der sich durch hervorragende Schusstechnik (Schussgenauigkeit und bzw. oder –stärke) auszeichnet; insbesondere torgefährlich bei Freistößen aus Distanzen kurz vor dem gegner. Strafraum. Die Bez. »Einwurfspezialist« für wurfgewaltige Aktive (weite Würfe, in Nähe der gegner. Eckfahne ausgeführt) wird seltener gebraucht (keine unmittelbare Torgefahr). Diejenigen Spieler, die meist die Eckstöße treten, bezeichnet man nicht unbedingt als »Eckstoßspezialisten« (im heutigen Fußball unbedeutend).

Freistoßverhältnis, statist. Größe, die über die Anzahl (das Verhältnis) der verursachten Freistöße beider Mannschaften informiert; spiegelt in etwa das sportl. Verhalten beider Teams während des Spiels wider.

»Freizeitkicker«, Aktive, die den Trainingsbetrieb außerhalb der Arbeitszeit durchführen (in der Regel abends), ohne finanzielle Entschädigung für Training und Spielbetrieb seitens des Vereins. »F.« sind »echte« Amateure im ursprüngl. Sinn.

Frenzel, Henning, dt. Angriffsspieler, *3. Mai 1942 Geithain (Sachsen); 1952–59 BSG Motor Geithain, 1959–63 SC Lokomotive Leipzig,

Henning Frenzel: Abschied 1978

Arne Friedrich

1963–78 SC Leipzig bzw. 1. FC Lokomotive Leipzig; 420 Oberligaspiele (152 Tore); Oberliga-Torschützenkönig 1966 (22); 56 Länderspiele (1961–74; 19 Tore); olymp. Fußballturnier 1964. – Später Trainer: 2001–04 VfB Leipzig (Jugend), 2004/05 1. FC Lokomotive Leipzig (Jugend).

Freund, Steffen, dt. Mittelfeldspieler, *19. Januar 1970 Brandenburg an der Havel; 1976–83 BSG Motor Süd Brandenburg, 1983–91 BSG bzw. BSV Stahl Brandenburg, 1991–93 FC Schalke 04, 1993–98 Borussia Dortmund, 1999–2003 Tottenham Hotspur, 2003/04 1. FC Kaiserslautern, 2004 Leicester City; 57 (DDR-)Oberligaspiele; 178 Bundesligaspiele (9 Tore); 21 Länderspiele für Deutschland (1995–98); Europameister 1996; WM-Endrunde 1998.

Freundschaftsspiel, Begegnung ohne offiziellen Charakter (im Gegensatz zum →Pflichtspiel); bei Länderspielen spricht man dann von *Freundschafts-Länderspielen.*

Frey, Sébastien, frz. Torhüter, *18. März 1980 Thonon-Les-Bains; 1997/98 AS Cannes, 1998/99 Inter Mailand, 1999/2000 Hellas Verona, 2000/01 Inter Mailand, 2001–05 AC bzw. FC Parma, 2005/06 AC Florenz; 9 Länderspiele (seit 2004); in Italien Fußballer des Jahres 2000.

Friedenreich, Arthur, brasilian. Angriffsspieler (Mittelstürmer), *18. Juli 1892 São Paulo, † 6. September 1969 ebd. (dt. Abstammung [Vater]); 1909/10 FC Germania São Paulo (Klub für Spieler dt. Herkunft), 1910/11 Ypiranga São Paulo, 1911/12 FC Germania São Paulo, 1912/13 Mackenzie São Paulo, 1913–15 Ypiranga São Paulo, 1916/17 Paulistano São Paulo, 1917 Ypiranga São Paulo, 1918–29 Paulistano São Paul, 1929–31 São Paulo da Floresta, 1931–34 Flamengo Rio de Janeiro; 22 Länderspiele (1914–28; 10 Tore); übertraf in Pflichtspielen als erster (1929) die 1000-Tore-Marke (insgesamt 1329 Tore), was später F. Binder und Pelé nachvollzogen.

Friedrich, 1) Arne, dt. Abwehrspieler, *29. Mai 1979 Bad Oeynhausen (Nordrhein-Westfalen); 1985–98 FC Bad Oeynhausen, TuS Lohe und SC Herford, 1998/99 FC Gütersloh, 1999/2000 SC Verl, 2000–02 Arminia Bielefeld, 2002–06 Hertha BSC; 101 Bundesligaspiele (11 Tore); 32 Länderspiele (seit 2002); EM-Endrunde 2004. – **2)** Manuel, dt. Abwehrspieler, *13. September 1979 Bad Kreuznach; bis 1995 SG Guldental 07, 1995–2002 FSV Mainz 05, 2002–04 SV Werder Bremen, 2004–06 FSV Mainz 05; 48 Bundesligaspiele (3 Tore).

Fringer, Rolf, dt. Trainer, *26. Januar 1957; 1986/87 FC Altdorf (Spielertrainer), 1990–92 FC Schaffhausen, 1992–95 FC Aarau, 1995/96 VfB Stuttgart, 1996 Schweiz (Nationalmannschaft), 1997/98 Grasshopper-Club Zürich, 1999/2000 FC Aarau, 2003 Al-Wahda (VAE), 2004 Apollon Limassol, 2004–06 PAOK Saloniki.

Frings, Torsten, dt. Mittelfeldspieler, *22. November 1976 Würselen (Rheinland-Pfalz); 1983–88 Rot-Weiß Alsdorf, 1988–90 Rhenania Alsdorf, 1990–96 Alemannia Aachen, 1997–2002 SV Werder Bremen, 2002–04 Borussia Dortmund, 2004/05 FC Bayern München, 2005/06 SV Werder Bremen; 252 Bundesligaspiele (30 Tore); 48 Länderspiele (seit 2001; 6 Tore); WM-Endrunde 2002; EM-Endrunde 2004.

T. Frings
»Mir ist egal, wer am Ende oben steht. Hauptsache wir sind's.«

Torsten Frings

Frisk, Anders, schwed. Schiedsrichter, *18. Februar 1962 Göteborg; FIFA-Schiedsrichter seit 1991, leitetete seitdem 118 internationale Spiele, u.a. U 16-EM 1991, U 17-EM 1993, EM-Endrunde 1996, 2000 (Finale), 2004, WM-Endrunde 2002. – Beendete im März 2005 nach Morddrohungen von FC-Chelsea-»Fans« seine Karriere.

Fritzsch, Walter, dt. Trainer, *21. November 1920 Zwickau-Planitz (Sachsen), †15. Oktober 1997 Dresden; 1945–47 SG Oberhohndorf, 1947–50 SG Cainsdorf, 1950–52 BSG Wismut Aue, 1952/53 BSG Empor Lauter, 1953–55 BSG Motor Dessau, 1956/57 SC Motor Karl-Marx-Stadt, 1958/59 BSG Stahl Riesa, 1959–65 SC Empor Rostock, 1965–69 BSG Stahl Riesa, 1978–89 DFV der DDR (Berater).

W. Fritzsch: Erfolgsstationen (Auswahl)	
Dynamo Dresden	LM 1971, 1973, 1976, 1977, 1978 PS 1971, 1977

Walter Fritzsch

Fritz, Clemens, dt. Mittelfeldspieler, *7. Dezember 1980 Erfurt; bis 1997 FC Rot-Weiß Erfurt, 1997–99 VfB Leipzig, 1999–2001 FC Rot-Weiß Erfurt, 2001–2003 Karlsruher SC, 2003–06 Bayer 04 Leverkusen; 25 Bundesligaspiele (1 Tor).

»Fritz-Walter-Medaille« [nach F. → Walter], ab 2005 jährlich im Herbst verliehene Auszeichnung (in Gold, Silber, Bronze) für Nachwuchstalente im DFB-Bereich. Das Auswahlgremium setzt sich aus DFB-Trainern und Mitgliedern des DFB-Jugendausschusses zusammen und bewertet das vorangegangene Spieljahr.

Fritz-Walter-Stadion [nach F. → Walter], Kaiserslautern, Heimstätte des 1. FC Kaiserslautern, umgebaut 2003–06 (1920–85 Stadion »Betzenberg«); 48 500 Plätze; WM-Stadion 2006.

Fröhlich, Lutz Michael, dt. Schiedsrichter (Berlin), *2. Oktober 1957 Berlin (West); seit 1985 Schiedsrichter, seit 1988 Zweite Bundesliga (77 Spiele), 1991–2005 Bundesliga (200 Spiele), 1994–2002 FIFA-Referee; 10 Länderspiele; 25 Europapokalspiele; 1995 in der japan. J-League, 2002 in der korean. K-League (jeweils kurzzeitig); DFB-Pokalfinale 2003.

Frohnlach, VfL (Verein für Leibesübungen Frohnlach), Deutschland (Ebersdorf-Frohnlach [Bayern}), gegr. 1919 als SK Arminia Frohnlach, 1925 Fusion mit TV Frohnlach zu VfL Frohnlach; Spielkleidung: Blau/Weiß/Weiß; Stadion: Waldstadion, 8000 Plätze. – INTERNET: www.vflfrohnlach.de

Spieler (Auswahl): H. Spörl. – **Trainer** (Auswahl): F. Brungs.

Frommer, Nico, dt. Angriffsspieler, *8. April 1978 Ulm; 1997/98 SSV Ulm 1846, 1998/99 VfB Stuttgart, 1999/2000 Borussia Mönchengladbach, 2000–03 SSV Reutlingen, 2003–05 Eintracht Frankfurt, 2005 Rot-Weiß Oberhausen und Eintracht Frankfurt, 2006 SpVgg Unterhaching; 28 Bundesligaspiele (2 Tore).

Frontzeck, Michael, dt. Abwehrspieler, *26. März 1964 Mönchengladbach; 1971–79 SpVgg Odenkirchen 05/07, 1979–89 Borussia Mönchengladbach, 1989–94 VfB Stuttgart, 1994/95 VfL Bochum, 1995/96 Borussia Mönchengladbach, 1996 Manchester City, 1997/98 SC Freiburg, 1999/2000 Borussia Mönchengladbach; 436 Bundesligaspiele (37 Tore); 19 Länderspiele (1984–92); EM-Endrunde 1992. – Später Trainer: 2004/05 Hannover 96 (Trainerassistent).

Frühwirth, Eduard (»Edi«), österr. Trainer, *17. November 1908 Wien, †23. Februar 1973; war Mittelfeldspieler (Läufer): 1927/28 Rapid Wien, 1928–31 Wiener AC, 1931–34 Elektra, 1934–36 Libertas, 1936–40 Floridsdorfer AC. – Später Trainer: 1947–54 Floridsdorfer AC und Wacker Wien, 1954–59 FC Schalke 04 (LM 1958), 1959–62 Karlsruher SC, 1962 Viktoria Köln, 1962/63 Austria Wien (LM und PS 1962). F. betreute darüber hinaus 1948–54 (WM-Endrunde 1954) und 1964/65 Österreichs Nationalmannschaft. – Sein Bruder **Josef F.** (*1907, +1942) war ebenfalls Mittelfeldspieler: 1927–30 Rapid Wien, 1930–32 Wacker Wien, 1932–36 Libertas, 1941 Floridsdorfer AC; 1 Länderspiel (1928).

FSF, 1) Abk. für **F**ederação **S**antomese de **F**utbol, den Fußballverband von → São Tomé und Príncipe. – **2)** Abk. für **F**édération **S**énégalaise de **F**ootball, den Fußballverband von → Senegal.

FSGC, Abk. für **F**ederazione **S**ammarinese **G**iuoco **C**alcio, den Fußballverband von → San Marino.

FSJ, Abk. für **F**udbalski **S**avez **J**ugoslavije, den früheren Fußballverband von → Jugoslawien.

FTF, 1) Abk. für **F**édération **T**ahitienne de **F**ootball, den Fußballverband von → Tahiti. – **2)** Abk. für **F**édération **T**schadienne de **F**ootball, den Fußballverband des → Tschad. – **3)** Abk. für **F**édération **T**unisienne de **F**ootball, den Fußballverband von → Tunesien.

Fuchs, 1) Fritz, dt. Trainer, *18. Oktober 1943; war Abwehrspieler: 1969–75 1. FC Kaiserslautern; 168 Bundesligaspiele (12 Tore). – Später Trainer: 1986/87 FC Homburg, 1993/94 (Trainer) und 2005 (Interimstrainer) 1. FC Saarbrücken. – **2)** Henri, dt. Angriffsspieler, *23. Juni 1970 Greifswald; bis 1983 BSG KKW Greifswald, 1983–91 FC Hansa Rostock, 1991–93 1. FC Köln, 1993–95 1. FC Dynamo Dresden, 1995/96 Chemnitzer FC, 1996–98 VfB Leipzig, 1998–2001 FC Hansa Rostock, 2001–04 FC Rot-Weiß Erfurt, 2005 TSG Neustrelitz; 60 (DDR-)Oberligaspiele (17 Tore); 118 Bundesligaspiele (23 Tore). – **2)** Uwe, dt. Trainer, *23. Juli 1966 Kaiserslautern; war Angriffsspieler: 1984–86 FC Homburg, 1986/87 Stuttgarter Kickers, 1987–89 Fortuna Köln, 1989/90 Fortuna Düsseldorf, 1990–93 1. FC Köln, 1993/94 1. FC Kaiserslautern, 1994/95 Fortuna Köln, 1996–98 Arminia Bielefeld; 90 Bundesligaspiele (18 Tore). – Später Trainer: 2002 LR Ahlen, 2005/06 Wuppertaler SV Borussia.

FUFA, Abk. für **F**ederation of **U**ganda **F**ootball **A**ssociations, den Fußballverband von → Uganda.

Führungsspieler, ein leistungsmäßig überdurchschnittl. Spieler, der in der Lage ist, das Spiel der eigenen Mannschaft maßgeblich zu gestalten und zu steuern sowie die (jüngeren) Mitspieler zu »führen«. Ein F. ist meist in der Position des zentralen Mittelfeldspielers angesiedelt und strebt dort die »Vorherrschaft« an.

Führungstor, Treffer zum 1:0, geht die andere Mannschaft im weiteren Spielverlauf mit 2:1 in Führung, spricht man von »erstmaliger Führung«, schafft dann die erstere noch das 3:2, von »erneuter Führung«.

FUK, Abk. für The **F**ootball **U**nion of **K**azakhstan, den Fußballverband von → Kasachstan.

Fulda, Borussia, eigtl. »SC Borussia 04 Fulda« (Sportclub Borussia von 1904 Fulda), gegr. 1904 als FC Borussia 1904 Fulda, 1923–43 1. SV Borussia Fulda, 1943 Fusion mit Reichsbahn Fulda zu 1. Reichsbahn SG Borussia Fulda, 1945 aufgelöst und als SC Borussia 04 Fulda neu gegr.; Spielkleidung: Rot/Schwarz/Schwarz; Stadion: Sportpark Johannisau, 18 000 Plätze. – INTERNET: www.borussia-fulda.de

Spieler (Auswahl): S. Kehl. – **Trainer** (Auswahl): W. Dreßel.

Fulham, FC, England: → London [5].

»Fummeln« → Fußballerjargon.

Funchal, Portugal (Insel Madeira), **1) Maritimo Funchal,** eigtl. »CS Maritimo« (Clube Sports Maritimo), gegr. 1910; Spielkleidung: Rot/Grün/Grün; Stadion: Estádio dos Barreiros, 13 500 Plätze. – INTERNET: www.csmaritimo-madeira.pt

Spieler (Auswahl): D. Teixeira.

2) Nacional Funchal, eigtl. »CD Nacional« (Clube Desportivo), gegr. 1910; Spielkleidung: Weiß/Schwarz/Schwarz; Stadion: Estádio »Rui Alves«, 3000 Plätze. – INTERNET: www.nacional-da-madeira.com

Spieler (Auswahl): C. Ronaldo.

»Fünfjahreswertung« → Wertkoeffizientensystem.

Fünfmeterraum, eigtl. »5,50-m-Raum«, der → Torraum.

Funkel, 1) Friedhelm, dt. Trainer, * 10. Dezember 1953 Neuss, Bruder von 2); war Mittelfeldspieler: 1964–73 VfR Neuss, 1973–80 Bayer 05 Uerdingen, 1980–83 1. FC Kaiserslautern, 1983–90 Bayer 05 Uerdingen; 320 Bundesligaspiele (83 Tore). – Später Trainer: 1990–96 Bayer 05 Uerdingen bzw. KFC Uerdingen 05 (1990/91 Trainerassistent, 1991–96 Cheftrainer), 1996–2000 MSV Duisburg, 2000/01 FC Hansa Rostock, 2002/03 1. FC Köln, 2004–06 Eintracht Frankfurt. – **2)** Wolfgang, dt. Abwehrspieler, * 10. August 1958 Neuss, Bruder von 1); 1982/83 Viktoria Goch, 1983/84 Rot-Weiß Oberhausen, 1984–91 Bayer 05 Uerdingen; 305 Bundesligaspiele (41 Tore); 2 Länderspiele (1986); olymp. Fußballturnier 1988. – Später Trainer: 2001–04 FC Hansa Rostock (Trainerassistent), 2005/06 1. FC Kaiserslautern (Trainerassistent).

Friedhelm Funkel

> **F. Funkel**
> »Ich habe schon bessere Spiele von meiner Mannschaft gesehen, doch die haben wir alle verloren.«

FUR, Abk. für **F**ootball **U**nion of **R**ussia, den Fußballverband von → Russland.

»Furien«, Bez. für die Nationalmannschaft Spaniens.

Fürth, Deutschland: → Greuther Fürth, SpVgg.

Furtok, Jan, poln. Trainer, * 9. März 1962 Katowice; war Angriffsspieler: 1972–88 Gornik MK und GKS Kattowice, 1988–93 Hamburger SV, 1993–95 Eintracht Frankfurt, 1995 GKS Katowice; 188 Bundesligaspiele (60 Tore); 32 Länderspiele (10 Tore); WM-Endrunde 1986. – Später Trainer: 2005 GKS Katowice.

Fuss, Sonja, dt. Mittelfeldspielerin, * 5. November 1978 Bonn; bis 2004 FFC Brauweiler-Pulheim (zwischenzeitlich Hartford University [USA]), 2004/05 FSV Frankfurt, 2005 Turbine Potsdam, 2005/06 FFC Brauweiler-Pulheim; 43 Länderspiele (seit 1996, 21 Tore); Weltmeisterin 2003; Europameisterin 1997, 2005; olymp. Fußballturnier 2004.

Fußball, 1) der → Ball [1]. – **2)** Sportspiel, bei dem ein Ball möglichst oft in das gegner. Tor zu stoßen ist, während Tore des Gegners verhindert werden sollen. Eine Mannschaft besteht aus 11 Spielern (1 Torhüter und 10 Feldspieler, die entsprechend der gewählten Taktik aus einer unterschiedl. Zahl von Abwehr-, Mittelfeld- und Angriffsspielern bestehen) und mehreren Wechselspielern, von denen in Meisterschafts- und Pokalspielen 3 ein- (und aus-)gewechselt werden können (in der Junioren-Bundesliga z. B. 4). Die Spielzeit beträgt für Männermannschaften 2 mal 45 min. Bei unentschiedenem Ausgang von Pokal- und Entscheidungsspielen wird das Spiel um 2 mal 15 min verlängert.

Der Ball darf mit allen Körperteilen außer der Hand (gesamter Arm) gespielt werden. Jeder Spieler, auch der Torhüter, kann Tore erzielen. Eigentore (Ball ins eigene Tor) sind möglich; sie zählen als Torerfolg für den Gegner. Von den insgesamt 17 →Spielregeln sind die über verbotenes Spiel (Halten, Treten, Stoßen, Schlagen, Unterlaufen, Beinstellen und absichtl. Handspiel) sowie die über Abseits besonders wichtig. Verstöße gegen diese Regeln werden mit Freistoß geahndet. Foulspiel der verteidigenden Mannschaft im eigenen Strafraum bewirkt einen Strafstoß für den Gegner. Im →Torraum genießt der Torhüter Sonderrechte (darf z. B. im Sprung nach dem Ball nicht gerempelt werden). Das Spiel wird von einem Schiedsrichter und 2 Schiedsrichterassistenten, die hauptsächlich Abseitsstellungen und Ausbälle (aber auch Fouls in ihrer Nähe) anzeigen, geleitet.

Geschichte: Bereits um 2700 v. u. Z. soll in *China* ein fußballähnl. Spiel betrieben worden sein (»Ts'uh-küh«), dessen Ursprung dem »Gelben Kaiser« Huangdi zugesprochen wird. Ihm wird nachgesagt, dass er die ersten Regeln für »Ts'uh-küh« aufgestellt hat. Es ist die älteste überlieferte Form des »Fußball«-Spiels, das anfangs zur militär. Ausbildung der Soldaten diente. Bis zur Han-Dynastie (220 u. Z.) bestand dann etwa folgende Spielform: 2 Mannschaften kämpften gegeneinander und spielten auf zwei etwa 5 m hohe Tore; dabei durfte der Ball mit Fuß, Oberkörper, Rücken, Bauch, Schulter und Faust geschlagen werden. Daraus kann geschlussfolgert werden, dass es im Spiel ziemlich rau zuging, dass Reaktionsschnelligkeit, takt. Verhalten, Disziplin und Mannschaftsgeist vermittelt wurden.

Während der Zhou-Dynastie (11. Jh v. u. Z.–249 v. u. Z.) breitete sich das »Fußballspiel« auch im Volke aus, und man begann, strengere Regeln abzufassen, um Auswüchse zu verhindern. Es wurden spezielle Fußballfelder hergerichtet. Der Ball, bestehend aus zusammengenähten Lederstücken, wurde mit Federn und Tierhaaren ausgestopft. In der Zeit der Qin-Dynastie bis zum Ende der Sui-Dynastie (221 v. u. Z.–618 u. Z.) gelangte das »Fußballspiel« in China zu höchster Beliebtheit und wurde zum Unterhaltungssport. Der luftgefüllte Ball wurde erfunden, die Regeln in einem Handbuch des »Fußballspiels« (25 Kapitel) festgehalten. Es gab Tore, Torhüter, Spielführer und sogar Trainingsprogramme, wobei eine Mannschaft aus mindestens 10, meist jedoch aus mehr Spielern bestand. Überraschenderweise geriet das hochentwickelte Spiel um 900 völlig in Vergessenheit.

»Fußball« um 1610 (Venedig)

In *Ägypten* ist die Existenz eines fußballähnl. Spiels seit 1900 v. u. Z. urkundlich nachgewiesen. Die auf ägypt. und assyr. Reliefs dargestellten Ballspiele sind wahrscheinlich kult. Ursprungs – im Gegensatz zum chines. »Ts'uh-küh« – und werden mit der Sonnenverehrung in Zusammenhang gebracht. Der Ball wurde mit Fuß und Oberschenkel gespielt. – In *Japan* hielt das »Fußballspiel« um 587 als »Kemari« Einzug, angeblich eingeführt von chines. »Fußballgeistern«. Allerdings wurde das Spiel zu einer kult. Zeremonie umfunktioniert, die auf den Tempelbereich als Schauplatz und den Hochadel als Teilnehmer beschränkt blieb. »Kemari« wurde von 4 bis 6 Teilnehmern bestritten. Die Spieler, in Kimonos gekleidet, stellten sich im Kreis auf und versuchten, mit Würde und Geschicklichkeit den Ball hoch kickend möglichst lange in der Luft zu halten (Kreis-»Fußball«). Das »Ergebnis« bestand darin, die Götter günstig zu stimmen. Noch heute wird in Japan die Tradition des »Kemari« vereinzelt gepflegt.

Episkyros war im Altertum ein von den Spartanern ausgeübtes, äußerst brutales Raufballspiel, das man weitläufig mit dem heutigen American Football vergleichen kann. Diese »Ballschlachten« wurden vorzugsweise auf Rennbahnen durchgeführt, vermutlich nach festgelegten Regeln, denn wer gegen eine Spielregel verstieß, wurde sofort ausgepeitscht. Die Ausrüstung der »Spielersoldaten« war militärisch, mit Helm und Harnisch. Die Spiele standen unter dem Patronat des Halbgottes Herakles, dem man vor Spielbeginn Opfer darbrachte. – *Harpastum* war ein altröm. Raufballspiel, das wahrscheinlich von den Spartanern – ohne die brutale Härte des Episkyros – übernommen wurde; bevorzugt als vormilitär. Ausbildungsübung durchgeführt. Es wurde von den röm. Legionären in Europa verbreitet und blieb möglicherweise auch nach Untergang des röm. Weltreiches in einigen Gegenden erhalten. Neue Spielideen kamen hinzu, sodass man Harpastum als Vorfahr derjenigen (Fuß-)Ballspiele bezeichnen kann, die sich im Mittelalter in England, Frankreich, Italien und Deutschland herausbildeten

Auf dem *amerikan. Kontinent* wurde ebenfalls eine Art F. gespielt. Die Eskimos betrieben in *Kanada* und *Alaska* seit alters her ein fußballähnl. Spiel (»Aqsaqtuk«). Dazu verwendeten sie einen mit trockenem Moos ausgestopften Ball aus Rentier- oder Robbenleder und trieben ihn auf einer 300 bis 400 m langen ebenen Fläche über die gegner. »Mal-Linie«. Der Ball wurde gekickt, gestoßen und geworfen, wobei man in der Wahl der Mittel nicht zimperlich vorging. Die Eskimos zogen aus dem Spielausgang Rückschlüsse auf das Wetter im darauffolgenden Winter, was die große Begeisterung und Leidenschaft beim Spiel erklärte. Eine der wenigen überlieferten Beschreibungen schildert ein »Fußballspiel« in *Kalifornien*. Dieses war eine Art Weitkicken, bei dem im Wechsel je 1 Spieler einer Mannschaft den Ball auf die gegner. »Mal-Linie« zutrieb. Kombinationen und Kampf um den Ball waren nicht bekannt, stattdessen feierl. Zeremonien, die auf kult. Bräuche schließen lassen. Das Spiel dauerte oft Tage, was eine relativ große Spielfläche voraussetzte, da es sonst eher beendet worden wäre. Andere Quellen besagen, dass die Indianer den Umgang mit dem Ball, das Dribbeln, bereits gut beherrscht haben. Sie übten verschiedene Spiele aus, bei denen der Ball nur mit dem Fuß gespielt wurde. Von einem »Fußballspiel« der Inkas in *Peru*, der Azteken in *Mexiko* sowie der Bewohner *Kubas* und des gesamten mittelamerikan. Raums wird ebenfalls bereits frühzeitig berichtet.

»Kreis-Fußball« um 1760 (Grönland)

In *Nordafrika* entwickelte sich »Koura«, ein altmarokkan. »Fußballspiel« mit etwa apfelgroßem Lederball als Spielgerät. Der Ball wurde zw. 2 Felder gelegt, wobei es galt, ihn mittels Fußstoßes ins gegner. Feld zu treiben. Darüber hinaus gab es eine Variante, den Ball mit Stöcken zu treiben und zu schlagen.

F. in Europa: Die Engländer wollten es lange nicht wahrhaben, dass es Anfänge des »Fußballspiels« im Mittelalter auch bereits in anderen europ. Ländern gegeben hat. So wird aber z. B. in *Frankreich* im 12. Jh. ein Ballspiel erwähnt, bei dem man treten und fausten durfte. Ausgeübt wurde es bei Volksfesten, an denen sich ganze Dörfer einschließlich der geistl. Würdenträger beteiligten. Aus diesem Spiel (es wurde auch um sowie über Kirchen beziehungsweise Kirchtürme gespielt [geworfen, gekickt]), das die Franzosen ursprünglich »Houle« nannten, entwickelte sich später das »Soule«, ein (Fastnachts-) »Fußballspiel«, das vor allem in der Bretagne ausgeübt wurde. Dieses Kampfspiel ging auf einen german. Sonnenkult zurück und wurde in zahlreichen Varianten »gespielt«. Dabei wurde der Ball meist gestoßen oder geschlagen. Als Spielfelder dienten Straßen und freie Plätze, aber auch von Ortschaft zu Ortschaft wurde gespielt. – In *Italien* war im Mittelalter »Giuoco del Calcio« ein fußballähnl. Kampfspiel, das erstmals um 1410 in einem Gedicht erwähnt wird. Bei den verschiedenen Abarten des Calcio war es allgemein üblich, den Ball zu stoßen oder zu schlagen, aber auch zu fausten. Besonders das »Calcio Fiorentino« des Florenzer Adels erfreute

sich großer Beliebtheit und gehörte über 300 Jahre zum Programm festl. Anlässe in Florenz. – Der Italiener Antonio Scaino widmete in seinem 1555 erschienenen Ballspielbuch diesem Spiel ein ausführl. Kapitel. Der Spielplatz war eingezäunt und mit Zuschauertribünen versehen. Als Tore an den Schmalseiten des Platzes wurden Zelte errichtet.
Eine besondere Entwicklung nahm das »Fußballspiel« in *England*. Hier bildeten sich aus dem mittelalterl. berühmt-berüchtigten Lusus pilae Celebrem (»berühmtes Ballspiel«), 1174 erwähnt, die ersten Anfänge des F. heraus. Bei diesem Spiel wurde übrigens unbarmherzig getreten, geboxt, gestoßen und gekniffen. Diese »teufl. Kurzweil« wurde deshalb immer wieder verboten, was aber stets erfolglos blieb, weil sich das Spiel bereits größter Popularität erfreute. Es gab damals weder verbindl. Regeln noch ein begrenztes Spielfeld, was dazu führte, dass man teilweise weitab des eigtl. Spielplatzes (sogar -ortes) weiter spielte. Tore kannte man ebenfalls noch nicht, und die Anzahl der Spieler war ebenfalls nicht festgelegt. Erst zu Beginn des 19. Jh., als sich die Studenten des F. annahmen, wurden dem zügellosen Raufspiel Grenzen gesetzt. Die Bestrebungen, feste Regeln aufzustellen, kamen vor allem von den Universitäten Cambridge, Eton, Westminster, Harrow und Rugby. Außer mit den Spielern letzterer Universität einigte man sich bald, den Ball nur noch mit den Füßen zu treten. Rugby dagegen blieb bei dem später nach ihm benannten »Hand-und-Fuß-Spiel«. 1846 verfassten Cambridger Studenten die ersten Fußballregeln, in denen die Mannschaftsstärke mit 15 bis 20 Spielern festgelegt wurde.
Zum »Mutterland des Fußballs« avancierte England aber erst am 26. Oktober 1863, als in London die *Football Association (FA)* gegründet wurde. Entscheidend für die weitere Entwicklung des F. in England – und damit auf der ganzen Welt – waren diejenigen Passagen in dem neuen, 14 Absätze umfassenden Regelwerk, in denen der grundsätzl. Unterschied zum bislang ausgeübten Rugby Football dargelegt wurde: Der Ball darf nunmehr ausschließlich mit den Füßen getreten werden, und die Füße dürfen nur nach dem Ball treten. Mit den Händen darf weder der Gegner festgehalten noch der Ball berührt werden. Somit gebührt den Engländern der Ruhm, das heutige Fußballspiel erfunden zu haben, das Spiel mit den höchsten Zuschauerzahlen unter den Sportspielen und mit der größten Entwicklungsbreite in nahezu allen nationalen Verbänden – kurzum: das weit verbreitetste und beliebteste aller Mannschaftsspiele.

Fußball
Foodbold [dän.]
Fotbal [tschech.]
Footbal [engl., frz.]
Fotbal [rumän.]
Fotball [norweg.]
Fotboll [schwed.]
Futball [ungar.]
Fútbol [span.]
Futebol [portugies.]
Jalkapallo [finn.]
Nogometna lopta [serbokroat.]
Piłka nozna [poln.]

Fußball
»Früher allgemein in England, jetzt nur hier und da in Schottland und auf den öffentlichen Schulen zu Eton, Rugby, Westminster, Harrow etc., beliebtes, auch in Deutschland nicht unbekanntes Ballspiel. Das Spiel geht auf einem freien Platz vor sich, wo in einer bestimmten Entfernung voneinander und sich gegenüber je 2 Stangen errichtet und. in bestimmter Höhe durch ein Seil verbunden sind. Die Spieler bilden 2 Parteien, die darum kämpfen, einen großen Ball (meist eine lederbezogene Ochsenblase) über das Seil (the gaol) hinwegzuschleudern, und zwar nicht mit den Armen, sondern mit den Füßen. Als Spielregel gilt weiterhin, dass man den Gegner durch Stoßen und Drängen mit dem ganzen Körper, jedoch nicht mit den Händen, vom Ball entfernen darf.«
Vierers Konverstions-Lexikon, 1890

»Fußball«, illustrierte Fachzeitschrift, München; 1941–44 von E. Seybold herausgegeben; erschien nochmals 1948, stellte aber bereits nach 2 Jahren ihr Erscheinen ein.
»Fußball arbeiten«, Ausübung des Fußball-»Handwerks« mit unkomplizierten techn. Mitteln, aber unter großem Kraftaufwand und mit stets höchstem Einsatz; wirkt nicht sonderlich attraktiv auf den Betrachter, insofern er nicht die kämpfer. Spielweise bevorzugt. Spieler dieses Genres benötigt jede Mannschaft; sie sollen sich (als »Antreiber«) mit den »spielenden« Typen ergänzen (»gesunde Mischung«).
»Fußball aus dem Lehrbuch«, hochkarätiges und technisch akzentuiertes modernes Spiel (meist einer Mannschaft), gepaart mit rasanten Spielzügen, attraktiven Toren und fairem Spielverlauf. – Gegensatz: »Fußball zum Abgewöhnen«.

Fußballclubs in der DDR

Name	*gegründet*	*heute*
Berliner FC Dynamo	15. 1. 1966	Berliner FC Dynamo
FC Rot-Weiß Erfurt	20. 1. 1966	FC Rot-Weiß Erfurt
FC Vorwärts Frankfurt	1. 8. 1971	Frankfurter FC Viktoria 91
Hallescher FC Chemie	26. 1. 1966	Hallescher FC
FC Carl Zeiss Jena	20. 1. 1966	FC Carl Zeiss Jena
1. FC Karl-Marx-Stadt	15. 1. 1966	Chemnitzer FC
1. FC Lokomotive Leipzig	20. 1. 1966	1. FC Lokomotive Leipzig
1. FC Magdeburg	22. 12. 1965	1. FC Magdeburg
FC Hansa Rostock	28. 12. 1965	FC Hansa Rostock

Fußballclub, Abk. **FC, 1)** allgemein: Verein, in dem ausschließlich oder vorwiegend Fußball gespielt wird; andere Sportarten sind in Nebenabteilungen integriert (z. B. beim FC Bayern München).– **2)** DDR: eigenständige Grundeinheit des DFV der DDR, 1966 aus den Fußballsektionen der Sportclubs (SC) hervorgegangen; ein FC wurde »beauftragt«, den Fußball als Leistungssport besonders zu pflegen.

»Fußballdeutscher« → Ausländerregelung.

»Fußball-Einmaleins«, Grundbestand an fußballer. Kenntnissen und Fertigkeiten, die man sich bereits in frühester Jugend aneignet und später kontinuierlich vervollkommnet. In der Regel beherrscht ein ausgebildeter (Jugend-)Fußballer mit 16 Jahren das »F.-E.«, individuell unterschiedlich (je nach Veranlagung, Neigung und Intuition). – AM-Spieler z. B., die des »F.-E.« nicht mächtig sind, erlernen es kaum noch, wollen dies aber oft nicht wahrhaben.

Fußballerbeine, für einen Fußballspieler typ. muskulöse, oft bananenförmige (nach außen gewölbte) Beine; »er hat F.« oder (kurz) »O-Beine« (günstige Konstitution für Außenseitstöße). – Die seltener anzutreffenden, aber ebenfalls schmucklosen »X-Beine« (meist hageren [»langen«] Gestalten zu eigen) verleihen deren Besitzern relative Sicherheit bei Innenseitstößen, da sie hierbei den Fuß kaum anzuwinkeln brauchen. – »Ideale« F. besaß z. B. → Garrincha, der sowohl ein O-Bein (rechts) als auch ein (6 cm kürzeres) X-Bein vorweisen konnte, was seinen schaukelnden Gang und seine unberechenbaren Dribblings erklärte.

Fußballer des Jahres, höchste verliehene Auszeichnung in zahlreichen Ländern für den besten einheim. Spieler (egal, in welchem Land er spielt) des vorangegangenen Spieljahres. Befragt werden in der Regel die Sportjournalisten. F. d. J. werden auch auf den Kontinenten und weltweit ermittelt.

Fußballerjargon, den gesamten Bereich des Fußballs umfassender Sonderwortschatz, der zwar landschaftlich zum Teil unterschiedlich gebraucht, aber letztlich ziemlich verbreitet ist. Für den unbedarften Leser müssen diese Begriffe nicht relevant und damit nachschlagewürdig sein, den (früheren) Aktiven bzw. den Insidern sollen dagegen diese teils »urigen« Ausdrücke etwas Humoriges bieten, fernab von (Fußball-) Stress und Wissenschaftlichkeit.

»Abbrechen«, rasches Nachlassen der Kräfte eines Spielers oder der gesamten Mannschaft, kann auch moralisch bedingt sein, z. B. durch Hinnahme mehrerer Gegentore innerhalb kurzer Zeit. Die Folge ist dann, dass man »eingeht«.

»alt« aussehen, seinem Gegenspieler im Zweikampf (fast) ständig unterlegen sein.

»ausgebrannt sein«, über keine Kraftreserven (»Körner«) verfügend, d. h. physisch überfordert sein.

»Ballern«, Ausführung unkontrollierter Torschüsse (kräftig und ungenau, meist zu hoch angesetzt), z. B. »er ›ballerte‹ das Leder in die Wolken«.

»blass«, in der Leistung nicht auffallend, schwach spielend; z. B. »er blieb das gesamte Spiel über ›b.‹«.

»blind'« (fußballerisch) ist a) ein Spieler, der grundsätzlich über keine oder nur geringe Spielkenntnisse verfügt (einer, der »keine Ahnung« hat) bzw. b) ein Spieler, der einer jeweiligen Spielsituation (Ballannahme, -weiterleiten usw.) hilflos gegenübersteht (schwach, auswechselreif); kann formbedingt sein, z. B. »er war heute ausgesprochen ›b.‹«. Der erregte Zuschauer ruft dann schon mal »blindes Ei!«, »blinde Nuss!«, »Saublinder!« usw.

»Bolzen«, ungehobelte Spielweise, gekennzeichnet durch ständiges unkontrolliertes Ballwegschlagen; anspruchsloseste Art, Fußball zu »spielen«. – Substantiv: »Bolzer«.

»Bums«, äußerst straffer Schuss, ein »Knaller« bester Güte; davon könnte bei einigen Vertretern, die einen derartigen »Hieb« besitzen, der Spitzname »Bumbas« bzw. »Bumbes« abgeleitet sein.

»die-Sense-ausfahren«, dem Gegner seitlich von hinten in die Waden schlagen, sodass dieser (wie ein Getreidehalm) umknickt; ihn »umsensen«.

»drahtig«, Bez. für einen wendigen, meist körperlich schwachen (Abwehr-)Spieler von erstaunl. Härteverträglichkeit; aggressiv und zuweilen »giftig« (eine Art »Stehaufmännchen«).
»Eingehen«, Beziehen einer hohen Niederlage; meist eine Folge des »Abbrechens«.
»Einsteigen«, überhartes und unfaires Attackieren, z. B. »E.« mit gestrecktem Bein.
»Fällen«, Wegschlagen der Beine des Gegners, so dass dieser Bodenkontakt aufnehmen muss; unschön.
»Fummeln«, übertriebenes Dribbling meist auf engstem Raum, wobei man sich meist »verzettelt« und »hängen bleibt«. – Einen, der ständig »fummelt«, bezeichnet man als »Fummelkönig«.
»Gegammel«, Spiel(erei) miesester Qualität (»Gammelspiel«).
»Graupe«, leicht haltbarer Treffer, der dem Torhüter gewissermaßen »durch die Augen« gegangen ist. Steckt er wiederholt eine »G.« (auch »Hummel« genannt) ein, wird er als »Hummelfänger« bezeichnet. – Eine »G.« unterläuft jedem Torhüter irgendwann einmal, auch dem Nationalkeeper.
»Hacken«, ständiges »Bearbeiten« der Fersen-, Knöchel- und Schienbeinpartien des Gegners in Zweikämpfen; florettartiges Zustoßen; ist vom Schiedsrichter schwieriger zu erkenen als das primitive »Kloppen«.
»Hammer«, besonders wuchtiger, richtungsorientierter (Tor-)Schuss. – Verb: »Hämmern«.
»Hieb«, äußerst wuchtiger Torschuss.
»Holzen«, überharte, unfaire und rohe Spielweise; bedienen sich ihrer beide Mannschaften, wird das Spiel zu einer üblen »Holzerei«.
»hölzern« wirkt ein körperlich großer, knochiger Aktiver, der sich ungelenk seiner langen »Hebel« (Beine) bedient; balltechnisch meist unfertig, »besticht« er lediglich durch seine hohe Gestalt und die dadurch mögl. Vorteile im Kopfballspiel.
»Kaltstellen«, den Gegenspieler zur Wirkungslosigkeit verurteilen, ihn nicht ins Spiel kommen lassen; betroffen sind meist die Angriffsspieler, z. B. »er wurde von seinem Bewacher ›kaltgestellt‹«.
»Kampfmaschine«, ausdauernder, meist untersetzter Kämpfertyp, der unaufhörlich den Gegner attackiert und auch im Vorwärtsgang keinen körperl. Einsatz scheut; kein Techniker, mehr »Bulldozer«.
»kantig« wirkt ein (meist körperlich großer) Spieler, der in seinen Lauf- und Spielhandlungen kein gutes Koordinationsvermögen aufweist sowie Schwächen in der Ballbehandlung verrät; gekennzeichnet durch »eckige« Bewegungen.
»Kloppen«, in Zweikämpfen dem Gegner roh und rücksichtslos in die Beine treten, wuchtig in der Ausführung und schmerzhaft für den Betroffenen. Derartige »Klopper« bevorzugen als Opfer sensible, technisch versierte Aktive. Wenn sie allerdings auf ihresgleichen treffen, kann das Spiel zu einer fürchterl. »Klopperei« ausarten.
»Knüppeln«, rohe und rücksichtslose Spielweise, meist von vierschrötigen (»eisenharten«) Verteidigertypen ausgeübt; primitivste Art, Fußball zu »spielen«.
»Kopfnuss« → »Nicken«.
»Kullerbiene«, die »Graupe«, z. B. »der Ball kullert dem Torhüter durch Hände und O-Beine«; bewirkt Lachsalven beim (neutralen) Zuschauer und Entsetzen bei Mitspielern und Trainer.
»Legen«, svw. → »Umlegen«.
»Mauke«, der Außenspann (»Außenmauke«); eingesetzt bei geschlenztem Abspiel.
»Nicken«, mit blitzschnellem Neigen der Stirn dem Gegenspieler das Stirnbein »polieren« (ihm ein »Kopfnuss« verpassen); äußerst unsportlich und schmerzhaft für den Betroffenen; relativ selten praktiziert, weil rüpelhaft und dümmlich.
»Plauzen«, urwüchsiges »An-den-Ball-Dreschen« in unbedrängter Situation; ist ebenso einfallslos wie »blind« und zeugt von Ahnungslosigkeit in Sachen Fußball; wird praktiziert von Fußball-»Recken« unterster Spielklassen.
»Preschen«, mit maximaler Geschwindigkeit, den Ball treibend, an der (Außen-)Linie entlangstürmen; ungelenke Spieler »galoppieren«. – Bei schmächtigen, wendigen Typen spricht man von »huschen« bzw. »flitzen« (»Flügelflitzer«).
»schlaksig« wirkt auf den Betrachter ein antrittsschwacher, ungelenker, körperlich großer, aber meist schmächtiger Spieler. Ein derartiger »Schlaks« besitzt lange »Hebel« (Beine) und bewegt sich etwas tapsig (»Taps«); allenfalls kopfballstark.
»Schroten«, planloses An-den-Ball-Dreschen; kraftvoll, aber unkontrolliert. – Substantiv: »Schroter«.
»Schruppen«, ständiges überhartes Zweikampfverhalten, insbes. von »bulligen« Abwehrspielern ausgeübt. Derartige »Schrupper« sind in der Regel fußballerisch »blind« und etwa zw. »Bolzern« und »Holzern« einzuordnen.
»Stechen«, unkontrollierte »Spiel«-Weise (»Gesteche«), die sich in fehlendem technisch-takt. Verständnis und weitgehender fußballer. Blindheit äußert. – »Stecher« sind allenfalls in der Lage, den Ball als Streitobjekt zu erkennen, kaum aber, ihn zu behandeln.
»Strecken«, dem gegner. Spieler in übler Weise die Beine wegziehen, so dass dieser unfreiwillig zu Boden geht; »verfeinerte« Form des »Umlegens«.
»Über-den-Ball-Säbeln«, z. B. einen anrollenden Ball in Bedrängnis oder unbedrängt (ist bei ebener Spielfläche »blind«) verfehlen, so dass dieser unter dem Schwungbein (als Schussbein gedacht) entschwindet. – Ähnlich unvollkommen ist das »Neben-den-Ball-Dreschen«; erfolgt es zw. Körper und Ball, besteht die Gefahr, dass man mit dem Schwungbein

das eigene Standbein wegschlägt und somit rücklings zu Fall kommt. – Wiederholtes oder gar ständiges »Ü.« sollte für den Aktiven ein Hinweis sein, evtl. die Sportart zu wechseln.

»Umlegen«, den Gegenspieler vorsätzlich und grob unsportlich (treten) von den Beinen holen; »verfeinerte« Form ist das »Strecken«, »Fällen« oder »Legen« des Kontrahenten; ziemlich verbreitet, z. B. »er ›legte‹ ihn kurz vor der Strafraumlinie«.

»Umnieten«, entspricht dem »Umlegen«, aber noch roher und rücksichtsloser; »Kloppen« übelster Art.

»Verhungern«, verbale Kennzeichnung für einen (ungewollt) schwach geschossenen Ball – gedacht als Torschuss –, der das Gehäuse kaum erreicht; z. B. »der Ball ›verhungerte‹ vor der (Tor-)Linie«.

»Wuchten«, unkontrolliertes Wegschlagen des Balles aus der Gefahrenzone bei vollstem Krafteinsatz, z. B. »er ›wuchtete‹ das Leder über die Tribüne«; ohne Raffinesse und armselig.

»wuchtig«, Bez. für einen stämmig-bulligen Spieler, der keinen Körpereinsatz scheut; meist technisch »blind«, aber respekteinflößend.

»Wühlen«, verbissene Spiel- und Kampfesweise (eingezogene Schultern, Blick nach unten gerichtet); unaufhörl. Rackern, ohne dabei etwas Vernünftiges zustande zu bringen.

»Wumme«, unwahrscheinlich harter Schuss; kann einen Angeschossenen vorübergehend »außer Gefecht« setzen bzw. verletzen.

»Fußballhochburg«, Ort (meist Stadt) mit überdurchschnittlich großem Fußballinteresse, in dem z. B. ein bekannter und erfolgreicher Klub beheimatet ist (zahlreiche Zuschauer, begeisterungsfähiger Anhang).

Fußballklub, andere Schreibweise für → Fußballclub [1].

»Fußballkrieg«, Mittelamerika: → »Fußballtragödien und Katastrophen« (1969).

»Fußballkrimi«, Bez. für ein Spiel mit äußerst spannender (wechselhafter) Torfolge; meist bei Pokalspielen, d. h. bei Spielen mit Ausscheidungscharakter gebraucht. Folgende Torfolge wäre denkbar: 0:1, 0:2, 0:3, 1:3, 2:3, 3:3, 3:4 (oder 4:3).

Fußball-Lehrer → Trainerausbildung.

Fußballregeln, svw. → Spielregeln.

»Fußballschlacht«, äußerst spannendes, dramat. und kämpfer. Spiel, dazu meist bei widrigen Bodenverhältnissen (Matsch, Morast) ausgetragen.

Fußballschuhe, Schuhwerk für den Wettspiel- und Trainingsbetrieb; man unterscheidet Leisten-, Stollen- und Nockenschuhe. – a) Bei den früher übl. *Leistenschuhen* wurden die Leisten aus Leder oder Gummi hergestellt und erstreckten sich über die gesamte Sohlenbreite. Sie waren an den Enden abgerundet und durften nicht schmaler als 12,7 mm sein. – b) Die *Stollenschuhe* besitzen unabhängig voneinander einzeln an der Sohle angebrachte und auswechselbare Stollen. Diese können aus Leder, Gummi, Aluminium, Plast oder ähnl. Material bestehen, müssen aber massiv sein (runder Querschnitt, Mindestdurchmesser 12,7 mm). Bei Verwendung von Schraubstollen muss das Aufnahmegewinde in der Sohle versenkt sein. – c) Bei *Nockenstollen* müssen die Stollen, die als fester Bestandteil der Sohle geprägt und nicht auswechselbar sind, aus Gummi, Kunststoff oder ähnl. Material bestehen. Die Sohle muss mindestens 10 Stollen aufweisen (Durchmesser der Stollen 10 mm).

Fußballschuh früher (oben) und heute (unten)

Fußballschuhe
Football boots [engl.]
Chaussures de football [frz.]
Botas de fútbol [span.]
Scarpa da calcio [italien.]

Fußballspiel, svw. → Spiel.

»Fußballsprüche«, im Laufe der Jahre sich herausgebildete, oft humorige Aussprüche, die in vielfältigster Form die Fußballthematik beinhalten, weit verbreitet sind, aber nicht allzu wörtlich genommen werden sollten. Sie wurden v. a. von Trainern (»Trainersprüche«) geprägt. »Trainerzitate« haben sprichwörtl. Charakter und sind z. T. unvergänglich. J. → Herberger gilt als der »Vater« der (Fußball-)Weisheiten. Es gibt natürlich auch »Spielersprüche«, nicht selten, aber selten »historisch«.

Fußballsprüche
Weisheiten
»Die Spieler können sich plagen wie sie wollen, der Ball hat immer die beste Kondition«
»Angriff ist die beste Verteidigung«
»Im Fußballsport ist Eingespielt sein eine Macht«
»Zum Ball gehen – nicht auf ihn warten«
»Fußball ist ein Spiel aus Raum und Zeit«
»Zurück zum Spiel – es gibt kein besseres Vorwärts«
Feststellungen
»Fußball ist die schönste Nebensache der Welt«
»Der Ball ist der beste Dolmetscher«
»Nicht alles ist Fußball, aber alles ist nichts ohne Fußball«
»Fußball lernt man nur durch Fußball, so wie man Schwimmen nur im Wasser und nicht durch Trockenübungen lernt!«
»Lieber einmal 0:8 verloren als achtmal 0:1«
»Fußball wird nicht nur am Boden gespielt«
»Der Erfolg hat viele Väter, die Niederlage nur einen – den Trainer«
Humor
»Verhalten beginnen und dann langsam nachlassen«
»Hinten dicht, vorne hilft der liebe Gott«
»Flach spielen, hoch gewinnen«

Fußballstadion, svw. → Stadion.
Fußballtennis, dem Spielgedanken nach tennisähnl. Variante des Fußballspiels; ein Rückschlagspiel zweier Teams (Einzel, Doppel, Mannschaft) auf einem Spielfeld von 18 m x 9 m. Der einem Volleyball ähnl. Hohlball ist so über das Spielfeld halbierende, 1,50 m hohe Netz zu spielen, dass der Gegenspieler den Ballwechsel nicht regelgegrecht fortsetzen kann. 11 gewonnene Punkte (bei 2 Punkten Vorsprung) ergeben den Satzgewinn, 2 Gewinnsätze den Sieg. F. Wird in Deutschland vom Dt. F.-Verband (DFTV; gegr. 1991, Sitz: Osnabrück) organisiert, in Österreich vom Österr. F.-Verband (ÖFTV; Sitz: Innsbruck) und in de Schweiz vom Schweizer F.-Verband (SFTV; gegr. 1987, Sitz: Grolley [Kt. Fribourg]. – In modifizierter Form wird F. auch im (Fußball)Mannschaftstraining praktiziert.
»Fußball total«, Inbegriff des modernen und attraktiven Fußballs; geprägt durch ein Höchstmaß an technisch-takt. Vollkommenheit, durch Rasanz und Tempowechsel, Eleganz und Raffinesse. Takt. Elemente sind → Umkehrspiel, → Forechecking und Druckspiel (→ Pressing Game). Je nach Spielsituation richtig angewandt, befähigen sie eine Spitzenmannschaft, im Spiel die eigene offensive Grundhaltung durchzusetzen.
Fußballtoto, organisierte fußballspezif. Sportwette, wobei der Spielausgang (nicht das Resultat) einer bestimmten Anzahl zuvor festgelegter und veröffentl. Fußballspiele vorausgesagt werden muss. Bei Spielausfall wird die jeweilige Paarung ausgelost. Nach mehrmaligen Änderungen ist heute allgemein die *Elferwette* üblich. – F. gab es erstmals 1921 in England, in der Schweiz seit 1938, in der Bundesrepublik Deutschland seit 1948, in Österreich seit 1949 und in der DDR seit 1953. (→ Oddset)
»Fußballtragödien und Katastrophen«, Vorkommnisse und Begebenheiten, die zu den schwärzesten Kapiteln des Fußballs gehören. Einige der bekanntesten und nachhaltigsten Ereignisse:
9. August 1942: In Kiew trat die dt. Luftwaffenmannschaft »Adler«, um ihre arische Überlegenheit zu beweisen, gegen eine ukrain. Auswahl (»FC Start«) an, zu der mehrere Spieler von Dynamo Kiew gehörten. Als der Schiedsrichter (in SS-Uniform) das Spiel beim Stande von 5:3 für »Start« vorzeitig abpfiff, war die dt. »Tragödie« perfekt. Tags darauf wurden die Dynamo-Spieler unterm Vorwurf der Spionage verhaftet und ins Gefängnis eingeliefert, 3 von ihnen später in einem Lager erschossen. Die Begegnung wurde deshalb später auch als »Todesspiel« bekannt.
4. Mai 1949: Beim Rückflug von einem Spiel in Lissabon streift das Flugzeug mit dem AC Turin an Bord den Supergahügel (in der Nähe Turins) und stürzt ab, niemand überlebt. Unter den 28 Toten befindet sich die ganze Mannschaft (einschließlich Reservespieler, Manager und Trainer).
6. Februar 1958: Nach dem Viertelfinalspiel im Europapokal der Landesmeister gegen Roter Stern Belgrad (3:3) verunglückt eine Maschine mit Englands Titelträger Manchester United auf dem Flughafen München-Riem. Unter den Toten befinden sich acht Spieler des Teams.
3. April 1961: Beim Rückflug von Osorno stürzt das Flugzeug mit dem chilen. Erstdivisionär Green Cross Santiago an Bord im Las-Lastimas-Gebirge ab. Niemand von den Insassen überlebt.
24. Mai 1964: Im Nationalstadion von Lima führen Zuschauerausschreitungen zur bislang schlimmsten Fußballkatastrophe. Beim Olympiaqualifikationsspiel zw. Peru und Argentinien – die Gäste führten kurz vor dem Abpfiff mit 1:0 – erkennt Schiedsrichter Pazos (Uruguay) das Ausgleichstor von Peru nicht an. 2 »Fans« greifen Pazos an, der das Spiel abbricht. Hunderte stürmen das Feld, worauf die Polizei Schusswaffen mit Tränengas und scharfer Munition einsetzt. Die in Panik Fliehenden werden vor dem geschlosse-

nen Nordausgang zum Teil zu Tode getreten. Mit Plünderungen von Geschäften und PKW-Zerstörungen setzen sich die Auschreitungen nach dem Spiel fort. Die Bilanz: 318 Tote, darunter viele Kinder, 500 Verletzte.

Juli 1969: Nach den WM-Qualifikationsspielen zw. El Salvador und Honduras bricht zw. beiden benachbarten mittelamerikan. Ländern der sog. »Fußballkrieg« aus, der Tausende Tote fordert. Anlass war das Hinspiel am 8. Juni in Tegucigalpa (Honduras), als es zu Tumulten kam. Die Ursachen lagen jedoch in den starken sozialen Spannungen in Honduras zw. der honduran. Bevölkerung und der salvadorian. Minderheit. Ende Juli 1969 kommt es zum Waffenstillstand und erst 1980 zum Friedensschluss.

26. September 1969: Boliviens Spitzenklub The Strongest stürzt in den Anden, etwa 100 km vor dem Ziel, beim Rückflug von La Paz ab. Alle 19 Spieler und Offiziellen finden den Tod.

Juni 1970: Nach dem Gewinn der Weltmeisterschaft in Mexiko gegen Italien (4:1) fordert der zügellose Freudentaumel zw. Rio de Janeiro und São Paulo 96 Tote und über 3000 Verletzte.

2. Januar 1971: Nach dem Lokalderby zw. Celtic und den Rangers im Ibrox Park kommt es in Glasgow zu schweren Zuschauerzusammenstößen. Stahlbarrieren brechen ein. Das Desaster fordert 66 Tote und 140 Schwerverletzte.

17. Februar 1974: In Kairo bricht beim Freundschaftsspiel zw. Zamalek SC Kairo und Dukla Prag eine Tribüne ein. Dabei erleiden 49 Zuschauer den Tod.

9. Juni 1979: Bei Ausschreitungen nach dem Bundesligaspiel Hamburger SV gegen Bayern München werden 70 Personen verletzt.

Oktober 1979: 17 Spieler des sowjet. Oberligaklubs Pachtakor Taschkent kommen bei einem Flugzeugabsturz innerhalb der UdSSR ums Leben.

20. Oktober 1982: Erst 7 Jahre später (1989) wird die Öffentlichkeit offiziell davon informiert, dass bei einer Panik nach Ende des UEFA-Cup-Spiels zw. Spartak Moskau und dem FC Haarlem 66 Menschen ums Leben kamen. (Die Zeitung »Sowjetski Sport« berichtete sogar von 340 Toten.)

11. Mai 1985: Während des Zweitligaspiels in England zw. Bradford City und Lincoln City bricht auf den mit 3500 Zuschauern besetzten Rängen der 77 Jahre alten Holztribüne ein Brand aus. Die Feuerkatastrophe forderte 56 Menschenleben, darunter 11 Kinder, 200 Menschen werden verletzt.

29. Mai 1985: Vor dem Finale um den Europapokal der Landesmeister zw. Juventus Turin und dem FC Liverpool inszenieren fanatisierte engl. Rowdys bereits eine Stunde vor Spielbeginn schwere Ausschreitungen im Brüsseler Heysel-Stadion, das restlos gefüllt ist. Juventus-Anhänger werden mit Feuerwerkskörpern beschossen und tätlich angegriffen. Die in pan. Angst Fliehenden reißen eine Betonmauer nieder, wobei Zuschauer zerquetscht und zertreten werden. Unter den 39 Toten befinden sich 27 Italiener, 4 Belgier, je ein Franzose und Engländer; 6 Leichen können nicht identifiziert werden. Die weitere Bilanz sind 376 zum Teil Schwerverletzte. – Nach der »Fußballkatastrophe von Brüssel« verhängten die UEFA und die FIFA schwere Sanktionen gegen die engl. Klubs, gegen Juventus Turin und gegen den Belg. Fußballverband.

9. Dezember 1987: Alianza Lima, Perus oftmaliger Landesmeister, stürzt nach dem Punktspiel bei Deportivo Pucalpa auf dem Rückflug kurz vor dem Landeanflug auf den Fughafen »José Chávez« in den Ozean. 54 Passagiere, darunter 37 Spieler, Offizielle und Begleiter, finden den Tod (u. a. Trainer M. Calderón, Auswahltorhüter G. Ganoza, C. Sussoni, J. Casanova).

12. März 1988: 75 Tote und Hunderte Verletzte sind in Neapel im Nationalstadion »Dasarath Rangasala« von Katmandu während des Spiels zw. Janakpur (Nepal) und Mukti Joddha (Bangladesh) zu beklagen. Ein schwerer Hagelsturm löst kurz vor der Halbzeitpause unter den 25 000 Besuchern eine Panik aus. Die zu den Ausgängen Drängenden werden zu Boden gerissen und niedergetrampelt.

15. April 1989: Vor dem engl. FA-Cup-Halbfinale zw. FC Liverpool und Nottingham Forest im mittelengl. Hillsborough-Stadion von Sheffield werden 95 Menschen getötet und über 200 Schwerverletzte in Krankenhäuser eingeliefert, als die Polizei ein Stadiontor öffnet und sich weitere 3000 Liverpooler Anhänger Zugang zum überfüllten Liverpooler Block verschaffen. Zuschauer werden in der entstehenden Panik zu Boden gerissen und zertrampelt, gegen Stahlgitter gedrückt und zerquetscht.

13. Januar 1991: Bei einem Spiel der Kaizer Chiefs im südafrikan. Orkney werden nach Ausschreitungen 42 Zuschauer getötet.

5. April 1992: Im frz. Bastia bricht vor dem Pokalhalbfinalspiel zw. dem SC Bastia und Olympique Marseille eine provisorisch errichtete Zusatztribüne ein: 15 Tote, 1300 Verletzte (davon 643 schwerverletzt).

28. April 1993: 18 Spieler und 5 Offizielle der samb. Nationalmannschaft kommen bei einem Flugzeugabsturz bei Libreville (Zentralafrika) ums Leben.

2. Juli 1994: Der kolumbian. Spieler A. S. Escobar wird von fanat. Anhängern nach seiner Heimkehr in Bogotá erschossen, nachdem ihm im WM-Endrundenspiel Spiel gegen die USA ein Eigentor unterlaufen war.

16. Oktober 1996: Vermutlich 79 Menschen kommen vor dem Weltmeisterschafts-Qualifikationsspiel zw. Guatemala und Costa Rica zu Tode.

21. Juni 1998: Bei Gewalttaten dt. Hooligans am Rande des Vorrundenspiels Deutschland gegen Jugoslawien in Lens wird ein frz. Gendarm schwer ver-

Futsal: Welt- und Europameister

Jahr	*Weltmeister*	*Austragungsland*	*Europameister*	*Austragungsland*
1989	Brasilien	Niederlande	–	–
1992	Brasilien	Hongkong	–	–
1996	Brasilien	Spanien	Spanien	Spanien
1999	–	–	Russland	Spanien
2000	Spanien	Guatemala	–	–
2001	–	–	Spanien	Russland
2003	–	–	Italien	Italien
2004	Spanien	Taiwan	–	–
2005	–	–	Spanien	Tschechische Republik

letzt. Das Opfer lag wochenlang im Koma (→»Daniel-Nivel-Cup«).

11. Januar 1999: Bei einer Massenpanik in Alexandria in Ägypten werden 8 Fans zu Tode getrampelt.

5. April 2000: Am Abend vor dem Uefa-Pokal-Halbfinal-Hinspiel zw. Galatasaray Istanbul und Leeds United werden 2 engl. Fans bei Auseinandersetzungen in einem Vergügungsviertel von Istanbul bei einer Messerstecherei tödlich verletzt.

9. Oktober 2004: Eine Massenpanik nach dem WM-Qualifikationsspiel zw. Togo und Mali in Lomé fordert 4 Tote, als im Stadion wegen Stromausfalls das Licht ausgeht und die Fans die Ausgänge stürmen.

Fußballweltverband, die →FIFA.

»Fußball-Wettskandal«, Deutschland: svw. →»Wett- und Manipulationsskandal«.

»Fußball-Woche«, im Westteil Berlins wöchentlich erscheinende Fachzeitschrift; gegr. von M. Noster und am 24. September 1923 in dessen Verlag zum erstenmal erschienen.

Futre, Paulo Jorge dos Santos, portugies. Angriffsspieler, *28. Februar 1966 Montijo; 1976–84 Sporting Lissabon, 1984–87 FC Porto, 1987–91 Atlético Madrid, 1991–95 Reggina Calcio, 1995/96 AC Mailand, 1996 West Ham United, 1997/98 Atlético Madrid, 1998/99 Yokohamas Flügels; 44 Länderspiele (3 Tore); WM-Endrunde 1986; in Portugal Fußballer des Jahres 1986, 1987. – Später Sportdirektor: 2000–03 Atlético Madrid.

Futsal [span. »Hallenfußball«], schneller, technisch intensiver und relativ körperlos gespielter Kleinfeldfußball (ohne Spielfeldbande). Gespielt wird mit 4 Feldspielern und einem Torhüter je Team. Die effektive Spielzeit beträgt 2 mal 20 min. Der Ball ist gegenüber dem sonst übl. Spielgerät sprungreduzierter und etwas kleiner. F. wird von ausgesprochenen »Hallenspezialisten« zelebriert. Neben Welt- (seit 1989) und Europameisterschaft (seit 1996) gibt es im F. seit 2002 den *UEFA-Futsal-Cup,* ein Turnier mit (Profi-)Vereinsmannschaften (2002, 2003 Playas Castellon [Spanien], 2004 Antena Interviu Boomerang [Spanien]). – F. ist nicht identisch mit dem z. B. in Deutschland übl. →Hallenfußball.

»fuwo«, Fußballfachzeitschrift, erschien zweimal wöchentlich in Berlin (Ost); am 11. Oktober 1949 erstmals herausgegeben; am 1. Januar 1993 vom »kicker« übernommen und eingestellt.

FVF, Abk. für **F**ederación **V**enezolana de **F**útbol, den Fußballverband von →Venezuela.

G

»G 14«, Vereinigung europ. Spitzenklubs, gegr. 1998 (2005 bereits18 Klubs); Interessenvertreter gegenüber FIFA und UEFA. (→ EPFL)

»G 14«-Mitglieder	
Ajax Amsterdam	Inter Mailand
FC Arsenal*	Manchester United
FC Barcelona	Olympique Marseille
Borussia Dortmund	FC Bayern München
PSV Eindhoven	Paris Saint-Germain
Bayer 04 Leverkusen*	FC Porto
FC Liverpool	Juventus Turin
Olympique Lyon*	CF Valencia*
Real Madrid	
AC Mailand	* neu

Gabun, Republik in Westafrika, am Golf von Guinea, 267 667 km², 1,322 Mio. Ew.; Verband: Fédération Gabonaise de Football, Abk. FGF, gegr. 1962, Sitz: Libreville; Mitglied der FIFA seit 1963, der CAF seit 1986; Spielkleidung: Grün-Gelb-Blau/Blau-Gelb-Blau/Weiß.

Robert Gadocha

Gadocha, Robert, poln. Angriffsspieler (Linksaußen), *10. Januar 1946 Kraków (dt. Krakau); 1956–66 Garbania Kraków, 1966 Wawel Kraków, 1966–75 Legia Warschau, 1975–78 FC Nantes, 1979 Chicago Stings, 1981 Hellions Hartford; 65 Länderspiele (1967–75; 19 Tore); WM-Endrunde 1974; Olympiasieger 1972.

Gaede, Enrico, dt. Abwehrspieler, *31. Januar 1982 Stralsund; bis 1999 Pommern Stralsund, 1999–2005 Borussia Mönchengladbach, 2005 Rot-Weiss Essen, 2005/06 FC Hansa Rostock; 35 Bundesligaspiele.

Gagelmann, Peter, dt. Schiedsrichter (Bremen), *9. Juni 1968 Bremen; seit 1994 Schiedsrichter, seit 1998 Zweite Bundesliga (60 Spiele), seit 2000 Bundesliga (46 Spiele); 2003 kurzzeitig in der südkorean. K-League.

Gajdusek, Miroslav, tschech. Angriffsspieler (Linksaußen), *20. September 1951 Gottwaldov (heute: Zlin); 1963–66 Jiskra Otrokovice, 1966–70 TJ Gottwaldov, 1970–81 Dukla Prag, 1981–83 TJ Vitkovice; 48 Länderspiele für die ČSSR (1971–80; 4 Tore); EM-Endrunde 1980.

GAK, Österreich: Abk. Für **G**razer **A**thletik-**K**lub (→ Graz [1]).

Galakos, Ilias Michalis (»Mike«), griech. Angriffsspieler, *23. November 1951 Athen; 1964–68 Ethnikos Piräus, 1969–76 Olympiakos Piräus, 1976/77 VfB Bottrop, 1977/78 Fortuna Düsseldorf, 1978–82 Olympiakos Piräus, 1982–84 Panathinaikos Athen, 1985–89 Apollon Athen; 30 Länderspiele (1976–82; 5 Tore); EM-Endrunde 1980.

Galić, Milan, serb. Angriffsspieler, *8. März 1938 Belgrad; 1950–69 Partizan Belgrad, Standard Lüttich und Stade Reims; 51 Länderspiele für Jugoslawien (1959–65; 31 Tore); WM-Endrunde 1962; Europapokal der Nationen 1960; Olympiasieger 1960.

Gall, Karl, österr. Mittelfeldspieler (Läufer), *5. Oktober 1905 Wien, † 27. Februar 1943 (in Russland gefallen); 1925–28 HAC Nordstern Wien, 1928–36 und 1939–42 Austria Wien; 11 Länderspiele (1931–36); Mitglied des → »Wunderteams«.

Gallacher, Hugh Kilpatrick (»Hughie«), schott. Angriffsspieler (Mittelstürmer), *2. Februar 1903 Bellshill, † 11. Juni 1957; 1920/21 Bellshill Athletic, 1921 Queen of the South FC, 1922–25 Airdrieonians FC, 1925–30 Newcastle United, 1930–34 FC Chelsea, 1934–36 Derby County, 1936 Notts County, 1937 Grimbsby Town FC, 1938/39 Gateshead FC; 22 Länderspiele (1924–29; 24 Tore).

Gallas, William, frz. Abwehrspieler (Herkunft: Guadeloupe), *17. August 1977 Asnières-sur-Seine; 1984–91 AM Villeneuve Garenne, 1991–94 INF Clairefontaine, 1994–97 SM Caen, 1997–2001 Olympique Marseille, 2001–06 FC Chelsea; 31 Länderspiele (seit 2002); EM-Endrunde 2004.

Gallego, Américo Rubén (»Tolo«), argentin. Mittelfeldspieler, *25. April 1955 Morteros; 1963–69 Alianza Sport Rosario, 1969–81 Newell's Old Boys, 1981–83 River Plate Buenos Aires; 73 Länderspiele (1975–82; 3 Tore); WM-Endrunde 1978 (Weltmeister), 1982. – Später Trainer: Newell's Old Boys, Independiente Buenos Aires, River Plate Buenos Aires

Galler, Bruno, schweizer. Schiedsrichter, *21. Oktober 1946 Kirchdorf (bei Baden [Kt. Aargau]); seit 1963 Schiedsrichter, seit 1974 1. Liga, seit 1978 FIFA-Referee; WM-Endrunde 1982; EM-Endrunde 1988, 1992 (Finale); erstes EC III-Finale 1984.

Gambia, Republik in Westafrika, beiderseits am Unterlauf des Flusses G. vom Staatsgebiet Senegals umschlossen, 11300 km², 1,501 Mio. Ew.; Verband: Gambia Football Association, Abk. GFA, gegr. 1952, Sitz: Banjul; Mitglied der FIFA und der CAF seit 1966; Spielkleidung: Rot-Blau-Weiß/Rot-Blau-Weiß/Rot-Blau-Weiß.

Game [engl.], das (Fußball-)Spiel.

Gamper, Hans (»Joan«), Schweiz, schweizer. Vereinsfunktionär, *22. November 1877 Winterthur, †30. Juli 1930 Barcelona (Selbsttötung); war Angriffsspieler: bis 1898 FC Excelsior, FC Basel, FC Zürich und in Lyon, seitdem in Spanien; gründete am 29. November 1899 den FC Barcelona, den ersten katalan. Fussballverein, und kreierte dessen blau-rotes Vereinswappen; erzielte als Trainer, Spielführer (»Captain«) und Angriffsspieler (Mittelstürmer) zw. 1899 und 1903 in 48 Spielen über 100 Tore. Danach fungierte er als Berater des Vereins und seit 1907 als Präsident (Demission 1925); sportpolit. Probleme machten ihn zu einem gebrochenen Mann. Tausende Katalanen folgten seinem Sarg, als dieser zum Friedhof von Montjuïc überführt wurde.

Ganea, Ioan Viorel, rumän. Angriffsspieler, *10. August 1973 Fagaras; 1994/95 FC Braşov, 1996–98 Universitatea Craiova, 1998 Gloria Bistrita, 1999 Rapid Bukarest, 1999–2003 VfB Stuttgart, 2003 Bursaspor, 2004 Wolverhampton Wanderers; 107 Bundesligaspiele (34 Tore); 42 Länderspiele; EM-Endrunde 2000.

»Gardinenpredigt«, Strafrede des Trainers in der Halbzeitpause nach völlig »verkorkster« erster Spielhälfte; insbesondere dann, wenn einige oder alle (meist die Feld-)Spieler nicht die takt. Anweisungen des Trainers befolgt haben bzw. der kämpfer. Einsatz vernachlässigt wurde. Kein Halbzeitgespräch, mehr »Standpauke«.

Garefrekes, Kerstin, dt. Mittelfeldspielerin, *4. September 1979 Ibbenbüren (Nordrhein-Westfalen); bis 2004 FFC Heike Rheine, 2004–06 1. FFC Frankfurt; Bundesliga-Torschützenkönigin 2004 (26); 56 Länderspiele (seit 2001; 13 Tore); Weltmeisterin 2003; Europameisterin 2005.

Garrido, Antônio José da Silva, portugies. Schiedsrichter, *3. Dezember 1932 Leiria; seit 1964 Schiedsrichter, seit 1969 1. Division, seit 1972 FIFA-Referee; WM-Endrunde 1978, 1982; EC I-Finale 1980.

Garrincha, eigtl. »Manoel dos Santos«, brasilian. Angriffsspieler (Rechtsaußen), *18. Oktober 1933 Pau Grande, †20. Januar 1983 Rio de Janeiro (verarmt); 1947–53 EC Pau Grande, 1953–65 Botafogo Rio de Janeiro, 1966 Corinthians São Paulo, 1967 Portuguesa Rio de Janeiro, 1968/69 Flamengo Rio de Janeiro, 1971/72 Olaria; 60 Länderspiele (1955–66; 17 Tore); WM-Endrunde 1958 (Weltmeister), 1962 (Weltmeister), 1966. (→ Fußballerbeine, → »Übersteigfinte«)

Garrincha (links) beim Dribbling (WM-Endrunde 1958)

Gascoigne, Paul John, engl. Mittelfeldspieler, *27. Mai 1967 Gateshead; 1976–88 Newcastle United, 1988–92 Tottenham Hotspur, 1992–95 Lazio Rom, 1995–98 Glasgow Rangers, 1998–2000 FC Middlesbrough, 2000–03 FC Everton, 2003 Gansu Tianma (Lanzhou [China]), 2004 Boston United (Spielertrainer); 57 Länderspiele; WM-Endrunde 1990; EM-Endrunde 1996; in Schottland Fußballer des Jahres 1996. – Später Trainer: 2005/06 Kettering Town (England).

> **P. Gascoigne**
> »Mein Hirn ist in meinen Füßen.«

»Gasse«, freier, d.h. ungedeckter Raum inmitten der gegner. Abwehrreihe, in den der Ball gespielt wird (in die »G.« spielen) und vom Angriffsspieler erlaufen wird (in die »G.« laufen).

Gastspieler, Spieler, der vorübergehend von einer Spitzenmannschaft an einen anderen, schwächeren Verein »ausgeliehen« wird. Für den G. ist dies der *Gastverein*. – Als *Ghostwriter* wurden die europ. Spieler in der US-amerikan. Soccer-Liga (→ NASL) bezeichnet.

Gatti, Hugo Orlando, ein argentin. Torhüter, *19. August 1944 Carlos Tejedor; 1962–64 CA Atlanta Buenos Aires, 1964–68 River Plate Buenos Aires, 1969–74 Gimnasia y Esgrima de de La Plata, 1975 Union Santa Fé, 1976–88 Boca

Juniors Buenos Aires; 45 Länderspiele (1967–77); WM-Endrunde 1966; in Argentinien Fußballer des Jahres 1982.

»Gauchito« [ein Junge mit Sombrero], offizelles → WM-Maskottchen der WM-Endrunde 1978 in Argentinien.

Gaudino, Maurizio, dt. Mittelfeldspieler italien. Abstammung (seit 1980 dt. Staatsangehörigkeit), *12. Dezember 1966 Brühl (Nordrhein-Westfalen); Mittelfeldspieler; 1972–81 TSG Rheinau, 1981–87 Waldhof Mannheim, 1987–93 VfB Stuttgart, 1993/94 Eintracht Frankfurt, 1994/95 Manchester City, 1995 Eintracht Frankfurt, 1995/96 CF América, 1996/97 Eintracht Frankfurt, 1997/98 FC Basel, 1998/99 VfL Bochum, 1999–2002 Antalyaspor, 2003/04 Waldhof Mannheim; 294 Bundesligaspiele (48 Tore); 5 Länderspiele (1993/94; 1 Tor); WM-Endrunde 1994 (nicht eingesetzt).

Gauliga, Deutschland 1933–45: höchste regionale Spielklasse, 1933 nach Auflösung der Landesverbände durch den Dt. Reichsbund für Leibesübungen geschaffen. Die (zunächst) 16 Gaue entsprachen den damaligen Ländergrenzen (später erhöhte sich die Zahl der Gaue auf 20: Moselland, Elsass, Sudetenland und Ostmark [Österreich]). Die Gaumeister wurden in 4 Gruppen zu je 4 Mannschaften eingeteilt, sodass nach Hin- und Rückspielen die Gruppensieger feststanden. Die 4 Gruppensieger wiederum ermittelten im K.-o.-System die Finalisten um die dt. Meisterschaft.

Gawliczek, Georg, dt. Trainer, *2. Februar 1919 Oberschlesien, †4. September 1999 Karlsruhe; 1954–56 Südwest (Verband), 1956–60 DFB, 1960–64 FC Schalke 04, 1964–66 Hamburger SV, 1967/68 Karlsruher SC, 1968–70 FC Zürich (PS 1970), 1970/71 Young Fellows Zürich, 1971–73 Südwest Ludwigshafen, 1973–75 Tennis Borussia, 1975/76 Wacker 04 Berlin, 1976–78 Freiburger FC, 1978–80 SV Waldhof Mannheim, 1981–83 Hertha BSC.

G. Gawliczek
»Früher haben wir nach einem Spiel zusammengesessen und mal ein Lied gesungen. Wenn ich heute mal eins anstimme, denken die Spieler: ›Der Alte ist bekloppt geworden‹.«

Gaziantepspor, eigtl. »Gaziantepspor K« (Gaziantepspor Kulübü), Türkei (Gaziantep), gegr. 1969; Spielkleidung: Rot/Weiß/Rot; Stadion: Kamil Ocak, 17000 Plätze. – INTERNET: www.gaziantepspor.org.tr

Gebhardt, 1) Marco, dt. Mittelfeldspieler. *7. Oktober 1972 Qedlinburg (Sachsen-Anhalt); 1980–82 BSG Einheit Ballenstedt, 1982–85 Quedlinburger SV, 1985/86 BSG Stahl Thale, 1986–92 Hallescher FC Chemie bzw. Hallescher FC, 1992–94 FC Anhalt Dessau, 1994/95 FSV Lokomotive Altmark Stendal, 1995–97 SC Verl, 1997–2002 Eintracht Frankfurt, 2002–04 Energie Cottbus, 2004–06 TSV München 1860; 82 Bundesligaspiele (11 Tore). – **2)** Robert, dt. Trainer, *20. September 1922, †8. Februar 1986; war Mittelfeldspieler (Läufer): 1936–52 1. FC Nürnberg, 1953–58 TuS Bremerhaven 93 (Spielertrainer). – Später Trainer: 1958–63 SV Sodingen, 1963–65 Wuppertaler SV, 1965/66 Arminia Bielefeld, 1966–68 SpVgg Fürth, 1968–70 MSV Duisburg, 1970/71 SV Werder Bremen, 1978/79 1. FC Nürnberg.

Gebietsliga, Österreich: untere Spielklasse in den Bundesländern Steiermark und Tirol.

Gede, Hans-Jürgen, dt. Trainer, *14. November 1956 Gelsenkirchen; war Mittelfeldspieler: bis 1969 STV Horst-Emscher, 1969–77 FC Schalke 04, 1977–79 Preußen Münster, 1979–90 Fortuna Köln; 33 Bundesligaspiele (2 Tore). – Später Trainer: 1990/91 Fortuna Köln (Spielertrainer), 1992 Fortuna Düsseldorf, 1996/97 Hessen Kassel, 1998 Iran (Nationalmannschaft), 2000/01 SV Lippstadt 08, 2001–03 Rot-Weiß Oberhausen (Trainerassistent), 2004/05 Usbekistan (Nationalmannschaft), 2005 Shahid Ghandi Jasd (Iran).

Geels, Gertrudus Marinus (»Ruud«), niederländ. Angriffsspieler, *28. Juli 1948 Haarlem; 1967/68 SC Telstar, 1969/70 Feyenoord Rotterdam, 1970–73 Go Ahead Eagles (Deventer), 1973/74 FC Brügge, 1974–78 Ajax Amsterdam, 1978/79 RSC Anderlecht, 1979–81 Sparta Rotterdam, 1981–83 PSV Eindhoven, 1983/84 NAC Breda; 20 Länderspiele (1974–81; 11 Tore); WM-Endrunde 1974 (nicht eingesetzt); EM-Endrunde 1976; in den Niederlanden Fußballer des Jahres 1975, 1976, 1977.

»Gefahrenzone«, nicht exakt einzugrenzender Bereich vor dem eigenen Tor, der etwa den gesamten Strafraum (und darüber hinaus) umfasst; praktisch diejenige Zone, in der die Angreifer unmittelbar torgefährlich werden können.

»gefährliches Spiel«, Spielweise, die es einem in unmittelbarer Nähe befindl. Gegenspieler unmöglich macht, den Ball zu spielen, ohne sich selbst oder den Gegenspieler dabei zu verletzen. Unter »unmittelbarer Nähe« versteht man die Entfernung des seitlich ausgestreckten Armes. Die Aktion wird mit indirektem Freistoß (→ Freistoß) geahndet.

»gefährliches Spiel«
»Dangerous play« [engl.]
»Jeu dangereux« [frz.]
»Jugada peligrosa« [span.]
»Jogo perigoso« [portugies.]
»Gioco azzardato« [italien.]

»Gegammel« → Fußballerjargon

»gegangen werden«, höflich-vornehme Umschreibung für den Vorgang, einen Trainer ankündigungslos zu »feuern«, d. h. ihn unter fadenscheinigen Gründen seines Amtes zu entheben.

Gegenspieler, Spieler der gegner. Mannschaft; einen direkten G. bezeichnet man auch als *unmittelbaren G.*

Gegenstoß, aus der Abwehr oder aus der Bedrängnis heraus geführter (Gegen-)Angriff; blitzschnell vorgetragen, kann er zu einem Überzahlangriff werden, da die gegner. Abwehrspieler aufgerückt sind (deren Abwehr entblößt ist).

Gegentor, ein Treffer der gegner. Mannschaft; dazu zählt auch das → Eigentor.

Gegenzug, svw. → Gegenstoß.

Gegner, 1) svw. → Gegenspieler. – **2)** die gegner. Mannschaft.

»Geheimtip« → Favorit.

Geiger, Rolf, dt. Mittelfeldspieler (Halbstürmer), *16. Oktober 1934 Marbach (Baden-Württemberg); 1945–53 FC Marbach, 1953–55 FV Kornwestheim, 1955–57 Stuttgarter Kickers, 1957–62 VfB Stuttgart, 1962/63 AC Mantova, 1963–66 VfB Stuttgart; 70 Bundesligaspiele (19 Tore); 8 Länderspiele (1956–1964; 2 Tore).

Geisler, Manfred, dt. Abwehrspieler, *3. März 1941 Brauß (poln. Strzelin); 1949–56 BSG Chemie Leipzig, 1956–77 SC Rotation Leipzig, SC Leipzig bzw. 1. FC Lokomotive Leipzig, 1977–79 BSG Chemie Leipzig, 1979–81 BSG Motor Markranstädt; 318 Oberligaspiele (46 Tore); 15 Länderspiele (1965–67; 1 Tor); olymp. Fußballturnier 1964.

»Geisterspiel«, Partie unter Ausschluss der Öffentlichkeit als Folge von Zuschauerausschreitungen bei einem vorangegangenen (z. B.) Europapokalspiel; anwesend dürfen nur Betreuer, Ärzte, Physiotherapeuten und Journalisten sein.

»Geläuf«, die Spielfläche; z. B.: »das glatte ›G.‹ stellte hohe Anforderungen an die Aktiven«.

gelbe Karte, opt. Zeichen des Schiedsrichters für eine von ihm ausgesprochene → Verwarnung, auch ausgedrückt in der Wendung »er zeigte dem Spieler ›Gelb‹«.

gelbe Karte
Yellow card [engl.]
Carton jaune [frz.]
Tarjeta amarillo [span.]
Cartoncino giallo [italien.]

»gelbe und rote Karte«, in der Bundesliga 1992/93 eingeführtes Strafmaß, das automatisch eine Spielsperre für den betroffenen Spieler (neben dem Ausschluss aus dem laufenden Spiel: »Matchstrafe«) im darauffolgenden Spiel beinhaltet; löste das bis dahin praktizierte (unübersichtl.) System der Sperre nach 4 gelben Karten ab. Bei der ersten Verwarnung erhält der Spieler die gelbe Karte gezeigt, im Wiederholungsfall (innerhalb eines Spiels) nacheinander die gelbe und rote Karte (»Gelb-Rot«). – Bei groben Vergehen wird der Schiedsrichter nach wie vor die rote Karte anwenden, d. h., den Feldverweis mit seinen Folgen (vom DFB-Sportgericht festzulegende Spielsperre) aussprechen. (→ »automatische Sperre«)

Gellesch, Rudolf, dt. Mittelfeldspieler (Halbstürmer), *1. Mai 1914, †20. August 1990 Kassel; 1926–46 FC Schalke 04, 1946–50 TuS Lübbecke; WM-Endrunde 1938; olymp. Fußballturnier 1936 (nicht eingesetzt); 20 Länderspiele (1935–41; 1 Tor); Mitglied der → »Breslauer Elf«; spielte repräsentativ für Westfalen und Berlin.

Gelsdorf, Jürgen, dt. Trainer, *19. Januar 1953 Duisburg; war Abwehrspieler: 1971–73 MSV Duisburg, 1974–76 Arminia Bielefeld, 1976–86 Bayer 04 Leverkusen; 189 Bundesligaspiele (9 Tore). – Später Trainer: 1986–91 Bayer 04 Leverkusen (1986–88 Jugend, 198/89 Trainerassistent, 1989–91 Cheftrainer), 1991/92 Borussia Mönchengladbach, 1992–94 VfL Bochum, 1995–97 Fortuna Köln, 1997/98 KFC Uerdingen 05, 1998/99 FC Gütersloh, 1999/2000 Fortuna Düsseldorf, 2000–03 VfL Osnabrück, 2003–05 Rot-Weiss Essen.

Gelsenkirchen, Deutschland (Nordrhein-Westfalen), **1) FC Schalke 04** (Fußballclub Schalke von 1904), gegr. am 4. Mai 1904 als SC Westfalia 04 Schalke, 1912 Fusion mit TV 1877 Schalke, 1913 Auflösung der Fusion und bis 1919 SC Westfalia 04 Schalke, 1919 Fusion mit TV 1877 Schalke zu TuS 1877 Schalke, seit 1924 FC Schalke 04; Bundesliga 1963–81, 1982/83, 1984–88, 1991–2006; Zweite Bundesliga 1981/82, 1983/84, 1988–91; Spielkleidung: Blau/Weiß/Blau; Stadion: → VELTINS-Arena. –

Internationale Erfolge: EC III 1997. – INTERNET: www.schalke04.de

Spieler (Auswahl): R. und V. Abramczik – V. Agali – Ailton – H. Altintop – I. Anderbrügge – G. Asamoah – H. Assmy – M. Azaouagh – Z. Bajramovic – S. Blank – J. Böhme – H. Bongartz – M. Bordon – A. Borodjuk – H.-G. Bruns – D. und H. Burdenski – M. Büskens – B. Christensen – J. de Kock – B. Dietz – K. Djordjevic – T.-D. Dooley – D. Eckstein – H. Eppenhoff – F. Ernst – K. Fichtel – K. Fischer – S. Freund – H.-J. Gede – R. Gellesch – E. Glieder – B. Goldbaek – T. Hajto – W. Hannes – M. Herget – H. Herzog – K. Jara – W. Junghans – B. und H. Klodt – S. Kmetsch – H. Kwiatkowski – L. Kobiashvili – S. Kohn – E. und H. Kremers – M. Krstajic – K. Kuranyi – E. Kuzorra – S. Larsen – R. Latal – T. Legat – J. Lehmann – R. Libuda – T. Linke – Lincoln – W. Lorant – A. Matellan – M. Max – C. Metzelder – A. Möller – E. Mpenza – Y. Mulder – J. Nemec – N. Nigbur – B. Oblak – N. Oude Kamphuis – H. Osieck – C. Pander – S. Pinto – C. Poulsen – M. Prus – Rafinha – F. Rausch – O. Reck – D. O. Rodriguez – F. Rost – D. Roth – R. Rüssmann – E. Sand – D. Schatzschneider – M. Schober – W. Schulz – H. Schumacher – J. Seitz – M. Skibbe – W. Suurbier – F. Szepan – O. Thon – A. Urban – M. van Hoogdalem – N. van Kerckhoven – G. Varela – S. Vermant – M. Volz – T. Waldoch – U. Weidemann – M. Wilmots – C.-D. Wollitz – W. Wuttke. – **Trainer** (Auswahl): E. Achterberg – J. Berger – D. Ferner – K. Fischer – E. Frühwirth – G. Gawliczek – R. Gutendorf – S. Held – J. Heynckes – I. Horvat – F. Jusufi – Krüger – U. Lattek – G. Lóránt – U. Maslo – M. Merkel – F. Neubarth – P. Neururer – R. Rangnick – F. Rausch – A. Ristic – R. Schafstall – H. Schulte – M. Slomka –H. Stevens – J. Sundermann – F. Szepan – M. Wilmots.

2) STV Horst-Emscher-Husaren (Spiel- und Turnvereinigung Horst-Emscher-Husaren), gegr. am 12. Juni 1912 als STV Horst-Emscher (»Emscher Husaren«; **Horst:** seit 1923 Stadtteil von Gelsenkirchen, **Emscher:** Nebenfluss des Rheins), 1973 Fusion mit Eintracht Gelsenkirchen zu STV Eintracht Gelsenkirchen-Horst, 1978 Auflösung der Fusion und seitdem STV Horst-Emscher-Husaren; Spielkleidung: Blau/Schwarz/Schwarz; Stadion: Fürstenbergstadion, 5000 Plätze. – INTERNET: www.stvhorst.de

Spieler (Auswahl): H.-J. Gede – A. Kelbassa – B. Klodt – O. Thon. – **Trainer** (Auswahl): H. Burdenksi – H. Klodt.

Gelson, eigtl. »Rodrigues Gelson De Souza«, brasilian. Angriffsspieler, *3. Januar 1982 União; bis 2004 União São Paulo, UC Larcianese und AC Pistoiese, 2004/05 AC Bellinzona, 2005/06 FC Thun.

Genf, Servette, eigtl. »Servette FC Genève« (Servette Football Club Genève), Schweiz, gegr. am 20. März 1890; Spielkleidung: Rot/Rot/Blau-Rot; Stadion: Stade de Genève, 30 000 Plätze (EM-Stadion 2008). – INTERNET: www.servettefc.ch

Spieler (Auswahl): A. Abegglen – L. Amadó – U. Barberis – E. Burgener – M. Cantaluppi – A. Frei – C. Karembeu –B. Christensen – A. Daina – A. Egli – J. Eriksson – J. Fatton – H. Hermann – S. Minelli – P. Müller – O. Neuville – M. Petrov – K. Rappan – K.-H. Rummenigge – P. Séchehaye – J. Sundermann – K. Türkyilmaz – O. Vincze – R. Ziegler. – **Trainer** (Auswahl): V. Boskov – L. Favre – G. Gress – B. Guttmann – R. Krol – R. Nunweiler – K. Rappan – J. Sundermann – R. Vonlanthen – H. Weisweiler.

Genk, KRC (Koniklijke Racing Club Genk), Belgien, entstand 1988 durch Fusion von KFC Winterslag (gegr. 1923) und KSV Waterschei THOR (gegr. 1919); Spielkleidung: Blau/Weiß/Blau; Stadion: Fenix-Stadion, 24 604 Plätze. – INTERNET: www.krcgenk.be

Spieler (Auswahl): C. Busuttil – B. Goor – S. Keita – S. Oliseh – W. Sonck.

Gent, KAA (Koninklijke Athletiek Associatie Gent), Belgien gegr. 1890 als AA La Gantoise, 1891 Fusion mit Société Gymnastique 1864 La Gantoise zu AA La Gantoise (seit 1900 Fußballabteilung), 1914–72 ARA La Gantoise, seitdem KAA Gent; Spielkleidung: Blau/Weiß/Blau; Stadion: Jules Otten, 12 700 Plätze. – INTERNET: www.kaagent.bel

Spieler (Auswahl): A. Hossam.

Gentile, Claudio, italien. Trainer, *27. September 1953 Tripolis (Libyen); war Abwehrspieler: 1970/71 US Varese, 1971/72 HM Arona, 1972/73 US Varese, 1973–84 Juventus Turin, 1984–87 AC Florenz, 1987/88 FC Piacenza; 71 Länderspiele (1975–84; 1 Tor); WM-Endrunde 1978, 1982 (Weltmeister); EM-Endrunde 1980. – Später Trainer: 2003/04 Italien (Olympiaauswahl).

Claudio Gentile

Gento, Francisco López (»Paco«), span. Angriffsspieler (Linksaußen), *22. Oktober 1933 Guarnizo; 1949–51 Nueva Montana, El Astillero und Rayo Cantabria, 1951–53 Racing Santander, 1953–71 Real Madrid; 43 Länderspiele (1955–69; 6 Tore); WM-Endrunde 1962, 1966.

Genua, Italien, **1) Genua 1893,** eigtl. »Genoa 1893«, gegr. 1893 als Genoa C & AC, 1899–1929 Genoa FBC, 1929–45 AC Genova 1893, 1945–70 Genoa C & FC, 1970–80 Genoa FBC, seitdem Genoa 1893; Spielkleidung: Rot-Blau/Blau/Blau;

Stadion: Luigi Ferraris, 40 122 Plätze. – Internationale Erfolge: Alpenpokal 1962, 1964.
Spieler (Auswahl): Aldair – V. Boskov – C. I. Branco – F. Collovati – B. Conti – M. Corso – G. Gren – K. Miura – M. Münch – R. Paz – N. A. Pumpido – T. Skuhravy – G. Stábile – L. Suárez – **Trainer** (Auswahl): T. Burgnich – S. Cosmi.

2) Sampdoria Genua, eigtl. »UC Sampdoria« (Unione Calcio Sampierdarenese-Doria), entstand 1946 durch Fusion von SG Sampierdarenese und SG Andrea Doria; Spielkleidung: Blau/Weiß/Blau; Stadion: Luigi Ferraris, 40 122 Plätze. – Internationale Erfolge: Alpenpokal 1988, 1989, EC II 1990.
Spieler (Auswahl): R. Benetti – L. Brady – H.-P. Briegel – A. C. Cerezo – T. Francis – R. Gullit – C. Karembeu – S. Katanec – J. Klinsmann – M. Lippi – R. Mancini – A. Mikhailichenko – E. Ocwirk – F. Omam Biyik – A. A. Ortega – D. Platt – C. Seedorf – L. Skoglund – G. Souness – J. Verón – G. Vialli – A. Vicini – Victor – W. Zenga. – **Trainer** (Auswahl): V. Bernardini – V. Boskov – S. G. Eriksson – A. Foni – C. L. Menotti – E. Ocwirk – D. Platt.

Georges, Jacques, frz. Funktionär, * 30. Mai 1916 Saint-Maurice-sur-Moselle, † 25. Februar 2004; 1983/84 interimistisch (A. Franchi war verstorben) und 1984–90 UEFA-Präsident (Nachfolger: L. → Johansson).

> **J. Georges**
> »Fußball ist eine wunderbare Möglichkeit, um Menschen zusammenzubringen. Die Menschen trennt nichts – kein Rassismus, keine sozialen Unterschiede. Es ist eine wundervolle Schule, die mutig macht, weil man in sich die Kraft finden muss, mit Missgeschicken umzugehen. Es ist wirklich ein großartiges Spiel.«

Georgescu, Dudu, rumän. Angriffsspieler, * 1. September 1950 Bukarest; 1962–71 Progresul Bukarest, 1971–73 FCM Resita, 1973–83 Dinamo Bukarest, 1983/84 SC Bacau, 1984–86 Gloria Bacau, 1986–89 CS Flacâra Moreni; 45 Länderspiele (1973–84); Europas Torschützenkönig 1975 (33), 1977 (47); in Rumänien Fußballer des Jahres 1975, 1976. – Später Trainer: 1991–93 FC Corvinul Hunedoara (Rumänien).

Georgi-Dimitroff-Stadion, DDR, **1)** Name des Stadions des FC Rot-Weiß Erfurt; heute: Steigerwaldstadion (→ Erfurt [2]). – **2)** Name des Stadions der BSG Sachsenring Zwickau; heute: Westsachsenstadion (→ Zwickau, FSV).

Georgien, Republik im Westen Transkaukasiens (Südwestasien), 69 700 km², 4,934 Mio. Ew.; Verband: Georgian Football Federation, Abk. GFF, gegr. 1990, Sitz: Tiflis; Mitglied der FIFA und der UEFA seit 1992; Spielkleidung: Weiß.

»Gepfeife«, Schiedsrichter: → »Zerpfeifen des Spiels«.

»Geplänkel«, destruktives Hin- und Hergeschiebe des Balles ohne jedes kämpfer. Engagement und ohne Zielstrebigkeit; meist im Mittelfeld demonstriert (»Mittelfeld-G.«).

Gera, 1. SV (1. Sportverein Gera), Deutschland (Thüringen), entstand am 27. November 1936 durch Fusion von Spielvereinigung 04 und 1. Sportverein Gera, 1946–49 SG Pforten, 1949–51 BSG VEB Gera-Süd, 1951–53 BSG Motor Gera, 1953–90 BSG Wismut Gera, 1990–93 FSV Wismut Gera, seitdem 1. SV Gera; DDR-Oberliga 1949–52, 1966/67, 1977/78; Spielkleidung: Orange/Schwarz/Orange; Stadion: Stadion der Freundschaft, 15 000 Plätze. – INTERNET: www.svgera.de
Spieler (Auswahl) D. Erler – H. Irmscher – M. Kaiser – B. Müller – T. Vogel. – **Trainer** (Auswahl): M. Kaiser.

Gerber, 1) Franz, dt. Trainer, * 27. November 1953 München; war Angriffsspieler: 1971/72 FC Bayern München, 1972–74 FC St. Pauli, 1974–76 Wuppertaler SV, 1976–78 FC St. Pauli, 1978–80 TSV München 1860, 1980/81 ESV Ingolstadt, 1981 Calgary Boomers (Kanada), 1982 Tulsa Roughnecks (USA), 1983 Tampa Bay Rowdies (USA), 1984–86 Hannover 96, 1986–88 FC St. Pauli; 93 Bundesligaspiele (30 Tore). – Später Trainer: 1995/96 TuS Celle, 1996–99 Hannover 96 (1996–98 Manager, 1998/99 Cheftrainer), 2002–04 FC St. Pauli. – Sein Sohn **Fabian G.** (* 1979) ist Mittelfeldspieler: 1997–99 Hannover 96, 1999–2001 FC St. Pauli, 2001–03 FC Freiburg, 2003 FC St. Pauli, 2003–06 FSV Mainz 05; 54 Bundesligaspiele (7 Tore). – **2)** Heiko, dt. Mittelfeldspieler, * 11. Juli 1972 Stollberg (Sachsen); bis 1986 BSG Stahl Lugau, 1986–96 FC Karl-Marx-Stadt bzw. Chemnitzer FC, 1996–98 Arminia Bielefeld, 1998/99 1. FC Nürnberg, 1999–2006 VfB Stuttgart; 192 Bundesligaspiele (11 Tore); 2 Länderspiele (1999).

Gerets, Erik, belg. Trainer, * 18. Mai 1954 Rekem; war Abwehrspieler: 1962–72 VC Rekem, 1972–83 Standard Lüttich, 1983/84 AC Mailand, 1985 MVV Maastricht, 1986–92 PSV Eindhoven; 92 Länderspiele (1975–1990; 2 Tore); WM-Endrunde 1982, 1986, 1990; EM-Endrunde 1980; in Belgien Fußballer des Jahres 1982. – Später Trainer: 1992/93 FC Lüttich, 1994–97 Lierse SK (LM 1997), 1997–99 FC Brügge (LM 1998), 1999–02 PSV Eindhoven, 2002–04 1. FC Kai-

Erik Gerets

Steven Gerrard

serslautern, 2004/05 VfL Wolfsburg, 2005/06 Galatasaray Istanbul.

Gerland, Hermann, dt. Trainer, *4. Juni 1954 Bochum; war Abwehrspieler: 1968–72 Weitmar 09, 1972–84 VfL Bochum; 204 Bundesligaspiele (4 Tore). – Später Trainer: 1985–88 VfL Bochum (1985–87 Trainerassistent, 1987/88 Cheftrainer), 1988–90 1. FC Nürnberg, 1990–95 FC Bayern München (1990/91 Jugend, 1991/92 Trainerassistent, 1992–95 Amateure), 1995/96 1. FC Nürnberg, 1996–98 Tennis Borussia, 1999/2000 Arminia Bielefeld, 2000/01 SSV Ulm 1846, 2001–06 FC Bayern München (Amateure bzw. FC Bayern München II).

> **H. Gerland**
> »Die haben doch heute Verletzungen, die gab es bei uns damals gar nicht.«

Germania [latein., von »Germanien«, dem Gebiet zw. Rhein, Donau und Wisla zur Römerzeit], Vereins-Bez. aus den Anfängen des dt. Fußballs, z. B. BFC G. 88 (→ Berlin [2]), aber auch von heute, z. B. G. Halberstadt (→ Halberstadt, Germania).

Gerrard, Steven, engl. Mittelfeldspieler, *30. Mai 1980 Whiston; 1997–2006 FC Liverpool; 38 Länderspiele (seit 2000; 6 Tore); EM-Endrunde 2000, 2004.

Gérson, eigtl. »Gérson de Oliveira«, brasilian. Mittelfeldspieler, *11. Januar 1941 Niterói; 1958 Canto do Rio (Brasilien), 1959–63 Flamengo Rio de Janeiro, 1963–69 Botafogo Rio de Janeiro, 1969–72 FC São Paulo, 1972–74 Fluminense Rio de Janeiro; 70 Länderspiele (1961–72; 18 Tore); WM-Endrunde 1966, 1970 (Weltmeister).

»gestrecktes Bein«, gefährl. Spiel (durchgedrücktes Knie) beim Kampf um den Ball, mit indirektem Freistoß zu ahnden; wird dabei der Gegner getroffen, resultiert daraus »Foulspiel« (direkter Freistoß).

> **»gestrecktes Bein«**
> »To sweep« [engl.]
> »Entrer avec le ballon rasant le sol« [frz.]
> »Entrar rastreando« [span.]
> »Passar uma rasteira« [portugies.]

Getafe, FC, eigtl. »Getave CF« (Getafe Club de Fútbol), Spanien (bei Madrid), gegr. 1983; Spielkleidung: Blau/Weiß/Weiß; Stadion: Coliseum »Alfonso Pérez«, 14 400 Plätze. – INTERNET: www.getafecf.com

Spieler (Auswahl) F. Celestini – A. Matellan. – **Trainer** (Auswahl): B. Schuster.

Geye, Rainer, dt. Angriffsspieler (Rechtsaußen), *22. November 1949 Duisburg, †8. August 2002; 1959–64 Duisburg 48/99, 1964–68 Eintracht Duisburg, 1968–77 Fortuna Düsseldorf, 1977–86 1. FC Kaiserslautern; 485 Bundesligaspiele (113 Tore); 4 Länderspiele (1972–74; 1 Tor). – 1988–93 Vizepräsident des 1. FC Kaiserslautern.

Geyer, Eduard (»Ede«), dt. Trainer, *7. Oktober 1944 Bielitz (Oberschlesien); war Abwehrspieler: 1961–68 SC Einheit Dresden, 1968–75 SG Dynamo Dresden; 90 Oberligaspiele (6 Tore). – Später Trainer: 1975–89 SG Dynamo Dresden (1975–86 Jugend, Trainerassistent, 1986–89 Cheftrainer; LM 1989), 1989/90 DFV der DDR (Nationalmannschaft), 1990/91 FC Schalke 04 (Jugend), 1991/92 Bányász Siófok (Ungarn), 1992–94 FC Sachsen Leipzig, 1994–2004 FC Energie Cottbus, 2005 Al-Nasr (VAE).

»Ede« Geyer

»Ede« Geyer
»Die Bundesliga wollte mich nicht, also musste ich in die Bundesliga kommen.«

GFA, 1) Abk. für **G**ambia **F**ootball **A**ssociation, den Fußballverband von →Gambia. – **2)** Abk. für **G**hana **F**ootball **A**ssociation, den Fußballverband von →Ghana. – **3)** Abk. für **G**renada **F**ootball **A**ssociation, den Fußballverband von →Grenada. – **4)** Abk. für **G**uam **F**ootball **A**ssociation, den Fußballverband von →Guam. – **5)** Abk. für **G**uyana **F**ootball **A**ssociation, den Fußballverband von →Guyana.

GFF, 1) Abk. für **G**eorgian **F**ootball **F**ederation, den Fußballverband von →Georgien. – **2)** Abk. für **G**uyana **F**ootball **F**ederation, den Fußballverband von →Guyana.

Ghana, Republik in Westafrika, 239 460 km², 20,467 Mio. Ew.; Verband: Ghana Football Association, Abk. GFA, gegr. 1957, Sitz: Accra; Mitglied der FIFA und der CAF seit 1958; Spielkleidung: Gelb. – Erfolge: Afrikameister 1963, 1965, 1978, 1982.

Ghostwriter [engl.] →Gastspieler.

Giannini, Giuseppe, italien. Mittelfeldspieler, *20. August 1964 Rom; 1979–96 AS Rom, 1996/97 Sturm Graz, 1997 SSC Neapel, 1998/99 US Lecce; 47 Länderspiele (5 Tore); WM-Endrunde 1990; EM-Endrunde 1988.

Giggs, Ryan Joseph, walis. Mittelfeldspieler, *29. November 1973 Cardiff; bis 1990 Salford Schoolboys, 1990–2006 Manchester United; 51 Länderspiele (seit 1991; 5 Tore).

Gijón, Sporting, eigtl. »Sporting Gijón CF« (Real Sporting de Gijón Club de Fútbol), Spanien, entstand 1905 durch Fusion von Gijón Sport und Sportiva Gijón zu Sporting Gijón, 1912–40 Real Sporting Gijón, 1940–73 Real Gijón, seitdem Sporting Gijón CF; Spielkleidung: Rot/Weiß/Weiß; Stadion: Estadio »El Molinón«, 25 885 Plätze. – INTERNET: www.realsporting.es
Spieler (Auswahl): M. G. Luis Enrique – D. Villa.

Gilardino, Alberto, italien. Angriffsspieler, *5. Juli 1982 Biella; 1999/2000 FC Piacenza, 2000–02 Hellas Verona, 2002–05 AC bzw. FC Parma, 2005/06 AC Mailand; 7 Länderspiele (seit 2004; 1 Tor).

Gilberto, eigtl. »Gilberto da Silva Melo«, brasilian. Mittelfeldspieler, *25. April 1976 Rio de Janeiro; bis 1995 América FC Rio, 1996/97 Flamengo Rio de Janeiro, 1898 Cruzeiro Belo Horizonte, 1999 Inter Mailand, 1999–2001 Vasco da Gama Rio de Janeiro, 2002/03 Grêmio Pôrto Alegre, 2004 AD São Caetano, 2004–06 Hertha BSC; 40 Bundesligaspiele (7 Tore); 7 Länderspiele (seit 2005).

Gilewicz, Radoslav, poln. Angriffsspieler, *8. Mai 1971 Chelm; 1992/93 Ruch Chorzów, 1993–95 FC St. Gallen, 1995–97 VfB Stuttgart, 1997–99 Karlsruher SC, 1999–2002 FC Wacker Tirol, 2002–05 Austria Wien, 2005/06 FC Superfund; 70 Bundesligaspiele (11 Tore); in Österreich Fußballer des Jahres 2000 und Torschützenkönig 2001 [22]),.

Gilmar, eigtl. »Gylmar dos Santos Neves«, brasilian. Torhüter, *22. August 1930 Santos; 1951–61 Corinthians São Paulo, 1962–69 FC Santos; 94 Länderspiele (1953–69); WM-Endrunde 1958 (Weltmeister), 1962 (Weltmeister), 1966.

Gimenez, Christian, argentin. Angriffsspieler, *13. November 1974 Buenos Aires; 1995–97 Boca Juniors Buenos Aires, 1997–2001 FC Lugano, 2001–05 FC Basel, 2005/06 Olympique Marseille.

Ginola, David, frz. Mittelfeldspieler, *25. Januar 1967 Gassin; bis 1984 OGC Nizza, 1985–88 FC Toulouse, 1988–90 Racing Paris, 1990/91 Stade Brest, 1992–95 Paris Saint-Germain, 1995–97 Newcastle United, 1997–2000 Tottenham Hotspur, 2000–02 Aston Villa, 2002 FC Everton; 15 Länderspiele; in Frankreich Fußballer des Jahres 1993, in England Fußballer des Jahres 1999.

Giresse, Alain, frz. Trainer, *2. August 1952 Langoiran; war Mittelfeldspieler: 1964–86 Girondins Bordeaux, 1986/87 Olympique Marseille; 47 Länderspiele (1974–86; 6 Tore); WM-Endrunde 1982, 1986; Europameister 1984; in Frankreich Fußballer des Jahres 1982, 1983, 1987. – Später Trainer: 2003/04 Demokrat. Republik Kongo (Nationalmannschaft), 2004/05 Georgien (Nationalmannschaft).

»Giuoco del Calcio« → Fußball (Geschichte).

»Giuseppe Meazza«, Stadion in Mailand, eröffnet 1926, rekonstruiert 1955, trug ursprünglich den Namen »Stadio de San Siro« (WM-Endrunde 1934); 1980 zur Ehrung des Andenkens an G. Meazza umbenannt; fasst nach Umbau anlässlich der WM-Endrunde 1990 in Italien 85398 Plätze; Heimstätte von AC Mailand und Inter Mailand.

Glarus, FC (Fußballclub Glarus), Schweiz, gegr. am 1. Juli 1912 als FC Linth-Glarus, 1913 Fusion mit FC Näfels, 1914–20 Einstellung des Spielbetriebs, 1920 neu gegr., 1921–27 FC Glarus, 1927 Fusion mit FC Näfels zu Glarner Sportclub Glarus-Näfels, 1929 Auflösung der Fusion und Fortsetzung als FC Glarus; Spielkleidung: Weiß/Schwarz/Weiß; Stadion: Sportplatz Buchholz, 800 Plätze. – INTERNET: www.fcglarus.ch

Spieler (Auswahl): R. Botteron – H.-P. Briegel. – **Trainer** (Auswahl): H.-P. Briegel – W. Frank.

Glaser, Josef (»Sepp«), dt. Abwehrspieler (Mittelläufer), Prof. Dr.,* 11. Mai 1887, † 12. August 1969; 1897–1921 Freiburger FC; 5 Länderspiele (1909–12); olymp. Fußballturnier 1912; spielte repräsentativ für Süddeutschland.

Glasgow, Schottland, **1) Celtic Glasgow,** eigtl. »Celtic FC« (Celtic Football Club), gegr. 1888; Spielkleidung: Grün-Weiß/Weiß/Grün-Weiß; Stadion: Celtic Park, 60506 Plätze. – Internationale Erfolge: EC I 1967. – INTERNET: www.celticfc.net

Spieler (Auswahl): P. Bonner – K. Dalglish – T. Docherty – W. Jansen – Juninho – R. M. Keane – P. Lambert – H. Larsson – J. W. Madden – A. McInally – M. McLeod – D. Moyes – S. Sanchez – P. McStay – S. Nakamura – S. Petrov – J. Stein – A. Thom – P. van Hooijdonk – M. Viduka. – **Trainer** (Auswahl): L. Brady – K. M. Dalglish – J. Stein – G. D. Strachan – J. Vengloš.

2) FC Queen's Park, eigtl. »Queen's Park FC (Queen's Park Football Club), gegr. 1867 (ältester schott. Verein); Spielkleidung: Weiß; Stadion: → Hampden Park.

3) Glasgow Rangers, eigtl. »Rangers FC« (Rangers Football Club), gegr. 1873; Spielkleidung: Blau/Weiß/Schwarz; Stadion: Ibrox Stadium, 50411 Plätze. – Internationale Erfolge: EC II 1972. – INTERNET: www.rangers.premiumtv.co.uk

Spieler (Auswahl): J. Albertz – M. Andrews – J. Baxter – T. Butcher – F. und R. de Boer – C. Caniggia – B. Ferguson – T. A. Flo – T. Francis – P. Gascoigne – R. C. Gough – S. Klos – B. Laudrup – A. McCoist – A. Mikhailichenko – C. Moore – C. Nerlinger – D. Prso – R. Prytz – C. Reyna – C. R. Wilkins. – **Trainer** (Auswahl): D. Advocaat – G. Souness.

Glaubitz, Alois, dt. Abwehrspieler (Libero), * 6. Mai 1934 Zwickau; 1944–54 SG Dorfhain bzw. BSG Motor Dorfhain, 1954–73 BSG Motor bzw. BSG Sachsenring Zwickau; 428 Oberligapiele (1956–73; 11 Tore).

Alois Glaubitz

Glechner, Walter, österr. Abwehrspieler, * 12. Februar 1939; 1959–70 Rapid Wien, 1971–74 Admira-Wacker Wien, 1974/75 Hütte Krems; 35 Länderspiele (1960–68).

»gleiche Höhe«, bis zur WM-Endrunde 1990 strafbare Abseitsstellung, die eintrat, wenn sich der vorderste Angriffspieler der Mannschaft A und der letzte (Feld-)Spieler der Mannschaft B im Augenblick der Ballabgabe (durch einen Spieler von A) auf gleicher rechtwinkliger Flucht zur Seitenlinie befanden. – Die Änderung, dass »g. H.« nicht mehr abseits ist, kommt der angreifenden Mannschaft zugute; sie soll den offensiven Fußball forcieren.

»Gleittackling«, svw. → »Slidingtackling«.

Glentoran, FC, Nordirland: → Belfast [3].

Glieder, Eduard (»Edi«), österr. Angriffsspieler, * 28. Januar 1969 Graz; bis 1990 SC St. Margarethen an der Raab, 1990–94 Grazer AK, 1994/95 Casino Salzburg, 1995/96 Grazer AK, 1996–99 Wüstenrot Salzburg, 2000–02 FC Tirol Innsbruck, 2002/03 SV Pasching, 2003/04 FC Schalke 04, 2004–06 FC Superfund; in Österreich Torschützenkönig 1999 (22); 11 Länderspiele (4 Tore).

Glöckner, Rudi, dt. Schiedsrichter, * 20. März 1929 Markranstädt (bei Leipzig), † 25. Januar 1999; war Abwehrspieler: 1939–43 Sportfreunde Markranstädt, 1946–51 ZSG Glück Auf bzw. BSG Stahl Markranstädt, 1951–53 BSG Rotation Leipzig Nordost. – Später Schiedsrichter: 1959–77 DDR-Oberliga (251 Spiele); 24 Länderspiele (1966–77); WM-Endrunde 1970 (Finale), 1974; EM-Endrunde 1972; olymp. Fußballturnier 1964, 1972; zweites EC III-Finale 1971, 1976; FDGB-Pokalfinale 1963, 1968, 1971, 1974.

Glória, Otto, brasilian. Trainer, * 9. Januar 1917, † 2. September 1986; war Mittelfeldspieler: 1932–44 Vasco da Gama Rio de Janeiro und Botafogo Rio de Janeiro. – Später Trainer: 1942 Botafogo

Rio de Janeiro, 1944–53 América Rio de Janeiro, 1954–59 Benfica Lissabon, Sporting Lissabon und Olympique Marseille, 1963–66 Portugal (Nationalmannschaft; WM-Endrunde 1966), 1967/68 Portuguesa São Paulo und Athlético Madrid, 1968 FC Porto, 1969–71 América Rio de Janeiro, 1971 Internacional Pôrto Alegre, 1979/80 in Nigeria, 1982/83 Portugal (Nationalmannschaft).

Glückauf-Kampfbahn, 1928–73 Heimstätte des FC Schalke 04 (34 000 Plätze), danach Umzug in das → Parkstadion.

Gmoch, Jacek, poln. Trainer, * 13. Januar 1939 Pruszkow (bei Warschau); war Abwehrspieler: 1953–60 Znicz Pruszkow, 1960–68 Legia Warschau; 29 Länderspiele (1962–68). – Später Trainer: 1970–74 Polen (Nationalmannschaft [Trainerassistent]), 1974–76 USA und England (Studienaufenthalt), 1976–80 Polen (Nationalmannschaft; WM-Endrunde 1978), 1979 AEK Athen, 1986–88 PAE Larissa, 1988/89 Olympiakos Piräus, 1990–92 APOEL Nikosia, 2002/03 Ionikos Nikea (Griechenland).

Gmünd, Normannia, eigtl. »1. FC Normannia Schwäbisch Gmünd« (1. Fußballclub Normannia Schwäbisch Gmünd), Deutschland (Schwäbisch Gmünd [Baden-Württemberg]), gegr. 1904; Spielkleidung: Rot-Weiß/Weiß/Weiß; Stadion: Sportanlage im Schwerzer, 6000 Plätze. – INTERNET: www.fc-normannia.de

Spieler (Auswahl): A. Sing.

Goal [engl.], svw. → Tor [1].

Goalgetter [engl.], svw. → Torjäger.

Goalkeeper [engl.], svw. → Torhüter.

Gödicke, Fritz, dt. Funktionär, * 21. Oktober 1919 Zeitz; war Abwehrspieler: 1933–38 SpVgg. Zeitz, 1938–45 SV Tura 99 Leipzig, 1945–51 SG Leipzig-Leutzsch, ZSG Industrie bzw. BSG Chemie Leipzig; 21 Oberligaspiele (1 Tor). – 1952/53 erster Präsident der Sektion Fußball (Vorgängerin des DFV der DDR) und 1958/59 Trainer der DDR-Nationalmannschaft.

Schiedsrichter Rudi Glöckner (Mitte) vor dem WM-Finale 1970

Goethals, Raymond, belg. Trainer, * 7. Oktober 1921 Brüssel, † 6. Dezember 2004 ebd.; war Torhüter: 1933–49 R Daring CB, 1949–52 R Racing CB (beide Brüssel); 2 Länderspiele. – Später Trainer: bis 1966 Stade Waregem und VV St. Truiden, 1966–76 Belgien (Nationalmannschaft; WM-Endrunde 1970, EM-Endrunde 1972), 1976–78 RSC Anderlecht, 1978/79 Girondins Bordeaux, 1980/81 Corinthians São Paulo, 1981–87 Standard Lüttich, 1987–91 RSC Anderlecht, 1991–93 Olympique Marseille, 1993/94 RSC Anderlecht.

R. Goethals: Erfolgsstationen (Auswahl)	
RSC Anderlecht	LM 1987, 1994 PS 1988, 1989, 1994 EC II 1978 (Europa-)Supercup 1976, 1978
Standard Lüttich	LM 1982, 1983
Olympique Marseille	LM 1991, 1992 CL 1993

Goldbaek, Bjarne, dän. Mittelfeldspieler, * 6. Oktober 1968 Kopenhagen; 1987–89 FC Schalke 04, 1989–93 1. FC Kaiserslautern, 1993/94 Tennis Borussia, 1994–96 1. FC Köln, 1996–98 FC Kopenhagen, 1998/99 FC Chelsea, 2000–03 FC Fulham, 2003–05 Rot-Weiss Essen; 132 Bundesligaspiele (16 Tore); 28 Länderspiele; WM-Endrunde 1998; EM-Endrunde 2000.

Goldbrunner, Ludwig, dt. Abwehrspieler (Vorstopper), * 5. März 1908, † 26. September 1981; bis 1922 SC 1906 München, 1922–27 Sportfreunde München, 1927–44 FC Bayern München; 39 Länderspiele (1933–40); WM-Endrunde 1938; olymp. Fußballturnier 1936; Mitglied der → »Breslauer Elf«; spielte repräsentativ für München, Bayern und Süddeutschland. – Später Trainer: 1945/46 TSV München 1860.

»Goldcup« → CONCACAF-Meisterschaft.

»Goldene Göttin« → Weltpokal [2].

»Goldener Ball« → Europas Fußballer des Jahres.

»Goldener Schuh« → Europas Torschützenkönig.

»Goldenes Tor«, einziges, spielentscheidendes Tor.

»Golden-Goal«-Entscheidungen (Finalspiele)	
Europameisterschaft 1996	Deutschland – Tschech. Republik 2:1
Europameisterschaft 2000	Frankreich – Italien 2:1
UEFA-Pokal 2001	FC Liverpool – Deportivo Alavés 5:4
Europameisterschaft 2001 (Frauen)	Deutschland – Schweden 1:0
Confederations Cup 2003	Frankreich – Kamerun 1:0

»Golden Goal«, Spielentscheidung durch das nächste gefallene Tor in der Verlängerung; bedeutete sofortiges Spielende; von der FIFA/UEFA praktiziert zw. 1996 und 2003. (→»Silver Goal«)

»Goleo« [ein »Löwe«], offizielles →WM-Maskottchen der WM-Endrunde 2006 in Deutschland.

Golf Cup, zu Beginn der 1970er-Jahre von den arab. Ölstaaten unter kuwait. Regie etabliertes Fußballturnier; wird – nicht regelmäßig – jeweils in einem anderen Land ausgetragen.

Golf Cup	
1970 Kuwait	1992 Katar
1972 Kuwait	1994 Saudi-Arabien
1974 Kuwait	1996 Kuwait
1976 Kuwait	1998 Kuwait
1979 Kuwait	2000 nicht ausgetragen
1982 Kuwait	2002 Saudi-Arabien
1984 Irak	2004 Saudi-Arabien *)
1986 Kuwait	Katar *)
1988 Irak	
1990 Kuwait	* 2 Turniere

Golz, Richard, dt. Torhüter, *5. Juni 1968 Berlin (West); bis 1985 Wacker 04 Berlin und SC Tegel, 1985–98 Hamburger SV, 1998–2006 SC Freiburg; 452 Bundesligaspiele.

Gomel, FK (Futbolnyj Klub Gomel), Weißrussland, gegr. 1959 als Lokomotiv Gomel, 1969/70 Spartak Gomel, 1970–76 Gomselmash Gomel, 1976–78 Machinostroitel Gomel, 1978–95 Gomselmash Gomel, seit 1995 FK Gomel; Spielkleidung: Grün/Weiß/Weiß; Stadion: Central, 10 600 Plätze

Gomes, 1) eigtl. »Heurelho Da Silva Gomes«, brasilian. Torhüter, *15. Februar 1981 João Pinheiro; 1999–2001 Democrata SL, 2001–04 Cruzeiro Bolo Horizonte, 2004–06 PSV Eindhoven; 5 Länderspiel). – **2)** Fernando, eigtl. »Fernando Mendes Soares«, portugies. Angriffsspieler, *22. November 1956 Porto; 1970–80 FC Porto, 1980–82 Sporting Gijon, 1982–91 FC Porto; 58 Länderspiele (23 Tore); WM-Endrunde 1986; EM-Endrunde 1984; Europas Torschützenkönig 1983 (36), 1985 (39); in Portugal Fußballer des Jahres 1983. – **3)** Nuño, eigtl. »Nuño Miguel Soares Pereira Ribeiro«, portugies. Angriffsspieler, *5. Juli 1976 Amarante; 1994–97 Boavista Porto, 1997–2000 Benfica Lissabon, 2000–02 AC Florenz, 2002–06 Benfica Lissabon; 46 Länderspiele (21 Tore); WM-Endrunde 2002; EM-Endrunde 2000, 2004; olymp. Fußballturnier 1996.

Gonella, Sergio, italien. Schiedsrichter, *23. 5. 1933 Asti (Region Piemont); 1952–78 Schiedsrichter, seit 1964 Serie A, seit 1972 FIFA-Referee; 17 Länderspiele; 24 Europapokalspiele; EM-Endrunde 1976 (Finale); WM-Endrunde 1978 (Finale).

González, 1) Ezequiel, argentin. Mittelfeldspieler, *10. Juli 1980 Rosario; 1997–2001 Rosario Central, 2001/02 FC Florenz, 2002/03 Boca Juniors Buenos Aires, 2003/04 Rosario Central, 2004–06 Panathinaikos Athen. – **2)** Luis, argentin. Mittelfeldspieler, 19. Januar 1981 Buenos Aires; 1998–2002 Huracán Buenos Aires, 2002–05 River Plate Buenos Aires, 2005/06 FC Porto; 21 Länderspiele. –
3) Manuel Enrique Mejuto, span. Schiedsrichter, *16. April 1965 La Felguera; seit 1995 Primera Division, FIFA-Schiedsrichter seit 1999; U-18-EM 2000, EM-Endrunde 2004, Champions-League-Finale 2005.

Goor, Bart, belg. Mittelfeldspieler, *9. April 1973 Buul; 1981–86 FC Buul, 1986–96 Verbroedering Geel, 1996/97 KRC Genk, 1997–2001 RSC Anderlecht, 2001–04 Hertha BSC, 2004/05 Feyenoord Rotterdam, 2005/06 RSC Anderlecht; 87 Bundesligaspiele (13 Tore); 59 Länderspiele (seit 1999); WM-Endrunde 2002; EM-Endrunde 2000.

Gorgon, Jerzy, poln. Abwehrspieler (Libero), *18. Juli 1947 Zabrze-Mikulczyce; 1966/67 MGKS Mikulczyce, 1967–80 Górnik Zabrze, 1980–83 FC St. Gallen; 60 Länderspiele (1970–78; 6 Tore); WM-Endrunde 1974, 1978; olymp. Fußballturnier 1972 (Olympiasieger), 1976.

Gorica, ND, eigtl. »ND HIT Nova Gorica« (Nogometno Društvo HIT Nova Gorica), Slowenien (Nova Gorica), gegr. 1947 als NK Vozila Nova

Gorica, 1991–93 NK SAOP Nova Gorica, seitdem ND HIT Nova Gorica; Spielkleidung: Blau-Weiß/Weiß/Blau; Stadion: Sportni Park, 4200 Plätze. – INTERNET: www.nd-gorica.com

Spieler (Auswahl): S. Katanec.

Görlitz, Andreas, dt. Mittelfeldspieler, *31. Januar 1982 Weilheim (Bayern); bis 1996 TSV Rott, 1996–2004 TSV München 1860, 2004–06 FC Bayern München; 44 Bundesligaspiele (2 Tore); 2 Länderspiele (seit 2004).

Görlitz, Gelb-Weiß, eigtl. »NFV Gelb-Weiß Görlitz« (Niederschlesischer Fußballverein Gelb-Weiß Görlitz), Deutschland (Sachsen), gegr. 1909 als Sportclub Wanderlust, 1910–13 Fußballclub Union, 1913–23 Sportclub Union, 1923 Ausgliederung der Fußballabteilung als Gelb-Weiß Görlitz, 1945 aufgelöst und 1946 als Görlitz West neu gegr., 1948–50 SV LOWA Görlitz, 1950–65 BSG Motor Görlitz, 1965–90 BSG Motor WAMA Görlitz, 1991 neu gegr. als NSV Gelb-Weiß Görlitz, 1999 Ausgliederung der Fußballabteilung und seitdem NFV Gelb-Weiß Görlitz; Spielkleidung: Gelb/Schwarz/Gelb; Stadion: Junge Welt, 3500 Plätze. – INTERNET: www.nfvgw09.de

Spieler (Auswahl): H.-J. Dörner – J. Jeremies – H. Scholz – H. Schöne.

Gorlukowitsch, Sergej, russ. Mittelfeldspieler weißruss. Herkunft, *18. November 1961 Minsk; 1971–86 Dynamo Minsk, 1986–89 Lokomotive Moskau, 1989–92 Borussia Dortmund, 1992/93 Bayer 05 Uerdingen; 94 Bundesligaspiele (4 Tore); 26 Länderspiele für die UdSSR, GUS und Russland; WM-Endrunde 1990, 1994; EM-Endrunde 1992; Olympiasieger 1988.

Göröcs, János, ungar. Mittelfeldspieler (Halbstürmer), *15. April 1939 Budapest; 1957–68 Dósza Ujpest, 1969–72 Tatabányai Bányász; 62 Länderspiele (1958–70; 19 Tore); WM-Endrunde 1962; Europapokal der Nationen 1964. – Später Trainer: in Kuwait, 1985–92 Ujpest Budapest.

Gorosito, Néstor Raúl, argentin. Angriffsspieler, *14. Mai 1964 San Fernando; 1983–88 River Plate Buenos Aires, 1998/89 San Lorenzo de Almagro, 1989–92 FC Wacker Tirol, 1992/93 San Lorenzo de Almagro, 1994/95 Universidad Católica, 1995/96 Nissan FC Yokohama, 1996/97 San Lorenzo de Almagro; in Österreich Fußballer des Jahres 1991.

Górski, Kazimierz, poln. Trainer, *2. März 1921 Lwow (dt. Lemberg, heute: Lwiw [Ukraine]); war Angriffsspieler (Mittelstürmer): 1935–39 RKS Lwow, 1939/40 Spartak Lwow bzw. Lemberg, 1940–42 Dynamo Kiew, 1945–51 Legia Warschau; 1 Länderspiel (1948). – Später Trainer: bis 1971 Legia Warschau, LKS Lodz und Polen (Junioren, Nachwuchs), 1971–76 Polen (Nationalmannschaft; Olympiasieger 1972, WM-Endrunde 1974, olymp. Fußballturnier 1976), 1976–79 Panathinaikos Athen, 1979/80 FC Kavala (Griechenland), 1980/81 Olympiakos Piräus, 1981/82 Legia Warschau, 1982/83 AEK Athen. – 1991–95 Präsident des Poln. Fußballverbandes.

Gösmann, Hermann, dt. Funktionär, Jurist (Dr.), *9. Januar 1904 Ibbenbüren (Nordrhein-Westfalen), †21. Januar 1979; 1962–75 DFB-Präsident (Vorgänger: P. → Bauwens, Nachfolger: H. → Neuberger). G. war mit F. → Kremer und H. Neuberger maßgeblich an der Gründung der Bundesliga beteiligt.

Gospodarek, Uwe, dt. Torhüter, *6. August 1973 Straubing (Bayern); bis 1991 SV Ascha, 1991–95 FC Bayern München, 1995–98 VfL Bochum, 1999–2001 1. FC Kaiserslautern, 2001–03 Jahn Regensburg, 2003–06 Wacker Burghausen; 64 Bundesligaspiele.

Göteborg, Schweden, **1) BK Häcken** (Bollklubben Häcken), gegr. 1940; Spielkleidung: Schwarz-Gelb/Schwarz/Gelb; Stadion: Rambergsvallen, 7000 Plätze. – INTERNET: www.hacken.o.se

Spieler (Auswahl): S. Tøfting.

2) IFK Göteborg (Idrottsförening Kamraterna Göteborg), Schweden, gegr. 1904; Spielkleidung: Blau-Weiß/Blau/Weiß; Stadion: Gamla Ullevi, 18 000 Plätze. – Internationale Erfolge: EC III 1982, 1987. – INTERNET: www.ifkgoteborg.se

Spieler (Auswahl): R. Edström – G. Gren – G. Hysén – O. B. Kindvall – B. Nordqvist – R. Prytz – T. Ravelli – G. P. Strömberg – E. Thorstvedt. – **Trainer** (Auswahl): S. G. Eriksson.

3) Örgryte IS (Örgryte Idrottssällskap), gegr. 1887; Spielkleidung: Rot/Blau/Blau-Rot; Stadion: Gamla Ullevi, 18 000 Plätze. – INTERNET: www.ois.o.se

Spieler (Auswahl): O. Grahn – G. Gren – S. McIlroy – B. Nordqvist.

Gotha, Wacker, eigtl. »SV Wacker Gotha« (Sportverein Wacker Gotha), Deutschland (Thüringen), gegr. am 7. Juli 1907 als FC Einigkeit Gotha, Umbenennung im gleichen Jahr in FC Wacker Gotha, 1933–45 SV Wacker Gotha, 1945 aufgelöst und als SG Gotha neu gegr., 1948–50 SG Vorwärts Gotha, 1950–90 BSG Motor Gotha, 1990–93 SV Motor Gotha, seitdem SV Wacker Gotha; Spielkleidung: Rot/Schwarz/Schwarz; Stadion: Volksparkstadion, 15 000 Plätze. – INTERNET: www.svwacker07.de

Spieler (Auswahl): S. Helbig – G. Rosbigalle. – **Trainer** (Auswahl): H. Nordhaus.

Göttingen 05, eigtl. »1. SC von 1905 Göttingen«, Deutschland (Niedersachsen), gegr. am 30. Juni 1905 als Göttinger FC von 1905, 1920/21 VfR 05 Göttingen, 1921–45 1. SC von 1905 Göttingen, 1945/46 Schwarz-Gelb Göttingen, seitdem wieder 1. SC von 1905 Göttingen; Spielkleidung: Gelb-Schwarz/Schwarz/Gelb; Stadion: Jahnstadion, 17 000 Plätze. – INTERNET: www.goettingen05.de

Spieler (Auswahl): B. Akrapovic – U. Erkenbrecher – L. Sippel.

Gottlieb-Daimler-Stadion [nach dem Stuttgarter Pkw-Konstrukteur, 1834–1900], Canstatter Wasen (Stuttgart-Bad Canstatt), Heimstätte des VfB Stuttgart; eröffnet 1933 als »Adolf-Hitler-Kampfbahn«, später Century Stadium, Kampfbahn Stuttgart, 1949–93 Neckarstadion; 57 000 Plätze; WM-Stadion 2006.

Götz, Falko, dt. Trainer, *26. März 1962 Rodewisch (Sachsen); war Angriffsspieler: 1969–71 FC Vorwärts Berlin, 1971–83 Berliner FC Dynamo, 1983/84 FIFA-Sperre (Wechsel des Landesverbands), 1984–88 Bayer 04 Leverkusen, 1988–92 1. FC Köln, 1992–94 Galatasaray Istanbul, 1994/95 1. FC Saarbrücken, 1996/97 Hertha BSC; 40 (DDR-)Oberligaspiele (12 Tore); 242 Bundesligaspiele (46 Tore). – Später Trainer: 1997–2002 Hertha BSC (1997–2000 Amateure, 2000–02 Amateur- und Jugendkoordinator, 2002 kurzzeitig Cheftrainer), 2003/04 TSV München 1860, 2004–06 Hertha BSC.

Gough, Richard Charles, ein schott. Trainer, *5. April 1962 Stockholm; war Abwehrspieler: bis 1980 Wits University (Südafrika), 1980–86 Dundee United, 1986/87 Tottenham Hotspur, 1988–97 Glasgow Rangers, 1997 Kansas City Wizards, 1997–99 Glasgow Rangers, 1999–2001 FC Everton; 60 Länderspiele; WM-Endrunde 1986, 1990; EM-Endrunde 1992; in Schottland Fußballer des Jahres 1989. – Später Trainer: 2004/05 FC Livingston.

Goycoechea, Sergio Javier, argentin. Torhüter, *17. Oktober 1963 Lima (Prov. Buenos Aires); 1988–90 River Plate Buenos Aires, 1990/91 Millonarios Bogotá, 1991/92 Stade Brest, 1992/93 Racing Club de Avellaneda und Cerro Porteno (Paraguay), 1993/94 River Plate Buenos Aires, 1994–99 Newell's Old Boys; 25 Länderspiele (1987–94); WM-Endrunde 1990, 1994 (nicht eingesetzt); in Argentinien Fußballer des Jahres 1990.

Grabowski, Jürgen, dt. Mittelfeldspieler, *7. Juli 1944 Wiesbaden (Hessen); 1955–64 FV Biebrich 02 und SV 19 Biebrich-Wiesbaden, 1964–80 Eintracht Frankfurt; 441 Bundesligaspiele (109 Tore); 44 Länderspiele (1966–74; 5 Tore); WM-Endrunde 1966 (nicht eingesetzt), 1970, 1974 (Weltmeister); Europameister 1972.

Jürgen Grabowski

Gräfe, Manuel, dt. Schiedsrichter (Berlin), *21. September 1973 Berlin (West); Zweite Bundesliga seit 1997 (30 Spiele), Bundesliga seit 2004 (12 Spiele).

Grahn, Ove, schwed. Angriffsspieler, *9. Mai 1943; Elfsborg Boras, Grasshopper-Club Zürich (1970–74), Lausanne-Sports und Örgryte IS; 45 Länderspiele (1962–75); WM-Endrunde 1970, 1974.

Gramlich, Rudolf (»Rudi«), dt. Mittelfeldspieler (Läufer), *6. Juni 1908, †14. März 1988 Frankfurt am Main; 1919–26 FC Borussia Frankfurt, 1926–29 Sportfreunde Freiburg (Sachsen), 1929–39 Eintracht Frankfurt; 22 Länderspiele (1931–36); WM-Endrunde 1934; olym. Fußballturnier 1936; spielte repräsentativ für Hessen und Süddeutschland. – 1939–42 und 1955–71 Präsident von Eintracht Frankfurt, 1967–74 Vorsitzender des DFB-Bundesliga-Ausschusses.

Grapenthin, Hans-Ulrich, dt. Torhüter, *2. September 1943 Wolgast (Mecklenburg-Vorpommern); 1952–66 BSG Aufbau und BSG Motor Wolgast, 1966–85 FC Carl Zeiss Jena; 308 Oberligaspiele; 21 Länderspiele (1975–81); in der DDR Fußballer des Jahres 1980, 1981. – Später Torhütertrainer: 1985–89 FC Carl Zeiss Jena.

»Grätschen«, dem Gegenspieler mit gestrecktem Bein in die Parade fahren und ihn rücksichtslos zu Boden fällen (»die ›Grätsche‹ ausfahren«); unrühml. Verhalten im Kampf um den Ball. – Auf die »Grätsche von hinten« folgt zwingend Feldverweis (»Rot«); unschöne Bezeichnung: »Blutgrätsche«.

»Graupe« → Fußballerjargon.

Gravesen, Thomas, dän. Mittelfeldspieler, *11. März 1976 Vejle; 1994–97 Vejle BK, 1997–2000 Hamburger SV, 2000–04 FC Everton, 2005/06 Real Madrid; 74 Bundesligaspiele (6 Tore); 57 Länderspiele (5 Tore); WM-Endrunde 2002; EM-Endrunde 2000, 2004.

Graz, Österreich (Steiermark), **1) Grazer AK,** eigtl. »Liebherr GAK« (Liebherr Grazer Athletik-Klub), gegr. 1902 als Grazer AK, 1980–92 Korting GAK und Ring Schuch GAK, 1992/93 GAK Trummer-

Montagen, 1993–97 Casino Graz GAK, seitdem Grazer AK; Spielkleidung: Rot/Weiß/Weiß; Stadion: Stadion-Graz-Liebenau, 15428 Plätze. – INTERNET: www.gak.at

Spieler (Auswahl): M. Amerhausen – R. Aufhauser – M. Bazina – R. Brunmayr – M. Dollinger – E. Glieder – R. Hasenhüttl – R. Hiden – A. Manninger – E. Pogatetz – Z. Radovic – B. Vukas. – **Trainer** (Auswahl): K. Augenthaler – Z. Čajkovski – W. Schachner – H. Senekowitsch – G. Starek – H.-U. Thomale.

2) Sturm Graz, eigtl. »SK Puntigamer Sturm Graz« (Sportklub Puntigamer Sturm Graz), gegr. 1909 als SK Sturm Graz, 1969–79 SK Sturm-Durisol, 1979–91 SK Raika Sturm, 1991–96 SK Stabil Fenser Sturm, seitdem SK Puntigamer Sturm Graz; Spielkleidung: Schwarz/Weiß/Weiß; Stadion: Stadion-Graz-Liebenau, 15428 Plätze. – INTERNET: www.sksturm.at

Spieler (Auswahl): K. Decker – J. Dowe – F. Feldhofer – F. Foda – G. Giannini – M. Haas – H. Heldt – M. Hiden – R. Linz – T. Mandl – M. Pantelic – E. Pogatetz – W. Schachner – M. Schopp – M. Schupp – H. Senekowitsch – I. Szabics – I. Vastic – F. Verlaat – R. Wallner – H. Weber. – **Trainer** (Auswahl): O. Barić – F. Foda – G. Gress – L. Jurkemik – I. Osim – M. Schupp – G. Starek.

Graziani, Francesco, italien. Angriffsspieler (Mittelstürmer), *16. Dezemberer 1952 Subiaco; 1970–73 US Arezzo, 1973–81 Turin Calcio, 1981–83 AC Florenz, 1983–86 AS Rom, 1986–88 Udinese Calcio; 64 Länderspiele (1975–83; 23 Tore); WM-Endrunde 1978, 1982 (Weltmeister); EM-Endrunde 1980; in Italien Fußballer des Jahres 1976.

Great Olympics, Ghana: → Accra [1].

Greaves, James Peter (»Jimmy«), engl. Mittelfeldspieler (Halbstürmer), *20. Februar 1940; 1957–61 FC Chelsea, 1961 AC Mailand, 1962–70 Tottenham Hotspur, 1970/71 West Ham United; 57 Länderspiele (1959–67; 44 Tore); WM-Endrunde 1962, 1966 (Weltmeister).

> **»Jimmy« Greaves**
> »Es war ein Fotofinish zwischen unseren Fans und der Mannschaft, wer zuerst an der Theke saß.«

Greenwood, Ronald (»Ron«), England, engl. Trainer, *11. November 1921, † 8. Februar 2006; war Mittelfeldspieler: FC Chelsea, Bradford City, FC Brentford und FC Fulham. – Später Trainer: bis 1958 Oxford University und Eastbourne United, 1958–61 FC Arsenal (Trainerassistent), 1961–77 West Ham United (FA-Cup 1964, 1975, EC II 1965), 1977–82 England (Nationalmannschaft; WM-Endrunde 1982).

> **R. Greenwood**
> »Dieser Vergleich ist unvergleichlich.«

Gregg, Harold (»Harry«), nordir. Torhüter, *25. Oktober 1932 Coleraine; 1945–47 Derry City, 1947–66 Manchester United, 1966–68 Stoke City; 25 Länderspiele (1954–63); WM-Endrunde 1958. – Überlebte 1958 die Flugzeugkatastrophe mit Manchester United in München-Riem (→ »Fußballtragödien und Katastrophen«). – Später Trainer: 1968–72 Shrewsbury Town, 1972–75 Swansea City, 1975–78 Crewe Alexandra, 1986/87 Carlisle United, 1990–92 Manchester United (Torhütertrainer).

Greifswalder SV 04 (Greifswalder Sportverein von 2004), Deutschland (Greifswald [Mecklenburg-Vorpommern]), gegr. am 1. Januar 2004 durch Fusion von ESV/Empor Greifswald, SSV Grün-Schwarz Greifswald und Greifswalder SV 98; Spielkleidung: Rot/Schwarz/Schwarz; Stadion: Volksstadion, 4344 Plätze. – INTERNET: www.greifswaldersv04.de. – Der 2003 aufgelöste **Greifswalder SC** (gegr. 1926), zu seiner Zeit größter Greifswalder Fußballverein, spielte zu DDR-Zeiten u. a. als BSG Einheit Greifswald und 1968–90 als BSG KKW Greifswald (eigtl. »BSG Kernkraftwerk Nord Bruno Leuschner Greifswald«).

Spieler (Auswahl): J. Dowe – H. Fuchs – H. Hergesell – A. Zachhuber. – **Trainer** (Auswahl): H. Werner – A. Zachhuber.

»Greisentruppe«, abschätzig für → Altersmannschaft.

Gren, Gunnar, schwed. Mittelfeldspieler (Halbstürmer), *31. Oktober 1921, † 14. November 1991 Göteborg; 1934–39 BK Strix, 1939–49 IFK Göteborg, 1949–53 AC Mailand, 1953–55 AC Florenz, 1955/56 Genua 1893, 1956–67 Örgryte IS und GAIS Göteborg, 1967/68 Redbergslid IK; 57 Länderspiele (1940–58); WM-Endrunde 1958; Olympiasieger 1948; in Schweden Fußballer des Jahres 1946. (→ »Gre-No-Li«)

Grenada, Staat im Bereich der Westind. Inseln, 344 km², 89300 Ew.; Verband: Grenada Football

Association, Abk. GFA, gegr. 1924, Sitz: Saint George's; Mitglied der FIFA und der CONCACAF seit 1978; Spielkleidung: Grün-Gelb/Rot/Gelb.

Grenchen, FC (Fußballclub Grenchen), Schweiz, gegr. 1906 (1913 Fusion mit Old Boys Grenchen); Spielkleidung: Blau-Weiß/Blau/Weiß; Stadion: Stadion Brühl, 14 000 Plätze. – INTERNET: www.fcg.ch

Spieler (Auswahl): E. Ballabio. – **Trainer** (Auswahl): Z. Čajkovski – K. Decker.

Grencher Uhrencup, Schweiz: svw. → Uhrencup.

»Gre-No-Li«, Abk. für den legendären schwed. Innensturm **Gren** – **Nordahl** – **Liedholm**, mit dem der AC Mailand 1951 Landesmeister wurde.

Gress, Gilbert, Frankreich, frz. Trainer, *17. Dezember 1941 Straßburg; war Mittelfeldspieler: 1955–66 RC Straßburg, 1966–71 VfB Stuttgart, 1971–73 Olympique Marseille, 1973–75 RC Straßburg; 149 Bundesligaspiele (24 Tore); 3 Länderspiele (1967/68). – Später Trainer: 1975–77 Xamax Neuchâtel (Spielertrainer), 1977–80 RC Straßburg (LM 1979), 1980/81 FC Brügge, 1981–90 Xamax Neuchâtel (LM 1987, 1988), 1990/91 Servette Genf, 1991–94 RC Straßburg, 1994–97 Xamax Neuchâtel, 1998/99 FC Zürich, 2001/02 Raja Casablanca, 2002 FC Metz, 2003 Sturm Graz, 2004/05 FC Sion.

Greuther Fürth, SpVgg (Spielvereinigung Greuther Fürth), Fürth (Bayern), gegr. am 23. September 1903 als TV 1860 Fürth, 1906–96 SpVgg Fürth (»Kleeblättler«), 1996 Umbenennung nach Beitritt der Fußballabteilung des TSV Vestenbergsgreuth in SpVgg Greuther Fürth; Zweite Bundesliga 1981–83, 1997–2006; Spielkleidung: Grün-Weiß/Blau/Weiß; Stadion: Playmobil-Stadion, 15 500 Plätze (früher: → Ronhof). – INTERNET: www.greuther-fuerth.de

Spieler (Auswahl): J. Albertz – I. Amanatidis – K. Auer – R. Azzouzi – E. Beer – D. Beiersdorfer – H. Ehrhardt – M. Feinbier – D. Felgenhauer – M. Hain – R. Hasenhüttl – G. Knöpfle – H. Koch – F. Kioyo – L. Leinberger – T. Lohrmann – K. Mai – M. Oberleitner – N. Patschinski – S. Reisinger – S. Rösler – B. Schlicke – L. Seiderer – H. Schmidt – C. Timm – A. van Lent. – **Trainer** (Auswahl): F. Brungs – H. Cieslarczyk – W. Dreßel – U. Erkenbrecher – R. Gebhardt – E. Hach – W. Hahnemann – B. Möhlmann – A. Veh.

Griechenland, Republik in Südosteuropa, 131 940 km², 10,667 Mio. Ew.; Verband: Hellenic Football Federation, Abk. HFF, gegr. 1926, Sitz: Athen; Mitglied der FIFA seit 1927, der UEFA seit 1954; Spielkleidung: Blau/Weiß/Blau. – Erfolge: Europameister 2004. – INTERNET: www.epo.gr

Grimma, SV, eigtl. »SV 1919 Grimma« (Sportverein von 1919 Grimma), Deutschland (Sachsen), gegr. am 17. Juni 1919, 1945 aufgelöst und als Sportgruppe Grimma neu gegr., später Nagema Grimma, BSG Stahl Grimma und BSG Motor West Grimma, 1957–91 BSG Motor Grimma, seitdem SV 1919 Grimma; Spielkleidung: Weiß/Rot/Rot; Stadion: Stadion der Freundschaft, 8000 Plätze. – INTERNET: www.sv-grimma.de

Spieler (Auswahl): K. Havenstein. – **Trainer** (Auswahl): R. Lisiewicz – J. Steffens.

Grings, Inka, dt. Angriffsspielerin, *31. Oktober 1978 Düsseldorf; 1984–90 TSV Eller, 1990–95 SV Garath, 1995–2006 FC Rumeln-Kaldenhausen bzw. FCR 1955 (2001) Duisburg; Bundesliga-Torschützenkönigin 1999 (25), 2000 (38), 2003 (20); 64 Länderspiele (seit 1996; 41 Tore); WM-Endrunde 1999; Europameisterin 1997 (nicht eingesetzt), 2005; olymp. Fußballturnier 2000; in Deutschland Fußballerin des Jahres 1999.

Grlic, Ivica, bosn. Mittelfeldspieler kroat. Abstammung, *6. August 1975 München; bis 1994 DSC München, 1994/95 FC Bayern München, 1995–1997 TSV München 1860, 1997–2000 Fortuna Köln, 2000/01 1. FC Köln, 2001–04 Alemannia Aachen, 2004–06 MSV Duisburg; 11 Bundesligaspiele (1 Tor); 2 Länderspiele für Bosnien und Herzegowina (seit 2004; 1 Tor).

grobes Foul, gezieltes, rücksichtsloses körperl. Foul, das vom Schiedsrichter strengstens zu ahnden ist, und zwar mit direktem Freistoß oder Strafstoß (im Strafraum) sowie darüber hinaus mit Verwarnung, evtl. Feldverweis.

Gröbner, Wilfried, dt. Trainer, *18. Dezember 1949 Eilenburg; war Abwehrspieler (Vorstopper): 1959–67 BSG Chemie Eilenburg, 1967–80 1. FC Lokomotive Leipzig; 230 Oberligaspiele (18 Tore); 8 Länderspiele (1976–79); Olympiasieger 1976. – Später Trainer: 1988/89 FC Rot-Weiß Erfurt, 1990–93 und 1994/95 SSV Reutlingen.

grob unsportliches Betragen, alle infamen und diskriminierenden Handlungen, die die Grenzen der noch halbwegs zumutbaren Verstöße des sportl. Anstands überschreiten, z. B. Gewalttätigkeiten, Anspucken, Schmähungen, Beleidigungen; hat zwingend den Feldverweis zur Folge, danach wird das Spiel (im Falle einer Spielunterbrechung) mit indirektem Freistoß fortgesetzt.

Groningen, FC (Football Club Groningen), Niederlande, gegr. 1921 als Groninger VAV Rapiditas, 1965–71 GVAV Groningen, seitdem FC Groningen; Spielkleidung: Grün/Weiß/Grün; Stadion: Oosterpark Stadion, 12400 Plätze. – INTERNET: www.fcgroningen.nl

Spieler (Auswahl): E. Achterberg – E. und R. Koeman – J. Neeskens – A. Robben.

Grønkjær, Jesper, dän. Mittelfeldspieler, * 12. August 1977 Nuuk (Grönland); bis 1994 Thisted IK, 1994–98 Aalborg BK, 1998–2000 Ajax Amsterdam, 2001–04 FC Chelsea, 2004 Birmingham City, 2005 Atlético Madrid, 2005/06 VfB Stuttgart; 12 Bundesligaspiele; 58 Länderspiele (5 Tore); WM-Endrunde 2002; EM-Endrunde 2000, 2004.

Gyula Grosics

Grosics, Gyula, ungar. Torhüter, * 4. Februar 1926 Dorog; 1940–50 FC Dorogi, Mateosz und Teherfuvar, 1950–56 Kispest-Honved Budapest, 1957–62 Tatabányai Bányász; 86 Länderspiele (1947–62); WM-Endrunde 1954, 1958, 1962; Olympiasieger 1952.

Grosnyj, Terek, eigtl. »FK Terek Grosnyj« (Futbolnyi Klub Terek Grosnyj), Russland (Tschetschenien), gegr. 1946, Einstellung des Spielbetriebs 1994 (nach russ. Militärinterventionen), Fortführung 2001; seitdem werden nationale Heimspiele im südruss. Pjatigorsk (etwa 250 km von Grosnyj entfernt) und Heimspiele des Europapokals in Moskau ausgetragen; Spielkleidung: Grün/schwarz/Schwarz; Stadion: Terek-Stadion, 23000 Plätze (kriegszerstört). – INTERNET: www.terek-grozny.ru

Gross, Christian, schweizer. Trainer, * 14. August 1954 Zürich-Höngg; war Mittelfeldspieler: 1967–75 Grasshopper-Club Zürich, 1975–78 Lausanne-Sports, 1978–80 Xamax Neuchâtel, 1980–82 VfL Bochum, 1982–85 FC St. Gallen, 1985–88 FC Lugano; 29 Bundesligaspiele (4 Tore); 1 Länderspiel. – Später Trainer: 1988–93 FC Wil (Spielertrainer), 1993–97 Grasshopper-Club Zürich, 1998/99 Tottenham Hotspur, 1999–2006 FC Basel.

C. Gross: Erfolgsstationen (Auswahl)	
Grasshopper-Club Zürich	LM 1995, 1996 PS 1994
FC Basel	LM 2002, 2004, 2005 PS 2002, 2003

Grundlagenausdauer → Training.

Grundlinie, Torlinie außerhalb des Tores. Dem *G.-Durchbruch* eines angreifenden Spielers folgt zumeist eine Flanke oder ein Rückpass zum aufgerückten Mitspieler.

»grüner Bereich«, svw. »(noch) zulässiger Bereich«; bezogen auf die Härteintensität eines Spiels bzw. einer Spielszene, z. B. »die Begegnung verlief im ›g. B.‹« (d. h., sie war nicht unfair) oder »das Foul bewegte sich im ›g. B.‹« (»normales« Foul, kein »Gelb«).

»Grüne Teufel« [nach der Trikotfarbe], Bez. für die Nationalmannschaft Nigerias.

»Gruppenphase«, a) Bez. für die Vorrunde (als Punktrunde) der → Champions League; b) Bez. für die in der zweiten Phase (als Punktrunde) ausgetragene Vorrunde des → UEFA-Pokals.

»Gruppenphase« (Modus)

a) Champions League

Die Ersten und Zweiten jeder Gruppe qualifizieren sich für das Achtelfinale, die Dritten für die Zwischenrunde des UEFA-Pokals.
Sind nach Abschluss der Vorrunde 2 oder mehr Mannschaften punktgleich, entscheidet über das Weiterkommen (in der Reihenfolge):

- die größere Punktzahl aus den Direktbegegnungen
- die Tordifferenz aus den Direktbegegnungen
- die größere Anzahl von Auswärtstoren aus den Direktbegegnungen
- die größere Tordifferenz aus allen Gruppenspielen
- die größere Anzahl erzielter Tore aus allen Gruppenspielen
- der UEFA-Koeffizient

b) UEFA-Pokal

Die Ersten, Zweiten und Dritten jeder Gruppe qualifizieren sich für die Zwischenunde. Sind nach Abschluss der Gruppenphase 2 oder mehr Mannschaften punktgleich, entscheidet über das Weiterkommen (in der Reihenfolge):

- die größere Tordifferenz aus allen Gruppenspielen
- die größere Anzahl erzielter Tore aus allen Gruppenspielen
- die höhere Anzahl erzielter Auswärtstore
- der UEFA-Koeffizient

Gschweidl, Friedrich, österr. Mittelfeldspieler (Halbrechter), *16. April 1904, *23. März 1970; 1924Vienna Wien; 44 Länderspiele (1924–35; 12 Tore); Mitglied des →»Wunderteams«.

Guadalajara, Mexiko, **1) CD Guadalajara** (Club Deportivo Guadalajara), gegr. 1906 als Union Guadalajara, seit 1908 CD Guadalajara; Spielkleidung: Weiß; Stadion: Estadio Jalisco, 63 136 Plätze.

Trainer (Auswahl): O. Ardiles – L. Beenhakker – H. Senekowitsch.

2) Atlas Guadalajara, eigtl. »CF Atlas Guadalajara« (Club de Futbol Atlas Guadalajara), gegr. 1916; Spielkleidung: Rot-Schwarz/Schwarz/Weiß; Stadion: Estadio Jalisco, 63 136 Plätze. – INTERNET: www.atlas.com.mx

Spieler (Auswahl): R. Márquez – O. Sánchez. – **Trainer** (Auswahl): M. Bielsa – J. Borgetti – R. A. La Volpe – M. Milutinović.

Guam, Insel der Marianen im Pazif. Ozean, 549 km², 163 900 Ew.; Verband: Guam Football Association, Abk. GFA, gegr. 1975, Sitz: Agaña; Mitglied der FIFA seit 1996, der AFC seit 1992; Spielkleidung: Blau/Weiß/Blau. – INTERNET: www.guamfootball.com

Guardiola, Josep Sala, span. Mittelfeldspieler, *18. Januar 1971 Santpedor; 1984–2001 FC Barcelona, 2001/02 Brescia Calcio, 2002/03 AS Rom, 2003 Brescia Calcio, 2003/04 Al-Ahli; 40 Länderspiele; WM-Endrunde 1994; EM-Endrunde 2000; Olympiasieger 1992.

Guatemala, Republik in Zentralmerika, 108 890 km², 13,909 Mio. Ew.; Verband: Federación Nacional de Fútbol de Guatemala, Abk. FNFG, gegr. 1919, Sitz: Guatemala, Mitglied der FIFA seit 1946, der CONCACAF seit 1961; Spielkleidung: Blau/Weiß/Blau.

Gudjohnsen, Eidur Smári, isländ. Angriffsspieler, *15. September 1978 Reykjavik; 1994/95 Valur Reykjavik, 1995–97 PSV Eindhoven, 1987/98 KR Reykjavik, 1998–2000 Bolton Wanderers, 2000–06 FC Chelsea; 37 Länderspiele.

Guérin, 1) Henri, frz. Trainer, *27. August 1921 Montmirail; war Mittelfeldspieler: 1946–56 Stade Rennes und Stade Français Paris; 2 Länderspiele. – Später Trainer: AS St.-Étienne, Frankreich (Nationalmannschaft; WM-Endrunde 1966), 1986–89 Techn. Direktor des Frz. Fußballverbands (→»Operation Guérin«). – **2)** Robert, frz. Funktionär, *28. Juni 1876, †1952; am 23. Mai 1904 in Paris zum ersten FIFA-Präsidenten gewählt; amtierte bis 1906 (Nachfolger: D. B. →Woolfall).

Guerrero, 1) José Paolo, peruan. Angriffsspieler, *1. Januar 1984 Lima; 1991–2002 Alianza Lima, 2002–06 FC Bayern München; 19 Bundesligaspiele (8 Tore); 7 Länderspiele (seit 2004; 2 Tore). – **2)** Julen López, span. Mittelfeldspieler, *7. Januar 1974 Portugalete; 1990–2006 Athletic Bilbao; 20 Länderspiele (seit 1993); WM-Endrunde 1994, 1998; EM-Endrunde 1996.

Guié-Mien, Rolf-Christel, kongoles. Mittelfeldspieler, *28. Oktober 1977 Brazzaville; bis 1998 AS Inter Brazzaville, 1998/99 Karlsruher SC, 1999–2002 Eintracht Frankfurt, 2003/04 SC Freiburg, 2004/05 1. FC Köln; 80 Bundesligaspiele (9 Tore); 27 Länderspiele für die Republik Kongo.

Guigue, Maurice, frz. Schiedsrichter, *4. August 1912 Arles; 1945–62 Schiedsrichter, seit 1952 1. Division, seit 1954 FIFA-Schiedsrichter; 20 Länderspiele; WM-Endrunde 1958 (Finale); EC I-Finale 1962.

Guimarães, Vitória, eigtl. »Vitória SC« (Vitória Sport Clube), Portugal, gegr. 1922; Spielkleidung: Weiß/Schwarz/Schwarz; Stadion: Estádio Alfonso D. Henriques, 30 000 Plätze. – INTERNET: www.vitoriasc.pt

Spieler (Auswahl): F. J. Meira – P. Rocha. – **Trainer** (Auswahl): A. Jorge.

Guinea, Republik in Westafrika, 245 857 km², 9,03 Mio. Ew.; Verband: Fédération Guinéenne de Football, Abk. FGF, gegr. 1960, Sitz: Conakry; Mitglied der FIFA seit 1961, der CAF seit 1962; Spielkleidung: Rot/Gelb/Grün.

Guinea-Bissau, Republik in Westafrika, 36 120 km², 1,361 Mio. Ew.; Verband: Federação de Futebol da Guiné-Bissau, Abk. FFGB, gegr. 1974, Sitz: Bissau; Mitglied der FIFA und der CAF seit 1986; Spielkleidung: Rot-Grün-Gelb/Grün-Gelb/Rot-Grün-Gelb.

Guingamp, EA (En Avant de Guingamp), Frankreich (Bretagne), gegr. 1912; Spielkleidung: Rot/Schwarz/Rot; Stadion: Stade Municipal de Roudourou, 18 500 Plätze. – INTERNET: www.enavantdeguingamp.com

Spieler (Auswahl): R. Cabanas – S. Camara – D. Drogba – F. Malouda – A. Szarmach.

Gullit, Rudi Dil (»Ruud«), niederländ. Trainer surinam. Abstammung, *1. September 1962 Amsterdam; war Mittelfeldspieler: 1973–75 Meer Boys Amsterdam, 1975–78 DWS Amsterdam, 1978–82 FC Haarlem, 1982–85 Feyenoord Rotterdam, 1985–87 PSV Eindhoven, 1987–93 AC Mailand, 1993–95 Sampdoria Genua, 1995/96 FC Chelsea; 66 Länderspiele (1981–94; 16 Tore); WM-Endrunde 1990; EM-Endrunde 1988 (Europameister), 1992; Europas Fußballer des Jahres 1987; in den Niederlanden Fußballer des Jahres 1983, 1986; »Ritter des Ordens von Oranien-Nassau« (1988). – Später Trainer: 1996–98 FC Chelsea (1996/97 Spielertrainer, 1997/98 Chef-

»Ruud« Gullit

trainer), 1998/99 Newcastle United, 20002/03 KNVB (U 19), 2004/05 Feyenoord Rotterdam.

R. Gullit
»Je älter die Vereinspräsidenten werden, desto eitler sind sie.«

Günthner, Elke, dt. Schiedsrichterin (Bamberg [Bayern]), *2. März 1974; seit 1991 DFB-Schiedsrichterin (Frauen-)Bundesliga, FIFA-Referee; WM-Endrunde 1999; UEFA-Women's-Cup-Finale 2003; DFB-Schiedsrichterin des Jahres 2005.

GUS → UdSSR.

Gustavsson, Bengt (»Julle«), schwed. Abwehrspieler (Mittelläufer), *13. Januar 1928 Norrköping; IFK Norrköping, Åtvidabergs FF und Atalanta Bergamo; 57 Länderspiele (1951–63); WM-Endrunde 1958; olymp. Fußballturnier 1952; in Schweden Fußballer des Jahres 1953.

Gutendorf, Rudi, dt. Trainer, *30. August 1926 Koblenz; war Mittelfeldspieler: TuS Neuendorf, Blue Stars Zürich und FC Luzern (Spielertrainer). – Später Trainer: 1961/62 in Tunesien, 1962/63 VfR Marl-Hüls, 1963–65 MSV Duisburg, 1965/66 VfB Stuttgart, 1966/68 in den USA, 1968–70 FC Schalke 04, 1970/71 Kickers Offenbach, 1971/72 in Peru, 1972/73 in Chile, 1973/74 TSV München 1860, 1974/75 in den USA, 1975 Fortuna Köln, 1976/77 Tennis Borussia, 1977 Hamburger SV, 1986 Hertha BSC; später in Antigua und Barbuda, Bangladesh, Bolivien, Botswana, China, Fidschi, Japan, Mauritius, Nepal, Tansania, Tonga, Venezuela; bestritt ca. 60 Auslandseinsätze.

Gütersloh 2000, FC (Fußballclub Gütersloh 2000), Deutschland (Nordrhein-Westfalen), gegr. 1918 als SpVgg Gütersloh, 1925 Abspaltung von DSC Gütersloh, 1945 Fusion mit SV Arminia Gütersloh zu SpVgg Arminia Gütersloh, 1978 Fusion mit DJK Gütersloh zu FC Gütersloh, 1999 Insolvenz und am 23. Februar 2000 Neugründung als FC Gütersloh 2000; Zweite Bundesliga 1996–99; Spielkleidung: Grün/Weiß/Weiß; Stadion: Heidewaldstadion, 12 200 Plätze. – INTERNET: www. fcg2000.de

Spieler (Auswahl): R. Abramczik – H. Bonan – A. Brinkmann – G. Canale – A. Friedrich – W. Landgraf – D. Langerbein – I. Peter – G. Roggensack – D. Stendel – U. Weidemann. – **Trainer** (Auswahl): K. Feldkamp – J. Gelsdorf – M. Henke – E. Middendorp – G. Roggensack – H.-W. Moors – G. Roggensack.

Gütschow, Torsten, dt. Angriffsspieler, *28. Juli 1962 Görlitz; 1972/73 BSG Traktor Zodel, 1973–76 SV Dynamo Görlitz, 1976–92 SG Dynamo bzw. 1. FC Dynamo Dresden, 1992/93 Galatasaray Istanbul; 208 (DDR-)Oberligaspiele (104 Tore); Oberliga-Torschützenkönig 1989 (17), 1990 (18), 1991 (20); 3 Länderspiele für die DDR (1984–89; 2 Tore); im NOFV-Bereich Fußballer des Jahres 1991; 39 Bundesligaspiele (12 Tore). – Später Trainer: 2003/04 FC Oberneuland.

Guttmann, Béla, Ungarn, ein ungar. Trainer, *13. März 1900 Budapest, *28. April 1981 Wien; war Abwehrspieler (Mittelläufer): MTK Budapest, Hakoah Wien, Vienna Wien und New York Giants; 4 Länderspiele (1921–24; 1 Tor); olymp. Fußballturnier 1924. – Später Trainer: 1937 SC Enschede, 1938 CS Chinezul (Rumänien), 1938/39 Ujpest Budapest, 1945 Dinamo Bukarest, 1947 Vasas Budapest, 1948 Kispest-Honved Budapest, 1949 AC Padua, 1951/52 US Triestine, 1954/55 AC Mailand, 1955/56 Lanerossi AC Vicenza, 1956/57 FC São Paulo, 1957–59 FC Porto, 1959–62 Benfica Lissabon, 1962 Århus GF, 1962–64 Peñarol Montevideo, 1964 Österreich (Nationalmannschaft), 1965/66 Benfica Lissabon, 1966/67 Servette Genf, 1967/68 Panathinaikos Athen. – 1973 Techn. Direktor bei FK Austria-WAC.

B. Guttmann: Erfolgsstationen (Auswahl)

AC Mailand	LM 1955
FC Porto	LM 1959
Benfica Lissabon	LM 1960, 1961, 1966
	PS 1962
Peñarol Montevideo	LM 1964

Guyana, Republik in Südamerika, 214 970 km², 702 100 Ew.; Verband: Guyana Football Federation, Abk. GFF, gegr. 1902, Sitz: Georgetown; Mitglied der FIFA seit 1968, der CONCACAF seit 1969; Spielkleidung: Grün/Grün/Gelb.

Gwardia [poln.], historisch »die Garde«, z. B. G. Warschau.

Gygax, Daniel, schweizer. Mittelfeldspieler, *28. August 1981; 1988–2000 FC Zürich, 2000/01 FC Winterthur, 2001/02 FC Aarau, 2002–05 FC Zürich, 2005/06 OSC Lille; 18 Länderspiele (seit 2004; 3 Tore); EM-Endrunde 2004.

Gyarmati, János, ungar. Trainer, *8. Februar 1910 Tapioszelle, †1974 Budapest; war Mittelfeldspieler (Läufer): Vas és Fémmunkások und Ferencváros FC, SC Cseged, in Zürich und Paris; 3 Länderspiele (1937/38). – Später Trainer: 1953/54 VP Dresden, 1954/55 SC DHfK Leipzig, 1955/56 ASK Vorwärts Berlin, 1955–57 Sektion Fußball der DDR (Nationalmannschaft), 1960–63 SC Dynamo Berlin.

Györ, FC ETO, eigtl. »Györy ETO FC« (Györy Egyetértés Torna Osztálya Footbal Club), Ungarn, gegr. 1904 als Györi Vagangyár ETO, 1949 aufgelöst und als Stadtauswahl Györ neu gegr., 1950 aufgelöst und als Györi Vasas SC ETO neu gegr., 1952/53 Györy Vasas, 1953/54 Vasas SE Györ, 1954–57 Wilhelm Pieck Vasas ETO SK Györ, 1957 Magyar Wilhelm Pieck Vágon-és Gépgyár ETO Györ, 1957–65 Györy Vasas ETO, 1965–85 Rába ETO Györ, 1985–92 Györy ETO FC, 1992–94 Rába ETO FC Györ, seitdem Györy ETO FC; Spielkleidung: Grün-Weiß/Weiß/Weiß; Stadion: Györi, 25 398 Plätze. – INTERNET: www.eto.hu

Spieler (Auswahl): L. Baroti – M. Fehér – G. Lóránt – V. Miriuta – O. Vincze. – **Trainer** (Auswahl): L. Baroti – Z. Varga.

H

Haan, Arendt (»Arie«), niederländ. Trainer; *16. November 1948 Winschoten; war Mittelfeldspieler: 1962–67 WVV Winschoten, 1967–75 Ajax Amsterdam, 1975–81 RSC Anderlecht, 1981–83 Standard Lüttich, 1983/84 PSV Eindhoven, 1984 Seiko Hongkong; 35 Länderspiele (1972–80; 6 Tore); WM-Endrunde 1974, 1978; EM-Endrunde 1980. – Später Trainer: 1984/85 Antwerp FC, 1985–87 RSC Anderlecht (LM 1986, 1987), 1987–90 VfB Stuttgart, 1990/91 1. FC Nürnberg, 1991–93 Standard Lüttich (PS 1993), 1994/95 PAOK Saloniki, 1995–97 Feyenoord Rotterdam, 1997/98 RSC Anderlecht, 1999 PAOK Saloniki, 2000 Paniliakos Pyrgos, 2000/01 Austria Wien (2000 Sportdirektor, 2001 Cheftrainer), 2001/02 Raja Casablanca (Marokko), 2002 Stuttgarter Kickers (Sportdirektor), 2002–05 China (Nationalmannschaft), 2006 Persepolis Teheran.

»Arie« Haan

»Arie« Haan
»Man hat erst gegen die Deutschen gewonnen, wenn sie mit dem Bus aus der Stadt raus sind.«

Haarlem, FC, eigtl. »HFC« (Haarlem Football Club), Niederlande, gegr. 1889, 1980–92 SBV Haarlem, seitdem HFC; Spielkleidung: Rot/Blau/Blau; Stadion: Haarlem-Stadion, 3442 Plätze. – INTERNET: www.fchaarlem.nl

Spieler (Auswahl): K. Boulahrouz – R. Gullit – B. van Galen. – **Trainer** (Auswahl): D. Advocaat.

Haas, 1) Bernt, schweizer. Abwehrspieler, *8. April 1978 Wien; bis 1994 FC Wollerau, FC Freienbach und FC Buttikon, 1994–2001 Grasshopper-Club Zürich, 2001/02 FC Sunderland, 2002/03 FC Basel, 2003 FC Sunderland, 2003–04 West Bromwich Albion, 2005/06 SC Bastia; 26 Länderspiele (3 Tore); EM-Endrunde 2004. – **2)** Mario, österr. Angriffsspieler, *19. September 1974 Graz; 1992–1999 Sturm Graz, 1999–2001 RC Straßburg, 2001–05 Sturm Graz, 2005/06 JEF Ichihara Chiba; 40 Länderspiele (seit 1996; 7 Tore).

Haber, Marco, dt. Mittelfeldspieler, *21. September 1971; bis 1988 TV Kindenheim und VfR Frankenthal, 1988–95 1. FC Kaiserslautern, 1995–98 VfB Stuttgart, 1998/99 UD Las Palmas, 1999–2001 Spvgg Unterhaching, 2002 FC Hansa Rostock, 2002–04 Omonia Nikosia, 2004–06 Anorthosis Famagusta; 275 Bundesligaspiele (15 Tore); 2 Länderspiele (1995).

Hach, Eugen, dt. Trainer, *19. Juni 1960 Kaiserslautern; war Abwehrspieler: 1984–87 Alemannia Aachen, 1987–92 1. FC Saarbrücken. – Später Trainer: 1992/93 1. FC Saarbrücken (Amateure), 1993–95 SF Hostenbach (Spielertrainer), 1995/96 SC Halberg-Brebach, 1996–99 Waldhof Mannheim (Trainerassistent), 1999–2001 Alemannia Aachen, 2001–03 SpVgg Greuther Fürth, 2003/04 1. FC Saarbrücken, 2004 Waldhof Mannheim, 2004/05 Rot-Weiß Oberhausen, 2005/06 Eintracht Trier.

»Hacken« → Fußballerjargon.

Häcken, BK, Schweden: → Göteborg [1].

Hackenstoß, der Fersenstoß (→ Stoßarten).

Hackentrick, den ankommenden Ball mit dem Absatz (der »Hacke«) direkt weiterleiten; risikovolle, aber äußerst attraktive Stoßart. – Unvergessen bleibt F. Walters legendäres Hackentricktor vom 6. Oktober 1956, das er im Spiel des 1. FC Kaiserslautern gegen den damaligen SC Wismut Karl-Marx-Stadt im Leipziger Zentralstadion im Hechtsprung erzielte.

»Hacke-Spitze-1-2-3 ...«, kein Spielsystem, sondern ein müdes, unengagiertes Gekicke einer Mannschaft, die besseren Fußball spielen kann; bei Wiederholung stellt sich die Trainerfrage, vielleicht »erreicht« der Coach nicht mehr die Mannschaft ...

Hackmann, Werner, dt. Funktionär, *17. April 1947 Hamburg; 1998–2000 Mitglied des DFB-Ligaausschusses, 1998–2002 Vorstandsvorsit-

Hackentrick (Tor von Fritz Walter)

zender des Hamburger SV und seit Dezember 2000 Präsident des neu gegr. → Ligaverbands und DFB-Vizepräsident.

»Hackordnung«, inoffizielle Rangfolge im Spieleraufgebot einer Mannschaft; angeführt von den Leistungsträgern, es folgen die durchschnittl. Aktiven, die »Wasserträger«, die »Mitläufer« und schließlich die »Schwachen«. Die »H.« spiegelt sich auch außerhalb des Spieles wider, z. B. in der Art und Weise des Umgangs miteinander, aber auch in dem mit den Medien.

Hadji, Mustapha, marokkan. Mittelfeldspieler, *16. November 1971 Ifrane; 1992–96 AS Nancy-Lorraine, 1996/97 Sporting Lissabon, 1998/99 Deportivo La Coruña, 1999–2001 Coventry City, 2001–04 Aston Villa, 2004 Espanyol Barcelona, 2004/05 Emirates Ras Al-Khaima (VAE), 2005/06 1. FC Saarbrücken; 10 Zweitligaspiele (1 Tor); 54 Länderspiele (13 Tore); WM-Endrunde 1994, 1998; Afrikas Fußballer des Jahres 1998.

Hafnarfjördu, FH, eigtl. »FH« (Filmleikafélag Hafnarfjördu), Island, gegr. 1929 als FH Hafnarfjördur, 1935 Fusion mit Haukar Hafnarfjördur zu IBH Hafnarfjördur, 1961 Auflösung der Fusion und Zurückbenennung in FH Hafnarfjördur; Spielkleidung: Weiß/Schwarz/Schwarz; Stadion: Kaplakriki, 3000 Plätze. – INTERNET: www.fhingar.is

Häfner, Reinhard, dt. Mittelfeldspieler, *2. Februar 1952 Sonneberg (Thüringen); 1961–68 Motor Sonneberg, 1968–71 FC Rot-Weiß Erfurt, 1871–88 SG Dynamo Dresden; 391 Oberligaspiele (55 Tore); 58 Länderspiele (1971–84; 5 Tore); Olympiasieger 1976. – Später Trainer: 1988–91 SG bzw. 1. FC Dynamo Dresden (1988–90 Trainerassistent, 1990/91 Cheftrainer), 1993/94 Chemnitzer FC.

Hagi, Gheorghe, rumän. Mittelfeldspieler, *5. Februar 1965 Constanta; 1982/83 Farul Constanta, 1983–86 Sportul Studentesc Bukarest, 1986–90 Steaua Bukarest, 1990–92 Real Madrid, 1992–94 Brescia Calcio, 1994–96 FC Barcelona, 1996–2001 Galatasaray Istanbul; 125 Länderspiele (1983–98; 35 Tore); WM-Endrunde 1990, 1994, 1998; EM-Endrunde 1984; in Rumänien Fußballer des Jahres 1985, 1987, 1993, 1994, 1997, 1999, 2000. – Später Trainer: 2002/03 Bursaspor, 2003–05 Galatasaray Istanbul, 2005/06 Politehnica-AEK Timişoara. – Nach ihm wurde das Stadion in Constanta benannt (»Gheorge-Hagi-Stadion«).

Hahnemann, Wilhelm (»Willi«), österr. Mittelfeldspieler (Halbstürmer), *14. April 1914, †23. August 1991 Wien; 1927–31 Donaufelder Rasenspieler, 1931–46 Admira Wien, 1946–51 Wacker Wien; 23 Länderspiele für Österreich (1935–37, 1946–48), 23 für Deutschland (1938–41, 16 Tore) nach Annexion Österreichs; WM-Endrunde 1938; olymp. Fußballturnier 1948. – Später Trainer: 1951 Wacker Innsbruck, 1952/53 Vienna Wien, 1953/54 SpVgg Fürth, 1954 Grasshopper-Club Zürich, 1955 FC Biel, 1956/57 Lausanne-Sports, 1957/58 Wacker Wien, 1959 Wiener AC, 1959/60 FC Bieberach.

Haifa, Israel, **1) Hapoel Haifa,** gegr. 1924; Spielkleidung: Rot/Schwarz/Weiß; Stadion: Kiryat Eliezer, 18 000 Plätze. – INTERNET: www.hapoel-haifa.org.il

Spieler (Auswahl): Z. Čajkovski. – **Trainer** (Auswahl): U. Klimaschefski.

2) Maccabi Haifa, gegr. 1919; Spielkleidung: Grün/Weiß/Grün-Weiß; Stadion: Kiryat Eliezer, 18 000 Plätze. – INTERNET: www.mhaifa.co.il

Hain, Mathias, dt. Torhüter, *31. Dezember 1972 Goslar (Niedersachsen); 1978–88 SV Schladen, 1988/89 FG Vienenburg, 1989–99 Eintracht Braunschweig, 1999/2000 SpVgg Greuther Fürth, 2000–06 Arminia Bielefeld; 82 Bundesligaspiele.

Haiti, Republik im Bereich der Westind. Inseln, 27 750 km², 7,528 Mio. Ew.; Verband: Fédération Haïtienne de Football, Abk. FHF, gegr. 1904, Sitz: Port-au-Prince; Mitglied der FIFA seit 1933, der CONCACAF seit 1957; Spielkleidung: Blau/Rot/Blau. – Erfolge: CONCACAF-Meister 1973.

Hajto, Tomasz, poln. Abwehrspieler, *16. Oktober 1972 Kraków (dt. Krakau); bis 1990 KS Halniak Makow Podhalanski, 1990 Goral Zywiec, 1991–93 Hutnik Kraków, 1993–97 Górnik Zabrze, 1997–2000 Duisburger SV, 2000–04 FC Schalke 04, 2004/05 1. FC Nürnberg, 2005 FC Southampton; 201 Bundesligaspiele (14 Tore); 50 Länderspiele (1996–2002).

Halata, Damian, dt. Trainer (seit 1972 dt. Staatsbürgerschaft), *8. August 1962 Świentochłowice (dt. Schwientochlowitz [Polen]); war Mittelfeldspieler: 1974–88 1. FC Magdeburg, 1988–92 1. FC Lokomotive Leipzig bzw. VfB Leipzig; 267 Oberligaspiele (68 Tore); 4 Länderspiele (1984–89). – Später Trainer: 1992–98 VfB Leipzig (Trainerassistent, wiederholt Interimstrainer, 1997/98 Cheftrainer), 1998–2001 1. FC Dynamo Dresden, 2002–06 ZFC Meuselwitz.

Halberstadt, Germania, eigtl. »VfB Germania Halberstadt« (Verein für Bewegungsspiele Germania Halberstadt), Deutschland (Sachsen-Anhalt), gegr. am 26. Oktober 1949 als BSG Reichsbahn Halberstadt, 1952–70 BSG Lokomotive Halberstadt, 1970–76 BSG Lokomotive-Vorwärts Halberstadt, 1976–89 BSG Lokomotive Halberstadt, 1989–91 SG Lokomotive-Germania Halberstadt, seitdem VfB Germania Halberstadt; Spielkleidung: Rot/Weiß/Weiß; Stadion: Friedensstadion, 6000 Plätze. – INTERNET: www.germaniahalberstadt.de

Spieler (Auswahl): U. Schulze – J. Sparwasser. – **Trainer** (Auswahl): F. Lieberam.

»Halbes«, Spiel auf ein Tor, d. h., das Spielgeschehen spielt sich fast ausschließlich in der Hälfte der unterlegenen Mannschaft ab.

Halbfeld, Bez. für die (gedachte) halbierte gegner. Spielfeldhäfte (etwa von der Mittellinie bis zur Mitte der Spielfeldhälfte), z. B. »einen Pass aus dem H.« schlagen.

Halbfinale, vorletzte Runde eines im K.-o.-System ausgetragenen Turnier- oder Pokalwettbewerbs, an dem in der Regel noch 4 Mannschaften (2 Spiele) beteiligt sind; setzt sich aus den Siegern des → Viertelfinals zusammen. Die beiden Halbfinalgewinner erreichen das Finale.

Halbfinale
Semifinal [engl.]
Demi-finale [frz.]
Semifinal [span.]
Semi-final [portugies.]
Semifinale [italien.]

Halblinker, svw. linker → Halbstürmer.

Halbprofi, ein → Nichtamateur ohne Lizenz, der zusätzlich einen Beruf ausübt.

Halbrechter, svw. rechter → Halbstürmer.

Halbserie, die Hälfte eines → Spieljahres, z. B. in Europa meist die Herbst- *(erste Serie)* und Frühjahrsserie *(zweite Serie)*.

Halbstürmer, frühere Bez. für die beiden zurückhängenden Stürmer im WM-System auf halbrechter (der *Halbrechte)* und halblinker (der *Halblinke)* Position; Rückennummern 8 und 10; heute würde man sie als (offensive) → Mittelfeldspieler bezeichnen.

Halbstürmer
Halbrechter
Inside right [engl.]
Intérieur droit [frz.]
Interior derecho [span.]
Médio-direito [portugies.]
Interno destro [italien.]
Halblinker
Inside left [engl.]
Intérieur gauche [frz.]
Interior izquierdo [span.]
Médio-esquerdo [portugies.]
Interno sinistro [italien.]

Halbzeit, 1) halbierte Spielzeit, wobei man zw. *erster* und (nach Seitenwechsel) *zweiter H.* unterscheidet; beträgt im Senioren- und Juniorenbereich je 45 min. Bei Verlängerung (z. B. in Pokalspielen) ist die Spielzeit mit 30 min festgelegt, also je H. 15 min. – **2)** Kurz-Bez. für → Halbzeitpause.

Halbzeitpause, Erholungspause für die Aktiven beider Mannschaften und für das Schiedsrichtertrio zw. den Halbzeiten, wobei die effektive H. (ohne eventuelle Wegstrecke) 5 min nicht überschreiten sollte, außer mit Zustimmung des Schiedsrichters. Während der H. kann der Schiedsrichter persönl. Strafen (»Gelb«, »Rot«) aussprechen.– Zw. den Halbzeiten der → Verlängerung ist keine H. vorgesehen, und das Spiel geht unmittelbar nach Seitenwechsel weiter.

Halle, Deutschland: → Halle (Saale).

Hallenfußball, Fußball auf überdachtem Spielfeld, besonders im Winterhalbjahr in der punktspielfreien Zeit ausgeübt; kein international verbindl. Regelwerk (nicht zu verwechseln mit → Futsal). Beliebt sind *Hallenturniere,* wobei die Ausmaße der Spielfläche etwa 30–50 m (Länge) und 15–25 m (Breite) betragen sollten (Spielzeit maximal 2 mal 15 min). Neben vielen anderen Abweichungen zum Regelwerk beim Großfeldfußball (Anzahl der Spieler, Schuhwerk, Einwurf, Freistoß usw.) ist erwähnenswert, dass die Abseitsregel aufgehoben ist. – 1988–2001 veranstaltete der Dt. Fußball-Bund (DFB) den DFB-Hallenpokal, ein stets am Jahresanfeng ausgetragenes (Endrunden-)Turnier (»Masters«) mit je 12 Männermannschaften, für das der Dt. Meister, der Vorjahressieger, der DFB-Pokal-Sieger und der Veranstalter »automatisch« qualifiziert waren. Die übrigen Teilnehmer (nur Bundesliga und Zweite Bundesliga) wurden in

DFB-Hallenpokal

1988	Bayer 05 Uerdingen
1989	SV Werder Bremen
1990	Borussia Dortmund
1991	Borussia Dortmund
1992	Borussia Dortmund
1993	1. FC Köln
1994	Bayer 04 Leverkusen
1995	Karlsruher SC
1996	TSV München 1860
1997	1. FC Kaiserslautern
1998	FC Hansa Rostock
1999	Borussia Dortmund
2000	SpVgg Greuther Fürth
2001	SpVgg Unterhaching

Helmut Haller

4 vorausgehenden Qualifikationsturnieren ermittelt. Gespielt wurde auf mit Quarzsand versetztem Kunststoffrasen.

Haller, Helmut, dt. Mittelfeldspieler (Halbstürmer), *21. Juli 1939 Augsburg; 1949–62 FC Augsburg, 1962–68 FC Bologna, 1968–73 Juventus Turin, 1973–76 FC Augsburg, 1976/77 BSV 07 Schwenningen, 1978/79 FC Augsburg; 33 Länderspiele (1958–70; 13 Tore); WM-Endrunde 1962, 1966, 1970; in Italien Fußballer des Jahres 1964. – Später Trainer: 1989 FC Augsburg, 1992 FC Chur.

Halle (Saale), Deutschland (Sachsen-Anhalt), **1) Hallescher FC** (Hallescher Fußballclub), Abk. **HFC,** gegr. 1900 als Hallescher FC Wacker, 1945 aufgelöst und als SG Halle-Glaucha neu gegr., 1948/49 SG Freiimfelde Halle, 1949 aufgelöst und als ZSG Union Halle neu gegr., 1950–54 BSG Turbine Halle, 1954–58 SC Chemie Halle-Leuna, 1958–66 SC Chemie Halle, 1966–91 Hallescher FC Chemie, seitdem Hallescher FC; DDR-Oberliga 1949–55, 1957/58, 1960–64, 1965–73, 1974–84, 1987–90, NOFV-Oberliga 1990/91; Spielkleidung: Rot-Weiß/Rot/Weiß; Stadion: Kurt-Wabbel-Stadion, 23 860 Plätze. – INTERNET: www.hallescher-fc.de

Spieler (Auswahl): B. Bransch – M. Gebhardt – S. Karl – L. Kurbjuweit – T. Lange – E. Mosert – N. Nachtweih – M. Riediger – C. Tiffert – R. Tretschok – K. Urbanczyk – O. Werkmeister– D. Wosz. – **Trainer** (Auswahl): J. Berger – O. Knefler – H. Krügel – L. Lindemann – R. Müller – H.-U. Thomale – K. Urbanczyk.

2) VfL Halle 96 (Verein für Leibesübungen 1896 Halle), gegr. am 1. Januar 1896 als Hallescher FC 1896, 1919–45 VfL 1896 Halle, 1945 aufgelöst und 1948 als BSG Empor Halle neu gegr., seit 1991 VfL Halle 96; Spielkleidung: Rot/Blau/Blau; Stadion: Stadion am Zoo, 8200 Plätze. – INTERNET: www.vflhalle96.de

Spieler (Auswahl): O. Werkmeister.

Halmstads BK (Halmstads Bollklubb), Schweden (Halmstad), gegr. 1914; Spielkleidung: Blau/Schwarz/Blau; Stadion: Örjans Vall, 18 000 Plätze. – NTERNET: www.halmstadsbk.se

Trainer (Auswahl): R. Hodgson.

Hälsingborg, Schweden: bis 1971 Bez. für **Helsingborg** (→ Helsingborgs IF).

Hamann, Dietmar, dt. Mittelfeldspieler, *27. August 1973 Waldsassen (Bayern); 1878–89 FC Wacker München, 1989–98 FC Bayern München, 1998/99 Newcastle United, 1999–2006 FC Liverpool; 106 Bundesligaspiele (6 Tore); 59 Länderspiele (seit 1997; 5 Tore); WM-Endrunde 1998, 2002; EM-Endrunde 2000, 2004. – Sein Bruder **Matthias H.** (*1968) war ebenfalls Mittelfeldspieler: 1994–96 1. FC Kaiserslautern, 1996–98 TSV München 1860; 59 Bundesligaspiele (2 Tore).

> **D. Hamann**
> »Ich habe keine muskulären Probleme, denn ich habe keine Muskeln.«

Hamar, Norwegen: → Ham-Kam.

Hamborn 07, Deutschland: → Duisburg [2].

Hamburg, Deutschland, **1) ASV Bergedorf 85** (Allgemeiner Sportverein Bergedorf von 1985), gegr. am 1. Januar 1895; Spielkleidung: Schwarz; Stadion: Sander Tannen, 12 000 Plätze. – INTERNET: www.bergedorf85.de

Spieler (Auswahl): N. Meier.

2) Concordia Hamburg, eigtl. »SC Concordia Hamburg« (Sportclub Concordia Hamburg), gegr. am 9. Mai 1907 als SC Concordia Wandsbek, seit 1937 SC Concordia Hamburg; Spielkleidung: Weiß-Rot/Schwarz/ Weiß-Rot; Stadion: Marienthal, 7000 Plätze. – INTERNET: www.cordifanclub.de (inoffiziell)

Spieler (Auswahl): F. Neubarth – P. Trochowski.

3) Eimsbütteler TV (Eimsbütteler Turnverband), gegr. am 12. Juni 1889 als Eimsbütteler Männerturnverein, seit 1898 Eimsbütteler Turnverband; Spielkleidung: Rot-Weiß/Rot/Rot; Stadion: Sportplatz Lokstedt, 2000 Plätze. – INTERNET: www.etv-hamburg.de

Spieler (Auswahl): H. Rohde – J. Scharping.

4) FC Altona 93, eigtl. »Altonaer FC Borussia 93« (Altonaer Fußballclub Borussia von 1893), gegr. am 28. Juli 1893 als Altonaer Cricketclub 1893, 1894–1919 Altonaer FC 93, 1919 Fusion mit Altonaer Turnerschaft 1880 zu VfL Altona, 1922 Auflösung der Fusion und bis 1937 Altonaer FC 93, 1937 Fusion mit SV Borussia 03 Altona-Bahrenfeld zu Altonaer FC Borussia 93; Spielkleidung: Schwarz-Weiß-Rot/Weiß/Schwarz-Weiß-Rot; Stadion: Adolf-Jäger-Kampfbahn, 6000 Plätze. – INTERNET: www.altona93.de

Spieler (Auswahl): A. Jäger – C. Rahn – H. Spundflasche. – **Trainer** (Auswahl): W. Reimann – H. Spundflasche.

5) FC St. Pauli (Fußballclub St. Pauli von 1910), gegr. am 15. Mai 1910 als Hamburg-St. Pauli TV, seit 1924 FC St. Pauli; Bundesliga 1977/78, 1988–91, 1995–97, 2001/02; Zweite Bundesliga 1984/85, 1986/88, 1991/92 (Nord), 1992–95, 1997–2001, 2002/03; Spielkleidung: Weiß/Braun/Braun-Weiß; Stadion: Millerntor-Stadion, 20 725 Plätze. – INTERNET: www.fcstpauli.de

Spieler (Auswahl): Z. Bajramovic – S. Blank – P. Caligiuri – D. Demuth – W. Dreßel – M. Driller – Fabian und Franz Gerber – H. Hieronymus – A.-J. Hjelm – B. Hollerbach – S. Karl – I. Knoflicek – J. Kocian – A. Meier – N. Meier – P. Nogly – N. Patschinski – C. Rahn – M. Rath – A. Reinke – M. Scherz – H. Schön – T. Sobotzik – P. Trochowski – H. Wohlers. – **Trainer** (Auswahl): D. Demuth – J. Eichkorn – D. Ferner – F. Gerber – E. Krautzun – U. Maslo – J. Piontek – W. Reimann – H. Schulte – H. Wohlers.

6) Hamburger SV (Hamburger Sport-Verein), Abk. **HSV,** gegr. am 29. September 1887 als Hamburger FC 1888, 1919 Fusion mit FC Falke 1906 Hamburg und SC Germania 1887 Hamburg zu Hamburger SV; Bundesliga 1963–2006; Spielkleidung: Weiß/Rot/Blau; Stadion: →AOL-Arena (früher: Volksparkstadion). – Internationale Erfolge: EC II 1977, EC I 1983. – INTERNET: www.hsv.de

Spieler (Auswahl): O. Addo – Ailton – J. Albertz – J. Andersen – R. Antar – T. Atouba – M. Babbel – A. Bade – S. Barbarez – K. Bäron – L. Bastrup – F. Beckenbauer – D. Beiersdorfer – U. Bein – S. Beinlich – O. Bierhoff – O. Björnmose – K. Boulahrouz – H.-J. Butt – R. Cardoso – F. Copado – M. Dahlin – T. Doll – B., F. und G. Dörfel – J. Dowe – F. Ernst – J. Ettmayer – J. Furtok – R. Golz – T. Gravesen – O. Harder – W. Hartwig – I. Hertzsch – V. Hleb – B. Hollerbach – P. Houbtchev – H. Hrubesch – D. Jakobs – D. Jarolim – J. Jensen – S. Jusufi – M. Kaltz – R. Kargus – K. Keegan – S. Kirjakov – S. Kmetsch – N. Kovač – B. Labbadia – C. R. Ledesma – Y. Letchkov – F.-W. Magath – M. Mahdavikia – M. Maltritz – A. Meier – E. Meijer – B. Möhlmann – H.-W. Moser – P. Nogly – M. Okonski – F. Ordenewitz – J. Peltonen – M. Pieckenhagen – J. und P. Posipal – R. Präger – C. Rahn – W. Reimann – F. Rohde – W. Rolff – B. Romeo – H. Salihamidzic – B. Schlicke – M. Schober – M. Schopp – W. Schulz – U. Seeler – J. Seitz – S. Henchoz – S. Schnoor – J. Simunic – H. Spörl – H. Spundflasche – D. Stendel – U. Stein – N. Takahara – S. Tøfting – P. Trochowski – R. van der Vaart – G. Volkert – T. von Heesen – H. Waas – S. Wächter – F. Weichert – M. Weißhaupt – J. Werner – R. Wicky – W. Wuttke – A. Yeboah – K. Zaczyk – S. Zaraté – A. Zeyer – R. Ziegler. – **Trainer** (Auswahl): E. Coordes – G. Gawliczek – R. Gutendorf – E. Hap-pel – G. Hochgesang – K. Klötzer – G. Knöpfle – F.-W. Magath – B. Möhlmann – F. Pagelsdorf – W. Reimann – A. Ristic – J. Skoblar – B. Zebec.

Frauenfußball (seit 1970): Bundesliga 1997/98, 2001/02, 2003–06; Spielkleidung: Weiß/Rot/Blau; Stadion: Wolfgang-Mayer-Sportplatz, 2000 Plätze.

7) HSV Barmbek-Uhlenhorst (Hamburger Sportverein Barmbek-Uhlenhorst), gegr. 1923; Spielkleidung: Gelb/Blau/Blau; Stadion: Rupprechtplatz, 5000 Plätze. – INTERNET: www.hsv-bu.de

Spieler (Auswahl): G. Dörfel.

8) Victoria Hamburg, eigtl. »SC Victoria Hamburg« (Sportclub Victoria Hamburg von 1895), gegr. am 5. Mai 1895; Spielkleidung: Gelb/Blau/Blau; Stadion: Hoheluft, 12 000 Plätze. – INTERNET: www.sc-victoria.de

Spieler (Auswahl): O. Harder – S. Effenberg.

Ham-Kam, Norwegen (Hamar), gegr. 1918 als Freidig Hamar, 1946 Fusion mit Hamar AIL zu Ham-Kam; Spielkleidung: Weiß/Grün/Weiß; Stadion: Briskeby Gressbane, 12 000 Plätze. – INTERNET: www.hamkam.nor

Spieler (Auswahl): T. Helstad.

Hamm, Mariel (»Mia«), US-amerikan. Mittelfeldspielerin, *17. März 1972 Selma (Alabama); 1989–94 Collegeteam der University of South Carolina, 1994–2004 Washington Freedom; 158 Länderspiele (1987–2004; 149 Tore); WM-

Endrunde 1991 (Weltmeisterin), 1995, 1999 (Weltmeisterin); olymp. Fußballturnier 1996 (Olympiasiegerin), 2000, 2004 (Olympiasiegerin); Weltfußballerin des Jahres 2001, 2002; in den USA Sportlerin des Jahres 1997 sowie Fußballerin des Jahres 1994, 1995, 1996, 1997, 1998.

Hammarby IF, Schweden: → Stockholm [3].

»Hammer« → Fußballerjargon.

Hampden Park, Glasgow; traditionelle Länderspielstätte des Schott. Fußballverbandes, Heimstätte von FC Queen's Park (→ Glasgow [2]); 1904 erbaut, heute 52 000 Plätze. Der H. P. ist berühmt-berüchtigt wegen des »Hampden Roar«, einer der lautstärksten Zuschauerkulissen überhaupt.

Hamrin, Kurt (»Kurre«), schwed. Angriffsspieler (Rechtsaußen), * 19. November 1934 Stockholm; 1949–56 AIK Solna, 1956/57 Juventus Turin, 1957/58 AC Padua, 1958–67 AC Florenz, 1967–69 AC Mailand, 1970/71 SSC Neapel, 1971 AC Caserta (Italien); 32 Länderspiele (1953–65); WM-Endrunde 1958.

Hamrun Spartans, eigtl. »Hamrun Spartans FC« (Hamrun Spartans Football Club), Malta (Hamrun), gegr. 1910 als Hamrun Spartans FC, 1918/19 Hamrun United, 1919–21 Hamrun Spartans FC, 1921/22 Hamrun Lions, seitdem wieder Hamrun Spartans FC; Spielkleidung: Rot/Schwarz/Schwarz; Stadion: Victor Tedesco, 6000 Plätze. – INTERNET: www.hamrunspartansfc.com

»Mia« Hamm

Hanappi, Gerhard, österr. Mittelfeldspieler, * 16. Februar 1929 Wien, † 23. August 1980 ebd.; 1940–50 Wacker Wien, 1951–64 Rapid Wien; 93 Länderspiele (1948–62; 12 Tore); WM-Endrunde 1954, 1958. – Als Architekt plante und baute er das 1981 nach ihm benannte Wiener Weststadion, die Heimstätte von Rapid Wien (→ Wien [4]).

Gerhard Hanappi

»Hand«, Kurz-Bez. für → Handspiel.

Handabwurf, Werfen des Balles zu einem Mitspieler durch den Torhüter, nachdem dieser den Ball unter Kontrolle gebracht hat; erfolgt aus dem Spielgeschehen heraus, analog zum Abschlag. Durch H. (meist auf die Außenpositionen) erreicht der Torhüter, dass der Ball zunächst in den eigenen Reihen bleibt (im Unterschied zum relativ unkontrolliert geschlagenen, wenn auch weiträumigeren Abschlag).

Handabwurf
Goal-throw [engl.]
Lancement [frz.]
Lanzamiento [span.]
Lançamento à mão [portugies.]
Lancio [italien.]

Handelfmeter, umgangssprachlich für Handstrafstoß (→ Strafstoß).

Handgeld, Lizenzfußball: Betrag, den ein Spieler von seinem neuen Verein bei Vereinswechsel erhält. Die Höhe des H. wird – im Gegensatz zur Ablösesumme – von den Beteiligten meist geheim gehalten.

Handspiel, verbotenes Spiel (Berühren, Aufhalten, Mitnehmen) des Balles durch einen Feldspieler mit der Hand oder dem (einschließlich Ober-)Arm; mit direktem Freistoß oder Strafstoß (im eigenen Strafraum) geahndet. *Absichtl. H.* liegt vor, wenn die Hand den Ball »sucht«, also die Hand zum Ball geht. Normalerweise wird ein Spieler wegen H. nicht verwarnt, es sei denn, er versucht, mit Hilfe der Hände ein Tor zu erzielen oder einen aussichtsreichen Angriffs zu unterbinden (kann auch zu »Rot« führen). Bei einer Torrettungsaktion ist dem fehlbaren Spieler sofort ein Feldverweis zu erteilen. *Unabsichtl. H.* liegt vor, wenn der Ball »zur Hand« geht (»angeschossene« bzw. »angesprungene« Hand). Hierzu gehört auch die *Schutzhand,* d.h. die Reflexbewegung des Spielers durch Hochreißen der schützenden Hände vor das Gesicht bzw. durch Schützen des Unterleibs. Hierbei muss jedoch der Ball – scharf und aus kurzer Distanz getreten – direkt auf ihn zukommen.

Handstrafstoß → Strafstoß.

Hänel, Erich, dt. Angriffsspieler (Mittelstürmer), *21. Oktober 1915 Hartha (Sachsen), †17. März 2003; 1922–30 Preußen Chemnitz, 1930–45 und 1948–50 BC Hartha, 1950–53 Bremer SV, 1953–58 VfB Oldenburg; 3 Länderspiele (1939; 1 Tor).

Hanke, Mike (eigtl. »Michael«), dt. Angriffsspieler, *5. November 1983 Hamm (Nordrhein-Westfalen); 1989–96 TuS Wiescherhöfen, 1996–99 Hammer SpVgg, 1999/2000 VfL Bochum, 2000–05 FC Schalke 04, 2005/06 VfL Wolfsburg; 70 Bundesligaspiele (10 Tore); 6 Länderspiele (1 Tor; seit 2005).

Hannes, Wilfried, dt. Abwehrspieler, *17. Mai 1957 Düren; bis 1975 Sportfreunde Düren und Düren 99, 1975–86 Borussia Mönchenladbach, 1986–88 FC Schalke 04; 309 Bundesligaspiele (62 Tore); 8 Länderspiele (1981/82); WM-Endrunde 1982 (nicht eingesetzt).

Hannover, Deutschland (Niedersachsen), **1) Arminia Hannover,** eigtl »SV Arminia Hannover« (Sportverein Arminia Hannover), gegr. 1910 als FC Arminia Hannover, 1911 Fusion mit dem Rugby-Klub Merkur Hannover zu SV Arminia-Merkur Hannover, 1920–45 SV Arminia Hannover, 1945 aufgelöst, als SV Bischofshol neu gegr. und im gleichen Jahr in Arminia Hannover umbenannt; Spiclklcidung: Blau/Anthrazit/Blau; Stadion: Staddion am Bischofsholer Damm, 20 000 Plätze. – INTERNET: www.arminiahannover.de

Spieler (Auswahl): B. Akrapovic – W. Dreßel – M. Krüger – W. Olk – J. Posipal – J. Stroh – K. Wunder. – **Trainer** (Auswahl): W. Biskup – G. Knöpfle – D. Schatzschneider.

2) Hannover 96, eigtl. »Hannoverscher SV 96« (Hannoverscher Sportverein von 1896), Abk. **HSV,** gegr. am 12. April 1896 als Hannoverscher FC 96, 1913 Fusion mit Hannovera 98 zu Hannover 96; Bundesliga 1964–74, 1975/76, 1985/86, 1987–89, 2002–06; Zweite Bundesliga 1981–85, 1986/87, 1989–91, 1991/92 (Nord), 1992–96, 1998–2002; Spielkleidung: Rot/Rot/Schwarz; Stadion: → AWD-Arena (früher: Niedersachsenstadion). – INTERNET: www.hannover96.de

Spieler (Auswahl): O. Addo – G. Asamoah – H. Balitsch – S. Barbarez – S. Blank – F. Bobic – T. Brdaric – V. But – C. Casey – T. Christiansen – D. Dammeier – R. Enke – F. Ernst – Fabian und Franz Gerber – V. Hashemian – D. Hecking – G. Hermann – J. Heynckes – S. Kehl – S. Kohn – K. Konstantinidis – N. Krupnikovic – W. Lorant – P. Mertesacker – R. Nafziger – F. Pagelsdorf – G. Popescu – W. Reimann – M. Rose – R. Schäfer – D. Schatzschneider – M. Schjönberg – S. Schröter – H. Siemensmeyer – L. Sippel – J. Simak – J. Sievers – J. Skoblar – J. Stajner – D. Stendel – M. Tarnat – G. Tremmel – R. Wallner – K. Wunder – R. Zobel. – **Trainer** (Auswahl): J. Berger – W. Biskup – H. Buhtz – Z. Cajkovski – E. Coordes – H. Ehrmantraut – R. Fanz – D. Ferner – F. Gerber – H. Johannsen – K. Klötzer – H. Kronsbein – M. Krüger – E. Lienen – P. Neururer – R. Rangnick – R. Saftig – R. Schafstall – H. Siemensmeyer – M. Slomka – E. Vogel.

Hanot, Gabriel, frz. Journalist, *6. November 1889 Arras, †10. August 1980; war Angriffsspieler (Linksaußen): US Tourcoing und ASF Perreux; 12 Länderspiele (1908–19; 3 Tore). – Organisator des Profifußballs in Frankreich; initiierte 1955 den Europapokal der Landesmeister und 1957 (mit P. → Delaunay) den Europapokal der Nationen (→ Europameisterschaft). 1956 fand zum ersten Mal die von H. initiierte Wahl »Europas Fußballer des Jahres« statt.

Hansen, 1) Bent, dän. Angriffsspieler, *13. September 1933, †8. März 2001; B 1903 Kopenhagen; 59 Länderspiele (1958–75); Europapokal der Nationen 1964; olymp. Fußballturnier 1960. – **2)** Johnny, dän. Abwehrspieler, *14. November 1943 Vejle; 1957–68 Vejle BK, 1968–70 1. FC Nürnberg, 1970–76 FC Bayern München, 1976–78 Vejle BK; 185 Bundesligaspiele (7 Tore); 45 Länderspiele (1965–78).

Happel, Ernst, österr. Trainer, *29. November 1925 Wien, †14. November 1992 Innsbruck; war Abwehrspieler: 1937–54 Rapid Wien, 1954–56 Racing Paris, 1956–59 Rapid Wien; 51 Länderspiele (1947–58; 5 Tore); WM-Endrunde 1954, 1958. – Später Trainer: 1959–62 Rapid Wien, 1962–68 ADO Den Haag, 1968–73 Feyenoord

Ernst Happel

Rotterdam, 1973–75 FC Sevilla, 1975–78 FC Brügge, 1978 Niederlande (Nationalmannschaft; WM-Endrunde 1978), 1979–81 Standard Lüttich, 1981–87 Hamburger SV, 1987–91 FC Swarovski Tirol, 1992 Österreich (Nationalmannschaft). – Ihm zu Ehren wurde 1993 das Wiener Praterstadion in → Ernst-Happel-Stadion umbenannt.

E. Happel: Erfolgsstationen (Auswahl)	
Rapid Wien	LM 1960
	PS 1961
ADO Den Haag	PS 1968
Feyenoord Rotterdam	LM 1969, 1971
	PS 1969
	EC I 1970
	Weltpokal 1970
FC Brügge	LM 1976, 1977, 1978
	PS 1977
Standard Lüttich	PS 1981
Hamburger SV	LM 1982, 1983
	PS 1987
	EC I 1983
FC Swarovski Tirol	LM 1989, 1990
	PS 1989

Harder, Otto, dt. Angriffsspieler (Mittelstürmer), *25. November 1892 Braunschweig, †4. März 1956 Hamburg-Barmbeck; 1901–10 Eintracht Braunschweig, 1910–30 Hamburger FC 1888 bzw. Hamburger SV, 1930–32 Victoria Hamburg; 15 Länderspiele (1914–26; 14 Tore); spielte repräsentativ für Norddeutschland und Hamburg.

O. Harder
Seit 1932 Mitglied der NSDAP, seit 1933 der SS, 1939 Wachmann im KZ Sachsenhausen in Oranienburg; befehligte 1944 als SS-Hauptscharführer das KZ Ahlem bei Hannover. Ein britisches Militärgericht verurteilte ihn 1947 als Kriegsverbrecher zu 15 Jahren Zuchthaus (vorzeitige Entlassung).

Hardwick, George, engl. Trainer, *2. Februar 1920 Saltburn (Yorkshire), †19. April 2004; war Abwehrspieler (Linksverteidiger): 1933–47 FC Middlesbrough; 12 Länderspiele. – Später Trainer: 1950–56 FC Oldham Athletic, 1957–59 PSV Eindhoven, 1959–61 Niederlande (Nationalmannschaft), 1964 FC Sunderland. – Ihm zu Ehren wurde 2000 im Middlesbrougher Stadion (»Cellnet Riverside St.«) eine Statue errichtet.

Hargreaves, Owen, engl. Mittelfeldspieler, *20. Januar 1981 Calgary (Kanada); 1994–97 Calgary Foothills, 1997–2006 FC Bayern München; 127 Bundesligaspiele (5 Tore); 29 Länderspiele (seit 2001); WM-Endrunde 2002; EM-Endrunde 2004.

Harpastum → Fußball (Geschichte).

Härte, energ. Zweikampfführung im Rahmen der Fairness (»hart, aber fair«); gekennzeichnet durch hohen körperl. Einsatz bei gleichzeitig eigener Härteverträglichkeit. – Als *schonungslose* oder *gnadenlose H.* bezeichnet man die H. an der Grenze des Erlaubten (oft darüber).

Hartha, BC (Ballspiel-Club Hartha), Sachsen, gegr. 1913, 1945 aufgelöst und als SG Hartha neu gegr., 1949–52 BSG Industrie Hartha, 1952–90 BSG Fortschritt Hartha, seitdem wieder BC Hartha; Spielkleidung: Gelb/Blau/Blau; Stadion: Industriestadion, 1000 Plätze.

Spieler (Auswahl): E. Hänel.

Hartmann, Michael, dt. Mitteleldspieler, *11. Juli 1974 Hennigsdorf (Brandenburg); 1981–87 FSV Borgsdorf, 1987–89 BSG Stahl Hennigsdorf, 1989–94 BSG Stahl bzw. BSV Brandenburg, 1994–2004 Hertha BSC, 2005/06 FC Hansa Rostock; 167 Bundesligaspiele (6 Tore); 4 Länderspiele (2003).

Hartplatz, Spielfläche ohne Rasen, mehrschichtig und wasserdurchlässig aufgebaut. Die Konstruktionsschichten (Filter-, Trag-, Zwischen-, Deckschicht) bestehen aus abgestuften mineral. Korngemischen, wobei insbesondere Splitt und Splittbrechsand aus witterungsbeständigem Naturstein verwendet werden. H. werden zunehmend durch Kunstrasenplätze (→ Kunstrasen) ersetzt.

Hartwig, William (»Jimmy«), dt. Mittelfeldspieler, *5. Oktober 1954 Offenbach am Main (Hessen); bis 1974 Kickers Offenbach und VfL Osnabrück, 1974–78 TSV München 1860, 1978–84 Hamburger SV, 1984/85 1. FC Köln, 1986 Casino Salzburg, 1986–88 FC Homburg; 244 Bundesligaspiele (63 Tore). – Später Trainer: 1990/91 FC Sachsen Leipzig.

Hasenhüttl, Ralph, österr. Angriffsspieler, *9. August 1967 Graz; 1986–89 Grazer AK, 1989–94 Austria Wien, 1994–96 Casino Salzburg, 1996/97 KV Mechelen, 1997/98 Lierse SK, 1998–2000 1. FC Köln, 2000–02 SpVgg Greuther Fürth, 2002–04 FC Bayern München II; 92 Zweitligaspiele (16 Tore); 8 Länderspiele (3 Tore; 1988–94). – Später Trainer: 2004–06 SpVgg Unterhaching (2004/05 Jugend, 2005/06 Trainerassistent).

Hashemian, Vahid, iran. Angriffsspieler, *21. Juli 1976 Teheran; 1992–99 Pas Club Teheran, 1999–2001 Hamburger SV, 2001–04 VfL Bochum,

2004/05 FC Bayern München, 2005/06 Hannover 96; 101 Bundesligaspiele (28 Tore); 25 Länderspiele (10 Tore).

Hasil, Franz, österr. Angriffsspieler, *28. Juli 1944 Wien; 1962–68 Rapid Wien, 1968/69 FC Schalke 04, 1969–73 Feyenoord Rotterdam, 1973–77 Austria Klagenfurt, 1977/78 Vienna Wien; 23 Bundesligaspiele (5 Tore); 21 Länderspiele (1963–74; 2 Tore).

Häßler, Thomas, war dt. Mittelfeldspieler, *30. Mai 1966 Berlin (West); 1972–81 Meteor 06 Berlin, 1981–83 Reinickendorfer Füchse, 1984–90 1. FC Köln, 1990/91 Juventus Turin, 1991–94 AS Rom, 1994–98 Karlsruher SC, 1998/99 Borussia Dortmund, 1999–2003 TSV München 1860, 2003/04 Wüstenrot Salzburg; 400 Bundesligaspiele (68 Tore); 101 Länderspiele (1988–2000; 11 Tore); WM-Endrunde 1990 (Weltmeister), 1994, 1998; EM-Endrunde 1992, 1996 (Europameister); olymp. Fußballturnier 1988; in der BRD Fußballer des Jahres 1989, in Deutschland Fußballer des Jahres 1992.

Thomas Häßler

T. Häßler
»Eine Drehung mehr, und ich wäre im Rasen verschwunden.«

Hattrick [engl., »Huttrick«], das Erzielen von 3 Toren hintereinander in einem Spiel oder Spielabschnitt in ununterbrochener Folge durch ein und denselben Spieler. Man unterscheidet demzufolge H. innerhalb eines Spiels und H. innerhalb einer Halbzeit (umgangssprachlich auch »echter H. genannt«); darüber hinaus: H. in der Verlängerung (also ohne Übernahme von Toren aus der regulären Spielzeit). – Nicht einbezogen werden Tore bei eventuellem Strafstoßschießen.

Hauptmann, Ralf, dt. Mittelfeldspieler, *20. September 1968 Eberswalde (Brandenburg); 1975–81 BSG Stahl Riesa, 1981–93 SG bzw. 1. FC Dynamo Dresden, 1993–2001 1. FC Köln, 2001–03 Chemnitzer FC; 60 (DDR-)Oberligaspiele (5 Tore); 4 Länderspiele für die DDR (1989/90); 205 Bundesligaspiele (5 Tore). – Sein Vater **Reinhard H.** (*1947), war Abwehrspieler: 1964–66 BSG Chemie Leipzig, 1971–84 BSG Stahl Riesa; 201 Oberligaspiele (22 Tore).

»Hau-ruck-Fußball«, primitive, system- und zusammenhanglose »Spielweise«, bevorzugt von Bolzern und Plauzern; Fußball auf niedrigster Ebene, der an dessen Anfänge im Mittelalter erinnert. Die histor. Version des »H.« ist das → Kick-and-rush.

Havelange, João, eigtl. »Jean-Marie Faustin Godefroid de Havelange«, brasilian. Funktionär (Dr.), *8. Mai 1916 Rio de Janeiro; 1974–98 FIFA-Präsident (Vorgänger: Sir S. → Rous, Nachfolger: J. → Blatter); startete 1936 in Berlin bei den Olymp. Spielen für die USA als Schwimmer.

J. Havelange: Präsidialzeit
1976 olympisches Fußballturnier
1978 WM-Endrunde
1980 olympisches Fußballturnier
1982 WM-Endrunde
1984 olympisches Fußballturnier
1986 WM-Endrunde
1988 olympisches Fußballturnier
1990 WM-Endrunde
1992 olympisches Fußballturnier
1994 WM-Endrunde
1996 olympisches Fußballturnier
1998 WM-Endrunde

Havelse, TSV (Turn- und Sportverein Havelse), Deutschland (Niedersachsen); gegr. 1912 als »Pelikan« Havelse, 1933–45 TSV Havelse (1945 aufgelöst und unter dem gleichen Namen neu gegr.); Zweite Bundesliga 1990/91; Spielkleidung: Rot; Stadion: Wilhelm-Langrehr-Stadion, 45 000 Plätze. – INTERNET: www.tsv-havelse.de

Spieler (Auswahl): V. Finke – F. Pagelsdorf – H. Siemensmeyer – J. Todt. – **Trainer** (Auswahl): V. Finke – H. Siemensmeyer – R. Worm.

Havenstein, Klaus, dt. Angriffsspieler, *15. Juni 1949 Belgershain (bei Leipzig); 1971/72 BSG Chemie Böhlen, 1972/73 BSG Motor Grimma, 1973/74 ASG Vorwärts Löbau, 1974–87 BSG Chemie Böhlen; 92 Oberligaspiele (55 Tore); Oberliga-Torschützenkönig 1978 (15). – Später Trainer: 1991–98 Otterwischer SV (Spielertrainer), 1998–2003 SV Klinga/Ammelshain, 2003–06 Bornaer SV.

Haynes, John Norman (»Johnny«), engl. Angriffsspieler, *17. Oktober 1934 Kentish Town, †18. Oktober 2005 Edinburgh; 1952–70 FC Fulham; 56 Länderspiele (1955–62; 18 Tore); WM-Endrunde 1954, 1958, 1962.

Heart of Midlothian, Schottland: → Edinburgh [1].

Hearts of Oak SC, Ghana: → Accra [2].

»Heber«, (an-)gelupfter Ball (→»Lupfen«).

Hebestreit, Ronny, dt. Angriffsspieler, *9. Januar 1975 Erfurt; bis 1994 BSG Lokomotive Erfurt und SSV Erfurt-Nord, 1994–98 FC Rot-Weiß Erfurt, 1998–2000 FC Bayern München, 2000–06 FC Rot-Weiß Erfurt; 27 Zweitligaspiele (2 Tore).

Hecht(flug)kopfball, svw. → Flugkopfball.

Hechtsprung, svw. → Flugparade.

Hecking, Dieter, dt. Trainer, *12. September 1964 Castrop-Rauxel (Nordrhein-Westfalen); war Mittelfeldspieler: bis 1983 Westfalia Soest, Soester SV, Borussia Lippstadt und 1. FC Paderborn, 1983–85 Borussia Mönchengladbach, 1985–90 Hessen Kassel, 1990–92 Waldhof Mannheim, 1992–94 VfB Leipzig, 1994–96 TuS Paderborn-Neuhaus, 1996–99 Hannover 96, 1999/2000 Eintracht Braunschweig; 36 Bundesligaspiele. – Später Trainer: 2000/01 SC Ferl, 2001–04 VfB Lübeck, 2004–06 Alemannia Aachen.

Heerenveen, SC (Sport Club Heerenveen), Niederlande, gegr. 1920 als VV Heerenveen, seit 1977 SC Heerenveen; Spielkleidung: Blau/Weiß/Weiß; Stadion: Abe-Lenstra-Stadion, 14 400 Plätze. – INTERNET: www.sc-heerenveen.nl

Spieler (Auswahl): D. Jensen – K. Kist – A. Lenstra – J. Tomasson – R. van Nistelrooy.

Heese, Horst, dt. Trainer, *31. Dezember 1943 Eupen (Prov. Lüttich); war Angriffsspieler: u. a. 1969–72 Eintracht Frankfurt, 1972–74 Hamurger SV; 149 Bundesligaspiele (38 Tore). – Später Trainer: 1980/81 1. FC Nürnberg, 1992/93 Eintracht Frankfurt, 1988–92 und 2003–06 Malta (Nationalmannschaft).

Heesen, T. von →von Heesen, T.

Heidenheimer SB, eigtl. »Heidenheimer SB 1846« (Heidenheimer Sportbund 1846), Deutschland (Heidenheim [Baden-Württemberg]), gegr.1846 als TV Heidenheim, 1922 Ausgliederung der Fußballabteilung als VfR Heidenheim, 1936–71 VfL Heidenheim, 1971 Fusion mit TSB Heidenheim zu Heidenheimer SB 1846; Spielkleidung: Rot/Blau/Blau; Stadion: Albstadion, 6000 Plätze. – INTERNET: www.hsb1846.de

Spieler (Auswahl): A. und M. Zeyer.

Heidrich, Steffen, dt. Mittelfeldspieler, *19. Juli 1967 Erlabrunn (Sachsen); bis 1985 SV Beierfeld, 1985–93 FC Karl-Marx-Stadt bzw. Chemnitzer FC, 1993–98 VfB Leipzig, 1998–2001 FC Energie Cottbus, 2001–05 1. FC Dynamo Dresden; 121 (DDR-)Oberligaspiele (31 Tore); 1 Länderspiel für die DDR (1990); 32 Bundesligaspiele (4 Tore). – Später Teammanager: 2005/06 1. FC Dynamo Dresden.

Heike Rheine, FFC, Deutschland: → Rheine [2].

Heilbronn, VfR (Verein für Rasenspiele Heilbronn), Baden-Württemberg, gegr. 1896 als Heilbronner FC, 1901 Anschluss von Schüler FC Heilbronn, 1903 Fusion mit Württemberger FC Heilbronn und FC Amicitia Heilbronn zu Heilbronner FG, 1907 Fusion mit Adler Heilbronn zu Heilbronner FV, 1920–32 VfR 1896 Heilbronn, 1932 aufgelöst und als SV Heilbronn neu gegr., seit 1941 VfR 1896 Heilbronn; Spielkleidung: Weiß/Schwarz/Weiß; Stadion: Frankenstadion, 17 285 Plätze. – INTERNET: www.vfr-heilbronn.de

Spieler (Auswahl): O. Knefler – M. und T. Maric – U. Rapolder – D. Weise. – **Trainer** (Auswahl): D. Weise.

Heimann, Karl-Heinz, dt. Journalist, *20. Dezember 1924 Oestrich (Nordrhein-Westfalen); war Mittelfeldspieler: 1936–40 Germania Segefeld (Falkensee) und VfL Nauen, 1940–42 Spandauer SV, 1950/51 TSV Detmold. – Später Journalist: 1950/51 »Aachener Nachrichten«, seit 1952 beim »kicker«, bis 1988 Chefredakteur (Nachfolger: R. →Holzschuh), seit 1989 »kicker«-Herausgeber (wöchentl. Kolumne: »SCHEINWERFER«).

> **K.-H. Heimann**
> »Kein Schiedsrichter macht im Spiel mehr Fehler als die Mehrzahl der Spieler.«

»Heimkomplex«, gehemmte Spielweise einer Mannschaft bei den Heimspielen; kann begründet sein im psycholog. Bereich (»Erwartungsdruck« des eigenen Anhangs; dadurch ängstl. und verkrampfte Spielweise, Nervosität) oder im Übereifer und damit im takt. Fehlverhalten (blindlings anrennen und dabei die Abwehr vernachlässigen). →»Auswärtskomplex«.

»Heimnimbus«, Ansehen und Glanz, den eine Mannschaft dadurch erworben hat, dass sie seit geraumer Zeit auf eigenem Platz unbesiegt geblieben ist.

Heimrecht, die Berechtigung, ein Spiel auf auf eigenem Platz auszutragen.

»Heimschiedsrichter«, umgangssprachl. Bez. für einen Schiedsrichter, der (angeblich) wiederholt oder ständig die Heimmannschaften mit seinen Entscheidungen bevorteilt. Es obliegt der jeweiligen Schiedsrichterkommission eines Verbandes, dafür zu sorgen, dass diesbezügl. Tendenzen unterbunden werden. In früheren Jahrenn hin und wieder anzutreffen, sind »H.« heute weitestgehend kein Thema mehr.

»Heimserie«, bemerkenswert lange Erfolgsserie vor heim. Publikum ohne Niederlage, so z. B. FC Bayern München (vom 11. März 1970–28. September 1974 in 73 Heimspielen 266:74 Tore und 135:11 Punkte) und Berliner FC Dynamo (vom 5. November 1977–28. Februar 1981 in 43 Heimspielen 150:23 Tore und 83:3 Punkte).

Heimstärke, besonders ausgeprägte Spielstärke einer Mannschaft vor eigener Kulisse, die von den Gegnern gefürchtet ist und die Heimmannschaft als »Macht« darstellen lässt. Ein begeisterungsfähiges Publikum, die Eigenheit der Platzanlage und ähnl. Faktoren können hierbei eine Rolle spielen.

Heimvorteil, bei Hin- und Rückspielen (besonders im Pokalwettbewerb) verwendeter Begriff, der das Heimspiel als Vorteil für die gastgebende (Heim-)Mannschaft beinhaltet. Die Praxis besagt, dass bei der Auslosung der Pokalbegegnungen die meisten Mannschaften darauf hoffen, erst im Rückspiel H. zu besitzen, um diesen bei der endgültigen Entscheidung, im zweiten Spiel, wirksam werden zu lassen.

Heine, Werner, dt. Abwehrspieler (Stopper), *14. August 1935 Roßleben (Sachsen-Anhalt); 1943–51 SG bzw. BSG Aktivist Roßleben, 1952/53 BSG Aktivist Nebra, 1953–55 SC DHfK Leipzig, 1955–66 Berliner FC Dynamo, 1966/67 1. FC Union Berlin; 210 Oberligaspiele (15 Tore); 29 Länderspiele (1958–64; 2 Tore). – Später Trainer 1967–71 1. FC Union Berlin, 1970–75 BSG Wismut Aue (Trainerassistent), 1975–84 BSG Motor Wildau, 1984/85 BSG Stahl Hennigsdorf.

Heinen, Dirk, dt. Torhüter; *3. Dezember 1970 Köln; bis 1981 Rot-Weiß Zollstock, 1981–99 Bayer 04 Leverkusen, 2000–02 Eintracht Frankfurt, 2002/03 Denizlispor, 2004–06 VfB Stuttgart; 155 Bundesligaspiele.

> **D. Heinen**
> »Wenn du unten stehst, greifst du an solchen Bällen vorbei.«

Heinrich, Jörg, dt. Mittelfeldspieler, * 6. Dezember 1969 Rathenow; Mittelfeldspieler; 1977–82 BSG Motor Rathenow, 1982–84 FC Vorwärts Frankfurt (Oder), 1984–89 BSG Motor Rathenow, 1989/90 BSG Chemie Velten, 1990–94 Kickers Emden, 1994–96 SC Freiburg, 1996–98 Borussia Dortmund, 1998–2000 AC Florenz, 2000–03 Borussia Dortmund, 2003/04 1. FC Köln, 2004/05 Ludwigsfelder FC, 2005 1. FC Union Berlin; 205 Bundesligaspiele (24 Tore); 37 Länderspiele (1995–2002; 2 Tore); WM-Endrunde 1998.

Heinsch, Jürgen, dt. Torhüter, *4. Juli 1940 Lübeck; 1955–72 SC Empor bzw. FC Hansa Rostock; 176 Oberligaspiele; 7 Länderspiele (1963–65); olymp. Fußballturnier 1964. – Später Trainer: 1978/79, 1982–85 und 1993/94 FC Hansa Rostock.

Heintze, Jan, dän. Abwehrspieler, *17. August 1963; 1982–94 PSV Eindhoven, 1994–96 KFC Uerdingen, 1996–99 Bayer 04 Leverkusen, 1999–2003 PSV Eindhoven; 140 Bundesligaspiele (8 Tore); 86 Länderspiele; WM-Endrunde 1998, 2002; EM-Endrunde 1988, 2000.

Heinz, Marek, tschech. Angriffsspieler, *4. August 1977 Olomouc (dt. Olmütz); 1985/86 Sigma Hodolany, 1986/87 Sokol Holice, 1987–91 Lokomotive Olomouc, 1991–97 Sigma Olomouc, 1997 Atlantic Lazne Bohdanec, 1997–2000 Sigma Olomouc, 2000–03 Hamburger SV, 2003 Arminia Bielefeld, 2003/04 Banik Ostrava, 2004/05 Borussia Mönchengladbach, 2005/06 Galatasaray Istanbul; 89 Bundesligaspiele (6 Tore); 18 Länderspiele (3 Tore); EM-Endrunde 2004; olymp. Fußballturnier 2000.

Heisserer, Oscar, frz. Mittelfeldspieler, *18. Juli 1914 Schirrhein, †7. Oktober 2004 Straßburg; bis 1934 FC Bischwiller, 1934–38 RC Straßburg, 1938–49 Racing Paris; 24 Länderspiele (1936–48; 8 Tore); WM-Endrunde 1938.

Helbig, Sebastian, dt. Angriffsspieler, *25. April 1977 Gotha; bis 1988 FSV Dreigleichen Mühlberg, 1988/89 BSG Motor Gotha, 1989–95 FC Rot-Weiß Erfurt, 1995–98 Bayer 04 Leverkusen, 1998–2002 FC Energie Cottbus, 2003 1. FC Köln, 2004 SpVgg Unterhaching, 2005/06 FC Erzgebirge Aue; 65 Bundesligaspiele (8 Tore).

Held, Sigfried (»Siggi«), dt. Trainer, *7. August 1942 Freudenthal (Sudetenland [heute Tschech. Republik]); war Angriffsspieler: 1952–63 TV Marktheidenfeld, 1963–65 Kickers Offenbach, 1965–71 Borussia Dortmund, 1972–76 Kickers Offenbach, 1977–79 Borussia Dortmund, 1979 Preußen Münster, 1979–81 Bayer 05 Uerdingen; 422 Bundesligaspiele (72 Tore); 41 Länderspiele (1966–73; 5 Tore); WM-Endrunde 1966, 1970. – Später Trainer: 1981–83 FC Schalke 04, 1984 BV 08 Lüttringhausen, 1986–89 Island (Natio-

»Siggi« Held

nalmannschaft), 1989/90 Galatasaray Istanbul, 1991–93 FC Admira-Wacker Wien, 1993/94 1. FC Dynamo Dresden, 1994/95 Gamba Osaka, 1996/97 VfB Leipzig, 1999/2000 Ägypten (Olympiaauswahl), 2001–03 Malta (Nationalmannschaft), 2004/05 Thailand (Nationalmannschaft).

Heldt, Horst, dt. Mittelfeldspieler, * 9. Dezember 1969 Königswinter (Nordrhein-Westfalen), 1975–86 SG Königswinter, 1986/87 FV Bad Honnef, 1987–95 1. FC Köln, 1995–99 TSV München 1860, 1999–2001 Eintracht Frankfurt, 2001/02 Sturm Graz, 2003–05 VfB Stuttgart; 359 Bundesligaspiele (36 Tore); 2 Länderspiele (1999). – Später Sportdirektor: 2006 VfB Stuttgart.

Helguera, Iván, span. Mittelfeldspieler, * 28. März 1975 Santander, bis 1995 Racing Santander, 1995/96 CD Manchego, 1997 Albacete Balompié, 1997/98 AS Rom, 1998/99 Espanyol Barcelona, 1999–2006 Real Madrid; 47 Länderspiele (seit 1998); WM-Endrunde 2002; EM-Endrunde 2000, 2004.

Hellström, Ronnie Carl, schwed. Torhüter, * 21. Februar 1949 Malmö; 1966–74 Hammarby IF, 1974–84 1. FC Kaiserslautern, 1984/85 Hammarby IF; 266 Bundesligaspiele; 77 Länderspiele (1968–80); WM-Endrunde 1970, 1974, 1978; in Schweden Fußballer des Jahres 1971, 1978. – Später (Torhüter-)Trainer: 1985 Hammarby IF, 1986/87 Väsby IK, 1988–90 GIF Sundsvall, 1991–93 Schweden (Nationalmannschaft). – Sein Sohn **Erland H.** (* 1980) ist ebenfalls Torhüter: 2003–06 Assyriska FF.

Helmer, Thomas, dt. Abwehrspieler, * 21. April 1965 Herford (Nordrhein-Westfalen); 1972–84 SC, TuS und Post SG Salzuflen, 1984–86 Arminia Bielefeld, 1986–92 Borussia Dortmund, 1992–99 FC Bayern München, 1999 FC Sunderland und Hertha BSC, 2000 FC Sunderland; 390 Bundesligaspiele (41 Tore); 68 Länderspiele (1990–98; 5 Tore); WM-Endrunde 1994, 1998; EM-Endrunde 1992, 1996 (Europameister).

Helsingborgs IF (Helsingborgs Idrottsförening), Schweden (Helsingborg), gegr. 1907; Spielkleidung: Rot/Blau/Rot; Stadion: Olympia, 16 673 Plätze. – INTERNET: www.hif.se

Spieler (Auswahl): M. Arvidsson – J. Eriksson – A. Jakobsson – H. Larsson – R. Nilsson – R. Prica.

Helsinki, Finnland, **1) HJK Helsinki** (Helsingin Jalkapalloklubi Helsinki), gegr. 1907; Spielkleidung: Blau-Weiß/ Blau-Weiß/ Blau-Weiß; Stadion: Finnair Stadium, 10 766 Plätze. – INTERNET: www.hjk.fi

Spieler (Auswahl): M. Forssell – J. Litmanen – P. Rautiainen.

2) Jokerit Helsinki, eigtl. »FC Jokerit Helsinki« (Football Club Jokerit Helsinki), gegr. 1935 als Helsinki PK-35, seit 1999 FC Jokerit Helsinki; Spielkleidung: Rot/Schwarz/Rot; Stadion: Finnair Stadium, 10 766 Plätze. – INTERNET: www.jokerit.com

Trainer (Auswahl): P. Rautiainen.

Helveg, Thomas, dän. Abwehrspieler, * 24. Juni 1971 Odense; bis 1993 Odense BK, 1993–98 Udinese Calcio, 1998–2003 AC Mailand, 2003/04 Inter Mailand, 2004/05 Norwich City, 2005/06 Borussia Mönchengladbach; 95 Länderspiele (2 Tore); WM-Endrunde 1998, 2002; EM-Endrunde 1996, 2000, 2004.

Hempel, Walter, dt. Abwehrspieler, * 12. August 1887 Leipzig, † 10. Januar 1940; 1900–23 FC Sportfreunde Leipzig; 11 Länderspiele (1908–12); olymp. Fußballturnier 1912.

Thierry Henry

Henchoz, Stéphane, schweizer. Abwehrspieler, *7. September 1974 Billens (Kt. Fribourg); bis 1988 FC Stade Payerne, 1988–91 FC Bulle, 1991–95 Xamax Neuchâtel, 1995–97 Hamburger SV, 1997–99 Blackburn Rovers, 1999–2004 FC Liverpool, 2005 Celtic Glasgow, 2005/06 Wigan Athletic (England); 49 Bundesligaspiele (2 Tore); 72 Länderspiele; EM-Endrunde 1996, 2004.

Henke, Michael, dt. Trainer, *27. April 1957 Büren (Nordrhein-Westfalen); war Mittelfeldspieler: 1964–75 SV Büren, 1975–78 1. FC Paderborn, 1978–80 Teutonia Lippstadt, 1980–83 SG Wattenscheid 09, 1983–86 TuS Paderborn-Neuhaus, 1986–88 FC Gütersloh; 69 Zweitligaspiele (1 Tor). – Später Trainer: 1988/89 FC Gütersloh, 1989–98 Borussia Dortmund (Trainerassistent), 1998–2004 FC Bayern München (Trainerassistent), 2005 1. FC Kaiserslautern.

Henry, Thierry, frz. Angriffsspieler, *17. August 1977 Les Ulis (zu Paris); bis 1993 Les Ulis und Viry-Châtillon, 1993–98 AS Monaco, 1999 Juventus Turin, 1999–2006 FC Arsenal; 74 Länderspiele (seit 1997; 30 Tore); WM-Endrunde 1998 (Weltmeister), 2002; EM-Endrunde 2000 (Europameister), 2004; Europas Torschützenkönig 2004 (30), 2005 (25, mit D. Forlán); in Frankreich Fußballer des Jahres 2000, 2003, 2004, in England Fußballer des Jahres 2003, 2004.

> **T. Henry**
> »Manchmal muss man im Fußball auch mal ein Tor schießen.«

»Henry-Delaunay-Coupe«, der »Europapokal der Nationen« (→ Europameisterschaft).

Herauslaufen, Verlassen des Tores durch den Torhüter im richtigen Moment bei sich anbahnender akuter Torgefahr, um in Ballbesitz zu gelangen bzw. den Ball aus der »Gefahrenzone« wegzubefördern; wichtiges Kriterium der → Strafraumbeherrschung. Das H. ist insbesondere wichtig bei Alleingängen des Gegners, weil der Torhüter damit die ungedeckte Torfläche für den Angreifer verringert. Unmotiviertes H. führt in der Regel dazu, dass der Torhüter leicht überwunden (umspielt) wird.

Herausstellung, svw. → Feldverweis.

Heraustreten, takt. Mittel der engeren Abwehr (Abwehrkette), um eine Abseitsfalle aufzubauen; muss schnell erfolgen.

Herberger, Josef (»Sepp[l]«), dt. Trainer, *28. März 1897 Mannheim, †28. April 1977 Weinheim (Baden-Württemberg); war Angriffsspieler: 1907–24 Waldhof Mannheim, 1924/25 VfR Mannheim, 1925–30 Tennis Borussia; 3 Länderspiele (1921–25; 2 Tore). – Später Trainer: 1930–36 Westdt. Fußballverband und DFB (Nationalmannschaft [Trainerassistent]), 1936–42 und 1950–64 DFB-Nationalmannschaft (WM-Endrunde 1954 [Weltmeister], 1958). Sein Vorgänger war O. → Nerz, sein Nachfolger wurde H. → Schön. Nach H. wurde das Weinheimer Fußballstadion benannt (→ Weinheim, TSG). Im Januar 2005 enthüllte man im Mannheimer »Congress Center Rosengarten« eine Bronzebüste des Trainers. Vom DFB wurde 1976 die → »Seppl-Herberger-Stiftung« ins Leben gerufen.

»Seppl« Herberger

> **»Seppl« Herberger**
> »Ein Spiel dauert 90 Minuten.«
> »Der Ball ist rund und das Spiel dauert 90 Minuten.«
> »11 Freunde müsst ihr sein.«
> «Der nächste Gegner ist immer der schwerste.«
> »Nach dem Spiel ist vor dem Spiel.«
> »Fußball ist deshalb so spannend, weil niemand weiß, wie das Spiel ausgeht.«
> »Ich habe noch nie gesehen, dass ein Billardspieler immer um den Billardtisch rennt. Aber ich habe schon Generationen von Fußballspielern um den Platz laufen sehen.«
> »Die Leute gehen zum Fußball, weil sie nicht wissen, wie es ausgeht.«
> »Der schnellste Spieler ist der Ball.«

Herbin, Robert, Frankreich, frz. Trainer, *30. März 1939 Paris; war Abwehrspieler (Mittelläufer): 1953–57 Cavigal Nizza, 1957–71 AS St.-Étienne; 23 Länderspiele (1960–68); WM-Endrunde 1966; Europapokal der Nationen 1960. – Später Trainer: bis 1992 AS St.-Étienne, Olympique Lyon, Ar-Riad und RC Straßburg, 1992/93 AS Red Star 93 Vannes.

»Herbstmeister«, inoffizieller Titel für diejenige Mannschaft, die nach Abschluss der ersten Halbserie (der Hin- oder Herbstrunde) die Tabelle anführt. – In Ländern, wo die Saison mit dem Kalenderjahr abgeschlossen wird, gibt es keinen »H.«, allenfalls einen »Sommermeister«.

Herbstrunde, in Mitteleuropa svw. Hinrunde (→ Spieljahr).

Herfølge BK (Herfølge Boldklub), Dänemark, gegr. 1921; Spielkleidung: Gelb-Blau/Blau/Gelb-Blau; Stadion: Herfølge Stadion, 8000 Plätze. – INTERNET: www.hb.dk

Spieler (Auswahl): T. Christiansen – J. Jensen.

Hergesell, Helmut, dt. Funktionär (Dr.), *22. Oktober 1941 München; war Abwehrspieler: 1952–63 BSG Einheit Greifswald, 1963–72 SC Empor Rostock bzw. FC Hansa Rostock; 200 Oberligaspiele (17 Tore). – Später Trainer (1973–79 FC Hansa Rostock [1975–79 Cheftrainer]) und (bis 2005) Vizepräsident des FC Hansa Rostock.

Herget, Matthias, dt. Mittelfeldspieler, *14. November 1955 Annaberg-Buchholz (Sachsen); 1969–76 Eintracht Gelsenkirchen, 1976–78 VfL Bochum, 1978–82 Rot-Weiss Essen, 1983–89 Bayer 05 Uerdingen, 1989/90 FC Schalke 04; 237 Bundesligaspiele (26 Tore); 39 Länderspiele (1983–88; 4 Tore); WM-Endrunde 1986; EM-Endrunde 1988.

Herkenrath, Fritz, dt. Torhüter, *9. September 1928 Delbrück; 1936–45 TV Delbrück, 1945–51 Preußen Delbrück, 1951/52 1. FC Köln, 1952–62 Rot-Weiss Essen; 21 Länderspiele (1954–58); WM-Endrunde 1958.

Herlovsen, Kai-Erik, norweg. Mittelfeldspieler, *25. September 1959 Frederikstad; 1969–82 FK Frederikstad, 1982–86 Borussia Mönchengladbach, 1986 FK Frederikstad, 1987–90 Borussia Mönchengladbach; 118 Bundesligaspiele (3 Tore); 29 Länderspiele; in Norwegen Fußballer des Jahres 1985.

Hermann, 1) Günter (»Jimmy«), dt. Mittelfeldspieler, *5. Dezember 1960 Rehburg-Loccum (Niedersachsen); 1966–75 RSV Rehburg-Loccum, 1975–78 FC Stadthagen, 1978/79 RSV Rehburg-Loccum, 1979–92 SV Werder Bremen, 1992/93 SG Wattenscheid 09, 1993–96 Hannover 96; 262 Bundesligaspiele (8 Tore); 2 Länderspiele (1988, 1990); Weltmeister 1990 (nicht eingesetzt). – **2)** Heinz, schweizer. Mittelfeldspieler, *28. März 1958 Zürich; bis 1977 FC Seefeld Zürich, 1977–85 Grasshopper-Club Zürich, 1985–89 Xamax Neuchâtel, 1989–92 Servette Genf, 1992/93 Xamax Neuchatel; 117 Länderspiele (1978–91; 15 Tore); in der Schweiz Fußballer des Jahres 1984, 1985 (mit R. Osterwalder), 1986, 1987, 1988. – Später Trainer: bis 2004 SR Delémont und Waldhof Mannheim (Trainerassistent), 2004–06 FC Basel (Nachwuchs).

Hermel, Lars, dt. Abwehrspieler, *28. September 1970 Karl-Marx-Stadt (heute: Chemnitz); bis 1981 BSG Lokomotive Karl-Marx-Stadt, 1981–89 FC Karl-Marx-Stadt; 1990 BSG Motor Fritz Heckert Karl-Marx-Stadt, 1990–98 FSV Zwickau, 1998–2006 SC Freiburg; 2 (DDR-)Oberligaspiele; 103 Bundesligaspiele.

Herne, Deutschland (Nordrhein-Westfalen), **1) SV Sodingen,** eigtl. »SV Sodingen 1912« (Sportverein Sodingen 1912), Herne-Sodingen, gegr. am 14 September 1912; Spielkleidung: Grün/Schwarz/Schwarz; Stadion: Glück-Auf-Stadion, 12 000 Plätze. – INTERNET: www.fsv-sodingen.de

Spieler (Auswahl): H. Benthaus – H. Cieslarczyk. – **Trainer** (Auswahl): R. Gebhardt – H.-W. Moser – H. Widmayer.

2) Westfalia Herne, eigtl. »SC Westfalia Herne« (Sportclub Westfalia Herne), gegr. am 17. Juni 1904 als FC Herne, 1905–30 SC Westfalia Herne, 1930 Anschluss von Fortuna Herne, 1977–79 SC Westfalia Goldin Herne, seitdem SC Westfalia Herne; Spielkleidung: Weiß/Blau/Blau; Stadion: Schloß Strünkede, 32 000 Plätze. – INTERNET: www.scwherne.de

Spieler (Auswahl): H. Benthaus – H. Cieslarczyk – H. Tilkowski – S. Wächter. – **Trainer** (Auswahl): I. Horvat– H.-W. Moser.

Herning, Dänemark: → Midtjylland ...

Herrera, Helenio, argentin. Trainer, *17. April 1916 Buenos Aires, †15. Januar 1997 Venedig; war Abwehrspieler: Boca Juniors Buenos Aires, Racing Casablanca, OFC Charleville, Red Star Paris, RC Roubaix und AS Puteaux. – Später Trainer: 1945–48 Stade Français Paris, 1948/49 Real Valladolid, 1949–53 Atlético Madrid, 1953 FC Málaga und Deportivo La Coruña, 1953–57 FC Sevilla, 1957/58 Belenenses Lissabon, 1958–60 FC Barcelona, 1960–68 Inter Mailand, 1968–73 AS Rom, 1973/74 Inter Mailand, 1977–79 AS Rimini, 1980/81 FC Barcelona. – Betreute (in Personalunion) die Nationalmannschaften von Frankreich (1947), Spanien (1958/59, 1962; WM-Endrunde 1962) und Italien (1966/67, mit F. → Valcareggi).

H. Herrera: Erfolgsstationen (Auswahl)	
FC Barcelona	LM 1959, 1960
	PS 1959, 1981
Inter Mailand	LM 1963, 1965, 1966
	EC I 1964, 1965
	Weltpokal 1965
AS Rom	PS 1969

Herrlich, Heiko, dt. Angriffsspieler, *3. Dezember 1971 Mannheim; bis 1986 FC Kollnau und FC Emmendingen, 1986–89 SC Freiburg, 1989–93 Bayer 04 Leverkusen, 1993–95 Borussia Mönchengladbach, 1995–2004 Borussia Dortmund; 258 Bundesligaspiele (76 Tore); Bundesliga-Torschützenkönig 1995 (20; mit M. Basler); 5 Länderspiele (1995; 1 Tor). – Später Tainer: 2005/06 Borussia Dortmund (A-Jugend).

Herrmann, Widukind, dt. Schiedsrichter (Leipzig), *7. Mai 1936 Mühlhausen (Thüringen); seit 1957 Schiedsrichter, seit 1974 DDR-Oberliga-(104 Spiele), seit 1978 FIFA-Referee (3 Länderspiele, 5 Europapokalspiele).

Hertha [»die Starke«, Nebenform des weibl. Vornamens Herta], Vereins-Bez. aus den Anfängen des Berliner Fußballs, z. B. H. BSC (→ Berlin [5]), H. Zehlendorf (→ Berlin [6]).

Hertzsch, Ingo, dt. Abwehrspieler, *22. Juli 1977 Meerane; 1982–88 BSG Stahl Callenberg, 1988–90 BSG Motor Hohenstein-Ernstthal, 1990–97 Chemnitzer FC, 1997–2003 Hamburger SV, 2003 Bayer 04 Leverkusen, 2003/04 Eintracht Frankfurt, 2004–06 1. FC Kaiserslautern; 211 Bundesligaspiele (2 Tore); 2 Länderspiele (2000).

Herunterstellung, svw. → Feldverweis.

Herzog, 1) Andreas, österr. Mittelfeldpieler, *10. September 1968 Wien; 1973–83 FC Admira-Wacker Wien, 1983–87 Vienna Wien, 1987/88 Admira-Wacker Wien, 1988–92 Rapid Wien, 1992–2002 SV Werder Bremen, 2002/03 Rapid Wien, 2003/04 Los Angeles Galaxy; 185 Bundesligaspiele (25 Tore); 103 Länderspiele (1988–2001; 26 Tore); WM-Endrunde 1990, 1998; in Österreich Fußballer des Jahres 1992. – Später Teammanager: 2005 Österreich (Nationalmannschaft). –**2)** Hendrik, dt. Abwehrspieler, *2. April 1969 Halle (Saale); bis 1981 SG Dynamo Halle-Neustadt und SG Dynamo Eisleben, 1981–91 Berliner FC Dynamo bzw. FC Berlin, 1991–95 FC Schalke 04, 1995–97 VfB Stuttgart, 1997–2000 Hertha BSC, 2000/01 Spvgg Unterhaching; 63 (DDR-)Oberligaspiele (5 Tore); 7 Länderspiele für die DDR (1989/90); 208 Bundesligaspiele (14 Tore).

Heun, Jürgen, dt. Mittelfeldspieler, *26. Mai 1958 Günthersleben (Thüringen); 1968–93 FC Rot-Weiß Erfurt; 341 Oberligaspiele (114 Tore); 17 Länderspiele (1980–85; 4 Tore). – Später Trainer: 2004/05 FC Erfurt-Nord.

Heynckes, Josef (»Jupp«), dt. Trainer, *9. Mai 1945 München-Gladbach (heute: Mönchengladbach); war Angriffsspieler: 1956–62 Grün-Weiß Holt, 1962–67 Borussia Mönchengladbach, 1967–70 Hannover 96, 1970–78 Borussia Mönchengladbach; 369 Bundesligaspiele (220 Tore); Bundesliga-Torschützenkönig 1974 (30), 1975 (27); 39 Länderspiele (1967–76;14 Tore); Weltmeister 1974; Europameister 1972. – Später Trainer: 1978–87 Borussia Mönchengladbach (1978/79 Trainerassistent, 1979–87 Cheftrainer), 1987–91 FC Bayern München (LM 1989, 1990), 1992–94 Athletic Bilbao, 1994/95 Eintracht Frankfurt, 1995–97 CD Tenerife, 1997/98 Real Madrid (CL 1998), 1999/2000 Benfica Lissabon, 2001–03 Athletic Bilbao, 2003/04 FC Schalke 04.

> **»Jupp« Heynckes**
> »Wer es bei Bayern München vier Jahre lang ausgehalten hat, der kann dem Druck bei jedem Klub der Welt standhalten.«

Heyne, Dirk, dt. Torhüter, *10. Oktober 1957; 1967–91 1. FC Magdeburg, 1991–94 Borussia Mönchengladbach; 326 (DDR-)Oberligaspiele; 9 Länderspiele für die DDR (1989/90); 24 Bundesligaspiele. – Später Trainer: 2002–06 1. FC Magdeburg (2002/03 Nachwuchs, 2003–06 Cheftrainer).

Heynemann, Bernd, dt. Schiedsrichter (Magdeburg), *22. Januar 1954 Magdeburg; seit 1971 Schiedsrichter; 1980–90 DDR-Oberliga, 1989–99 FIFA-Referee, 1991–2001 Bundesliga (151 Spiele); WM-Endrunde 1998; EM-Endrunde 1996; U 16-EM 1989, U 20-WM 1991; 13 Länderspiele; 36 Europapokalspiele; Schiedsrichter des Jahres 1998. – Mitglied des DFB-Schiedsrichterstabs.

HFA, Abk. für The **H**ong-Kong **F**ootball **A**ssociation, den den Fußballverband von → Hongkong.

HFF, 1) Abk. für **H**ellenic **F**ootball **F**ederation, den Fußballverband von → Griechenland. – **2)** Abk. für **H**ungarian **F**ootball **F**ederation, den Fußballverband von → Ungarn.

Hibernian FC, Schottland: → Edinburgh [2].

Hickersberger, Josef (»Pepi«), österr. Trainer, *27. April 1948 Amstetten (Niederösterreich); war Mittelfeldspieler: 1960–66 ASK Amstetten, 1966–72 FK Austria-WAC, 1972–76 Kickers Offenbach, 1976–78 Fortuna Düsseldorf, 1978–80 SSW Innsbruck, 1980–82 Rapid Wien; 177 Bundesligaspiele (34 Tore); 39 Länderspiele (1968–78; 5 Tore); WM-Endrunde 1978. – Später Trainer: 1987–90 Österreich (1987/88

»Jupp« Heynckes

»Pepi« Hickersberger

U 21, 1988–90 Nationalmannschaft; WM-Endrunde 1990), 1991 Fortuna Düsseldorf, 1993/94 Austria Wien (PS 1994), 1995–97 Al-Ahli (Bahrain), 1996 Bahrain (Nationalmannschaft), 1997–99 Arab Contractors (Ägypten), 1999/2000 Al Shabab (VAE), 2000/01 Al-Wasl (VAE), 2001/02 Al-Etehad Sports Club (Katar), 2002–05 Rapid Wien (LM 2005), 2006 Österreich (Nationalmannschaft).

Hidalgo, Michel, frz. Trainer, * 22. März 1933 Leffrinckoucke; war Mittelfeldspieler: bis 1952 US Normande, 1952–54 AC Le Havre, 1954–57 Stade Reims, 1957–66 AS Monaco; 1 Länderspiel (1962). – Später Trainer: 1970–84 Frankreich (1970–76 Jugend, Nachwuchs, Nationalmannschaft [Trainerassistent], 1976–84 Nationalmannschaft; WM-Endrunde 1978, 1982, Europameister 1984), 1984–86 Frz. Fußballverband (Techn. Direktor), 1986–91 Olympique Marseille (Manager), 2004 Demokrat. Republik Kongo (Nationalmannschaft).

Hiddink, Guus, niederländ. Trainer, * 8. November 1946 Wisch; war Abwehrspieler: 1956–67 SC Varsseveld, 1967–70 De Graafschap Doetinchem, 1970/71 PSV Eindhoven, 1971–76 De Graafschap Doetinchem, 1976 Washington Diplomats, 1977 San José Earthquakes (USA), 1978–81 NEC Nimwegen. – Später Trainer: 1981/82 De Graafschap Doetinchem (Trainerassistent), 1982–90 PSV Eindhoven (1982–86 Trainerassistent, 1986–90 Cheftrainer), 1990/91 Fenerbahce Istanbul, 1991–93 CF Valencia, 1995–98 Niederlande (Nationalmannschaft; EM-Endrunde 1996, WM-Endrunde 1998), 1998/99 Real Madrid, 2000 Real Betis Sevilla und Celtic Glasgow, 2001/02 Südkorea (Nationalmannschaft; WM-Endrunde 2002), 2002–06 PSV Eindhoven (in Personalunion 2005/06 Australien [Nationalmannschaft]; Asiens Trainer des Jahres 2002.

G. Hiddink: Erfolgsstationen (Auswahl)	
PSV Eindhoven	LM 1987, 1988, 1989 PS 1988, 1989, 1990 EC I 1988
Real Madrid	Weltpokal 1998
PSV Eindhoven	LM 2003, 2005

Guus Hiddink

Nándor Hidegkuti

Hidegkuti, Nándor, ungar. Angriffsspieler (Mittelstürmer), * 3. März 1922 Budapest, † 13. Februar 2002; bis 1943 Herminamezei AC, 1943–46 Elektromos Budapest, 1946–58 MTK Budapest; 68 Länderspiele (1945–58; 39 Tore); WM-Endrunde 1954, 1958; Olympiasieger 1952. – Später Trainer: 1959/60 MTK Budapest, 1961/62 AC Florenz, 1962 AC Mantova, 1962/63 ETO Györ.

Hiden, 1) Martin, österr. Abwehrspieler, * 11. März 1973 Stainz (Steiermark); 1992–94 Sturm Graz, 1994–96 Casino Salzburg, 1996/97 Sturm Graz, 1997 Rapid Wien, 1998–2000 Leeds United, 2000–03 Austria Wien, 2003–06 Rapid Wien; 32 Länderspiele (seit 1998; 1 Tor); WM-Endrunde 1998. – **2)** Rudolf (»Rudi«), österr. Torhüter * 19. März 1909 Graz, † 11. September 1973 Wien; 1920–25 Grazer AK, 1925–34 Wiener SC, 1934–40 Racing Club de Paris; 20 Länderspiele für Österreich (1928–33), 3 für Frankreich (1938–40); Mitglied des → »Wunderteams«.

Hieronymus, Holger, dt. Abwehrspieler, * 22. Februar 1959; 1978/79 FC St. Pauli, 1979–84 Hamburger SV (1984 Knieverletzung); 121 Bundesligaspiele (7 Tore); 3 Länderspiele (1981/82). – Später Sportchef (1998–2002) beim Hamburger SV und DFL-Geschäftsführer (2005/06).

Hierro, Fernándo Ruiz, span. Abwehrspieler, * 23. März 1968 Vélez-Málaga; 1980–84 Vélez CF, 1984–86 CD Málaga, 1986–89 Real Valladolid, 1989–2003 Real Madrid, 2003/04 Al-Arabi (Katar), 2004/05 Bolton Wanderers; 89 Länderspiele (1989–2002; 27 Tore); 601 Ligaspiele; WM-Endrunde 1990 (nicht eingesetzt), 1994, 1998, 2002; EM-Endrunde 1996, 2000.

Higuita, René José, kolumbian. Torhüter, * 27. August 1966 Medellin; 1982–99 Nacional Medellin (Abstecher: 1985 Millonarios Bogotá, 1991 Real Valladolid, 1997 CD Veracruz), 2000/01 Junior Barranquilla, 2002 Deportivo Pereira, 2003/04 SD Aucas Quito; 32 Länderspiele; WM-Endrunde 1990.

Hildebrand, Timo, dt. Torhüter, * 5. April 1979 Worms; 1985–95 FV Hofheim/Ried, 1995–2006 VfB Stuttgart; 170 Bundesligaspiele; 3 Länderspiele (seit 2004); EM-Endrunde 2004 (nicht eingesetzt).

Himst, Belgien: → van Himst, P.

Hinausstellung, svw. → Feldverweis.

Hineingrätschen, das → Tackling; als unfaire Aktion: → »Grätschen«.

Ariane Hingst

Ottmar Hitzfeld

Hingst, Ariane, dt. Abwehrspielerin, *25. Juli 1979 Berlin (West); 1986–92 Hertha 03 Zehlendorf, 1992–94 VfB Lichterfelde, 1994–97 Hertha 03 Zehlendorf, 1997–2006 SSV Turbine bzw. 1. FFC Turbine Potsdam; 114 Länderspiele (seit 1996; 9 Tore); WM-Endrunde 1999, 2003 (Weltmeisterin); Europameisterin 1997, 2001, 2005; olymp. Fußballturnier 2000.

Hinkel, Andreas, dt. Abwehrspieler, *26. März 1982 Backnang (Baden-Württemberg); bis 1992 TSV Leutenbach, 1992–2006 VfB Stuttgart; 139 Bundesligaspiele (1 Tor); 17 Länderspiele (seit 2003); EM-Endrunde 2004 (nicht eingesetzt).

Hinrunde → Spieljahr.

Hinspiel, erstes Spiel zweier Mannschaften innerhalb einer Punktspiel- oder Pokalrunde, die nochmals gegeneinander antreten müssen (zum *Rückspiel*).

Hinterhaltsschuss, aus der → »zweiten Reihe« abgegebener Torschuss; dabei kann dem Torhüter durch eigene oder gegner. Spieler die Sicht versperrt sein. In jedem Falle befinden sich zw. demjenigen, der den H. ausführt, und dem Torhüter weitere Spieler. – Vom *Fernschuss* (30 m und mehr) spricht man, wenn keine Feldspieler den Torhüter bei der Schussabgabe beeinflussen.

Hintermannschaft, svw. → Abwehr.

Hinunterstellung, svw. → Feldverweis.

Hinze, Gottfried, dt. Funktionär, *2. November 1873 Aachen, †23. August 1953 Duisburg; spielte als Torhüter bis 1908 für den Duisburger SpV und betätigte sich auch als Schiedsrichter; 1905–25 DFB-Präsident (Vorgänger: F.-W. → Nohe, Nachfolger: F. → Linnemann).

Hitzfeld, Ottmar, dt. Trainer, *12. Januar 1949 Lörrach (Baden-Württemberg); war Angriffsspieler: 1960–67 TuS Stetten, 1967–71 FV Lörrach, 1971–75 FC Basel, 1975–78 VfB Stuttgart, 1978–80 FC Lugano, 1980–83 FC Luzern; 22 Bundesligaspiele (5 Tore); olymp. Fußballturnier 1972. – Später Trainer: 1983/84 FC Zug, 1984–88 FC Aarau, 1988–91 Grasshopper-Club Zürich, 1991–98 Borussia Dortmund (1997/98 Sportdirektor), 1998–2003 FC Bayern München; Welt-Clubtrainer des Jahres 1997, 2001.

O. Hitzfeld: Erfolgsstationen (Auswahl)

FC Aarau	PS 1985
Grasshopper-Club Zürich	LM 1990, 1991 PS 1989, 1990
Borussia Dortmund	LM 1995, 1996 CL 1997 Weltpokal 1997
FC Bayern München	LM 1999, 2000, 2001, 2003 PS 2000, 2003 CL 2001 Weltpokal 2001

Hitzlsperger, Thomas, ein dt. Mittelfeldspieler, *5. April 1982 Forstinning (Bayern); 1989–2000 FC Bayern München, 2000/01 Aston Villa, 2001/02 FC Chesterfield, 2002–05 Aston Villa, 2005/06 VfB Stuttgart; 11 Bundesligaspiele; 13 Länderspiele (seit 2004).

Hjelm, Ari-Juhani, finn. Angriffsspieler, *24. Februar 1962; bis 1988 Ilves Tampere, 1988–90 Stuttgarter Kickers, 1990–92 FC Ilves, 1992–94 FC St. Pauli, 1994–96 FC Ilves; 32 Bundesligaspiele (5 Tore); 100 Länderspiele (1982–96); in Finnland Fußballer des Jahres 1987. – Später Trainer: 2005/06 Tampere United.

HKFA, Abk. für The **H**ong **K**ong **F**ootball **A**ssociation, den Fußballverband von → Hongkong.

Hleb, Aliaksandr (»Aleks«), weißruss. Mittelfeldspieler, *1. Mai 1981 Minsk; 1990–2000 FC

BATE Borisov, 2000–05 VfB Stuttgart, 2005/06 FC Arsenal; 137 Bundesligaspiele (13 Tore); 18 Länderspiele (seit 2001; 3 Tore); in Weißrussland Fußballer des Jahres 2002, 2003. – Sein Bruder **Vyacheslav H.** (*1983) ist Angriffsspieler: bis 2000 Dynamo Minsk, 2001–04 VfB Stuttgart, 2004/05 Hamburger SV, 2005 Grasshopper-Club Zürich, 2005/06 MTZ-Ripo Minsk; 10 Bundesligaspiele.

Hobsch, Bernd, dt. Angriffsspieler, *7. Mai 1968 Großkugel (bei Leipzig); 1974–86 TSG MAB Schkeuditz, 1986/87 Chemie Böhlen, 1987–92 1. FC Lokomotive bzw. VfB Leipzig, 1992–97 SV Werder Bremen, 1997 Stade Rennes, 1998/99 TSV München 1860, 1999–02 1. FC Nürnberg, 2002 FC Carl Zeiss Jena; 138 (DDR-)Oberligaspiele (45 Tore); 150 Bundesligaspiele (51 Tore); 1 Länderspiel für Deutschland (1993).

Hochgesang, Georg, dt. Trainer, *3. November 1897, †31. Juli 1988; war Mittelfeldspieler (Halbstürmer): 1905–23 FC Pfeil Nürnberg, 1923–28 1. FC Nürnberg, 1928–33 Fortuna Düsseldorf; 6 Länderspiele (1924–27; 4 Tore); spielte repräsentativ für Süddeutschland, Nürnberg/Fürth (Städteauswahl) und Westdeutschland. – Später Trainer: 1933/34 BV Lüttringhausen, 1934 Hamburger SV, 1946–48 Fortuna Düsseldorf.

Hochstätter, Christian, dt. Funktionär, *19. Oktober 1962 Augsburg; war Mittelfeldspieler: bis 1982 Post SV Augsburg, 1982–98 Borussia Mönchengladbach; 339 Bundesligaspiele (55 Tore); 2 Länderspiele (1997). – Später Sportdirektor: 1999–2006 Borussia Mönchengladbach.

»Hochsteigen«, aus dem Stand oder nach wenigen Anlaufschritten hochspringen, um einen Kopfstoß anzubringen; erfolgt meist unter Einsatz des Sprungbeines, seltener (aus dem Stand) durch beidbeinigen Absprung.

Hochwurf, fälschl. Bez. für → Schiedsrichterball, da der Ball nicht hochgeworfen, sondern fallengelassen wird.

Hoddle, Glenn, engl. Trainer, *27. Oktober 1957 Hayes; war Mittelfeldspieler: 1975–87 Tottenham Hotspur, 1987–91 AS Monaco; 53 Länderspiele (1979–88; 8 Tore); WM-Endrunde 1986; EM-Endrunde 1980, 1988. – Später Trainer: 1991–93 FC Swindon Town (Spielertrainer), 1993–96 FC Chelsea, 1996–99 England (Nationalmannschaft; WM-Endrunde 1998), 2000 FC Southampton, 2001–03 Tottenham Hotspur, 2004–06 Wolverhampton Wanderers.

Hodgson, Roy, engl. Trainer, *9. August 1947 Croydon; 1976–80 Halmstads BK, 1980–82 Bristol City, 1983–85 Örebro SK, 1985–89 Malmö FF, 1990–92 Xamax Neuchâtel, 1992–96 Schweiz (Nationalmannschaft; WM-Endrunde 1994, EM-Endrunde 1996), 1996/97 Inter Mailand, 1997/98 Blackburn Rovers, 1999/2000 Grasshopper-Club Zürich, 2000/01 FC Kopenhagen, 2001 Udinese Calcio, 2001–03 VAE (Nationalmannschaft), 2004/05 Viking Stavanger, 2006 Finnland (Nationalmannschaft).

R. Hodgson: Erfolgsstationen (Auswahl)	
Halmstads BK	LM 1976, 1979
Malmö FF	LM 1986, 1988
	PS 1986, 1989
FC Kopenhagen	LM 2001

Hoeneß, 1) Dieter, dt. Manager, *7. Januar 1953 Ulm, Bruder von 2); war Angriffsspieler: 1958–67 VfB Ulm, 1967–73 TSG bzw. SSV Ulm 1846, 1973–75 VfR Aalen, 1975–79 VfB Stuttgart, 1979–87 FC Bayern München; 288 Bundesligaspiele (127 Tore); 6 Länderspiele (1979–86; 4 Tore); WM-Endrunde 1986. – Später Manager: 1990–95 VfB Stuttgart, 1997–2006 Hertha BSC. – Sein Sohn **Sebastian H.** (*1982) ist Mittelfeldspieler: 2003–05 Hertha BSC II. – **2)** Ulrich (»Uli«), dt. Manager,

»Uli« Hoeneß

*5. Januar 1952 Ulm, Bruder von 1); war Angriffsspieler: 1966–70 TSG bzw. SSV Ulm 1846 und VfB Ulm, 1970–78 FC Bayern München, 1978/79 1. FC Nürnberg; 250 Bundesligaspiele (86 Tore); 35 Länderspiele (1972–76; 5 Tore); Weltmeister 1974; EM-Endrunde 1972, 1976. – Später Manager (1979–2002) beim FC Bayern München, 2002–06 Stellvertretender Vorsitzender der FC Bayern München AG.

D. Hoeneß
»Unser Trainer lernt jetzt Spanisch. Alles, was ich weiß, ist, dass Doppelpass nicht ›Paso doble‹ heißt«

U. Hoeneß
»Ich glaube nicht, dass wir das Spiel verloren hätten, wenn es 1:1 ausgegangen wäre.«

Hof, Erich, österr. Trainer, *3. August 1936 Wien, †25 Januar 1995; war Angriffsspieler: 1950–53 Hochstädt, 1953/64 Wiener SC, 1964 Austria Wien, 1964–69 Wiener SC; in Österreich Torschützenkönig 1959 (32), 1963 (21); 37 Länderspiele (1957–68; 28 Tore). – Später Trainer: 1969/70 und 1974–79 Wiener SC, 1982–84 Österreich (Nationalmannschaft), 1985/86 Wiener SC.

Hof, Bayern, eigtl. »FC Bayern Hof« (Fußballclub Bayern Hof von 1910), Deutschland (Bayern), gegr. am 1. Juni 1910 als BSC 1910 Hof, 1913 Anschluss von FC Roland Hof und FC Phönix Hof, Umbenennung in FC Britannia Hof, seit 1914 FC Bayern Hof; Spielkleidung: Gelb/Schwarz/Gelb; Stadion: Grüne Au, 22 000 Plätze. – INTERNET: www.fc-bayern-hof.de

Spieler (Auswahl): D. Felgenhauer. – **Trainer** (Auswahl): G.-L. Köstner – H. Spörl.

Hoffenheim, TSG (Turn- und Sportgemeinschaft Hoffenheim), Deutschland (Sinsheim-Hoffenheim, Baden-Württemberg), gegr. am 1. Juli 1899; Spielkleidung: Blau; Stadion: Dietmar-Hopp-Stadion, 5000 Plätze. – INTERNET: www.tsg-hoffenheim.de

Spieler (Auswahl): J. Seitz. – **Trainer** (Auswahl): H.-D. Flick, L.-G. Köstner.

Hoffmann, 1) Martin, dt. Trainer; *22. März 1955 Gommern (Sachsen-Anhalt); war Angriffsspieler: 1963–68 BSG Aktivist Gommern, 1968–87 1. FC Magdeburg; 256 Oberligaspiele (78 Tore); 66 Länderspiele (1973–81; 16 Tore); WM-Endrunde 1974; Olympiasieger 1976. – Später Trainer: 1988–2006 1. FC Magdeburg (Trainerassistent, Nachwuchs; 1994–96 und 2002/03 Cheftrainer, 2003–06 A-Jugend). – **2)** Torben, dt. Abwehrspieler, *27 Oktober 1974 Kiel; bis 1995 SW Elmschenhagen und Hostein Kiel, 1995–97 VfB Lübeck, 1997–99 SC Freiburg, 1999/2000 Bayer 04 Leverkusen, 2001–04 TSV München 1860, 2004/05 Eintracht Frankfurt, 2005/06 TSV München 1860; 131 Bundesligaspiele (3 Tore).

Hofmann, 1) Richard, war dt. Angriffsspieler (Mittelstürmer), *8. Februar 1906 Meerane, †5. Mai 1983 Freital (Sachsen); 1913–28 Meeraner SV 07, 1928–45 Dresdner Sportclub, 1945–47 SG Dresden-Hainsberg, 1947/48 VfL Willich, 1948/49 SG Dresden-Friedrichstadt; 25 Länderspiele (1927–33; 24 Tore); olymp. Fußballturnier 1928. – Ihm zu Ehren wurde 1990 das Meeraner »Stadion der Freundschaft« in »Richard-Hofmann-Stadion« umbenannt. – Sein Sohn **Bernd H.** (*1941) war Mittelfeldspieler: 1962–67 SG Dynamo Dresden (115 Oberligaspiele; 17 Tore). – **2)** Steffen, österr. Mittelfeldspieler dt. Herkunft (seit 2005 österr. Staatsbürgerschaft), *9. September 1980 Würzburg; bis 1996 1. FC Kirchheim und Würzburger SV, 1996–2002 FC Bayern München (Amateure), 2002–05 Rapid Wien, 2006 TSV München 1860; 1 Bundesligaspiel; in Österreich Fußballer des Jahres 2004.

Richard Hofmann

Höher, Heinz, dt. Trainer, *11. August 1930; war Mittelfeldspieler (Halbstürmer): 1947–63 Bayer 04 Leverkusen, 1963–65 Meidericher SV bzw. MSV Duisburg, 1965/66 FC Twente, 1966–70 VfL Bochum; 20 Bundesligaspiele. – Später Trainer: 1970–72 Schwarz-Weiß Essen, 1972–79 VfL Bochum, 1979/80 MSV Duisburg, 1980 Ethnikos Piräus und Fortuna Düsseldorf, 1981–83 PAOK Saloniki, 1983 Olympiakos Piräus, 1984–89 1. FC Nürnberg (1988/89 Manager), 1990/91 Al-Ahli (Saudi Arabien).

Hohmann, Karl, dt. Angriffsspieler (Mittelstürmer), *18. Juni 1908, †31. März 1974; 1916–37 VfL Benrath, 1938 FK Pirmasens, 1939–49 VfL Benrath; 26 Länderspiele (1930–37; 20 Tore); WM-Endrunde 1934; olymp. Fußballturnier 1936.

Holetschek, Olaf, dt. Abwehrspieler, *12. Juli 1968 Saalfeld (Thüringen); bis 1981 BSG Stahl Maxhütte (Unterwellenborn), 1981–98 FC Carl Zeiss Jena, 1998–2000 FC Hansa Rostock, 2000/01 Chemnitzer FC, 2001–05 FC Carl Zeiss

Jena; 45 (DDR-)Oberligaspiele (4 Tore); 37 Bundesligaspiele (1 Tor); 184 Zweitligaspiele (28 Tore).

Holland, Westteil der Niederlande mit den Provinzen **Nord-H.** (Alkmaar, Amsterdam, Haarlem) und **Süd-H.** (Den Haag, Rotterdam). In H. sind somit – vom PSV Eindhoven abgesehen – die Spitzenvereine der niederländ. Ehrendivision angesiedelt. – Umgangssprachlich wird H. für die gesamten Niederlande gebraucht.

Hollerbach, Bernd, dt. Abwehrspieler, * 8. Dezember 1969 Würzburg; 1976–88 ASV Rimpar, 1988–90 Kickers Würzburger, 1991–95 FC St. Pauli, 1995 1. FC Kaiserslautern, 1996–2004 Hamburger SV; 222 Bundesligaspiele (5 Tore). – Später Trainer: 2005/06 Vfl Hamburg 93.

> **B. Hollerbach**
> »An mir kommt entweder der Ball oder der Gegner vorbei. Aber niemals beide.«

Hollmann, Reiner, dt. Trainer, * 30. September 1949 Oberhausen; war Abwehrspieler: bis 1970 SV Walsum 09 und Eintracht Duisburg, 1970–73 Rot-Weiß Oberhausen, 1974–84 Eintracht Braunschweig; 351 Bundesligaspiele (33 Tore); olymp. Fußballturnier 1972. – Später Trainer: 1984/85 MTV Gifhorn, 1988–92 1. FC Kaiserslautern (Trainerassistent), 1992/93 FC Carl Zeiss Jena, 1993/94 Galatasaray Istanbul, 1994/95 1. FC Saarbrücken, 1995–97 AL-Ahly Kairo, 1997/98 FC Carl Zeiss Jena, 2002–04 Al-Shabab (VAE), 2005 Al-Wahda (VAE; LM 2005).

»Holzen« → Fußballerjargon.

R. Hollmann: Erfolgsstationen (Auswahl)	
Galatasaray Istanbul	LM 1994
AL-Ahly Kairo	LM 1995, 1996, 1997
Al-Wahda (VAE)	LM 2005

Hölzenbein, Bernd, dt. Mittelfeldspieler, * 9. März 1946 Dehrn (Hessen); 1960–66 TuS Dehrn, 1967–81 Eintracht Frankfurt, 1981/82 Fort Lauderdale Strikers (USA), 1986 FSV Salmrohr; 40 Länderspiele (1973–78; 5 Tore); WM-Endrunde 1974 (Weltmeister), 1978. – 1988–93 Vizepräsident und 1994–96 Manager bei Eintracht Frankfurt.

> **B. Hölzenbein**
> »Unser Training war so geheim, dass wir manchmal selbst nicht zuschauen durften.«

Holzschuh, Rainer, dt. Sportjournalist, * 17. Juni 1944 Bad Kissingen (Bayern); 1970/71 »Augsburger Allgemeine«, seit 1971 beim »kicker«, 1983–88 DFB-Pressechef, seit 1983 »kicker«-Chefredakteur (Nachfolger von K.-H. → Heimann).

Homburg, FC (Fußballclub von 1908 Homburg/Saar), Deutschland (Saarland), gegr. am 15. Juni 1908 als FC 08 Homburg, 1913–36 FV Homburg, 1936 aufgelöst und 1937 als VfL Homburg neu gegr., 1945 aufgelöst, und 1947 als Omnisportverein SV Homburg neu gegr., 1949–76 FC Homburg/Saar, seitdem FC Homburg; Bundesliga 1986–88, 1989/90; Zweite Bundesliga 1984–86, 1988/89, 1990/91, 1991/92 (Süd), 1992–95; Spielkleidung: Grün/Weiß/Grün; Stadion: Waldstadion, 22 500 Plätze. – INTERNET: www.fchomburg.de

Spieler (Auswahl): A. Buncol – R. Cardoso – T.-D. Dooley – H. Ehrmantraut – P. Eich – U. Fuchs – W. Hartwig – M. Klose – W. Kohlmeyer – W. Landgraf. – **Trainer** (Auswahl): F. Fuchs – U. Klimaschefski – J. Stabel – H.-U. Thomale.

Honduras, eine Republik in Zentralamerika, 112 090 km², 6,670 Mio. Ew.; Verband: Federación Nacional Autónoma de Fútbol de Honduras, Abk. FENAFUTH, gegr. 1951, Sitz: Tegucigalpa; Mitglied der FIFA seit 1951, der CONCACAF seit 1961; Spielkleidung: Blau. – Erfolge: CONCACAF-Meister 1981.

Hong, Myung-bo, südkorean. Abwehrspieler, * 12. Februar 1969 Seoul; 1988–90 Korea University Seoul, 1990–97 Pohang Steelers (Südkorea), 1997/98 Bellmare Hiratsuka (Japan), 1999–2000 Kashiwa Reysol (Japan), 20001/02 Pohang Steelers, 2003/04 Los Angeles Galaxy; 135 Länderspiele (9 Tore); WM-Endrunde 1990, 1994, 1998, 2002.

Hongkong, seit 1997 Sonderverwaltungsregion der VR China an der südchines. Küste, 1092 km², 7,394 Mio. Ew.; Verband: The Hong Kong Football Association Ltd., Abk. HKFA, gegr. 1914, Sitz: Victoria; Mitglied der AFC seit 1954; Spielkleidung: Rot. – INTERNET: www.hkfa.com

Hooligans [engl.; nach der irischen Familie Hooligan, deren Söhne Ende des 19. Jh. trunksüchtig und raufwütig durch London zogen; später übertragen »Radaubrüder«, »Strolche«], ursprünglich Bez. für die gewalttätigen engl. »Fans«; wegen ihres vandal. Auftretens in den Fußballarenen die gefürchtetsten Begleiter des internationalen Fußballs (besonders bei Europapokalspielen). Unrühml. »Höhepunkt« waren die Ausschreitungen von 1985 im Brüsseler Heyselstadion (→ »Fußballtragödien und Katastrophen«). – In letzter Zeit haben sich die H. in ganz Europa formiert, wobei sie – was die

Ursachen angeht – mehr ein soziales als ein fußballspezif. Problem darstellen. Meist findet die Randale übrigens nicht im Stadion – wo ein starkes Aufgebot an Sicherheitskräften präsent ist –, sondern außerhalb (z. B. im Stadtkern, in den öffentl. Verkehrsmitteln, auf dem Bahnhof) statt, wobei völlig Unbeteiligte bedroht werden. H. kann man als Erlebnis orientiert oder konzentriert charakterisieren; sie verbinden Fußball (als Mittel zum Zweck) mit Randalen und Kriegsspielen. H. akzeptieren Gewalt, üben sie selbst aus und wollen nicht selten über Fußball Erlebnisdefizite kompensieren. Bei der Bewältigung dieses Problems ist die Gesellschaft gefordert. – In Deutschland (hier bezeichnen sich die H. als »Hools«) fungiert seit 1992 im Landeskriminalamt Nordrhein-Westfalen die **Zentrale Informationsstelle Sporteinsätze** (Abk. ***ZIS*)**, die alle polizeil. Erkenntnisse über die H. erfasst und für polizeil. Gegenaktionen nutzt. Gleichzeitig unterhält die ZIS Verbindung zu den Bundesligavereinen, zum DFB, zum Dt. Städtetag und zur Bahnpolizei. In Fragen der polizeil. Sicherheit bei Veranstaltungen auf internationaler Ebene arbeitet die ZIS auch mit den Polizeibehörden des Auslands zusammen und unterstützt sie auf Anforderung z. B. bei Klub- und Länderspielen mit dt. Beteiligung.

Horn, Leopold Sylvain (»Leo«), niederländ. Schiedsrichter, *29. August 1916; seit 1934 Schiedsrichter, seit 1950 FIFA-Referee; WM-Endrunde 1962; EC I-Finale 1957, 1962; leitete 1953 das →»Spiel des Jahrhunderts« (England – Ungarn 3:6).

Horst-Emscher-Husaren, STV, Deutschland: → Gelsenkirchen [2].

Hörster, Thomas, dt. Trainer, *27. November 1956 Essen; war Abwehrspieler (Libero): 1966–75 Blau-Weiß Essen, 1975–79 Schwarz-Weiß Essen, 1979–91 Bayer 04 Leverkusen, 1991/92 VfL Hamm; 332 Bundesligaspiele (16 Tore); 4 Länderspiele (1986/87); olymp. Fußballturnier 1988. – Später Trainer: 2000–04 Bayer 04 Leverkusen (Amateure; 2003 kurzzeitig Cheftrainer).

T. Hörster
»Zu unserem Defensivverhalten kann ich nichts sagen, es gab ja keins.«

Horvat, Ivan (»Ivica«), kroat. Trainer, *17. Juli 1926 Zagreb; war Abwehrspieler (Stopper): 1940–45 Ferrari Zagreb, 1945–56 Dinamo Zagreb, 1956–61 Eintracht Frankfurt; 60 Länderspiele für Jugoslawien (1946–56); WM-Endrunde 1950,

Hooligans

1954; olymp. Fußballturnier 1948, 1952. – Später Trainer: 1964/65 Eintracht Frankfurt, 1971–75 FC Schalke 04 (PS 1972), 1975/76 Rot-Weiss Essen, 1976–78 Westfalia Herne, 1978/79 FC Schalke 04.

> **»Ivica« Horvat**
> »Wenn's kalt wird, legt euch einfach auf den Boden. Die haben eine Rasenheizung.«

Horvath, Johann (»Hans«), österr. Angriffsspieler, *20. Mai 1903, †30. Juli 1968; 1920–27 1. Simmeringer SC, 1933–35 Vienna Wien, 1935–40 1. Simmeringer SC; 46 Länderspiele (1924–34; 29 Tore); WM-Endrunde 1934.

Hossam, Ahmed, eigtl. »Abdelamid Ahmed Hossam Hussein« (»Mido«), ägypt. Angriffsspieler, *23. Februar 1983 Kairo; 1999/2000 Zamalek SC Kairo, 2000/01 KAA Gent, 2001–03 Ajax Amsterdam, 2003 Celta Vigo, 2003/04 Olympique Marseille, 2004/05 AS Rom, 2005/06 Tottenham Hotspur; 9 Länderspiele (3 Tore).

Hotic, Demir, bosn. Mittelfeldspieler, *9. Juli 1962 Bosanski Petrovac; 1972–74 Sloboda Bosanski Petrovac 1974–80 TuS Gerresheim, 1980/81 PSV Borussia Düsseldorf, 1981–83 Fortuna Düsseldorf (Amateure), 1983–87 Union Solingen, 1987–89 Stuttgarter Kickers, 1989 VfB Stuttgart, 1989–93 1. FC Kaiserslautern; 134 Bundesligaspiele (36 Tore).

Höttges, Horst-Dieter, dt. Abwehrspieler (Linksverteidiger), *10. September 1943 München-Gladbach (heute: Mönchengladbach); 1953–59 Blau-Weiß Bahl, 1959/60 Rheydter SV, 1960–63 Borussia Mönchengladbach, 1963–78 SV Werder Bremen, 1978/79 SV Oberbecksen, 1979–82 SV Werder Bremen; 420 Bundesligaspiele (55 Tore); 66 Länderspiele (1965–74; 1 Tor); WM-Endrunde 1966, 1970, 1974 (Weltmeister); Europameister 1972.

> **H.-D. Höttges**
> »Fußball ist ein Männersport. Wer das nicht ertragen kann, hätte etwas anderes werden sollen.«

Houbtchev, Petr (auch **Hubtschew**), bulgar. Abwehrspieler, *26. Februar 1964 Glodzene; bis 1989 Osam Lovec, 1989–93 Levski Sofia, 1993–97 Hamburger SV, 1997–2003 Eintracht Frankfurt; 128 Bundesligaspiele (2 Tore); 25 Länderspiele; WM-Endrunde 1994.

»Houle« → Fußball (Geschichte).

Houllier, Gérard, frz. Trainer, *3. September 1947 Thérouanne; 1973–76 Le Touquet FC, 1976–82 Noeux Les Mines, 1982–85 RC Lens, 1985–88 Paris Saint-Germain, 1988–98 Frankreich (1998–92 und 1993–98 Techn. Direktor, 1992/93 Nationalmannschaft), 1998–2004 FC Liverpool, 2005/06 Olympique Lyon.

G. Houllier: Erfolgsstationen (Auswahl)	
Paris Saint-Germain	LM 1986
FC Liverpool	PS 2001 UEFA-Pokal 2001 [Europa-]Supercup 2001

Hoyerswerda, FC Lausitz (Fußballclub Lausitz Hoyerswerda), Deutschland (Sachsen), gegr. am 26. Januar 1956 als BSG Aktivist Kombinat Schwarze Pumpe Hoyerswerda, im gleichen Jahr Anschluss von BSG Einheit Spremberg und BSG Aktivist Spreetal, 1990/91 SG Schwarze Pumpe Hoyerswerda, 1991 Ausgliederung der Fußballabteilung als FSV Hoyerswerda, seit 2002 FC Lausitz Hoyerswerda; Spielkleidung: Gelb/Schwarz/Schwarz; Stadion: Friedrich-Ludwig-Jahn-Stadion, 10 250 Plätze. – INTERNET: www.fsv-hoyerswerda.de

Trainer (Auswahl): G. Schädlich.

Hristov, Marian, ein bulgar. Mittelfeldspieler, *29. Juli 1973 Botevgrad; 1991–94 Balkan Botevgrad, 1994/95 Slavia Sofia, 1995–97 Levski Sofia, 1997–2004 1. FC Kaiserslautern, 2004–06 VfL Wolfsburg; 152 Bundesligaspiele (28 Tore); 41 Länderspiele (2 Tore); WM-Endrunde 1998; EM-Endrunde 2004.

Horst Hrubesch

Hrubesch, Horst, dt. Trainer, *17. April 1951 Hamm (Nordrhein-Westfalen); war Angriffsspieler (Mittelstürmer): 1958–70 FC Pelkum, 1971 Germania Hamm, 1971/72 Hammer SpV, 1972–75 SC Westtünnen, 1975–78 Rot-Weiß-Essen, 1978–83 Hamburger SV, 1983–85 Standard Lüttich, 1985/86 Borussia Dortmund; 224 Bundesligaspiele (136 Tore); Bundesliga-Torschützenkönig 1982 (27); Zweitliga-Torschützenkönig (Liga Nord) 1978 (41); 21 Länderspiele (1980–82; 6 Tore); WM-Endrunde 1982; Europameister 1980;. – Später Trainer: 1986/87 Rot-Weiss Essen,

1987/88 SC Westtünnen (Spielertrainer), 1988–90 VfL Wolfsburg, 1991/92 FC Swarovski Tirol, 1993 FC Hansa Rostock, 1993/94 1. FC Dynamo Dresden, 1995/96 Austria Wien, 1997 Samsunspor, 1997–2006 DFB (u.a. Jugend, A 2-Nationalmannschaft, U 19).

> **H. Hrubesch**
> »Manni Bananenflanke, ich Kopf, Tor!«

HSV, Deutschland: **1)** Abk. für **H**amburger **S**port**v**erein (→ Hamburg [6]). – **2)** Abk. für **H**annoverscher **S**port**v**erein (→ Hannover [2]).

Hubtschew, Bulgarien: andere Schreibweise für → Houbtchev.

Huddersfield Town, eigtl. »Huddersfield Town AFC« (Huddersfield Town Association Football Club), England (Huddersfield), gegr. 1908; Spielkleidung: Blau-Weiß/Weiß/Blau; Stadion: Alfred McAlpine Stadium, 24 500 Pätze. – INTERNET: www.htafc.premiumtv.co.uk

Spieler (Auswahl): D. Law. – **Trainer** (Auswahl): H. Chapman – B. Shankly.

Hueppe, Ferdinand, dt. Funktionär (Prof. Dr.), *24. August 1852 Neuwied (Rheinland-Pfalz), †15. September 1938 Dresden; nahm an den ersten Olymp. Spielen 1896 in Athen als Kampfrichter teil; 1900 Mitbegründer des DFB und bis 1904 dessen erster Präsident (Nachfolger: F.-W. → Nohe).

Hughes, 1) Emlyn, engl. Abwehrspieler, *28. August 1947 Barrow, †9. November 2004 Sheffield; 1961–65 FC Barrow, 1965–67 FC Blackpool, 1967–79 FC Liverpool, 1979–81 Wolverhampton Wanderers, 1981/82 FC Rotherham United (Spielertrainer); 62 Länderspiele (1969–80; 1 Tor); WM-Endrunde 1970; in England Fußballer des Jahres 1977. – Erhielt 1980 den brit. Orden OBE (»Order of the British Empire«). – **2)** Mark, walis. Trainer, *1. November 1963 Wrexham; war Angriffsspieler: 1977–80 FC Roabon, 1980–86 Manchester United, 1986/87 FC Barcelona, 1987/88 FC Bayern München, 1988–95 Manchester United, 1995–98 FC Chelsea, 1998–2000 FC Southampton, 2000 FC Everton, 2001/02 Blackburn Rovers; 18 Bundesligaspiele (6 Tore); 40 Länderspiele (9 Tore); in England Fußballer des Jahres 1991. – Später Trainer: (bereits während seiner aktiven Laufbahn): 1999–2004 Wales (Nationalmannschaft), 2004–06 Blackburn Rovers.

Hügi, Josef (»Seppe«), schweizer. Angriffsspieler, *23. Januar 1930 Basel, †16. April 1995; 1948–62 FC Basel, 1963 FC Zürich; 34 Länderspiele (1951–61; 23 Tore); WM-Endrunde 1954.

Hüls, VfB (Verein für Ballspiele Hüls), Marl (Nordrhein-Westfalen), gegr. am 22. Juli 1948 als Eintracht Lippe, 1951–76 VfR Marl-Hüls, 1976 Fusion mit SuS Drewer-Süd zu VfB Hüls; Spielkleidung: Rot/Weiß/Rot; Stadion: Badeweiherstadion, 5000 Pätze. – INTERNET: www.vfbhuels.de

Trainer (Auswahl): R. Gutendorf – F. Szepan.

Humberto, eigtl. »Humberto Manuel de Jesus Coelho«, portugies. Abwehrspieler (Libero), *20. April 1950 Porto; 1964–66 FC Ramaldense, 1966–74 Benfica Lissabon, 1974–78 Paris Saint-Germain, 1978–84 Benfica Lissabon; 64 Länderspiele (1968–83; 6 Tore); EM-Endrunde 1984; in Portugal Fußballer des Jahres 1974.

Hunt, Aaron, dt. Angriffsspieler engl. Herkunft (engl. Mutter, dt. Vater), *4. September 1986 Goslar (Niedersachsen); 1993–97 VfL Oker, 1997–2001 Goslarer SC 08, 2001–06 SV Werder Bremen; 16 Bundesligaspiele (1 Tor).

Hunt [engl.], Roger, engl. Angriffsspieler (Mittelstürmer), *20. Juli 1938 Golborne; 1959–69 FC Liverpool, 1970–72 Bolton Wanderers; 34 Länderspiele (1962–69; 16 Tore); WM-Endrunde 1962, 1966 (Weltmeister); EM-Endrunde 1968.

Hupe, Dirk, dt. Abwehrspieler, *29. Mai 1957; 1975–81 Union Solingen, 1981–85 Arminia Bielefeld, 1985–88 Borussia Dortmund, 1988–94 Fortuna Köln; 214 Bundesligaspiele (14 Tore).

Huracán, CA, Argentinien: → Buenos Aires [3].

Hurst, Geoffrey (»Geoff«), engl. Mittelfeldspieler (Halbstürmer), Sir (seit 1998), *8. Dezember 1941 Asthon-under-Lyne (bei Manchester); 1953–56 Chelmsford FC, 1956–72 West Ham United, 1972–74 Stoke City, 1974/75 Westbromwich Albion; 49 Länderspiele (1966–72; 24 Tore); WM-Endrunde 1966 (Weltmeister), 1970. – Später Trainer: 1978/79 Telford United, 1979–81 FC Chelsea, 1982/83 Sporting Club Kuwait. 1998 von Queen Elizabeth II. zum Ritter geschlagen (MBE).

Huth, Robert, dt. Abwehrspieler, *18. August 1984 Berlin (Ost); bis 2001 1. FC Union Berlin, 2001–06 FC Chelsea; 14 Länderspiele (seit 2004; 1 Tor).

Hutwelker, Karsten, ein dt. Mittelfeldspieler, *27. August 1971 Wuppertal; 1990–93 Fortuna Düsseldorf, 1993/94 SG Wattenscheid 09, 1994/95 Wuppertaler SV, 1995/96 FC Carl Zeiss Jena, 1996–98 VfL Bochum, 1998/99 1. FC Köln, 1999–2001 1. FC Saarbrücken, 2001 LR Ahlen, 2002 1. FC Saarbrücken, 2002/03 AC Florenz, 2003 Eintracht Braunschweig, 2003/04 Jahn Regensburg, 2004–06 FC Augsburg; 71 Bundesligaspiele (8 Tore).

Hvidovre IF, Dänemark: → Kopenhagen [7].

Sami Hyypiä

Hyundai-A-League (2005)	
Adelaide United	Perth Glory
Central Coast Mariners	Queensland Roar
Melbourne Victory	Sydney FC
Newcastle Jets	New Zealand Knights

Hysén, Glenn Ingvar, schwed. Abwehrspieler (Libero), *30. Oktober 1959 Göteborg; 1977 IF Warta, 1978–83 IFK Göteborg, 1983–85 PSV Eindhoven, 1985–87 IFK Göteborg, 1987–89 AC Florenz, 1989–91 Manchester United, 1991/92 FC Liverpool, 1992/93 GAIS Göteborg; 68 Länderspiele (3 Tore); WM-Endrunde 1990; in Schweden Fußballer des Jahres 1983, 1988.

Hyundai-A-League, seit 2005 höchste Spielklasse in Australien, 8 Teams.

Hyypiä, Sami, finn. Mittelfeldspieler, *7. Oktober 1973 Porvoo; bis 1991 PaPe Voikkaa und KuMu Kuusankoski, 1991–95 MyPa Anjalankoski, 1996–99 Willem II Tilburg, 1999–2006 FC Liverpool; 71 Länderspiele (seit 1992; 1 Tor); in Finnland Fußballer des Jahres 1999, 2001, 2002, 2003.

I

Iaquinta, Vicenzo, italien. Angriffsspieler, *21. November 1979 Crotone; bis 2000 Castel di Sangro, 2000–06 Udinese Calcio; 5 Länderspiele.

Iashvili, Alexandr (auch **Iaschwili,** Alexander), georg. Angriffsspieler, *23. Oktober 1977 Tiflis (amtlich Tblissi); bis 1996 Dynamo Tiflis, 1996/97 VfB Lübeck, 1997 Dynamo Tiflis, 1997–2006 SC Freiburg; 147 Bundesligaspiele (29 Tore); 19 Länderspiele; in Georgien Fußballer des Jahres 2004.

Ibertsberger, Andreas, österr. Abwehrspieler, *27. Juli 1982 Seekirchen (Salzburg); bis 2000 SV Seekirchen und BNZ Innsbruck, 2000–04 Wüstenrot Salzburg, 2005/06 SC Freiburg; 13 Bundesligaspiele; 6 Länderspiele (seit 2004; 1 Tor).

Ibrahimović, Zlatan, schwed. Angriffsspieler bosn. Herkunft (Eltern), *3. Oktober 1981 Malmö; bis 1995 FBK Balkan, 1995–2001 Malmö FF, 2001–04 Ajax Amsterdam, 2004–06 Juventus Turin; 33 Länderspiele (15 Tore; seit 2001); WM-Endrunde 2002, EM-Endrunde 2004.

Zlatan Ibrahimović

Ichihara Chiba, JEF United (Japan East Furukawa), Japan (Ichihara [Präfektur Chiba]), gegr. 1946 als, entstand 1991 durch Fusion von Furukawa Electric Soccer Club (gegr. 1946) und Japan Railway East (gegr. 1987); Spielkleidung: Gelb/Grün/Rot; Stadion: Ichihara Seaside Stadium, 16 993 Plätze, oder Fukuda Denshi Arena, 18 500 Plätze. – INTERNET: www.so-net.ne.jp/jefunited

Spieler (Auswahl): M. Haas – P. Littbarski – W. Rufer. – **Trainer** (Auswahl): I. Osim – J. Vengloš.

Idar-Oberstein, SC (Sportclub Idar-Oberstein), Deutschland (Rheinland-Pfalz), gegr. am 1. Januar 1907 als SC Alemannia Idar, 1909–45 1. FC Idar (1945 aufgelöst und 1946 neu gegr.), 1971 Fusion mit SpVgg Idar zu SC Idar-Oberstein; Spielkleidung: Rot/Weiß/Weiß; Stadion: Im Haag, 6000 Plätze. –

Trainer (Auswahl): L. Emmerich.

IFA, 1) Abk. für **I**raqi **F**ootball **A**ssociation, den Fußballverband von → Irak. – **2)** Abk. für **I**rish **F**ootball **A**ssociation, den Fußballverband von → Irland. – **3)** Abk. für The **I**srael **F**ootball **A**ssociation, den Fußballverband von → Israel.

IFC, Abk. für → **I**nternationaler **F**ußball**c**up.

IFFHS, Abk. von engl. **I**nternational **F**ederation of **F**ootball **H**istory & **S**tatistics, gegr. am 27. März 1984 von Alfredo W. Pöge (*1940) in Leipzig, (Sitz: Bonn); sie dokumentiert und präsentiert die Fußballgeschichte (A-Länderspiele, olymp. Fußballturniere, nationale und internationale Meisterschaften und Pokalwettbewerbe), darüber hinaus führt sie jährlich Weltwahlen (Welt-Clubtrainer, -Nationaltrainer, -Torhüter, -Schiedsrichter) durch, ermittelt jährlich den Welttorjäger, erstellt monatlich die Club-Weltrangliste und führt über 100 Weltrekorde im Fußball. Die IFFHS publiziert auf der mehrsprachigen Website in Form von Text, Statistik und Fotos. – INTERNET: www.iffhs.de

Ikpeba, Victor Nosa, nigerian. Mittelfeldspieler, *12. Juni 1973 Benin City; 1993–99 AS Monaco, 1999–2001 Borussia Dortmund, 2001/02 Betis Sevilla, 2002/03 Al-Ittihad (Libanon), 2004 Sporting Charleroi; 30 Bundesligaspiele (3 Tore); WM-Endrunde 1994, 1998; Olympiasieger 1996; Afrikas Fußballer des Jahres 1997.

Illgner, Bodo, dt. Torhüter, *7. April 1967 Westerburg (Rheinland-Pfalz); 1981–85 1. FC Bonn-Hardtberg, 1985–97 1. FC Köln, 1997–2000 Real Madrid; 326 Bundesligaspiele; 54 Länderspiele (1987–94); WM-Endrunde 1990 (Weltmeister), 1994; EM-Endrunde 1988, 1992.

Ilves, FC, Finnland: → Tampere United.

Immel, Eike, dt. Torhüter, *27. November 1960 Stadtallendorf (Hessen); 1969–75 TSV Eintracht Stadtallendorf, 1976–86 Borussia Dortmund,

1986–95 VfB Stuttgart, 1995–97 Manchester City, 1995; 534 Bundesligaspiele; 19 Länderspiele (1980–88); WM-Endrunde 1982 (nicht eingesetzt), 1986 (nicht eingesetzt); EM-Endrunde 1980 (nicht eingesetzt), 1988.

> **E. Immel**
> »Im Großen und Ganzen war es ein Spiel, das –wenn es anders läuft – auch anders hätte ausgehen können.«

»im Rücken des Gegners«, hinter dem Gegner; z.B. »er lief sich im ›Rücken‹ des Abwehrspielers frei«.

»In-den-Mann-Gehen«, grobe Unsportlichkeit, die sich darin äußert, dass der körperl. Angriff (die Attacke) eindeutig dem gegner. Spieler, nicht aber dem Ball gilt; unkontrollierte Aktion, die vom Schiedsrichter je nach Schwere des Vergehens entsprechend zu ahnden ist (direkter Freistoß, [zumindest] Verwarnung); Verstoß gegen Regel 12 (→Spielregeln), beinhaltet »verbotenes Spiel«.

Independiente [span.], zu unabhängig bzw. frei, z.B. I. Buenos Aires.

»In-die-Gasse-Spielen«, das »In-die-Lücke-Spielen«; erfolgt als flaches, kurzes bis mittleres Zuspiel zw. den Gegenspielern hindurch; ausgeprägt war früher die Prager→»Ulička«.

> **»In-die-Gasse-Spielen«**
> »To make the tunnel« [engl.]
> »Jouer dans le trou« [frz.]
> »Hacer el tunel« [span.]
> »Pontapear para o corredor« [portugies.]

Indien, Republik in Vorderindien, 3,288 Mio. km², 1,050 Mrd. Ew.; Verband: All India Football Federation, Abk. AIFF, gegr. 1937, Sitz: Delhi; Mitglied der FIFA seit 1948, der AFC seit 1937; Spielkleidung: Himmelblau/Dunkelblau/Himmelblau-Dunkelblau. – INTERNET: www.aiffonline.com

»In-die-Zange-Nehmen«, strafbare Aktion, bei der ein Angreifer von 2 gegner. Spielern in seiner Ballführung regelwidrig behindert wird, indem diese seine Laufrichtung fast schneiden, d.h. ihn von links und rechts körperlich attackieren; direkter Freistoß.

indirekter Freistoß →Freistoß.

Indonesien, Inselstaat in Südostasien, 1914 Mio. km², 234,894 Mio. Ew.; Verband: Football Association of Indonesia, Abk. FAI, gegr. 1930, Sitz: Jakarta; Mitglied der FIFA seit 1952, der AFC seit 1954; Spielkleidung: Rot/Weiß/Rot. – INTERNET: www.pssi-online.com

Ingolstadt 04, FC (Fußballclub Ingolstadt 04), Deutschland (Bayern), gegr. am 16. Juli 1881 als MTV Ingolstadt, 1943 Fusion mit VfB Ingolstadt-Ringsee zu Kriegs-SG Ingolstadt, 1945 Beendigung der Fusion und Fortsetzung als MTV Ingolstadt, 2004 Fusion mit ESV Ingolstadt (gegr. 1919) zu FC Ingolstadt 04; Spielkleidung: Schwarz-Rot/Rot/Rot; Stadion: Bezirkssportanlage Mitte, 8000 Plätze. – INTERNET: www.fcingolstadt04.de

Spieler (Auswahl): M. Driller – F. Gerber. – **Trainer** (Auswahl): H. Cieslarczyk – K. Mai.

Iniesta, Andres, span. Mittelfeldspieler, *11. Mai 1984 Fuentealbilla (bei Albacete); 2000–06 FC Barcelona; 43 Erstligaspiele (3 Tore).

Injektion [latein.] →Sportmedizin/Sportverletzungen.

Innenbandriss →Sportmedizin/Sportverletzungen.

»Innendecker« →Innenverteidiger.

Innenrist, der Innenspann (→Stoßarten).

Innenseitstoß, -spannstoß →Stoßarten.

Innenstürmer, *Innentrio,* früher Bez. für die beiden Halbstürmer und den Mittelstürmer im WM-System; versehen mit den Rückennummern 8, 9 und 10.

Innenverteidiger, früher Bez. für die zentralen Abwehrspieler (z.B. Vorstopper und Mittelverteidiger), heute für die beiden mittleren Spieler einer Viererabwehrreihe (»Innendecker«).

Innsbruck, Österreich (Tirol), **1) FC Wacker Tirol,** gegr. 1913 als Wacker Innsbruck, 1971 Fusion mit WSG Swarovski Wattens zu Sparkasse Swarovski Wacker (Abk. SSW) Innsbruck, 1986–92 FC Swarovski Tirol, 1992/93 FC Swarovski Innsbruck, 1993/94 FC Innsbruck Capillaris Tirol, 1994/95 FC Tirol Innsbruck, 1995–2002 FC Tirol Milch Innsbruck, 2002 Lizenzentzug, Neugründung als FC Wacker Tirol und Spielgemeinschaft mit WSG Wattens (gegr. 1930), 2003 Auflösung der Spielgemeinschaft und Weiterführung als FC Wacker Tirol; Spielkleidung: Grün-Schwarz/Schwarz/Grün; Stadion: Tivoli-Neu, 17400 Plätze (EM-Stadion 2008, dann 30000 Plätze). – Internationale Erfolge: Mitropapokal 1975, 1976. – INTERNET: www.fc-wacker-tirol.com

Spieler (Auswahl): C. D. Borghi – H. Cerny – F. Feldhofer – R. Gilewicz – E. Glieder – N. R. Gorosito – J. Hickersberger – K. Jara – R. Kirchler – A. Knavs – F. Koncilia – W. M. Mair – C. Mayrleb – P. Pacult – B. Pezzey – M. Schwabl – H. Senekowitsch – P. Stöger – N. Zelic

Insolvenz (Beispiele)

1999	FC Gütersloh
	VfB Oldenburg
2001	Göttingen 05
	SSV Ulm 1846
	TuS Celle
2004	FC Anhalt Dessau
	Fortuna Düsseldorf
	Eisenhüttenstädter FC Stahl
	VfB Leipzig
	1. FC Pforzheim
	SV Saar 05 Saarbrücken
2005	KFC Uerdingen 05
	Fortuna Köln

– M. Zwyssig. – **Trainer** (Auswahl): O. Barić – L. Baróti – W. Hahnemann – K. Jara – G. Kessler – H. Köppel – J. Krankl – J. Löw – H. Senekowitsch.

2) SVG Reichenau (Sportvereinigung Reichenau), gegr. 1975; Spielkleidung: Rot-Schwarz/Schwarz/Rot; Stadion: Sportplatz Reichenau, 1000 Plätze. – INTERNET: www.svg-reichenau.com

Insolvenz, svw. Zahlungsunfähigkeit. DFB: Mit der I. ist der Abstieg in die nächsttiefere Spielklasse verbunden. Der Verein rückt umgehend an den Schluss der Tabelle. Alle auszutragenden und noch auszutragenden Spiele des Vereins werden nicht gewertet. Scheidet ein Verin während der Saison aus dem Spielbetrieb aus, urteilt der jeweilige → Landesverband [2] über die künftige Klassenzugehörigkeit. Im extremen Fall kann der Verein in die tiefste Spielklasse eingestuft werden. (→ Lizenzentzug)

Interamerikapokal, svw. → Copa Interamericana.

Intercontinental Cup, 1) Wettbewerb, bei dem der Sieger des → Afrikapokals der Landesmeister gegen den Sieger des → Asienpokals der Landesmeister spielt. – **2)** 1992 bis 1995 Bez. für den späteren → Confederations Cup.

Intercontinental Cup [1]

1986	Pusan Daewoo Royals (Südkorea)
1987	Zamalek SC Kairo (Ägypten)
1988	Al-Ahly Kairo (Ägypten)
1989	EP Sétif (Algerien)
1990	nicht ausgetragen
1991	nicht ausgetragen
1992	Clu Aficain Tunis (Tunesien)
1993	Wydad AC Casablanca (Marokko)
1994	Thai Farmers Bank Bangkok (Thailand)
1995	Espérance Tunis (Tunesien)
1996	Chuan Ilhawa Chunma (Südkorea)
1997	Zamalek SC Kairo (Ägypten)
1998	Raja Casablanca (Marokko)
1999	Finale abgesagt

Intercup, frühere Bez. für den → Internationalen Fußballcup.

Interimstrainer, zwischenzeitlich eingesetzter Verantwortlicher für die Durchführung des Trainings und zur Wettkampfbetreuung, bis ein neuer Trainer die Geschicke übernimmt; praktiziert z. B. bei vorzeitiger Trainerentlassung. In der Regel wird der → Trainerassistent mit dieser Aufgabe betraut.

Interklubspiel, Spiel zw. 2 Klubs verschiedener Landesverbände, das von diesen Verbänden zuvor genehmigt werden muss.

»Internationaler«, svw. → Nationalspieler.

Internationaler Fußballcup

1962	Ajax Amsterdam
1963	Slovnaft Bratislava
1964	Slovnaft Bratislava
1965	Polonia Bytom
1966	1. FC Lokomotive Leipzig
1967	Eintracht Frankfurt

Internationaler Fußballcup, Abk. **IFC,** früher **Intercup, Internationale Sommermeisterschaft, Intertotorunde, Rappancup,** zur Überbrückung der in vielen europ. Ländern punktspielfreien Sommerzeit eingeführter Pokalwettbewerb; initiiert von europ. Totogesellschaften. K. Rappan und E. B. Thommen (damals Schatzmeister des SFV) ließen den Wettbewerb ab 1961 durch die UEFA sanktionieren. Bis 1967 wurde der Gesamtsieger ermittelt, danach nur noch Gruppensieger. – Seit 1995 gibt es als Nachfolger unter der Regie der UEFA den UEFA-Intertoto-Cup (→ UI-Cup).

Internationaler Messepokal, 1955 in Basel ins Leben gerufener Pokalwettbewerb europ. Messestädte (Barcelona, Basel, Birmingham, Frankfurt am Main, Köln, Kopenhagen, Lausanne, Leipzig, London, Mailand, Wien, Zagreb). Beim ersten Wettbewerb 1955 bis 1958 wurden die Städte von repräsentativen Auswahlmanschaften vertreten, während bei der zweiten Auflage die Teilnahme von Klubmannschaften gestattet war, die aus einer Messestadt stammen mussten. – In der Folgezeit sollte der I. M. seinen festen Rhythmus im internationalen Klubfußball einnehmen. Parallel mit dem Aufschwung der UEFA löste er sich zunehmend von den Messestädten, so dass es eine log. Schlussfolgerung war, den

Internationaler Messepokal	
1958	Barcelona
1960	FC Barcelona
1961	AS Rom
1962	CF Valencia
1963	CF Valencia
1964	Real Saragossa
1965	Ferencvaros Budapest
1966	FC Barcelona
1967	Dinamo Zagreb
1968	Leeds United
1969	Newcastle United
1970	FC Arsenal
1971	Leeds United

Wettbewerb fortan (ab 1972) als → UEFA-Pokal durchzuführen.

internationale Schiedsrichter, von den Landesverbänden alljährlich bis zum 15. Juli der FIFA-Schiedsrichterkommission vorzuschlagende Schiedsrichter, die nach Auffassung des jeweiligen Verbandes in jeder Beziehung in der Lage sind, als Spielleiter internationaler Spiele, bei Weltmeisterschaften und olymp. Fußballturnieren zu amtieren. Jeder Landesverband darf maximal 7 Namen unterbreiten, wobei am 31. Dezember des Jahres seiner Nominierung der vorgeschlagene Schiedsrichter mindestens 25 und nicht älter als 45 Jahre sein sollte. Darüber hinaus muss er zuvor wenigstens 2 Jahre regelmäßig Spiele der nationalen Spitzenklasse seines Landes geleitet haben.

Die FIFA-Schiedsrichterkommission behält sich das Recht vor, nach Prüfung der vorgeschlagenen Namen und nach Rücksprache mit den betreffenden Landesverbänden einen Schiedsrichter evtl. auszuschließen. Ebenso behält sie sich vor, wen sie wann und wo einsetzt. Die i. S. sind verpflichtet, sich einer medizin. Untersuchung und einem Fitnesstest zu unterziehen. Wurden alle genannten Kriterien erfüllt, werden die jeweiligen i. S. in die offizielle FIFA-Liste aufgenommen und haben das Recht, sich nach 2 geleiteten internationalen Spielen von besonderem Wichtigkeitsgrad als *FIFA-Schiedsrichter* zu bezeichnen.

Deutsche FIFA-Schiedrichter 2005/06
H. Fandel (Kyllburg)
H. Feischer (Dachau)
J. Keßler (Höhenkirchen)
K. Kircher (Rottenburg)
M. Merk (Otterbach)
F. Meyer (Burgdorf)
P. Sippel (München)
W. Stark (Ergolding)
F.-X. Wack (Biberbach)
M. Weiner (Hasede)
Schiedrichterinnen
C. Beck (Magstadt)
C. Frai (Bremen)
E. Günthner (Bamberg)
B. Steinhaus (Bad Lauterberg)

Internationale Soccer-Liga, Abk. **ISL,** USA: 1959 von Bill Cox, einem der Gründer des »Philadelphia Phillies Baseball Club« eingeführte Meisterschaftsrunde; wurde sechsmal in 2 Gruppen (I. und II. Division) in New York (Polo Ground of Randall's Island) und in Jersey City (Roosevelt Stadium) ausgespielt, stets nach Abschluss des Spieljahres. 1963 wurden Chikago, Detroit und Chiopee (Massachusetts), 1964 Boston und Los Angeles als Austragungsstätte mit einbezogen. (→ NASL)

Internationale Sommermeisterschaft, Vorläuferin des → Internationalen Fußballcups.

International Federation of Football History & Statistics → IFFHS.

International Football Association Board, **International F. A. Board,** kurz »Board«, 1886 in London gegr. internationale Schiedsrichter- und Regelkommission, die vorgeschlagene Änderungen zu den Spielregeln und andere den Fußball betreffende Angelegenheiten berät und beschließt. Dem »Board« gehören die → britischen Verbände und seit 1913 die FIFA an. Die brit. Verbände verfügen bei den Abstimmungen über je eine Stimme, während die FIFA – im Namen aller ihr angeschlossenen Landesverbände –, insgesamt über 4 Stimmen verfügt. Änderungen der Spielregeln können ausschließlich anlässlich der jährlich Anfang des Jahres stattfindenden Jahresversammlung vorgenommen werden, und zwar nur mit der Zustimmung von mindestens 75% der anwesenden Stimmberechtigten. Die Regeländerung tritt dann am 1. Juli des jeweiligen Jahres in Kraft. Die Beschlüsse des »Board« sind für die Landesverbände verbindlich, wobei die Verbände keine Veränderungen der Spielregeln vornehmen dürfen, ohne dass diese vom »Board« behandelt worden sind.

Internazionale Milano FC, Italien: → Mailand [2].

Intertotorunde, Vorläuferin des → Internationalen Fußballcups.

InterWetten.com, SC, Österreich: → Untersiebenbrunn, SC.

Filippo Inzaghi

Inzaghi, Filippo, italien. Angriffsspieler, *9. August 1973 Piacenza; 1985–92 FC Piacenza, 1992/93 Leffe Calcio, 1993/94 FC Verona, 1994/95 FC Piacenza, 1995/96 AC Parma, 1996/97 Atalanta Bergamo, 1997–2001 Juventus Turin, 2001–06 AC Mailand; 48 Länderspiele (seit 1997); WM-Endrunde 1998, 2002; EM-Endrunde 2000.

IOK, Abk. für **I**nternationales **O**lymp. **K**omitee (→ olympisches Fußballturnier).

Iordanescu, Anghel, rumän. Trainer, *4. Mai 1950; war Angriffsspieler: Steaua Bukarest; 64 Länderspiele (26 Tore). – Später Trainer: 1993–98 Rumänien (Nationalmannschaft; WM-Endrunde 1994, 1998, EM-Endrunde 1996), 1998–2000 Griechenland (Nationalmannschaft), 2002–04 Rumänien (Nationalmannschaft).

Ipswich Town, eigtl. »Ipswich Town FC« (Ipswich Town Football Club), England (Ipswich), gegr. 1878 als Ipswich AFC, seit 1888 Ipswich Town FC (seit 1936 Profifußball); Spielkleidung: Blau/Weiß/Blau; Stadion: Portman Road, 22 600 Plätze. – Internationale Erfolge: EC III 1981. – INTERNET: www.itfc.co.uk

Spieler (Auswahl): J. Baxter – T. Butcher. – **Trainer** (Auswahl): A. E. Ramsey – R. W. Robson.

Irak, Republik in Vorderasien, 437 072 km², 24,683 Mio. Ew.; Verband: Iraqi Football Association, Abk. IFA, gegr. 1948, Sitz: Bagdad; Mitglied der FIFA seit 1950, der AFC seit 1971; Spielkleidung: Weiß. – Klubs (Auswahl): Al-Jawwiya, Al-Jaish, Al-Karkh, Al-Shorta, Al-Talaba, Al-Zawra.

Iraklion, Griechenland: → Kreta, OFI.

Iran, früher: ***Persien,*** Islam. Republik in Vorderasien, 1 648 000 km², 68,279 Mio. Ew; Verband: IR Iran Football Federation, Abk. IRIFF, gegr. 1920, Sitz: Teheran (persisch Tehran); Mitglied der FIFA seit 1945, der AFC seit 1958; Spielkleidung: Weiß. – Erfolge: Asienmeister 1968, 1972, 1976. – Klubs (Auswahl): Ararat, Daraei FC, Esteghlal, Paas, Pirouzi, Saipa. – INTERNET: www.irisf.com

IRIFF, Abk. für **IR I**ranian **F**ootball **F**ederation, den Fußballverband von → Iran.

Irland, Republik Irland, irisch **Eire,** Staat in Nordwesteuropa, 70 280 km², 3,924 Mio. Ew.; Verband: The Football Association of Ireland, Abk. FAI, gegr. 1921, Sitz: Dublin; Mitglied der FIFA seit 1923, der UEFA seit 1954; Spielkleidung: Grün/Weiß/Grün. – INTERNET: www.fai.ie

Irmscher, Harald, dt. Trainer, *12. Februar 1946 Oelsnitz/Erzgebirge (Sachsen); war Mittelfeldspieler: 1956–62 BSG Aktivist »Karl Liebknecht« Oelsnitz, 1962–68 BSG Sachsenring Zwickau, 1968–76 FC Carl Zeiss Jena, 1976–78 BSG Wismut Gera; 330 Oberligaspiele (56 Tore); 41 Länderspiele (1966–74; 4 Tore); WM-Endrunde 1974; olymp. Fußballturnier 1972. – Später Trainer: 1978–83 FC Carl Zeiss Jena, 1983–88 DDR (Nationalmannschaft [Trainerassistent]), 1989/90 BSG Sachsenring bzw. FSV Zwickau,1990/91 FC Vorwärts Frankfurt (Oder) bzw. FC Viktoria '91 Frankfurt (Oder), 2005/06 Apollon Limassol (Trainerassistent).

Harald Irmscher

Isa, Harun, alban. Angriffsspieler, *21. Juni 1969 Tetovo (Makedonien); bis 1994 Ljuboten Tetovo, Lirija Prizren, FK Rad Belgrad, FK Pristina und Hertha 03 Zehlendorf Berlin, 1994/95 Hertha BSC, 1998/99 Tennis Borussia, 2000–02 1. FC Union Berlin, 2002–04 VfL Osnabrück; 76 Zweitligaspiele (15 Tore).

ISL, USA: Abk. für → **I**nternationale **S**occer-**L**iga.

Island, Insel und Republik im Nordatlantik, 103 000 km², 280 800 Ew.; Verband: Knattspyrnussamband Islands, Abk. KSI, gegr. 1947, Sitz: Reykjavik; Mitglied der FIFA seit 1947, der UEFA seit 1954; Spielkleidung: Blau. – INTERNET: www.ksi.is

Ismaël, Valérien, frz. Abwehrspieler, *28. September 1975 Straßburg (frz. Strasbourg); 1984–97 RC Straßburg, 1998 Crystal Palace, 1998–

Valérien Ismaël

2000 RC Lens, 2001 RC Straßburg, 2001/02 RC Lens, 2002/03 RC Straßburg, 2003–05 SV Werder Bremen, 2005/06 FC Bayern München; 77 Bundesligaspiele (8 Tore).

Ismaning, FC (Fußballclub Ismaning), Deutschland (Bayern), gegr. 1921; Spielkleidung: Weiß-Blau/Weiß/Weiß; Stadion: Stadion an der Lindenstraße, 5000 Plätze. – INTERNET: www.fcismaning.de

Spieler (Auswahl): M. Bender – T. Schweinsteiger. – **Trainer** (Auswahl): B. Winkler.

Israel, Republik in Vorderasien, bis 1947 **Palästina,** 20770 km², 6,202 Mio. Ew.; Verband: The Israel Football Association, Abk. IFA, gegr. 1928, Sitz: Tel Aviv; Mitglied der FIFA seit 1929, der AFC 1956–76 (Ausschluss), der OFC 1976–91 (als assoziiertes Mitglied), der UEFA seit 1991; Spielkleidung: Blau/Weiß/Blau. Seit 1992/93 darf Israel mit Klub- und Auswahlmannschaften an den Europapokalwettbewerben und seit 1996 an der Europameisterschaft teilnehmen. – Erfolge: Asienmeister 1964. – INTERNET: www.israel-football.org.il

Israel, Marinus (»Rinus«), niederländ. Trainer, * 19. März 1942 Amsterdam; war Abwehrspieler: 1956–66 DWV und DWS Amsterdam, 1966–75 Feyenoord Rotterdam, 1975/76 Excelsior Rotterdam, 1976–82 PEC Zwolle; 47 Länderspiele (1964–74; 3 Tore); WM-Endrunde 1974; in den Niederlanden Fußballer des Jahres 1970. – Später Trainer: 1982 PEC Zwolle, 1986–88 Feyenoord Rotterdam, 1988/89 PAOK Saloniki, 1992–94 Niederlande (Nationalmannschaft [Trainerassistent]).

Istanbul, Türkei, **1) Beşiktaş Istanbul,** eigtl. »Beşiktaş JK« (Beşiktaş Jymnastik Kulübü), gegr. 1903; Spielkleidung: Weiß/Schwarz /Schwarz; Stadion: Inönü, 45 000 Plätze. – INTERNET: www.bjk.com.tr

Spieler (Auswahl): Ö. Alpay – D. Amokachi – R. Aumann – Z. Baya – M. Dogan – M. Karhan – A. Knup – S. Kuntz – Y. Letchkov – I. Mantiz – M. Münch – E. Sverrisson – S. Yalcin. – **Trainer** (Auswahl): Ailton – H.-P. Briegel – H. Buhtz – C. Daum – V. Del Bosque – K.-H. Feldkamp – M. Lucescu – M. Milutinović – N. Scala – J. A. Tigana – J. Toshack.

2) Fenerbahce Istanbul, eigtl. »Fenerbahçe SK« (Fenerbahçe Spor Kulübü), gegr. 1907; Spielkleidung: Weiß; Stadion: F. Sükrü Saraçoglu, 52 000 Plätze. – INTERNET: www.fenerbahce.org

Spieler (Auswahl): F. Akyel – Alex – Ö. Alpay – D. Amokachi – N. Anelka – R. Antic – V. Bestchastnykh – T. Çolak – M. Dogan – R. Enke – E. Kostadinov – K. Lefter – I. Nunweiler – A. Okocha – A. A. Ortega – R. Recber – H. Schumacher – M. Stevic – Ö. Ümit – P. van Hooijdonk – M. Yakin – S. Yalcin – **Trainer** (Auswahl): O. Barić – P. Csernai – C. Daum – Didi – G. Hiddink – S. B. Lazaroni – W. Lorant – J. Löw – H. Osieck – C. Parreira – F. Rausch – J. Vengloš – Z. Zeman.

3) Galatasaray Istanbul, eigtl. »Galatasaray SK« (Galatasaray Spor Kulübü), gegr. 1905; Spielkleidung: Gelb-Rot-Schwarz/ Schwarz/Gelb-Rot; Stadion: Ali-Sami-Yen-Stadion, 22 500 Plätze (ein Neubau ist geplant). – Internationale Erfolge: UEFA-Pokal 2000, (Europa-)Supercup 2000. – INTERNET: galatasaray.org.tr

Spieler (Auswahl): R. Abramczik – F. Akyel – T. Çolak – F. de Boer – F. Conceiçao – Ü. Davala – F. Götz – T. Gütschow – G. Hagi – M. Heinz – M. Jardel – B. Korkmaz – M. Mpenza – M. Oktay – G. Popescu – D. Six – H. Şükür – C. Taffarel – F. Terim – K. Türkyilmaz –S. Turgay – H. Yakin – S. Yalcin. – **Trainer** (Auswahl): V. Del Bosque – J. Derwall – K. Feldkamp – E. Gerets – G. Hagi – S. Held – R. Hollmann – M. Lucescu – R. Saftig – F. Terim.

4) Istanbulspor, eigtl. »Istanbulspor AŞ« (Istanbulspor Anonim Şirketi), gegr. 1926 als Konstantinopel SK, seit 1930 Istanbulspor AŞ; Spielkleidung: Gelb/Schwarz/Schwarz; Stadion: M. Yahya Bas, 10 500 Plätze. – INTERNET: www.istanbulspor.com.tr

Spieler (Auswahl): Ü. Davala – T. Çolak.

Italien, ital. **Italia,** 301 230 km², 57,998 Mio. Ew.; Verband: Federazione Italiana Giuoco Calcio, Abk. FIGC, gegr. 1898, Sitz: Rom; Mitglied der FIFA seit 1905, der UEFA seit 1954; Spielkleidung: Blau/Weiß/Blau. – Erfolge: Weltmeister 1934, 1938, 1982, Europameister 1968, Olympiasieger 1936. – INTERNET: www.figc.it

»Italienlegionäre«, svw. → »Legionäre«.

Ivanauskas, Valdas, litauischer Trainer, * 31. Juli 1966 Kaunas; war Angriffsspieler: bis 1983 FBK Kaunas, 1984 Žalgiris Vilnius, 1985/86 ZSKA Moskau, 1987–90 Žalgiris Vilnius, 1990/91 Lokomotive Moskau, 1992–94 Austria Wien, 1994–97 Hamburger SV, 1997 VfL Wolfsburg, 1997–99 Casino bzw. Wüstenrot Salzburg, 2000/01 SV Wilhelmshafen, 2001/02 BV Cloppenburg; 91 Bundesligaspiele (13 Tore). – Später Trainer: 2003/04 FK Vetra Vilnius, 2004/05 FBK Kaunas.

Ivanschitz, Andreas, österr. Mittelfeldspieler, * 15. Oktober 1983 Eisenstadt; 1999–2005 Rapid Wien, 2006 RB Salzburg; 18 Länderspiele (seit 2003; 2 Tore); in Österreich Fußballer des Jahres 2003.

Iwan, Andrzej, poln. Mittelfeldsspieler, * 10. November 1959 Kraków; 1969–75 Wanda Kraków, 1975–83 Wisla Kraków, 1985–87 Górnik Zabrze, 1987–89 VfL Bochum; 30 Bundesligaspiele (2 Tore); 28 Länderspiele (11 Tore); WM-Endrunde 1982; in Polen Fußballer des Jahres 1987.

Iwanow, Valentin, russ. Mittelfeldspieler (Halbstürmer), * 19. Januar 1934 Moskau; 1948–66 Torpedo Moskau; 60 Länderspiele für die UdSSR (26 Tore); WM-Endrunde 1958, 1962, 1966; Europapokal der Nationen 1960, 1964.

Iwata, Júbilo, Japan (Iwata), gegr. 1972 als Yohama FC, seit 1991 Júbilo Iwata; Spielkleidung: Blau/Weiß/Blau; Stadion: Yahama Stadium, 17 343 Plätze. – INTERNET: www.jubilo-iwata.co.jp

Spieler (Auswahl): C. Dunga – S. Schillaci – N. Takahara – G. M. Vanenburg. – **Trainer** (Auswahl): L. F. Scolari.

Izmir, Türkei, **1) Altay Izmir,** eigtl. »Altay GK« (Altay Genclik Kulübü), gegr. 1914; Spielkleidung: Schwarz-Weiß/Schwarz/Weiß; Stadion: Alsancak, 20 000 Plätze.

2) Göztepe Izmir, eigtl. »Göztepe SK« (Göztepe Spor Kulübü), gegr. 1925; Spielkleidung: Gelb-Schwarz/Schwarz/Gelb; Stadion: Alsancac Stadi, 17 000 Plätze. – INTERNET: www.goztepe.org.tr

Trainer (Auswahl): F. Terim.

J

Jacquet, Aimé, Frankreich, frz. Trainer, * 27. November 1941 Sail-sous-Couzan; war Mittelfeldspieler: bis 1970 AS St.-Étienne, 1970–75 Olympique Lyon; 2 Länderspiele. – Später Trainer: 1975–80 Olympique Lyon, 1980–89 Girondins Bordeaux, 1989/90 Montpellier Pallaide SC, 1990/91 AS Nancy-Lorraine, 1991–98 Frankreich (Nationalmannschaft [1991–93 Trainerassistent, 1993–98 Cheftrainer]; EM-Endrunde 1996), 1998–2006 Frz. Fußballverband (Techn. Direktor); Welt-Nationaltrainer des Jahres 1998.

A. Jacquet: Erfolgsstationen (Auswahl)	
Girondins Bordeaux	LM 1984, 1985, 1987 PS 1986, 1987
Frankreich	Weltmeister 1998

Jäger, Adolf, dt. Angriffsspieler (Mittelstürmer), * 31. März 1889 Hamburg, † 21. November 1944 (bei einem Bombenangriff); 1908–27 FC Altona 93; 18 Länderspiele (1908–24; 11 Tore); spielte repräsentativ für Hamburg und Norddeutschland. – Ihm zu Ehren wurde später in Hamburg-Altona die damalige »AFC-Kampfbahn« in »Adolf-Jäger-Kampfbahn« umbenannt.

Jair da Costa, brasilian. Angriffsspieler, * 9. Juli 1940 Santo André; 1960–62 Portuguesa de Desportos São Paulo, 1962–67 Inter Mailand, 1967/68 AS Rom, 1968–72 Inter Mailand, 1972–74 FC Santos, 1974–76 Windsor Star (Kanada); 41 Länderspiele (31 Tore); Weltmeister 1962.

Jairzinho, eigtl. »Jair Ventura Filho«, brasilian. Angriffsspieler (Rechtsaußen), * 25. Dezember 1944 Duque de Caxias; 1962–74 Botafogo Rio de Janeiro, 1974/75 Olympique Marseille, 1975/76 Cruzeiro Belo Horizonte, 1977 Portuguesa FC (Venezuela), 1978 Noroeste Bauru (Brasilien), 1978–80 Jorge Wilsterman (Bolivien), 1981/82 Botafogo Rio de Janeiro; 101 Länderspiele (1963–82; 41 Tore); WM-Endrunde 1966, 1970 (Weltmeister), 1974. – Später Trainer: 1990–92 São Cristovao Rio de Janeiro, 2003–05 Gabun (Nationalmanschaft).

Jairzinho

Jakarta Anniversary Tournament	
1970	Malaysia
1971	Birma
1972	Indonesien
1973	Birma
1974	Birma
1975	Birma
1976	Südkorea
1977	Südkorea
1978	Südkorea

Jakarta Anniversary Tournament, Pokalturnier für Nationalmannschaften Südostasiens, 1970 durch den Indones. Fußballverband aus der Taufe gehoben, bis 1978 ausgetragen. Teilnehmer: Australien, Birma, Indonesien, Südkorea, Malaysia, Thailand.

Jakimow, Dimitar, bulgar. Mittelfeldspieler (Halbstürmer), * 12. August 1941 Sofia; 1955–60 ZSKA Sofia; 67 Länderspiele (1959–70; 9 Tore); WM-Endrunde 1962, 1966, 1970.

Jakob, Hans, dt. Torhüter, * 16. Juni 1908 Regensburg, † 24. März 1994; 1919–25 TV 61 Regensburg, 1925–42 Jahn Regensburg, 1942–45 FC Bayern München, 1945–49 FC Lichtenfels; 38 Länderspiele (1930–39); WM-Endrunde 1934, 1938 (nicht eingesetzt); olymp. Fußballturnier 1936; spielte repräsentativ für Süddeutschland und Bayern; Mitglied der → »Breslauer Elf«.

Jakobs, Ditmar, dt. Abwehrspieler, * 28. August 1953 Oberhausen; 1967–71 Arminia Lirich, 1971–73 Rot-Weiß Oberhausen, 1974–77 Tennis Borussia, 1977–79 MSV Duisburg, 1979–90 Hamburger SV; 493 Bundesligaspiele (45 Tore); 20 Länderspiele (1980–86; 1 Tor); WM-Endrunde 1986.

Jakobsson, Andreas, schwed. Abwehrspieler, * 5. Oktober 1972 Lund; bis 1988 Teckomatorps SK, 1989–94 Landskrona BoIS, 1995–2000 Helsingborgs IF, 2000–03 FC Hansa Rostock, 2003–04 Brøndby IF, 2004/05 FC Southampton; 99 Bundesligaspiele (4 Tore); 35 Länderspiele (bis 2004; 1 Tor); WM-Endrunde 2002; EM-Endrunde 2004.

Jamaika, Staat auf der Insel J. der Großen Antillen, 10 991 km², 2,696 Mio. Ew.; Verband: Jamaica Football Federation Ltd., Abk. JFF, gegr. 1910, Sitz: Kingston; Mitglied der FIFA seit 1962, der CONCACAF seit 1963; Spielkleidung: Gold/Schwarz/Gold. – INTERNET: www.homeviewjamaica.com

James, David, engl. Torhüter, *1. August 1970 Welwyn; 1988–92 FC Watford, 1992–99 FC Liverpool, 1999–2001 Aston Villa, 2001–04 West-ham United, 2004–06 Manchester City; 28 Länderspiele (seit 1997); WM-Endrunde 2002 (nicht eingesetzt); EM-Endrunde 2004.

Janas, Pawel, poln. Trainer, *4. März 1953 Pabianice; war Abwehrspieler: 1974–77 Widzew Lodz, 1978–82 Legia Warschau, 1982–84 AJ Auxerre, 1986–88 Legia Warschau; 53 Länderspiele; WM-Endrunde 1982. – SpäterTrainer: 1988–90 Legia Warschau (Trainerassistent), 1990–92 Poln. Fußballverband (Trainerassistent Junioren- und Olympiaauswahl), 1992–96 Legia Warschau (1992/93 Trainerassistent, 1993–96 Cheftrainer; LM 1994, 1995), 1996–99 Polen (Olympiaauswahl), 1999–2002 Amica Wronki (1999–2001 Manager, 2001/02 Cheftrainer), 2002–06 Polen (Nationalmannschaft).

Jancker, Carsten, dt. Angriffsspieler, *28. August 1974 Wismar; 1981–87 TSG Wismar, 1987–91 FC Hansa Rostock, 1991–95 1. FC Köln, 1995/96 Rapid Wien, 1996–2002 FC Bayern München, 2002–04 Udinese Calcio, 2004–06 1. FC Kaiserslautern; 178 Bundesligaspiele (53 Tore); 33 Länderspiele (1998–2002; 5 Tore); WM-Endrunde 2002; EM-Endrunde 2000.

Janes, Paul, dt. Abwehrspieler, *11. März 1912 Küppersteg (Nordrhein-Westfalen), † 12. Juni 1987 Düsseldorf; 1923–30 Jahn Küppersteg, 1930–51 Fortuna Düsseldorf; 71 Länderspiele (1932–42; 7 Tore); WM-Endrunde 1934, 1938; olymp. Fußballturnier 1936 (nicht eingesetzt); spielte repräsentativ für Westdeutschland, Niederrhein und Niedersachsen; Mitglied der →»Breslauer Elf«. – Ihm zu Ehren wurde in Düsseldorf das Stadion am »Flinger Broich« in »Paul-Janes-Stadion« umbenannt.

Jankauskas, Edgaras, litauischer Angriffsspieler, *12. März 1975 Vilnius; 1993–95 Žalgiris Vilnius, 1996 ZSKA Moskau, 1997 Torpedo Moskau, 1997–99 FC Brügge, 1999–2001 Real Sociedad San Sebastián, 2002–04 FC Porto, 2004/05 OGC Nizza, 2005/06 Heart of Midlothian; 8 Länderspiele (seit 2002; 3 Tore); in Litauen Fußballer des Jahres 1997, 1998, 2000, 2001, 2004.

Janocko, Vladimir, slowak. Mittelfeldspieler, *2. Dezember 1976 Kosice; 1994–99 1. FC Kosice, 2000/01 Skoda Xanthi, 2001–06 Austria Wien; 11 Länderspiele (seit 2002; 2 Tore); in Österreich Fußballer des Jahres 2002.

Jansen, 1) Jürgen, dt. Schiedsrichter (Essen), *16. Oktober 1960 Aachen; seit 1987 DFB-Schiedsrichter, seit 1990 Zweite Bundesliga (81 Spiele), seit 1993 Bundesliga (142 Spiele). – Anfang 2005 wegen wegen mögl. Beteiligung am →»Wett- und Manipulationsskandal« vom Spielbetrieb suspendiert, im Juli des gleichen Jahres rehabilitiert. – **2)** Marcell, dt. Abwehrspieler, *4. November 1985 Mönchengladbach; bis 1994 SV Lürrip, 1994–98 SV Mönchengladbach 1910, 1998–2006 Borussia Mönchengladbach; 32 Bundesligaspiele (1 Tor); 4 Länderspiele (seit 2005). – **3)** Wilhelmus Marinus Antonius (»Wim«), niederländ. Trainer, *28. Okober 1946 Rotterdam; war Mittelfeldspieler: 1960–80 Feyenoord Rotterdam, 1980/81 Washington Diplomats und Ajax Amsterdam, 1981/82 PSV Eindhoven, 1982/83 NAC Breda; 65 Länderspiele (1967–80; 1 Tor); WM-Endrunde 1974, 1978; EM-Endrunde 1976. – Später Trainer: 1983–87 Feyenoord Rotterdam (1983–86 Jugend, 1986/87 Trainerassistent), 1987/88 SC Lokeren, 1989–94 Feyenoord Rotterdam, 1994–97 Sanfrecce Hiroshima, 1997/98 Celtic Glasgow, 2002 Urawa Red Diamonds.

Marcell Jansen

Janvion, Gerárd, frz. Abwehrspieler, *21. August 1953 Fort-de-France (Martinique); 1964–72 Case Pilote (Martinique), 1972–84 AS St.-Étienne, 1984/85 Paris Saint-Germain, 1985–87 Béziers; 39 Länderspiele (1975–82); WM-Endrunde 1978, 1982.

Japan, Kaiserreich in Ostasien, 372 835 km², 127,215 Mio. Ew.; Verband: Japan Football Association, Abk. JFA, gegr. 1921, Sitz: Tokio; Mitglied der FIFA 1929–45 und seit 1950, der AFC seit 1954; Spielkleidung: Blau/Weiß/Blau. – Erfolge: Asienmeister 1992, 2000, 2004. – INTERNET: www.jfa.or.jp

Jara, Kurt, österr. Trainer, *14. Oktober 1950 Innsbruck; war Mittelfeldspieler: 1964–69 SV Innsbruck, 1969–73 Wacker Innsbruck, 1973–75 CF Valencia, 1975–80 MSV Duisburg, 1980/81 FC Schalke 04, 1981/82 Grasshopper-Club Zürich; 191 Bundesligaspiele (25 Tore); 59 Länderspiele (14 Tore); WM-Endrunde 1978, 1982. – Später Trainer: 1986–88 Grasshopper-Club Zürich, 1988–91 FC St. Gallen, 1991–94 FC Zürich, 1994/95 VfB Mödling, 1996/97 Skoda Xanthi, 1997/98 APOEL Nikosia, 1999–2001 FC Tirol Innsbruck (LM 2000, 2001), 2001–03

Hamburger SV, 2004/05 1. FC Kaiserslautern, 2005/06 RB Salzburg.

Jardel, Mario, eigtl. »Mario Jardel Almeida Irbeiro«, brasilian. Angriffsspieler, *18. September 1973 Fortaleza; bis 1990 Fortaleza Esporte Club, 1990–95 Vasco da Gama Rio de Janeiro, 1996 Gremio Pôrto Alegre, 1996–99 FC Porto, 2000/01 Galatasaray Istanbul, 2001–03 Sporting Lissabon, 2003/04 Bolton Wanderers, 2004 Ancona Calcio, 2004/05 Newell's Old Boys, 2005 Goiás EC (Brasilien); Europas Torschützenkönig 1999 (36), 2002 (42).

Jarolim, David, ein tschech. Mittelfeldspieler, *17. Mai 1979 Caslav; 1987–91 FC Rouen, 1991–95 Slavia Prag, 1996–2000 FC Bayern München (Amateure), 2000–03 1. FC Nürnberg, 2003–06 Hamburger SV; 133 Bundesligaspiele (10 Tore), 1 Länderspiele (2005).

Jaroslawl, Schinnik, eigtl. »FK Shinnik Yaroslavl » (Futbolnyi Klub Shinnik Yaroslavl), Russland, gegr. 1957 als Dinamo Yaroslavl, seit 1960 Shinnik Yaroslavl; Spielkleidung: Weiß/Blau/Blau; Stadion: Shinnik, 22 000 Plätze. – INTERNET: www.shinnik.yar.ru

Trainer (Auswahl): I. Netto.

Kurt Jara

Jaschin, Lew, russ. Torhüter, *22. Oktober 1929 Moskau, †21. März 1990 ebd.; 1945–71 Dynamo Moskau; 78 Länderspiele für die UdSSR (1954–67); WM-Endrunde 1958, 1962, 1966, 1970 (nicht eingesetzt); 1960 Europapokal der Nationen (Sieger), 1964; Olympiasieger 1956; spielte 1963 mit der FIFA-Auswahl gegen England und 1968 gegen Brasilien, 1964 mit der Europaauswahl gegen Jugoslawien; Europas Fußballer des Jahres 1963. – Wurde 1985 mit dem Olymp. Orden geehrt.

Lew Jaschin

> **L. Jaschin**
> »Die Freude, Juri Gagarin durch das All fliegen zu sehen wird nur durch die Freude eines gut gehaltenen Elfmeters übertroffen.«

Jawaharlal-Nehru-Goldcup, seit 1982 ausgetragenes, vom Ind. Fußballverband (AIFF) organisiertes Einladungsturnier für Auswahl- und Klubmannschaften aller Kontinente. Wegen des dicht gedrängten Terminkalenders der FIFA und AIFF wird das international relativ unbedeutende Turnier seit 1989 nur alle 2 Jahre durchgeführt. In den Anfangsjahren gewannen fast ausschließlich Teams aus dem damaligen Ostblock (bis 1990 viermal die UdSSR), abgesehen von Uruguay, das 1982 den ersten Wettbewerb gewann.

Jazz Pori, FC (Football Club Jazz Pori), Finnland (Pori [schwed. Björneborg]), gegr. 1934 als PPT Pori, seit 1991 FC Jazz Pori; Spielkleidung: Schwarz/Rot/Schwarz; Stadion: Porin Stadion, 12 000 Plätze. — INTERNET: www.fcjazz.fi

Jeandupeux, Daniel, schweizer. Trainer, *7. Februar 1949 Saint-Imier (Kt. Bern); war Angriffsspieler (Linksaußen): 1962–72 FC La Chaux-de-Fonds, 1972–75 FC Zürich, 1975–79 Girondins Bordeaux; 35 Länderspiele (1969–77; 2 Tore). – Später Trainer: 1979/80 FC Sion (LM 1980), 1980–83 FC Zürich (LM 1981), 1983–85 FC Toulouse, 1986–89 Schweiz (Nationalmannschaft), 1989–95 SM Caen (Frankreich), 1994/95 RC Straßburg, 2004 UC Le Mans.

Jemen, Republik im Südwesten und Süden der Arab. Halbinsel, 527 970 km², 19,350 Mio. Ew.; Verband: Yemen Football Association, Abk. YFA, gegr. 1962, Sitz: Sana; Mitglied der FIFA und der AFC seit 1968; Spielkleidung: Grün.

Jena, FC Carl Zeiss (Fußballclub Carl Zeiss Jena), Deutschland (Thüringen), gegr. am 13. Mai 1903 als FC Carl Zeiss 1903 Jena, 1917–45 1. Jenaer SV 1903, 1945 aufgelöst und als SG Ernst Abbe Jena neu gegr., 1948/49 SG Stadion Jena, 1949–51 BSG Carl Zeiss Jena, 1951 BSG Mechanik Jena, 1951–54 BSG Motor Jena, 1954–66 SC Motor Jena, seit dem 20. Januar 1966 FC Carl Zeiss Jena; DDR-Oberliga 1952/53, 1958–90, NOFV-Oberliga 1990/91; Spielkleidung: Weiß-Blau/Blau/Weiß; Stadion: Ernst-Abbe-Sportfeld, 12 000 Plätze. – INTERNET: www.fc-carlzeiss-jena.de

Spieler (Auswahl): J. Akpoborie – D. Bärwolf – W. Blochwitz – J. Böhme – B. Bransch – P. Bräutigam – G. Buschner – P. und R. Ducke – R. Enke – H.-U. Grapenthin – B. Hobsch – O. Holetschek – K. Hutwelker – H. Irmscher – M. Kischko – L. Kurbjuweit – L. Lindemann – H. Müller – J. Raab – B. Schneider – K. Schnieke – R. Schnuphase – E. Vogel – H. Weber – K. Weise. – **Trainer** (Auswahl): J. Berger – G. Buschner – F. Engel – U. Erkenbrecher – R. Hollmann – H. Irmscher – L. Kurbjuweit – H. Meyer – K. Schlappner – B. Stange – J. Steffens – H.-U. Thomale – H. Weber.

Jennings, Patrick Anthony (»Pat«), nordir. Torhüter, *12. Juni 1945 Newry; 1955–62 Newry Town, 1962–64 FC Watford, 1964–78 Tottenham Hotspur, 1978–85 FC Arsenal, 1985/86 Tottenham Hotspur, 1986–89 FC Everton; 119 Länderspiele (1964–86); WM-Endrunde 1982, 1986; in Nordirland Fußballer des Jahres 1973.

Jensen, 1) John, dän. Mittelfeldspieler, *3. Mai 1965 Kopenhagen; 1978–88 Brøndby IF, 1988–90 Hamburger SV, 1991/92 Brøndby IF, 1992–96 FC Arsenal, 1996–99 Brøndby IF, 1999–2001 Herfølge BK; 47 Bundesligaspiele; 69 Länderspiele; EM-Endrunde 1988, 1992 (Europameister); in Dänemark Fußballer des Jahres 1987. – Später Trainer: 2003–06 Brøndby IF (Trainerassistent). – **2)** Niclas, dän. Abwehrspieler, *17. August 1974 Kopenhagen; 1992–96 FC Kopenhagen, 1996/97 PSV Eindhoven, 1997–2001 FC Kopenhagen, 2002/03 Manchester City, 2003–05 Borussia Dortmund, 2005/06 FC Fulham; 43 Bundesligaspiele (2 Tore); 43 Länderspiele; WM-Endrunde 2002; EM-Endrunde 2004. – Sein Bruder **Daniel J.** (*1979) ist Mittelfeldspieler: 1987–98 B 1893 Kopenhagen, 1998–2003 SC Heerenveen, 2003/04 Real Murcia, 2004–06 SV Werder Bremen; 30 Bundesligaspiele; 13 Länderspiele (seit 2002); EM-Endrunde 2004.

Jentzsch, Simon, dt. Torhüter, *4. Mai 1976 Düsseldorf; bis 1991 SC Waldniel, 1991–93 1. FC Mönchengladbach, 1993–95 Bayer 05 Uerdingen, 1995–2000 Karlsruher SC, 2000–03 TSV München 1860, 2003–06 VfL Wolfsburg; 172 Bundesligaspiele.

Jeremies, Jens, dt. Mittelfeldspieler, *5. März 1974 Görlitz; 1980–86 BSG Motor WAMA Görlitz, 1986–95 SG bzw. 1. FC Dynamo Dresden, 1995–98 TSV München 1860, 1998–2006 FC Bayern München; 245 Bundesligaspiele (9 Tore); 55 Länderspiele (1997–2004; 1 Tor); WM-Endrunde 1998, 2002; EM-Endrunde 2000, 2004.

Jerewan, Armenien, **1) Ararat Jerewan,** eigtl. »FC Ararat Jerewan« (Football Club Ararat Jerewan), gegr. 1937 als Dinamo Jerewan, 1954 aufgelöst und als Spartak Jerewan neu gegr., 1963–88 Ararat Jerewan, seitdem FC Ararat Jerewan; Spielkleidung: Weiß/Blau/Blau; Stadion: Republik-Stadion, 25 000 Plätze.

2) Banants Jerewan, eigtl. »FC Banants Jerewan« (Football Club Banants Jerewan), gegr. 1992; Spielkleidung: Blau; Stadion: Kotayk, 5500 Plätze.

3) Piunik Jerewan, eigtl. »FC Piunik Jerewan« (Football Club Piunik Jerewan), gegr. als Armenikum Jerewan, seit 2001 FC Piunik Jerewan; Spielkleidung: Blau/Weiß/Weiß; Stadion: Hanrapetakan, 14 968 Plätze.

Jerez de la Frontera, Stadt in Spanien, früher: ***Xerez*** (→ Xerez, CD).

Jersey, das mit Rückennummern versehene Trikot (→ Dress).

Jerusalem, Beitar, Israel, gegr. 1939; Spielkleidung: Gelb/Schwarz/Gelb-Schwarz; Stadion: Teddi, 21 000 Plätze. – INTERNET: www.beitarjerusalem.org.il

Ježek, Václav, slowak. Trainer, *1. Oktober 1923, †27. August 1995; war Mittelfeldspieler: SK Slavia Banská Bystrica, SK Jaromer, Úpice, SK Dvúr Králové, TJ Jiskra SS Liberec, Spartak Hradec Králové und Dukla Brno. – Später Trainer: 1955–59 TJ Jiskra SS Liberec, 1959–63 Dukla Prag, 1963–69 Sparta Prag, 1970–72 ADO Den Haag, 1972–78 ČSSR (Nationalmannschaft [1973–78 mit J. → Vengloš]; Europameister 1976), 1978–82 Feyenoord Rotterdam, 1982–84 Sparta Prag, 1984–86 FC Zürich, 1986–90 Sparta Prag,

V. Ježek: Erfolgsstationen (Auswahl)	
Dukla Prag	LM 1961, 1962, 1963 PS 1961
Sparta Prag	LM 1967, 1984, 1987, 1988, 1989, 1990 PS 1984, 1988, 1989
ČSSR	Europameister 1976
Feyenoord Rotterdam	PS 1980

1990–92 SK Slavia IPS bzw. Slavia Prag (Manager), 1993 Slowak. Republik (Nationalmannschaft). – In seiner Heimat 2001 zum »Tschechischen Fußballtrainer des 20. Jahrhunderts« gewählt.

JFA, 1) Abk. für **J**apan **F**ootball **A**ssociation, den Fußballverband von → Japan. – **2)** Abk. für **J**ordan **F**ootball **A**ssociation, den Fußballverband von → Jordanien.

JFF, Abk. für **J**amaica **F**ootball **F**ederation, den Fußballverband von → Jamaika.

J-League, Japan: seit 1992 etablierte Profiliga. Wurde die erste Meisterschaft 1993 mit nur 10 Teams begonnen, nahm die Teilnehmerzahl in den Folgejahren ständig zu (1998 18 Teams); 1999 gab es erstmals (zwei) Absteiger. Bezüglich der Anzahl der Aktiven und der kontinentalen Kluberfolge hat sich Japan zu einer asiat. Großmacht entwickelt. Bis auf wenige Ausnahmen sind die Ligaklubs auf der Hauptinsel Honshu ansässig. – In Südkorea: → K-League.

João Pinto, eigtl. »João Manuel Vieira Pinto«, portugies. Angriffsspieler, *19. August 1971 Bairro Falcão (zu Porto); bis 1983 Aguias da Areosa, 1983–90 Boavista Porto, 1990/91 Atlético Madrid, 1991/92 Boavista Porto, 1992–2000 Benfica Lissabon, 2000–04 Sporting Lissabon, 2004–06 Boavista Lissabon; 78 Länderspiele (1991–2002; 20 Tore); WM-Endrunde 2002; EM-Endrunde 1996, 2000; in Portugal Fußballer des Jahres 1992, 1993, 1994.

Joaquin, eigtl. »Joaquin Sanchez Rodiguez«, span. Angriffsspieler, *21. Juli 1981 Puerto de Santa Maria; 1999–2006 Real Betis Sevilla; 32 Länderspiele.

Johannesburg, Südafrika: → Kaizer Chiefs.

Johannsen, Helmut, dt. Trainer, *27. Februar 1920 Hamburg, †5. November 1998 ebd.; 1950–54 TuS Bremerhaven 93, 1954–61 Holstein Kiel, 1962/63 1. FC Saarbrücken, 1963–70 Eintracht Braunschweig (LM 1967), 1970–72 Hannover 96, 1972–75 Röchling Völklingen, 1975/76 Tennis Borussia, 1976–79 Grasshopper-Club Zürich, 1979–81 VfL Bochum, 1981–85 FC St. Gallen.

Johansson, Lennart, ein schwed. Funktionär, *5. November 1929 Solna (zu Stockholm); seit 1990 Präsident der UEFA und Vizepräsident der FIFA (Vorgänger: J. → Georges).

Johnson, Andrew (»Andy«), engl. Mittelfeldspieler, *10. Februar 1981 Bedford; 1997–2002 Birmingham City, 2002–06 Crystal Palace; 2 Länderspiele (seit 2005)

»Joker«, Spieler, der bei seinem späten Einsatz wiederholt erfolgreich war und fast verlorene Spiele noch »herausgerissen« hat; (letzte) »Trumpfkarte« des Trainers und meist in der zweiten Halbzeit »ausgespielt«. Als »Top-J.« wird ein Aktiver bezeichnet, der bei seinen (Kurz-)Einsätzen regelmäßig Tore erzielt.

Jones, 1) Clifford William (»Cliff«), walis. Angriffsspieler (Linksaußen), *7. Februar 1935; Swansea Town und Tottenham Hotspur; 59 Länderspiele (1954–69); WM-Endrunde 1958. – **2)** Jermaine, dt. Angriffsspieler, *3. November 1981 Frankfurt am Main; 1988–94 SV Bonames, 1994/95 FV Bad Vilbel, 1995–2004 Eintracht Frankfurt, 2004 Bayer 04 Leverkusen, 2005/06 Eintracht Frankfurt; 23 Bundesligaspiele (1 Tor). – **3)** Stephanie (»Steffi«), dt. Mittelfeldspielerin, *22. Dezember 1972 Frankfurt am Main; 1977–84 SV Bonames, 1984–90 SG Praunheim, 1991 FSV Frankfurt, 1992/93 SG Praunheim, 1994 TuS Niederkirch, 1995/96 SG Praunheim, 1997–99 FSV Frankfurt, 1999/2000 SC Bad Neuenahr, 2000–06 1. FFC Frankfurt (2003 Gastspielerin bei Washington Freedom); 100 Länderspiele (seit 1993; 9 Tore); WM-Endrunde 1999; EM-Endrunde 1993, 1997 (Europameisterin), 2001 (Europameisterin), 2005 (Europameisterin); olymp. Fußballturnier 2000.

Jonquet, Robert, frz. Abwehrspieler (Mittelläufer), *3. Mai 1925 Paris; 1939–42 Chatenay-Malabry und SS Voltaire, 1942–60 Stade Reims, 1960–62 RC Straßburg; 58 Länderspiele (1948–60); WM-Endrunde 1954, 1958; Europapokal der Nationen 1960.

Jordanien, konstitutionelle Monarchie in Vorderasien, 92 300 km², 5,460 Mio. Ew.; Verband: Jordan Football Association, Abk. JFA, gegr. 1945, Sitz: Amman; Mitglied der FIFA seit 1958, der AFC seit 1974; Spielkleidung: Weiß-Rot/Weiß-Rot/Weiß-Rot. – Klubs (Auswahl): Al-Faysali, Al-Wahdat, Al-Ahli, Al-Jazira, Amman Club. – INTERNET: www.jfa.com.jo

Jordão, eigtl. »Rui Manuel Trinidade«, portugies. Angriffsspieler,* 9. August 1952 Benguela (Angola); 1969/70 Sporting de Benguela, 1970–76 Benfica Lissabon, 1976–78 Real Saragossa, 1978–86 Sporting Lissabon, 1986–89 Vitória Setúbal; 45 Länderspiele (1972–84; 15 Tore); EM-Endrunde 1984; in Portugal Fußballer des Jahres 1980.

Jorge, Artur, portugies. Trainer, *13. Februar 1946 Oporto; war Mittelfeldspieler: 1960–65 FC Porto, 1965–68 Académica Coimbra, 1968–75 Benfica Lissabon, 1975/76 Belenenses Lissabon, 1977 Rochester Lancers (USA); 16 Länderspiele (1967–77; 1 Tor). – Später Trainer: 1980/81 Vitória Guimarães, 1981 Belenenses Lissabon, 1981–83 Portimonense SC (Portugal), 1984–87 FC Porto, 1987–89 Racing Paris, 1989–91 FC Porto, 1991–94 Paris Saint-Germain, 1994/95 Benfica

Lissabon, 1995/96 Schweiz (Nationalmannschaft; EM-Endrunde 1996), 1996/97 Portugal (Nationalmannschaft), 1997/98 CD Tenerife, 1998 Vitesse Arnheim, 1998/99 Paris Saint-Germain, 2000/01 Al-Nasr (Saudi-Arabien), 2001/02 Al-Hilal (Saudi-Arabien), 2002–04 Académica Coimbra, 2004 ZSKA Moskau, 2005 Kamerun (Nationalmannschaft).

A. Jorge: Erfolgsstationen (Auswahl)	
FC Porto	LM 1985, 1986, 1987, 1990
	EC I 1987
Paris Saint-Germain	LM 1994
	PS 1993
Al-Hilal (Saudi-Arabien)	LM 2002

Jorginho, eigtl. »Jorge de Amorim Campos«, brasilian. Mittelfeldspieler, * 17. August 1964 Rio de Janeiro; 1974–83 América Rio de Janeiro, 1983–89 Flamengo Rio de Janeiro, 1989–92 Bayer 04 Leverkusen, 1992–95 FC Bayern München; 154 Bundesligaspiele (15 Tore); 64 Länderspiele (1987–96 ; 3 Tore); WM-Endrunde 1990, 1994 (Weltmeister); olymp. Fußballturnier 1988.
Juan, eigtl. »Silveira dos Santos«, brasilian. Abwehrspieler, * 1. Februar 1979 Rio de Janeiro; 1996–2002 Flamengo Rio de Janeiro, 2002–06 Bayer 04 Leverkusen; 93 Bundesligaspiele (7 Tore); 33 Länderspiele (seit 2001; 2 Tore).
Juanito, eigtl. »Gómez González Juan«, Spanien, span. Angriffsspieler, * 10. November 1954 Fuengirola, † 2. April 1992 (verunglückt); 1973–77 FC Burgos (Spanien), 1977–87 Real Madrid, 1987–89 FC Málaga; 34 Länderspiele (8 Tore); WM-Endrunde 1978, 1982; EM-Endrunde 1980; in Spanien Fußballer des Jahres 1977.
»Juanito«, offizielles → WM-Maskottchen der WM-Endrunde 1970 in Mexiko.
Jugend ... → Junioren ...
Jugoslawien, frühere Bundesrepublik in Südosteuropa, bestand bis 1991 als Vielvölkerstaat, danach zerfallen (→ Bosnien und Herzegowina, → Kroatien, → Makedonien, → Slowenien); Verband: Fudbalski Savez Jugoslavije, Abk. FSJ, Sitz: Belgrad; Mitglied FIFA seit 1923, der UEFA seit 1954. – Erfolge: Olympiasieger 1960.
Die UEFA schloss Jugoslawien 1992 von der EM-Endrunde in Schweden wegen des Bürgerkriegs in Bosnien und Herzegowina aus. Später wurde auch »Restjugoslawien« (Föderative Republik J.) als Folge des Bürgerkriegs die Teilnahme an der WM-Qualifikation 1994 verwehrt, ebenso die Teilnahme an der EM-Qualifikation für 1996. – Seit 2003 besteht als Nachfolgestaat der Staatenbund → Serbien und Montenegro.
Jugovic, Vladimir, serb. ein Mittelfeldspieler, * 30. August 1969 Trstenik; bis 1989 Roter Stern Belgrad, 1990 FK Rad Belgrad, 1990–92 Roter Stern Belgrad, 1992–95 Sampdoria Genua, 1995–97 Juventus Turin, 1997/98 Lazio Rom, 1998/99 Atlético Madrid, 1999–2001 Inter Mailand, 2001–03 AS Monaco, 2003/04 Admira-Wacker Mödling, 2004/05 LR Ahlen; 19 Zweitligaspiele (2 Tore); 40 Länderspiele für Jugoslawien (3 Tore); WM-Endrunde 1998; EM-Endrunde 2000.
Júlio César, eigtl. »Júlio César da Silva«, brasilian. Abwehrspieler, * 8. März 1963 Bauru; 1976/77 Noroeste Bauru, 1978–86 FC Guarani, 1986/87 Stade Brest (Frankreich), 1987–90 SC Montpellier, 1990–94 Juventus Turin, 1994–98 Borussia Dortmund, 1998 Botafogo Rio de Janeiro und Borussia Dortmund, 1999 Panathinaikos Athen, 1999/2000 SV Werder Bremen; 92 Bundesligaspiele (7 Tore); 61 Länderspiele; WM-Endrunde 1986.
Jun, Tomas, tschech. Angriffsspieler, * 17. Januar 1983 Prag; 1993–2005 Sparta Prag, 2005/06 Trabzonspor; 1 Länderspiel (2004).
Jungferninseln, engl. **Virgin Islands,** Inselgruppe der Westind. Inseln im Bereich der Kleinen Antillen (östlich von Puerto Rico). Der westl. Teil der J. wird vom USA-Territorium **Virgin Islands of the United States** (»Amerikanische J.«) gebildet, 344 km², 101 800 Ew.; Verband: USVI Soccer Association Inc., Abk. USVISA, gegr. 1998; Mitglied der FIFA und der CONCACAF seit 1998; Spielkleidung: Königsblau-Gold/Königsblau/ Königsblau. – Der östl.Teil wird von der brit. Kronkolonie **British Virgin Islands** (»Britische J.«) ausgefüllt, 153 km², 21 700 Ew.; Verband: British Virgin Islands Football Association, Abk. BVIFA, gegr. 1974; seit 1998;Spielkleidung: Grün/Gold/Grün. – Der östl. Teil wird von der brit. **British Virgin Islands** (»Brit. J.«) ausgefüllt, 153 km², 21 700 Ew.; Verband: British Virgin Islands Football Association, Abk. BVIFA, gegr. 1974; Mitglied der FIFA und der CONCACAF seit 1996; Spielkleidung: Gold-Grün/Grün/Grün. – INTERNET: www.usvisoccerfederation.com
Junghans, Walter, dt. Torhüter, * 26. Oktober 1958 Hamburg; 1977–82 FC Bayern München, 1982–87 FC Schalke 04, 1988–93 Hertha BSC, 1993/94 Bayer 04 Leverkusen, 1994–96 Fortuna Köln; 250 Bundesligaspiele; kein Länderspiel, aber im dt. Kader bei der EM-Endrunde 1980 (nicht eingesetzt).

Aufstieg zur Junioren-Bundesliga	
Direktaufstieg	
Meister der Regionalliga Nord	
Meister der Regionalliga Nordost	
Meister der Bayernliga	
Meister der Oberliga Baden-Württemberg	
Meister der Verbandsliga Niederrhein	
Meister der Verbandsliga Mittelrhein	
Meister der Verbandsliga Westfalen	
Aufstiegsspiele (2 Aufsteiger)	
Meister der Regionalliga Südwest	
gegen	
Meister der Hessenliga	
Zweiter der Regionalliga Nord	
gegen	
Zweiter der Regionalliga Nordost	

Juninho, eigtl. »Paulista Osvaldo Giraldo«, brasilian. Mittelfeldspieler, * 22. Februar 1973 São Paulo; bis 1993 FC Itáuna, 1993–95 FC São Paulo, 1995–97 FC Middlesbrough, 1997–99 Atlético Madrid, 1999/2000 FC Middlesbrough, 2000/01 Vasco da Gama Rio de Janeiro, 2002 Flamengo Rio de Janeiro, 2002–04 FC Middlesbrough, 2004/05 Celtic Glasgow; 41 Länderspiele (seit 1995; 11 Tore); Weltmeister 2002; olymp. Fußballturnier 1996.

Juninho Pernambucano, eigtl. »Antonio Augusto Ribeiro Reis«, brasilian. Mittelfeldspieler, * 30. Januar 1975 Recife; 1995–2001 Vasco da Gama Rio de Janeiro, 2001–06 Olympique Lyon; 30 Länderspiele (seit 1999; 1 Tor).

Júnior, eigtl. »Leovegildo Lins da Gama«, brasilian. Abwehrspieler, * 29. Juni 1954 João Pessoa; 1968–72 Juventus Rio de Janeiro, 1972–84 Flamengo Rio de Janeiro, 1984–87 Turin Calcio, 1987–89 Pescara Calcio, 1989–93 Flamengo Rio de Janeiro; 70 Länderspiele (1979–92; 6 Tore); WM-Endrunde 1982, 1986.

Júnior Baiano, eigtl. »Raimundo Ferreira Ramos Júnior«, brasilian. Abwehrspieler, * 14. März 1970 Feira de Santana; bis 1993 Flamengo Rio de Janeiro, 1994/95 FC São Paulo, 1995/96 SV Werder Bremen, 1996/97 Flamengo Rio de Janeiro, 1998/99 Palmeiras São Paulo, 2000/01 Vasco da Gama, 2001/02 Internacional Pôrto Alegre; 32 Bundesligaspiele (2 Tore); 33 Länderspiele; WM-Endrunde 1998.

Junioren-Bundesliga, DFB: seit 2003/04 höchste Spielklasse der A-Junioren (16–18 Jahre) in Deutschland, eingeteilt in 3 Staffeln mit je 14 Mannschaften: Gruppe Nord/Nordost, Gruppe Süd/Südwest und Gruppe West; nach Ende der Saison steigen jeweils 3 Vertretungen ab. Die Sieger der 3 Gruppen und der Zweite der Gruppe Süd/Südwest qualifizieren sich für die Endrunde um die dt. Meisterschaft.

Junioren-Europameisterschaft U 16/U 17	
UEFA-Wettbewerb U 16	
1982	Italien
1984	BRD
1985	UdSSR
1986	Spanien
1987	Italien
1988	Spanien
1989	Portugal
1990	ČSFR
1991	Spanien
1992	Deutschland
1993	Polen
1994	Türkei
1995	Portugal
1996	Portugal
1997	Spanien
1998	Irland
Europameisterschaft U 16	
1999	Spanien
2000	Portugal
2001	Spanien
U 17-EM	
2002	Schweiz
2003	Portugal
2004	Frankreich
2005	Türkei

Junioreneuropameisterschaft U 16/U 17, wurde 1982–98 als *UEFA-Wettbewerb U 16* geführt, 1999–2001 als *Europameisterschaft U 16,* seit 2002 *U 17-EM.*

Junioreneuropameisterschaft U 18/U 19, seit 2002 als *U 19-EM* geführt. Ab 1948 führte die FIFA *(FIFA-Juniorenturnier)* bzw. seit 1955 die UEFA *(UEFA-Juniorenturnier)* jährlich ein internationales Turnier durch. Teilnahmeberechtigt waren alle Spieler bis zu vollendeten 18. Lebensjahr. 1981–2001 trug das UEFA-Juniorenturnier die Bez. *Junioreneuropameisterschaft.*

Junioreneuropameisterschaft U 21/U 23, seit 1972 alle 2 Jahre durchgeführter UEFA-Wettbewerb, bis 1976 als *U 23-Nachwuchs-Europameisterschaft* geführt.

Juniorenweltmeisterschaft U 17, jüngster, von der FIFA initiierter, 1985 erstmals ausgetragener Wettbewerb, der alle 2 Jahre durchgeführt wird; bis 1989 als *Weltturnier U 16-Junioren* geführt.

Juniorenweltmeisterschaft U 20, von der FIFA seit 1977 alle 2 Jahre veranstalteter Wettbewerb; 1977 und 1979 als *Jugendweltturnier* durchgeführt.

Junioren-Europameisterschaft U 18/U 19

FIFA-Juniorenturnier	
1948	England
1949	Frankreich
1950	Österreich
1951	Jugoslawien
1952	Spanien
1953	Ungarn
1954	Spanien
UEFA-Juniorenturnier	
1955	nur Gruppensieger
1956	nur Gruppensieger
1957	Österreich
1958	Italien
1959	Bulgarien
1960	Ungarn
1961	Portugal
1962	Rumänien
1963	England
1964	England
1965	DDR
1966	UdSSR
1967	UdSSR
1968	ČSSR
1969	Bulgarien
1970	DDR
1971	England
1972	England
1973	England
1974	Bulgarien
1975	England
1976	UdSSR
1977	Belgien
1978	UdSSR
1979	Jugoslawien
1980	England
Junioreneuropameisterschaft	
1981	BRD
1982	Schottland
1983	Frankreich
1984	Ungarn
1986	DDR
1988	UdSSR
1990	UdSSR
1992	Türkei
1993	England
1994	Portugal
1995	Spanien
1996	Frankreich
1997	Frankreich
1998	Irland
1999	Portugal
2000	Frankreich
2001	Polen
U 19-EM	
2002	Spanien
2003	Italien
2004	Spanien
2005	Frankreich

Junioreneuropameisterschaft U 21/U 23

1972	ČSSR
1974	Ungarn
1976	UdSSR
1978	Jugoslawien
1980	UdSSR
1982	England
1984	England
1986	Spanien
1988	Frankreich
1990	UdSSR
1992	Italien
1994	Italien
1996	Italien
1998	Spanien
2000	Italien
2002	Tschech. Republik
2004	Italien

Jupiler League, höchste Spielklasse in Belgien.

Jurkemik, Ladislav, slowak. Trainer (Dr.), *20. Juli 1953 Jacovce; war Abwehrspieler (Libero): 1972–80 Slovnaft Bratislava, 1980/81 Dukla Bánská Bystrica, 1981–83 Slovnaft Bratislava, 1984 Dukla Bánská Bystrica, 1984–89 FC St. Gallen; 57 Länderspiele für die ČSSR (1975–83; 3 Tore); WM-Endrunde 1982; EM-Endrunde 1976 (Europameister), 1980. – Später Trainer: 1989–92 FC Chur, 1992/93 Sturm Graz, 2002/03 Slowak. Republik (Nationalmannschaft), 2003–05 MSK Zilina.

Juniorenweltmeisterschaft U 17

1985	Nigeria
1987	UdSSR
1989	Saudi-Arabien
1991	Ghana
1993	Nigeria
1995	Ghana
1997	Brasilien
1999	Brasilien
2001	Frankreich
2003	Brasilien
2005	Mexiko

Juniorenweltmeisterschaft U 20

1977	UdSSR
1979	Argentinien
1981	BRD
1983	Brasilien
1985	Brasilien
1987	Jugoslawien
1989	Portugal
1991	Portugal
1993	Brasilien
1995	Argentinien
1997	Argentinien
1999	Spanien
2001	Argentinien
2003	Brasilien
2005	Argentinien

Juskowiak, 1) Andrzej, poln. Angriffsspieler, *3. November 1970 Gostyn; 1981–87 Kania Gostyn, 1987–92 Lech Poznan, 1992–95 Sporting Lissabon, 1995/96 Olympiakos Pyräus, 1996–98 Borussia Mönchengladbach, 1998–2002 VfL Wolfsburg, 2002/03 FC Energie Cottbus, 2003 TS Wisla Kraków, 2003/04 New York/New Jersey MetroStars, 2004–06 FC Erzgebirge Aue; 184 Bundesligaspiele (56 Tore); 39 Länderspiele (13 Tore); olymp. Fußballturnier 1992; in Polen Fußballer des Jahres 1991, 1992, 1995. – **2)** Erich, dt. Abwehrspieler, *7. September 1926 Düsseldorf; † 1. Juli 1983 ebd.; 1935–43 Concordia Lierich, 1943–46 FC 08 Oberhausen, 1946–50 VfR Oberhausen, 1950/51 Wuppertaler SV, 1951–53 Rot-Weiß Oberhausen, 1953–62 Fortuna Düsseldorf; 31 Länderspiele (1951–59; 4 Tore); WM-Endrunde 1958.

Jusufi, Fahrudin, serb. Trainer, * 8. Dezember 1939 Zrenjanin; war Abwehrspieler: 1955–66 Partizan Belgrad, 1966–70 Eintracht Frankfurt, 1970/71 Kickers Offenbach, 1971/72 Germania Wiesbaden; 111 Bundesligaspiele (2 Tore); 55 Länderspiele für Jugoslawien (1959–67); WM-Endrunde 1962; Europapokal der Nationen 1960; Olympiasieger 1960. – Später Trainer: 1972–76 FC Dornbirn (Österreich), 1976–78 ÖFB (Verbandstrainer), 1978–81 FC Schalke 04 (Jugend, Trainerassistent, 1980/81 Cheftrainer), 1982–85 SG Wattenscheid 09, 1985/86 SC Charlottenburg, 1986/87 TSV München 1860, 1987/88 Partizan Belgrad. – Sein Sohn **Sascha J.** (* 1963) war Mittelfeldspieler: 1983/84 Bayer Uerdingen 05, 1985/86 1. FC Saarbrücken, 1986–90 Hamburger SV; 167 Bundesligaspiele (19 Tore).

»Juve«, Italien: Kurz-Bez. für Juventus Turin (→ Turin [1]).

K

Kaburek, Matthias, österr. Angriffsspieler, *9. Februar 1911 Wien, † 17. Februar 1976; 1928–36 Rapid Wien, 1936/37 FC Metz, 1937/38 Longwy, 1939–44 Rapid Wien; 4 Länderspiele für Österreich (1934/35; 2 Tore), 1 Länderspiel für Deutschland (1939); WM-Endrunde 1934; Repräsentant der → »Wiener Schule«.

Kader, Spielerstamm für ein Spieljahr *(Mannschafts-K.)* oder für ein Spiel *(Spieler-K.)*. – Im Lizenzfußball gehören ca. 25 Spieler zum Mannschafts-K. und bis zu 18 Spieler zm Spieler-K. (11 Spieler in der Anfangsformation, bis zu 7 Spieler auf der Wechselbank).

Kadlec, Miroslav, tschech. Abwehrspieler (Libero), *22. Juni 1964 Most (dt. Brüx); 1983/84 TJ Vitkovice, 1984–86 Union Cheb, 1986–90 TJ Vitkovice, 1990–98 1. FC Kaiserslautern, 1998–2000 1. FK Drnovice,, 2001/02 1. FC Brno; 210 Bundesligaspiele (16 Tore); 64 Länderspiele für die ČSSR, ČSFR und die Tschech. Republik (1987–98; 2 Tore); WM-Endrunde 1990; EM-Endrunde 1996. – Sein Sohn **Michal K.** (*1984) ist Mittelfeldspieler: 2001–05 1. FC Slovacko, 2005/06 Sparta Prag.

Kahn, Oliver, dt. Torhüter, *15. Juni 1969 Karlsruhe; 1975–94 Karlsruher SC, 1994–2006 FC Bayern München; 481 Bundesligaspiele; 83 Länderspiele (seit 1995); WM-Endrunde 1994 (nicht eingesetzt), 1998 (nicht eingesetzt), 2002; EM-Endrunde 1996 (nicht eingesetzt), 2000, 2004; Welttorhüter des Jahres 1999, 2001, 2002; in Deutschland Fußballer des Jahres 2000, 2001.

Oliver Kahn

Kairo, Ägypten, **1) Al-Ahly Kairo,** eigtl. »Al-Ahly SC« (Al-Ahly Sporting Club), gegr. 1907; Spielkleidung: Weiß; Stadion: Mokhtar El Tetch, 20 000 Plätze. – Internationale Erfolge: Afrikapokal der Landesmeister 1982, 1987, African Champions League 2001, 2005, Afrikapokal der Pokalsieger 1984, 1985, 1986, 1993, Intercontinental Cup 1988. – INTERNET: www.egyptsport.com/Al-Ahly

Spieler (Auswahl): H. Ramzy. – **Trainer** (Auswahl): J. Bonfrère – H.-J. Dörner – R. Hollmann – D. Weise – R. Zobel.

2) Zamalek SC Kairo (Zalamek Sporting Club Kairo), gegr. 1925; Spielkleidung: Weiß/Rot/Rot; Stadion: Hassan Helmi, 40 000 Plätze. – Internationale Erfolge: Afrikapokal der Landesmeister 1984, 1986, 1993, 1996, African Champions League 2002, Afrikapokal der Pokalsieger 2000, Intercontinental Cup 1987, 1997.

Spieler (Auswahl): E. Amunike – S. Coulibaly – A. Hossam. – **Trainer** (Auswahl): Carlos Alberto – W. Olk – D. Stepanovic – V. Vasovic.

Kaiser, Manfred, dt. Mittelfeldspieler (Läufer), *7. Januar 1929 Zeitz; 1939–50 SpVgg Zeitz, Rot-Weiß Zeitz, ZSG Gasolin Zeitz bzw. ZSG Hydrierwerk Zeitz, 1950–54 BSG Wismut Gera, 1955–65 BSG Wismut Aue; 336 Oberligaspiele (32 Tore); 31 Länderspiele (1955–64; 1 Tor); in der DDR Fußballer des Jahres 1963. – Später Trainer: 1965–70 BSG Wismut Gera, 1970–75 FC Rot-Weiß Erfurt (Trainerassistent), 1975–77 BSG Chemie Zeitz, 1977–82 BSG Motor Hermsdorf (Thüringen).

Manfred Kaiser

Kaiserslautern, 1. FC (1. Fußballclub Kaiserslautern), Abk, **1. FCK,** Deutschland (Rheinland-Pfalz), gegr. am 2. Juni 1900 als FC 1900 Kaiserslautern durch Fusion von FC Germania 1896 Kaiserslautern und FG 1898 Kaiserslautern, 1909 Fusion mit FC Palatia 1901 Kaiserslautern und FC Bavaria 1902 Kaiserslautern zu

FV Kaiserslautern, 1929 Fusion mit SV Phönix 1910 Kaiserslautern zu FV/Phönix Kaiserslauter, seit 1932 1. FC Kaiserslautern; Bundesliga 1963–96, 1997–2006; Zweite Bundesliga 1996/97; Spielkleidung: Rot; Stadion: → Fritz-Walter-Stadion. – INTERNET: www.fck.de

Spieler (Auswahl): S. Allievi – T. Allofs – H. Altintop – I. Amanatidis – B. Auer – M. Ballack – M. Basler – S. Blank – H. Bongartz – A. Brehme – H.-P. Briegel – Y. Djorkaeff – T.-D. Dooley – H. Eckel – G. Ehrmann – M. Engelhardt – J. Eriksson – R. Ernst – T. Ernst – F. Foda – S. Freund – F. Fuchs – U. Fuchs – F. Funkel – R. Geye – B. Goldbaek – U. Gospodarek – M. Haber – M. Hamann – R. Hellström – I. Hertzsch – B. Hollerbach – D. Hotic – M. Hristov – M. Kadlec – U. Klimaschefski – M. Klose – A. Knavs – G. und H. Koch – W. Kohlmeyer – E. Krautzun – P. Kuka – S. Kuntz – B. Labbadia – W. Liebrich – Lincoln – V. Lokvenc – J. Macho – O. Marschall – H.-W. Moser – C. Nerlinger – J. Pettersson – J. Pirrung – H. Ramzy – O. Rehhagel – A. Reinke – C. Reitmaier – J. und T. Riedl – J. Rische – T. Ritter – G. Roggensack – U. Rösler – W. Rufer – B. Sanogo – M. Schjönberg – M. Schulz – M. Schupp – M. Schwarzer – W. Seel – C. Sforza – E. Skela – T. Sobotzik – J. Stabel – J. Strasser – I. Tare – C. Timm – K. Toppmöller – M. Wagner – F. und O. Walter – T. West – T. Wiese – B. Winkler – M. Witeczek – W. Wolf – C.-D. Wollitz – W. Wuttke – M. Yakin – F. Zandi – M. Zeyer. – **Trainer** (Auswahl): H. Bongartz – A. Brehme – G. Ehrmann – K. Feldkamp – E. Gerets – M. Henke – K. Jara – O. Knefler – M. Krafft – E. Krautzun – W. Liebrich – G. Lóránt – H.-W. Moser – F. Rausch – O. Rehhagel – E. Ribbeck – G. Roggensack – J. Stabel – D. Weise – W. Wolf – R. Zobel.

»Kaiserstuhl-Cup«

1982	Borussia Mönchengladbach
1983	SC Freiburg
1985	SC Freiburg
1986	SC Freiburg
1987	Freiburger FC
1988	Freiburger FC
1989	SC Freiburg
1990	SC Freiburg
1991	SC Freiburg
1992	SC Freiburg
1993	VfB Stuttgart
1994	SC Freiburg
1995	SC Freiburg
1996	SC Freiburg
1997	FK Crvena Zvezda Beograd
1998	1.FC Köln
1999	1.FC Nürnberg
2000	1.FC Nürnberg
2001	1.FC Nürnberg
2002	RC Straßburg
2003	SC Freiburg
2004	SpVgg Greuther Fürth

»Kaiserstuhl-Cup«, seit 1982 (bis 1983 »Freiburger Turnier«, 1985–99 »Karl-Heinz-Bente-Gedächtnisturnier«) meist Ende Juli ausgetragenes Turnier mit 4 Mannschaften, das seit 1985 in Bahlingen vom Bahlinger SC (gegr. 1929) organisiert und durchgeführt wird; gespielt wird im Kaiserstuhlstadion (5000 Plätze).

Kaizer Chiefs, Südafrika (Johannesburg), gegr. 1970; Spielkleidung: Gelb/Schwarz/Gelb; Stadion: Johannesburg St., 37 500 Plätze. – INTERNET: www.kaizerchiefs.com

Spieler (Auswahl): L. Radebe. – **Trainer** (Auswahl): E. Middendorp.

Kaká

Kaká, eigtl. »Ricardo Izecson dos Santos Leite«, brasilian. Angriffsspieler, *22. April 1982 Brasilia; 1994–2003 FC São Paulo, 2003–06 AC Mailand; 33 Länderspiele (seit 2002; 11 Tore); Weltmeister 2002; in Brasilien Fußballer des Jahres 2002.

Kalb, Hans, dt. Abwehrspieler (Mittelläufer), Dr., *3. August 1899 Nürnberg, †5. April 1945 (Blutvergiftung); 1907–18 Pfeil Nürnberg, 1918–34 1. FC Nürnberg; 15 Länderspiele (1920–28; 2 Tore), olymp. Fußballturnier 1928; spielte repräsentativ für Nürnberg/Fürth, Bayern und Süddeutschland.

Kalla, Raymond, ein kamerun. Abwehrspieler, *22. April 1975 Douala; bis 1995 Canon Yaoundé, 1996–98 Panachaiki Patras (Griechenland), 1998–2002 CD Extremadura (Spanien), 2002–05 VfL Bochum, 2005/06 Sivasspor; 77 Bundesligaspiele (6 Tore); 61 Länderspiele; WM-Endrunde 1998, 2002; Afrikameister 2000, 2002.

Kalou, Bonaventure, Angriffsspieler der Elfenbeinküste, *12. Januar 1978 Oumé; 1996/97 ASEC Abidjan, 1997–2003 Feyenoord Rotterdam, 2003–05 AJ Auxerre, 2005/06 Paris St. Germain; 9 Länderspiele (1 Tor). – Sein Bruder **Salomon K.** (*1985) ist ebenfalls Angriffsspieler: 2002/03 ASEC Abidjan, 2003/04 Feyenoord Rotterdam, 2004 Excelsior Rotterdam, 2004–06 Feyenoord Rotterdam.

Kaltenbrunner, Günter, österr. Angriffsspieler, *28. Juli 1943; 1960/61 Wiener AC, 1961–66 Admira-Wacker Wien, 1966/67 SW Bregenz,

1967–69 Rapid Wien, 1969/70 Wiener SC, 1970–72 OGC Nizza, 1972–74 Admira-Wacker Wien; 4 Länderspiele (1962–68). – Später Trainer (1978/79 SC Eisenstadt) und Klubpräsident (1995–99 Rapid Wien).

Kaltz, Manfred, dt. Abwehrspieler, *6. Januar 1953 Ludwigshafen am Rhein; 1960–68 VfL Neuhofen, 1968–70 TuS Altrip, 1970–89 Hamburger SV, 1989 Girondins Bordeaux, 1989/90 FC Mulhouse, 1990/91 Hamburger SV; 581 Bundesligaspiele (78 Tore); 69 Länderspiele (1975–83; 8 Tore); WM-Endrunde 1978, 1982; Europameister 1980; olymp. Fußballturnier 1972.

Manfred Kaltz

Kambodscha, Staat in Südostasien, 181 040 km², 13,125 Mio. Ew.; Verband: Cambodian Football Federation, Abk. CFF, gegr. 1933, Sitz: Phnom Penh; Mitglied der FIFA seit 1953, der AFC seit 1957; Spielkleidung: Blau.

Kamerun, Staat in Zentralafrika, 475 440 km², 15,746 Mio. Ew.; Verband: Fédération Camerounaise de Football, Abk. FECAFOOT, gegr. 1959, Sitz: Yaoundé; Mitglied der FIFA seit 1962, der CAF seit 1963; Spielkleidung: Grün/Rot/Gelb. – Erfolge: Olympiasieger 2000, Afrikameister 1984, 1988, 2000, 2002. – INTERNET: www.cameroon.fifa.com

Kampa, Darius, dt. Torhüter, *16. Januar 1977 Kedzierzyn-Kozle (Polen [dt. Heydebreck-Cosel]); bis 1998 FC Augsburg, 1998–2004 1. FC Nürnberg, 2004–06 Borussia Mönchengladbach; 84 Bundesligaspiele.

Kampfbahn, früher häufige Bez. für → Stadion.

Kampfmannschaft, in Österreich umgangssprachlich für die erste Männermannschaft eines Vereins.

»Kampfmaschine« → Fußballerjargon.

Kamps, Uwe, dt. Torhüter, *16. Juni 1964 Düsseldorf; bis 1977 SV Wersten 04, 1977–82 BV 09 Düsseldorf, 1982–2003 Borussia Mönchengladbach; 390 Bundesligaspiele. – Später Torhütertrainer: 2003–06 Borussia Mönchengladbach.

Kanada, Bundesstaat in Nordamerika, 9,976 Mio. km², 32,207 Mio. Ew.; Verband: The Canadian Soccer Association, Abk, CSA, gegr. 1912, Sitz: Ottawa; Mitglied der FIFA 1912–26 und seit 1946, der CONCACAF seit 1978; Spielkleidung: Rot. – Erfolge: CONCACAF-Meister 1985, 2000. – INTERNET: www.canadasoccer.com

Kantersieg, zahlenmäßig (sehr) hoher Erfolg, z. B. 8:0.

»kantig« → Fußballerjargon.

Kanu, Nwankwo, nigerian. Angriffsspieler, *1. August 1976 Owerri; bis 1992 Fed Works, 1992–93 Iwuanyanwu Nationale, 1993–96 Ajax Amsterdam, 1996–99 Inter Mailand, 1999–2004 FC Arsenal, 2004–06 West Bromwich Albion; 40 Länderspiele; WM-Endrunde 1998, 2002; Olympiasieger 1996; Afrikas Fußballer des Jahres 1996, 1999.

Kapellmann, Hans-Josef (»Jupp«), dt. Mittelfeldspieler, *19. Dezember 1949; bis 1968 SC Bardenberg, 1968–70 Alemannia Aachen, 1970–73 1. FC Köln, 1973–79 FC Bayern München, 1979–82 TSV München 1860; 338 Bundesligaspiele (36 Tore); 5 Länderspiele (1973/74); Weltmeister 1974 (nicht eingesetzt).

Kapfenberger SV, eigtl. »SV Stadtwerke Kapfenberg« (Sportvereinigung Stadtwerke Kapfenberg), Österreich (Kapfenberg [Steiermark]), gegr. am 14. September 1919 als Kapfenberger SC, seit 1947 Kapfenberger SV; Spielkleidung: Rot/Weiß/Rot; Stadion: Franz-Fekete-Stadion, 12 000 Plätze. – INTERNET: www.ksv-fussball.at

Spieler (Auswahl): Z. Radovic – B. Vukas.

Kapitän, Kurz-Bez. für *Mannschafts-K.;* der → Spielführer.

Kaplitschny, Wladimir, russ. Abwehrspieler, *26. Mai 1944; 1958–62 Dynamo Chmelnizki, 1963–65 SKA Kiew, 1966–75 ZSKA Moskau; 59 Länderspiele für die UdSSR; WM-Endrunde 1970; EM-Endrunde 1972; olymp. Fußballturnier 1972.

Kapselriss → Sportmedizin/Sportverletzungen.

Kap Verde, Republik vor der Westküste Afrikas, auf dem Gebiet der Kapverd. Inseln, 4033 km², 412 100 Ew.; Verband: Federacão Cabo Verdiana de Futebol, Abk, FCV, gegr. 1982, Sitz: Praia; Mitglied der FIFA seit 1986, der CAF seit 2000; Spielkleidung: Grün.

Karagounis, Georgios, griech. Mittelfeldspieler, *6. März 1977 Pyrgos; 1995/96 Panathinaikos Athen, 1996–98 Apollon Athen, 1998–2003 Panathinaikos Athen, 2003–05 Inter Mailand, 2005/06 Sporting Lissabon; 47 Länderspiele (3 Tore); Europameister 2004.

Karben, Deutschland: → Klein-Karben, KSV.

Karembeu, Christian, frz. Mittelfeldspieler neukaledon. Herkunft, *3. Dezember 1970 Lifou (Neukaledonien); bis 1988 FC Gaitcha Nouméa (Neukaledonien), 1988–95 FC Nantes, 1995–97 Sampdoria Genua, 1997–2000 Real Madrid, 2000/01 FC Midddlesbrough, 2001–04 Olympiakos Piräus, 2004/05 Servette Genf, 2005 SC Bastia; 53 Länderspiele (1992–2000); Weltmeister

1998; EM-Endrunde 1996, 2000 (Europameister); Ozeaniens Fußballer des Jahres 1995, 1998.

Kargus, Rudi, dt. Torhüter, *15. August 1952 Worms; 1964–71 Wormatia Worms, 1971–80 Hamburger SV, 1980–85 1. FC Nürnberg, 1985/86 Karlsruher SC, 1986/87 Fortuna Düsseldorf, 1987–90 1. FC Köln; 408 Bundesligaspiele; 3 Länderspiele (1975–77); WM-Endrunde 1978 (nicht eingesetzt); EM-Endrunde 1976 (nicht eingesetzt).

Karhan, Miroslav, ein slowak. Mittelfeldspieler, *21. Juni 1976 Trnava; bis 1999 Spartak Trnava, 1999/2000 Real Betis Sevilla, 2000/01 Besiktas Istanbul, 2001–06 VfL Wolfsburg; 142 Bundesligaspiele (8 Tore); 76 Länderspiele (9 Tore).

Karibikmeisterschaft, ***Copa Caribe,*** alle 2 Jahre ausgetragener Wettbewerb der 25 Karibikstaaten, wobei die Endrunde in Turnierform mit 4 Teams durchgeführt wird. Die beiden Erstplatzierten qualifizieren sich für den CONCACAF Gold Cup (→ CONCACAF-Meisterschaft).

Karimi, Mohammed Ali, iran. Mittelfeldspieler, *8. November 1978 Teheran; bis 1998 Fath FC, 1998–2001 Pirouzi Teheran, 2001–05 Al-Ahly (VAE), 2005/06 FC Bayern München; 86 Länderspiele (31 Tore); Asiens Fußballer des Jahres 2004.

Karl, Steffen, dt. Mittelfeldspieler, *3. Februar 1970; 1983–89 Hallescher FC Chemie, 1989–93 Borussia Dortmund, 1993/94 Manchester City, 1994/95 FC Sion, 1995–98 Hertha BSC, 1998–2000 FC St. Pauli, 2000/01 Vålerenga Oslo, 2001–03 Lokomotive Sofia, 2003–05 Chemnitzer FC (2004/05 auch Trainerassistent), 2005 VfB Fortuna Chemnitz; 31 (DDR-)Oberligaspiele (2 Tore); 99 Bundesligaspiele (3 Tore). – War in den → »Wett- und Manipulationsskandal« involviert und wurde im März 2005 vom Chemnitzer FC fristlos gekündigt.

»Karl-Heinz-Bente-Gedächtnisturnier«, 1985–99 Bez. für den → »Kaiserstuhl-Cup«.

Karl-Marx-Stadt, DDR: 1953–90 Name für → Chemnitz.

Karlsruher SC (Karlsruher Sport-Club), Abk. **KSC,** Deutschland (Karlsruhe [Baden-Württemberg]), gegr. am 1. November 1894 als Karlsruher FC Phönix, 1912 Fusion mit FC Alemannia 1897 Karlsruhe zum Karlsruher FC Phönix-Alemannia, 1952 Fusion mit VfB Mühlburg zu Karlsruher SC; Bundesliga 1963–68, 1975–77, 1980–83, 1984/85, 1987–98; Zweite Bundesliga 1983/84, 1985–87, 1998–2000, 2001–06; Spielkleidung: Blau; Stadion: Wildparkstadion, 33 580 Plätze. – INTERNET: www.ksc.de

Spieler (Auswahl): B. Auer – E. Becker – M. Bender – H. Bonan – G. Buchwald – H. Buhtz – H. Cieslarczyk – P. Csernai – S. Dundee – M. Engelhardt – R. Fanz – T. Fink – C. Fritz – R. Gilewicz – R.-C. Guié-Mien – T. Häßler – S. Jentzsch – O. Kahn – R. Kargus – S. Kirjakov – A. Knup – T. Kracht – O. Kreuzer – B. Labbadia – J. Löw – T. Maric – R. Maurer – J. Nowotny – C. Reitmaier – T. Ritter – D. Roth – W. Rolff – I. Saenko – E. Schmitt – M. Scholl – M. Schroth – D. Schuster – D. Sekularac – G. Silva – H. Szymaniak – I. Tare – M. Tarnat – B. Trares – K. Zaczyk– A. Zeyer. – **Trainer** (Auswahl): E. Becker – J. Berger – R. Fanz – E. Frühwirth – G. Gawliczek – L.-G. Köstner – M. Krafft – S. Kuntz – J. Löw – M. Merkel – W. Olk – C.-H. Rühl – W. Schäfer – R. Schafstall – H. Widmayer.

Kärnten, FC, eigtl. »FC Kelag Kärnten« (Fußballclub Kelag Kärnten), Österreich (Klagenfurt), gegr. 1920 als Kaufmännischer SK Klagenfurt, 1939–45 SG Austria Klagenfurt, 1945–97 SK Austria Klagenfurt, SK Maxwell Austria Klagenfurt, Alca Klagenfurt und SV Hypobank Austria Klagenfurt, 1997 Fusion mit Villacher SV zu SK Austria Klagenfurt-VSV, seit 1999 FC Kelag Kärnten; Spielkleidung: Gelb-Grün/Gelb/Gelb; Stadion: Wörthersee-Stadion, 10 955 Plätze (ab 2007 Waidmannsdorf-Neu Stadion, 30 000 Plätze). – INTERNET: www.fckaernten.com

Spieler (Auswahl): L. Emmerich – F. Hasil – F. Koncilia – M. Maric – M. Oberleitner – E. Pogatetz. – **Trainer** (Auswahl): R. Abramczik – P. Pacult – W. Schachner – G. Starek.

Kärntner Fußballverband, Abk. **KFV,** einer der 9 Landesverbände des Österr. Fußball-Bundes (→ ÖFB); gegr. 1921, Sitz: Klagenfurt. – INTERNET: www.kfv-fussball.at

Kärntner Fußballverband
(Gründungsjahre der ältesten Vereine)

Klagenfurter AC	1909
Schwarze Elf Klagenfurt	1919
Austria Klagenfurt	1920
Villacher SV	1920
Klagenfurter SV	1920
SV Rapid Klagenfurt	1921
Sportklub Lienz	1922
Sportklub Annabichl	1923

Kasachstan, Republik in Mittelasien, 2 717 300 km², 16,764 Mio. Ew.; Verband: The Football Union of Kazakhstan, Abk. FSK, gegr. 1914, Sitz: Astana; Mitglied der FIFA seit 1994, der AFC 1994–2001und der UEFA seit 2002; Spielkleidung: Blau/Blau/Gelb. – INTERNET: www.fsk.kz

Kaschau, Slowak. Republik: dt. für Kosice ...

Käser, Helmut, schweizer. Funktionär (Dr.), *14. November 1912 Langnau (Kt. Bern); 1961–81 FIFA-Generalsekretär (Vorgänger: Kurt Gassmann [Schweiz]), Nachfolger: J. S. → Blatter).

Kashima Antlers, Japan (Kashima), gegr. 1991; Spielkleidung: Rot/Blau/Blau; Stadion: Kashima Stadium, 39 026 Plätze. – INTERNET: www.so-net.ne.jp/antlers

Spieler (Auswahl): Bebeto – Leonardo – K. Nakata – Zico.

Kasperczak, Henryk, poln. Trainer, *10. Juli 1946 Zabrze; war Mittelfeldspieler (Läufer): 1962–64 Górnik Zabrze, 1964–66 Stal Mielec, 1966–68 Legia Warschau, 1968–78 Stal Mielec, 1978–80 FC Metz; 63 Länderspiele (1973–78; 5 Tore); WM-Endrunde 1974, 1978; olymp. Fußballturnier 1976; in Polen Fußballer des Jahres 1976. – Später Trainer: bis 1990 FC Metz, AS St.-Étienne und RC Straßburg, 1990–92 HSC Montpellier, 1997/98 Tunesien (Nationalmannschaft; WM-Endrunde 1998), 2002/03 Wisla Kraków (LM 2002).

Kassel, Hessen, eigtl. »Kasseler SV Hessen« (Kasseler Sportverein Hessen), Deutschland (Hessen), gegr. 1893 als FC Union 1893 Cassel, 1995 Fusion mit FC Hassia Cassel zu Casseler FV 1895, 1904 Fusion mit Casseler FV 1897 zu Casseler FV, 19919 Fusion mit VfK Cassel zu SV Kurhessen Cassel (1945 aufgelöst und neu gegr.), 1945/46 VfL Kassel, 1946 KSV Hessen, 1947 Fusion mit KSV Kassel zu Kasseler SV Hessen, 1993–97 FC Hessen Kassel, 1998 aufgelöst und als Kasseler SV Hessen neu gegr.; Zweite Bundesliga 1981–87; Spielkleidung: Blau/Weiß/Blau; Stadion: Auestadion, 26 000 Plätze. – INTERNET: www.ksv-hessen.de

Spieler (Auswahl): H. Assmy – D. Hecking – L. Sippel – K. Zaczyk – U. Zötzsche. – **Trainer** (Auswahl): J. Berger – F. Brungs – F. Konietzka – L.-G. Köstner – H.-W. Moors – H.-U. Thomale – H. Widmayer.

Katanec, Srecko, slowen. Trainer, *16. Juli 1963 Ljubljana; war Abwehrspieler: 1970–81 NK Ljubljana, 1981–84 Olimpija Ljubljana, 1985/86 Dinamo Zagreb, 1986–88 Partizan Belgrad, 1988/89 VfB Stuttgart, 1989–94 Sampdoria Genua; 26 Bundesligaspiele (1 Tor); 31 Länderspiele für Jugoslawien; WM-Endrunde 1990; EM-Endrunde 1984; olymp. Fußballturnier 1984, 1988. – Später Trainer: 1996–98 Slowenien (U 21), 1997/98 ND Gorica, 1998–2002 Slowenien (Nationalmannschaft; EM-Endrunde 2000, WM-Endrunde 2002), 2005 Kuwait (Nationalmannschaft).

Katar, Emirat am Pers. Golf gelegen, 11 437 km², 817 100 Ew.; Verband: Qatar Football Association, Abk. QFA, gegr. 1960, Sitz: Doha; Mitglied der FIFA seit 1970, der AFC seit 1972; Spielkleidung: Weiß. – Klubs (Auswahl): Al-Ahli, Al-Arabi, Al-Etehad SC, Al-Ittihad, Al-Qadisiya, Al-Rayyan, Al-Sad. – INTERNET: www.qatar-football.com

Katowice, GKS (Górniczy Klub Sportowy), Polen, entstand 1964 durch Fusion von Rapid Orzeł Katowice, Górnik Katowice, Koszutka Katowice, Slaski Katowice und Katowicki Klub Lyzwiarski; Spielkleidung: Gelb-Grün-Schwarz; Stadion: GKS, 10 000 Plätze. – INTERNET: www.gks.katowice.pl

Spieler (Auswahl): J. Furtok – T. Zdebel. – **Trainer** (Auswahl): J. Furtok.

Katschalin, Gawriil, russ. Trainer, *20. März 1911; war Mittelfeldspieler (Läufer): 1933–45 Dynamo Moskau. – Später Trainer: 1949–52 Arbeitsreserven Moskau, 1964/65 (LM 1964) und 1971–72 Dynamo Tiflis, darüber hinaus 1955–70 UdSSR (Nationalmannschaft; WM-Endrunde 1958, 1962, Olympiasieger 1956, Sieger des Europapokals der Nationen 1960).

Katsouranis, Kostas (eigtl. »Konstantinos«), griech. Mittelfeldspieler,*21. Juni 1979 Patras; 1996–2002 Panachaiki Patras, 2002–06 AEK Athen; 23 Länderspiele; Europameister 2004

Kattowitz, Polen: dt. für → Katowice ...

Katzer, Markus, österr. Abwehrspieler, *11. Dezember 1979; bis 2001 ASK Erlaa, 2001–04 Admira-Wacker Mödling, 2004–06 Rapid Wien; 6 Länderspiele (seit 2003).

Kauf, Rüdiger, dt. Mittelfeldspieler, *1. März 1975 Esslingen (Baden-Württemberg); 1994–96 SC Geislingen, 1996–98 VfL Kirchheim/Teck, 1998–2001 VfB Stuttgart, 2001–06 Arminia Bielefeld; 76 Bundesligaspiele (2 Tore).

Kaunas, FBK (Futbolo Beisbolo Klubas Kaunas), Litauen, entstand 1991 durch Fusion von Banga Kaunas (gegr. 1960) und Vilija Kaunas zu Banga-Granitas Kaunas, 1992/93 SK Banga Kaunas, 1993 aufgelöst und neu gegr. als FBK Kaunas, 1999/2000 FK Zalgiris Kaunas, seitdem wieder FBK Kaunas; Spielkleidung: Gelb/Grün/Grün; Stadion: Dariaus ir Gireno SC, 8248 Plätze. INTERNET: www.fbk.lt

Spieler (Auswahl): V. Ivanauskas. – **Trainer** (Auswahl): V. Ivanauskas.

Keane, 1) Robert David (»Robbie«), irischer Angriffsspieler, *8. Juli 1980 Dublin; 1997–99 Wolverhampton Wanderers, 1999/2000 Coventry City, 2000 Inter Mailand, 2000–02 Leeds United, 2002–06 Tottenham Hotspur; 62 Länderspiele (seit 1998; 9 Tore); WM-Endrunde 2002. – **2)** Roy Maurice, *10. August 1971 Cork; irischer Mittelfeldspieler; bis 1990 Cobh Ramblers, 1990–93 Nottingham Forest, 1993–2005 Manchester United, 2006 Celtic Glasgow; 66 Länderspiele (seit 1994; 9 Tore); WM-Endrunde 1994, 2002 (nicht eingesetzt); in England Fußballer des Jahres 2000.

Kevin Keegan

Keegan, Kevin, engl. Trainer, *14. Februar 1951 Armthorpe (Yorkshire); war Angriffsspieler: 1968–71 Scunthorpe United, 1971–77 FC Liverpool, 1977–80 Hamburger SV, 1980–82 FC Southampton, 1982–84 Newcastle United, 1984/85 Tigers Kuala Lumpur (Malaysia); 90 Bundesligaspiele (32 Tore); 63 Länderspiele (1972–82; 21 Tore); WM-Endrunde 1982; EM-Endrunde 1980; Europas Fußballer des Jahres 1978, 1979; in England Fußballer des Jahres 1976, 1982. – Später Trainer: 1991–97 Newcastle United, 1997–99 FC Fulham, 1999/2000 England (Nationalmannschaft), 2000–05 Manchester City.

> **K. Keegan**
> »Manchmal weinte ich sogar, während ich spielte.«

Keeper [engl.], Kurz-Bez. für *Goal-K.*, den → Torhüter.

Keflavik, IB, eigtl. »Keflavik IB« (Keflavik Ithróttrottabandalag), Island, gegr. 1929 als UMFK Keflavik, 1956 Fusion mit KFK Keflavik zu IBK Keflavik, seit 1994 wieder Keflavik IB; Spielkleidung: Blau/Weiß/Rot; Stadion: Keflavikurvöllur, 2000 Plätze. – INTERNET: www.keflavik.is

Kehl, Sebastian, dt. Mittelfeldspieler, *13. Februar 1980 Fulda; bis 1994 SV Lahrbach, 1994–97 Borussia Fulda, 1997–2000 Hannover 96, 2000/01 SC Freiburg, 2002–06 Borussia Dortmund; 150 Bundesligaspiele (11 Tore); 24 Länderspiele (seit 2001; 3 Tore); WM-Endrunde 2002; EM-Endrunde 2004 (nicht eingesetzt).

Keita, 1) Salif, belg. Angriffsspieler senegales. Herkunft, *19. Oktober 1975 Dakar; bis 1999 US Goree, KFC Germinal Ekeren, SK St. Niklaas, FC Kapellen, KRC Genk und KV Kortrijk, 1999–2002 Hannover 96, 20002–04 1. FC Union Berlin, 2004/05 Rot-Weiß Oberhausen, 2005/06 TuS Koblenz; 129 Zweitligaspiele (29 Tore); 5 Länderspiele für Senegal. – **2)** Seydou, mal. Mittelfeldspieler, *16. Januar 1980 Bamako; 1999/2000 Olympique Marseille, 2000–02 FC Lorient, 2002–06 RC Lens; 7 Länderspiele (seit 2004). – Sein Onkel **Salif K.** (*1949) – nicht zu verwechseln mit K. 1) – war 1970 erster Afrikas Fußballer des Jahres.

Keizer, 1) Johannes Nicolaus Ignacius (»Jan«), niederländ. Schiedsrichter, *6. Oktober 1940 Veendam; seit 1957 Schiedsrichter, seit 1968 1. Division, 1972–88 FIFA-Referee; WM-Endrunde 1986; EM-Endrunde1984; zweites EC III-Finale 1988. – **2)** Pieter Johannes (»Piet«), niederländ. Angriffsspieler (Linksaußen), *14. Juni 1943 Amsterdam; 1953–55 AFC RAP (Amstel), 1955–75 Ajax Amsterdam; 34 Länderspiele (1962–74; 11 Tore); WM-Endrunde 1974.

Kelbassa, Alfred, dt. Angriffsspieler, *21. April 1925 Gelsenkirchen-Buer, † 11. August 1988; 1933–40 Schwarz-Weiß Bülse, 1940–46 SC Gelsenkirchen-Buer, 1946–52 STV Horst-Emscher, 1952/53 Preußen Münster, 1953/54 STV Horst-Emscher, 1954–62 Borussia Dortmund; 6 Länderspiele (1956–58; 2 Tore); WM-Endrunde 1958.

Keller, Kasey, US-amerikan. Torhüter, *29. November 1969 Lacey; bis 1988 University of Portland, 1988–90 Portland Timbers, 1991–96 FC Millwall, 1996–99 Leicester City, 1999–2001 Rayo Vallecano, 2001–04 Tottenham Hotspur, 2004 FC Southampton, 2005/06 Borussia Mönchengladbach; 30 Bundesligaspiele; 89 Länderspiele; WM-Endrunde 1990 (nicht eingesetzt), 1998, 2002 (nicht eingesetzt); olymp. Fußballturnier 1996; in den USA Fußballer des Jahres 1997, 1999, 2005.

Kelly, Alan, irischer Torhüter, *11. August 1968 Preston; 1985–92 Preston North End, 1992–99 Sheffield United, 1999–2001 Blackburn Rovers, 2001 Birmingham City, 2002–04 Blackburn Rovers; 47 Länderspiele; WM-Endrunde 1994, 2002.

Kemari → Fußball (Geschichte).

Kemmling, Uwe, dt. Schiedsrichter (Burgwedel [Niedersachsen]), *1. November 1960 Hannover; seit 1989 Schiedsrichter, seit 1991 Zweite Bundesliga (80 Spiele), 1996–2005 Bundesliga (113 Spiele).

> **U. Kemmling**
> »Wer als Schiedsrichter dem Druck nicht standhält, sollte samstagnachmittags spazieren gehen.«

Kempes, Mario Alberto, argentin. Angriffsspieler (Mittelstürmer), *15. Juli 1954 Bell Ville (Córdoba); 1964–71 Talleres Bell Ville und Atlético Bibliteca, 1971–73 Instituto de Córdoba, 1974–76 Rosario Central, 1976–81 CF Valencia, 1981/82 River Plate Buenos Aires, 1982–84 CF Valencia, 1984–86 Hércules Alicante, 1986/87 Vienna Wien, 1987–90 SG VSE St. Pölten-Gablitz bzw. VSE Eger Schwarz-Elf St. Pölten, 1990–92 Kremser SC; 43 Länderspiele (1973–83; 20 Tore); WM-Endrunde 1974, 1978 (Weltmeister); Südamerikas Fußballer des Jahres

1978; in Argentinien Fußballer des Jahres 1978; 1982. – Später Trainer: 1993 CF Valencia (Trainerassistent), 1996 Pelita Hyatt (Indonesien) und SK Lushnja (Albanien), 1997/98 Mineros de Guayana (Venezuela), 1999 The Strongest (LM 1999), 2000/01 Independiente Petrolero (Bolivien).

Kenia, Republik in Ostafrika, 582 650 km², 31,639 Mio. Ew.; Verband: Kenya Football Federation, Abk. KFF, gegr. 1960, Sitz: Nairobi; Mitglied der FIFA seit 1960, der CAF seit 1968; Spielkleidung: Rot.

Kennedy, Joshua Blake, austral. Angriffsspieler, * 20. August 1982 Wodonga; bis 2000 Australian Institute of Sport und Carlton Soccer Club Victoria, 2000–02 VfL Wolfsburg, 2002/03 Stuttgarter Kickers, 2003/04 1. FC Köln, 2004–06 1. FC Dynamo Dresden; 12 Bundesligaspiele (2 Tore).

Kerkrade, Roda JC, eigtl. »SV Roda JC« (Sportvereniging Roda JulianaCombinatie), Niederlande, entstand1962 durch Fusion von Rapid JC und Roda Sport; Spielkleidung: Gelb/Schwarz-Gelb/Schwarz; Stadion: Parkstad Limburg, 19 979 Plätze. – INTERNET: www.rodajc.nl

Spieler (Auswahl): D. Advocaat – G. Canale – J. de Kock – B. van Galen – M. van Hoogdalem. – **Trainer** (Auswahl): E. Achterberg – J. Bonfrère – H. Stevens.

»Kerze«, steil aufsteigender Ball, meist verunglückter Schlag. (→ »Korkenzieher«)

»Kerze«
»Balloon« [engl.]
»Chandelle« [frz.]
»Alto« [span.]
»Vela« [portugies.]
»Lancio a candela« [italien.]

Kessler, Georg, dt. Trainer, * 23. September 1932 St. Ingbert (Saarland); 1960–64 Landesverband Mittelrhein, 1964–70 Niederlande (Nationalmannschaft, gleichzeitig Schüler und Junioren), 1970/71 Sparta Rotterdam, 1971–73 RSC Anderlecht, 1973/74 PEC Zwolle, 1974–77 Hertha BSC, 1977/78 SSW Innsbruck, 1978–82 AZ Alkmaar, 1982–84 FC Brügge, 1984/85 Olympiakos Piräus, 1986 1. FC Köln, 1986–89 Antwerp FC, 1989/90 Standard Lüttich, 1990–92 Fortuna Sittard.

Keßler, Jörg, dt. Schiedsrichter (Höhenkirchen), * 24. Februar 1964 Jena; seit 1992 Schiedsrichter, seit 1995 Zweite Bundesliga (65 Spiele), seit 1996 Bundesliga (92 Spiele), 4 Europapokalspiele, 2003–05 FIFA-Referee.

Ketelaer, Marcel, dt. Mittelfeldspieler, * 3. November 1977 Mönchengladbach; 1984–2000 Borussia Mönchengladbach, 2000–02 Hamburger SV, 2002–04 Borussia Mönchengladbach, 2004/05 1. FC Nürnberg, 2005 LR Ahlen, 2006 FC Superpfund; 113 Bundesligaspiele (4 Tore).

Kewell, Harry, austral. Mittelfeldspieler, * 22. September 1978 Smithfield; 1995–2003 Leeds United, 2003–06 FC Liverpool; 17 Länderspiele (5 Tore): Ozeaniens Fußballer des Jahres 1999, 2001, 2003.

Kezman, Mateja, serb. Angriffsspieler, * 12. April 1979 Belgrad; 1998/98 FC Smederevo, 1998–2000 Partizan Belgrad, 2000–04 PSV Eindhoven, 2004/05 FC Chelsea, 2005/06 Atlético Madrid; EM-Endrunde 2000; 11 Länderspiele für Jugoslawien bzw. für Serbien und Montenegro (seit 2000; 1 Tor); in den Niederlanden Fußballer des Jahres 2003.

KFA, 1) Abk. für **K**orea **F**ootball **A**ssociation, den Fußballverband von Südkorea (→ Korea [2]). – **2)** Abk. für **K**uwait **F**ootball **A**ssociation, den Fußballverband von → Kuwait.

KFF, Abk. für **K**enya **F**ootball **F**ederation, den Fußballverband von → Kenia.

KFV, Abk. für → **K**ärntner **F**ußball**v**erband.

Khizaneishvili, Otar, georg. Abwehrspieler, * 26. September 1981 Tiflis; 1998–2000 Dinamo Tiflis, 2000/01 Spartak Moskau, 2001 Rostselmash Rostow, 2002/03 Dinamo Tiflis, 2004 Dynamo Moskau, 2005/06 SC Freiburg; 8 Bundesligaspiele; 15 Länderspiele.

Kick-and-rush [engl., »Tritt und Eile«], veraltete Spielweise, bei der der Ball planlos nach vorn geschlagen (gedroschen, gewuchtet) wurde; dabei gab es keinen systemat. Spielaufbau, und die Stürmer fungierten in der Rolle der »Eiler«, die die Bälle erreichen und verwerten sollten. – Mit der Gründung der engl. Football Association (FA) 1863 und der Festlegung eines progressiven Regelwerkes wurde das bis dahin übl. K. nach und nach von der organisierten Mannschaftstaktik abgelöst. Trotzdem sind auch im heutigen Fußball hin und wieder »Kick-Teams« anzutreffen, die sich dieser urigen »Spielweise« bedienen (als »Hau-ruck-Fußball« ausgeübt).

Kicken [engl.], a) das Fußballspielen; b) das Treten oder Stoßen des Balles.

Kicker [engl.], der (Fußball-)Spieler.

»kicker«, »kicker-Sportmagazin«, eine Sportzeitschrift; seit 1920 von W. Bensemann in Konstanz, später in Nürnberg, Hamburg, Köln, München und wieder in Nürnberg herausgegeben; neu erschienen am 1951 (seit 1964 zum Teil auch in Farbe) durch Dr. Friedebert Becker (*1907, † 1984), der 1946 den »Sport« Nürnberg herausbrachte (1948 in »Sportmagazin« umbenannt, um nicht mit »Sport« Zürich zu kollidieren). Die erste Ausgabe des »k.« erschien nach

»kicker«

Herausgeber	K.-H. Heimann
Chefredakteur	R. Holzschuh
Stellvertretender Chefredakteur	K. Smentek
Chefreporter	K. Wild

der Fusion von »k.« und »Sportmagazin« 1968. Der »k.« ist Mitglied von European Sports Magazines (→ EMS) und erscheint montags (mit Tiefdruck in Farbe) und donnerstags (Zeitungsdruck).

Kickers [engl. »Fußballspieler«], Vereins-Bez. aus den Anfängen des dt. Fußballs, z. B. Stuttgarter K., K. Offenbach.

Kieft, Willem Cornelius (»Wim«), niederländ. Angriffsspieler, *12. November 1962 Amsterdam; 1980–83 Ajax Amsterdam, 1983–86 SC Pisa, 1986/87 Turin Calcio, 1987–92 PSV Eindhoven; 43 Länderspiele (11 Tore); WM-Endrunde 1990; EM-Endrunde 1988 (Europameister), 1992; Europas Torschützenkönig 1982 (32).

Kiel, Holstein, eigtl. »KSV Holstein Kiel« (Kieler Sportvereinigung von 1900), »Störche«, Deutschland (Schleswig-Holstein), gegr. am 7. Oktober 1900 als 1. FV 1900 Kiel, 1917 Fusion mit FV Holstein 1902 Kiel zu KSV Holstein Kiel; Spielkleidung: Blau/Weiß/Rot; Stadion: Holstein-Stadion, 13 500 Plätze. – INTERNET: www.holstein-kiel.de

Spieler (Auswahl): F. Copado – J. Dowe – A. Köpke – D. Teixeira – H. Wittmayer. – **Trainer** (Auswahl): H. Johannsen – M. Krüger – H.-W. Moors – F. Neubarth.

Kiesenebner, Markus, österr. Mittelfeldspieler, *21. April 1979 Linz; bis 1999 USW Babenberg, FC Blau-Weiß Linz und ASKÖ Pasching, 1999–2001 LASK Linz, 2001/02 Austria Wien, 2002–04 SV Pasching, 2004–06 Austria Wien; 10 Länderspiele (seit 2004; 1 Tor).

Kießling, Stefan, dt. Angriffsspieler, *25. Januar 1984 Lichtenfels (Bayern); bis 2001 Eintracht Bamberg, 2001–06 1. FC Nürnberg; 42 Bundesligaspiele (9 Tore).

Kiew, Dynamo, eigtl. »FK Dynamo Kiew« (Futbolnyi Klub Dynamo Kiew), Ukraine, gegr. 1927; Spielkleidung: Weiß-Schwarz/Weiß/Weiß; Stadion: NSC Olympiski, 83 160 Plätze. – Internationale Erfolge: EC II 1975, 1986, (Europa-)Supercup 1975. – INTERNET: www.fcdynamo.kiev.ua

Spieler (Auswahl): I. Belanow – W. Bessonow – O. Blokhin – L. Burjak – A. Byschowez – K. Górski – A. Konkov – G. Litowtschenko – V. Lobanovskiy – A. Mikhailichenko – W. Muntjan – O. Protasov J. Rudakow – A. Savarov – A. Shevchenko – M. Verpakovskis. – **Trainer** (Auswahl): L. Burjak – V. Lobanovskiy.

Kilmarnock, FC, eigtl. »Kilmarnock FC« (Kilmarnock Football Club), Schottland, gegr. 1869; Spielkleidung: Blau-Weiß/Blau/Blau-Weiß; Stadion: Rugby Park, 18 128 Plätze. – INTERNET: www.kilmarnockfc.co.uk

Spieler (Auswahl): A. M. McCoist.

Kim, Yoo-Sung, südkorean. Angriffsspieler, *17. Januar 1966 Gangwon-Do; 1980–86 Chosun University, 1986–92 Pusan Daewoo Royals, 1992–94 VfL Bochum; 13 Bundesligaspiele; 90 Länderspiele; WM-Endrunde 1986, 1990, 1994; olymp. Fußballturnier 1988; Asiens Fußballer des Jahres 1989, 1990, 1991.

»Kinder in Not« → DFB-Stiftung »Egidius Braun«.

Kindvall, Ove Bengt, schwed. Mittelfeldspieler, *16. Mai 1943 Norrköping; 1953–67 IFK Norrköping, 1967–71 Feyenoord Rotterdam, 1971–75 IFK Norrköping, 1975–77 IFK Göteborg; 43 Länderspiele (1965–74), WM-Endrunde 1970, 1974; in Schweden Fußballer des Jahres 1966.

Kinhöfer, Thorsten, dt. Schiedsrichter (Herne), *27. Juni 1968; Schiedsrichter seit 1994, Zweite Bundesliga seit 1997 (67 Spiele), Bundesliga seit 2002 (38 Spiele); FIFA-Schiedsrichter seit 2006; 2003 kurzzeitig in der südkorean. K-League.

Kinshasa, Vita Club, eigtl. »AS Vita Club Kinshasa« (Association Sportive Vita Club Kinshasa), Demokrat. Republik Kongo, gegr. 1935; Spielkleidung: Grün; Stadion: Stade du 24 Novembre, 25 000 Plätze. – Internationale Erfolge: Afrikapokal der Landesmeister 1973.

Kioyo, Francis, kamerun. Angriffsspieler, *18. September 1979 Yaoundé; bis 1998 Union Sportive Douala, 1998–2000 SG Höchst, 2000–02 SpVgg Greuther Fürth, 2002/03 1. FC Köln, 2003/04 TSV München 1860, 2004/05 Rot-Weiss Essen, 2005 TSV München 1860, 2005/06 FC Energie Cottbus; 25 Bundesligaspiele (2 Tore); 2 Länderspiele.

Kipiani, David, georg. Trainer, *18. November 1951, †18. September 2001 (verunglückt); war Mittelfeldspieler: 1961–84 35. Schule, Lokomotive und Dinamo Tiflis; 19 Länderspiele für die UdSSR (1977–81; 9 Tore); in der UdSSR Fußballer des Jahres 1977. – Später Trainer: 1984–92 Dynamo Tiflis (LM 1992, PS 1990, 1991, 1992), 1992/93 Olympiakos Nikosia, 1999–2001 Georgien (Nationalmannschaft).

Király, Gábor, ungar. Torhüter, *1. April 1976 Szombathely; bis 1997 VSE Szombathely, 1997–2004 Hertha BSC, 2004–06 Crystal Palace;

David Kipiani

Ulf Kirsten

198 Bundesligaspiele; 48 Länderspiele (seit 1998); in Ungarn Fußballer des Jahres 1998.

Kircher, Knut, dt. Schiedsrichter (Rottenburg [Baden-Württemberg]), *2. Februar 1969; seit 1997 Schiedsrichter, Zweite Bundesliga seit 1998 (57 Spiele), Bundesliga seit 2002 (50 Spiele), 1 Länderspiel, seit 2004 FIFA-Referee; 2004 kurzzeitig in der südkorean. K-League.

Kirchheim/Teck, VfL (Verein für Leibesübungen Kirchheim/Teck), Deutschland (Kirchheim unter Teck [Baden-Württemberg]), gegr. am 6. Juli 1881 als Turnverein Kirchheim/Teck, 1922 Fusion mit dem Turnerbund 1888 zum Turn- und Sportverein Kirchheim unter Teck, 1933 Fusion mit dem VfB Kirchheim zum Turn- und Spielvereinigung (bis 1935), 1945 aufgelöst und neu gegr. als VfL Kirchheim/Teck; Spielkleidung: Weiß; Stadion: Stadion an der Jesinger Allee, 10 000 Plätze. – INTERNET: www.vfl-kirchheim.de

Spieler (Auswahl): T. Brdaric – R. Kauf.

Kirchler, Roland, ein österr. Mittelfeldspieler, *29. September 1970 Innsbruck; bis 1990 Swarovski Wattens, 1990–2002 FC Wacker Tirol, 2002/03 Wüstenrot Salzburg, 2003–05 SV Pasching bzw. FC Superfund, 2005/06 FC Superfund; 28 Länderspiele (seit 1993; 5 Tore).

Kirgistan, Republik in Mittelasien, 198 500 km², 4,893 Mio. Ew.; Verband: Football Federation of Kyrgyz Republic, Abk. FFKR, gegr. 1992, Sitz: Bischek; Mitglied der FIFA und der AFC seit 1994; Spielkleidung: Rot. – INTERNET: www.ffkr.kg

Kirjakov, Sergej, russ. Angriffsspieler, *1. Januar 1970 Orel; 1983/84 Sportschule Moskau, 1984–88 Spartak Moskau, 1989–92 Dynamo Moskau, 1992–98 Karlsruher SC, 1998/99 Hamburger SV, 1999/2000 Tennis Borussia, 2001/02 Yunnan Hongta (China), 2003 Shandong Luneng (China); 174 Bundesligaspiele (34 Tore); 38 Länderspiele (2 Tore) für die GUS und für Russland; EM-Endrunde 1992.

Kirschen, Siegfried, dt. Schiedsrichter (Dresden), *13. Oktober 1943 Chemnitz; 1961–92 Schiedsrichter, 1972–90 DDR-Oberliga (249 Spiele), 1990/91 Bundesliga (2 Spiele), 1979–90 FIFA-Referee; 24 Länderspiele; WM-Endrunde 1986, 1990, EM-Endrunde 1988; 46 EC-Spiele, darunter erstes EC III-Finale 1987 und (Europa-)Supercupfinale 1988; FDGB-Pokalfinale 1980.

Kirsten, Ulf, dt. Angriffsspieler, *4. Dezember 1965 Gohlis (Landkreis Riesa [Sachsen]); 1973–78 BSG Chemie Riesa, 1978/79 BSG Stahl Riesa, 1979–90 SG Dynamo Dresden, 1990–2003 Bayer 04 Leverkusen; 154 (DDR-)Oberligaspiele (57 Tore); 49 Länderspiele für die DDR (1985–90; 14 Tore); in der DDR Fußballer des Jahres 1990; 350 Bundesligaspiele (181 Tore); Bundesliga-Torschützenkönig 1993 (20; mit A. Yeboah), 1997 (22), 1998 (22); 51 Länderspiele für Deutschland (1992–2000; 20 Tore). – Später Trainer: 2003–06 Bayer 04 Leverkusen (2003–05 Trainerassistent, 2005/06 II. Mannschaft).

Kische, Gerd, dt. Abwehrspieler, *23. Oktober 1951 Teterow (Mecklenburg-Vorpommern); 1960–70 BSG Einheit Teterow, 1970–81 FC Hansa Rostock, 1982/83 TSG Bau Rostock, 1983/84 BSG Post Neubrandenburg; 181 Oberligaspiele (11 Tore); 63 Länderspiele (1971–80); WM-Endrunde 1974; Olympiasieger 1976. – Später Funktionär: 1991–95 FC Hansa Rostock (1991–93 Präsident, 1993–95 Manager), 1995 1. FC Union Berlin (Manager), 2000 FC Anker Wismar (Manager).

Kischinjow, Moldawien: russ. für → Chişinau ...

Kischko, Maik, dt. Torhüter, *7. Juli 1966 Löbnitz (Sachsen); bis 1983 BSG Lokomotive Delitzsch und BSG Stahl Riesa, 1983–97 1. FC Lokomotive Leipzig bzw. VfB Leipzig, 1997/98 FC Carl Zeiss Jena, 1998/99 VfL Bochum, 1999/2000 Stuttgarter Kickers, 2000/01 FC Erzgebirge Aue, 2001–05 FC Eilenburg; 6 (DDR-) Oberligaspiele; 34 Bundesligaspiele.

Kist, Kees, Niederlande, niederländ. Angriffsspieler (Mittelstürmer), *7. August 1952; 1966–74 SC Steenwijk, 1974–82 AZ Alkmaar, 1982–85 Paris Saint-Germain, 1986/87 SC Heerenveen, 1987/88 SC Steenwijk; 21 Länderspiele (1975–80); EM-Endrunde 1976, 1980; Europas Torschützenkönig 1979 (34).

Kitzinger, Albin, dt. Mittelfeldspieler (Läufer), *1. Februar 1912, †6. August 1970; 1924–46 1. FC Schweinfurt 05 (1941–46 Spielertrainer); 44 Länderspiele (1935–42; 2 Tore); WM-Endrunde 1938; spielte repräsentativ für Bayern und Süddeutschland; Mitglied der → »Breslauer Elf«.

Klagenfurt, Österreich: → Kärnten, FC.

»Klären«, das Bereinigen, z. B. »›K.‹ einer gefährl. Strafraumsituation«.

Ivan Klasnić

Klasnić, Ivan, kroat. Angriffsspieler, *29. Januar 1980 Hamburg; 1985–90 Union 03 Altona, 1990–94 TSV Stellingen 88, 1994–2001 FC St. Pauli, 2001–06 SV Werder Bremen; 104 Bundesligaspiele (34 Tore); 12 Länderspiele (seit 2004; 1 Tor); EM-Endrunde 2004 (nicht eingesetzt).

»klassisch«, mustergültig, herkömmlich; z. B. ein »klassischer« Konter, Hackentrick, Fallrückzieher, aber auch ein »klassischer« Fehlpass, ein »klassisches« Eigentor usw.

K-League, Südkorea: seit 1989 voll professionalisierte und seit 1997 aus 13 ständigen Teams bestehende höchste Spielklasse, die zu den stärksten in Asien zählt; Saison: März–November. – In Japan: → J-League

Kleff, Wolfgang, dt. Torhüter, *16. November 1946 Schwerte (Nordrhein-Westfalen); 1960–68 VfL Schwerte, 1968–79 Borussia Mönchengladbach, 1979/80 Hertha BSC, 1980–82 Borussia Mönchengladbach, 1982–84 Fortuna Düsseldorf, 1985/86 VfL Bochum, 1986/87 FSV Salmrohr; 433 Bundesligaspiele; 6 Länderspiele (1971–73); Weltmeister 1974 (nicht eingesetzt); Europameister 1972 (nicht eingesetzt).

Kleiminger, Heino, dt. Mittelfeldspieler (Halbstürmer), *3. Februar 1939 Wismar; 1951–56 BSG Motor Wismar, 1956–70 SC Empor Rostock bzw. FC Hansa Rostock, 1970–74 TSG Wismar; 185 Oberligaspiele (62 Tore); 4 Länderspiele (1963/64; 5 Tore).

»kleines Finale« → Finale.

Klein-Karben, KSV (Kraft-und Rasensportverein Klein-Karben), Deutschland (Karben [Hessen]), gegr. 1945; Spielkleidung: Weiß; Stadion: Günter-Reutzel-Stadion, 3000 Plätze. – INTERNET: www.ksvkleinkarben1890.de

Spieler (Auswahl): M. Binz.

Klimaschefski, Uwe, dt. Trainer, *11. Dezember 1938 Bremerhaven; war Abwehrspieler: bis 1963 TuS Bremerhaven 93 und Bayer 04 Leverkusen, 1963–65 Hertha BSC, 1965–69 1. FC Kaiserslautern; 159 Bundesligaspiele (12 Tore). – Später Trainer: 1970/71 FC Homburg/Saar, 1971/72 Hapoel Haifa, 1972–74 FC Homburg/Saar, 1974 FSV Mainz 05, 1974–80 FC Homburg/Saar bzw. FC Homburg, 1980/81 Hertha BSC, 1982–86 1. FC Saarbrücken, 1986/87 FC St. Gallen, 1987 FC Homburg, 1987/88 TSV München 1860, 1990 SV Darmstadt 98, 1991 Blau-Weiß Berlin, 1993/94 FC Homburg.

> **U. Klimaschefski**
> »Unsere Spieler können 50-Meter-Pässe spielen: 5 Meter weit und 45 Meter hoch.«

Klimowicz, Diego Fernando, argentin. Angriffsspieler poln.-ukrain. Herkunft (auch span. Staatsbürgerschaft), *6. Juli 1974 Buenos Aires; bis 1996 Instituto AC Córdoba, 1996/97 Rayo Vallecano, 1998/99 Real Valladolid, 1999–2001 CA Lanús, 2001–06 VfL Wolfsburg; 115 Bundesligaspiele (46 Tore).

Klinsmann, Jürgen, dt. Trainer, *30. Juli 1964 Göppingen (Baden-Württemberg); war Angriffsspieler: 1972–75 TB Giengen, 1975–82 SC Geislingen, 1982–84 Stuttgarter Kickers, 1984–89 VfB Stuttgart, 1989–92 Inter Mailand, 1992/94 AS Monaco, 1994/95 Tottenham Hotspur, 1995–97 FC Bayern München, 1997 Sampdoria Genua, 1997/98 Tottenham Hotspur; 221 Bundesligaspiele (110 Tore); Bundesliga-Torschützenkönig 1988 (19); 108 Länderspiele (1987–98; 47 Tore); WM-Endrunde 1990 (Weltmeister), 1994, 1998; EM-Endrunde 1988, 1992, 1996 (Europameister); olymp. Fußballturnier 1988; in der BRD Fußballer des Jahres 1988, in Deutschland Fußballer des Jahres 1994, in England Fußballer des Jahres 1995. – Später Trainer: erwarb

Jürgen Klinsmann

2001 die DFB-Fußball-Lehrer-Lizenz und ist seit Juli 2004 Bundestrainer der dt. Nationalmannschaft als Nachfolger des nach der EM-Endrunde 2004 zurückgetretenen Teamchefs R. → Völler.

> **J. Klinsmann**
> »Profivereine werden immer mehr mit Sportpsychologen zusammenarbeiten.«

Klodt, 1) Bernhard, dt. Angriffsspieler, * 26. Oktober 1926, † 23. Mai 1996, Bruder von 2); 1940–48 FC Schalke 04, 1948–50 TSV Horst-Emscher, 1950–62 FC Schalke 04; 19 Länderspiele (1950–59; 3 Tore); WM-Endrunde 1954 (Weltmeister), 1958. – **2)** Hans, dt. Torhüter, * 10. Juni 1914, † 7. November 1996, Bruder von 1); 1925–35 BV 12 Gelsenkirchen, 1935–48 FC Schalke 04, 1948–55 SpVgg Beckum; 17 Länderspiele (1938–41); spielte repräsentativ für Westfalen. – Später Trainer: STV Horst-Emscher, SpVgg Beckum, Teutonia Lippstadt.

Klopp, Jürgen, dt. Trainer, * 16. Juni 1967 Stuttgart; war Mittelfeldspieler: bis 1983 SV Glatten, 1983–86 TuS Ergenzingen, 1986/87 1. FC Pforzheim, 1987/88 Eintracht Frankfurt (Amateure), 1988/89 Viktoria Sindlingen, 1989/90 Rot-Weiß Frankfurt, 1990–2001 1. FSV Mainz 05; 325 Zweitligaspiele (59 Tore). – Später Trainer: 2001–06 1. FSV Mainz 05 (Teamchef).

> **J. Klopp**
> »Am Wochenende sind drei große Serien zu Ende gegangen. Die von Arsenal, die von Stuttgart und die von Mainz 05.«

»Kloppen« → Fußballerjargon.

Klos, Stefan, * 16. August 1971 Dortmund, dt. Torhüter; 1978–84 TuS Eving-Lindenhorst, 1984–88 Eintracht Dortmund, 1988–98 Borussia Dortmund, 1999–2006 Glasgow Rangers; 254 Bundesligaspiele.

Klose, Miroslav, dt. Angriffsspielerseit (seit 1987 dt. Staatsbürgerschaft), * 9. Juni 1978 Opole (dt. Oppeln [Polen]); 1987–98 SG Blaubach-Dietelkopf, 1998/99 FC Homburg, 1999–2004 1. FC Kaiserslautern, 2004–06 SV Werder Bremen; 164 Bundesligaspiele (73 Tore); 50 Länderspiele (seit 2001; 20 Tore); WM-Endrunde 2002; EM-Endrunde 2004.

Klötzer, Kuno, dt. Trainer, * 19. April 1922 Geyer (Sachsen); 1951–53 Niedersachsen (Verbandssportlehrer), 1953–57 Fortuna Düsseldorf; 1957/58 Hannover 96, 1958–61 Preußen Münster, 1961–63 Schwarz-Weiß Essen, 1963–67 Fortuna Düsseldorf, 1967/68 Wuppertaler SV, 1968/69 Rot-Weiss Essen, 1969/70 1. FC Nürnberg, 1971 Kickers Offenbach, 1973–77 Hamburger SV (PS 1976, EC II 1977), 1977–79 Hertha BSC, 1981/82 MSV Duisburg.

Miroslav Klose

> **K. Klötzer**
> »Wenn wir nicht 0:1 zurückliegen würden, könnten wir 1:0 führen.«

Klub, a) svw. → Fußballklub; b) Klubmannschaft.

> **Klubmannschaft**
> Club Team [engl.]
> Equipe du club [frz.]
> Equipo del club [span.]
> Equipa dela clube [portugies.]
> Squadra di club [italien.]

»Klub der Hunderter«, inoffizielle Bez. für denjenigen internationalen Spielerkreis, der bereits 100 und mehr Länderspiele bestritten hat. Den oder die (bei Gleichstand) führenden Spieler bezeichnet man dann auch als »Weltrekordler«. Außereurop. Spieler werden in der Über-

Europäischer »Klub der Hunderter« (Auswahl)

Länderspiele	*Name*	*Zeitraum*
150	L. Matthäus (Deutschland)	1980–2000
143	T. Ravelli (Schweden)	1981–97
128	D. Munteanu (Rumänien)	seit 1991
126	A. Zubizarreta Urreta (Spanien)	1988–2002
	P. Maldini (Italien)	1985–96
125	P. Shilton (England)	1970–90
	G. Hagi (Rumänien)	1983–98
119	P. Jennings (Nordirland)	1964–86
117	H. Hermann (Schweiz)	1978–91
116	R. Nilsson (Schweden)	1986–2000
	M. Desailly (Frankreich)	1993–2004
115	B. Nordqvist (Schweden)	1963–78
114	G. Popescu (Rumänien)	1988–2000
113	C. Busuttil (Malta)	1982–2001
	L. Figo (Portugal)	seit 1991
	V. Onopko (Russland)	seit 1992
112	D. Zoff (Italien)	1968–83
	O. Blokhin (UdSSR)	1972–89
	F. de Boer (Niederlande)	1990–2004
111	K. Poborský (Tschech. Republik)	seit 1994
110	F. Couto (Portugal)	seit 1990
	L. Thuram (Frankreich)	seit 1994
108	R. Moore (England)	1962–73
	L. Bölöni (Rumänien)	1973–84
	J. Klinsmann (Deutschland)	1987–98
106	R. Charlton (England)	1958–70
105	W. Wright (England)	1946–59
	J. Kohler (Deutschland)	1986–98
	V. Astafjevs (Lettland)	seit 1992
	E. van der Sar (Niederlande)	seit 1994
104	T. Svenssen (Norwegen)	1947–62
	G. Lato (Polen)	1971–84
	M. Laudrup (Dänemark)	1982–98
	S. Chapuisat (Schweiz)	1989–2004
	T. Zagorakis (Griechenland)	seit 1994
103	F. Beckenbauer (Deutschland)	1965–77
	B. Korkmaz (Türkei)	1987–2005
	A. Herzog (Österreich)	1988–2001
	D. Deschamps (Frankreich)	1989–2000
	R. Recber (Türkei)	seit 1994
102	K. Deyna (Polen)	1968–78
	J. Streich (DDR)	1969–85
	K. Dalglish (Schottland)	1970–86
	M. Olsen (Dänemark)	1970–89
	S. Staunton (Irland)	1988–2002
101	J. Bozsik (Ungarn)	1947–62
	T. Häßler (Deutschland)	1988–2000
100	H.-J. Dörner (DDR)	1969–85
	A.-J. Hjelm (Finnland)	1982–96
	P. J. Andersson (Schweden)	1992–2003
	H. Şükür (Türkei)	seit 1992

sicht nicht berücksichtigt, da in einigen Ländern auch regionale Begegnungen und Testspiele als »Länderspiel« gewertet werden.

»Klub Polska«, Bez. für die Nationalmannschaft Polens.

Klubweltmeisterschaft, FIFA-Wettbewerb zw. den Meistern (Europa ist z. B. durch den Sieger der Champions League vertreten) der 6 Kontinentalverbände (→ FIFA); erstmals 2000 von der südamerikan. CONMEBOL mit damals noch »gemischten« Teilnehmern organisiert, ausgetragen in Brasilien. Das Finale fand in Rio de Janeiro statt; Corinthians São Paulo gewann gegen Vasco da Gama Rio de Janeiro durch 4:3 im Strafstoßschießen (zuvor 0:0). Nachdem die K. in den folgenden Jahren nicht ausgetragen wurde, erhielt sie 2005 mit neuem Modus eine Aufwertung: Die Meister der Kontinentalverbände ermitteln im Dezember den *Klubweltmeister* (erster Sieger 2005: FC São Paulo). Die K., jährlich ausgetragen, stellt die Fortsetzung des bisherigen → Weltpokals [1] dar.

Patrick Kluivert

Kluivert, Patrick Stephan, niederländ. Angriffsspieler, * 1. Juli 1976 Amsterdam; 1984/85 Schellingwoude (Amsterdam), 1985–97 Ajax Amsterdam, 1997/98 AC Mailand, 1998–2004 FC Barcelona, 2004/05 Newcastle United, 2005/06 CF Valencia; 79 Länderspiele (seit 1995; 40 Tore); WM-Endrunde 1998; EM-Endrunde 1996, 2000, 2004 (nicht eingesetzt).

Kmetsch, Sven, dt. Mittelfeldspieler, * 13. August 1970 Bautzen; bis 1983 BSG Motor Großdubrau und BSG Motor Bautzen, 1983–95 SG bzw. 1. FC Dynamo Dresden, 1995–98 Hamburger SV, 1998–2006 FC Schalke 04; 9 (DDR-)Oberligaspiele (1 Tor); 261 Bundesligaspiele (13 Tore); 2 Länderspiele (1997/98). – Später Trainer: 2005 FC Schalke 04 (II; Trainerassistent).

Knavs, Aleksander, slowen. Abwehrspieler, * 5. Dezember 1975 Maribor; bis 1996 Slovan Ljubljana, 1996/97 Olimpija Ljubljana, 1997–2001 FC Wacker Tirol, 2001–04 1. FC Kaiserslautern, 2004/05 VfL Bochum, 2005/06 RB Salzburg; 90 Bundesligaspiele (4 Tore); 56 Länderspiele; WM-Endrunde 2002; EM-Endrunde 2000.

Knefler, Otto, dt. Trainer, * 5. September 1923 Bernburg (Sachsen-Anhalt), † 30. Oktober 1986 Ottweiler (Saarland); war Mittelfeldspieler (Läufer): 1937–53 Bernburg 07, 1953–56 SV Turbine

Halle bzw. SC Chemie Halle-Leuna, SV Werder Bremen und VfR Heilbronn. – Später Trainer: 1957–60 SpVgg Neckarsulm, 1960–63 SV Ludweiler, 1963–67 Saar 05 Saarbrücken, 1967/68 1. FC Kaiserslautern, 1968–70 Fortuna Düsseldorf, 1970–74 Eintracht Braunschweig, 1974–76 Borussia Dortmund, 1976–78 MSV Duisburg, 1978 Eintracht Frankfurt.

»Kneifen«, körperl. Einsatz scheuen, ängstlich agieren und Zweikämpfen möglichst aus dem Weg gehen.

»Knipser«, meist im Sturmzentrum agierender Spieler, der sich durch effektive Chancenverwertung auszeichnet; häufiger Torschütze.

Knochenbruch, die Fraktur (→ Sportmedizin/Sportverletzungen).

»Knochenfutter«, kurzes, ungenaues Zuspiel, das etwa zw. einem gegner. Spieler und dem Mitspieler, dem eigtl. Adressaten, ankommt; ergibt zwangsläufig diffizile Zweikampfsituationen.

»Knödeln«, freizügige (die Regeln betreffend) fußballer. Freizeitbeschäftigung von Kindern und Jugendlichen auf (Spiel-)Straßen, Plätzen oder anderen geeigneten Flächen. Heute meist durch geregelten Spiel- und Trainingsbetrieb ersetzt, war das »K.« in den Nachkriegsjahren weit verbreitet und sehr beliebt. Hier wuchsen die »Straßenfußballer« heran.

Knoflicek, Ivo, tschech. Angriffsspieler, *23. Februar 1962 Cheb (dt. Eger); 1976–89 Roter Stern Cheb und Slavia Prag, 1989–91 FC St. Pauli, 1991/92 VfL Bochum, 1992/93 Vorwärts Steyr; 37 Bundesligaspiele (5 Tore); 36 Länderspiele für die ČSSR und ČSFR (4 Tore); WM-Endrunde 1990.

Knöpfle, Georg (»Schorsch«), dt. Trainer, *15. Mai 1904 Schramberg (Baden-Württemberg), †14. Dezember 1987 Hamburg; war Mittelfeldspieler (Läufer): 1913/14 Schramberg 08, 1914–28 SpVgg Fürth, 1928–36 FSV Frankfurt, 1936–44 Eintracht Braunschweig; 23 Länderspiele (1928–33); olymp. Fußballturnier 1928; spielte repräsentativ für Süddeutschland. – Später Trainer: Niedersachsen (Verbandstrainer), Eintracht Braunschweig, Arminia Hannover, FC Bayern München, Alemannia Aachen, Hamburger SV, SV Meiendorf, SV Werder Bremen (1958–63; PS 1961), 1. FC Köln (1963–66; LM 1964), Hamburger SV (1968–70; Sportdirektor).

Knup, Adrian, schweizer. Angriffsspieler, *2. Juli 1968 Basel; 1991/92 FC Luzern, 1992–94 VfB Stuttgart, 1994–96 Karlsruher SC, 1996/97 Galatasaray Istanbul; 92 Bundesligaspiele (31 Tore); 48 Länderspiele (1989–96; 26 Tore); WM-Endrunde 1994.

»Knüppeln« → Fußballerjargon.

KNVB, Abk. für **K**oninklijke **N**ederlandse **V**oetbal**b**ond, den Fußballverband der → Niederlande.

Kobiashvili, Levan (auch **Kobiaschwili**), georg. Mittelfeldspieler, *10. Juli 1977 Tiflis (amtl. Tblissi); bis 1993 Avaza Tiflis, 1994/95 Metalurg Rustawi, 1995/96 Dynamo Tiflis, 1997/98 Alania Wladikawkas, 1998 Dynamo Tiflis, 1998–2003 SC Freiburg, 2003–06 FC Schalke 04; 196 Bundesligaspiele (23 Tore); 58 Länderspiele; in Georgien Fußballer des Jahres 2000.

Levan Kobiashvili

Kobierski, Stanislaus, dt. Angriffsspieler (Linksaußen), *15. November 1910, †18. November 1972; 1919–29 Schwarz-Weiß Düsseldorf, 1929–31 TuRu Düsseldorf, 1931–50 Fortuna Düsseldorf; 26 Länderspiele (1931–41; 9 Tore); WM-Endrunde 1934; spielte repräsentativ für Niederrhein, Westdeutschland und Berlin.

Koblenz, TuS, eigtl. »TuS 1911 Koblenz« (Turn- und Sportverein 1911 Koblenz), Deutschland (Rheinland-Pfalz), gegr. am 1. August 1911 als FC Deutschland Neuendorf, 1917 aufgelöst, 1919 neu gegr. als FV Neuendorf, 1934 Fusion mit TV Neuendorf, ASV Neuendorf und DJK Neuendorf zu TuS Neuendorf, 1945 aufgelöst und als SpVgg Neuendorf neu gegr., 1947–82 TuS Neuendorf, seitdem TuS Koblenz; Spielkleidung: Blau/Schwarz/Schwarz; Stadion: Oberwerth, 18 000 Plätze. – INTERNET: www. tuskoblenz.com

Spieler (Auswahl): R. Gutendorf – S. Keita.

Kobluhn, Lothar, dt. Mittelfeldspieler, *12. April 1943; 1969–73 Rot-Weiß Oberhausen, 1974–76 Wattenscheid 09; 107 Bundesligaspiele (36 Tore); Bundesliga-Torschützenkönig 1971 (24). – Sein Bruder **Friedhelm K.** (*1936) war Abwehrspieler: 1969–74 Rot-Weiß Oberhausen (35 Bundesligaspiele).

Koch, 1) Georg, dt. Torhüter, *3. Februar 1972 Bergisch Gladbach; bis 1990 Jan Wellem Bergisch Gladbach, Gladbach VfR Marienfeld und Bayer 04 Leverkusen, 1990/91 SpVgg Erkenschwick, 1992–97 Fortuna Düsseldorf, 1997 PSV Eindhoven, 1997–99 Arminia Bielefeld, 2000–03 1. FC Kaiserslautern, 2003/04 FC Energie Cottbus, 2004–06 MSV Duisburg; 192 Bundesligaspiele. – **2)** Harry, dt. Abwehrspieler, *15. November 1969 Bamberg (Bayern); bis 1990 SV Hallstadt, 1990–95 TSV Vestenbergsgreuth, 1995–2003 1. FC Kaiserslautern, 2003–06 Eintracht Trier; 187 Bundesligaspiele (17 Tore). – **3)** Konrad, dt. Pädagoge und Fußballpionier (Prof. Dr. phil.), *13. Februar 1846, †17. April 1911; führte 1872 in Braunschweig am Martino-Catharineum Fußball als Pflichtspiel für Nachmittagsschulen ein; gründete 1874 den ersten Schülerfußballverein; verfasste 1875 die ersten dt. Fußballregeln; erließ 1886 einen (damals noch ungehörten) Aufruf zur Gründung eines dt. Fußballverbandes.

K. Koch
»Abseits ist ein Spieler, wenn er vor dem Ball ist, und der Ball hinter ihm von einem seiner Genossen getreten wird.«

Kocian, Jan, slowak. Trainer, *13. März 1958 Moravce; war Abwehrspieler: 1988–93 FC St. Pauli; 90 Bundesligaspiele (5 Tore); 26 Länderspiele für die ČSFR; WM-Endrunde 1990. – Später Trainer: 1999–2002 1. FC Köln (Trainerassistent), 2002–04 Eintracht Frankfurt (Trainerassistent), 2005 FC Rot-Weiß Erfurt, 2005 Sportfreunde Siegen.

Kocsis, Sándor, ungar. Mittelfeldspieler (Halbstürmer), *23. September 1929 Budapest, †22. Juli 1979 Barcelona (Selbsttötung); 1946–52 Ferencvaros Budapest, 1952–56 Kispest-Honved Budapest (1956 Flucht aus Ungarn), 1957/58 Young Fellows Zürich, 1958–66 FC Barcelona; 68 Länderspiele (1948–56; 75 Tore); WM-Endrunde 1954; Olympiasieger 1952.

Koeman, 1) Erwin, ein niederländ. Trainer, *20. September 1961 Zaandam, Bruder von 2); war Mittelfeldspieler: 1978/79 FC Groningen, 1979–82 PSV Eindhoven, 1982–85 FC Groningen, 1985–90 KV Mechelen, 1990–94 PSV Eindhoven, 1994–98 FC Groningen; 27 Länderspiele (2 Tore); WM-Endrunde 1990; Europameister 1988. – Später Trainer: 2003/04 PSV Eindhoven (Trainerassistent), 2004/05 RKC Waalwijk, 2005/06 Feyenoord Rotterdam. – **2)** Ronald, niederländ. Trainer, *21. März 1963 Zaandam, Bruder von 1); war Abwehrspieler (Libero): 1968–71 Helpman Groningen, 1971–79 GRC Groningen, 1979–83 FC Groningen, 1983–86 Ajax Amsterdam, 1986–89 PSV Eindhoven, 1989–95 FC Barcelona, 1995–97 Feyenoord Rotterdam; 78 Länderspiele (1983–94; 14 Tore); WM-Endrunde 1990, 1994; EM-Endrunde 1988 (Europameister), 1992; in den Niederlanden Fußballer des Jahres 1987, 1988. – Später Trainer: 1997/98 KNVB (Verbandstrainer), 1998/99 FC Barcelona (Trainerassistent), 2000/01 Vitesse Arnheim, 2001–05 Ajax Amsterdam (LM und PS 2002), 2005/06 Benfica Lissabon.

Ronald Koeman

Jürgen Kohler

R. Koeman
»Die deutschen Spieler hören erst dann auf zu kämpfen, wenn sie im Bus sitzen.«

Køge BK (Køge Boldklub), Dänemark, gegr. 1927; Spielkleidung: Schwarz-Weiß/Schwarz/Schwarz; Stadion: Køge-Stadion, 10 000 Plätze. – INTERNET: www.koge-boldklub.dk

Spieler (Auswahl): S. Larsen – L. Olsen – J. D. Tomasson.

Kögl, Ludwig (»Wiggerl«), dt. Mittelfeldspieler, *7. März 1966 Penzberg (Bayern); 1972–82 FC Penzberg, 1982/83 TSV Starnberg, 1983/84 TSV München 1860, 1984–90 FC Bayern München, 1990–96 VfB Stuttgart, 1996–98 FC Luzern, 1999–2001 SpVgg Unterhaching; 309 Bundesligaspiele (23 Tore); 2 Länderspiele (1985).

»Wiggerl« Kögl
»Entweder ich gehe links vorbei, oder ich gehe rechts vorbei.«

Kohler, Jürgen, dt.; war Abwehrspieler: *6. Oktober 1965 Lambsheim (Rheinland-Pfalz); 1975–81 TB Jahn Lambsheim, 1982–87 Waldhof Mannheim, 1987–89 1. FC Köln, 1989–91 FC Bayern München, 1991–95 Juventus Turin, 1995–2002 Borussia Dortmund; 398 Bundesligaspiele (28 Tore); 105 Länderspiele (1986–98; 2 Tore); WM-Endrunde 1990 (Weltmeister), 1994, 1998; EM-Endrunde 1988, 1992, 1996 (Europameister); in Deutschland Fußballer des Jahres 1997. – Später Trainer: 2002/03 DFB (U21), 2006 MSV Duisburg.

J. Kohler
»Ich werde dem Schiedsrichter meinen Optiker empfehlen.«

Kohlmeyer, Werner, dt. Abwehrspieler (Linksverteidiger), *19. April 1924 Kaiserslautern, †26. März 1974; 1941–57 1. FC Kaiserslautern, 1957–59 FC Homburg/Saar; 262 (Südwest-) Oberligaspiele (19 Tore); 22 Länderspiele (1951–55); Weltmeister 1954.

Kohn, Stefan dt. Angriffsspieler, *9. Oktober 1965; bis 1984 VfR Aalen und Stuttgarter Kickers, 1984/85 Bayer 04 Leverkusen, 1985/86 Arminia Bielefeld, 1986/87 Bayer 04 Leverkusen, 1987–89 Hannover 96, 1989–91VfL Bochum, 1991–93 SV Werder Bremen, 1994/95 FC Schalke 04, 1995–97 1. FC Köln, 1997/98 OGC Nizza, 1998/99 SG Wattenscheid 09; 244 Bundesligaspiele (49 Tore).

Kolev, Ivan Petkov, Bulgarien, bulgar. Mittelfeldspieler, *1. November 1930 Sofia; 1950–67 ZSKA Sofia; 75 Länderspiele (1952–66; 25 Tore); WM-Endrunde 1962, 1966; olymp. Fußballturnier 1952, 1956, 1960. – Später Trainer: 2004 Indonesien (Nationalmannschaft).

Koller, 1) Jan, tschech. Angriffsspieler, *30. März 1973 Lhota; bis 1989 AFK Smetanova Lhota, 1989–94 ZWZ Milevsko, 1994–96 Sparta Prag, 1996–99 SC Lokeren, 1999–2001 RSC Anderlecht, 2001–06 Borussia Dortmund; 135 Bundesligaspiele (57 Tore); 56 Länderspiele (seit 1995; 39 Tore); EM-Endrunde 2000, 2004; in der Tschech. Republik Fußballer des Jahres 1999; in Belgien Fußballer des Jahres 2000. – **2)** Karl, Österreich, österr. Mittelfeldspieler (Läufer), *9. Februar 1929; Vienna Wien; 86 Länderspiele (1952–65; 5 Tore); WM-Endrunde 1954, 1958. – **3)** Marcel, Schweiz, schweizer. Trainer, *11. November 1960 Zürich; war Abwehrspieler: 1970–72 FC Schwamendingen, 1972–97 Grasshopper-Club Zürich; 55 Länderspiele. – Später Trainer: 1997 Grasshopper-Club Zürich (Trainerassistent), 1997/98 FC Wil, 1999–2001 FC St. Gallen, 2002/03 Grasshopper-Club Zürich (LM 2000, 2003), 2003/04 1. FC Köln, 2005/06 VfL Bochum.

Jan Koller

Köln, Deutschland (Nordrhein-Westfalen), **1) 1. FC Köln** (1. Fußballclub Köln), »Geißböcke«, entstand am 13. Februar 1948 durch Fusion von Kölner BC 01 und SpVgg 07 Köln-Sülz (seit März 2002 1. FC Köln GmbH & Co.); Bundesliga 1963–98, 2000–02, 2003/04, 2005/06; Zweite Bundesliga 1998–2000, 2002/03, 2004/05; Spielkleidung: Rot-Weiß/Weiß/Rot-Weiß; Stadion: → RheinEnergieStadion (früher: Müngersdorfer Stadion). – INTERNET: www.fc-koeln.de

Spieler (Auswahl): K. und T. Allofs – Ö. Alpay – H. Andersen – K. Azizi – R. Azzouzi – A. Bade – A. Baffoe – H. Balitsch – M. Banach – D. Beiersdorfer – U. Bein – H. Benthaus – W. Biskup – R. Bonhof – R. Botteron – F. Brungs – Z. Čajkovski – T. Cichon – B. und C. Cullmann – M. Dogan – M. Ebbers – G. Ehrmann – P. Elkjaer-Larsen – Evanilson – K. Fischer – H.-D. Flick – H. Flohe – H. Fuchs – U. Fuchs – B. Goldbaek – F. Götz – I. Grlic – R.-C. Guié-Mien – W. Hartwig – R. Hasenhüttl – T. Häßler – R. Hauptmann – J. Heinrich – S. Helbig – H. Heldt – F. Herkenrath – K. Hutwelker – B. Illgner – C. Jancker – H.-J. Kapellmann – R. Kargus – J. B. Kennedy – F. Kioyo – J. Kohler – S. Kohn – H. Konopka – K. Konstantinidis – B. Labbadia – L. Laslandes – P. Littbarski – J. Löhr – D. Lottner – P. Madsen – Y. Mokhtari – D. Müller – M. Münch – D. Munteanu – Y. Okudera – S. Oliseh – M. Olsen – F. Ordenewitz – W. Overath – L. Podolski – A. Polster – F. Povlsen – M. Pröll – H. Rahn – U. Rahn – J. Röhrig – W. Rolff – C.-H. Rühl – B. Rupp – H. Schäfer – M. Scherz – B. Schlicke – K.-H. Schnellinger – H. Schumacher – B. Schuster – H. Simmet – L. Sinkiewicz – R. Song – M. Soskic – P. Steiner – R. Steinmann – G. Stollenwerk – M. Streller – I. Szabics – P. Thiam – C. Timm – R. Tretschok – A. Voronin – W. Weber – H. Weisweiler – S. Wessels – C.-D. Wollitz – A. Woodcock. – **Trainer** (Auswahl): J. Berger – Z. Čajkovski – C. Daum – F. Funkel – G. Kessler – G. Knöpfle – J. Kocian – M. Koller – L.-G. Köstner – H. Latour – U. Lattek – E. Lienen – J. Löhr – G. Lóránt – J. Luhukay – M. J. Michels – W. Multhaup – P. Neururer – E. Ocwirk – M. Olsen – O. Pfau – U. Rapolder – E. Rutemöller – H. Schäfer – W. Weber – H. Weisweiler.

2) Fortuna Köln, eigtl. »SC Fortuna Köln« (Sport-Club Fortuna Köln), entstand am 21. Februar 1948 durch Fusion von SV Victoria 1911, Bayenthaler SV und SV 1927 Köln; Bundesliga 1973/74; Zweite Bundesliga 1981–91, 1991/92 (Nord), 1992–2000; Insolvenz 2005; Spielkleidung: Rot-Weiß/Rot/Rot; Stadion: Bezirkssportanlage Köln-Süd, 12 000 Plätze. – INTERNET: www.fortuna-koeln.de

Spieler (Auswahl): C. Akonnor – R. Azzouzi – A. Baffoe – T. Brdaric – M. Döschner – W. Fahrian – U. Fuchs – H.-J. Gede – I. Grlic – D. Hupe – W. Junghans – D. Lottner – H.-U. Pilz – R. Präger – W. Rolff – D. Schatzschneider – E. Schmitt – H. Scholz – A. Trautmann –

A. Wessels – T. Wiese – B. Winkler – A. Woodcock. – **Trainer** (Auswahl): V. Beara – H. Buhtz – H.-J. Gede – J. Gelsdorf – R. Gutendorf – J. Krankl – R. Minge – G. Roggensack – H. Schumacher – F.-J. Tenhagen.

3) Viktoria Köln, eigtl. »SCB Viktoria Köln« (Sportclub Brück Viktoria Köln), gegr. 1904 als FC Germania Kalk, 1909 Fusion mit FC Kalk zu SV Kalk, 1911 Fusion mit Mülheimer FC zu VfR Mülheim-Kalk, 1918–43 VfR Köln 04 rrh., 1943 Fusion mit Mülheimer SV zu Kriegs-SG VfR/MSV 06 Köln, 1945 Auflösung der Fusion und Umbenennung in VfR Köln 04 rrh., 1949 Fusion mit Mülheimer SV zu SC Rapid Köln, 1957 Fusion mit SC Preußen Dellbrück zu SC Viktoria 04 Köln, 1994 Fusion mit SC Brück zu SCB Preußen Köln, seit 2002 SCB Viktoria Köln; Spielkleidung: Rot/Blau/Blau; Stadion: Sportpark Köln-Höhenberg, 12 000 Plätze. – INTERNET: www.viktoriakoeln.fussballzentrum.de

Spieler (Auswahl): O. Adler – V. Beara – S. Demandt – W. Kremer – J. Sundermann. – **Trainer** (Auswahl): E. Frühwirth – W. Kremer.

Kolský, Karel, tschech. Mittelfeldspieler (Läufer), *21. September 1914 Kladno, †2. Februar 1984; 1927–34 SK Krocehlavy, 1934–36 SK Kladno, 1936–48 Sparta Prag, 1948–50 Sparta Úpice; 13 Länderspiele für die Tschechoslowakei (1937–48); WM-Endrunde 1938. – Später Trainer: 1950/51 Sparta Úpice (Spielertrainer), 1951–59 ATK Prag (1956–58 in Personalunion Tschechoslowakei [Nationalmannschaft]), 1960–63 Spartak Prag, 1963–65 Wisla Kraków, 1965–67 Spartak Brno, 1967–69 Iskra Jablonec, 1969/70 TJ Skoda Plzeň, 1970–72 Sparta Prag (PS 1972), 1972–75 SONP Kladno, 1976–78 RH Cheb.

Kolumbien, Republik im Nordwesten Südamerikas, 1,139 Mio. km², 41,662 Mio. Ew.; Verband: Federación Colombiana de Fútbol, Abk. COLFUTBOL, gegr. 1924, Sitz: Bogotá; Mitglied der FIFA und der CONMEBOL seit 1936; Spielkleidung: Gelb/Blau/Rot. – Erfolge: Copa América 2001. – INTERNET: www.colfutbol.org

kombinierte Deckung, ein anspruchsvolles Deckungssystem, das auf der rationellen Verbindung von Mann- und Raumdeckung beruht und die Vorteile beider Abwehrformen vereint. Die Schwierigkeit der k. D. besteht besonders in der reibungslosen Übergabe (deshalb auch als »übergebendes Decken« bezeichnet) des gegner. Spielers an den Mitspieler. Die flexible Abwehrgestaltung trägt dazu bei, das Spiel ideenreicher und attraktiver zu gestalten, weil sie dem Spiel mehr Überraschungsmomente verleiht und das Improvisationsvermögen der Spieler bedeutend mehr fordert als bei der Mann- oder Raumdeckung.

kombinierte Mann- und Raumdeckung, sprachlich unkorrekte Bez. für »Mann- und Raumdeckung«, da diese die Kombination bereits zum Ausdruck bringt.

»Kommenlassen des Gegners«, leicht defensivorientiertes (Abwarte-)Verhalten, um dem vorgerückten Gegner spieler. Unterlegenheit vorzutäuschen und daraus eigene Konter zu inszenieren.

Komoren, islam. Republik und vulkan. Inselgruppe an der Ostküste Afrikas, 2170 km², 632 900 Ew.; Verband: Comores Football Federation, Abk. CFF, gegr. 1982, Sitz: Moroni; (noch) kein Mitglied der FIFA; Spielkleidung: Grün/Weiß/Grün.

Kompany, Vincent, belg. Abwehrspieler, *10. April 1986 Brüssel; 2003–06 RSC Anderlecht; 12 Länderspiele (seit 2004); in Belgien Fußballer des Jahres 2004, 2005.

Koncilia, Friedrich (»Friedl«), österr. Torhüter, *25. Februar 1948 Klagenfurt; 1959–67 Austria Klagenfurt, 1967/68 Swarovski Wattens, 1968–78 Wacker Innsbruck, 1978/79 RSC Anderlecht, 1979–85 Austria Wien; 84 Länderspiele (1970–85); WM-Endrunde 1978, 1982. – Später Trainer: 1986–90 Österreich (Nationalmannschaft [Trainerassistent], U 21), 1996–99 in Japan, 1999/2000 Austria Wien (Sportdirektor), 2002–05 SV Brandl Bau Bad Ischl (Österreich).

»Friedl« Koncilia

Kondé, Oumar, schweizer. Abwehrspieler, *19. August 1979 Binningen (Basel-Landschaft); bis 1998 SC Binningen und FC Basel, 1999 Blackburn Rovers, 1999–2005 SC Freiburg, 2005 FC Hansa Rostock; 89 Bundesligaspiele (2 Tore).

Kondition → Training.

Konföderationenpokal, svw. → Confederations Cup.

Kongo, 1) Demokratische Republik Kongo, Republik in Zentralafrika, 2,345 Mio. km², 56,625 Mio. Ew.; Verband: Fédération Congolaise de Football-Association, Abk. FECOFA, gegr. 1919, Sitz: Kinshasa; Mitglied der FIFA seit 1962, der CAF seit 1963; Spielkleidung: Blau-Gelb/Gelb-Blau/Weiß-Blau. – Erfolge: Afrikameister 1968, 1974 (als Zaire). – **2) Republik Kongo,** Republik im westl. Äquatorialafrika, 342 000 km², 2,954 Mio. Ew.; Verband: Fédération Congolaise de Football, Abk. FECOFOOT, gegr. 1962, Sitz: Brazzaville; Mitglied der FIFA seit 1962, der CAF seit 1966; Spielkleidung: Grün/Gelb/Rot. – Erfolge: Afrikameister 1972.

»Königsklasse«, a) national die höchste Spielklasse; b) europäisch die Champions League.

Konietzka, Friedhelm (»Timo«), schweizer. Angriffsspieler dt. Herkunft (seit 1988 schweizer. Staatsbürgerschaft), *2. August 1938 Lünen (Nordrhein-Westfalen); 1952–58 VfB 08 Lünen, 1958–65 Borussia Dortmund, 1965–67 TSV München 1860, 1967–71 FC Winterthur; 100 Bundesligaspiele (72 Tore); 9 Länderspiele (1962–65; 3 Tore); erzielte am 24. August 1963 bei SV Werder Bremen – Borussia Dortmund (3:2) nach 58 Sekunden das erste Bundesligator überhaupt. – Später Trainer: 1973–78 FC Zürich, 1978–80 Young Boys Bern, 1980–82 Grasshopper-Club Zürich, 1982/83 Hessen Kassel, 1983/84 Bayer 05 Uerdingen, 1984 Borussia Dortmund, 1985/86 Grasshopper-Club Zürich, 1987/88 FC Zürich, 1990/91 Bayer 05 Uerdingen, 1992/93 FC Luzern (Nachwuchs).

»Timo« Konietzka
»Die Bayern sind gespickt mit Weltmeistern, wir haben nur ein paar Hausmeister.«

Königshütte, Polen: dt. für → Chorzów ...

Konkov, Anatoli, russ. Mittelfeldspieler, *19. September 1949; 1964–67 Avantgarde Kramatorsk, 1968–74 Schachtjor Donezk, 1975–81 Dynamo Kiew; 47 Länderspiele für die UdSSR (1971–78); EM-Endrunde 1972; olymp. Fußballturnier 1976. – Später Trainer: 1987–90 Schachtjor Donezk, 1994/95 Ukraine (Nationalmannschaft).

Konopka, Harald, dt. Abwehrspieler, *18. November 1952; bis 1971 Teutonia Echtz und Schwarz-Weiß Düren, 1971–83 1. FC Köln, 1983/84 Borussia Dortmund; 352 Bundesligaspiele (21 Tore); 2 Länderspiele (1978/79); WM-Endrunde 1978.

Konsel, Michael, österr. Torhüter, *6. März 1962 Wien; bis 1984 Vienna Wien, 1985–97 Rapid Wien, 1997–99 AS Rom, 1999–2001 AC Venedig; 43 Länderspiele (1985–98); WM-Endrunde 1990, 1998; in Österreich Fußballer des Jahres 1996.

konsequente Manndeckung, stoisches (deshalb auch »sture Manndeckung« genannt) Verfolgen und Bewachen eines vom Trainer vor dem Spiel bestimmten Gegenspielers (meist der überragende Angriffs-, aber auch Mittelfeldspieler) auf engstem Raum (»hautnahes Decken«) über das gesamte Spielfeld hinweg; destruktive Spielweise; im modernen (Spitzen-)Fußball verpönt, aber hin und wieder angewendet.

Konstantinidis, Kostas, griech. Abwehrspieler, *31. August 1972 Schorndorf (Baden-Württemberg); bis 1993 VfL Schondorf und VfB Stuttgart, 1993/94 Aris Saloniki, 1994–96 OFI Kreta, 1997–99 Panathinaikos Athen, 1999–2002 Hertha BSC, 2002 Bolton Wanderers, 2002–04 Hannover 96, 2004/05 1. FC Köln; 91 Bundesligaspiele (5 Tore); 40 Länderspiele.

»Kontaktvergehen«, Spielregeln: Tätlichkeit an einem Gegenspieler. Tatort ist die Stelle, wo der Spieler getroffen wurde. (→ »Wurfvergehen«)

Konter, (blitz-)schneller Gegenangriff (Konterzug, -angriff); Zweck des *Konterns* ist es, mit wenigen Spielzügen nach einem abgewehrten gegner. Angriff rasch das Mittelfeld zu überbrücken (vornehmlich durch Steil-, aber auch Diagonalpässe), um somit die aufgerückte Abwehr des Gegners zu düpieren (schnelle und ballgewandte eigene Sturmspitzen vorausgesetzt).

Kontern, Ausführen eines → Konters.

Konterstellung, Abwarteverhalten einer Mannschaft in der eigenen Hälfte, um dann für den Gegner überraschende Konter zu starten.

Kontinentalverband, *Kontinentalkonfederation,* Gesamtheit der Landesverbände, die in etwa räumlich einem Kontinent angehören; es gibt 6 K. (→ FIFA).

»kontrollierte Offensive«, angriffswirksam (»beherrscht«) agieren, ohne dabei die eigene Abwehr zu vernachlässigen; angewendet, wenn von vornherein kein Zwang zum »Gewinnen müssen« besteht. Gerät man in Rückstand, wird der Trainer dann zu gegebenem Zeitpunkt (evtl. sofort) »bedingungslose Offensive« signalisieren, getreu dem Motto: »entweder – oder«. – Der Begriff »k. O.« (früher auch schon praktiziert, aber nicht besonders benannt) wurde von O. Rehhagel geprägt.

Kontustion [latein.], die Prellung (→ Sportmedizin/Sportverletzungen).

Konyaspor, eigtl. »Konyaspor K« (Konyaspor Kulübü), Türkei (Konya), gegr. 1981; Spielkleidung: Weiß/Grün/Grün; Stadion: Atatürk, 25 000 Plätze. – INTERNET: www.konyaspor.org.tr

Konzeption, svw. → Spielkonzeption.

Koop, Torsten, dt. Schiedsrichter (Lüttenmark [Mecklenburg-Vorpommern]), *11. Mai 1965 Boizenburg/Elbe (Mecklenburg-Vorpommern); seit 1991 Schiedsrichter, seit 1993 Zweite Bundesliga (68 Spiele), 1996–2000 und 2001–04 Bundesliga (83 Spiele).

KooTeePee, FC (Football Club KooTeePee), Finnland (Kotka), gegr. 1927 als Kotka TP, 2000 aufgelöst und als FC KooTeePee neu gegr.; Spielkleidung: Grün-Weiß/Schwarz/Grün; Stadion: Arto Tolsa Areena, insgesamt 4780 Plätze. – INTERNET: www.fckooteepee.fi

Spieler (Auswahl): A. Tolsa. – **Trainer** (Auswahl): P. Rautiainen.

Kopa, Raymond, frz. Angriffsspieler poln. Abstammung (**Kopaszewski**), *13. Oktober 1931 Noeux-les-Mines; 1949–51 SCO Angers, 1951–56 Stade Reims (→»Champagnerfußball«), 1956–59 Real Madrid, 1959–67 Stade Reims; 45 Länderspiele (1952–62; 18 Tore); WM-Endrunde 1954, 1958; Europas Fußballer des Jahres 1958.

Köpcke, Fritz, dt. Schiedsrichter (Wusterhausen/Dosse), *6. Oktober 1914 Peine (Niedersachsen), †15. Oktober 1990 Wusterhausen (Brandenburg); seit 1949 Schiedsrichter, 1951–67 DDR-Oberliga; 2 Länderspiele, FDGB-Endspiel 1952, 1956, 1966; 1968–80 Vorsitzender der Schiedsrichterkommission des DFV der DDR.

Kopecký, Vlastimil (»Vlasta«), tschech. Mittelfeldspieler (Halbstürmer), *14. Oktober 1912, †31. Juli 1967; 1932–48 Slavia Prag und Rapid Vinohrady; 23 Länderspiele für die Tschechoslowakei (1932–48; 5 Tore); WM-Endrunde 1934, 1938.

Kopenhagen, Dänemark, **1) AB Kopenhagen,** eigtl. »AB« (Akademisk Boldklub), entstand 1889 durch Fusion von Polyteknisk BK und Fredericia Studenternes CK; Spielkleidung: Grün/Weiß/Weiß-Grün; Stadion: Gladsaxe Idrætspark, 13800 Plätze. – INTERNET: www.ab-fodbold.dk

Spieler (Auswahl): M. Zidan.

2) B 1893 Kopenhagen, eigtl. »B 1893« (Boldklubben 1893), gegr. 1893; Spielkleidung: Weiß/Blau/Blau; Stadion: Österbro, 7000 Plätze.

Spieler (Auswahl): D. und N. Jensen.

3) B 1903 Kopenhagen, eigtl. »B 1903« (Boldklubben 1903), gegr. 1903, aufgelöst 1992 wegen Fusion mit KB Kopenhagen zu FC Kopenhagen (→Kopenhagen [5]); Spielkleidung: Weiß; Stadion: Gentofte, 18000 Plätze.

Spieler (Auswahl): B. Hansen – S. Lerby.

4) Brøndby IF (Brøndbyrnes Idraets Forening), entstand 1964 durch Fusion von Brøndby-Vest und Brøndby-Øst (seit 1981 Profifußball); Spielkleidung: Gelb-Blau/Blau-Gelb/Blau-Gelb; Stadion: Brøndby-Stadion, 31748 Plätze. – INTERNET: www.brondby-if.dk

Spieler (Auswahl): B. Christensen – A. Jakobsson – J. Jensen – S. Larsen – B. und M. Laudrup – P. Madsen – L. Olsen – P. Schmeichel. – **Trainer** (Auswahl): J. Jensen – M. Laudrup – M. Olsen.

5) FC Kopenhagen, eigtl. »FC København« (Football Club København), entstand 1992 durch Fusion von B 1903 Kopenhagen und KB Kopenhagen; Spielkleidung: Blau/weiß/Weiß; Stadion: Parken, 41641 Plätze. – INTERNET: www.fck.dk

Spieler (Auswahl): M. Allbäck – B. Laudrup – J. Pettersson – C. Poulsen – S. Zuma – S. Zuma. – **Trainer** (Auswahl) : R. Hodgson.

6) Frem Kopenhagen, eigtl. »BK Frem« (Boldklubben Frem), gegr. 1886; Spielkleidung: Rot-Blau/Weiß/Rot-Blau; Stadion: Valby Idraetspark, 12000 Plätze.

Spieler (Auswahl): S. Larsen.

7) Hvidovre IF (Hvidovre Idrætsforening), gegr. 1925; Spielkleidung: Rot/Blau/Blau; Stadion: Hvidovre, 12000 Plätze.

Spieler (Auswahl): P. Schmeichel.

8) KB Kopenhagen, eigtl. »KB« (Københavns Boldclub), gegr. 1878, aufgelöst 1992 wegen Fusion mit B 1903 Kopenhagen zu FC Kopenhagen (→Kopenhagen [5]); Spielkleidung: Weiß/Blau/Weiß; Stadion: Kolding: 12000 Plätze.

Spieler (Auswahl): M. Laudrup.

9) Lyngby FC (Lyngby Fotbold Club, gegr. 1921 als Lyngby BK, seit 1994 Lyngby FC; Spielkleidung: Blau/Weiß/Blau; Stadion Lyngby-Stadion, 10000 Plätze. – INTERNET: www.lyngby-fc.dk

Spieler (Auswahl): M. Allbäck – N. Jensen – D. Rommedahl.

Kopfball, Spielen des Balles mit dem Kopf, erfolgt meist aus dem Sprung heraus. Einen gezielten, mit der Stirn ausgeführten K. bezeichnet man als →Kopfstoß, einen Luftzweikampf als *Kopfballduell.*

Köpfen, Ausführen eines →Kopfballs.

»kopflos«, konfus; gekennzeichnet durch fehlende Übersicht in diffizilen (Strafraum-)Situationen, Übersehen der besser postierten Mitspieler, hekt. Aktionen (»mit dem Kopf durch die Wand«) u. a. Fehlverhalten.

»Kopfnuss« →Fußballerjargon.

Kopfstoß, Weiterleiten halbhoch und hoch anfliegender Bälle mit der Stirn; kann als Abwehrhandlung oder Stoß auf das gegner. Tor erfolgen. Der K. wird im Stand, Sprung, aus dem Lauf oder im Hechtflug (→Flugkopfball) ausgeführt. Die Ausholbewegung des Oberkörpers beim Anflug des Balles und das Straffen der Nackenmuskulatur gewährleisten eine explosive Kopfstoßausführung. Weitverbreitet beim →»Luftkampf« ist der Sprung mit angewinkeltem Ellenbogen, der in den Gegner gerammt wird (»Gelb« oder »Rot« für den Verursacher).

Kopfstoß
Header [engl.]
Tête [frz.]
Cabezazo [span.]
Cabeçada [portugies.]
Tiro di testa [italien.]

Köpke, Andreas, dt. Torhüter, *12. März 1962 Kiel; 1972–82 Holstein Kiel, 1982–84 SC Charlottenburg, 1984–86 Hertha BSC, 1986–94

1. FC Nürnberg, 1994–96 Eintracht Frankfurt, 1996–98 Olympique Marseille, 1999–2001 1. FC Nürnberg; 336 Bundesligaspiele (2 Tore); 59 Länderspiele (1990–98); WM-Endrunde 1990 (nicht eingesetzt), 1994 (nicht eingesetzt), 1998; EM-Endrunde 1992 (nicht eingesetzt), 1996 (Europameister); olymp. Fußballturnier 1988; Welttorhüter des Jahres 1996; in Deutschland Fußballer des Jahres 1993. – Später Torhütertrainer: 2004–06 DFB (Nationalmannschaft, U 21, »Team 2006« (bis 2005]).

Köppel, Horst, dt. Trainer, *17. Mai 1948 Stuttgart; war Mittelfeldspieler: 1953–58 SpVgg Neuwirtshaus, 1958–64 FV Zuffenhausen, 1964–68 VfB Stuttgart, 1968–71 Borussia Mönchengladbach, 1971–73 VfB Stuttgart, 1973–79 Borussia Mönchengladbach (1976 und 1977 kurzzeitig Vancouver Whitecaps); 308 Bundesligaspiele (82 Tore); 11 Länderspiele (1968–73; 2 Tore); Europameister 1972 (nicht eingesetzt). – Später Trainer: 1979–81 1. FC Viersen (Spielertrainer), 1981/82 1. FC Köln (Trainerassistent), 1982/83 Arminia Bielefeld, 1983–87 DFB (u.a. Trainerassistent der Nationalmannschaft), 1987 Bayer 05 Uerdingen, 1988–91 Borussia Dortmund (PS 1989), 1992 Fortuna Düsseldorf (Techn. Berater, Trainer), 1993/94 Wacker Innsbruck, 1994/95 Eintracht Frankfurt (Trainerassistent), 1997/98 Urawa Red Diamonds, 2001–04 Borussia Dortmund (Amateure), 2004–06 Borussia Mönchengladbach (2004/05 Interimstrainer, Amateure, 2005/06 Cheftrainer).

> **H. Köppel**
> »Ich sehe in der Bundesliga Spieler, denen springt beim Stoppen der Ball weiter vom Fuß, als ich ihn jemals schießen konnte.«

Körbel, Karl-Heinz (»Charly«), dt. Trainer, *1. Dezember 1954 Dossenheim (Baden-Württemberg); war Mittelfeldspieler: 1966–72 FC Dossenheim, 1972–91 Eintracht Frankfurt); 602 Bundesligaspiele (45 Tore); 6 Länderspiele (1974/75). – Später Trainer: 1991–95 Eintracht Frankfurt (bis 1994 Jugend, Trainerassistent, 1995 Cheftrainer), 1996/97 VfB Lübeck, 1997/98 FSV Zwickau.

Horst Köppel

Karl-Heinz Körbel

Korea, 1) Nordkorea, Volksrepublik im Norden der Halbinsel K., 120 540 km², 22,467 Mio. Ew.; Verband: DPR Korea Football Association, Abk. DPR-KFA, gegr. 1945, Sitz: Pjöngjang; Mitglied der FIFA seit 1958, der AFC seit 1954; Spielkleidung: Weiß. – **2) Südkorea,** Republik im Süden der Halbinsel K., 98 480 km², 48,289 Mio. Ew.; Verband: Korea Football Association, Abk. KFA, gegr. 1928, Sitz: Seoul; Mitglied der FIFA seit 1948, der AFC seit 1954; Spielkleidung: Rot/Blau/Rot. – Erfolge: Asienmeister 1956, 1960. – INTERNET: www.kfa.or.kr

»Korkenzieher«, unkontrolliert vor dem eigenen Tor hoch geschlagener Ball (drallförmige Bewegung, zurücktrudelnd); eine rotierende → »Kerze«.

Korkmaz, Bülent, türk. Abwehrspieler, *14. November 1968 Malatya; 1987–2005 Galatasaray Istanbul; 103 Länderspiele (1987–2005); WM-Endrunde 2002; EM-Endrunde 1996.

Körner, 1) Alfred (»Körner II«), österr. Angriffsspieler, *14. Februar 1926, Bruder von 3); 1942–59 Rapid Wien, 1959–63 Admira Wien; 47 Länderspiele (1946–58; 14 Tore); WM- Endrunde 1954, 1958. – **2)** Gerhard, dt. Mittelfeldspieler (Außenläufer), *20. September 1941 Zwickau; 1952–59 BSG Wismut Wilkau-Haßlau, 1959/60 ASG Vorwärts Marienberg, 1960–71 FC Vorwärts Berlin, 1971/72 FC Vorwärts Frankfurt (Oder); 276 Oberligaspiele (50 Tore); 33 Länderspiele (1962–69; 4 Tore); olymp. Fußballturnier 1964. – Später Trainerassistent: 1990–96 1. FC Union Berlin. – **3)** Robert (»Körner I«), österr. Angriffsspieler, *21. August 1924, †22. Juni 1989, Bruder von 1); 1942–56 Rapid Wien; 16 Länderspiele (1 Tor; 1948–55); WM-Endrunde 1954. – Später Trainer: 1956–66 Rapid Wien (1956/57 Spielertrainer, 1958–66 Cheftrainer; LM 1960, 1964, PS 1961), 1966/67 Waldhof Mannheim, 1967/68 1. FC Nürnberg (Trainerassistent), 1970–72 (PS 1972) und 1975/76 Rapid Wien (PS 1976).

»körperbetontes Spiel«, Spielweise, die durch energ. und überwiegend robusten (Körper-)Einsatz einer Mannschaft geprägt ist (auch für den einzelnen Spieler gebraucht); der fußballtechn. Aspekt steht dabei meist im Hintergrund.

»körperloses Spiel«, Spielweise einer Mannschaft, die sich durch ein hohes Maß an spielkulturellen Fertigkeiten auszeichnet, wobei aber der kämpfer. Körpereinsatz oftmals zu kurz kommt (auch für den einzelnen Spieler gebraucht).

»Körpersprache«, auf der Leistungsfähigkeit und phys. Verfassung einer Mannschaft aufbauende, in Körperhaltung (aufrecht oder geduckt), Bewegung (dynamisch oder langatmig), Gestik (bestimmend oder zögerlich) und Mimik (entschlossen oder ängstlich) sich ausdrückende psych. Konstitution einer Mannschaft.

Kortrijk, KV (Koninklijke Voetbalclub Kortrijk), Belgien, entstand 1971 durch Fusion von Kortrijk Sport (gegr. 1901) und Stade Kortrijk (gegr. 1923); Spielkleidung: Rot-Weiß/Rot/Weiß; Stadion: Guldensporenstadion, 7000 Plätze. – INTERNET: www.kvkortrijk.be

Spieler (Auswahl): S. Keita – E. Mpenza.

KOS, Abk. für **Ko**ordinations**s**telle Fan-Projekte; im Rahmen des »Nationalen Konzeptes Sport und Sicherheit« die Fan-Projekte in Deutschland beratendes und begleitendes Organ, Sitz: Frankfurt am Main. Die KOS steht Institutionen wie DFB, DFL und Polizei bezüglich professioneller pädagog. Fanarbeit als beratende Instanz zur Verfügung. Das erste dt. Fan-Projekt wurde 1981 in Bremen vorgestellt, derzeit werden insgesamt 32 Fan-Projekte betreut.

Kosice, 1. FC, eigtl. »1. FC Košice« (1. Football Club Košice), Slowak. Republik, gegr. 1903 als Kassai AC, 1908 Fusion mit Kassai SE zu KASE Kassa, 191 Anschluss von Jogosz SE, 1918–38 SK Sparta Košice, 1938–45 Kassai AC, 1945 aufgelöst und als SK Jednota Košice neu gegr., 1952–56 TJ Spartak VSZ Košice, 1956 Fusion mit TJ Spoje Košice zu TJ Spartak Košice, 1957 Fusion mit TJ Slavoje Košice zu TJ Jednota Košice, 1966–79 TJ VSS Košice, 1979–92 TJ ZTS Košice, 1992 Fusion mit TJ VSZ Košice zu 1. FC Košice; Spielkleidung: Orange/Blau/Blau; Stadion: Vsesportovy Areal, 30 312 Plätze. – INTERNET: www.1fc kosice.sk

Spieler (Auswahl): V. Janocko – A. Kvašnák.

Kostadinov, Emil, bulgar. Angriffsspieler, *12. August 1967 Sofia; 1984–90 ZSKA Sofia, 1990–94 FC Porto, 1994 Deportivo La Coruña, 1995/96 FC Bayern München, 1996/97 Fenerbahce Istanbul, 1997/98 ZSKA Sofia, 1998/99 UANL »Los Tigres« (Mexiko«), 1999/2000 FSV Mainz 05; 27 Bundesligaspiele (7 Tore); 44 Länderspiele (1988–98); WM-Endrunde 1994, 1998; EM-Endrunde 1996; in Bulgarien Fußballer des Jahres 1993.

Koštalek, Josef, tschech. Mittelfeldspieler (Läufer), *30. August 1909, †21. November 1971; 1925–29 SK Krocehlavy, 1929–45 Sparta Prag, 1945/46 Sparta Považská Bystrica, 1946–51 SK Rakovnik; 42 Länderspiele für die Tschechoslowakei (1930–38; 4 Tore); WM-Endrunde 1934, 1938.

Kostedde, Erwin, dt. Angriffsspieler, *21. Mai 1946 Münster; 1965–67 Preußen Münster, 1967/68 MSV Duisburg, 1968–71 Standard Lüttich, 1971–75 Kickers Offenbach, 1975/76 Hertha BSC, 1976–78 Borussia Dortmund, 1978 Union Solingen, 1978/79 Standard Lüttich, 1979/80 Stade Laval (Frankreich), 1980–82 SV Werder Bremen, 1982/83 VfL Osnabrück; 219 Bundesligaspiele (98 Tore); 3 Länderspiele (1974/75).

Kostmann, Gerd, dt. Angriffsspieler (Mittelstürmer), *2. Juli 1941 Stettin (heute: Szczecin [Polen]); 1948–64 BSG Motor Wolgast, 1964–71 SC Empor bzw. FC Hansa Rostock, 1971–75 BSG Schiffahrt/Hafen Rostock; 89 Oberligaspiele (43 Tore); Oberliga-Torschützenkönig 1968 (15), 1969 (18). – Sein Sohn **Marco K.** (*1966) war Torhüter: 1992/93 1. FC Saarbrücken (7 Bundesligaspiele).

Köstner, Lorenz-Günther, dt. Trainer, *30. Januar 1952 Wallenfels (Bayern); war Mittelfeldspieler: 1973–75 Borussia Mönchengladbach, 1975–77 Bayer 05 Uerdingen, 1977–81 Arminia Bielefeld; 91 Bundesligaspiele (7 Tore). – Später Trainer: 1982–86 Bayern Hof, 1986–89 SSV Reutlingen, 1989 SC Freiburg, 1989/90 Hessen Kassel, 1990–93 VfB Stuttgart (Trainerassistent), 1993/94 Stuttgarter Kickers, 1994–97 SpVgg Unterhaching, 1997/98 1. FC Köln, 1998–2001 SpVgg Unterhaching, 2002–04 Karlsruher SC, 2006 TSG Hoffenheim.

K.-o.-System [von engl. knockout, Abk. k. o., »erledigt«], Spielrunde in Turnier- oder Pokalwettbewerben, wobei der Unterlegene sofort ausscheidet; wird je nach Austragungsmodus nur mit Hinspiel oder mit Hin- und Rückspiel ausgetragen. (→ Pokalsystem)

Kotka, Finnland: → KooTeePee, FC.

Kottingbrunn, ASK (Arbeitersportklub Kottingbrunn), Österreich (Niederösterreich), gegr. am 16. August 1949; Spielkleidung: Weiß-Blau/Blau/Blau; Stadion: Stadion Kottingbrunn, 2000 Plätze. – INTERNET: www.askkottingbrunn.at

Spieler (Auswahl): H. Payer.

Kovač, 1) Niko, kroat. Mittelfeldspieler, *15. Oktober 1971 Berlin (West), Bruder von 2); 1979–89 Rapide Wedding, 1989–91 Hertha 03 Zehlendorf, 1991–96 Hertha BSC, 1996–99 Bayer 04 Leverkusen, 1999–2001 Hamburger SV, 2001–03 FC Bayern München, 2003–06 Hertha BSC; 224 Bundesligaspiele (29 Tore); 48 Länderspiele (6 Tore); WM-Endrunde 2002; EM-Endrunde 2004. – **2)** Robert, kroat. Abwehrspieler, *6. April 1974 Berlin (West), Bruder von 1);

1980–90 Rapide Wedding, 1990–95 Hertha 03 Zehlendorf, 1995/96 1. FC Nürnberg, 1996–2001 Bayer 04 Leverkusen, 2001–05 FC Bayern München, 2005/06 Juventus Turin; 221 Bundesligaspiele (1 Tor); 51 Länderspiele; WM-Endrunde 2002; EM-Endrunde 2004.

> **N. Kovac**
> »Auswärts sind wir zur Zeit nur, um ›hallo‹ zu sagen.«

Kovács, Stefan, rumän. Trainer, *2. Oktober 1920, † 11. Mai 1995; war Mittelfeldspieler (Halbstürmer): 1934–38 CA Oradea, 1938–41 Sporting Charleroi, 1941 SS Politehnica Timisoara, 1941/42 CFR Severin, 1942–44 KAC Cluj, 1944–47 Ferar KMSE Cluj, 1947–50 CFR Cluj, 1950–53 Universitatea Cluj; 6 Länderspiele. – Später Trainer: 1953–62 CFR bzw. CSM Cluj, 1962–67 Rumänien (1962–65 B-Auswahl, U 21, 1965–67 Nationalmannschaft [Trainerassistent]), 1967–71 Steaua Bukarest, 1971–73 Ajax Amsterdam (LM 1972, 1973), 1973–75 Frankreich (Nationalmannschaft), 1975–81 Rumänien (Nationalmannschaft), 1981–83 Panathinaikos Athen, 1986–89 AS Monaco.

Közle, Peter, dt. Mittelfeldspieler, *18. November 1967 Trostberg (Bayern); 1974–84 TSV Trostberg, 1984/85 TSV 1860 Rosenheim, 1985–87 FC Bayern München (1985/86 Jugend, 1986/87 Amateure), 1987 TSV Ampfing und Cercle Brüssel, 1988–90 Young Boys Bern, 1990–93 Grasshopper-Club Zürich, 1993–95 MSV Duisburg, 1995–98 VfL Bochum, 1998/99 1. FC Union Berlin, 2000/01 VfL Bochum, 2003–05 VfB Günnigfeld; 91 Bundesligaspiele (23 Tore).

»Kracher«, neu verpflichteter, sofort auffälliger Spieler, der keinerlei Eingewöhnungsprobleme hat; ein überdurchschnittl. Spieler ohnehin.

Kracht, Torsten, dt. Abwehrspieler, *4. Oktober 1967 Grimma; 1974–79 BSG Lokomotive Naunhof, 1979–93 1. FC Lokomotive bzw. VfB Leipzig, 1993/94 VfB Stuttgart, 1994/95 VfB Leipzig, 1995–99 VfL Bochum, 1999–2001 Eintracht Frankfurt, 2001–03 Karlsruher SC, 2003/04 VfB Leipzig; 222 (DDR-)Oberligaspiele (14 Tore); 2 Länderspiele für die DDR (1988, 1990); 167 Bundesligaspiele (5 Tore).

Krafft, Manfred, dt. Trainer, *11. Dezember 1937; war Abwehrspieler: 1966/67 Fortuna Düsseldorf. – Später Trainer: 1967–70 VfR Neuss, 1971–73 VfR Büttgen, 1974–76 Fortuna Düsseldorf, 1976–78 1. FC Saarbrücken, 1980–82 Karlsruher SC, 1982/83 SV Darmstadt 98, 1983–85 1. FC Kaiserslautern, 1986/87 Union Solingen, 1987–90 Stuttgarter Kickers.

> **M. Krafft**
> »Meine Mannschaft ist 15- oder 16-mal ins Abseits gerannt. Das haben wir auch die ganze Woche geübt.«

Kraftausdauer → Training.

»Kraftfußball«, betont athletisch und kämpferisch ausgerichtete Spielweise einer Mannschaft, wobei der spieler. bzw. spielkulturelle Aspekt zwangsläufig in den Hintergrund tritt. (→ »athletischer Fußball«)

Krakau, Polen: dt. für → Kraków ...

Kraków, Wisla, eigtl. »TS Wisla Kraków« (Towarzystwo Sportowe Wisla Kraków), Polen, gegr. 1906 als TS Wisla Kraków, 1939 aufgelöst und 1940 als DTSG Krakau neu gegr., 1945 aufgelöst und als TS Wisla Kraków neu gegr., 1948–55 Gwardia Kraków, 1955–91 Wisla Kraków, seitdem wieder TS Wisla Kraków; Spielkleidung: Rot; Stadion: Wisla, 15 000 Plätze. – INTERNET: wisla.krakow.pl

Spieler (Auswahl): A. Iwan – A. Juskowiak. – **Trainer** (Auswahl): H. Kasperczak – K. Kolský.

Krämer, Werner, dt. Angriffsspieler, *23. Januar 1940 Duisburg-Meiderich; bis 1947 DJK Meiderich-Lösort, 1947–67 Meidericher SV bzw. MSV Duisburg, 1967–69 Hamburger SV, 1969–73 VfL Bochum; 192 Bundesligaspiele (49 Tore); 13 Länderspiele (1963–67; 3 Tore); WM-Endrunde 1966.

Krampe, Hans-Dieter, dt. Abwehrspieler, *6. Januar 1937 Halle (Saale); 1951–55 BSG Post Halle, 1955–69 FC Vorwärts Berlin; 264 Oberligaspiele (4 Tore); 28 Länderspiele (1959–65).

Krankl, Johann (»Hans«), österr. Trainer, *14. Februar 1953 Wien; war Angriffsspieler (Mittelstürmer): 1962/63 SC Loquai (Wien), 1963–68 KSV Straßenbahn Wien, 1968–71 Rapid Wien, 1971/72 Wiener AC (ausgeliehen von Rapid Wien), 1972–78 Rapid Wien, 1978–80 FC Barcelona, 1980 Vienna Wien, 1980/81 FC Barcelona, 1981–85 Rapid Wien, 1986–88 Wiener SC (1987/88 Spielertrainer), 1988 Kremser SC, 1988/89

»Hans« Krankl

Casino Salzburg; 69 Länderspiele (1973–85; 34 Tore); WM-Endrunde 1978, 1982; in Österreich Fußballer des Jahres 1973, 1974, 1977, 1982, 1983; Europas Torschützenkönig 1978 (41); in Österreich Torschützenkönig 1974 (36), 1977 (32), 1978 (41), 1983 (23). – Später Trainer: 1989–92 Rapid Wien, 1992–94 VfB Mödling, 1994/95 FC Tirol Innsbruck, 1996 VfB Mödling, 1997/98 SV Gerasdorf, 1998/99 Wüstenrot Salzburg, 1999/2000 Fortuna Köln, 2000/01 VfB Admira-Wacker Mödling, 2002–05 Österreich (Nationalmannschaft).

»Hans« Krankl
»Wir müssen gewinnen, alles andere ist primär.«

Krasnodar, Kuban, Russland, gegr. 1928 als Neftyanik Krasnodar, 1958–62 Spartak Krasnodar, seitdem Kuban Krasnodar; Spielkleidung: Gelb/Grün/Grün; Stadion: Kuban, 28 000 Plätze. – INTERNET: www.fc-kuban.ru

Spieler (Auswahl): V. Beschastnykh. – **Trainer** (Auswahl): J. Chovanec.

Krause, Rudolf, dt. Trainer (Dr.), * 21. Januar 1927 Leipzig, † 12. Dezember 2003 ebd.; war Angriffsspieler: 1946–49 TSG Stötteritz (Leipzig), 1949–52 ZSG Industrie bzw. BSG Chemie Leipzig, 1952/53 KVP Vorwärts Leipzig und KVP Vorwärts Berlin, 1953/54 BSG Chemie Leipzig, 1955–60 SC Lokomotive Leipzig; 254 Oberligaspiele (94 Tore); Oberliga-Torschützenkönig 1952 (27, mit K. Weißenfels [BSG Lokomotive Stendal]); 2 Länderspiele (1953, 1956). – Später Trainer: 1960–63 BSG Stahl Lippendorf, 1963–65 SC Leipzig, 1966–68 BSG Chemie Zeitz, 1968–90 DFV der DDR (u. a. Junioren [1970 Europameister], Nachwuchs, Olympiaauswahl, 1982/83 Nationalmannschaft).

Krauss, Bernd, dt. Trainer, * 8. Mai 1957 Dortmund; war Abwehrsspieler: 1971–76 SV Schüren, 1976/77 Borussia Dortmund, 1977–83 Rapid Wien (vorübergehend österr. Staatsbürgerschaft), 1983–90 Borussia Mönchengladbach; 168 Bundesligaspiele (8 Tore); 22 Länderspiele für Österreich (1981–84); WM-Endrunde 1982. – Später Trainer: 1990 1. FC Köln (Amateure), 1991–96 Borussia Mönchengladbach (bis 1992 Trainerassistent, 1992–96 Cheftrainer; PS 1995), 1997–99 Real Sociedad San Sebastián, 2000 Borussia Dortmund, 2001 RCD Mallorca, 2002 Aris Saloniki, 2004 Admira-Wacker Mödling, 2005 Pegah Gilan (Iran), 2005 Banni Yas (VAE).

B. Krauss
»Wir wollten unbedingt einen frühen Rückstand vermeiden. Das ist uns auch gelungen. Der Gegner hat in den ersten zweieinhalb Minuten kein Tor geschossen.«

Krautzun, Eckhard, dt. Trainer, * 13. Januar 1941; war Mittelfeldspieler: 1966/67 1. FC Kaiserslautern; 3 Bundesligaspiele. – Später Trainer: u. a. 1878/79 TSV München 1860, 1989 SV Darmstadt 98, 1990/91 SC Freiburg, 1993–95 VfL Wolfsburg, 1995/96 1. FC Union Berlin, 1996 1. FC Kaiserslautern, 1997/98 FC St. Pauli, 1999/2000 SV Darmstadt 98, 2000/01 FSV Mainz 05, 2004/05 China (U 20).

Kreativität, schöpfer. Kraft und Ideenreichtum sowie deren Umsetzung, d. h. Verwirklichung im Spiel. Kreative Spieler sind die geistigen Lenker einer Mannschaft, die in der Lage sind, je nach Situation den Spielfluss zu beschleunigen bzw. zu verlangsamen, das Spiel zu verlagern, Überraschungsmomente zu schaffen usw. Sie bestimmen weitgehend die takt. Marschroute einer Mannschaft und sind meist im Mittelfeld angesiedelt. – Ein Trainer, der seinen kreativsten Spieler vorrangig mit Deckungsaufgaben betraut, begeht einen takt. Fehler, da er ihn somit aus dem konstruktiven Spielaufbau herausnimmt bzw. seine Bewegungs- und Handlungsfreiheit weitestgehend einschränkt.

Kreer, Ronald, dt. Abwehrspieler, * 10. November 1959 Leipzig; 1968–70 BSG Lokomotive Delitzsch, 1971–92 1. FC Lokomotive bzw. VfB Leipzig, 1992/93 FC Sachsen Leipzig; 241 Oberligaspiele (10 Tore); 65 Länderspiele (1982–89; 2 Tore).

»Kreis«, Ende der 1940er-Jahre auf Initiative von F. Walter von den Aktiven des 1. FC Kaiserslautern eingeführtes Zeremoniell, bei dem sich vor dem Spiel alle Beteiligten im Kreis formierten, um mittels Händedrucks den Teamgeist der »Truppe« zu bekräftigen (Motto: »Es muss!«). Der »K.« sollte dazu dienen, Entschlossenheit sowie Geschlossenheit zu demonstrieren und stets daran erinnern, dass Fußball ein Mannschaftsspiel ist (»einer für alle – alle für einen«). Später in der nüchternen, versachlichten Fußballsphäre kaum noch praktiziert, gewinnt das Zeremoniell in letzter Zeit wieder an Bedeutung.

Kreische, 1) Hans, dt. Mittelfeldspieler (Läufer), * 7. Dezember 1922 Dresden, Vater von 2); 1928–33 ASV Friedrichstadt, 1933–39 Dresdner SportClub, 1945/46 SG Lockwitz, 1946/47 SG Striesen,

1947–50 SG Dresden-Friedrichstadt, 1950/51 Hertha BSC, 1951–54 DSC Heidelberg, 1954–61 SG Dynamo Dresden; 26 Oberligaspiele (6 Tore); spielte repräsentativ für Dresden, Sachsen, Berlin (West) und Nordbaden. – **2)** Hans-Jürgen, dt. Mittelfeldspieler, *19. Juli 1947 Dresden, Sohn von 1); 1957–77 SG Dynamo Dresden; 234 Oberligaspiele (131 Tore); Oberliga-Torschützenkönig 1971 (17), 1972 (14), 1973 (26), 1976 (24); 50 Länderspiele (1968–75; 25 Tore); WM-Endrunde 1974; olymp. Fußballturnier 1972; in der DDR Fußballer des Jahres 1973. – Später Trainer: 1978–96 SG bzw. 1. FC Dynamo Dresden (1978–95 Nachwuchs, 1995/96 Cheftrainer), 2001/02 Dresdner SC.

Hans-Jürgen Kreische

»Kreiseln«, Kombinationsform, bei der der Ball in wechselnder Richtung, aber insgesamt mit Raumgewinn, zw. den Feldspielern hin- und hergespielt wird (»kreiselt«), ohne dass der Gegner dabei in Ballbesitz gelangt. – Aufgekommen und berühmt geworden durch den → »Schalker Kreisel«.

Kreisliga, DFB: niedrige Spielklasse der Landesverbände (Kreisliga A, B und C); nächsthöhere ist die → Bezirksklasse.

Kreitlein, Rudolf, dt. Schiedsrichter (Stuttgart), *14. November 1919 Fürth; seit 1937 Schiedsrichter, 1954–63 Oberliga, 1963–69 Bundesliga (66 Spiele), FIFA-Referee seit 1957; 24 Länderspiele (1957–68); WM-Endrunde 1966; EC I-Finale 1966; DFB-Pokalfinale 1963.

Kremer, 1) Franz, dt. Funktionär, *30. Juli 1905, † 11. November 1967; seit der Gründung 1948 (bis zu seinem Tod) Präsident des 1. FC Köln (LM 1962, 1964); war mit H. → Gösmann und H. → Neuberger maßgeblich an der Gründung der Bundesliga beteiligt. Das Stadion am Geißbockheim (Heimstätte des 1. FC Köln II) wurde nach ihm benannt (»Franz-Kremer-Stadion«). – **2)** Willibert, dt. Trainer, *15. Oktober 1939 Hochneukirch (Nordrhein-Westfalen); war Mittelfeldspieler: 1953–58 FC Jüchen 09, 1958/59 Rheydter SV, 1959–61 Viktoria Köln, 1961/62 Borussia Mönchengladbach, 1962–64 Viktoria Köln, 1964–66 Hertha BSC, 1966–70 MSV Duisburg; 119 Bundesligaspiele (10 Tore). – Später Trainer: 1970–76 MSV Duisburg (1970–73 Trainerassistent, 1973–76 Cheftrainer), 1976–81 Bayer 04 Leverkusen, 1982–1985 Fortuna Düsseldorf, 1985/86 Eintracht Braunschweig, 1986–89 Viktoria Köln, 1989–92 MSV Duisburg, 1992/93 Tennis Borussia.

Kremers, 1) Erwin, dt. Angriffsspieler, *24. März 1949 Frankfurt am Main, Zwillingsbruder von 2); 1967–69 Borussia Mönchengladbach, 1970/71 Kickers Offenbach, 1971–79 FC Schalke 04; 261 Bundesligaspiele (61 Tore); 15 Länderspiele (1972–74; 3 Tore); Europameister 1972. – **2)** Helmut, dt. Mittelfeldspieler, Zwillingsbruder von 1); 1967–69 Borussia Mönchengladbach, 1970/71 Kickers Offenbach, 1971–80 FC Schalke 04, 1980/81 Rot-Weiss Essen; 273 Bundesligaspiele (50 Tore); 8 Länderspiele (1973–75); Weltmeister 1974 (nicht eingesetzt). – 1989–92 Manager beim FC Schalke 04.

Kremser SC (Kremser Sportclub), Österreich (Krems [Niederösterreich]), gegr. am 24. August 1919; Spielkleidung: Schwarz/Weiß/Schwarz; Stadion: Sepp-Doll-Stadion, 10 000 Plätze. – INTERNET: www.kremser-sc.at

Spieler (Auswahl): J. Krankl – M. Kempes – J. Smistik. – **Trainer** (Auswahl): R. Dienst.

Kreß, Willibald, dt. Torhüter, *13. November 1906, † 27. Januar 1989 Gießen; 1917–34 Rot-Weiß Frankfurt, 1934–44 Dresdner SC, 1947–49 FSV Frankfurt; 16 Länderspiele (1929–34); WM-Endrunde 1934; spielte repräsentativ für Sachsen und Süddeutschland. – Später Trainer: 1959–61 Wuppertaler SV.

Kreta, OFI (Omilos Filathlon Iraklion), Griechenland (Iraklion [Insel Kreta]), gegr. 1925; Spielkleidung: Blau/Weiß/Weiß-Blau; Stadion: Th. Bardinogiannis, 14 000 Plätze. – INTERNET: www.ofi.gr

Spieler (Auswahl): K. Konstantinidis – G. Pantziaras.

»Kreuz«, umgangssprachlich für → Lattenkreuz.

Kreuzbandriss → Sportmedizin/Sportverletzungen.

Kreuzer, Oliver, dt. Abwehrspieler, *13. November 1965 Mannheim; bis 1985 SpVgg Ketsch, 1985–91 Karlsruher SC, 1991–97 FC Bayern München, 1997–2002 FC Basel; 282 Bundesligaspiele (14 Tore).

Kroatien, eine Republik in Südosteuropa, 56 542 km², 4,422 Mio. Ew.; Verband: Croatian Football Federation, Abk. CFF, gegr. 1912, Sitz: Zagreb; Mitglied der FIFA 1941–46 und seit 1992, der UEFA seit 1992; Spielkleidung: Rot-Weiß/Weiß/Blau. – INTERNET: www.hns-cff.hr

Krol, Rudolf Jozef (»Ruud«), niederländ. Abwehrspieler (Libero), *24. März 1949 Amsterdam; 1962–66 Ruud-Wit Amsterdam, 1966–78 Ajax Amsterdam, 1979/80 Vancouver Whitecaps (Kanada), 1980–84 SSC Neapel, 1984–86 AS Can-

Kronprinzenpokal	
1909	Mitteldeutschland
1910	Süddeutschland
1911	Norddeutschland
1912	Süddeutschland
1913	Westdeutschland
1914	Norddeutschland
1917	Norddeutschland
1918	Brandenburg

nes; 83 Länderspiele (1969–83; 4 Tore); WM-Endrunde 1974, 1978; EM-Endrunde 1976, 1980. – Später Trainer: 1989/90 KV Mechelen, 1991 Servette Genf, 2003–06 Ajax Amsterdam (Trainerassistent).

Kronprinzenpokal, Deutschland: erster Fußballwettbewerb für Auswahlmannschaften der Verbände; 1907 vom damaligen Kronprinzen gestiftet, wurde der silberne Pokal bis 1918 ausgespielt; Nachfolger wurde der → Bundespokal.

Kronsbein, Helmut, dt. Trainer, *25. Dezember 1914 Paderborn, †27. März 1991 Berlin; 1949–52 Blau-Weiß Köln und TSG Ulm 1846, 1952–57 Hannover 96 (LM 1954), 1957–59 Meidericher SV, 1959–62 Alemannia Aachen, 1962/63 VfR Mannheim, 1963–66 Hannover 96, 1966–74 Hertha BSC, 1974–76 Hannover 96, 1979/80 Hertha BSC.

Kronstadt, Rumänien: dt. für → Brasov...

Krstajic, Mladen, serb. Abwehrspieler bosn. Herkunft, *4. März 1974 Zenica (Bosnien); 1984–92 Čelik Zenica, 1992–95 OFK Kikinda, 1996–2000 Partizan Belgrad, 2000–04 SV Werder Bremen, 2004–06 FC Schalke 04; 153 Bundesligaspiele (13 Tore); 39 Länderspiele für Serbien und Montenegro (seit 1999; 2 Tore).

Krug, Hellmut, dt. Schiedsrichter (Gelsenkirchen), *19. Mai 1956 Gelsenkirchen; 1984–2003 Schiedsrichter, 1985/86 Zweite Bundesliga, 1986–2003 Bundesliga (240 Spiele), 1991–2002 FIFA-Referee; 29 Länderspiele; WM-Endrunde 1994, EM-Endrunde 1996; 50 Europapokalspiele; (Europa-) Supercup-Finale 1994, CL-Finale 1998, Weltpokal 1999; DFB-Pokalfinale 1996; DFB-Schiedsrichter des Jahres 1994, 1999, 2002.

Hellmut Krug

Heinz Krügel

Krügel, Heinz, dt. Trainer, *24. April 1921 Zwickau-Planitz (Sachsen); 1951–54 Sachsen (Landestrainer), 1951–54 KVP Vorwärts Leipzig, 1954–56 Einheit Ost Leipzig, 1956–59 SC Empor Rostock, 1959–61 DFV der DDR (Nationalmannschaft), 1961–66 SC Chemie Halle, 1966–76 1. FC Magdeburg. Danach als »unbequem« vom DFV der DDR zur BSG Motor Mitte Magdeburg »abgeschoben« (Objektleiter), 1990 rehabilitiert.

H. Krügel: Erfolgsstationen (Auswahl)	
SC Chemie Halle	PS 1962
1. FC Magdeburg	LM 1972, 1974, 1975
	PS 1969, 1973
	EC II 1974

Krüger, Michael, ein dt. Trainer, *28. Mai 1954 Scharnebeck (Niedersachsen); war Mittelfeldspieler: u. a. 1976–80 Arminia Hannover. – Später Trainer: 1983–86 Delbrücker SC (Spielertrainer), 1986/87 SuS Westenholz (Spielertrainer), 1987/88 SpVgg Brakel, 1988/89 SC Herford, 1989 FC Schalke 04 (Trainerassistent), 1989/90 Hannover 96, 1991/92 VfL Hildesheim, 1992/93 FC Hansa Rostock (Trainerassistent), 1994/95 Holstein Kiel, 1995–97 Arab Contractors (Ägypten), 1997 Samsunspor, 1998/99 Al-Masry (Ägypten), 1999–2001 Kickers Emden, 2001–04 VfL Wolfsburg (Amateure), 2004–06 Eintracht Braunschweig.

Krupnikovic, Nebojsa, ein serb. Mittelfeldspieler kroat. Herkunft, *15. August 1973 Požega (Kroatien); 1991/92 Roter Stern Belgrad, 1992/93 Radnicki Belgrad, 1993/94 Panionios Athen, 1994–96 Roter Stern Belgrad, 1996/97 Standard Lüttich, 1997/98 Gamba Osaka, 1998/99 SC Bastia, 1999 OFK Belgrad, 1999/2000 Chemnitzer FC,

2001–05 Hannover 96, 2005/06 Arminia Bielefeld; 87 Bundesligaspiele (11 Tore).

Kruse, Axel, dt. Angriffsspieler, *28. September 1967 Wolgast (Mecklenburg-Vorpommern); 1974–76 SG Dynamo Wolgast, 1976–81 BSG Motor Wolgast, 1981–89 FC Hansa Rostock, 1989–91 Hertha BSC, 1991–93 Eintracht Frankfurt, 1993/94 VfB Stuttgart, 1994 FC Basel, 1994–96 VfB Stuttgart, 1996–98 Hertha BSC; 50 (DDR-) Oberligaspiele (5 Tore); 141 Bundesligaspiele (30 Tore). – Später America-Football-Spieler (1999–2003 Berlin Thunder) und (Fußball-)Trainer: 2003–06 SV Tasmania Gropiusstadt 1973.

Krzynowek, Jacek, ein poln. Mittelfeldspieler, *15. Mai 1976 Kamiensk; bis 1994 LKS Chrzanowice, 1994–96 RKS Radomsko, 1996/97 Rakow Czestochowa, 1997–99 GKS Belchatow, 1999–2004 beim 1. FC Nürnberg, 2004–06 bei Bayer 04 Leverkusen; 87 Bundesligaspiele (13 Tore); 51 Länderspiele (7 Tore); WM-Endrunde 2002; in Polen Fußballer des Jahres 2003, 2004.

KSC, Deutschland: Abk. für → **K**arlsruher **SC.**

KSI, Abk. für **K**nattspyrnu**s**samband **I**sland, den Fußballverband von → Island.

Kuba, Cuba, größte Insel der Großen Antillen und Republik im Bereich der Westind. Inseln, 110 860 km², 11,263 Mio. Ew.; Verband: Asociación de Fútbol de Cuba, Abk. AFC, gegr. 1924, Sitz: Havanna; Mitglied der FIFA seit 1932, der CONCACAF seit 1961; Spielkleidung: Rot-Weiß-Blau/Rot-Weiß-Blau/Rot-Weiß-Blau.

Kubala, Vladislav Ladislão (»Laszlo«), tschech. Trainer (auch ungar. und span. Staatsbürgerschaft), *10. Juni 1927 Budapest, †17. Mai 2002 Barcelona; war Angriffsspieler: 1942–44 GANZ Torna Egylet Budapest, 1945/46 Ferencvaros Budapest, 1946–48 ŠK Bratislava, 1948/49 Budapesti Vasas, 1949–51 vereinslos (Spielsperre), 1951–61 FC Barcelona, 1961–63 nicht aktiv, 1963/64 Español Barcelona, 1965–67 FC Zürich (Spielertrainer), 1967 Toronto Falcons (Spielertrainer); 6 Länderspiele für die Tschechoslowakei (1946/47; 4 Tore), 3 für Ungarn (1948) und 19 für Spanien (1953–61; 11 Tore). – Später Trainer: 1961–63 FC Barcelona (Jugend), 1968/69 FC Córdoba, 1969–80 Spanien (Nationalmannschaft; WM-Endrunde 1978), 1981–86 Al-Hilal (Saudi-Arabien; LM 1985, 1986), 1986/87 Real Murcia, 1987–89 FC Málaga, 1991/92 Spanien (Olympiaauswahl [Trainerassistent]; Olympiasieger 1992).

Kucera, Radim, tschech. Abwehrspieler, *1. März 1974 Valaske Mezirici; 1980–92 TJ Vigantice, 1992/93 Dukla Hranice, 1993–95 VP Frydek-Mistek, 1995–98 Kaucuk Opava, 1998–2005 Sigma Olmouc, 2005/06 Arminia Bielefeld; 6 Bundesligaspiele; 4 Länderspiele.

Kuffour, Samuel Osei (»Sammy«), ghanaischer Abwehrspieler, *3. September 1976 Kumasi; 1983–90 Fantomas Kumasi, 1990/91 King Faisals Babies Kumasi, 1991–93 Turin Calcio, 1993–95 FC Bayern München, 1995/96 1. FC Nürnberg, 1996–2005 FC Bayern München, 2005/06 AS Rom; 175 Bundesligaspiele (7 Tore); 58 Länderspiele (8 Tore); olymp. Fußballturnier 1992, 1996; in Ghana Fußballer des Jahres 1998, 2002.

Kühbauer, Dietmar, ein österr. Mittelfeldspieler, *4. April 1971 Heiligenkreuz (Burgenland); bis 1987 SV Mattersburg, 1987–92 Admira-Wacker Wien, 1992–97 Rapid Wien, 1997–2000 Real Sociedad San Sebastián, 2000–02 VfL Wolfsburg, 2002–06 SV Mattersburg; 49 Bundesligaspiele (8 Tore); 55 Länderspiele (seit 1992; 5 Tore); WM-Endrunde 1998.

»Köbi« Kuhn

Kuhn, Jakob (»Köbi«), schweizer. Trainer, *12. Oktober 1943 Zürich; war Mittelfeldspieler: bis 1960 FC Wiedikon, 1960–77 FC Zürich; 63 Länderspiele (1962–76; 5 Tore); WM-Endrunde 1966; in der Schweiz Fußballer des Jahres 1976. – Später Trainer: 1991–95 FC Zürich (1991–95 Nachwuchs, 1995 Trainerassistent), 1996–2006 Schweizer. Fußballverband (1996–2001 Nachwuchs, 2001–06 Nationalmannschaft).

Kühn, Dieter, dt. Angriffsspieler, *4. Juli 1956 Leipzig, 1964–89 SC Leipzig bzw. 1. FC Lokomotive Leipzig, 1989/90 BSG Chemie Böhlen, 1990/91 FC Sachsen Leipzig; 294 Oberligaspiele (119 Tore); Oberliga-Torschützenkönig 1980 (21); 13 Länderspiele (5 Tore). – Später Trainer: 2003–06 Kickers 94 Markkleeberg.

Kuka, Pavel, tschech. Angriffsspieler, *19. Juli 1968 Prag; 1987/88 Union Cheb, 1988–94 Slavia Prag, 1994–98 1. FC Kaiserslautern, 1998/99 1. FC Nürnberg, 1999/2000 VfB Stuttgart, 2000–05 Slavia Prag; 144 Bundesligaspiele (50 Tore); 30 Länderspiele für die ČSFR und die Tschech. Republik; EM-Endrunde 1996, 2000; in der Tschech. Republik Fußballer des Jahres 1994.

Kulicke, Hans, dt. Schiedsrichter (Oderberg); *21. September 1934 Oderberg (Brandenburg); war Mittelfeldspieler: 1949–51 BSG Aufbau Niederfinow, 1951/52 BSG Traktor Liepe, 1955/56 SG Dynamo Schwerin, 1956/57 ASK Vorwärts

Neubrandenburg; 1961–84 Schiedsrichter: 1970–84 DDR-Oberliga (149 Spiele); 4 Länderspiele; 35 Europapokalspiele; FDGB-Pokalfinale 1982.

H. Kulicke
»Sportfreund, hier pfeifen nur zwei: der Wind und ich!«

»Kullerbiene« → Fußballerjargon.

Kumasi, Ashanti Kotoko, Ghana, gegr. 1926 als Ashanti United, 1932–34 Kumasi Titanics, 1934/35 Mighty Atoms, seitdem Ashanti Kotoko Kumasi; Spielkleidung: Rot/Weiß/Weiß; Stadion: Kumasi Sports Stadium, 55 000 Plätze.
Trainer (Auswahl): E. Middendorp.

Kunstrasen, künstlicher Rasen, industriell hergestellter Rasen auf der Basis hoch entwickelter Kunststoffe und synthet. Fasern (z. B. Nylon) in wasserdurchlässiger Mehrschichtenkonstruktion. Unter dem eigtl. K. befinden sich eine gebundene Tragschicht, eine ungebundene Tragschicht, eine Filterschicht und der Unterbau mit Dränung. K. ist in der Regel grün eingefärbt. Er kam gegen 1968 auf und hat sich insbesondere in den USA (im Freien), in Skandinavien und in Russland (in Hallen) durchgesetzt. Die Umstellung von natürl. Rasen auf K. ist für die Spieler beträchtlich (Standfestigkeit, Pralleigenschaften des Balles, Spieltechnik usw.). Seit 2005/06 dürfen Spiele auf offiziell abgenommenen K.-Plätzen in UEFA-Wettbewerben durchgeführt werden dürfen.

Kuntz, Stefan, dt. Trainer, *30. Oktober 1962 Neunkirchen; war Angriffsspieler: 1969–83 Borussia Neunkirchen, 1983–86 VfL Bochum, 1986–89 Bayer 05 Uerdingen, 1989–95 1. FC Kaiserslautern, 1995/96 Besiktas Istanbul, 1996–98 Arminia Bielefeld, 1998/99 VfL Bochum; 449 Bundesligaspiele (179 Tore); Bundesliga-Torschützenkönig 1986 (22), 1994 (18, mit A. Yeboah); 25 Länderspiele (1993–97; 6 Tore); WM-Endrunde 1994; Europameister 1996; in Deutschland (DFB-Bereich) Fußballer des Jahres 1991. – Später Trainer: 1999/2000 Borussia Neunkirchen, 2000–02 Karlsruher SC, 2003 SV Waldof Mannheim und LR Ahlen. – Sein Vater **Günter K.** (*1938) war ebenfalls Angriffsspieler: 1964–68 Borussia Neunkirchen (80 Bundesligaspiele, 22 Tore).

Stadien mit Kunstrasen (Auswahl)

Verein	*Land*	*Stadion*
Denizlispor	Türkei	Atatürk
Dunfermline Athletic	Schottland	East End Park
Spartak Moskau	Russland	Lushniki
Torpedo Moskau	Russland	Lushniki
Red Bull Salzburg	Österreich	Stadion W.-S.

Alfred Kunze

Kunze, Alfred, dt. Trainer, *8. September 1909 Leipzig, †19. Juli 1996 ebd.; war Mittelfeldspieler (Läufer): 1926–33 VfL Leipzig-Südost, 1934–38 SC Wacker Leipzig. – Später Trainer: 1940/41 SC Wacker Leipzig, 1948–50 TSG Stötteritz (Leipzig), 1950–52 Sektion Fußball der DDR, 1952–54 DHfK Leipzig (Dozent), 1953 KVP Vorwärts Leipzig und BSG Chemie Leipzig, 1954/55 SC Lokomotive Leipzig, 1955/56 BSG Lokomotive Weimar, 1957 SC Wissenschaft Halle, 1958–63 SC Lokomotive Leipzig, 1963–67 BSG Chemie Leipzig (LM 1964, PS 1966), 1967–76 Wissenschaftl. Zentrum des DFV der DDR (Dozent). – Ihm zu Ehren wurde 1992 die Heimstätte des FC Sachsen Leipzig in »Alfred-Kunze-Sportpark« umbenannt. Darüber hinaus findet seit 1998 jährlich in Leipzig das »Alfred-Kunze-Turnier« für europ. Fan-Teams statt (»Porta-Cup«).

A. Kunze
»Wer nicht alles gibt, gibt nichts.«

Künzer, Nia Tsholofelo, dt. Mittelfeldspielerin, *18. Januar 1980 Mochudi (Botswana); bis 1997 VfB Gießen und Eintracht Wetzlar, 1997–2006 SG Praunheim bzw. 1. FFC Frankfurt; 34 Länderspiele (seit 1997; 2 Tore); Weltmeisterin 2003. – 4 Kreuzbandrisse.

Kuopio PS, eigtl. »KuPS« (Kuopion Palloseura), Finnland, gegr. 1923; Spielkleidung: Gelb/Schwarz/Schwarz-Gelb; Stadion: Väinölänniemi, 6000 Plätze. – INTERNET: www.kups.fi

Kupfer, Andreas (»Anderl«), dt. Mittelfeldspieler (Läufer), *7. Mai 1914 Schweinfurt, †30. April 2001; 1923–33 VfR Schweinfurt, 1933–54 1. FC Schweinfurt 05; 44 Länderspiele (1937–50; 1 Tor); WM-Endrunde1938; spielte repräsentativ für Bayern und Süddeutschland; Mitglied der → »Breslauer Elf«.

KuPS, Finnland: → Kuopio PS.

Kevin Kuranyi

Kuranyi, Kevin, dt. Angriffsspieler (auch brasilian. und panamaische Staatsbürgerschaft; dt. Vater, panamaische Mutter), *2. März 1982 Rio de Janeiro; bis 1996 Serrano FC (USA), 1996/97 Sporting Panama (Panama-City), 1997–2005 VfB Stuttgart, 2005/06 FC Schalke 04; 113 Bundesligaspiele (47 Tore); 35 Länderspiele (seit 2003; 14 Tore); EM-Endrunde 2004.

Kurbjuweit, Lothar, dt. Trainer, *6. November 1950 Riesa; war Mittelfeldspieler: 1959–65 BSG Traktor Seerhausen, 1965–70 BSG Stahl Riesa, 1970–83 FC Carl Zeiss Jena, 1983/84 Hallescher FC Chemie; 357 Oberligaspiele (26 Tore); 66 Länderspiele (1970–81; 4 Tore); WM-Endrunde 1974; olymp. Fußballturnier 1972, 1976 (Olympiasieger). – Später Trainer: 1984–89 FC Carl Zeiss Jena, 1989–92 FC Rot-Weiß Erfurt, 1996–99 FC Carl Zeiss Jena (Präsident), 2000 FC Carl Zeiss Jena (Junioren), 2003/04 und 2005 VfB Pößneck. – Sein Sohn **Tobias K.** (*1982) ist Angriffsspieler: 2002/03 FC St Pauli, 2003/04 SSV Mainz 05, 2004/05 1. FC Magdeburg, 2005/06 1. FC Union Berlin; 13 Zweitligaspiele (1 Tor).

»kurze Ecke«, Eckstoß als (kurzes) Abspiel zum Mitspieler.

kurzes Eck, vom Spieler der angreifenden Mannschaft aus gesehen das nächstliegende Toreck, im Unterschied zum entfernteren, dem *langen Eck;* analog hierzu: *kurzer* und *langer Pfosten.*

Kurzpass → Pass.

Kutaissi, Torpedo, eigtl. »FC Torpedo Kutaissi« (Football Club Torpedo Kutaissi), Georgien, gegr. 1949 als Lokomotiv Kutaissi, 1960–90 Torpedo Kutaissi, 1990–92 FC Kutaissi, seit 1992 FC Torpedo Kutaissi; Spielkleidung: Blau/Weiß/Blau; Stadion: Givi Kiladze, 28 000 Plätze.
Spieler (Auswahl): R. Schengelija.

Kuwait, Staat (Emirat) am Pers. Golf, 17 820 km², 2,183 Mio. Ew; Verband: Kuwait Football Association, Abk. KFA gegr. 1952, Sitz: Kuwait City; Mitglied der FIFA und der AFC seit 1962; Spielkleidung: Blau. – Erfolge: Asienmeister 1980. – Klubs (Auswahl): Al-Arabi, Al-Qadisiya, Kuwait SC, Kazma, Salimiya. – INTERNET: www.kfa.org.kw

Kuze, Josip, serb. Trainer, *13. November 1952 Vranje; 1989–91 Borac Banja Luka, 1991/92 Dinamo Zagreb, 1992–95 FC Rot-Weiß Erfurt, 1995–98 FSV Mainz 05, 1998/99 Gamba Osaka, 2000/01 Dinamo Zagreb, 2001 Chemnitzer FC, 2005 Dinamo Zagreb.

Kuzorra, Ernst, dt. Angriffsspieler, *16. Oktober 1905 Gelsenkirchen, †1. Januar 1990 ebd.; 1915–50 FC Schalke 04; 12 Länderspiele (1927–38; 7 Tore); olymp. Fußballturnier 1928 (nicht eingesetzt); spielte repräsentativ für Westfalen und Westdeutschland; prägte mit seinem Schwager F. → Szepan maßgeblich den → »Schalker Kreisel«. – 1985 Ehrenbüger von Gelsenkirchen.

> **E. Kuzorra**
> »Keiner war frei, da hab' ich die Pille einfach reingewichst.«

Kvašpnák, Andrej, slowak. Mittelfeldspieler (Halbstürmer), *19. Mai 1936 Kosice (dt. Kaschau); 1947–56 Jednota Kosice, 1956–58 TJ Ozeta Dukla Trenčin, Tankista Prag und Dukla Pardubice, 1958/59 VSS Kosice, 1959–69 Spartak Prag, 1969–72 FC Mechelen, Viktoria Zizkov und TJ Turnov; 47 Länderspiele für die ČSSR (1960–70; 13 Tore); Europapokal der Nationen 1960.

Kwiatkowski, Heinrich, dt. Torhüter, *16. Juli 1926 Gelsenkirchen; 1947–50 FC Schalke 04, 1950–52 Rot-Weiss Essen, 1952–64 Borussia Dortmund; 3 Bundesligaspiele; 4 Länderspiele (1954–58); WM-Endrunde 1954 (Weltmeister), 1958.

L

Labak, Antun, kroat. Angriffsspieler, *14. Juli 1970 Josipovac; 1992–96 NK Osijek, 1996/97 Stuttgarter Kickers, 1997–2001 FC Energie Cottbus, 2002 LR Ahlen, 2002–05 Eintracht Trier; 45 Bundesligaspiele (8 Tore).

Labbadia, Bruno, dt. Angriffsspieler italien. Herkunft (seit 1984 dt. Staatsangehörigkeit), *8. Februar 1966 Darmstadt; 1972–76 FSV Schneppenhausen, 1976–83 SV Weiterstadt, 1983–87 SV Darmstadt 98, 1987/88 Hamburger SV, 1989–91 1. FC Kaiserslautern, 1991–94 FC Bayern München, 1994/95 1. FC Köln, 1996–98 SV Werder Bremen, 1998–2001 Arminia Bielefeld, 2001–03 Karlsruher SC; 328 Bundesligaspiele (103 Tore); Zweitliga-Torschützenkönig 1999 (28); 2 Länderspiele (1992, 1995). – Später Trainer: 2003–06 SV Darmstadt 98.

Bruno Labbadia

Labruña, Angel Amadeo, argentin Mittelfeldspieler (Halbstürmer), *28. September 1918 Buenos Aires, †19. September 1983; 1930–59 River Plate Buenos Aires, 1960 Rangers Osorno (Chile) und Rampla Juniors (Uruguay), 1961 CA Platense (Argentinien); 36 Länderspiele (1942–58; 17 Tore); WM-Endrunde 1958. – Später Manager und Trainer bei CA Platense, River Plate, Argentinos Juniors Buenos Aires und Rosario Central.

Lacatus, Marius, rumän. Angriffsspieler, *5. April 1964 Bukarest; 1980–90 Steaua Bukarest, 1990/91 AC Florenz, 1991–95 Real Oviedo, 1995–98 Steaua Bukarest; 39 Länderspiele (1984–98; 6 Tore); WM-Endrunde 1990, 1998; EM-Endrunde 1996.

La Chaux-de-Fonds, FC (Football Club La Chaux-de-Fonds), Schweiz, gegr. am 4. Juli 1894; Spielkleidung: Weiß; Stadion: Parc des Sports de la Charriere, 14 000. – INTERNET: www.fccnet.ch

Spieler (Auswahl): A. Abegglen – A. Allemann – D. Jeandupeux. – **Trainer** (Auswahl): P. Csernai.

Lacombe, Bernard, frz. Trainer, *15. August 1952 Lyon; war Angriffsspieler: 1963–68 Fontaines-sur-Saône, 1968–78 Olympique Lyon, 1978/79 AS St.-Étienne, 1979–87 Girondins Bordeaux; 37 Länderspiele (1973–84); Europameister 1984. – Später Trainer: 1997–2000 Olympique Lyon.

La Coruña, Deportivo, eigtl. »RCD La Coruña« (Real Club Deportivo La Coruña), Spanien, gegr. 1906 als Club Deportivo La Coruña, im gleichen Jahr Umbenennung in RCD La Coruña; Spielkleidung: Blau-Weiß/Blau/Blau; Stadion: Riazor, 34 622 Plätze. – INTERNET: www.canal deportivo.com

Spieler (Auswahl): A. V. Amancio – F. Conceiçao – M. Hadji – E. Kostadinov – Kostadinov – R. Makaay – Pauleta – Rivaldo – L. Suárez. – **Trainer** (Auswahl): H. Herrera – J. Toshack.

Laessig, Heiko, dt. Mittelfeldspieler, *18. Juni 1968; 1975–91 1. FC Magdeburg, 1991–96 KFC Uerdingen, 1996–2005 SV Casino, SV Wüstenrot bzw. RB Salzburg; 59 (DDR-)Oberligaspiele (17 Tore); 82 Bundesligaspiele (15 Tore).

Lahm, Philipp, dt. Abwehrspieler, *11. November 1983 München; bis 1995 FT Gern München, 1995–2003 FC Bayern München, 2003–05 VfB Stuttgart, 2005/06 FC Bayern; 56 Bundesligaspiele (2 Tore); 15 Länderspiele (seit 2004; 1 Tor); EM-Endrunde 2004.

Lahti, FC (Football Club Lahti), Finnland, entstand 1996 durch Fusion von FC Kuusysi und FC Reipas; FC Reipas wurde 1891 in Vyborg gegr., das bis 1940 zu Finnland gehörte (seit 1945 zur UdSSR), 1945 Umzug nach Lahti und neu gegr. als Reipas Lahti (bis 1991), 1991–96 FC Reipa, seitdem FC Lahti; Spielkleidung: Schwarz-Orange/Schwarz/Schwarz-Orange; Stadion: Keskusurheilukenttä, 8000 Plätze. – INTERNET: www.fclahti.fi

Spieler (Auswahl): J. Litmanen – P. Pasanen.

Laktattest → Sportmedizin/Sportverletzungen.

Lala, Altin, alban. Mittelfelspieler, *18. November 1975 Kavajë; 1996/97 Dinamo Tirana, 1997/98 Borussia Fulda, 1998–2006 Hannover 96; 90 Bundesligaspiele; 33 Länderspiele.

Lála, Jan, tschech. Abwehrspieler, *10. September 1936 Prag; 1950–55 TJ Slavoj Zizkov und Cechie Karlin, 1955–57 ZSJ Dynamo Slavia Prag VII, 1958–60 Dukla Pardubice, 1960–69 Slavia Prag, 1969–71 Lausanne-Sports und Spartak Ùsti nad Labem; 37 Länderspiele für die ČSSR (1962–67; 1 Tor); WM-Endrunde 1962.

Lalas, Panayotis (»Alexi«), US-amerikan. Abwehrspieler, *1. Juli 1970 Birmingham (Alabama); bis 1987 Cranbrook Kingswood High School, 1988–91 Rutgers University, 1992–94 USA (1992 Olympiaauswahl, 1993/94 Nationalmannschaft), 1994–96 AC Padua, 1996–98 New England Revolution, 1998/99 New York/New Jersey

MetroStars, 1999/2000 Kansas City Wizards, 2001 Los Angeles Galaxy; 96 Länderspiele; WM-Endrunde 1994, 1998 (nicht eingesetzt); olymp. Fußballturnier 1992; in den USA Fußballer des Jahres 1995.

Lambert, Paul, schott. Mittelfeldspieler, *7. August 1969 Glasgow; 1986–93 FC St. Mirren, 1993–96 FC Motherwell, 1996/97 Borussia Dortmund, 1998–2005 Celtic Glasgow, 2005/06 FC Livingston (Spielertrainer); 44 Bundesligaspiele (1 Tor); 40 Länderspiele (1 Tor); WM-Endrunde 1998.

Lameck, Michael, dt. Mittelfeldspieler, *15. September 1949; bis 1972 TuS Helene Essen, 1972–88 VfL Bochum; 518 Bundesligaspiele (38 Tore).

Lamo Castillo, Augusto, span. Schiedsrichter, *25. September 1938 Madrid; seit 1960 Schiedsrichter, seit 1972 1. Division, 1978–84 FIFA-Referee; WM-Endrunde 1982; EM-Endrunde 1984.

Lampard, Frank, engl. Mittelfeldspieler, *20. Juni 1978 Romford; 1994/95 Westham United, 1995/96 Swansea City, 1996–2001 Westham United, 2001–06 FC Chelsea; 34 Länderspiele (seit 1999; 9 Tore); EM-Endrunde 2004; in England Fußballer des Jahres 2005.

Ländermannschaft, svw. → Nationalmannschaft.

Länderpokal, Bez. für den 1950 einmalig von den Landesverbänden des DFB ausgetragenen Pokalwettbewerbs (Sieger: Bayern); ab 1951 als → Amateur-Länderpokal weitergeführt.

Länderspiel, Spiel zw. Auswahlmannschaften zweier Landesverbände, meist als A-Länderspiel

Frank Lampard

ausgetragen, wobei man zw. Freundschafts-L. und L., bei dem um eine Qualifikation bzw. einen Titel gespielt wird (EM, WM usw.), unterscheidet. Die Landesverbände müssen die L. 14 Tage nach deren Abschluss der FIFA bekannt geben. Weiterhin muss vom Generalsekretär des veranstaltenden Verbandes innerhalb von 14 Tagen nach dem L. das offizielle Berichtsformular ausgefüllt der FIFA zugestellt werden. – Das erste offizielle Länderspiel fand am 30. November 1872 zw. Schottland und England (0:0) im West of Scotland Cricket Ground in Partick (Glasgow) unter Leitung von Schiedsrichter Keay (Schottland) vor 4000 Zuschauern statt.

Länderspiel
International match [engl.]
Match international [frz.]
Encuentro internacional [span.]
Encontro de selecções nacionais [portugies.]
Partita internazionale [italien.]

Länderspielkappe, England: »Ehrenmütze« für in Länderspielen eingesetzte Spieler, deren Auftritte seit 1886 nach Kappen *(Capes)* gezählt werden. L. werden extra für jedes Spiel angefertigt. Den Vorschlag dafür machte N. L. Jackson 1886; im gleichen Jahres wurde die Idee durch die Football Association (FA) bestätigt. – L. wurden in den Fußballanfängen auch in Österreich verliehen, und zwar für Einsätze in der Auswahl Wiens oder Österreichs.

Landesliga, 1) DFB: in einigen Regionalverbänden unterhalb der Oberliga angesiedelte Spielklasse; nächstniedrigere ist die → Bezirksliga [1]. – **2)** ÖFB: höchste Spielklasse in den Bundesländern Steiermark, Oberösterreich, Salzburg und Burgenland sowie zweithöchste Spielklasse in Tirol.

Landesmeister, Erster der höchsten nationalen Spielklasse nach Abschluss des Spieljahres, der sich damit z. B. in Deutschland (wie auch der Tabellenzweite) die Berechtigung erwirbt, auf direktem Weg an der Champions League teilzunehmen. – DFL: Die mehrmaligen dt. Meister dürfen ab Bundesligasaison 2004/05 ihre Titelgewinne durch Meistersterne auf den Spielertrikots kenntlich machen. Klubs mit mehr als 10 errungenen Titeln (Bayern München) dürfen 3 Sterne über dem Vereinswappen tragen, 2 Sterne gibt es für Vereine, die öfter als fünfmal Meister wurden (Borussia Mönchengladbach) und ein Stern wird ab 3 Titeln (Werder Bremen, Borussia Dortmund, Hamburger SV) verliehen.

Es zählen allerdings nur Meisterschaften, die nach dem Start der Bundesliga 1963 errungen wurden.

> **Landesmeister**
> National champion [engl.]
> Champion national [frz.]
> Campeón nacional [span.]
> Campeão nacional [portugies.]
> Campione nazionale [italien.]

Landesverband, 1) *Nationalverband,* Dachorganisation auf nationaler Ebene. – **2)** Bez. für einen Unterverband auf regionaler Ebene, der dem L. [1] unterstellt ist. In Deutschland gibt es 21 derartige L. (→ Regionalverband [ÜBERSICHT]), in Österreich 9 (→ ÖFB [ÜBERSICHT]).

Landgraf, Willi, dt. Abwehrspieler, *29. August 1968 Mülheim an der Ruhr (Nordrhein-Westfalen); 1985–91 Rot-Weiß Mülheim, 1991–94 FC Homburg, 1994–96 Rot-Weiss Essen, 1996–99 FC Gütersloh, 1999–2006 Alemannia Aachen; 500 Zweitligaspiele (16 Tore).

Landskrona BoIS (Landskrona Boll & Idrotssälskap), Schweden, gegr. 1915; Spielkleidung: Schwarz-Weiß/Schwarz/Weiß; Stadion: Landskrona IP Idrottsvägen, 11 500 Plätze. – INTERNET: www.landskronabois.com

Spieler (Auswahl): A. Jakobsson – J. Petterson.

Landspokalturneringen, Landespokal von Dänemark.

Lange, Timo, dt. Mittelfeldspieler, *19. Januar 1968 Grevesmühlen (Mecklenburg-Vorpommern); bis 1986 BSG Einheit Grevesmühlen und TSG Wismar, 1986–91 BSG Stahl bzw. BSV Stahl Brandenburg, 1991/92 Hallescher FC, 1992–2005 FC Hansa Rostock; 102 (DDR-)Oberligaspiele (12 Tore); 165 Bundesligaspiele (13 Tore). – Später Trainer: 2005/06 FC Hansa Rostock (Trainerassistent).

»John« Langenus

Langenus, Johannes (»John«), belg. Schiedsrichter, *8. Dezember 1891 Antwerpen, † 1. Oktober 1952 Berchem; 1912–44 1. Division, 1924–39 FIFA-Schiedsrichter; berühmt durch seine Schiedsrichterkleidung (Knickerbocker, Krawatte); 64 Länderspiele (1924–39); WM-Endrunde 1930 (Finale), 1934, 1938.

Erste Landesmeister in Europa

1889	Preston North End (England)
1891	FC Lienfield (Nordirland) Dumbarton, Glasgow Rangers (Schottland)
1896	FC Lüttich (Belgien), Örgryte IS (Schweden)
1898	FC Genua (Italien), RAP Amsterdam (Niederlande), Grashoppers Zürich (Schweiz)
1901	Budapesti TC (Ungarn)
1903	VfB Leipzig (Deutschland)
1908	Unitas Helsinki (Finnland)
1910	Racing Luxemburg (Luxemburg), FC Floriana La Valetta (Malta), FC Olimpia Bukarest (Rumänien)
1912	Sparta Prag (Tschechoslowakei), KR Reykjavik (Island), Rapid Wien (Österreich)
1913	KB Kopenhagen (Dänemark)
1921	Cracovia Kraków (Polen), Sport Tallinn (Estland), 1. MC Riga (Lettland)
1922	St. James' Gate (Irland), LFLS Kaunas (Litauen)
1923	Gradanski Zagreb (Jugoslawien)
1925	Vladislav Varna (Bulgarien)
1928	Aris Saloniki (Griechenland)
1929	FC Barcelona (Spanien)
1930	SK Tirana (Albanien)
1933	OSC Lille (Frankreich)
1935	FC Porto (Portugal), Trast Nikosia (Zypern)
1936	Dynamo/Spartak Moskau (UdSSR)
1938	FK Fredrikstad (Norwegen)
1941	Gradjanski Zagreb (Kroatien)
1942	KI Klaksvik (Färöer)
1948	1. FC Nürnberg (Deutschland Westzonen), SG Planitz (Deutschland Ostzone)
1959	Fenerbahce Istanbul (Türkei)
1986	FC Faetano (San Marino)
1992	Shirak Gyumri und Homenetmen Jerewan, Neftschi Baku, Kairat Almaty, Olimpija Ljubljana, Tavria Simferopol, Dynamo Minsk
1993	Vardar Skopje (Makedonien), Zimbru Chişinau (Moldawien)
1996	FC Encamp (Andorra)
1998	Zeljeznicar Sarajevo (Bosnien und Herzegowina)

Langerbein, Dirk, dt. Torhüter, *9. September 1971 Lippetal (Nordrhein-Westfalen); bis 1998 SC Lippetal, Borussia Lippstadt, Amicitia Viernheim und Teutonia Lippstadt, 1998/99 FC Gütersloh, 1999–2002 LR Ahlen, 2002–04 MSV Duisburg, 2005 1. FC Nürnberg, 2005/06 Rot-Weiss Essen; 139 Zweitligaspiele.

langes Eck → kurzes Eck.

Langpass → Pass.

Lantos, Mihály, ungar. Abwehrspieler, *29. September 1918, † 3. Januar 1990 Budapest; 1940–61 MTK Budapest; 52 Länderspiele (1949–56); WM-Endrunde 1954; Olympiasieger 1952. – Später Trainer: Olympiakos Piräus, Nagykanizsa und Videoton Székesfehérvár.

»La Ola« [span., »die Welle«], während der Weltmeisterschaft 1986 in Mexiko (»mexikan. Welle«) auf den Rängen von den Zuschauern erstmals kreierter »Wanderbeifall« (Aufstehen/Hinsetzen in örtl. und zeitl. Folge); seitdem auch bei anderen sportl. Großveranstaltungen praktiziert.

Laos, Volksdemokrat. Republik in Südostasien, 236 800 km², 5,922 Mio. Ew.; Verband: Lao Football Federation, Abk. LFF, gegr. 1951, Sitz: Vientiane; Mitglied der FIFA seit 1952, der AFC seit 1980; Spielkleidung: Rot.

La Paz, Bolivien: → The Strongest.

Larissa, PAE (Podosfeiriki Athlitikos Enosis Larissa), Griechenland, entstand 1964 durch Fusion von Iraklis Larissa, Larissaikos, Aris Larissa und Toxotis Larissa; Spielkleidung: Weiß; Stadion: Alcazar, 17 000 Plätze.

Trainer (Auswahl): H. Bonev – J. Gmoch.

Larnaca, Zypern, **1) AEK Larnaca** (Athlitiki Enosis Kitiou Larnaca), gegr. 1930 als EPA Larnaca, 1994 Fusion mit Pezoporikos Larnaca zu AEK Larnaca; Spielkleidung: Gelb/Grün/Grün; Stadion: Neo G. S. Z. Stadium, 12 000 Plätze.

2) Anorthosis Famagusta, gegr. 1911 in Famagusta, Spielort seit 1974 Larnaca; Spielkleidung: Blau; Stadion: Andonis Papadopoulos, 16 320 Plätze. – INTERNET: www.anorthosis.net

Spieler (Auswahl): M. Haber.

Larsen, Sören, dän. Angriffsspieler, *6. September 1981 Køge; bis 2001 Køge BK, 2001/02 Brøndby IF, 2003/04 Frem Kopenhagen, 2004/05 Djurgardens IF, 2005/06 FC Schalke 04; 13 Bundesligaspiele (5 Tore); 7 Länderspiele (6 Tore).

Larsson, 1) Bo Göran, schwed. Mittelfeldspieler, *5. Mai 1944; 1954–66 Malmö FF, 1966–69 VfB Stuttgart, 1969–80 Malmö FF; 88 Bundesligaspiele (21 Tore); 70 Länderspiele (1964–80); WM-Endrunde 1970, 1974, 1978; in Schweden Fußballer des Jahres 1965, 1973. – **2)** Henrik, schwed. Angriffsspieler, *20. September 1971 Hälsingborg (heute: Helsingborg); 1978–91 Högaborgs BK, 1992/93 Helsingborgs IF, 1993–97 Feyenoord Rotterdam, 1997–2004 Celtic Glasgow, 2004–06 FC Barcelona; 83 Länderspiele (1993–2004; 26 Tore); WM-Endrunde 1994, 2002; EM-Endrunde 2000, 2004; in Schweden Fußballer des Jahres 1998, 2004; in Schottland Fußballer des Jahres 1999; Europas Torschützenkönig 2001 (47).

Laslandes, Lilian, frz. Angriffsspieler, *4. September 1971 Bordeaux; bis 1991 FC Mérignac, 1991/92 AS St.-Seurin, 1992–97 AJ Auxerre, 1997–2001 Girondins Bordeaux, 2001/02 FC Sunderland, 2002 1. FC Köln, 2002/03 FC Sunderland, 2003/04 OGC Nizza, 2004/05 Girondins Bordeaux; 5 Bundesligaspiele; 7 Länderspiele (3 Tore).

Latein-Cup	
1949	FC Barcelona
1950	Benfica Lissabon
1951	AC Mailand
1952	FC Barcelona
1953	Stade Reims
1955	Real Madrid

Latal, Radoslav, tschech. Mittelfeldspieler, *6. Januar 1970 Prostejov (dt. Proßnitz [Mähren]; 1991–94 Sigma Olomouc, 1994–2001 FC Schalke 04, 2001/02 Sigma Olomouc, 2002–05 Banik Ostrava; 187 Bundesligaspiele (14 Tore); 58 Länderspiele; EM-Endrunde 1996, 2000.

Latein-Cup, einer der Vorgänger des Europapokals; Wettbewerb der Landesmeister aus Frankreich, Italien, Spanien und Portugal 1949–55. Er fand als Klubwettbewerb mit Gesamtländerwertung statt und endete mit der Einführung des Europapokals der Landesmeister 1955/56.

Lato, Grzegorz Boleslaw, poln. Angriffsspieler, *8. April 1950 Mielec; 1969–80 Stal Mielec, 1980–83 KSK Beveren, 1983–85 FC Atlante (Mexiko); 104 Länderspiele (1971–84; 46 Tore); WM-Endrunde 1974, 1978, 1982; olymp. Fußballturnier 1972 (Olympiasieger), 1976; in Polen Fußballer des Jahres 1977, 1981. – Später Trainer: 1991–93 Stal Mielec, danach Olimpia Poznan, Amica Wronki und Widzew Lodz.

Latour, Hanspeter, schweizer. Trainer, *4. Juni 1947; war Torhüter: 1964–66 FC Thun, 1966/67 FC Ticino Le Locle (Schweiz), 1967–71 FC Thun, 1971–74 Young Boys Bern. – Später Trainer: 1974–78 FC Dürrenast (Schweiz), 1978–

Henrik Larsson

Udo Lattek

83 FC Thun, 1983–96 FC Solothurn, 1997/98 Grasshopper-Club Zürich (Trainerassistent), 1998/99 FC Baden (Schweiz), 1999/2000 FC Wil, 2000/01 FC Basel (Trainerassistent), 2001–04 FC Thun, 2005 Grasshopper-Club Zürich, 2006 1. FC Köln.

H. Latour
»Ich bin weder Fußball-Papst noch ein Prophet, aber ich weiß, was es braucht, um vorne dabei zu sein.«

»Latte«, Kurz-Bez. für Querlatte (→ Tor [2]).

Lattek, Udo, dt. Trainer, *16. Januar 1935 Bosemb (poln. Boze [Ermland-Masuren]); war Abwehrspieler: bis 1955 SSV Marienheide, 1955–58 VfR Wipperfürth, 1962–65 VfL Osnabrück. – Später Trainer: 1964–69 VfR Wipperfürth, 1965–69 DFB (Jugend, Junioren, Amateure, Trainerassistent von H. Schön), 1970–75 FC Bayern München, 1975–79 Borussia Mönchengladbach, 1979–81 Borussia Dortmund, 1981–83 FC Barcelona, 1983–87 FC Bayern München, 1987/88 und 1990–92 (Manager) 1. FC Köln, 1992/93 FC Schalke 04, 2000 (kurzzeitig) Borussia Dortmund (BILD S. 315).

U. Lattek: Erfolgsstationen (Auswahl)	
FC Bayern München	LM 1972, 1973, 1974, 1985, 1986, 1987 PS 1971, 1984, 1986 EC I 1974
Borussia Mönchengladbach	LM 1976, 1977 EC III 1979
FC Barcelona	EC II 1982

Lattenkreuz, Torecke, an der Querlatte und Torpfosten miteinander verbunden sind; äußerer Abschluss des → oberen Torecks.

Latyschew, Nikolai, russ. Schiedsrichter, *21. November 1913 Moskau, † Februar 1999; seit 1931 Schiedsrichter, seit 1941 Oberliga, 1952–63 FIFA-Referee; WM-Endrunde 1958, 1962 (Finale); olymp. Fußballturnier 1952, 1956; 9 UdSSR-Pokalfinals.

Latzke, Felix, österr. Trainer, *1. Februar 1942 Wien; 1972–74 Admira-Wacker Wien (Trainerassistent), 1976 Linzer ASK, 1976/77 ÖFB (U 21), 1977/78 VÖEST Linz, 1978/79 ÖFB (B-Auswahl), 1979–83 Admira-Wacker Wien (1982 in Personalunion Österreich [Nationalmannschaft]; WM-Endrunde), 1984/85 SC Eisenstadt, 1985–87 FC Swarovski Tirol, 1987/88 Waldhof Mannheim, 1989/90 VfB Mödling, 1990–92 Linzer ASK, 1992/93 Vorwärts Steyr.

Lauck, Reinhard, dt. Mittelfeldspieler, *16. September 1946 Sielow (Brandenburg), † 22. Oktober 1997 Berlin; 1958–61 SG Sielow, 1961–67 SC Cottbus, 1967 Vorwärts Neubrandenburg und BSG Energie Cottbus, 1968–73 1. FC Union Berlin, 1973–80 Berliner FC Dynamo; 256 Oberligaspiele (56 Tore); 33 Länderspiele (1973–77; 3 Tore); WM-Endrunde 1974; Olympiasieger 1976.

Laudrup, 1) Brian, dän. Angriffsspieler, *22. Februar 1969 Wien, Bruder von 2); 1986–89 Brøndby IF, 1989/90 Bayer 05 Uerdingen, 1990–92 FC Bayern München, 1992/93 AC Florenz, 1993/94 AC Mailand, 1994–98 Glasgow Rangers, 1998 FC Chelsea, 1998/99 FC Kopenhagen, 1999/2000 Ajax Amsterdam; 87 Bundesligaspiele (17 Tore); 82 Länderspiele (1988–98; 5 Tore); WM-Endrunde 1998; EM-Endrunde 1992 (Europameister), 1996; in Dänemark Fußballer des Jahres 1989, 1995; in Schottland Fußballer des Jahres 1995, 1997. – **2)** Michael, dän. Angriffsspieler, *15. Juni 1964 Kopenhagen, Bruder von 1); bis 1980 Vanloese IF, 1981 KB Kopenhagen, 1982/83 Brøndby IF, 1983–85 Lazio Rom, 1985–89 Juventus Turin, 1989–94 FC Barcelona, 1994–96 Real Madrid, 1996/97 Vissel Kobe (Japan), 1997/98 Ajax Amsterdam; 104 Länderspiele (1982–98; 37 Tore); WM-Endrunde 1986, 1998; EM-Endrunde 1984, 1988, 1996; in Dänemark Fußballer des Jahres 1982, 1985, 1994. – Später Trainer: 2000–02 Dänemark (Nationalmannschaft [Trainerassistent]), 2002–06 Brøndby IF (LM 2002, 2005, PS 2003, 2005).

Michael Laudrup

Läufer, im früheren WM-System Bindeglied zw. Abwehr und Angriff, wobei man zw. *rechtem, Mittel-* und *linkem L.* unterschied (Rückennummern 4, 5 und 6), alle drei ergaben die *Läuferreihe;* heute durch den Begriff → Mittelfeldspieler abgelöst.

Lausanne-Sports, Schweiz (Lausanne), gegr. 1896 als Montriond FC, 1905–20 Montriond-Sports FC (1916 Fusion mit FC Quest Lausanne), 1920 Fusion mit Club Hygiènique de Lausanne zu Lausanne-Sports; Spielkleidung: Blau/Weiß/Weiß-Blau; Stadion: Stade Olympique, 15850 Plätze. – INTERNET: www.lausanne-sports.ch

Spieler (Auswahl): M. Abegglen – C. Antenen – G. Antognoni – E. Ballabio – F. Borer – E. Burgener – F. Celestini – P.-A. und S. Chapuisat – O. Grahn – C. Gross – J. Lála – M. Pantelic – H. Schneiter – F. Séchehaye – V. Verlaat – R. Vonlanthen– R. Ziegler. – **Trainer** (Auswahl): O. Barberis – M. Blazevic – P.-A. Chapuisat – W. Hahnemann – R. Nunweiler – K. Rappan – P. Vonlanthen.

Lausitz Hoyerswerda, FC, Deutschland: → Hoyerswerda, FC Lausitz.

Lauterer SV, eigtl. »Lauterer SV Viktoria 1913« (Lauterer Sportverein Viktoria 1913), Deutschland (Lauter [Sachsen]), gegr. 1913 als SV Viktoria Lauter (1945 aufgelöst und neu gegr.), 1945–50 SG Lauter, 1950/51 BSG Freiheit-Wismut Lauter, 1951–54 BSG Empor Lauter (»Delegierung« der Oberligamannschaft nach Rostock; → Rostock, FC Hansa), 1954–90 BSG Motor Lauter, seitdem Lauterer SV; DDR-Oberliga 1952–54; Spielkleidung: Weiß; Stadion: Am Lumpicht, 5000 Plätze.

Spieler (Auswahl): K. Zapf.

Lauth, Benjamin, dt. Angriffsspieler, * 4. August 1981 Hausham (Bayern); 1987–92 Sportfreunde Fischbachau, 1992–2004 TSV München 1860, 2004–06 Hamburger SV; 85 Bundesligaspiele (27 Tore); 5 Länderspiele (seit 2003).

> **B. Lauth**
> »Ich spüre, dass die Zeit vorbei ist, in der einfach alles mit meinem Verletzungspech erklärt wird.«

La Volpe, Ricardo Antonio, eigtl. »Ricardo Antonio La Volpe Quarchione«, argentin. Trainer, * 6. Februar 1952 Buenos Aires; war Torhüter: bis 1983 CA Banfield, San Lorenzo de Almagro, FC Atlante (Mexiko), Oaxtepec (Mexiko); Weltmeister 1978 (nicht eingesetzt). – Später Trainer: 1983/84 Oaxtepec, 1984–86 Angeles de Puebla, 1988/89 FC Atlante, 1989 Atlas Guadalajara, 1990/91 CF Querétaro, 1991–95 FC Atlante, 1996 CF América, 1997–2001 Atlas Guadalajara, 2001/02 CD Toluca, 2003–06 Mexiko (Nationalmannschaft; CONCACAF-Meister 2003).

Lavric, Klemen, slowen. Angriffsspieler, * 12. Juni 1981; bis 2002 Rudar Velenje, 2002/03 Hajduk Split, 2004 Inter Zapresic, 2004/05 1. FC Dynamo Dresden, 2005/06 MSV Duisburg; 31 Zweitligaspiele (17 Tore); 5 Länderspiele (seit 2004).

Law, Denis, schott. Mittelfeldspieler (Halbstürmer), * 24. Februar 1940 Aberdeen; 1957–60 Huddersfield Town, 1960 Manchester City, 1961/62 AC Turin, 1962–73 Manchester United, 1973–75 Manchester City; 55 Länderspiele (1958–74; 32 Tore); WM-Endrunde 1974; Europas Fußballer des Jahres 1964.

Laws of the game [engl.], die → Spielregeln.

Lawton, Thomas (»Tommy«), engl. Angriffsspieler (Mittelstürmer), * 6. Oktober 1919, † 6. November 1996; 1934–36 FC Burnley, 1936–45 FC Everton, 1945–48 FC Chelsea, 1948–54 Notts County und FC Brentford, 1954–56 FC Arsenal; 23 Länderspiele (1938–48; 23 Tore).

Lázár, Gyula, ungar. Mittelfeldspieler (Läufer), * 24. Januar 1911 Budapest, † Februar 1983; 1925–43 Ferencváros FC; 49 Länderspiele (1931–41; 1 Tor); WM-Endrunde 1934, 1938.

Lazaroni, Sebastião Barroso, brasilian. Trainer, * 25. September 1950 Rio de Janeiro; 1972/73 Flamengo Rio de Janeiro (Konditionstrainer), 1973/74 Portuguesa São Paulo (Trainerassistent), 1975 América Rio de Janeiro, 1975–81 Flamengo Rio de Janeiro (Amateure), 1981–84 VAE (Nationalmannschaft), 1984–86 Flamengo Rio de Janeiro, 1987 Vasco da Gama Rio de Janeiro, 1988 Al-Ahli (Saudi-Arabien), 1989/90 Brasilien (Nationalmannschaft; WM-Endrunde 1990), 1990–92 AC Florenz, 1992 Al-Hilal (Saudi-Arabien), 1993 AS Bari, 1994 Vasco da Gama Rio de Janeiro, 1996/97 Fenerbahce Istanbul, 1999/2000 Shanghai Shenua, 2000/01 Botafogo Rio de Janeiro, 2001/02 Yokohama Marinos, 2003/04 Al-Arabi (Kuwait).

Leader [engl.], a) führender Verein in der laufenden Meisterschaft (v. a. in Österreich und in der Schweiz gebraucht); b) »Anführer« eines Teams; überdurchschnittl. Spieler, der Kommandos erteilt und selbst beispielgebend auftritt. Er muss nicht identisch mit dem Spielführer sein.

»League« [engl.], Kurz-Bez. für »The Football League« (→ Football League).

League Cup [engl., »Ligapokal«], seit 1961 in England jährlich durchgeführter Pokalwettbewerb (dort abschätzig als »Worthless Cup« [»Wertlos-Cup«] bezeichnet), an dem alle Vereine der ersten bis vierten Division teilnehmen. Gespielt wird im K.-o-System, der Sieger qualifizierte sich für den → UEFA-Pokal. – Darüber hinaus gibt es bedeutenderen → FA-Cup, der als Landespokal ausgetragen wird.

Leandro, Brasilien: Bruder von → Dédé.

Leão, Émerson, brasilian. Trainer, * 11. Juli 1949 Ribeirão Prêto; war Torhüter: 1961–63 São José dos Campos, 1963–68 Comercial FC (Ribeirão Prêto), 1968–78 Palmeiras São Paulo, 1978–80 Vasco da Gama Rio de Janeiro, 1980–82 Grêmio Pôrto Alegre, 1983 Corinthians São Paulo, 1984–86 Palmeiras São Paulo; 104 Länderspiele; WM-

Endrunde 1970 (Weltmeister [nicht eingesetzt]), 1974, 1978, 1986 (nicht eingesetzt). – Später Trainer: 2002–04 FC Santos, 2005 Palmeiras São Paulo.

»Le Ballon d'Oro« → Europas Fußballer des Jahres.

Leboeuf, Frank, frz. Abwehrspieler, * 22. Januar 1968 Marseille; 1988–90 Stade Lavallois, 1990–96 RC Straßburg, 1996–2001 FC Chelsea, 2001–03 Olympique Marseille, 2003/04 Al-Sad (Katar); 48 Länderspiele (1995–2002; 5 Tore); WM-Endrunde 1998 (Weltmeister), 2002; EM-Endrunde 1996, 2000 (Europameister).

Lecce, US (Unione Sportiva Lecce), Italien, gegr. 1908, 1927 Fusion mit Lecce FBC, Juventus Lecce und Gladiator Lecce zu US Lecce; Spielkleidung: Gelb-Rot/Rot/Rot-Gelb; Stadion: Via del Mare, 41 000 Plätze. – INTERNET: www. uslecce.it

Spieler (Auswahl): S. Alejnikow – V. Bojinov – F. Causio – E. Chevanton – G. Giannini – G. Popescu – F. Valcareggi – D. Vugrinec. – **Trainer** (Auswahl): Z. Boniek – M. Corso – R. Donadoni – Z. Zeman.

Ledesma, Cristian Raúl, argentin. Mittelfeldspieler, * 29. November 1978 San Isidoro; 1997–99 Argentinos Juniors Buenos Aires, 1999–2002 River Plate Buenos Aires, 2002/03 Hamburger SV, 2003 CF Monterrey (Mexiko), 2004 CA Colon (Argentinien), 2004/05 River Plate Buenos Aires, 2005/06 Racing Club Buenos Aires; 16 Bundesligaspiele.

Leduc, Lucien, frz. Trainer, † 30. Dezember 1918 Boulogne-sur-mer, † 17. Juli 2004; war Mittelfeldspieler: seit 1937 RC Roubaix, Racing Paris, AC Venedig, US Boulogne, FC Clermont-Ferrand, FC Sète, Excelsior Roubaix, AS Saint-Étienne und US Annecy-le-Vieux; 4 Länderspiele (1 Tor). – Später Trainer: 1958–63 AS Monaco, 1963–66 US Annecy-le Vieux, 1966–69 Algerien (Nationalmannschaft), 1970/71 Olympique Marseille, 1972/73 Stade Rennes, 1973/74 Standard Lüttich, 1974/75 WAC Casablanca, 1976–79 AS Monaco, 1979–84 Paris Saint-Germain.

L. Leduc: Erfolgsstationen (Auswahl)

AS Monaco	LM 1961, 1963, 1978
	PS 1960, 1963
Olympique Marseille	LM 1971
Paris Saint-Germain	PS 1982, 1983

Lee, Young-Pyo, südkorean. Mittelfeldspieler, * 23. April 1977 Hong Chung; 2001/02 FC Seoul, 2003–05 PSV Eindhoven, 2005/06 Tottenham Hotspur; 78 Länderspiele; WM-Endrunde 2002.

Leeds United, eigtl. »Leeds United FC« (Leeds United Football Club), England (Leeds), gegr. 1919 (seit 1920 gibt es Profifußball); Spielkleidung: Weiß; Stadion: Elland Road, 40 000 Plätze. – Internationale Erfolge: Messepokal 1968, 1971. – INTERNET: www.lufc.co.uk

Spieler (Auswahl): W. J. Bremner – T. Brolin – E. Cantona – J. Charles – J. Charlton – W. Edwards – R. G. Ferdinand – M. Hiden – R. Keane – H. Kewell – L. Radebe – D. Revie – P. Robinson – J. V. Roque Júnior – I. Rush – D. Seaman – G. Strachan – M. Viduka – A. Yeboah – T. Yorath. – **Trainer** (Auswahl): J. Armfield – W. Bremner – H. Chapman – B. Clough – D. Revie – J. Stein – J. Taylor.

Leeuwarden, Niederlande, **SC Cambuur-Leeuwarden** (Sport Club Cambuur- Leeuwarden), gegr. 1917 als VV Leeuwarden, seit 1960 SC Cambuur- Leeuwarden; Spielkleidung: Gelb/Blau/Gelb; Stadion: Cambuurstadion, 10 000 Plätze. – INTERNET: www.cambuur.nl

Spieler (Auswahl): G. Berhalter – J. Stam. – **Trainer** (Auswahl): L. Beenhakker.

LEFA, Abk. für **Le**sotho **F**ootball **A**ssociation, den Fußballverband von → Lesotho.

Lefter, Kücükandonyadis, türk. Mittelfeldspieler (Halbstürmer), * 29. Januar 1926 Istanbul; 1940–47 Taksim, 1947–51 Fenerbahce Istanbul, 1951–53 AC Florenz, 1953/54 OGC Nizza, 1954–63 Fenerbahce Istanbul; 49 Länderspiele (1948–63); WM-Endrunde 1954.

Legia [poln.], historisch: Legion, z. B. L. Warschau.

»Legionäre«, früher umgangssprachl. Bez. für bis etwa Mitte der 1970er-Jahre in Italien (Serie A oder B) spielende dt. Profifußballer.

Deutsche »Legionäre« (Auswahl)

Spieler	*Zeitaum*	*Verein*
H. Buhtz	1952–56	AC Turin
E. Waldner	1961–63	Spal Ferrara
H. Szymaniak	1961–63	Catania Calcio
	1963/64	Inter Mailand
	1964/65	US Varese
R. Geiger	1962/63	AC Mantova
A. Brülls	1962–65	AC Modena
	1965–68	AC Brescia
H. Haller	1962–68	FC Bologna
	1968–73	Juventus Turin
K.-H. Schnellinger	1963/64	AC Mantova
	1964/65	AS Rom
	1965–74	AC Mailand

Le Guen, Paul, frz. Trainer, *1. März 1964 Pencran; war Mittelfeldspieler: 1996/97 Paris Saint-Germain. – Später Trainer: 1998–2001 Stade Rennes, 2002–05 Olympique Lyon (LM 2003, 2004); betreute 2004 bei den Olymp. Spielen die frz. Auswahl.

> **P. Le Guen**
> »Der Star ist die Mannschaft, bei mir gibt es keine Extrawürste.«

Lehmann, Jens, dt. Torhüter, *10. November 1969 Essen; 1975–78 DJK Heisingen, 1987/88 Schwarz-Weiß Essen, 1988–98 FC Schalke 04, 1998 AC Mailand, 1999–2003 Borussia Dortmund, 2003–06 FC Arsenal; 329 Bundesligaspiele (2 Tore); 28 Länderspiele (seit 1998); WM-Endrunde 1998 (nicht eingesetzt), 2002 (nicht eingesetzt); EM-Endrunde 2000 (nicht eingesetzt), 2004 (nicht eingesetzt).

Jens Lehmann

> **J. Lehmann**
> »Eine Minute nach Spielende habe ich noch nicht die Intelligenz, um das Spiel zu beurteilen.«

Lehner, Ernst, dt. Angriffsspieler (Rechtsaußen), *7. November 1912 Augsburg, † 10. Januar 1986 Aschaffenburg; 1921–42 Schwaben Augsburg, 1940–42 Blau-Weiß Berlin, 1942–47 Schwaben Augsburg, 1947–49 Viktoria Aschaffenburg; 65 Länderspiele (1933–42; 31 Tore); WM-Endrunde 1934, 1938; olymp. Fußballturnier 1936; Mitglied der →»Breslauer Elf; spielte repräsentativ für Bayern, Berlin und Süddeutschland. – Später Trainer: 1961–66 SV Darmstadt 98. – Ihm zu Ehren heißt seit 1996 das Stadion von Schwaben Augsburg »Ernst-Lehner-Stadion«.

Leicester City, eigtl. »Leicester City FC« (Leicester City Football Club), England (Leicester), gegr. 1884 als Leicester Fosse (seitdem Profifußball), seit 1919 Leicester City FC; Spielkleidung: Blau/Weiß/Blau; Stadion: The Walkers Stadium, 32 000 Plätze. – INTERNET: www.lcfc.premiumtv.co.uk

Spieler (Auswahl): G. Banks – S. Freund – K. Keller – G. Lineker – R. Mancini – D. Revie – P. Shilton – I. Walker.

Leidl, Franz, österr. Funktionär, *23. Oktober 1920 Mattersburg; beschäftigte sich seit Bestehen des Bundes Österr. Fußball-Lehrer (→ BÖFL) mit der Gründung eines europ. Fußballtrainerverbandes; war Initiator und Präsident der Union Europ. Fußball-Trainer (→ UEFT), 1954–64 Trainer der SV Mattersburg.

Leighton, James (»Jim«), schott. Torhüter, *24. Juli 1958 Johnstone; 1978–88 FC Aberdeen, 1988–92 Manchester United, 1992/93 FC Dundee, 1993–97 Sheffield United, 1997–2001 FC Aberdeen; 64 Länderspiele; WM-Endrunde 1986, 1990, 1998; EM-Endrunde 1996.

»Leihspieler«, Lizenzfußball: Aktiver, der zeitweilig für einen anderen (leistungsschwächeren) Verein spielt, d. h. von seinem Verein »ausgeliehen« wurde; praktiziert von finanzstarken Spitzenklubs, die über einen entsprechend großen Spielkader verfügen. Der betreffende Verein, bei dem der Spieler »geparkt« wird, hat dafür eine vereinbarte »Leihgebühr« zu entrichten und übernimmt darüber hinaus (vollständig oder zum Teil) die Zahlung des Spielergehalts. Die Vertrags-(Verkaufs- und Transfer-)Rechte bleiben dabei beim »Leihverein«, der den Spieler auch wieder abfordern kann (z. B. talentierte junge Aktive, die sich anderweitig Spielpraxis aneignen können).

Leinberger, Ludwig, dt. Abwehrspieler (Mittelläufer), *21. Mai 1903, † 3. März 1943; 1912–20 TV 46 Nürnberg, 1920–23 FC Bayern Nürnberg, 1923–34 SpVgg Fürth, 1934–36 VfR Köln; 24 Länderspiele (1927–33); oymp. Fußballturnier 1928; spielte repräsentativ für Nürnberg/Fürth (Städteauswahl) und Süddeutschland. – Später Trainer: 1938–41 1. FC Schweinfurt 05.

Leipzig, Deutschland (Sachsen), **1) 1. FC Lokomotive Leipzig,** gegr. am 20. Januar 1966; Historie: 1945–48 SG Probstheida, 1948/49 BSG Erich Zeigner, 1949–54 BSG Einheit Ost Leipzig, 1954–63 SC Rotation Leipzig, 1963–66 SC Leipzig, 1966–91 1. FC Lokomotive Leipzig, im Juni 1991 umbenannt in VfB Leipzig (→ Leipzig [3 b]), im Dezember 2003 als 1. FC Lokomotive Leipzig neu gegr. (3. Kreisklasse 2004/05); 2005 Fusion mit dem FC 52 Torgau, der aus dem SSV 52 Torgau (fusionierte mit Blau-Weiß Torgau) austrat und die Spielrechte (Bezirksklasse) mitbrachte; DDR-Oberliga 1953–69, 1970–90, NOFV-Oberliga 1990/91; Spielkleidung: Gelb/Blau/Blau; Stadion: Bruno-Plache-Stadion, jetzt 15 600 Plätze. – Internationale Erfolge: Internationaler Fußballcup 1966. – INTERNET: www.lok-leipzig.com

Spieler (Auswahl): F. Baum – J. Berger – P. Bräutigam – C. Franke – H. Frenzel – M. Geisler – W. Gröbner – D. Halata – B. Hobsch – M. Kischko – T. Kracht – R. Kreer – D. Kühn – M. Liebers – M. Lindner – K. und R. Lisiewicz – W. Löwe – G. Männig – O. Marschall – H.-B. Matoul – R. Müller – H. Richter – J. Rische – U. Rösler – H. Scherbaum – H. Scholz – H. Schöne – U. Schulze – U. Weidemann – H. Weigang – U. Zötzsche. – **Trainer** (Auswahl): R. Krause – R. Lisiewicz – H. Scherbaum – H. Studener – U. Thomale.

2) FC Sachsen Leipzig (Fußballclub Sachsen Leipzig), gegr. am 30. August 1899 als Britannia 1899 Leipzig, 1919 Fusion mit FC Hertha 05 Leipzig zu Leipziger SV 1899, 1938 Fusion mit TuRa 1932 Leipzig und zu TuRa 1899 Leipzig, 1944 Fusion mit SpVgg. 1899 Leipzig zu Kriegs SG Leipzig (1945 aufgelöst und neu gegr.), 1945–49 SG Leipzig-Leutzsch, 1949 Fusion mit SG Leipzig Lindenau-Hafen zu ZSG Industrie Leipzig, 1950–54 BSG Chemie Leipzig, 1954–63 als SC Lokomotive Leipzig in Leipzig-Gohlis, seit 1963 (nach der sportpolitisch erzwungenen »Konzentration« der vermeintlich Besten des Leipziger Fußballs im neu gebildeten SC Leipzig) wieder als BSG Chemie Leipzig in Leipzig-Leutzsch (Antwort des »Restes von Leipzig«: DDR-Meister 1964), Mai–Juli 1990 FC Grün-Weiß Leipzig, August 1990 »Fusion« (erwarb damit das Böhlener Aufstiegsrecht) mit BSG Chemie Böhlen zu FC Sachsen Leipzig; DDR-Oberliga 1949–71, 1972–74, 1975/76, 1979/80, 1983–85, NOFV-Oberliga 1990/91; Lizenzentzug 1993 und 2001; Spielkleidung: Grün/Weiß/Weiß; Stadion: → Zentralstadion. – INTERNET: www.fc-sachsen.de

Spieler (Auswahl): B. Bauchspieß – F. Baum – R. Baumann – G. Canale – W. Eilitz – F. Gödicke – H. Frenzel – M. Geisler – R. Krause – R. Kreer – D. Kühn – H.-J. Leitzke – K. und R. Lisiewicz – H.-B. Matoul – R. Müller – A. Ogungbure – W. Rose – U. Rösler – D. Scherbarth – H. Scherbaum – H. Scholz – J. Steffens – J. Stübner – M. Walter – H. Weigang – U. Zötzsche. – **Trainer** (Auswahl): H. Bonev – F. Engel – E. Geyer – W. Hartwig – A. Kunze – H.-J. Leitzke – H.-B. Matoul – H. Pleß – U. Reinders – F. Rohde – G. Schädlich – J. Steffens – M. Walter – R. Worm.

3) VfB Leipzig (Verein für Bewegungsspiele Leipzig), a) gegr. 1886 als ATV 1845 Leipzig, 1998 Fusion mit SC Sportbrüder 1893 zu VfB Sportbrüder Leipzig, 1900–45 VfB Leipzig (1945 aufgelöst und 1991 neu gegr.); Spielkleidung: Blau-Weiß/Weiß/Schwarz; Stadion: VfB-Stadion (heutiges Bruno-Plache-Stadion), 15 000 Plätze.

Spieler (Auswahl): G. Männig – E. Pendorf – P. Pömpner – H. Riso – J. Schneider – C. Ugi.

b) neu gegr. im Juni 1991, aufgelöst im Juli 2004; Vorgänger: 1. FC Lokomotive Leipzig (→ Leipzig [1]); Bundesliga 1993/94, Zweite Bundesliga 1991/92 (Süd), 1992/93, 1994–98; Insolvenz 2004; Spielkleidung: Weiß/Blau/Blau; Stadion: Bruno-Plache-Stadion, damals 18 050 Plätze.

Spieler (Auswahl): D. Bärwolf – H. Fuchs – D. Hecking – S. Heidrich – B. Hobsch – M. Kischko – T. Kracht – M. Lindner – U. Mehlhorn – D. Pancev – J. Rische – D. Six – F. Weichert – R. Wohlfahrt. – **Trainer** (Auswahl): G. Andreev – H.-J. Dörner – D. Halata – S. Held – B. Stange – A. Starek – J. Steffens – D. Stepanovic – J. Sundermann – U. Thomale – A. Woodcock.

4) Vorwärts Leipzig, eigtl. »SK Vorwärts KVP Leipzig« (Sportklub Vorwärts der Kasernierten Volkspolizei), gegr. im August 1951 als ASK Vorwärts Leipzig, 1952/53 SV Vorwärts KVP Leipzig, 1953 Umzug der Oberligamannschaft nach Berlin [Ost] (→ Berlin [3]), in Leipzig verblieb bis 1974 der ASV Vorwärts Leipzig (→ Dessau [1]); DDR-Oberliga 1951–53; Spielkleidung: Gelb/Rot/Gelb-Rot; Stadion: Vorwärts-Stadion, 15 000 Plätze.

Spieler (Auswahl): W. Eilitz – R. Krause – H. Scherbaum. – **Trainer** (Auswahl): H. Krügel – A. Kunze – W. Wolf.

Leiria, UD (União Deportiva de Leiria), Portugal, gegr. 1966; Spielkleidung: Rot/Weiß/Weiß; Stadion: Estádio »Dr. Magalhães Pessoa«, 30 000 Plätze. – INTERNET: www.uniaodeleiria.net

Trainer (Auswahl): J. Mourinho.

Leistenzerrung, umgangssprachl., aber fachlich unkorrekte Bez. für Adduktorensyndrom (→ Sportmedizin/Sportverletzungen).

Leistungsdiagnostik → Training.

»Leistungsdruck«, psychische Belastung einer Mannschaft, der sie ausgesetzt ist, um in ihrem Leistungsbereich der von außen (öffentl. Medien, Fans) eingebrachten Erwartungshaltung zu entsprechen. Bei Mannschaften der unteren Tabellenhälfte wird im Spielbetrieb z. B. der »L.« um so größer, je mehr die Tendenz zum Abstieg neigt, bei Mannschaften im oberen Bereich, je näher die Saisonziele (Meisterschaft, Europapokalteilnahme) in Reichweite rücken. Anders ausgedrückt: je sicherer der Tabellenplatz, desto geringer der »L.« – Insgesamt aber ist »L.« ein zu strapazierter Begriff. Er wird dort gebraucht, wo Leistung gefordert wird: also überall und ständig.

Leistungsgefälle, Leistungsschwankungen innerhalb einer Mannschaft, bezogen auf eine bestimmten Zeitabschnitt (z. B. Spiel, Spieljahr) und auf Mannschaftsteile, Reihen und Positionen. Je geringer das L. – ausgehend von der potenziellen Leistung eines jeden Einzelnen –, desto stärker die Mannschaft.

Leistungsträger, Spieler einer Mannschaft, die überdurchschnittl. Können aufweisen und wesentlich die Leistung ihrer Mannschaft beeinflussen und bestimmen; sie können in jedem Mannschaftsteil angesiedelt sein.

Leitzke, Hans-Jörg, dt. Trainer, *27. Dezember 1960 Leipzig; war Angriffsspieler: 1969–85 BSG Chemie Leipzig, 1985–89 1. FC Lokomotive Leipzig, 1989–96 BSG Chemie, FC Grün-Weiß bzw. FC Sachsen Leipzig, 1996–99 FSV Grün-Weiß Eilenburg, 1999/2000 Bornaer SV; 134 Oberligaspiele (27 Tore). – Später Trainer: 2001–06 FC Sachsen Leipzig (2001–05 II. Mannschaft, 2005/06 Cheftrainer).

Lemanczyk, Heinz, dt. Mittelfeldspieler (Halbstürmer), *13. November 1934 Poley (Brandenburg); 1948–63 (SG Marga, BSG Franz-Mehring Marga, BSG Aktivist Brieske-Ost) SC Aktivist Brieske-Senftenberg, 1963–66 SC Cottbus; 239 Oberligaspiele (58 Tore); 2 Länderspiele (1955, 1958).

Le Mans, UC, eigtl. »Le Mans UC« (Le Mans Union Club 72), Frankreich (Mulsanne); gegr. 1889 als US du Mans, 1985 Fusion mit Stade Olympique du Maine zu Le Mans Union Club 72; Spielkleidung: Rot; Stadion: Stade Léon-Bollée, 17 000 Plätze. – INTERNET: www.muc72.fr

Spieler (Auswahl): D. Drogba. – **Trainer** (Auswahl): D. Jeandupeux.

Lemerre, Roger, frz. Trainer, *18. Juni 1941 Bricquebec; war Abwehrspieler: 1961–69 CS Sedan Ardennes, 1969–71 FC Nantes, 1971–73 AS Nancy-Lorraine, 1973/74 RC Lens; 6 Länderspiele (1968–71). – Später Trainer: 1975–78 Red Star Paris, 1878/79 RC Lens, 1979–81 Racing Club de Paris, 1981–83 RC Straßburg, 1983/84 L'Esperance de Tunis, 1985/86 Red Star Paris, 1986–97 Frz. Fußballverband (Verbandstrainer), 1997 RC Lens, 1998–2002 Frankreich (Nationalmannschaft; Europameister 2000, WM-Endrunde 2002), 2002–06 Tunesien (Nationalmannschaft; Afrikameister 2004); Welt-Nationaltrainer des Jahres 2000.

Leningrad, Russland: seit 1992 → Sankt Petersburg ...

Lens, RC (Racing Club de Lens), Frankreich, gegr. 1906 als RC Lensois, seit 1935 RC Lens; Spielkleidung: Weiß; Stadion: Félix Bollaert, 41 650 Plätze. – INTERNET: www.rclens.fr

Spieler (Auswahl): E. H. Diouf – M.-V. Foé – S. Keita – R. Lemerre – F. Oman Biyik – D. Six – R. B. Song. – **Trainer** (Auswahl): R. Lemerre – G. Houllier.

Lenstra, Abe, niederländ. Angriffsspieler, *11. September 1921, † September 1985; 1930–55 SC Heerenveen, 1955–63 SC Enschede; 47 Länderspiele (1940–59; 33 Tore). – Nach ihm wurde in Heerenveen das Stadion benannt (→ Heerenveen, SC).

Lenz, August, dt. Angriffsspieler (Mittelstürmer), *29. November 1910 Dortmund, † 5. Dezember 1988 ebd.; 1922–49 Borussia Dortmund; 14 Länderspiele (1935–38; 9 Tore); olymp. Fußballturnier 1936; spielte repräsentativ für Westfalen; bestritt für Dortmund über 1000 Pflichtspiele. – Ihm zu Ehren wurde die Geschäftstelle des BVB »August-Lenz-Haus« benannt.

A. Lenz
»Bei uns gab es nach dem Aufstieg in die Gauliga pro Spiel zwei Mark, drei Mettbrötchen und zwei halbe Liter bei Trott im Umkleideraum.«

Leoben, DSV (Donawitzer Sportverein Leoben), Österreich (Steiermark), gegr. am 1. Februar 1928 als WSV (Werkssportverein) Leoben, 1971–92 DSV Alpine, 1992 Fusion mit 1. FC Leoben zu DSV Leoben; Spielkleidung: Weiß; Stadion: Donawitz, 6000 Plätze. – INTERNET: www.dsv-leoben.at

Spieler (Auswahl): P. Molnár – W. Schachner.

Leonardo, eigtl. »Nascimento de Araujo«, brasilian. Mittelfeldspieler, *5. September 1969 Niterói; 1987–90 Flamengo Rio de Janeiro, 1990/91 FC São Paulo, 1991–93 CF Valencia, 1993/94 FC São Paulo, 1994–96 Kashima Antlers, 1996/97 Paris Saint-Germain, 1997–2001 AC Mailand, 2001 FC São Paulo, 2001/02 Flamengo Rio de Janeiro, 2002/03 AC Mailand; 35 Länderspiele; WM-Endrunde 1994 (Weltmeister), 1998.

Leonidas, José da Silva, brasilian. Angriffsspieler (Mittelstürmer), *6. September 1913 São Cristovão (zu Rio de Janeiro), † 24. Januar 2004 São Paulo; 1933 Peñarol Montevideo, 1934 Vasco da Gama Rio de Janeiro, 1935/36 Botafogo Rio de Janeiro, 1936–42 Flamengo Rio de Janeiro, 1943–50 FC São Paulo; 26 Länderspiele (1932–46; 25 Tore); WM-Endrunde 1934, 1938.

»L'Equipe« [frz.], Sporttageszeitung, gegr. 1945 in Paris; hervorgegangen aus »L'Auto-Vélo« (gegr. 1900); erscheint täglich; Mitveranstalter der »Tour de France« und Initiator des Europapokals der Landesmeister.

Lerby, Sören, dän. Mittelfeldspieler, *1. Februar 1958 Kopenhagen; 1965–70 B 1903 Kopenhagen, 1970–73 Taastrup IK, 1973–75 Fremad Amager, 1975–83 Ajax Amsterdam, 1983–86 FC Bayern München, 1986/87 AS Monaco, 1987–90 PSV Eindhoven; 89 Bundesligaspiele (22 Tore);

Sören Lerby

66 Länderspiele (1978–88; 11 Tore); WM-Endrunde 1986; EM-Endrunde 1984, 1988. – Später Trainer: 1991/92 FC Bayern München.

Lesniak, Marek, poln. Angriffsspieler, *29. Februar 1964 Goleniów; 1986–88 Pogon Szczecin, 1988–92 Bayer 04 Leverkusen, 1992–94 SG Wattenscheid 09, 1995 TSV München 1860, 1996 KFC Uerdingen 05, 1996/97 Xamax Neuchâtel, 1997–99 Fortuna Düsseldorf, 1999–2002 Preußen Münster, 2002/03 SSVg Velbert; 213 Bundesligaspiele (42 Tore); 11 Länderspiele. – Später Trainer: 2003–05 SSVg Velbert.

Lesotho, Königreich im südl. Afrika, 30 355 km^2, 1,862 Mio. Ew.; Verband: Lesotho Football Association, Abk. LEFA, gegr. 1932, Sitz: Maseru; Mitglied der FIFA und der CAF seit 1964; Spielkleidung: Blau/Grün/Weiß.

Letchkov, Yordan (auch **Letschkow**), bulgar. Mittelfeldspieler, *9. Juli 1967 Sliven; 1985–91 FC Sliven, 1991/92 ZSKA Sofia, 1992–96 Hamburger SV, 1996/97 Olympique Marseille, 1997/98 Besiktas Istanbul; 101 Bundesligaspiele (11 Tore); 21 Länderspiele; WM-Endrunde 1994; EM-Endrunde 1996.

Lettland, Republik im Nordosten Europas, 64 589 km^2, 2,349 Mio. Ew.; Verband: Latvian Football Federation, Abk. LFF, gegr. 1921 (bis 1942), neu gegr. 1992, Sitz: Riga; Mitglied der FIFA und der UEFA seit 1992; Spielkleidung: Kaminrot/Weiß/Kaminrot. – INTERNET: www.lff.lv

»letzter Mann«, der → »Ausputzer«.

Leux, Georg, dt. Fußballpionier, *22. April 1863 Frankfurt am Main, †4. Oktober 1936; Bildhauer, Maler, Opernsänger; entwickelte den organisierten Fußball in Berlin und gründete im Mai 1885 den Berliner Fußballclub Frankfurt, der als erster Fußballverein in Deutschland die engl. Regeln übernahm und in seinem Spielbetrieb praktizierte; rief am 4. Oktober 1890 den »Bund Dt. Fußballspieler« ins Leben, den ersten dt. Fußballverband überhaupt (am 14. Februar 1892 wieder aufgelöst).

Levante, UD, Spanien: → Valencia [2].

Leverkusen, Bayer 04, eigtl. »TSV Bayer 04 Leverkusen« (Turn- und Sportverein Bayer 1904 Leverkusen), Deutschland (Nordrhein-Westfalen), gegr. am 15. Juni 1904 als TuS der Farbenfabrik vorm. Friedrich Bayer & Co. 1904 Leverkusen, 1923–28 FV 1904 Leverkusen, 1928 Fusion mit Box-Verein Wiesdorf zu SV 04 Leverkusen, 1935–38 SV Bayer 04 Leverkusen, 1938–45 BSG der IG Farbenindustrie AG 04 Leverkusen, 1945–48 als SV 04 Leverkusen, 1948–84 SV Bayer 04 Leverkusen, 1984 Fusion mit TuS 04 Leverkusen zu TSV Bayer 04 Leverkusen, seit April 1999 Ausgliederung der Lizenzspielerabteilung in die Bayer 04 Leverkusen Fußball GmbH; Bundesliga 1979–2006; Spielkleidung: Rot/Schwarz/Schwarz; Stadion: BayArena, 22 500 Plätze (früher: Ulrich-Haberland-Stadion). – Internationale Erfolge: EC III 1988. – INTERNET: www.bayer04.de

Spieler (Auswahl): Athirson – H. Balitsch – M. Ballack – T. Barnetta – Y. Bastürk – S. Beinlich – D. Berbatov – D. Bierofka – W. Biskup – T. Brdaric – A. Buncol – H.-J. Butt – B.-k. Cha – Cris – M. Daun – S. Demandt – D. Demuth – L. Donovan – T.-D. Dooley – B. Dreher – Émerson – H. Fach – R. Falkenmayer – M. Feinbier – M. Feldhoff – F. Foda – França – P. Freier – C. Fritz – J. Gelsdorf – F. Götz – D. Heinen – J. Heintze – S. Helbig – H. Herrlich – I. Hertzsch – T. Hoffmann – H. Höher – T. Hörster – J. Jones – Jorginho – Juan – W. Junghans – U. Kirsten – U. Klimaschefski – G. Koch – S. Kohn – N. und R. Kovač – J. Krzynowek – M. Lesniak – D. Lottner – Lúcio – I. Lupescu – E. Meijer – M. Münch – A. Neuendorf – O. Neuville – J. Nowotny – Paulo Sérgio – D. Placente – E. Pogatetz – R. Ponte – C. Preuß – C. Ramelow – A. Reinhardt – K. Reinhardt – C. Reyna – M. Rietpietsch – P. Rink – J. Röber – S. Rolfes – W. Rolff – J. V. Roque Júnior – R. Rydlewicz – J. Schmadtke – B. Schneider – H. Scholz – C. Schreier – B. Schuster – Z. Sebescen – J. Simak – A. Thom – R. Vollborn – R. Völler – H. Waas – D. Wache – T. Wiese – C.-D. Wollitz – C. Wörns – Zé Roberto – P. Zuberbühler. – **Trainer** (Auswahl): K. Augenthaler – G. Bisanz – E. Conen – D. Cramer – C. Daum – J. Gelsdorf – T. Hörster – W. Kremer – R. Michels – E. Ribbeck – R. Saftig – M. Skibbe – D. Stepanovic – K. Toppmöller – H.-H. Vogts.

LFA, 1) Abk. für **L**ebanese **F**ootball **A**ssociation, den Fußballverband von → Libanon. – **2)** Abk. für The **L**iberia **F**ootball **A**ssociation, den Fußballverband von → Liberia.

LFF, 1) Abk. für **L**ao **F**ootball **F**ederation, den den Fußballverband von → Laos. – **2)** Abk. für **L**atvian **F**ootball **F**ederation, den Fußballverband von → Lettland. – **3)** Abk. für **L**ibyan **F**ootball **F**ederation, den Fußballverband von → Libyen. – **4)** Abk. für **L**ithuanian **F**ootball **F**ederation, den Fußballverband von → Litauen.

LFV, Abk. für **L**iechtensteiner **F**ußball**v**erband, den Fußballverband von → Liechtenstein.

Libanon, Staat an der Ostküste des Mittelmeers, 10 400 km^2, 3,728 Mio. Ew.; Verband: Lebanese Football Association, Abk. LFA, gegr. 1933, Sitz: Beirut; Mitglied der FIFA seit 1935, der AFC seit 1964; Spielkleidung: Rot/Weiß/Rot. – Klubs (Auswahl): Al-Ansar, Al-Nahda, Al-Nijma, Al-Shaiba Mazraa, Club Homenmen. – INTERNET: www.lebanesefa.com

Liberec, Slovan, eigtl. »FC Slovan Liberec« (Football Club Slovan Liberec), Tschech. Republik, gegr. 1945 als SK Cechie Liberec, 1953–58 DSO Slavoj Liberec, 1958 Fusion mit TJ Jiskra SS Liberec zu TJ Slovan Liberec, 1980–93 TJ Slovan Elitex Liberec, 1993 FC Slovan Liberec, 1994 FC Slovan WSK Liberec, 1994/95 FC Slovan WSK Vratislav Liberec, seitdem FC Slovan Liberec; Spielkleidung: Orange/Schwarz/Schwarz; Stadion: Stadión u Nisy, 9090 Plätze. – INTERNET: www.slovanliberec.cz

Spieler (Auswahl): J. Polak – J. Stajner – V. Ježek. – **Trainer** (Auswahl): V. Ježek.

Liberia, Republik in Westafrika, 111 370 km², 3,317 Mio. Ew.; Verband: Liberia Football Association, Abk. LFA, gegr. 1936, Sitz: Monrovia; Mitglied der FIFA und der CAF seit 1962; Spielkleidung: Blau/Weiß/Rot. – INTERNET: www.liberiansoccer.com

Libero [italien., »freier Mann«], ein Abwehrspieler ohne direkten Gegenspieler, der gefährl. Situationen im Strafraum bereinigen und sich darüber hinaus – im Gegensatz zum »Ausputzer« – in den Angriff einschalten soll, wenn es die Situation erlaubt oder erfordert. Der L. ist eine takt. (Abwehr-)Variante, die jedoch im Spitzenfußball nicht mehr anzutreffen ist, es sei denn, dass die → Dreierkette praktiziert wird. Heute wird mit sich je nach Spielsituation verschiebenden Reihen agiert. – Bekannte Internationale, die früher als L. agierten, waren u.a. F. Baresi (Italien), F. Beckenbauer (BRD), M. Bossis (Frankreich), R. Bratseth (Norwegen), H.-J. Dörner (DDR), A. Ondrus (ČSSR), D. A. Passarella (Argentinien), B. Pezzey (Österreich), Mauro Rames (Brasilien).

Libregts, Thijs, niederländ. Trainer, * 4. Januar 1941 Gralingen; war Mittelfeldspieler: 1953–62 Excelsior Rotterdam, 1962–67 Feyenoord Rotterdam, 1967–71 Excelsior Rotterdam. – Später Trainer: 1975–80 Excelsior Rotterdam, 1980–83 PSV Eindhoven, 1983/84 Feyenoord Rotterdam, 1984–86 Aris Saloniki, 1987 PAOK Saloniki, 1987/88 Olympiakos Piräus, 1988–90 Niederlande (Nationalmannschaft), 1991–94 Iraklis Saloniki, 1995 Feyenoord Rotterdam (Sportdirektor), 1997 Olympiakos Piräus, 1998–2000 Nigeria, 2001/02 Grazer AK.

Libuda, Reinhard, dt. Angriffsspieler (Rechtsaußen), * 10. Oktober 1943 Gelsenkirchen, † 25. August 1996 ebd.; 1952–65 FC Schalke 04, 1965–68 Borussia Dortmund, 1968–72 FC Schalke 04, 1972/73 Racing Pierrots Strasbourg-Meinau, 1973–76 FC Schalke 04; 264 Bundesligaspiele (28 Tore); 26 Länderspiele (1963–71; 3 Tore); WM-Endrunde 1970.

Libyen, Staat in Nordafrika, 1 759 540 km², 5,499 Mio. Ew.; Verband: Libyan Football Federation, Abk. LFF, gegr. 1962, Sitz: Tripolis; Mitglied der FIFA seit 1963, der CAF seit 1965; Spielkleidung: Grün-Schwarz/Schwarz/´Schwarz. – Klubs (Auswahl): Al-Itimayi, Al-Majd, Al-Reyada wa al-Adab, Al-Tadamun, Harakat Al-Shabab.

Lichtenberger, Henry Candid (span. **Enrique Cándido),** uruguay. Funktionär, * 2. Januar 1873 Montevideo (verstorben); gründete 1891 den ersten uruguay. Fußballklub The Football Association, später in The Albion Football Club umbenannt; geistiger Vater der Asociación Uruguaya de Fútbol (AUF; → Uruguay).

Lieberam, Frank, dt. Trainer, * 17. Dezember 1962 Halberstadt; war Abwehrspieler: 1981–85 1. FC Magdeburg, 1985/86 BSG Stahl Riesa, 1986–91 Dynamo Dresden, 1992 Hyundai Ulsan (Südkorea), 1992–96 VfL Wolfsburg, 1996–98 1. FC Magdeburg; 179 (DDR-)Oberligaspiele (13 Tore); 1 Länderspiel für die DDR (1989); 5 Bundesligaspiele. – Später Trainer: 1997–99 FC Erzgebirge Aue, 2000–04 Germania Halberstadt, 2004/05 1. FC Union Berlin, 2006 1. FC Lok Stendal.

Liebers, Matthias, dt. Mittelfeldspieler, * 22. November 1958 Leipzig; 1965–68 BSG Lokomotive Mitte Leipzig, 1968–93 1. FC Lokomotive bzw. VfB Leipzig; 321 Oberligaspiele (37 Tore); 59 Länderspiele (1980–88; 3 Tore); olymp. Fußballturnier 1980.

Liebherr GAK, Österreich: → Graz [1].

Liebrecht, Kurt, dt. Mittelfeldspieler, * 24. Dezember 1936 Stendal; Mittelfeldspieler; 1947–71 BSG Lokomotive Stendal; 196 Oberligaspiele (32 Tore); 16 Länderspiele (1960–65; 1 Tor).

Liebrich, Werner, dt. Abwehrspieler (Stopper), * 18. Januar 1927 Kaiserslautern, † 20. März 1995

Werner Liebrich (rechts) und Fritz Walter

ebd.; 1938–62 1. FC Kaiserslautern (über 1000 Spiele); 16 Länderspiele (1951–56); Weltmeister 1954. – Später Trainer: 1964/65 1. FC Kaiserslautern. – Ihm zu Ehren benannte man die Straße am Sportpark »Rote Teufel« (Trainingszentrum des 1. FCK) in »Werner-Liebrich-Straße«.

Liechtenstein, Fürstentum L., Staat in den Alpen, zw. Österreich und der Schweiz, 160 km², 33 100 Ew.; Verband: Liechtensteiner Fußballverband, Abk. LFV, gegr. 1934, Sitz: Vaduz; Mitglied der FIFA und der UEFA seit 1974; Spielkleidung: Blau/Rot/Blau. – INTERNET: www.lfv.li L. trägt keine eigenen Landesmeisterschaften aus. Der LFV ist mit seinen Vereinen dem Schweizer. Fußballverband (SFV) angegliedert und beteiligt sich dort in unterklassigen Ligen am Punktspielbetrieb, führt aber einen eigenständigen Pokalwettbewerb durch.

Liechtensteiner Cup, Landespokal von Liechtenstein (→ Pokal [ÜBERSICHT]).

Liedholm, Nils, schwed. Trainer, * 8. Oktober 1922 Norrköping; war Mittelfeldspieler (Halbstürmer): 1940–46 IK Sleipner Valdemarsvik, 1946–49 IFK Norrköping, 1949–61 AC Mailand; 23 Länderspiele (1947–58); WM-Endrunde 1958; Olympiasieger 1948. – Später Trainer: 1963–66 AC Mailand, 1966–68 Hellas Verona, 1968/69 FC Monza, 1969–71 US Varese, 1971–73 AC Florenz, 1973–77 AS Rom, 1977–79 AC Mailand, 1979–84 AS Rom, 1984–87 AC Mailand, 1987–89 AS Rom, 1992/92 Hellas Verona, 1996/97 AC Mailand. (→ »Gre-No-Li«)

Lienen, Ewald, dt. Trainer, * 28. November 1953 Liemke (Nordrhein-Westfalen); war Mittelfeldspieler: 1963–74 TuS Schloß Holte, 1974–77 Arminia Bielefeld, 1977–81 Borussia Mönchengladbach, 1981–83 Arminia Bielefeld, 1983–87 Borussia Mönchengladbach, 1987–92 MSV Duisburg; 333 Bundesligaspiele (49 Tore). – Später Trainer: 1989–94 MSV Duisburg (1989–93 Amateure, 1993/94 Cheftrainer), 1995–97 CD Tenerife (Trainerassistent), 1997–99 FC Hansa Rostock, 1999–2002 1. FC Köln, 2002/2003 CD Tenerife, 2003 Borussia Mönchengladbach, 2004–05 Hannover 96.

> **E. Lienen**
> »Wir haben nicht das Recht, jede Entscheidung des Schiedsrichters zu kommentieren. Der lacht sich ja auch nicht tot, wenn wir einen Fehlpass spielen.«

Liepaja, Metalurgs, eigtl. »FK Metalurgs Liepaja« (Futbola Klubs Metalurgs Liepaja), Lettland, gegr. 1909 als Olimpija Liepaja, 1962–91 Zvejnieks Liepaja, 1991–93 Olimpija Liepaja, 1993–96 FK Liepaja, 1996 Fusion mit FK DAG Liepaja zu FK Baltika Liepaja, 1997 Umbenennung in Baltika Metalurgs Liepaja und im gleichen Jahr in FK Metalurgs Liepaja; Spielkleidung: Rot-Weiß/Rot/Rot; Stadion: Daugava, 5000 Plätze. – INTERNET: www.metalurgs.lv

Spieler (Auswahl): M. Verpakovskis.

Lierse SK, eigtl. »K Lierse SK« (Koninklijke Lierse Sportkring), Lier (Belgien), gegr. 1906 als Liersche SK, 1931–47 K Liersche SK, 1947–72 K Lierse SK, 1972 Fusion mit KV Lyra zu K Lierse SV, seit 1982 Lierse SK; Spielkleidung: Gelb-Schwarz/Schwarz/Schwarz; Stadion: Herman Vanderpoorten, 14 450 Plätze. – INTERNET: www.lierse.be

Spieler (Auswahl): J. Ceulemans – R. Hasenhüttl – J.-M. Pfaff – U. Rapolder – K.-A. Rekdal – E. Vandenbergh – N. van Kerckhoven – T. Zdebel. – **Trainer** (Auswahl): E. Gerets.

Liga, die Spielklasse, z. B. Ober-L., Bundes-L. – In der Schweiz (→ Swiss Football League) gibt es unterhalb der Super League (höchste Spielklasse) nach der Challenge League eine so genannte *1. L.*, die genau genommen keine Amateur-, sondern eine »Halbprofi-L.« (ähnlich der dt. Regionall-L.) darstellt. Sie hat 3 Gruppen mit je 16 Mannschaften, wobei die Bestplazierten um den Aufstieg in die Challenge League spielen. Die beiden letzten Teams in jeder Gruppe steigen in die *2. L. interregional* ab. Diese (kurz: *2. L. inter*) umfasst Amateurteams aus den verschiedenen Regionen, wobei in 5 Gruppen zu je 14 Mannschaften gespielt wird. Die Absteiger »marschieren« in die *3. L.* Hier gibt es je Verband zw. 2 und 6 Gruppen. Die *4. L.* ist die zweitniedrigste, die *5. L.* die unterste Spielklasse.

> **Liga**
> League [engl.]
> Ligue [frz.]
> Liga [span., portugies.]
> Serie [italien.]

Ligapokal, 1) → Premiere-Ligapokal. – **2)** dt. für den engl. → League Cup.

Ligaverband, am 18. Dezember 2000 gegr. eigenständiger Verband innerhalb des Dt. Fußball-Bundes (DFB), hervorgegangen aus dem Zusammenschluss der lizenzierten Vereine und

Kapitalgesellschaften der Bundesliga und der Zweiten Bundesliga. Der L. regelt über die *Dt. Fußball-Liga GmbH (DFL)* seinen Geschäftsbereich durch Satzung, Statut und Ordnungen sowie Entscheidungen seiner Organe unter Beachtung der den DFB bindenden Statuten und Reglemente der FIFA und UEFA. Er setzt sich aus je 6 Vertretern der beiden Bundesligen zusammen. Seit Juli 2001 ist die DFL eigenverantwortlich für die Bundesliga und die Zweite Bundesliga. Präsident (seit 2000): W. → Hackmann. – INTERNET: bundesliga.de

Ligue 1, höchste Spielklasse in Frankreich.

Lille, OSC, eigtl. »Lille OSC« (Lille Olympique Sporting Club), Frankreich, entstand 1944 durch Fusion von Olympique Lillois und SC Fives de Lille; Spielkleidung: Weiß/Braun/Braun; Stadion: Grimonprez-Jooris, 20 800 Plätze.

Spieler (Auswahl): M. Acimovic – F. Farina – D. Gygax – A. Pele – T. Sylva – E. Vandenbergh – J. Vincent. – **Trainer** (Auswahl): J. Santini.

Lillestrøm SK (Lillestrøm Sports Clubb), Norwegen, entstand 1917 durch Fusion von Lillestrøm IL und SK Rask; Spielkleidung: Gelb/Schwarz/Schwarz-Gelb; Stadion: Åråsen, 15 000 Plätze. – INTERNET: www.lsk.no

Spieler (Auswahl): J.-Å. Fjørtoft – C. Reitmaier – U. Rösler. – **Trainer** (Auswahl): U. Rösler.

Lima, Peru, **1) Alianza Lima** (Club Alianza Lima), gegr. 1901 als Sport Alianza Lima, seit 1928 Club Alianza Lima; Spielkleidung: Rot-Weiß/Weiß/Rot-Weiß; Stadion: Alejandro Villanueva »Matute«, 35 000 Plätze. – Am 9. Dezember 1987 kamen bei einem Flugzeugabsturz 37 Spieler, Offizielle und Begleiter von Alianza ums Leben (→ »Fußballtragödien und Katastrophen«). – INTERNET: www.alianzalima.net

Spieler (Auswahl): T. Cubillas – J. P. Guerrero – C. Pizarro. – **Trainer** (Auswahl): Didi.

2) Universitario Lima, eigtl. «Universitario de Deportes» (Club Universitario de Deportes), gegr. 1924 als Federación Universitaria, seit 1932 Universitario de Deportes; Spielkleidung: Weiß/Blau/Blau-Weiß; Stadion: Monumental de la »U«, 60 000 Plätze. – INTERNET: www.universi tario.com

Spieler (Auswahl): H. G. Chumpitaz. – **Trainer** (Auswahl): J. H. Basualdo.

Limassol, Zypern, **1) AEL Limassol** (Athlitiki Enosis Lemesou Limassol), gegr. 1932; Spielkleidung: Weiß; Stadion: Tsirion, 22 000 Plätze. – INTERNET: www.ael-limassol.net

2) Apollon Limassol, gegr. 1954; Spielkleidung: Weiß/Blau/Weiß; Stadion: Tsirion, 22 000 Plätze. **Trainer** (Auswahl): I. Dumitrescu – D. Ferner – R. Fringer – H. Irmscher – B. Stange.

Lincoln, eigtl. »Lincoln Cássio de Souza Soares«, brasilian. Mittelfeldspieler, * 22. Januar 1979 São Bras du Suacui; 1997–2001 Atlético Mineiro Belo Horizonte, 2001–04 1. FC Kaiserslautern, 2004–06 FC Schalke 04; 96 Bundesligaspiele (25 Tore).

Lincoln

Lindemann, Lutz, dt. Trainer, * 13. Juli 1949 Halberstadt; war Mittelfeldspieler: 1958–65 BSG Empor Halberstadt, 1965–67 SC bzw. 1. FC Magdeburg, 1967–71 BSG Motor Nordhausen-West, 1971–77 FC Rot-Weiß Erfurt, 1977–81 FC Carl Zeiss Jena; 205 Oberligaspiele (42 Tore); 21 Länderspiele (1977–80; 2 Tore). – Später Trainer: 1992–95 FC Erzgebige Aue, 2004/05 Hallescher FC.

Lindner, 1) Ernst, dt. Mittelfeldspieler (Läufer), * 11. März 1935 Goldbeck (Sachsen-Anhalt); 1946–53 BSG Empor Goldbeck, 1953–71 BSG Lokomotive Stendal; 240 Oberligaspiele (36 Tore); Oberliga-Torschützenkönig 1956 (18); 6 Länderspiele (1956–62). – **2)** Matthias, dt. Abwehrspieler (Vorstopper), * 4. Oktober 1965 Grimma; 1972–78 BSG Lokomotive Naunhof, 1978–97 1. FC Lokomotive bzw. VfB Leipzig, 1997/98 FC Carl Zeiss Jena; 144 (DDR-)Oberligaspiele (17 Tore); 22 Länderspiele für die DDR (1987–90); 25 Bundesligaspiele (1 Tor).

Lineker, Gary, engl. Angriffsspieler, * 30. November 1960 Leicester; 1974–85 Leicester City, 1985/86 FC Everton, 1986–89 FC Barcelona, 1989–92 Tottenham Hotspur, 1994–96 Nagoya Grampus Eight; 80 Länderspiele (1984–92; 48 Tore); WM-Endrunde 1986, 1990; EM-Endrunde 1988, 1992; in England Fußballer des Jahres 1986, 1992. – Erhielt 1992 den brit. Orden OBE (»Order of the British Empire«).

> **G. Lineker**
> »Fussball ist ein Spiel, in dem 22 Profis einem Ball nachjagen und am Schluss die Deutschen gewinnen.«

Linemayr, Erich, österr. Schiedsrichter, * 24. Januar 1933 Linz; seit 1963 1. Liga, seit 1966 FIFA-Referee; WM-Endrunde 1974, 1978; EM-Endrunde 1980; erstes EC III-Finale 1973, zweites EC III-Finale 1977, EC I-Finale 1979; 6 österr. Pokalfinals.

Linfield, FC, Nordirland: → Belfast [4].

Ling, William H. E. (»Bill«), engl. Schiedsrichter, *1. August 1908 Hemel Hempstead (Hertfordshire), †8. Mai 1984 New Brunswick (Kanada); seit 1935 Schiedsrichter, 1947–55 FIFA-Referee; 16 Länderspiele; WM-Endrunde 1954 (Finale); FA-Cup-Finale 1951; olymp. Fußballturnier 1948, 1952.

Lingor, Renate, dt. Mittelfeldspielerin, *11. Oktober 1975 Karlsruhe; 1981–83 SC Blankenloch, 1983–87 Karlsruher SC, 1987 SC Bulach, 1987–90 DFC Spöck, 1990–97 SC Klinge Seckach, 1997–2006 SG Praunheim bzw. 1. FFC Frankfurt; 114 Länderspiele (25 Tore; seit 1995); WM-Endrunde 1999, 2003 (Weltmeisterin); Europameisterin 2001, 2005; olymp. Fußballturnier 1996, 2000, 2004.

Linie, 1) Kurz-Bez. für Seiten- oder Torlinie (→ Spielfeld [BILD]). – **2)** Kurz-Bez. für takt. Linie (→ Taktik).

Linienrichter, Helfer des Schiedsrichters, seit 1996 (mit erweiterten Befugnissen) als → Schiedsrichterassistent geführt.

Linke, Thomas, dt. Abwehrspieler, *26. Dezember 1969 Sömmerda; 1977–82 BSG Zentronik bzw. BSG Robotron Sömmerda, 1982–92 FC Rot-Weiß Erfurt, 1992–98 FC Schalke 04, 1998–2005 FC Bayern München, 2005/06 RB Salzburg; 52 (DDR-)Oberligaspiele (1 Tor); 330 Bundesligaspiele (15 Tore); 43 Länderspiele für Deutschland (1997–2004; 1 Tor); WM-Endrunde 2002; EM-Endrunde 2000.

linker Läufer → Läufer.

Linksaußen, der linke → Außenstürmer.

»Linksfüßer«, Spieler mit ausgeprägt starkem linkem Bein. (→ »einbeinig«)

Linksverteidiger, der linke Abwehrspieler (→ Außenverteidiger).

Linnemann, Felix, dt. Funktionär, *20. Oktober 1882 Steinhorst (Niedersachsen), †21. März 1948 ebd.; 1919–25 DFB-Vizepräsident, 1925–45 DFB-Präsident (Vorgänger: G. → Hinze, Nachfolger: P. → Bauwens). L. entdeckte O. → Nerz und berief ihn 1926 zum Reichstrainer. Nach dessen Rücktritt 1936 bestimmte er J. → Herberger als Nachfolger.

Linsi, Urs, schweizer. Funktionär (Dr.), *29. Juni 1949; spielte unterklassig Fußball und war Schiedsrichter. – Bei der FIFA 1999 Direktor der Division Finanzen & Dienste (verantwortlich für finanzielle Belange), 2000–02 Stellvertretender Generalsekretär und seit 2002 FIFA-Generalsekretär.

Linß, Werner, dt. Mittelfeldspieler, *26. August 1937 Steinheid (Thüringen); 1945–75 BSG Motor Steinach; 48 Oberligaspiele (1 Tor); 2 Länderspiele (1962).

Linz, Österreich (Oberösterreich), **1) FC Blau-Weiß Linz** (Fußballclub Blau-Weiß Linz), gegr. am 26 Juli 1946 als als SV Eisen und Stahl 1946 Linz, 1949–90 SK VÖEST Linz, 1990/91 FC VÖEST Linz, 1991–93 FC Stahl Linz, 1993 FC Linz, 1993–96 FC Keli Linz, 1996/97 FC Linz, 1997 aufgelöst durch Fusion mit Linzer ASK zu LASK Linz; am 1. August 1997 wurde der FC Blau-Weiß Linz neu gegr.; Spielkleidung: Blau-Weiß/Blau/Blau; Stadion: Donauparkstadion, 2000 Plätze. – INTERNET: www.blauweiss-linz.at

Spieler (Auswahl): R. Brunmayr – M. Kiesenebner – P. Pacult – H. M. Sánchez. – **Trainer** (Auswahl): G. Braun – F. Latzke – H. Senekowitsch.

2) LASK Linz (Linzer Athletik-Sportklub Linz), gegr. am 25 Juli 1908 als Linzer SK, 1919 aufgelöst, Anschluss von Linzer ASK Siegfried und Umbenennung in Linzer ASK, 1997 Fusion mit FC Linz zu LASK Linz; Spielkleidung: Schwarz-Weiß/Schwarz/Weiß; Stadion: Linzer Stadion (»Auf der Gugl«), 21 328 Plätze. – INTERNET: www.lask.at

Spieler (Auswahl): G. Braun – M. Kiesenebner – R. Nafziger – A. Ogris – P. Stöger – I. Vastic – M. Weissenberger. – **Trainer** (Auswahl): O. Barić – G. Braun – F. Latzke – F. Rausch – H. Senekowitsch.

Linz, 1) Paul, dt. Trainer, *4. Januar 1956 Trier; war Angriffsspieler: bis 1974 Eintracht Trier, 1974–78 VfL Trier, 1978/79 SV Werder Bremen, 1980 OSC Bremerhaven, 1980–82 Freiburger FC, 1982–84 Waldhof Mannheim, 1984–88 VfL Osnabrück; 33 Bundesligaspiele (5 Tore). – Später Trainer: 1988/89 Eintracht Trier (Spielertrainer), 1989–95 FSV Salmrohr (1989–92 Trainerassistent, 1992–95 Spielertrainer), 1996/97 SV Meppen, 1998/99 Stuttgarter Kickers, 1999–2005 Eintracht Trier, 2005/06 LR Ahlen. – **2)** Roland, österr. Angriffsspieler, *9. August 1981 Leoben; bis 1998 DSV Leoben, 1998/99 TSV München 1890, 1999–2001 DSV Leoben, 2001–03 Austria Wien, 2003/04 Admira-Wacker Mödling, 2004 OGC Nizza, 2005 Sturm Graz, 2005/06 Austria Wien; 13 Länderspiele (seit 2002; 2 Tore).

Lippens, Willi (»Ente«), niederländ. Angriffsspieler (Linksaußen), *10. November 1945 Bedburg-Hau (Nordrhein-Westfalen); 1955–66 VfB Kleve, 1966–76 Rot-Weiss Essen, 1976–79 Borussia Dortmund), 1980 Dallas Tornado (USA), 1980/81 Rot-Weiß Oberhausen; 242 Bundesligaspiele (92 Tore); 1 Länderspiel (1971).

»Ente« Lippens
»Ich habe nie eine Torchance überhastet vergeben. Lieber habe ich sie vertändelt.«

Marcello Lippi

Lippi, Marcello, italien. Trainer, *11. April 1948 Viareggio; war Abwehrspieler: bis 1964 AS Viareggio, 1964–69 Sampdoria Genua, 1969/70 FC Savona, 1970–79 Sampdoria Genua, 1979–81 AC Pistoiese. – Später Trainer: 1984/85 Sampdoria Genua (Jugend),1985/86 US Pontedera, 1986/87 AC Siena, 1987 AC Pistoiese, 1988/89 Carrarese Calcio, 1989–91 AC Cesena, 1991/92 AS Lucchese-Libertas, 1992/93 Atalanta Bergamo, 1993/94 SSC Neapel, 1994–99 Juventus Turin, 1999–2001 Inter Mailand, 2001–03 Juventus Turin, 2004–06 Italien (Nationalmannschaft); Welt-Clubtrainer des Jahres 1996, 1998

M. Lippi: Erfolgsstationen (Auswahl)	
Juventus Turin	LM 1995, 1997, 1998, 2002, 2003 PS 1995 CL 1996 Weltpokal 1996 (Europa-)Supercup 1996

Lippstadt 08, SV (Spielverein Lippstadt 08), Deutschland (Nordrhein-Westfalen), gegr. 1908 als Lippstädter SV Teutonia, 1921 Anschluss von SV Westfalia Lippstadt, 1944 Fusion mit SV Borussia Lippstadt und LSV Lipperbruchbaum zu Kriegs-SG Lippstadt, 1945 aufgelöst und als Lippstädter TSV neu gegr., danach Lippstädter SC Teutonia und 1997 Fusion mit SV Borussia Lippstadt (1908–44, 1945–97) zu SV Lippstadt 08; Spielkleidung: Rot/Schwarz/Rot; Stadion: »Am Waldschlösschen«, 8000 Plätze. – INTERNET: www.svlippstadt08.de

Spieler (Auswahl): D. Cramer – U. Erkenbrecher – D. Hecking – M. Henke – D. Langerbein – K.-H. und M. Rummenigge. – **Trainer** (Auswahl): D. Cramer – H.-J. Gede – H. Klodt.

Lisiewicz, 1) Klaus, dt. Mittelfeldspieler (Halbstürmer), *2. Februar 1943 Bendsburg (heute: Bendzin [Polen]), Onkel von 2); 1961–63 SC Rotation Leipzig, 1963–73 BSG Chemie Leipzig; 172 Oberligaspiele (22 Tore); 2 Olympiaauswahlspiele (1964); olymp. Fußballturnier 1964. – **2)** Rainer, dt. Trainer, *6. Oktober 1949 Dahlen (Sachsen), Neffe von 1); war Mittelfeldspieler: bis 1969 BSG Einheit Oschatz und BSG Chemie Leipzig, 1969–77 1. FC Lokomotive Leipzig, 1978–81 Chemie Böhlen; 179 Oberligaspiele (21 Tore). – Später Trainer: 1982–88 BSG Motor Grimma, 1988–92 (BSG Chemie bzw. SV) Buna Schkopau bzw. SV Merseburg 99, 1992–2004 SV Grimma, 2004–06 1. FC Lokomotive Leipzig.

Lissabon, Portugal, **1) Belenenses Lissabon,** eigtl. »CF Os Belenenses« (Clube de Futbol Os Belenenses), gegr. 1919; Spielkleidung: Blau/Weiß/Blau; Stadion: Estádio do Restelo, 40 000 Plätze. – INTERNET: www.osbelenenses.com

Spieler (Auswahl): A. Jorge – J. A. Moreira – J. Mourinho. – **Trainer** (Auswahl): H. Herrera – A. Jorge – J. A. Moreira.

2) Benfica Lissabon, eigtl. »SL Benfica« (Sport Lisboa e Benfica), gegr. 1904 als Sport Lisboa, 1908 Fusion mit Sportclube de Benfica zu SL Benfica; Spielkleidung: Rot/Weiß/Rot; Stadion: Estádio da Luz, 77 844 Plätze. – Internationale Erfolge: EC I 1961, 1962. – INTERNET: www.slbenfica.pt

Spieler (Auswahl): Aldair – Augusto – M. G. Bento – M. A. Caneira – C. Caniggia – F. Chalana – M. Coluna – R. Enke – Eusébio – N. Gomes – Humberto – João Pinto – Jordão – A. Jorge – C. Marchena – F. Meira – A. Mostovoi – Nené – M. Paulo Sousa – M. Preud'homme –M. Rui Costa – Simão – G. Strömberg – J. Torres – P. van Hooijdonk. – **Trainer** (Auswahl): L. Baróti – J. Camacho – P. Csernai – S. G. Eriksson – O. Glória – B. Guttmann – J. Heynckes – A. Jorge – R. Koeman – J. Mourinho – E. Schwartz – G. Trapattoni.

3) Sporting Lissabon, eigtl. »Sporting CP« (Sporting Clube de Portugal), gegr. 1906; Spielkleidung: Grün-Weiß/Schwarz/Grün-Weiß; Stadion: José Alvalade, 52 411 Plätze. – Internationale Erfolge: EC II 1964. – INTERNET: www.scp.pt

Spieler (Auswahl): E. Amunike – K. Balakov – L. Figo – P. Futre – M. Hadji – A. Juskowiak – M. Jardel – João Pinto – Jordão – M. Mpenza – S. Ovchinnikov – M. Paulo Sousa – F. H. Quiroga – G. Karagounis – F. Rijkaard – C. Ronaldo – P. Schmeichel – Simão –

H. Yazalde. – **Trainer** (Auswahl): O. Glória – C. Queiroz – R. W. Robson – P. Rocha – T. Skuhravy – J. Toshack – J. Vengloš – R. Waseige.

Lisztes, Krisztian, ungar. Mittelfeldspieler, * 2. Juli 1976 Budapest; 1985–96 Ferencvaros Budapest, 1997–2001 VfB Stuttgart, 2001–05 SV Werder Bremen, 2005/06 Borussia Mönchengladbach; 206 Bundesligaspiele (20 Tore); 49 Länderspiele (7 Tore); in Ungarn Fußballer des Jahres 2002.

Litauen, Republik im Nordosten Europas, 65 200 km², 3,593 Mio. Ew.; Verband: Lithuanian Football Federation, Abk. LFF, gegr. 1922 (bis 1942), neu gegr. 1992, Sitz: Vilnius; Mitglied der FIFA 1923–43 und seit 1992, der UEFA seit 1992; Spielkleidung: Gelb/Grün/Gelb. – INTERNET: www.futbolas.lt

Litmanen, Jari, finn. Mittelfeldspieler, * 20. Februar 1971 Lahti; 1976–90 Reipas Lahti, 1991 HJK Helsinki, 1992 MyPa Anjalankoski, 1993–99 Ajax Amsterdam, 1999/2000 FC Barcelona, 2001/02 FC Liverpool, 2002/03 Ajax Amsterdam, 2004 FC Lahti, 2005 FC Hansa Rostock, 2005/06 Malmö FF; 13 Bundesligaspiele (1 Tor); 95 Länderspiele (25 Tore); in Finnland Fußballer des Jahres 1990, 1992, 1993, 1994, 1995, 1996, 1997, 1998, 2000, in den Niederlanden Fußballer des Jahres 1993.

> **J. Litmanen**
> »Ich mag den Fußball nicht nur, ich liebe den Fußball. Er ist mehr als Hobby und Beruf für mich.«

Litowtschenko, Gennadi, ukrain. Mittelfeldspieler, * 11. September 1963 Dnepropetrowsk; 1975–80 Fußballschule Dnepropetrowsk, 1981–87 Dnepr Dnepropetrowsk, 1987–90 Dynamo Kiew, 1990–93 Olympiakos Piräus; 62 Länderspiele für die UdSSR; WM-Endrunde 1986, 1990; EM-Endrunde 1988; in der UdSSR Fußballer des Jahres 1984.

Littbarski, Pierre Michael, dt. Mittelfeldspieler, * 16. April 1960 Berlin (West); 1967–76 VfL Schöneberg, 1976–78 Hertha 03 Zehlendorf, 1978–86 1. FC Köln, 1986/87 Racing Paris, 1987–93 1. FC Köln, 1993–95 JEF Ichihara Chiba, 1996 Brumel Sendai (Japan; Spielertrainer); 406 Bundesligaspiele (116 Tore); 73 Länderspiele (1981–90; 18 Tore); WM-Endrunde 1982, 1986, 1990 (Weltmeister); EM-Endrunde 1984, 1988. – Später Trainer: 1999–2001 Yokohama Marinos, 2001 Bayer 04 Leverkusen (Trainerassistent), 2001/02 MSV Duisburg, 2003/04 Yokohama Marinos, 2005/06 FC Sydney.

Liverpool, England, **1)** **FC Everton**, eigtl. »Everton FC« (Everton Football Club), gegr. 1878 als St Domingo FC, seit 1879 Everton FC (seit 1885 Profifußball); Spielkleidung: Blau/Weiß/Blau-Weiß; Stadion: Goodison Park, 40 200 Plätze. – Internationale Erfolge: EC I 1985. – INTERNET: www.evertonfc.com

Spieler (Auswahl): A. Ball – T. Cahill – W. R. Dean – P. Gascoigne – D. Ginola – R. C. Gough – T. Gravesen – M. Hughes – P. Jennings – T. Lawton – G. Lineker – J. Mercer – W. Rooney – N. Southall – N. Whiteside. – **Trainer** (Auswahl): W. Bingham – D. Moyes.

2) **FC Liverpool,** eigtl. »Liverpool FC« (Liverpool Football Club), gegr. 1892 (seitdem Profifußball); Spielkleidung: Rot; Stadion: → Anfield Road. – Internationale Erfolge: EC I 1977, 1978, 1981, 1984, CL 2005, EC III 1973, 1976, 2001, (Europa-)Supercup 1977, 2001, 2005. – INTERNET: www.liverpoolfc.tv

Spieler (Auswahl): N. Anelka – M. Babbel – J. Barns – M. Baroš – P. Beardsley – P. Berger – M. Busby – R. Clemence – D. Cissé – K. Dalglish – E. H. Diouf – J. Dudek – S. Dundee – S. Gerrard – D. Hamann – S. Henchoz – E. W. Hughes – R. Hunt – G. Hysén – S. Hyypiä – D. James – K. Keegan – H. Kewell – J. Litmanen – E. Meijer – F. S. Morientes – M. Owen – R. Paisley – K. Riedle – J. A. Riise – I. Rush – D. Saunders – R. Song – G. Souness – S. Staunton – J. Toshack – Xabi Alonso – C. Ziege. – **Trainer** (Auswahl): R. Benitez Maudes – K. Dalglish – G. Houllier – R. Paisley – B. Shankly – G. Souness.

Livingston, FC, eigtl. »Livingston FC« (Livingston Football Club), Schottland, gegr. 1995; Spielkleidung: Gelb-Weiß-Schwarz/Schwarz/Gelb; Stadion: Almondvale Stadium, 6100 Plätze. – INTERNET: www. livingstonfc.co.uk

Pierre Littbarski

Spieler (Auswahl): M. Andrews. – **Trainer** (Auswahl): R. C. Gough – P. Lambert.

Livorno Calcio, AS (Associazione Sportiva Livorno Calcio), Italien (Livorno), entstand 1915 durch Fusion von Spes Livorno und FBC Virtus Juventusque zu US Livorno, 1944/45 US Pro Livorno, 1945–76 US Livorno, 1976/77 US Livorno Calcio, 1977–82 UC Livorno, 1982–88 US Livorno, 1988–90 Pro Livorno Calcio, 1990–94 UC Livorno, seitdem AS Livorno Calcio; Spielkleidung: Violett/Schwarz/Schwarz; Stadion: Stadio »Armando Picchi«, 18 200 Plätze. – INTERNET: www.livornocalcio.it

Trainer (Auswahl): T. Burgnich – R. Donadoni.

Lizarazu, Bixente , frz. Mittelfeldspieler, * 9. Dezember 1969 St. Jean de Luz; 1977–84 Englanting Hendaye, 1984–96 Girondins Bordeaux, 1996/97 Athletic Bilbao, 1997–2004 FC Bayern München, 2004/05 Olympique Marseille, 2005/06 FC Bayern München; 173 Bundesligaspiele (7 Tore); 97 Länderspiele (1995–2004; 2 Tore); WM-Endrunde 1998 (Weltmeister), 2002; EM-Endrunde 1996, 2000 (Europameister), 2004.

B. Lizarazu
»Ich bin zwar nur ein kleiner Chef, aber ein Chef.«

Lizenz, durch den jeweiligen Landesverband erteilte Erlaubnis, den Fußball beruflich auszüben *(Spieler-, Trainer-L.)*.

Lizenzentzug erfolgt a) bei schuldhaften Verstößen der Lizenzspieler gegenüber ihren Vereinen (oder ihrem Verband) befristet oder unbefristet; b) bei Vereinen, wenn die Pflichten, die sich aus dem Lizenzvertrag ergeben, verletzt werden oder wenn eine der Voraussetzungen für eine Lizenzerteilung nicht erfüllt ist. – L. ist möglich bei Lizenzierungsverfahren mit Bedingungen und Auflagen, bei Nichterbringung von Bankbürgschaften bzw. beim Nichtvorhandensein der wirtschaftlich notwendigen Basis im Profifußball. (→ Insolvenz)

Lizenzliga, DFL: Sammel-Bez. für die beiden Ligen *Bundesliga* und *Zweite Bundesliga,* in denen die jeweiligen Lizenzvereine mit ihren Lizenzspielern in den Lizenzspielermannschaften im Spielbetrieb stehen.

Lizenzspieler → Nichtamateur [a].

Ljubljana, Slowenien, **1) NK Ljubljana** (Nogometny Klub Ljubljana), gegr. 1909; Spielkleidung: Weiß/Schwarz/Blau; Stadion: ZSD Ljubljana, 5000 Plätze. – INTERNET: www.nk-ljubljana.com

Spieler (Auswahl): S. Katanec.

2) Olimpija Ljubljana, eigtl. »NK Olimpija Ljubljana« (Nogometny Klub Olimpija Ljubljana), gegr. 1945 als SD Enotnost Ljubljana, 1947/48 NK Enotnost Ljubljana, 1948–61 NK Odred Ljubljana, 1961/62 NK Triglav Ljubljana, 1962–91 NK Olimpija Ljubljana, 1991–2001 SCT Olimpija Ljubljana, seitdem NK Olimpija Ljubljana; Spielkleidung: Grün/Weiß/Weiß; Stadion: Centralni stadion, 9000 Plätze. – INTERNET: www.nkolimpija.com

Spieler (Auswahl): M. Acimovic – A. Knavs – B. Oblak – R. Prosinecki.

Ljuboja, Danijel, serb. Angriffsspieler (auch frz. Staatsbürgerschaft), * 4. September 1978 Vinkovci/Kroatien, bis 1990 NK Osijek, 1990/91 Roter Stern Belgrad, 1991–2000 FC Sochaux, 2000–03 RC Straßburg, 2004/05 Paris Saint-Germain, 2005/06 VfB Stuttgart; 10 Bundesligaspiele (3 Tore); 13 Länderspiele (1 Tor) für Serbien und Montenegro.

Ljungberg, Fredrik, schwed. Mittelfeldspieler, * 16. April 1977 Halmstad; bis 1998 Halmstads BK, 1998–2006 FC Arsenal; 40 Länderspiele (3 Tore); WM-Endrunde 2002; EM-Endrunde 2000, 2004; in Schweden Fußballer des Jahres 2002.

Llansantffraid, TNS, eigtl. »TNS Llansantffraid FC« (Total Network Solution Llansantffraid Football Club), Wales, gegr. 1959 als Llansantffraid

Lizenzentzug (Beispiele)

1972	Arminia Bielefeld
1973	Tasmania 1900 Berlin
1977	Bonner SC
1979	FC St. Pauli
1982	TSV München 1860
1988	Rot-Weiß Oberhausen
1989	Kickers Offenbach
1991	Rot-Weiss Essen
1992	Blau-Weiß 90 Berlin
1993	1. FC Union Berlin
	FC Sachsen Leipzig
1994	Rot-Weiss Essen
1995	1. FC Dynamo Dresden
	1. FC Saarbrücken
2001	SSV Ulm 1846
	FC Sachsen Leipzig
	SV Wilhelmshaven
	Sportfreunde Siegen (Frauen)
2002	FC Tirol Milch Innsbruck
2003	Waldhof Mannheim
	SSV Reutlingen
2004	1. FC Schweinfurt
	SSC Neapel
	Örebro SK

FC, 1997–2003 Total Network Solutions FC, 2003 Anschluss von Oswestry Town und Umbenennung in TNS Llansantffraid FC; Spielkleidung: Grün/Rot/Schwarz; Stadion: Treflan, 2000 Plätze. – INTERNET: www.saints-alive.co.uk

Valeriy Lobanovskiy

Lobanovskiy, Valeriy (russ. **Lobanowski, Valeri),** ukrain. Trainer, *6. Januar 1939 Kiew, †13. Mai 2002 ebd.; war Angriffsspieler (Linksaußen): 1958–64 Dynamo Kiew, 1965/66 Tschernomorez Odessa, 1967/68 Schachtjor Donezk; 2 Länderspiele für die UdSSR (1 Tor). – Später Trainer: 1968–73 Dnepr Dnepropetrowsk, 1974–91 Dynamo Kiew (1975/76, 1982/83, 1986–90 in Personalunion UdSSR (Nationalmannschaft), 1991–94 VAE (Nationalmannschaft), 1994–96 Kuwait (Nationalmannschaft), 1997–2002 Dynamo Kiew (2000–02 in Personalunion Ukraine [Nationalmannschaft]).

V. Lobanovskiy: Erfolgsstationen (Auswahl)	
Dynamo Kiew	LM 1974, 1975, 1977, 1980, 1981, 1985, 1986, 1990, 1997, 1998, 1999, 2000, 2001 PS 1974, 1978, 1982, 1985, 1987, 1990, 1998, 1999, 2000 EC II 1975, 1986 (Europa-)Supercup 1975

Lo Bello, Concetto, italien. Schiedsrichter, *13. Mai 1924 Siracusa, †9. September 1991; seit 1954 Serie A, seit 1958 FIFA-Referee; WM-Endrunde 1966; zweites Weltpokalfinale 1966, zweites Messepokalfinale 1966, EC II-Finale 1967, EC I-Finale 1968, 1970, zweites EC III-Finale 1974.

Local-Player-Regelung, Lizenzfußball: gemäß den UEFA-Vorgaben von der DFL (→Ligaverband) im Januar 2006 beschlossene Durchführungsbestimmung, die besagt, dass – beginnend mit der Saison 2006/07 – in jedem Klub der Bundesliga und Zweiten Bundesliga ab der Saison mindestens 4 bei einem dt. Verein ausgebildete Akteure unter Vertrag stehen müssen (2007/08 mindestens 6, ab 2008/09 mindestens 8). Von diesen Nachwuchsspielern sollen jeweils 50 % im Alter zw. 15 und 21 Jahren mindestens 3 Spielzeiten für ihren Klub, die anderen 50 % zumindest im Bereich des DFB spielberechtigt gewesen sein.

Locarno, FC (Football Club Locarno), Schweiz (Kt. Tessin); gegr. 1906 als Unitas Locarno, seit 1910 FC Locarno; Spielkleidung: Weiß-Blau/Weiß/Weiß; Stadion: Stadio del Lido, 10 000 Plätze. – INTERNET: www.fclocarno.ch

Spieler (Auswahl): J. Andersen – O. Neuville – K. Türkyilmaz. – **Trainer** (Auswahl): J. Andersen.

Lodz, Polen, **1) LKS Lodz,** eigtl. »LKS-Ptak Lódz« (Lódzski Klub Sportowy-Ptak Lódz), gegr. 1908 als KS Lódzianka Lódz, 1912–48 LKS Lódz, 1948–54 LKS Wlókniarz, 1954–98 LKS Lódz, seitdem LKS-Ptak Lódz; Spielkleidung: Rot/Weiß/Weiß; Stadion: ul. Unii, 30 000 Plätze.

Spieler (Auswahl): K. Deyna – J. Tomaszewski. – **Trainer** (Auswahl): K. Górski.

2) Widzew Lodz, eigtl. »RTS Widzew Lódz« (Rabotniczne Towarzystwo Sportove Widzew Lódz), gegr. 1910 als TMRF Lódz (1914 aufgelöst und 1922 neu gegr.), 1922–46 Widzew Lódz, 1946–49 RTS OM TUR Lódz, 1949–98 RTS Widzew Lódz, 1998/99 RTS Widzew-Piast Lódz, seitdem RTS Widzew Lódz; Spielkleidung: Weiß/Rot/Rot; Stadion: Widzew, 20 000 Plätze. – INTERNET: www.widzew.lodz.pl

Spieler (Auswahl): Z. Boniek – P. Janas – W. Smolarek – A. Wichniarek – W. Zmuda. – **Trainer** (Auswahl): G. Lato – W. Zmuda.

Lofthouse, Nat, engl. Angriffsspieler, *27. August 1925 Bolton; 1938–42 Castle Hill, 1946–60 Bolton Wanderers; 33 Länderspiele (1950–58; 30 Tore); WM-Endrunde 1954; in England Fußballer des Jahres 1953. – Später Trainer: 1968–71 Bolton Wanderers.

Löhr, Johannes (»Hannes«), dt. Trainer; *5. Juli 1942 Eitorf (Nordrhein-Westfalen); war Angriffsspieler: bis 1964 SV Eitorf 09 und Sportfreunde Saarbrücken, 1964–78 1. FC Köln; 381 Bundesligaspiele (166 Tore); Bundesliga-Torschützenkönig 1968 (27); 20 Länderspiele (1967–70; 5 Tore); WM-Endrunde 1970; Europameister 1972 (nicht eingesetzt). – Später Trainer: 1978–86 1. FC Köln (1978–80 Jugendtrainer und Trainerassistent, 1980–83 Manager, 1983–86 Cheftrainer), 1986–2002 DFB (1986–90 Olympiaauswahl, 1990–2002 U 21).

»Hannes« Löhr

»Die Aufgaben an die Spieler werden immer umfassender. Die müssen heute alles können. Defensiv wie offensiv. Dadurch entsteht eine gewisse Gleichmacherei. Es gehen die Spezialisten und viel Kreativität verloren.«

Lohrmann, Theodor, dt. Torhüter, *7. September 1898, †2. September 1971; 3 Länderspiele (1920, 1922); ging 1923 von SpVgg Fürth nach Wien (Amateure), wo er einen »Allround«-Rekord an einem Tag aufstellte: aktiv in 4 Sportarten (vormittags Handball, danach Rugby und Fußball, am Abend Wasserball).

Lokalderby, svw. → Ortsderby.

Lokeren, SC, eigtl. »SC Lookeren Oostvlaanderen« (Sportclub Lookeren Oostvlaanderen), Belgien, entstand 1970 durch Fusion von K Racing Club Lokeren und K Standaard FC Lokeren; Spielkleidung: Weiß/Schwarz/Schwarz; Stadion: Daknam, 12 500 Plätze.

Spieler (Auswahl): K. Dobiáš – P. Elkjaer-Larsen – J. Koller – W. Lubánski. – **Trainer** (Auswahl): W. Jansen – W. Lubánski – L. Novák – F. van der Elst – R. Waseige.

Lokvenc, Vratislav, tschech. Angriffsspieler, *27. September 1973 Nachod; 1980–86 SK Nachod, 1986–94 SK Hradec Kralove, 1994–2000 Sparta Prag, 2000–04 1. FC Kaiserslautern, 2004/05 VfL Bochum, 2005/06 RB Salzburg; 148 Bundesligaspiele (46 Tore); 68 Länderspiele (seit 1995; 14 Tore); EM-Endrunde 2000, 2004.

London, England, **1) Charlton Athletic,** eigtl. »Charlton Athletic FC« (Charlton Athletic Football Club), England, gegr. 1905 (seit 1920 Profifußball); Spielkleidung: Rot/Weiß/Rot; Stadion: The Valley, 20 043 Plätze. – INTERNET: www.charlton-athletic.co.uk

Spieler (Auswahl): J. Barnes – D. Rommedahl.

2) Crystal Palace, eigtl. »Crystal Palace FC« (Crystal Palace Football Club), gegr. 1905; Spielkleidung: Rot-Blau/Rot/Rot; Stadion: Selhurst Park, 26 309 Plätze. – INTERNET: www.cpfc.co.uk

Spieler (Auswahl): G. Berhalter – T. Brolin – M. Forssell – M. Hadji – V. Ismaël – G. Király – C. Moore – S. Staunton – T. F. Venables – I. Wright. – **Trainer** (Auswahl): Ashley Cole – T. Francis – T. F. Venables.

3) FC Arsenal, eigtl. »Arsenal FC« (Arsenal Football Club), gegr. 1886 als Royal Arsenal FC, 1891–1914 Woolwich Arsenal (seit 1891 Profifußball), seitdem Arsenal FC; Spielkleidung: Rot-Weiß/Weiß/Weiß; Stadion: Highbury Park, 37 698 Plätze. – Internationale Erfolge: EC II 1994, Messepokal 1970. – INTERNET: www.arsenal.co.uk

Spieler (Auswahl): N. Anelka – A. Ball – D. Bergkamp – L. Brady – S. Campbell – M. Charles – Andy Cole – Ashley Cole – T. Docherty – G. Eastham – T. Henry – A. Hleb – P. Jennings – J. Jensen – N. Kanu – T. Lawton – J. Lehmann – A. Manninger – J. Mercer – M. Overmars – E. Petit – R. Pires – D. Platt – J. A. Reyes Calderon – D. Seaman – F. Stapleton – D. Suker – P. Vieira – M. Volz – S. Wiltord – A. Woodcock – I. Wright. – **Trainer** (Auswahl): H. Chapman – A. Wenger – W. A. Wright.

4) FC Chelsea, eigtl. »Chelsea FC« (Chelsea Football Club), gegr. 1905 (seitdem Profifußball); Spielkleidung: Schwarz-Weiß/Weiß/Schwarz-Weiß; Stadion: Stamford Bridge, 42 449 Plätze. – Internationale Erfolge: EC II 1971, 1998, (Europa-) Supercup 1998. – INTERNET: www.chelseafc.com

Spieler (Auswahl): M. Bosnich – P. Cech – J. J. Cole – H. Crespo – M. Desailly – D. Deschamps – T. Docherty – D. Drogba – Émerson – T. A. Flo – M. Forssell – H. K. Gallacher – W. Gallas – B. Goldbaek – J. Greaves – R. Greenwood – J. Grønkjær – E. S. Gudjohnsen – R. Gullit – M. Hughes – R. Huth – M. Kezman – F. Lampard – B. Laudrup – T. Lawton – F. Leboeuf – J. Macho – C. Makelele – A. Mutu – E. Petit – K. Riedle – A. Robben – J. Terry – T. F. Venables – J. Verón – G. Vialli – G. Weah – C. R. Wilkins – W. Winterbottom – S. Wright-Phillips – B. Zenden – G. Zola. – **Trainer** (Auswahl): T. Docherty – G. Hoddle – G. Hurst – J. Mourinho – C. Ranieri – G. Vialli.

5) FC Fulham, eigentlich. »Fulham FC« (Fulham Football Club), England, gegr. 1879 als Fulham St. Andrew's Cricket and Football Club, seit 1888 Fulham FC (seit 1898 Profifußball); Spielkleidung: Weiß/Rot/Schwarz; Stadion: Craven Cottage, 19 250 Plätze. – INTERNET: www.fulham-fc.co.uk

Spieler (Auswahl). G. Best – Andy Cole – B. Goldbaek – R. Greenwood – J. Haynes – N. Jensen – S. Marlet – R. Moore – K. Riedle – R. Robson – L. Saha – M. Volz. – **Trainer** (Auswahl): K. Keegan – R. Robson – J. A. Tigana.

6) FC Millwall, eigtl. »Millwall FC« (Millwall Football Club), gegr. 1885 als Millwall Rovers und im gleichen Jahr umbenannt in Millwall Athletics, seit 1889 Millwall FC; Spielkleidung: Blau/Weiß/Blau; Stadion: The New Den, 20 146 Plätze. – INTERNET: www.millwallfc.co.uk

Spieler (Auswahl): T. Cahill – K. Keller – E. P. Sheringham.

7) FC Watford, eigtl. »Watford FC« (Watford Football Club), England, gegr. 1881 als Watford Rovers, 1890 Umbenennung in West Hearts Watford, 1898 Fusion mit Watford St. Mary's zu Watford FC; Spielkleidung: Gelb/Schwarz/Gelb; Stadion: Vicarage Road, 22 000 Plätze. – INTERNET: www.watfordfc.com

Spieler (Auswahl J. Barns – D. James – P. A. Jennings – A. Meola. – **Trainer** (Auswahl): G. Vialli.

8) FC Wimbledon, eigtl. »Wimbledon FC« (Wimbledon Fotball Club), gegr. 1889 als Wimbledon Old Centrals, seit 1905 Wimbledon FC (seit 1964 Profifußball), 2004 Umzug nach Milton Keynes (→ Milton Keynes Dons, FC); Spielkleidung: Gelb/

Blau/Blau; Stadion: Selhurst Parc, 26 309 Plätze. – INTERNET: www.wimbledon-fc.co.uk

Spieler (Auswahl): M. Volz. – **Trainer** (Auswahl): E. Olsen.

9) Queen's Parc Rangers, eigtl. »Queen's Parc Rangers FC« (Queen's Parc Rangers Football Club), gegr. 1885 als St. Jude's, 1887 Fusion mit Christchurch Rangers zu Queen's Parc Rangers FC; Spielkleidung: Blau; Stadion: Loftus Road, 19 148 Plätze.

Spieler (Auswahl): T. Francis – T. F. Venables – C. R. Wilkins – N. Zelic. – **Trainer** (Auswahl): T. Dotcherty – T. Francis – T. F. Venables.

10) Tottenham Hotspur, eigtl. »Tottenham Hotspur FC« (Tottenham Hotspur Football Club), gegr. 1882 als Hotspur FC, seit 1885 Tottenham Hotspur FC (seitdem Profifußball); Spielkleidung: Weiß/Blau/Weiß; Stadion: White Hart Lane, 36 200 Plätze. – Internationale Erfolge: EC II 1963, EC III 1972, 1984. – INTERNET: www.spurs.co.uk

Spieler (Auswahl): M. Acimovic – O. Ardiles – T. Atouba – R. Blanchflower – S. J. Campbell – N. Claesen – R. Clemence – E. Davids – I. Dumitrescu – S. Freund – P. Gascoigne – D. Ginola – R. C. Gough – J. Greaves – G. Hoddle – A. Hossam – E. Hughes – G. S. Hunt – P. Jennings – C. Jones – R. Keane – K. Keller – J. Klinsmann – Y.-P. Lee – M. Peters – G. Popescu – A. Ramsey – P. Robinson – E. P. Sheringham – G. Souness – P. Stalteri – E. Thorstvedt – T. F. Venables – C. Waddle – I. Walker – T. Yorath – C. Ziege – R. Ziegler. – **Trainer** (Auswahl): O. Ardiles – C. Gross – G. Hoddle – B. Nicholson – J. Santini – T. F. Venables.

11) Wanderers Football Club, Abk. **WFC,** gegr. 1864 von ehemaligen Mitgliedern des Forest FC, der 1859 im Nordosten Londons von den Brüdern J. F. und C. W. Alcock sowie anderen Harrow-Spielern ins Leben gerufen worden war. 1864 zog der Klub vom Epoing Forest nach Zentrallondon um und nahm den Namen Wanderers an. Der Klub gewann 1872 den ersten Pokalwettbewerb der Welt, den → FA Cup, weitere Cupsiege folgten 1873, 1876, 1877 und 1878. Als die meisten Spieler nur noch in verschiedenen Altersmannschaften tätig waren, wurde der Verein 1880 aufgelöst.

12) West Ham United, eigtl. »West Ham United FC« (West Ham United Football Club), gegr. 1895 als Thames Ironworks FC, seit 1900 West Ham United FC (seitdem Profifußball); Spielkleidung: Rot/Weiß/Weiß; Stadion: Upton Park, 26 012 Plätze. – Internationale Erfolge: EC II 1965. – INTERNET: www.westhamunited.co.uk

Spieler (Auswahl): L. Brady – J. J. Cole – D. Eckstein – R. G. Ferdinand – P. Futre – J. Greaves – G. Hurst – R. Moore – M. Peters – E. P. Sheringham – R. Song – D. Suker – F. van der Elst. – **Trainer** (Auswahl): R. Greenwood.

Longford Town, eigtl. »Longford Town FC« (Longford Town Football Club), Irland (Longford), gegr. 1924; Spielkleidung: Rot-Schwarz/Schwarz/Schwarz; Stadion: Flancare Park, 8750 Plätze. – INTERNET: www.longfordtownfc.com

Loose, Ralf, dt. Trainer, * 5. Januar 1963; war Abwehrspieler: bis 1981 SC Dorstfeld 09, 1981–86 Borussia Dortmund, 1986/87 Rot-Weiß Oberhausen, 1987–94 Fortuna Düsseldorf; 211 Bundesligaspiele (12 Tore). – Später Trainer: 1996–2003 Liechtenstein (1996–98 Junioren, 1998–2003 Nationalmannschaft), 2004/05 Sportfreunde Siegen, 2005/06 FC St. Gallen.

López, 1) Claudio Javier, argentin. Angriffsspieler, * 17. Juli 1974 Rio Tercero; bis 1990 Deportivo Independiente und Deportivo Huracán, 1990–92 Estudiantes de La Plata, 1992–96 Racing Club Avellaneda, 1996–2000 CF Valencia, 2000–04 Lazio Rom, 2004/05 CF América; 54 Länderspiele (seit 1996); WM-Endrunde 1998, 2002; olymp. Fußballturnier 1996. – **2)** Juan, uruguay. Trainer, * 15. März 1908, † 4. Oktober 1983 Montevideo; 1934 FC La Cumparsita, 1944–47 Atlético Central Club Montevideo, 1946 Departemento Flórida (Auswahl), 1948/49 Racing Montevideo, 1949–56 Uruguay (Nationalmannschaft; Weltmeister 1950, WM-Endrunde 1954), 1951–56 in Personalunion Peñarol Montevideo, 1956/57 Ekuador (Nationalmannschaft), 1957–62 Uruguay (Nationalmannschaft; WM-Endrunde 1962).

Lorant, Werner, dt. Trainer, * 21. November 1948 Welver (Nordrhein-Westfalen); war Mittelfeldspieler: 1971–73 Borussia Dortmund, 1973–77 Rot-Weiss Essen, 1977/78 1. FC Saarbrücken, 1978–82 Eintracht Frankfurt, 1982/83 FC Schalke 04, 1983/84 Hannover 96, 1984–86 SV Heidingsfeld; 325 Bundesligaspiele (46 Tore). – Später Trainer: 1986–90 1. FC Schweinfurt 05, 1990–92 Viktoria Aschaffenburg, 1992–2001 TSV München 1860, 2002 Fenerbahce Istanbul, 2002/03 LR Ahlen, 2004/05 FC Incheon (zu Seoul [Südkorea]), 2005 APOEL Nikosia, 2005/06 Sivasspor.

W. Lorant
»Spieler haben vielleicht ein Problem mit mir, aber ich nicht mit ihnen.«

Lóránt, Gyula (eigtl. **Gyula Lipovics**), ungar. Trainer, * 6. Februar 1923 Köszeg, † 30. Mai 1981 Saloniki (auf der Trainerbank); war Abwehrspieler (Stopper): bis 1955 FC ETO Györ und Kispest-Honved Budapest; 42 Länderspiele (1948–55); WM-Endrunde 1954; Olympiasieger 1952. – Später Trainer: 1965–67 1. FC Kaiserslautern, 1967/68 MSV Duisburg, 1968/69 Tasmania Berlin, 1969–71 1. FC Kaiserslautern, 1971/72 1. FC Köln, 1972–74 Kickers Offenbach, 1974–76 PAOK Saloniki (LM 1976), 1976/77 Eintracht Frankfurt, 1977–79 FC Bayern München, 1979/80 FC Schalke 04, 1980/81 PAOK Saloniki.

G. Lóránt
»Wenn ich ihm sein linkes Bein wegnehme, fällt er einfach um, weil kein rechtes Bein da ist.«

Lorenz, Max, dt. Abwehrspieler, * 19. August 1939 Hemelingen (Bremen); 1953–63 SV Hemelingen, 1963–69 SV Werder Bremen, 1969–72 Eintracht Braunschweig; 247 Bundesligaspiele (18 Tore); 19 Länderspiele (1965–70; 1 Tor); WM-Endrunde 1966, 1970.

Los Angeles Galaxy, USA (Los Angeles), gegr. 1996; Spielkleidung: Blau/Weiß/Blau; Stadion: The Rose Bowl, 26 100 Plätze. – INTERNET: www.lagalaxy.com

Spieler (Auswahl): P. Caligiuri – J. N. Campos – L. Donovan – A. Herzog – M.-b. Hong – P. Lalas.

Lottner, Dirk, dt. Mittelfeldspieler, * 4. März 1972 Köln; bis 1984 Rot-Weiß Zollstock und Fortuna Köln, 1984 Bayer 04 Leverkusen, 1984–97 Fortuna Köln, 1997/98 Bayer 04 Leverkusen, 1998–2004 1. FC Köln, 2004–06 MSV Duisburg; 109 Bundesligaspiele (26 Tore).

Lovetsch, Litex, eigtl. »FK Litex Lovetsch« (Fudbalski Klub Litex Lovetsch), Bulgarien, gegr. 1921 als FK Lovetsch, später DFS Osam Lovetsch (bis 1991), 1991–99 Leks Lovetsch und FK Litex Lovetsch, 1999–2002 FK Lovetsch, seitdem wieder FK Litex Lovetsch; Spielkleidung: Grün/Weiß/Grün; Stadion: Lovetsch, 6488 Plätze.

Spieler (Auswahl): L.-A. Reghecampf.

Löw, Joachim, dt. Trainer, * 3. Februar 1960 Schönau im Schwarzwald (Baden-Württemberg); war Mittelfeldspieler: bis 1978 FC Schönau und Eintracht Freiburg, 1978–80 SC Freiburg, 1980/81 VfB Stuttgart, 1981/82 Eintracht Frankfurt, 1982–84 SC Freiburg, 1984/85 Karlsruher SC, 1985–89 SC Freiburg, 1989–92 FC Schaffhausen, 1992–94 FC Winterthur; 52 Bundesligaspiele (7 Tore). – Später Trainer: 1994/95 FC Frauenfeld (Spielertrainer), 1995–98 VfB Stuttgart (1995/96 Trainerassistent, 1996–98 Cheftrainer; PS 1997), 1998/99 Fenerbahce Istanbul, 1999/2000 Karlsruher SC, 2001 Adanaspor Kulübü (Türkei), 2001/02 FC Tirol Innsbruck (LM 2002), 2003/04 Austria Wien, 2004–06 Deutschland (Nationalmannschaft; Trainerassistent).

Joachim Löw

Löwe, Wolfram, dt. Angriffsspieler, * 14. Mai 1945 Markranstädt (bei Leipzig); 1955–62 BSG Turbine Markranstädt, 1962–80 SC Rotation Leipzig, SC Leipzig bzw. 1. FC Lokomotive Leipzig; 43 Länderspiele (1967–77; 12 Tore); 321 Oberligaspiele, 87 Tore; WM-Endrunde 1974; Olympiasieger 1976.

LTU-Arena [LTU: Abk. für **L**uft**t**ransport-**U**nion, gegr. 1955], Düsseldorf, 1926 als **Rheinstadion** eröffnet, umgebaut 1968–72 (WM-Endrunde 1974), 68 119 Plätze; 2003/04 erneut umgebaut, seitdem LTU-Arena (51 500 Plätze); hin und wieder Austragungsstätte von Spielen des Düsseldorfer TSV Fortuna.

Wolfram Löwe

Lubánski, Wlodzimierz Leonard, poln. Angriffsspieler (Mittelstürmer), *28. Februar 1947 Sosnica; 1958–62 Górnik Sosnica und GKS Gliwice, 1962–75 Górnik Zabrze, 1975–82 SC Lokeren, 1983/84 US Valenciennes, 1984 SC Lokeren, 1984/85 Stade Quimper (Frankreich); 80 Länderspiele (1963–80; 50 Tore); WM-Endrunde 1978; olymp. Fußballturnier 1972 (Olympiasieger), 1976; in Polen Fußballer des Jahres 1967, 1970. – Später Trainer: 1988/89 SC Lokeren.

Lübeck, VfB (Verein für Bewegungsspiele von 1919), Deutschland (Schleswig-Holstein), gegr. am 1. April 1919; Zweite Bundesliga 1995–97, 2002–04; Spielkleidung: Grün/Weiß/Grün; Stadion: Lohmühle, 17 869 Plätze. – INTERNET: www.vfb-luebeck.de

Spieler (Auswahl): D. Bärwolf – T. Hoffmann – A. Iashvili – R. Schäfer – J. Scharping – T. Schweinsteiger – M. Weißhaupt – F. Zandi. – **Trainer** (Auswahl): S. Böger – F. Dörfel – D. Hecking – K.-H. Körbel – H. Spundflasche.

Lublin, Zaglebie, eigtl. »MKS Zaglebie Lublin« (Miedzyzakladowy Klub Sportowy Zaglebie Lublin), Polen, gegr. 1946; Spielkleidung: Weiß/Rot/Rot; Stadion: GOS, 30 000 Plätze. – INTERNET: www.zaglebie-lubin.pl

Spieler (Auswahl): W. Zmuda.

Lubumbashi, Demokrat. Republik Kongo: → Mazembe, TP.

Lucescu, Mircea, rumän. Trainer, *21. Juli 1945; war Mittelfeldspieler (Läufer): 1960–63 Sportul Bukarest, 1963–65 Dinamo Bukarest, 1965–67 Stiinta Bukarest, 1967–77 Dinamo Bukarest, 1977–80 Corvinul Hunedoara; 72 Länderspiele (1966–76); WM-Endrunde 1970; in Rumänien Fußballer des Jahres 1969. – Später Trainer: 1980–84 Rumänien (Nationalmannschaft, 1980/81 Trainerassistent, 1981–84 Cheftrainer; EM-Endrunde 1984), 1985–90 Dinamo Bukarest, 1990/91 SC Pisa, 1991–96 Brescia Calcio, 1996–99 AC Reggiana, 1999 Inter Mailand, 1999/2000 Rapid Bukarest, 2000–02 Galatasaray Istanbul, 2002–04 Besiktas Istanbul, 2004–06 Schachtjor Donezk.

M. Lucescu: Erfolgsstationen (Auswahl)	
Dinamo Bukarest	LM 1990
	PS 1986, 1990
Galatasaray Istanbul	LM 2002
Besiktas Istanbul	LM 2003
Schachtjor Donezk	LM 2005

Lúcio

Lúcio, eigtl. »Lucimar da Silva Ferreira«, brasilian. Abwehrspieler, *8. Mai 1978 Brasilia; bis 1997 Planaltina EC und Clube Regatas Guará, 1998–2000 Internacional Pôrto Alegre, 2001–04 Bayer 04 Leverkusen, 2004–06 FC Bayern München; 138 Bundesligaspiele (20 Tore); 45 Länderspiele (seit 2000; 1 Tor); Weltmeister 2002.

Ludwigsburg, SpVgg, eigtl. »SpVgg 07 Ludwigsburg« (Spielvereinigung von 1907 Ludwigsburg), Deutschland (Baden-Württemberg), gegr. am 15. Februar 1907 als 1. FC Ludwigsburger Kickers, 1919–21 VfB Ludwigsburg, 1921 Ausgliederung Fußballabteilung als RSV Ludwigsburg, 1934 Fusion mit KSV Ludwigsburg zu RKV Ludwigsburg, 1938 Fusion mit VfB Ludwigsburg zu SpVgg 07 Ludwigsburg, 1945 aufgelöst und 1947 neu gegr. als SpVgg 07 Ludwigsburg; Spielkleidung: Gelb/Schwarz/Gelb; Stadion: Friedrich-Ludwig-Jahn-Stadion, 15 000 Plätze. – INTERNET: www.07ludwigsburg.de

Spieler (Auswahl): T. Maric.

Ludwigsfelder FC (Ludwigsfelder Fußballclub), Deutschland (Ludwigsfelde [Brandenburg]), gegr. am 30. Mai 1996; Spielkleidung: Rot/Weiß/Weiß; Stadion: Waldstadion, 7500 Plätze. – INTERNET: www.ludwigsfelder-fc.de

Spieler (Auswahl): J. Heinrich.

Ludwigshafen, Südwest, eigtl. »SV Südwest 1882 Ludwigshafen«, Deutschland (Ludwigshafen am Rhein [Rheinland-Pfalz]), entstand 1964 durch Fusion von SC Phönix Ludwigshafen (gegr. 1904) und TuRa Ludwigshafen (gegr. 1938); Spielkleidung: Weiß; Stadion: Südwestplatz, 12 000 Plätze. – INTERNET: www.sv-suedwest-ludwigshafen.de

Spieler (Auswahl): E Hach – K. Schlappner – I. Tare. – **Trainer** (Auswahl): G. Gawliczzek.

»Luftkampf«, Sprung zweier Gegner im Kampf um den Ball, auch zusätzlich unter Einbeziehung des Torhüters.

Lugano, FC (Football Club Lugano), Schweiz (Kt. Tessin), gegr. am 28. Juli 1908; Spielkleidung: Weiß/Schwarz/Schwarz; Stadion: Stadio Comunale di Cornaredo, 15 000 Plätze. – INTERNET: www.fc-lugano.ch

Spieler (Auswahl): L. Amadó – J. Andersen – Dida – C. Gimenez – C. Gross – O. Hitzfeld – L. Magnin – I. Schalimow – M. Walker.

Luhukay, Jos, niederländ. Trainer, * 13. März 1963 Venlo; war Mittelfeldspieler: 1981–89 VVV Venlo, 1989–91 SVV Schiedam, 1991–93 RKC Waalwijk, 1993–95 SV Straelen (Nordrhein-Westfalen), 1995/96 KFC Uerdingen 05, 1996–98 SV Straelen; 2 Bundesligaspiele. – Später Trainer: 1998–2000 SV Straelen (Spielertrainer), 2000–02 KFC Uerdingen 05, 2002–05 1. FC Köln (Trainerassistent), 2005/06 SC Paderborn 07.

Luis Enrique, Martinez Garcia, span. Mittelfeldspieler, * 8. Mai 1970 Gijon; bis 1989 Sporting Atlético, 1989–91 Sporting Gijón, 1991–96 Real Madrid, 1996–2004 FC Barcelona, 35 Länderspiele (1991–2002); WM-Endrunde 1994, 1998, 2002; EM-Endrunde 1996; Olympiasieger 1992.

Luizão, eigtl. »Luiz Carlos Goulart«, brasilian. Angriffsspieler, * 14. November 1975 Santa se do Sul; bis 1992 FC Guarani, 1993 Parana Club, 1994/95 FC Guarani, 1996/97 Palmeiras São Paulo, 1997/98 Deportivo La Coruña, 1998 Vasco da Gama Rio de Janeiro, 1999–2001 Corinthians São Paulo, 2002 Grêmio Pôrto Alegre, 2002–04 Hertha BSC, 2004 Botafogo Rio de Janeiro, 2005 FC São Paulo, Nagoya Grampus Eight und FC Santos; 12 Länderspiele (5 Tore); Weltmeister 2002; olymp. Fußballturnier 1996.

Lüneburger SK, eigtl. »Lüneburger SK von 1901« (Lüneburger Sportklub von 1901), Deutschland (Lüneburg [Niedersachsen]); gegr. am 1. April 1901 als Lüneburger FC, 1903–12 Lüneburger FC von 1901, seitdem Lüneburger SK von 1901; Spielkleidung: Schwarz-Weiß/Schwarz/Schwarz; Stadion: Wilschenbruch, 5420 Plätze. – INTERNET: www.lueneburger-sk.de

Spieler (Auswahl): P. Owomoyela – H. Pleß – J. Scharping – R. Zobel. – **Trainer** (Auswahl): H. Pleß – R. Zobel.

Lupescu, Ioan Angelo, Rumänien, rumän. Mittelfeldspieler, * 9. Dezember 1968 Bukarest; bis 1990 Dinamo Bukarest, 1990–96 Bayer 04 Leverkusen, 1996–98 Borussia Mönchengladbach, 1998–2000 Dinamo Bukarest, 2000–02 Bursaspor, 2000/01 Dinamo Bukarest, 2001/02 Al-Hilal (Saudi-Arabien); 227 Bundesligaspiele (10 Tore); 74 Länderspiele (6 Tore); WM-Endrunde 1990, 1994; EM-Endrunde 1996, 2000. – Später Trainer (2003/04 FCM Bacau) und Generalsekretär des rumän. Fußballverbandes (2005/06).

»Lupfen«, gefühlvolles Heben des Balles aus geringer Entfernung (weit: → »Bogenlampe«) über den gegner. Torhüter hinweg ins Tor. – Substantiv: »Heber« oder »Lupfer«.

Luqué, Leopoldo Jacinto, argentin. Angriffsspieler, * 3. Mai 1949; bis 1965 Unión Santa Fé, 1966/67 Sportico Guadeloupe, 1967–71 FC Jujuy, 1971–74 Unión Santa Fé, 1975–81 River Plate Buenos Aires; 44 Länderspiele (1974–81); Weltmeister 1978.

Lustenau, Austria, eigtl. »SC Austria Lustenau« (Sportclub Austria Lustenau), Österreich (Vorarlberg), gegr .1914 als SC Austria Lustenau, 1966 Fusion mit FC Dornbirn (gegr. 1913) zu SpVgg Lustenau, 1966 Beendigung der Fusion und Fortsetzung als SC Austria Lustenau; Spielkleidung: Grün-Schwarz/Weiß/Weiß; Stadion: Reichshof-Stadion, 10 500 Plätze. – INTERNET: www.austria-lustenau.at

Spieler (Auswahl): T. Ritter.

Luton Town, eigtl. »Luton Town FC« (Luton Town Football Club), England (Luton), entstand 1885 durch Fusion von Wanderers FC und Excelsior FC zu Luton Town FC; Spielkleidung: Orange/Blau/Blau; Stadion: Kenilworth Road, 9975 Plätze. – INTERNET: www.lutontown.co.uk

Spieler (Auswahl): W. Bingham.

Lüttich, Standard, eigtl. »R Standard Liège« (Royal Standard de Liège), Belgien, gegr. 1898 als Standard FC Liégeois, 1910–23 Standard Club Liégeois, 1923–96 R Standard Club Liégeois, 1996 Fusion mit RFC Seraing zu R Standard Liège; Spielkleidung: Rot; Stadion: Stade M. Dufrasne, 29 173 Plätze. – INTERNET: www.standard.be

Spieler (Auswahl): R. Botteron – N. Claesen – R. Edström – M. Galić – E. Gerets – A. Haan – H. Hrubesch – E. Kostedde – N. Krupnikovic – E. und M. Mpenza – N. Nehoda – B. Patzke – L. Pieroni – L. Pilot – M. Preud'homme – R. Prosinecki – Santos – A. Sigurvinsson – T. Svensson – G. Thys – D. van Buyten – W. van Moer – M. Wilmots. – **Trainer** (Auswahl): R. Goethals – A. Haan – E. Happel – G. Kessler – L. Leduc – R. Waseige.

Lüttringhausen, BV 08, Deutschland: 1908–85 Bez. für den FC → Remscheid.

Luxation [latein.], die Verrenkung (→ Sportmedizin/Sportverletzungen).

Luxemburg, frz. ***Luxembourg***, Großherzogtum in Westeuropa, 2586 km², 4 542 000 Ew.; Verband: Fédération Luxembourgeoise de Football,

Abk. FLF, gegr. 1908, Sitz: Luxemburg; Mitglied der FIFA seit 1910, der UEFA seit 1954; Spielkleidung: Rot. – INTERNET: www.football.lu

Luxemburg (Stadt), 1) Spora Luxemburg, eigtl. »Spora Luxembourg« (Cercle Club Athlétique Sporting Racing Luxembourg), entstand 1923 durch Fusion von Sporting Club und Racing Club, 1940–44 SV Mosseland 07 Luxemburg, seitdem Spora Luxembourg ; Spielkleidung: Blau/Weiß/Blau-Weiß; Stadion: Stade Municipal de la Ville de Luxembourg, 15 200 Plätze.

2) US Luxemburg, eigtl. »US Luxembourg« (Union Sportive Luxembourg), gegr. 1908 als US Hollerich/Bonnevoie, 1925 Fusion mit JS Verlorenkost zu US Luxembourg, 1940–44 VfR 08 Luxemburg, seitdem US Luxembourg; Spielkleidung: Blau-Weiß/Blau/Blau-Weiß; Stadion: Stade Achille Hammerel, 15 000 Plätze.

Spieler (Auswahl): J. Strasser.

Luxemburgo, Vanderley, ein brasilian. Trainer, *10. Mai 1952 Nova Iguaçu; war Abwehrspieler: bis 1968 Colegio FC Nova Iguacu, 1968–70 Botafogo Rio de Janeiro, 1971–78 Flamengo Rio de Janeiro, 1978 SC Internacional Rio Grande da Sul, 1979/80 Botafogo Rio de Janeiro, 1981 Flamengo Rio de Janeiro. – Später Trainer: 1981/82 Vasco da Gama Rio de Janeiro (Trainerassistent), 1983 Campo Grande AC und Rio Branco AC, 1984 Friburguense AC, 1984/85 Al-Ittihad (Saudi-Arabien; Trainerassistent), 1985 EC Democrata, 1986/87 Fluminense Rio de Janeiro (Junioren), 1987 CF América, 1987/88 Al-Shabab (VAE), 1989/90 CA Bragantino, 1991 FC Guarini, 1992/93 AA Ponte Preda, 1993/94 Palmeiras São Paulo, 1995 Famengo Rio de Janeiro und Parana Clube, 1995/96 Palmeiras São Paulo, 1997 FC Santos, 1997/98 Corinthians São Paulo, 1998–2000 Brasilien (Nationalmannschaft), 2001 Corinthians São Paulo, 2001/02 Palmeiras São Paulo, 2002–04 Cruzeiro Belo Horizonte, 2003/04 FC Santos, 2005 Real Madrid, 2006 FC Santos; Welt-Nationaltrainer des Jahres 1999.

Vanderley Luxemburgo

V. Luxemburgo: Erfolgsstationen (Auswahl)	
Palmeiras São Paulo	LM 1993, 1994
Corinthians São Paulo	LM 1998
Brasilien	Copa América 1999
Cruzeiro Belo Horizonte	LM 2003
FC Santos	LM 2004

Luzern, FC (Fußballclub Luzern), Schweiz, gegr. am 12. August 1901; Spielkleidung: Blau-Weiß/Blau/Blau; Stadion: Allmend, 14 300 Plätze. – INTERNET: www.fcl.ch

Spieler (Auswahl): A. Frei – R. Gutendorf – O. Hitzfeld – A. Knup – L. Kögl – P. Rautiainen – C. Spycher – K. Türkyilmaz. – **Trainer** (Auswahl): E. Coordes – A. Egi – R. Gutendorf – F. Rausch.

Lyn, FK, Norwegen: → Oslo [1].

Lyngby FC, Dänemark: → Kopenhagen [9].

Lyon, Olympique, eigtl. »Olympique Lyonnais«, Frankreich, gegr. 1950; Spielkleidung: Weiß; Stadion: Municipal de Gerland, 41 449 Plätze. – INTERNET: www.olympiquelyonnais.com

Spieler (Auswahl): M. Amoros – J. A. Carew – M. Coluna – Cris – R. Domenech – G. Elber – J. Fatton – M.-V. Foé – A. Jacquet – Juninho Pernambucano – B. Lacombe – F. Malouda – S. Marlet – P. Müller – J. Popluhár – J. A. Tigana – S. Wiltord. – **Trainer** (Auswahl): J. Bats – R. Domenech – R. Herbin – A. Jacquet – B. Lacombe – P. Le Guen – J. Santini – J. A. Tigana.

M

Maardu, Levadia, Estland: → Tallin [2].

Maastricht, MVV, (Maastrichtse Voetbal Vereniging Maastricht), Niederlande, gegr. 1902, 1904 Fusion mit MVC Maastricht zu MFC Maastricht, 1908 Fusion mit Vitesse Maastricht zu MVV Maastricht '02, 1910 Fusion mit HBS Maastricht und Concordia Maastricht zu MVV Mastricht '02, seit 1978 MVV Maastricht; Spielkleidung: Rot/ Weiß/Rot; Stadion: De Geusselt, 10 000 Plätze. – INTERNET: www.mvv.nl

Spieler (Auswahl): E. Gerets – E. Meijer – R. van Dujinhoven – F. Wilkes. – **Trainer** (Auswahl): J. Bonfrère – F. Rausch.

Macao, portugies. **Macau,** Sonderverwaltungsregion an der Südküste der Volksrepublik China, 25 km², 469 900 Ew.; Verband: Macau Football Association, Abk. MFA, gegr. 1939, Sitz: Macao; Mitglied der FIFA und der AFC seit 1976; Spielkleidung: Grün.

Maccabi [hebräisch Makkabiah, nach den Makkabäern], Israel: Bez. für einige jüd. Fußballvereine, z. B. M. Haifa.

Macho, Jürgen, österr. Torhüter, * 24. August 1977 Wien; 1986–89 Red Star Wien, 1989–96 Rapid Wien, 1996/97 Wiener Sportklub, 1997–2000 Vienna Wien, 2000–03 FC Sunderland, 2003/ 04 FC Chelsea, 2005/06 1. FC Kaiserslautern; 9 Bundsligaspiele; 3 Länderspiele (seit 2002).

Madagaskar, Republik im Ind. Ozean, von Südafrika durch die Straße von Moçambique getrennt, umfasst die Insel M., 587 040 km², 16,980 Mio. Ew.; Verband: Fédération Malagasy de Football, Abk. FMF, gegr. 1961, Sitz: Antanarivo; Mitglied der FIFA seit 1962, der CAF seit 1963; Spielkleidung: Rot/Weiß/Grün.

Madden, John William, schott. Angriffsspieler (Mittelstürmer), * 11. Juni 1865, † 17. April 1948; 1891–1905 Celtic Glasgow, 1905–29 Slavia Prag; 2 Länderspiele (1893, 1895); trainierte bis Mitte der 1930er-Jahre Jahre auf dem europ. Kontinent und lehrte den brit. Stil im Training und Spiel.

Madjer, Rabah Mustapha, alger. Mittelfeldspieler, * 15. Dezember 1958 El-Biar; 1968–70 Hydra AC und CF Onaleit, 1970–83 Hussein-Dey Mahd Club, 1983–85 Racing Paris, 1985 FC Tours, 1985–88 FC Porto, 1988 CF Valencia, 1989–91 FC Porto; 85 Länderspiele (49 Tore); WM-Endrunde 1982, 1986; in Afrika Fußballer des Jahres 1987. – Später Trainer: 1991–95 Algerien (1991–93 Trainerassistent, 1993–95 Cheftrainer), 1998/99 Al-Wakra (Katar), 1999 und 2001/02 Algerien (Nationalmannschaft).

Madrid, Spanien, **1) Atlético Madrid** (Club Atlético de Madrid), gegr. 1903 als Athletic Club de Madrid, 1926–39 Atlético Madrid, 1939 Fusion mit Aviación Nacional Madrid zu Atlético Aviación Madrid, seit 1947 Atlético Madrid; Spielkleidung: Rot-Weiß/Blau/Rot-Weiß; Estadio »Vicente Calderón«, 54 851 Plätze. – Internationale Erfolge: EC II 1962, Weltpokal 1974. – INTERNET: www.clubatleticodemadrid.com

Spieler (Auswahl): Alemão – R. Antic – L. Aragonés Suárez – R. Ayala – R. Baraja – L. Ben Barek – G. J. Dirceu – U. Fillol –P. Futre – J. Grønkjær – João Pinto – Juninho – M. Kezman – M. Petrov – Raúl – H. Sánchez – B. Schuster – D. P. Simeone – M. Soler – A. Valencia – Vavá – C. Vieri – M. Votava – R. Wicky. – **Trainer** (Auswahl): R. Antic – L. Aragonés Suárez – C. Bianchi – J. Clemente – H. Herrera – F. Maturana – C. L. Menotti – M. Merkel – A. Sacchi – M. R. Zamora.

2) Rayo Vallecano, eigtl. »Rayo Vallecano de Madrid«, gegr. 1924 als als AD Rayo Vallecano Vallecas, 1994/95 AD Rayo Vallecona de Madrid, seitdem Rayo Vallecano de Madrid; Spielkleidung: Rot/Weiß/ Rot; Stadion: Nuevo Vallecas-María Teresa Rivero, 15 500 Plätze. – INTERNET: www.rayovallecano.es

Spieler (Auswahl): K. Keller – D. F. Klimowicz – V. Onopko – A. Polster – G. Poschner – H. M. Sánchez. – **Trainer** (Auswahl): J. A. Camacho.

3) Real Madrid, eigtl. »Real Madrid CF« (Real Madrid Club de Fútbol), gegr. 1902 als Madrid FC, 1920–38 Real FC Madrid, seitdem Real Madrid CF; Spielkleidung: Weiß; Stadion: → Santiago Bernabéu. – Internationale Erfolge: EC I 1956, 1957, 1958, 1959, 1960, 1966, CL 1998, 2000, 2002, EC III 1985, 1986, (Europa-) Supercup 2002, Weltpokal 1960, 1998, 2002. – INTERNET: www.realmadrid.com

Spieler (Auswahl): A. Amancio – N. Anelka – J. C. Baptista – D. Beckham – P. Breitner – E. Butragueno – F. S. Buyo – A. Cassano – F. Conceiçao – V. Del Bosque – Didi – A. di Stéfano –S. Eto'o Fils – L. Figo – F. Gento – T. Gravensen – G. Hagi – I. Helguera – F. Hierro – B. Illgner – Juanito – C. Karembeu – R. Kopa – M. Laudrup – M. G. Luis Enrique – C. Makelele – M. Michel – F. Morientes – M. Múñoz – G. Netzer – J. M. Pirri – R. Prosinecki – F. Puskás – Raúl – Roberto Carlos – Robinho – G. Rodax – C. Ronaldo – M. Salgado – H. Sánchez – J. E. Santamaría – C. Santillana – B. Schuster – C. Seedorf – U. Stielike – D. Suker – J. Valdano – R. Zamora – I. Zamorano – Zé Roberto –

Z. Zidane. – **Trainer** (Auswahl): A. Amancio – R. Antic – L. Beenhakker – V. Boskov – J. Camacho – F. Capello – V. Del Bosque – A. di Stéfano – J. Heynckes –G. Hiddink – V. Luxemburgo – M. Miljanić – M. Múñoz – C. Queiroz – J. Toshack – J. Valdano.

4) Real Madrid Castilla, entstand 2005 durch Fusion von Castilla CF Madrid (gegr. 1903) und Real Madrid B; Spielkleidung: Weiß/Blau/Blau; Stadion: Estadio Ciudad Deportiva de Valdebebas, 6000 Plätze. – INTERNET: www.realmadrid.com

Spieler (Auswahl): R. Benitez Maudes – E. S. Butragueño – V. del Bosque – M. J. G. Michel – F. Povlsen. – **Trainer** (Auswahl): R. Benitez Maudes – V. del Bosque.

Madsen, 1) Ole, dän. Angriffsspieler (Mittelstürmer), *21. Dezember 1934; 1961–63 Sparta Rotterdam, 1963/64 Hellerup IK, 1964–66 Sparta Rotterdam; 51 Länderspiele (1957–68; 43 Tore); Europapokal der Nationen 1964. – **2)** Peter, dän. Angriffsspieler, *26. April 1978 Roskilde; bis 1990 Roskilde BK, 1990–2002 Brøndby IF, 2003 VfL Wolfsburg, 2003–05 Vfl Bochum, 2005/06 1. FC Köln; 10 Länderspiele; WM-Endrunde 2002; EM-Endrunde 2004.

Magath, Felix-Wolfgang (»Felix«), dt. Trainer, *26. Juli 1953 Aschaffenburg; war Mittelfeldspieler: 1960–64 VfR Nilkheim, 1964–72 TV 1860 Aschaffenburg, 1972–74 Viktoria Aschaffenburg, 1974–76 1. FC Saarbrücken, 1976–86 Hamburger SV; 306 Bundesligasspiele (46 Tore); 43 Länderspiele (1977–86; 3 Tore); WM-Endrunde 1982, 1986; Europameister 1980. – Später Trainer: 1986–88 Hamburger SV (Manager), 1989/90 1. FC Saarbrücken (Manager), 1990–92 Bayer 05 Uerdingen (Manager), 1992/93 FC Bremerhaven, 1993–97 Hamburger SV (1993–95 Amateure und Trainerassistent, 1995–97 Cheftrainer), 1997/98 1. FC Nürnberg, 1998/99 SV Werder Bremen (PS 1999), 1999–2001 Eintracht Frankfurt, 2001–04 VfB Stuttgart (Teammanager), 2004–06 FC Bayern München (LM und PS 2005); in Deutschland Trainer des Jahres 2003, 2005.

Felix Magath

> **F. Magath**
> »Wer die Mehrzahl der Zweikämpfe gewinnt, der gewinnt auch das Spiel.«

Magdeburg, 1. FC (1. Fußballclub Magdeburg), Abk. **FCM**, Deutschland (Sachsen-Anhalt), gegr. 1896 als Magdeburger FC Viktoria, 1926–38 SV Viktoria Magdeburg, 1938 Fusion mit MTV 1860 Magdeburg-Neustadt zu VfL Viktoria Neustadt 1860 Magdeburg (1945 aufgelöst und neu gegr.), 1945–48 SG Sudenburg, 1948–50 SG Eintracht Sudenburg, 1950 Fusion mit SG Lemsdorf zu BSG Krupp-Gruson Magdeburg (1950/51), 1951/52 BSG Stahl Magdeburg, 1952/53 BSG Motor Magdeburg, 1953–57 BSG Motor Mitte Magdeburg, 1957–65 SC Aufbau Magdeburg, seit 22. Dezember 1965 1. FC Magdeburg; DDR-Oberliga 1960–66, 1967–90, NOFV-Oberliga 1990/91; Spielkleidung: Weiß/Blau/Blau-Weiß; Stadion (Ausweichplatz): Heinrich-Germer-Stadion 6000 Plätze. – Internationale Erfolge: EC II 1974. – INTERNET: www.fc-magdeburg.de

Spieler (Auswahl): H. Bonan – W. Blochwitz – D. Halata – D. Heyne – M. Hoffmann – H. Laessig – F. Lieberam – L. Lindemann – M. Maltritz – H.-G. Moldenhauer – J. Pommerenke – U. Rösler – R. Schneider – U. Schulze – D. Schuster – W. Seguin – J. Sparwasser – D. Stahmann – W. Steinbach – J. Streich – M. Zapf. – **Trainer** (Auswahl): F. Engel – D. Heyne – M. Hoffmann – H. Krügel – J. Pommerenke – J. Steffens – J. Streich – K. Urbanczyk.

»magisches Viereck«, Variante des früheren WM-Systems (→ Spielsystem), wobei durch das Zusammenspiel der beiden Halbstürmer (8 und 10) und Außenläufer (4 und 6) ein spieler. Übergewicht im Mittelfeld erzeugt werden sollte. – Beim italien. »m. V.« (WM-Endrunden 1934 und 1938) übernahmen die Verteidiger die (vorgeschobene) Innendeckung, während die Außenläufer die gegner. Außenstürmer bekämpften. Die Italiener hatten mit dieser aggressiven Deckungsart große Erfolge zu verzeichnen.

Magnin, Ludovic, schweizer. Mittelfeldspieler, *20 April 1979 Lausanne; 1985–96 FC Echallens, 1996/97 lausanne Sports, 1997–2000 Yverdon-Sports, 2000/01 FC Lugano, 2002–05 SV Werder Bremen, 2005/06 VfB Stuttgart; 56 Bundesligaspiele (4 Tore); 26 Länderspiele (2 Tore).

»Magyaren«, Bez. für die Nationalmannschaft Ungarns.

Mahdavikia, Mehdi, ein iran. Angriffsspieler, *24. Juli 1977 Teheran; bis 1998 Pirouzi Teheran, 1998/99 VfL Bochum, 1999–2006 Hamburger SV; 139 Bundesligaspiele (20 Tore); 88 Länderspiele (seit 1997); WM-Endrunde 1998; Asiens Fußballer des Jahres 2003.

Mai, Karl, dt. Mittelfeldspieler (Läufer), *27. Juli 1928 Fürth, †15. März 1993 ebd.; 1941–58 SpVgg Fürth, 1958–61 FC Bayern München, 1961/62 Young Fellows Zürich, 1962/63 FC Dornbirn; 21 Länderspiele (1953–59; 1 Tor); Weltmeister 1954. – Später Trainer: 1964/65 ESV Ingolstadt, 1965–67 MTV Ingolstadt, 1967–69 Wacker München, 1969–75 SC Deisenhofen.

Maier, Josef-Dieter (»Sepp«), dt. Torhüter, *28. Februar 1944 Haar (Bayern); 1952–58 TSV Haar, 1958–79 FC Bayern München; 473 Bundesligaspiele; 95 Länderspiele (1966–79); WM-Endrunde 1966, 1970, 1974 (Weltmeister), 1978; EM-Endrunde 1972 (Europameister), 1976; in der BRD Fußballer des Jahres 1975, 1977, 1978. – Später Torhütertrainer: 1987–2006 FC Bayern München und bis 2004 in der dt. Nationalmannschaft.

»Sepp« Maier

> **»Sepp« Maier**
> »Ein Torhüter muss Ruhe ausstrahlen.
> Er muss aber aufpassen, dass er dabei nicht einschläft.«

Mailand, Italien, **1) AC Mailand,** eigtl. »Milan AC« (Milan Associazione Calcio), gegr. 1899 als Milan C & FBC, 1905–38 Milan FBC, 1938–45 Milano AC, seitdem Milan AC; Spielkleidung: Rot-Schwarz/Schwarz/Schwarz; Stadion: Giuseppe Meazza, 85 398 Plätze. – Internationale Erfolge: EC I 1963, 1969, 1989, 1990, CL 1994, 2003, EC II 1968, 1973, (Europa-)Supercup 1989, 1990, 1994, 2003, Weltpokal 1969, 1989, 1990. – INTERNET: www.acmilan.com

Spieler (Auswahl): D. Albertini – E. Albertosi – Amarildo – M. Amoroso – C. Ancelotti – R. F. Ayala – R. Baggio – F. Baresi – R. Benetti – O. Bierhoff – Z. Boban – C. Borici – Cafú – F. Capello – F. Collovati – A. Costacurta – H. Crespo – E. Davids – F. De Napoli – M. Desailly – Dida – R. Donadoni – C. Dugarry – P. Futre – E. Gerets – A. Gilardino – J. Greaves – G. Gren – R. Gullit – K. Hamrin – T. Helveg – F. Inzaghi – Kaká – P. Kluivert – B. Laudrup – J. Lehmann – Leonardo – N. Liedholm – C. und P. Maldini – A. Mazzola – G. Meazza – A. Nesta – G. Nordahl – J. P. Papin – L. Radice – F. Rijkaard – Rivaldo – G. Rivera – P. Rossi – M. Rui Costa – D. Savicevic – N. Scala – J. A. Schiaffino – K.-H. Schnellinger – C. Seedorf – Serginho – A. Shevchenko – F. Toldo – J. D. Tomasson – G. Trapattoni – M. van Basten – P. Vieira – C. Vieri – G. Weah – T. West – C. R. Wilkins – C. Ziege. – **Trainer** (Auswahl): C. Ancelotti – F. Capello – B. Guttmann – N. Liedholm – C. Maldini – L. Radicen – A. Sacchi – F. Terim – G. Trapattoni.

2) Inter Mailand, eigtl. »Internazionale Milano FC« (Internazionale Milano Football Club), gegr. 1908 als Internazionale FBC, 1928 Fusion mit US Milanese zu Ambrosiana SS, 1930–33 AS Ambrosiana Milano, 1933–45 AS Ambrosiana Inter Milano, seitdem Internazionale Milano FC; Spielkleidung: Blau-Schwarz/Schwarz/Schwarz; Stadion: Giuseppe Meazza, 85 398 Plätze. – Internationale Erfolge: EC I 1964, 1965, EC III 1991, 1994, 1998, Weltpokal 1964, 1965. – INTERNET: www.inter.it

Spieler (Auswahl): Adriano – L. Allemandi – A. Altobelli – P. Anastasi – D. Baggio – R. Baggio – G. Batistuta – D. Bergkamp – G. Bergomi – F. Bernardini – N. Berti – M. Bertini – L. Blanc – R. Boninsegna – L. Brady – A. Brehme – T. Burgnich – F. Cannavaro – F. Causio – L. Coeck – F. Collovati – M. Corso – H. Crespo –Y. Djorkaeff –A. Domenghini – G. Facchetti – G. Ferrari – Figo – S. Frey – T. Helveg – Jair da Costa – N. Kanu – R. D. Keane – J. Klinsmann – L. Matthäus – A. Mazzola – G. Meazza – H. Müller – A. Mutu – G. Oriali – D. Pancev – D. Passarella – M. Paulo Sousa – H. Prohaska – A. A. Recoba – Roberto Carlos – Ronaldo – K.-H. Rummenigge – M. Sammer – W. A. Samuel – N. Scala – I. Schalimow – S. Schillaci – V. Scifo – C. Seedorf – D. P. Simeone – L. Skoglund – R. Sosa – L. Suárez – H. Şükür – H. Szymaniak – M. Tardelli – F. Toldo – J. S. Verón – C. Vieri – T. West – F. Wilkes – I. Zamorano – J. Zanetti – W. Zenga. – **Trainer** (Auswahl): V. Bearzot – H. R. Cuper – A. Foni – H. Herrera – R. Hodgson – M. Lippi – M. Lucescu – L. Radice – M. Tardelli – G. Trapattoni – A. Zaccheroni.

Mainz 05, FSV, eigtl. »1. FSV Mainz 05« (1. Mainzer Fußball- und Sportverein Mainz von 1905), Deutschland (Rheinland-Pfalz), gegr. am 16. März 1905 als 1. Mainzer Fußballclub »Hassia« 1905, 1912 Fusion mit FC Hermannia 07 zu 1. Mainzer Fußballverein 05, 1919 Fusion mit Sportverein 08 zu 1. FSV 05 Mainz; Bundesliga 2004–06; Zweite Bundesliga 1988/89, 1990–2004;

Roy Makaay

Spielkleidung: Rot-Weiß/Rot/Rot; Stadion: Stadion am Bruchweg, 20300 Plätze. – INTERNET: www.mainz05.de

Spieler (Auswahl): A. Ahanfouf – B. Akrapovic – B. Auer – M. Azaouagh – H. Balitsch – A. Brinkmann – F. Foda – M. Friedrich – F. Gerber – J. Klopp – E. Kostadinov – O. Addo – M. Rose – M. Thurk – A. Voronin – D. Wache – M. Weißhaupt – M. Zidan. – **Trainer** (Auswahl): W. Frank – U. Klimaschefski – J. Klopp – E. Krautzun – J. Kuze – R. Saftig.

Mair, Wolfgang Mario, österr. Angriffsspieler, *17. Februar 1980 Lienz (Tirol); 1998–2002 FC Wacker Tirol, 2002/03 SV Pasching, 2003–05 FC Wacker Tirol, 2005/06 RB Salzburg; 3 Länderspiel (seit 2005).

Major League Soccer, Abk. **MLS,** USA: → NASL.

Makaay, Roy Rudolphus Anton, niederländ. Angriffsspieler, *9. März 1975 Wijchen; bis 1989 Woezik Wijchen, DIOSA Ravenstein, Blau-Wit Nimwegen und NEC Nimwegen, 1993–97 Vitesse Arnheim, 1997–99 CD Tenerife, 1999–2003 Deportivo La Coruña, 2003–06 FC Bayern München; 79 Bundesligaspiele (52 Tore); 43 Länderspiele (5 Tore); EM-Endrunde 2000, 2004; Europas Torschützenkönig 2003 (29).

Makedonien, Mazedonien, Republik in Südosteuropa, 25333 km², 2,063 Mio. Ew.; Verband: Football Federation of Macedonia, Abk. FFM, gegr. 1908, Sitz: Skopje; Mitglied der FIFA und der UEFA seit 1994; Spielkleidung: Rot.

Makelele, Claude, frz. Mittelfeldspieler kongoles. Herkunft (seit 1977 in Frankreich), *18. Februar 1973 Kinshasa (Zaire [heute: Demokrat. Republik Kongo]); 1990–92 Stade Brest, 1992–97 FC Nantes, 1997/98 Olympique Marseille, 1998–2000 Celta Vigo, 2000–03 Real Madrid, 2003–06 FC Chelsea; 40 Länderspiele (seit 1995); WM-Endrunde 2002; EM-Endrunde 2004; olymp. Fußballturnier 1996.

Málaga, FC, eigtl. »Málaga CF« (Málaga Club de Fútbol), Spanien, gegr. 1948 als CD Málaga, 1994 aufgelöst und als Málaga CF neu gegr.; Spielkleidung: Blau/Weiß/Blau; Stadion: Estadio »La Rosaleda«, 25000 Plätze. – INTERNET: www.malagacf.es

Spieler (Auswahl): M. Amoroso – F. Baiano – F. Hierro – Juanito. – **Trainer** (Auswahl): H. Herrera.

Malatyaspor, eigtl. »Malatyaspor K« (Malatyaspor Kulübü), Türkei (Malatya), gegr. 1966; Spielkleidung: Rot/Gelb/Rot; Stadion: Inönü, 17000 Plätze. – INTERNET: www.malatyaspor.org.tr/tr

Trainer (Auswahl): J. Sundermann.

Malawi, Republik in Südostafrika, 118480 km², 11,651 Mio. Ew.; Verband: Football Association of Malawi, Abk. FAM, gegr. 1966, Sitz: Lilongwe; Mitglied der FIFA seit 1967, der CAF seit 1968; Spielkleidung: Rot/Weiß /Rot-Schwarz.

Malaysia, Bundesstaat in Südostasien, 329750 km², 23,093 Mio. Ew.; Verband: Football Association of Malaysia, Abk. FAM, gegr. 1933, Sitz: Kuala Lumpur; Mitglied der FIFA seit 1956, der AFC seit 1958; Spielkleidung: Gelb-Schwarz/Gelb-Schwarz/Gelb-Schwarz. – INTERNET: www.fam.org.my

Maldini, 1) Cesare, italien. Trainer, *5. Februar 1932 Triest, Vater von 2); war Abwehrspieler: bis 1954 US Triestine, 1954–66 AC Mailand, 1966/67 AC Turin; 14 Länderspiele (1960–63); WM-Endrunde 1962. – Später Trainer: 1971–74 AC Mailand (1971–73 Trainerassistent, 1973/74 Cheftrainer), 1974/75 US Foggia, 1976/77 Ternana Calcio Terni, 1980 AC Parma, 1980–98 Italien (1980–86 Nationalmannschaft [Trainerassistent], 1986–96 U 21, 1996–98 Nationalmannschaft; WM-Endrunde 1998), 1999–2001 AC Mailand (Scout und kurzzeitig Trainer), 2001/02 Paraguay (Nationalmannschaft; WM-Endrunde 2002). – **2)** Paolo, italien. Abwehrspieler, *26. Juni 1968 Mailand, Sohn von 1); 1978–2006 AC Mailand (über 570 Serie-A-Spiele, 25 Tore); 126 Länderspiele (1988–2002; 7 Tore); WM-Endrunde 1990, 1994, 1998, 2002; EM-Endrunde 1988, 1996, 2000.

Paolo Maldini

Malediven, eine Republik im Ind. Ozean, auf den Malediven (2000 flache Inseln), 300 km², 329700 Ew.; Verband: Football Associationof Maldives, gegr. 1982, Sitz: Male; Mitglied der FIFA und der AFC seit 1986; Spielkleidung: Grün/Rot/Weiß. – INTERNET: www.famaldives.gov.mv

Mali, Republik in Afrika, 1,240 Mio. km^2, 11,626 Mio. Ew.; Verband: Fédération Malienne de Football, Abk. FMF, gegr. 1960, Sitz: Bamako; Mitglied der FIFA seit 1962, der CAF seit 1963; Spielkleidung: Grün/Gelb/Rot.

Mallorca, RCD (Real Club Deportivo Mallorca), Spanien (span. Balearen), gegr. 1916 als RCD Alfonso XIII Mallorca, seit 1931 RCD Mallorca; Spielkleidung: Weiß; Stadion: Son Moix, 23 142 Plätze. – INTERNET: www.rcdmallorca.es

Spieler (Auswahl): F. Akyel – F. Capado – S. Eto'o Fils – A. Ramallets – Romeo. – **Trainer** (Auswahl): L. Aragonés Suárez – H. Cuper – B. Krauss.

Malmö FF (Malmö Fotbollförening), Schweden, gegr. 1910; Spielkleidung: Blau/Weiß/Weiß; Stadion: Malmö-Stadion, 32 000 Plätze. – INTERNET: www.mff.se

Spieler (Auswahl): P. Andersson – M. Dahlin – Z. Ibrahimović – B. Larsson – J. Litmanen – J. Pettersson – R. Prytz. – **Trainer** (Auswahl): R. Hodgson.

Malofejev, Eduard, russ. Trainer, *2. Juni 1943; war Angriffsspieler: 1961–63 Spartak Moskau, 1963–72 Dynamo Minsk; 41 Länderspiele für die UdSSR (6 Tore); WM-Endrunde 1966. – Später Trainer: 1977 Dynamo Brest, 1978–82 Dynamo Minsk (LM 1982), 1983–86 UdSSR (1983/84 Olympiaauswahl, 1984–86 Nationalmannschaft), 1986–93 Dynamo Moskau, 2002/03 Weißrussland (Nationalmannschaft).

Malouda, Florent, frz. Mittelfeldspieler guyan. Herkunft, *13. Juni 1980 Cayenne (Guyana); 1998–2000 LB Châteauroux, 2000–03 EA Guingamp, 2003–06 Olympique Lyon; 1 Länderspiel.

Malta, Staat und Insel im Mittelmeer, 316 km^2, 400 400 Ew.; Verband: Malta Football Association, Abk. MFA, gegr. 1900, Sitz: Valletta (bis 1967: La Valetta); Mitglied der FIFA seit 1959, der UEFA seit 1960; Spielkleidung: Rot/Weiß/Rot. – INTERNET: www.mfa.com.mt

Maltritz, Marcel, dt. Mittelfeldspieler, *2. Oktober 1978 Magdeburg; bis 1986 TuS Magdeburg-Neustadt, 1986–98 1. FC Magdeburg, 1998–2001 VfL Wolfsburg, 2001–04 Hamburger SV, 2004–06 VfL Bochum; 139 Bundesligaspiele (4 Tore).

Manager [engl.], **1)** *Sport-M.:* im Lizenzfußball in der Regel vom Verein bezahlter Geschäftsführer; kann allgemein für den Verein arbeiten (Public Relation), aber auch speziell für dessen erste Mannschaft. Sein Aufgabenbereich ist nicht exakt abgegrenzt. Ein M. kann sich ausschließlich um die Belange Mannschaft kümmern, aber auch nur um die Organisation. In neuerer Zeit wird in den dt. Klubs zunehmend statt eines M.s ein *Sportdirektor* mit gleichen Merkmalen installiert. – In England und Schottland wird der Trainer *(Coach)* eines Klubs (nicht der Nationalmannschaft!) als M. bezeichnet, wenn seine Befugnisse die der Betreuung der Mannschaft mit einschließen. – **2)** *Nationalmannschafts-M.:* im Juli 2004 vom DFB neu geschaffene Funktion für die Belange der Nationalmannschaft; eingesetzt wurde O. Bierhoff. Aufgaben u. a.: Verbindung zw. Nationalmannschaft und Bundesliga, Sponsorenpflege, Koordinierung von Werbeterminen, Medientätigkeit.

Manchester, England, **1) Manchester City,** eigtl. »Manchester City FC« (Manchester City Football Club), gegr. 1887 durch Fusion von West Gorton und Gorton Athletic zu Ardwick FC (seitdem Profifußball), seit 1894 Manchester City FC; Spielkleidung: Blau; Stadion: Maine Road, 34 600 Plätze. – Internationale Erfolge: EC II 1970. – INTERNET: www.mcfc.co.uk

Spieler (Auswahl): N. Anelka – M. Busby – Andy Cole – K. Deyna – M.-V. Foé – T. Francis – M. Frontzeck – M. Gaudino – D. James – S. Karl – D. Law – S. McIlroy – W. Meredith – D. Revie – C. Reyna – U. Rösler – P. Schmeichel – D. Seaman – D. Stepanovic – F. Swift – M. Tarnat – B. Trautmann – D. van Buyten – S. Wright-Phillips. – **Trainer** (Auswahl): K. Keegan – J. Mercer.

2) Manchester United, eigtl. »Manchester United FC« (Manchester United Football Club), gegr. 1878 als Newton Heath Lancashire & Yorkshire Railway, 1880–1902 Newton Heath FC (seit 1885 Profifußball), seitdem Manchester United FC (1991–2005 an der Londoner Börse); Spielkleidung: Schwarz/Schwarz/Schwarz-Weiß; Stadion: → Old Trafford. – Internationale Erfolge: EC I 1968, EC II 1991, (Europa-)Supercup 1991, CL 1999, Weltpokal 1999. – NTERNET: www.manutd.com

Eine große Krise erwartete man nach dem Flugzeugunglück 1958 in München-Riem (→ »Fußballtragödien und Katastrophen«) mit dem Tod von 8 (z. T. National-)Spielern, einen Tag nach dem Halbfinalrückspiel im Europapokal bei Roter Stern Belgrad. Aber M. Busby baute die neue Mannschaft (»Busby Babes«) in kürzester Zeit wieder auf. Im September 2004 wurde im Münchner Stadtteil Kirchtrudering ein Ehrenmal eingeweiht.

Spieler (Auswahl): F. Barthez – P. Beardsley – D. Beckham – G. Best – L. Blanc – M. Bosnich – L. Brady – R. W. Byrne – E. Cantona – R. Charlton – Andy Cole – D. Edwards – R. G. Ferdinand – D. Forlán – R. Giggs – H. Gregg – M. Hughes – G. Hysen – R. M. Keane – D. Law – J. Leighton – P. McGrath – S. McIlroy – W. Meredith – G. und P. Neville – D. Platt – P. Poborský – B. Robson – C. Ronaldo – D. Saunders – P. Schmeichel – P. Scholes – E. P. Sheringham – O. G. Solskjaer – J. Stam – F. Stapleton – N. P. Stiles – G. Strachan – T. Taylor – E. van der Sar – R. van Nistelrooy – J. Verón – G. Weah – N. Whiteside – C. R. Wilkins – W. Winterbottom – D. Yorke. – **Trainer** (Auswahl): – M. Busby – T. Docherty – A. Ferguson – C. Queiroz.

Manchester United: Flugzeugunglück am 6. Februar 1958

überlebt u. a.	*tot u. a.*
M. Busby	R. W. Byrne
R. Charlton	D. Edwards
H. Gregg	T. Taylor

Mancini, Roberto, italien. Trainer, *27. November 1964 Jesi; war Angriffsspieler: bis 1982 FC Bologna, 1982–97 Sampdoria Genua, 1997–2000 Lazio Rom, 2001 Leicester City; 36 Länderspiele (1984–94; 4 Tore); WM-Endrunde 1990 (nicht eingesetzt); EM-Endrunde 1988; in Italien Fußballer des Jahres 1988, 1991. – Später Trainer: 2001/02 AC Florenz (PS 2001), 2002–04 Lazio Rom, 2004–06 Inter Mailand.

Mandl, Thomas, österr. Torhüter, *7. Februar 1979 Eisenstadt; bis 1998 ASKÖ Hirm und SV Mattersburg, 1998–2003 Austria Wien, 2004 Sturm Graz, 2004/05 FC Basel, 2005/06 Admira-Wacker Mödling; 13 Länderspiele (seit 2002).

»Manndecker«, Bez. für einen Abwehrspieler, der konsequent seinen Gegenspieler bewacht; meist als »Innendecker« fungierend, nimmt er sich der gegner. Sturmspitze an. »M.« haben in der Regel Spezialaufgaben im Abwehrbereich zu erfüllen.

Manndeckung, enges bzw. lockeres Decken des festgelegten Gegenspielers, besonders zur wirksamen Ausschaltung spielstarker gegner. Spieler oder Spielgestalter. Die lockere M. wird fälschlicherweise mitunter als Raumdeckung bezeichnet. Im torgefährl. Raum ist M. unerlässlich (besonders bei Standardsituationen wie Eck- und Freistößen). Die →konsequente Manndeckung ist destruktiv, da sie zum Pärchenbetrieb führt und somit der Attraktivität des Fußballs schadet.

Mannheim, Deutschland (Baden-Württemberg), 1) **VfR Mannheim** (Verein für Rasenspiele Mannheim), entstand 1896 als Mannheimer Fußballgesellschaft 1896, am 2. November 1911 Fusion mit FC Viktoria Mannheim und VfB Union Mannheim zu VfR Mannheim; Spielkleidung: Rot/Weiß/Rot; Stadion: Rhein-Neckar-Stadion, 12 000 Plätze. – INTERNET: www.vfr-mannheim.de

Spieler (Auswahl): H.-J. Boysen – J. Herberger – O. Mokhtari – O. Nerz – O. Rohr – W. Wolf. – **Trainer** (Auswahl): R. Bommer – R. Körner – H. Kronsbein – G. Sebert.

2) Waldhof Mannheim, eigtl. »SV Waldhof Mannheim 07« (Sportverein Waldhof Mannheim 1907), gegr. am 11. April 1907 als SV Waldhof 07, 1920 Fusion mit TV 1877 Waldhof zu SpTV. 1877 Waldhof (1925 Auflösung der Fusion), 1925–69 SV 07 Waldhof, 1969–72 SV Waldhof Mannheim, 1972–75 Chio Waldhof 07, 1975–78 SV Chio Waldhof, seitdem SV Waldhof Mannheim 07; Bundesliga 1983–90; Zweite Bundesliga 1981–83, 1990/91, 1991/92 (Süd), 1992–97, 1999–2003 (Lizenzentzug 2003); Spielkleidung: Blau-Schwarz/Blau/Blau; Stadion: Carl-Benz-Stadion, 27 000 Plätze. – INTERNET: www.waldhof-mannheim.de

Spieler (Auswahl): J. Akpoborie – H. Balitsch – M. Bockenfeld – D. Eckstein – P. Eich – B. und K. Förster – M. Gaudino – D. Hecking – J. Herberger – J. Kohler – P. Linz – M. Maric – N. Nachtweih – U. Rahn – M. Reichel – G. Rohr – O. Rohr – D. Schuster – G. Sebert – O. Siffling – E. Skela – P. Steiner – B. Trares – F. Vata – O. Vincze – F. Walter – C. Wörns – M. Zeyer. – **Trainer** (Auswahl): A. Egi – G. Gawliczek – E. Hach – S. Kuntz – F. Latzke – U. Rapolder – K. Schlappner – G. Sebert – U. Stielike – J. Sundermann – K. Toppmöller.

Männig, Günter, dt. Schiedsrichter (Böhlen), *22. Juni 1928 Hirschfelde (Sachsen); war Mittelfeldspieler: 1939–45 VfB Leipzig, 1946–48 SG Probstheida, 1948–52 BSG Aktivist Böhlen. – Seit 1952 Schiedsrichter: 1959–78 DDR-Oberliga (239 Oberligaspiele), 1962–78 FIFA-Schiedsrichter (5 Länderspiele); 23 Europapokalspiele; FDGB-Pokalfinale 1972.

Manninger, Alexander, österr. Torhüter, *4. Juni 1977 Salzburg; 1995/96 Vorwärts Steyr, 1996/97 Grazer AK, 1997–2001 FC Arsenal, 2001/02 AC Florenz, 2002/03 Espanyol Barcelona, 2003 AC Turin, 2003/04 FC Barcelona, 2004 Brescia Calcio, 2004/05 AC Siena, 2005/06 RB Salzburg; 18 Länderspiele (seit 1999).

Mann-/Raumdeckung, svw. →kombinierte Deckung.

Mannschaft, einem Klub, Verein oder einer Gemeinschaft bzw. einem Landesverband angehörende Gruppe von Spielern, die gemeinsam die Wettkämpfe (Punkt-, Pokal-, Freundschaftsspiele usw.) bestreitet.

Mannschaft
Team [engl.]
Equipe [frz.]
Equipo [span.]
Equipa [portugies.]
Squadra [italien.]

Mannschaftsarzt, Mediziner, der besondere sportmedizin. Kenntnisse und Ausbildung besitzt und eine Mannschaft diesbezüglich betreut. Aufgabenbereich: Untersuchungen und Überwachung des Gesundheitszustandes der Spieler, Trainingskontrolle, Wettkampfdienst, Verhütung und Behandlung von Sportverletzungen und -schäden.

Mannschaftsaufstellung, fest nominierte Aufstellung einer Mannschaft; Angabe der einzelnen Positionen und ihre namentl. Besetzungen. Zur M. gehören außerdem die vorher bestimmten 3 bis 7 Wechselspieler, von denen 3 während des Spiels zum Einsatz gelangen können und dann zu Einwechselspielern werden. – Die M. setzt sich wie folgt zusammen: Torhüter – Abwehrspieler – Mittelfeldspieler – Angriffspieler.

Mannschaftsbetreuer, ehrenamtl. Offizieller, der eine Mannschaft organisatorisch betreut. In der Regel sollte der M. die »rechte Hand« des Trainers (außerhalb des Spielbetriebes) und der »gute Geist« der Mannschaft sein. Untere Mannschaften verfügen über keine M., während höherklassige oder Auswahlmannschaften darüber hinaus noch einen *Mannschaftsleiter* aufweisen können, desen Aufgabenbereich allerdings meist noch weniger fest umrissen ist. Er repräsentiert die Mannschaft und kümmert sich um die organisator. Belange.

Mannschaftskader → Kader.

Mannschaftskapitän, svw. → Spielführer.

Mannschaftsleiter → Mannschaftsbetreuer.

Mansiz, Ilhan, türk. Angriffsspieler, * 8. Oktober 1975 Kempten (Allgäu); bis 1998 Kusadasispor, 1998–2001 Samsunspor, 2000/01 Türk Gücü München, 2001–04 Besiktas Istanbul, 2004 Vissel Kobe (Japan), 2005 Hertha BSC, 2005/06 MKE Ankaragücü; 21 Länderspiele (seit 2001); WM-Endrunde 2002.

Mantova, AC (Associazione Calcio Mantova), Italien, gegr. 1906; Spielkleidung: Rot/Weiß/Weiß; Stadion: Stadio »Danilo Martelli«, 9872 Plätze. – INTERNET: www.acmantova.it

Spieler (Auswahl): A. Allemann – R. Geiger – K.-H. Schnellinger – D. Zoff. – **Trainer** (Auswahl): M. Corso – E. Fabbri – N. Hidegkuti.

Mantua, Italien: dt. für → Mantova ...

ManU, England: Abk. für → **Man**chester **U**nited (→ Manchester [2]).

Maracanã, Estádio Mário Filho [nach dem Begründer der Sporttageszeitung »Journal dos Sports«], Rio de Janeiro; 1950 eingeweihtes, damals größtes Stadion der Welt (200 000 Plätze); später mehrfach umgebaut; heute Heimstätte von Fluminense und Flamengo Rio de Janeiro, nach erneutem Umbau (2006) 95 000 Plätze.

Maradona, Diego Armando, argentin. Angriffsspieler, * 30. Oktober 1960 Villa Fiorito (zu Buenos Aires); 1976–81 Argentinos Juniors Buenos Aires, 1981/82 Boca Juniors Buenos Aires, 1982–84 FC Barcelona, 1984–91 SSC Neapel, 1992/93 FC Sevilla, 1993/94 Newlle's Old Boys Rosario, 1995–97 Boca Juniors Buenos Aires; 91 Länderspiele (1977–94; 33 Tore); WM-Endrunde 1982, 1986 (Weltmeister), 1990, 1994; Südamerikas Fußballer des Jahres 1979, 1980; in Argentinien Fußballer des Jahres 1979, 1980, 1981, 1986, in Italien Fußballer des Jahres 1985. – Seit 1991 wiederholte Drogen- und Dopingaffären, auch Wettkampfsperren.

D. A. Maradona
»Es gibt kein schöneres Trikot als das von Boca Juniors.«

Diego Armando Maradona

Marburg, VfB (Verein für Ballspiele Marburg), Deutschland (Hessen); gegr. am 13. Mai 1905 als Marburger FC, 1908–25 VfB Marburg, 1925 Fusion mit SV Kurhessen Marburg und Marburger FV zu VfB Kurhessen Marburg, 1937 Fusion mit TSV Marburg zu VfL Marburg, 1945 aufgelöst und als VfL Marburg neu gegr., 1946–92 VfL 1860 Marburg, 1992 Ausgliederung der Fußballabteilung als VfB Marburg; Spielkleidung: Blau/Weiß/Blau; Stadion: Stadion Gisselberger Straße, 7000 Plätze. – INTERNET: www.vfb-marburg.de
Spieler (Auswahl): K. Zaczyk.

Marcelinho, eigtl. »Marcelo dos Santos Paraiba«, brasilian. Mittelfeldspieler, *17. Mai 1975 Campina Grande; bis 1993 Campinese Clube, 1994 EC Paraguaçuense und FC Santos, 1995–97 Rio Branco EC, 1997–2000 FC São Paulo, 2000 Olympique Marseille, 2001 Grêmio Pôrto Alegre, 2001–06 Hertha BSC; 131 Bundesligaspiele (55 Tore); 5 Länderspiele (seit 2001; 1 Tor).

Marche, Roger, frz. Abwehrspieler, *5. März 1924 Villers-Semeuse, † 1. September 1997 Charleville-Mohon; 1938–44 FC Mohon und Olympique FC Charleville, 1944–54 Stade Reims, 1954–62 Racing Paris; 63 Länderspiele (1947–59; 1 Tor); WM-Endrunde 1954, 1958.

Marchena, Carlos, span. Abwehrspieler, *31. Juli 1979 Sevilla; 1997–2000 FC Sevilla, 2000/01 Benfica Lissabon, 2001–06 CF Valencia; 19 Länderspiele (seit 2002); EM-Endrunde 2004.

Maribor, NK, eigtl. »NK Maribor PL« (Nagometni Klub Maribor Pivovarna Laško), Slowenien, gegr. 1960 als NK Maribor, 1988–97 NK Maribor Branik, 1997–99 NK Maribor Teatanic, seitdem NK Maribor PL; Spielkleidung: Violett; Stadion: Ljudski Vrt, 10 030 Plätze. – INTERNET: www.nkmaribor.com

Maric, Tomislav, kroat. Angriffsspieler (auch dt. Staatsbürgerschaft), *28. Januar 1973 Heilbronn; bis 1992 TSV Talheim, ESV und VfR Heilbronn, 1992–94 SpVgg Ludwigsburg, 1994/95 Karlsruher SC, 1995/96 SG Wattenscheid 09, 1996–2000 Stuttgarter Kickers, 2000–04 VfL Wolfsburg, 2004 Borussia Mönchengladbach, 2004/05 VfL Wolfsburg, 2005 Urawa Red Diamonds; 96 Bundesligasspiele (32 Tore); Zweitliga-Torschützenkönig 2000 (21); 9 Länderspiele für Kroatien (seit 2002; 1 Tor). – Sein Bruder **Marijo M.** (*1977) ist ebenfalls Angriffsspieler: bis 1995 VfR Heilbronn und ESV Heilbronn, 1995/96 TSF Ditzingen, 1996/97 VfB Stuttgart, 1997 Waldhof Mannheim, 1998 VfR Heilbronn, 1998/99 SSV Reutlingen, 2000/01 VfL Bochum, 2001–04 1. FC Kärnten, 2004 Arminia Bielefeld, 2005 Eintracht Trier, 2005/06 SpVgg Unterhaching; 32 Bundesligaspiele (8 Tore); 8 Länderspiele.

Marinho, Francisco das Chagas, brasilian. Abwehrspieler, *8. Februar 1952 Rio de Janeiro; 1970–77 Botafogo Rio de Janeiro, 1977–79 Fluminense Rio de Janeiro, 1979 Cosmos New York, 1980 Fort Lauderdale Strikers, 1981–88 Minas Gerais, América São Paulo, FC Bangu und Botafogo Rio de Janeiro; 36 Länderspiele (1973–77; 4 Tore); WM-Endrunde 1974; in Brasilien Fußballer des Jahres 1985.

»Markieren«, 1) Beschatten eines Gegners. – **2)** Vortäuschen einer Verletzung; unsportlich.

Marktwert, Lizenzfußball: augenblicklicher (Geld-)Wert, den ein Spieler auf dem Transfermarkt (Spielermarkt) verkörpert.

Marlet, Steve, frz. Angriffsspieler, *10. Januar 1974 Pithiviers; 1991–96 Red Star 93 St. Quen, 1996–2000 AJ Auxerre, 2000/01 Olympique Lyon, 2001–03 FC Fulham, 2003–05 Olympique Marseille, 2005/06 VfL Wolfsburg; 9 Bundesligaspiele; 23 Länderspiele (6 Tore); EM-Endrunde 2004 (nicht eingesetzt).

Marl-Hüls, VfR, Deutschland: → Hüls, VfB.

Marokko, ein Königreich in Nordwestafrika, 446 550 km², 31,689 Mio. Ew; Verband: Fédération Royale Marocaine de Football, Abk. FRMF, gegr. 1955, Sitz: Rabat; Mitglied der FIFA und der CAF seit 1959; Spielkleidung: Grün. – Erfolge: Afrikameister 1976. – INTERNET: www.frmf.ma

Márquez, Rafael, mexikan. Abwehrspieler, *13. Februar 1979 Zamora; 1996–99 Atlas Guadalajara, 1999–2003 AS Monaco, 2003–06 FC Barcelona; 57 Länderspiele (6 Tore); WM-Endrunde 2002.

Marschall, 1) Ferdinand, österr. Schiedsrichter, *19. Februar 1924 Wien; seit 1948 Schiedsrichter, seit 1953 1. Division, 1954–72 FIFA-Referee); WM-Endrunde 1970; EM-Endrunde 1972 (Finale); 13 Länderspiele; 23 Europapokalspiele. – **2)** Olaf, dt. Angriffsspieler, *19. März 1966 Torgau (Sachsen); bis 1978 BSG Chemie Torgau, 1978–90 1. FC Lokomotive Leipzig, 1990–93 Admira-Wacker Wien, 1993/94 1. FC Dynamo Dresden, 1994–2002 1. FC Kaiserslautern, 2002/03 Al-Ittihad (Katar); 135 (DDR-)Oberligaspiele (43 Tore); 4 Länderspiele für die DDR (1985–89); 176 Bundesligasspiele (60 Tore); 13 Länderspiele für Deutschland (1994–99; 3 Tore). – Später Teammanager: 2004–06 1. FC Kaiserslautern.

Marseille, Olympique (Olympique de Marseille), Frankreich, gegr. 1899 von Mitgliedern des aufgelösten Footballclube Marseille (seit 1932 Profifußball); Spielkleidung: Weiß-Blau/Weiß/Weiß; Stadion: Stade Vélodrome, 60 200 Plätze. Internationale

Erfolge: CL 1993. – INTERNET: www.olympiquedemarseille.com
Spieler (Auswahl): V. Agali – K. Allofs – M. Amoros – F. Barthez – J.-A. Bell – L. Ben Barek – L. Blanc – A. Boksic – B. Boli – E. Cantona – F. Celestini – D. Deschamps – D. Drogba – C. Dugarry – K. Förster – E. Francescoli – C. Gimenez – A. Giresse – G. Gress – Jairzinho – S. Keita – A. Köpke – F. Leboeuf – Y. Letchkov – C. Makelele – Marcelinho – S. Marlet – K. Nakata – F. Omam Biyik – G. Orth Wirth – J.-P. Papin – L. Paulo César – A. Pele – R. Pires – F. Ravanelli – Rui Barros – D. Six – J. Skoblar – D. Stojković – L. Témime – J. A. Tigana – M. Trésor – C. Ugi – R. Völler – C. Waddle – G. Weah – H. Yazalde. – **Trainer** (Auswahl): F. Beckenbauer (Teamchef) – J. Clemente – C. Coutinho – O. Glória – R. Goethals – M. Hidalgo – L. Leduc – P. Troussier.

Maslo, Uli, dt. Trainer, *6. Juli 1938 Wattenscheid; 1977/78 FC Schalke 04, 1979 Borussia Dortmund, 1979–83 Eintracht Braunschweig, 1983 Borussia Dortmund, 1986/87 Al-Nasr (Bahrain), 1994–97 FC St. Pauli.

> **U. Maslo**
> »Das Grundgesetz sagt: ›Die Würde des Menschen ist unantastbar‹. Nur für Trainer gilt das nicht.«

Masný, Marián, tschech. Angriffsspieler (Rechtsaußen), *13. August 1950 Rybany; 1965–67 TJ Rybany, 1967–69 TJ Banovce, 1970/71 Dukla Banská Bystrica, 1972–81 Slovan Bratislava, 1982/83 SC Neusiedl am See (Österreich), 1983–86 TJ ZTS Petržalka, 1986–89 Slovnaft Bratislava; 75 Länderspiele (1974–82; 19 Tore); WM-Endrunde 1982; EM-Endrunde 1976 (Europameister), 1980.

Masopust, Josef, tschech. Trainer, *9. Februar 1931 Most (dt. Brüx); war Mittelfeldspieler (Läufer); 1945–50 SK Most, 1950–52 ZSJ Technomat Teplice bzw. Sokol Ingstav Teplice, 1952–68 Dukla Prag, 1968–70 Racing White Molenbeek; 63 Länderspiele für die ČSSR (1954–66; 10 Tore); WM-Endrunde 1958, 1962; Europapokal der Nationen 1960; Europas Fußballer des Jahres 1962; in der ČSSR Fußballer des Jahres 1966. – Später Trainer: 1970–76 Dukla Prag, 1976–80 Zbrojovka Brno (LM 1978), 1980–83 KSC Hasselt (Belgien), 1984–87 ČSSR (Nationalmannschaft), 1990–92 TFK VTJ Teplice, 1992/93 FC Boby Brno (Manager), 1994/95 FK Děčin.

Josef Masopust

Máspoli, Roque Gastón, war uruguay. Trainer, *12. Oktober 1917, †23. Februar 2004 Montevideo; war Torhüter: 1938–40 Bella Vista und Cerro Porteño, 1940–55 Peñarol Montevideo, 1955–57 FC Liverpool; 44 Länderspiele (1945–55); WM-Endrunde 1950 (Weltmeister), 1954. – Später Trainer: 1959–66 Peñarol Montevideo, in Spanien, Paraguay und Peru, 1980–82 und 1996/97 Uruguay (Nationalmannschaft).

R. G. Máspoli: Erfolgsstationen (Auswahl)	
Peñarol Montevideo	LM 1960, 1961, 1962, 1964, 1965 Copa Libertadores de América 1960, 1961, 1966 Weltpokal 1961

»Masters« → Hallenfußball.
Match [engl.], der (Fußball-)Wettkampf.
»Matchstrafe« → »gelbe und rote Karte«.
Matellan, Anibal, argentin. Mittelfeldspieler, *8. Mai 1977 General Villegas; 1986–92 Eclipse General Villegas, 1992–2001 Boca Juniors Buenos Aires, 2001–04 FC Schalke 04, 2004/05 Boca Juniors Buenos Aires, 2005/06 FC Getafe; 43 Bundesligaspiele (1 Tor).
Mateut, Dorin, rumän. Angriffsspieler, *5. August 1965 Bogata Curtuius; 1979/80 CS Hunedoara, 1980–90 Dinamo Bukarest, 1990/91 Real Saragossa; 51 Länderspiele; WM-Endrunde 1990; in Rumänien Fußballer des Jahres 1988; Europas Torschützenkönig 1989 (43). – Später Trainer: 2004–06 Dinamo Bukarest (Trainerassistent).
Matoul, Hans-Bert, dt. Angriffsspieler, *2. Juni 1945 Langeln (Sachsen-Anhalt); bis 1965 BSG Traktor Langeln, 1965–71 BSG Chemie Leipzig, 1971–74 1. FC Lokomotive Leipzig; 158 Oberligaspiele (61 Tore); Oberliga-Torschützenkönig 1974 (20); 3 Länderspiele (1974; 1 Tor). – Später Trainer: 1980–84 BSG Einheit Wernigerode, 1984–89 BSG Chemie Markkleeberg, 1989/90 BSG Chemie bzw. FC Grün-Weiß Leipzig.
Mátrai, Sándor, ungar. Abwehrspieler, *20. Februar 1932; 1948–52 Orosháza, 1952–68 Budapesti Kinizsi bzw. Ferencvaros Budapest und VM Egyetértes SC; 80 Länderspiele (1956–67); WM-Endrunde 1958, 1962, 1966; Europapokal der Nationen 1964.
Mattersburg, SV (Spielvereinigung Mattersburg), Österreich (Burgenland), gegr. am 10. Juni 1922;

Spielkleidung: Grün/Weiß/Grün; Stadion: Pappelstadion, 17 000 Plätze. – INTERNET: www.svm.at **Spieler** (Auswahl): D. Kühbauer – T. Mandl. – **Trainer** (Auswahl): F. Leidl.

Matthäus, Lothar, dt. Trainer, * 21. März 1961 Erlangen (Bayern); war Mittelfeldspieler: 1979–84 Borussia Mönchengladbach, 1984–88 FC Bayern München, 1988–92 Inter Mailand, 1992–2000 FC Bayern München, 2000 NewYork/New Jersey MetroStars; 464 Bundesligasspiele (121 Tore); 150 Länderspiele (1980–2000; 23 Tore); WM-Endrunde 1982, 1986, 1990 (Weltmeister), 1994, 1998; EM-Endrunde 1980, 1984, 1988, 2000; Weltfußballer des Jahres 1990, 1991; Europas Fußballer des Jahres 1990; im DFB-Bereich Fußballer des Jahres 1990, in Deutschland Fußballer des Jahres 1999; Ehrenspielführer der dt. Nationalmannschaft. – Später Teamchef: 2001/02 Rapid Wien, 2002/03 Partizan Belgrad (LM 2003), 2004/05 Ungarn (Nationalmannschaft), 2006 Atlético Paranaense (Brasilien).

L. Matthäus
»Schiedsrichter kommt für mich nicht in Frage. Schon eher etwas, das mit Fußball zu tun hat.«

Lothar Matthäus

Matthews, Stanley, Sir (seit 1965), engl. Angriffsspieler (Rechtsaußen), * 1. Februar 1915 Hennley, † 23. Februar 2000 Newcastle-under-Lyme; 1930–47 Stoke City, 1947–61 FC Blackpool, 1961–65 Stoke City; 54 Länderspiele (1934–57); WM-Endrunde 1950, 1954; Europas Fußballer des Jahres 1956 (erster überhaupt); in England Fußballer des Jahres 1948, 1963. – Später Trainer: 1965–68 Port Vale (Stoke-on-Trent). 1965 wurde M. mit dem Titel CBE (Commander of the British Empire), 1987 mit der »Pierre de Coubertin Trophy« des Internationalen Olymp. Komitees (IOK) und 1992 mit dem FIFA-Orden in Gold geehrt.

»Matthews-Trick« [nach Sir S. Matthews] → Oberkörperfinte.

Maturana, Francisco, kolumbian. Tainer, * 15. Februar 1949 Quibdo; war Abwehrspieler: 1972–80 Nacional Medellin, 1981 Atlético Bucaramanga, 1982 Deportes Tolima; 50 Länderspiele. – Später Trainer: 1984–86 Nacional Medellin (Nachwuchs), 1986 Once Caldas, 1986/87 Cristal Caldas de Minizales, 1987–90 Nacional Medellin (Copa Libertadores de América 1989) und Kolumbien (Nationalmannschaft; WM-Endrunde 1990), 1990/91 Real Valladolid, 1992–93 América Cali, 1994 Atlético Madrid, 1995–98 Ekuador (Nationalmannschaft), 1998/99 Costa Rica (Nationalmannschaft), 1999/2000 Peru (Nationalmannschaft), 2001/02 Kolumbien (Nationalmannschaft), 2002 Al-Hilal (Saudi-Arabien), 2002/03 Kolumbien (Nationalmannschaft).

Mauer, Spielerkette zur Sicherung des eigenen Tores bei gegner. direkten oder indirekten Freistößen in Tornähe (etwa bis 30 m vom Tor weg); hierzu formieren sich bei der M.-Bildung die Spieler nach den Anweisungen des Torhüters in der Art, dass sie – dicht nebeneinander stehend – eine Seite des Tores verdecken. – Je nach Entfernung und Lage der Freistoßausführung (innen oder außen) besteht die M. aus 2 bis 6 Spielern (bei indirekten Freistößen unmittelbar vor dem Tor auch aus mehr Spielern). Die M.-Bildung (mindestens 9,15 m vom Ball entfernt) sollte rasch erfolgen und abgestimmt sein, während die übrigen Spieler die gegner. vorgeschobenen Angreifer genau zu markieren haben (Freistoßvarianten sind einzukalkulieren).

»Mauern«, übertriebenes Defensivspiel; insbesondere von spielerisch unterlegenen und auswärts schwachen Mannschaften praktiziert. Es wird ausschließlich Wert auf Torsicherung gelegt.

Mauhart, Beppo, österr. Funktionär, * 14. September 1933 Enns (Oberösterreich); 1984–2002 Präsident des Österr. Fußball-Bundes (ÖFB); Nachfolger : F. → Stickler.

»Mauke« → Fußballerjargon.

Maurer, Reiner, dt. Trainer, *16. Februar 1960 Mindelheim (Bayern); war Abwehrspieler: bis 1982 TSV Mindelheim, 1982/83 SpVgg Unterhaching, 1983/84 FC Bayern München, 1984/85 VfB Stuttgart, 1985/86 Karlsruher SC, 1986/87 Arminia Bielefeld, 1987–89 Old Boys Basel, 1989–95 TSV München 1860, 1995/96 FC Garmisch-Partenkirchen; 20 Bundesligaspiele. – Später Trainer: 1996/97 FC Garmisch-Partenkirchen (Spielertrainer), 1999 1. FC Miesbach, 1999–2001 FC Memmingen, 2001–06 TSV München 1860 (2001–03 Trainerassistent, 2003/04 Amateure, 2004/05 Cheftrainer).

Mauretanien, islam. Republik in Westafrika, 1 030 700 km², 2,913 Mio. Ew.; Verband: Fédération de Foot-Ball de la République Islamique de Mauritanie, Abk. FFM, gegr. 1961, Sitz: Nouakchott; Mitglied der FIFA seit 1964, der CAF seit 1968; Spielkleidung: Grün-Gelb/Gelb/Grün.

Mauritius, vulkan. Insel der Maskaren, im Ind. Ozean, und Republik im Commonwealth, 2040 km², 1,210 Mio. Ew.; Verband: Mauritius Football Association, Abk. MFA, gegr. 1952, Sitz: Port Louis; Mitglied der FIFA seit 1962, der CAF seit 1963; Spielkleidung: Rot.

Mauro Ramos, eigtl. »Mauro Ramos de Oliveira«, brasilian. Abwehrspieler (Libero), *30. August 1930 Poços de Caldas, †18. September 2002; 1947 Sanjoanense, 1948–59 FC São Paulo, 1960–66 FC Santos, 1967 CD Toluca (Mexiko), 1968 IFC Oruro (Mexiko); 30 Länderspiele (1949–65); WM-Endrunde 1954 (nicht eingesetzt), 1958 (Weltmeister [nicht eingesetzt]), 1962 (Weltmeister).

Mavros, Thomas, war griech. Angriffsspieler, *30. März 1954 Piräus; 1966–69 Panionios Athen, 1970–87 AEK Athen, 1988/89 Iraklis Saloniki; 36 Länderspiele (10 Tore); EM-Endrunde 1980.

Max, Martin, war dt. Angriffsspieler, *7. August 1968 Tarnowitz (poln. Tarnowskie); 1982–85 Post Recklinghausen, 1985–89 1. FC Recklinghausen, 1989–95 Borussia Mönchengladbach, 1995–99 FC Schalke 04, 1999–2003 TSV München 1860, 2003/04 FC Hansa Rostock; 396 Bundesligasspiele (126 Tore); Bundesliga-Torschützenkönig 2000 (19), 2002 (18, mit M. Amoroso); 1 Länderspiel (2002).

Mayen, TuS (Turn- und Rasensport Mayen), Deutschland (Rheinland-Pfalz), gegr. 1938; Spielkleidung: Weiß/Schwarz/Weiß; Stadion: Nettetalstadion, 5000 Plätze. – INTERNET: www.fussball vereintusmayen.de

Spieler (Auswahl): W. Schäfer.

Mayer-Vorfelder, Gerhard, ein dt. Funktionär; *3. März 1933 Mannheim; 1975–93 Präsident des

Gerhard Mayer-Vorfelder

VfB Stuttgart, 1992–2001 DFB-Vizepräsident, 2001-06 DFB-Präsident (Vorgänger: E. → Braun); seit 2000 Mitglied des UEFA- und seit 2002 (zuvor bereits 1992–98) des FIFA-Exekutivkomitees, 2001–06 Aufsichtsratsvorsitzender des WM-Organisationskomitees der Fußball-WM 2006 in Deutschland. (T. → Zwanziger)

Mayor League Soccer, USA: → NASL.

Mayrleb, Christian, österr. Angriffsspieler, *8. Juni 1971 Wels (Oberösterreich); 1993/94 SV Ried, 1994–96 Admira-Wacker Mödling, 1996/97 FC Wacker Tirol, 1998 Sheffield Wednesday, 1998–2002 Austria Wien, 2003–05 FC Superfund, 2005/06 RB Salzburg; in Österreich Torschützenkönig 2004 (22); 30 Länderspiele (seit 1998; 6 Tore).

Mazedonien, andere Schreibweise für → Makedonien.

Mazembe, TP (Tout Puissant Mazembe), Demokrat. Republik Kongo (Lubumbashi), gegr. 1933 als TP Engelbert; Spielkleidung: Grün/Weiß/Weiß; Stadion: Mazembe, 60 000 Plätze. – Internationale Erfolge: Afrikapokal der Landesmeister 1967, 1968, Afrikapokal der Pokalsieger 1980.

Mazurkiewicz, Ladislão, uruguay. Torhüter, *14. Dezember 1945 Montevideo; 1961–65 Racing Montevideo, 1965–70 Peñarol Montevideo, 1970–72 FC São Paulo, 1972–74 Atlético Mineiro Belo Horizonte, 1974/75 FC Granada, 1975–81 Peñarol Montevideo; 65 Länderspiele (1965–74); WM-Endrunde 1966, 1970, 1974.

Mazzola, 1) Alessandro (»Sandro«), italien. Angriffsspieler, *8. November 1942 Turin, Sohn von 3); 1952–77 Inter Mailand; 70 Länderspiele (1963–74; 22 Tore); WM-Endrunde 1966, 1970, 1974; Europameister 1968. – Später Trainer: 1978–84 Inter Mailand, 1985/86 Genua 1893. – **2)** eigtl. »José João Altafini«, (seit 1958 Mazzola), italien. Angriffsspieler (Mittelstürmer) brasilian. Abstammung, *24. Juli 1938 Piracicaba; 1954–56 XV de Novembro Piracicaba, 1956–58 Palmeiras

São Paulo, 1958–65 AC Mailand, 1965–72 AC bzw. SSC Neapel, 1972–76 Juventus Turin, 1976 FC Chiasso, 1980/81 Mendrisio Star (Schweiz); 11 Länderspiele für Brasilien (1957/58; 8 Tore); Weltmeister 1958. – Nach Erlangung der italien. Staatsbürgerschaft bestritt er seit 1961 6 Länderspiele für die »Squadra Azzurra« (5 Tore). – **3)** Valentino, italien. Angriffsspieler, *26. Januar 1919, †4. Mai 1949, Vater von 1); 1939–42 AC Venedig, 1942–49 AC Turin; 12 Länderspiele (seit 1942, 4 Tore); kam bei einem Flugzeugabsturz am Supergahügel (bei Turin) ums Leben (→»Fußballtragödien und Katastrophen«).

Mboma, Patrick, kamerun. Angriffsspieler, *15. November 1970 Douala; bis 1993 Stade de L'Est und Paris Saint-Germain, 1993/94 LB Châteauroux, 1994/95 FC Metz, 1996/97 Paris Saint-Germain, 1997/98 Gamba Osaka,1998–2000 Cagliari Calcio, 2000–02 AC Parma (2002 an den FC Sunderland ausgeliehen), 2002/03 AlIttihad (Tawurgha [Libyen]); 49 Länderspiele (seit 1995); WM-Endrunde 1998, 2002; Olympiasieger 2000; Afrikas Fußballer des Jahres 2000.

McCarthy, Benedict (»Benny«), südafrikan. Angriffsspieler, *12. November 1977 Kapstadt; 1996/97 Cape Town Spurs (Südafrika), 1997–99 Ajax Amsterdam, 1999–2001 Celta Vigo, 2001/02 FC Porto, 2002/03 Celta Vigo, 2003–06 FC Porto; 60 Länderspiele; WM-Endrunde 1998, 2002.

McCoist, Alistair Murdoch (»Ally«), schott. Angriffsspieler, *24. September 1962 Belshill; 1981/82 FC St. Johnstone, 1982/83 FC Sunderland, 1983–98 Glasgow Rangers, 1998/99 FC Kilmarnock; 43 Länderspiele (1986–96; 12 Tore); WM-Endrunde 1990; EM-Endrunde 1992, 1996; Europas Torschützenkönig 1992 (34), 1993 (34); in Schottland Fußballer des Jahres 1992.

McGrath, Paul, irischer Abwehrspieler, *4. Dezember 1959 Ealing; bis 1982 St. Patrick's FC, 1982–89 Manchester United, 1989–96 Aston Villa, 1996/97 Derby County, 1997/98 Sheffield United; 70 Länderspiele; WM-Endrunde 1990, 1994; EM-Endrunde 1988.

McIlroy, Samuel Baxter (»Sammy«), nordir. Mittelfeldspieler, *2. August 1954 Belfast; 1971–81 Manchester United, 1981–85 Stoke City, 1985/86 Manchester City (1986 an Örgryte IS ausgeliehen), 1987–90 VfB Mödling, 1990/91 FC Bury, 1991/92 Preston North End; 88 Länderspiele (5 Tore); WM-Endrunde 1982, 1986.

McInally, Alan, schott. Angriffsspieler, *10. Februar 1963 Ayr; 1980–85 Ayr United, 1985–87 Celtic Glasgow, 1987–89 Aston Villa, 1989–92 Bayern München, 1993/94 FC Dundee; 40 Bundesligaspiele (10 Tore); 9 Länderspiele; WM-Endrunde 1990.

McKenna, Kevin, kandad. Abwehrspieler, *21. Januar 1980 Calgary; bis 1998 Calgary Dinos, 1998–2001 FC Energie Cottbus, 2001–05 Heart of Midlothian, 2005/06 FC Energie Cottbus; 2 Bundesligaspiele; 27 Länderspiele.

McLeod, Murdo, war schott. Mittelfeldspieler, *24. September 1958 Glasgow; 1974/75 FC Dumbarton, 1975–87 Celtic Glasgow, 1987–90 Borussia Dortmund, 1990–92 Hibernian Edinburgh; 103 Bundesligaspiele (4 Tore); 20 Länderspiele; WM-Endrunde 1990.

> **M. McLeod**
> »Das war nur einen Meter davon entfernt, ein zentimetergenauer Pass zu sein.«

McStay, Paul Michael Lyons, schott. Angriffsspieler, *22. Oktober 1964; 1978–81 Celtic Boys Club, 1981–97 Celtic Glasgow; 60 Länderspiele (8 Tore); WM-Endrunde 1986, 1990; EM-Endrunde 1992; in Schottland Fußballer des Jahres 1988.

Meazza, Giuseppe, italien. Angriffsspieler, *23. August 1910 Mailand, †21. August 1979; 1927–39 Ambrosiana Mailand, 1939–42 AC Mailand, 1942/43 Juventus Turin, 1943/44 US Varese, 1945/46 Atalanta Bergamo, 1946/47 Inter Mailand; 53 Länderspiele (33 Tore); Weltmeister 1934, 1938. – Ihm zu Ehren wurde das Mailänder San-Siro-Stadion 1980 in →»Giuseppe Meazza« umbenannt.

Mechelen, KV (Koninklijke Voetbalklub Mechelen), Belgien, gegr. 1904 als FC Malinois, 1929–53 RFC Malinois, 1953–70 KFC Malinois, seitdem KV Mechelen; Spielkleidung: Gelb-Rot/Schwarz/Schwarz; Stadion: Achter de Kazerne, 13 847 Plätze. – Internationale Erfolge: EC II 1988.
Spieler (Auswahl): R. Hasenhüttl – E. Koeman – M. Preud'homme – S. Vermant – M. Wilmots. – **Trainer** (Auswahl): A. de Mos – R. Krol.

»Meckern«, ständiges bzw. wiederholtes Kritisieren der Schiedsrichterentscheidungen; äußert sich in Beschimpfungen bis hin zum Gebrauch unflätiger Äußerungen. Je nach Geduld des Schiedsrichters und Schwere der Anschuldigungen folgen Ermahnung, Verwarnung oder Feldverweis des Betreffenden.

Medellin, Kolumbien, **1) Independiente Medellin** (Corporación Deportiva Club Independiente Medellin), gegr. 1913 als Medellin FC, seit 1951 Independiente Medellin; Spielkleidung: Weiß/Rot/Rot; Stadion: Atanasio Girardot, 48 000 Plätze. – INTERNET: www.dim.com.co
Spieler (Auswahl): J. Morena – A. Valencia. – **Trainer** (Auswahl): J. Morena.

2) Nacional Medellin, eigtl. »Atlético Nacional« (Corporación Deportiva Club Atlético Nacional), Kolumbien, gegr. 1936 als Atlético Municipal, seit 1951 Nacional Medellin; Spielkleidung: Schwarz-Weiß/Weiß/Weiß; Stadion: Atanasio Girardot, 48 000 Plätze. – Internationale Erfolge: Copa Libertadores de América 1989. – INTERNET: www.atlnacional.com.co

Spieler (Auswahl): F. Asprilla – R. Higuita – F. Maturana – J. M. Morena – C. Valderrama. – **Trainer** (Auswahl): F. Maturana – J. M. Morena.

Meeraner SV (Meeraner Sport-Verein), Deutschland (Meerane [Sachsen]), gegr. 1907 als Meeraner SV 07 (1945 aufgelöst, 1946 neu gegr.), 1946–49 SG Meerane, 1949/50 BSG Einheit Meerane, 1950–90 BSG Fortschritt Meerane, seitdem Meeraner SV; DDR-Oberliga 1949–51, 1953–55; Spielkleidung: Blau; Stadion: Richard-Hofmann-Stadion, 8000 Plätze.

Spieler (Auswahl): R. Hofmann.

Mees, Victor, belg. Mittelfeldspieler, *26. Januar 1927 Antwerpen; Antwerp FC; 68 Länderspiele (1949–60); WM-Endrunde 1954; in Belgien Fußballer des Jahres 1956.

»Megastar«, kult. Bez. für einen »Star«, ein Super-»Superstar«.

Meghni, Mourad, frz. Mittelfeldspieler (alger. Vater, portugies. Mutter), *16. April 1984 Paris; 1997–2001 Clairefontaine (ein Talentodrom nahe Paris), 2001–2005 FC Bologna, 2005/06 FC Sochaux; 3 Länderspiele.

Mehlhorn, Ulf, dt. Abwehrspieler, *21 Juni 1968; bis 1981 BSG Esda Thalheim, 1981–95 FC Karl-Marx-Stadt bzw. Chemnitzer FC, 1995–97 Fortuna Düsseldorf, 1997/98 VfB Leipzig, 1999–2005 Chemnitzer FC; 81 (DDR-) Oberligaspiele (14 Tore); 57 Bundesligaspiele (2 Tore).

Meidericher SV, Deutschland: Vorläufer (bis 1967) des MSV Duisburg (→ Duisburg [3]).

Meier, 1) Alexander (»Alex«), dt. Mittelfeldspieler, *17. Januar 1983 Bucholz/Nordheide (Niedersachsen); 1988/89 JSG Rosengarten, 1878/90 TuS Nenndorf, 1990–95 TSV Buchholz 08, 1995–98 Hamburger SV, 1998/99 MSV Hamburg, 1999–2001 Hamburger SV, 2001–03 FC St. Pauli, 2003/04 Hamburger SV, 2004–06 Eintracht Frankfurt; 20 Bundesligaspiele (4 Tore). – **2)** Bernd, dt. Torhüter, *11. Februar 1972 Rain (Lech), Bayern; bis 1991 TSV Burgheim, 1991 TSV Rain, 1991–93 TSV Aindling, 1993–99 TSV München 1860, 1999–2002 Borussia Mönchengladbach, 2002–05 LR Ahlen, 2005/06 Borussia Dortmund; 94 Bundesligaspiele. – **3)** Eugen, schweizer. Angriffsspieler, *30. April 1930; 1952–62 Young Boys Bern; in der Schweiz Torschützenkönig 1953 (32) und 1959 (24); 42 Länderspiele (1953–62); WM-Endrunde 1954, 1962. – **4)** Norbert, dt. Trainer, *20. September 1958 Reinbek (Schleswig-Holstein); war Mittelfeldspieler: 1964–70 TSV Reinbek, 1970/71 Voran Ohe Hamburg, 1971–75 VfL Lohbrücke, 1975–77 FC St. Pauli, 1977–80 ASV Bergedorf 85, 1980–89 SV Werder Bremen, 1990–92 Borussia Mönchengladbach; 292 Bundesligaspiele (68 Tore); 16 Länderspiele (1982–85; 2 Tore); EM-Endrunde 1984. – Später Trainer: 1992–2001 Borussia Mönchengladbach (1992–96 Jugend, 1996–2001 Amateure [1997/98 Cheftrainer]), 2001/02 Bayer 04 Leverkusen (Jugend), 2003–05 MSV Duisburg. – **5)** Urs, schweizer. Schiedrichter, *22. Januar 1959 Zürich, seit 1977 Schiedsrichter, seit 1991 Nationalliga A bzw. Super League; 1994–2004 FIFA-Schiedsrichter, leitetete 17 Champoions-League-Spiele; WM-Endrunde 1998, 2002; EM-Endrunde 2000, 2004.

U. Meier
»Wenn man Schiedsrichter ist, hat man die beste Schule des Lebens.«

Meijer, Erik, niederländ. Angriffsspieler, *2. August 1969 Meerssen; bis 1987 SV Meerssen und MVV Maastricht, 1987–89 Fortuna Sittart, 1989 Antwerp FC, 1990 VV Eindhoven, 1990/91 Fortuna Sittart, 1991–93 MVV Maastrich, 1993–95 PSV Eindhoven, 1995/96 Bayer 05 Uerdingen bzw. KFC Uerdingen 05, 1996–99 Bayer 04 Leverkusen, 1999/2000 FC Liverpool, 2000–03 Hamburger SV, 2003–06 Alemannia Aachen; 174 Bundesligaspiele (38 Tore); 1 Länderspiel (1993).

Meinert, Maren, dt. Trainerin, *5. August 1973 Duisburg; war Angriffsspielerin: bis 1986 SW Schwafheim, 1986–2001 FC Rumeln-Kaldenhausen bzw. FCR 1955 Duisburg, 2001–03 Boston Breakers; 92 Länderspiele (1991–2003; 29 Tore); WM-Endrunde 1995, 1999, 2003 (Weltmeisterin); Europameisterin 1995, 1997, 2001; olymp. Fußballturnier 2000. – Später Trainerin: 2005/06 DFB (U 19, U 20, Nationalmannschaft [Trainerassistentin]).

Meira, Fernando José, portugies. Abwehrspieler, *5. Juni 1978 Guimarães; 1995–98 Vitória Guimarães, 1998/99 FC Felgueiras, 1999/2000 Vitória Guimarães, 2000/01 Benfica Lissabon, 2001–06 VfB Stuttgart; 108 Bundesligaspiele (5 Tore) ; 24 Länderspiele; olymp. Fußballturnier 2004.

Hugo Meisl

Meisl, Hugo, österr. Funktionär, *16. November 1881 Moleschau (Mähren), †17. Februar 1937 ebd.; initiierte 1927 den → Mitropapokal; betreute als Verbandskapitän (1914–37) das → »Wunderteam« (1931/32).

Meißner, Silvio, dt. Mittelfeldspieler, *19. Januar 1973 Halle (Saale); bis 1992 BSG Post Halle und SV Merseburg 99, 1992/93 Hallescher FC, 1993–96 Chemnitzer FC, 1996–2000 Arminia Bielefeld, 2000–06 VfB Stuttgart; 227 Bundesligaspiele (35 Tore).

»Meisterpokal«, umgangssprachlich für den → Europapokal der Landesmeister bzw. seit 1992/93 die → Champions League.

Meisterschaft, vom jeweiligen Landesverband bzw. von internationalen Föderationen (z. B. DFB, UEFA, FIFA) – regelmäßig – ausgeschriebene Bestenermittlung. Nach einem territorialen Geltungsbereich unterscheidet man z. B. Landes-, Europa- und Weltmeisterschaft.

Meisterschaft
Championship [engl.]
Championat [frz.]
Campeonato [span., portugies.]
Campionato [italien.]

Meisterschaftsspiele, svw. → Punktspiele.

Melbourne, Australien: → South Melbourne, FC.

Memmingen, FC (Fußballclub Memmingen), Deutschland (Bayern), gegr. 1907; Spielkleidung: Rot; Stadion: Städt. Stadion Bodenseestraße, 15 000 Plätze. – INTERNET: www.fc-memmingen.de
Spieler (Auswahl): F. Wiblishauser. – **Trainer** (Auswahl): R. Maurer.

Mendieta, Gaizka Zabala, span. Mittelfeldspieler, *27. März 1974 Bilbao; 1991/92 CD Castellon, 1992–2001 CF Valencia, 2001/02 Lazio Rom, 2002/03 FC Barcelona, 2003–06 FC Middlesbrough; 32 Länderspiele; WM-Endrunde 2002; EM-Endrunde 2000.

Meniskusverletzung → Sportmedizin/Sportverletzungen.

Menotti, César Luis, argentin. Trainer, *5. November 1938 Rosario; war Mittelfeldspieler (Läufer): bis 1956 Union América Fisherton, 1956–64 Rosario Central, 1964–67 Racing Club Buenos Aires, 1967 Boca Juniors Buenos Aires, 1968 New York Giants, 1968/69 FC Santos, 1969/70 Juventus São Paulo; 6 Länderspiele (1962/63). – Später Trainer: 1970/71 Newell's Old Boys, 1971–74 Huracán Buenos Aires (LM 1973), 1974–82 Argentinien (Nationalmannschaft; Weltmeister 1978, WM-Endrunde 1982), 1983/84 FC Barcelona, 1987 Boca Juniors Buenos Aires, 1987/88 Atlético Madrid, 1988–90 River Plate Buenos Aires, 1990/91 Peñarol Montevideo, 1991/92 Mexiko (Nationalmannschaft), 1993/94 Boca Juniors Buenos Aires, 1996/97 Independiente Buenos Aires, 1997 Sampdoria Genua, 1998/99 Independiente Buenos Aires, 2002 Newell's Old Boys, 2005 Independiente Buenos Aires.

Cesar Luis Menotti

C. L. Menotti
»Fußball hat dieselbe Funktion in der Gesellschaft wie andere Ausdrucksformen der Kunst: ein guter Film, ein gutes Bild.«

Meola, Anthony (»Tony«), UA-amerikan. Torhüter, *21. Februar 1969 Belleville (Illinois); bis 1987 Oceanside SC, 1987–90 Kearny High School (University of Virginia), 1990/91 FC Watford, 1991–95 USA (Nationalmannschaft), 1995/96 Long Island Rough Riders, 1996–98 New York/New Jersey MetroStars, 1999–2004 Kansas City Wizards; 70 Länderspiele; WM-Endrunde 1990, 1994, 2002; in den USA Fußballer des Jahres 1989.

Meppen, SV (Sportverein Meppen von 1912), Deutschland (Niedersachsen), gegr. am 29. November 1912 als SV Amisia Meppen, 1920 Fusion mit TV Meppen zu TuS Meppen, 1921 Ausgliederung der Fußballabteilung und Neugründung als SV Meppen; Zweite Bundesliga 1987–98; Spielkleidung: Blau; Heimstadion: Emslandstadion, 15 600 Plätze. – INTERNET: www.svmeppen.de
Spieler (Auswahl): P. Caligiuri – M. Prus – D. Stendel – F. Zandi. – **Trainer** (Auswahl): H. Ehrmantraut – W. Rolff – M. Votava.

Mercer, Joseph (»Joe«), engl. Mittelfeldspieler (Läufer), *9. September 1914 Ellesmere Port, †17. August 1990; 1929–46 FC Everton, 1946–53 FC Arsenal; 5 Länderspiele (1938/39; 1 Tor). –

Später Trainer: 1955–58 Sheffield United, 1958–64 Aston Villa, 1965–71 Manchester City.

Meredith, William, walis. Angriffsspieler, *28. Juli 1877 Chirk, †1950; bis 1893 Chirk AAA, 1893/94 Northwich Victoria, 1894–1906 Manchester City, 1906–20 Manchester United, 1920–23 Manchester City; 48 Länderspiele (1895–1920).

Merk, Markus, dt. Schiedsrichter (Otterbach), Dr. (Zahnarzt), *15. März 1962 Kaiserslautern; seit 1984 Schiedsrichter, seit 1985 Zweite Bundesliga (76 Spiele), seit 1988 Bundesliga (274 Spiele), seit 1992 FIFA-Referee; 40 Länderspiele; WM-Endrunde 2002; EM-Endrunde 2000, 2004 (Finale); olymp. Fußballturnier 1992; 62 Europapokalspiele (EC II-Finale 1997, CL-Finale 2003); DFB-Pokalfinale 1993; DFB-Schiedsrichter des Jahres 1995, 1996, 2000, 2003, 2004; Weltschiedsrichter des Jahres 2004, 2005.

M. Merk
»Elfmeter ist nicht das, was man von der Tribüne aus sieht. Elfmeter ist das, was ich auf dem Platz sehe.«

Markus Merk

Merkel, Max, österr. Trainer, *7. Dezember 1918 Wien; war Mittelfeldspieler (Läufer): 1933–37 Rapid Wien, 1937–42 Wiener SC, 1942–45 LSV Markersdorf, 1945/46 Wiener SC, 1946–54 Rapid Wien; jeweils 1 Länderspiel für Deutschland (1939, nach Annexion Österreichs) und Österreich (1952). – Später Trainer: 1954/55 HBS Den Haag, 1955/56 Niederlande (Nationalmannschaft), 1956–58 Rapid Wien, 1958–61 Borussia Dortmund, 1961–66 TSV München 1860, 1967–69 1. FC Nürnberg, 1969–71 FC Sevilla, 1971–73 Atlético Madrid, 1974/75 TSV München 1860, 1975/76 Schalke 04, 1976/77 FC Augsburg, 1977/78 ÖFB (Techn. Berater), 1981/82 Karlsruher SC. – 1973/74 Präsident des Bundes Österr. Fußball-Lehrer (→ BÖFL).

Max Merkel

M. Merkel: Erfolgsstationen (Auswahl)	
Rapid Wien	LM 1957
TSV München 1860	LM 1966
	PS 1964
1. FC Nürnberg	LM 1968
Atlético Madrid	LM 1973
	PS 1972

Mermans, Joseph (»Jeff«), belg. Angriffsspieler, *16. Februar 1922 Antwerpen, †20. Januar 1996; 1945–57 RSC Anderlecht, 1957–62 Olse Merksem; 56 Länderspiele (1945–56; 23 Tore); WM-Endrunde 1954.

Merseburg 99, SV (Sportverein Merseburg 1899), Deutschland (Sachsen-Anhalt), gegr. am 23. August 1899 als SV Merseburg 99 (1945 aufgelöst und neu gegr.), 1945–48 SG Merseburg Nord, 1948–90 BSG Chemie Buna Schkopau, 1990/91 SV Buna Schkopau, seit 1991 SV Merseburg 99; Oberliga 1981/82; Spielkleidung: Weiß/Grün/Grün; Stadion: Stadtstadion Merseburg, 12 000 Plätze. – INTERNET: www.svmerseburg99.de
Spieler (Auswahl): S. Meißner. – **Trainer** (Auswahl): R. Lisiewicz.

Mertesacker, Per, dt. Abwehrspieler, *29. September 1984 Hannover; bis 1995 TSV Pattensen, 1995–2006 Hannover 96; 59 Bundesligaspiele (3 Tore); 18 Länderspiel (seit 2004; 1 Tor).

Meschi, Michail, georg. Angriffsspieler (Außenstürmer), *12. Januar 1937, †12. Juli 1991; 1954–69 Dynamo Tiflis, 1970 Lokomotive Tiflis; 35 Länderspiele für die UdSSR (4 Tore); WM-Endrunde 1962; Europapokal der Nationen 1960 (Sieger).

Christoph Metzelder

Messepokal, Kurz-Bez. für den → Internationalen Messepokal.

Messi, Lionel, argentin. Angriffsspieler (seit 2005 auch span. Staatsangehörigkeit), * 24. Juni 1987 Rosario; 2000–06 FC Barcelona; 2 Länderspiele (seit 2005); U 20-Weltmeister 2005.

Messina, FC (Football Club Messina), Italien, gegr. 1901; Spielkleidung: Orange; Stadion: Stadio »Giovanni Celeste«, 12 000 Plätze. – INTERNET: www.fcmessina.it

Spieler (Auswahl): S. Schillaci. – **Trainer** (Auswahl): Z. Zeman.

Mészöly, Kálmán, ungar. Trainer, * 16. Juli 1941 Budapest; war Abwehrspieler (Libero): 1955/60 III. Bezirk Budapest, 1960–72 Vasas Budapest; 61 Länderspiele (1961–71); WM-Endrunde 1962, 1966; Europapokal der Nationen 1964. – Später Trainer: 1980–83 und 1991 Ungarn (Nationalmannschaft; WM-Endrunde 1982).

Metreweli, Slawa, russ. Angriffsspieler (Außenstürmer), * 30. Mai 1936 Sotschi, † Januar 1998; 1952–55 Dynamo Sotschi, 1955/56 Torpedo Gorki, 1956–62 Torpedo Moskau, 1962–72 Dynamo Tiflis; 48 Länderspiele für die UdSSR (1958–70, 12 Tore); WM-Endrunde 1962, 1966, 1970 (nicht eingesetzt); Europapokal der Nationen 1960 (Sieger).

»MetroStars«, USA: → New York [2].

Metz, FC (Football Club de Metz), Frankreich, gegr. 1932, aufgelöst 1934 wegen Fusion mit CA Messin Metz und AS Metz zu Club des Sports Metz, 1936 Beendigung der Fusion und Zurückbenennung in FC Metz, 1940–44 FV Metz, seitdem wieder FC Metz; Spielkleidung: Rot/Weiß/Rot; Stadion: Saint-Symphorien, 26 304 Plätze. – INTERNET: www.fcmetz.com

Spieler (Auswahl): S. E. Adebayor – A. Baffoe – P. Battiston – R. Edström – H. Kasperczak – P. Mboma – R. Pires – F. Remetter – D. Six – R. Song – J. Strasser – W. Suurbier. – **Trainer** (Auswahl): G. Gress – H. Kasperczak.

Metzelder, Christoph, dt. Abwehrspieler, * 5. November 1980 Haltern (Nordrhein-Westfalen); 1986–94 TuS Haltern, 1994–96 FC Schalke 04, 1996–2000 Preußen Münster, 2000–06 Borussia Dortmund; 96 Bundesligaspiele (2 Tore); 17 Länderspiele (seit 2001); WM-Endrunde 2002. – Sein Bruder **Malte M.** (* 1982) ist ebenfalls Abwehrspieler: bis 1998 TuS Haltern und SpVgg Erkenschwick, 1998–2003 Preußen Münster, 2003–05 Borussia Dortmund, 2005/06 VfR Aalen; 9 Bundesligaspiele.

Meuselwitz, ZFC (Zipsendorfer Fußballclub Meuselwitz), Deutschland (Thüringen), gegr. 1919 als Aktivist Zipsendorf, 1956–76 BSG Aktivist Zipsendorf, 1976–91 BSG Aktivist Meuselwitz, 1991 Ausgliederung der Fußballabteilung als ZFC Meuselwitz; Spielkleidung: Weiß–Rot/Rot/Rot; Stadion: Bluechip-Arena, 8000 Plätze. – INTERNET: www.zfc-m.de

Trainer (Auswahl): D. Halata – K. Schaller.

»mexikanische Welle«, die → »La Ola«.

Mexiko, Staat in Mittelamerika, 1,973 Mio. km², 104,908 Mio. Ew.; Verband: Federación Mexicana de Fútbol, Abk. FMF, gegr. 1927, Sitz: Mexiko City; Mitglied der FIFA seit 1929, der CONCACAF seit 1961; Spielkleidung: Grün/Weiß/Rot. – Erfolge: CONCACAF-Meister 1977, 1993, 1996, 1998, 2003, Confederations Cup 1999. – INTERNET: www.femexfut.org.mx

Mexiko City, Mexiko, **1) CD Cruz Azul** (Club Deportivo Cruz Azul), gegr. 1927; Spielkleidung: Rot-Weiß/Rot/Rot-Weiß; Stadion: Azul, 39 000 Plätze. – Internationale Erfolge: CONCACAF-Pokal der Landesmeister 1969, 1971, 1996, 1997. – INTERNET: www.cruz-azul.com

Spieler (Auswahl): K. Bwalya – M. Camoranese – J. S. Cardozo – G. Peña. – **Trainer** (Auswahl): D. Sekularac.

2) CF América (Club de Futbol América), entstand 1916 durch Fusion von Record FC und Colon FC; Spielkleidung: Gelb-Blau/Gelb/Gelb; Stadion: → Aztekenstadion. – INTERNET: www.esmas.com/clubamerica

Spieler (Auswahl): C. Blanco – K. Bwalya – M. Gaudino – C. J. López – F. Omam Biyik – H. M. und O. Sánchez – Vavá – I. Zamorano. – **Trainer** (Auswahl): L. Beenhakker – M. Bielsa – P. R. Falcão – R. A. La Volpe. – V. Luxemburgo – D. Sekularac.

3) **UNAM »Los Pumas«** (Universidad Nacional Autonoma de México »Los Pumas«), gegr. 1954; Spielkleidung: Rot/Weiß/Rot; Stadion: Olimpico Universitario, 72449 Plätze. – Internationale Erfolge: CONCACAF-Pokal der Landesmeister 1980, 1982, 1989. – INTERNET: www.puma.unam.mx

Spieler (Auswahl): J. Campos – V. Milutinović – H. Sánchez. – **Trainer** (Auswahl): V. Milutinović – H. Sánchez.

»Mexiko-Hilfe«, 1986 anlässlich der WM-Endrunde vom damaligen Delegationsleiter der bundesdt. Nationalmannschaft E. → Braun ins Leben gerufenes Hilfswerk. Es betreut u. a. in Querétaro regelmäßig ein Kinderheim mit bis zu 100 Kindern (»Casa de Cuna«) und ein Mutter-Kinder-Heim (»Hoger Vicentino«). In den Stadtrandgebieten von Guadalajara und Querétaro unterstützt die »M.-H.« Projekte von Straßenkindern, bei denen die Sozialisation und die Bildungsarbeit im Mittelpunkt stehen.

Meyer, 1) Florian, dt. Schiedsrichter (Burgdorf [Niedersachsen]), *21. November 1968 Braunschweig; seit 1996 Schiedsrichter, seit 1997 Zweite Bundesliga (67 Spiele), seit 1999 Bundesliga (96 Spiele); seit 2002 FIFA-Referee; 10 Europapokalspiele; DFB-Pokalfinale 2005. – **2)** Hans, dt. Trainer, *3. November 1942 Briesen (heute: Warbrzezno [Polen]); war Abwehrspieler: 1956–63 BSG Motor Dietlas (Thüringen) und BSG Motor Suhl, 1963–70 SC Motor bzw. FC Carl Zeiss Jena; 30 Oberligaspiele (1 Tor). – Später Trainer: 1970–83 FC Carl Zeiss Jena (1970/71 Trainerassistent, 1971–83 Cheftrainer; PS 1972, 1974, 1980), 1984–87 FC Rot-Weiß Erfurt, 1988–93 FC Karl-Marx-Stadt bzw. Chemnitzer FC, 1993/94 FC Carl Zeiss Jena, 1995 1. FC Union Berlin, 1996–99 FC Twente, 1999–2003 Borussia Mönchengladbach, 2004 Hertha BSC, 2005/06 1. FC Nürnberg.

Hans Meyer

H. Meyer
»Meyer ist kein Name, sondern ein Sammelbegriff.«

Meyrin, FC, eigtl. »Meyrin FC« (Meyrin Football Club Chiasso), Schweiz (Kt. Genf), gegr. 1914; Spielkleidung: Gelb/Schwarz/Gelb; Stadion: Stade de Vaudagne, 3000 Plätze. – INTERNET: www.fcmeyrin.ch

Spieler (Auswahl): P. Müller.

Mezey, György, ungar. Trainer, *7. September 1941; 1980–86 Ungarn (Nationalmannschaft; 1980–83 Trainerassistent, 1983–86 Cheftrainer; WM-Endrunde 1986), 1987/88 Kuwait (Nationalmannschaft).

MFA, 1) Abk. für **M**acau **F**ootball **A**ssociation, den Fußballverband von → Macao. – **2)** Abk. für **M**alta **F**ootball **A**ssociation, den Fußballverband von → Malta. – **3)** Abk. für **M**auritius **F**ootball **A**ssociation, den Fußballverband von → Mauritius. – **4)** Abk. für **M**ontserrat **F**ootball **A**ssociation, den Fußballverband von → Montserrat.

MFF, Abk. für **M**yanmar **F**ootball **F**ederation, den Fußballverband von → Birma.

Michailitschenko, Ukraine: andere Schreibweise für → Mikhailichenko ...

Michalke, Kai, dt. Mittelfeldspieler, *5. April 1976 Bochum; bis 1988 SG Werne 06/19, 1988–99 VfLBochum, 1999–2001 Hertha BSC, 2001–03 1. FC Nürnberg, 2003–05 Alemannia Aachen, 2005 MSV Duisburg; insgesamt 155 Bundesligaspiele (18 Tore).

Michel, 1) Henri, frz. Trainer, *29. Oktober 1947 Aix-en-Provence; war Abwehrspieler: 1957–66 Aix-en-Provence UC, 1966–82 FC Nantes; 58 Länderspiele (1967–80); WM-Endrunde 1978; in Frankreich Fußballer des Jahres 1973. – Später Trainer: 1983–88 Frankreich (1983/84 Olympiaauswahl [Olympiasieger 1984], 1984–87 Nationalmannschaft; WM-Endrunde 1986), 1987/88 Marokko (Nationalmannschft; WM-Endrunde 1988), 1988–90 Frz. Fußballverband (Techn. Direktor), 1990–92 Paris Saint-Germain, 1993/94 Kamerun (Nationalmannschaft; WM-Endrunde 1994), 1997/98 Marokko (Nationalmannschaft; WM-Endrunde 1998), 2001 Aris Saloniki, 2001/02 Tunesien (Nationalmannschaft; WM-Endrunde

2002), 2004 Georgien (Nationalmannschaft), 2004–06 Elfenbeinküste (Nationalmannschaft). – **2)** Lubos, slowak. Schiedsrichter, *16. Mai 1968 Stropkov; Schiedsrichter seit 1987, internationale Einsätze seit 1994; WM-Endrunde 2002, EM-Endrunde 2004, olymp. Fußballturnier 2000, U 16-EM 1995, U 17-EM 1997, U 21-EM 1998; Confederations-Cup-Finale 2005; über 90 internationale Spiele (u.a. UEFA-Pokal-Finale 2003). – **3)** Miguel José Gonzales, span. Mittelfeldspieler, *23. März 1963 Madrid, Sohn von →Amancio; 1979–81 Real Madrid, 1981–84 Castilla CF Madrid, 1984–93 Real Madrid, 1996/97 Atlético Celaya (Mexiko); 63 Länderspiele (22 Tore); WM-Endrunde 1990; EM-Endrunde 1988; in Spanien Fußballer des Jahres 1988, 1993.

Michels, Marinus (»Rinus«), eigtl. »Marinus Jacobus Hendricus Michels«, niederländ. Trainer, *9. Februar 1928 Amsterdam, †3. März 2005 Aalst (Belgien); war Angriffsspieler: 1946–58 Ajax Amsterdam; 5 Länderspiele (1950–54). – Später Trainer: 1960–64 JOS Amsterdam, 1964–71 Ajax Amsterdam (1964/65 Amateure, 1965–71 Cheftrainer), 1971–75 FC Barcelona (in Personalunion 1974 Niederlande [Nationalmannschaft; WM-Endrunde 1974]), 1975/76 Ajax Amsterdam (Techn. Direktor), 1976–78 FC Barcelona, 1978–80 Los Angeles Aztecs, 1980–83 1. FC Köln, 1984–88 Niederlande (Nationalmannschaft; 1984–86 Techn. Direktor, 1986–88 Cheftrainer), 1988/89 Bayer 04 Leverkusen, 1990–92 Niederlande (Nationalmannschaft; EM-Endrunde 1992), 1992–2004 Stellvertretender Vorsitzender der UEFA-Kommission für techn. Entwicklung. – 1999 zum FIFA-Trainer des Jahrhunderts gewählt.

»Rinus« Michels

»Rinus« Michels: Erfolgsstationen (Auswahl)

Ajax Amsterdam	LM 1966, 1967, 1968, 1970
	PS 1967, 1970, 1971
	EC I 1971
FC Barcelona	LM 1974
	PS 1978
1. FC Köln	PS 1983
Niederlande	Europameister 1988

Micoud, Johan, frz. Mittelfeldspieler, *24. Juli 1973 Cannes; 1983–96 AS Cannes, 1996–2000 Girondins Bordeaux, 2000–02 AC Parma, 2002–06 SV Werder Bremen; 107 Bundesligaspiele (25 Tore); 19 Länderspiele (seit 1999; 1 Tor); WM-Endrunde 2002; Europameister 2000.

Middendorp, Ernst, dt. Trainer, *28. Oktober 1958 Freren (Niedersachsen); 1985–87 VfB Alstätte, 1987/88 Eintracht Nordhorn, 1988–90 Arminia Bielefeld, 1990–92 VfB Rheine, 1992–94 FC Gütersloh, 1994–98 Arminia Bielefeld, 1999 KFC Uerdingen 05 und VfL Bochum, 2000/01 Ashanti Kotoko Kumasi, 2002/03 FC Augsburg, 2004 Tracktorsasi Täbris (Iran), 2005/06 Kaizer Chiefs.

Middlesbrough, FC, eigtl. »Middlesbrough FC« (Middlesbrough Football Club), England, gegr. 1876; Spielkleidung: Weiß; Stadion: Cellnet Riverside St., 35 000 Plätze. – 2000 wurde auf dem Stadiongelände eine Statue des früheren Spielers G. →Hardwick eingeweiht. – INTERNET: www.mfc.co.uk

Spieler (Auswahl): S. Bloomer – A. Boksic – C. I. Branco – B. Clough – J.-A. Fjørtoft – P. Gascoigne – G. Hardwick –Juninho – G. Z. Mendieta – E. Pogatetz – F. Ravanelli – M. Schwarzer – G. Souness – N. Stiles – M. Viduka – F. P. Wilson – B. Zenden – C. Ziege. – **Trainer** (Auswahl): J. Charlton – B. Robson.

Midtjylland, FC (Football Club Midtjylland), Dänemark (Herning), entstand 1999 durch Fusion von BK Fremad Herning (gegr. 1918) und Ikast fS (gegr. 1935); Spielkleidung: Rot/Schwarz/Schwarz; Stadion: Herning-Stadion,15 000 Plätze. – INTERNET: www.fc-mj.dk

Spieler (Auswahl): M. Zidan.

Mijatovic, Predrag, serb. Angriffsspieler; *19. Januar 1969 Podgorica (früher: Titograd [Montenegro]); 1987/88 Partizan Belgrad, 1988/89 Buducnost Titograd, 1989–93 Partizan Belgrad, 1993–96 CF Valencia, 1996–99 Real Madrid, 1999–2002 Florentia Viola, 2002/03 UD Levante; 73 Länderspiele für Jugoslawien; WM-Endrunde 1998; EM-Endrunde 2000.

Mikhailichenko, Alexei (russisch **Michailitschenko,** Alexander), ukrain. Trainer, *30. April 1963 Kiew; war Mittelfeldspieler: 1973–90 (bis 1980 Kinderfußballschule) Dynamo Kiew, 1990/91 Sampdoria Genua, 1992/93 Glasgow Rangers; 42 Länderspiele für die UdSSR bzw. GUS (1987–92; 9 Tore); EM-Endrunde 1988, 1992; Olympiasieger 1988; in der UdSSR Fußballer des Jahres 1988. – Später Trainer: 2002–04 Dynamo Kiew (LM und PS 2003), 2004–06 Ukraine (U 21).

Milan, Italien: →Mailand ...

Milburn, John Edward Thompson (»Jackie«), engl. Angriffsspieler, *11. Mai 1924, † 8. Oktober 1988; 1938–43 FC Ashington, 1943–57 Newcastle United, 1957–60 FC Lienfield (Spielertrainer), 1960–62 FC Yiewsley (zu London); 13 Länderspiele (1948–55; 10 Tore); WM-Endrunde 1950; in Nordirland Fußballer des Jahres 1958. – M.s Neffen sind die beiden Brüder J. und R. → Charlton.

Miljanić, Miljan, makedon. Trainer, *4. Mai 1930 Bitola; war Mittelfeldspieler (Läufer): 1946–64 Roter Stern Belgrad. – Später Trainer: 1964–74 Roter Stern Belgrad (LM 1968, 1969, 1970, 1973, PS 1968, 1970, 1971), 1965–70 Jugoslaw. Fußballverband (Auswahlkommission), 1974 Jugoslawien (Nationalmannschaft; WM-Endrunde 1974), 1974–77 Real Madrid, 1979–82 Jugoslawien (Nationalmannschaft; WM-Endrunde 1982), 1982/83 CF Valencia, 1984–86 (Techn. Direktor) und 1986–90 (Chefverbandstrainer) des Jugoslaw. Fußballverbandes.

Mill, Frank, dt. Angriffsspieler (Mittelstürmer), *23. Juli 1958 Essen; 1966–73 Eintracht Essen, 1973–81 Rot-Weiss Essen, 1981–86 Borussia Mönchengladbach, 1986–94 Borussia Dortmund, 1994–96 Fortuna Düsseldorf; 387 Bundesligaspiele (123 Tore); Zweitliga-Torschützenkönig (Liga Nord) 1981 (40); 17 Länderspiele (1982–90); WM-Endrunde 1986 (nicht eingesetzt), 1990 (nicht eingesetzt); EM-Endrunde 1988; olymp. Fußballturnier 1984, 1988.

Milla, Roger, kamerun. Angriffsspieler, *25. Mai 1952 Yaoundé; bis 1972 SC L'Eclair, 1972–74 Hafia FC Conakry, 1974–78 Tonnere Yaoundé, 1978–80 US Valenciennes, 1980/81 AS Monaco, 1981–85 SEC Bastia, 1985/86 AS St.-Étienne, 1986–88 Montpellier Pallaide SC, 1988–91 FC Toulon, 1991–93 Tonnere Yaoundé; 79 Länderspiele (1968–94); WM-Endrunde 1982, 1990, 1994; Afrikas Fußballer des Jahres 1976, 1990.

Millenium Stadium, Cardiff (Wales), eingeweiht 1999 (schließbares Stadiondach), 72 000 Plätze; seit Abriss des → Wembleystadions von 2001 bis 2005 Austragungsstätte des Finales um den FA Cup und des Spiels um den Community Shield.

Millwall, FC, England: → London [6].

Milton Keynes Dons, FC, eigtl. »Milton Keynes Dons FC« (Milton Keynes Dons Football Club), England (Milton Keynes), hervorgegangen aus dem 1889 gegründeten und 2004 nach Milton Keynes umgezogenen FC Wimbledon (→ London [8]), seitdem Milton Keynes Dons FC; Spielkleidung: Gelb/Schwarz/Gelb; Stadion: National Hockey Stadium, 26 297 Plätze. – INTERNET: www.mkdons.premiumtv.co.uk

Milutinović, 1) Miloš (»Milo«), serb. Trainer, *5. Februar 1933 Bajina Bašta (Serbien), † 28. Januar 2003 Belgrad, Bruder von 2); war Angriffsspieler: 1948–51 FK Bor, 1951–58 Partizan Belgrad, 1958–60 OSD Belgrad, 1960/61 FC Bayern München, 1961–63 Racing Club de Paris, 1963/64 Stade Français Paris, 1964–69 OFK Belgrad; 33 Länderspiele für Jugoslawien (1953–58; 14 Tore); WM-Endrunde 1954, 1958. – Später Trainer: 1970–84 Leskova, Proleter Zrenjanin, Atlas Guadalajara, Velež Mostar (PS 1981) und Partizan Belgrad (LM 1983), 1984–86 Jugoslawien (Nationalmannschaft), 1986–89 Besiktas Istanbul. – **2)** Velibor (»Bora«), serb. Trainer, *7. September 1944 Bajina Basta (Serbien), Bruder von 1); war Abwehrspieler: 1956–68 Partizan Belgrad, 1968–72 AS Monaco, OGC Nizza, FC Rouen und FC Winterthur, 1972–77 UNAM »Los Pumas« (Mexiko). – Später Trainer: 1977–82 UNAM »Los Pumas« (LM 1977, 1981), 1983–86 Mexiko (Nationalmannschaft; WM-Endrunde 1986), 1987 San Lorenzo de Almagro, 1990 Costa Rica (Nationalmannschaft; WM-Endrunde 1990), 1991–95 USA (Nationalmannschaft; WM-Endrunde 1994), 1995–97 Mexiko (Nationalmannschaft), 1998 Nigeria (WM-Endrunde 1998), 1998/99 New York/New Jersey MetroStars, 2000–02 China (WM-Endrunde 2002), 2003/04 Honduras (Nationalmannschaft), 2004/05 Al-Sad (Katar).

> **»Bora« Milutinovic**
> »Ich habe kein Zuhause, der Globus ist meine Heimat. Ich bin ein Vagabund.«

Mineiro, CA, Brasilien: → Belo Horizonte [1].

Minelli, Severino, schweizer. Abwehrspieler, *6. September 1909 Küsnacht (Kt. Zürich), † 22. September 1994 ebd.; 1920–30 FC Küsnacht, 1930/31 Servette Genf, 1931–43 Grasshopper-Club Zürich, 1943–46 FC Zürich, 1946–52 FC Küsnacht; 80 Länderspiele (1930–43); WM-Endrunde 1934, 1938.

Minerva [röm. Göttin, Schützerin der Künste], Vereins-Bez. aus den Anfängen des dt. Fußballs, z. B. M. Berlin.

Minge, Ralf, dt. Trainer, *8. Oktober 1960 Prösen (Sachsen); war Angriffsspieler: 1972–80 TSG Gröditz, 1980–91 SG bzw. 1. FC Dynamo Dresden; 222 Oberligaspiele (103 Tore); 36 Länderspiele (1983–89; 8 Tore). – Später Trainer: 1991–95 1. FC Dynamo Dresden (1991 Geschäftsführer, 1992 Trainerassistent, 1993 und 1995 Cheftrainer), 1995/96 FC Erzgebirge Aue, 1999/2000

Fortuna Köln, 2000–05 Bayer 04 Leverkusen (II. Mannschaft, Nachwuchs), 2006 Georgien (Nationalmannschaft [Trainerassistent]).

> **R. Minge**
> »Ich kann mir keine Äußerung zur Leistung des Schiedsrichters erlauben, sonst müsste ich einen Kredit aufnehmen.«

Minnert, Sandra, dt. Abwehrspielerin, *7. April 1973 Gedern (Hessen); 1979–87 SG Gelhaar/Usenborn, 1987–90 TSG Bleichenbach, 1990–99 FSV Frankfurt, 1999/2000 Sportfreunde Siegen, 2000–04 1. FFC Frankfurt (2003 Gastspiel bei Washington Freedom), 2004–06 SC 07 Bad Neuenahr; 129 Länderspiele (seit 1992; 15 Tore); WM-Endrunde 1995, 1999, 2003 (Weltmeisterin); Europameisterin 1995, 1997, 2001, 2005; olymp. Fußballturnier 1996, 2000.

Minsk, Dynamo, eigtl. »FK Dynama Minsk« (Fotbolnyj Klub Dynama Minsk), Weißrussland, gegr. 1927 als Dynamo Minsk (1954 aufgelöst und neu gegr.), 1954–59 Spartak Minsk, 1959–62 Belarus Minsk, 1962–91 Dinamo Minsk, seitdem FK Dynama Minsk; Spielkleidung: Weiß/Blau/Blau-Weiß; Stadion: Dynamo-Stadion 42 375 Plätze.
Spieler (Auswahl): S. Alejnikow – S. Gorlukowitsch – E. Malofejev. – **Trainer** (Auswahl): E. Malofejev.

Mintál, Marek, slowak. Mittelfeldspieler, *2. September 1977 Zilina; 1996–2003 MSK Zilina, 2003–06 1. FC Nürnberg; 37 Bundesligaspiele (25 Tore); Bundesliga-Torschützenkönig 2005 (24); Zweitliga-Torschützenkönig 2004 (18, mit F. Copado); 28 Länderspiele (4 Tore); in der Slowak. Republik Fußballer des Jahres 2004.

Miriuta, Vasile, ungar. Mittelfeldspieler rumän. Herkunft (seit 2000 ungar. Staatsbürgerschaft), *19. September 1968 Baia Mare; Mittelfeldspieler; 1975–86 Minurul Baia Sprie, 1986–90 Maramures Baia Mare, 1990/91 Dinamo Bukarest, 1991/92 Gloria Bistrita, 1992/93 Rába ETO FC, 1993/94 FC Bourges, 1994/95 FC ETO Györ, 1996 Parmalat FC Szkesféhervar, 1996–98 Ferencvaros Budapest, 1998 Ujpest Budapest, 1998–2002 FC Energie Cottbus, 2002/03 MSV Duisburg, 2003/04 FC ETO Györ; 63 Bundesligaspiele (15 Tore); 1 Länderspiel für Ungarn (2000).

Mitić, Raiko, serb. Trainer, *6. November 1922; war ein Mittelfeldspieler: 1936–40 Kosutnjak, 1940–44 BSK Belgrad, 1945–58 Roter Stern Belgrad; 59 Länderspiele für Jugoslawien (1946–57; 32 Tore); WM-Endrunde 1950, 1954; olymp. Fußballturnier 1948, 1952. – Später Trainer: 1967–

Mitropapokal

1927	Sparta Prag
1928	Ferencváros FC
1929	Ujpest Budapest
1930	Rapid Wien
1931	Vienna Wien
1932	AGC Bologna
1933	Austria Wien
1934	AGC Bologna
1935	Sparta Prag
1936	Austria Wien
1937	Ferencváros FC
1938	Slavia Prag
1939	Ujpest Budapest
1955	Budapesti VL (MTK)
1956	Vasas Budapest
1957	Vasas Budapest
1959	Honvéd Budapest
1960	Ungarn (die Punkte der beteiligten Klubs wurden zu einer Länderwertung addiert)
1961	FC Bologna
1962	Vasas Budapest
1963	MTK Budapest
1964	Spartak Sokolovo Prag
1965	Vasas Budapest
1966	AC Florenz
1967	Spartak Trnava
1968	Roter Stern Belgrad
1969	Slovnaft Bratislava
1970	Vasas Budapest
1971	Celik Zenica
1972	Celik Zenica
1973	Tatabányai Bányász
1974	Tatabányai Bányász
1975	SSW Innsbruck
1976	SSW Innsbruck
1977	Vojvodina Novi Sad
1978	Partizan Belgrad
1979	AC Udine
1981	Tatran Presov
1982	AC Mailand
1983	Vasas Budapest
1984	SC Eisenstadt
1985	Iskra Bugojno
1986	SC Pisa
1987	Ascoli Calcio
1988	SC Pisa
1989	TJ Banik Ostrava
1990	AC Bari
1991	Turin Calcio
1992	Borac Banja Luka

70 Jugoslawien (Nationalmannschaft; EM-Endrunde 1968).

»Mitläufer«, Spieler, der sich in seiner Spielweise ausschließlich an den Führungsspielern seiner Mannschaft orientiert und sich deren Handlungen »unterwirft«; entwickelt keine Eigeninitiative und fällt dem neutralen Beobachter nur durch seine Anwesenheit, nicht durch seine Spielkultur auf. – Ein »M.« ist nicht zu vergleichen mit einem → »Wasserträger«.

Mitropapokal, 1927 von H. Meisl, dem damaligen Generalsekretär des Österr. Fußball-Bundes (→ ÖFB), für die jeweils 2 besten Klubmannschaften aus Österreich, Ungarn, Jugoslawien und der Tschechoslowakei initiierter Wettbewerb. 1929 wurde Italien mit einbezogen, in der zweiten Hälfte der 1930er-Jahre auch Klubs aus der Schweiz und Rumänien (zw. 1934 und 1938 mit 16 Mannschaften). Der M. um den Lorbeer der »besten mitteleurop. Vereinsmannschaft« genoss große Popularität. – Nach dem Zweiten Weltkrieg und besonders nach der Einführung des Europapokals der Landesmeister (später auch des Europapokals der Pokalsieger) schwand das Interesse am M. Der letzte Wettbewerb wurde 1992 ausgetragen.

Mittag, Anja, dt. Angriffsspielerin, *16. Mai 1985 Karl-Marx-Stadt (heute: Chemnitz); bis 2002 VfB Chemnitz, Chemnitzer FC und FC Erzgebirge Aue, 2002–06 1. FFC Turbine Potsdam; 18 Länderspiele (2 Tore); Europameisterin 2005. – Wurde 2005 mit der → »Fritz-Walter-Medaille« geehrt.

Mittelfeld, 1) etwa der Bereich zw. den beiden Strafräumen; Aktionsbereich besonders der Mittelfeldspieler. – **2)** Kurz-Bez. für die Gesamtheit der Mittelfeldspieler.

Mittelfeldachse, fälschl. Bez. für Mittelfeldreihe. (→ Reihe)

Mittelfeldraute, verschobener Rhombus im Mittelfeld, eine spezielle Mittelfeldkonguration; die 4 Mittelfeldspieler (als Eckpunkte) bewegen sich dabei (leicht versetzt) spielend in Richtung gegner. Tor.

Mittelfeldregisseur, svw. → Spielmacher.

Mittelfeldreihe → Reihe.

Mittelfeldspieler, mittlere Spielerreihe (→ Reihe) in den heutigen Spielsystemen, die die Verbindung zw. Abwehr und Angriff herzustellen hat. Je nach den vorhandenen Spielertypen und der daraus resultierenden Taktik gibt es *defensive* und *offensive M.* Von der Güte der M. hängt es weitgehendst ab, inwieweit das Mittelfeld und damit das Spiel bestimmt wird. – Den Begriff M. kennt man erst seit den 1970er-Jahren, entstanden aus der Verschmelzung der Halbstürmer und Außenläufer des WM-Systems.

Mittelfeldspieler
Midfield player [engl.]
Joueur de milieu de terrain [frz.]
Centrocampista [span., italien.]

Mittelkreis → Spielfeld [BILD].

Mittelläufer, WM-System: Spieler im Zentrum der Läuferreihe mit Aufgaben in Abwehr (vornehmlich) und Angriff; in modernen Spielsystemen durch die → Abwehrkette abgelöst.

Mittelläufer
Center halfback [engl.]
Demi-centre [frz.]
Mediocentro [span.]
Médio central [portugies.]
Médio-centro [italien.]

Mittellinie → Spielfeld [BILD].

Mittelstürmer, in der Mitte der fünf- (früher im WM-System) oder dreiköpfigen Angriffsreihe spielender Stürmer (»Angriffsführer«). Anfangs der 1950er-Jahre kreierte Ungarns N. → Hidegkuti den »hängenden« (oder »wandernden«) Mittelstürmer.

Mittelstürmer
Center forward [engl.]
Avant-centre [frz.]
Centrodelantero [span.]
Avançado central [portugies.]
Centroattacco [italien.]

Mittelverteidiger, im Abwehrzentrum spielender Verteidiger, je nach Spielsystem als Ausputzer, Mittelläufer oder Libero; veraltet.

mittlere Reihe, die Mittelfeldreihe (→ Reihe).

Miura, Kazuyoshi, japan. Angriffsspieler, *26. Februar 1967 Shizuoka City; bis 1986 Jonai FC und Shizuoka Gakuen High School, 1986–90 FC Santos, 1991–94 Yomiuri Nippon FC bzw. Verdy Kawasaki, 1994/95 Genua 1893, 1995–98 Verdy Kawasaki, 1998/99 Croatia Zagreb, 1999–2001 Kyoto Purple Sanga, 2001–03 Vissel Kobe; 84 Länderspiele (56 Tore); in Japan Fußballer des Jahres 1992, 1993.

MLS, USA: Abk. für **M**ajor **L**eague **S**occer (→ NASL).

Moçambique, Republik in Südostafrika, am Ind. Ozean, 801 590 km², 17,479 Mio. Ew.; Verband: Federação Moçambicana de Futebol, Abk. FMF, gegr. 1976, Sitz: Maputo; Mitglied der FIFA seit 1976, der CAF seit 1978; Spielkleidung: Rot/Schwarz/Rot-Schwarz.

Mock, Johann (»Hans«), Österreich, österr. Abwehrspieler (Mittelläufer); *9. Dezember 1906 Bielitz (poln. Bielsko-Biala), †1983; 1923–27 FC Nicholson Favoriten bzw. FC Wien, 1927–42 FK Austria bzw. SC Ostmark Wien; 12 Länderspiele für Österreich (1929–37), 5 für Deutschland (1938–42, nach Annexion Österreichs); WM-Endrunde 1938; Mitglied des →»Wunderteams«.

Modena, FC eigtl. »Modena FC« (Modena Football Club), Italien, gegr. 1912 als FBC Modena, 1925–43 Modena Calcio, 1943–57 Modena FBC, 1957–59 Zenit Modena, seitdem Modena FC; Spielkleidung: Gelb/Schwarz/Gelb; Stadion: Stadio »Alberto Braglia«, 20 000 Plätze. – INTERNET: www.modenafc.it

Spieler (Auswahl): A. Brülls – I. Tare.

Mödling, Admira-Wacker, eigtl. »VfB Admira-Wacker Mödling« (Verein für Bewegungsspiele Admira-Wacker Mödling), Österreich (Niederösterreich, 15 km vor Wien), gegr. 1997 nach Fusion von SCN Admira-Wacker (→Wien [1]) und VfB Mödling (gegr. 1911); Spielkleidung: Rot/Schwarz/Schwarz; Stadion: Bundesstadion Südstadt (Maria-Enzersdorf), 12 000 Plätze. – INTERNET: www.admira-wacker-mödling.at

Spieler (Auswahl) K. Azizi – P. Bicovsky – T. Flögel – M. Katzer – R. Linz – T. Mandl – C. Mayrleb – S. B. McIlroy – G. Rodax – P. Stöger – I. Vastic – R. Wallner. – **Trainer** (Auswahl): K. Jara – J. Krankl – F. Latzke.

Mohamad, Youssef Wasef, libanes. Abwehrspieler, *1. Juli 1980 Beirut; bis 2000 Al-Safa Beirut, 2000–04 Olympic Beirut, 2004–06 SC Freiburg; 29 Bundesligaspiele; 63 Länderspiele.

Möhlmann, Benno, dt. Trainer, *1. August 1954 Lohne (Niedersachsen); war Mittelfeldspieler: 1968–72 Blau-Weiß Lohne, 1972–78 Preußen Münster, 1978–87 SV Werder Bremen, 1987–89 Hamburger SV; 255 Bundesligaspiele (35 Tore). – Später Trainer: 1988–95 Hamburger SV (1988/89 Jugend, 1989–92 Trainerassistent, 1992–95 Cheftrainer), 1995–97 Eintracht Braunschweig, 1997–2000 SpVgg Greuther Fürth, 2000–2004 Arminia Bielefeld, 2004–06 SpVgg Greuther Fürth.

Mohr, Heidi, dt. Angriffsspielerin, *29. Mai 1967 Weinheim; 1982/83 SV Unterflockenbach, 1983–89 SV Laudenbach, 1989–94 TuS Niederkirchen, 1994–99 TuS Ahrbach; 104 Länderspiele (1986–96; 83 Tore); WM-Endrunde 1991, 1995; EM-Endrunde 1989 (Europameisterin), 1991 (Europameisterin), 1993; olymp. Fußballturnier 1996; Bundesliga-Torschützenkönigin 1991 (36), 1992 (24), 1993 (21), 1994 (28), 1995 (27).

Möhrle, Uwe, dt. Abwehrspieler, *3. Dezember 1979 Überlingen (Baden-Württemberg); 1985/86 SV Großschönach, 1986–2002 SC Pfullendorf, 2002–05 FC Hansa Rostock, 2005/06 MSV Duisburg; 74 Bundesligaspiele (5 Tore).

Mokhtari, Youssef, marokkan. Mittelfeldspieler, *5. März 1979 Benisidel; bis 1993 SV 07 Raunheim, 1993–2000 FSV Frankfurt, 2000–02 Jahn Regensburg, 2002–04 Wacker Burghausen, 2004/05 FC Energie Cottbus, 2005/06 1. FC Köln; 10 Bundesligaspiele; 16 Länderspiele. – Sein Bruder **Oualid M.** (*1982) ist ebenfalls Mittelfeldspieler: 2000/01 Jahn Regensburg, 2002 VfR Mannheim, 2003–05 SV Wehen, 2005/06 Kickers Offenbach; 9 Zweitligaspiele (1 Tor).

Moldawien, amtlich **Moldova,** Republik in Südosteuropa, 33 843 km², 4,440 Mio. Ew.; Verband: Football Association of Moldova, Abk. FAM, gegr. 1990, Sitz: Chişnău; Mitglied der FIFA und der UEFA seit 1994; Spielkleidung: Rot/Blau/Rot. – INTERNET: www.fmf.md

Molde FK (Molde Fotballklubb), Norwegen, gegr. 1911 als International Molde, seit 1914 Molde FK; Spielkleidung: Blau/Weiß/Weiß; Stadion: Molde Stadion, 11 167 Plätze. – INTERNET: www.moldefk.no

Spieler (Auswahl): K.-A. Rekdal – O. G. Solskjaer.

Moldenhauer, Hans-Georg, dt. Funktionär (Dr.), *25. November 1941 Senst (Sachsen-Anhalt); war Torhüter: 1955–72 SC Aufbau bzw. 1. FC Magdeburg; 111 Oberligaspiele. – Von April bis November 1990 letzter Präsident des DFV der DDR (Vorgänger: G. →Erbach), seitdem NOFV-Präsident; seit 1991 DFB- (verantwortlich für die Trainerausbildung und -fortbildung) und seit 1994 DSB-Vizepräsident.

Molenbeek, RWD, Belgien: →Brüssel [1].

Möller, Andreas, dt. Mittelfeldspieler, *2. September 1967 Frankfurt am Main; 1974–81 Schwarz-Weiß 19 Frankfurt, 1981–87 Eintracht Frankfurt, 1987–90 Borussia Dortmund, 1990–92 Eintracht Frankfurt, 1992–94 Juventus Turin, 1994–2000 Borussia Dortmund, 2000–03 FC Schalke 04, 2003/04 Eintracht Frankfurt, 429 Bundesligaspiele (110 Tore); 85 Länderspiele (1988–99; 29 Tore); WM-Endrunde 1990 (Weltmeister), 1994, 1998; EM-Endrunde 1992, 1996 (Europameister).

> **A. Möller**
> »Ab der sechzigsten Minute wird Fußball erst richtig schön. Aber da war ich immer schon unter der Dusche.«

Möller-Nielsen, Richard, dän. Trainer, *19. August 1937 Odense; war Abwehrspieler: 1951–62

Odense BK; 2 Länderspiele (1959, 1961). – Später Trainer: 1963–67 Odense BK, 1968/69 Esbjerg fB, 1969–74 Svendborg BK, 1975–85 Odense BK (LM 1977, 1982, PS 1983), 1978–96 Dänemark (bis 1982 U 21, 1982–90 Trainerassistent, 1990–96 Cheftrainer; Europameister 1992, EM-Endrunde 1996), 1996–99 Finnland (Nationalmannschaft), 1999–2002 Israel (Nationalmannschaft).

Molnár, Pavol, slowak. Mittelfeldspieler (Halbstürmer), *13. Februar 1936 Bratislava (dt. Preßburg); 1953–57 Slovan Bratislava, 1957/58 Slovnaft Bratislava, 1958–66 Slovan Bratislava, 1966/67 Slovnaft Bratislava, 1968 FC Prague Sydney (Australien), 1968–70 DSV Alpine; 20 Länderspiele für die ČSSR (1956–60; 3 Tore); WM-Endrunde 1958, 1962 (nicht eingesetzt); EM-Endrunde 1960.

Monaco, AS (Association Sportive de Monaco Football Professionell), Frankreich, entstand 1924 durch Fusion von Swimming Club Monaco, Monaco Sport, Etoile de Monaco, Riviéra AC und AS Beausoleil Monaco, seit 1948 Profifußball; Spielkleidung: Rot-Weiß/Rot/Weiß; Stadion: Louis II, 16 000 Plätze. – Internationale Erfolge: Alpenpokal 1979, 1983, 1984. – INTERNET: www.asm-foot.mc

Spieler (Auswahl): S. E. Adebayor – M. Amoros – U. Barberis – F. Barthez – P. Battiston – O. Bierhoff – J. Borgetti – S. Camara – Y. Djorkaeff – R. Edström – T. Henry – M. Hidalgo – G. Hoddle – V. Ikpeba – J. Klinsmann – L. Leduc – S. Lerby – R. Márquez – R. Milla – V. Milutinović – F. Morientes – E. Petit – D. Prso – J. A. Riise – Rui Barros – W. Sagnol – J. Saviola – V. Scifo – E. Stojaspal – T. Sylva – L. Thuram – J. A. Tigana – D. Trézeguet – C. Vieri – G. Weah – A. Wenger. – **Trainer** (Auswahl): D. Deschamps – S. Kovács – E. Schwartz – J. A. Tigana – A. Wenger.

Mönchengladbach, Deutschland (Nordrhein-Westfalen), **1) Borussia Mönchengladbach,** eigtl. »Borussia VfL Mönchengladbach« (Borussia Verein für Leibesübungen 1900 Mönchengladbach), gegr. am 1. August 1900 als Teutonia München-Gladbach, weitere Stationen bis 1918: Marianischen Jünglings Congregation München-Gladbach, FC Borussia München-Gladbach–Eicken und FC Borussia München-Gladbach, 1919 Fusion mit TV Germania 1899 München-Gladbach zu VfTuS 1899 München-Gladbach (1921 Auflösung der Fusion), 1921–33 Borussia VfL 1900 München-Gladbach, 1933 (Zwangs-)Fusion mit SC München-Gladbach zu SC Borussia München-Gladbach, 1934 Auflösung der Fusion und Fortsetzung als Borussia VfL München-Gladbach, seit 1950 Borussia VfL Mönchengladbach; Bundesliga 1965–99, 2001–06; Zweite Bundesliga 1999–2001; Spielkleidung: Weiß. Heimstadion: Stadion im Borussia-Park, 53 466 Plätze (früher wurde im → Bökelbergstadion gespielt). – Internationale Erfolge: EC III 1975, 1979. – INTERNET: www.borussia.de

Spieler (Auswahl): J. Albertz – P. Andersson – B. Auer – I. Belanow – O. Bierhoff – K. Bögelund – R. Bonhof – U. Borowka – A. Brülls – F. Brungs – H.-G. Bruns – H.-J. Criens – M. Dahlin – S. Deisler – S. Effenberg – G. Elber – R. Enke – H. Fach – M. Feldhoff – D. Felgenhauer – M. Forssell – S. Freund – N. Frommer – M. Frontzeck – E. Gaede – W. Hannes – D. Hecking – T. Helveg – K.-E. Herlovsen – H. Herrlich – J. Heynckes – D. Heyne – C. Hochstätter – H.-D. Höttges – M. Jansen – A. Juskowiak – K. Keller – W. Kleff – H. Köppel – L.-G. Köstner – B. Krauss – W. Kremer – E. Kremers – E. Lienen – K. Lisztes – I. Lupescu – L. Matthäus – M. Max – B. Meier – N. Meier – F. Mill – C. Moore – M. Münch – G. Netzer – N. Oude Kamphuis – J. Pettersson – K. Pflipsen – A. Polster – U. Rahn – K. Reitmaier – K.-A. Rekdal – B. Rupp – B. Salou – W. Schäfer – A. Simonsen – W. Şonck – M. Sternkopf – U. Stielike – J. Stiel – F. Straka – Strasser – E. Thorstvedt – A. Turek – C. Vander – A. Veh – H.-H. Vogts – A. Voronin – D. Wache – H. Wimmer – M. Witeczek – T. Wohlers – W. Wuttke– Zé António. – **Trainer** (Auswahl): D. Advocaat – J. Andersen – H. Bongartz – R. Bonhof – H. Fach – J. Gelsdorf – J. Heynckes – B. Krauss – U. Lattek – E. Lienen – H. Meyer – F. Rausch – E. Ribbeck – G. vom Bruch – H. Weisweiler – W. Werner.

2) Rheydter SV (Rheydter Sportverein), gegr. am 21. Dezember 1905; Spielkleidung: Weiß/Schwarz/Schwarz; Stadion: Grenzlandstadion, 30 000 Plätze. – INTERNET: www.rheydter-spielverein.com

Spieler (Auswahl): H.-D. Höttges – W. Kremer.

Mongolei, Republik in Zentralasien, 1,565 Mio. km², 2,712 Mio. Ew.; Verband: Mongolian Football Federation, Abk. MFF, gegr. 1959, Sitz: Ulan-Bator; Mitglied der FIFA und der AFC seit 1998; Spielkleidung: Weiß/Rot/Weiß. – INTERNET: www.mongolianonline.mn

Montevideo, Uruguay, **1) Nacional Montevideo,** eigtl. »Nacional« (Club Nacional de Football), entstand 1899 durch Fusion von Montevideo FC und Defensa; erster uruguay. Verein, der nicht von Ausländern gegr. wurde; Spielkleidung: Weiß/Blau/Weiß; Stadion: Parque Central, 27 000 Plätze. – Internationale Erfolge: Copa Libertadores de América 1971, 1980, 1988, Weltpokal 1971, 1980, 1988. – INTERNET: www.nacionaldigital.com

Spieler (Auswahl): L. Artime – Fausto – J. Moreira – P. Petrone – A. A. Recoba – J. Santamaria – H. Scarone. – **Trainer** (Auswahl): J. Moreira.

2) Peñarol Montevideo, eigtl. »CA Peñarol« (Club Atlético Peñarol), Uruguay, gegr. 1891 als Central Uruguay Railway Cricket Club (Abk. CURCC), seit 1914 CA Peñarol; Spielkleidung: Schwarz-Gelb/Schwarz/Schwarz; Stadion: O. Jacinto Varela, 40 000 Plätze. – Internationale Erfolge: Copa Libertadores de América 1960, 1961, 1966, 1982, 1987, Weltpokal 1961, 1966, 1982. – INTERNET: www.capenarol.com

Spieler (Auswahl): J. Andrade – J. Chilavert – T. Cubillas – E. Figueroa – Leonidas – R. Máspoli – L. Mazurkiewicz – F. Morena – R. Orsi – R. Paz – P. Rocha – D. O. Rodriguez – J. Schiaffino. – **Trainer** (Auswahl): B. Guttmann –J. López – R. Máspoli – C. L. Menotti – L. Petrović.

Monti, Luis Fernando, argentin. Abwehrspieler (Mittelläufer), *15. Januar 1901, †9. September 1983; bis 1931 Huracán Buenos Aires, San Lorenzo de Almagro und Boca Juniors Buenos Aires, 1931–36 Juventus Turin (als →»Oriundi); 17 Länderspiele für Argentinien (olymp. Fußballturnier 1928, WM-Endrunde 1930); 18 Länderspiele für Italien (1932–36; 1 Tor); Weltmeister 1934.

Montpellier, SC, eigtl. »Montpellier HSC« (Montpellier-Hérault Sporting Club), Frankreich, gegr. 1974 als Montpellier Pallaide SC, seit 1990 Montpellier HSC; Spielkleidung: Weiß; Stadion: La Mosson, 33 900 Plätze. – INTERNET: www.mhscfoot.com

Spieler(Auswahl): L. Blanc – E. Cantona – Júlio César – R. Milla – J. Santini – A. Töröcsik – C. Valderrama. – **Trainer** (Auswahl): A. Jacquet – H. Kasperczak.

Montserrat, Insel der Kleinen Antillen, brit. Kronkolonie, 102 km², 5000 Ew.; Verband: Montserrat Football Association, Abk. MFA, Sitz: Plymouth, gegr. 1994, Mitglied der FIFA seit 1996, der CONCACAF seit 1994; Spielkleidung: Grün-Weiß/Grün/Grün.

Monzeglio, Eraldo, war italien. Abwehrspieler (Rechtsverteidiger), *5. Juni 1906, †3. November 1981; FC Bologna und AS Rom; 35 Länderspiele (1930–38; 6 Tore); Weltmeister 1934, 1938.

Moore, 1) Craig, austral. Abwehrspieler, *12. Dezember 1975 Canterbury; bis 1992 AIS Canberra, 1993–98 Glasgow Rangers, 1998/99 Crystal Palace, 1999–2004 Glasgow Rangers, 2005 Borussia Mönchengladbach, 2005/06 Newcastle United; 13 Bundesligaspiele (1 Tor); 23 Länderspiele. – **2)** Robert Frederick Chelsea (»Bobby«), engl. Abwehrspieler (Stopper), *12. April 1941 Barking, †24. Februar 1993 London; 1956–74 West Ham United, 1974–76 FC Fulham, 1977 San Antonio Thunder Bay (USA); 108 Länderspiele (1962–73; 2 Tore); WM-Endrunde 1962, 1966 (Weltmeister), 1970; EM-Endrunde 1968; in England Fußballer des Jahres 1964; 999 Ligaspiele. – Später Trainer: 1984–86 Southend United. 1987 als CBE (Commander of the British Empire) ausgezeichnet.

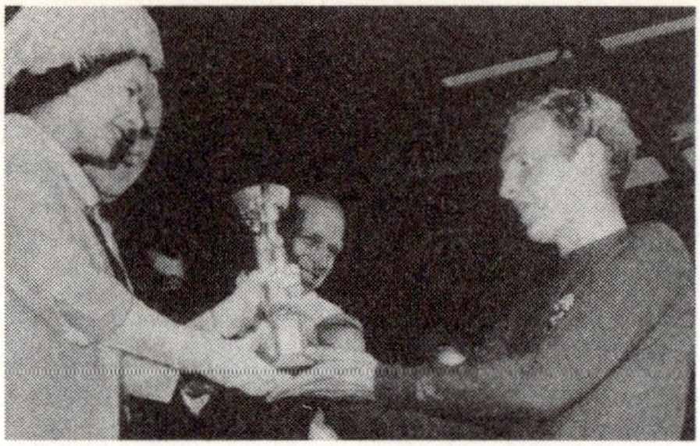

»Bobby« Moore bekommt von Königin Elisabeth II. nach dem WM-Finale 1966 die »Coupe Jules Rimet« überreicht

Moors, Hans-Werner, dt. Trainer, *24. Juli 1950 Düsseldorf; war Abwehrspieler: 1970–72 VfR Neuss, 1972–76 Preußen Münster, 1976–80 Arminia Bielefeld, 1980/81 Housten Hurricans (USA); 34 Bundesligaspiele (1 Tor). – Später Trainer: 1981–85 ASC Schöppingen, 1985–87 SG Wattenscheid 09, 1987/88 Rot-Weiß Oberhausen, 1988/89 VfL Osnabrück, 1989–91 Rot-Weiss Essen, 1991–94 Preußen Münster, 1995/96 FC Gütersloh, 1996/97 Hessen Kassel, 1997/98 VfL Osnabrück, 1998/99 Preußen Münster, 1999–2002 SV Wilhelmshaven, 2002/03 Holstein Kiel, 2003–06 Preußen Münster.

Moreira, 1) Aimoré, brasilian. Trainer, *24. April 1912, †25. Juli 1998; war Torhüter: 1931–33 Iracamu, Sportklub Brasil und América Rio de Janeiro, 1934 Palestra Italiana und Palmeiras São Paulo, 1934–46 Botafogo Rio de Janeiro; 15 Länderspiele (1932–40). – Später Trainer: 1952 FC Santos, 1954 Palmeiras São Paulo, 1955 FC São Paulo, 1956/57 Palmeiras São Paulo, 1958 FC Taubaté, 1959–62 Brasilien (Nationalmannschaft; Weltmeister 1962), 1962–66 Portuguesa São Paulo, 1966–69 Brasilien (Nationalmannschaft), 1969 Flamengo Rio de Janeiro, 1969/70 Portuguesa São Paulo, 1970/71 Corinthians São Paulo, 1971–73 Boavista Porto, 1974 FC Porto, 1976 Panathinaikos Athen, 1978/79 Vitória Salvador, 1980 Galícia Salvador, 1981/82 Bahia Salvador, 1984 Catuense Salvador, 1985/86 Fluminense de Feira Santana, 1986 Vitória Salvador. – **2)** Júnior Alfredo (»Zezé«), brasilian. Trainer,

*16. Oktober 1908; war Mittelfeldspieler (Läufer): América, Fluminense, Flamengo und Botafogo Rio de Janeiro, Palmeiras São Paulo, Nacional Montevideo, FC São Paulo, Nacional Montevideo, FC São Paulo und Belenenses Lissabon. – Später Trainer: bis 1952 Botafogo Rio de Janeiro, Fluminense Rio de Janeiro, Canto de Rio, FC São Paulo, Belenenses Lissabon und Nacional Montevideo, 1952–54 Brasilien (Nationalmannschaft; WM-Endrunde 1954).

Morena, 1) Fernando Velora, uruguay. Angriffsspieler, *2. Februar 1952 Montevideo; 1965–73 River Plate Montevideo, 1973–79 Peñarol Montevideo, 1979/80 Rayo Valecano Madrid, 1981–83 Peñarol Montevideo, 1983/84 Flamengo Rio de Janeiro; 38 Länderspiele (62 Tore); WM-Endrunde 1974. – **2)** José Manuel, argentin. Angriffsspieler, *3. August 1916, †27. August 1978; 1944/45 RC España (Mexiko), 1947–50 Universidad Católica, 1950 Boca Juniors Buenos Aires, 1951 Universidad Católica, 1952/53 Defensor Montevideo, 1954–60 Independiente Medellin (Spielertrainer); 33 Länderspiele (20 Tore).

Morientes, Fernando Sánchez, span. Angriffsspieler, *5. April 1976 Cilleos; 1993–95 Albacete Balompié, 1995–97 Real Saragossa, 1997–2003 Real Madrid, 2003/04 AS Monaco, 2004 Real Madrid, 2005/06 FC Liverpool; 39 Länderspiele (seit 1998; 25 Tore); WM-Endrunde 1998, 2002; EM-Endrunde 2004; olymp. Fußballturnier 1996.

Morlock, Max, dt. Mittelfeldspieler (Halbrechter), *11. Mai 1925 Nürnberg, †10. September 1994 ebd.; 1936–40 Eintracht Nürnberg, 1940–64 1. FC Nürnberg; 26 Länderspiele (21 Tore); 21 Bundesligaspiele (8 Tore); Weltmeister 1954; in der BRD Fußballer des Jahres 1961.

Mortensen, Stanley Harding (»Stan«), engl. Mittelfeldspieler (Halbrechter), *26. Mai 1921 South Shields, †22. Mai 1991 (überlebte im Zweiten Weltkrieg einen Flugzeugabsturz); 1938–55 FC Blackpool, 1955–58 Hull City, FC Southport, FC Bath City und FC Lancaster City; 25 Länderspiele (24 Tore); WM-Endrunde 1950. – Später Trainer: 1967–69 FC Blackpool.

Mos, Aad de, Niederlande: → de Mos, Aad.

Mosambik, andere Schreibweise für → Moçambique.

Moser, Hans-Werner, dt. Trainer, *24. September 1965 Kusel (Rheinland-Pfalz); war Abwehrspieler: bis 1980 SV Rammelsbach, 1980–88 1. FC Kaiserslautern, 1988–90 Hamburger SV, 1990–95 SG Wattenscheid 09, 1995/96 SC Verl; 281 Bundesligaspiele (9 Tore). – Später Trainer: 1996–2000 SV Sodingen, 2000–02 Westfalia Herne, 2002/03 SV Darmstadt 98, 2003–06 1. FC Kaiserslautern (II. Mannschaft).

Mosert, Erhard, dt. Mittelfeldspieler, *10. November 1950 Ramsin (Sachsen-Anhalt); bis 1966 BSG Einheit und BSG Chemie Bitterfeld, 1966–73 Hallescher FC Chemie, 1973–86 BSG Motor Suhl; 92 Oberligaspiele (12 Tore); 1 Länderspiel (1969).

Moskau, Russland, **1) Dynamo Moskau,** eigtl. »FK Dinamo Moskva« (Futbolnyj Klub Dinamo Moskva), gegr. 1923 als Dinamo Moskva, seit 1990 FK Dinamo Moskva; Spielkleidung: Weiß/Blau/Blau-Weiß; Stadion: Dinamo, 36 880 Plätze.

Spieler (Auswahl): V. Bestchastnykh – A. Borodjuk – A. Chomitsch – L. Jaschin – G. Katschalin – O. Khizaneishvili – S. Kirjakov – S. Salnikow – G. Seitaridis – I. Tschislenko – K. Zchadadse. – **Trainer** (Auswahl): K. Beskow – A. Byschowez – E. Malofejev – A. Ponamarjow – O. Romanzew – J. Sjomin.

2) FK Moskau, eigtl. »FK Moskva« (Futbolnyi Klub Moskau), gegr. 1997 als FK Torpedo-ZIL Moskva, 2003/04 FK Torpedo-Metallurg Moskva, seitdem FK Moskva; Spielkleidung: Grün/Weiß/Weiß; Stadion: Torpedo, 13 200 Plätze. – INTERNET: www.torpedo-metallurg.com

3) Lokomotive Moskau, eigtl. »FK Lokomotiv Moskva« (Moskovskij Futbolnyj Klub Lokomotiv Moskva), gegr. 1923 als KOR Moskva (1935 aufglöst und neu gegr.), 1936–90 Lokomotiv Moskva, seitdem FK Lokomotiv Moskva; Spielkleidung: Rot/Weiß/Rot; Stadion: Lokomotiv, 23 960 Plätze. – INTERNET: www.lokomotiv.ru

Spieler (Auswahl): S. Gorlukowitsch – V. Ivanauskas – S. Ovchinnikov. – **Trainer** (Auswahl): J. Sjomin.

4) Spartak Moskau, eigtl. »FK Spartak Moskva« (Moskovskij Gorodskoj Futbolnyj Klub Spartak Moskva), gegr. 1922 als MKS Moskva, 1923–25 Krasnaja Presnja Moskva, 1925–30 Pischkewiki Moskva, 1930–34 Dukat Moskva, 1934/35 Promkooperatsija Moskva, 1935–92 Spartak Moskva, seitdem FK Spartak Moskva; Spielkleidung: Weiß; Stadion: Lushniki, 84 745 Plätze. – INTERNET: spartak.com

Spieler (Auswahl): G. Andreev – A. Baschaschkin – V. Bestchastnykh – W. Bobrow – W. Chidijatulin – R. Dassajew – O. Khizaneishvili – S. Kirjakov – E. Malofejev – I. Netto – W. Onopko – E. Pogatetz – O. Romanzew – S. Salnikow – I. Schalimow – N. Simonjan – K. Zchadadse. – **Trainer** (Auswahl): K. Beskow – O. Romanzew – N. Scala – N. Simonjan.

5) Torpedo Moskau, eigtl. »FK Torpedo Moskva« (Futbolnyj Klub Torpedo Moskva), gegr. 1924 als Proletarskaja Kuznitsa Moskva, 1936–90 Torpedo

Moskva, 1990–96 FK Torpedo Moskva, 1996–98 FK Torpedo-Lushniki Moskva, seitdem FK Torpedo Moskva; Spielkleidung: Weiß/Schwarz/Weiß; Stadion: Lushniki, 84745 Plätze Plätze. – INTERNET: www.torpedo.ru

Spieler (Auswahl): E. Jankauskas – J. Rudakow – E. Strelzow – I. Tschislenko – V. Voronin.

6) ZSKA Moskau, eigtl. »FK CSKA Moskva« (Futbolnyj Klub Centralnyi Sportivnyj Klub Armiji Moskva), gegr. 1923 als OLLS Moskva, 1924–28 OPPV Moskva, 1928–51 CDKA Moskva, 1951–57 ZDSA Moskva (1935 Fusion mit VVS Moskva), 1957–60 CSK-MO Moskva, 1960–88 CSKA Moskva, seitdem FK CSKA Moskva; Spielkleidung: Rot/Schwarz/Schwarz; Stadion: CSKA, 10 000 Plätze. – Internationale Erfolge: UEFA-Pokal 2005. – INTERNET: www.cska-football.ru

Spieler (Auswahl): Athirson – A. Baschaschkin – W. Bobrow – W. Chidijatulin – V. Ivanauskas – E. Jankauskas – W. Kaplitschny – A. Schesternjew. – **Trainer** (Auswahl): A. Jorge.

Moss FK (Moss Fotballklubb), Norwegen, gegr. 1906 als Moss IF, seit 1929 Moss FK; Spielkleidung: Gelb/Schwarz/Schwarz; Stadion: Helløs-Stadion, 11 000 Plätze. – INTERNET: www.mossfk.no

Trainer (Auswahl): N. A. Eggen.

Mostar, Velež, eigtl. FK Velež Mostar« (Fudbalski Klub Mostar), Bosnien und Herzegowina, gegr. 1922; Spielkleidung: Gelb/Rot/Rot; Stadion: Vrapcici, 5000 Plätze.

Spieler (Auswahl): D. Bajevic – S. Barbarez – M. Bazina – A. Ristic– H. Salihamidzic. – **Trainer** (Auswahl): M. Milutinović.

Mostovoi, Aleksandr (auch ***Mostowoi,*** Alexander), russ. Mittelfeldspieler, *22. August 1968 Leningrad (heute: St. Petersburg); 1987–91 Spartak Moskau, 1992/93 Benfica Lissabon, 1993/94 SM Caen, 1994–96 RC Straßburg, 1996–2004 Celta Vigo; 65 Länderspiele für die GUS bzw. für Russland (1991– 2004; 13 Tore); WM-Endrunde 1994, 2002; EM-Endrunde 1996, 2004.

Motivation, Gesamtheit der Beweggründe und Einflüsse, die die Aktivitäten eines Spielers oder einer Mannschaft beeinflussen. Dem Trainer kommt hierbei eine entscheidende Bedeutung zu, wenn er es z. B. geschickt versteht, die Mannschaft psycholog. auf den kommenden Gegner einzustimmen, sie zu motivieren, und auch herauszufordern und sie sogar in bestimmtem Maß zu provozieren. M. hervorrufen, bedeutet Erzeugung von Leistungsbereitschaft bei den Aktiven. Besonders schwierig ist es für den Trainer, die Mannschaft nach auftretender Erfolglosigkeit für das jeweils anstehende Treffen neu zu motivieren. In einem Finale andererseits – welcher Art auch immer – sind die Spieler bereits von sich aus motiviert.

José Mourinho

Mourinho, José, »eigtl. »José Mário Santos Mourinho Félix«, portugies. Trainer, *26. Januar 1963 Setúbal; war Mittelfeldspieler: bis 1980 Vitória Setubal, 1980–82 Belenenses Lissabon, 1982/83 FC Rio Ave, 1983/84 GD Sesimbra, 1984–86 Comercio e Industria. – Später Trainer: 1990/91 Estrela Amadora (Trainerassistent), 1991/92 AD Ovarense (Trainerassistent), 1993–96 FC Porto (Trainerassistent), 1996–2000 FC Barcelona (Trainerassistent), 2000/01 Benfica Lissabon, 2001/02 UD Leiria, 2002–04 FC Porto, 2004–06 FC Chelsea; Welt-Clubtrainer des Jahres 2004, 2005.

J. Mourinho: Erfolgsstationen (Auswahl)	
FC Porto	LM 2003, 2004 PS 2003 CL 2004 UEFA-Pokal 2003
FC Chelsea	LM 2005

Moyes, David, schott. Trainer, *25. April 1963 Glasgow; war Abwehrspieler: 1980–83 Celtic Glasgow, 1983–85 Cambridge United, 1985–87 Bristol City, 1987–93 Shrewsbury Town, 1993–2001 Preston North End (1998–2001 Spielertrainer). – Später Trainer: 2001/02 Preston North End, 2002–06 FC Everton; in England Trainer des Jahres 2003, 2005.

Mozyr, Slavia, eigtl. »FK Slavia Mozyr« (Futbolnyj Klub Slavia Mozyr), Weißrussland, gegr. 1991 als Polesye Mozyr, 1995–98 FK MPKZ Mozyr, seitdem FK Slavia Mozyr; Spielkleidung: Rot/Schwarz/Schwarz; Stadion: Yunost, 5300 Plätze. – INTERNET: www.slaviya.km.ru

Mpenza, Emile, belg. Angriffsspieler kongoles. Herkunft, *4. Juli 1978 Zellik (Belgien), Bruder von 2); 1983–86 LC Mesvins, 1989–96 KV Kortrijk, 1996/97 Excelsior Mouscron, 1997–99 Standard Lüttich, 2000–03 FC Schalke 04, 2003/04 Standard Lüttich, 2004/05 Hamburger SV, 2006 Al-Rayyan (Katar); 114 Bundesligaspiele (33 Tore); 47 Länderspiele (14 Tore); WM-Endrunde 1998; EM-Endrunde 2000. – **2)** Mbo, belg. Angriffsspieler kongoles. Herkunft, *4. Dezember 1976 Kinshasa, Bruder von 1); 1996/97 Excelsior Mouscron, 1997–2000 Standard Lüttich, 2000/01 Sporting Lissabon, 2001/02 Galatasaray Istanbul, 2002–04 Excelsior Mouscron, 2004–06 RSC Anderlecht; 18 Länderspiele (seit 1997; 2 Tore); WM-Endrunde 1998, 2002; EM-Endrunde 2000.

E. Mpenza
»Es ist immer das Gleiche. Immer wieder ist Mpenza schuld.«

MSV, Deutschland: Abk. für **M**eidericher **S**piel**v**erein (→ Duisburg [3]).

Mühlhausen, Frankreich: dt. für → Mulhouse ...

Mulder, Youri, niederländ. Angriffsspieler, *23. März 1969 Anderlecht; bis 1988 SDO Bussum, 1988/89 Ajax Amsterdam, 1989/90 SDO Bussum, 1990–93 FC Twente, 1993–2002 FC Schalke 04; 177 Bundesligaspiele (33 Tore); 9 Länderspiele (3 Tore); EM-Endrunde 1996. – Sein Vater **Jan M.** (*1945) spielte u. a. beim RSC Anderlecht (5 Länderspiele).

Mulhouse, FC (Football Club de Mulhouse), Frankreich (Elsass), gegr. 1893 als FC Mühlhausen (1901 Fusion mit Young Boys Mühlhausen), 1918–40 FC Mulhouse, 1940–44 FC Mühlhausen, seitdem wieder FC Mulhouse; Gaumeister Elsass 1941, 1943, 1944; Spielkleidung: Blau-Weiß/Blau/Blau; Stadion: Stade de l'Ill, 24 000 Plätze. – INTERNET: www.fcmulhouse.com

Spieler (Auswahl): R. Domenech – M. Kaltz – D. Six.

Müller, 1) eigtl. »Luis Antônio Corrêa da Costa«, brasilian. Angriffsspieler, *31. Januar 1966 Campo Grande; 1982–88 FC São Paulo, 1988–91 Turin Calcio; 56 Länderspiele (1986–90; 6 Tore); WM-Endrunde 1986, 1990. – **2)** Bringfried, dt. Abwehrspieler, *28. Januar 1931 Langenberg (Thüringen); 1948–50 BSG Traktor Langenberg, 1950/51 BSG Lokomotive Gera, 1951–55 BSG Motor bzw. BSG Wismut Gera, 1955–64 SC Wismut Karl-Marx-Stadt bzw. BSG Wismut Aue; 236 Oberligaspiele (1 Tor); 18 Länderspiele (1955–60). – Später Trainer: 1965–67 BSG Wismut Aue, 1967–70 FC Karl-Marx- Stadt, 1970–77 BSG Wismut Aue. – **3)** Dieter, dt. Angriffsspieler, *1. April 1954 Offenbach am Main (Hessen); 1972/73 Kickers Offenbach, 1973–81 1. FC Köln, 1981/82 VfB Stuttgart, 1982–84 Girondins Bordeaux, 1985/86 1. FC Saarbrücken, 1987–89 Kickers Offenbach; 303 Bundesligaspiele (77 Tore); Bundesliga-Torschützenkönig 1977 (34), 1978 (24); 12 Länderspiele (1976–78; 9 Tore); WM-Endrunde 1978; EM-Endrunde 1976. – Seit 2002 Präsident von Kickers Offenbach. – **4)** Gerhard (»Gerd«), dt. Angriffsspieler (Mittelstürmer), *3. November 1945 Nördlingen (Bayern); 1954–64 TSV Nördlingen, 1964–79 FC Bayern München, 1879–81 Fort Lauderdale Strikers (USA), 1982/83 Fort Lauderdale Smith Brothers Lounge (USA); 427 Bundesligaspiele (365 Tore); Bundesliga-Torschützenkönig 1967 (28), 1969 (30), 1970 (38), 1972 (40), 1973 (36), 1974 (30), 1978 (24); 62 Länderspiele (1966–74; 68 Tore); WM-Endrunde 1970, 1974 (Weltmeister); Europameister 1972; Europas Torschützenkönig 1970 (38), 1972 (40); Europas Fußballer des Jahres 1970; in der BRD Fußballer des Jahres 1967, 1968. – **5)** Hans, dt Mittelfeldspieler, *27. Juli 1957 Stuttgart; 1969–82 VfB Stuttgart, 1982–84 Inter Mailand, 1984/85 Como Calcio, 1985–90 FC Swarowski Tirol; 143 Bundesligaspiele (54 Tore); 42 Länderspiele (1978–83; 5 Tore); WM-Endrunde 1978, 1982; Europameister 1980. – **6)** Helmut, dt. Mittelfeldspieler (Halbstürmer), *17. März 1937 Steinach (Thüringen); 1951–55 BSG Motor Steinach, 1955–67 SC Motor bzw. FC Carl Zeiss Jena; 230 Oberligaspiele (83 Tore); Oberliga-Torschützenkönig 1958 (17); 13 Länderspiele (5 Tore). – **7)** Jochen, dt. Mittelfeldspieler (Läufer), *23. Oktober 1925 Erfurt, †11. Februar 1985 ebd.; spielte 1936–62 ausschließlich in Erfurt (SC, Erfurt-West, Fortuna, KWU, Turbine und SC Turbine); 265 Oberligaspiele (10 Tore); 2 Länderspiele (1954). – **8)** Martina, dt. Angriffsspielerin, *18. April 1980 Kassel; 2000–04 SC 07 Bad Neuenahr, 2005/06 Vfl Wolfsburg; 44 Länderspiele (seit 2000; 21 Tore);

»Gerd« Müller
»Wenn's denkst, ist's eh zu spät.

»Gerd« Müller

René Müller

Weltmeisterin 2003; Europameisterin 2001; olymp. Fußballturnier 2004. – **9)** Patrick, schweizer. Abwehrspieler, *17. Dezember 1976 Genf; bis 1995 FC Meyrin, 1995–98 Servette Genf, 1998/99 Grashopper-Club Zürich, 1999–2004 Olympique Lyon, 2004/05 RCD Mallorca, 2005/06 FC Basel; 59 Länderspiele (3 Tore); EM-Endrunde 2004. – **10)** René, dt. Trainer, *11. Februar 1959 Leipzig; war Torhüter: 1970–90 1. FC Lokomotive Leipzig, 1990/91 FC Sachsen Leipzig, 1991–93 1. FC Dynamo Dresden; 290 (DDR-)Oberligaspiele; 46 Länderspiele für die DDR (1984–89); in der DDR Fußballer des Jahres 1986, 1987; 81 Bundesligaspiele. – Später Trainer: 1996–99 VfB Leipzig (Trainerassistent), 1999/2000 Eintracht Frankfurt (Torhütertrainer, Amateure), 2000–03 VFC Plauen, 2003–05 FC Rot-Weiß Erfurt, 2005/06 Hallescher FC.

Müller-Wohlfahrt, Hans-Wilhelm, dt. Sportmediziner, *12. August 1942 Leerhafe (Niedersachsen); 1975/76 Mannschaftsarzt bei Hertha BSC, seit 1977 Mannschaftsarzt beim FC Bayern München und seit 1996 im Ärzteteam der dt. Nationalmannschaft. Buchautor: »Mensch, beweg dich« (2001), »Verletzt ... was tun?« (2003).

Mulsanne, Frankreich: → Le Mans, UC.

Multhaup, Willi (»Fischken«), war dt. Trainer, *19. Juli 1903 Essen, † 18. Dezember 1982; 1947–50 Preußen Münster, 1950–53 Meidericher SV, 1958/59 Schwarz-Weiß Essen, 1959–61 Rot-Weiss Essen, 1962/63 Meidericher SV, 1963–65 SV Werder Bremen (LM 1965), 1965/66 Borusia Dortmund (EC II 1966), 1966–68 1. FC Köln (PS 1968), 1971 SV Werder Bremen.

»Multi-Kulti-Truppe«, Lizenzfußball: umgangssprachliche Bez. für den Spielerkader eines Vereins der Bundesliga oder Zweiten Bundesliga mit einem ungewöhnlich hohen Anteil ausländ. Spieler aus verschiedenen Staaten; kann Anpassungs- und Verständigungsprobleme geben.

Münch, Markus, dt. Mittelfeldspieler, *7. September 1972 Nußloch (Baden-Württemberg); bis 1990 SV Sandhausen, 1990–94 FC Bayern München, 1994–96 Bayer 04 Leverkusen, 1996–98 FC Bayern München, 1998 1. FC Köln, 1998/99 FC Genua 1893, 1999–2001 Besiktas Istanbul, 2001–03 Borussia Mönchengladbach, 2003–05 Panathinaikos Athen; 164 Bundesligaspiele (12 Tore).

München, Deutschland (Bayern), **1) FC Bayern München** (Fußballclub Bayern München), gegr. am 27. Februar 1900 als MTV 1879 München, 1906–19 Münchener SC, 1919 Fusion mit TV Jahn München zu TuSpV. Jahn München, seit 1923 FC Bayern München; Bundesliga 1965–2006; Spielkleidung: Rot; Stadion: → Allianz-Arena (frühere Spielstätten: bis 1972 Stadion an der Grünwalder Straße, 1972–2005 → Olympiastadion [2]). – Internationale Erfolge: EC I 1974, 1975, 1976, CL 2001, EC II 1967, EC III 1996, Weltpokal 1976, 2001. – INTERNET: www.fcbayern.de (für China: www. fcbayern.com.cn)

Spieler (Auswahl): P. Andersson – K. Augenthaler – R. Aumann – M. Babbel – M. Ballack – M. Basler – F. Beckenbauer – M. Bender – T. Berthold – D. Bierofka – A. Brehme – P. Breitner – H. Cerny – A. Daei – S. Deisler – K. Del'Haye – M. Demichelis – A. di Salvo – H. Dorfner – B. Dreher – W. Dremmler – N. Eder – S. Effenberg – G. Elber – H. Erhardt – T. Fink – H.-D. Flick – B. Förster – F. Gerber – L. Goldbrunner – U. Gospodarek – J. P. Guerrero – D. Hamann – J. Hansen – O. Hargreaves – R. Hasenhüttl – T. Helmer – D. und U. Hoeneß – M. Hughes – V. Ismaël – H. Jakob – C. Jancker – D. Jarolim – J. Jeremies – Jorginho – W. Junghans – O. Kahn – H.-J. Kapellmann – M. A. Karimi – J. Klinsmann – L. Kögl – J. Kohler – E. Kostadinov – R. Kovač – P. Közle – S. Kuffour – B. Labbadia – P. Lahm – B. Laudrup – S. Lerby – T. Linke – B. Lizarazu – K. Mai – J. Maier – R. Makaay – L. Matthäus – R. Maurer – A. McInally – G. Müller – M. Münch – N. Nachtweih – R. Nafziger – C. Nerlinger – M. Oberleitner – B. Oblak – W. Olk – J. P. Papin –

Paulo Sérgio – J.-M. Pfaff – H. Pflügler – C. Pizarro – T. Rau – P. Rautiainen – A. Reinhardt – M. Rensing – S. Reuter – J. Röber – G. Rohr – O. Rohr – F. Roth – K.-H. und M. Rummenigge – W. Sagnol – H. Salihamidzic – R. Santa Cruz – M. Scholl – H. Schumacher – M. Schwabl – G. Schwarzenbeck – C. Sforza – A. Sigurvinsson – A. Starek – M. Sternkopf – T. Strunz – A. Sutter – M. Tarnat – P. Thiam – O. Thon – G. Tremmel – P. Trochowski – A. Valencia – S. Wessels – M. Wiesinger – M. Witeczek – R. Wohlfahrt – J. Wouters – Zé Roberto – A. Zickler – C. Ziege – R. Zobel. – **Trainer** (Auswahl): Z. Čajkovski – D. Cramer – P. Csernai – M. Henke – J. Heynckes – O. Hitzfeld – G. Knöpfle – U. Lattek – S. Lerby – G. Lóránt – M. Milutinović – E. Ribbeck – A. Schaffer – G. Trapattoni – B. Zebec.

Frauenfußball: seit 1970; Bundesliga 2000–06; Spielkleidung: Rot-Schwarz/Schwarz/Schwarz; Stadion: Sportpark Aschheim, 3000 Plätze.

2) SC 1906 München (Sportclub München von 1906 e. V.), gegr. 1906 (Fußballabteilung 1918–20), 1927 Beitritt des FC Germania (gegr. 1926); Spielkleidung: Blau-Weiß/Weiß/Blau-Weiß; Stadion: »Rote Erde«, 2500 Plätze. – INTERNET: www.sc1906.de

Spieler (Auswahl): F. Beckenbauer – L. Goldbrunner.

3) TSV München 1860 (Turn-und Sportverein München von 1860), gegr. am 17. Mai 1860 bzw. (Fußballabteilung) am 25. April 1899 als TV München 1860, 1919–24 TSV München 1860, 1924 Trennung in SV 1860 München und TV 1860 München, 1934 Fusion von SV 1860 München und TV 1860 München zu TSV München 1860; Bundesliga 1963–70, 1977/78, 1979–81, 1994–2004; Zweite Bundesliga 1981/82 (Lizenzentzug 1982), 1991/92 (Süd), 1993/94, 2004–06; Spielkleidung: Blau-Weiß/Weiß/Blau-Weiß; Stadion: →Allianz-Arena (frühere Spielstätten: Stadion an der Grünwalder Straße bzw. →Olympiastadion [2]). – INTERNET: www.TSV1860.de

Spieler (Auswahl): P. Agostino – E. Beer – M. Bender – H. Benthaus – D. Bierofka – J. Böhme –D. Borimirov – R. Brunnenmeier –H. Cerny – J. Dowe – H. Fach – W. Fahrian – K. Fischer – H. Flohe – M. Gebhardt – F. Gerber – M. Hamann – W. Hartwig –T. Häßler – H. Heldt – B. Hobsch – S. Hofmann – S. Jentzsch – J. Jeremies – H.-J. Kapellmann – L. Kögl – F. Konietzka – B. Lauth – M. Lesniak – R. Linz – R. Maurer – M. Max – B. Meier – P. Pacult – B. Patzke – A. Pele – P. Radenkovic – S. Reisinger – T. Riedl – S. Rösler – R. Rydlewicz – M. Schwabl – D. Sekularac – Shao Jiayi – W. Sidka – A. Sing – M. Stevic – D. Suker – B. Trares – G. Tremmel – R. Völler – H. Waas – M. Weissenberger – H. Widmayer – M. Wiesinger – E. Willimowski – B. Winkler – T. Wohlers – N. Zelic. – **Trainer** (Auswahl): E. Beer – F. Binder – L. Goldbrunner – F. Götz – R. Gutendorf – F. Jusufi – U. Klimaschefski – E. Krautzun – W. Lorant – R. Maurer – M. Merkel – P. Pacult – C.-H. Rühl – W. Schachner – E. Schwartz – H. Tilkowski.

4) Türk SV München, eigtl. »Türk SV 1975 München« (Türk Sportverein 1975 München), gegr. 1975 als Türk Gücü München (ältester türk. Verein in Europa außerhalb Istanbuls), seit 2004 Türk SV 1975 München; Spielkleidung: Rot-Weiß/Rot/Rot; Stadion: Städt. Stadion an der Dantestraße, 10 000 Plätze. – INTERNET: www.tsv1975muenchen.com

Spieler (Auswahl): Cacau – I. Mansiz – B. Winkler. – **Trainer** (Auswahl): F. Brungs – M. Raducanu.

München-Gladbach, Deutschland: bis 1950 Bez. für →Mönchengladbach ...

»Mundialito«, die →Copa de Oro.

Müngersdorfer Stadion, Köln: →RheinEnergieStadion.

Múñoz, Miguel, span. Trainer, *19. Januar 1922 Madrid, †16. Juli 1990 ebd.; war Mittelfeldspieler (Halbstürmer): 1941–43 Imperio CF, 1943/44 CD Logroñés, 1944–46 Racing Santander, 1946–48 Celta Vigo, 1948–58 Real Madrid; 7 Länderspiele (1948–55). – Später Trainer: 1959–60 Plus Ultra Madrid (Reals Ausbildungsmannschaft), 1960–74 Real Madrid, 1974/75 Hercules Alicante, 1975/76 FC Granada, 1977–79 UD Las Palmas, 1979–82 FC Sevilla, 1982–88 Spanien (Nationalmannschaft; WM-Endrunde 1986, EM-Endrunde 1988).

M. Múñoz: Erfolgsstationen (Auswahl)	
Real Madrid	LM 1961, 1962, 1963, 1964, 1965, 1967, 1968, 1969, 1972 PS 1962, 1970, 1974 EC I 1960, 1966 Weltpokal 1960

Münster, Preußen, eigtl. »SC Preußen 06 Münster« (Sportclub Preußen von 1906 Münster), Deutschland (Nordrhein-Westfalen), gegr. am 30. April 1906; Bundesliga 1963/64; Zweite Bundesliga 1989–91; Spielkleidung: Weiß/Schwarz/Weiß-Grün; Stadion: Preußenstadion, 15 050 Plätze. – INTERNET: www.scpreussen-muenster.de

Spieler (Auswahl): M. Banach – A. Brinkmann – H.-J. Gede – S. Held – A. Kelbassa – E. Kostedde – M. Lesniak – C. und M. Metzelder – B. Möhlmann – H.-W. Moors – C. Pander – A. Preißler – H. Weber. – **Trainer** (Auswahl): W. Biskup – K. Klötzer – H.-W. Moors – W. Multhaup – W. Olk – G. Roggensack – B. Trautmann.

Munteanu, Dorinel Viorel, rumän. Mittelfeldspieler, *25. Juni 1968; 1989–91 FC Inter Sibiu, 1991–93 Dinamo Bukarest, 1993–95 Cercle Brüssel, 1995–99 1. FC Köln, 1999–2004 VfL Wolfsburg, 2004/05 Steaua Bukarest; 198 Bundesligaspiele (22 Tore); 128 Länderspiele (seit: 1991; 16 Tore); WM-Endrunde 1994, 1998; EM-Endrunde 1996, 2000. – Später Trainer: 2005 Steaua Bukarest (Trainerassistent), 2005/06 CFR Cluj (Spielertrainer).

Muntjan, Wladimir, ukrain. Mittelfeldspieler (Läufer), *14. September 1946; 1958–62 SKA Kiew, 1963–78 Dynamo Kiew; 49 Länderspiele für die UdSSR (1968–76; 7 Tore); WM-Endrunde1970; EM-Endrunde 1968, 1972; olymp. Fußballturnier 1972; in der UdSSR Fußballer des Jahres 1969. – Später Trainer: 1981–89 FK CSKA Kiew, 1992/93 Ukraine (Olympiaauswahl).

Münzenberg, Reinhold, dt. Abwehrspieler (Mittelläufer), *7. März 1908 Aachen, † 25. Juni 1986; 1918–51 Alemannia Aachen, LSV Hamburg und SV Werder Bremen; 41 Länderspiele (1930–39); WM-Endrunde 1934, 1938 (nicht eingesetzt); olymp. Fußballturnier 1936; Mitglied der →»Breslauer Elf«; spielte repräsentativ für Mittelrhein und Westdeutschland. – 1974–76 1. Vorsitzender von Alemannia Aachen.

Murcia, Real, eigtl. »Real Murcia CF« (Real Murcia Club de Fútbol), Spanien, gegr. 1908 als Real Murcia FC, 1940 Umbenennung in Club Real Murcia, später in Real Murcia CF; Spielkleidung: Rot/Weiß/Rot; Stadion: Estadio »La Condomina«, 15 805 Plätze.– INTERNET: www.realmurcia.es

Spieler (Auswahl): D. Jensen – A. Reinke. – **Trainer** (Auswahl): L. Kubala – F. Puskás– J. Toshack.

Muskel ... → Sportmedizin/Sportverletzungen.

Mutu, Adrian, rumän. Angriffsspieler, *8. Januar 1979 Calinesti; 1996–99 Arges Pitesti, 1999 Dynamo Bukarest, 1999/2000 Inter Mailand, 2000–02 Hellas Verona, 2002/03 AC Parma, 2003/04 FC Chelsea, 2005/06 Juventus Turin; 40 Länderspiele (seit 2000; 13 Tore); EM-Endrunde 2000; in Rumänien Fußballer des Jahres 2003. – 2004/05 siebenmonatige Spielsperre wegen Kokainmissbrauchs.

Myanmar, amtl. Bez. für → Birma.

N

Nachrücken, bei betontem Offensivverhalten das Aufschließen der Abwehrspieler und defensiven Mittelfeldspieler in die vorgelagerte gegner. Spielhälfte, um somit die → »zweite Reihe« [1] zu verstärken; schwächt das eigene Abwehrverhalten bei gegner. Kontern.

»Nachschlagen«, dem Gegner einen Tritt (»nachtreten«) oder Schlag versetzen, nachdem das Spiel unterbrochen wurde; auch das Treten oder Stoßen von hinten gegen einen davonlaufenden gegner. Spieler, ohne jegl. eigene Chance, in Ballbesitz zu gelangen. N. wird nach der Regel mit Feldverweis bestraft.

Nachschuss, Torschuss(versuch) nach missglückter Abwehr, auch nach Pfosten- oder Lattenschuss.

Nachspielen, Verlängern des Spieles über die reguläre Spielzeit hinaus (erste bzw. zweite Halbzeit), um die während des Spielabschnitts aufgetretenen Zeitverluste (Verletzungen, witterungsbedingte Unterbrechungen, unzulässiges Auf-Zeit-Spielen usw.) wieder auszugleichen. Die *Nachspielzeit* liegt im Ermessen des Schiedsrichters. Ein erzieltes Tor in der Nachspielzeit wird wie folgt angegeben (Beispiel): 90/+2, d.h., das Tor fiel zwar in der 92. Minute der »Bruttospielzeit«, wird aber der regulären Spielzeit von maximal 90 min (zusätzlich der Nachspielzeit) zugeordnet.

Nachtigall, Rainer, dt. Angriffsspieler (Rechtsaußen), *27. April 1941 Hoyerswerda; 1948–51 SG Neustadt (Spree), 1951–55 BSG Aktivist Lohsa, 1955–59 BSG Aufbau Hoyerswerda, 1959–70 FC Vorwärts Berlin; 159 Oberligaspiele (27 Tore); 11 Länderspiele (1960–65; 3 Tore); olymp. Fußballturnier 1964.

»Nachtreten« → »Nachschlagen«.

Nachtweih, Norbert, dt. Mittelfeldspieler, *4. Juni 1957 Sangerhausen (Sachsen-Anhalt); 1967–72 BSG Traktor Polleben, MK Eisleben und BSG Motor Sangerhausen, 1972–76 Hallescher FC Chemie (November 1976 Flucht über die Türkei in BRD), 1977–82 Eintracht Frankfurt, 1982–89 FC Bayern München, 1989–91 AS Cannes, 1991/92 Eintracht Frankfurt, 1992–96 Waldhof Mannheim; 35 (DDR-)Oberligaspiele (2 Tore); 325 Bundesligaspiele (46 Tore).

Nachwuchs-Europameisterschaft → Junioreneuropameisterschaft U 21/U 23.

NAFC-Meisterschaft, von der nicht mehr existierenden North American Football Confederation (NAFC), gegr. 1939, nur zweimal ausgetragene Verbandsmeisterschaft (1947 und 1949, Sieger: Mexiko). Gründungsmitglieder waren Kuba, Mexiko und USA. Neue Mitglieder kamen bis zur Auflösung Mitte der 1950er-Jahre nicht hinzu. 1961, mit Gründung der → CONCACAF, wurde die N. offiziell eingestellt.

Nafziger, Rudolf, dt. Angriffsspieler, *11. August 1945 Gauting (Bayern); 1963–68 FC Bayern München, 1968–70 FC St. Gallen, 1970–72 Hannover 96, 1972–74 Linzer ASK; 116 Bundesligaspiele (10 Tore); 1 Länderspiel (1965).

Nagoya Grampus Eight, Japan (Nagoya), gegr. 1991; Spielkleidung: Rot; Stadion: Mizuho Athletic Stadium, 28 000 Plätze. – INTERNET: www.nagoya-grampus-eight.co.jp

Spieler (Auswahl): G. Lineker– Luizão – D. Stojković – I. Vastic. – **Trainer** (Auswahl): C. Queiroz – A. Wenger.

Naidenow, Georgi Spirow, bulgar. Torhüter, *21. Dezember 1931 Sofia, † 20. Mai 1970; 1948–67 Botev Plovdiv, ZSKA und Spartak Sofia; 51 Länderspiele (1955–66); WM-Endrunde 1962, 1966; olymp. Fußballturnier 1956; in Bulgarien Fußballer des Jahres 1961.

Nakamura, Shunsuke, japan. Mittelfeldspieler, *24. Juni 1978 Kanagawa; 1996–2002 Yokohama Flügels bzw. Yokohama Marinos, 2002–05 Reggina Calcio, 2005/06 Celtic Glasgow; 49 Länderspiele (13 Tore).

Nakata, 1) Hidetoshi, japan. Mittelfeldspieler, *22. Januar 1977 Yamanashi; bis 1994 Nirasaki High School, 1994–98 Bellmare Hiratsuka, 1998/99 AC Perugia, 2000/01 AS Rom, 2001–03 AC Parma, 2004 FC Bologna, 2004/05 AC Florenz, 2005/06 Bolton Wanderers; 63 Länderspiele (seit 1997; 10 Tore); WM-Endrunde 1998, 2002; olymp. Fußballturnier 1996; Asiens Fußballer des Jahres 1997, 1998; in Japan Fußballer des Jahres 1997. – **2)** Koji, japan. Abwehrspieler, *9. Juli 1979 Shiga; 2002–05 Kashima Antlers, 2005/06 Olympique Marseille; 47 Länderspiele (2 Tore).

Naldo, eigtl. »Ronaldo Aparecido Rodrigues«, brasilian. Abwehrspieler, *10. September 1982 Londrina; 2001–04 RS Futebol Clube Alvorada, 2004/05 Juventude Caxias do Sul, 2005/06 SV Werder Bremen; 14 Bundesligaspiele (1 Tor).

Namibia, früher **Südwestafrika,** Republik im südl. Afrika, 825 418 km², 1,927 Mio. Ew.; Verband: Namibia Football Association, Abk. NFA, gegr. 1990, Sitz: Windhuk; Mitglied der FIFA und der CAF seit 1992; Spielkleidung: Rot.

Nancy-Lorraine, AS (Association Sportive Nancy -Lorraine), Frankreich (Nancy), gegr. 1920 als FC Nancy, seit 1967 AS Nancy-Lorraine; Spielklei-

dung: WEiß/Rot/Rot; Stadion: Stade Marcel-Picot, 20 067 Plätze. – INTERNET: www.asnl.net
Spieler (Auswahl): M. Hadji – R. Lemerre – R. Piantoni – M. Platini – A. Savarov. – **Trainer** (Auswahl): A. Jacquet – A. Wenger.

Nantes, FC, eigtl. »FC Nantes Atlantique« (Football Club de Nantes Atlantique), Frankreich, gegr. 1943 als FC Nante, seit 1992 FC Nantes Atlantique; Spielkleidung: Gelb/Grün/Grün/Gelb; Stadion: De La Beaujoire, 38 373 Plätze. – Internationale Erfolge: Alpenpokal 1982. – INTERNET: www.fcna.fr
Spieler (Auswahl): M. Bossis – J. Burruchaga – M. Desailly – D. Deschamps – R. Gadocha – C. Karembeu – R. Lemerre – H. Michel. – **Trainer** (Auswahl): J. Vincent.

Napoli Soccer, Italien: svw. Neapel Soccer (→ Neapel, SSC).

»Naranjito« [eine »lächelnde« Apfelsine], offizielles → WM-Maskottchen der WM-Endrunde 1982 in Spanien.

NASL, Abk. für **N**orth **A**merican **S**occer **L**eague, 1966 von den USA und Kanada durch den Zusammenschluss der **USA** (United Soccer Association) und der **NPSL** (National Professional Soccer League) gegr.; Saison: April–August, eine der kürzesten im Weltfußball. – In den USA existierte Fußball seit 1930 in der **ASL** (American Soccer League). 1959 entstand die → ISL und 1966 erfolgte der Zusammenschluss der **USSFA** (United States Soccer Football Association) und der **CSFA** (Canadian Soccer Football Association) zur NASL. Diese – wie auch der zweite existierende Verband, die NPSL – verweigerten den Beitritt zur FIFA: Ständige Reglementsänderungen und unorthodoxe eigene Regeln machten die NASL zum Problemfall. 1967 wurde die erste Saison mit 9 Klubs aus der USSFA und mit 8 aus der NPSL gespielt (1978 auf 24 Klubs erweitert). In den Klubs befanden sich etwa nur zu einem Prozent nordamerikan. Spieler.
Durch Spielerimporte aus Europa und Südamerika – oft handelte es sich hierbei um »Altstars« – bemühten sich Manager, Vereinsbosse und Sponsoren, dem Soccer in den USA zum Durchbruch zu verhelfen. Bekanntester Klub war Cosmos New York, für den u. a. Pelé und F. Beckenbauer spielten. Weitere attraktive Spielereinkäufe waren G. Best (San Francisco Golden Bay), B. Moore (San Antonio Thunder), G. Banks (Florida Strikers) und Eusebio (Toronto). Zu erwähnen wären darüber hinaus J. Cruijff und G. Müller, die in Washington bzw. Fort Lauderdale unter Vertrag standen. Trotz aller Anstrengungen war es für den Soccer schwierig, sich gegen die Konkurrenz von American Football, Baseball und Basketball durchzusetzen. Im Gegenteil, 1984 beschloss die NASL, die Meisterschaft ab 1985 bis auf weiteres auszusetzen, da fast alle Klubs mittlerweile finanziell Pleite gegangen waren. – Eine Aufschwung erfolgte erst nach der Weltmeisterschaft 1994 in den USA, in deren Folge 1996 die heutige ***MLS (Major League Soccer)*** entstand. Sie besteht aus 12 Teams, je 6 aus der Eastern Conference und der Western Conference.

Natanya, Nathanya, Israel: andere Schreibung von → Netanya …

National Division, höchste Spielklasse in Griechenland.

Nationalliga, 1) Rumänien: höchste Spielklasse. – **2)** Schweiz: früher höchste Spielklasse (heute: **Super League**; → Swiss Football League).

Nationalmannschaft, *A-Auswahl,* eine vom verantwortl. Trainer eines Landesverbands getroffene repräsentative Auswahl von Spitzenspielern

NASL-Meister	
1967	Los Angeles Wolves (USSFA)
	Oakland Clippers (NPSL)
1968	Atlanta Chiefs
1969	Kansas City Spurs
1970	Rochester Lancers
1971	Dallas Tornado
1972	New York
1973	Philadelphia Atoms
1974	Los Angeles Aztecs
1975	Tampa Bay Rowdies
1976	Toronto Metro-Croatia
1977	Cosmos New York
1978	Cosmos New York
1979	Vancouver Whitecaps
1980	Cosmos New York
1981	Chicago Stings
1982	Cosmos New York
1983	Tulsa Roughnecks
1984	Chicago Stings
MLS-Meister	
1996	D. C. United (Washington)
1997	D. C. United
1998	Chicogo Fire
1999	D. C. United
2000	Kansas City Wizwards
2001	San Jose Earthquakes
2002	Los Angeles Galaxy
2003	San Jose Earthquakes
2004	D. C. United
2005	Los Angeles Galaxy

Beinamen von Nationalmannschaften (Beispiele)
Albanien (»Skipetaren«)
Angola (»Palancas Negras«)
Argentinien (»Albiceleste«)
Australien (»Socceroos«)
Belgien (»Weiße Teufel«)
Brasilien (»Selecao«)
Frankreich (»Equipe Tricolore«)
Italien (»Squadra Azzurra«)
Niederlande (»Oranjes«)
Nigeria (»Super Eagles«)
Polen (»Klub Polska«)
Russland (»Sbornaja«)
Schottland (»Bravehearts«)
Schweden (»Tre Kronors«)
Schweiz (»Eidgenossen«)
Spanien (»Furien«)
Tunesien (»Adler von Karthago«)
Ungarn (»Magyaren«)
Uruguay (»Celeste«)

für ein internationales Spiel oder ein Turnier. Spieler, die eine neue Staatsbürgerschaft ohne Bezug zu diesem Land annehmen, erhalten keine Spielberechtigung für die N. dieses Verbandes. Zur Erlangung der Spielberechtigung für diesen Verband muss mindestens eine der nachfolgenden Voraussetzungen erfüllt sein: a) der Spieler wurde auf den Gebiet des betreffenden Verbandes geboren; b) die biolog. Mutter oder der biolog. Vater des Spielers wurde auf dem Gebiet des betreffenden Verbandes geboren; c) die Großmutter oder der Großvater des Spielers wurde auf dem Gebiet des betreffenden Verbandes geboren; d) der Spieler war während mindestens 2 Jahren ununterbrochen auf dem Gebiet des betreffenden Verbandes wohnhaft. Diese Voraussetzungen garantieren einen Bezug des Spielers zum jeweiligen Land. *Spieler mit doppelter Staatsbürgerschaft:* Ein Spieler bis zu 21 Jahren, der bereits ein L. bestritt (aber kein A-Länderspiel!), kann die Spielberechtigung für eine andere Auswahlmannschaft erlangen, wenn er zum Zeitpunkt dieses Einsatzes bereits im Besitz einer doppelten (oder mehrfachen) Staatsbürgerschaft war.

Nationalspieler, Aktiver, der für die Nationalmannschaft seines Verbandes Länderspiele bestreitet; kann sein Land nur international vertreten, wenn er dessen Staatsangehörigkeit besitzt. In der Vergangenheit (heute nicht mehr gestattet) gab es einige N., die nacheinander in verschiedenen Nationalmannschaften gespielt haben (→ »Oriundi«). Für die jeweilige individuelle Klasse eines N. im eigenen Land spricht die Anzahl seiner Länderspieleinsätze.

Nationenpokal

1. 1927–30	Italien
2. 1931/32	Österreich
3. 1933–35	Italien
4. 1948–53	Ungarn
5. 1955–60	Tschechoslowakei

Nationalstadion, Repräsentativstadion (großes Fassungsvermögen) eines Landes, in dem wichtige Länderspiele zur Austragung gelangen; kaum noch verbreitet, z. B. in Frankreich das → Stade de France, in Ungarn das → Ferenc-Puskas-Stadion, in Mexiko das → Aztekenstadion. Deutschland besitzt wie schon die »alte« Bundesrepublik kein N.; in der DDR gab es das → Zentralstadion.

Nationalverband → der Landesverband [1].

Nationenpokal, drittältester europ. Pokalwettbewerb nach der Brit. und der Skandinav. Meisterschaft; 1927 von H. Meisl organisiert, zw. 1927 und 1960 sechsmal ausgetragen. Gründerländer: Österreich, Italien, Ungarn, Schweiz, Tschechoslowakei. Reglement: jeder gegen jeden mit Hin- und Rückspiel. – 1936/37 wurde der eigtl. vierte Wettbewerb wegen der späteren Annexion Österreichs durch Deutschland nicht abgeschlossen; 1955 war Jugoslawien erstmals dabei. 1955 wurde von der UEFA der N. in »Dr.-Gerö-Pokal« umbenannt. (Der damalige ÖFB-Präsident war maßgeblich an der Gründung der UEFA beteiligt.) Lange Wettbewerbszeiträume machten den Pokal unüberschaubar und reizlos; er endete 1960. Der N. ist nicht zu verwechseln mit dem *Europapokal der Nationen.*

Nausch, Walter, österr. Trainer, * 5. Februar 1907 Wien, † 11. Juli 1957 Obertraun (Bundessportschule); war Mittelfeldspieler (Läufer): 1922 Josefstädter FC und SC Libertas Wien, 1923–25 Amateure Wien, 1925–29 Wiener AC, 1929–38 Austria Wien, Young Fellows Zürich und Young Boys Bern; 41 Länderspiele (1929–37; 1 Tor); Repräsentant der → »Wiener Schule« und Mitglied des → »Wunderteams«. – Später Verbandskapitän: 1948–54 Österreich (Nationalmannschaft; WM-Endrunde 1954, gemeinsam mit E. → Frühwirth und H. → Pesser).

NAVU, Abk. für **N**ederlands **A**ntilliaanse **V**oetbal **U**nie, den Landesverband der → Niederländischen Antillen.

Neapel, SSC (Societá Sportiva Calcio Napoli), Italien, gegr. 1926 als AC Neapel (bis 1968), 2004

Lizenzentzug (Abstieg in die dritte Liga), seitdem **Neapel Soccer;** Spielkleidung: Blau/Weiß/Blau; Stadion: San Paolo, 78 000 Plätze. – Internationale Erfolge: EC III 1989, Alpenpokal 1966, Anglo-Italian-Cup1977. – INTERNET: www.calcionapoli.it

Spieler (Auswahl): Alemão – R. Ayala – L. Ben Barek – D. Bertoni – L. Blanc – T. Burgnich – F. und P. Cannavaro – Careca – F. De Napoli – G. Dirceu – Edmundo – G. Giannini – K. Hamrin – R. Krol – D. Maradona – Mazzola – F. H. Quiroga – H. Scarone – I. Schalimow – E. O. Sivori – G. Stábile – D. Zoff – G. Zola. – **Trainer** (Auswahl): V. Boskov – M. Lippi – C. Ranieri – E. O. Sivori –Z. Zeman.

Neckarstadion, Stuttgart: → Gottlieb-Daimler-Stadion.

Nedved, Pavel, tschech. Mittelfeldspieler, * 30. August 1972 Cheb; 1977–85 TJ Skalná u Chebu, 1985/86 RS Cheb, 1986–88 FC Viktoria Plzeň, 1988–90 VTJ Tabor, 1990–92 Dukla Prag, 1992–96 Sparta Prag, 1996–2001 Lazio Rom, 2001–06 Juventus Turin; 85 Länderspiele für die ČSFR bzw. Tschech. Republik (seit 1992; 17 Tore); EM-Endrunde 1996, 2000, 2004; Europas Fußballer des Jahres 2003; in der Tschech. Republik Fußballer des Jahres 1998, 2000, 2003, 2004.

Pavel Nedved

Neeskens, Johannes Jakobus (»Johan«), niederländ. Mittelfeldspieler, * 15. September 1951 Heemstede; 1969–74 Ajax Amsterdam, 1974–79 FC Barcelona, 1979–84 Cosmos New York, 1984/85 FC Groningen, 1985/86 Kansas City Comets (USA), 1986 Fort Lauderdale Son, 1986/87 Löwenbräu (USA); 49 Länderspiele (1970–1981; 17 Tore); WM-Endrunde 1974, 1978; EM-Endrunde 1976. – Später Trainer: 1987–90 FC Baar (Spielertrainer), 1990/91 FC Zug (Spielertrainer), 1991–2000 FC Stäfa (Kt. Zürich), FC Singen 04, Niederlande (Nationalmannschaft [Trainerassistent], U 18), 2000–04 NEC Nimwegen, 2005/06 Australien (Nationalmannschaft [Trainerassistent]).

Nehoda, Zdenek, tschech. Angriffsspieler, * 9. Mai 1952 Hulin; 1960–67 TJ Hulin und SK Moravice, 1967–70 TJ Gottwaldov, 1970–82 Dukla Prag, 1982–84 SV Darmstadt 98, 1984 Standard Lüttich, 1984–86 AS Grenoble; 90 Länderspiele für die ČSSR (1971–82; 31 Tore); WM-Endrunde 1982; EM-Endrunde 1976 (Europameister), 1980; in der ČSSR Fußballer des Jahres 1978, 1979.

Nehru-Goldcup, Indien: Kurz-Bez. für → Jawaharlal-Nehru-Goldcup.

Neid, Silvia, dt. Trainerin, * 2. Mai 1964 Walldürn (Baden-Württemberg); sie war Mittelfeldspielerin: 1975–80 SV Schlierstadt, 1980–83 SC Klinge Seckach, 1983–85 SSG Bergisch Gladbach, 1985–96 TSV Siegen; 111 Länderspiele (1982–96; 48 Tore); WM-Endrunde 1995; Europameisterin 1989, 1991, 1995. – Später Trainerin: 1996–2006 Nationalmannschaft (1996–2005 Trainerassistentin, 2005/06 Ceftrainerin; Europameisterin 1997, 2001, 2005, Weltmeisterin 2003); betreute 1996–2005 darüber hinaus Nachwuchsauswahlmannschaften wie die U 18 (Europameister 2000, 2001) und die U 19 (Europameister 2002, Weltmeister 2004).

Nejedlý, Oldrich, tschech. Mittelfeldspieler (Halbstürmer), * 13. Dezember 1909 Zebrak, † 11. Juni 1990; bis 1926 SK Zebrak und Čechoslovan Kosice, 1926–31 Rakovnik, 1931–41 Sparta Prag, 1941–48 Rakovnik; 43 Länderspiele für die Tschechoslowakei (1931–38; 29 Tore); WM-Endrunde 1934, 1938.

Nemec, Jiri, tschech. Mittelfeldspieler, * 15. Mai 1966 Prag; bis 1987 Slavoj Pacov, 1987–90 Dukla Prag, 1990–93 Sparta Prag, 1993–2002 FC Schalke 04, 2002/03 Chmel Blsany, 2003/04

Sparta Prag, 2004/05 Viktoria Zizkov; 256 Bundesligaspiele (6 Tore); 84 Länderspiele für die ČSSR, ČSFR bzw. Tschech. Republik ; WM-Endrunde 1990; EM-Endrunde 1996, 2000; in der Tschech. Republik Fußballer des Jahres 1997.

Nené, eigtl. »Baptista Tamagnini Manuel Gomes«, portugies. Angriffsspieler (Mittelstürmer), *20. November 1949 Leca da Palmeira; 1965/66 Ferroviario da Namanga (Moçambique), 1966–86 Benfica Lissabon; 66 Länderspiele (1971–84; 22 Tore); EM-Endrunde 1984; in Portugal Fußballer des Jahres 1971.

Nëntori, KS 17., Albanien: → Tirana [3].

Nepal, Königreich an der Südseite des Himalaja, 140 800 km², 26,470 Mio. Ew.; Verband: All Nepal Football Association, Abk. ANFA, gegr. 1951, Sitz: Kathmandu; Mitglied der FIFA seit 1970, der AFC seit 1971; Spielkleidung: Rot.

Nepstadion, Budapest: bis 2002 Bez. für das → Ferenc-Puskás-Stadion.

Nerlinger, Christian, dt. Mittelfeldspieler, *21. März 1973 Dortmund; 1981–86 TSV Forstenried, 1986–98 FC Bayern München, 1998–2001 Borussia Dortmund, 2001–04 Glasgow Rangers, 2004/05 1. FC Kaiserslautern; 224 Bundesligaspiele (29 Tore); 6 Länderspiele (1998/99; 1 Tor).

Silvia Neid

Nery, Gustavo, eigtl. »Nery de Sá da Silva«, brasilian. Abwehrspieler, *22. Juli 1977 Nova Friburgo; 1994–96 FC Santos, 1997 FC Coritiba, 1998/99 FC Santos, 2000 FC Guarani, 2000–04 FC São Paulo; 2004/05 SV Werder Bremen, 2005 Corinthians São Paulo; 3 Bundesligaspiele; 6 Länderspiele (2004).

Nerz, Otto, Prof. dt. Trainer (Prof. Dr. med.), *21. Oktober 1892 Hechingen (Baden-Württemberg), † 26. Februar (?) 1949 Internierungslager Sachsenhausen (zu Oranienburg [Brandenburg]); war Mittelfeldspieler (Läufer): 1906–10 FG Hechingen, 1910–19 VfR Mannheim, 1919–24 Tennis Borussia. – Später Trainer: 1924–26 Tennis Borussia, 1926–36 DFB (Nationalmannschaft; WM-Endrunde 1934, olymp. Fußballturnier 1936). Nachfolger als Trainer der dt. Nationalmannschaft wurde sein damaliger Trainerassistent J. → Herberger.

Nesta, Alessandro, ein italien. Abwehrspieler, *19. März 1976 Rom; bis 1985 Cinecitta Calcio, 1985–2002 Lazio Rom, 2002–06 AC Mailand; 68 Länderspiele (seit 1996); WM-Endrunde 1998, 2002; EM-Endrunde 2000, 2004.

Netanya, Maccabi, Israel, gegr. 1939; Spielkleidung: Gelb/Schwarz/Gelb-Schwarz; Stadion: Maccabi-Stadium, 20 000 Plätze. – INTERNET: members.iol.co.il/natania

Netto, Igor, russ. Mittelfeldspieler (Läufer), *9. Januar 1930 Moskau; 1944–48 Zentralhaus der Jungen Pioniere (Moskau), 1948–66 Spartak Moskau; 57 Länderspiele für die UdSSR (1952–63; 4 Tore), WM-Endrunde 1958, 1962; Europapokal der Nationen 1960 (Sieger); Olympiasieger 1956. – Später Trainer: 1967 Omonia Nikosia, 1968 Schinnik Jaroslawl, 1970/71 im Iran, danach Panionios Athen, 1987–93 Spartak Moskau (Nachwuchs).

Igor Netto

Netzer, Günter, dt. Geschäftsmann, *14. September 1944 Mönchengladbach; war Mittelfeldspieler: 1952–63 1. FC Mönchengladbach, 1963–73 Borussia Mönchengladbach, 1973–76 Real Madrid, 1976–78 Grasshopper-Club Zürich; 230 Bundesligaspiele (82 Tore); 37 Länderspiele (1965–75;

Günter Netzer

6 Tore); Weltmeister 1974; Europameister 1972; in der BRD Fußballer des Jahres 1972, 1973. – Später Manager: 1978–86 Hamburger SV. Vermarktet seit 1991 TV-Rechte und Bandenwerbung und fungiert als TV-Co-Moderator (Spielanalytiker) bei Länderspielen mit dt. Beteiligung.

> **G. Netzer**
> »Kopfball war für mich immer so etwas ähnliches wie Handspiel.«

Neubarth, Frank, dt. Trainer, *29. Juli 1962 Hamburg; war Angriffsspieler: 1968–82 Concordia Hamburg, 1982–96 SV Werder Bremen; 317 Bundesligaspiele (97 Tore); 1 Länderspiel (1988). – Später Trainer: 1996–2002 SV Werder Bremen (1996–99 Jugend, 1999–2002 Amateure), 2002/03 FC Schalke 04, 2004–06 Holstein Kiel.

Neuberger, 1) Hermann, dt. Funktionär (Dr. h. c.), *12. Dezember 1919 Völklingen-Fenne (Saarland), †27. September 1992 ebd.; als damaliger Präsident des unabhängigen Saarländ. Fußball-Bundes war er stark daran beteiligt, dass das Saarland 1957 ein Land der Bundesrepublik wurde. N. war mit F. → Kremer und H. → Gösmann maßgeblich an der Gründung der Bundesliga beteiligt. 1975–92 war N. DFB-Präsident (Vorgänger: H. → Gösmann, Nachfolger: E. → Braun). – In seine Amtszeit fiel die dt. Wiedervereinigung und damit der Beitritt des NOFV zum DFB. Ihm zu Ehren wurde in Völklingen (→ Völklingen, Röchling) das dortige Stadion nach ihm benannt. – **2)** Willi, dt. Mittelfeldspieler, *15. April 1946; bis 1966 TuS Röllfeld, 1966–71 Borussia Dortmund, 1971–73 SV Werder Bremen, 1973–75 Wuppertaler SV, 1975–83 Eintracht Frankfurt; 520 Bundesligaspiele (63 Tore); 2 Länderspiele (1968).

> **H. Neuberger**
> »Spieler sind zu ersetzen, Funktionäre nicht.«

Neubrandenburg, FC (Fußball-Club Neubrandenburg), Mecklenburg-Vorpommern, gegr. 1948 als SG Ernst Reuter Neubrandenburg, 1950–53 BSG Energie Neubrandenburg, 1953–62 BSG Turbine Neubrandenburg, 1962–66 SC Neubrandenburg, 1966–91 BSG Post Neubrandenburg, 1991–93 SV Post Telekom Neubrandenburg, seitdem FC Neubrandenburg; DDR-Oberliga 1964/65; Spielkleidung: Blau-Gelb/Blau/Blau; Stadion: Günter-Harder-Stadion, 15 800 Plätze. – INTERNET: www.sc-neubrandenburg.de

Spieler (Auswahl): T. Borowski – G. Kische – H. Pleß.

Neuchâtel, Xamax, eigtl. »Xamax FC Neuchâtel« (Xamax Football Club Neuchâtel), Schweiz, entstand 1970 durch Fusion von Cantonal-Neuchâtel FC und Xamax Sports Neuchâtel; Spielkleidung: Schwarz-Rot/Schwarz/Schwarz; Stadion: La Maladière, 22 500 Plätze. – INTERNET: www.xamax.ch

Spieler (Auswahl): R. Brunnenmaier – A. Daina – R. Elsener – G. Gress – C. Gross – S. Henchoz – H. Hermann – M. Lesniak – H. Ramzy – U. Stielike. – **Trainer** (Auswahl): G. Gress – H. Hodgson – U. Stielike.

Neuendorf, Andreas (»Zecke«), dt. Mittelfeldspieler, *9. Februar 1975 Berlin (West); bis 1994 SFC Stern 1900, Blau-Weiß 90 Berlin, BFC Preußen Berlin und Reinickendorfer Füchse, 1994–97 Bayer 04 Leverkusen, 1998–2000 Hertha BSC, 2000/01 Bayer 04 Leverkusen, 2001–06 Hertha BSC; 169 Bundesligaspiele (14 Tore).

Neuendorf, TuS, Deutschland: → Koblenz, TuS.

Neuhaus, Uwe, dt. Trainer, *26. November 1959 Hattingen/Ruhr (Nordrhein-Westfalen); war Abwehrspieler: 1983/84 SpVgg Erkenschwick, 1984–88 Rot-Weiss Essen, 1989–98 SG Wattenscheid 05; 102 Bundesligaspiele (12 Tore). – Später Trainer: 1998–2004 Borussia Dortmund (Trainerassistent), 2005/06 Rot-Weiss Essen.

Neukaledonien, frz. Überseegebiet im südwestl. Pazif. Ozean, 19 060 km², 210 800 Ew.;

Verband: Fédération Caledonienne de Football, Abk. FCF, gegr. 1928, Sitz: Nouméa; Mitglied der FIFA seit 2004, der OFC seit 1999; Spielkleidung: Anthrazit/Rot/Anthrazit.

Neumünster, VfR (Verein für Rasenspiele Neumünster), Deutschland (Schleswig-Holstein), gegr. am 3. März 1910; Spielkleidung: BlauWeiß/Weiß/Blau; Stadion: VfR-Stadion, 9500 Plätze. – INTERNET: www.vfr-neumuenster.de

Spieler (Auswahl): S. Schnoor.

Neuner, Manfred, dt. Schiedsrichter (Leimen), *20. November 1945 Leimen (Baden-Württemberg), †27. Dezember 2001 ebd.; seit 1971 DFB-Schiedsrichter; 1979–1981 Zweite Bundesliga, 1982–92 Bundesliga (99 Spiele), 1985–91 FIFA-Referee; 18 Länderspiele; 30 Europapokalspiele; DFB-Pokalfinale 1990.

Neunkirchen, Borussia, eigtl. »VfB Borussia Neunkirchen« (Verein für Bewegungsspiele Borussia Neunkirchen), Deutschland (Saarland), gegr. am 1. Mai 1905 als FC Neunkirchen, 1907 Fusion mit SC Neunkirchen zu SC Borussia Neunkirchen, 1908–45 Borussia VfB Neunkirchen (1945 aufgelöst und neu gegr.), 1945–51 VfB Neunkirchen, seitdem VfB Borussia Neunkirchen; Bundesliga 1964–66, 1967/68; Spielkleidung: Weiß-Schwarz/Schwarz/Schwarz-Weiß; Stadion: Stadion Ellenfeld, 33 000 Plätze. – INTERNET: www.borussia-neunkirchen.de

Peter Neururer

Spieler (Auswahl): G. und S. Kuntz – A. Okocha – H. Simmet – G. Zewe. – **Trainer** (Auswahl): H. Buhtz – S. Kuntz – A. Preißler.

Neuruppin, MSV (Märkischer Sportverein Neuruppin), Deutschland (Brandenburg), gegr. 1919 als Neuruppiner Turnerbund, später Militärsportverein Neuruppin und seit Anfang der 1920er-Jahre MSV Neuruppin, 1945 aufgelöst und als SG Neuruppin neu gegr., 1948–50 ZSG Neuruppin, 1950/51 BSG Konsum Neuruppin, 1951/52 BSG Empor Mitte Neuruppin, danach BSG Empor Neuruppin und BSG Electronik Neuruppin (bis 1989), 1990 TuS Neuruppin und später MSV Neuruppin; Spielkleidung: Blau-Weiß/Blau/Blau; Stadion: Volksparkstadion, 10 000 Plätze. – INTERNET: www.msv.neuruppin.de

Trainer (Auswahl): C. Schreier.

Neururer, Peter, dt. Trainer, *26. April 1955 Marl (Nordrhein-Westfalen); 1984/85 TuS Haltern, 1985/86 Westfalia Weitmar 09, 1986/87 Rot-Weiss Essen (1986 Trainerassistent, 1987 Cheftrainer), 1988/89 Alemannia Aachen, 1989/90 FC Schalke 04, 1991 Hertha BSC, 1991–93 1. FC Saarbrücken, 1994/95 Hannover 96, 1996/97 1. FC Köln, 1999 Fortuna Düsseldorf, 1999/2000 Kickers Offenbach, 2000/01 LR Ahlen, 2001–05 VfL Bochum, 2005/06 Hannover 96.

> **P. Neururer**
> »Ich bin der deutschen Sprache nicht so mächtig. Ich brauche lange, um dann doch nicht auf den Punkt zu kommen.«

Neuseeland, Staat im Pazif. Ozean südöstlich von Australien, 268 680 km², 3,952 Mio. Ew.; Verband: New Zealand Soccer Inc, Abk. NZS, gegr. 1891, Sitz: Wellington; Mitglied der FIFA seit 1948, der OFC seit 1966; Spielkleidung: Weiß. – Erfolge: Ozeanienmeister 1973, 1998, 2002. – INTERNET: www.nzsoccer.com

Neuss, VfR, eigtl. »VfR 06 Neuss« (Verein für Rasenspiele 1906 Neuss), Nordrhein-Westfalen; gegr. 1906 als Sportfreunde Neuss von 1906, später Fusion mit SC Neuss 1911 zu VfR Neuss; Spielkleidung: Grün-Weiß/Grün/Grün; Stadion: Stadion an der Hammer Landstraße (»VfR-Stadion«), 12 000 Plätze. – INTERNET: www.vfr-neuss.de

Spieler (Auswahl): H.-J. Criens – F. Funkel – H.-W. Moors. – **Trainer** (Auswahl): M. Krafft.

Neustrelitz, TSG (Turn- und Sportgemeinschaft Neustrelitz), Deutschland (Mecklenburg-Vorpommern), gegr. 1946 als SG Neustrelitz, 1949–51 BSG Konsum Neustrelitz, 1951/52 BSG Empor Süd Neustrelitz, 1952–71 BSG Motor Neustrelitz, 1971–75 BSG Maschinelles Rechnen Neustrelitz, seitdem TSG Neustrelitz; Spielkleidung: Blau; Stadion: Parkstadion, 7000 Plätze. – INTERNET: www.tsg-neustrelitz.de

Spieler (Auswahl): J. Dowe – H. Fuchs – H. Pleß. – **Trainer** (Auswahl): J. Bogs – U. Schulze.

Neutraler, svw. → Schiedsrichter.

»neutraler Platz«, von einem internationalen oder nationalen Verband festgelegter Platz zur Austragung eines Qualifikations-, Entscheidungs-, Endspiels usw.; liegt geografisch meist etwa zw. den Heimatorten beider Teams und ist nicht zu verwechseln mit → Ausweichplatz. Ein »n. P.« ist auch Austragungsstätte nach Platzsperre eines Vereins.

»Neutralisieren des Gegners«, Ausschalten, d.h. Kompensieren der individuellen Stärken der gegner. Mannschaft, in dem man eigene wirkungsvolle Gegenmaßnahmen einsetzt, die aber ausschließlich spielerische bzw. kämpferisch erlaubte Mittel beinhalten sollten. In der Regel für die gegner. Mittelfeldspieler gebraucht, wird »Neutralisieren« auch für die Mittelfeldreihen beider Mannschaften angewendet, insofern z. B. keines von beiden Teams Spielvorteile für sich verbuchen kann.

Neuville, Oliver, dt. Angriffsspieler italien. Herkunft (Mutter), * 1. Mai 1973 Locarno (Kt. Tessin); 1979–91 FC Gambarogno, 1991/92 FC Locarno, 1992–96 Servette Genf, 1996/97 CD Tenerife, 1997–99 FC Hansa Rostock, 1999–2004 Bayer 04 Leverkusen, 2004–06 Borussia Mönchengladbach; 262 Bundesligaspiele (81 Tore); 51 Länderspiele für Deutschland (seit 1998; 5 Tore); WM-Endrunde 2002.

»Never change a winning team« [engl., »Ändere nie eine siegreiche Mannschaft«], von A. E. → Ramsey geprägte Fußball-»Weisheit«, dass man nach einem erfolgreichen Spiel das folgende mit der gleichen Aufstellung bestreiten sollte. Ist nur bedingt aussagekräftig, weil vor dem nächsten Spiel bestimmte Faktoren vom Trainer zu berücksichtigen sind, z. B. Verletzungen und bzw. oder Spielsperren von Aktiven sowie takt. Gründe (z. B. Wiedereinsatz genesener oder nach Ablauf einer Sperre einsatzfähiger Spieler, Spielstärke und -system des kommenden Gegners). – Der Ausspruch besitzt folglich keine Allgemeingültigkeit, für den Trainer ohnehin nicht.

Neville, Gary, engl. Abwehrspieler, * 18. Februar 1975 Bury; 1992–2006 Manchester United; 77 Länderspiele (seit 1995); WM-Endrunde 1998; EM-Endrunde 1996, 2000, 2004. – Sein Bruder **Philip N.** (* 1977) ist ebenfalls Abwehrspieler: 1994–2005 Manchester United, 2005/06 FC Everton; 52 Länderspiele (seit 1996); EM-Endrunde 1996, 2000, 2004.

Newcastle United, eigtl. »Newcastle United FC« (Newcastle United Football Club), England (Newcastle), gegr. 1881 als Stanley Newcastle, 1882–92 Newcastle East End (seit 1889 Profifußball), seitdem Newcastle United FC; Spielkleidung: Schwarz-Weiß/Schwarz/Schwarz; Stadion: St. James' Park, 52 173 Plätze. – Internationale Erfolge: Messepokal 1969, Anglo-Italian-Cup 1973. – INTERNET: www.nufc.premiumtv.co.uk

Spieler (Auswahl): I. Allchurch – F. Asprilla – J. Barnes – P. Beardsley – A. Cole – G. Eastham – H. K. Gallacher – P. Gascoigne – D. Ginola – D. Hamann – K. Keegan – P. Kluivert – J. Milburn – C. Moore – M. Owen – I. Rush – L. Saha – A. Shearer – J. D. Tomasson – C. Waddle. – **Trainer** (Auswahl): O. Ardiles – J. Charlton – K. M. Dalglish – R. Gullit – K. Keegan – R. W. Robson – G. Souness.

Newcomer [engl., »Ankömmling«], neuer, meist junger Spieler, der auf Anhieb »einschlägt«.

Newell's Old Boys, Argentinien: → Rosario [1].

Newton Cup [nach Richard Newton, einem engl. Einwanderer], 1906–76 ausschließlich zw. Argentinien und Uruguay unregelmäßig ausgetragener Pokalwettbewerb.

New York, USA, **1) Cosmos New York,** eigtl. »New York Cosmos«, gegr. 1971 als New York, 1977–79 Cosmos, 1979–85 New York Cosmos, 1985 aufgelöst; Spielkleidung: Grün-Weiß/Weiß/Weiß; Stadion: Giants Stadium, 79 469 Plätze. – Der Aufstieg des Vereins in den 1970er-Jahren basierte auf der Verpflichtung zahlreicher ausländ. Profis und Trainer.

Spieler (Auswahl): F. Beckenbauer – J. O. Bernardini – Carlos Alberto – F. Marinho – J. Neeskens – Pelé – W. Rijsbergen – F. van der Elst – W. Zmuda. – **Trainer** (Auswahl): H. Weisweiler.

2) New York/New Jersey MetroStars, Abk. **NY/NJ,** kurz »MetroStars«, gegr. 1996; Spielkleidung: Weiß/Blau/Blau; Stadion: Giants Stadium, 79 469 Plätze. – INTERNET: www.metrostars.com

Spieler (Auswahl): C. Branco – J. Djorkaeff – R. Donadoni – A. Juskowiak – T.-D. Dooley – P. Lalas – L. Matthäus – A. Meola – E. G. Pope – A. Valencia. – **Trainer** (Auswahl): V. Milutinović – C. Parreira – C. Queiroz.

NFA, 1) Abk. für **N**amibia **F**ootball **A**ssociation, den Fußballverband von → Namibia. – **2)** Abk. für **N**igeria **F**ootball **A**ssociation, den Fußballverband von → Nigeria.

NFAS, Abk.von **N**ational **F**ootball **A**ssociation of **S**waziland, den Fußballverband von → Swasiland.

NFF, Abk. für **N**orges **F**otball**f**orbund, den Fußballverband von → Norwegen.

NFV, Abk. für **N**orddt. **F**ußball**v**erband, ein → Regionalverband.

Ngwane, andere Bez. für → Swasiland.

Nicaragua, eine Republik in Zentralamerika, 129494 km², 5,129 Mio. Ew.; Verband: Federación Nicaragüense de Fútbol, Abk. FENIFUT, gegr. 1931, Sitz: Managua; Mitglied der FIFA seit 1950, der CONCACAF seit 1968; Spielkleidung: Blau/Weiß/Blau. – INTERNET: www.fenifut.org.ni

Nice, frz. für → Nizza ...

Nicholas, Paul, frz. Angriffsspieler (Mittelstürmer), *4. November 1899 Paris, † 3. März 1959; 1913–18 Lyceum Charlemagne, 1918–33 Red Star Paris; 35 Länderspiele (1920–31). – Frankreichs Selektionär (»Teamchef«) bei der WM-Endrunde 1958 in Schweden.

Nicholson, Bill, engl. Trainer, *26. Januar 1919 Scarborough, † 23. Oktober 2004 Hertfordshire; war Mittelfeldspieler bei Tottenham Hotspur; 1 Länderspiel (1951; 1 Tor). – Später Trainer: 1958–74 Tottenham Hotspur. Die Straße, an der das Tottenham-Stadion (White Hart Lane; → London [10]) liegt, wurde ihm zu Ehren »Bill Nicholson Way« benannt.

B. Nicholson: Erfolgsstationen (Auswahl)	
Tottenham Hotspur	LM 1961 PS 1961, 1962, 1967 EC II 1963 EC III 1972

Nichtamateur, a) *Lizenzspieler:* Spieler, der das Fußballspiel aufgrund eines mit einem Lizenzverein oder einer Kapitalgesellschaft geschlossenen schriftl. Vertrages betreibt und durch Abschluss eines schriftl. Lizenzvertrages mit dem Ligaverband zum Spielbetrieb zugelassen ist. Das Nähere regelt das Ligastatut; dies gilt insbesondere für den nationalen Vereinswechsel. Einem N., der bei einem Verein als Amateur spielen will, kann die Amateureigenschaft auf seinen Antrag zurückverliehen werden. Die Entscheidung über den Antrag und die Spielerlaubnis obliegt dem zuständigen Mitgliedsverband des DFB, wenn der N. bei einem dt. Lizenzverein unter Vertrag war.
b) *Vertragsspieler:* Spieler, der über sein Mitgliedschaftsverhältnis hinaus einen schriftl. Vertrag mit seinem Verein abgeschlossen hat und über seine nachgewiesenen Auslagen hinaus Vergütungen oder andere geldwerte Vorteile von mindestens 150 € monatlich erhält. Er muss sich im Vertrag verpflichten, die steuerl. und sozialversicherungsrechtl. Abgaben abführen zu lassen. Der Vertrag ist mit dem Verein oder dessen Tochtergesellschaft, die am Spielbetrieb der Lizenzligen teilnimmt, zu schließen. Vorgänger → Vertragsamateur.

Nichtantreten, strafbare Handlung im Sinne der Spielordnung, insofern die betreffende Mannschaft schuldhaft ist. Bestimmungen (unter anderem): Wenn eine Mannschaft a) zu einem Pokalspiel nicht antritt, scheidet sie aus dem Wettbewerb aus, b) im laufenden Spieljahr dreimal zu Punktspielen nicht antritt, ist sie von der weiteren Teilnahme zu streichen.

Nickel, Bernd, dt. Mittelfeldspieler, *15. März 1949 Eisenroth (Hessen); 1963–66 SV Eisenroth, 1966–84 Eintracht Frankfurt; 426 Bundesligaspiele (141 Tore); 1 Länderspiel (1974); olymp. Fußballturnier 1974.

»Nicken« → Fußballerjargon.

Nicosia, Zypern: → Nikosia ...

Niederlande, ein Königreich in Westeuropa, 41526 km², 16,151 Mio. Ew.; Verband: Koninklijke Nederlandse Voetbalbond, Abk. KNVB, gegr. 1889, Sitz: Zeist; Mitglied der FIFA seit 1904, der UEFA seit 1954; Spielkleidung: Orange/Weiß/Orange. – Erfolge: Europameister 1988. – INTERNET: www.knvb.nl

Niederländische Antillen, die Westind. Inseln Curaçao, Bonaire, Sint Maarten (Südteil), Sint Eustatius und Saba, autonomer Teil der Niederlande, 960 km², 216200 Ew.; Verband: Nederlands Antilliaanse Voetbal Unie, Abk. NAVU, gegr. 1921, Sitz: Willemstad (Curaçao); Mitglied der FIFA seit 1932, der CONCACAF seit 1961; Spielkleidung: Weiß-Blau/Rot-Blau/Weiß-Rot.

Niederösterreichischer Fußballverband, Abk. **NÖFV,** einer der 9 Landesverbände des Österr. Fußball-Bundes (→ ÖFB); gegr. 1911, Sitz: St Pölten; umfasste bis 1921 alle Wiener und niederösterr. Vereine; 1923 erfolgte die Abspaltung des → Wiener Fußballverbandes. – INTERNET: www.noefv.at

Niederösterreichischer Fußballverband
(Gründungsjahre der ältesten Vereine)

Badener AC	1899
SC Herzogenburg	1899
SC Korneuburg	1902
SV Stockerau	1907
ATSV Wilhelmsburg	1907
1. Wiener Neustädter SC	1908
ASC Marienthal	1908
VfB Mödling	1911
1. SV Guntramsdorf	1911
SC Traiskirchen	1911

Niedersachsenstadion, Hannover: → AWD-Arena.

Nielsen, Kim Milton, dän. Schiedsrichter, *3. August 1960 Kopenhagen; seit 1976 Schiedsrichter, seit 1986 1. Liga, seit 1988 FIFA-Schiedsrichter, leitete bis 2005 24 Europapokalspiele (z. B. Champions-League-Finale 2004); FIFA World Futsal Championship 1989, U16-EM 1989, Junioren-WM 1993, WM-Endrunde 1998, 2002, EM-Endrunde 1996, 2000, 2004.

Nigbur, Norbert, dt. Torhüter, *8. Mai 1948 Gelsenkirchen; 1958–67 SV Gelsenkirchen, 1967–76 FC Schalke 04, 1976–79 Hertha BSC, 1979–83 FC Schalke 04; 456 Bundesligaspiele; 6 Länderspiele (1974–80).

Niger, Republik in Afrika, in der südl. Sahara, 1,267 Mio. km², 11,059 Mio. Ew.; Verband: Fédération Nigérienne de Football, Abk. FENIFOOT, gegr. 1967, Sitz: Niamey; Mitglied der FIFA und der CAF seit 1967; Spielkleidung: Orange/Weiß/Grün.

Nigeria, eine Bundesrepublik in Westafrika, 923768 km², 133,882 Mio. Ew.; Verband: Nigeria Football Association, Abk. NFA, gegr. 1945, Sitz: Abuja; Mitglied der FIFA und der CAF seit 1959; Spielkleidung: Grün-Weiß/Grün-Weiß/Grün-Weiß. – Erfolge: Olympiasieger 1996, Afrikameister 1980, 1994.

Nijhuis, Alfred, niederländ. Abwehrspieler, *23. März 1966 Enschede; bis 1991 ASC Schöppingen, SC und VOGIDO Enschede, 1991–97 MSV Duisburg, 1997/98 Urawa Red Diamonds, 1998–2001 Borussia Dortmund; 182 Bundesligaspiele (17 Tore).

Nikaragua, andere Schreibweise für → Nicaragua.

»Nike Premier Cup«, weltgrößtes Turnier für C-Junioren (U 15); findet jährlich mit ca. 100 000 Nachwuchsfußballern von fast 6500 Klubs aus Asien, Nord- und Südamerika, Afrika und Europa statt. Das Turnier startete 1994 mit 624 Teams aus 15 europ. Ländern. Zuerst findet ein nationaler Ausscheid statt (in Deutschland 12 Mannschaften), dem sich das Weltfinale anschließt.

Nikolov, Oka, makedon. Torhüter, *25. Mai 1974 Erbach/Odenwald (Hessen); bis 1991 SG Sandbach und SV Darmstadt 98, 1991–2006 Eintracht Frankfurt; 100 Bundesligaspiele; 6 Länderspiele für Makedonien.

Nikopolidis, Antonios, griech. Torhüter, *14. Oktober 1971 Arta; 1989–2004 Panathinaikos Athen, 2004–06 Olympiakos Piräus; 57 Länderspiele (seit 1999); Europameister 2004.

Nikosia, Zypern, **1) APOEL Nikosia,** eigtl. »APOEL« (Athlitikos Podosfairikos Omilos Ellinion Levkosias), gegr. 1926; Spielkleidung: Gelb/Blau/Gelb-Blau; Stadion: Neo G. S. P., 27 000 Plätze. – INTERNET: www.apoel.com.cy

Spieler (Auswahl): G. und N. Pantziaras. – **Trainer** (Auswahl): J. Gmoch – K. Jara – W. Lorant.

2) Olympiakos Nikosia, eigtl. »Olympiakos«, gegr. 1930; Spielkleidung: Grün/Schwarz/Schwarz; Stadion: Neo G. S. P. Stadium, 27 000 Plätze. – INTERNET: www.olympiakos.com.cy

Spieler (Auswahl): P. Rink. – **Trainer** (Auswahl): D. Kipiani.

3) Omonia Nikosia, eigtl. »Omonia«, gegr. 1948; Spielkleidung: Grün-Weiß/Weiß/Weiß; Stadion: Neo G. S. P., 27 000 Plätze. – INTERNET: www.omonoia.com.cy

Spieler (Auswahl): M. Haber – P. Rink. – **Trainer** (Auswahl): I. Netto.

Nijmegen, niederländisch für → Nimwegen ...

Nilsson, Roland, schwed. Abwehrspieler, *27. November 1963 Hälsingborg (seit 1971 Helsingborg); bis 1990 Helsingborgs IF, 1990–93 Sheffield Wednesday, 1993–97 Helsingborgs IF, 1997–99 Coventry City, 2000/01 Helsingborgs IF; 116 Länderspiele (1986–2000); WM-Endrunde 1990, 1994; EM-Endrunde 1992, 2000; in Schweden Fußballer des Jahres 1996.

Nilton Santos, eigtl. »Nilton dos Santos«, brasilian. Abwehrspieler, *16. Mai 1925 Rio de Janeiro; 1946–64 Botafogo Rio de Janeiro; 85 Länderspiele (1949–62; 3 Tore); WM-Endrunde 1950 (nicht eingesetzt), 1954, 1958 (Weltmeister), 1962 (Weltmeister).

Nîmes, Olympique, Frankreich, gegr. 1901 als SC Nîmes, seit 1937 Olympique Nîmes; Spielkleidung: Rot-Weiß/Weiß-Rot/Rot; Stadion: Stade des Costières, 18 482 Plätze. – INTERNET: www.nimesolympique.fr

Spieler (Auswahl): J. Poortvliet – E. Cantona.

Nimwegen, NEC, eigtl »NEC« (Nijmegen Eendracht Combinatie), Niederlande, gegr. 1900 als Nijmeegse VAV NEC, seit 1981 NEC; Spielkleidung: Schwarz-Rot-Grün/Schwarz/Schwarz; Stadion: De Goffert, 12 500 Plätze. – INTERNET: www.nec-nijmegen.nl

Spieler (Auswahl): G. Hiddink – R. Makaay. – **Trainer** (Auswahl): J. Neeskens.

Nitsch, Leopold, Österreich, österr. Mittelfeldspieler (Läufer), *14. August 1897 Wien, † Januar 1977; 1911–29 Rapid Wien; 35 Länderspiele (1915–27). – Später Trainer: 1924 Bulgarien (Nationalmannschft; olymp. Fußballturnier 1924), 1928–45 Rapid Wien (1928–36 Nachwuchs-, 1937–45 Cheftrainer; LM 1938, 1940, 1941, dt. LM 1941, dt. PS 1938).

Nizza, OGC, eigtl. »OGC Nice« (Olympique Gymnaste Club de Nice Côte d'Azur), Frankreich, gegr.

1904 als Gymnaste Club Nice, seit 1908 OGC Nice; Spielkleidung: Rot-Schwarz/Schwarz/Schwarz; Stadion: Stade Municipal du Ray, 26 000 Plätze. – INTERNET: www.ogcnice.com

Spieler (Auswahl): V. Agali – S. Camara – D. Džajić – J. Fontaine – D. Ginola – E. Jankauskas – G. Kaltenbrunner – S. Kohn – L. Laslandes – K. Lefter – R. Linz – V. Milutinović – R. Piantoni – H. Revelli – R. Zamora. – **Trainer** (Auswahl): C. Bianchi – G. Rohr.

N'Kono, Thomas, kamerun. Torhüter, *20. Juli 1955 Dizanque; 1970–82 Canon Yaoundé, 1982–90 Español Barcelona, 1991–93 FC Sabadell; 66 Länderspiele; WM-Endrunde 1982, 1990, 1994 (nicht eingesetzt); Afrikas Fußballer des Jahres 1979, 1982.

NOFV, Abk. für → **N**ord**o**stdeutscher **F**ußball**v**erband.

Nogly, Peter, dt. Abwehrspieler, *14. Januar 1947; bis 1969 SV Eichholz und Phönix Lübeck, 1969–80 Hamburger SV, 1980–83 Tornados Edmonton (Kanada), 1983/84 Hertha BSC, 1984/85 FC St. Pauli; 320 Bundesligaspiele (38 Tore); 4 Länderspiele (1977); EM-Endrunde 1976 (nicht eingesetzt). – Später Trainer: 2005 Al-Shabab (VAE; Trainerassistent).

Nohe, Friedrich-Wilhelm, dt. Pädagoge und Funktionär, *10. April 1864, †13. Oktober 1940; lernte den Fußball als Sprachlehrer an einer Militärschule in London kennen und siedelte 1898 nach Karlsruhe über, wo er Mitglied und Vorsitzender des Karlsruher FV wurde. 1898–1907 Vorsitzender des Süddt. Fußballverbandes; 1904/05 DFB-Präsident (Vorgänger: F. → Hueppe, Nachfolger: G. → Hinze).

Nöldner, Jürgen, dt. Mittelfeldspieler (Halbstürmer), *22. Februar 1941 Berlin; 1949–72 BSG Sparta Lichtenberg, BSG Turbine BEWAG, 15. Schule Lichtenberg, ASK Vorwärts Berlin und FC Vorwärts Frankfurt (Oder); 285 Oberligaspiele (88 Tore); 30 Länderspiele (1960–69; 16 Tore); olymp. Fußballturnier 1964; in der DDR Fußballer des Jahres 1966. – 1985–90 Chefredakteur der »fuwo«, seit 1990 Redakteur beim »kicker«, seit 1997 Leiter der Regionalredaktion Berlin.

Nordafrika-Cup, zweiter Wettbewerb für die Pokalsieger aus den nordafrikan. Ligen (→ Nordafrikameisterschaft), während der frz. Kolonialzeit zw. 1930 und 1949 durchgeführt.

Nordafrikameisterschaft, ältester afrikan. Klubwettbewerb mit Vereinen aus der Algier-, Oran-, Constantine-, Marokko- und Tunesien-Liga; ausgetragen ab 1919, 1930 durch den → Nordafrika-Cup ergänzt. Die N. wurde während des Zweiten Weltkriegs unterbrochen, 1949 beendet.

Nordafrika-Cup

1930	Club des Joyseusetés Oran
1931	Racing Universitaire Algier
1932	Club des Joyseusetés Oran
1933	Club des Joyseusetés Oran
1934	Club des Joyseusetés Oran
1935	Italia Tunis
1936	Racing Universitaire Algier
1937	Olympique Marokko
1938	SAM Casablanca
1946	US Marocaine Casablanca
1947	US Athlétique Casablanca
1948	Wydad AC Casablanca
1949	AS St. Eugene Algier

Nordafrikameisterschaft

1919	Racing Club Tunis
1920	ASMO Oran
1921	SC Bel Abbes Oran
1922	FC Blidéen Algier
1923	SC Bel Abbes Oran
1924	SC Bel Abbes Oran
1925	SC Bel Abbes Oran
1926	SC Bel Abbes Oran
1927	Gallic Sports Algier
1928	FC Blidéen Algier
1929	AS St. Eugène Algier
1930	Club de Joyseusetés Oran
1931	US Marokko
1932	US Marokko
1933	US Marokko
1934	Racing Universitaire Algier
1935	Gallia Club Oran
1936	Gallic Sports Algier
1937	Jeunesse Bone AC
1938	Racing Universitaire Algier
1941	US Marokko
1946	Gallic Sports Algier
1947	Wydad AC Casablanca
1948	Wydad AC Casablanca
1949	Wydad AC Casablanca

Nordahl, Gunnar, schwed. Angriffsspieler (Mittelstürmer), *19. Oktober 1921 Hörnefors; 1936–40 Hörnefors IF, 1940–43 Degerfors IF, 1943–49 IFK Norrköping, 1949–55 AC Mailand (→ »Gre-No-Li«), 1956–59 AS Rom, 1959–61 Karlstads BK; 33 Länderspiele (1942–48); Olympiasieger 1948; in Schweden Fußballer des Jahres 1947. – Seine Brüder **Bertil N.** (15 Länderspiele [1945–48]; in Schweden Fußballer des Jahres 1948) und **Knut N.** (26 Länderspiele [1946–

50]; in Schweden Fußballer des Jahres 1949) sowie sein Sohn **Thomas N.** (15 Länderspiele [1967–75]) spielten ebenfalls für die »Tre Kronors«.

»Nordamerikanische Fußball-Liga«, die **North American Soccer League** (→ NASL).

Norddeutscher Fußballverband, Abk. **NFV,** ein Regionalverband (gegr. 1905, Sitz: Bremen), der aus den Landesverbänden Hamburg, Schleswig-Holstein, Bremen und Niedersachsen besteht. Er ist vorrangig für die Oberliga Nord (Männer), die Regionalliga Nord (Frauen) sowie die A-, B- und C-Junioren-Regionalliga Nord zuständig. – INTERNET: www.nordfv.de

Norderstedt, 1. SC (1. Sportclub Norderstedt), Deutschland (Schleswig-Holstein), gegr. 1972; Spielkleidung: Rot/Blau/Blau; Stadion: Ochsenzoller Straße, 7000 Plätze.

Spieler (Auswahl): J. Scharping. – **Trainer** (Auswahl): V. Finke – W. Reimann.

Nordhaus, Helmut, dt. Abwehrspieler (Stopper), *10. Oktober 1922 Erfurt; 1933–35 Wacker Erfurt, 1935–39 VfB Erfurt, 1948–56 SG Fortuna, KWU, Turbine bzw. SC Turbine Erfurt; 178 Oberligaspiele (33 Tore); 3 Länderspiele (1953/54). – Später Trainer: BSG Stahl Maxhütte, SV Dynamo Erfurt, BSG Motor Nord Erfurt, FC Rot-Weiß Erfurt (1964–66), BSG Zentronik Sömmerda, BSG Motor Gotha.

Nordhausen, Wacker, eigtl. »FSV Wacker 90 Nordhausen« (Fußballsportverein Wacker 1990 Nordhausen), Deutschland (Thüringen), gegr. am 1. November 1905 als FC Wacker 05 Nordhausen, 1906–08 1. SV Wacker 05 Nordhausen, 1908–18 SV Wacker-Mars Nordhausen, 1918–1946 1.SV Wacker 05 Nordhausen, 1946–49 KWU Lok Nordhausen, 1950/51 Sektion Fußball der BSG Motor Nordhausen, 1951–76 BSG Motor Nordhausen-West, 1976–90 BSG Motor Nordhausen, seitdem FSV Wacker 90 Nordhausen; Spielkleidung: Blau/Weiß/Weiß; Stadion: Albert-Kuntz-Sportpark, 8088 Plätze. – INTERNET: www.wacker90-nordhausen.de

Spieler (Auswahl): L. Lindemann – J., H. und M. Weißhaupt. – **Trainer** (Auswahl): F. Bohla.

Nordhorn, Eintracht, eigtl. »SV Eintracht Nordhorn» (Sportverein Eintracht Nordhorn), Deutschland (Niedersachsen), gegr. am 29. Dezember als SV Nordhorn, 1947 Umbenennung in SV Eintracht Nordhorn, 1953 Abspaltung eines Teils in SV Concordia Nordhorn, 1957 Wiederanschluss von SV Concordia Nordhorn; Spielkleidung: Rot; Stadion: Eintracht-Stadion 8000 Plätze. – INTERNET: www.eintracht-nordhorn.de

Trainer (Auswahl): E. Middendorp.

Nordirland, der 1921 bei Großbritannien verbliebene Teil von Irland, 14 144 km², 1,600 Mio. Ew.; Verband: Irish Football Association Ltd., Abk. IFA, gegr. 1880, Sitz: Belfast; Mitglied der FIFA 1911–20, 1924–28 und seit 1946, der UEFA seit 1954; Spielkleidung: Grün/Weiß/Grün. – INTERNET: www.irishfa.com

Nordischer Fußballpokal, 1923 bis 1933 jährlich ausgetragener Pokalwettbewerb der skandinav. Länder (Schweden, Dänemark, Norwegen und Finnland). Pokalsieger waren Dänemark (1923–28), Norwegen (1929–32) und Schweden (1933).

Nordkorea → Korea.

Nordostdeutscher Fußballverband, Abk. **NOFV,** ein Regionalverband, Sitz: Berlin. Nachdem sich der Dt. Fußballverband der DDR (DFV der DDR) auf dem Außerordentl. Verbandstag am 20. November 1990 in Leipzig aufgelöst hatte, wurde am gleichen Tag der NOFV gegründet. Er ist der Zusammenschluss der in seinem Wirkungsbereich selbstständigen Fußballverbände der Länder Berlin, Brandenburg, Mecklenburg-Vorpommern, Sachsen, Sachsen-Anhalt und Thüringen. Einen Tag später trat in der Messstadt der NOFV auf einem außerordentl. DFB-Bundestag dem DFB als Regionalverband bei. – INTERNET: nofv-online.de

Nordqvist, Björn, schwed. Abwehrspieler (Stopper), *6. Oktober 1942 Hallsberg; 1958–60 Hallsberg IFK, 1961–72 IFK Norrköping, 1972–74 PSV Eindhoven, 1974–78 IFK Göteborg, 1979/80 Minnesota Kicks, 1980–83 Örgryte IS; 115 Länderspiele (1963–78); WM-Endrunde 1970, 1974, 1978; in Schweden Fußballer des Jahres 1968.

Björn Nordqvist

Normalform, Form, die man – gemessen an dessen Leistungsvermögen – von einem Spieler erwarten kann; steigert er sich beträchtlich, spricht man von *überragender Form;* fällt er ab, spielt er *unter Form* (anhaltend: *Formkrise*).

Norrköping, IFK (Idrottsförening Kamraterna Norrköping), Schweden, gegr. 1897; Spielkleidung: Weiß/Blau/Blau-Weiß; Stadion: Norrköping Idrottsparken, 21 000 Plätze. – INTERNET: www.ifknorrkoping.se

Spieler (Auswahl): T. Brolin – J. Eriksson – B. Gustavsson – O. Kindvall – N. Liedholm – G. Nordahl – B. Nordqvist.

Norwegen, ein Königreich in Nordeuropa, 324 220 km², 4,546 Mio. Ew.; Verband: Norges Fotballforbund, Abk. NFF, gegr. 1902, Sitz: Oslo;

Mitglied der FIFA seit 1908, der UEFA seit 1954; Spielkleidung: Rot/Weiß/Blau. – Erfolge: Weltmeister 1995 (Frauen), Europameister 1987 (Frauen), 1993 (Frauen), Olympiasieger 2000 (Frauen). – INTERNET: www.fotball.no

Norwich City, eigtl. »Norwich City FC« (Norwich City Football Club), England (Norwich), gegr. 1902; Spielkleidung: Grün-Gelb/Grün; Stadion: Carrow Road 21 414 Plätze. – INTERNET: www.canaries.premiumtv.co.uk

Spieler (Auswahl): T. Helveg – M. Peters – W. Rufer.

»Notbremse«, Foulspiel im oder kurz vor dem Strafraum als letzte Möglichkeit, einen durchgebrochenen gegner. Spieler am erfolgreichen Abschluss zu hindern; wird im Strafraum mit Strafstoß geahndet. Wer als letzter Abwehrspieler (auch Torhüter) bei einem frei durchlaufenden Gegner eine »N.« verursacht, wird sofort mit Feldverweis bestraft.

»Notschlag«, Wegdreschen des Balles in höchster Bedrängnis, ein »unkontrollierter Befreiungsschlag«; meist im eigenen Strafraum bei brenzligen Situationen vollzogen.

Nottingham, England: **1) Nottingham Forest,** eigtl. »Nottingham Forest FC« (Nottingham Forest Football Club), England (Nottingham), gegr. 1865 als Forest FC, seit 1879 Nottingham Forest FC (seit 1889 Profifußball); Spielkleidung: Rot /Weiß/Rot; Stadion: City Ground, 30 602 Plätze. – Internationale Erfolge: EC I 1979, 1980, (Europa-)Supercup 1979. – INTERNET: www.nottinghamforest.co.uk

Spieler (Auswahl): J. Baxter – T. Francis – E. Hughes – R. Keane – D. A. Platt – P. Shilton – J. Terry – J. van Breukelen – P. van Hooijdonk – A. Woodcock – S. Wright-Phillips. – **Trainer** (Auswahl): B. Clough – D. Platt – J. Röber.

2) Notts County, eigtl. »Notts County FC« (Notts County Football Club), England, ältester engl. Ligaverein, gegr. 1862 als Notts FC, seit 1866 Notts County FC (seit 1885 Profifußball); Spielkleidung: Schwarz-Weiß/Schwarz/Weiß; Stadion: County Ground Meadow Lane, 24 045 Plätze.

Spieler (Auswahl): W. R. Dean – F. Farina – T. Lawton.

Nou Camp (El Nou Estadi del Futbol Club Barcelona), 1957 eröffnet, ursprünglich 90 000, später 120 000 (WM-Endrunde 1982), heute 98 109 Plätze; größtes europ. Fußballstadion; Heimstätte des FC Barcelona.

Nova Gorica, Slowenien: → Gorica ...

Novák, Ladislav, tschech. Trainer, * 5. Dezember 1931 Louny; war Abwehrspieler: 1944–49 SK Louny, 1950/51 ZSJ Technomat Teplice, 1952–66 Dukla Prag, 1966–68 LIAZ Jablonec; 75 Länderspiele (1952–66; 1 Tor); WM-Endrunde 1954, 1958, 1962; Europapokal der Nationen 1960. – Später Trainer: 1968–70 LIAZ Jablonec, 1971–73 ČSSR (Nationalmannschaft), 1973/74 LIAZ Jablonec, 1974–77 SC Lokeren, 1977–79 Antwerp FC, 1979/80 Beerschot VAC, 1980–83 Dukla Prag, 1987 KSK Beveren.

Ladislav Novák

Novi Sad, Vojvodina, eigtl. »FK Vojvodina Novi Sad« (Fudbalski Klub Vojvodina Novi Sad), Serbien und Montenegro, gegr. 1914 als Vojvodina Novi Sad, 1945 Fusion mit Radnički Novi Sad und Slavija Novi Sad zu Sloga Novi Sad, seit 1951 FK Vojvodina Novi Sad; Spielkleidung: Weiß/Schwarz/Rot; Stadion: Gradski, 22 000 Plätze. – Internationale Erfolge: Mitropapokal 1977.

Spieler (Auswahl): V. Boskov. – **Trainer** (Auswahl): V. Boskov – L. Petrović – J. Skoblar.

Nowak, Krzysztof, war poln. Mittelfeldspieler, * 27. September 1975 Warschau, † 26. Mai 2005 Wolfsburg; 1985–96 Ursus Warschau, Sokol Pniewy, Panachaiki Patra (Griechenland), Legia Warschau und Opal Lubosz, 1996–98 Atlético Paranaense (Brasilien), 1998–2002 VfL Wolfsburg; 83 Bundesligaspiele (10 Tore); 10 Länderspiele. – Erkrankte und starb an amyotropher Lateralsklerose (ALS), einer unheilbaren Schädigung des zentralen und peripheren Nervensystems.

K. Nowak
»Die Leute glauben, ich habe Wundermittel oder sie denken, dass ich als bekannter Fußballer bessere Kontakte zu Ärzten habe. Aber ich habe gegen diese Krankheit auch kein Rezept. Es ist wie im Fußball – du weißt nie, wie es ausgeht«.

Nowotny, Jens, dt. Abwehrspieler, * 11. Januar 1974 Malsch (Baden-Württemberg); 1979–85 SV Spielberg, 1985–90 Germania Friedrichstal, 1990–96 Karlsruher SC, 1996–2006 Bayer 04 Leverkusen; 320 Bundesligaspiele (11 Tore); 45 Länderspiele (1997–2004); WM-Endrunde 1998; EM-Endrunde 2000, 2004. – 4 Kreuzbandrisse.

NPSL, USA: Abk. Für **N**ational **P**rofessional **S**occer **L**eague (→ NASL).

Nuber, Hermann, dt. Abwehrspieler, * 10. Oktober 1935 Offenbach am Main; 1957–71 Kickers

Offenbach; 36 Bundesligaspiele (5 Tore); kein Länderspiel, aber im Kader bei der WM-Endrunde 1958 (nicht eingesetzt). – Später Trainer: 1984 Kickers Offenbach.

Numancia, CD (Club Deportivo Numancia), Spanien, gegr. 1945; Spielkleidung: Rot/Blau/Blau; Stadion: Estadio »Nuevo Los Pajaritos«, 9500 Plätze. – INTERNET: www.cdnumancia.com

Nunweiler, Radu, rumän. Trainer, *16 November 1944; war Mittelfeldspieler (Halbstürmer): 1961–81 Dinamo Bukarest; 45 Länderspiele; WM-Endrunde 1970. – Später Trainer: 1982–84 Martigny-Sports (Schweiz), 1984–87 Lausanne-Sports, 1987/88 Martigny-Sports, 1989/90 Etoile Carouge (Schweiz), 1990–95 Chênois Geneve, 1995/96 Servette Genf (Trainerassistent), 1996–2002 Lausanne-Sports (1996–2001 Trainerassistent, 2001/02 Cheftrainer), 2004/05 Yverdon-Sports. – Sein Bruder **Ion N.** (*1936) war ebenfalls Mittelfeldspieler (Läufer): 1948–51 Unirea Tricolor, 1951–67 Dinamo Bukarest, 1967–71 Fenerbahce Istanbul; 40 Länderspiele (1958–67). – Später Trainer: 1971–89 Dinamo Bukarest, 1990–92 FC Arges Pitesti.

Nürnberg, 1. FC (1. Fußballclub Nürnberg), Deutschland (Bayern), gegr. am 4. Mai 1900; Bundesliga 1963–69, 1978/79, 1980–84, 1985–94, 1998/99, 2001–03, 2004–06; Zweite Bundesliga 1984/85, 1994–96, 1997/98, 1999–2001, 2003/04; Spielkleidung: Rot/Schwarz/Schwarz; Heimstadion: → Frankenstadion. – INTERNET: www.fcn.de

Spieler (Auswahl): R. Abramczik – A. Allemann – J. Andersen – F. Baumann – E. Beer – J. Böhme – R. Botteron – P. Bräutigam – F. Brungs – M. Burgsmüller – Cacau – M. Cantaluppi – S. Ciric – H.-J. Criens – M. Daun – H. Dorfner – W. Dreßel – M. Driller – D. Eckstein – N. Eder – M. Feinbier – W. Frank – R. Gebhardt – H. Gerber – T. Hajto – B. Hansen – B. Hobsch – G. Hochgesang – U. Hoeneß – D. Jarolim – H. Kalb – D. Kampa – R. Kargus – M. Ketelaer – S. Kießling – A. Köpke – R. Kovač – J. Krzynowek – S. Kuffour – P. Kuka – D. Langerbein – M. Mintál – M. Morlock – A. Ogungbure – J. Polak – A. und K. Reinhardt – S. Reuter – C. Riegel – P. Rink – U. Rösler – I. Saenko – S. Sané – R. Schäfer – A. Schaffer – B. Schlicke – H. Schmidt – M. Schroth – M. Schwabl – L. Seiderer – A. Starek – H. Strehl – H. Stuhlfauth – A. Sutter – R. Vittek – G. Volkert – M. Wagefeld – M. Wagner – U. Weidemann – F. Wiblishauser – M. Wiesinger – K. Zaczyk – S. Zaraté. – **Trainer** (Auswahl): K. Augenthaler – F. Binder – H. Buhtz – Z. Čajkovski – W. Entenmann – R. Gebhardt – H. Gerland – A. Haan – H. Heese – H. Höher – K. Klötzer – R. Körner – M. Merkel – H. Meyer – J. Sievers F. Rausch – W. Reimann – A. Reinhardt – A. Schaffer – H. Widmayer – W. Wolf – R. Zobel.

n. V., Abk. für **n**ach **V**erlängerung.

Nyilasi, Tibor, ungar. Mittelfeldspieler, *18. Januar 1955 Varpalota; 1965–67 Ferencvaros Budapest, 1967–69 Üttörö Stadion SC, 1969–83 Ferencvaros Budapest, 1983–88 Austria Wien; in Österreich Torschützenkönig 1984 (26); 70 Länderspiele (1975–85; 32 Tore); WM-Endrunde 1982; in Ungarn Fußballer des Jahres 1980, 1981. – Später Trainer: 1990–93 Ferencvaros Budapest (1992/93 Manager).

Tibor Nyilasi

O

»O-Beine« → Fußballerbeine.
»oberes Toreck« [fränkisch »Gampel«], rechter oder linker oberer Torwinkel (»Dreiangel«); Treffer in das »o. T.« zählen zu den attraktivsten.
Oberhausen, Deutschland (Nordrhein-Westfalen), **1) Adler Osterfeld,** eigtl. SV Adler Osterfeld (Sportverein Adler Osterfeld), gegr. 1922; Spielkleidung: Rot/Weiß/Weiß; Stadion: Waldstadion Rothebusch, 6500 Plätze. – INTERNET: www.adler-osterfeld.de
Spieler (Auswahl): H. Siemensmeyer.
2) Rot-Weiß Oberhausen, eigtl. »SC Rot-Weiß Oberhausen« (Sport-Club Rot-Weiß Oberhausen-Rheinland), gegr. am 18. Dezember 1904 als Emschertaler SV, im gleichen Jahr Fusion mit Oberhausener TV 1873 zu Oberhausener SV 1904, 1923 Fusion mit Styrumer BV 1908 zu SV 1904 Oberhausen-Styrum, seit 1934 SC Rot-Weiß Oberhausen; Bundesliga 1969–73; Zweite Bundesliga 1983–88 (Lizenzentzug 1988), 1998–2005; Spielkleidung: Rot-Weiß/Rot/Rot; Stadion: Niederrhein-Stadion, 21318 Plätze. – INTERNET: www.rwo-online.de
Spieler (Auswahl): R. Abramczik – O. Adler – M. Burgsmüller – T. Cichon – K. Feldkamp – N. Frommer – W. Funkel – D. Jakobs – E. Juskowiak – S. Keita – L. Kobluhn – W. Lippens – R. Loose – H. Osieck – M. Rietpietsch – S. Rösler – J. Scharping – H. Siemensmeyer – J. Sundermann – J. Tenhagen – A. Vier – M. Witeczek. – **Trainer** (Auswahl): J. Andersen – E. Hach – H. Pleß – A. Preißler – A. Ristic – D. Stepanovic – G. vom Bruch.

Oberkörpereinsatz, faires Attackieren des Gegners unter Einsatz des Oberkörpers (Brust oder Schulter). Unfairer O. ist z. B. das heftige oder gefährl. Rempeln, das Rempeln von hinten (ohne dass man vom Gegner behindert wird) sowie das Stoßen (»verbotenes Spiel«), das jeweils mit direktem Freistoß geahndet wird.
Oberkörperfinte, während des Ballführens einen seitl. Ausfallschritt ausführen und dabei den Oberkörper nach der gleichen Seite neigen, um unmittelbar darauf den Ball mit dem Außenspann des anderen Beines in der Gegenbewegung mitzunehmen und auf der anderen Seite am Gegner vorbeizuführen. – Erstmals von S. → Matthews perfekt demonstriert, wird diese Finte auch als »Matthews-Trick« bezeichnet.
Oberkörperhärte, betonter Oberkörpereinsatz, oft gebraucht in der Wendung »gesunde O.«, was ausgeprägte, aber faire O. beinhaltet.
Oberländer, Werner, dt. Angriffsspieler (Mittelstürmer), *28. November 1921, †7. August 2002; 1948–52 EHW bzw. BSG Stahl Thale, 1952–54 Eintracht Braunschweig, 1954–59 BSG Stahl Thale; 42 Oberligaspiele (38 Tore).
Oberleitner, Markus, ein dt. Mittelfeldspieler, *16. August 1973 München; Mittelfeldspieler; 1979–85 TSV Brunnthal, 1985–94 TSV Ottobrunn, 1994–96 Spvgg Unterhaching, 1996 FC Bayern München, 1996/97 Fortuna Düsseldorf, 1997–2001 Spvgg Unterhaching, 2001 SpVgg Greuther Fürth, 2001–03 FC Kärnten; 76 Bundesligaspiele (6 Tore).
Oberliga, 1) DFB: a) 1945–63 höchste Spielklasse; bestand aus den O. Nord, West, Südwest, Süd; Nachfolgerin wurde (als zweithöchste Spielklasse) die → Regionalliga [1a]; b) heute vierthöchste Spielklasse; nächsthöhere ist die → Regionalliga [1b], nächstniedrige die → Verbandsliga bzw. → Landesliga [1]. – **2)** DFV der DDR: **DDR-Ober-**

Oberliga (1 [b]): Aufstiegsregelung in die Regionalliga (2006)

Baden-Württemberg	1 Aufsteiger
Bayern	1 Aufsteiger
Nord	1 Aufsteiger
Nordost (Staffel Nord)	1 Aufsteiger
Nordost (Staffel Süd)	1 Aufsteiger
Nordrhein	1 Aufsteiger
Südwest	1 Aufsteiger
Westfalen	1 Aufsteiger
Hessen	1 Aufsteiger
gesamt	9 Aufsteiger in die Regionalligen Nord und Süd

Oberliga (2): Einsätze

E. Vogel	440
A. Glaubitz	428
H. Frenzel	420
H.-J. Dörner	392
R. Häfner	391
W. Seguin	380
J. Streich	378
F. Terletzki	373
J. Croy	372
H. Erler	359
L. Kurbjuweit	357
P. Ducke	352
B. Rudwaleit	351

Oberösterreichischer Fußballverbands (Gründungsjahre der ältesten Vereine)	
Linzer SK	1908
Sportvereinigung Urfahr	1912
SV Ried	1912
SV Braunau	1919
ATSV Attnang	1919
ATSV Steyrermühl	1919
ASK Sparta Linz	1920
SK Vorwärts Steyr	1919
SK Amateure Steyr	1920
ATSV Holzleithen	1920
ATSV Ebensee	1920

liga, 1949–90 höchste Spielklasse, seit 1954 mit 14 Mannschaften; 1990/91: NOFV-Oberliga.

Oberneuland, FC, Deutschland: → Bremen [1].

Oberösterreichischer Fußballverband, Abk. **OÖFV,** einer der 9 Landesverbände des Österr. Fußball-Bundes (→ ÖFB); gegr. 1919, Sitz: Linz.

Oberschenkelprellung, der »Pferdekuss« (→ Sportmedizin/Sportverletzung).

Obervolta, bis 1984 Bez. für → Burkina Faso.

Oblak, Branco, slowen. Trainer, *27. Mai 1947 Ljubljana; war Mittelfeldspieler: 1965–73 Olimpija Ljubljana, 1973–75 Hajduk Split, 1975–77 Schalke 04, 1977–80 FC Bayern München; 120 Bundesligaspiele (10 Tore); 50 Länderspiele für Jugoslawien (1970–77); WM-Endrunde 1974; EM-Endrunde 1976. – Später Trainer: 1999/2000 Rudar Velenje, 2001/02 NK Koper, 2003–05 Slowenien (2003/04 U 21, 2004/05 Nationalmannschaft).

Ocwirk, Ernst, österr. Trainer, *7. März 1926 Wien, † 23. Januar 1980 Kleinpöchlarn (Niederösterreich); war Mittelfeldspieler (Läufer): bis 1936 SC Stadlau, 1936–47 Floridsdorfer AC, 1947–56 Austria Wien, 1956–61 Sampdoria Genua, 1961/62 Austria Wien; 62 Länderspiele (1945–62; 6 Tore); WM-Endrunde 1954. – Später Trainer: 1962–65 Sampdoria Genua, 1965–70 Austria Wien bzw. FK Austria-WAC, 1970/71 1. FC Köln, 1971–73 Admira-Wacker Wien.

Ernst Ocwirk

ODCC, Nord-, Mittelamerika und Karibik: → CONCACAF.

Oddset(r) [zu engl. odd, »Vorgabe«], staatlich genehmigte, wöchentlich ausgespielte Sport- (vor allem Fußball-)Wette auf den Ausgang von 90 Paarungen, wobei von 3 bis 10 Begegnungen der Ausgang (gewonnen, unentschieden, verloren) vorherzusagen ist. Der Gewinn (alle Tips müssen eintreffen) steht bereits vorher fest, da für jedes Spiel Vorausquoten festgelegt werden. (→ Fußballtoto)

Ödenburg, Ungarn: dt. für → Sopron ...

Odense BK (Odense Boldklubben), Dänemark, gegr. 1893; Spielkleidung: Blau-Weiß/Blau/Weiß; Stadion: Odense Stadion, 15 633 Plätze. – INTERNET: www.ob.dk

Spieler (Auswahl): O. Björnmose – K. Bögelund – T. Helveg – R. Möller-Nielsen – M. Schjönberg – S. Tøfting. – **Trainer** (Auswahl): R. Möller-Nielsen.

Odermatt, Karl, schweizer. Angriffsspieler, *17. Dezember 1942 Basel; 1954–62 Concordia Basel, 1962–75 FC Basel, 1975–80 Young Boys Bern; 50 Länderspiele (1963–73; 10 Tore); WM-Endrunde 1966; in der Schweiz Fußballer des Jahres 1973. – Später Trainer: 1992/93 FC Basel (Interimstrainer).

Odesa, Tschernomorez, Ukraine, gegr. 1958 als Tschernomorez Odessa, 1989–92 FK Tschernomorez Odessa, seitdem Tschernomorez Odesa; Spielkleidung: Blau/Weiß/Weiß; Stadion: ChMP, 42 256 Plätze. – INTERNET: www.chernomorets.odessa.ua

Spieler (Auswahl):. A. Voronin – I. Belanow – V. Lobanovskiy.

Odessa, russisch für → Odesa ...

OFA, Abk. für **O**man **F**ootball **A**ssociation, den Fußballverband von → Oman.

ÖFB, Abk. für **Österr. Fußball-Bund,** Fachverband für die Belange des Fußballs in Österreich; gegr. 1904, Mitglied der FIFA seit 1905, der UEFA seit 1954, Sitz: Wien; Präsident (seit 2002): F. → Stickler. Wöchentlich führen 285 000 Aktive in 2309 Vereinen mit über 10 200 Mannschaften einen geregelten Meisterschaftsbetrieb durch. Fußball ist nicht nur im größten Sportverband des Landes verankert, sondern neben Skifahren der Lieblingssport der Österreicher. – INTERNET: www.oefb.at

ÖFB: Landesverbände
- Burgenländischer Fußballverband
- Kärntner Fußballverband
- Niederösterreichischer Fußballverband
- Oberösterreichischer Fußballverband
- Salzburger Fußballverband
- Steirischer Fußballverband
- Tiroler Fußballverband
- Vorarlberger Fußballverband
- Wiener Fußballverband

OFC-Mitgliedsländer
Amerikanisch-Samoa
Cook-Inseln
Fidschi
Neukaledonien
Neuseeland
Papua-Neuguinea
Salomoninseln
Samoa
Tahiti
Tonga
Vanuatu

OFC: WM-Modus
Der OFC steht als einziger Kontinentalverband kein fester WM-Endrundenplatz zu. Der OFC-Sieger muss 2 Play-off-Spiele gegen den fünftplatzierten Südamerikavertreter (→ CONMEBOL) bestreiten.

OFC [Abk. für engl. **O**ceania **F**ootball **C**onfederation], Vereinigung der nationalen Verbände Ozeaniens; Sitz: Auckland (Neuseeland). Die OFC wurde 1966 gegr., als die FIFA eine eigene Konföderation für den ozean. Raum sanktionierte. Initiator der Gründung war Australien, besonders unterstützt von Neuseeland. Von Beginn an wurden Fidschi und Papua-Neuguinea mit einbezogen. 1973 trat Australien vorübergehend aus, weil seine beabsichtigte Vorherrschaft nicht anerkannt wurde. Seine Interessen konzentrierten sich seitdem daher mehr auf die asiat. Verbände und deren Wettbewerbe. Nach der WM-Endrunde 2006 erfolgt der Übertritt Australiens zur Asian Football Confederation (→ AFC). Israel war nach dem Ausschluss aus der AFC 1976–91 assoziiertes Mitglied. Die OFC organisiert die → Ozeanienmeisterschaft und umfasst 11 Landesverbände (→ Ozeaniens Fußballer des Jahres). – INTERNET: www.oceaniafootball.com

OFC-Meisterschaft, svw. → Ozeanienmeisterschaft.

»offen« ist ein Spielausgang bei etwa gleichstarken Spielpartnern vor einer Begegnung bzw. im Spiel selbst bei knappem Spielstand.

Offenbach, Kickers, eigtl. »Offenbacher FC Kickers 1901« (Offenbacher Fußballclub Kickers von 1901), Deutschland (Offenbach am Main [Hessen), gegr. am 27. Mai 1901 als Offenbacher FC Kickers, 1921 Fusion mit VfR 1900 Offenbach zu VfR Kickers Offenbach, 1925 Auflösung der Fusion und seitdem Offenbacher Fußballclub Kickers von 1901; Bundesliga 1968/69, 1970/71, 1972–76, 1983/84; Zweite Bundesliga 1981–83, 1984/85, 1987–89 (Lizenzentzug 1989), 1999/2000, 2005/06; Spielkleidung: Rot/Rot/Rot-Weiß; Stadion: Bieberer Berg, 26 500 Plätze. – INTERNET: www.ofc.de

Spieler (Auswahl): A. Ahanfouf – B. Akrapovic – L. Bastrup – U. Bein – U. Bindewald – M. Binz – R. Bommer – H. Buhtz – S. Ciric – D. Demuth – R. Dorn – W. Hartwig – S. Held – J. Hickersberger – F. Jusufi – E. Kostedde – E. und H. Kremers – O. Mokhtari – D. Müller – H. Nuber – O. Reck – J. Riedl – G. Rohr – D. Roth – W. Schäfer – M. Sternkopf – R. Völler. – **Trainer** (Auswahl): M. Binz – H.-J. Boysen – F. Brungs – Z. Čaikovsky – W. Frank – R. Gutendorf – K. Klötzer – G. Lóránt – P. Neururer – H. Nuber – O. Rehhagel – D. Stepanovic.

»offener Schlagabtausch«, vom Boxen übernommener Begriff, womit das wechselweise Anrennen der Mannschaften (druckvoll, aber ungestüm) auf das Tor bezeichnet wird. Dabei werden die Deckungsreihen geöffnet (deshalb »o. S.«) und die zuvor festgelegten takt. Verhaltensweisen völlig über den Haufen geworfen. Der »o. S.« ist eine ungezügelte Offensivvariante, trefferwirksam und für den Betrachter spannend bis belustigend anzusehen.

Offensive, svw. Angriff, Vorstoß.

Offensive
»Die Offensive gewinnt Spiele, die Defensive Meisterschaften.«
Sprichwort

offensiver Abwehrspieler, ein meist Außen formierter Abwehrspieler, der seine Aufgabe nicht nur in der Bewachung des Gegenspielers und in der Abwehr gegner. Angriffe sieht, sondern über die Flügel weit in die gegner. Hälfte eindringt und von dort aus für mittelbare (Flanke) oder unmittelbare Torgefahr (Torschuss) sorgt.

Offensivspiel, selbstbewusste und angriffsorientierte Spielweise einer Mannschaft mit dem Ziel, bereits bekannte oder vermutete Abwehrschwächen des Gegners durch eigene Angriffsstärke auszunutzen; drückt sich bereits im gewählten Spielsystem aus (z. B. offensives Mittelfeld, Einsatz mehrerer Sturmspitzen); Gegensatz: → Defensivspiel.

Offensivverteidiger, frühere Bez. für einen → offensiven Abwehrspieler.

Ogris, Andreas (»Andy), österr. Angriffsspieler, *7. Oktober 1964 Wien; bis 1984 Floridsdorfer AC, 1984/85 Austria Wien, 1985/86 Admira-Wacker Wien, 1986–1990 Austria Wien, 1990–92 Espanyol Barcelona, 1992–96 Linzer ASK, 1996/97 Austria Wien; WM-Endrunde 1990; 63 Länderspiele (1986–97; 11 Tore); WM-Endrunde 1990; in Österreich Fußballer des Jahres 1990. – Später Trainer: 2003/04 PSV Wien.

Ogungbure, Adebowale, nigerian. Mittelfeldspieler, *13. Juli 1981 Lagos; bis 1988 FC Nepa Lagos und ASACO Cotonou (Benin), 1998–2001 1. FC Nürnberg, 2002/03 SSV Reutlingen, 2003–05 FC Energie Cottbus, 2005/06 FC Sachsen Leipzig; 73 Zweitligaspiele (5 Tore); 3 Länderspiele.

Ohlicher, Hermann, dt. Mittelfeldspieler, *2. November 1949 Mochenwangen (Baden-Württemberg); bis 1973 SV Mochenwangen und FV Ravensburg, 1973–85 VfB Stuttgart; 318 Bundesligaspiele (96 Tore).

Okocha, Augustine (»Jay-Jay«), nigerian. Mittelfeldspieler, *14. August 1973 Enugu; bis 1991 Rangers International Enugu, 1991/92 Borussia Neunkirchen, 1992–96 Eintracht Frankfurt, 1996–98 Fenerbahce Istanbul, 1998–2002 Paris Saint-Germain, 2002–05 Bolton Wanderers, 2006 Al-Ittihad (Saudi-Arabien); 90 Bundesligaspiele (18 Tor); 19 Länderspiele (seit 1994; 5 Tore); WM-Endrunde 1994, 1998, 2002; Olympiasieger 1996.

Okonski, Marian, poln. Mittelfeldspieler, *8. Dezember 1958 Poznan (dt. Posen); 1972–80 Lech Poznan, 1980–82 Legia Warschau, 1982–85 Lech Poznan, 1985/86 Gwardia Koszalin, 1986–88 Hamburger SV, 1988–91 AEK Athen, 1991/92 Korinthos, 1992/93 Olympia Posen; 62 Bundesligaspiele (15 Tore); 24 Länderspiele (1977–87).

Oktay, Metin, türk. Angriffsspieler, *2. Februar 1936 Izmir; 1954–61 Galatasaray Istanbul, 1961/62 US Palermo, 1962–69 Galatasaray Istanbul; 35 Länderspiele (1955–66).

Okudera, Yasuhiko, japan. Mittelfeldspieler, *12. März 1952; bis 1977 FC Furukawa Tokio, 1977–80 Hertha BSC, 1980/81 1. FC Köln, 1981–86 SV Werder Bremen; 234 Bundesligaspiele (26 Tore); 32 Länderspiele (8 Tore).

Oldenburg, VfB (Verein für Bewegungsspiele von 1897 Oldenburg), Deutschland (Schleswig-Holstein), gegr. am 17. Oktober 1897 als FC Oldenburg, 1919 Fusion mit FV Germania Oldenburg (gegr. 1903) zu VfB Oldenburg, 1999 FC Germania Oldenburg, im gleichen Jahr wieder VfB Oldenburg; Zweite Bundesliga 1990–93; Insolvenz 1999; Spielkleidung: Blau; Stadion: Marschwegstadion, 15 000 Plätze. – INTERNET: www.vfb-oldenburg.de

Spieler (Auswahl): H.-J. Butt – E. Hänel – F. Ordenewitz – M. Schulz – W. Sidka – W. Steinbach – A. van Lent – M. Votava – D. Wache. – **Trainer** (Auswahl): W. Sidka – W. Steinbach.

»Old firm match« [engl.], Großbritannien: Bez. für Ortsderbys von Profivereinen der Premier League, z. B. zw. Manchester United und Manchester City (England), auch in Schottland, z. B. Celtic Glasgow gegen Glasgow Rangers.

Old Trafford, Stadion von Manchester United, 1910 eingeweiht, im Zweiten Weltkrieg zerstört, bis 1949 wieder aufgebaut; 67 180 Plätze; Austragungsstätte der WM- Endrunde 1966 (3 Spiele) und der EM-Endrunde 1996 (ein Halbfinalspiel) sowie des Champions-League-Finales 2003.

Olisadebe, Emmanuel, poln. Angriffsspieler nigerian. Herkunft (seit 2000 poln. Staatsbürgerschaft), *22. Dezember 1978 Warri (Nigeria); bis 1996 Japer United (Nigeria), 1996–2000 Polonia Warschau, 2001–05 Panathinaikos Athen; 10 Länderspiele für Polen (seit 2000; 9 Tore); WM-Endrunde 2002; in Polen Fußballer des Jahres 2001.

Oliseh, Sunday, nigerian. Mittelfeldspieler, *14. September 1974 Abavo; bis 1990 Julius Berger Lagos, 1991–94 FC Lüttich, 1994/95 Reggina Calcio, 1995–97 1. FC Köln, 1997–99 Ajax Amsterdam, 1999/2000 Juventus Turin, 2000–03 Borussia Dortmund, 2003/04 VfL Bochum, 2004/05 Borussia Dortmund, 2005 KRC Genk; 139 Bundesligaspiele (6 Tore); 51 Länderspiele; WM-Endrunde 1994, 1998; Olympiasieger 1996.

Olk, Werner, dt. Trainer, *18. Januar 1938 Osterode (heute: Ostróda [Polen]); war Abwehrspieler: 1948–52 Letter 05, 1952–56 TuS Seelze, 1956–60 Arminia Hannover, 1960–70 FC Bayern München, 1970–73 FC Aarau; 144 Bundesligaspiele (2 Tore); 1 Länderspiel (1961). – Später Trainer: 1974/75 Preußen Münster, 1975–77 FC Bayern München (Trainerassistent), 1977/78 FC Augsburg, 1978/79 Eintracht Braunschweig, 1980–82 SV Darmstadt 98, 1982/83 SC Freiburg, 1983–85 Karlsruher SC, 1985/86 FC St. Gallen, 1986–88 FC Bayern München (Trainerassistent), 1988 SV Darmstadt 98, 1989/90 Royal Police Oman, 1990–92 Marokko (Nationalmannschaft), 1993 Hitachi FC (Japan), 1996/97 Zamalek SC Kairo.

Olmütz, Tschech. Republik: dt. für → Olomouc ...

Olomouc, Sigma, eigtl. »SK Sigma Olomouc« (Sportovni Klub Sigma Olomouc), Tschech. Republik, gegr. 1919 als FK Hejcin Olomouc, 1920–47 SK Hejcin Olomouc, 1947/48 Hejcinsky SK Banské a Hutni Olomouc, 1948/49 ZSJ BH Olomouc, 1949 Fusion mit Slavoj Hejcin Olomouc und ZSJ Spartak MZ Olomouc zu Sokol MZ Olomouc, 1952/53 Sokol Hanácké Zelezárny Olomouc, 1953–55 DSO Baník MZ Olomouc, 1955/56 TJ Spartak MZ Olomouc, 1956 Fusion mit TJ Slavoj Cukrovar zu TJ Spartak MZ Olomouc, 1960–67 TJ MZ Olomouc, 1967–79 TJ Sigma MZ Olomouc, 1979–90 TJ Sigma ZTS Olomouc, 1990–96 SK Sigma MZ Olomouc, seitdem SK Sigma Olomouc; Spielkleidung: Blau/Weiß/Blau; Stadion: Andruv Stadion, 12 069 Plätze. – INTERNET: www.sigmafotbal.cz

Spieler (Auswahl): R. Kucera – V. Schrojf – T. Ujfalusi.

Olsen, 1) Egil, norweg. Trainer, *22. April 1942; war Mittelfeldspieler: Sarpsborg IF, Frigg Oslo und Vålerenga Oslo; 16 Länderspiele. – Später Trainer: 1979–98 Norwegen (1979–87 U 21, 1987–90 U 21 und Olympiaauswahl, 1990–98 Nationalmannschaft; WM-Endrunde 1994, 1998), 1999/2000 FC Wimbledon. – **2)** Lars, dän. Abwehrspieler, *2. Februar 1961; 1977–81 Glostrup IF, 1981–84 Køge BK, 1984–91 Brøndby IF, 1991/92 Trabzonspor, 1992–94 RFC Seraing (Belgien), 1994/95 FC Basel, 1995/96 Brøndby IF; 84 Länderspiele (1986–96); EM-Endrunde 1988, 1992, 1996; in Dänemark Fußballer des Jahres 1988. – Später Trainer: 2002–05 Randers FC (Dänemark). – **3)** Morten, dän. Trainer, *14. August 1949 Vordingborg; war Abwehrspieler (Libero): 1959–67 Vordingborg BK, 1967–72 B 01 Nyköbing, 1972–76 Cercle Brügge, 1976–80 RWD Molenbeek, 1980–86 RSC Anderlecht Brüssel, 1986–89 1. FC Köln; 80 Bundesligaspiele (2 Tore); 102 Länderspiele (1970–89; 2 Tore); WM-Endrunde 1986; EM-Endrunde 1984, 1988; olymp. Fußballturnier 1972; in Dänemark Fußballer des Jahres 1983, 1986. – Später Trainer: 1990–92 Brøndby IF (LM 1990, 1991), 1993–95 1. FC Köln, 1997/98 Ajax Amsterdam (LM und PS 1998), 2000–06 Dänemark (Nationalmannschaft; WM-Endrunde 2002, EM-Endrunde 2004). – Sein Bruder **Jesper O.** (*1961) war Mittelfeldspieler: 1982/83 Ajax Amsterdam, 1984–88 Manchester United, 1988–90 Girondins Bordeaux; 43 Länderspiele (5 Tore); WM-Endrunde 1986; EM-Endrunde 1984, 1988.

Morten Olsen

Olympiastadion, 1) Olympiastadion Berlin, bis 1936 anlässlich der Olymp. Spiele erbaut, 1972–74 umgebaut, 2000–04 neu gestaltet, 74 400 Sitzplätze; seit 1985 jährlich Austragungsort der DFB-Pokalfinals (Männer, Frauen); 2006 WM-Endspielstadion; Heimstätte von Hertha BSC. – **2) Olympiastadion München,** bis 1972 anlässlich der Olymp. Spiele erbaut, gelegen im Olympiapark von Oberwiesenfeld; Zeltdach; 63 000 Plätze; Austragungsstätte u. a. des WM-Finales 1974 und des EM-Finales 1988. – Das O. war 1972–2005 Heimstätte des FC Bayern München und z. T. des TSV München 1860 (seitdem → Allianz-Arena).

olympisches Fußballturnier, im Rahmen der Olymp. Spiele ausgetragener Fußballwettbewerb. Die Einsätze in den Olympiaauswahlmannschaften werden nicht als A-Länderspiele gezählt. Höchste Instanz für alle olymp. Fragen ist das Internationale Olymp. Komitee (IOK) mit seinem Präsidenten J. Rogge (*1942).

Die »Fußballturniere« 1900, 1904 und 1906 (→ Olympische Zwischenspiele) waren Demonstrationswettbewerbe (1900 3 Länder: England, Frankreich und Belgien; 1904 3 Klubs: Galt FC Ontario, Christian Brothers und St. Rose Kickers, die beiden Letzteren aus den USA).

Fußball wurde 1908 als erster Mannschaftssport bei Olymp. Spielen zugelassen, zumal es seit 1904 die FIFA gab. Das von da an bestehende »Amateurproblem« (Profis durften nicht teilnehmen) hatte in den folgenden Jahrzehnten negative Auswirkungen auf das Spielniveau und das internationale Interesse am o. F., hinzu kam, dass seit 1930 eine Fußballweltmeisterschaft ausgetragen wurde. 1932 fand kein Fußballturnier statt. Nach dem Zweiten Weltkrieg verschärften sich die Widersprüche Amateur/Profi durch die Teilnahme der osteurop. »Staatsamateure«, die international offiziell als Amateure auftraten, zu Hause aber fast ausschließlich unter Profibedingungen spielten. Für die Olymp. Spiele 1964 in Tokio hatte die FIFA bestimmt, dass Spieler, die an Weltmeisterschaften teilgenommen hatten, nicht spielberechtigt waren. Für das o. F. 1968 in Mexiko City hatte die FIFA das Reglement wieder geändert. Nunmehr durften auch Spieler teilnehmen, die bei WM-Spielen eingesetzt waren – insofern sie keine Profis waren. Beim o. F. 1988 in Seoul durften auch Profis aus Europa und Südamerika eingesetzt werden, falls sie nicht bei der WM 1986 mitgewirkt hatten. 1992 trat eine erneute Regeländerung in Kraft, die besagte, dass fortan nur Aktive unter 23 Jahren mitwirken durften. Seit den 1990er-Jahren sind die afrikan. Teilnehmer auf dem Vormarsch, insbesondere Nigeria und Kamerun, die die Turniere 1996 und 2000 gewinnen konnten. – Seit 1996 gibt es auch ein olymp. Frauenfußballturnier; erster Sieger: USA (ÜBERSICHT S. 386).

Olympische Fußballturniere: Finals

Jahr	*Austragungsort*	*Datum*	*Gold*	*Silber*	*Ergebnis*	*Bronze*
1908	London	24. Oktober	Großbritannien	Dänemark	2:0	Niederlande
1912	Stockholm	4. Juli	Großbritannien	Dänemark	4:2	Niederlande
1920	Antwerpen	5. September	Belgien	Spanien	2:0	Niederlande
1924	Paris	9. Juni	Uruguay	Schweiz	3:0	Schweden
1928	Amsterdam	10./13. Juni	Uruguay	Argentinien	1:1 und 2:1 n. V.	Italien
1936	Berlin	16. August	Italien	Österreich	2:1 n. V.	Norwegen
1948	London	13. August	Schweden	Jugoslawien	3:1	Dänemark
1952	Helsinki	2. August	Ungarn	Jugoslawien	2:0	Schweden
1956	Melbourne	8. Dezember	UdSSR	Jugoslawien	1:0	Bulgarien
1960	Rom	10. September	Jugoslawien	Dänemark	3:1	Ungarn
1964	Tokio	23. Oktober	Ungarn	ČSSR	2:1	Deutschland (DDR)
1968	Mexiko City	26. Oktober	Ungarn	Bulgarien	4:1	Japan
1972	München	10. September	Polen	Ungarn	2:1	DDR/UdSSR
1976	Montreal	31. Juli	DDR	Polen	3:1	UdSSR
1980	Moskau	2. August	ČSSR	DDR	3:1	UdSSR
1984	Los Angeles	11. August	Frankreich	Brasilien	2:0	Jugoslawien
1988	Seoul	1. Oktober	UdSSR	Brasilien	2:1 n. V.	BRD
1992	Barcelona	3. August	Spanien	Polen	3:2	Ghana
1996	Athens	8. August	Nigeria	Argentinien	3:2	Brasilien
2000	Sydney	30. September	Kamerun	Spanien	2:2 n.V, 5:3 im Strafstoßschießen	Chile
2004	Athen	28. August	Argentinien	Paraguay	1:0	Italien

Olympische Zwischenspiele, 1906 in Athen durchgeführte Sportveranstaltung »zw. 2 Olymp. Spielen«, die vom IOK nicht anerkannt wurden. Am Fußballturnier im Rahmen der O. Z. nahmen 4 Mannschaften teil: Griechenland (vertreten durch Athen und Saloniki) mit 2 Vertretungen, Dänemark und eine internationale Mannschaft.

Oman, Sultanat im Osten der Arab. Halbinsel, 212,460 km², 2,807 Mio. Ew., Verband: Oman Football Association, Abk. OFA, gegr. 1978, Sitz: Maskat; Mitglied der FIFA seit 1980, der AFC seit 1979; Spielkleidung: Weiß. – Klubs (Auswahl): Al-Ahli, Al-Tali'aa, Omani Club. – INTERNET: www.omanfa.org

Omam Biyik, François, kamerun. Angriffsspieler, *21. Mai 1966 Sackbayeme; 1984–87 Canon Yaoundé, 1987–90 Stade Laval, 1990/91 Stade Rennes, 1991/92 AS Cannes, 1992 Olympique Marseille, 1992–94 RC Lens, 1995/96 CF América, 1997/98 Sampdoria Genua; 34 Länderspiele (1987–98; 8 Tore); WM-Endrunde 1990, 1994, 1998.

Omilade, Navina, dt. Mittelfeldspielerin nigerian. Herkunft, *3. November 1981 Mönchengladbach; bis 1987–91 2002 Rot-Weiß Hochstein, 1991–2002 FSC Mönchengladbach und FFC Brauweiler-Pulheim, 2002–06 1. FFC Turbine Potsdam; 34 Länderspiele (seit 2001); Europameisterin 2001, 2005.

Anton Ondrus

Ondrus, Anton, slowak. Abwehrspieler (Libero), *27. März 1950 Solcany; 1959–81 Slovan Bratislava (1978 kurzzeitig Dukla Banská Bys-trica), 1981–84 FC Brügge, 1984–87 CS Thonon-les-Bains (Frankreich), 1987–89 FC Biel; 58 Länderspiele für die ČSSR (1974–80; 9 Tore); EM-Endrunde 1976 (Europameister), 1980.

Ono, Shinji, japan. Mittelfeldspieler, *27. September 1979 Shizuoka; 1997–2001 Urawa Red Diamonds, 2001–05 Feyenoord Rotterdam; 45 Länderspiele (seit 1998; 5 Tore); WM-Endrunde 1998, 2002; Asiens Fußballer des Jahres 2002; in Japan Fußballer des Jahres 1998.

Onopko, Viktor, russ. Mittelfeldspieler ukrain. Herkunft, *14. Oktober 1969 Woroschilowgrad (heute: Lugansk); 1987–91 Schachtjor Donezk, 1992–95 Spartak Moskau, 1995–2002 Real Oviedo, 2002/03 Rayo Vallecano, 2003 Alania Vladikavkaz, 2004 FC Saturn (Russland); 113 Länderspiele (1992–2002); WM-Endrunde 1994, 2002; EM-Endrunde 1992, 1996; in Russland Fußballer des Jahres 1992, 1993.

O. Ö.-FV., Abk. für → **O**ber**ö**sterreichischer **F**ußball**v**erband.

Operation Guérin [nach H. → Guérin], Frankreich: nach enttäuschendem Abschneiden bei der WM 1966 begonnenes systemat. Forcieren des Jugendfußballs. Von den etwa 35 000 Jugendlichen, die fußballerisch geprüft wurden, blieben nach mehrmaliger Auswahl etwa 150 übrig, mit denen dann in einer zentralen Fußballschule die Ausbildung begann. Darüber hinaus wurde jeder frz. Profiklub verpflichtet, eine eigene Fußballschule einzurichten (Internatsbetrieb, etwa je 50% Schul- und Fußballstunden). Der Erfolg der O. G. zeigte sich dann zur WM 1982 (Halbfinale), spätestens aber 1984, als die »Equipe tricolore« Europameister wurde (mit einigen der früheren Fußballschüler).

»Oranjes« [nach der Trikotfarbe], Bez. für die Nationalmannschaft der Niederlande.

Ordenewitz, Frank, dt. Angriffsspieler, * 25. März 1965 Dorfmark (Niedersachsen); 1979–81 TSV Dorfmark, 1981–89 SV Werder Bremen, 1989–93 1. FC Köln, 1993/94 JEF United Furukawa (Japan), 1994–96 Hamburger SV, 1996/97 Brumel Sendai (Japan), 1997–99 VfB Oldenburg, 1999 TSV Ottersberg; 272 Bundesligaspiele (68 Tore); 2 Länderspiele (1987).

Ordner, ehrenamtl. Helfer bei Fußballveranstaltungen, der für Ordnung und Disziplin vor, während und nach dem Spiel zu sorgen und darüber hinaus Spieler sowie Schiedsrichterkollektiv vor Belästigungen zu schützen hat. Die Anzahl der zu stellenden Ordnungskräfte ist in der Regel festgelegt – entsprechend der Besucherzahl –, wobei darüber hinaus evtl., je nach zu erwartender Zuschauerzahl und -reaktion, Staffeln von Polizeikräften zur Aufrechterhaltung von Ordnung und Sicherheit bereitstehen. Das besondere Augenmerk der Ordnungs- und Sicherheitskräfte gilt dabei dem Auftreten der »Fans«.

Ordschonikidse, UdSSR/Russland: bis 1990 Bez. für → Wladikawkas...

Örebro SK (Örebro Sportklubb), Schweden, gegr. 1908 (2004 Lizenzentzug); Spielkleidung: Weiß/Schwarz/Weiß; Stadion: Eyravallen, 13 000 Plätze. – INTERNET: www.orebro-sk.se

Spieler (Auswahl): O. Bergmark. – **Trainer** (Auswahl): R. Hodgson.

Örgryte IS, Schweden: → Göteborg [3].

Oriali, Gabriele, italien. Mittelfeldspieler, * 25. November 1952 Como; 1970–83 Inter Mailand, 1983–87 AC Florenz; 28 Länderspiele (1978–83; 1 Tor); Weltmeister 1982; EM-Endrunde 1980.

»Oriundi« [zu oriundo, »stammend« oder »gebürtig«], ausländ. Spieler italien. Abstammung, der die italien. Staatsbürgerschaft erwirbt (»naturalisiert« wird).

Orsi, Raimundo Bibiano, argentin. Angriffsspieler (Linksaußen) italien. Abstammung, * 2. Dezember 1901 Avellaneda, † 6. April 1986; 1916–28 Independiente Avellaneda, 1929–35 Juventus Turin, 1936 CA Platense, 1937 San Lorenzo de Almagro, 1938 Peñarol Montevideo, 1939 Flamengo Rio de Janeiro; 16 Länderspiele für Argentinien, 35 für Italien (1929–35; 13 Tore) als »Oriundi«; Weltmeister 1934; olymp. Fußballturnier 1928.

Ortega, Arnoldo Ariel, argentin. Mittelfeldspieler, * 4. März 1974 Ledesma; 1989–92 Atlético Ledesma, 1992–96 River Plate Buenos Aires, 1997/98 CF Valencia, 1998/99 Sampdoria Genua, 1999/2000 AC Parma, 2000–02 River Plate Buenos Aires, 2002/03 Fenerbahce Istanbul, 2003 Al-Ittihad (Saudi-Arabien), 2004/05 Newell's Old Boys; 49 Länderspiele; WM-Endrunde 1994, 1998, 2002; olymp. Fußballturnier 1996.

orthodox, streng oder starr; angewandt z. B. im Zusammenhang mit Spielsystem *(ortodoxe Spielweise:* »überholte, schemat. Spielweise«) oder Spielposition *(orthodoxer Außenstürmer:* an der Linie »klebender« Außen ohne Positionswechsel). – Gegensatz: *unorthodox* (flexibel, überraschend, modern).

Orth Wirth, György, ungar. Trainer, * 30. April 1901, † 12. Januar 1962; war Mittelfeldspieler: 1915–23 MTK Budapest, 1923 Vienna Wien, 1923–26 MTK Budapest, 1926/27 FC Hungária FC, 1927/28 Olympique Marseille; 30 Länderspiele (1917–27; 13 Tore); olymp. Fußballturnier 1924. – Später Trainer: in Italien, Mexiko, Chile (Nationalmannschaft; WM-Endrunde 1930), Argentinien, Portugal und 1950 Peru (Nationalmannschaft).

Ortiz, Oscar Alberto, argentin. Angriffsspieler, * 8. April 1953 Buenos Aires; 1970–73 Talleres Córdoba, 1973–80 River Plate Buenos Aires; 29 Länderspiele; Weltmeister 1978.

Ortsderby, Spiel zweier örtlich benachbarter Mannschaften oder zweier Mannschaften aus einer Stadt, die deshalb oft (besonders die Anhänger) besonders rivalisieren; regional: → Derby.

Deutsche Ortsderbys seit 1963 (Auswahl)

1963/64
Berlin (Ost): ASK Vorwärts (5), SC Dynamo (8)
Leipzig: BSG Chemie (1), SC Leipzig (3)
1964/65
Berlin (Ost): ASK Vorwärts (1), SC Dynamo (12)
Leipzig: BSG Chemie (3), SC Leipzig (4)

Fortsetzung nächste Seite

Fortsetzung deutsche Ortsderbys seit 1963 (Auswahl)

1965/66
Berlin (Ost): ASK Vorwärts (1), Berliner FC Dynamo (9)
Leipzig: 1. FC Lokomotive (3), BSG Chemie (8)
München: TSV 1860 (1), FC Bayern (3)
1966/67
Berlin (Ost): 1. FC Union (6), FC Vorwärts (8), Berliner FC Dynamo (13, A)
Leipzig: 1. FC Lok (2), BSG Chemie (12)
München: TSV 1860 (2), FC Bayern (6)
1967/68
Berlin (Ost): FC Vorwärts (4), 1. FC Union (8)
Leipzig: 1. FC Lokomotive (5), BSG Chemie (12)
München: FC Bayern (5), TSV 1860 (12)
1968/69
Berlin (Ost): FC Vorwärts (1), Berliner FC Dynamo (10)
Leipzig: BSG Chemie (6), 1. FC Lokomotive (14, A)
München: FC Bayern (1), TSV 1860 (10)
1969/70
Berlin (Ost): FC Vorwärts (2), Berliner FC Dynamo (6)
München: FC Bayern (2), TSV 1860 (17, A)
1970/71
Berlin (Ost): 1. FC Union (5), FC Vorwärts (7), Berliner FC Dynamo (9)
Leipzig: 1. FC Lokomotive (10), BSG Chemie (14, A)
1971/72
Berlin (Ost): Berliner FC Dynamo (2), 1. FC Union (1.)
1972/73
Berlin (Ost): Berliner FC Dynamo (6), 1. FC Union (13, A)
Leipzig: 1. FC Lokomotive (4), BSG Chemie (9)
1973/74
Köln: 1. FC Köln (5), S.C. Fortuna (17, A)
Leipzig: 1. FC Lokomotive (5), BSG Chemie (13, A)
1974/75
Berlin (West): Hertha BSC (2), Tennis Borussia (17, A)
1975/76
Leipzig: 1. FC Lokomotive (4), BSG Chemie (13, A)
1976/77
Berlin (Ost): Berliner FC Dynamo (4), 1. FC Union (11)
Berlin (West): Hertha BSC (10), Tennis Borussia (17, A)
1977/78
Berlin (Ost): Berliner FC Dynamo (3), 1. FC Union (8)
Hamburg: Hamburger SV (10), FC St. Pauli (18, A)
München: FC Bayern (12), TSV 1860 (16, A)
1978/79
Berlin (Ost): Berliner FC Dynamo (1), 1. FC Union (10)
1979/80
Berlin (Ost): Berliner FC Dynamo (1), 1. FC Union (13, A)
Leipzig: 1. FC Lokomotive (6), BSG Chemie (14, A)
München: FC Bayern (1), TSV 1860 (13)
1980/81
München: FC Bayern (1), TSV 1860 (16, A)
1982/83
Berlin (Ost): Berliner FC Dynamo (1), 1. FC Union (12)
1983/84
Berlin (Ost): Berliner FC Dynamo (1), 1. FC Union (13, A)
Leipzig: 1. FC Lokomotive (3), BSG Chemie (12)
1984/85
Leipzig: 1. FC Lokomotive (3), BSG Chemie (13, A)
1985/86
Berlin (Ost): Berliner FC Dynamo (1), 1. FC Union (7)
1986/87
Berlin (Ost): Berliner FC Dynamo (1), 1. FC Union (11)
1988/89
Berlin (Ost): Berliner FC Dynamo (2), 1. FC Union (14, A)
Hamburg: Hamburger SV (4), FC St. Pauli (10)
Stuttgart: VfB Stuttgart (5), Stuttgarter Kickers (17, A)
1989/90
Hamburg: Hamburger SV (11), FC St. Pauli (13)
1990/91
Hamburg: Hamburger SV (5), FC St. Pauli (16)
Leipzig: 1. FC Lokomotive (7), FC Sachsen (12)
Bochum: SG Wattenscheid 09 (11), VfL Bochum (14)
1991/92
Stuttgart: VfB Stuttgart (1), Stuttgarter Kickers (17, A)
Bochum: VfL Bochum (15), SG Wattenscheid 09 (16)
1992/93
Bochum: SG Wattenscheid 09 (14), VfL Bochum (16, A)
1994/95
München: FC Bayern (6), TSV 1860 (14)
1995/96
Hamburg: Hamburger SV (5), FC St. Pauli (15)
München: FC Bayern (2), TSV 1860 (8)
1996/97
Hamburg: Hamburger SV (13), FC St. Pauli (18, A)
München: FC Bayern (1), TSV 1860 (7)
1997/98
München: FC Bayern (2), TSV 1860 (13)
1998/99
München: FC Bayern (1), TSV 1860 (9)
1999/2000
München: FC Bayern (1), TSV 1860 (4)
2000/01
München: FC Bayern (1), TSV 1860 (11)
2001/02
Hamburg: Hamburger SV (11), FC St. Pauli (18, A)
München: FC Bayern (3), TSV 1860 (9)
2002/03
München: FC Bayern (1), TSV 1860 (10)
2003/04
München: FC Bayern (2), TSV 1860 (A)
2004/05
kein Ortsderby
2005/06
kein Ortsderby

In Klammern: Platzierung nach dem Spieljahr; A = Absteiger

Osasuna, CA (Club Atlético Osasuna), Spanien (Pamplona), gegr. 1920; Spielkleidung: Rot/Schwarz/Schwarz-Rot; Stadion: Estadio de »El Sadar«, 19 800 Plätze. – INTERNET: www.osasuna.es
Spieler (Auswahl): T. Christiansen – B. Romeo. – **Trainer** (Auswahl): R. Benitez Maudes.

Osieck, Holger, dt. Trainer, *31. August 1948 Homberg (Nordrhein-Westfalen); war Mittelfeldspieler: 1958–66 FC Schalke 04, 1966–69 Eintracht Gelsenkirchen, 1969–71 SSV Hagen, 1971–75 1. FC Mühlheim-Styrum, 1975/76 1. FC Bocholt, 1976/77 Vancouver Whitecaps, 1977/78 Rot-Weiß Oberhausen; 56 Zweitligaspiele. – Später Trainer: 1979–90 DFB (1979–87 U 15, U 16, Trainerausbilder, 1987–90 Nationalmannschaft [Trainerassistent]), 1990 Schalke 04 (Koordinator, Jugend, Amateure), 1990/91 Olympique Marseille (Trainerassistent), 1991/92 VfL Bochum, 1993 Fenerbahce Istanbul, 1996/97 Urawa Red Diamonds, 1997/98 Kocaelispor (Türkei), 1998–2003 Kanada (Nationalmannschaft; CONCACAF Gold Cup 2000), 2004–06 FIFA (Leiter der Techn. Kommission).

Holger Osieck

Osijek, NK (Nogometni Klub Osijek), Kroatien, gegr. 1947 als FD Proleter Osijek, 1961–67 SD Slavonija Osijek, seitdem NK Osijek; Spielkleidung: Blau-Weiß/Weiß/Weiß; Stadion: Gradski Vrt, 19 500 Plätze. – INTERNET: (inoffiziell): www.fc-osijek.cjb.net
Spieler (Auswahl): A. Labak – D. Ljuboja – D. Suker.

Osim, Ivica, bosn. Trainer, *6. Mai 1941 Sarajevo; war Mittelfeldspieler: 1959–69 Zeljeznicar Sarajevo, 1969–76 VV PEC bzw. PEC Zwolle, 1976/77 RC Straßburg, 1977/78 US Valenciennes; 20 Länderspiele für Jugoslawien (8 Tore); EM-Endrunde 1968; olymp. Fußballturnier 1964. – Später Trainer: 1978–86 Zeljeznicar Sarajevo, 1982–84 in (in Personnalunion) Jugoslawien (Olympiaauswahl; olymp. Fußballturnier 1984), 1986–91 Jugoslawien (Nationalmanschaft; WM-Endrunde 1990), 1991/92 Partizan Belgrad, 1992–94 Panathinaikos Athen, 1994–2002 Sturm Graz, 2002–05 JEF Ichihara Chiba.

Ivica Osim

I. Osim: Erfolgsstationen (Auswahl)	
Partizan Belgrad	PS 1992
Panathinaikos Athen	PS 1993, 1994
Sturm Graz	LM 1998, 1999
	PS 1996, 1997, 1999
JEF Ichihara Chiba	PS 2005

Oslizlo, Stanislaw, poln. Abwehrspieler (Libero), *13. Januar 1937; 1955 Kolejarz Wodzisław, 1956 Kolejarz Kattowitz, 1957–59 Gornik Radlin, 1960–73 Górnik Zabrze; 57 Länderspiele (1961–71; 1 Tor); in Polen Fußballer des Jahres 1966, 1968. – Später Trainer: 1985–88 GKS Odra Wodzislaw, 1988/89 Amatorski KS Chorzów.

Oslo, Norwegen, **1) Lyn Oslo,** eigtl. »FK Lyn« (Fotballklubben Lyn), gegr. 1896 als SFK Lyn, seit 1994 FK Lyn; Spielkleidung: Rot-Weiß/Blau/Weiß; Stadion: Ullevål Stadion, 25 600 Plätze. – INTERNET: www.lyn.no
Spieler (Auswahl): J. Sörensen.

2) Skeid Oslo, gegr. 1915, Spielkleidung: Rot/Blau/Blau; Stadion: Voldsløkka, 4000 Plätze. – INTERNET: www.skeid.no

3) Vålerenga Oslo, eigtl. »Vålerengen Fotbal Vålerengen«, gegr. 1913 als Vålerengen IF, 1991–98 VIF Oslo, seitdem Vålerenga Fotbal Vålerengen; Spielkleidung: Blau/Weiß/Blau; Stadion: Ullevål-Stadion, 25 000 Plätze. – INTERNET: www.vif.no
Spieler (Auswahl): J. Andersen – J. Carew – N. A. Eggen – T. A. Flo – S. Karl – E. Olsen – K.-A. Rekdal. – **Trainer** (Auswahl): K.-A. Rekdal.

Osnabrück, VfL (Verein für Leibesübungen von 1899 Osnabrück), Deutschland (Niedersachsen), gegr. am 19. April 1899 als FC 1899 Osnabrück, 1920 Fusion mit Osnabrücker BV 1905 zu BV 1899 Osnabrück, 1924 Fusion mit SS Osnabrück zu VfL Osnabrück, 1945 aufgelöst und als 1. FSV Osnabrück neu gegr., seit 1946 VfL Osnabrück; Zweite Bundesliga 1981–84, 1985–93, 2000/01, 2003/04; Spielkleidung: Weiß/Violett/Violett; Stadion: osnatel Arena, 18 415 Plätze. – INTERNET: www.vfl.-osnabrück.de
Spieler (Auswahl): W. Biskup – A. Brinkmann – M. Feldhoff – W. Hartwig – H. Isa – E. Kostedde – P. Linz – P. Owomoyela – R. Schneider – A. Vier – C.-D. Wollitz. – **Trainer** (Auswahl): J. Gelsdorf – H.-W. Moors – F. Pagelsdorf – C.-H. Rühl – R. Schafstall – W. Sidka – H. Widmayer – C.-D. Wollitz.

Osterfeld, Adler, Deutschland: → Oberhausen [1].

Österreich: Fußballer des Jahres (APA-Wahl)

1984	H. Prohaska (Austria Wien)
1985	H. Prohaska (Austria Wien)
1986	A. Polster (Austria Wien)
1987	H. Weber (Rapid Wien)
1988	H. Prohaska (Austria Wien)
1989	G. Rodax (Admira-Wacker Wien)
1990	A. Ogris (Austria Wien)
1991	N. Gorosito (FC Tirol Innsbruck)
1992	A. Herzog (Rapid Wien)
1993	F. Wohlfahrt (Austria Wien)
1994	H. Pfeifenberger (Casino Salzburg)
1995	I. Vastic (Sturm Graz)
1996	M. Konsel (Rapid Wien)
1997	A. Polster (1. FC Köln)
1998	I. Vastic (Sturm Graz)
1999	I. Vastic (Sturm Graz)
2000	R. Gilewicz (FC Tirol Innsbruck)
2001	R. Brunmayr (Grazer AK)
2002	V. Janocko (Austria Wien)
2003	A. Ivanschitz (Rapid Wien)
2004	S. Hofmann (Rapid Wien)
2005	M. Bazina (Grazer AK)

Österreich, Bundesland im Südosten Mitteleuropas, 83 858 km², 8,19 Mio. Ew.; Verband: Österr. Fußball-Bund (→ÖFB); Spielkleidung: Rot/Weiß/Rot.

Östers Växjö, eigtl. »Östers IF Växjö« (Östers Idrottsförening Växjö), Schweden (Växjö), gegr. 1930; Spielkleidung: Blau/Weiß/Blau; Stadion: Värendsvallen, 15 062 Plätze. – INTERNET: www.osterfotball.com

Trainer (Auswahl): T. Svensson.

Ostrau, Tschech. Republik: dt. für →Ostrava ...

Ostrava, Banik, eigtl. »FC Banik Ostrava« (Football Club Banik Ostrava), Tschech. Republik, gegr. 1922 als SK Slezská Ostrava, 1948 Sokol Slezská Ostrava, 1949–51 Sokol Trojice Slezská Ostrava, 1951/52 ZSJ OKD Ostrava, 1952–70 TJ Banik Ostrava, 1990–94 FC Banik Ostrava, 1994/95 FC Banik Ostrava Tango, seitdem FC Banik Ostrava; Spielkleidung: Blau/Weiß/Weiß-Blau; Stadion: Bazaly, 19 048 Plätze. – Internationale Erfolge: Mitropapokal 1988. – INTERNET: www.fcbanikostrova.cz

Spieler (Auswahl): M. Baroš – M. Heinz – T. Pospichal – R. Latal – V. Sverkos. – **Trainer** (Auswahl): T. Pospíchal.

Austragungsorte und Stadien der EM-Endrunde 2008

Ort	Stadion	Kapazität
Innsbruck	Tivoli Neu	30 000
Klagenfurt	Waidmannsdorf-Neu Stadion	30 000
Salzburg	Wals-Siezenheim	30 000
Wien	Ernst-Happel-Stadion	50 000

Ostsamoa →Amerikanisch-Samoa.

Otten, Jonny, dt. Abwehrspieler, *31. Januar 1961; bis 1979 SV Hagen, 1979–92 SV Werder Bremen, 1992–94 BV Cloppenburg; 308 Bundesligaspiele (1 Tor); 6 Länderspiele (1983/84).

Otto-Grotewohl-Stadion, DDR: Name des Stadions der BSG Wismut Aue; heute: Erzgebirgsstadion (→Aue, FC Erzgebirge).

Oude Kamphuis, Niels, niederländ. Mittelfeldspieler, *14. November 1977 Hengelo; 1983–91 NEO Bome, 1991–99 FC Twente, 1999–2005 FC Schalke 04, 2005/06 Borussia Mönchengladbach; 143 Bundesligaspiele (8 Tore); 1 Länderspiel.

Ovchinnikov, Sergei, russ. Torhüter, *10. November 1970 Moskau; bis 1990 Dinamo Sukhumi, 1990–97 Lokomotive Moskau, 1997–99 Benfica Lissabon, 1999/200 FC Alverca (Portugal), 2000–02 FC Porto, 2002–05 Lokomotive Moskau; 29 Länderspiele; EM-Endrunde 1996, 2004.

Wolfgang Overath

Overath, Wolfgang, dt. Funktionär, *29. September 1943 Siegburg (Nordrhein-Westfalen); war Mittelfeldspieler (Halbstürmer); 1951–62 SV Siegburg 04, 1963–77 1. FC Köln; 409 Bundesligaspiele (83 Tore); 81 Länderspiele (1963–74; 17 Tore); WM-Endrunde 1966, 1970, 1974 (Weltmeister). – 2003 Ehrenbürger von Siegburg; seit 2004 Präsident des 1. FC Köln;.

Overmars, Marc, niederländ. Angriffsspieler, *29. März 1973 Emst; bis 1991 Go Ahead Eagles Deventer, 1991/92 Willelm II Tilburg, 1992–97 Ajax Amsterdam, 1997–2000 FC Arsenal, 2000–04 FC Barcelona; 83 Länderspiele (bis 2004); WM-Endrunde 1994, 1998; EM-Endrunde 2000, 2004.

Oviedo, Real, eigtl. »Real Oviedo FC« (Real Oviedo Club de Fútbol), Spanien, entstand 1926 durch Fusion von Real Stadium Oviedo und CD Ovetense zu Oviedo CF (bis 1927); Spielkleidung: Blau/Weiß/Weiß; Stadion: Estadion »Nuevo Carlos Tartiere«, 30 000 Plätze.

Spieler (Auswahl): R. Antic – L. Aragonés Suárez – B. Berner – A. Carbajal – T. Christiansen – M. Lacatus – V. Onopko – R. Prosinecki. – **Trainer** (Auswahl): R. Antic.

Michael Owen

Owen, Michael James, engl. Angriffsspieler, *14. Dezember 1979 Chester; 1990–2004 FC Liverpool, 2004/05 Real Madrid, 2005/06 Newcastle United; 73 Länderspiele (seit 1998; 32 Tore); WM-Endrunde 1998, 2002; EM-Endrunde 2000, 2004; Europas Fußballer des Jahres 2001; in England Fußballer des Jahres 1998.

Owomoyela, Patrick, dt. Mittelfeldspieler (auch nigerian. Staatsbürgerschaft [nigerian. Vater]), *5. November 1979 Hamburg; bis 1998 Grün-Weiß Eimsbüttel und TSV Stellingen 88, 1998–2001 Lüneburger SK, 2001/02 VfL Osnabrück, 2002/03 SC Paderborn 07, 2003–05 Arminia Bielefeld, 2005/06 SV Werder Bremen; 45 Bundesligaspiele (5 Tore); 10 Länderspiele (seit 2004).

P. Owomoyela
»Ich habe keinen Bock auf Krawatte. Ich liebe Schlabberklamotten. Mitunter flachsen die Kollegen, ob ich noch meinen Pyjama trage.«

Ozeanienmeisterschaft, Wettbewerb der Mitgliedsländer der Oceania Football Confederation (→OFC), wobei bis zum Finale im K.-o.-System gespielt wird, und zwar mit Hin- und Rückspiel; seit 1996 im Zweijahresrhythmus ausgetragen.

Ozeanienpokal der Landesmeister, Wettbewerb der Landesmeister der Mitgliedsländer der Oceania Football Confederation (→OFC), jüngster kontinentaler Klubvergleich überhaupt. Ein zaghafter Versuch wurde bereits 1987 unternommen, wobei allerdings nur die Landesmeister aus den fußballerisch entwickelsten Ländern Australien und Neuseeland teilnahmen. Seit 1999 sollte sich der in Turnierform durchgeführte Wettbewerb etablieren.

Ozeaniens Fußballer des Jahres, von der »Australian Soccer Writers Association« seit 1988 initiierte Wahl.

Ozeanienmeisterschaft

1973	Neuseeland
1980	Australien
1996	Australien
1998	Neuseeland
2000	Australien
2002	Neuseeland
2004	Australien

Ozeanienpokal der Landesmeister

1987	Adelaide Force (Australien)
1999	South Melbourne (Australien)
2001	Wollongong Wolves (Australien)
2005	FC Sydney (Australien)

Ozeaniens Fußballer des Jahres

1988	F. Farina (Australien)
1989	W. Rufer (Neuseeland)
1990	W. Rufer (Neuseeland)
1991	R. Slater (Australien)
1992	W. Rufer (Neuseeland)
1993	R. Slater (Australien)
1994	A. Vidmar (Australien)
1995	C. Karembeu (Neukaledonien)
1996	P. Okon (Australien)
1997	M. Bosnich (Australien)
1998	C. Karembeu (Neukaledonien)
1999	H. Kewell (Australien)
2000	M. Viduka (Australien)
2001	H. Kewell (Australien)
2002	B. Emerton (Australien)
2003	H. Kewell (Australien)
2004	T. Cahill (Australien)

P

»Packung«, deftige (hohe) Niederlage.

Pacult, Peter, österr. Tainer, *28. Oktober 1959 Wien; war Angriffsspieler: bis 1978 SC Columbia Foridsdorf, 1978–80 Floridsdorfer AC, 1980–84 Wiener Sportclub, 1984–86 Rapid Wien, 1986–92 FC Tirol Innsbruck, 1992/93 FC Stahl Linz, 1993–95 TSV München 1860, 1995/96 Austria Wien; in Österreich Torschützenkönig 1989 (26); 16 Bundesligaspiele (3 Tore); 24 Länderspiele (1982–93; 1 Tor). – Später Trainer: 1996–03 TSV München 1860 (1996–2001 Trainerassistent [1996–98 auch Amateure], 2001–03 Cheftrainer), 2004/05 FC Kärnten, 2006 1. FC Dynamo Dresden.

Paderborn 07, SC (Sportclub Paderborn 07), Deutschland (Paderborn), entstand am 20. Mai 1985 als TuS Paderborn-Neuhaus durch Fusion von TuS →Schloss Neuhaus (gegr. 1907) und 1. FC Paderborn (gegr. 1969; urspr. bereits 1908/09 als FC Preußen Paderborn gegr.), seit 1997 SC Paderborn 07; Zweite Bundesliga 2005/06; Spielkleidung: Weiß; Stadion: Hermann-Löns-Stadion, 10 165 Plätze. – INTERNET: scpaderborn07.de

Spieler (Auswahl): G. Canale – D. Cramer – A. di Salvo – P. Dotchev – M. Driller – U. Erkenbrecher – D. Hecking – M. Henke – P. Owomoyela – G. Roggensack – C. Schreier – J. Schwanke – T. von Heesen. – **Trainer** (Auswahl): D. Cramer – P. Dotchev – U. Erkenbrecher – J. Luhukay – H. Wohlers.

Pagelsdorf, Frank, dt. Tainer, *5. Februar 1958 Hannover; war Abwehrspieler: 1974–76 TSV Havelse, 1976–78 Hannover 96, 1978–84 Arminia Bielefeld, 1984–89 Borussia Dortmund, 1989/90 Hannover 96; 236 Bundesligaspiele (37 Tore). – Später Trainer: 1991/92 Hannover 96 (Amateure), 1992–94 1. FC Union Berlin, 1994–97 FC Hansa Rostock, 1997–2001 Hamburger SV, 2003/04 VfL Osnabrück, 2004/05 Al-Nasr (VAE), 2005/06 FC Hansa Rostock.

F. Pagelsdorf
»Wir werden nur noch Einzelgespräche führen, damit sich keiner verletzt.«

Paine, Terence Lionel (»Terry«), engl. Angriffsspieler (Rechtsaußen), *23. März 1939 Winchester; bis 1956 Winchester City, 1956–74 FC Southhampton, 1974–77 Hereford United; 19 Länderspiele (1963–66; 7 Tore); Weltmeister 1966.

Paisley, Robert (»Bob«), schott. Trainer, *23. Januar 1919 Hetton, †14. Februar 1996; war Abwehrspieler: 1938/39 Bishop Auckland, 1939–54 FC Liverpool. – Später Trainer: 1974–83 FC Liverpool.

R. Paisley: Erfolgsstationen (Auswahl)	
FC Liverpool	LM 1976, 1977, 1979, 1980, 1982, 1983 PS 1974 EC I 1977, 1978, 1981 EC III 1976 (Europa-)Supercup 1977

Pak, Doo-ik, Nordkorea, nordkorean. Mittelfeldspieler (Halbstürmer), *17. Dezember 1943 Pjöngjang; Moranbong Phenian; 82 Länderspiele; WM-Endrunde 1966.

Pakistan, islam. Republik in Vorderindien, 803 940 km², 150,695 Mio. Ew.; Verband: Pakistan Football Federation, Abk. PFF, gegr. 1947, Sitz: Islamabad; Mitglied der FIFA seit 1948, der AFC seit 1954; Spielkleidung: Grün-Weiß/Grün-Weiß/Grün-Weiß. – INTERNET: www.pff.com.pk

Palästina, autonomes Gebiet an der Ostküste des Mittelmeers; 6220 km², 3,636 Mio. Ew.; Verband: Palestinian Football Association, Abk. PFA, gegr. 1928; Mitglied der FIFA und der AFC seit 1998. – INTERNET: www.palfa.com

Palermo, US, eigtl. »US Città di Palermo« (Unione Sportiva Città di Palermo), Italien, gegr. 1898 als Anglo-Panormitan Athletic and FC Palermo, später Palermo FBC, 1927 Fusion mit Vigor Palermo zu AC Palermo, 1941 Fusion mit Juventina Palermo zu US Palermo-Juven-

Panamerikanische Spiele

1951	Argentinien
1955	Argentinien
1959	Argentinien
1963	Brasilien
1967	Mexiko
1971	Argentinien
1975	Brasilien und Mexiko
1979	Brasilien
1983	Uruguay
1987	Brasilien
1991	USA
1995	Argentinien
1999	Mexiko
2003	Argentinien

tina, 1945–67 US Palermo, 1967–77 SS Palermo, 1977–87 SSC Palermo, 1987 aufgelöst und als US Città di Palermo neu gegr.; Spielkleidung: Pink-Schwarz/Schwarz/Schwarz; Stadion: Stadio »La Favorita«, 38 000 Plätze. – INTERNET: www.ilpalermocalcio.it

Spieler (Auswahl): R. Benetti – T. Burgnich – F. Causio – M. Oktay – C. Ranieri – Romeo – S. Schillaci – L. Skoglund. – **Trainer** (Auswahl): Z. Zeman.

Palmeiras, SE, Brasilien: → São Paulo [3].

Palotai, Károly, ungar. Schiedsrichter, * 11. September 1935; seit 1970 FIFA-Referee; WM-Endrunde 1974, 1978, 1982; olymp. Fußballturnier 1972, 1976; EC I-Finale 1976, 1981, EC II-Finale 1979, zweites EC III-Finale 1975.

Károly Palotai

Pamplona, Spanien: → Osasuna, CA.

Panagoulias, Alketas, griech. Trainer, * 30. Mai 1934 Saloniki; war Mittelfeldspieler (Läufer): 1950–62 Aris Saloniki. – Später Trainer: 1969/70 Griechenland (Nationalmannschaft [Trainerassistent]), 1972/73 Aris Saloniki, 1974/75 Griechenland (Nationalmannschaft), 1977/78 Olympiakos Piräus, 1978–80 Griechenland (Nationalmannschaft; EM-Endrunde 1980), 1980–82 Olympiakos Piräus (LM 1980, 1981, PS 1981), 1982–85 USA (Nationalmannschaft), 1986/87 Olympiakos Piräus (LM 1987), 1992–94 Griechenland (Nationalmannschaft).

Panama, Republik in Zentralamerika, beiderseits des Panamakanals, 78 200 km², 2,961 Mio. Ew.; Verband: Federación Panameña de Fútbol, Abk. FEPAFUT, gegr. 1937, Sitz: Panama (Stadt); Mitglied der FIFA seit 1938, der CONCACAF seit 1960; Spielkleidung: Rot-Weiß/Blau/Rot.

Panamerikanische Spiele, Juegos Desportivos Panaméricanos, 1940 auf einem Kongress in Buenos Aires von 16 Nationalen Olymp. Komitees (NOK) aus Süd-, Mittel- und Nordamerika beschlossene Durchführung von Amateursportspielen für die Länder des amerikan. Kontinents. Die ersten offiziellen Spiele sollten 1942 stattfinden, was der Zweite Weltkrieg unmöglich machte. Sie werden seit 1951 im Vierjahresrhythmus durchgeführt. Argentinien gewann 2003 (ausgetragen in Santo Domingo) den sechsten Titel.

Panathinaikos AO, Griechenland: → Athen [3].

Pancev, Darko, makedon. Angriffsspieler, * 7. September 1965 Skopje; 1982–88 Vardar Skopje, 1988–92 Roter Stern Belgrad, 1992–94 Inter Mailand, 1994 VfB Leipzig, 1994/95 Inter Mailand, 1995/96 Fortuna Düsseldorf, 1996/97 FC Sion; 24 Bundesligaspiele (4 Tore); 24 Länderspiele für Jugoslawien (17 Tore); WM-Endrunde 1990; Europas Torschützenkönig 1991 (34).

Pander, Christian, dt. Abwehrspieler, * 28. August 1983 Münster; 1992/93 SC Nienberge, 1993–96 1. FC Gievenbeck, 1996/97 SC Greven 09, 1997–2001 Preußen Münster, 2001–06 FC Schalke 04; 31 Bundesligaspiele (2 Tore); 4 Länderspiele (seit 2004).

Panenka, Antonin, tschech. Angriffsspieler, * 2. Dezember 1948 Prag; 1956–80 Bohemians Prag, 1981–85 Rapid Wien, 1985–87 VSE St. Pölten; 59 Länderspiele für die ČSSR (1973–82; 17 Tore); WM-Endrunde1982; EM-Endrunde 1976 (Europameister), 1980; in der ČSSR Fußballer des Jahres 1980.

Panionios PAE, Griechenland: → Athen [4].

Pankau, Herbert, dt. Mittelfeldspieler (Läufer), * 4. Oktober 1941 Blaukwitt (Brandenburg); 1950–60 BSG Einheit Grevesmühlen, 1960–71 FC Hansa Rostock; 258 Oberligaspiele (30 Tore); 25 Länderspiele (1962–67; 4 Tore); olymp. Fußballturnier 1964.

Pankow, VfB Einheit (eigtl. VfB Einheit »zu Pankow«) → Berlin [13].

Pano, Panajot, alban. Angriffsspieler, * 7. März 1939 Durresi; 1955–60 Puna bzw. KS 17. Nëntori, 1961–74 Partizani Tirani; 24 Länderspiele (1963–73; 3 Tore); in Albanien Fußballer des Jahres 1960, 1961, 1962, 1970, 1971.

Pantelic, Marko, serb. Angriffsspieler, * 15. September 1978 Belgrad; bis 1995 Roter Stern Belgrad, 1995–97 Iraklis Saloniki, 1997/98 Paris Saint-Germain, 1998/99 Lausanne-Sports, 1999 Celta Vigo und Sturm Graz, 2000 Yverdon-Sports, 2001/02 FK Obilic, 2003 FC Smederevo, 2004/05 Roter Stern Belgrad, 2005/06 Hertha BSC; 11 Bundesligaspiele (4 Tore); 3 Länderspiele für Serbien und Montenegro (seit 2004).

Pantziaras, Nikos, zypr. Abwehrspieler, * 7. Januar 1954 Skilouga; 1969–89 APOEL Nikosia; 54 Länderspiele (1 Tor). – Sein Bruder **Georgios P.** (* 1952) war ebenfalls Abwehrspieler: 1967/68 SK Skilouga, 1969–75 APOEL Nikosia, 1976–78 OFI Kreta, 1978/79 Panathinaikos Athen, 1979–84 Aris Saloniki, 1984–89 Panseraikos Serres; 18 Länderspiele.

Papaioannou, Dimitrios, griech. Angriffsspieler, * 11. November 1942 Veria (Makedonien);

1956–62 Veria, 1962–79 AEK Athen; 62 Länderspiele (1963–78; 21 Tore); in Griechenland Fußballer des Jahres 1975.

»Papierform« → Form.

Papin, Jean Pierre, frz. Angriffsspieler (Mittelstürmer), *5. November 1963 Boulogne-sur-Mer; 1969 Jeumont, 1970–79 Fußballschüler am »Nationalen Fußballinstitut« in Vichy, 1979–81 US Valenciennes, 1981–84 INF Vichy, 1984/85 FC Brügge, 1986–92 Olympique Marseille, 1992–94 AC Mailand, 1994–96 FC Bayern München, 1996–98 Girondins Bordeaux, 1998 Guingcamp, 1999 Saint Pierre (Réunion); 27 Bundesligaspiele (3 Tore); 54 Länderspiele (1986–94; 30 Tore); WM-Endrunde 1986; EM-Endrunde 1992; Europas Fußballer des Jahres 1991; in Frankreich Fußballer des Jahres 1989, 1991.

Jean Pierre Papin

»Päppeln«, freudbetontes (Freizeit-)Fußball-»Spielchen« auf geeigneter, besonders kleiner Spielfläche (ohne reglementierte Durchführungsbestimmungen); ausgeführt von technisch veranlagten Aktiven (beengter Raum); ungeeignet für fußballerisch »Blinde« (z. B. »Bolzer«, »Holzer«, »Stecher«).

Papua-Neuguinea, Staat im Osten Neuguineas, mit Bismarck-Archipel, Bougainville u. a. Inseln, 462 840 km², 5,296 Mio. Ew.; Verband: Papua New Guinea Football Association, Abk. PNGFA, gegr. 1962, Sitz: Port Moresby; Mitglied der FIFA und der OFC seit 1963; Spielkleidung: Rot-Gelb/Schwarz/Gelb.

Parade, 1) effektvolle Torhüteraktion (→ Flugparade). – **2)** im Feldspiel gebraucht in der Wendung »er fuhr ihm in die P.«, d. h., er nahm ihm korrekt, z. B. durch Tackling, den Ball ab.

Paraguay, Republik in Südamerika, 406 750 km², 6,037 Mio. Ew., Verband: Asociación Paraguaya de Fútbol, Abk. APF, gegr. 1906, Sitz: Asunción; Mitglied der FIFA und der CONMEBOL seit 1925; Spielkleidung: Rot-Weiß/Blau/Blau. – Erfolge: Südamerikameister 1953, 1979. – INTERNET: www.apf.org.py

»Pärchenbetrieb«, ein takt. Mittel als Versuch, durch ständiges gegenseitiges Bewachen und Verfolgen den Gegenspieler zu neutralisieren. Diese besonders im Mittelfeld praktizierte (Antifußball-)Methode läßt keinen attraktiven und angriffsorientierten Fußball zu, da sie Konstruktivität und Kreativität weitgehend einschränkt. Im Spitzenfußball hat der der »P.« weitestgehend ausgedient.

Paris, Frankreich, **1) Paris Saint-Germain,** eigtl. »Paris Saint-Germain FC« (Paris Saint-Germain Football Club), Abk. **PSG,** gegr. 1970; Spielkleidung: Blau-Rot/Blau/Blau-Rot; Stadion: Parc des Princes (»Prinzenpark«), 47 230 Plätze. – INTERNET: www.psg.fr

Spieler (Auswahl): N. Anelka – O. Ardiles – J. Bats – C. Bianchi – Y. Djorkaeff – R. Domenech – D. Ginola – Humberto – G. Janvion – B. Kalou – K. Kist – P. Le Guen – Leonardo – D. Ljuboja – P. Mboma – A. Okocha – M. Pantelic – Pauleta – Rai – Ronaldinho – J. Weah – C. R. Wilkins – C. Wörns – H. Yakin. – **Trainer** (Auswahl): J. Bats – C. Bianchi – G. Houllier – A. Jorge – H. Michel – V. Vasovic.

2) Racing Paris, eigtl. »Racing CF 92« (Racing Club de France 92), gegr. 1897 als Racing Club de France, 1932–66 Racing Club de Paris, 1966 Fusion mit UA Sedan-Torcy zu Racing-Paris (1967 Beendigung der Fusion), 1967–82 Racing Club de Paris, 1982 Fusion mit Paris FC zu Racing Paris 1, 1986–90 Matra Racing Paris, 1990–92 Racing Club de Paris, seitdem Racing CF 92; Spielkleidung: Weiß/Schwarz/Weiß; Stadion: Stade Yves de Manoir Colombes, 44 000 Plätze.

Spieler (Auswahl): M. Bossis – E. Francescoli – D. Ginola – O. Heisserer – R. Hiden – L. Leduc – M. Milutinovic – R. Paz. – **Trainer** (Auswahl): A. Jorge – R. Lemerre.

Parkstadion, Gelsenkirchen, 1969–73 anlässlich der WM-Endrunde 1974 erbaut, 62 004 Plätze; bis 2001 Heimstätte des FC Schalke 04; seitdem wird in der Arena AufSchalke (seit 2005 → VELTINS-Arena) gespielt.

Parma, FC, eigtl. »Parma FC« (Parma Football Club), Italien, gegr. 1913 als Verdi FBC, 1913–30 Parma FBC, 1930–67 Parma AS, 1967/68 Parma FC, 1968 aufgelöst und als Parma AC (dt. AC Parma) neu gegr., seit 2004 Parma FC; Spielkleidung: Blau-Gelb/Blau/Blau; Stadion: Emilio Tardini, 29 149 Plätze. – Internationale Erfolge: EC II 1993, EC III 1995, 1999, (Europa-)Supercup 1993. – INTERNET: www.parma.goal.com

Spieler (Auswahl): Adriano – M. Amoroso – C. Ancelotti – F. Asprilla – D. Baggio – T. Brolin – G. Buffon – F. und P. Cannavaro – F. Couto – H. Crespo – S. Frey – F. Inzaghi – P. Mboma – J. Micoud – A. Mutu – H. Nakata – A. Ortega – R. N. Sensini – M. Paulo Sousa – C. Stoichkov – H. Şükür – C. Taffarel – L. Thuram – J. Verón – G. Zola. – **Trainer** (Auswahl): C. Ancelotti – C. Maldini – A. Sacchi – N. Scala – Z. Zeman.

Carlos Parreira

Parreira, Carlos, brasilian. Trainer, *25. März 1943; 1967/68 Ghana (Nationalmannschaft), 1968–70 beim Klub Vasco da Gama Rio de Janeiro, 1970–74 Brasilien (im Trainerstab der Nationalmannschaft), 1974–76 Fluminense Rio de Janeiro (1974–75 Trainerassistent, 1975/76 Cheftrainer), 1976–82 Kuwait (Nationalmannschaft; 1976–78 Trainerassistent, 1978–82 Cheftrainer; WM-Endrunde 1982), 1983 Brasilien (Nationalmannschaft), 1984 Fluminense Rio de Janeiro, 1984–88 VAE (Nationalmannschaft), 1989 Saudi-Arabien (Nationalmannschaft), 1990 VAE (Nationalmannschaft; WM-Endrunde 1990), 1991–94 Brasilien (Nationalmannschaft; Weltmeister 1994), 1994/95 CF Valencia, 1995/96 Fenerbahce Istanbul, 1996 FC São Paulo, 1996/97 New York/New Jersey MetroStars, 1998 Saudi-Arabien (Nationalmannschaft; WM-Endrunde 1998),1999 Fluminense Rio de Janeiro und Atlético Mineiro Belo Horizonte, 2000 FC Santos, 2001 Internacional Pôrto Alegre, 2002 Corinthians São Paulo, 2003–06 Brasilien (Nationalmannschaft); Welt-Nationaltrainer des Jahres 2005.

C. Parreira
»Bei uns gibt es 22 Sportarten und eine Religion – Fußball.«

Partridge, Patrick, engl. Schiedsrichter, *20. Juni 1933 Billingham; seit 1953 Schiedsrichter, seit 1966 1. Division, seit 1971 FIFA-Referee; WM-Endrunde 1978; EC II-Finale 1977.

Pasanen, Petri, finn. Abwehrspieler, *24. September 1980 Lahti; 1997–2000 FC Lahti, 2000–03 Ajax Amsterdam, 2004 FC Portsmouth, 2004–06 SV Werder Bremen; 26 Bundesligaspiele (1 Tor); 27 Länderspiele (1 Tor).

Pasching, Österreich: → Superfund, FC.

Pass, Zuspiel des Balles als Mittel der Angriffsgestaltung und als Grundlage des Kombinationsspiels.
Bezogen auf das Spielfeld wird zw. Quer-, Steil-, Diagonal- und Rück-P. unterschieden. Dabei werden Quer- und Steil-P. vorwiegend von Abwehr- und Mittelfeldspielern, Diagonal-P. (spielverlagernder und schwierigster P.) besonders von Mittelfeldspielern und Rück-P. (zum direkten Torschuss durch den nachrückenden Mitspieler) meist von Stürmen auf den Außen- und Halbpositionen bevorzugt. Vom »P. in den Raum« oder »P. in die Tiefe« spricht man, wenn die aufgerückte (»entblößte«) gegner. Abwehr überschlagen wird.
Nach der Höhe des gespielten Balles werden Flach-, halbhoher und hoher P. (Flugball), bezüglich der Entfernung Kurz- und Lang-P. unterschieden. Beim Direkt-P. wird der Ball mit der ersten Berührung unmittelbar weitergespielt. Als Doppel-P. wird das direkte und durch sofortiges Weiterleiten des Balles gekennzeichnete Zusammenspiel zweier angreifender Spieler bezeichnet. Letzterer dient auch dazu, die gegner. Abwehr blitzschnell auszumanövrieren. (→ »tödlicher Pass«)

Passarella, Daniel Alberto, argentin. Trainer, *25. Mai 1953 Chacabuco; war Abwehrspieler (Libero): 1963–71 Argentino de Chacabuco, 1971–74 Sarmiento de Junin, 1974–81 River Plate Buenos Aires, 1982–86 AC Florenz, 1986–88 Inter Mailand, 1988/89 River Plate Buenos Aires; 75 Länderspiele (1976–86; 24 Tore); WM-Endrunde 1982, 1986 (Weltmeister [nicht eingesetzt]); in Argentinien Fußballer des Jahres 1976. – Später Trainer: 1990–93 River Plate Buenos Aires, 1994–98 Argentinien (Nationalmannschaft; WM-Endrunde 1998), 2000 AC Parma, 2000–03 CF Monterrey (Mexiko; LM 2003), 2005 Corinthians São Paulo; 2006 River Plate Buenos Aires.

Passfolge → Ballstafette.

Passing Game [engl.], das *1-2-2-6-System* (→ Spielsystem).

»passives Abseits«, nicht strafbare Abseitsstellung (→ Abseits) eines Angreifers, da sich dieser im Spielgeschehen in der betreffenden Aktion völlig passiv verhält, d. h. das Spiel – und vor allem die gegner. Abwehr – in keiner Weise beeinflusst. Da eine derartige »Momentaufnahme« vom Schiedsrichter und Schiedsrichterassistenten in der jeweiligen Situation meist nur diffizil einzusehen ist, benötigen beide ein Höchstmaß

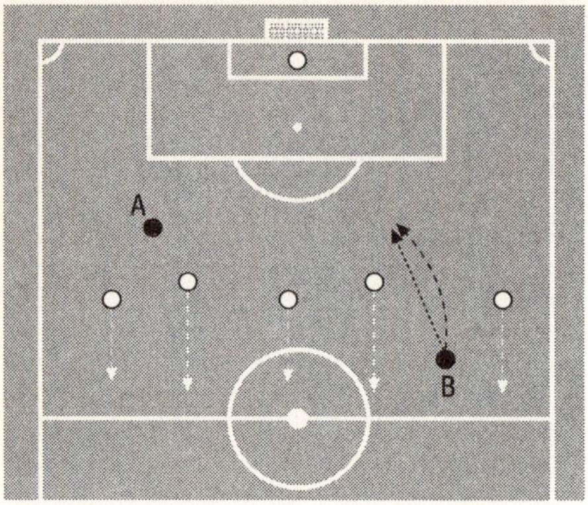

»passives Abseits«: Ein Angreifer (A) kommt aus dem Abseits, verhält sich aber inaktiv, während sein Mitspieler (B) zum Alleingang ansetzt. Nicht Abseits

an Sachkenntnis, Übersicht und rascher Entscheidungsfindung, um objektiv »richtig« zu beurteilen. – »P. A.« ist kein Terminus des Regelwerkes.

Patschinski, Nico, dt. Angriffsspieler, *8. November 1976 Berlin (Ost); bis 1988 Berliner FC Dynamo, 1988–97 1. FC Union Berlin, 1998 SV Babelsberg 03, 1998/99 1. FC Dynamo Dresden, 1999/2000 SpVgg Greuther Fürth, 2000–03 FC St. Pauli, 2003–05 Eintracht Trier, 2005/06 LR Ahlen; 28 Bundesligaspiele (8 Tore).

Patzke, Bernd, dt. Abwehrspieler, *14. März 1943 Berlin; 1957–62 Minerva 93 Berlin, 1962–64 Standard Lüttich, 1964–69 TSV München 1860, 1969–72 Hertha BSC, 1972–74 Hellenic Capetown (Südafrika); 202 Bundesligaspiele (6 Tore); 24 Länderspiele (1965–71); WM-Endrunde 1966 (nicht eingesetzt), 1970. – Später Trainer: 1983/84 TSV München 1860, 1991/92 Oman (Nationalmannschaft), 1992/93 Tennis Borussia (Manager).

Pauleta, eigtl. »Pedro Miguel Carreiro Resendes«, portugies. Angriffsspieler, *28. April 1973 Ponta Delgada; 1994/95 União Micaelense, 1995/96 GD Estoril, 1996/97 UD Salamanca, 1998–2001 Deportivo La Coruña, 2001–03 Girondins Bordeaux, 2003–06 Paris Saint-Germain; 55 Länderspiele (28 Tore; seit 1997); WM-Endrunde 2002; EM-Endrunde 2000, 2004.

Paulista, SC Corinthians, Brasilien: → São Paulo [1].

Paulo César, Lima, brasilian. Mittelfeldspieler, *16. Juni 1949 Rio de Janeiro; 1963–86 Fluminense Rio de Janeiro, Grêmio Pôrto Alegre, Corinthians São Paulo, Botafogo Rio de Janeiro (1970–73), Flamengo Rio de Janeiro (1973/74), Vasco da Gama Rio de Janeiro, Olympique Marseille und FC São Paulo, 1986/87 AC Bellinzona (Schweiz); 58 Länderspiele (17 Tore); WM-Endrunde 1970 (Weltmeister), 1974.

Paulo Sérgio, eigtl. »Paulo Sérgio Silvestre do Nascimento«, brasilian. Mittelfeldspieler, *2. Juni 1969 São Paulo; 1982–88 Corinthians São Paulo, 1989 Vasco da Gama Rio de Janeiro, 1990–93 Corinthians São Paulo, 1993–97 Bayer 04 Leverkusen, 1997–99 AS Rom, 1999–2002 FC Bayern München, 2002/03 Al-Wahda (VAE), 2003/04 Vitória da Bahia; 198 Bundesligaspiele (68 Tore); 12 Länderspiele; Weltmeister 1994.

Paulo Sousa, Manuel Carvalho, portugies. Mittelfeldspieler, *30. August 1970 Viseu; bis 1985 Júnior Academica Viseu, 1985–93 Benfica Lissabon, 1993/94 Sporting Lissabon, 1994–96 Juventus Turin, 1996–98 Borussia Dortmund, 1998–2000 Inter Mailand, 2000 AC Parma, 2000–02 Panathinaikos Athen, 2002/03 Espanyol Barcelona; 27 Bundesligaspiele (1 Tor); 51 Länderspiele (1991–2002); WM-Endrunde 2002 (nicht eingesetzt); in Italien Fußballer des Jahres 1995.

»Paulsen«, Deutschland: Pseudonym für → Pömpner, P.

Pauly, Dieter, dt. Schiedsrichter (Rheydt [Nordrhein-Westfalen]), *14. Februar 1942 Mönchengladbach; Schiedsrichter seit 1960, 1980–90 Bundesliga (97 Spiele), 1981–87 FIFA-Referee; 16 Länderspiele; EM-Endrunde 1984 (Linienrichter), 1988; 22 Europapokalspiele (EC II-Finale 1988); DFB-Pokalfinale 1986; DFB-Schiedsrichter des Jahres 1985, 1988. – Mitglied des DFB-Schiedsrichterlehrstabes.

Payer, Helge, österr. Torhüter, *9. August 1979 Wels (Oberösterreich); bis 1997 Eintracht Wels, 1997–2000 Rapid Wien, 2000/01 ASK Kottingbrunn, 2001–06 Rapid Wien; 7 Länderspiele (seit 2003).

Paz, Rubén Márquez Walter, uruguay. Mitelfeldspieler (Halbstürmer), *8. August 1959 Artigas; 1973–77 Peñarol Artigas, 1977–82 Peñarol Montevideo, 1982–86 Internacional Pôrto Alegre, 1987/88 Racing Paris, 1988/89 Racing Club Buenos Aires, 1989–92 Genua 1893, 1992 Racing Club Buenos Aires; 45 Länderspiele (10 Tore); WM-Endrunde 1986, 1990; Südamerikas Fußballer des Jahres 1988; in Argentinien Fußballer des Jahres 1988.

Pécsi MFC (Pécsi Mecsek Futball Club), Ungarn (Pécs), gegr. 1950 als Pécsi Dózsa, 1956/57 Pécsi Baranya Dózsa SC, 1957–73 Pécsi Dózsa SC, 1973 Fusion mit Pécsi Bányász SC, Pécsi Ércbányász SC, Pécsi Helyiipar SK und Pécsi Épitök SC zu Pécsi MSC, seit 1995 Pécsi MFC; Spielkleidung: Rot/Schwarz/Schwarz; Stadion: Mecsekaljai, 10 000 Plätze. – INTERNET: www.pmfc.hu **Spieler** (Auswahl): P. Dardai.

Pedernera, Adolfo Alfredo, argentin. Angriffsspieler (Mittelstürmer), *15. November 1918 Buenos Aires; seit 1936 River Plate Buenos Aires, Atlanta, Huracán Buenos Aires und Millonarios Bogotá; 21 Länderspiele. – Später Trainer: 1962 Kolumbien (Nationalmannschaft; WM-Endrunde 1962), 1965 Boca Juniors Buenos Aires, 1969 Argentinien (Nationalmannschaft), 1976 CA Banfield (Argentinien).

Peiraieus, griech. für → Piräus ...

Pekerman, José Néstor, argentin. Trainer, *3. September 1949; 1994–2006 Argentin. Fußballverband (U 20; Juniorenweltmeister 1995, 1997, 2001; 2004–06 Nationalmannschaft); trainierte noch nie eine Profimannschaft.

Pele, Abedi Ayew, ghanaischer Mittelfeldspieler, *5. November 1964 Domé; 1978–82 Real Tamale United (Ghana), 1983 Al-Sad (Katar), 1984 Dragons Oueme (Benin), 1985 Real Tamale United, 1986/87 Chamois Niort (Frankreich), 1987 FC Muhlhouse, 1987/88 Olympique Marseille, 1988–90 OSC Lille, 1990–93 Olympique Marseille, 1993/94 Olypique Lyon, 1994–96 Turin Calcio, 1996–98 TSV München 1860; 50 Bundesligaspiele (2 Tore); 67 Länderspiele (14 Tore); Afrikas Fußballer des Jahres 1991, 1992, 1993.

Pelé, eigtl. »Edson Arantes do Nascimento«, brasilian. Angriffsspieler, *23. Oktober 1940 Tres Corações; 1952–54 Setimo de Sétembro, Amérquinha und FC América Rio de Janeiro, 1954–56 AC Bauru, 1956–74 FC Santos (1114 Spiele, 1088 Tore), 1975–77 (Cosmos) New York; 92 Länderspiele (1957–71; 77 Tore); WM-Endrunde 1958 (Weltmeister), 1962 (Weltmeister), 1966, 1970 (Weltmeister). – 1987 FIFA-Orden in Gold; 1995–98 Sportminister Brasiliens; 2004 (gemeinsam mit F. Beckenbauer) »FIFA-Jahrhundert-Verdienstorden«; Weltfußballer des (20.) Jahrhunderts.

Pelé

Pelé

»Im Fußballspiel steckt auch Zärtlichkeit. Man muss den Ball so mit den Füßen streicheln, dass er im Netz des Gegners landet.«

Pelé-Cup [nach dem Spieler], Seniorenweltmeisterschaft für Spieler über 33 Jahre (2 Spieler unter 33, aber über 30 Jahre); Einladungsturnier des brasilian. Fußballverbandes für ehemalige Weltmeistermannschaften.

Peltonen, Juhani, finn. Angriffsspieler, *16. Juni 1936; 1954–64 Haka Valkeakoski, 1964–66 Hamburger SV, 1967–71 Haka Valkeakoski; 38 Bundesligaspiele (6 Tore); 68 Länderspiele (1956–70).

Peña, Gustavo Velasco, mexikan. Abwehrspieler, *21. November 1941 Talpa; 1959–67 Oro Guadalajara, 1967–70 CD Cruz Azul, 1970–74 Jalisco Guadalajara, 1974–76 FC Monterrey, 1977 Laguna Torreón; 82 Länderspiele (1961–74); WM-Endrunde 1966, 1970; in Mexiko Fußballer des Jahres 1968.

Penalty Kick [engl.], svw. → Strafstoß.

Peñarol, CA, Uruguay: → Montevideo [2].

Pendorf, Eduard (»Edy«), dt. Mittelfeldspieler (Läufer), *18. Oktober 1892 Lehe (Bremen), †3. November 1958; 1902–04 Schleußiger FC Normannia 01 (Leipziger Arbeitersportverein), 1904–07 Leipzig (Schulmannschaft), 1907–1912 Schleußiger FC Olympia, 1912–32 VfB Leipzig; 3 Länderspiele (1913–22).

Penev, Dimitar, bulgar. Trainer, *12. Juli 1945 Milovane; war Abwehrspieler: 1959–64 Lokomotive Sofia, 1964–77 ZSKA Sofia; 90 Länderspiele (1964–76); WM-Endrunde 1966, 1970, 1974; in Bulgarien Fußballer des Jahres 1967, 1971. – Später Trainer: bis 1990 ZSKA Sofia und Kuwait (Nationalmannschaft), 1990–93 Bulgarien (Nationalmannschaft), 2002/03 Liaoning Zhongshun (China). – Sein Sohn **Luboslav P.** (*1966) war Angriffsspieler: 1986–90 ZSKA Sofia, 1990–94 CF Valencia, 1994–96 Atlético Madrid, 1996–98 SD Compostela, 1998/99 Celta Vigo; 56 Länderspiele; WM-Endrunde 1998; EM-Endrunde 1996.

Pennarossa, SS (Società Sportiva Pennarossa), San Marino (Chiesanuova), gegr. 1968; Spielkleidung: Rot-Weiß/Rot-Weiß/Rot; Stadion: Chiesanuova, 500 Plätze. – INTERNET: www.pennarossa.com

Penverne, Armand, frz. Mittelfeldspieler (Läufer), *26. November 1926 Pont-Scorff; 1940–46 US Versailles, 1947–58 Stade Reims, 1959/60 Red Star Paris, 1960/61 FC Limoges; 39 Länderspiele (1952–59); WM-Endrunde 1954, 1958.

Perfumo, Roberto, argentin. Abwehrspieler, *30. Oktober 1942 Sarandi; 1958–70 Racing Buenos Aires, 1971–74 Cruzeiro Belo Horizonte, 1975–78 River Plate Buenos Aires; 39 Länderspiele (1957–70); WM-Endrunde 1966, 1974.

Personalunion, Vereinigung mehrerer Ämter, Funktionen oder Tätigkeiten in einer Person, z. B. Vereins-/Nationalmannschaftstrainer, Trainer/Manager. (→ Teammanager [1]).

»persönliche Strafe« → Schiedsrichter.

Peru, Republik im Westen Südamerikas, 1285 220 km², 28,410 Mio. Ew; Verband: Federación Peruana de Fútbol, Abk. FPF, gegr. 1922, Sitz: Lima; Mitglied der FIFA seit 1924, der CONMEBOL seit 1926; Spielkleidung: Weiß-Rot/Weiß/Weiß. – Erfolge: Südamerikameister 1939, 1975. – INTERNET: www.fpf.com.pe

Perugia, AC (Associazione Calcio Perugia), Italien, gegr. 1905 als Libertas Perugia, 1913–19 Perugia Società, seitdem AC Perugia; Spielkleidung: Rot/Weiß/Rot; Stadion: Stadio »Renato Curi«, 27 663 Plätze. – INTERNET: www.perugiacalcio.it

Spieler (Auswahl): H. Nakata – F. Ravanelli – P. Rossi. – **Trainer** (Auswahl): S. Cosmi – N. Scala.

Pescara Calcio, Italien (Pescara), gegr. 1937 als SS Pescara, 1946–74 AS Pescara, seitdem Pescara Calcio; Spielkleidung: Blau-Weiß/Weiß; Stadion: Stadio »Adriatico«, 19 500 Plätze. – INTERNET: www.pescaracalcio.com

Spieler (Auswahl): C. Dunga – Júnior.

Peschel, Peter, dt. Mittelfeldspieler, *26. Januar 1972 Prudnik (früher: Neustadt [Oberschlesien]); bis 1990 SpVgg Bönen, Rot-Weiß Unna und Borussia Dortmund, 1990–2001 Vfl Bochum, 2001/02 MSV Duisburg, 2002/03 Jahn Regensburg, 2003/04 MSV Duisburg, 2004/05 Tennis Borussia; 154 Bundesligaspiele (25 Tore).

Pesek-»Káda«, Karel, tschech. Abwehrspieler (Stopper), *20. September 1895, †30. September 1970; 1908–12 SK Meteor Vinorahdy, 1913 CAFC Vinorahdy, 1913–33 Sparta Prag, 1933/34 SK Zidenice; 45 Länderspiele für die Tschechoslowakei (1920–31; 1 Tor); olymp. Fußballturnier 1920, 1924.

Pesser, Johann (»Hans«), österr. Trainer, *7. November 1911 Wien, †12. August 1986; war Angriffsspieler: 1921–26 SK Slavoj, 1926–28 Graphia, 1930–42 Rapid Wien; 8 Länderspiele für Österreich (1935–37; 3 Tore), 12 für Deutschland (1938–40; 2 Tore) nach Annexion Österreichs; WM-Endrunde 1938. – Später Trainer: 1945–53 Rapid Wien, 1953–60 Wiener Sportklub, 1960–67 Admira Wien; betreute 1946/47, 1953/54 (WM-Endrunde 1954), 1957/58 und 1967/68 die österreich. Nationalmannschaft.

J. Pesser: Erfolgsstationen (Auswahl)	
Rapid Wien	LM 1946, 1948, 1951, 1952
	PS 1946
Wiener Sportklub	LM 1958, 1959
Admira Wien	LM 1966
	PS 1964, 1966

Petach Tikva, Maccabi, Israel, gegr. 1912; Spielkleidung: Blau/Weiß/Weiß; Stadion: Petach Tikva, 7500 Plätze. – INTERNET: www.mptziv.co.il

Peter, Ingo, dt. Trainer, *23. Oktober 1951 Dortmund; war Mittelfeldspieler: bis 1970 TSC Eintracht 48/95 Dortmund, 1970–72 Borussia Dortmund, 1972–78 DJK Gütersloh, VfB Altena und SV Holzwickede, 1978–80 DSC Wanne-Eickel, 1981 Chicago Sting; 5 Bundesligaspiele. – Später Trainer: 1984–87 Viktoria Dortmund, 1987/88 DSC Wanne-Eickel, 1988 TuS Eving-Lindenhorst, 1998–92 VfR Sölde, 1992–94 Arminia Bielefeld, 1994–2003 TSV bzw. Sportfreunde Siegen, 2003 Jahn Regensburg, 2003–05 LR Ahlen.

Peters, Martin, engl. Mittelfeldspieler, *8. November 1943 Plaistow; 1953–59 FC Dagenham, 1959–69 West Ham United, 1969–74 Tottenham Hotspur, 1974–80 Norwich City, 1980/81 Sheffield United; 67 Länderspiele (1966–74; 21 Tore); WM-Endrunde 1966 (Weltmeister), 1970; EM-Endrunde 1968.

Petersburg, Sankt, Russland: → Sankt Petersburg ...

Petignat, Nicole, schweizer. Schiedsrichterin, *27. Oktober 1966 La Chaux-de-Fonds; Schiedsrichterin seit 1983; leitet u. a. Männerspiele in der schweizer. Super League (14 Spiele) und in der österr. Bundesliga (3 Spiele); Frauen-WM-Endrunde 1999 (Finale), 2003, 2005; erste Schiedsrichterin eines Europapokalspiels der Männer (2003 im UEFA-Pokal).

Petit, Emmanuel, frz. Mittelfeldspieler, *22. September 1970 Dieppe; 1985–97 AS Monaco, 1997–2000 FC Arsenal, 2000/01 FC Barcelona, 2001–04 FC Chelsea; 62 Länderspiele (1990–2003); WM-Endrunde 1998 (Weltmeister), 2002; EM-Endrunde 1992, 2000 (Europameister).

Petrone, Pedro, war uruguay. Angriffsspieler, *11. Mai 1905, † 13. Dezember 1964; bis 1931 Nacional Montevideo, 1931–34 AC Florenz; 58 Länderspiele (1923–32); Weltmeister 1930; Olympiasieger 1924, 1928.

Petrov, 1) Martin, bulgar. Angriffsspieler, *15. Januar 1979 Vzatza; 1989–98 Botev Vratza und ZSKA Sofia,1999–2001 Servette Genf, 2001–05 VfL Wolfsburg, 2005/06 Atlético Madrid; 86 Bundesligaspiele (16 Tore); 45 Länderspiele; 6 Tore); EM-Endrunde 2004. – **2)** Stilian, bulgar. Mittelfeldspieler, *5. Juli 1975 Sofia; bis 1991 FC Montana, 1991–99 ZSKA Sofia, 1999–2006 Celitic Glasgow; 52 Länderspiele (seit 1999; 6 Tore); EM-Endrunde 2004.

Petrović, Ljubomir, kroat. Trainer, *15. Mai 1947 Osijek; 1980–84 Metall Osijek (Nachwuchs), 1984–89 Spartak Subotica, 1989/90 Vojvodina Novi Sad und RAD Belgrad, 1990/91 Roter Stern Belgrad, 1991 Español Barcelona, 1992 Peñarol Montevideo, 1993 PAOK Saloniki und Olympiakos Piräus.

Petržalka, 1. FC, Slowakische Republik: → Bratislava [1].

Pettersson, Jörgen, schwed. Angriffsspieler, *29. September 1975 Lackalange; bis 1991 Dösjebro IF, 1992–95 Malmö FF, 1996–99 Borussia Mönchengladbach, 1999–2002 1. FC Kaiserslautern, 2002/03 FC Kopenhagen, 2004/05 Landskrona BoIS; 181 Bundesligaspiele (47 Tore); 27 Länderspiele (7 Tore); EM-Endrunde 2000.

Pezzey, Bruno Edmund, österr. Abwehrspieler (Libero), *3. Februar 1955 Lauterach (Vorarlberg), † 31. Dezember 1994 Innsbruck; bis 1973 FC Lauterach, 1973/74 SC Vorwerk Vorarlberg Bregenz, 1974–78 FC Swarovski Tirol Innsbruck, 1978–83 Eintracht Frankfurt, 1983–87 SV Werder Bremen, 1987–90 FC Swarovski Tirol Innsbruck; 255 Bundesligaspiele (45 Tore); 84 Länderspiele (1975–90; 9 Tore); WM-Endrunde 1978, 1982. – Seit 1995 wird in Österreich jährlich das (Hallen-) »Bruno-Pezzey-Gedenkturnier« mit österr. und dt. Ex-Profis veranstaltet.

PFA, Abk. für **P**olish **F**ootball **A**ssociation, den Fußballverband von → Polen.

Pfaff, Jean-Marie, belg. Torhüter, *4. Dezember 1953 Lebekke; 1970–82 SK Beveren-Waas, 1982–88 FC Bayern München, 1988/89 Lierse SK, 1989–91 Trabzonspor; 156 Bundesligaspiele; 62 Länderspiele; WM-Endrunde 1982, 1986; EM-Endrunde 1980, 1984; in Belgien Fußballer des Jahres 1978.

Pfau, Oswald, dt. Trainer, *7. Januar 1915, † 3. Januar 1969; u. a. 1951 Lokomotive Stendal, 1954/55 Empor Rostock, 1958/59 Bremerhaven 93, 1959–61 1. FC Köln, 1961/62 FK Prmasens, 1962–65 Alemannia Aachen, 1968 Borussia Dortmund.

Pfeifenberger, Heimo, österr. Mittelfeldspieler, *19. Dezember 1966 Zederhaus (Salzburg); bis 1988 USV Zederhaus und Casino Salzburg, 1988–92 Rapid Wien, 1992–96 Casino Salzburg, 1996–98 SV Werder Bremen, 1998–2004 Casino Salzburg; 43 Bundesligaspiele (5 Tore); 40 Länderspiele (9 Tore); WM-Endrunde 1990, 1998; in Österreich Fußballer des Jahres 1994; in Österreich Torschützenkönig 1994 (14).

»Pfeifenmann«, gehobene Bez. für Schiedsrichter; abwertend: »Pfeife«.

»Pferdekuss« → Sportmedizin/Sportverletzungen.

PFF, 1) Abk. für **P**akistan **F**ootball **F**ederation, den Fußballverband von → Pakistan. – **2)** Abk. für **P**hilippine **F**ootball **F**ederation, den Fußballverband der → Phillipinen.

Pflichtspiel, a) ein Punkt- oder Pokalspiel im nationalen Rahmen; b) ein Länderspiel als Qualifikations- oder Endrundenspiel (WM, EM usw.).

Pflipsen, Karlheinz, dt. Mittelfeldspieler, *31. Oktober 1970 Mönchengladbach; 1988–99 Borussia Mönchengladbach, 1999–2001 Panathinaikos Athen, 2001–04 Alemannia Aachen, 2004/05 TSV München 1860; 197 Bundesligaspiele (37 Tore); 1 Länderspiel (1993).

Pflügler, Hans (»Hansi«), dt. Abwehrspieler, *27. März 1960 Freising (Bayern); 1975–97 FC Bayern München, 1997–99 SE Freising, 2001/02 FC Bayern München (Amateure); 277 Bundesligaspiele (36 Tore); 11 Länderspiele (1987–90); Weltmeister 1990 (nicht eingesetzt); EM-Endrunde 1988.

Pforzheim, 1. FC (1. Fußballclub Pforzheim), Deutschland (Baden-Württemberg), gegr. am 5. Mai 1896; Insolvenz 2004; Spielkleidung: Blau/Weiß/Weiß; Stadion: Brötzinger Tal, 9000 Plätze. – INTERNET: www.fcpforzheim.net

Spieler (Auswahl): J. Klopp. – **Trainer** (Auswahl): U. Reinders.

Pfullendorf, SC (Sportclub Pfullendorf), Deutschland (Baden-Württemberg), gegr. am 2. August 1919; Spielkleidung: Weiß/Rot/Rot; Stadion: ALNO-Arena: 10 000 Plätze. – INTERNET: www.sc-pfullendorf.de

Spieler (Auswahl): U. Möhrle. – **Trainer** (Auswahl): F. Wormuth.

Philippinen, Republik und nördlichste Inselgruppe des Malaiischen Archipels, 300 000 km², 84,620 Mio. Ew.; Verband: Philippine Football Federation, Abk. PFF, gegr. 1907, Sitz: Manila;

Mitglied der FIFA seit 1928, der AFC seit 1954; Spielkleidung: Blau.

Phönix [latein., nach einem altägypt. Sagenvogel], Vereins-Bez. aus den Anfängen des (nord-) dt. Fußballs, z. B. P. Lübeck.

Physiotherapie [griech.] → Sportmedizin/Sportverletzungen.

Piacenza Calcio, Italien (Piacenza), gegr. 1919 als Piacenza FC, später FC Piacenza, seit 2003 Piacenza Calcio; Spielkleidung: Weiß; Stadion: Stadio »Leonardo Garilli«, 21 608 Plätze. – INTERNET: www.piacenzacalcio.it

Spieler (Auswahl): C. Gentile – A. Gilardino – F. Inzaghi.

Piantoni, Roger, frz. Mittelfeldspieler (Halbstürmer), *26. Dezember 1931 Étain; 1941–49 ES Piennes, 1949–57 FC Nancy, 1957–64 Stade Reims, 1964–66 OGC Nizza; 38 Länderspiele (1952–61; 19 Tore); WM-Endrunde 1958.

»Pickles«, eigtl. »Sir P.«, ein berühmter Hund (→ Weltpokal [2]).

Piechniczek, Antoni, poln. Trainer, *3. Mai 1942; war Abwehrspieler: Legia Warschau; 3 Länderspiele (1967/68). – Später Trainer: 1978/79 Odra Opole, 1981–86 Polen (Nationalmannschaft; WM-Endrunde 1982, 1986), 1986/87 Górnik Zabrze, 1988 Esperance Sportive Tunis, 1988–91 Tunesien (Nationalmannschaft), 1992/93 VAE (Nationalmannschaft), 2000/01 Górnik Zabrze.

Pieckenhagen, Martin, dt. Torhüter, *15. November 1971 Berlin (Ost); bis 1993 BSG Medizin Buch und 1. FC Union Berlin, 1993/94 Tennis Borussia, 1994–96 MSV Duisburg, 1996–2001 FC Hansa Rostock, 2001–05 Hamburger SV, 2005/06 Heracles Almeo (Niederlande); 214 Bundesligaspiele.

Pieroni, Luigi, belg. Angriffsspieler italien. Herkunft (seit 1998 belg. Staatsbürgerschaft [Vater: Italiener, Mutter: Spanierin], *8. September 1980 Lüttich; bis 1993 FC Montegnée, 1993–99 Standard Lüttich, 1999–2003 FC Lüttich, 1999–2004 Excelsior Mouscron, 2004–06 AJ Auxerre; 1 Länderspiel (2004).

»Pike«, die Schuhspitze; »Pikenstoß«: Spitzenstoß.

Pilot, Luis, luxemburg. Abwehrspieler, *11. November 1940 Luxemburg (Stadt); 1960–72 Standard Lüttich, 1972–75 Antwerp FC; 45 Länderspiele (1964–77); in Luxemburg Fußballer des Jahres 1966, 1967, 1969, 1970, 1971, 1972. – Später Trainer: 1975–78 Racing Jet Brüssel, 1978 Luxemburg (Nationalmannschaft).

Pilsen, Tschech. Republik: dt. für → Plzeň ...

Pilz, Hans-Uwe, dt. Mittelfeldspieler, *10. November 1958 Hohenstein-Ernstthal (Sachsen); 1968–73 BSG Motor Hohenstein-Ernstthal, 1973–82 BSG Sachsenring Zwickau, 1982–90 SG Dynamo Desden, 1990/91 Fortuna Köln, 1991–95 1. FC Dynamo Dresden, 1995–97 FSV Zwickau; 275 (DDR-) Oberligaspiele (48 Tore); 36 Länderspiele für die DDR (1982–89); 61 Bundesligaspiele (3 Tore). – Später Trainer: 1998/99 FSV Zwickau.

Pinto, 1) Roberto, portugies. Mittelfeldspieler, *22. August 1978 Stuttgart; Mittelfeldspieler; 1984–91 VfL Wangen-Stuttgart, 1991–2001 VfB Stuttgart, 2001–04 Hertha BSC, 2005/06 Arminia Bielefeld; 112 Bundesligaspiele (6 Tore). – **2)** Sergio, portugies. Mittelfeldspieler, *16. Oktober 1980 Mafamude; Mittelfeldspieler; 1989–93 FC Porto, 1993–95 TuS Haltern, 1995–2004 FC Schalke 04, 2004–06 Alemannia Aachen; 23 Bundesligaspiele.

Piola, Silvio, italien. Angriffsspieler (Mittelstürmer), Dr. h. c. (1987 von der Universität Rom verliehen), *29. September 1913 Robbio Lomellina, †4. Oktober 1996 Gattinara; 1929–34 Pro Vercelli, 1934–43 Lazio Rom, 1943/44 AC Turin, 1945–52 Juventus Turin, 1952–54 Novara Calcio; 34 Länderspiele (1935–52; 30 Tore); Weltmeister 1938. – Demonstrierte 1939 erstmals den Fallrückzieher (→ Rückzieher).

Piontek, Josef (»Sepp«), dt. Trainer, *5. März 1940 Breslau (poln. Wrocław); war Abwehrspieler: 1954–60 Germania Leer (Ostfriesland), 1960–71 SV Werder Bremen; 203 Bundesligaspiele (14 Tore); 6 Länderspiele (1965/66). – Später Trainer: 1972–75 SV Werder Bremen, 1975/76 Fortuna Düsseldorf, 1976–78 Haiti (Nationalmannschaft), 1978/79 FC St. Pauli, 1979–90 Dänemark (Nationalmannschaft; WM-Endrunde 1986, EM-Endrunde 1984, 1988), 1990–93 Türkei (Nationalmannschaft), 1993 Bursaspor, 1994 Al-Ittihad (Saudi-Arabien), 1995/96 Ålborg BK, 1997–99 Silkeborg IF, 2001–06 Grönland (Nationalmannschaft).

»Sepp« Piontek

Piplica, Tomislav, bosn. Torhüter, *5. April 1969 Bugojno; 1989/90 Iskra Bugojno, 1990/91 NK Zagreb, 1991/92 Istra Pula, 1993–96 Segesta Sisak, 1996/97 NK Samobor, 1997/98 Segesta Sisak, 1998–2006 FC Energie Cottbus; 74 Bundesligaspiele; 9 Länderspiele für Bosnien und Herzegowina.

»Pique« [eine »Chilischote« mit Sombrero], offizielles → WM-Maskottchen der WM-Endrunde 1986 in Mexiko.

Piräus, Griechenland, **1) Ethnikos Piräus,** eigtl. »Ethnikos Peiraieus« (Ethnikos Omilos Filathon Faliru Peiraieus), entstand 1925 durch Fusion von Piraikos Omilos und Omilos Filathon; Spielkleidung: Violett/Weiß/Violett; Stadion: Karaiskakis, 33 500 Plätze. – INTERNET: www.paeasteras.gr
Spieler (Auswahl): N. Anastopoulos – I. Galakos. – **Trainer** (Auswahl): K. Górski – H. Höher – V. Vasovic.
2) Olympiakos Piräus, eigtl. »FC Olympiakos Peiraieus« (Football Club Olympiakos Peiraieus), gegr. 1925; Spielkleidung: Rot; Stadion: Karaiskakis, 33 500 Plätze. – INTERNET: www.olympiakos.org
Spieler (Auswahl): N. Anastopoulos – L. Détari – I. Galakos – A. Juskowiak – C. Karembeu – G. Litowtschenko – A. Nikopolidis – O. Protasov – Rivaldo. – **Trainer** (Auswahl): D. Bajevic – O. Blokhin – J. Gmoch – H. Höher – G. Kessler – M. Kessler – T. Libregts – A. Panagoulias – L. Petrović – O. Protasov – H. Senekowitsch.

Pires, Robert, frz. Mittelfeldspieler, *29. Oktober 1973 Reims; 1992–98 FC Metz, 1998–2000 Olympique Marseille, 2000–06 FC Arsenal; 78 Länderspiele; Weltmeister 1998; EM-Endrunde 2000 (Europameister), 2004; in England Fußballer des Jahres 2002.

Pirmasens, FK, eigtl. »FK 03 Pirmasens« (Fußballklub 1903 Pirmasens), Deutschland (Rheinland-Pfalz), gegr. am 5. Juni 1903 als FC Pirmasens, 1919 Fusion mit SK 05 Pirmasens zu FK 03 Pirmasens; Spielkleidung: Blau-Weiß/Weiß/Blau; Stadion: Stadion an der Zweibrücker-Straße, 15 000 Plätze. – INTERNET: www.fkpirmasens.de
Spieler (Auswahl): T.-D. Dooley – K. Hohmann – O. Rohr. – **Trainer** (Auswahl): O. Pfau – A. Preißler.

Pirna-Copitz, VfL, eigtl. »VfL Pirna-Copitz 07« (Verein für Leibesübungen Pirna-Copitz 07), Deutschland (Pirna, [Sachsen]), gegr. 1907 als VfL Pirna 07, 1948–66 BSG Einheit Copitz, 1966–90 BSG Wismut Pirna-Copitz, seitdem VfL Pirna-Copitz 07; Spielkleidung: Violett/Weiß/Weiß; Stadion: Willy-Tröger-Stadion, 4000 Plätze. – INTERNET: www.vfl-pirna-copitz.de
Trainer (Auswahl): A. Trautmann – W. Tröger.

Pirri, Rosé Martinez Sánchez José, span. Mittelfeldspieler (Dr.-med.), *11. März 1945 Ceuta; bis 1964 Collegio San José de Ceuta, Riffien Ceuta und FC Grenada, 1964–80 Real Madrid; 41 Länderspiele (1966–78; 16 Tore); WM-Endrunde 1966, 1978; in Spanien Fußballer des Jahres 1970. – Später Mannschaftsarzt bei Real Madrid.

Pirrung, Josef (»Sepp[l]«), dt. Angriffsspieler (Rechtsaußen), *24. Juli 1949; bis 1969 FC Münchweiler/Rodalb, 1969–81 1. FC Kaiserslautern, 1981/82 Wormatia Worms; 305 Bundesligaspiele (61 Tore); 2 Länderspiele (1974).

Pisa Calcio, Italien, gegr. 1909 als SC Pisa, seit 1994 Pisa Calcio, Spielkleidung: Blau /Schwarz/ Blau; Stadion: Arena Garibaldi, 25 000 Plätze. – INTERNET: www.pisacalcio.it
Spieler (Auswahl): C. Dunga – W. Kieft – D. P. Simeone – M. Tardelli – C. Vieri. – **Trainer** (Auswahl): M. Lucescu.

Pitesti, Arges, eigtl. »FC Argeş Dacia Piteşti« (Fotbal Club Argeş Dacia Piteşti), Rumänien, gegr. 1953 als Dinamo Piteşti, 1968–94 FC Argeş Piteşti, seitdem FC Argeş Dacia Piteşti; Spielkleidung: Blau; Stadion: Trivale, 15 000 Plätze. – INTERNET: www.fcarges.net
Spieler (Auswahl): N. Dobrin – A. Mutu. – **Trainer** (Auswahl): I. Nunweiler.

Pivarnik, Jan, slowak. Abwehrspieler, *13. November 1947 Cejkov; 1963–66 Slavia Trebišov, 1966–72 VSS Kosice, 1972–78 Slovan Bratislava, 1978/79 Dukla Banská Bystrica, 1981 CF Cádiz; 39 Länderspiele für die ČSSR (1968–77; 1 Tor); WM-Endrunde 1970 (nicht eingesetzt); Europameister 1976.

Pizarro, Claudio, peruan. Angriffsspieler (auch italien. Staatsbürgerschaft), *3. Oktober 1978 Lima; 1996/97 Deportivo Pesquero, 1998/99 Alianza Lima, 1999–2001 SV Werder Bremen, 2001–06 FC Bayern München; 180 Bundesligaspiele (87 Tore); 43 Länderspiele für Peru (7 Tore).

Placente, Diego Rodolfo, argentin. Abwehrspieler (auch italien. Staatsbürgerschaft), *24. April 1977 Buenos Aires; 1995–98 Argentinos Juniors Buenos Aires, 1998–2000 River Plate Buenos Aires, 2001–05 Bayer 04 Leverkusen, 2005/06 Celta Vigo; 123 Bundesligaspiele (3 Tore); 17 Länderspiele für Argentinien; WM-Endrunde 2002.

Plánička, František, tschech. Torhüter, *2. Juli 1904 Prag, †Juli 1996; 1918–23 SK Bubenec, 1923–39 Slavia Prag (969 Spiele); 73 Länderspiele für die Tschechoslowakei (1926–38); WM-Endrunde 1934, 1938.

Platini, Michel, frz. Trainer, Funktionär, *21. Juni 1955 Joeuf; war Mittelfeldspieler: 1965–72 AS Joeuf, 1972–79 AS Nancy-Lorraine, 1979–82 AS St.-Étienne, 1982–87 Juventus Turin; 72 Länder-

František Plánička

Michel Platini

spiele (1976–87; 41 Tore); WM-Endrunde 1978, 1982, 1986; Europameister 1984; Weltfußballer des Jahres 1984, 1985; Europas Fußballer des Jahres 1983, 1984, 1985; in Frankreich Fußballer des Jahres 1976, 1977. – Später Trainer: 1988–92 Frankreich (Nationalmannschaft; EM-Endrunde 1992), seitdem Funktionär: 1993–98 Vizepräsident des Organisationskomitees für die WM-Endrunde 1998 in Frankreich, seit 2001 Vizepräsident der Frz. Fußballverbandes, seit 2002 Mitglied des UEFA- und FIFA-Exekutivkomitees.

M. Platini
»Wenn die Deutschen gut spielen, werden sie Weltmeister, wenn sie schlecht spielen, kommen sie ins Finale.«

Platt, David Andrew, engl. Mittelfeldspieler, *10. Juni 1966 Chadderton; 1984/85 Manchester United, 1985–88 Crewe Alexandra, 1988–91 Aston Villa, 1991/92 AS Bari, 1992/93 Juventus Turin, 1993–95 Sampdoria Genua, 1995–98 FC Arsenal, 1999–2001 Nottingham Forest; 42 Länderspiele (15 Tore); WM-Endrunde 1990; EM-Endrunde 1992, 1996; in England Fußballer des Jahres 1990. – Später Trainer: 1998/99 Sampdoria Genua, 2003–05 England (U 21).

Platzer, Peter, österr. Torhüter, *29. Mai 1910, †13. Dezember 1959; 1923–31 Floridsdorfer AC, 1931–39 Admira Wien; 31 Länderspiele für Österreich (1933–37), 2 für Deutschland (1939) nach Annexion Österreichs; WM-Endrunde 1934; Mitglied des → »Wunderteams«.

»Platzieren«, gezieltes (Auf-das-Tor-)Schießen bzw. Schlagen, z. B. »er ›platzierte‹ den Ball in die äußerste Torecke«, »ein ›platzierter‹ Schuss«.

Platzsperre, zeitlich befristete Ordnungsstrafe gegen einen gastgebenden Klub wegen Vernachlässigung der Ordnungspflicht bei Ausschreitungen der Zuschauer; wird vom zuständigen Landesverband bzw. bei internationalen Spielen von der jeweiligen Konföderation ausgesprochen. Der Verein muss das oder die nächsten Spiele dann auf → »neutralem Platz« austragen.

Platzverhältnisse, Zustand des Spielfeldes; abhängig von der Bodenbeschaffenheit (Rasen-, Hartplatz, Ebenheit usw.) und von der Witterung (Regen, Schnee, Frost usw.), wobei insbesondere im Winterhalbjahr Witterungsunbilden zur Unbespielbarkeit des Platzes führen können. Die Entscheidung hierüber obliegt dem Schiedsrichter und bzw. oder (je nach Spielklasse) der Platzkommission.

Platzverweis, svw. → Feldverweis.

Platzwart, ein Angestellter einer Stadionverwaltung oder eines Klubs, der für die Wartung der Sportanlage und -geräte verantwortlich ist; betrifft und a. die Pflege des Rasens, die Sauberhaltung des Stadions, die Pflege der Spiel- und Trainingsbälle, der Trainingsgeräte sowie das Präparieren des Spielfeldes vor Spielbeginn.

Plauen, VFC (Vogtländischer Fußballclub Plauen), Deutschland (Sachsen), gegr. am 27. Mai 1903, 1945 aufgelöst und als SG Plauen Süd neu gegr., 1949/50 BSG Sachsenverlag Plauen, 1950/51 BSG Sachsenverlag/ZSG Zellwolle Plauen, 1951–55 BSG Rotation Plauen, 1955–62 BSG Wismut Plauen, 1963–76 BSG Motor WEMA Plauen, 1976–90 BSG Motor WEMA/Aufbau Plauen, seitdem VFC Plauen; Spielkleidung: Gelb/Schwarz/Schwarz; Stadion: Vogtlandstadion Plauen, 12 000 Plätze. – INTERNET: www.vfc-plauen.de

Spieler (Auswahl): H. Scherbaum – S. Curri – T. Vogel – K. Zapf. – **Trainer** (Auswahl): R. Müller – H. Satrapa – H.-U. Thomale.

»Plauzen« → Fußballerjargon.

Play-off, Weltmeisterschaft: Bez. für Entscheidungsspiele (Hin- und Rückspiel) für Vertreter von 4 Kontinentalverbänden nach Abschluss der WM-Qualifikationsspiele, um jeweils einen zusätzl. WM-Endrundenteilnehmer zu ermitteln: AFC gegen CONCACAF, OFC gegen CONMEBOL (je 2 Spiele).

Pleß, Harry, dt. Trainer, *25. April 1958 Fürstenberg/Havel (Brandenburg); war Abwehrspieler: 1979–82 TSG Neustrelitz, 1982–89 Post Neubrandenburg, 1989 Schifffahrt/Hafen Rostock, 1989–91 Lüneburger SK. – Später Trainer: 1991–2000 Lüneburger SK (1991–96 Spielertrainer, 1996–2000 Cheftrainer), 2001–03 Rot-Weiß-Essen, 2003/04 FC Sachsen Leipzig, 2005/06 Rot-Weiß Oberhausen.

Ploiesti, Petrolul, eigtl. »FC Petrolul Ploiešti« (Fotbal Club Petrolul Ploiešti), Rumänien, gegr. 1952 nach Umzug von Flacăra Bucureşti nach Ploiešti und Fusion mit Partizanul Ploiešti zu Flacăra Ploiešti, 1957 Abspaltung der Fußballabteilung zu Metalul Ploiešti, 1958–92 FC Petrolul Ploiešti, 1992/93 FC Ploiešti, seitdem FC Petrolul Ploiešti; Spielkleidung: Weiß/Rot/Rot-Weiß; Stadion: Petrolul, 18 000 Plätze.

Plovdiv, Bulgarien, **1) Botev Plovdiv,** eigtl. »FK Botev Plovdiv« (Fudbalski Klub Botev Plovdiv), gegr. 1912 als SK Botev Plovdiv, 1946 Fusion mit Schipka Plovdiv zu OSK Christo Botev Plovdiv, 1947 Fusion mit St. Kiradgijev zu ASK Botev Plovdiv, 1951–55 DNV Plovdiv, 1955/56 SKNA Plovdiv, 1956–67 ASK Botev Plovdiv, 1967 Fusion mit DFS Spartak Polvdiv und Akademik

Plovdiv zu AFD Trakija Plovdiv (1982 trennte sich DFS Spartak Polvdiv), 1986–89 FK Trakija Plovdiv, seitdem FK Botev Plovdiv; Spielkleidung: Gelb/Schwarz/Schwarz; Stadion: Hristo Botev, 21 000 Plätze.

Spieler (Auswahl): G. Asparuchov – G. Naidenow.

2) Lokomotive Plovdiv, eigtl. »FK Lokomotiv Plovdiv« (Fudbalski Klub Lokomotiv Plovdiv), gegr. 1929 als ZSK Plovdiv, später ZSK Levski-Slavija Plovdiv und Slavija-Tschengelov Plovdiv, 1949–51 Torpedo Plovdiv, 1951–89 DSF Lokomotiv Plovdiv, seitdem FK Lokomotiv Plovdiv; Spielkleidung: Rot/Schwarz/Schwarz; Stadion: Lokomotiv, 25 500 Plätze.

Spieler (Auswahl): H. Bonev. – **Trainer** (Auswahl): H. Bonev.

Pluskal, Svatopluk, war tschech. Mittelfeldspieler (Läufer), * 28. Oktober 1930 Gottwaldov, † 29. Mai 2005; 1948–51 Svit Gottwaldov, 1951–66 Dukla Prag, 1966–68 LIAZ Jablonec; 56 Länderspiele (1952–65; 1 Tor); WM-Endrunde 1954, 1958, 1962. – Später Trainer: 1968–71 Bohemians Prag, 1971–74 Enosis Paralimni (Zypern), 1974/75 Bohemians Prag, 1976–78 Enosis Paralimni, 1978/79 Skoda Plzeň 1979–81 Slovan Plzeň, 1981–86 BS Vlasim, 1986–89 JZD Slušovice.

Plzeň, Viktoria, eigtl. »FC Viktoria Plzeň« (Football Club Viktoria Plzeň), Tschech. Republik; gegr. 1911 als SK Viktoria Plzeň, 1948–52 Sokol Skoda Plzeň, 1952/53 Sokol ZVIL Plzeň, 1953–62 DSO Spartak LZ Plzeň, 1962–65 TJ Spartak LZ Plzeň, 1965–92 TJ Skoda Plzeň, seitdem FC Viktoria Plzeň; Spielkleidung: Blau/Weiß/Blau; Stadion: Struncovy Sady, 28 218 Plätze. – INTERNET: www.fcviktoria.cz

Spieler (Auswahl): J. Berger – P. Cech – P. Nedved. – **Trainer** (Auswahl): K. Kolský – S. Pluskal – T. Pospichal.

PNE, England: Abk. für → **P**reston **N**orth **E**nd, FC.

PNGFA, Abk. für **P**apua **N**ew **G**uinea **F**ootball **A**ssociation, den Fußballverband von → Papua-Neuguinea.

Poborský, Karel, tschech. Mittelfeldspieler, * 30. März 1972 Treben (bei Ceske Budejovice [dt. Budweis]); 1991–94 Ceské Budejovice, 1994/95 Viktoria Zizkov, 1995/96 Slavia Prag, 1996/97 Manchester United, 1998–2000 Benfica Lissabon, 2001/02 Lazio Rom, 2002–05 Sparta Prag, 2005/06 SK Ceske Budejovice; 111 Länderspiele (seit 1994; 7 Tore); EM-Endrunde 1996, 2000, 2004.

Podolski, Lukas, dt. Angriffsspieler, * 4. Juni 1985 Gliwice (Polen [dt. Gleiwitz]), seit 1987 in der BRD; 1991–95 FC 07 Bergheim, 1995–2006 1. FC Köln; 33 Bundesligaspiele (13 Tore); Zweitliga-Torschützenkönig 2005 (24); 19 Länderspiele (seit 2004; 10 Tore); EM-Endrunde 2004.

Karel Poborský

Lukas Podolski

Pogatetz, Emanuel, österr. Abwehrspieler, *16. Januar 1983 Graz; 1999/2000 Sturm Graz, 2000/01 FC Kärnten, 2001/02 Bayer 04 Leverkusen, 2002/03 FC Aarau, 2003–05 Grazer AK, 2005 Spartak Moskau, 2005/06 FC Middlesbrough; 19 Länderspiele (seit 2002; 1 Tor).

Pohang Steelers, Südkorea (Pohang), gegr. 1973 als Tungsten Mining, bis 1983 POSCO, 1983/84 POSCO Dolphins, 1984–95 POSCO Atoms, 1995/96 Pohang Atoms, seitdem Pohang Steelers; Spielkleidung: Weiß/Blau/Blau; Stadion: Pohang, 45 415 Plätze. – Internationale Erfolge: Asienpokal der Landesmeister 1997, 1998. – INTERNET: www.steelers.co.kr

Spieler (Auswahl): M.-b. Hong.

Pohl, Herbert, dt. Mittelfeldspieler (Läufer), *18. September 1916; 1924–44 Dresdner SC, 1948 Dresden-Hainsberg, 1949 SSV Wuppertal, 1949/50 SG Dresden-Friedrichstadt, 1950/51 Phönix Ludwigshafen; 2 Länderspiele (1941).

Pohlers, Conny, dt. Angriffsspielerin, *16. November 1978 Halle (Saale); 1985–92 FSV '67 Halle, 1992–94 Böllberger SV, 1994–97 1. FFC Turbine Potsdam, 1997 TuS Niederkirchen, 1997–2006 1. FFC Turbine Potsdam; 41 Länderspiele (seit 2001; 21 Tore); Weltmeisterin 2003; Europameisterin 2005; Bundesliga-Torschützenkönigin 2002 (27).

Pokal, 1) Trophäe, um die bei Pokalwettbewerben gespielt wird. – **2)** nach dem → K.-o.-System durchgeführter Wettbewerb, bei dem der Verlierer der jeweiligen Pokalrunde ausscheiden muss (Hin- und Rückspiel, bei Tor[e]gleichstand zählen die Auswärtstreffer doppelt). Die Paarungen der Pokalrunden werden ausgelost. Der nationale Pokalwettbewerb ist neben der Landesmeisterschaft der wichtigste Wettbewerb eines Verbandes.

Pokal
Cup [engl.]
Coupe [frz.]
Copa [span.]
Taça [portugies.]
Coppa [italien.]

Pokalspiel, Pflichtspiel innerhalb eines Pokalwettbewerbes, meist ausgetragen mit Hin- und Rückspiel (ausgenommen – in der Regel – das Pokalfinale auf → »neutralem Platz«).

Pokalsystem, Austragungsmodus bei Pokalwettbewerben, wobei es das Prinzip des Setzens und (Dazu-)Losens sowie das des ausschließlichen Losens gibt. Ab der zweiten Runde werden in der Regel alle Paarungen durch Losen ermittelt. Sämtl. Spiele (in der Champions League ab Achtelfinale) werden im → K.-o.-System ausgetragen, Europapokalbegegungen stets mit Hin- und Rückspiel (außer den Finales, die auf → »neutralem Platz« stattfinden). Bei nationalen Pokalwettbewerben greifen die Mannschaften der höchsten Spielklasse oft erst später in das Pokalgeschehen ein. – Beim P. muss die Anzahl der beteiligten Mannschaften stets der 2^2-Potenzreihe entsprechen, die der Anzahl der Spiele 2^2–1. Um dies zu erreichen, sind oftmals in der ersten Runde Ausscheidungsspiele erforderlich.

Pol, Ernest, poln. Angriffsspieler (Mittelstürmer), *3. November 1932 Hindenburg O. S. (poln. Zabrze); 1945–53 Slavia Ruda Słaska, 1954–56 Legia Warschau, 1957–67 Górnik Zabrze; 49 Länderspiele (1955–65; 40 Tore).

Polak, Jan, tschech. Mittelfeldspieler, *14. März 1981 Brno; 1987–91 Tatran Bohunice, 1991–

Nationale Pokalwettberbe in Europa (Auswahl)

Land	*Bezeichnung*	*Einführung*	*Sieger damals*
Dänemark	Landspokalturneringen	1955	Århus GF
Deutschland	DFB-Pokal	1935	1. FC Nürnberg
England	FA Cup	1872	Wanderers FC
Frankreich	Coupe de France	1918	Olympique Pantin
Italien	Coppa Italia	1922	AC Vado Ligure
Liechtenstein	Liechtensteiner Cup	1946	FC Triesen
Niederlande	Amstel Cup	1899	RAP Amsterdam
Österreich	Stiegl-Cup	1919	Rapid Wien
Portugal	Taça de Portugal	1922	FC Porto
Schottland	Scottish FA Cup	1874	Queens Park Glasgow
Schweiz	Swisscom Cup	1926	Grasshopper-Club Zürich
Spanien	Copa del Rey	1902	Vizcaya Bilbao
Türkei	Türkiye Kupasi	1963	Galatasaray Istanbul

2002 FC Zbrojovka Brno, 2002–05 Slovan Liberec, 2005/06 1. FC Nürnberg; 13 Bundesligaspiele; 7 Länderspiele (3 Tore).

Polen, Republik im östl. Mitteleuropa, 312 685 km², 38,623 Mio. Ew.; Verband: Polish Football Association, Abk. PFA, gegr. 1919, Sitz: Warschau; Mitglied der FIFA seit 1923, der UEFA seit 1955; Spielkleidung: Weiß/Rot/Weiß. – Erfolge: Olympiasieger 1972. – INTERNET: www.pzpn.pl

Polgár, Gyula, Ungarn, ungar. Abwehrspieler, *8. Februar 1912 Budapest; 1926–33 Budai II, 1933–44 Ferencváros FC; 26 Länderspiele (1932–42; 2 Tore); WM-Endrunde 1938.

Poll, Graham, engl. Schiedsrichter, *29. Juli 1963 Tring; seit 1996 international im Einsatz, leitete er u. a. 13 Champions-League-Spiele sowie das FA-Cup-Finale 2000; EM-Endrunde 2000, WM-Endrunde 2002.

Pollak, Jaroslav, slowak. Mittelfeldspieler, *11. Juli 1947 Nizny Medzev; 1957–76 VSS Kosice, 1976–79 Dukla Banská Bystrica, 1979/80 Sparta Prag, 1980–83 Casino Salzburg; 49 Länderspiele für die ČSSR (1968–80; 1 Tor); WM-Endrunde 1970; EM-Endrunde 1976 (Europameister), 1980.

Polster, Anton (»Toni«), österr. Angriffsspieler, *10. März 1964 Wien; 1973–81 Austria Wien, 1981/82 1. Simmeringer SC, 1982–87 Austria Wien, 1987–89 Turin Calcio, 1989–91 FC Sevilla, 1991/92 CD Logroñés, 1992/93 Rayo Vallecano, 1993–98 1. FC Köln, 1998/99 Borussia Mönchengladbach; 181 Bundesligaspiele (90 Tore); 95 Länderspiele (1982–98; 44 Tore); WM-Endrunde 1990, 1998; in Österreich Fußballer des Jahres 1986, 1997; in Österreich Torschützenkönig 1985 (24), 1986 (33), 1987 (29).

> **»Toni« Polster**
> »Das ist Wahnsinn! Da gibt's Spieler im Team, die laufen noch weniger als ich!«

Pommerenke, Jürgen, dt. Mittelfeldspieler, *22. Januar 1953 Wegeleben (Sachsen-Anhalt); 1961–67 Traktor Wegeleben, 1967–84 1. FC Magdeburg; 301 Oberligaspiele (82 Tore); 57 Länderspiele (1972–83; 3 Tore); WM-Endrunde 1974; olymp. Fußballturnier 1972; in der DDR Fußballer des Jahres 1975. – Später Trainer: 1993/94 1. FC Magdeburg.

Pömpner, Paul (Pseudonym **Paulsen**), dt. Angriffsspieler, *28. Dezember 1892 Weißenfels, †17. Mai 1934 (an den Folgen eines Autounfalls); 1901–07 Weißenfelser FC Preußen 1900, 1907–11 FC Wacker Halle, 1911–30 VfB Leipzig (während des Ersten Weltkrieges mit Gastspielgenehmigung beim SC Weimar 03); 6 Länderspiele (1924/25; 3 Tore); spielte repräsentativ für den Verband Mitteldt. Ballspielvereine und für Leipzig (Stadtauswahl).

Ponnet, Alexis, belg. Schiedsrichter, *9. März 1939 Brüssel; seit 1961 Schiedsrichter, seit 1972 1. Division, 1975–92 FIFA-Referee; WM-Endrunde 1982, 1986; EM-Endrunde 1984, 1988; 5 Europapokalspiele; 4 belg. Pokalfinals.

Ponte, Robson, italien. Angriffsspieler (auch brasilian. Staatsbürgerschaft), *6. November 1976 Rio de Janeiro; bis 1997 Juventus São Paulo, 1998/99 Guarani FC Campinas, 1999–2001 Bayer 04 Leverkusen, 2001–03 VfL Wolfsburg, 2003–05 Bayer 04 Leverkusen, 2005 /06 Urawa Red Diamonds; 140 Bundesligaspiele (19 Tore).

Poortvliet, Jan, niederländ. Abwehrspieler, *21. September 1955 Arnemuiden; 1972–84 PSV Eindhoven, 1984–87 Olympique Nîmes, 1987–89 Antwerp FC; 19 Länderspiele (1978–82; 1 Tor); WM-Endrunde 1978; EM-Endrunde 1980.

Pope, Eddie George, US-amerikan. Abwehrspieler, *24. Dezember 1973 Guilford; bis 1995 Southwest Guilford High School und University of North Carolina, 1996–2002 DC United Washington, 2003/04 New York/New Jersey Metro-Stars, 2005 Real Salt Lake; 50 Länderspiele (seit 1996); WM-Endrunde 1998, 2002; in den USA Fußballer des Jahres 1997.

Popescu, Gheorge, rumän. Abwehrspieler, *9. Oktober 1967 Calafat; 1976–87 Universitatea Craiova, 1988 Steaua Bukarest, 1988–90 Universitatea Craiova, 1990–94 PSV Eindhoven, 1994/95 Tottenham Hotspur, 1995–97 FC Barcelona, 1997–2001 Galatasaray Istanbul, 2001/02 US Lecce, 2002 Dinamo Bukarest, 2003 Hannover 96; 14 Bundesligaspiele (1 Tor); 114 Länderspiele (1988–2000; 16 Tore); WM-Endrunde 1990, 1994, 1998; EM-Endrunde 1996, 2000; in Rumänien Fußballer des Jahres 1989, 1990, 1991, 1992, 1995, 1996.

Popluhár, Jan, slowak. Abwehrspieler (Stopper), *12. September 1935 Bernolakovo; 1945–54 Dynamo Bernolakovo, 1954/55 Slovan Bratislava, 1955–58 Ruda Hvezda Brno, 1958–69 Slovan Bratislava, 1969/70 Olympique Lyon, 1970–72 Zbrojovka Brno, 1972/73 Wiener AC; 62 Länderspiele für die ČSSR (1958–67; 1 Tor); WM-Endrunde 1958, 1962; Europapokal der Nationen 1960; in der ČSSR Fußballer des Jahres 1965.

Porto, Portugal, **1) Boavista Porto,** eigtl. »Boavista FC« (Boavista Futebol Clube), gegr. 1903; Spielkleidung: Weiß; Stadion: Do Bessa, 23 000 Plätze. – INTERNET: www.boavistafc.pt
Spieler (Auswahl): João Pinto. – **Trainer** (Auswahl): A. Moreira – J. Torres.

2) FC Porto (Futebol Clube do Porto), gegr. 1906; Spielkleidung: Blau-Weiß/Blau/Weiß; Stadion: Dragao, 52 000 Plätze. – Internationale Erfolge: EC I 1987, CL 2004, UEFA-Pokal 2003, (Europa-) Supercup 1987, Weltpokal 1987, 2004. – INTERNET: www.fcporto.pt
Spieler (Auswahl): V. Báia – C. Branco – W. Casagrande – F. Couto – T. Cubillas – Deco – M. Fehér – P. Futre – Gomes – L. Gonzáles – E. Jankauskas – M. Jardel – A. Jorge – E. Kostadinow –R. Madjer – B. McCarthy – S. Ovchinnikov – S. Pinto – Rui Barros – Y. Seitaridis. – **Trainer** (Auswahl): J. Adriaanse – T. Docherty – O. Glória – B. Guttmann – A. Jorge – A. Moreira – J. Mourinho – R. Robson.

Pôrto Alegre, Brasilien, **1) Grêmio Pôrto Alegre,** eigtl.»Grêmio Portoalegrense« (Grémio Football Portoalegrense), Brasilien, gegr. 1903; Spielkleidung: Blau-Schwarz-Weiß/Schwarz/Weiß; Stadion: Olimpico Monumental 55 000 Plätze. – Internationale Erfolge: Copa Libertadores de América 1983, 1995, Weltpokal 1983. – INTERNET: www.gremio.net
Spieler (Auswahl): Émerson – Everaldo – E. B. Figueroa – M. Jardel – É. Leão – Luizão – Marcelinho – L. Paulo César – Ronaldinho – T. Santana – C. Taffarel. – **Trainer** (Auswahl): L. F. Scolari.

2) Internacional Pôrto Alegre, eigtl. »SC Internacional« (Sport Club Internacional), gegr. 1909; Spielkleidung: Rot-Weiß/Weiß/Weiß; Stadion: Beira-Rio, 54 247 Plätze. – INTERNET: www.internacional.com.br
Spieler (Auswahl): F. Baiano – C. Dunga – Edu – P. R. Falcão – Júnior Baiano – Lúcio – R. Paz – C. Taffarel. – **Trainer** (Auswahl): O. Glória – C. Parreira.

Portsmouth, FC, eigtl. »Portsmouth FC« (Portsmouth Football Club), England, gegr. 1898; Spielkleidung: Blau-Weiß/Blau; Stadion: Fratton Park, 26 452 Plätze. – INTERNET: www.pompeyfc.co.uk
Spieler (Auswahl): P. Berger – P. Pasanen – R. Prosinecki – E. P. Sheringham – B. Zivkovic. – **Trainer** (Auswahl): A. Ball.

Portugal, Staat im Westen der Pyrinäenhalbinsel, 92 391 km^2 (mit Azoren und Madeira), 10,102 Mio. Ew.; Verband: Federação Portuguesa de Futebol, Abk. FPF, gegr. 1914, Sitz: Lissabon; Mitglied der FIFA seit 1923, der UEFA seit 1954; Spielkleidung: Rot/Grün/Rot. – INTERNET: www.fpf.pt

Poschner, Gerhard, dt. Mittelfeldspieler, *23. September 1969 Mettendorf (Rheinland-Pfalz); bis 1984 SpVgg Bissingen, 1984–90 VfB Stuttgart, 1990–94 BV Borussia 09 Dortmund, 1994–98 VfB Stuttgart, 1999 AC Venedig, 1999–2001 Rayo Vallecano, 2001 Rapid Wien, 2002/03 Club Polideportivo Ejido (Spanien), 2004 TSV München 1860; 290 Bundesligaspiele (22 Tore).

Posen, Polen: dt. für → Poznan …

»Jupp« Posipal

Posipal, Josef (»Jupp«), dt. Abwehrspieler (Stopper), *20. Juni 1927 Lugosch (heute: Lugoj [Rumänien]), †21. Februar 1997 Hamburg; 1943–46 Linden 07, 1946–49 Arminia Hannover, 1949–59 Hamburger SV; 32 Länderspiele (1951–56; 1 Tor); Weltmeister 1954. – Sein Sohn **Peer P.** (*1962) war Mittelfeldspieler: 1976–82 Hamburger SV, 1982–90 Eintracht Braunschweig; 30 Bundesligaspiele (2 Tore).

Position, 1) Tabellenplatz einer Mannschaft. – **2)** Funktion, die ein Spieler in einer Mannschaft ausübt, z. B. Torhüter, Angriffsspieler; eine *Mannschaftsteil-P.* ist z. B. »Mittelfeldspieler«, eine *Reihen-P.* innerhalb dieser Mannschaftsposition z. B. »linker Mittelfeldspieler«.

Positionskampf, 1) das Ringen einer Mannschaft um einen angestrebten (höheren) Tabellenplatz während des Spieljahres (»Kampf gegen den Abstieg« bzw. »Kampf um die Meisterschaft« usw.). – **2)** sportl. Rivalität innerhalb einer Mannschaft bei etwa leistungsmäßig gleichem Spieler(über)angebot auf bestimmten Positionen bzw. in den Reihen.

Positionskampf
Fight for positions [engl.]
Lutte de position [frz.]
Lucha por el lugar [span.]
Lotta per la posizione [italien.]

Positionswechsel, während des Spieles kurzzeitig eine andere Position besetzen, bezogen auf den Positionstausch innerhalb der Angriffsreihe (z. B. von der rechten auf die linke Außenposition und umgekehrt). Das *Rochieren* (wiederholte P.) muss spontan und diskontinuierlich, aber abgestimmt erfolgen, ansonsten kann sich der Gegner darauf ohne Schwierigkeiten einstellen. – Planlose P. sind besser als »Umherirren« zu bezeichnen, da sie mehr die Mitspieler als den Gegner verunsichern.

Pospichal, Tomás, tschech. Trainer, *26. Juni 1936 Pudlov, †21. Oktober 2003; war Angriffsspieler: 1946–50 SK Prerov, 1950–55 ZSJ OKD Ostrava bzw. TJ Banik Ostrava, 1955–57 Tankista Prag, 1957–64 TJ Banik Ostrava, 1964–68 Sparta Prag, 1968–71 FC Rouen; 26 Länderspiele für die ČSSR (1956–65; 8 Tore); WM-Endrunde 1962; 239 Ligaspiele (70 Tore). – Später Trainer: 1971/72 TJ Brevnov, 1972–75 TJ Banik Ostrava OKD, 1975–77 Skoda Plzeň, 1977–89 Bohemians Prag (LM 1983), 1989/90 Slavia Prag.

Pößneck, VfB, eigtl. »VfB 09 Pößneck« (Verein für Bewegungsspiele von 1908 Pößneck), Deutschland (Thüringen), gegr. am 2. August 1909, 1950–80 BSG Fortschritt Pößneck, 1980–90 BSG Rotasym Pößneck, 1990/91 SG Pößneck (Zusammenschluss der beiden Fußballsektionen von BSG Rotasym Pößneck und BSG Rotation Pößneck), seitdem VfB 09 Pößneck; Spielkleidung: Gelb/Blau/Blau; Stadion: Sportpark an der Warte, 2500 Plätze. – INTERNET: www.vfb09.de

Spieler (Auswahl): T. Vogel. – **Trainer** (Auswahl): L. Kurbjuweit – E. und T. Vogel.

Potsdam, Turbine, eigtl. »1. FFC Turbine Potsdam« (1. Frauen-Fußballclub Turbine Potsdam), Deutschland (Brandenburg), gegr. am 11. März 1971 in der Betriebssportgemeinschaft des Energiekombinates Potsdam als BSG Turbine Potsdam, 1990 eigenständige Abteilung Frauen- und Mädchenfußball in der neu benannten SSV Turbine Potsdam, 1999 Herauslösung der Abteilung und Gründung des 1. FFC; Bundesliga 1995–97 (Nord), 1997–2006; Spielkleidung: Blau/Weiß/Blau; Stadion: Sportplatz Karl-Liebknecht-Stadion, 15 000 Plätze. – Internationale Erfolge: UEFA Women's Cup 2005. – INTERNET: www.ffc-turbine.de

Spielerinnen (Auswahl): N. Angerer – S. Fuss – A. Hingst – N. Omilade – C. Pohlers. – **Trainer** (Auswahl): B. Schröder.

Poulsen, Christian, war dän. Mittelfeldspieler, *28. Februar 1980 Asnæs; bis 1995 Asnæs BK, 1995–2001 Holbæk IF, 2001/02 FC Kopenhagen, 2002–06 FC Schalke 04; 96 Bundesligaspiele (1 Tor); 34 Länderspiele (2 Tore); WM-Endrunde 2002; EM-Endrunde 2004.

Povlsen, Flemming, war dän. Angriffsspieler, *3. Dezember 1966 Viby; 1980–83 Viby JF, 1983–86 Århus GF, 1986/87 Castilla CF Madrid, 1987–89 1. FC Köln, 1989 PSV Eindhoven, 1990–95 Borussia Dortmund; 187 Bundesligaspiele (39 Tore); 54 Länderspiele (17 Tore); EM-Endrunde 1988, 1992 (Europameister).

Flemming Povlsen

Póvoa de Varzim, Portugal: → Varzim, SC.

»Powerplay« [engl.-amerikan., »Kraftspiel«], vom Eishockey übernommene Bez. für anhaltendes Anstürmen einer Mannschaft unter Einbeziehung der Mittelfeld- und offensiven Abwehrspieler im (gedachten) Spieldrittel des Gegners. Äußerst kraftaufwendige Spielweise, die – falls sie nicht zum (Tor-)Erfolg führt oder man sogar bei einem Konter ein Gegentor »einfängt« – ein abruptes Nachlassen der phys. und psych. Kräfte zur Folge haben kann.

Poznan, Lech, eigtl. »WKP Lech Poznan« (Wielkopolski Klub Piłkarski Lech-Kreisel Poznan), Polen, gegr. 1922 als Liga Debiec, 1929–45 KPW Poznan, 1945–48 KKS Poznan, 1948/49 ZZK Poznan, 1949–56 KS Kolejarz Poznan 1956–94 KKS Lech Poznan, 1994–99 PKS Lech Poznan, seitdem WKP Lech Poznan; Spielkleidung: Blau/Weiß/Weiß; Stadion: Lech, 15 000 Plätze.

Spieler (Auswahl): A. Juskowiak – M. Okonski – A. Wichniarek.

Pozzo, Vittorio, italien. Trainer, *12. März 1886 Turin, †21. Dezember 1968 ebd; war Mittelfeldspieler: 1905/06 Grasshopper-Club Zürich, 1906–11 AC Turin. – Später Trainer: 1912–24 AC Turin (in Personalunion 1912 Italien [Olympiaauswahl; olymp. Fußballturnier 1912]), 1924 Italien (Olympiaauswahl; olymp. Fußballturnier 1924) und 1929–48 Italien (Nationalmannschaft; Weltmeister 1934, 1938, Olympiasieger 1936).

PR, Abk. für engl. **P**ublic **R**elations [»Öffentlichkeitsarbeit«], Bemühen eines Vereins, in der Öffentlichkeit stets präsent zu sein; erfolgt z. B. über die Medien (Presse, Rundfunk, Fernsehen), aber auch mit anderen publizist. Mitteln (z. B. Herausgabe von Vereinsmitteilungen, -souvenirs) sowie durch zielgerichtete Werbung. In der Regel verfügen die Vereine über spezielle *PR-Abteilungen,* die der Allgemeinheit und potenziellen Sponsoren ein positives Bild des Vereins vermitteln sollen.

Prag, Tschech. Republik, **1) Bohemians Prag,** eigtl. »CU Bohemians Praha« (Commercial Union Bohemians Praha), gegr. 1905 als AFK Vršovice, 1927–41 AFK Bohemians Vršovice, 1941–45 AFK Bohemian Vršovice, 1945–48 AFK Bohemians Vršovice, 1948 Sokol Bohemians Vršovice, 1949 Sokol Železničári Bohemians Praha, 1950/51 ZJS Železničári Praha, 1951–53 ZSJ ČKD Stalingrad Praha, 1953–62 TJ Spartak Praha Stalingrad, 1962–65 TJ ČKD Praha, 1965–90 TJ Bohemians ČKD Praha, 1990–99 FC Bohemians Praha, seitdem CU Bohemians Praha; Insolvenz 2005; Spielkleidung: Grün/Weiß/Grün-Weiß; Stadion: Doličku, 13 340 Plätze. – INTERNET: www.fc-bohemians.cz

Spieler (Auswahl): P. Bicovsky – K. Dobiáš – A. Panenka. – **Trainer** (Auswahl): S. Pluskal.

2) Dukla Prag, eigtl. »FK Dukla Praha« (Fotbalový Klub Dukla Praha), gegr. 1948 als ATK Praha, 1953–56 ÚDA Praha, 1956–76 VTJ Dukla Praha, 1976–91 ASVS Dukla Praha, 1991–94 FC Dukla Praha, 1994–96 FK Dukla Praha, 1996 aufgelöst und Fusion mit FC Pribram zu FC Dukla Praha, 1998 Beendigung der Fusion und seitdem FK Dukla Praha; Spielkleidung: Rot-Gelb/Weiß/Rot-Gelb; Stadion: Juliska, 29 000 Plätze.

Spieler (Auswahl): J. Adamec – J. Berger – P. Bicovsky – M. Gajdusek – R. Latal – J. Masopust – P. Nedved – Z. Nehoda – J. Nemec – L. Novák – S. Pluskal – I. Urban – I. Viktor – L. Vizek – M. Votava. – **Trainer** (Auswahl): V. Ježek – J. Masopust – L. Novák.

3) Slavia Prag, eigtl. »SK Slavia Praha« (Sportovni Klub Slavia Praha), gegr. 1893 als SK Slavia Praha, 1948/49 Sokol Slavia Praha, 1949 Fusion mit Dynamo Praha zu ZSJ Dynamo Slavia Praha VII, 1963–65 TJ Dynamo Praha, 1965–68 TJ Slavia Praha, 1968–73 SK Slavia Praha, 1973–77 TJ Slavia Praha, 1977/78 Slavia IPS Praha, 1978–91 SK Slavia IPS Praha, seitdem SK Slavia Praha; Spielkleidung: Rot; Stadion: Eden, 16 200 Plätze. – Internationale Erfolge: Mitropapokal 1930. – INTERNET: www.slavia.cz

Spieler (Auswahl): P. Berger – J. Bican – S. Čambal – J. Ctyroký – D. Jarolim – I. Knoflicek – V. Kopecký – P. Kuka – J. Lála – J. Madden – F. Plánička – K. Poborský – A. Puč – J. Stajner – I. Urban – R. Vytlacil.

4) Sparta Prag, eigtl. »AC Sparta Praha« (Athletic Club Sparta Praha), gegr. 1893 als AC Královské Vinohrady, 1894–1948 AC Sparta Praha, 1948/49 Sokol Sparta Praha, 1949–51 ZSJ Bratrstvi Sparta Praha, 1951 Fusion mit ZSJ ČKD Sokolovo Libeň zu Sokol Sparta ČKD Praha, 1953–65 Spartak Sokolova Praha, 1965–91 TJ Sparta ČKD Praha, seitdem AC Sparta Praha; Spielkleidung: Weinrot; Stadion: Letná, 21 362 Plätze. – Internationale Erfolge: Mitropapokal 1927, 1935, 1964. – INTERNET: www.sparta.cz

Spieler (Auswahl): J. Berger – P. Berger – R. Braine – J. Burger – P. Cech – J. Chovanec – J. Ctyroký – M. Kadlec – J. Koller – K. Kolský – J. Koštalek – A. Kvašnák – V. Lokvenc – P. Nedved – O. Nejedlý – J. Nemec – K. Pesek-»Káda« – K. Poborský – J. Pollak – T. Pospichal – T. Rosický – A. Schaffer – J. Simak – T. Skuhravy – J. Stajner – F. Straka. – **Trainer** (Auswahl): J. Chovanec – V. Ježek – K. Kolský – J. Sundermann.

5) Viktoria Zizkov, eigtl. »FK Viktoria Zizkov (Fotbalový Klub Viktoria Zizkov), gegr. 1903 als SK Viktoria Zizkov, 1950/51 Sokol Viktoria Zizkov, 1951/52 Sokol CSAD Zizkov, 1952–65 TJ Slavoj Zizkov, 1965–80 TJ Viktoria Zizkov, 1980–92 TJ Viktoria Zizkov PSO, seitdem FK Viktoria Zizkov; Spielkleidung: Rot/Weiß/Weiß; Stadion: Stadión Viktoria, 8000 Plätze. – INTERNET: www.fkviktoriazizkov.cz

Spieler (Auswahl): A. Kvašnák – J. Lála – K. Poborský – A. Puč – T. Skuhravy.

Präger, Roy, dt. Angriffsspieler, * 22. September 1971 Zossen (Brandenburg); bis 1985 SG Kummersdorf, 1985–92 Stahl Brandenburg, 1992–95 Fortuna Köln, 1995–99 VfL Wolfsburg, 1999–2002 Hamburger SV, 2002–05 VfL Wolfsburg; 3 (DDR-)Oberligaspiele; 173 Bundesligaspiele (42 Tore). – Später Teammanager: 2005/06 VfL Wolfsburg.

»Prallen lassen«, den zugespielten Ball dem Mitspieler in den Lauf ablegen, ohne den Ball zuvor anzuhalten.

Prämiensystem, Lizenzfußball: der Leistungsstimulierung dienende Methode, durch ein ausgeklügeltes System den Spielern im Erfolgsfall einen finanziellen Anreiz zu verschaffen. Ausgehandelt wird das P. in der Regel vor einem Spieljahr, und zwar zw. dem Präsidium und Vertretern der Mannschaft. Dabei unterscheidet man allgemein Punkte- und Zielprämie. *Punkteprämien* zahlt in der Regel jeder Verein, jedoch in unterschiedl. Höhe und z. T. mit bestimmten Auflagen versehen (z. B. »Einfrieren« der Prämien bei andauernder Erfolglosigkeit). *Zielprämien* gibt das Präsidium vor, z. B. beim Erreichen machbarer (d. h. vom Potenzial der Mannschaft her realist.) Zielsetzungen (z. B. Landesmeister, Europapokalteilnahme, aber auch Klassenerhalt). In das P. einbezogen sind jeweils auch die Wechselspieler (evtl. differenziert) und der bzw. die Trainer. (→ Siegprämie)

Praterstadion, Wien: früherer Name des → Ernst-Happel-Stadions.

Praunheim, SG, Deutschland: Vorgängerin des 1. FFC Frankfurt (→ Frankfurt am Main [2]).

Preetz, Michael, dt. Angriffsspieler, * 17. August 1967 Düsseldorf; bis 1980 Düsseldorfer SC, 1980–90 Fortuna Düsseldorf, 1990–92 1. FC Saarbrücken, 1992–94 MSV Duisburg, 1994–96 SG Wattenscheid 09, 1996–2003 Hertha BSC; 257 Bundesligaspiele (91 Tore); Bundesliga-Torschützenkönig 1999 (23); Zweitliga-Torschützenkönig (Süd) 1992 (17); 7 Länderspiele (1999/2000; 3 Tore).

Preißler, Alfred (»Adi«), dt. Trainer, * 9. April 1921 Duisburg, † 15. Juli 2003; war Angriffsspieler: 1929–41 DSC 1900 Duisburg, 1944–46 SV Kaiserau, 1946–50 Borussia Dortmund, 1950–52 Preußen Münster, 1952–59 Borussia Dortmund; 2 Länderspiele (1951). – Später Trainer: 1962/63 Borussia Neunkirchen, 1963–66 FK Pirmasens, 1966–69 Wuppertaler SV, 1969–71 Rot-Weiß Oberhausen, 1971–73 Borussia Neunkirchen, 1973–76 Rot-Weiß Oberhausen.

»Adi« Preißler
»Grau ist alle Theorie, entscheidend ist auf dem Platz.«

Prellung → Sportmedizin/Sportverletzungen.

Premier Division, höchste → Spielklasse in Irland, Kroatien, Nordirland, Russland und Weißrussland.

Premiere-Ligapokal [nach dem gleichnamigen Pay-TV-Sender], in Deutschland seit 1997 als Nachfolger des → Supercups [1] eingeführter Wettbewerb vor Beginn der neuen Bundesligasaison (1997–2004 als *Ligapokal* geführt); Ausrichter: DFL (→ Ligaverband). Am P.-L. nehmen der Dt. Meister, der Vizemeister, die nächstfolgenden 3 bestplatzierten Vereine der Abschlusstabelle der Bundesliga der vorangegangenen Spielzeit sowie der DFB-Pokal-Sieger teil. Ist ein Verein doppelt qualifiziert, fällt der freie Startplatz an einen nachrückenden Bundesligisten der Bundesligaabschlusstabelle. Eine gleichzeitige Teilnahme am UI-Cup und am P.-L. ist nicht möglich.
Es werden zunächst 2 Vorrundenspiele ausgetragen (an einem Tag im selben Stadion), in denen der Tabellendritte gegen den -sechsten und der Tabellenvierte gegen den -fünften spielt. Der Dt. Meister und der DFB-Pokal-Sieger haben zunächst Freilos und sind direkt für die Halbfinalspiele qualifiziert (jeweils mit Heimrecht). Ist der Pokalsieger auch Dt. Meister, so tritt an dessen Stelle der Vizemeister. Im Halbfinale spielt der Sieger des ersten Vorrundenspiels gegen den DFB-Pokal-Sieger und der Sieger des zweiten Vorrundenspiels gegen den Dt. Meister. Die Gewinner der Halbfinalspiele, bestreiten das Finale. Steht es dort nach Ablauf der regulären Spielzeit unentschieden, wird der Sieger durch Strafstoßschießen ermittelt. – Einen einmaligen Ligawettbewerb gab es bereits 1973 (Sieger: Hamburger SV).

Premiere-Ligapokal	
1997	FC Bayern München
1998	FC Bayern München
1999	FC Bayern München
2000	FC Bayern München
2001	Hertha BSC
2002	Hertha BSC
2003	Hamburger SV
2004	FC Bayern München
2005	FC Schalke 04

Premier League, höchste → Spielklasse in Bosnien und Herzegowina, England, Georgien, Island, Israel, Schottland, Ukraine.

»Preschen« → Fußballerjargon.

Preßburg, Slowak. Republik: dt. für → Bratislava ...

Pressekonferenz, vom Veranstalter (Verband, Klub) einberufene Zusammenkunft für akkreditierte Journalisten vor und bzw. oder nach einem Spiel, meist im Stadiongebäude durchgeführt *(Presseraum)*. Bei P. vor dem Spiel werden die Journalisten über die Mannschaftsaufstellungen und andere Details informiert, bei P. nach dem Spiel beziehen die beiden verantwortl. Trainer Stellung zum Spiel und beantworten (oder umgehen) die Fragen der Journalisten.

Pressekonferenz
Press conference [engl.]
Conférence de presse [frz.]
Rueda de prensa [span.]
Conferência de imprensa [portugies.]
Conferenza stampa [italien.]

Pressing Game [engl.], *Druckspiel,* moderne spieltakt. Variante, die kurzzeitiges, längeres oder ständiges Anrennen auf das gegner. Tor beinhaltet, an dem sich außer dem Torhüter alle Mannschaftsteile wechselweise und abgestimmt beteiligen. P. G. beginnt bereits beim frühzeitigen Stören sowie Bekämpfen des gegner. Angriffs bzw. Angriffsversuchs (→ Forechecking) und setzt hohe Laufbereitschaft, Dynamik und entsprechende Kondition der Aktiven voraus. Der »Druck nach vorn« verhindert, dass der Gegner zu ruhigem und kontrolliertem Spielaufbau findet und verleitet ihn zu fehlerhaften Handlungen im Abwehrverhalten. Spielt sich das P. G. fast ausschließließlich im (gedachten) gegner. Drittel ab, spricht man auch von → »Powerplay«.

Pressschlag, gleichzeitiges, gegensätzl. »An-den-Ball-Schlagen« durch je einen Spieler beider Mannschaften; hohe Verletzungsgefahr.

»Prestigeduell«, Spiel zweier renommierter Mannschaften gegeneinander, in dem es um das Ansehen und den Ruf des jeweiligen Teams geht (z. B. Landesmeister gegen Pokalsieger). – Im weitesten Sinn sind Ortsderbys ebenfalls »P.«.

Preston North End, eigtl. »Preston North End FC« (Preston North End Football Club), Abk. **PNE,** England (Preston), gegr. 1881 (seit 1885 Profifußball); Spielkleidung: Weiß/Blau/Weiß; Stadion: Deepdale Ground, 20 000 Plätze. – INTERNET: www.prestonnorthend.co.uk

Spieler (Auswahl): D. Beckham – R. Charlton – T. H. Docherty – T. Finney – A. Kelly – S. McIlroy – D. Moyes – B. Shankly – N. Stiles. – **Trainer** (Auswahl): R. Charlton – T. Docherty – D. Moyes – N. Stiles.

Preud'homme, Michel, belg. Torhüter, * 24. Januar 1959 Ougree; 1969–86 Standard Lüttich, 1986–89 KV Mechelen, 1989–99 Benfica Lissabon; 25 Länderspiele (1979–90); WM-Endrunde 1990, 1994; EM-Endrunde 1980 (nicht eingesetzt); Welttorhüter des Jahres 1994; in Belgien Fußballer des Jahres 1987, 1989. – Später Trainer: 2000–02 Standard Lüttich.

Preuß, Christoph, dt. Abwehrspieler, * 4. Juli 1981 Gießen (Hessen); bis 1997 TSV Großen-Linden, 1997–2002 Eintracht Frankfurt, 2002/03 Bayer 04 Leverkusen, 2003/04 Eintracht Frankfurt, 2004/05 VfL Bochum, 2005/06 Eintracht Frankfurt; 96 Bundesligaspiele (6 Tore).

Preußen [nach dem ehemaligen Land], Vereins-Bez. aus den Anfängen des dt. Fußballs (z. B. P. Münster).

Prica, Rade, schwed. Angriffsspieler kroat. Herkunft, * 30. Juni 1980 Ljungby; bis 1996 Ljungby IF, 1996–2002 Helsingborgs IF, 2002–06 FC Hansa Rostock; 84 Bundesligaspiele (16 Tore); 5 Länderspiele.

Prileb, Pobeda, eigtl. »FK Popeda Prileb« (Futbalski Klub Prileb), Makedonien, gegr. 1941 als Goce Delcev Prilep, seit 1950 FK Popeda Prileb;); Spielkleidung: Rot/Weiß/Weiß; Stadion: Goce Delcev, 20 000 Plätze.

Primera División, höchste Spielklasse in Spanien; zweithöchste: *Segunda Division*.

Prinz, Birgit, dt. Angriffsspielerin, * 25. Oktober 1977 Frankfurt am Main; 1986–88 SV Dörnigheim, 1988–92 FC Hochstadt, 1992–98 FSV Frankfurt, 1998–2006 SG Praunheim bzw. 1. FFC Frankfurt (2002/03 Gastspielerin bei Carolina Courage [USA]); 144 Länderspiele (seit 1994; 90 Tore); WM-Endrunde 1995, 1999, 2003 (Weltmeisterin); Europameisterin 1995, 1997, 2001, 2005; olymp. Fußballturnier 1996, 2000; Weltfußballerin des Jahres 2003, 2004, 2005; in Deutschland Fußballerin des Jahres 2001, 2002, 2003, 2004, 2005; Bundesliga-Torschützenkönigin 1997 (20), 1998 (23).

Probst, Erich, österr. Angriffsspieler, * 5. Dezember 1927, † 16. März 1988; bis 1950 Vienna Wien, 1950–56 Rapid Wien, danach Wuppertaler SV, FC Zürich und Austria Salzburg; 19 Länderspiele (1951–60; 18 Tore); WM-Endrunde 1954.

E. Probst
»Spieler, die oft Fouls begehen, sind bei fairem Spiel ihren Gegnern nicht gewachsen.«

Profi [Kurz-Bez. für engl. Professional], der Berufsspieler; heute formal ein Nichtamateur mit Lizenz (→ Nichtamateur [a]).

Programm, jeweils am Spieltag unmittelbar vor dem Spiel im Stadion oder in dessen Nähe von Beauftragten der Heimmannschaft vertriebene Broschüre unterschiedl. Stärke und Ausstattung, in der folgende Angaben enthalten sein können: Mannschaftsaufstellungen, Schiedsrichter und Schiedsrichterassistenten, Vorstellung der Gastmannschaft und einzelner Spieler der Heimmannschaft, Neuigkeiten aus dem Klubleben (z. B. aus dem Nachwuchsbereich), die aktuelle Tabelle, gleichzeitige und kommende Spielansetzungen, Fortsetzungsgeschichten über die Klubgeschichte, Aktionsfotos, Porträts, Interviews und einschlägige Reklamen.

Programm
Programme [engl.]
Programme [frz.]
Programa [span., portugies.]
Programma [italien.]

Prohaska, Herbert, österr. Trainer, * 8. August 1955 Wien; war Mittelfeldspieler: 1972–80 FK Austria WAC Elementar bzw. Austria Wien, 1980–82 Inter Mailand, 1982/83 AS Rom, 1983–89 Austria Wien; 84 Länderspiele (1974–90; 10 Tore); WM-Endrunde 1978, 1982; in Öster-

Birgit Prinz

reich Fußballer des Jahres 1984, 1985, 1988. – Später Trainer: 1989–92 Austria Wien (1989/90 Techn. Direktor, 1990–92 Cheftrainer; LM 1991, 1992, PS 1992), 1992 ÖFB (U 21), 1993–99 Österreich (Nationalmannschaft; WM-Endrunde 1998), 1999/2000 Austria Wien. – In Österreich 2004 als »Fußballer des Jahrhunderts« ausgezeichnet.

Prokop, Adolf, dt. Schiedsrichter (Mühlhausen [Thüringen]), * 2. Februar 1939; seit 1958 Schiedsrichter, 1969–88 DDR-Oberliga (283 Spiele), 1974–88 FIFA-Referee; 27 Länderspiele; WM-Endrunde 1978, 1982; EM-Endrunde 1980, 1984; olymp. Fußballturnier 1976; zweites EC III-Finale 1981, EC II-Finale 1984; FDGB-Pokalfinale 1976, 1978, 1987.

Pröll, Markus, dt. Torhüter, * 28. August 1979 Rheinbach (Nordrhein-Westfalen); bis 1998 VfR Flamersheim und Eintracht Lommersum, 1998–2003 1. FC Köln, 2003–06 Eintracht Frankfurt; 58 Bundesligaspiele.

Prosinecki, Robert, kroat. Mittelfeldspieler, * 12. Januar 1969 Schwenningen (heute: Villingen-Schwenningen [Baden-Württemberg]); 1979–86 Dinamo Zagreb, 1986–91 Roter Stern Belgrad, 1991–94 Real Madrid, 1994/95 Real Oviedo, 1995/96 FC Barcelona, 1996/97 FC Sevilla, 1997–2000 Dinamo Zagreb, 2000/01 Standard Lüttich, 2001/02 FC Portsmouth, 2002/03 Olimpija Ljubljana, 2003/04 FK Zagreb; 13 Länderspiele für Jugoslawien (1989–91), 35 für Kroatien (1992–2002); WM-Endrunde 1990, 1998, 2002; EM-Endrunde 1996; in Jugoslawien Fußballer des Jahres 1990, in Kroatien Fußballer des Jahres 1997.

Protasov, Oleg (russ. ***Protassow***), ukrain. Angriffsspieler, * 14. Februar 1964 Dnepropetrowsk; 1975–82 »Dnepr 75«, 1982–88 Dnepr Dnepropetrowsk, 1988–90 Dynamo Kiew, 1990–94 Olympiakos Piräus; 69 Länderspiele für die UdSSR (25 Tore); WM-Endrunde 1986, 1990; EM-Endrunde 1988; in der UdSSR Fußballer des Jahres 1987. – Später Trainer: 2003/04 Olympiakos Pyräus, 2005 Steaua Bukarest, 2006 Dnepr Dnepropetrowsk.

Protest, Einwand gegen die Wertung von nicht regelgerecht erzielten Spielergebnissen. Ein P. muss in einer festgelegten Frist schriftlich begründet beim zuständigen Organ des Landesverbandes eingereicht werden. Protestieren können nur die am Spiel beteiligten Klubs, wobei bestimmte Gebühren zu entrichten sind, die bei stattgegebenem P. zurückerstattet werden. Gegen das Urteil kann Berufung eingelegt werden. Tatsachenentscheidungen sind nicht durch P. anfechtbar.

Pro Vercelli, US (Unione Sportiva Pro Vercelli), Italien (Vercelli), gegr. 1892 als Societa di Scherma e Ginnastica Pro Vercelli, später US Pro Vercelli, 1979–84 AS Pro Vercelli, seitdem wieder US Pro Vercelli; Spielkleidung: Blau/Weiß/Weiß-Blau; Stadion: L. Robbiano, 15 000 Plätze.

Spieler (Auswahl): S. Piola.

Prso, Dado, kroat. Angriffsspieler, * 5. November 1974 Zadar; 1993–97 FC Rouen, 1997–99 AC Ajaccio, 1999–2004 AS Monaco, 2004–06 Glasgow Rangers; 21 Länderspiele; EM-Endrunde 2004; in Kroatien Fußballer des Jahres 2004.

Prus, Michael, dt. Trainer, * 4. Februar 1968 Rheine; war Abwehrspieler: bis 1986 Eintracht Rodde und VfB Rheine, 1986–96 FC Schalke 04, 1996–98 SV Meppen, 1998–2003 Eintracht Trier; 112 Bundesligaspiele. – Später Trainer: 2004/05 Eintracht Frankfurt (Junioren), 2005/06 Eintracht Trier.

Prytz, Robert, schwed. Mittelfeldspieler, * 12. Januar 1960 Malmö; 1977–82 Malmö FF, 1982–85 Glasgow Rangers, 1985 IFK Göteborg, 1985–87 Young Boys Bern, 1987/88 Bayer 05 Uerdingen, 1988–90 Atalanta Bergamo, 1990–93 Hellas Verona; 35 Länderspiele (9 Tore); in Schweden Fußballer des Jahres 1986.

PSG, Abk. für **P**aris **S**aint-**G**ermain (→ Paris [1]).

Puč, Antonin, tschech. Angriffsspieler, * 16. Mai 1907 Prag; 1913–20 Cechiu Smichov, 1920–25 SK Smichov, 1925–38 Slavia Prag, 1938–40 Viktoria Zizkov und SK Smichov; 60 Länderspiele für die Tschechoslowakei (1926–38; 34 Tore); WM-Endrunde 1934, 1938.

Puerto Rico, mit den USA assoziierter Staat, kleinste Insel der Großen Antillen, einschließlich Nebeninseln 9,104 km², 3,886 Mio. Ew.; Verband: Federación Puertorriqueña de Fútbol, Abk. FPF, gegr. 1940, Sitz: San Juan; Mitglied der FIFA seit 1960, der CONCACAF seit 1962; Spielkleidung: Rot-Blau-Weiß/Rot-Blau Weiß/Rot-Blau.

Puhl, Sándor, ungar. Schiedsrichter, * 14. Juli 1955; WM-Endrunde 1994 (Finale); EC III-Finale

Ferenc Puskás (links) und Ernst Ocwirk

1993, CL-Finale 1997; Weltschiedsrichter des Jahres 1994, 1995, 1996, 1997.

Puhlheim, Deutschland: → Brauweiler-Pulheim, FFC.

Pumpido, Nery Alberto, argentin. Torhüter, * 30. Juli 1957 Buenos Aires; 1975–88 Union Santa Fé, Vélez Sarsfield und River Plate Buenos Aires, 1988–90 Genua 1893, 1990/91 Real Betis Sevilla, 1991– 93 Union Santa Fé; 31 Länderspiele (1984–90); WM-Endrunde 1982 (nicht eingesetzt), 1986 (Weltmeister), 1990.

Punkte, Wertungseinheiten im Wettkampfbetrieb. (→ Punktspiele)

Punkte
Points [engl., frz.]
Puntos [span.]
Pontos [portugies.]
Punti [italien.]

»Punktelieferant«, Mannschaft, die in der Tabelle weit hinten rangiert und demzufolge die Punkte in der Regel an den Gegner abliefern muss (viele Niederlagen, kaum Unentschieden, noch weniger Siege).

Punktspiele, wettkampfmäßiger Spielbetrieb innerhalb eines Spieljahres zur Ermittlung der

Staffelsieger; Meister sowie Auf- und Absteiger; dabei erhält der Sieger seit 1995/96 pro Spiel 3 Pluspunkte, bei Unentschieden erhalten beide Mannschaften je einen Pluspunkt.

»Punta de Lanza« [span.], eine 1930 vom damaligen Weltmeister Uruguay praktizierte Angriffstaktik (→ Spielsystem).

Pusan Icons, Südkorea (Pusan), gegr. 1979 als Daewoo, 1983–99 Pusan Daewoo Royals, seitdem Pusan Icons; Spielkleidung: Weiß/Blau/Blau; Stadion: Pusan Sports Complex Main, 55 982 Plätze. – Internationale Erfolge: Asienpokal der Landesmeister 1986, Intercontinental Cup 1986. – INTERNET: www.pusanicons.co.kr

Spieler (Auswahl): Y.-S. Kim.

Puskás, Ferenc (eigtl. »Franz Purcze«), ungar. Mittelfeldspieler (Halbstürmer), *2. April 1927 Kispest; 1943–56 Kispest-Honved Budapest (Flucht aus Ungarn), 1958–66 Real Madrid; 85 Länderspiele für Ungarn (1945–56; 84 Tore), 4 für Spanien (1961/62; 2 Tore); WM-Endrunde 1954, 1962; Olympiasieger 1952. – Später Trainer: 1967–90 San Francisco Gales, Vancouver Royals, Panathinaikos Athen, in Saudi-Arabien, Real Murcia, Colo Colo Santiago de Chile, AEK Athen und FC Port Said, 1990–92 FC South Melbourne, 1992/93 Ungar. Fußballverband (1992/93 Techn. Direktor, 1993 Trainer der Nationalmannschaft). 1997 erhielt P. den Olymp. Orden. – 2002 wurde anlässlich seines 75. Geburtstags das frühere Nepstadion in Budapest nach ihm benannt.

F. Puskás
»Kleines Geld, kleiner Fußball – großes Geld, großer Fußball.«

Puyol, Carles Saforcada, span. Abwehrspieler, *13. April 1978 Lleida; bis 1995 Pobla de Segur, 1995–2006 FC Barcelona; 15 Länderspiele (1 Tor); WM-Endrunde 2002; EM-Endrunde 2004; olymp. Fußballturnier 2000.

Q

QFA, Abk. für **Q**atar **F**ootball **A**ssociation, den Fußballverband von → Katar.

»Quadrotrick«, Wortschöpfung, die dann verwendet wird, wenn im Spiel einem Aktiven hintereinander 4 Tore gelingen, ohne dass ein eigener oder gegner. Spieler zwischenzeitlich einen Treffer erzielt. – Angelehnt an die Bez. → Hattrick, hat sie mit dieser bezüglich der Wortbildung und -herkunft nichts gemein und sollte nicht gebraucht werden.

Qualifikant, Mannschaft, die in Ausscheidungsspielen die Teilnahmeberechtigung für einen Hauptwettbewerb erwibt, z. B. für den UEFA-Pokal (UEFA-Pokal-Q.).

Qualifikationsspiel, svw. → Ausscheidungsspiel.

Queen's Parc, FC, Schottland: → Glasgow [2].

Queen's Parc Rangers, England: → London [9].

Queiroz, Carlos, eigtl. »Carlos Manuel Brito Leal«, portugies. Trainer, * 1. März 1953 Nampula (Moçambique); 1983/84 Estoril Praia, 1984–94 Portugal (bis 1987 Trainerassistent, 1987–91 Junioren-, 1991–94 Nationalmannschaftstrainer), 1994–96 Sporting Lissabon (PS 1995), 1996 New York/New Jersey MetroStars, 1997/98 Nagoya Grampus Eight, 1999 VAE (Nationalmannschaft), 2000–02 Südafrika (Nationalmannschaft), 2002/03 Manchester United (Trainerassistent), 2003/04 Real Madrid, 2004–06 Manchester United (Trainerassistent).

Querbalken, svw. Querlatte (→ Tor [2]).

Querpass → Pass.

»Querschläger«, wuchtiger, aber missglückter Schussversuch, wodurch der abgerutschte, d. h. nicht voll getroffene Ball eine unkontrollierte Flugbahn und (Quer-)Flugrichtung einnimmt.

Quini, Enrique Castro, span. Angriffsspieler (Mittelstürmer), * 23. September 1949 Oviedo; 1963–80 Sporting Gijon, 1980–84 FC Barcelona, 1984–86 Sporting Gijon; 35 Länderspiele (1970–82; 8 Tore); WM-Endrunde 1978, 1982; EM-Endrunde 1980; zw. 1974 und 1982 fünfmal span. Torschützenkönig.

Quiroga, Facundo Hernan, argentin. Abwehrspieler, * 10. Januar 1978 San Luis; bis 1998 Newells Old Boys, 1998–2000 Sporting Lissabon, 2000/01 SSC Neapel, 2001–04 Sporting Lissabon, 2004–06 VfL Wolfsburg; 37 Bundesligaspiele (1 Tor); 16 Länderspiele.

R

Raab, Jürgen, dt. Trainer, * 20. Dezember 1958 Zeulenroda (Thüringen); war Mittelfeldspieler; 1972–75 BSG Einheit Triebes, 1975–93 FC Carl Zeiss Jena; 342 Oberligaspiele (113 Tore); 20 Länderspiele (1982–88; 2 Tore). – Später Trainer: 1997–2000 FC Rot-Weiß Erfurt, 2000/01 Bursaspor (Trainerassistent), 2001–03 und 2004 (kurzzeitig) FC Sachsen, 2005/06 1. FC Nürnberg (Trainerassistent).

Racing [frz.], Kurz-Bez. für Racing-Club (»Läuferklub«), z. B. RC Straßburg.

»Rackern«, ständiges Rennen und Kämpfen (um den Ball); einsatzstarke und engagierte Spielweise. Wenn allerdings der Überblick, d. h. die Spielübersicht nicht gewahrt bleibt, wird aus dem »R.« meist ein »Wühlen« (→ Fußballerjargon).

Radebe, Lucas, südafrikan. Abwehrspieler, * 12. April 1969 Johannesburg; 1993/94 Kaizer Chiefs, 1994–2005 Leeds United; 66 Länderspiele (1992–2002; 1 Tor); WM-Endrunde 1998, 2002.

Radenkovic, Petar, serb. Torhüter, * 1. Oktober 1934 Belgrad; 1948–50 FK Milicionar Belgrad, 1950–53 Roter Stern Belgrad, 1953–59 BSK bzw. OSD Belgrad, 1959–61 Spielpause (FIFA-Sperre), 1961/62 Wormatia Worms, 1962–70 TSV München 1860; 215 Bundesligaspiele; 3 Länderspiele für Jugoslawien; olymp. Fußballturnier 1956.

Radhi, Ahmed Amaeish, irak. Angriffsspieler, * 21. April 1964 Bagdad; 1978–81 Police Club Bagdad, 1981–84 Zawra Club Bagdad, 1985–93 Al-Rashid Bagdad; 68 Länderspiele (1982–89; 32 Tore); WM-Endrunde 1986; olymp. Fußballturnier 1984, 1988; Asiens Fußballer des Jahres 1988; im Irak Fußballer des Jahres 1988.

Radice, Luigi, italien. Trainer, * 15. Januar 1935 Cesano Maderno; war Mittelfeldspieler: 1952–64 AC Mailand; 5 Länderspiele (1962); WM-Endrunde 1962. – Später Trainer: 1966–68 AC Monza, 1968/69 FC Treviso, 1969–71 AC Monza, 1971–73 AC Cesena, 1973/74 AC Florenz, 1974/75 Cagliari Calcio, 1975–80 Turin Calcio, 1980/81 FC Bologna, 1981/82 AC Mailand, 1982/83 AS Bari, 1983/84 Inter Mailand, 1984–88 Turin Calcio, 1989/90 AS Rom, 1991–93 AC Florenz, 1993/94 Cagliari Calcio.

Radovic, Zeljko, österr. Angriffsspieler, * 6. April 1974 Wien; bis 1986 Red Star Wien, 1986–99 First Vienna FC, 1999/2000 Grazer AK, 2001–03 SV Ried, 2003–05 Arminia Bielefeld, 2005/06 SV Kapfenberg; 22 Zweitligaspiele (3 Tore); 1 Länderspiel (2000).

Raducanu, Marcel, rumän. Mittelfeldspieler, *21. Oktober 1954 Bukarest; 1964–82 Steaua Bukarest, 1982–88 Borussia Dortmund, 1988–91 FC Zürich; 163 Bundesligaspiele (31 Tore); 19 Länderspiele (1979–81; 3 Tore); in Rumänien Fußballer des Jahres 1980. – Später Trainer: 1992/93 Türk Gücü München.

Rafael, Nando, dt. Angriffsspieler angolan. Herkunft (seit 2005 dt. Staatsbürgerschaft), *10. Januar 1984 Luanda; 1995–2002 Ajax Amsterdam, 2002–05 Hertha BSC, 2006 Borussia Mönchengladbach; 70 Bundesligaspiele (16 Tore).

Rafinha, eigtl. »Marcio Rafael Ferreira de Souza«, brasilian. Abwehrspieler, *7. September 1985 Londrina; bis 1999 Juventus São Paulo, 1999/2000 FC So Paulo, 2000–03 Londrina SC, 2004/05 FC Coritiba, 2005/06 FC Schalke 04; 12 Bundesligaspiele.

Raftl, Rudolf (»Rudi«), österr. Torhüter, *7. Februar 1911 Wien, †5. September 1994; 1928/29 Hertha Wien, 1930–44 Rapid Wien, 1946–48 Vienna Wien; 6 Länderspiele für Österreich (1933–37) und 6 für Deutschland (1938–40) nach Annexion Österreichs; WM-Endrunde 1934 (nicht eingesetzt), 1938.

Rahn, 1) Christian, dt. Mittelfeldspieler, *15. Juni 1979 Hamburg; bis 1994 FC Altona 93, 1994–2002 FC St. Pauli, 2002–04 Hamburger SV, 2005/06 1. FC Köln; 84 Bundesligaspiele (11 Tore); 5 Länderspiele (seit 2002). – **2)** Helmut, dt. Angriffsspieler (Rechtsaußen), *16. August 1929 Essen, †14. August 2003 ebd.; 1938–46 BC Altenessen 1912, 1946–50 SC Oelde 1919, 1950/51 Sportfreunde Katernberg, 1951–59 Rot-Weiss Essen, 1959–61 1. FC Köln, 1961–63 SC Enschede, 1963–66 Meidericher SV; 260 Oberligaspiele (106 Tore); 19 Bundesligaspiele (8 Tore); 40 Länderspiele (1951–60; 21 Tore); WM-Endrunde 1954 (Weltmeister), 1958. – **3)** Uwe, dt. Mittelfeldspieler, *21. Mai 1962 Ludwigshafen am Rhein (Rheinland-Pfalz); 1970–75 TSV Schönau, 1975–80 Waldhof Mannheim, 1980–88 Borussia Mönchengladbach, 1988–90 1. FC Köln, 1990/91 Hertha BSC, 1992 Fortuna Düsseldorf, 1992/93 Eintracht Frankfurt, 1993/94 Urawa Red Diamonds; 318 Bundesligaspiele (107 Tore); Bundesliga-Torschützenkönig 1987 (24); 14 Länderspiele (1984–87; 5 Tore); WM-Endrunde 1986 (nicht eingesetzt); olymp. Fußballturnier 1984; in der BRD Fußballer des Jahres 1987.

Helmut Rahn

H. Rahn
»Ich zieh ab mit dem linken Fuß, und dat gibt son richtigen Aufsetzer. Wat dann passiert is, dat wisst ihr ja.«

Rai, eigtl. »Rai Souza Vieira de Oliveira«, brasilian. Mittelfeldspieler, *15. Mai 1965 Ribeirão Preto, jüngerer Bruder von → Sócrates; 1981–86 Botafogo Rio de Janeiro, 1986 AA Ponte Preta, 1987 Botafogo Rio de Janeiro, 1987–93 FC São Paulo, 1993–97 Paris Saint-Germain, 1998–2002 FC São Paulo; 39 Länderspiele; Weltmeister 1994; Südamerikas Fußballer des Jahres 1992; in Brasilien Fußballer des Jahres 1992.

Rainea, Nicolae, rumän. Schiedsrichter, *19. November 1933 Braila; seit 1959 Schiedsrichter, seit 1964 erste Liga, seit 1967 FIFA-Referee; WM-Endrunde 1974, 1978, 1982; EM-Endrunde 1980 (Finale); EC I-Finale 1983, zweites EC III-Finale 1987.

Rama, Milaim, schweizer. Angriffsspieler alban. Herkunft (2003 eingebürgert), *29. Februar 1976 Kosovo; 1996/97 FC Interlaken (Schweiz), 1997–2004 FC Thun, 2004/05 FC Augsburg, 2005/06 FC Schaffhausen; 4 Länderspiele; EM-Endrunde 2004.

Ramallets, Antonio, span. Torhüter, *1. Juli 1925 Barcelona; 1940–45 CD Cerdena, 1946/47 RCD Mallorca, 1947/48 Real Valladolid, 1948–61 FC Barcelona; 35 Länderspiele (1950–61); WM-Endrunde 1950. – Später Trainer: 1962/63 Real Valladolid, 1963/64 Real Saragossa, 1965/66 Real Valladolid, 1966/67 CD Logroñés, 1967/68 Hercules Alicante, 1968/69 FC Elche.

Ramelow, Carsten, ein dt. Mittelfeldspieler, *20. März 1974 Berlin (West); bis 1987 SV Tasmania Gropiusstadt 1973, 1987/88 Tennis Borussia, 1988/89 Hertha 03 Zehlendorf, 1989–91 SC Siemensstadt, 1991–96 Hertha BSC, 1996–2006 Bayer 04 Leverkusen; 300 Bundesligaspiele (18 Tore); 46 Länderspiele (1998–2004); WM-Endrunde 2002.

C. Ramelow
»Gerade zu Hause liegt unsere Heimstärke.«

»Alf« Ramsey

Ramsey, Alfred Ernest (»Alf«), Sir (seit 1967), engl. Trainer, *22. Januar 1920 Daganham, †28 April 1999; war Abwehrspieler (Rechtsverteidiger): 1942–49 FC Southhampton, 1949–55 Tottenham Hotspur; 32 Länderspiele (1949–53; 3 Tore); WM-Endrunde 1950. – Später Trainer: 1955–63 Ipswich Town (LM 1962), 1963–74 England (Nationalmannschaft; Weltmeister 1966, WM-Endrunde 1970, EM-Endrunde 1968).

> **»Alf« Ramsey**
> »Never change a winning team.«

Ramzy, Hany, ägypt. Abwehrspieler *10. März 1969 Kairo; 1977–90 Al-Ahly Kairo, 1990–94 Xamax Neuchâtel, 1994–98 SV Werder Bremen, 1998–2005 1. FC Kaiserslautern, 2005/06 1. FC Saarbrücken; 228 Bundesligaspiele (15 Tore); 124 Länderspiele; WM-Endrunde 1990.

Rangnick, Ralf, dt. Trainer, *29. Juni 1958 Backnang (Baden-Württemberg); war Abwehrspieler: 1982/83 SSV Ulm 1846, 1983–86 FC Viktoria Backnang (Spielertrainer). – Später Trainer:

Ralf Rangnick

1995/96 SSV Reutlingen, 1997–99 SSV Ulm 1846, 1999–2001 VfB Stuttgart, 2001–04 Hannover 96, 2004/05 FC Schalke 04.

> **R. Rangnick**
> »Wenn schon vier Leute so viele Fehler machen, dann ist es vielleicht richtig, dass man auf eine Dreierkette umstellen sollte.«

Ranieri, Claudio, italien. Trainer, *20. Oktober 1951 Rom; war Abwehrspieler: 1972 AS Rom, 1972/73 Siracusa Calcio, 1973/74 AS Rom, 1974–82 US Catanzaro, 1982–84 Catania Calcio, 1984–86 SSC Palermo. – Später Trainer: 1986/87 Vigor Lamezia, 1987/88 SSC Campania, 1988–91 Cagliari Calcio, 1991–93 SSC Neapel, 1993–97 AC Florenz (PS 1996), 1997–99 CF Valencia (PS 1999), 1999/2000 Atlético Madrid, 2000–04 FC Chelsea (PS 2000), 2004/05 CF Valencia.

Rapid [zu »rapid«, reißend, blitzartig, schnell], Vereinsbezeichnung, z. B. R. Wien.

Rapolder, Uwe, dt. Trainer, *29. Mai 1958 Hausen (Baden-Württemberg); war Abwehrspieler: bis 1978 VfR Heilbronn, 1978/79 FC Winterslag (Belgien), 1979–81 Lierse SK, 1981–85 FC Winterthur, 1985/86 Tennis Borussia, 1986/87 SC Freiburg, 1987/88 Martigny-Sports (Schweiz), 1988–90 Young Boys Bern; 30 Zweitligaspiele (2 Tore). – Später Trainer: 1990/91 Martigny-Sports (Spielertrainer), 1991–93 FC Monthey (Schweiz), 1993–96 FC St. Gallen, 1997–2001 Waldhof Mannheim, 2001/02 LR Ahlen, 2004/05 Arminia Bielefeld, 2005 1. FC Köln.

> **U. Rapolder**
> »Wir laufen nicht den Leuten hinterher, sondern verteidigen nach vorn.«

Rappan, Karl, österr. Trainer, *26. September 1905 Wien, †2. Januar 1996 Bern; war Mittelfeldspieler (Läufer): 1922–24 SV Donau Wien, 1924–28 Admira Wien, 1928/29 Austria Wien, 1929–31 Rapid Wien; 2 Länderspiele (1927; 1 Tor). – Später Trainer: 1931–35 Servette Genf (Spielertrainer), 1935–48 Grasshopper-

Karl Rappan

Club Zürich, 1948–57 Servette Genf, 1958/59 FC Zürich, 1964–68 Lausanne-Sports; betreute 1937/38, 1942–49, 1953/54 und 1960–64 die Nationalmannschaft der Schweiz (WM-Endrunden 1938, 1954, 1962), führte den Schweizer Riegel (→ Spielsystem) ein und initiierte ab 1961 den Intercup (→ Internationaler Fußballcup), der 1967 vorübergehend nach ihm benannt wurde.

K. Rappan: Erfolgsstationen (Auswahl)	
Servette Genf	LM 1933, 1934
Grasshopper-Club Zürich	LM 1937, 1939, 1942, 1943, 1945
	PS 1937, 1938, 1940, 1941, 1942, 1943, 1946
Servette Genf	LM 1950
	PS 1949
Lausanne-Sports	LM 1965
	PS 1964

Rasenplatz, Spielfeld mit dichter, auf maximal 6 cm gehaltener Grasnarbe, die durch Aussaat verschiedener Grassorten (Ober- und Untergräser) besonders strapazierfähig wird; von Bedeutung ist eine intensive R.pflege (Mähen, Bewässern, Düngen, Walzen). Als *Rollrasen* bezeichnet man ausrollbaren, natürl. Fertigrasen (meist in 25 cm breiten und 1 m langen Streifen geschnitten). – Das »alte« Wembleystadion in London war z. B. bekannt für seinen ausgezeichneten Rasen, der im Schachbrettmuster geschnitten wurde.

Rath, Marcel, dt. Angriffsspieler, *3. September 1975 Frankfurt (Oder); bis 1993 FC Vorwärts Frankfurt (Oder) und Chemie PCK Schwedt, 1993–95 Eisenhüttenstädter FC Stahl, 1995–97 Hertha BSC, 1997–2000 FC Energie Cottbus, 2000–02 FC St. Pauli, 2002–04 LR Ahlen, 2005/06 1. FC Union Berlin; 31 Bundesligaspiele (4 Tore).

Rathenow, Optik, eigtl. »FSV Optik Rathenow« (Fußballsportverein Optik Rathenow), Deutschland (Brandenburg), gegr. 1945 als SG Rathenow, 1948–50 BSG Verkehr Rathenow, 1950/51 BSG Mechanik Rathenow, 1951–90 BSG Motor Rathenow, 1991 Ausgliederung der Fußballabteilung als FSV Optik Rathenow; Spielkleidung: Rot; Stadion: Stadion Vogelsang, 5000 Plätze. – INTERNET: www.optik-rathenow.de

Spieler (Auswahl): J. Heinrich.

Rau, Tobias, dt. Abwehrspieler, *31. Dezember 1981 Braunschweig; bis 1994 Sportfreunde Ölper, 1994–2001 Eintracht Braunschweig, 2001–03 VfL Wolfsburg, 2003–05 FC Bayern München, 2005/06 Arminia Bielefeld; 69 Bundesligaspiele (1 Tor); 7 Länderspiele (seit 2003; 1 Tor).

Rauball, Reinhard, dt. Funktionär (Jurist [Dr.]), *25. Dezember 1946 Northeim (Niedersachsen); spielte 1964–79 bei Eintracht Dortmund. – 1971/72 Gutachter im → »Bundesligaskandal«, seit 1975 Rechtsanwalt und Notar, 1999 Justizminister von Nordrhein-Westfalen, 1979–82, 1984–86 und seit 2004 Präsident von Borussia Dortmund.

»Raubein«, Bez. für einen robusten (meist Abwehr-)Spieler, der die »harte Gangart« bevorzugt, im Bedarfsfall rücksichtslos »durchzieht« und dabei nicht selten die Schienbeine der Gegner »massiert«; unangenehmer Typ. – Adjektiv: raubeinig.

Raúl, eigtl. »Raúl Gonzáles Blanco«, span. Angriffsspieler, *27. Juni 1977 Madrid; bis 1990 San Cristóbal de Los Angeles, 1990–92 Atlético Madrid, 1992–2006 Real Madrid; 86 Länderspiele (seit 1996; 38 Tore); WM-Endrunde 1998, 2002; EM-Endrunde 2000, EM-Endrunde 2004; olymp. Fußballturnier 1996; in Spanien Fußballer des Jahres 1997, 1999, 2000, 2001, 2002.

Raumdeckung, Decken des gegner. Spielers in bestimmten Zonen des Spielfeldes, das praktisch (gedanklich) in Räume aufgeteilt ist. Bei der R. wird also derjenige Gegner gedeckt (übernommen), der in den Raum des dort befindl. Mitspielers eindringt. Die R. löste die Manndeckung ab und war lange Jahre das international verbreitetste Deckungssystem. Mittlerweile wurde sie durch die → kombinierte Deckung ersetzt.

Raumgewinn, Bez. für das schnelle Überbrücken des Mittelfeldes beim Angriff.

»Raumverengung«, svw. → »Verengen des Raumes«.

Rausch, Friedel, dt. Trainer, *27. Februar 1940 Duisburg; war Abwehrspieler: 1950–62 Meidericher SV, 1962–71 FC Schalke 04; 170 Bundesligaspiele (6 Tore). – Später Trainer: 1971–77 FC Schalke 04 (1971–76 Jugend, Trainerassistent, 1976/77 Cheftrainer), 1979/80 Eintracht Frankfurt (EC III 1980), 1980–82 Fenerbahce Istanbul, 1982/83 MVV Maastricht, 1983/84 Iraklis Saloniki, 1985–92 FC Luzern (LM 1989, PS 1992), 1992/93 FC Basel, 1993–96 1. FC Kaiserslautern, 1996/97 Linzer ASK, 1998 Borussia Mönchengladbach, 1998–2000 1. FC Nürnberg, 2001 Eintracht Frankfurt.

> **F. Rausch**
> »Ich sehe Licht am Himmel.«

Rausstellung, umgangssprachlich für → Feldverweis.

Raute, svw. → Mittelfeldraute.

Rautiainen, Pasi, finn. Mittelfeldspieler, *18. Juli 1961; 1979/80 HJK Helsinki, 1980/81

FC Bayern München, 1981/82 SV Werder Bremen, 1982–86 Arminia Bielefeld, 1986/87 FC Luzern, 1987–89 SG Wattenscheid 09, 1989–93 HJK Helsinki; 116 Bundesligaspiele (14 Tore); 25 Länderspiele. – Später Trainer: 1999/2000 Jokerit Helsinki, 2001 FC KooTeePee, 2001/02 Levadia Maardu, 2002/03 Jokerit Helsinki.

Rava, Pietro, italien. Abwehrspieler (Linksverteidiger), *20. Januar 1916 Turin; Juventus Turin und US Alessandria; 30 Länderspiele (1936–46); Weltmeister 1938; Olympiasieger 1936.

Ravanelli, Fabrizio, italien. Angriffsspieler, *11. Dezember 1968 Perugia; 1986–89 AC Perugia, 1989 US Avellino, 1989/90 Casertana, 1990–92 Reggina Calcio, 1992–96 Juventus Turin, 1996/97 FC Middlesbrough, 1997–2000 Olympique Marseille, 2000/01 Lazio Rom, 2001–03 Derby County, 2003 FC Dundee, 2004 AC Perugia; 6 Länderspiele (4 Tore); EM-Endrunde 1996.

Ravelli, Thomas, schwed. Torhüter, *13. August 1959 Vimmerby; 1974–89 Åtvidabergs FF und Östers Växjö, 1989–97 IFK Göteborg, 1997/98 Tampa Bay Rowdies, 1998/99 IFK Göteborg; 143 Länderspiele (1981–97); WM-Endrunde 1990, 1994; EM-Endrunde 1992; in Schweden Fußballer des Jahres 1981.

Raynor, George, engl. Trainer, *13. Januar 1907, †24. November 1985; bis 1948 Coventry City und Doncaster Rovers, 1948–58 Schweden (Nationalmannschaft; WM-Endrunde 1950, 1958).

Rayo Vallecano, Spanien: → Madrid [2].

Reader, George, engl. Schiedsrichter, *1. November 1896 Exeter, †13. Juli 1978 Southampton (Hampshire); FIFA-Schiedsrichter 1946–50; 21 Länderspiele; WM-Endrunde 1950 (Uruguay – Brasilien 2:1).

reaktionsschnell, rasch handelnd; insbesondere in Verbindung mit dem Torhüter gebraucht. Wenn der Torhüter »auf der Linie« stark ist, bedeutet dies, dass er r. ist.

Real [span.], königlich, z. B. R. Madrid.

Reamateurisierung, Lizenzfußball: Übergang vom Berufsspieler zum Amateurspieler. Ein Berufsspieler kann sich frühestens 30 Tage nach seinem letzten Spiel wieder als Amateur registrieren lassen, ohne dass eine → Ausbildungsentschädigung fällig ist. Lässt sich der Spieler innerhalb von 30 Monaten wieder als Berufsspieler registrieren, hat der neue Verein eine Ausbildungsentschädigung zu leisten. Eine Spielerlaubnis für das olymp. Fußballturnier oder für einen von der UEFA ausgeschriebenen Amateurwettbewerb gibt es nach R. für den jeweiligen Spieler nicht.

Recber, Rüstü, türk. Torhüter, *10. Mai 1973 Antalya; 1991–94 Antalyaspor, 1994–2003 Fenerbahce Istanbul, 2003/04 FC Barcelona, 2004–06 Fenerbahce Istanbul; 103 Länderspiele (seit 1994); WM-Endrunde 2002; EM-Endrunde 1996, 2000.

Reck, Oliver, dt. Torhüter, *27. Februar 1965 Frankfurt am Main; 1971–81 SG Harheim, 1981/82 FSV Frankfurt, 1982–85 Kickers Offenbach, 1985–98 SV Werder Bremen, 1998–2004 FC Schalke 04; 471 Bundesligaspiele (1 Tor); 1 Länderspiel (1996); EM-Endrunde 1996 (Europameister [nicht eingesetzt]). – Später Torhütertrainer: 2003–06 FC Schalke 04.

> **O. Reck**
> »So viele Talsohlen gibt es gar nicht, in denen ich schon drin war.«

Recoba, Alvaro Alexandro, uruguay. Angriffsspieler, *17. März 1976 Montevideo; 1993–95 Danubio FC, 1995–97 Nacional Montevideo, 1997/98 Inter Mailand, 1998/99 AC Venedig, 1999–2006 Inter Mailand; 59 Länderspiele (seit 1995; 9 Tore); WM-Endrunde 2002.

Red Zac, eigtl. »Red Zack 1. Liga«, Österreich: zweithöchste Division (10 Teams); darüber die → Bundesliga [2], darunter die → Regionalliga [2].

Referee [engl.], svw. → Schiedsrichter.

Regeln, Kurz-Bez. für → Spielregeln.

Regelverstoß, Nichteinhaltung der Spielregeln durch einen oder mehrere Spieler. Bei techn. R. unterscheidet man diejenigen mit Spielfortsetzung »Wiederholung« (z. B. Ausführung eines Freistoßes, bevor der Ball ruht) und solche mit Spielfortsetzung »indirekter Freistoß« (z. B. ein Spieler in Abseitsposition greift ins Spiel ein). – R. des Schiedsrichters (selten) sind protestfähige R. und können zu Spielwiederholung oder anderen Auswirkungen führen.

Regelwerk, Gesamtheit der → Spielregeln.

Regeneration → Sportmedizin/Sportverletzungen.

Regensburg, Jahn, eigtl. »SSV Jahn Regensburg 2000« (Sport- und Spielvereinigung Jahn Regensburg 2000), Deutschland (Bayern), gegr. am 4. Oktober 1907; Zweite Bundesliga 2003/04; Spielkleidung: Weiß-Rot/Rot/Rot-Weiß; Stadion: Jahn-Stadion, 10724 Plätze. – INTERNET: www.ssv-jahn.de

Spieler (Auswahl): U. Gospodarek – H. Jakob – O. und Y. Mokhtari – P. Peschel – A. Rraklli – T. Schweinsteiger – D. Toppmöller. – **Trainer** (Auswahl): M. Basler – F. Binder – I. Peter – G. Sebert – J. Uridil.

Reggiana, AC (»Associazione Calcio Reggiana«), Italien (Reggio nell'Emilia), gegr. 1919; Spielkleidung: Rot; Stadion: Stadio »Giglio«, 29 546 Plätze. – INTERNET: www.reggianacalcio.it

Spieler (Auswahl): F. De Napoli – A. Valencia. – **Trainer** (Auswahl): C. Ancelotti – M. Lucescu.

Reggina Calcio, Italien (Reggio di Calabria), gegr. 1914; Spielkleidung: Rot; Stadion: Stadio »Oreste Granilio«, 28 000 Plätze. – INTERNET: www.regginacalcio.com

Spieler (Auswahl): D. Beiersdorfer – M. Caneiro – F. Causio – P. Futre – S. Nakamura – S. Oliseh – F. Ravanelli. – **Trainer** (Auswahl): N. Scala.

Reghecampf, Aurelian, rumän. Mittelfeldspieler, *19. September 1975 Tirgovişte (Banat); bis 1997 Otelul Targovişte, Chindia Targovişte, VSE Eger Schwarz-Elf St. Pölten und Litex Lovetsch, 1997–2000 Steaua Bukarest, 2000–05 FC Energie Cottbus, 2005/06 Alemannia Aachen; 86 Bundesligaspiele (6 Tore); 1 Länderspiel.

Regionalliga, 1) Deutschland: a) 1963–74 nach der Bundesliga zweithöchste Spielklasse, die aus den 5 Regionalligen Nord, West, Südwest, Süd und Berlin bestand. Die erfolgreichsten Regionalligavereine wurden 1974 in die → Zweite Liga übernommen. Vorläuferin der R. war die → Oberliga [1a]. – b) Seit 1994 dritthöchste Spielklasse: 1994–2000 mit den Staffeln Nord, Süd, West/Südwest und Nordost, seit 2000 reduziert auf die Gruppen Nord und Süd (je 2 Aufsteiger in die Zweite Bundesliga und je 4 Absteiger in die → Oberliga [1b]). – **2)** Österreich: dritthöchste Spielklasse mit den Staffeln Ost, West und Mitte; darüber die → Red Zac. – **3)** Schweiz: → Liga.

DFB-Regionalverbände
(mit Landesverbänden)
Norddeutscher Fußballverband
(Abk. NFV, auch: Regionalverband Nord)
Bremen
Hamburg
Niedersachsen
Schleswig-Holstein
Nordostdeutscher Fußballverband
(Abk. NOFV, auch: Regionalverband Nordost)
Berlin
Brandenburg
Mecklenburg-Vorpommern
Sachsen
Sachsen-Anhalt
Thüringen
Westdeutscher Fußballverband
(Abk. WFV, auch: Regionalverband West)
Mittelrhein
Niederrhein
Westfalen
Südwestdeutscher Fußballverband
(Abk. SWFV, auch: Regionalverband Südwest)
Rheinland
Südwest
Saarland
Süddeutscher Fußballverband
(Abk. SFV, auch: Regionalverband Süd)
Baden
Südbaden
Bayern
Hessen
Württemberg

Regionalliga [1b]
Eine in der Regionalliga spielende zweite Mannschaft einer (1., 2.) Bundesligamannschaft darf 3 Profis einsetzen, die älter als 24 Jahre sind und keine Stammspieler sind. Stammspieler ist, wer mindestens die Hälfte aller möglichen Pflichtspiele in der Bundesliga bestritten hat.

Regionalverband, dem DFB unterstellter Territorialverband, zu dem → Landesverbände [2] gehören; erlässt Satzungen (Spiel-, Schiedsrichter-, Jugendspiel- sowie Rechts- und Verfahrensordnung) für die Landesverbände und beeinflusst direkt (Rechtsprechung) oder mittelbar (Spielklasseneinteilung) den Wettspielbetrieb. Es gibt in Deutschland 5 R. und 21 Landesverbände.

Reglement [frz.], Sammel-Bez. für → Spielregeln.

Rehhagel, Otto, dt. Trainer, * 9. August 1938 Essen; war Abwehrspieler: bis 1960 TuS Helene Essen, 1960–63 Rot-Weiss Essen, 1963–65 Hertha BSC, 1965–72 1. FC Kaiserslautern; 201 Bundesligaspiele (22 Tore). – Später Trainer: 1972 FV

Otto Rehhagel

Rackenhausen, 1972/73 1. FC Saarbrücken, 1973–75 Kickers Offenbach (1973/74 Trainerassistent, 1974/75 Cheftrainer), 1976 SV Werder Bremen, 1976–78 Borussia Dortmund, 1978/79 Arminia Bielefeld, 1979/80 Fortuna Düsseldorf, 1981–95 SV Werder Bremen, 1995/96 FC Bayern München, 1996–2000 1. FC Kaiserslautern, 2001–06 Griechenland; Welt-Nationaltrainer des Jahres 2004.

O. Rehhagel: Erfolgsstationen (Auswahl)	
Fortuna Düsseldorf	PS 1980
SV Werder Bremen	LM 1988, 1993
	PS 1991, 1994
	EC II
1. FC Kaiserslautern	LM 1998
Griechenland	Europameister 2004

Rehmer, Marko, dt. Abwehrspieler, *29. April 1972 Berlin (Ost); 1978/79 BSG Empor HO (»Handelsorganisation«) Berlin, 1979/80 TZ (»Trainingszentrum«) Prenzlauer Berg, 1980–96 1. FC Union Berlin, 1997–99 FC Hansa Rostock, 1999–2005 Hertha BSC, 2005/06 Eintracht Frankfurt; 200 Bundesligaspiele (11 Tore); 35 Länderspiele (1998–2003; 4 Tore); WM-Endrunde 2002; EM-Endrunde 2000.

Reichel, Mirko, dt. Mittelfeldspieler, *2. Dezember 1970 Stollberg (Sachsen); bis 1989 TSG Stollberg, 1989–92 BSG bzw. FC Wismut Aue (5 Oberligaspiele), 1992/93 SpVgg Weiden, 1993/94 FC Erzgebirge Aue, 1994–97 Waldhof Mannheim, 1997/98 VfL Bochum, 1998–2005 Spvgg. Fürth; 9 Bundesligaspiele.

Reichenau, SVG, Österreich: → Innsbruck [2].

Reichsbundpokal, 1935 bis 1942 ausgetragener Pokalwettbewerb für Auswahlmannschaften der dt. Landesverbände; Nachfolger des → Bundespokals.

Reif, Marcel, Fußballkommentator, *27. November 1949 Waldenburg (heute: Wałbrzych [Polen]); studierte Publizistik, polit. Wissenschaften und Amerikanistik; leitete 1985–95 die ZDF-Sendereihe »Sport-Spiegel« wechselte danach zu RTL und wurde zu einem der bekanntesten dt. Fußballkommentatoren. Ein erneuter Wechsel brachte ihn 1999 zum Pay-TV-Sender »Premiere«.

Reichsbundpokal	
1935	Mitteldeutschland
1936	Sachsen
1937	Niederrhein
1938	Nordmark
1939	Schlesien
1940	Bayern
1941	Sachsen
1942	Niederrhein

M. Reif
»Fußball ist kein Menschenrecht, aber ein Grundnahrungsmittel.«

Reihe, horizontale Formation der Mannschaftsteile, von hinten nach vorn: Abwehr-, Mittelfeld- und Angriffsreihe; vertikal: → Achse.

Reimann, Willi, dt. Trainer, *24. Dezember 1949 Schwagstorf (Niedersachsen); war Angriffsspieler: 1968–70 VfL Rheine und TuS Bremerhaven 93, 1970–74 Hannover 96, 1974–81 Hamburger SV, 1981/82 Calgary Boomers (Kanada); 287 Bundesligaspiele (93 Tore). – Später Trainer: 1982 SC Egenbüttel, 1982–86 Altona 93, 1986/87 FC St. Pauli, 1987–90 Hamburger SV, 1991–93 1. SC Norderstedt, 1994/95 SV Ludrup, 1995–98 VfL Wolfsburg, 1998 1. FC Nürnberg, 1999/2000 FC St. Pauli, 2002–04 Eintracht Frankfurt (2002/03 Teammanager, 2003/04 Trainer), 2005/06 Al-Shaab (VAE).

W. Reimann
»Einige müssen ihre Bauchmuskeln trainieren, obwohl sie nicht mal wissen, was das ist. Wenn wir die trainieren, kommen sie am nächsten Tag an und meinen, sie haben was mit dem Blinddarm.«

Reims, Stade, eigtl. »Stade de Reims«, Frankreich, gegr. 1931 als Sociéte du Parc-Pommery, 1938 Fusion mit Sporting Club Rémois zu Stade de Reims; Spielkleidung: Rot-Weiß/Weiß/Rot-Weiß; Stadion: Stade Auguste Delaune, 25 000 Plätze. – Internationale Erfolge: Latein-Cup 1953.

Spieler (Auswahl): C. Bianchi – J. Fontaine – M. Galić – M. Hidalgo – R. Jonquet – R. Kopa – R. Marche – A. Penverne – R. Piantoni – P. Troussier – J. Vincent. – **Trainer** (Auswahl): C. Bianchi.

Reina, Giuseppe (»Billy«), dt. Angriffsspieler, *15. April 1972 Unna (Nordrhein-Westfalen); 1984–90 Rot-Weiß Unna, 1990–93 Königsborner SV, 1994–96 SG Wattenscheid 09, 1996–99 Arminia Bielefeld, 1999–03 Borussia Dortmund, 2003–05 Hertha BSC, 2005/06 Sportfreunde Siegen; 171 Bundesligaspiele (34 Tore).

Reinders, Uwe, dt. Trainer, *19. Januar 1955 Essen; war Angriffsspieler: 1961/62 TBV Frillendorf,

1962–74 Polizei SV Essen, 1974–77 Schwarz-Weiß Essen, 1977–85 SV Werder Bremen, 1985/86 Girondins Bordeaux, 1986/87 Stade Rennes; 206 Bundesligaspiele (67 Tore); 4 Länderspiele (1982; 1 Tor); WM-Endrunde 1982. – Später Trainer: 1987–90 Eintracht Braunschweig (1987/88 Spielertrainer, 1988–90 Cheftrainer), 1990–92 FC Hansa Rostock (NOFV-Oberligameister 1991, PS 1991), 1992/93 MSV Duisburg, 1993/94 Hertha BSC, 1996/97 FC Sachsen Leipzig, 2002–04 Eintracht Braunschweig, 2005 1. FC Pforzheim.

Reinhardt, 1) Alois, dt. Abwehrspieler, *18. November 1961; bis 1979 TSV Hochstadt, 1979–84 1. FC Nürnberg, 1984–91 Bayer 04 Leverkusen, 1991–93 FC Bayern München; 267 Bundesligaspiele (9 Tore). – Später Trainer: 2002–04 1. FC Nürnberg (Amateure). – **2)** Knut, dt. Mittelfeldspieler, *27. April 1968; bis 1985 TuS Quettingen, 1985–91 Bayer 04 Leverkusen, 1991–98 Borussia Dortmund, 1999/2000 1. FC Nürnberg; 297 Bundesligaspiele (10 Tore). – Später Trainer: 2004/05 TuS Niederense

Reinickendorfer Füchse, Deutschland: → Berlin [7].

Reinke, Andreas, dt. Torhüter, *10. Januar 1969 Güstrow (Mecklenburg-Vorpommern); 1977–86 SG Dynamo Güstrow, 1986–90 SG Dynamo Schwerin, 1990–93 Hamburger SV (Amateure, 1 Bundesligaspiel), 1993/94 FC St. Pauli, 1994–2000 1. FC Kaiserslautern, 2000/01 Iraklis Saloniki, 2001–03 Real Murcia, 2003–06 SV Werder Bremen; 220 Bundesligaspiele.

Reisinger, Stefan, dt. Angriffsspieler, *14. September 1981 Landshut (Bayern); 2001–03 SpVgg Greuther Fürth, 2003–05 Wacker Burghausen, 2005/06 TSV München 1860; 87 Zweitligaspiele (25 Tore).

»Reißer«, (Mittel-)Stürmer mit großem Durchsetzungsvermögen (draufgängerisch, athletisch, schussstark und -entschlossen).

Reitmaier, Claus, dt. Torhüter, *17. März 1964 Würzburg; 1982–86 Würzburger FV, 1986–89 Viktoria Aschaffenburg, 1989–91 Wiener SC, 1991–93 Stuttgarter Kickers, 1993/94 1. FC Kaiserslautern, 1994–98 Karlsruher SC, 1998–2003 VfL Wolfsburg, 2003/04 Borussia Mönchengladbach, 2004/05 FC Rot-Weiß Erfurt, 2005 SK Lilleström; 335 Bundesligaspiele.

C. Reitmaier
»Was man nicht sieht, kann man nicht halten.«

Rekdal, Kjetil-André, norweg. Mittelfeldspieler, *6. November 1968 Molde; bis 1988 Molde FK, 1988–90 Borussia Mönchengladbach, 1990–94 Lierse SK, 1994 Molde FK, 1994–96 Lierse SK, 1996/97 Stade Rennes, 1997–2000 Hertha BSC, 2000–05 Vålerenga Oslo; 73 Bundesligaspiele (4 Tore); 83 Länderspiele; WM-Endrunde 1994, 1998; EM-Endrunde 2000. – Später Trainer: 2004–06 Vålerenga Oslo (LM 2005).

Rekordmeister, Mannschaft der höchsten Spielklasse eines Landes, die seit deren Bestehen die häufigsten Titelgewinne verbuchen konnte. R. im dt. Fußball bis 1945 waren der 1. FC Nürnberg und Schalke 04, die beide je 6 Landesmeistertitel errangen.

Rekordmeister im deutschsprachigen Raum

DFB	
FC Bayern München	19-mal (1932–2005)
DFV der DDR	
Berliner FC Dynamo	10-mal (1979–88)
Österreich	
Rapid Wien	31-mal (1912–2005)
Schweiz	
Grasshopper-Club Zürich	27-mal (1898–2003)

Relegationsspiel [schweizer., »Abstiegsspiel«], Entscheidungsspiel (meist Hin- und Rückspiel) nach Abschluss eines Spieljahres; durchgeführt a) zw. 2 Vertretungen auf abstiegsbedrohter Tabellenposition bei gleichem Punkt- und Torver-

Relegationsspiele
(Bundesliga zuerst genannt; 2 Entscheidungsspiele auf »neutralem Platz« 1986 und 1991)

1982
Bayer 04 Leverkusen – Kickers Offenbach 1:0, 2:1
1983
FC Schalke 04 – *Bayer 05 Uerdingen* 1:3, 1:1
1984
Eintracht Frankfurt – MSV Duisburg 1:1, 5:0
1985
Arminia Bielefeld – *1. FC Saarbrücken* 0:2, 1:1
1986
Borussia Dortmund – Fortuna Köln 0:2, 3:1, 8:0
1987
1. FC Homburg – FC St. Pauli 3:1, 1:2
1988
SV Waldof Mannheim – SV Darmstadt 98 2:3, 2:1, 0:0 (5:4 im Strafstoßschießen)
1989
Eintracht Frankfurt – 1. FC Saarbrücken 2:0, 1:2
1990
VfL Bochum – 1. FC Saarbrücken 1:1, 1:0
1991
FC St. Pauli – *Stuttgarter Kickers* 1:1, 1:1, 1:3

hältnis, um den (zusätzl.) Absteiger zu ermitteln; b) zw. 2 Vertretungen benachbarter Spielklassen um den Klassenerhalt bzw. Aufstieg. – Beim DFB 1982 bis 1991 praktiziert: Drittletzter der Bundesliga gegen den Dritten der Zweiten Bundesliga, aber ohne Anwendung der Auswärtstoreregel. 1991/92 gab es nach dem Beitritt des NOFV zum DFB erstmals in der Zweiten Bundesliga R. (als *Relegationsrunde*, wobei die jeweils letzten 6 Vereine der Staffeln Nord und Süd die Absteiger ermittelten).

Remetter, François, frz. Torhüter, *8. August 1928 Straßburg; 1940–64 FC Metz, FC Sochaux, Girondins Bordeaux, Limoges und RC Straßburg; 26 Länderspiele (1953–60); WM-Endrunde 1954, 1958.

Remis [frz.], svw. → Unentschieden.

Rempeln, erlaubter körperl. Angriff mit den Schultern bei angelegten Oberarmen; nicht gestattet ist das heftige oder gefährl. Rempeln.

Remscheid, FC (Fußballclub Remscheid), Deutschland (Nordrhein-Westfalen), gegr. am 25. August 1908 als BV 08 Lüttringhausen, 1985 umbenannt in BVL 08 Remscheid, 1990 Fusion mit VFB 06/08 Remscheid zu FC Remscheid; Zweite Bundesliga 1982–84, 1987/88, 1991–93; Spielkleidung: Blau; Stadion: Röntgen-Stadion, 12 463 Plätze. – INTERNET: www.fcremscheid.de

Trainer (Auswahl): G. Hochgesang.

Rennes, Stade, eigtl. »Stade Rennes FC« (Stade Rennes Football Cub), Frankreich, gegr.1901 als Stade Rennais Université Club, seit 1964 Stade Rennes FC; Spielkleidung: Rot-Schwarz/Schwarz/Schwarz; Stadion: Stade de la Route-de-Lorient, 31 127 Plätze. – INTERNET: www.staderennais.fr

Spieler (Auswahl): G. Braun – P. Cech – P.-A. Chapuisat – P. Le Guen – H. Guérin – L. Leduc– S. Wiltord.

Rensenbrink, Pieter Robert, niederländ. Angriffsspieler (Linksaußen), *3. Juli 1947 Oostzaan; 1957–66 SV Oostzaan, 1966–69 DWS Amsterdam, 1969–72 Cercle Brügge, 1972–77 RSC Anderlecht, 1977–82 FC Toulouse, 1982–84 Portland Timbers (Kanada); 46 Länderspiele (1968–79; 14 Tore); WM-Endrunde 1974, 1978; EM-Endrunde 1976; in Belgien Fußballer des Jahres 1976.

Rensing, Michael, dt. Torhüter, *14. Mai 1984 Lingen (Ems), Niedersachsen; bis 2001 TuS Lingen, 2001–06 FC Bayern München; 6 Bundesligaspiele.

Rep, Nicolaus, war niederländ. Angriffsspieler (Rechtsaußen), *25. November 1951 Zaandam; 1965–68 FC Engage Zaandam, 1968–75 Ajax Amsterdam, 1976/77 CF Valencia, 1977/78 SEC Bastia, 1979–81 Ajax Amsterdam, 1981–84 AS St.-Étienne, 1984–86 PEC Zwolle '82; 42 Länderspiele (1973–81; 12 Tore); WM-Endrunde 1974, 1978; EM-Endrunde 1976.

Repräsentativmannschaft → Auswahlmannschaft.

Repräsentativspieler, Auswahlspieler; in der Nationalmannschaft: → Nationalspieler.

Reservemannschaft, frühere Bez. für die zweite Mannschaft eines Klubs im Seniorenbereich; bildete das Reservoir für die »Erste«.

»reserviert« verhält sich ein Aktiver während des Spiels, wenn sich seine Lauf- und Einsatzbereitschaft in bescheidenen Grenzen halten; gekennzeichnet durch Inaktivität oder Passivität, d. h. Bewegungsarmut. – Auch für das Auftreten der gesamten Mannschaft gebraucht, z. B. »die Elf spielte ›reserviert‹«, also zurückhaltend.

»Reservist«, umgangssprachlich für einen Wechselspieler. (→ »Edelreservist«)

»Rettungsschlag«, svw. → »Notschlag«.

Reuter, Stefan, dt. Mittelfeldspieler, *16. Oktober 1966 Dinkelsbühl (Bayern); 1976–82 TSV und 1860 Dinkelsbühl, 1982–88 1. FC Nürnberg, 1988–91 FC Bayern München, 1991/92 Juventus Turin, 1992–2004 Borussia Dortmund; 502 Bundesligaspiele (25 Tore); 69 Länderspiele (1987–98; 2 Tore); WM-Endrunde 1990 (Weltmeister), 1998; EM-Endrunde 1992, 1996 (Europameister).

> **S. Reuter**
> »Zur Schiedsrichterleistung will ich gar nichts sagen, aber das war eine Frechheit, was da gepfiffen wurde!«

Reutlingen, SSV, eigtl. »SSV 05 Reutlingen« (Sport- und Schwimmverein von 1905 Reutlingen), Deutschland (Baden-Württemberg), gegr. am 9. Mai 1905 als FC Arminia Reutlingen, 1910–38 SV 05 Reutlingen, seitdem SSV 05 Reutlingen; Zweite Bundesliga 2000–03 (Lizenzentzug 2003); Spielkleidung: Rot/Schwarz/Schwarz; Stadion: Stadion an der Kreuzeiche, 15 000 Plätze. – INTERNET: www.ssv-reutlingen.de

Spieler (Auswahl): P. Csernai – K. Djordjevic – N. Frommer – M. Maric – A. Ogungbure – S. Rolfes. – **Trainer** (Auswahl): P. Csernai – U. Erkenbrecher – W. Gröbner – L.-G. Köstner – R. Rangnick – A. Veh – F. Wormuth.

Reval, Estland: dt. für → Tallinn ...

Revanchefoul, »Racheakt« an einem Gegenspieler, von dem man – meist unmittelbar zuvor und schmerzhaft – gefoult wurde; äußert sich in der Regel in noch gröberem Vergehen als im vorangegangenen. Meist liegt Kurzschlussreaktion des Betreffenden vor, was von mangelnder Selbstbeherrschung zeugt. R. (Nachschlagen, Treten usw.) sind unentschuldbar und führen in der Regel zum → Feldverweis.

Revelli, Herve, frz. Angriffsspieler, * 5. Juni 1946; 1966–77 AS St.-Étienne, 1977/78 OGC Nizza; 29 Länderspiele (1966–75); in Frankreich Fußballer des Jahres 1969. – Später Trainer: 2004 Benin (Nationalmannschaft).

Revie, Donald, engl. Trainer, * 10. Juli 1926 Leicester, † 26. Mai 1989 Edinburgh; war Mittelfeldspieler (Halbstürmer): 1943–49 Leicester City, 1949–51 Hull City, 1951–56 Manchester City, 1956–58 FC Sunderland, 1958–61 Leeds United; 6 Länderspiele (1954–56; 4 Tore); in England Fußballer des Jahres 1955. – Später Trainer: 1961–74 Leeds United, 1974–77 England (Nationalmannschaft), 1977–81 VAE (Nationalmannschaft).

Reyes Calderon, José Antonio, span. Angriffsspieler, * 1. September 1983 Utrera; 1999–2003 FC Sevilla, 2004–06 FC Arsenal; 3 Länderspiele (seit 2003; 2 Tore).

Reykjavik, Island, **1) Fram Reykjavik,** eigtl. »Fram« (Knattspyrnufélag Fram), gegr. 1908 als Káry Reykjavik, im gleichen Jahr Umbenennung in Fram Reykjavik (1914 Anschluss von FR Fálkinn Reykjavik, 1915 Anschluss von KF Reykjavik); Spielkleidung: Blau/Weiß/Blau; Stadion: Laugardalsvöllur, 8000 Plätze. – INTERNET: www.fram.is

Trainer (Auswahl): A. Sigurvinsson.

2) KR Reykjavik, eigtl. »KR« (Knattspyrnufélag Reykjavikur), gegr. 1899 als FR Reykjavik, seit 1915 KR Reykjavik (1918 Anschluss von FR Vesturbæjar Reykjavik und Hédinn Reykjavik); Spielkleidung: Schwarz-Weiß/Schwarz/Schwarz; Stadion: KR-Völlur, 5400 Plätze.

Spieler (Auswahl): A. Edvaldsson – E. Gudjohnsen. – **Trainer** (Auswahl): A. Edvaldsson.

3) Valur Reykjavik, eigtl. »Valur« (Knattspyrnufélag Valur), gegr. 1911 als Ithrottaflokkur KFUM, 1918 Fusion mit Voeringjar Reykjavik zu Valur Reykjavik; Spielkleidung: Rot/Weiß/Weiß; Stadion: Melavöllur am Laufasweg, 6000 Plätze. – INTERNET: www.valur.is

Spieler (Auswahl): A. Edvaldsson – E. Gudjohnsen.

Reyna, Claudio, US-amerikan. Mittelfeldspieler, * 20. Juli 1973 New Jersey; 1979–91 Union County SC, 1991–94 University of Virginia, 1995–97 Bayer 04 Leverkusen, 1997–99 VfL Wolfsburg, 1999–2001 Glasgow Rangers, 2001–03 FC Sunderland, 2003–06 Manchester City; 74 Bundesligaspiele (7 Tore); 88 Länderspiele (seit 1994); WM-Endrunde 1994, 1998, 2002; olymp. Fußballturnier 1996; in den USA Fußballer des Jahres 2000.

RFEF, Abk. für **R**eal **F**ederación **E**spañola de **F**útbol, den Fußballverband von → Spanien.

RFF, Abk. für **R**omanian **F**ootball **F**ederation, den Fußballverband von → Rumänien.

Rheine, Deutschland (Nordrhein-Westfalen), **1) Eintracht Rheine,** eigtl. »FC Eintracht Rheine« (Fußballclub Eintracht Rheine), gegr. am 10. Juni 1994, als sich der damalige Landesligist SG Eintracht Rheine dem höherklassigen Verbandsligisten VfB Rheine anschloss und dieser den Namen FC Eintracht Rheine annahm; Spielkleidung: Schwarz-Rot/Schwarz/Schwarz; Stadion: Auto-Senger-Stadion (»Delsen«), 7500 Plätze. – INTERNET: www.fcerheine.de

Spieler (Auswahl): M. Prus – W. Reimann – E. Rutemöller. – **Trainer** (Auswahl): E. Middendorp.

2) FFC Heike Rheine (Frauen-Fußballclub Heike Rheine), gegr. am 15. März 1998; Bundesliga 1997–99, 2001–2006; Spielkleidung: Rot-Schwarz/Rot/Schwarz; Stadion: Jahnstadion Rheine, 12 000 Plätze. – INTERNET: www.ffc-heike-rheine.de

Spielerinnen (Auswahl): K. Garefrekes – K. Stegemann.

RheinEnergieStadion [nach der RheinEnergie AG], Köln, Heimstätte des 1. FC Köln, trug 1923–2001 (1975 rekonstruiert) den Namen **Müngersdorfer Stadion,** 2001–04 an gleicher Stelle neu gebaut, 50 374 Plätze; WM-Stadion 2006.

Rheinstadion, Düsseldorf: früherer Name der → LTU-Arena.

Rheydter SV, Deutschland: → Mönchengladbach [2].

Rhyl FC (Rhyl Football Club), Wales, gegr. 1879 als Rhyl Skull & Crossbones, 1890/91 Rhyl FC, 1891 aufgelöst und 1892 als Rhyl Athletic neu gegr., 1898 Anschluss von Rhyl Town 1897, 1910 aufgelöst und als Rhyl United neu gegr., 1914 aufgelöst und 1919 als Rhyl Athletic neu gegr., seit 1928 Rhyl FC; Spielkleidung: Blau/Weiß/Blau; Stadion: Belle Vue, 4000 Plätze. – INTERNET: www.rhylfc.com

Riad, Saudi-Arabien: → Al-Hilal.

Ribbeck, Erich, dt. Trainer, * 13. Juni 1937 Wuppertal; 1965–67 Borussia Mönchengladbach, 1967/68 Rot-Weiss Essen, 1968–73 Eintracht Frankfurt, 1973–78 1. FC Kaiserslautern, 1978–84 DFB, 1984/85 Borussia Dortmund, 1985–88 Bayer 04 Leverkusen (EC III 1988), 1992/93 FC Bayern München, 1995/96 Bayer 04 Leverkusen, 1998–2000 dt. Nationalmannschaft (Team-

Erich Ribbeck

chef; EM-Endrunde 2000). Sein Vorgänger als Trainer der dt. Nationalmannschaft war H.-H. → Vogts, sein Nachfolger als Teamchef wurde R. → Völler.

> **E. Ribbeck**
> »Wenn ein Tor fällt, können noch mehr fallen. Aber es muss erst mal eins fallen.«

Richter, Hans, dt. Angriffsspieler, *14. September 1959 Olbernhau (Sachsen); 1978–83 FC Karl-Marx-Stadt, 1983–89 1. FC Lokomotive Leipzig, 1989 FC Karl-Marx-Stadt, 1990/91 Kickers Offenbach, 1991/92 SV Schwetzingen, 1992/93 RW Walldorf; 301 (DDR-)Oberligaspiele (100 Tore); 15 Länderspiele für die DDR (1982–87; 4 Tore). – Später Trainer: 2004/05 VfR Groß-Gerau (Hessen)

Ricken, Lars, dt. Mittelfeldspieler, *10. Juli 1976 Dortmund; 1982–86 TuS Eving-Lindenhorst, 1986–90 TSC Eintracht Dortmund, 1990–2006 Borussia Dortmund; 288 Bundesligaspiele (49 Tore); 16 Länderspiele (seit 1997; 1 Tor); WM-Endrunde 2002 (nicht eingesetzt).

Ried, SV, eigtl. »SV Kletzl Ried« (Sportverein Kletzl Ried), Österreich (Ried im Innkreis [Oberösterreich]), gegr.am 5. Mai 1912 als SV Ried, später FC Germania Ried, heute SV Kletzl Ried; Spielkleidung: Grün/Schwarz/Schwarz; Stadion: Fill Metallbau Stadion, 9500 Plätze. – INTERNET: www.svried.at

Spieler (Auswahl): R. Brunmayr – C. Mayrleb – Z. Radovic.

Riedel, 1) Helmut, dt. Funktionär, *9. April 1921; 1961–76 Präsident des DFV der DDR (Vorgänger: K. → Stoph, Nachfolger: G. → Schneider). – **2)** Wolfgang, dt. Schiedsrichter (Berlin [Ost]), *9. Dezember 1928 Falkensee (Brandenburg); seit 1952 Schiedsrichter, 1960–78 DDR-Oberliga-, 1964–73 FIFA-Referee; 11 Länderspiele; FDGB-Pokalfinale 1965, 1973.

Riediger, Hans-Jürgen, dt. Angriffsspieler, *20. Dezember 1955 Finsterwalde (Brandenburg); 1964–70 BSG Motor Finsterwalde Süd, 1970–84 Berliner FC Dynamo; 193 Oberligaspiele (105 Tore); 41 Länderspiele (1975–82; 6 Tore); Olympiasieger 1976. – Sein Sohn **Marcel R.** (*1980) ist ebenfalls Angriffsspieler: 1999/2000 BFC Dynamo, 2001–04 Hallescher FC, 2004/05 Germania Schöneiche (bei Berlin).

Riedl, Thomas, dt. Mittelfeldspieler, *18. Juni 1976 Kaiserslautern; 1983–87 Phönix Otterbach, 1987–99 1. FC Kaiserslautern, 1999–2001 TSV München 1860, 2001–06 1. FC Kaiserslautern; 188 Bundesligaspiele (5 Tore). – Sein Vater **Johannes R.** (»Hannes«; *1950) war ebenfalls Mittelfeldspieler: 1968–72 MSV Duisburg, 1972–74 Hertha BSC, 1974–81 1. FC Kaiserslautern, 1981–83 Arminia Bielefeld, 1983/84 Kickers Offenbach; 441 Bundesligaspiele (49 Tore).

Riedle, Karlheinz, dt. Angriffsspieler, *16. September 1965 Weiler-Simmerberg (Bayern); 1974–81 TSV Ellhofen, 1981/82 SV Weiler, 1982–86 FC Augsburg, 1986/87 Blau-Weiß 1890 Berlin, 1987–90 SV Werder Bremen, 1990–93 Lazio Rom, 1993–97 Borussia Dortmund, 1997–99 FC Liverpool, 1999–2002 FC Fulham (2000 kurzzeitig Spielertrainer); 207 Bundesligaspiele (72 Tore); 42 Länderspiele (1988–94; 16 Tore); WM-Endrunde 1990 (Weltmeister), 1994; EM-Endrunde 1992; olymp. Fußballturnier 1988.

Riegel → Abwehrriegel.

Riegel, Carl, dt. Mittelfeldspieler (Außenläufer), *6. September 1896, †26. November 1970; 1906–17 Pfeil Nürnberg, 1917–26 1. FC Nürnberg; 7 Länderspiele (1920–23); spielte repräsentativ für Nürnberg/Fürth (Städteauswahl) und Süddeutschland.

Rieger, Hermann, dt. Physiotherapeut, *2. Oktober 1941 Mittenwald (Oberbayern); bis 1978 Masseur beim FC Bayern München und bei der alpinen Frauennationalmannschaft (Olymp. Spiele 1972, 1976), 1978 bis 2004 beim Hamburger SV. – »Hermann the German« war der »Kultmasseur« der Bundesliga.

Riesa, FC Stahl (Fußballclub Stahl Riesa), Deutschland (Sachsen), gegr. am 28. März 1903 als Riesaer SV, 1945 aufgelöst und als SV Stahlwerk Riesa neu gegr., 1948–90 BSG Stahl Riesa, 1990/91 FC Stahl Riesa, 1991–95 Riesaer SV, 1995 Fusion mit SV Blau-Weiß Riesa zu Riesaer SV Blau-Weiß, 1998 Fusion mit SC Riesa-Röderau zu FC Stahl Riesa; DDR-Oberliga 1968–72, 1973–77, 1978–81, 1983–88; Spielkleidung: Rot/Blau/Blau; Stadion: Ernst-Grube-Stadion, 12 000 Plätze.

Spieler (Auswahl): Ralf und Reinhard Hauptmann – U. Kirsten – M. Kischko – L. Kurbjuweit – F. Lieberam – H.-U. Thomale. – **Trainer** (Auswahl): W. Fritzsch – G. Schädlich.

Rietpietsch, Mike, dt. Mittelfeldspieler, *26. März 1974 Eberswalde (Brandenburg); bis 1994 Victoria Frankfurt (Oder) und 1. FC Union Berlin, 1994–97 Bayer 04 Leverkusen, 1997/98 Fortuna Düsseldorf, 1998/99 SC Freiburg, 1999–2001 VfL Bochum, 2001–05 Rot-Weiß Oberhausen, 2005 MSV Duisburg; 51 Bundesligaspiele.

Riga, Skonto, eigtl. »FK Skonto Riga« (Futbola Klubs Skonto Riga), Lettland, gegr. 1991 als Skonto FC Riga, seit 1996 FK Skonto Riga; Spiel-

John Arne Riise mit Pokal (CL 2005)

kleidung: Blau/Weiß/Rot; Stadion: Skonto, 8300 Plätze. – INTERNET: www.skontofc.lv
Spieler (Auswahl): V. Astafjevs – M. Verpakovskis.

Riise, John Arne, norweg. Mittelfeldspieler, *24. September 1980 Molde; bis 1998 Aalesund FK, 1998–2001 AS Monaco, 2001–06 FC Liverpool; 47 Länderspiele (seit 2000; 4 Tore); EM-Endrunde 2000.

Rijeka, HNK (Hrvatski Nogometni Klub Rijeka), Kroatien, gegr. 1946 als SD Kvarner Rijeka, 1954–2002 NK Rijeka, seitdem HNK Rijeka; Spielkleidung: Blau/Weiß/Blau; Stadion: Kantrida, 12 124 Plätze. – INTERNET: www.nk-rijeka.hr
Spieler (Auswahl): B. Balaban – F. Bobic – J. Skoblar –**Trainer** (Auswahl): V. Beara – J. Skoblar.

Rijkaard, Franklin (»Frank«), niederländ. Trainer (surinam. Herkunft), *30. September 1962 Amsterdam; war Mittelfeldspieler: 1972–87 Ajax Amsterdam, 1987 Sporting Lissabon (nicht eingesetzt), 1988 Real Saragossa, 1988–93 AC Mailand, 1993–95 Ajax Amsterdam; 73 Länderspiele (1981–94; 10 Tore); WM-Endrunde 1990, 1994; EM-Endrunde 1988 (Europameister), 1992; in Italien Fußballer des Jahres 1992. – Später Trainer: 1997–2000 Niederlande (Nationalmannschaft; 1997/98 Trainerassistent, 1998–2000 Cheftrainer), 2001/02 Sparta Rotterdam, 2003–06 FC Barcelona (LM 2005). – Von Königin Beatrix 1988 mit dem »Orden für Verdienste um Holland« geehrt.

Frank Rijkaard

Rijsbergen, Wilhelmus Gerardus, niederländ. Abwehrspieler, *18. Januar 1952 Leiden; 1972–78 Feyenoord Rotterdam, 1978/79 SEC Bastia, 1979/80 PEC Zwolle, 1980–83 Cosmos New York, 1983/84 Helmond Sport, 1984–86 FC Utrecht; 28 Länderspiele (1974–78; 1 Tor); WM-Endrunde 1974, 1978; EM-Endrunde 1976.

Rimane, Rudolf (»Rudi«), dt. Mittelfeldspieler, *25. Februar 1925 Breslau (heute: Wrocław [Polen]), †15. März 1993 Rostock-Warnemünde; 1937–43 SC Germania 04 Breslau, 1947–51 SV Polizei Rostock, 1951–61 BSG Motor Warnowwerft Warnemünde; spielte repräsentativ für Mecklenburg. – Später Trainer: 1961–67 BSG Motor Warnowwerft Warnemünde (Junioren).

Rimet, Jules, frz. Funktionär, *24. Oktober 1873 Theuley-les-Lavancourt, †16. Oktober 1956 Paris; gründete als Jugendlicher Red Star Paris (1904 Präsident) und wurde 1910 Ligapräsident, bildete 1919 die FFF (Fédération Française de Football), die er bis 1949 leitete. Der Pariser Rechtsanwalt wurde 1920 kommissarisch und 1921 offiziell als FIFA-Präsident gewählt (amtierte bis 1954). 1928 wurde beim Amsterdamer Kongress seine Idee einer Weltmeisterschaft ver-

J. Rimet: Präsidialzeit

1924	olympisches Fußballturnier
1928	olympisches Fußballturnier
1930	WM-Endrunde
1934	WM-Endrunde
1936	olympisches Fußballturnier
1938	WM-Endrunde
1948	olympisches Fußballturnier
1950	WM-Endrunde
1952	olympisches Fußballturnier
1954	WM-Endrunde

wirklicht (»Vater der Weltmeisterschaft«). Anlässlich des FIFA-Kongresses 1946 erhielt die WM-Endrunde den Beinamen »Coupe Jules Rimet«. Sein Vorgänger war D. B. → Woolfall, sein Nachfolger wurde R. W. → Seeldrayers.

Rink, Paulo, dt. Angriffsspieler brasilian. Herkunft (seit 1998 dt. Staatsbürgerschaft), *21. Februar 1973 Curitiba; 1992–97 Atlético Paranaense, 1997–99 Bayer 04 Leverkusen, 1999 FC Santos, 2000/01 Bayer 04 Leverkusen, 2001/02 1. FC Nürnberg, 2002/03 FC Energie Cottbus, 2003/04 Olympiakos Piräus, 2004 Vitesse Arnheim und Chonbuk Hyunday (Südkorea), 2005 Olympiakos Nikosia, 2006 Omonia Nikosia; 119 Bundesligaspiele (35 Tore); 13 Länderspiele für Deutschland (1998–2000).

Rio de Janeiro, Brasilien, **1) Botafogo Rio de Janeiro,** eigtl. »Botafogo FR« (Botafogo Futebol e Regatas), gegr. 1904 als Botafogo FC, seit 1942 Botafogo FR; Spielkleidung: Schwarz/Weiß/Grau; Stadion: Niterói, 12 000 Plätze. – Internationale Erfolge: Copa Conmebol 1993. – INTERNET: www.botafogo.com

Spieler (Auswahl): Alemão – Amarildo – Bebeto – M. Bordon – Brito – Carlos Alberto – C. Coutinho – Didi – G. Dirceu – Émerson – Garrincha – Gérson – O. Glória – Jairzinho – Júlio César – Leonidas – Luizão – V. Luxemburgo – F. Marinho – A. Moreira – J. A. Moreira – Nilton-Santos – L. Paulo César – Rai – T. Santana – Sócrates – M. Zagalo. – **Trainer** (Auswahl): Carlos Alberto – Didi – O. Glória – S. Lazaroni – J. A. Moreira – M. Zagalo.

2) Flamengo Rio de Janeiro, eigtl. »CR Flamengo« (Clube de Regatas Flamengo), gegr. 1895 als Segelklub (seit 1911 auch Fußballabteilung); Spielkleidung: Rot-blau/Weiß/Rot-Blau; Stadion: → Maracanã. – Internationale Erfolge: Copa Libertadores de América 1981, Weltpokal 1981. – INTERNET: www.flamengo.com.br

Spieler (Auswahl): Adriano – Aldair – Amarildo – M. Amoroso – Athirson – F. Baiano – Bebeto – Brito – Carlos Alberto – F. Costa – A. da Silva – Denilson – Edmundo – U. Fillol – Garrincha – Gérson – Gilberto – Jorginho – Juan – Juninho – Júnior – Júnior Bahia – Leonidas – V. Luxemburgo – A. Moreira – J. A. Moreira – F. Morena – R. Orsi – L. Paulo César – Romário – Serginho – Sócrates – M. Zagalo – Zé Roberto –Zico –Zizinho. – **Trainer** (Auswahl): Carlos Alberto – F. Costa – C. Coutinho – S. Lazaroni – T. Santana – M. Zagalo.

3) Fluminense Rio de Janeiro, eigtl. »Fluminense FC« (Fluminense Futebol Clube), gegr. 1902; Spielkleidung: Rot-Grün-Weiß/Weiß/Weiß; Stadion: → Maracanã. – INTERNET: www.fluminense.com

Spieler (Auswahl): Ademir – Altair – L. Artime – H. Asprilla – F. Bittencourt – C. Branco – Carlos Alberto – Castilho – Didi – Edmundo – M. V. Félix – Gérson – F. Marinho – J. A. Moreira – L. Paulo César – R. Rivelino – Romário – T. Santana. – **Trainer** (Auswahl): V. Luxemburgo – A. Moreira – J. A. Moreira – C. Parreira – M. Zagalo.

4) Vasco da Gama Rio de Janeiro, eigtl. »CR Vasco da Gama« (Clube de Regatas Vasco da Gama Futebol Clube), gegr. 1915; Spielkleidung: Schwarz-Weiß/Weiß/Weiß; Stadion: São Januário, 27 000 Plätze. – Internationale Erfolge: Copa Libertadores de América 1998.

Juan Roman Riquelme

Spieler (Auswahl): Ademir – Alves – Amarildo – M. Barbosa – Bebeto – Bellini – Brito – C. Coutinho – G. Dirceu – C. Dunga – Edmundo – Fausto – Gilberto – O. Glória – M. Jardel – Juninho – Juninho Pernambucano – Júnior Bahia – É. Leão – Leonardo – Leonidas – Luizão – L. Paulo César – Paulo Sérgio – Romário – G. Silva – Tostão – Vavá. – **Trainer** (Auswahl): F. Costa – S. Lazaroni – C. Parreira – M. Zagalo.

Riquelme, Juan Roman, argentin. Mittelfeldspieler, *24. Juni 1978 San Fernando; 1995/96 Argentinos Juniors Buenos Aires, 1996–2002 Boca Juniors Buenos Aires, 2002/03 FC Barcelona, 2003–06 CF Villarreal; 25 Länderspiele (2 Tore); Südamerikas Fußballer des Jahres 2001; in Argentinien Fußballer des Jahres 2000, 2001.

Rische, Jürgen, dt. Angriffsspieler, *30. Oktober 1970 Oschatz (Sachsen); bis 1983 BSG Glasseide Oschatz, 1983–95 1. FC Lokomotive bzw. VfB Leipzig, 1995–2002 1. FC Kaiserslautern, 2002–06 Eintracht Braunschweig; 53 (DDR-)Oberligaspiele (14 Tore); 157 Bundesligaspiele (30 Tore); Zweitliga-Torschützenkönig 1995 (17).

Riso, 1) Hans (»Riso II«), dt. Torhüter, *16. März 1889 Leipzig (verstorben), Cousin von 2); 1900–04 Arminia Leipzig, 1904–14 Wacker Leipzig; 1 Länderspiel (1910). – **2)** Heinrich (»Riso I«), dt. Abwehrspieler, *30. Juni 1882 Leipzig (verstorben), Cousin von 1); 1891–1900 SpVg. ATV Leipzig 1845, 1900–12 VfB Leipzig; 2 Länderspiele (1908/09).

Rist, der Spann (Außen-R., Innen-R.).

Ristic, Aleksandar, bosn. Trainer, *28. Juni 1944 Sarajevo; war Mittelfeldspieler: 1961–66 FK Sarajevo, 1966–70 Hajduk Split, 1970–74 Velež Mostar, 1974–78 Eintracht Braunschweig; 78 Bundesligaspiele (3 Tore). – Später Trainer: 1978–83 Hamburger SV (Trainerassistent [1981 kurzzeitig Cheftrainer]), 1983–85 Eintracht Braunschweig, 1985–87 Hamburger SV (Trainerassistent), 1987–90 Fortuna Düsseldorf, 1991/92 FC Schalke 04, 1992–96 Fortuna Düsseldorf, 2000/01 Fortuna Düsseldorf, 2001–03 Rot-Weiß Oberhausen, 2004 1. FC Union Berlin.

A. Ristic
»Bei manchen Spielern fehlt etwas, deshalb spielen sie auch bei mir und nicht in Barcelona.«

Ritter, Thomas, dt. Mittelfeldspieler, *10. Oktober 1967 Hagenwerder (Sachsen); bis 1980 ISG Hagenwerder, 1980–89 SG Dynamo Dresden, 1989/90 BSG Fortschritt Bischofswerda, 1990–92 Stuttgarter Kickers, 1992–95 1. FC Kaiserslautern, 1996–99 Karlsruher SC, 1999/2000 Austria Lustenau, 2000/01 FC Ya Tai Changchun (China), 2001–03 Stuttgarter Kickers, 2004 Eider Büdelsdorf; 6 (DDR-)Oberligaspiele; 175 Bundesligaspiele (4 Tore); 1 Länderspiel für Deutschland (1993).

Riva, Luigi (»Gigi«), war italien. Angriffsspieler (Linksaußen), *7. November 1944 Legnano; 1958–62 FC Condor Laveno-Mombello, 1962/63 FC Legnano, 1964–76 US Cagliari bzw. Cagliari Calcio; 42 Länderspiele (1965–74; 35 Tore); WM-Endrunde 1970, 1974; Europameister 1968; in Italien Fußballer des Jahres 1967, 1970.

Rivaldo, eigtl. »Vitor Borba Ferreira«, brasilian. Mittelfeldspieler, *19. April 1972 São Paulo; 1989/90 Paulista Recife, 1991/92 FC Santa Cruz, 1993 Corinthians São Paulo, 1994–96 Palmeiras São Paulo, 1996/97 Deportivo La Coruña, 1997–2002 FC Barcelona, 2002/03 AC Mailand, 2004 Cruzeiro Belo Horizonte, 2004–06 Olympiakos Piräus; 74 Länderspiele (1993–2003; 34 Tore); WM-Endrunde 1998, 2002 (Weltmeister); Weltfußballer des Jahres 1999; Europas Fußballer des Jahres 1999.

Rivaldo

Rivelino, Roberto, brasilian. Mittelfeldspieler, *1. Januar 1946 São Paulo; 1962–75 Corinthians São Paulo, 1975–78 Fluminense Rio de Janeiro, 1979–82 Al-Hilal (Saudi-Arabien); 92 Länderspiele (1965–78; 26 Tore); WM-Endrunde 1970 (Weltmeister), 1974, 1978.

Roberto Rivelino

Rivera, Gianni, italien. Mittelfeldspieler, *18. August 1943 Alessandria; 1953–60 US Alessandria, 1960–79 AC Mailand; 60 Länderspiele (1962–74; 14 Tore); WM-Endrunde 1962, 1966, 1970, 1974; Europameister 1968; olymp. Fußballturnier 1960; Europas Fußballer des Jahres 1969; italien. Fußballer des Jahres 1969, 1973.

Rizespor, Caykur, eigtl. »Caykur Rizespor K« (Caykur Rizespor Kulübü), Türkei (Rize), gegr. 1968; Spielkleidung: (Hell-)Blau/Weiß/Weiß; Stadion: Atatürk, 10 500 Plätze. – INTERNET: www.rize1968.com

Robinho

Robben, Arjen, niederländ. Angriffsspieler, *23. Januar 1984 Bedum; 2000–02 FC Groningen, 2002–04 PSV Eindhoven, 2004–06 FC Chelsea; 15 Länderspiele (seit 2003); EM-Endrunde 2004.

Röber, Jürgen, dt. Trainer, *25. Dezember 1953 Gernrode (Sachsen-Anhalt); war Mittelfeldspieler: 1972–74 TuS Lingen, 1974–80 SV Werder Bremen, 1980/81 FC Bayern München, 1981 Calgary Boomers (Kanada), 1982 Nottingham Forest, 1982–86 Bayer 04 Leverkusen, 1986–91 Rot-Weiss Essen; 303 Bundesligaspiele (75 Tore). – Später Trainer: 1987–93 Rot-Weiss Essen (1987–91 Trainerassistent), 1993–95 VfB Stuttgart, 1996–2002 Hertha BSC, 2003/04 VfL Wolfsburg, 2005/06 Partizan Belgrad.

Roberto Carlos, da Silva, brasilian. Abwehrspieler (seit 2005 auch span. Staatsbürgerschaft), *10. April 1973 Garça; 1990–92 União São Joao, 1992–95 Palmeiras São Paulo, 1995/96 Inter Mailand, 1996–2006 Real Madrid; 116 Länderspiele für Brasilien (seit 1992; 6 Tore); WM-Endrunde 1998, 2002 (Weltmeister); olymp. Fußballturnier 1996.

Robinho, eigtl. »Robson de Souza«, brasilian. Angriffsspieler, *25. Januar 1984 São Vicente; 2002–05 FC Santos, 2005/06 Real Madrid; 18 Länderspiele (seit 2003; 4 Tore); in Brasilien Fußballer des Jahres 2004.

> **Robinho**
> »Technik und Intelligenz zählen mehr als Kraft. Man muss mit Leidenschaft spielen und dabei natürlich den Gegner respektieren.«

Robinson, 1) John, engl. Torhüter, *19. Juli 1878, †4. Mai 1949; 1893–98 New Brighton Tower, 1899–1910 FC Southampton; 11 Länderspiele (1897–1901). – Seine attraktiven und spektakulären Abwehrparaden prägten den Begriff »Robinsonade«. – **2)** Paul, engl. Torhüter; *5. Oktober 1979 Beverley; 1998–2004 Leeds United, 2004–06 Tottenham Hotspur; 16 Länderspiele (seit 2003); EM-Endrunde 2004 (nicht eingesetzt).

Robson, 1) Bryan (»Robbo«), engl. Trainer, *11. Januar 1957 Chester-Le-Street; war Mittelfeldspieler: 1974–81 West Bromwich Albion, 1981–94 Manchester United; 92 Länderspiele (1980–91; 26 Tore); WM-Endrunde 1986, 1990; EM-Endrunde 1988. – 1990 von Königin Elisabeth II. zum »Offizier des Ordens des Brit. Empires« ernannt. – Später Trainer: 2000–02 FC Middlesbrough, 2003/04 Bradford City, 2004–06 West Bromwich Albion. – **2)** Robert William (»Bobby«), Sir, engl.

Trainer, *18. Februar 1933 Langley Parc; war Mittelfeldspieler: 1947–50 Langley Park Juniors, 1950–56 FC Fulham, 1956–62 West Bromwich Albion, 1962–66 FC Fulham; 20 Länderspiele (1957–62; 4 Tore); WM-Endrunde 1958, 1962. – Später Trainer: 1965/66 Oxford University, 1967/68 Vancouver Whitecaps, 1968 FC Fulham, 1969–82 Ipswich Town, 1982–90 England (Nationalmannschaft; WM-Endrunde 1986, 1990, EM-Endrunde 1988), 1990–92 PSV Eindhoven, 1992/93 Sporting Lissabon, 1994–96 FC Porto, 1996–98 FC Barcelona, 1998/99 PSV Eindhoven, 1999–2004 Newcastle United.

R.W. Robson: Erfolgsstationen (Auswahl)

Ipswich Town	PS 1978 EC III 1981
PSV Eindhoven	LM 1991, 1992
FC Porto	LM 1995, 1996 PS 1994
FC Barcelona	PS 1997 EC II 1997

Rocha, Pedro Virgilio Franchetti, uruguay. Mittelfeldspieler (Halbstürmer), *3. Dezember 1942 Montevideo; 1954–59 Peñarol Salto, 1959–70 Peñarol Montevideo, 1970–75 FC São Paulo; 62 Länderspiele (1960–74); WM-Endrunde 1962, 1966, 1970, 1974. – Später Trainer: 1988/89 Sporting Lissabon, 1990/91 Vitória Guimarães.

Rochieren → Positionswechsel.

Rodax, Gerhard, österr. Angriffsspieler, *29. August 1965; 1983–90 Admira-Wacker Mödling, 1990/91 Atlético Madrid, 1991–93 Rapid Wien; 20 Länderspiele (1985–91; 3 Tore); WM-Endrunde 1990; in Österreich Fußballer des Jahres 1989; in Österreich Torschützenkönig 1990 (35).

Rodriguez, Dario Octavio, uruguay. Abwehrspieler, *17. September 1974 Montevideo; bis 1995 IA Sud America Montevideo, 1995/96 Deportivo Toluca, 1996–98 Bella Vista Montevideo, 1999–2002 Peñarol Montevideo, 2002–06 FC Schalke 04; 60 Bundesligaspiele (5 Tore); 38 Länderspiele; WM-Endrunde 2002.

Roggensack, Gerd, dt. Trainer, *5. Oktober 1941; war Angriffsspieler: 1955–66 VfL Paderborn 08, 1967/68 1. FC Kaiserslautern, 1968/69 Borussia Dortmund, 1969–72 Arminia Bielefeld, 1973–76 DJK Gütersloh; 77 Bundesligaspiele (19 Tore). – Später Trainer: 1976–79 DJK Gütersloh und FC Stukenbrock, 1979–86 Arminia Bielefeld (1979–84 Jugendtrainer und Trainerassistent, 1984–86 Cheftrainer), 1986/87 Eintracht Braunschweig, 1987–89 SG Wattenscheid 09, 1989/90 1. FC Kaiserslautern, 1990/91 Preußen Münster, 1991–93 Fortuna Köln, 1994/95 DJK Gütersloh, 1995 VfL Wolfsburg.

Rohde, 1) Frank, dt. Abwehrspieler (Libero), *2. März 1960 Rostock; 1966–69 Dynamo Rostock-Mitte, 1969–90 Berliner FC Dynamo bzw. FC Berlin, 1990–93 Hamburger SV, 1993–95 Hertha BSC; 200 (DDR-)Oberligaspiele (10 Tore); 42 Länderspiele für die DDR (1984–89; 1 Tor); 103 Bundesligaspiele (7 Tore). – Später Trainer: 1995–97 Reinickendorfer Füchse, 1998/99 FC Sachsen Leipzig, 2003/04 Chemnitzer FC.– **2)** Hans, dt. Angriffsspieler (Mittelstürmer), *7. Dezember 1914 Hamburg, †3. Dezember 1979; 1924–48 Eimsbütteler TV; 25 Länderspiele (1936–42); spielte repräsentativ für Hamburg und Norddeutschland.

Roleder, Helmut, dt. Torhüter, *9. Oktober 1953; bis 1972 SV Ebersbach, 1972–87 VfB Stuttgart; 280 Bundesligaspiele; 1 Länderspiel (1984); EM-Endrunde 1984 (nicht eingesetzt).

Rolff, Wolfgang, dt. Trainer, *26. Dezember 1959 Lamstedt (Niedersachsen); war Mittelfeldspieler: 1969–75 TSV Lamstedt, 1975–80 OSC Bremerhaven, 1980–82 Fortuna Köln, 1982–86 Hamburger SV, 1986–89 Bayer 04 Leverkusen, 1989/90 RC Straßburg, 1990/91 Bayer 05 Uerdingen, 1991–94 Karlsruher SC, 1994/95 1. FC Köln, 1995/96 Fortuna Köln; 356 Bundesligaspiele (47 Tore); 37 Länderspiele (1983–89); EM-Endrunde 1984, 1988. – Später Trainer: 1997 Hamburger SV (Trainerassistent), 1998 SV Meppen (Cheftrainer) und VfB Stuttgart (Trainerassistent), 2000/01 Bayer 04 Leverkusen (Trainerassistent), 2001/02 Kuwait (Nationalmannschaft; Trainerassistent), 2004–06 SV Werder Bremen (Trainerassistent).

Rohr, 1) Gernot, dt. Trainer, *26. Juni 1953 Mannheim, Großneffe von 2); war Abwehrspieler: 1961–72 VfL Neckarau, 1972–74 FC Bayern München, 1974/75 Waldhof Mannheim, 1975–77 Kickers Offenbach, 1977–89 Girondins Bordeaux; 30 Bundesligaspiele. – Später Trainer: 1989–98 Girondins Bordeaux (1989–92 Jugend und Amateure, 1992–96 Techn. Direktor, Trainerassistent und Trainer, 1996–98 Jugendkoordinator), 1998/99 Eintracht Frankfurt (Techn. Direktor), 1999/2000 US Créteil, 2002–05 OGC Nizza, 2005/06 Young Boys Bern. – **2)** Oskar (»Ossi«), dt. Angriffsspieler, *24. März 1912 Mannheim, †9. November 1988, Großonkel von 1); 1920–28 Phönix Mannheim, 1928–31 VfR Mannheim, 1931–33 FC Bayern München, 1933/34 Grasshopper-Club Zürich, 1934–39 RC Straßburg, 1945–50 Schwaben Augsburg, FK Pirmasens und Waldhof Mannheim; 4 Länderspiele (1932/33; 5 Tore).

Röhrig, Josef (»Jupp«), dt. Mittelfeldspieler, *28. Februar 1925 Zündorf (Nordrhein-Westfalen); bis 1950 Germania Zündorf, 1950–60 1. FC Köln; 241 (West-)Oberligaspiele (35 Tore); 12 Länderspiele (1950–56; 2 Tore).

Rolfes, Simon, dt. Mittelfeldspieler, *21. Januar 1982 Ibbenbüren (Nordrhein-Westfalen); 2000–02 SV Werder Bremen, 2002/03 SSV Reutlingen, 2003/04 SV Werder Bremen, 2004/05 Alemannia Aachen, 2005/06 Bayer 04 Leverkusen; 12 Bundesligaspiele (3 Tore).

Rollrasen → Rasenplatz.

Rom, Italien, **1) AS Rom,** eigtl. »AS Roma« (Associtione Sportivo Roma), entstand 1927 durch Fusion von Roman FC (gegr. 1903), SGS Fortitudo (gegr. 1906) und Alba Audace FC (gegr. 1911); Spielkleidung: Weiß; Stadion: Stadio Olimpico, 80 650 Plätze. – Internationale Erfolge: Messepokal 1961, Alpenpokal 1991. – INTERNET: www.asromacalcio.it

Spieler (Auswahl): Aldair – L. Allemandi – Amarildo – C. Ancelotti – G. Batistuta – R. Benetti – O. Bergmark – F. Bernardini – T. Berthold – Cafú – F. Capello – J. Carew – A. Cassano – A. Cerezo – J. Charles – C. Chivu – F. Collovati – B. Conti – M. Dahlin – T. Dellas – G. De Sisti – A. Domenghini – Émerson – P. R. Falcão – G. Giannini – F. Graziani – J. Guardiola – T. Häßler – I. Helguera – A. Hossam – Jair da Costa – M. Konsel – S. Kuffour – E. Monzeglio – H. Nakata – G. Nordahl – Paulo Sérgio – H. Prohaska – L. Radice – C. Ranieri – A. W. Samuel – N. Scala – J. A. Schiaffino – K.-H. Schnellinger – F. Totti – R. Völler – G. Zsengellér. – **Trainer** (Auswahl): F. Bernardini – C. Bianchi – V. Boskov – F. Capello – S. G. Eriksson – A. Foni – H. Herrera – N. Liedholm – A. Schaffer – F. Valcareggi – R. Völler –Z. Zeman.

2) Lazio Rom, eigtl. »SS Lazio« (Societá Sportive Lazio), gegr. 1900 als Societá Podistica Lazio, seit 1925 SS Lazio); Spielkleidung: Weiß/Schwarz/Schwarz; Stadion: Stadio Olimpico, 80 650 Plätze. – Internationale Erfolge: EC II 1999, (Europa-) Supercup 1999, Alpenpokal 1971. – INTERNET: www.sslazio.it

Spieler (Auswahl): D. Albertini – D. Baggio – F. Bernardini – A. Boksic – F. Couto – H. Crespo – T. Doll – P. Gascoigne – V. Jugovic – M. Laudrup – C. López – R. Mancini – G. Mendieta – P. Nedved – A. Nesta – S. Piola – K. Poborský – F. Ravanelli – K. Riedle – M. Sálas – R. N. Sensini – D. P. Simeone – R. Sosa – J. Stam – I. Tare – J. Verón – C. Vieri. – **Trainer** (Auswahl): F. Bernardini – S. G. Eriksson – R. Mancini – A. Zaccheroni – Z. Zeman – D. Zoff.

Romanzew, Oleg, russ. Trainer, *4. Januar 1954 Krasnojarsk; war Abwehrspieler: bis 1976 Automobilist Krasnojarsk, 1976–83 Spartak Moskau; 12 Länderspiele für die UdSSR; WM-Endrunde 1982 (nicht eingesetzt); olymp. Fußballturnier 1980. – Später Trainer: 1987 Krasnaja Presni Moskau, 1988 Spartak Ordschonikidse, 1989–2003 Spartak Moskau (1994–96 und 1998–2002 in Personalunion Russland [Nationalmannschaft; EM-Endrunde 1996, WM-Endrunde 2002]), 2003/04 FK Saturn Ramenskoje, 2005 Dynamo Moskau

O. Romanzew: Erfolgsstationen (Auswahl)	
Spartak Moskau	LM 1989, 1992, 1993, 1994, 1996, 1997, 1998, 1999, 2000, 2001 PS 1992, 1994, 1998, 2003

Ronaldinho

Ronaldo

Christiano Ronaldo

Romário, eigtl. »De Souza Faria Filho«, brasilian. Angriffsspieler, * 29. Januar 1966 Rio de Janeiro; 1976–80 Olario FC, 1980–88 Vasco da Gama Rio de Janeiro, 1988–93 PSV Eindhoven, 1993/94 FC Barcelona, 1995/96 Flamengo Rio de Janeiro, 1996/97 CF Valencia, 1997–2000 Flamengo Rio de Janeiro, 2000–02 Vasco da Gama Rio de Janeiro, 2002/03 Fluminense Rio de Janeiro, 2003 Al-Sad (Katar), 2003/04 Fluminense Rio de Janeiro, 2004/05 Vasco da Gama Rio de Janeiro; 70 Länderspiele (1987–2005; 55 Tore); WM-Endrunde 1990, 1994 (Weltmeister); olymp. Fußballturnier 1988; Weltfußballer des Jahres 1994; in Brasilien Fußballer des Jahres 2000; in den Niederlanden Fußballer des Jahres 1989.

Romeo, Bernardo Daniel, argentin. Angriffsspieler, * 10. September 1977 Tandil; bis 1998 Estudiantes de La Plata, 1998–2001 San Lorenzo de Almagro, 2002–04 Hamburger SV, 2005 RCD Mallorca, 2005/06 CA Osasuna; 77 Bundesligaspiele (35 Tore); 4 Länderspiele.

Rommedahl, Dennis, ein dän. Angriffsspieler, * 22. Juli 1978 Kopenhagen; 1995–97 Lyngby FC, 1997 PSV Eindhoven, 1997/98 RKC Waalwijk, 1998–2004 PSV Eindhoven, 2004–06 Charlton Athletic; 50 Länderspiele (seit 1999); WM-Endrunde 2002; EM-Endrunde 2004.

Ronaldinho, eigtl. »Ronaldo de Assis Moreira«, brasilian. Mittelfeldspieler, * 21. März 1980 Pôrto Alegre; 1993–2001 Grêmio Pôrto Alegre, 2001–03 Paris Saint-Germain, 2003–06 FC Barcelona; 60 Länderspiele (seit 1999; 27 Tore); Weltmeister 2002; olymp. Fußballturnier 2000; Weltfußballer des Jahres 2004, 2005; Europas Fußballer des Jahres 2005.

Ronaldo, 1) eigtl. »Luiz Nazário de Lima«, basilian. Angriffsspieler, * 22. September 1976 Bento Ribeiro (zu Rio de Janeiro); 1989/90 Social Ramos und Club Bento Ribeiro, 1991 São Christovão, 1992–94 Cruzeiro Belo Horizonte, 1994–96 PSV Eindhoven, 1996/97 FC Barcelona, 1997–2002 Inter Mailand, 2002–06 Real Madrid; 88 Länderspiele (seit 1994; 56 Tore); WM-Endrunde 1994 (Weltmeister, nicht eingesetzt), 1998, 2002 (Weltmeister); Weltfußballer des Jahres 1996, 1997, 2002; Europas Fußballer des Jahres 1997, 2002; Europas Torschützenkönig 1997 (34). – **2)** Christiano, eigtl. »Christiano Ronaldo Santos Aveiro«, portugies. Mittelfeldspieler * 5. Februar 1985 Funchal; 1992–95 CF Andorinha, 1995–97 Nacional Funchal, 1997–2003 Sporting Lissabon, 2003–06 Manchester United; 23 Länderspiele (seit 2003; 2 Tore); EM-Endrunde 2004; olymp. Fußballturnier 2004.

Ronaldo [1]
»Bevor man den Videobeweis einführt, sollte man mehr Schiedsrichter einsetzen.«

Ronhof, ***Sportpark Ronhof,*** Fürth, eingeweiht 1910 als Heimstätte der SpVgg Fürth, nach dem Beitritt der Fußballabteilung von TSV Vestenbergsgreuth Heimstätte von SpVgg Greuther Fürth, 27 000 Plätze; nach totalem Umbau 1997 als **Playmobil-Stadion** eingeweiht (→ Greuther Fürth, SpVgg).

Rooney, Wayne, engl. Angriffssspieler, * 24. Oktober 1985 Liverpool; 2002–04 FC Everton, 2004–06 Manchester United; 26 Länderspiele (seit 2003; 10 Tore); EM-Endrunde 2004.

Roque Júnior, José Vitor, brasilian. Abwehrspieler, * 31. August 1976 Santa Rita Do Sapucai; bis 1995 União São Joao, 1996–2000 Palmeiras São Paulo, 2000–03 AC Mailand, 2003/04 Leeds United, 2004 AC Siena, 2004–06 Bayer 04 Leverkusen; 31 Bundesligaspiele; 46 Länderspiele (seit 1999; 2 Tore); Weltmeister 2002.

Rosario, Argentinien, **1) Newell's Old Boys,** eigtl. »CA Newell's Old Boys« (Club Atlético Newell's Old Boys), gegr. 1903; Spielkleidung: Rot-Schwarz/Schwarz/Weiß; Stadion: El Colosso del Parque, 39 656 Plätze. – INTERNET: www.nob.com.ar

Spieler (Auswahl): G. Batistuta – M. Bielsa – R. Gallego – S. J. Goycoechea – M. Jardel – A. Ortega – S. W. Samuel – R. N. Sensini – J. Valdano – H. Yazalde. – **Trainer** (Auswahl): M. Bielsa – R. Gallego – C. L. Menotti.

2) Rosario Central, eigtl. »CA Rosario Central« (Club Atlético Rosario Central), gegr. 1889 als Central Argentine Railway AC, seit 1904 CA Rosario Central; Spielkleidung: Weiß-Rot/Weiß/Weiß; Stadion: El Gigante de Arroyito, 41 543 Plätze. – Internationale Erfolge:Copa Conmebol 1995. – INTERNET: www.rosariocentral.com.ar

Spieler (Auswahl): E. Gonzalez – M. A. Kempes – C. L. Menotti. – **Trainer** (Auswahl): O. Sivori.

Rosbigalle, Georg, dt. Mittelfeldspieler (Läufer), * 12. August 1926 Breslau (poln. Wrocław); 1945/46 SG Kirchheim, 1946–49 SG bzw. BSG Motor Ichtershausen, 1949–52 SG Vorwärts Gotha bzw. BSG Motor Gotha, 1952–62 BSG Turbine bzw. SC Turbine Erfurt; 173 Oberligaspiele; 2 Länderspiele (1952). – Später Trainer: 1962–66 SC Turbine Erfurt.

Rose, Walter, dt. Abwehrspieler (Rechtsverteidiger), * 5. November 1912, † 26. Dezember 1989 Berlin (West); 1921–45 FC Viktoria Leipzig-Leutzsch (Arbeitersport) und SpVgg Leipzig, 1945–48 SG Lindenau-Hafen, 1948–54 ZSG Industrie bzw. BSG Chemie Leipzig; 151 Oberligaspiele (26 Tore); 1 Länderspiel für Deutschland (1937). – Sein Sohn **Jürgen R.** (* 1947) war Abwehrspieler (Mittelverteidiger): 1970–75 BSG Rotation Leipzig 1950. – Sein Enkel **Marco R.** (* 1976) ist Abwehrspieler: bis 1987 BSG Rotation Leipzig 1950, 1987–2000 1. FC Lokomotive bzw. VfB Leipzig, 2000–02 Hannover 96, 2002–06 FSV Mainz 05; 24 Bundesligaspiele (1 Tor).

Rosenborg BK (Rosenborg Ballklub), Norwegen (Trondheim), gegr. 1917 als SK Odd, seit 1928 Rosenborg BK; Spielkleidung: Weiß/Schwarz/Weiß; Stadion: Lerkendal, 21 000 Plätze. – INTERNET: www.rbk.no

Spieler (Auswahl): R. Bratseth – J. Carew – N. A. Eggen – T. Helstad – J. Sörensen. – **Trainer** (Auswahl): N. A. Eggen.

Rosetti, Roberto, ein italien. Schiedsrichter, * 18. September 1967 Pecetto Torinese; FIFA-Schiedsrichter seit 2002; u. a. U 20-WM 2003, Confederations Cup 2005.

Rosický, Tomáš, tschech. Mittelfeldspieler, * 4. Oktober 1980 Prag; bis 1988 CKD Kompresory Prag, 1988–2000 Sparta Prag, 2001–06 Borussia Dortmund; 135 Bundesligaspiele (14 Tore); 51 Länderspiele (14 Tore); EM-Endrunde 2000, 2004; in der Tschech. Republik Fußballer des Jahres 2001, 2002.

Tomás Rosický

Frank Rost

Rösler, 1) Sascha, dt. Angriffsspieler; * 28. Oktober 1977 Meckenbeuren (Baden-Württemberg); bis 1993 TSV Meckenbeuren und VfB Friedrichshafen, 1993–2001 SSV Ulm 1846, 2001 TSV München 1860, 2002 Rot-Weiß Oberhausen, 2002–05 SpVgg Greuther Fürth, 2005/06 Alemannia Aachen; 26 Bundesligaspiele. – **2)** Uwe, dt. Angriffsspieler, * 15. November 1968 Altenburg; bis 1981 BSG Traktor Starken, 1981–88 1. FC Lokomotive Leipzig, 1988/89 BSG Chemie Leipzig, 1989/90 1. FC Magdeburg, 1990–92 SG bzw. 1. FC Dynamo Dresden, 1992/93 1. FC Nürnberg, 1993/94 1. FC Dynamo Dresden, 1994–98 Manchester City, 1998/99 1. FC Kaiserslautern, 1999/2000 Tennis Borussia, 2000–02 FC Southampton, 2002/03 SpVgg Unterhaching, 2003 Lillestrøm SK; 62 (DDR-) Oberligaspiele (22 Tore); 5 Länderspiele für die DDR (1990); 96 Bundesligaspiele (12 Tore). – Später Trainer: 2004–06 Lillestrøm SK.

Rossi, 1) Néstor Raúl, argentin. Mittelfeldspieler (Läufer), * 10. Mai 1925 Buenos Aires; 1940–48 River Plate Buenos Aires, 1949–54 Millonarios Bogotá, 1955/56 River Plate Buenos Aires, 1957 Huracán Buenos Aires, 1958 River Plate Buenos Aires; 26 Länderspiele; WM-Endrunde 1958. – **2)** Paolo, italien. Angriffsspieler, * 23. September 1956 Prato; 1966–70 Catolica Virtus Florenz, 1971/72 AC Prato, 1972–75 Juventus Turin, 1975 AC Como, 1976–79 SS Lanerossi Vicenza, 1979/80 AC Perugia, 1980/81 SS Lanerossi Vicenza (nicht eingesetzt), 1981–85 Juventus Turin, 1985/86 AC Mailand, 1986/87 Hellas Verona; 48 Länderspiele (1977–86; 20 Tore); WM-Endrunde 1978, 1982 (Weltmeister), 1986 (nicht eingesetzt); Europas Fußballer des Jahres 1982; in Italien Fußballer des Jahres 1978. – War 1980 an einem Wettskandal beteiligt (1980/81 Sperre).

Rost, Frank, dt. Torhüter, * 30. Juni 1973 Karl-Marx-Stadt (heute: Chemnitz); 1981/82 BSG Lokomotive West Leipzig, 1982–86 BSG Chemie Böhlen (jeweils als Angriffsspieler), 1986–91 1. FC Lokomotive bzw. VfB Leipzig, 1991/92 1. FC Markkleeberg, 1992–2002 SV Werder Bremen, 2002–06 FC Schalke 04; 251 Bundesligaspiele (1 Tor); 4 Länderspiele (seit 2002).

Rostock, Deutschland (Mecklenburg-Vorpommern), **1) FC Hansa Rostock** (Fußballclub Hansa Rostock), gegr. am 28. Dezember 1965 als Nachfolger des im November 1954 entstandenen SC Empor (bis 1965), zu dem nach dem Spieljahr 1953/54 die Oberligamannschaft der BSG Empor Lauter (→ Lauterer SV) »delegiert« wurde und die Oberligazugehörigkeit mitbrachte; DDR-Oberliga 1954–75, 1976/77, 1978/79, 1980–86, 1987–90, NOFV-Oberliga 1990/91; Bundesliga 1991/92, 1995–2005; Zweite Bundesliga 1992–95, 2005/06; Spielkleidung: Blau/Weiß/Blau; Stadion: Ostseestadion, 29 000 Plätze. – INTERNET: www.fc-hansa.de

Spieler (Auswahl): V. Agali – A. Ahanfouf – J. Akpoborie – M. Allbäck – M. Arvidsson – S. Barbarez – S. Baumgart – C. Beeck – S. Beinlich – P. Bräutigam – P. Caligiuri – A. di Salvo – T. Doll – J. Dowe – H. Fuchs – E. Gaede – M. Hartmannn – J. Heinsch – H. Hergesell – O. Holetschek – A. Jakobsson – C. Jancker – G. Kische – H. Kleiminger – O. Kondé – A. Kruse – T. Lange – J. Litmanen – M. Max – U. Möhrle – O. Neuville – H. Pankau – M. Pieckenhagen – R. Prica – M. Rehmer – R. Rydlewicz – B. Salou – J. Schlünz – R. Schneider – M. Schober – F. Straka – J. Streich – R. Tjikuzu – F. Weichert – M. Weißhaupt – A. Zachhuber – K. Zapf. – **Trainer** (Auswahl): J. Berger – F. Engel – W. Fritzsch – F. Funkel – J. Heinsch – H. Hrubesch – H. Krügel – M. Krüger – T. Lange – E. Lienen – F. Pagelsdorf – O. Pfau – U. Reinders – E. Rutemöller – J. Schlünz – A. Veh – H. Werner – A. Zachhuber.

2) SV Hafen Rostock, eigtl. »SV Hafen Rostock 61« (Sportverein Hafen Rostock von 1961), gegr.

am 27. Oktober 1961 als BSG Schiffahrt/Hafen Rostock, seit 1990 SV Hafen Rostock 61; Spielkleidung: Weiß/Blau/Blau; Stadion: Sportplatz am Biestower Weg, 1200 Plätze. – INTERNET: www.sv-hafenrostock.de

Spieler (Auswahl): G. Kostmann – H. Pleß – F. Weichert.

3) SV Warnemünde (Sportvereinigung Warnemünde), gegr. am 1. Juli 1911 als Warnemünder Fußballvereinigung, 1934–45 VfL Warnemünde, 1945 aufgelöst und 1946 als Anker Warnemünde neu gegr., 1951–90 BSG Motor Warnowwerft Warnemünde, seit 1990 SV Warnemünde (1999 Herauslösung der Fußballabteilung); Spielkleidung: Rot/Weiß/Rot; Stadion: Friedrich-Ludwig-Jahn-Sportpark, 3000 Plätze.

Spieler (Auswahl): R. Rimane.

4) Vorwärts Rostock, eigtl. »ASG Vorwärts Rostock« (Armeesportgemeinschaft Vorwärts Rostock), gegr. 1956 als SV KVP Vorwärts See Rostock (1952–56 Sturmvogel Parow), 1957/58 ASK Vorwärts Rostock, 1958–67 ASG Vorwärts Rostock (1967 Umzug nach Stralsund; → Stralsund, FC Pommern).

Rostow, FK (Futbolnyi Klub Rostow), Russland (Rostow am Don), gegr. 1930 als Traktor Rostow, 1953–58 Torpedo Rostow, 1958–2003 Rostselmash Rostow, seitdem FK Rostow; Spielkleidung: Grün/Gelb/Gelb; Stadion: Rostselmash, 15 600 Plätze. – INTERNET: www.fc-rostov.ru

Spieler (Auswahl): O. Khizaneishvili – A. Savarov.

Roteiro™ → Ball [1].

rote Karte, opt. Zeichen des Schiedsrichters für einen von ihm ausgesprochenen Feldverweis, auch ausgedrückt in der Wendung »er zeigte dem Spieler ›Rot‹«. (→ »gelbe und rote Karte«)

rote Karte
Red Card [engl.]
Carton rouge [frz.]
Tarjeta roja [span.]
Cartaõ vermelho [portugies.]
Cartoneino rosso [italien.]

Roth, 1) Dietmar, dt. Abwehrspieler, * 16 September 1963; 1983–85 Karlsruher SC, 1985–87 FC Schalke 04, 1987–97 Eintracht Frankfurt, 1997/98 FSV Frankfurt, 1998/2001 Kickers Offenbach; 318 Bundesligaspiele (5 Tore); 1 Länderspiel (1986). – **2)** Franz, dt. Mittelfeldspieler, * 27. April 1946 Memmingen (Bayern); bis 1964 TSV Bertoldshofen, 1964–66 SpVgg Kaufbeuren, 1966–78 FC Bayern München, 1978/79 Casino Salzburg; 322 Bundesligaspiele (72 Tore). – **3)** Volker, dt. Schiedsrichter, * 1. Februar 1942 Salzgitter (Niedersachsen); 1971–86 Bundesliga (129 Spiele), 1977–86 FIFA-Referee; 15 Länderspiele; WM-Endrunde 1986; EM-Endrunde 1984; olymp. Fußballurnier 1984; zweites EC III-Finale 1984; DFB-Pokalfinale 1984; DFB-Schiedsrichter des Jahres 1980, 1986. – Seit 1995 Vorsitzender der UEFA-Schiedsrichterkommission und des DFB-Schiedsrichterausschusses.

Rottenberg, Silke, dt. Torhüterin, * 25. Januar 1972 Euskirchen (Nordrhein-Westfalen); 1976–84 1. SC Enzen-Dürscheven, 1984–88 VfL Euskirchen, 1988–91 Grün-Weiss Brauweiler, 1991–2000 TSV bzw. Sportfreunde Siegen, 2000–03 FFC Brauweiler-Pulheim, 2003–06 FCR 2001 Duisburg; 115 Länderspiele (seit 1993); WM-Endrunde 1999, 2003 (Weltmeisterin); EM-Endrunde 1993, 1997 (Europameisterin), 2001 (Europameisterin), 2005 (Europameisterin); olymp. Fußballturnier 2000, 2004; in Deutschland Fußballerin des Jahres 1998.

Rotterdam, Niederlande, **1) Feyenoord Rotterdam,** eigtl. »Feyenoord« (Feyenoord: Stadtteil in Rotterdam), gegr. 1908 als Wilhelmina, 1910/11 Hillesluise FC, 1911/12 Celeritas, 1912–71 RV & AV Feyenoord, 1971–78 SC Feyenoord, seitdem Feyenoord; Spielkleidung: Rot/Weiß/Schwarz; Stadion: De Kuip, 51 177 Plätze. – Internationale Erfolge: EC I 1970, UEFA-Pokal 1974, 2002, Weltpokal 1970. – INTERNET: www.feyenoord.nl

Spieler (Auswahl): E. Cairo – J. Cruijff – J. Dudek – G. M. Geels – B. Goor – R. Gullit – F. Hasil – M. Israel – W. Jansen – S. Kalou – O. Kindvall – H. Larsson – T. Libregts – S. Ono – W. Rijsbergen – W. Smolarek – J. Tomasson – W. van Hanegem – G. van Heel – P. van Hooijdonk. – **Trainer** (Auswahl): L. Beenhakker – V. Boskov – A. Haan – E. Happel – M. Israel – W. Jansen – V. Ježek – E. Koeman – T. Libregts – W. van Hanegem – B. van Marwijk.

2) Sparta Rotterdam, eigtl. »Sparta«, gegr. 1888 als RV & VV Sparta Rotterdam, seit 1976 Sparta; Spielkleidung: Rot-Weiß/Schwarz/Rot-Weiß; Stadion: ENECO, 11 500 Plätze. – INTERNET: www.sparta-rotterdam.nl

Spieler (Auswahl): D. Advocaat – G. Berhalter – G. Geels – O. Madsen. – **Trainer** (Auswahl): G. Kessler – F. Rijkaard.

Rouen, FC (Football Club de Rouen), Frankreich, gegr. 1899; Spielkleidung: Rot/Weiß/Rot; Stadion: Stade Robert-Diochon, 9500 Plätze. – INTERNET: www. fcrouen.net

Spieler (Auswahl): D. Jarolim – V. Milutinović – T. Pospichal – D. Prso – P. Troussier.

Stanley Rous

Rous, Stanley, engl. Funktionär (Sir), *25. April 1895 Watford, †18. Juli 1986 London; internationaler Referee (34 Länderspiele); 1934–62 Sekretär der engl. Football Association; 1961 zum sechsten FIFA-Präsidenten gewählt (Vorgänger: A. → Drewry, Nachfolger: J. → Havelange), amtierte bis 1974. R. führte England 1946 in die FIFA zurück, gründete 1948 das FIFA-Juniorenturnier und initiierte den Messepokal. Er war maßgebl. Mitarbeiter im → International Football Association Board. In Würdigung seiner Verdienste trug man in England zw. 1985 und 1991 den »Sir Stanley Rous Cup« aus. R. wurde von König Georg VI. geadelt, und die FIFA verlieh ihm 1984 den neu geschaffenen FIFA-Orden.

S. Rous: Präsidialzeit

1962	WM-Endrunde
1964	olympisches Fußballturnier
1966	WM-Endrunde
1968	olympisches Fußballturnier
1970	WM-Endrunde
1972	olympisches Fußballturnier
1974	WM-Endrunde

Routinier [frz.], erfahrener, meist älterer Spieler, der sich über einen längeren Zeitraum fußballtakt. Fähigkeiten erworben hat; er verfügt über Routine, ist »routiniert«.

Roux, Guy, frz. Trainer, *18. Oktober 1938 Colmar; war Mittelfeldspieler: 1954–57 AJ Auxerre, 1957–61 FC Limoges (zwischenzeitlich an ASPTT Poitiers ausgeliehen). – Später Trainer: 1961–2005 fast ausschließlich AJ Auxerre (2001/02 Manager); 1999 Ritter der Ehrenlegion.

G. Roux: Erfolgsstationen (Auswahl)	
AJ Auxerre	LM 1996 PS 1994, 1996, 2003, 2005

Royal League, erstmals 2004/05 ausgetragener Wettbewerb (Sieger: FC Kopenhagen) zur Ermittlung des Skandinavienmeisters, an dem die jeweils 4 besten Klubs aus Dänemark, Schweden und Norwegen der vorangegangen Saison teilnehmen. In 3 Vierergruppen (jeder gegen jeden, mit Hin- und Rückspielen) startet der Wettbewerb. Die beiden Erstplatzierten jeder Gruppe qualifizieren sich für die nächste Phase, die in 2 Dreiergruppen ausgetragen wird. Die Sieger beider Gruppen tragen dann das Finale aus. – Finnland ist aus Leistungs- und wirtschaftl. Gründen (wenig Zuschauer) nicht dabei. (→ Skandinavische Meisterschaft)

Rraklli, Altin, alban. Angriffsspieler, *17. Juli 1970; bis 1992 Besa Kavajë, 1992–96 SC Freiburg, 1996/97 Hertha BSC, 1997–2002 Spvgg Unterhaching, 2002/03 Diyarbakirspor, 2003/04 Jahn Regensburg, 2004–06 SK Tirana; 111 Bundesligaspiele (16 Tore); 63 Länderspiele.

Ruanda, Rwanda, Republik in Zentralafrika, 26 338 km², 7,810 Mio. Ew.; Verband: Fédération Rwandaise de Football Amateur, Abk. FERWAFA, gegr. 1972, Sitz: Kigali; Mitglied der FIFA und der CAF seit 1976; Spielkleidung: Rot-Grün-Gelb/Grün/Rot.

Rückennummer, deutlich sichtbares Erkennungszeichen für Schiedsrichter, Schiedsrichterassistenten und Zuschauer. Jeder Aktive trägt eine bestimmte R., die von Spiel zu Spiel, aber nicht während des Spiels gewechselt werden darf. Die Nummerierung wurde früher nach den Positionen im Spielsystem oder willkürlich vergeben, z. B.: 1 Torhüter, 2 und 3 Außenverteidiger, 4 und 5 Innenverteidiger, 6, 8 und 10 Mittelfeldspieler, 9 Sturmspitze, 7 und 11 Außenstürmer. Es wurde auch vom Torhüter bis zur linken Außenposition durchnummeriert (1–11), wobei vor allem im Mittelfeld mit 6, 7 und 8 und im Angriff mit 9, 10 und 11 auch eine andere Nummerierung möglich war. Bei *Profiteams* sind die R. innerhalb des Mannschaftskaders (→ Kader) fest vergeben, sodass sie meist keine Spielposition erkennen lassen (z. B. 13, 27, Ausnahme Torhüter: 1). Der Spieler behält eine bestimmte Nummer in der Regel so lange, wie er bei dem Verein spielt, zumindest aber eine komplette Saison.

Rückennummer
Player's number [engl.]
Numéro du joueur [frz.]
Número del jugador [span.]
Numero sulla schiena [italien

Rückgabe, Zurückspielen (Rückspiel, -pass) des Balles in den eigenen Strafraum bzw. zum eigenen Torhüter, aber auch von der gegner. Grundlinie aus zu einem nachrückenden Mitspieler *(Grundlinien-R.* bzw. *Rückpass)*.

»Rückpass zum Torhüter«, seit Juli 1992 strafbares absichtl. Zuspiel eines Feldspielers zum eigenen Torhüter, insofern dieser danach den Ball mit den Händen berührt; Strafmaß: indirekter Freistoß an der Stelle des (Torhüter-)Verstoßes. Mit dieser Regeländerung sollte das »Zeitschinden« eingedämmt werden. Der Ausdruck »R. z.T.« ist nicht ganz eindeutig: Wenn ein Feldspieler dem Torhüter, der sich z.B. am Fünfmeterraum aufhält, den Ball von der eigenen Torlinie aus zuspielt, so ist das keine »Rückgabe«, da er den Ball nach vorn spielt. Trotzdem zählt dies als Vergehen wie erwähnt, vorausgesetzt, der Torhüter nimmt den Ball mit der Hand auf. Erläuterungen: a) Das strafbare Zuspiel bezieht sich einzig auf Spielsituationen, in denen ein Spieler den Ball mit dem Fuß oder den Füßen spielt (also nicht mit Kopf, Brust oder Knie); b) Das unabsichtl. Ablenken des Balles mit dem Fuß oder den Füßen (der Ball wird von einem Mitspieler des Torhüters ungewollt abgefälscht oder nicht richtig getroffen) ist kein Rückpass im Sinn der Regel; c) Situationen, in denen der Ball von einem Mannschaftskollegen zwar nicht direkt in Richtung des Torhüters, jedoch absichtlich so gespielt wird (beispielsweise neben das Tor), dass der Torhüter den Ball annehmen kann, sind als absichtlich und somit als strafbarer Rückpass zum Torhüter zu werten.

Rücklage, mitunter situationsbedingte, meist aber fehlerhafte Körperhaltung beim (Tor-)Schuss, wobei der Oberkörper über die Senkrechte hinaus nach hinten gelegt wird; bewirkt hohe Flugbahn des Balles und ist somit eine falsche Schusshaltung.

Rückpass → Pass.

Rückrunde → Spieljahr.

Rückspiel → Hinspiel.

Rückzieher, über den erhobenen Kopf von vorn gespielter (»gezogener«) Ball. Lässt sich der Spieler dabei rückwärts fallen (oft bei anfliegendem Ball), spricht man vom *Fall-R.*, wobei hier evtl. der →»Scherenschlag« angewandt wird (spektakuläre Aktion). Als »Erfinder« des Fall-R. gilt S. → Piola. Eine ähnlich schwierige Variante ist der → Seitfallzieher.

Rückziehfinte, dem Gegner den Ball »anbieten«, im Moment dessen Zugriffs den Ball mit der Sohle des Spielbeines zurückziehen und ihn mit der folgenden Vorwärtsbewegung am Gegner vorbeiführen; lässt diesen »uralt« aussehen.

Rudakow, Jewgeni, russ. Torhüter, *2. Januar 1942 Moskau; 1958–60 Torpedo Moskau, 1960–62 Sudostrojtel Nikolajewo, 1963–79 Dynamo Kiew; 47 Länderspiele für die UdSSR (1968–76); WM-Endrunde 1970 (nicht eingesetzt); EM-Endrunde 1972; olymp. Fußballturnier 1972.

»Rudelbildung«, eine Spieleransammlung, d.h. eine spontane unorganisierte »Zusammenkunft« mehrerer Spieler beider Mannschaften bei Spielunterbrechung, z.B. nach Foulspiel. Spieleransammlungen an sich sind nicht verboten. Kommt es bei »R.« jedoch zu einem unsportl. Verhalten bzw. wird die Wiederaufnahme des Spiels verzögert, gibt es nach den Regeln »Gelb«. Führt die »R.« zu Schlagen, Treten, gewaltsamem Stoßen oder werden anstößige, beleidigende oder schmähende Äußerungen bzw. Gebärden gebraucht, muss der Schiedsrichter »Rot« zeigen.

Rudwaleit, Bodo, dt. Torhüter, 3. August 1957 Woltersdorf (Brandenburg); 1965–69 BSG Einheit Woltersdorf, 1969–89 Berliner FC Dynamo, 1990/91 Eisenhüttenstädter FC Stahl, 1991–93 Tennis Borussia; 351 (DDR-)Oberligaspiele; 33 Länderspiele (1979–88); olymp. Fußballturnier 1980.

Rufer, Wynton (»Kiwi«), neuseeländ. Angriffsspieler, *29. Dezember 1962 Wellington; 1969–81 Wellington Diamond United, 1982 Miramar Rangers und Norwich City (nur international eingesetzt), 1982–87 FC Zürich, 1987/88 FC Aarau, 1988/89 Grasshopper-Club Zürich, 1989–95 SV Werder Bremen, 1995/96 JEF Ichihara Chiba, 1996/97 1. FC Kaiserslautern, 1999–2002 New Zealand Knights FC (Neuseeland); 174 Bundesligaspiele (59 Tore); 39 Länderspiele (17 Tore); WM-Endrunde 1982; Ozeaniens Fußballer des Jahres 1989, 1990, 1992.

Wynton Rufer

»ruhender Ball«, vom Schiedsrichter zu überwachende regeltechn. Voraussetzung bei der Fortsetzung des Spiels nach Spielunterbrechung bzw. zu Spielbeginn; Bedingung vor der Ausführung von Abstoß, Anstoß, Eckstoß, Freistoß und Strafstoß. Andernfalls wird die Aktion zurückgepfiffen und muss wiederholt werden.

»Ruhepol«, oft in einer zentralen Abwehrposition agierender Spieler, der wegen seiner Routine und Übersicht sowie seines meist fortgeschrittenen Alters im gesamten Spielverlauf »Ruhe« ausstrahlt; insbesondere wichtig beim Bereinigen brenzliger Situationen (Bewahren des Überblicks).

Rühl, Carl-Heinz, dt. Trainer, *14. November 1939 Berlin; war Mittelfeldspieler: bis 1963 SC West Köln und Viktoria Köln,1963–65 Hertha BSC, 1965–67 MSV Duisburg, 1967–70 1. FC Köln, 1970–72 Daring Brüssel; 204 Bundesligaspiele (65 Tore). – Später Trainer: 1973–77 Karlsruher SC, 1977 PAOK Saloniki, 1977/78 MSV Duisburg, 1978/79 Borussia Dortmund, 1979–81 TSV München 1860, 1981–83 VfL Osnabrück.

Rui Barros, eigtl. »Gil Soares Rui«, portugies. Mittelfeldspieler, *24. November 1965 Marcilio; 1985–87 SC Varzim, 1987/88 FC Porto, 1988–90 Juventus Turin, 1990–93 AS Monaco, 1993–95 Olympique Marseille; 21 Länderspiele (2 Tore); in Portugal Fußballer des Jahres 1988.

Rui Costa, Manuel César, portugies. Mittelfeldspieler, *29. März 1972 Vilamoura; 1990/91 AD Fafe (Portugal), 1991–94 Benfica Lissabon, 1994–2001 AC Florenz, 2001–06 AC Mailand; 94 Länderspiele (1993–2004; 26 Tore); WM-Endrunde 2002; EM-Endrunde 1996, 2000, 2004.

Rumänien, Republik in Südosteuropa, 237 500 km², 22,272 Mio. Ew.; Verband: Romanian Football Federation, Abk. RFF, gegr. 1909, Sitz: Bukarest; Mitglied der FIFA seit 1923, der UEFA seit 1955; Spielkleidung: Gelb. – Erfolge: Balkanpokal 1931, 1933, 1936. – INTERNET: www.frf.ro

Rumeln-Kaldenhausen, FC, Deutschland: → Duisburg [1].

Rummenigge, 1) Karl-Heinz, dt. Funktionär, *25. September 1955 Lippstadt, Bruder von 2); war Angriffsspieler: 1963–74 Borussia Lippstadt, 1974–84 FC Bayern München, 1984–87 Inter Mailand, 1987–89 Servette Genf; 310 Bundesligaspiele (162 Tore); 95 Länderspiele (1976–86; 45 Tore); WM-Endrunde 1978, 1982, 1986; EM-Endrunde 1980 (Europameister), 1984; Europas Fußballer des Jahres 1980, 1981; in der BRD Fußballer des Jahres 1980; Bundesliga-Torschützenkönig 1980 (26), 1981 (29), 1984 (26). – Später Funktionär: 1991–2002 Vizepräsident beim FC Bayern München, seit 2002 Vorstandsvorsitzender der FC Bayern München AG; Vizepräsident der Vereinigung der europ. Großvereine (»G 14«) und Präsident des europ. Klubforums der UEFA. – **2)** Michael, dt. Mittelfeldspieler, *3. Februar 1964 Lippstadt, Bruder von 1); Mittelfeldspieler; 1970–81 Borussia Lippstadt, 1981–88 FC Bayern München, 1988–94 Borussia Dortmund, 1994/95 Urawa Red Diamonds; 309 Bundesligaspiele (80 Tore); 2 Länderspiele (1983).

Karl-Heinz Rummenigge

> **K.-H. Rummenigge**
> »Viele können nicht unterscheiden zwischen Viererkette und Fahrradkette.«

»Rundschlag«, den in Knie- bis Hüfthöhe anfliegenden Ball aus der Körperdrehung nicht treffen, so dass der Fuß einen »leeren« Halbkreis beschreibt. Wiederholte »R.« sind Ausdruck einer instabilen Fußballtechnik, insbesondere einer mangelhaften Bewegungsvorausnahme, und sollten den Aktiven nachdenklich stimmen.

Rupp, Bernd, dt. Angriffsspieler, *24. Februar 1942; bis 1965 SV Wiesbaden, 1965–67 Borussia Mönchengladbach, 1967–69 SV Werder Bremen, 1969–72 1. FC Köln, 1972–74 Borussia Mönchengladbach; 274 Bundesligaspiele (119 Tore); 1 Länderspiel (1966).

Runterstellung, umgangssprachlich für → Feldverweis.

Rush, Ian, walis. Angriffsspieler, *20. Oktober 1961 St. Asaph; 1978–80 Chester City, 1980–87 FC Liverpool, 1987/88 Juventus Turin, 1988–96 FC Liverpool, 1996/97 Leeds United, 1997/98 Sheffield United, 1998 Newcastle United; 73 Länderspiele (26 Tore); in England und in Wales Fußballer des Jahres 1984; Europas Torschützenkönig 1984 (32). – Später Trainer: 1998/99 AFC Wrexham, 2004/05 Chester City.

Ian Rush

Russland, *Russische Föderation,* Republik in Osteuropa, Nord- und Zentralasien, 17,075 Mio. km², 144,526 Mio. Ew.; Verband: Football Union of Russia, Abk. FUR, gegr. 1912, Sitz: Moskau; Mitglied der FIFA 1912–19 und seit 1992, der UEFA seit 1992; Spielkleidung: Weiß. – INTERNET: www.rfs.ru

Rüssmann, Rolf, dt. Abwehrspieler, *13. Oktober 1950 Schwelm (Nordrhein-Westfalen); 1964–67 SC Schwelm 06, 1967–69 RFC Bruges, 1969–80 FC Schalke 04, 1980–85 Borussia Dortmund; 453 Bundesligaspiele (48 Tore); 20 Länderspiele (1977/78; 1 Tor); WM-Endrunde 1978. – Später Manager: 1987 FC Schalke 04, 1990–99 Borussia Mönchengladbach, 2001/02 VfB Stuttgart.

> **R. Rüssmann**
> »Wenn wir hier schon nicht gewinnen, dann treten wir ihnen wenigstens den Rasen kaputt.«

Rutemöller, Erich, dt. Trainer, * 8. Februar 1945 Recke (Nordrhein-Westfalen); war Abwehrspieler: bis 1968 Rheine 08, 1968–70 SSV Köttingen, 1970–73 1. FC Köln (Amateure), 1973–75 Florida International University. – Später Trainer: 1975–85 1. FC Köln (1975–80 Jugend, 1980–85 Amateure), 1985–89 Bonner SC, 1989–91 1. FC Köln (1989/90 Amateure, 1990/91 Cheftrainer), 1992 FC Hansa Rostock, 1994–2006 DFB (Nationalmannschaft [Trainerassistent], U 18, »Team 2006« [bis 2005]); darüber hinaus DFB-Chefausbilder.

> **E. Rutemöller**
> »Mach 'et, Otze!«
> (1991; auf die Frage von F. Ordenewitz während des Spiels, ob er aus »taktischen« Gründen einen Feldverweis provozieren solle)

Rwanda, andere Bez. für → Ruanda.

RWE, Deutschland: Abk. für **R**ot-**W**eiss **E**ssen und FC **R**ot-**W**eiß **E**rfurt.

RWO, Deutschland: Abk. für **R**ot-**W**eiß **O**berhausen.

Rydlewicz, René, dt. Mittelfeldspieler, * 18. Juli 1973 Forst/Lausitz (Brandenburg); 1977–82 BSG Chemie Döbern, 1982–86 BSG Energie Cottbus, 1986–90 Berliner FC Dynamo, 1990–94 Bayer 04 Leverkusen, 1994–96 TSV München 1860, 1996/97 Bayer 04 Leverkusen, 1997–2000 Arminia Bielefeld, 2000–06 FC Hansa Rostock; 273 Bundesligaspiele (29 Tore).

S

Saarbrücken, Deutschland (Saarland), **1) 1. FC Saarbrücken** (1. Fußballclub Saarbrücken), gegr. am 18. April 1903 als TV Malstatt, 1907–09 FV Malstatt-Burbach,1909–43 FV Saarbrücken, 1943 aufgelöst durch Fusion mit SC Altenkessel zu KSG Saarbrücken, 1945 Auflösung der Fusion und Fortsetzung als 1. FC Saarbrücken; Bundesliga 1963/64, 1976/77, 1977/78, 1985/86, 1992/93; Zweite Bundesliga 1983–85, 1986–91, 1991/92 (Süd), 1993–95 (Lizenzentzug 1995), 2000–02, 2004–06; Spielkleidung: Blau-Schwarz/Schwarz/Blau; Stadion: Ludwigsparkstadion, 35 286 Plätze. – INTERNET: www.fc-saarbruecken.de
Spieler (Auswahl): J. Acimovic – J. Akpoborie – S. Beckenbauer – M. Bender – A. Bender – H.-J. Boysen – T.-D. Dooley – P. Eich – F. Foda – B. Förster – F. Götz – E. Hach – M. Hadji – K. Hutwelker – S. Jusufi – M. Kostmann – W. Lorant – F.-W. Magath – D. Müller – M. Preetz – H. Ramzy – E. Schmitt – W. Seel – H. Vollmar – W. Wuttke – E. Wynalda – A. Yeboah. – **Trainer** (Auswahl): R. Bommer – H. Cieslarczyk – H. Ehrmantraut – F. Fuchs – E. Hach – R. Hollmann – H. Johannsen – U. Klimaschefski – M. Krafft – P. Neururer – O. Rehhagel – K. Schlappner – C. Schreier – H. Tilkowski – K. Toppmöller – T. von Heesen – H. Weber.
2) Saar 05 Saarbrücken, eigtl »SV Saar 05 Saarbrücken« (Sportverein Saar 05 Saarbrücken), gegr. am 18. April als FK 1905 Saarbrücken, im gleichen Jahr Umbenennung in SC Saar 05 Saarbrücken, 1933 Fusion mit SV 05 Saarbrücken zu SV Saar 05 Saarbrücken, 1939 Fusion mit DSC Saarbrücken zu Dt. SV Saar 05 Saarbrücken, 1945 aufgelöst und als SV Sarbrücken neu gegr., 1949–51 SV Saar Saarbrücken, seitdem SV Saar 05 Saarbrücken; Insolvenz 2004; Spielkleidung: Weiß/Schwarz/Schwarz; Stadion: Kieselhumes, 13 000 Plätze. – INTERNET: www.saar05ev.de
Trainer (Auswahl): O. Knefler.

Saarland, Bundesland in Deutschland, 2570 km², 1,084 Mio. Ew.; 1946–50 autonome Verwaltung unter frz. Oberherrschaft, seit 1957 dt. Zugehörigkeit; Verband: Saarländ. Fußballbund, Abk. SFV, gegr. 1948, Sitz: Saarbrücken; Mitglied der FIFA 1950–56.

»Säbelbeine«, a) kurze, nach außen gebogene Beine (»Ständer«), kurz *O-Beine* (→ Fußballerbeine); b) Beine mit weit nach hinten ausladenden Waden (von der Seite säbelförmig aussehend).

Sacchi, Arrigo, italien. Trainer, * 1. April 1946 Fusignano; 1979–82 AC Cesena (Nachwuchs), 1982/83 Rimini Calcio, 1983/84 AC Florenz (Nachwuchs), 1984/85 Rimini Calcio, 1985–87 AC Parma, 1987–91 AC Mailand, 1992–96 Italien (Nationalmannschaft; WM-Endrunde 1994, EM-Endrunde 1996), 1997 AC Mailand, 1998/99 Atlético Madrid, 2001/02 AC Parma, 2004/05 Real Madrid (Sportdirektor).

A. Sacchi: Erfolgsstationen (Auswahl)	
AC Mailand	LM 1988 EC I 1989, 1990 [Europa-]Supercup 1989, 1990
AC Parma	Weltpokal 1989, 1990 PS 2002

Sachsen Leipzig, FC, Deutschland: → Leipzig [2].

Saenko, Ivan, russ. Angriffsspieler, * 17. Oktober 1983 Voronezh; 2001–05 Karlsruher SC, 2005/06 1. FC Nürnberg; 7 Bundesligaspiele (1 Tor).

SAFA, Abk. für **S**outh **A**frica **F**ootball **A**ssociation, den Fußballverband von → Südafrika.

Safety first [engl., »Sicherheit zuerst«], betont defensive Spielweise, die auf vordergründiges Abwehrverhalten ausgerichtet ist; unattraktiv (verengte Räume, wenig Tore) und überholt.

SAFF, Abk. von **S**audi **A**rabian **F**ootball **F**ederation, den Fußballverband von → Saudi-Arabien.

Saftig, Reinhard, dt. Trainer, * 23. Januar 1952 Bad Hersfeld (Hessen); 1979–84 FC Bayern München (Trainerassistent), 1984–88 Borussia Dortmund (1984–86 Trainerassistent, 1986–88 Cheftrainer), 1989 Hannover 96, 1989/90 VfL Bochum, 1991–93 Bayer 04 Leverkusen, 1994/95 Galatasaray Istanbul, 1997 FSV Mainz 05.

Sagnol, Willy, frz. Abwehrspieler, * 18. März 1977 Saint-Éienne; 1990–97 AS Saint Étienne, 1997–2000 AS Monaco, 2000–06 FC Bayern München; 136 Bundesligaspiele (5 Tore); 34 Länderspiele; WM-Endrunde 2002; EM-Endrunde 2004.

Saha, Louis, frz. Angriffsspieler, * 8. August 1978 Paris; 1997/98 FC Metz, 1998 Newcastle United, 1999/2000 FC Metz, 2000–04 FC Fulham, 2004–06 Manchester United; 7 Länderspiele (seit 2003; 2 Tore); EM-Endrunde 2004.

Şahin, Nuri, türk. Mittelfeldspieler, * 5. September 1988 Lüdenscheid (Nordrhein-Westfalen); 1994–2001 RSV Meinerzhagen, 2001–06 Borussia Dortmund; 8 Bundesligaspiele (1 Tor); 1 Länderspiel (2005; 1 Tor).

Saint-Étienne, AS (Association Sportive de Saint-Étienne), Abk. **ASSE,** Frankreich, entstand

1920 durch Fusion von AS Casino, AS Stéphanoise und Amicale SC (seit 1933 Profifußball); Spielkleidung: Grün/Weiß/Grün; Stadion: Geoffroy-Guichard, 35 800 Plätze. – INTERNET: www.asse.fr

Spieler (Auswahl): P. Battiston – R. Herbin – A. Jacquet – G. Janvion – B. Lacombe – L. Leduc – R. Milla – M. Platini – J. Rep – H. Revelli – J. Santini. – **Trainer** (Auswahl): H. Guérin – R. Herbin – H. Kasperczak – J. Santini – J. Toshack.

Saint Kitts und Nevis, Inselstaat in Mittelamerika, umfasst die Inseln Saint Kitts (Saint Christopher) und Nevis der Kleinen Antillen, 261 km², 38 800 Ew.: Verband: St. Kitts and Nevis Football Association, Abk. SKNFA, gegr. 1932, Sitz: Basseterre; Mitglied der FIFA seit 1992, der CONCACAF seit 1990; Spielkleidung: Grün-Gelb/Rot/Gelb.

Saint Lucia, Staat auf der gleichnamigen Insel der Kleinen Antillen, 616 km², 162 200 Ew.; Verband: St. Lucia Football Association, Abk. SLFA, gegr. 1979, Sitz: Castries; Mitglied der FIFA und der CONCACAF seit 1988; Spielkleidung: Weiß-Gelb-Blau/Weiß-Gelb-Blau/Weiß-Gelb-Blau.

Saint Vincent and the Grenadines, Staat in Mittelamerika, umfasst die Insel Saint Vincent der Kleinen Antillen sowie die nördl. Grenadinen, 389 km², 116 800 Ew.; Verband: St. Vincent and the Grenadines Football Federation, Abk. VGFF, gegr. 1979, Sitz: Kingstown; Mitglied der FIFA und der CONCACAF seit 1988; Spielkleidung: Grün-Gelb/Blau/Grün.

Saison, svw. → Spieljahr.

Sakaryaspor, eigtl. »Sakaryaspor AŞ« (Sakaryaspor Anonim Şirketi), Türkei (Sakarya), gegr. 1965; Spielkleidung: Grün/Weiß/Schwarz; Stadion: Atatürk, 13 483 Plätze. – INTERNET: www.sakaryasporas.com

Spieler (Auswahl): H. Şükür.

Salamanca, UD (Unión Deportiva Salamanca), Spanien, gegr. 1923; Spielkleidung: Weiß/Schwarz/Schwarz; Stadion: Estadio »Helmántico«, 17 341 Plätze. – INTERNET: www.udsalamanca.es

Spieler (Auswahl): Pauleta – M. A. Salgado.

Sálas, Marcelo, eigtl. »José Marcelo Salas Melinao«, chilen. Angriffsspieler, * 24. Dezember 1974 Temuco; bis 1992 Deportes Temuco, 1992–95 Universidad de Chile, 1996–98 River Plate Buenos Aires, 1998–2001 Lazio Rom, 2001–03 Juventus Turin, 2003–05 River Plate Buenos Aires, 2005/06 Universidad de Chile; 32 Länderspiele (21 Tore); Südamerikas Fußballer des Jahres 1997.

»Salatschüssel« umgangssprachlich für die → »Ehrenschale des DFB. Deutscher Fußballmeister«.

Salgado, Miguel Angel (»Michel«), span. Abwehrspieler, * 22. Oktober 1975 Las Nieves; 1993–96 Celta Vigo, 1996/97 UD Salamanca, 1997–99 Celta Vigo, 1999–2006 Real Madrid; 44 Länderspiele; EM-Endrunde 2000.

Salgueiros, SC (Sport Comercio e Salgueiros), Portugal, gegr. 1911; Spielkleidung: Rot/Weiß/Weiß; Stadion: Estádio »Engenheiro Vidal Pinheiro«, 11 000 Plätze. – INTERNET: www.sportcsalgueiros.cjb.net

Spieler (Auswahl): M. A. Caneira – Deco – M. Fehér.

Salihamidzic, Hasan (»Brazzo«), bosn. Mittelfeldspieler, * 1. Januar 1977 Jablanica; 1987–91 Turbina Jablanica, 1991/92 Velež Mostar, 1992–98 Hamburger SV, 1998–2006 FC Bayern München; 262 Bundesligaspiele (43 Tore); 39 Länderspiele für Bosnien und Herzegowina (6 Tore).

Salmrohr, FSV, eigtl. »FSV Salmrohr 1921« (Fußballsportverein Salmrohr von 1921), Deutschland (Rheinland-Pfalz), gegr. 1921 als FSV Salmrohr, 1925–33 DJK Salmrohr-Dörbach, 1933–45 SV Salmrohr, 1945 aufgelöst und 1946 als SV Salmrohr neu gegr., 1947–58 FC Salmrohr, 1958–71 FSV Salmrohr-Dörbach, seitdem FSV Salmrohr 1921; Zweite Bundesliga 1986/87; Spielkleidung: Rot/Schwarz/Rot; Stadion: Saltalstadion, 12 000 Plätze.

Spieler (Auswahl): B. Hölzenbein – W. Kleff – E. Schmitt – K. Toppmöller. – **Trainer** (Auswahl): P. Linz – K. Toppmöller.

Salnikow, Sergej, russ. Mittelfeldspieler (Halbstürmer), * 13. September 1925 Krasnodar, † 9. Mai 1984; 1941–43 Spartak Moskau, 1944/45 Zenit Leningrad, 1946–49 Spartak Moskau, 1950–54 Dynamo Moskau, 1955–60 Spartak Moskau; 23 Länderspiele (11 Tore); WM-Endrunde 1958; Olympiasieger 1956.

Salomoninseln, engl. **Solomon Islands,** Staat im südwestl. Pazif. Ozean auf den gleichnamigen Inseln, 28 450 km², 509 200 Ew.; Verband: Solomon Islands Football Federation, Abk. SIFF, gegr. 1978, Sitz: Honiara; Mitglied der FIFA und der OFC seit 1988; Spielkleidung: Grün-Gold-Blau/Blau-Weiß-Blau. – INTERNET: www.siff.com.sb

Saloniki, Griechenland, **1) Aris Saloniki,** eigtl. »AS Aris« (Athlitikos Syllogos Aris), Kalamariá, gegr. 1914; Spielkleidung: Gelb-Schwarz/Schwarz/Schwarz; Stadion: Charilaou, 30 000 Plätze.

Spieler (Auswahl): A. Charisteas – T. Dellas – K. Konstantinidis – A. Panagoulias – G. Pantziaras. – **Trainer** (Auswahl): D. Cramer – B. Krauss – T. Libregts – A. Panagoulias.

2) Iraklis Saloniki, eigtl. »GS Iraklis Thessaloniki« (Gymnasikos Syllogos Iraklis Thessaloniki), gegr. 1908; Spielkleidung: Weiß/Blau/Weiß; Stadion: Kaftantzoglio, 29 080 Plätze. – INTERNET: www.iraklis-fc.gr

Spieler (Auswahl): T. Mavros – M. Pantelic – A. Reinke. – **Trainer** (Auswahl): D. Ferner – T. Libregts – F. Rausch.

3) PAOK Saloniki, eigtl. »AS PAOK« (Athlitikos Syllogos Panthessalonikos Athlitikos Omilos Konstantinoupoliton), gegr. 1926 (seit 1980 Profifußball); Spielkleidung: Schwarz-Weiß/Schwarz/Weiß; Stadion: Toumbas, 29 000 Plätze. – INTERNET: www.paok.com

Spieler (Auswahl): F. Akyel – T. Zagorakis. – **Trainer** (Auswahl): D. Bajevic – R. Fringer – G. Lóránt – L. Petrović – A. Valencia.

Salou, Bachirou, dt. Angriffsspieler togoischer Herkunft (seit 2000 dt. Staatsbürgerschaft), *15. September 1970 Lomé; Stürmer; bis 1989 Agaza Omnisports Club Lomé, 1989/90 Panthere Sportive de Bangangte (Kamerun), 1990–95 Borussia Mönchengladbach, 1995–98 MSV Duisburg, 1998/99 Eintracht Frankfurt, 2000–03 FC Hansa Rostock, 2004 Alemannia Aachen, 2004/05 AS Eupen (Belgien); 254 Bundesligaspiele (51 Tore); 40 Länderspiele (1989–99).

Matthias Sammer

Salzburg, Österreich, **1) RB Salzburg,** eigtl. »Red Bull Salzburg«, entstand am 13. September 1933 durch Fusion von Hertha Salzburg und FC Rapid Salz-burg, 1942–44 SG Salzburg, 1944–78 SV Austria Salzburg, 1978–97 SV Casino Salzburg, 1997–2005 Wüstenrot Salzburg, seitdem Red Bull Salzburg; Spielkleidung: Blau; Stadion: Wals-Siezenheim, 30 200 Plätze (EM-Stadion 2008). – INTERNET: www.redbull-salzburg.at

Spieler (Auswahl): M. Amerhausen – R. Aufhauser – O. Bierhoff – W. Feiersinger – E. Glieder – W. Hartwig – R. Hasenhüttl – M. Hiden – A. Ibertsberger – A. Ivanschitz – R. Kirchler – A. Knavs – J. Krankl – H. Laessig – T. Linke – V. Lokvenc – W. M. Mair – A. Manninger – C. Mayrleb – H. Peifenberger – J. Pollak – F. Roth – M. Schopp – H. Weber – T. Willi – A. Zickler. – **Trainer** (Auswahl): O. Barić – K. Jara – H. Krankl – E. Probst – G. Starek – H. Weber.

2) Salzburger AK, eigtl. »Salzburger AK 1914« (Salzburger Athletiksportklub 1914), gegr. am 24. Juni 1914; Spielkleidung: Blau/Gelb/Blau; Stadion: SAK-Sportplatz Nonntal, 6000 Plätze. – INTERNET: www.sak1914.at

Spieler (Auswahl): W. Zeman.

Salzburger Fußballverband, Abk. **SFV,** einer der 9 Landesverbände des Österr. Fußball-Bundes (→ÖFB), gegr. 1921, Sitz: Salzburg. INTERNET: www.sfv.at

Salzburger Fußballverband (Gründungsjahre der ältesten Vereine)	
Salzburger AK 1914	1914
Salzburger SK 1919	1919
Oberndorfer Sportklub	1920
FC Itzling Salzburg	1920
FC Nordstern Salzburg	1920

Sambia, engl. **Zambia,** Republik im südl. Afrika, 752 614 km², 10,307 Mio. Ew.; Verband: Football Association of Zambia, Abk. FAZ, gegr. 1929, Sitz: Lusaka; Mitglied der FIFA und der CAF seit 1964; Spielkleidung: Weiß-Grün/Grün-Weiß/Weiß-Grün.

Sammer, 1) Klaus, dt. Trainer, *5. Dezember 1942 Gröditz (Sachsen), Vater von 2); war Mittelfeldspieler: 1954–62 BSG Stahl bzw. TSG Gröditz, 1962–65 SC Einheit Dresden, 1965–75 SG Dynamo Dresden; 183 Oberligaspiele (27 Tore); 17 Länderspiele (1970–73). – Später Trainer: 1977–83 und 1987–92 (Nachwuchs, Amateure), 1983–86 (Oberliga) SG Dynamo Dresden (PS 1984, 1985), 1992/93 1. FC Dynamo Dresden. – **2)** Matthias, dt. Trainer, *5. September 1967 Dresden, Sohn von 1); war Mittelfeldspieler: 1972–90 SG

Dynamo Dresden, 1990–92 VfB Stuttgart, 1992 Inter Mailand, 1992–97 Borussia Dortmund; 102 (DDR-)Oberligaspiele (39 Tore); 23 Länderspiele für die DDR (1986–90; 6 Tore); 178 Bundesligaspiele (41 Tore); 51 Länderspiele für Deutschland (1990–97; 8 Tore); EM-Endrunde 1992, 1996 (Europameister); Europas Fußballer des Jahres 1996; in Deutschland Fußballer des Jahres 1995, 1996. – Später Trainer: 2000–04 Borussia Dortmund (LM 2002), 2004/05 VfB Stuttgart. Seit 2006 Sportdirektor beim DFB.

M. Sammer
»Die Einstellung ist wichtiger als die Aufstellung.«

Samoa, bis 1996 ***Westsamoa,*** unabhängiger Staat im Pazifik, auf den Samoainseln, 29441 km², 178200 Ew.; Verband: Samoa Football Soccer Federation, Abk. SFSF, gegr. 1968, Sitz: Apia; Mitglied der FIFA und der OFC seit 1986; Spielkleidung: Blau-Weiß-Rot/Blau-Weiß/Rot-Blau. – INTERNET: www.soccersamoa.ws

Samsunspor, eigtl. »Samsunspor K« (Samsunspor Kulübü), Türkei (Samsun), gegr. 1965; Spielkleidung: Rot/Weiß/Weiß; Stadion: 19 Mayis, 13000 Plätze. – INTERNET: www.samsunspor.org.tr
Spieler (Auswahl): T. Çolak – I. Mansiz. – **Trainer** (Auswahl): H. Hrubesch – M. Krüger.

Samuel, Adrian Walter, argentin. Abwehrspieler, *22. März 1978 Firmat; 1996/97 Newell's Old Boys, 1997–2000 Boca Juniors Buenos Aires, 2000–04 AS Rom, 2004/05 Real Madrid, 2005/06 Inter Mailand; 30 Länderspiele (seit 1999); WM-Endrunde 2002.

Sánchez, 1) Leonel Lineros, chilen. Angriffsspieler (Linksaußen), *25. Mai 1936 Santiago de Chile; 1953–70 Universidad de Chile; 62 Länderspiele (1959–69; 28 Tore); WM-Endrunde 1962, 1966. – **2)** Hugo Márquez, mexikan. Trainer, *11. Juni 1958 Mexiko City; war Angriffsspieler: 1975–78 UNAM »Los Pumas«, 1979/80 San Diego Soccers (USA), 1981–85 Atlético Madrid, 1985–92 Real Madrid, 1992/93 CF América, 1993/94 Rayo Vallecano, 1994/95 FC Atlante (Mexiko), 1995 FC Keli Linz 1886 FC Dallas (USA); 60 Länderspiele (1977–94; 29 Tore); WM-Endrunde 1978, 1986, 1994; in Mexiko Fußballer des Jahres 1987; Europas Torschützenkönig 1990 (38, mit C. Stoichkov). – Später Trainer: 2001–05 UNAM »Los Pumas« (LM 2004, 2005). – **3)** Oswaldo, mexikan. Torhüter, *21. September 1973 Guadalajara; 1995 Atlas Guadalajara, 1996–99 CF América, 1999–2005 Deportivo Guadalajara; 58 Länderspiele; WM-Endrunde 1998 (nicht eingesetzt).

Hugo Sánchez

Ebbe Sand

Sand, Ebbe, dän. Angriffsspieler, *19. Juli 1972 Hadsund; bis 1992 Hadsund BK, 1992–99 Bröndby IF, 1999–2006 FC Schalke 04; 196 Bundesligaspiele (71 Tore); Bundesliga-Torschützenkönig 2001 (22, mit S. Barbarez); 66 Länderspiele (22 Tore); WM-Endrunde 1998, 2002; EM-Endrunde 2000, 2004; in Dänemark Fußballer des Jahres 2001.

Sander, Patrick, dt. Trainer, *17. November 1960 Quedlinburg (Sachsen-Anhalt); war Angriffsspieler: 1981/82 und 1988–91 BSG Energie Cottbus; 80 Oberligaspiele (27 Tore). – Später Trainer: 1997–2006 FC Energie Cottbus (1997–2004 Trainerassistent, 2004–06 Cheftrainer).

Sandhausen, SV (Sportvereinigung Sandhausen), Deutschland (Baden-Württemberg), gegr. am 1. August 1916, 1943 Fusion mit TSV Walldorf und VfB Wiesloch zu KSG Walldorf-Wiesloch, 1945 aufgelöst und als SG Sandhausen neu gegr., seit 1951 SV Sandhausen; Spielkleidung: Weiß/Schwarz/Schwarz; Stadion: Hardtwaldstadion, 10600 Plätze. – INTERNET: www.svsandhausen.de
Spieler (Auswahl): H.-D. Flick – M. Münch –**Trainer** (Auswahl): H.-J. Boysen – W. Entenmann – G. Sebert.

Sándor, Károly, ungar. Angriffsspieler (Rechtsaußen), *28. Dezember 1928 Moraváros; 1947–65 Vörös Lobogó, Bastya, Textiles und MTK Budapest; 75 Länderspiele (1949–64; 27 Tore); WM-Endrunde 1958, 1962.

Sané, Souleyman (»Sammy«), senegales. Angriffsspieler (in Frankreich aufgewachsen), *26. Februar 1961 Dakar; 1971–73 Viry Sur-Seine, 1973–78 Blagniac, 1978–82 Viry Chatillon, 1982–85 FV Donaueschingen, 1985–88 SC Freiburg, 1988–90 1. FC Nürnberg, 1990–94 SG Wattenscheid 09; 174 Bundesligaspiele (51 Tore); Zweitliga-Torschützenkönig 1988 (21); 16 Länderspiele (4 Tore).

»sanfte Tore«, Treffer, die nicht durch kraftvolle Torschüsse, sondern mittels techn. Raffinesse und mit »Köpfchen« erzielt werden; attraktive und sehenswerte Aktionen. Dies geschieht z. B., indem man den Torhüter durch angeschnittene, »gelupfte« oder geschobene Bälle (nach angetäuschtem Schuss) »verlädt«.

Sankt Gallen, FC (Fußballclub Sankt Gallen, FC St. Gallen), Schweiz, gegr. am 19. April 1879 (ältester schweizer. Verein), 1896 Anschluss von FC Victor St. Gallen, 1898 Fusion mit SC Phönix St. Gallen zu Vereinigter FC St. Gallen, seit 1903 FC St. Gallen; Spielkleidung: Weiß-Grün/Weiß/Grün-Weiß; Stadion: Espenmoos, 13 700 Plätze. – INTERNET: www.fcsg.ch

Spieler (Auswahl): R. Gilewicz – J. Gorgon – C. Gross – L. Jurkemik – R. Nafziger – J. Stiel – M. Tardelli – A. Veh – M. Walker – F. Wiblishauser – H. Yakin – I. Zamorano – M. Zwyssig. – **Trainer** (Auswahl): K. Jara – H. Johannsen – U. Klimaschefski – M. Koller – R. Loose – W. Olk – A. Sing.

Sankt Petersburg, Zenit, eigtl. »FK Sankt Petersburg« (Futbolnyi Klub Zenit Sankt Petersburg), Russland, gegr. 1931 als Krasnaya Zarya Leningrad, 1938–40 Elektrik Leningrad, 1940 Fusion mit Stalinets Leningrad und Zenit 2 Leningrad zu DSO Zenit Leningrad, seit 1991 FK St. Petersburg; Spielkleidung: Blau/Weiß/Weiß; Stadion: Petrovsky, 22 000 Plätze. – INTERNET: www.fc-zenit.ru

Spieler (Auswahl): S. Salnikow.

Sankt Pölten, SKN (Sportklub Niederösterreich Sankt Pölten), Österreich (Niederösterreich), gegr. 1920 als ASK Schwarze Elf St. Pölten, 1973 Fusion mit BSV Turbine Voith St. Pölten und FC St. Pölten zu VSE St. Pölten, 1984 Fusion mit SV Gablitz zu SG VSE St. Pölten-Gablitz, 1989 Beendigung der Fusion und Umbenennung in VSE Eger Schwarz-Elf St. Pölten, 1998 Fusion mit SV Gerasdorf zu FCN St. Pölten, seit 2000 SKN St. Pölten; Spielkleidung: Gelb/Blau/ Blau; Stadion: Voith-Platz, 10 000 Plätze. – INTERNET: www.sknstpoelten.com

Spieler (Auswahl): F. Binder – M. Kempes – A. Panenka – I. Vastic.

San Lorenzo de Almagro, Argentinien: → Buenos Aires [7].

San Marino, Republik im mittleren Italien, 61 km², 28 100 Ew.; Verband: Federazione Sammarinese Giuoco Calcio, Abk. FSGC, gegr. 1931, Sitz: San Marino; Mitglied der FIFA und der UEFA seit 1988; Spielkleidung: Hellblau. – INTERNET: www.fsgc.sm

Sanneh, Anthony, US-amerikan. Abwehrspieler, *1. Juni 1971 Minnesota; 1998–2001 Hertha BSC, 2001–04 1. FC Nürnberg, 2004 Columbus Crew (USA), 2005 Chicago Fire; 77 Bundesligaspiele (5 Tore); 6 Länderspiele; WM-Endrunde 2002.

> **A. Sanneh**
> »Das war ein typisches deutsches Spiel. Die können noch so schlecht spielen, sie gewinnen immer.«

Sanogo, Boubacar, Angriffsspieler der Elfenbeinküste, *17 Dezember 1982 Dimbroko; 1997–99 Siroco FC, 1999–2002 Espereance Tunis, 2002–05 Al-Ain (VAE), 2005/06 1. FC Kaiserslautern; 9 Bundesligaspiele (3 Tore).

San Sebastián, Real Sociedad, Spanien, eigtl. »Real Sociedad de Fútbol San Sebastián«, Spanien, gegr. 1903 als Club Ciclista San Sebastián, 1909 Fusion mit San Sebastián FC zu Sociedad de Futbol San Sebastián, 1910 Umbenennung in Club Vasconia San Sebastián und im gleichen Jahr in Real Sociedad de Futbol San Sebastián, 1931–40 Donostia FC San Sebastián, seitdem Real Sociedad de Fútbol San Sebastián; Spielkleidung: Blau-Weiß/Weiß/Blau-Weiß; Stadion: Anoeta, 32 082 Plätze. – INTERNET: www.realsociedad.com

Spieler (Auswahl): L. Arconada – E. Jankauskas – D. Kühbauer – Xabi Alonso – J. M. Zamora. – **Trainer** (Auswahl): J. Clemente – B. Krauss – J. Toshack.

Sansibar, Landesteil von → Tansania, umfasst die Inseln Unguja Island im Süden und Pemba im Norden, zusammen 2644 km², 640 600 Ew.; Verband: Zanzibar Football Association, Abk. ZFA, gegr. 1926, Sitz: Sansibar; Mitglied der CAF seit 2000; Spielkleidung: Grün/Rot/Rot.

San Siro, Italien: Stadtteil von Mailand, Standort des → »Giuseppe Meazza«.

Santa Cruz, Roque Luis, paraguay. Angriffsspieler (auch span. Staatsbürgerschaft), *16. August 1981 Asunción; bis 1999 Olimpia Asunción, 1999–2006 FC Bayern München; 123 Bundesligaspiele (28 Tore); 40 Länderspiele für Paraguay; WM-Endrunde 2002.

Santamaria, José Emilio, uruguay. Trainer (auch span. Staatsbürgerschaft), *6. Juni 1930 Montevideo; war Abwehrspieler (Stopper): 1950–56 Nacional Montevideo, 1957–65 Real Madrid; 35 Länderspiele für Uruguay (1951–56), 17 für Spanien (1958–62); WM-Endrunde 1954 (Uruguay), 1962 (Spanien). – Später Trainer: 1966/67 Real Madrid (Amateure), 1968–71 Spanien (Olympiaauswahl), 1971–77 Español Barcelona, 1977–82 Spanien (Nationalmannschaft [1977–80 Trainerassistent, 1980–82 Cheftrainer]; WM-Endrunde 1982).

Santana, Telé da Silva, brasilian. Trainer, *26. Juli 1933; war Angriffsspieler: América Recreativo do São José del Rei, Fluminense Rio de Janeiro, Atlético Mineiro Belo Horizonte, FC São Paulo, Botafogo Rio de Janeiro, Grêmio Pôrto Alegre und Palmeiras São Paulo. – Später Trainer: 1980–82 Brasilien (Nationalmannschaft; WM-Endrunde 1982), 1982–86 Al-Ahli (Saudi-Arabien), 1986 Brasilien (Nationalmannschaft; WM-Endrunde 1986), 1987/88 Atlético Mineiro Belo Horizonte, 1988–90 Flamengo Rio de Janeiro, 1990 Palmeiras São Paulo, 1990–93 FC São Paulo.

Santander, Racing, eigtl. »Real Club Racing Santander«, Spanien, gegr. 1913 als Racing Santander, 1940–72 Real Santander Sociedad Deportiva, seit 1972 Real Club Racing Santander; Spielkleidung: Weiß/Schwarz/Schwarz; Stadion: Campos de Sport de El Sardinero, 22 500 Plätze. – INTERNET: www.realracingclub.es

Spieler (Auswahl): V. Bestchastnykh – T. Christiansen – F. L. Gento – I. Helguera – M. Múñoz – C. A. G. Santillana.

Santiago Bernabéu, Vereinsstadion von Real Madrid inmitten der span. Hauptstadt, eingeweiht 1947; nach Erweiterung 95 000 Plätze, nach Rekonstruktion (1982) 90 200 Plätze, jetzt 74 309 Plätze; WM-Finale 1982, EM-Finale 1964.

Santiago de Chile, Chile, **1) Colo Colo Santiago,** eigtl. »Deportivo Colo Colo« (Club Social y Deportivo Colo Colo), gegr. 1925; Spielkleidung: Schwarz/Weiß/Weiß; Stadion: David Arellano »El Monumental«, 62 500 Plätze. – Internationale Erfolge: Copa Libertadores de América 1991. – INTERNET: www.csdcolocolo.com

Spieler (Auswahl): E. Figueroa – I. Zamorano. – **Trainer** (Auswahl): F. Costa – F. Puskás.

2) Universidad Católica, eigtl. »CD Universidad Católica« (Club Deportivo Universidad Católica), gegr. 1935; Spielkleidung: Rot/Weiß/Rot; Stadion: San Carlos de Apoquindo, 20 000 Plätze. – INTERNET: www.vestigios.cl

Spieler (Auswahl): N. R. Gorosito – J. M. Morena.

3) Universidad de Chile (Corporación de Fútbol de la Universidad de Chile), gegr. 1928; Spielkleidung: Blau/Rot/Blau-Rot; Stadion: Estadio Nacional de Chile, 77 000 Plätze. – INTERNET: www.la-uoficial.cl

Spieler (Auswahl): H. Asprilla – M. Sálas – L. Sánchez.

Santillana, Carlos Alonso Gonzáles, span. Angriffsspieler, *23. August 1952 Santillana del Mar; 1962–70 Rayo Cantabria, 1970/71 Racing Santander, 1971–87 Real Madrid; 56 Länderspiele (1975–85; 15 Tore); WM-Endrunde 1978, 1982; EM-Endrunde 1980, 1984.

Santini, Jacques, Frankreich, frz. Trainer, *25. April 1952 Delle; war Mittelfeldspieler: 1964–69 CS Fechois, 1969–81 AS St.-Étienne, 1981–83 SC Montpellier Pallaide SC. – Später Trainer: 1983–85 CS Lisieux (Spielertrainer), 1985–89 FC Toulouse, 1989–92 OSC Lille, 1992–94 AS St.-Étienne, 1994/95 FC Sochaux, 1995–97 FFF (Verbandstrainer), 1997–2002 Olympique Lyon (1997–2000 Techn. Direktor, 2000–02 Cheftrainer; LM 2002), 2002–04 Frankreich (Nationalmannschaft; EM-Endrunde 2004), 2004 Tottenham Hotspur, 2005/06 AJ Auxerre; Welt-Nationaltrainer des Jahres 2003.

Santos, 1) eigtl. »Francileudo Silva dos Santos«, tunes. Angriffsspieler brasilian. Herkunft, *20. März 1979 Vedaca; 1996–98 Standard Lüttich, 1998–2000 ES Sahel (Tunesien), 2000–05 FC Sochaux, 2005/06 FC Toulose; 18 Länderspiele für Tunesien (seit 2004; 13 Tore). – **2)** Brasilien: → Djalma Santos. – **3)** → Brasilien: Nilton Santos.

Santos, FC, eigtl. »Santos FC« (Santos Futebol Clube), Brasilien, gegr. 1912 (seit 1933 Profifußball); Spielkleidung: Weiß; Stadion: Vila Belmiro, 28 200 Plätze. – Internationale Erfolge: Copa Libertadores de América 1962, 1963; Weltpokal 1962, 1963. – INTERNET: www.santosfc.com.br

Spieler (Auswahl): Athirson – Carlos Alberto – T. Clodoaldo – Coutinho – C. Dunga – Edmundo – Edu – Gilmar – Jair da Costa – Luizão – Marcelinho – Mauro Ramos – C. L. Menotti – K. Miura – G. Nery – Pelé – P. Rink – Robinho – Sócrates – Tostao – Zito. – **Trainer** (Auswahl): É. Leão – V. Luxemburgo – A. Moreira – C. Parreira.

São Paulo, Brasilien, **1) Corinthians São Paulo,** eigtl. »SC Corinthians Paulista« (Sport Club Corinthians Paulista), gegr. 1910; Spielkleidung: Weiß/Schwarz/Schwarz-Weiß; Stadion: Pacaembu, 38 000 Plätze. – INTERNET: corinthians.com.br

Spieler (Auswahl): F. Baiano – Brito – W. Casagrande – Cris – Deco – Dida – C. Dunga – Edmundo – Edu – Ewerthon –Garrincha – É. Leão – Leonardo – Luizão – G. Nery – L. Paulo César – Paulo Sérgio – Rivaldo – R. Rivelino – Sócrates. – **Trainer** (Auswahl): R. Goethals – V. Luxemburgo – A. Moreira – C. Parreira – D. Passarella

2) FC São Paulo, eigtl. »São Paulo FC« (São Paulo Futebol Clube), entstand 1930 durch Fusion von CA Paulistano und AA Palmeiras zu São Paulo da Floresta (seit 1933 Profifußball), 1935 aufgelöst und als São Paulo FC neu gegr.; Spielkleidung: Weiß; Stadion: Morumbi, 80 000 Plätze. – Internationale Erfolge: Copa Libertadores de América 1992,1993, Weltpokal 1992, 1993. – INTERNET: www.saopaulofc.com.br

Spieler (Auswahl): Alemão – Amoroso – J. C. Baptista – –Bellini – J. O. Bernardini – M. Bordon – Cafú – Careca – W. Casagrande – P. R. Falcão – França – A. Friedenreich – Gérson – Denilson – Gilmar – Kaká – Leonidas – Leonardo – Marcelinho – Mauro Ramos – L. Mazurkiewicz – Müller – G. Nery – L. Paulo César – Rafinha – Rai – P. Rocha – T. Santana – Serginho – Zito. – **Trainer** (Auswahl): Didi – V. Feola – B. Guttmann – A. Moreira – J. A. Moreira – C. Parreira – T. Santana.

3) Palmeiras São Paulo, eigtl. »SE Palmeiras« (Sociedade Esportiva Palmeiras), gegr. 1914 als Palestra Itália, seit 1942 SE Palmeiras; Spielkleidung: Grün/Weiß/Grün-Weiß; Stadion: Pelestra Itália, 32 000 Plätze. – Internationale Erfolge: Copa Libertadores de América 1999. – INTERNET: palmeiras.com.br

Spieler (Auswahl): Alex – A. Alves – L. Artime – F. Asprilla – Cafú – F. Conceiçao – Deco – Djalma Santos – É. Leão – Luizão – Mazzola – A. Moreira – J. A. Moreira – Rivaldo – Roberto Carlos – J. V. Roque Júnior – T. Santana – Vavá. – **Trainer** (Auswahl): É. Leão – A. Moreira – T. Santana – L. F. Scolari.

São Tomé und Príncipe, Staat in Westafrika, 1101 km², 175 900 Ew.; Verband: Federação Santomese de Futbol, Abk. FSF, gegr. 1975, Sitz: São Tomé; Mitglied der FIFA seit 1986, der CAF seit 1987; Spielkleidung: Grün-Rot/Gelb/Grün. – INTERNET: www.fsf.st

Saporoshje, Metalurg, eigtl. »FK Metalurg Saporoshje« (Futbolnyj Klub Metalurg Saporoshje), Ukraine, gegr. 1935 als Stal Saporoshje, seit 1950 FK Metalurg Saporoshje; Spielkleidung: Rot/Weiß/Weiß; Stadion: Metalurg, 24 000 Plätze. – INTERNET: www.fcmetalurg.com.ua

Saragossa, Real, eigtl. »Real Zaragoza CD« (Real Zaragoza Club Deportivo), Spanien, entstand 1932 durch Fusion von Real Zaragoza FC und Iberia SC Zaragoza; Spielkleidung: Weiß-Blau/Blau/Blau; Stadion: La Romareda, 34 596 Plätze. – Internationale Erfolge: Messepokal 1964.

Spieler (Auswahl): R. Antic – A. Brehme – Cafú – J. L. Chilavert – Ewerthon – Jordão – D. Mateut – F. Morientes – F. Rijkaard – R. Sosa – J. Valdano – Victor – D. Villa. – **Trainer** (Auswahl): R. Antic – L. Beenhakker – V. Boskov – A. Ramallets.

Sarajevo, Bosnien und Herzegowina, **1) FK Sarajevo** (Fudbalski Klub Sarajevo), gegr. 1946; Spielkleidung: Rot/Weiß/Rot; Stadion: Olimpijski Stadion Kosevo, 34 600 Plätze. – INTERNET: www.fcsarajevo.com

Spieler (Auswahl): A. Ristic – B. Zivkovic.

2) Zeljeznicar Sarajevo, eigtl. »NK Željezničar Sarajevo« (Nogometni Klub Željezničar Sarajevo), gegr. 1923; Spielkleidung: Blau/Weiß/Blau; Stadion: Grbavica, 20 000 Plätze. – INTERNET: www.nkzeljeznicar.co.ba

Spieler (Auswahl): I. Osim. – **Trainer** (Auswahl): I. Osim.

Sárosi, György, war ungar. Angriffsspieler (Dr.), *5. August 1912 Budapest; 1929–43 Ferencváros FC; 61 Länderspiele (1931–43; 42 Tore); WM-Endrunde 1934, 1938.

Sarsfield, Vélez, Argentinien: → Buenos Aires [8].

Satrapa, Heinz, dt. Angriffsspieler (Mittelstürmer), *7. Juli 1927 Zwickau; 1937–45 VfL Zwickau, 1945/46 Empor Zwickau-Nord, 1946–48 Zwickau-Mitte, 1948–52 SG Planitz, ZSG Horch bzw. BSG Motor Zwickau, 1952–56 BSG Wismut Aue bzw. SC Wismut Karl-Marx-Stadt, 1956–58 BSG Empor Zwickau-Nord, 1958–60 BSG Chemie Glauchau; 142 Oberligaspiele (88 Tore); Oberliga-Torschützenkönig 1950 (23), 1954 (21, mit S. Vollrath [*1928, BSG Turbine Erfurt]). – Später Trainer: 1960–64 BSG Chemie Glauchau, 1964–66 BSG Aktivist Karl Marx Zwickau, 1966–68 BSG Motor WEMA Plauen, 1968–70 BSG Motor Bautzen.

»sauber«, 1) fair. – **2)** vorbildlich oder genau, z. B. ein 'sauberer' Torschuss oder ein 'sauberes' Zuspiel.

Saudi-Arabien, Königreich in Arabien, 1,961 Mio. km², 24,294 Mio. Ew.; Verband: Saudi Arabian Football Federation, Abk. SAFF, gegr. 1959, Sitz: Riad; Mitglied der FIFA und der AFC seit 1959; Spielkleidung: Weiß/Grün/Weiß. – Erfolge: Asienmeister 1984, 1988, 1996. – Klubs (Auswahl): Al-Ahli, Al-Hilal, Al-Ittihad, Al-Nasr, Al-Shabab.

Saunders, Dean, walis. Angriffsspieler, * 21. Juni 1964 Swansea; 1981–90 Swansea City, Cardiff City, Brighton & Hove Albion sowie Oxford United, 1990/91 Derby County, 1991/92 Manchester United, 1992 FC Liverpool, 1992/93 Aston Villa; 27 Länderspiele (9 Tore).

Savarov, Alexander, ukrain. Mittelfeldspieler, * 26. April 1961 Woroschilowgrad (heute: Lugansk); 1979/80 Sarja Woroschilowgrad, 1980–82 Rostselmash Rostow, 1983–88 Dynamo Kiew, 1988–90 Juventus Turin, 1990–93 AS Nancy-Lorraine; 45 Länderspiele für die UdSSR (seit 1985; 6 Tore); WM-Endrunde 1986, 1990; EM-Endrunde 1988.

Savicevic, Dejan, montenegrin. Mittelfeldspieler, * 15. September 1966 Titograd (heute: Podgorica); 1976–88 OFK und Buducnost Titograd, 1988–92 Roter Stern Belgrad, 1992–98 AC Mailand, 1998/99 Roter Stern Belgrad, 1999–2001 Rapid Wien; 56 Länderspiele für Jugoslawien (1986–99; 19 Tore); WM-Endrunde 1990, 1998; in Jugoslawien Fußballer des Jahres 1991. – Später Trainer: 2002/03 Serbien und Montenegro (Nationalmannschaft).

Saviola, Javier, argentin. Angriffsspieler, * 11. Dezember 1981 Belgrano (zu Buenos Aires); bis 1990 Club Ateneo Colegials, 1990–2001 River Plate Buenos Aires, 2001–04 FC Barcelona, 2004/05 AS Monaco, 2005/06 FC Sevilla; 28 Länderspiele (seit 2000; 9 Tore); Olympiasieger 2004; Südamerikas Fußballer des Jahres 1999.

»Sbornaja«, Bez. für die Nationalmannschaft Russlands.

Scala, Nevio, italien. Trainer, * 22. November 1947 Lozzo Attestino; war Mittelfeldspieler: 1963–66 AC Mailand, 1966/67 AS Rom, 1967–69 AC Mailand, 1969–71 Lanerossi AC Vicenza, 1971–73 AC Florenz, 1973–75 Inter Mailand, 1975/76 AC Mailand, 1976–79 US Foggia, 1979/80 Monza Calcio. – Später Trainer: 1982–87 SS Lanerossi Vicenza (Jugend), 1987–89 Reggina Calcio, 1989–96 AC Parma (PS 1992, EC II 1993, EC III 1995), 1996/97 AC Perugia, 1997/98 Borussia Dortmund (Weltpokal 1997), 2000/01 Besiktas Istanbul, 2001/02 Schachtjor Donezk, 2004 Spartak Moskau.

> **N. Scala**
> »Italienische Profis beenden einen 100-m-Sprint gern nach 90 Metern, bei deutschen muss ich aufpassen, dass sie nicht 110 Meter rennen«.

Scarone, Héctor Pedro, uruguay. Angriffsspieler, * 26. November 1898, † 4. April 1967; 1914–30 Nacional Montevideo (1926 kurzzeitig FC Barcelona), danach AS Ambrosiana bzw. Inter Mailand, AC Florenz und AC Neapel; 73 Länderspiele (1919–30); Weltmeister 1930; Olympiasieger 1924, 1928.

Schaaf, Thomas, dt. Trainer, * 30. April 1961 Bremen; war Abwehrspieler: bis 1972 BBV Union Bremen, 1972–95 SV Werder Bremen; 262 Bundesligaspiele (13 Tore). – Später Trainer: 1993–2006 SV Werder Bremen (1993–95 A-Jugend, 1995–99 Amateure, 1999–2006 Cheftrainer (PS 1999, LM und PS 2004); in Deutschland Trainer des Jahres 2004.

> **T. Schaaf**
> »Wir haben zumindest die Zweikämpfe nicht verloren. Aber nur, weil wir nicht in sie hineingekommen sind.«

Schachner, Walter, österr. Trainer, * 1. Februar 1957 Leoben; war Angriffsspieler: 1974/75 St. Michael, 1975–78 DSV Alpine, 1978–81 Austria Wien, 1981–83 AC Cesena, 1983–86 Turin Calcio, 1986–88 US Avellino, 1988/89 Sturm Graz, 1989/90 DSV Alpine, 1990–92 SR Donaufeld, 1992 DSV Alpine; 64 Länderspiele (1976–86; 23 Tore); WM-Endrunde 1978, 1982; in Österreich Fußballer des Jahres 1976, 1978, 1979; in Österreich Torschützenkönig 1979 (24), 1980 (34). – Später Trainer: 1999/2000 FC Zeltweg, 2000–02 FC Kärnten, 2002 Austria Wien, 2002–05 Grazer AK (PS 2002, LM 2004), 2006 TSV München 1860.

Schade, Hartmut, dt. Mittelfeldspieler, * 13. November 1954 Radeberg (Sachsen); Mittelfeldspieler; 1964–69 BSG Robotron Radeberg, 1969–84 SG Dynamo Dresden; 198 Oberligaspiele (34 Tore); 31 Länderspiele (1975–80; 5 Tore).

Schädlich, Gerd, dt. Trainer, * 30. Dezember 1952 Rodewisch (Sachsen); war Mittelfeldspieler: bis 1972 TSG Rodewisch, 1972–76 FC Karl-Marx-Stadt; 25 Oberligaspiele (2 Tore). – Später Trainer: 1978–81 BSG Motor Scharfenstein, 1982–85 dkk Aufbau Krumhermersdorf, 1986/87 BSG Aktivist Schwarze Pumpe, 1987–90 dkk Krumhermersdorf, 1990 BSG Stahl Riesa, 1991–96 FSV Zwickau, 1997 FC Sachsen Leipzig, 1998/99 FSV Hoyerswerda, 1999–2006 FC Erzgebirge Aue.

Schaefer, Manfred, austral. Abwehrspieler dt. Herkunft (seit 1954 in Australien), * 12. Februar 1943 Königsberg (russ. Kaliningrad); St. George Budapest SC (Sydney); 73 Länderspiele für Australien; WM-Endrunde 1974.

Hans Schäfer

Schäfer, 1) Hans, dt. Angriffsspieler (Linksaußen), *19. Oktober 1927 Köln-Zollstock; 1936–47 Rot-Weiß Zollstock, 1947/48 SV Volkmarsen-Kassel, 1948–65 1. FC Köln; 357 (West-)Oberligaspiele (223 Tore); 39 Bundesligaspiele (20 Tore); 39 Länderspiele (1952–62; 15 Tore); WM-Endrunde 1954 (Weltmeister), 1958, 1962; in der BRD Fußballer des Jahres 1963. – Später Trainer: 1966–69 1. FC Köln (Trainerassistent). – **2)** Raphael, dt. Torhüter, *30. Januar 1979 Hildesheim (Niedersachsen); 1977–91 SC Drispenstedt, 1991–98 Hannover 96, 1998–2001 VfB Lübeck, 2001–06 1. FC Nürnberg; 44 Bundesligaspiele. – **2)** Winfried, dt. Trainer, *10. Januar 1950 Mayen (Rheinland-Pfalz); war Angriffsspieler: 1960–68 TuS Mayen, 1968–70 Borussia Mönchengladbach, 1970–75 Kickers Offenbach, 1975–77 Karlsruher SC, 1977–85 Borussia Mönchengladbach; 403 Bundesligaspiele (46 Tore). – Später Trainer: 1982–86 Borussia Mönchengladbach (1982–85 Amateure, 1985/86 Scout), 1986–98 Karlsruher SC, 1998 VfB Stuttgart, 1999/2000 Tennis Borussia, 2001–04 Kamerun (Nationalmannschaft; Afrikameister 2002, WM-Endrunde 2002), 2005/06 Al-Ahly (VAE).

Winfried Schäfer

H. Schäfer
»Wir brauchten nur einen, der draußen an der Linie rumhüpft. Spielen konnten wir selber.«

Schaffer, Alfréd, ungar. Angriffsspieler (Mittelstürmer), *13. August 1893 Preßburg (heute: Bratislava), †30. August 1945 Prien am Chiemsee (Bayern); 1901–19 MTK Budapest, 1919/20 1. FC Nürnberg, danach FC Basel, Austria Wien und Sparta Prag; 15 Länderspiele (1915–19; 16 Tore). – Später Trainer: Wacker München, 1. FC Nürnberg, Eintracht Frankfurt, FC Bayern München, AS Rom (LM 1942); betreute 1938 Ungarn (Nationalmannschaft; WM-Endrunde 1938).

Schaffhausen, FC (Fußballclub Schaffhausen), Schweiz, gegr. 1896 als FC Viktoria Schaffhausen, 1904 Fusion mit Grasläufer Schaffhausen und Young Boys Schaffhausen zu FC Schaffhausen; Spielkleidung: Weiß/Schwarz/Weiß; Stadion: Breite Stadion, 7500 Plätze. – INTERNET: www.fcschaffhausen.ch

Spieler (Auswahl): A. Allemann – J. Löw – M. Rama. – **Trainer** (Auswahl): J. Derwall – R. Fringer.

Schafstall, Rolf, dt. Trainer, *22. Februar 1937 Duisburg; war Abwehrspieler: Hamborn 07. – Später Trainer: 1974–76 MSV Duisburg (Jugend), 1976/77 Landesverband Nordbaden, 1977/78 MSV Duisburg (Trainerassistent), 1978 Karlsruher SC, 1978/79 MSV Duisburg, 1979–81 Rot-Weiss Essen, 1981–86 VfL Bochum, 1986/87 FC Schalke 04, 1987–89 Bayer 05 Uerdingen, 1989/90 VfL Osnabrück, 1991/92 Fortuna Düsseldorf, 1992 BSV Stahl Brandenburg, 1992/93 Stuttgarter Kickers, 1993/94 Hannover 96, 1999 1. FC Dynamo Dresden, 2001 VfL Bochum.

Schalimow, Igor (auch **Shalimov**), russ. Mittelfeldspieler, *2. Februar 1969 Moskau; 1986–91 Spartak Moskau, 1991/92 Foggia Calcio, 1992–94 Inter Mailand, 1994/95 MSV Duisburg, 1995/96 FC Lugano, 1996–99 SSV Neapel; 21 Bundesligaspiele; 26 Länderspiele für die GUS und für Russland (2 Tore); EM-Endrunde 1992. – Später Trainer: 2002–04 Uralan Elista (Russland)

Schalke 04, FC, Deutschland: → Gelsenkirchen [1].

»Schalker Kreisel«, vom FC Schalke 04 in den 1930er-Jahren perfekt demonstrierte Kombinationstechnik (»Kreiseln«), wobei der Ball in wechselnden Richtungen zw. den Feldspielern hin- und hergespielt wurde, ohne dass der Gegner in Ballbesitz gelangte. Dies wurde auch in der Nähe des gegner. Tores in der Regel so lange fortgeführt, bis eine torschussreife Situation herausgespielt wurde. – Als »Väter« des »S. K.« gelten F. → Szepan und → E. Kuzorra.

Schall, Anton (»Toni«), österr. Mittelfeldspieler (Halblinker), *22. Juni 1907 Wien, *10. August 1947 Basel; 1922/23 1925 Leopoldauer SC, 1923–25 SV Jedlersdorf, 1925–41 Admira Wien; fünfmal österr. Torschützenkönig (zw. 1927 und 1932); 28 Länderspiele (1927–34; 27 Tore); WM-Endrunde 1934; Mitglied des → »Wunderteams«. – Später Trainer: 1946/47 FC Basel (LM 1947).

Schaller, Konrad, dt. Mittelfeldspieler, *3. November 1943 Borna (Sachsen); 1963–65 SC Leipzig, 1965–78 BSG Wismut Aue; 313 Oberligaspiele (45 Tore). – Später Trainer: 1981 Wismut Aue (Trainerassistent), 1990/91 Bornaer SV, 1995–2002 ZFC Meuselwitz.

»Schaltstation«, Spieler, der aufgrund seiner technisch-takt. Fähigkeiten in der Lage ist, nach abgewehrten gegner. Angriffen rasch und wirkungsvoll eigene Angriffe einzuleiten; meist im Mittelfeld angesiedelt.

Schanghai, China: dt. für → Shanghai ...

Schanko, Erich, dt. Mittelfeldspieler (Läufer), *4. Oktober 1919, † 14. November 2005 Kamen (Nordrhein-Westfalen); bis 1947 TuS 04 Bövinghausen, 1947–57 Borussia Dortmund; 208 (West-) Oberligaspiele (11 Tore); 14 Länderspiele (1951–54); spielte repräsentativ für Westdeutschland.

»scharf«, hart, straff, kräftig; gebraucht im unmittelbaren Zusammenhang mit dem Stoß gegen den Ball, z. B. ein »scharfer« Schuss.

Scharping, Jens, dt. Angriffsspieler, *16. Juli 1974; bis 1993 Eimsbütteler TV, 1993–99 FC St. Pauli, 1999/2000 Rot-Weiß Oberhausen, 2000 1. SC Norderstedt, 2000/01 Lüneburger SK, 2001–04 VfB Lübeck, 2004/05 Alemannia Aachen, 2006 FC St. Pauli; 46 Bundesligaspiele (12 Tore).

Schatzschneider, Dieter, dt. Angriffsspieler, *26. April 1958; 1978–82 Hannover 96, 1982/83 Fortuna Köln, 1983/84 Hamburger SV, 1984–86 FC Schalke 04, 1986/87 Fortuna Köln, 1988/89 Hannover 96; 96 Bundesligaspiele (28 Tore); Zweitliga-Torschützenkönig 1983 (31); olymp. Fußballturnier 1984. – Später Trainer: Kickers Emden, SF Ricklingen und Arminia Hannover.

»Schaufeln«, Heben des Balles über kurze Entfernung aus etwa der Bodenlage des Balles heraus, z. B. »er ›schaufelte‹ den Ball über den Torhüter hinweg«.

Schengelija, Ramas, georg. Angriffsspieler (Außenstürmer), *1. Januar 1957 Kutaissi; 1968–77 Torpedo Kutaissi, 1977–86 Dynamo Tiflis; 26 Länderspiele für die UdSSR (1979–83; 10 Tore); WM-Endrunde 1982; in der UdSSR Fußballer des Jahres 1978, 1981.

Scherbarth, Dieter, dt. Angriffsspieler (Mittelstürmer), *9. November 1939 Bad Polzin (Westpommern), 1955–63 SC Lokomotive Leipzig, 1963–75 BSG Chemie Leipzig; 297 Oberligaspiele (39 Tore).

Scherbaum, Horst, dt. Trainer, *2. August 1925 Plauen, † 21. April 1996 Leipzig; war Mittelfeldspieler (Läufer): 1934–42 SV Concordia 05 Plauen, 1945–49 SG Plauen Süd, 1950–52 BSG Chemie Leipzig, 1953–55 KVP Vorwärts Leipzig und ZSKA Vorwärts Berlin, 1956–60 SC Rotation Leipzig; 241 Oberligaspiele (6 Tore); 5 Länderspiele (1952–58). – Später Trainer: 1956–60 SC Rotation Leipzig (Nachwuchs), 1961/62 DFV der DDR, 1963–69 FC Karl-Marx-Stadt (LM 1967), 1969–71 BSG Sachsenring Zwickau, 1971 1. FC Lokomotive Leipzig.

»Scherenschlag«, artist. »Beinwechselschlag«; Reihenfolge: a) Absprung; b) Sprungbein nach hinten, Schwungbein nach vorn; c) Sprungbein energisch nach vorn (Schussbein), Schwungbein nach hinten. Auch z. T. beim Fallrückzieher (→ Rückzieher) angewandt. – Als »Erfinder« des relativ selten angewandten »S. « gilt der U. → Caligaris.

> **»Scherenschlag«**
> »The sciccors-kick« [engl.]
> »Le cisceau« [frz.]
> »La chilena« [span.]
> »Pontapé de tesoura« [portugies.]

Scherz, Matthias, dt. Mittelfeldspieler, *14. Dezember 1971 Rotenburg/Wümme (Niedersachsen); bis 1996 Rot-Weiß Scheeßel, 1996–99 FC St. Pauli, 1999–2006 1. FC Köln; 124 Bundesligaspiele (14 Tore).

Schesternjew, Albert (auch **Shesternjev**), russ. Abwehrspieler (Libero), *21. Oktober 1941 Moskau; 1955–58 Zeleznaja Doroga, 1959–72 CSK-MO bzw. CSK Moskau; 89 Länderspiele für die UdSSR (1959–71); WM-Endrunde 1966, 1970; Europapokal der Nationen 1964, EM-Endrunde 1968, 1972.

Scheurer, Rudolf, schweizer. Schiedsrichter, *25. Mai 1925 Bettlach (Kt. Solothurn); seit 1967

FIFA-Referee; WM-Endrunde 1970; erstes Messepokalfinale 1968, 1970, EC II-Finale 1971, erstes EC III-Finale 1974.

Schewtschenko, Ukraine: andere Schreibweise für → Shevchenko ...

Schiaffino, Juan Alberto, uruguay. Mittelfeldspieler (Halbstürmer), auch italien. Staatsbürgerschaft, *28. Juli 1925 Montevideo, †13. November 2002 ebd.; 1943–54 Peñarol Montevideo, 1954–60 AC Mailand, 1960–62 AS Rom; 23 Länderspiele für Uruguay (1945–54; 11 Tore), 4 für Italien (1954–58); WM-Endrunde 1950 (Weltmeister), 1954.

Schiavio, Angelo, italien. Angriffsspieler (Mittelstürmer), *15. Oktober 1905 Bologna, †17. September 1990 ebd.; 1922–38 AGC Bologna; 21 Länderspiele (1925–34; 15 Tore); Weltmeister 1934; olymp. Fußballturnier 1928.

»Schicken«, Einsetzen eines Angriffsspielers durch einen lang geschlagenen Ball (Steil- oder Diagonalpass).

»Schicksalsspiel«, hochstilisierte Bez. für ein – den jeweiligen Verein betreffend – bedeutungsvolles (Pflicht-)Spiel, das man nicht verlieren darf oder sogar gewinnen muss; meist für Begegnungen in der Schlussphase des Spieljahres in der unteren Tabellenregion gebraucht. – »S.« sind aber nichts anderes als (hoch-)wichtige und bzw. oder (vor-)entscheidende Spiele und sollten auch als solche bezeichnet werden.

Schiedsrichter, regelkundiger Unparteiischer, der Spiele leitet und dessen Tatsachenentscheidungen unanfechtbar sind. Im nationalen Bereich (Lizenzfußball) beträgt die Altersgrenze (nach oben) 47 Jahre, international 45 Jahre (→ internationale Schiedsrichter). »Spielstrafen« (Freistoß, Strafstoß) können vom S. nur verhängt werden, wenn sich das Vergehen auf dem Spielfeld ereignet und der Ball im Spiel ist. »Persönl. Strafen« (Verwarnungen mit »Gelb«, Feldverweise mit »Gelb-Rot« oder »Rot«) können vom S. ausgesprochen werden, nachdem er und

DFB-Schiedsrichter des Jahres

1975	H. Aldinger (Waiblingen)
1976	F. Biwersi (Bliesransbach)
1977	W. Eschweiler (Euskirchen)
1978	R. Frickel (München)
1979	J. Redelfs (Hannover)
1980	V. Roth (Salzgitter)
1981	K. Ohmsen (Hamburg)
1982	W. Horstmann (Hildesheim)
1983	F.-J. Hontheim (Trier)
1984	W.-D. Ahlenfelder (Oberhausen)
1985	D. Pauly (Rheydt)
1986	V. Roth (Salzgitter)
1987	A. Schmidhuber (Ottobrunn)
1988	D. Pauly (Rheydt)
1989	K.-H. Tritschler (Gundelfingen)
1990	D. Pauly (Rheydt)
1991	A. Schmidhuber(Ottobrunn)
1992	A. Schmidhuber(Ottobrunn)
1993	K.-J. Assenmacher (Hürth)
1994	H. Krug (Gelsenkirchen)
1995	M. Merk (Kaiserslautern)
1996	M. Merk (Kaiserslautern)
1997	A. Berg (Konz)
1998	B. Heynemann (Magdeburg)
1999	H. Krug (Gelsenkirchen)
2000	M. Merk (Kaiserslautern)
2001	H. Fandel (Kyllburg)
2002	H. Krug (Gelsenkirchen)
2003	M. Merk (Kaiserslautern)
2004	M. Merk (Otterbach)
2005	H. Fandel (Kyllburg)

Schiedsrichter um 1925 (hier Peco Bauwens)

Schiedsrichter: Bundesligaspiele	
M. Merk	260*
H. Krug	240
E. Steinborn	201
L. M. Fröhlich	200
H. Albrecht	182*
H. Strampe	170
G. Hennig	161
J. Aust	160
P. Gabor	158
A. Berg	155

*noch aktiv

Aufnahme-Voraussetzungen (DFB)
Mindestalter 12 Jahre; Mitglied in einem Verein; Interesse am Fußball; Einsatzbereitschaft für jährlich mindestens 20 Spielleitungen; Teilnahme an Weiterbildungsveranstaltungen von 8 bis 12 Tagen pro Jahr.

die Spieler das Spielfeld zur Aufnahme des Spiels betreten haben. Diese Befugnis erstreckt sich auch auf die Halbzeitpause und endet erst mit Verlassen des Spielfelds nach Beendigung des Spiels.– Früher ganz in Schwarz gekleidet, tragen die S. seit 1993/94 farbige (anfangs grüne) Hemden; seit 2003/04 ist für Bundesliga-S. (auch Zweite Bundesliga) Trikotwerbung erlaubt (maximal 100 cm² auf jedem Ärmel). → Diagonalkontrollsystem

Schiedsrichter
Referee [engl.]
Arbitre [frz.]
Árbitro [span., portugies.]
Arbitro [italien.]

Schiedsrichterassistent, Helfer des Schiedsrichters, der keine Entscheidungsbefugnis besitzt. Beide S. sollen u. a. Folgendes signalisieren: Ausball, strafbare Abseitsstellung, Berechtigung zum Abstoß, Eckstoß oder Einwurf (auch Regelwidrigkeiten bei deren Durchführung), grobe Regelverstöße, Unsportlichkeiten usw. im Rücken des Schiedsrichters, Spielerauswechslung. Sie dürfen das Spielfeld betreten, um den 9,15-m-Abstand bei Freistößen zu korrigieren, aber auch um gegebebenfalls den Schiedsrichter vor aufgebrachten Aktiven zu schützen. Im Interesse einer einheitl. Spielleitungsmethode beziehen die L. in der rechten Spielfeldhälfte ihre Position, d. h. diagonal gegenüber. Ihr Laufbereich erstreckt sich zw. Mittel- und Torlinie entlang der Seitenlinie außerhalb des Spielfeldes. Zum Anzeigen von Ausbällen obliegt ihnen die gesamte Seitenlinie der jeweiligen Spielfeldseite. (→ Diagonalkontrollsystem)

Schiedsrichterball, den Ball wieder ins Spiel bringen, nachdem dieses weder durch einen Regelverstoß noch durch einen Ausball unterbrochen wurde. Der Schiedsrichter lässt den Ball dort, wo das Spiel unterbrochen wurde, aus Brusthöhe auf den Boden fallen; erst wenn der Ball den Boden berührt hat, darf er gespielt werden. Nach einem S. kann wie nach einem indirekten Freistoß direkt kein Tor erzielt werden. Beispiele für S.:
- Verletzung eines Spielers ohne vorangegangenes Foulspiel
- Eine nicht zum Spiel gehörende Person gelangt auf das Spielfeld
- Nach Spielunterbrechung wegen Witterungseinflüssen
- Der Ball platzt auf
- Der Schiedsrichter erkennt einen eigenen Irrtum
- Ein zweiter Ball befindet sich auf dem Spielfeld

Schiedsrichterball
Drop ball [engl.]
La balle à terre [frz.]
Bote neutral [span.]

Schiedsrichterbeleidigung, Missfallensäußerung (Worte, Gesten) gegenüber dem Schiedsrichter durch einen Spieler; unsportl. Betragen, das je nach Schwere der S. mit Verwarnung bzw. Feldverweis geahndet wird. Die Spielfortsetzung (indirekter Freistoß) erfolgt an der Stelle, wo der Verstoß stattfand.

Schiedsrichterbeobachter, Verantwortlicher eines Landesverbandes oder (bei internationalen Spielen) internationalen Verbandes, der die Schiedsrichterleistung bei der jeweiligen Begegnung einzuschätzen und schriftlich dem jeweiligen Verband weiterzuleiten hat. In der Regel üben ehemalige internationale Schiedsrichter diese Funktion aus.

»Schiedsrichtergespann«, umgangssprachlich für das Team Schiedsrichter und Schiedsrichterassistenten.

Schiedsrichterkommission, FIFA: Gremium, das sich aus einem Vorsitzenden und acht vom

FIFA-Exekutivkomitee gewählten Mitgliedern zusammensetzt. Wichtige Aufgaben der sind u.a.: Einflussnahme auf die einheitl. Auslegung und Anwendung der Spielregeln in den FIFA-Mitgliedsverbänden; Erstellung einer Liste geeigneter Schiedsrichter anhand der von den Landesverbänden unterbreiteten Vorschläge für die Leitung von Länderspielen; Organisierung und Durchführung von Kursen für internationale Schiedsrichter; Kontrolle der Arbeit der nationalen S. in den jeweiligen Landesverbänden. – Analoge Kommissionen gibt es z. B. bei der UEFA und deren Landesverbänden.

»Schiedsrichterskandal«, Deutschland: unkorrekte Bez. für → »Wett- und Manipulationsskandal«.

Schiedsrichterzeichen, fixierte Handsignale des Schiedsrichters zur opt. Anzeige eines Regelverstoßes oder einer Entscheidung.

Schillaci, Salvatore, italien. Angriffsspieler, * 1. Dezember 1964 Palermo; 1981/82 SSC Palermo (Amateure), 1982–89 FC Messina, 1989–92 Juventus Turin, 1992–96 Inter Mailand, 1996/97 Júbilo Iwata Shizuoka (Japan); 16 Länderspiele (8 Tore); WM-Endrunde 1990 (Torschützenkönig, 6 Tore). – Eröffnete 1998 in Palermo eine Fußballschule.

»Schiri«, umgangssprachlich kurz für → Schiedsrichter.

Schjönberg, Michael, ein dän. Abwehrspieler, * 19. Januar 1967 Esbjerg; bis 1990 SGI Esbjerg, 1990–94 Hannover 96, 1994–96 Odense BK, 1996–2001 1. FC Kaiserslautern; 91 Bundesligaspiele (12 Tore); 24 Länderspiele (1995–98); EM-Endrunde 1996.

Schkopau, BSG Chemie Buna, Deutschland: → Merseburg 99, SV.

»Schlachtenbummler«, Zuschauer, insbes. Fans, die ihre Mannschaft zu Auswärtsspielen begleiten (in der Regel per Eisenbahn).

Schlackeplatz, frühere Bez. für → Hartplatz.

Schlagen, 1) wuchtiges Weg- oder Weiterbefördern des Balles. – **2)** Besiegen des Gegners. – **3)** versuchte oder ausgeübte Gewalttätigkeit; wird mit »Rot« und direktem Freistoß geahndet (mehrwöchige Sperre).

»Schlagerspiel«, Spiel von besonderer Bedeutung, z. B. ein Spitzenspiel (Tabellenerster gegen -zweiter).

»schlaksig« → Fußballerjargon.

»Schlappe«, hohe, vernichtende Niederlage.

»Schlappen«, umgangssprachlich für den *Fußrücken* (»Spann«); missglückte Aktion: »der Ball rutschte ihm zum wiederholten Mal über den ›Schlappen‹«.

Klaus Schlappner

Schlappner, Klaus, dt. Trainer, * 22. Mai 1940 Lampertheim (Hessen); war Mittelfeldspieler: bis 1959 Olympia Lampertheim, 1959–67 Phönix bzw. Südwest Ludwigshafen, 1967–75 VfR Bürstadt und FV Biblis. – Später Trainer: 1976/77 FV Biblis, 1977–80 SV Darmstadt 98 (Trainerassistent), 1980–87 Waldhof Mannheim, 1987–88 SV Darmstadt 98, 1988–91 1. FC Saarbrücken, 1991/92 FC Carl Zeiss Jena, 1992–95 China (Nationalmannschaft), 1996 Waldhof Mannheim, 1997 Quianwei Huandao (China), 2001/02 Peykan Teheran (Iran).

»Schlenzer«, gefühlvoller Effetstoß über die gegner. Mauer hinweg (z. B. ein »S.« ins lange Eck).

Schlicke, Björn, dt. Abwehrspieler, * 23. Juni 1981 Erlangen (Bayern); bis 1996 ATSV Erlangen und FSV Erlangen-Bruck, 1996–2000 1. FC Nürnberg, 2000–03 SpVgg Greuther Fürth, 2003–05 Hamburger SV, 2005/06 1. FC Köln; 58 Bundesligaspiele (5 Tore).

Schlosser, Imre, ungar. Mittelfeldspieler (Halbstürmer), * 24. Januar 1889 Budapest, † 1959; 1906–15 Ferencvaros Budapest, 1915–26 MTK Budapest, 1926/27 Ferencváros FC, 1927/28 Wiener AC; 68 Länderspiele (1906–27; 59 Tore).

Schloss Neuhaus, Deutschland (Nordrhein-Westfalen [Stadtteil von Paderborn]); **TuS Schloss Neuhaus** (Turn- und Sportverein Schloss Neuhaus von 1907), gegr. 1907 als SV 07 Neuhaus, 1970–85 TuS Schloss Neuhaus, 1985 Fusion mit dem 1. FC Paderborn zu TuS Paderborn-Neuhaus (heute: SC → Paderborn 07); Zweite Bundesliga 1982/83; Stadion: Hermann-Löns-Stadion, damals 9500 Plätze.

Schlünz, Juri, dt. Trainer, * 27. Juli 1961 Rostock; war Mittelfeldspieler: 1968–94 FC Hansa Rostock, 1994–96 Parchimer FC; 231 Oberligaspiele (48 Tore); 25 Bundesligaspiele (3 Tore). – Später Trainer: 1996–2004 FC Hansa Rostock (1996/97 Jugend, 1997–03 Trainerassistent [2000, 2001 kurzzeitig Interimstrainer], 2003/04 Cheftrainer).

»Schlüsselspiel«, die Meisterschaft oder den Abstieg (vor-)entscheidendes Spiel; demzufolge ein »Alles-oder-nichts«-Spiel (deshalb auch übertrieben »Schicksalsspiel« genannt).

»Schlüsselspieler«, überragender (meist Mittelfeld-)Spieler, der innerhalb der Mannschaft eine Schlüsselposition einnimmt. Er fungiert insbesondere als Schaltstation, und zwar beim (Um-) Schalten von Abwehr- auf Angriffsverhalten und umgekehrt.

Schlussmann, svw. → Torhüter.

Schmadtke, Jörg, dt. Torhüter, * 16. März 1964; bis 1985 TSV Eller 04, 1985–93 Fortuna Düsseldorf, 1993–97 SC Freiburg, 1997/98 Bayer 04 Leverkusen; 266 Bundesligaspiele. – Später Sportdirektor: 2001–06 Alemannia Aachen.

Schmaus, Willibald (»Willi«), österr. Abwehrspieler, * 16. Juni 1911 Wien, † 27. April 1979 ebd.; 1923–44 Vienna Wien; 15 Länderspiele für Österreich (1935–37), 10 für Deutschland (1938–42) nach Annexion Österreichs; WM-Endrunde 1938.

Schmeichel, Peter, dän. Torhüter, * 18. November 1963 Gladsaxe (zu Kopenhagen); 1975–83 Gladsaxe-Hero Kopenhagen, 1984–86 Hvidovre IF, 1987–91 Brøndby IF, 1991–99 Manchester United, 1999–2001 Sporting Lissabon, 2001/02 Aston Villa, 2002/03 Manchester City; 92 Länderspiele (1988–2001); WM-Endrunde 1998; EM-Endrunde 1988, 1992 (Europameister), 1996; Welttorhüter des Jahres 1992, 1993; in Dänemark Fußballer des Jahres 1990, 1993.

Schmidhuber, Aron, dt. Schiedsrichter (Ottobrunn [Bayern]), * 28. Februar 1947 München; seit 1972 Schiedsrichter, 1980–84 Bundesliga (143 Spiele), seit 1982 FIFA-Referee; 14 Länderspiele; WM-Endrunde 1990, EM-Endrunde 1992; 28 Europapokalspiele (zweites EC III-Finale 1990, CL-Finale 1992); DFB-Pokalfinale 1991; Weltschiedsrichter des Jahres 1992; DFB-Schiedsrichter des Jahres 1987, 1991; Mitglied des DFB-Schiedsrichterlehrstabes.

Schmidt, 1) Alfred (»Aki«), dt. Mittelfeldspieler (Halbstürmer), * 5. September 1935 Berghofen (Nordrhein-Westfalen); 1944–56 SpVgg Berghofen, 1956–67 Borussia Dortmund; 81 Bundesligaspiele (19 Tore); 25 Länderspiele (1957–64; 8 Tore); WM-Endrunde 1958. – Später Trainer: 1970/71 Kickers Offenbach (PS 1970). – **2)** Hans, dt. Mittelfeldspieler (Läufer), * 23. Dezember 1893 Fürth, † 31. Januar 1971; 1903–18 SpVgg Fürth, 1918–21 Fürth 1860, 1921–28 1. FC Nürnberg; 16 Länderspiele (1913–26); spielte repräsentativ für Nürnberg/Fürth (Städteauswahl) und Süddeutschland. – **3)** Markus, dt. Schiedsrichter (Stuttgart), * 31. August 1973; Zweite Bundesliga seit 1998 (52 Spiele), Bundesliga seit 2003 (acht Spiele).

»Schmieranski-Team«, von H. → Meisl Anfang Mai 1931 im Wiener Ringcafé geprägte Bez. für die auf Drängen der Journalisten (von Meisl »Schmieranskis« genannt) von ihm neu zusammengestellte österr. Nationalmannschaft (mit M. → Sindelar und F. → Gschweidl, die er seit dem 0:5 einer Wiener Auswahl gegen Süddeutschland nie wieder zusammenspielen lassen wollte). Meisl konnte damals nicht ahnen, dass dies die Geburtsstunde des späteren legendären → »Wunderteams« war.

Schmitt, Edgar, dt. Angriffsspieler, * 29. April 1963 Dudeldorf (Rheinland-Pfalz); 1969–84 FC Bitburg, 1984–87 FSV Salmrohr, 1987/88 1. FC Saarbrücken, 1988–91 Eintracht Trier, 1991–93 Eintracht Frankfurt, 1993–97 Karlsruher SC, 1997/98 Fortuna Köln; 102 Bundesligaspiele (31 Tore).

»Schneiden«, Ignorieren des Mitspielers; ihn ständig – obwohl er anspielbar ist – »übersehen«; unsportlich, aber nicht relevant für den Schiedsrichter.

Schneider, 1) Bernd, ein dt. Mittelfeldspieler, * 17. November 1973 Jena; 1980–83 BSG Aufbau Jena, 1983–98 FC Carl Zeiss Jena, 1998/99 Eintracht Frankfurt, 1999–2006 Bayer 04 Leverkusen; 228 Bundesligaspiele (30 Tore); 59 Länderspiele (seit 1999; 1 Tor); WM-Endrunde 2002; EM-Endrunde 2004. – **2)** Günter, dt. Funktionär, * 3. Juli 1924 Zwickau-Planitz, † 29. November

Bernd Schneider

2000; war Mittelfeldspieler (Läufer): 1945–49 SG Planitz, 1949 ZSG Union Halle, 1949–56 BSG Motor Zwickau; 1 Länderspiel (1950). – Später Funktionär: 1976–83 Präsident des DFV der DDR (Vorgänger: H. → Riedel, Nachfolger: G. → Erbach). – **3)** Johannes, dt. Torhüter, * 5. August 1887, † 8. September 1914; 1896–1914 VfB Leipzig; 2 Länderspiele (1913). – **4)** René, dt. Abwehrspieler, * 1. Februar 1973 Schwerin; bis 1985 Motor Schwerin, 1985–93 1. FC Magdeburg, 1993/94 BSV Brandenburg, 1994–96 FC Hansa Rostock, 1996–99 Borussia Dortmund, 1999–2001 FC Hansa Rostock, 2001/02 Hamburger SV, 2003/04 VfL Osnabrück; 53 Bundesligaspiele (10 Tore); 1 Länderspiel (1995).

Schneiter, Heinz, schweizer. Abwehrspieler, * 12. April 1935; Young Boys Bern und Lausanne-Sports; 44 Länderspiele (1957–66); WM-Endrunde 1962, 1966.

Schnelligkeit, Fähigkeit der Überbrückung eines Raumes in einer möglichst kurzen Zeitspanne. Wichtige Komponenten sind hierbei besonders die S. des Starts (→ Antritt), die S. der Drehbewegungen, die S. des Richtungswechsels und – nicht zuletzt – die S. der Ballbehandlung.

Schnellinger, Karl-Heinz, dt. Abwehrspieler, * 31. März 1939 Düren; 1949–58 Schwarz-Weiß Düren, 1958–63 1. FC Köln, 1963/64 AC Mantova, 1964/65 AS Rom, 1965–74 AC Mailand, 1974/75 Tennis Borussia; 47 Länderspiele (1958–71; 1 Tor); WM-Endrunde 1958, 1962, 1966, 1970; in der BRD Fußballer des Jahres 1962.

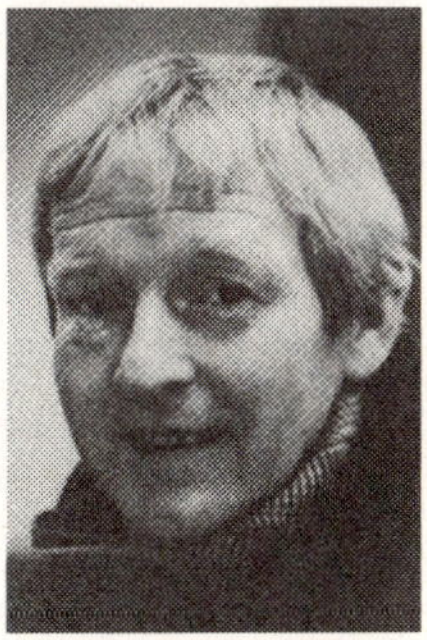

Karl-Heinz Schnellinger

Schnellkraft → Training.

Schnieke, Karl, dt. Angriffsspieler, * 24. August 1919 Apolda (Thüringen), † 13. Juni 1974 Jena; 1933–47 SG Apolda, 1948–50 SG Olympia Apolda, 1950–59 (1951 kurzzeitig Brehmer SV) BSG Motor bzw. SC Motor Jena; 68 Oberligaspiele (21 Tore); 3 Länderspiele (1952–54; 1 Tor).

»Schnippeln«, kurzes Abspiel; raffiniert in der Ausführung, wobei der Ball angeschnitten wird (→ anschneiden); technisch anspruchsvoll, aber nicht immer produktiv, zumal der Angespielte oft Probleme hat, den tückisch ankommenden Ball zu »verarbeiten«.

Schnoor, Stefan, dt. Abwehrspieler, * 18. April 1971 Neumünster; bis 1988 Olympia Neumünster und VfR Neumünster, 1988–98 Hamburger SV, 1998–2000 Derby County, 2000–06 VfL Wolfsburg; 266 Bundesligaspiele (15 Tore).

Schnuphase, Rüdiger, dt. Mittelfeldspieler, * 23. Januar 1954 Erfurt; 1962–64 BSG Traktor Werningshausen, 1964–76 SC Turbine bzw. FC Rot-Weiß Erfurt, 1976–84 FC Carl Zeiss Jena, 1984–86 FC Rot-Weiß Erfurt; 320 Oberligaspiele (123 Tore); Oberliga-Torschützenkönig 1982 (19); 45 Länderspiele (1973–83; 6 Tore); WM-Endrunde 1974; olymp. Fußballturnier 1980; in der DDR Fußballer des Jahres 1982.

Schöbel, Heinz, dt. Funktionär, * 14. Oktober 1913 Leipzig, † 25. April 1980 ebd.;1953–58 Präsident der Sektion Fußball der DDR (Vorgänger: F. → Gödicke, Nachfolger: K. → Stoph), seit 1966 Mitglied des Internationalen Olymp. Komitees; Buchautor: »Olympia und seine Spiele« (1964), »Die vier Dimensionen des Avery Brundage« (1968).

Schober, Mathias, dt. Torhüter, * 8. April 1976 Marl (Nordrhein-Westfalen); 1984–86 Germania Lenkerbeck, 1986–88 TuS 05 Sinsen, 1988–90 SpVgg Marl, 1990–2000 FC Schalke 04, 2000/01 Hamburger SV, 2001–06 FC Hansa Rostock; 151 Bundesligaspiele.

Schoen, Herbert, dt. Abwehrspieer (Stopper), * 18. Mai 1929 Luckenwalde (Brandenburg); 1939–48 BV 06 und Luckenwalde Süd, 1949/50 VP Potsdam, 1950–54 VP bzw. SG Dynamo Dresden, 1954–58 SC Dynamo Berlin, 1958–62 SG Dynamo Berlin-Hohenschönhausen; 167 Oberligaspiele (3 Tore); 12 Länderspiele (1952–57).

Scholes, Paul, engl. Mittelfeldspieler, * 16. November 1974 Salford; 1992–2006 Manchester United; 66 Länderspiele (seit 1997; 14 Tore); WM-Endrunde 1998, 2002; EM-Endrunde 2000, 2004.

Scholl, Mehmet, dt. Mittelfeldspieler, * 16. Oktober 1970 Karlsruhe; 1976–84 FV Nordwest Karlsruhe, 1984–92 Karlsruher SC, 1992–2006 FC Bayern München; 368 Bundesligaspiele (95 Tore); 66 Länderspiele (1996–2002; 8 Tore); EM-Endrunde 2000.

Mehmet Scholl

M. Scholl
»Ich sehe mich eher als Spieler in einer Position, die es gar nicht gibt.«

Helmut Schön

Scholz, Heiko, dt. Mittelfeldspieler, *7. Januar 1966 Dresden; 1972–76 BSG Motor WAMA Görlitz, 1976–80 ISG Hagenwerder, 1980–83 SG Dynamo Dresden, 1983/84 ISG Hagenwerder, 1984–86 BSG Chemie Leipzig (26 Oberligaspiele [4 Tore]), 1986–90 1. FC Lokomotive Leipzig, 1990–92 1. FC Dynamo Dresden, 1992–95 Bayer 04 Leverkusen, 1995–98 SV Werder Bremen, 1998 Fortuna Köln; 112 (DDR-) Oberligaspiele (6 Tore); 7 Länderspiele für die DDR (1987–90); 159 Bundesligaspiele (11 Tore); 1 Länderspiel für Deutschland (1992). – Später Trainer: 2003–06 MSV Duisburg (Trainerassistent).

Schön, Helmut, dt. Trainer, *15. September 1915 Dresden, †23. Februar 1996 Wiesbaden (Hessen); war Mittelfeldspieler (Halbstürmer): 1928–33 Dresdensia, 1933–45 Dresdner SC, 1945–50 SG Dresden-Friedrichstadt (Spielertrainer), 1950 FC St. Pauli, 1950/51 Hertha BSC (Spielertrainer); 16 Länderspiele (1937–41; 17 Tore). – Später Trainer: 1951/52 SV Wiesbaden, 1952–56 Saarland (Auswahlmannschaft), 1956–78 DFB-Nationalmannschaft (1956–64 Trainerassistent, 1964–78 Cheftrainer; WM-Endrunde 1966, 1970, 1974 [Weltmeister], 1978, EM-Endrunde 1972 [Europameister], 1976). 1984 mit dem neu geschaffenen FIFA-Orden geehrt. Sein Vorgänger als Trainer der dt. Nationalmannschaft war J. → Herberger, sein Nachfolger wurde J. → Derwall.

H. Schön
»Ein Volk, das gute Fußballer hat,
kann auf schlechte Politiker verzichten.«

Schönberg, FC, eigtl. »FC Schönberg 95« (Fußballclub Schönberg 95), Deutschland (Mecklenburg-Vorpommern), gegr. am 1. Juli 1995 (aus der TSG Schönberg wurde die Fußballsparte herausgelöst); Spielkleidung: Grün; Stadion: Jahnstadion, 6000 Plätze. – INTERNET: www.fcschoenberg95.de

Trainer (Auswahl). C. Schreier.

Schöne, Hans, dt. Mittelfeldspieler (Halbstürmer), *23. April 1920 Oberhausen, †3. August 1989 Babelsberg; 1932–37 PSV Eindhoven, 1937–40 TSV Weißwasser, 1941 SV Gelb-Weiß Görlitz, 1942 RC Straßburg, 1942–44 Breslau 02, 1946–50 Cottbus Ost, 1950–58 BSG Rotation Babelsberg (1954 SC Rotation Leipzig [1 Spiel]); 214 Oberligaspiele (113 Tore); Oberliga-Torschützenkönig 1951 (38); 3 Länderspiele (1954). – Später Trainer: 1958/59 KVP Vorwärts Potsdam, 1960–65 SC Potsdam, 1965–79 BSG Motor Babelsberg.

Schopp, Markus, ein österr. Mittelfeldspieler, *22. Februar 1974 Graz; bis 1991 ESK Eggenburg, 1991–96 Sturm Graz, 1996–98 Hamburger SV, 1998–2001 Sturm Graz, 2001–05 Brescia Calcio, 2005/06 RB Salzburg; 40 Bundesligaspiele (3 Tore); 56 Länderspiele (seit 1995; 6 Tore); WM-Endrunde 1998.

»schottische Furche« → Spielsystem.

Schottland, nördl. Teil der der brit. Hauptinsel, 79 826 km², 5,14 Mio. Ew.; Verband: The Scottish Football Association, Abk. SFA, gegr. 1873, Sitz: Glasgow; Mitglied der FIFA 1910–20, 1924–28 und seit 1946, der UEFA seit 1954; Spielkleidung: Dunkelblau/Weiß/Dunkelblau. – INTERNET: www.scottishfa.co.uk

Schreier, Christian, dt. Trainer, *4. Februar 1959 Bochum; war Mittelfeldspieler: bis 1978 SuS Merklinde, 1978–81 TuS Schloß Neuhaus, 1981–1984 VfL Bochum, 1984–91 Bayer 04 Leverkusen, 1991/92 Fortuna Düsseldorf, 1992–94 TuS Paderborn-Neuhaus, 1994–96 Rot-Weiss Essen, 1996–98 FC Wegberg-Beeck 1920; 331 Bundesligaspiele (106 Tore); 1 Länderspiel (1984); olymp. Fußballturnier 1984, 1988. – Später Trainer: 1999–2001 SV Vorwärts Kornhapen (Nordrhein-Westfalen), 2001–03 1. FC Saarbrücken (Trainerassistent), 2002–04 FC Schönberg, 2004–06 MSV Neuruppin.

Schrijvers, Piet, niederländ. Torhüter, *15. Dezember 1946 Jutphaas; 1961–65 SEC Soest und HVC Hilversum, 1965–71 DWS Amsterdam, 1971–74 FC Twente, 1974–83 Ajax Amsterdam, 1983/84 PEC Zwolle '82; 46 Länderspiele (1971–84); WM-Endrunde 1974 (nicht eingesetzt), 1978; EM-Endrunde 1976, 1980. – Später Trainer: 1985–87 PEC Zwolle '82 (Trainerassistent),

Bernd Schröder

1987/88 FC Wageningen, 1988–91 FC Twente (Torhütertrainer), FC Utrecht und De Grafschap, 1991/92 TOP Heesch.

Schröder, Bernd, dt. Trainer, *22. Juli 1942 Travemünde (Schleswig-Holstein); 1971–92 und 1997–2006 Turbine Potsdam (Frauen). – Trainer der DDR-Nationalmannschaft der Frauen im einzigen Länderspiel ihrer Geschichte: 0:3 gegen die ČSFR (1990).

B. Schröder: Erfolgsstationen (Auswahl)	
Turbine Potsdam	LM 1981, 1982, 1983, 1985, 1986, 1989, 2004 PS 1991, 2004, 2005 UEFA Women's Cup 2005

Schrojf, Viliam, tschech. Torhüter, *2. August 1931 Prag; 1949–52 Admira XIII Prag und Kridla Vlasti, 1952–55 Sokol bzw. Spartak Olomouc, 1955–65 Slovan Bratislava, 1965/66 Lok Kosice, 1967/68 Slavia Melbourne, 1969–73 Vienna Wien, 1973–77 ASV Chiemsee; 39 Länderspiele für die Tschechoslowakei bzw. ČSSR (1953–65); WM-Endrunde 1954 (nicht eingesetzt), 1958 (nicht eingesetzt), 1962; Europapokal der Nationen 1960.

Schröter, 1) Günter, dt. Mittelfeldspieler (Halbstürmer), *3. Mai 1927 Brandenburg an der Havel; 1940 Brandenburger SC, 1948/49 SG Brandenburg Nord, 1949/50 Volkspolizei Potsdam, 1950–54 VP Dresden, 1954–63 SC Dynamo Berlin; 321 Oberligaspiele (142 Tore); 39 Länderspiele (1952–62; 13 Tore). – **2)** Silvio, dt. Mittelfeldspieler, *29. Juni 1979 Radebeul (Sachsen); bis 1989 BSG Traktor Radebeul, 1989–2001 SG bzw. 1. FC Dynamo Dresden, 2001–03 Energie Cottbus, 2003–06 Hannover 96; 84 Bundesligaspiele (4 Tore).

Schroth, Markus, dt. Angriffsspieler, *25. Januar 1975 Karlsruhe; bis 1990 TSV Reichenbach, 1990–98 Karlsruher SC, 1998–2004 TSV München 1860, 2004/05 1. FC Nürnberg; 253 Bundesligaspiele (53 Tore).

»Schruppen« → Fußballerjargon.

Schulte, Helmut, dt. Trainer, *14. September 1957 Kirchveischede (Nordrhein-Westfalen); war Abwehrspieler: SSV Kirchveischede, SSV Elspe und Fortuna Köln (Amateure). – Später Trainer: 1984–91 FC St. Pauli (1984–87 Jugend und Trainerassistent, 1987–91 Cheftrainer), 1991/92 1. FC Dynamo Dresden, 1993 FC Schalke 04.

> **H. Schulte**
> »Das größte Problem beim Fußball sind die Spieler. Wenn wir die abschaffen könnten, wäre alles gut.«

Schulz, 1) Christian, dt. Abwehrspieler, *1. April 1983 Bassum (Niedersachsen); bis 1993 TSV Bassum, 1993–2006 SV Werder Bremen; 65 Bundesligaspiele (2 Tore); 3 Länderspiele (seit 2004). – **2)** Gerhard, dt. Schiedsrichter (Berlin), *29. Juni 1906, † Januar 1969; leitete 1939, nach Annexion Österreichs durch Deutschland, das Finale um die Dt. Meisterschaft (FC Schalke 04 – Admira Wien 9:0); profiliertester ostdt. Unparteiischer nach 1945; Oberliga- und FIFA-Referee (1952–58); erstes Ostzonenfinale 1949; FDGB-Pokalfinale 1950, 1955. – **3)** Michael, dt. Abwehrspieler, *3. September 1961 Harlingen (Niedersachsen); 1975–84 TuS Syke, 1984–87 VfB Oldenburg, 1987–89 1. FC Kaiserslautern, 1989–94 Borussia Dortmund, 1994–97 SV Werder Bremen; 243 Bundesligaspiele (9 Tore); 7 Länderspiele (1992/93); olymp. Fußballturnier 1988. – **4)** Willi, dt. Mittelfeldspieler (Läufer), *4. Oktober 1938 Günnigfeld (Nordrhein-Westfalen); 1950–60 Union Günnigfeld, 1960–65 FC Schalke 04, 1965–73 Hamburger SV; 263 Bundesligaspiele (5 Tore); 66 Länderspiele (1959–70); WM-Endrunde 1962, 1966, 1970.

Schulze, Ulrich, dt. Trainer, *25. Dezember 1947 Darlingerode (Sachsen-Anhalt); war Torhüter: 1960–64 BSG Lokomotive Halberstadt, 1964–68 1. FC Lokomotive Leipzig, 1968–76 1. FC Magdeburg, 1976–82 BSG Stahl Blankenburg; 138 Oberligaspiele; 1 Länderspiel (1974). – Später Trainer: 1982–85 BSG Stahl Blankenburg, 1985/86 BSG Stahl Thale, 1988–90 BSG Wismut Aue, 1990/91 BSG Post Neubrandenburg, 1998 1. FC Union Berlin, 1999 Croatia Berlin, 2003/04 SV Waren 09, 2004/05 TSG Neustrelitz.

Schumacher, Harald Anton (»Toni«), dt. Torhüter, *6. März 1954 Düren; 1962–72 Schwarz-Weiß Düren, 1972–87 1. FC Köln, 1987/88 FC Schalke 04, 1988–91 Fenerbahce Istanbul, 1991/92 FC Bayern München; 76 Länderspiele (1979–86); WM-Endrunde 1982, 1986; EM-Endrunde 1980 (Europameister), 1984; in der BRD Fußballer des Jahres 1984, 1986. – Später Vereins- (1998/99 Fortuna Köln) bzw. Torhütertrainer: FC Bayern München, Borussia Dortmund und (2002/03 Bayer 04 Leverkusen.

> **»Toni« Schuhmacher**
> »Ich bin Angestellter des 1. FC Köln
> und würde auch trainieren, wenn der Trainer
> Willy Millowitsch hieße.«

Schupp, Markus, dt. Trainer, *7. Januar 1966 Idar-Oberstein; war Mittelfeldspieler: bis 1981 TuS Nahbollenstein, 1981–91 1. FC Kaiserslautern, 1991/92 SG Wattenscheid 09, 1992–95 FC Bayern München, 1995/96 Eintracht Frankfurt, 1996/97 Hamburger SV, 1997–2001 Sturm Graz; 351 Bundesligaspiele (40 Tore). – Später Trainer: 2002–04 Sturm Graz, 2004–06 Wacker Burghausen.

Schuss, a) das Stoßen, Schlagen oder Treten mit dem Fuß gegen den Ball, z. B. »ein S. neben das Tor«; b) durch einen S. [a] in Bewegung versetzter Ball, z. B. »der S. war unhaltbar«; c) das Auftreffen eines Schusses [b], z. B. »ein S. gegen die Querlatte«; d) Fähigkeit, den Ball gezielt zu schlagen, zu treten usw., z. B. »einen platzierten S. anbringen«.

> **Schuss**
> Shot [engl.]
> Tir [frz.]
> Tiro [span.]
> Pontapé [portugies.]
> Colpo [italien.]

»Schuss aus dem Fußgelenk«, unvermittelt aus der Ballführung heraus abgegebener Torschuss, wobei der Spann gestreckt ist; schnellkräftig ausgeführt und ein »Albtraum« für Torhüter, weil im (Schuss-)Ansatz nicht zu erkennen.

»Toni« Schumacher

»Schuss aus der Drehung«, einen etwa parallel zur Torlinie anfliegenden flachen Ball mit dem Gesicht zum Ball direkt in Torrichtung weiterleiten, wobei der Oberkörper eine entsprechende Drehbewegung mitvollzieht; komplizierter, aber äußerst torgefährl. Schuss.

»Schussbein«, Bein, mit dem der Spieler (gewöhnlich) schießt; das andere Bein ist dann das »Standbein«.

Schusshaltung, Oberkörperstellung des Schützen; neigt (im Sprachgebrauch: »legt«) er ihn beim Schuss über den Ball, verleiht er diesem eine flache Flugkurve, lehnt er ihn nach hinten, steigt die Flugkurve an. Beim Torschuss ist erstere, bei Abwehrschlägen letztere S. gefragt.

»Schusspech«, häufig strapazierter Begriff für wiederholte, aber vergebl. Versuche, »das Runde ins Eckige« (den Ball ins gegner. Tor) zu treffen. – Vom »S.« zum Unvermögen ist es oft nicht weit.

Schusswinkel, je nach Entfernung und seitl. Stellung des Schützen zum Tor abhängiger Winkel zw. dem Schützen (Scheitel des S.) und den beiden Torinnenpfosten. Durch Herauslaufen im richtigen Moment zwingt der Torhüter den Angreifer (vom Umspielen des Torhüters einmal abgesehen), aus weiterer Torentfernung abzuschießen. Damit verringert (»verkürzt«) sich für den Schützen der S. und damit die ungedeckte Fläche des Tores.

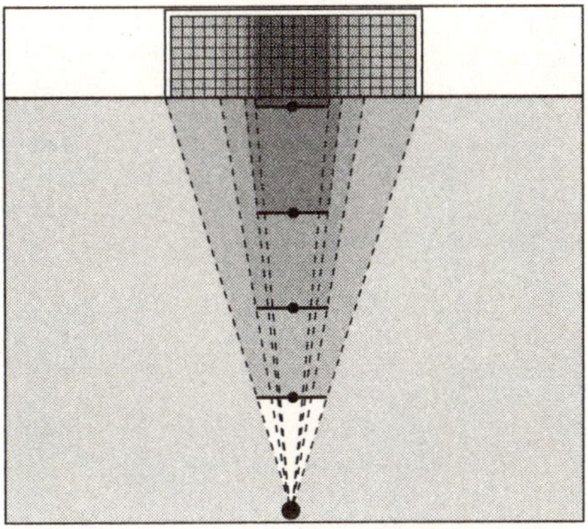

Schusswinkel: Herauslaufen des Torhüters

Schuster, 1) Bernd, dt. Trainer, *22. Dezember 1959 Augsburg; war Mittelfeldspieler: 1971–76 SV Hammerschmiede Augsburg, 1976–78 FC Augsburg, 1978–80 1. FC Köln, 1980–88 FC Barcelona, 1988–90 Real Madrid, 1990–93 Atlético Madrid, 1993/94 Bayer 04 Leverkusen; 120 Bundesligaspiele (18 Tore); 21 Länderspiele (1979–84; 4 Tore); Europameister 1980. – Später Trainer: 2000–03 CD Xerez, 2003/04 Schachtjor Donezk, 2004/05 UD Levante, 2005/06 FC Getafe. – **2)** Dirk, dt. Abwehrspieler, *29. Dezember 1967; 1974–86 FC Karl-Marx-Stadt, 1986/87 BSG Sachsenring Zwickau, 1988–90 1. FC Magdeburg, 1990/91 Eintracht Braunschweig, 1991–97 Karlsruher SC, 1997–99 1. FC Köln, 1999/2000 Antalyaspor, 2000 VfB Admira Mödling, 2000–02 LR Ahlen, 2002–04 SV Wilhelmshaven, 2004 Waldhof Mannheim; 42 (DDR-)Oberligaspiele (1 Tor); 4 Länderspiele für die DDR (1990); 200 Bundesligaspiele (6 Tore). – Sein Vater **Eberhard S.** (*1940), war Mittelfeldspieler: 1962–74 FC Karl-Marx-Stadt (261 Spiele, 33 Tore).

Bernd Schuster

»Schuster-Schmäh«, von dem Österreicher Ludwig (»Luggi«) Hussak, dem rechten Flügelstürmer der Wiener »Cricketer« (heute »Austria«) um 1905 eingeführte Finte, den Ball am Verteidiger auf der einen Seite vorbeischieben und auf der anderen Seite an ihm vorbeilaufen. – Eine Art »Trick 17« (→ Trick).

»Schützenfest«, Spiel, in dem eine Mannschaft ungewöhnlich viel Tore erzielt (etwa 6 oder mehr).

»Schützenhilfe« erhält man als Mannschaft von einer anderen, wenn z. B. diese gegen den ebenfalls abstiegsgefährdeten eigenen Tabellennachbarn gewinnt.

Schutzhand → Handspiel.

Schwabl, Manfred, war dt. Mittelfeldspieler, *18. April 1966 Holzkirchen (Bayern); 1974–77 FC Holzkirchen, 1977–86 FC Bayern München, 1986–89 1. FC Nürnberg, 1989–92 FC Bayern München, 1992–94 1. FC Nürnberg, 1994 FC Tirol Innsbruck, 1994–97 TSV München 1860; 303 Bundesligaspiele (14 Tore); 4 Länderspiele (1987/88).

> **M. Schwabl**
> »Wenn's lafft, dann lafft's. Wenn net, dann net. Aber bei uns lafft's.«

»schwaches Bein« → »einbeinig«.

»Schwalbe«, mehr oder weniger geschicktes Sich-Fallen-Lassen im gegner. Strafraum, um einen Strafstoß herauszuschinden. Unsportl. Verhalten, das sofort, insofern der Schiedsrichter dies eindeutig erkennt, mit Verwarnung zu ahnden ist. – In Schiedsrichterkreisen sind derartige »Flugkünstler« in der Regel bekannt.

Schwanke, Jörg, dt. Mittelfeldspieler, *12. Januar 1969 Pörtz (Brandenburg); 1988–91 FC Energie Cottbus, 1991–95 VfL Bochum, 1996/97 LR Ahlen, 1997/98 SV Babelsberg 03, 1998–2000 1. FC Union Berlin, 2000/01 LR Ahlen, 2001/02 SC Paderborn 07, 2002/03 Dresdner SC, 2003/04 Berliner FC Dynamo, 2004/05 SV Babelsberg 03; 58 (DDR-)Oberligaspiele (2 Tore); 1 Länderspiel für die DDR (1990); 59 Bundesligaspiele (2 Tore).

Schwartz, 1) Ebbe, dän. Funktionär, *1895, †19. Oktober 1964; war erster UEFA-Präsident (1954–62), sein Nachfolger: G. → Wiederkehr. – **2)** Elek, ungar. Trainer, *23. Oktober 1908; war Abwehrspieler: bis 1932 SS Politehnica Timisoara, danach in Frankreich (AS Cannes, RC Straßburg, Red Star Paris). – Später Trainer: bis 1957 AS Cannes, AS Monaco, MSV Duisburg,

Rot-Weiss Essen, RC Straßburg und Benfica Lissabon, 1957–64 Niederlande (Nationalmannschaft), 1965–68 Eintracht Frankfurt, 1972/73 TSV München 1860.

Schwarzenbeck, Hans Georg, dt. Abwehrspieler (Vorstopper), *3. April 1948 München; bis 1966 Sportfreunde München, 1966–80 FC Bayern München; 416 Bundesligaspiele (21 Tore); 44 Länderspiele (1971–78); Weltmeister 1974; EM-Endrunde 1972 (Europameister), 1976.

Schwarzer, Marc, austral. Torhüter, *6. Oktober 1972 Sydney; 1994/95 1. FC Dynamo Dresden, 1995/96 1. FC Kaiserslautern, 1997–2006 FC Middlesbrough; 6 Bundesligaspiele; 35 Länderspiele (seit 1993).

Schwechat, SV (Sportverein Schwechat), Österreich (Niederösterreich), entstand 1906 durch Fusion von Allgemeiner Schwechater SC und SC Graphia Schwechat zu SC Germania Schwechat, 1910 aufgelöst und 1912 wieder als SC Germania Schwechat neu gegr., 1928 aufgelöst und 1933 nach Fusion von Neuklettenhof und Amateure XI Wien als Germania Schwechat neu gegr., 1945–79 1. Schwechater SC, 1979–84 Schwechater SV, 1984–91 1. Schwechater SV, seitdem SV Schwechat; Spielkleidung: Blau/Weiß/Blau; Stadion: Rudolf-Tonn-Stadion, 8000 Plätze. – INTERNET: www.scs-fußball.at

Spieler (Auswahl). R. Dienst – R. Vytlacil.

Schweden, schwed. **Sverige**, Königreich in Nordeuropa, 449 964 km², 8,878 Mio. Ew.; Verband: Svenska Fotbollförbundet, Abk. SFF, gegr. 1904, Sitz: Stockholm; Mitglied der FIFA seit 1904, der UEFA seit 1954; Spielkleidung: Gelb/Blau/Gelb. – Erfolge: Olympiasieger 1848, Europameister 1984 (Frauen). – INTERNET: www.svenskfotboll.se

Schweinfurt 05, 1. FC (1. Fußballclub Schweinfurt 1905 – Verein für Leibesübungen), Deutschland (Bayern), gegr. am 5. Mai 1905 als 1. FC Schweinfurt 05, 1921 Fusion mit TG 1848 Schweinfurt zu 1. FC 05 der TG 1848 Schweinfurt, seit 1923 wieder 1. FC Schweinfurt 05; Zweite Bundesliga 1990/91, 2001/02; Lizenzentzug 2004; Spielkleidung: Grün/Weiß/Weiß; Stadion: Willy-Sachs-Stadion, 15 000 Plätze. – INTERNET: www.fcschweinfurt05.de

Spieler (Auswahl): G. Bernard – L. Emmerich – A. Kitzinger – A. Kupfer – B. Winkler. – **Trainer** (Auswahl): H.-J. Boysen – A. Kitzinger – L. Leinberger – W. Lorant.

Schweinsteiger, Bastian, dt. Mittelfeldspieler, *1. August 1984 Kolbermoor (Oberbayern); 1990–92 FV Oberaudorf, 1992–98 TSV 1860 Rosenheim, 1998–2006 FC Bayern München; 78 Bundesligaspiele (8 Tore); 23 Länderspiele (seit 2004; 4 Tore); EM-Endrunde 2004. – Sein Bruder **Tobias S.** (*1982) ist Angriffsspieler: 2003 Jahn Regensburg, 2004 FC Ismaning (Bayern), 2004–06 VfB Lübeck.

Schweiz, **Schweizerische Eidgenossenschaft,** frz. **Suisse,** italien. **Svizzera,** Bundesstaat in Mitteleuropa, 41 290 km², 7,319 Mio. Ew.; Verband: Schweizer. Fußballverband (→ SFV); Spielkleidung: Rot/Weiß/Rot. – 2008 findet die EM-Endrunde in Österreich/Schweiz statt.

Schweiz: Fußballer des Jahres

1973	K. Odermatt (FC Basel)
1974	nicht gewählt
1975	U. Barberis (Grasshopper-Club Zürich)
1976	J. Kuhn (FC Zürich)
1977	H. Pfister (Servette Genf))
1978	R. Elsener (Grasshopper-Club Zürich)
1979	U. Barberis (Servette Genf)
1980	U. Barberis (Servette Genf)
1981	H. Lüdi (FC Zürich)
1982	C. Sulser (Grasshopper-Club Zürich)
1983	L. Favre (Servette Genf)
1984	H. Hermann (Grasshopper-Club Zürich)
1985	H. Hermann (Grasshopper-Club Zürich)
	R. Osterwalder (FC Aarau)
1986	H. Hermann (Xamax Neuchâtel)
1987	H. Hermann (Xamax Neuchâtel)
1988	H. Hermann (Xamax Neuchâtel)
1989	P. Nadig (FC Luzern)
1990	A. Egli (Grasshopper-Club Zürich)
1991	A. Knup (FC Luzern)
1992	J.-P.-Brigger (FC Sion)
1993	C. Sforza (Grasshopper-Club Zürich)
1994	T. Bickel (Grasshopper-Club Zürich)
1995	N. Subiat (Grasshopper-Club Zürich)
1996	K. Türkyilmaz (Grasshopper-Club Zürich)
1997	K. Türkyilmaz (Grasshopper-Club Zürich)
1998	K. Türkyilmaz (Grasshopper-Club Zürich)
1999	A. Rey (Servette Genf)
2000	C. Amoah (FC St. Gallen)
2001	S. Chapuisat (Grasshopper-Club Zürich)
2002	M. Yakin (FC Basel)
2003	H. Yakin (FC Basel)
2004	S. Chapuisat (Young Boys Bern)
2005	A. Frei (Stade Rennes)

Anfangs von »Sport« (Zürich) durchgeführt, seit 1999 vom TV-Sender SF DRS.

Austragungsorte unnd Stadien der EM-Endrunde 2008		
Ort	*Stadion*	*Kapazität*
Basel	St. Jakob-Park	40 000
Bern	Stade de Suisse	32 000
Genf	Stade de Genève	30 000
Zürich	Stadion Letziggrund	30 000

»Schweizer Riegel« → Spielsystem.

Schwerin, FC Eintracht, Deutschland (Mecklenburg-Vorpommern), gegr. 1946 als SG Schwerin, 1947–50 SG Vorwärts Schwerin, 1950–52 BSG Einheit Schwerin, 1953–90 SG Dynamo Schwerin, 1990/91 PSV Schwerin, 1991 Fusion mit SV Grün-Weiß Schwerin zu 1. FSV Schwerin, 1996 Fusion mit Schweriner SC (Fußballabteilung) zu FC Eintracht Schwerin; DDR-Oberliga 1949/50; Spielkleidung: Gelb/Blau/Blau; Stadion: Paulshöhe, 10 000 Plätze. – INTERNET: www.fc-eintracht-schwerin.de

Spieler (Auswahl): S. Baumgart – H. Kulicke – A. Reinke. – **Trainer** (Auswahl): H. Werner.

Schwinte, Pierre, frz. Schiedsrichter, *6. März 1922 Straßburg; seit 1953 1. Liga, seit 1954 FIFA-Referee; WM-Endrunde 1962, 1966; zweites Messepokalfinale 1961, EC II-Finale 1966.

Scifo, Vincenzo (»Enzo«), belg. Mittelfeldspieler italien. Herkunft (seit 1984 belg. Staatsbürgerschaft), *19. Februar 1966 La Louvière; 1976–83 AA Louvièroise, 1983–87 RSC Anderlecht, 1987/88 Inter Mailand, 1988/89 Girondins Bordeaux, 1989–91 AJ Auxerre, 1991–93 Turin Calcio, 1993–97 AS Monaco, 1997–2000 RSC Anderlecht; 84 Länderspiele (1984–98; 5 Tore); WM-Endrunde 1986, 1990, 1994, 1998; EM-Endrunde 1984; in Belgien Fußballer des Jahres 1984. – Später Trainer: 2000–02 Sporting Charleroi (Spielertrainer).

Scirea, Gaetano, italien. Abwehrspieler (Libero), *25. Mai 1953 Cernusco sul Naviglio, †3. September 1989 Polen (Verkehrsunfall); 1972–74 Atalanta Bergamo, 1974–88 Juventus Turin; 78 Länderspiele (1975–86; 2 Tore); WM-Endrunde 1978, 1982 (Weltmeister), 1986; EM-Endrunde 1980; in Italien Fußballer des Jahres 1982.

Scolari, Luiz Felipe, eigtl. »Luis Felipão Scolari«, brasilian. Trainer, *9. November 1948 Passo Fundo; war Abwehrspieler: 1967–73 CE Aimore São Leopoldo, 1973–79 SER Caxias, 1980 EC Novo Hamburgo, 1980/81 Juventude Caxias do Sul, 1981 CSA Maceio. – Später Trainer: 1982 CSA Maceio, 1983 Juventude Caxias do Sul, 1984/85 Al Shahab Riad (Saudi-Arabien), 1986 CSA Maceio, 1987–90 Grêmio Pôrto Alegre, 1990/91 Criciúma EC, 1991–94 Grêmio Pôrto Alegre, 1996 Júbilo Iwata, 1997–2000 Palmeiras São Paulo, 2000/01 Cruzeiro Belo Horizonte, 2001/02 Brasilien, 2003–06 Portugal (Nationalmannschaft); Welt-Nationaltrainer des Jahres 2002.

L. F. Scolari: Erfolgsstationen (Auswahl)	
Palmeiras São Paulo	LM 1998 Copa Libertadores de América 1999
Brasilien	Weltmeister 2002

Scorer [engl., »Punktemacher«], *Top-Scorer,* inoffizielle Wertung im Punktspielbetrieb, nach der jeder Torschütze für einen Treffer einen Punkt erhält, und derjenige, der die (direkte) Vorarbeit geleistet hat, ebenfalls (analog der kanad. Wertung beim Eishockey). Bei Foulstrafstößen erhält der gefoulte Spieler einen S.-Punkt.

Scottish FA Cup, Landespokalwettbewerb in Schottland.

Scout [engl.], für einen Verein arbeitender Fußballsachverständiger (ehemaliger Aktiver, arbeitsloser Trainer), der im In- und Ausland nach erfolgreichen oder Erfolg versprechenden Spielern Ausschau hält. – Verb: *Scouten* oder *Scouting.*

Seaman, David, engl. Torhüter, *19. September 1963 Rotherham; 1979–82 Leeds United, 1982–84 Peterborough United, 1984–86 Birmingham City, 1986–90 Queen's Park Rangers, 1990–2003 FC Arsenal, 2003/04 Manchester City; 75 Länderspiele (1988–2002); WM-Endrunde 1990 (nicht eingesetzt), 1998, 2002; EM-Endrunde 1996, 2000; in England Fußballer des Jahres 1996.

Sebert, Günter, ein dt. Trainer, *29. Mai 1948 Mannheim; er war Mittelfeldspieler: 1956–87 Waldhof Mannheim; 128 Bundesligaspiele (13 Tore). – Später Trainer: 1987–91 Waldhof Mannheim (1997/88 Trainerassistent, 1988–91 Cheftrainer), 1992/93 Hertha BSC, 1996/97 Waldhof Mannheim, 1998–2001 VfR Mannheim, 2002/03 Jahn Regensburg, 2004/05 SV Sandhausen.

Sebes, Gusztáv, ungar. Trainer, *21. Juni 1906 Budapest, †30. Januar 1986; war Mittelfeldspieler (Läufer): 1922–24 Vasas und MTK Budapest, 1924–27 Boulogne-Billancourt (Frankreich), 1928–48 Hungaria FC bzw. MTK Budapest; 1 Länderspiel (1936). – Später Trainer: Ujpest Budapest, Kispest-Honved und Ferencvaros Budapest, 1949–56 Ungarn (Nationalmannschaft; Olympiasieger 1952, WM-Endrunde 1954).

Sebescen, Zoltán, dt. Mittelfeldspieler ungar. Herkunft (seit 1985 dt. Staatsbürgerschaft), *1. Oktober 1975 Ehingen (Baden-Württemberg); 1982–99 Stuttgarter Kickers, 1999–2001 VfL Wolfsburg, 2001–04 Bayer 04 Leverkusen; 72 Bundesligaspiele (13 Tore); 1 Länderspiel (2000).

Séchehaye, Frank, schweizer. Torhüter, *3. November 1907 Moçambique, †13. Februar 1982; 1921–37 Etoile-Carouge (Schweiz), Club Française Paris, Servette Genf und Lausanne-Sports; 37 Länderspiele (1927–35); WM-Endrunde 1934.

Sechzehnmeterraum, *16-m-Raum, »Sechzehner«,* häufig gebrauchte, aber eigtl. unkorrekte Bez. für Strafraum, da die Bezugslänge 16,5 Meter beträgt (18 Yards); richtig wäre demzufolge 16,5-m-Raum (→ Spielfeld [BILD]).

Seedorf, Clarence Clyde, niederländ. Mittelfeldspieler surinam. Herkunft, *1. April 1976 Paramaribo (Surinam), seit 1978 in den Niederlanden; bis 1986 Real Almere, 1986–95 Ajax Amsterdam, 1995/96 Sampdoria Genua, 1996–99 Real Madrid, 1999–2002 Inter Mailand, 2002–06 AC Mailand; 77 Länderspiele; 11 Tore); WM-Endrunde 1998; EM-Endrunde 1996, 2000, 2004; gewann mit 3 verschieden Vereinen die Champions League: Ajax Amsterdam (1995), Real Madrid (1998), AC Mailand (2003).

Seel, Wolfgang, dt. Angriffsspieler, *21. Juni 1948; bis 1971 SV Kirkel, 1971–73 1. FC Kaiserslautern, 1973–82 Fortuna Düsseldorf, 1983–86 1. FC Saarbrücken; 361 Bundesligaspiel (79 Tore); 6 Länderspiele (1974–77).

Seeldrayers, Rodolphe William, belg. Funktionär, *16. Dezember 1876 Düsseldorf, †7. Oktober 1955 Brüssel; 1927–54 FIFA-Vizepräsident, 1954 bis zu seinem Ableben FIFA-Präsident (Vorgänger: J. → Rimet, Nachfolger: A. → Drewry).

Uwe Seeler

Seeler, Uwe, dt. Angriffsspieler (Mittelstürmer), *5. November 1936 Hamburg; 1944–72 Hamburger SV; 239 Bundesligaspiele (137 Tore); Bundesliga-Torschützenkönig 1964 (30); 72 Länderspiele (1954–70; 43 Tore); WM-Endrunde 1958, 1962, 1966, 1970; in der BRD Fußballer des Jahres 1960, 1964, 1970. Ehrenspielführer der dt. Nationalmannschaft, 1995–98 Präsident des Hamburger SV. – Sein Bruder **Dieter S.** (*1931, †1979), war eben-

Clarence Seedorf

falls Angriffsspieler: 1955–65 Hamburger SV (28 Bundesligaspiele (2 Tore). – Der Vater von beiden, Vater **Erwin S.** (*1910, †1997), spielte 1938–49 ebenfalls beim Hamburger SV.

> **U. Seeler**
> »Wer dem Sport so viel zu verdanken hat und auf der Sonnenseite des Lebens steht, der sollte jenen etwas abgeben, die niemals die Möglichkeit hatten, ein solches Glück zu empfinden und auf der Schattenseite des Lebens stehen.«

Seguin, Wolfgang, dt. Mittelfeldspieler, *14. September 1945 Burg (Sachsen-Anhalt); 1953–63 BSG Einheit Burg, 1963–81 SC Aufbau bzw. 1. FC Magdeburg; 380 Oberligaspiele (43 Tore); 21 Länderspiele (1972–75); WM-Endrunde 1974; olymp. Fußballturnier 1972.

Segunda Division, Spanien: → Primera Division.

Seiderer, Leonhard (»Lony«), dt. Angriffsspieler (Mittelstürmer), *1. November 1895, †3. Juli 1940; 1904–16 1. FC Nürnberg, 1916–29 SpVgg Fürth; 8 Länderspiele (1920–24; 4 Tore); spielte repräsentativ für Nürnberg/Fürth (Städteauswahl) und Süddeutschland.

Seipelt, Friedrich (»Fritz«), österr. Schiedsrichter, *2. April 1915, †6. Mai 1981; FIFA-Schiedsrichter; 19 Länderspiele; WM-Endrunde 1958.

Seitaridis, Yourkas, griech. Abwehrspieler, *4. Juni 1981; 1998–2000 PAS Ioannina, 2001–04 Panathinaikos Athen, 2004/05 FC Porto, 2005/06 Dynamo Moskau; 16 Länderspiele; Europameister 2004.

Seitenaus, das Aus jenseits der Seitenlinie.

Seitenlinie → Spielfeld (BILD).

Seitenwahl → Begrüßung.

Seitenwechsel → Halbzeit [1].

Seitfallzieher, einen etwa parallel zur Torlinie anfliegenden halbhohen Ball (mit dem Gesicht zum Ball) direkt in Torrichtung weiterleiten, wobei sich der Schütze nach hinten seitlich fallen läßt und das Schussbein (den Fußspann) in Richtung Tor dreht; spektakuläre Aktion (ähnlich dem Fallrückzieher [→ Rückzieher])

Seitz, Jochen, dt. Mittelfeldspieler, *11. Oktober 1976 Heimbuchenthal (Bayern); 1982–92 TSV Heimbuchenthal, 1992–96 Viktoria Aschaffenburg, 1996/97 Hamburger SV, 1997–2000 Spvgg Unterhaching, 2000–03 VfB Stuttgart, 2003/04 FC Schalke 04, 2004/05 1. FC Kaiserslautern, 2006 TSG Hoffenheim; 161 Bundesligaspiele (14 Tore).

Sektion Fußball, DDR: → Fachausschuss Fußball.

Sekularac, Dragoslav, war serb. Mittelfeldspieler (Halbstürmer), *10. November 1937; 1951–64 Roter Stern Belgrad, 1966/67 Karlsruher SC, 1967/68 St. Louis (USA), 1969–71 OFK Belgrad; 17 Bundesligaspiele (2 Tore); 41 Länderspiele für Jugoslawien (1956–66; 6 Tore); WM-Endrunde 1958, 1962; Europapokal der Nationen 1960. – Später Trainer: 1989/90 Roter Stern Belgrad, 1990/91 CF América.

Selbsttor, svw. → Eigentor.

»Selecao«, Bez. für die Nationalmannschaft Brasiliens.

Sellimi, Adel, tunes. Angriffsspieler, *16. November 1972 Mahdia; 1982–96 Club Africain de Tunis, 1996/97 FC Nantes, 1998 Real Jaén, 1998–2003 SC Freiburg, 2003 Club Africain (Tunesien); 108 Bundesligaspiele (27 Tore); 67 Länderspiele (seit 1993); WM-Endrunde 1998; olymp. Fußballturnier 1996.

Semifinale, svw. → Halbfinale.

Senegal, Republik in Westafrika, 196 190 km², 10,580 Mio. Ew.; Verband: Fédération Sénégalaise de Football, Abk. FSF gegr. 1960, Sitz: Dakar; Mitglied der FIFA seit 1962, der CAF seit 1963; Spielkleidung: Weiß-Grün/Weiß-Grün/Weiß-Grün. – INTERNET: www.senegalfoot.sn

Senekowitsch, Helmut, österr. Trainer, *22. Oktober 1933 Graz; war Mittelfeldspieler (Halbstürmer): 1955–58 Sturm Graz, 1958–61 Vienna Wien, 1961–64 Real Betis Sevilla, 1964–71 Wacker Innsbruck; 18 Länderspiele (1957–68; 5 Tore); WM-Endrunde 1958. – Später Trainer: 1971/72 Grazer AK, 1972 SSW Innsbruck, 1973–75 VÖEST Linz (LM 1974), 1975/76 Admira-Wacker Wien, 1976–78 Österreich (Nationalmannschaft; WM-Endrunde 1978), 1978/79 Universidad Autonoma de Guadalajara, 1979/80 Athletic Bilbao, 1980–82 Panathinaikos Athen und Olympiakos Piräus, 1982/83 Eintracht Frankfurt, 1983–86 AEK Athen und Grazer AK, 1986–88 CD Guadalajara, 1988/89 CF Cádiz, 1991/92 Linzer ASK. – Seit 1995 Präsident des Bundes Österr. Fußball-Lehrer (→ BÖFL).

Seniorenklasse, bedeutendste Altersklasse, in der die Spieler bzw. Spielerinnen (*Senioren* bzw. *Seniorinnen*) ihren höchsten Leistungsstand erreichen, d.h. ihre aktive Laufbahn bestreiten. Die zeitl. Abgrenzung zu den anderen Altersklassen (Schüler, Jugend, Junioren, Altersmannschaften usw.) ist national und international unterschiedlich und obliegt dem jeweiligen Landes- bzw. internationalen Verband.

Seniorenmannschaft, umgangssprachl., aber nicht korrekte Bez. für → Altersmannschaft; richtig: Männermannschaft.

Seniorenweltmeisterschaft, svw. → Pelé-Cup.

Sensini, Roberto Nesto, argentin. Abwehrspieler, *12. Oktober 1966 Arroyo Seco; 1986–89 Newell's Old Boys, 1989–93 Udinese Calcio, 1993–99 AC Parma, 1999/2000 Lazio Rom, 2000–02 AC Parma, 2002–06 Udinese Calcio; 60 Länderspiele; WM-Endrunde 1990, 1994, 1998.

»Seppl-Herberger-Stiftung«, 1976 vom Dt. Fußball-Bund (DFB) ins Leben gerufenes Hilfswerk, das ausschließlich gemeinnützige und mildtätige Zwecke verfolgt. Gefördert werden soll der Fußballsport a) in den Schulen, b) in den Hochschulen, c) der ausländ. Arbeitnehmer, d) in den Strafvollzugsanstalten, e) im Bereich des Behindertensports, f) durch spormedizin. und sportwissenschaftl. Forschung, g) durch die Entwicklung von Vereinsstrukturen, h) in der Auslandsentwicklungshilfe und i) durch Publikationen. Gefördert werden soll außerdem die soziale Betreung der durch den im Fußballsport Geschädigten.

Serbien und Montenegro, Nachfolgestaat der Föderativen Republik → Jugoslawien; besteht aus den Teilstaaten Serbien und Montenegro, 102 350 km², 10,656 Mio. Ew.; Verband: Football Association of Serbia and Montenegro, Abk. FSSCG, gegr. 1919 (als FSJ), umbenannt 2003, Sitz: Belgrad; Mitglied der FIFA seit 1919, der UEFA seit 1955; Spielkleidung: Blau/Weiß/Rot. – INTERNET: www.fsj.co.yu

Serginho, eigtl. »Sergio Claudio dos Santos«, brasilian. Mitelfeldspieler, *27. Juni 1971 Nilópolis; 1994 EC Vitoria da Bahia und Flamengo Rio de Janeiro, 1995 Cruzeiro Belo Horizonte, 1996–99 FC São Paulo, 1999–2006 AC Mailand; 10 Länderspiele.

Serie A, höchste Spielklasse in Italien, zweithöchste: ***Serie B.***

Serienmeister, nationaler Titelgewinner in der höchsten Spielklasse (Landesmeister) über mehrere Jahre hinweg, und zwar in ununterbrochener Reihenfolge (»in Serie«).

»Servieren«, genaues Zuspiel auf den Mitspieler in gegner. Tornähe.

Sesta, Karl, eigtl. »Karl Szestak«, österr. Abwehrspieler, *18. März 1906 Wien, †12. Juli 1974 Hainburg an der Donau (Niederösterreich); 1920–25 SC Vorwärts 11 Wien, 1925–27 1. Simmeringer SC, 1927/28 Teplitzer FC, 1928–34 Wiener AC, 1935–45 Austria Wien, 1945–47 Vienna Wien, 1947–49 Helfort Hochstädt; 44 Länderspiele für Österreich (1932–37 und 1945), 3 für Deutschland (1941/42) nach Annexion Österreichs; WM-Endrunde 1934; Mitglied des → »Wunderteams«.

Setúbal, Vitória, eigtl. »Vitória FC« (Vitória Futebol Clube), Portugal, gegr. 1910; Spielkleidung: Weiß-Grün/Weiß/Weiß; Stadion: Do Bonfim, 35 000 Plätze.

Spieler (Auswahl): Jordão – R. Mourinho – R. Yekini. – **Trainer** (Auswahl): J. Torres.

»Setzen«, bei Turnieren und Pokalwettbewerben oft angewandte Methode, in der Vergangenheit erfolgreiche oder höherklassige Mannschaften so einzureihen, dass sie nicht bereits in der Vorrunde aufeinandertreffen. – Bei WM- und EM-Endrunden sind die Veranstalter »automatisch« gesetzt (bis 2000 [EM] bzw. 2002 [WM] auch der amtierende Titelträger), müssen sich also nicht zuvor qualifizieren.

Sevilla, Spanien, **1) FC Sevilla,** eigtl. »Sevilla FC« (Sevilla Fútbol Club), gegr. 1905 als FC Sevilla, 1938–86 CF Sevilla, seitdem wieder FC Sevilla; Spielkleidung: Blau/Weiß/Blau; Stadion: Mestalla, 49 092 Plätze. – INTERNET: www.sevillafc.es

Spieler (Auswahl): J. C. Baptista – Bebeto – D. Bertoni – F. Buyo – R. Dassajew – D. A. Maradona – C. Marchena – A. Polster – R. Prosinecki – J. A. Reyes Calderon – J. Saviola – D. P. Simeone – D. Suker – I. Zamorano. – **Trainer** (Auswahl): U. Azkargorta – C. Bilardo – J. Camacho – E. Happel – H. Herrera – M. Merkel – M. Múñoz.

2) Real Betis Sevilla, eigtl. »Real Betis Balompié«, gegr. 1907 als Sevilla Balompié, 1914 Fusion mit Real Betis Sevilla zu Real Betis Balompié; Spielkleidung: Grün-Weiß/Weiß/Grün-Weiß; Stadion: Manuel Ruiz de Lopera, 62 000 Plätze. – INTERNET: www.realbetisbalompie.es

Spieler (Auswahl): L. Aragonés Suárez – Denilson – Joaquin – M. Karhan – N. Pumpido. – **Trainer** (Auswahl): J. Clemente – G. Hiddink – H. Senekowitsch.

Seychellen, Inselgruppe und Republik im Ind. Ozean, mit Nebeninseln 455 km², 80 500 Ew.; Verband: Seychelles Football Federation, Abk. SFF, gegr. 1979; Sitz: Victoria; Mitglied der FIFA und der CAF seit 1986; Spielkleidung: Rot-Grün/Rot-Grün/Rot.

SFA, 1) Abk. für The **S**cottish **F**ootball **A**ssociation, den Fußballverband von → Schottland. – **2)** Abk. für **S**lovak **F**ootball **A**ssociation, den Fußballverband der → Slowakischen Republik. – **3)** Abk. für **S**udan **F**ootball **A**ssociation, den Fußballverband von → Sudan. – **4)** Abk. für **S**yrian **F**ootball **A**ssociation, den Fußballverband von → Syrien.

SFF, 1) Abk. für **S**venska **F**otboll**f**örbundet, den Fußballverband von → Schweden. – **2)** Abk. für **S**eychelles **F**ootball **F**ederation, den Fußballverband der → Seychellen. – **3)** Abk. für **S**omali **F**ootball **F**ederation, den Fußballverband von → Somalia.

Sforza, Ciriaco, schweizer. Mittelfeldspieler, * 2. März 1970 Wohlen (Kt. Aargau); bis 1981 FC Villmergen, 1981–86 FC Wohlen, 1986–88 Grasshopper-Club Zürich, 1988–90 FC Aarau, 1990–93 Grasshopper-Club Zürich, 1993–95 1. FC Kaiserslautern, 1995/96 FC Bayern München, 1997–2000 1. FC Kaiserslautern, 2000–02 FC Bayern München, 2002–05 1. FC Kaiserslautern; 264 Bundesligaspiele (23 Tore); 79 Länderspiele; in der Schweiz Fußballer des Jahres 1993.

SFSF, Abk. für **S**amoa **F**ootball **S**occer **F**ederation, den Fußballverband von → Samoa.

SFV, Abk. für **S**chweizer. **F**ußball**v**erband, Fachverband für die Belange des Fußballs in der Schweiz; gegr. am 18. April 1895 in Olten, Sitz: Muri (Kt. Bern). Der SFV gehörte zu den 7 Ländern, die 1904 die FIFA ins Leben riefen. Bereits nach dem ersten Weltkrieg setzte in der Schweiz – die Zahl der Vereine und Mannschaften wie auch die der Aktiven betreffend – eine starke Aufwärtsentwicklung ein, die erst während des Zweiten Weltkriegs unterbrochen wurde. Nach 1945 setzte ein Boom ein, der bis heute anhält. Der SFV, bedeutendste Sportorganisation des Landes, zählt etwa in 1500 Vereinen 11 200 Mannschaften mit 280 000 Aktiven. – INTERNET: www.football.ch/sfv

SFV: Regionalverbände
Aargauischer Fussballverband
Fussballverband Bern/Jura
Innerschweizer Fussballverband
Fussballverband Nordwestschweiz
Ostschweizer Fussballverband
Solothurner Kantonal-Fussballverband
Fussballverband Region Zürich
Federazione Ticinese di Calcio
Association Fribourgeoise de Football
Association Cantonale Genevoise de Football
Association Neuchâteloise de Football
Association Valaisanne de Football
Association Vaudoise de Football

Shalimov, Russland: andere Schreibweise für → Schalimow ...

Shamrock Rovers, Irland: → Dublin [4].

Shanghai Shenhua Top, China, gegr. 1993 als Shanghai Shenhua, seit 2001 Shanghai Shenhua Top; Spielkleidung: Weiß/Rot/Rot; Stadion: Hongkou Stadium, 35 000 Plätze.
Spieler (Auswahl): J. Albertz – Júnior Baiano.

Shankley, Bill, schott. Trainer, * 2. September 1915, † 29. September 1981; war Mittelfeldspieler (Halbstürmer): Carlisle United (Schottland), 1936–38 Preston North End; 5 Länderspiele. Später Trainer: bis 1959 Carlisle United, Grimsby Town, Workington Town und Huddersfield Town, 1959–74 FC Liverpool.l

B. Shankley: Erfolgsstationen (Auswahl)	
FC Liverpool	LM 1964, 1966, 1973 PS 1965, 1974 EC III 1973

Shao Jiayi, chines. Angriffsspieler, * 10. April 1980 Peking; bis 2002 Peking Guoan, 2003–06 TSV München 1860; 17 Bundesligaspiele (1 Tor); 31 Länderspiele (6 Tore); WM-Endrunde 2002.

Shearer, Alan, engl. Angriffsspieler, * 13. August 1970 Newcastle; 1984–86 Gosforth Youth Club, 1986/87 Soton Newcastle, 1987–92 FC Southampton, 1992–96 Blackburn Rovers, 1996–2006 Newcastle United; 63 Länderspiele (30 Tore); WM-Endrunde 1998; EM-Endrunde 1992, 1996, 2000; in England Fußballer des Jahres 1994.

A. Shearer
»Wenn man in Wembley eine große Party feiern will, dann darf man auf keinen Fall die Deutschen einladen.«

Sheffield, England, **1) Sheffield United,** eigtl. »Sheffield United FC« (Sheffield United Football Club), gegr. 1889; Spielkleidung: Rot/Weiß/Schwarz; Stadion: Bramall Lane 30 376 Plätze. – INTERNET: www.sufc.co.uk
Spieler (Auswahl): J.-A. Fjørtoft – J. Leighton – P. McGrath – A. Kelly – M. Peters – I. Rush. – **Trainer** (Auswahl): J. Mercer.
2) Sheffield Wednesday, eigtl. »Sheffield Wednesday FC« (Sheffield Wednesday Football Club), gegr. 1867 als The Wednesday (seit 1887 Profifußball), seit 1929 Sheffield Wednesday FC; Spielkleidung: Blau-Weiß/Blau/Weiß; Stadion: Hillsborough, 39 859 Plätze. – INTERNET: www.swfc.co.uk
Spieler (Auswahl): T. Francis – C. Mayrleb – R. Nilsson – C. R. Waddle. – **Trainer** (Auswahl): J. Charlton – T. Francis.

Shelbourne, FC, Irland: → Dublin [3].

Sheringham, Edward Paul, engl. Angriffsspieler, * 2. April 1966 Highams Park (zu London); bis 1991 FC Millwall, 1991/92 Notting Forest, 1992–97 Tottenham Hotspur, 1997–2001 Man-

Andriy Shevchenko

chester United, 2001–03 Tottenham Hotspur, 2003/04 FC Portsmouth, 2004–06 Westham United; 47 Länderspiele (11 Tore); WM-Endrunde 1998, 2002; in England Fußballer des Jahres 2001.

Shevchenko, Andriy (auch ***Schewtschenko,*** Andrej), ukrain. Angriffsspieler, *29. September 1976 Kiew; bis 1999 Dynamo Kiew, 1999–2006 AC Mailand; 61 Länderspiele (seit 1995); Europas Fußballer des Jahres 2004; in der Ukraine Fußballer des Jahres 1997, 1999, 2000, 2001.

Peter Shilton

Shilton, Peter, engl. Torhüter, *18. September 1949 Leicester; 1966–74 Leicester City, 1974–77 Stoke City, 1977–82 Nottingham Forest, 1982–87 FC Southampton, 1987–92 Derby County; 125 Länderspiele (1970–90; 1 Tor); WM-Endrunde 1982, 1986, 1990; EM-Endrunde 1980, 1988.

Shkodër, Vllaznia, eigtl. »KS Vllaznia Shkodër« (Klubi Sportiv Vllaznia Shkodër), Albanien, gegr. 1919 als KS Bashkimi Shkodër, 1935–50 KS Vllaznia Shkodër, 1950–57 Puna Shkodër, seitdem KS Vllaznia Shkoder; Spielkleidung: Blau/Rot/Blau; Stadion: Loro Borici, 16 000 Plätze.

»Shooting-Star« [engl., »Sternschnuppe«], meist junger »Senkrechtstarter«, der sich rasch in der Leistungsspitze seines Teams (Verein, Nationalmannschaft) etabliert hat. Die Entwicklung verläuft im Allgemeinen vom »Newcomer« zum »S.« (evtl. später zum »Star« und »Superstar«). – Verliert er leistungsmäßig jedoch den Anschluss, kann er schnell wieder zum »Nobody« (»Niemand«) werden.

Sichern, svw. → Absichern [1].

Sidka, Wolfgang, dt. Trainer, *26. Mai 1954 Lengerich (Nordrhein-Westfalen); war Mittelfeldspieler: bis 1970 Berliner SV, 1970–80 Hertha BSC, 1980–82 TSV München 1860, 1982–87 SV Werder Bremen, 1987/88 Tennis Borussia; 333 Bundesligaspiele (44 Tore). – Später Trainer: 1989–93 VfB Oldenburg (Spielertrainer), 1993/94 Tennis Borussia, 1994 Arminia Bielefeld, 1995–97 FC Oberneuland, 1997/98 SV Werder Bremen, 1999/2000 VfL Osnabrück, 2000–03 Bahrain (Nationalmannschaft), 2003–05 Al-Arabi (Katar), 2005 Bahrain (Nationalmannschaft).

Siegen, Sportfreunde, Deutschland (Nordrhein-Westfalen), gegr. am 11. Mai 1899 als TSV Siegen, seit 1996 Sportfreunde Siegen, Zweite Bundesliga 2005/06; seit 1974 Frauenfußballabteilung; Bundesliga (Frauen) 1991–97 (Nord), 1998–2001 (Lizenzentzug 2001); Spielkleidung: Schwarz-Gelb/Schwarz/Gelb (Frauen), Rot/Rot/Weiß (Männer); Stadion: Leimbach-Stadion, 18 500 Plätze. – INTERNET: www.sportfreunde-online.de

Spieler (Auswahl): I. Anderbrügge – G. Reina – M. Volz – M. Weißhaupt. – **Trainer** (Auswahl): J. Kocian – R. Loose – I. Peter – G. vom Bruch – **Spielerinnen** (Auswahl): D. Fitschen – S. Minnert – S. Neid – S. Rottenberg – M. Voss.

Siegprämie, besonders im Lizenzfußball übl. Sonderhonorar für die Spieler einer Mannschaft im Falle eines Sieges, wie z. B. in einem bedeutsamen (internationalen) Pokalspiel, aber auch in einem entscheidenden Meisterschaftsspiel. Die Höhe der S. wird den Spielern als Motivationsanreiz oft bereits vor dem Spiel bekanntgegeben. (→ Prämiensystem)

Siemensmeyer, Hans, dt. Mittelfeldspieler (Halbstürmer), *23. September 1940 Hannover; 1953–56 Adler Osterfeld, 1956–65 Rot-Weiß Oberhausen, 1965–74 Hannover 96, 1974–79

TSV Havelse (Spielertrainer); 278 Bundesligaspiele (72 Tore); 3 Länderspiele (1967; 2 Tore). – Später Trainer: 1988/89 Hannover 96.

Siena, AC (Associazione Calcio Siena), Italien, gegr. 1904 als SS Robur Siena, seit 1934 AC Siena; Spielkleidung: Schwarz-Weiß/Schwarz/Weiß; Stadion: Stadio »Artemio Franchi«, 12 500 Plätze. – INTERNET: www.acsiena.it

Spieler (Auswahl): T. A. Flo – A. Manninger – J. V. Roque Júnior –**Trainer** (Auswahl): M. Lippi.

Sierra Leone, Republik in Westafrika, an der Oberguineaküste, 71 740 km², 5,733 Mio. Ew.; Verband: Sierra Leone Football Association, Abk. SLFA, gegr. 1967, Sitz: Freetown; Mitglied der FIFA seit 1967, der CAF seit 1987; Spielkleidung: Grün-Blau/Grün-Blau-Weiß/Grün-Blau-Weiß.

Sievers, Jörg, dt. Torhüter, *22. September 1965 Römstedt (Niedersachsen); bis 1988 SV Eddelstorf und Lüneburger SK,1988/89 VfL Wolfsburg, 1989–2003 Hannover 96; 17 Bundesligaspiele. – Später Torhütertrainer: 2003–06 Hannover 96.

SIFF, Abk. für **S**olomon **I**slands **F**ootball **F**ederation, den Fußballverband der → Salomoninseln.

Siffling, Otto (»Holz«), dt. Mittelfeldspieler (Halbstürmer), *3. August 1912 Mannheim, †20. Oktober 1939 ebd. (Rippenfellentzündung); 1923–39 Waldhof Mannheim; 31 Länderspiele (1934–38; 17 Tore); WM-Endrunde 1934, 1938 (nicht eingesetzt); olymp. Fußballturnier 1936; spielte repräsentativ für Baden; Mitglied der →»Breslauer Elf«. – In Mannheim gibt es im Stadtteil Waldhof eine »Otto-Siffling-Straße«.

O. Siffling
»Holz« war ein einfallsreicher, intuitiver Fußballvirtuose. Unvergessen sein Auftritt in der »Breslauer Elf« am 16. Mai 1937, als er beim 8:0 gegen Dänemark zwischen der 33. und der 65. Minute 5 Tore hintereinander erzielte.

Signal Iduna Park, Dortmund, Heimstätte von Borussia Dortmund (bis 2005 **Westfalenstadion**), 1972–74 anlässlich der WM-Endrunde 1974 erbaut; 1996–2003 in mehreren Etappen um- und ausgebaut (u. a. legendäre »Südkurve«); 83 000 Plätze; WM-Stadion 2006.

Sigurvinsson, Asgeir (»Sigi«), isländ. Trainer, *8. Mai 1955 Vestmannaeyjar; war Mittelfeldspieler: 1965–73 IB Vestmannaeyjar, 1973–81 Standard Lüttich, 1981/82 FC Bayern München, 1982–90 VfB Stuttgart; 211 Bundesligaspiele (39 Tore); 45 Länderspiele (5 Tore). – Später Trainer: 1993 Fram Reykjavik, 2003–05 Island (Nationalmannschaft).

»Silberner Fußballschuh« → Europas Torschützenkönig.

Silkeborg IF (Silkeborg Idraets Forening), Dänemark, gegr. 1917; Spielkleidung: Rot/Weiß/Weiß; Stadion: Silkeborg-Stadion, 11 000 Plätze. – INTERNET: www.sif-support.dk

Trainer (Auswahl): J. Piontek.

Sillei, Slowak. Republik: dt. für → Zilina ...

Silva, Geovani, brasilian. Mittelfeldspieler, *6. April 1964 Vitória; 1973–81 Vitória FC, 1981–87 Desportiva Ferroviaria, 1987–89 Vasco da Gama Rio de Janeiro, 1989/90 FC Bologna, 1990/91 Karlsruher SC; 17 Bundesligaspiele (3 Tore); 42 Länderspiele (2 Tore); olymp. Fußballturnier 1988.

»Silver Goal«, Spielentscheidung in der Verlängerung. Falls eine Mannschaft nach 15 min der Verlängerung, ist sie Sieger. Steht es danach immer noch remis, gibt es eine weitere 15-minütige Verlängerung. Wenn auch dabei keine Entscheidung fällt, folgt Strafstoßschießen. Das »S. G.« löste das →»Golden Goal« ab und wurde von der UEFA 2003/04 (einschließlich der EM-Endrunde 2004 in Portugal) praktiziert.

»Silver-Goal«-Entscheidungen (Finalspiele)
2003 UEFA-Pokal 2003
FC Porto – Celtic Glasgow 3:2
Europameisterschaft 2004
Griechenland – Portugal 1:0

Simak, Jan, tschech. Mittelfeldspieler, *13. Oktober 1978 Tábor; 1984/85 Sokol Mezno, 1985–95 VS Tábor, 1996 SK Ceske Budejovice, 1996/97 FK Tábor, 1997–2000 Chmel Blsany, 2000–02 Hannover 96, 2002/03 Bayer 04 Leverkusen, 2003 Hannover 96, 2004–06 Sparta Prag; 28 Bundesligaspiele (5 Tore); 2 Länderspiele (2002/03).

Simão, eigtl. »Simão Pedro Fonseca Sabrosa«, portugies. Angriffsspieler, *31. Oktober 1979 Constantim; 1996–99 Sporting Lissabon, 1999–2001 FC Barcelona, 2001–06 Benfica Lissabon; 27 Länderspiele; EM-Endrunde 2004.

Simbabwe, engl. **Zimbabwe,** Binnenstaat im südl. Afrika, 390 580 km², 12,175 Mio. Ew.; Verband: Zimbabwe Football Association, Abk. ZIFA, gegr. 1965, Sitz: Harare; Mitglied der FIFA seit 1965, der CAF seit 1980; Spielkleidung: Grün-Gold/Grün-Gold/Grün-Gold.

Simeone, Diego Pablo, argentin. Mittelfeldspieler, *28. April 1970 Buenos Aires; 1987–90 Vélez Sarsfield, 1990–92 Pisa Calcio, 1992–94 FC Sevilla, 1994–97 Atlético Madrid, 1997–99 Inter Mailand, 1999–2003 Lazio Rom, 2003/04 Atlé-

Allan Simonsen

tico Madrid, 2005 Racing Club Buenos Aires; WM-Endrunde 1994, 1998, 2002; 104 Länderspiele (1988–2002; 11 Tore).

Simferopol, Tavria, eigtl. »FK Tavria Simferopol« (Futbolnyi Klub Tavria Simferopol), Ukraine, gegr. 1958 als Avangard Simferopol, seit 1963 FK Tavria Simferopol; Spielkleidung: Gelb/Blau/Blau; Stadion: Lokomotiv, 23 612 Plätze.

Simmet, Heinz, dt. Mittelfeldspieler, *22. November 1944; bis 1966 Borussia Neunkirchen, 1966/67 Rot-Weiss Essen, 1967–78 1. FC Köln; 419 Bundesligaspiele (55 Tore); bestritt zw. 1970 und 1977 258 Bundesligaspiele in Folge.

Simonjan, Nikita, russ. Trainer, *12. Oktober 1926 Armawir; war Angriffsspieler: 1940–45 Suchumi, 1946–48 Krylja Sowjetov Moskau, 1949–59 Spartak Moskau; 23 Länderspiele für die UdSSR (12 Tore); WM-Endrunde 1958; Olympiasieger 1956. – Später Trainer: 1960–65 Spartak Moskau, 1966 UdSSR (Nationalmannschaft), 1967–72 Spartak Moskau, 1976–79 UdSSR (Nationalmannschaft).

Simonsen, Allan, dän. Angriffsspieler, *15. Dezember 1953 Vejle (Jütland); bis 1963 Vejle Fodbold Club, 1963–72 Vejle BK, 1972–79 Borussia Mönchengladbach, 1979–82 FC Barcelona, 1982/83 Charlton Atletic (England), 1984–90 Vejle BK; 178 Bundesligaspiele (76 Tore); 56 Länderspiele (1972–86; 21 Tore); WM-Endrunde 1986; EM-Endrunde 1984; Europas Fußballer des Jahres 1977; in Dänemark Fußballer des Jahres 1972. – Später Trainer: 2003/04 Luxemburg (Nationalmannschaft).

Simunic, Josip, kroat. Abwehrspieler austral. Herkunft, *18. Februar 1978 Canberra (Australien); 1993–95 AIS Canberra, 1995–97 Melbourne Knights, 1997–99 Hamburger SV, 2000–06 Hertha BSC; 141 Bundesligaspiele (1 Tor); 34 Länderspiele für Kroatien (3 Tore); WM-Endrunde 2002; EM-Endrunde 2004.

Sindelar, Matthias, war österr. Angriffsspieler (Mittelstürmer), *10. Februar 1903 Kozlau (bei Iglau [tschech. Jihlava]), † 23. Januar 1939 Favoriten (Wiener Vorstadt); 1912–24 Hertha Wien, 1924–39 FK Austria; 43 Länderspiele (1926–37; 27 Tore); WM-Endrunde 1934; Repräsentant der →»Wiener Schule« und Mitglied des →»Wunderteams«. – Auf dem Laaerberg in Wien-Favoriten findet man heute die »Sindelar-Gasse«.

M. Sindelar
Am Sonntag, dem 23. Januar 1939, wurde er gemeinsam mit Freundin Camilla Castagnola tot in seiner Wohnung aufgefunden. Die Polizei nannte als Todesursache »Tod durch Kohlenoxidvergiftung«, doch um die wahre Todesursache ranken sich noch heute viele Gerüchte.

Matthias Sindelar

Sing, Albert, dt. Mittelfeldspieler (Läufer), *7. April 1917 Eislingen/Fils (Baden-Württemberg); 1936–47 Kickers Stuttgart, 1947/48 TSG Ulm 1846, 1948/49 Normannia Gmünd, 1949–52 Young Boys Bern; 9 Länderspiele (1940–42; 1 Tor). – Später Trainer: 1957–66 Young Boys Bern, FC St. Gallen, Grasshopper-Club und FC Zürich, 1966/67 VfB Stuttgart, 1967/68 TSV München 1860, 1974/75 VfB Stuttgart.

Singapur, engl. ***Singapore,*** Republik im Commonwealth of Nations, auf der Insel S., an der Südspitze von Malakka, 693 km², 4,609 Mio. Ew.; Verband: Football Association of Singapore, Abk. FAS, gegr. 1892, Sitz: Singapur; Mitglied der FIFA seit 1952, der AFC seit 1954; Spielkleidung: Rot. – INTERNET: www.fas.org.sg

Singen 04, FC (Fußball-Club Singen von 1904), gegr. am 5. August 1904; Spielkleidung: Gelb/ Schwarz/ Schwarz; Stadion: Hohentwielstadion, 10 000 Plätze. – INTERNET: www.fc-singen.de

Spieler (Auswahl): E. Willimowski. – **Trainer** (Auswahl): J. J. Neeskens.

Sinkiewicz, Lukas, dt. Abwehrspieler, *9. Oktober 1985 Tychy (Polen [dt. Tichau]), seit 1990 in der BRD; 1990/91 FC Flerzheim, 1991–93 VfL Rheinbach, 1993–96 1. FC Quadrath-Ichendorf, 1996–06 1. FC Köln; 18 Bundesligaspiele; 3 Länderspiele (seit 2005).

Sint-Truiden, Belgien: → St. Truiden ...

Sion, FC (Fußballclub Sion), Schweiz (Kt. Wallis), gegr. 1909; Spielkleidung: Weiß/Rot/Weiß; Stadion: Toubillon, 19 526 Plätze. – INTERNET: www.fc-sion.ch

Spieler (Auswahl): U. Barberis – M. Blazevic – F. Borer – G. Bregy – S. Karl – D. Pancev – M. Topic – O. Vincze – R. Wicky. – **Trainer** (Auswahl): M. Blazevic – G. Gress – D. Jeandupeux.

Sipos, Ferenc, ungar. Abwehrspieler (Libero), *13. Dezember 1932 Budapest; 1952–63 Budapesti VL und MTK Budapest, 1963–69 Kispest-Honved Budapest; 77 Länderspiele (1957–66; 1 Tor); WM-Endrunde 1958, 1962, 1966; Europapokal der Nationen 1964.

Sippel, 1) Lothar, dt. Angriffsspieler, *9. Mai 1965; bis 1985 Göttingen 05, 1985–89 Hessen Kassel, 1989–92 Eintracht Frankfurt, 1992–94 Borussia Dortmund, 1994–96 Hannover 96, 1996/97 SpVgg Unterhaching; 108 Bundesligaspiele (23 Tore). – **2)** Peter, dt. Schiedsrichter (München), *6. Oktober 1969 Würzburg, seit 1996 Schiedsrichter, seit 1997 Zweite Bundesliga (70 Spiele), seit 2000 Bundesliga (63 Spiele), 2 Europapokalspiele, seit 2003 FIFA-Referee.

Sittard, Fortuna, eigtl. »SC Fortuna Sittard« (Sport Club Fortuna Sittard), Niederlande, entstand 1968 durch Fusion von Fortuna '54 (gegr. 1954) und RKSV Sittardia (gegr. 1950) zu FSC Geelen, 1979 Umzug nach Sittard und seitdem Fortuna Sittard; Spielkleidung: Gelb/Grün/ Grün; Stadion: Wagner & Partners Stadion, 12 500 Plätze. – INTERNET: www.fortunasittard.nl

Spieler (Auswahl): H. Stevens – M. van Bommel – B. van Marwijk. – **Trainer** (Auswahl): G. Kessler – B. van Marwijk.

Sivasspor, Türkei (Sivas), gegr. 1967; Spielkleidung: Rot; Stadion: 4 Eylül, 23 000 Plätze. – INTERNET: www.sivasspor.com

Spieler (Auswahl): R. Kalla. – **Trainer** (Auswahl): W. Lorant.

Sivori, Enrique Omar, argentin. Angriffsspieler (auch italien. Staatsbürgerschaft), *2. Oktober 1935 Buenos Aires, †15. Februar 2005 San Nicolás; 1944–54 St. Nicolás Buenos Aires, 1954–57 River Plate Buenos Aires, 1957–65 Juventus Turin, 1965–69 AC bzw. SSC Neapel; 18 Länderspiele für Argentinien (1956/57; 9 Tore), 9 für Italien (1961/62; 8 Tore); WM-Endrunde 1962; Europas Fußballer des Jahres 1961. – Später Trainer: 1970 Rosario Central, 1971 Estudiantes de La Plata, 1972 Argentinien (Junioren), 1974 River Plate Buenos Aires und Argentinien (Nationalmannschaft), 1976 SSC Neapel, 1978/79 Vélez Sarsfield.

E. O. Sivori
Das Anwesen, in dem Sivori seinem Krebsleiden erlag, erhielt den Namen »Juventus«.

Six, Didier, frz. Angriffsspieler (Linksaußen), *21. August 1954 Lille (seit Oktober 1987 als **Dundar Siz** in der Türkei naturalisiert); 1970–78 RC Lens, 1978–81 Olympique Marseille, 1981–83 VfB Stuttgart, 1983/84 FC Mulhouse, 1984/85 Aston Villa, 1985/86 FC Metz, 1986/87 RC Straßburg, 1987–89 Galatasaray Istanbul, 1989–91 FC Quievrechain, 1991/92 VfB Leipzig; 52 Länderspiele (1976–84;15 Tore); WM-Endrunde 1978, 1982; Europameister 1984.

Sjomin, Juri, russ. Trainer, *11. Mai 1945 Orel; 1982–86 Pamir Duschanbe, 1986–90 Lokomotive Moskau, 1991 Neuseeland (Olympiaauswahl), 1992–2005 Lokomotive Moskau, 2005 Russland (Nationalmannschaft), 2005/06 Dynamo Moskau.

J. Sjomin: Erfolgsstationen (Auswahl)	
Lokomotive Moskau	LM 2002, 2004 PS 1996, 1997, 2000, 2001

Skandinavische Meisterschaft, 1924 als erster europ. Nationencupwettbewerb außerhalb Großbritanniens von Dänemark, Norwegen, Schweden und Finnland eingeführt. Alle Begegnungen bis 1983 wurden mit Hin- und Rückspielen (unregelmäßig) ausgetragen. Nachfolgewettbewerb seit 2004/05: → Royal League.

Skela, Ervin, alban. Mittelfeldspieler (auch italien. Staatszugehörigkeit), *17. November 1976 Vlorë (italien. Valona); 1992/93 Flamurtari Vlora, 1993 SK Tirana, 1994/95 Flamurtari Vlora, 1997/98 1. FC Union Berlin, 1998/99 FC Erzgebirge Aue, 1999/2000 Chemnitzer FC, 2001 Waldof Mannheim, 2001–04 Eintracht Frankfurt, 2004/05 Arminia Bielefeld, 2005/06 1. FC Kaiserslautern; 76 Bundesligaspiele (9 Tore); 15 Länderspiele (seit 2003; 3 Tore) für Albanien.

Skibbe, Michael, dt. Trainer, *4. August 1965 Gelsenkirchen; war Angriffsspieler: 1975–82 SG Wattenscheid 09, 1982–86 FC Schalke 04; 14 Bundesligaspiele (1 Tor). – Später Trainer: 1986–89 FC Schalke 04 (Jugend), 1989–2000 Borussia Dortmund (1989–97 Jugend, 1997/98 Amateure, 1998–2000 Cheftrainer), 2000–05 DFB (2000–04 Nationalmannschaft [Trainerassistent], 2004/05 U 18), 2005/06 Bayer 04 Leverkusen.

»Skipetaren«, Bez. für die Nationalmannschaft Albaniens.

SKNFA, Abk. für **S**t. **K**itts and **N**evis **F**ootball **A**ssociation, den Fußballverband von → Saint Kitts und Nevis.

Skoblar, Josip, kroat. Trainer, *12. März 1941 Prevlaka; war Angriffsspieler (Linksaußen): 1958/59 NK Zadar, 1959–66 OFK Belgrad, 1966/67 Olympique Marseille, 1967–70 Hannover 96, 1970–74 Olympique Marseille, 1974/75 NK Rijeka; 32 Länderspiele (1961–67; 12 Tore); WM-Endrunde 1962; Europas Torschützenkönig 1971 (44). – Später Trainer: 1982–86 NK Rijeka, 1986/87 Hajduk Split, 1987 Hamburger SV, 1988/89 Dinamo Zagreb, 1989/90 Real Valladolid, 1991/92 FC Famalicão (Portugal), 1992/93 Vojvodina Novi Sad.

Skoglund, Lennart, war schwed. Angriffsspieler (Linksaußen), *24. Dezember 1929 Stockholm, †8. Juli 1975; bis 1943 IK Stjärnan, 1944–49 Hammarby IF, 1950 AIK Solna, 1951–59 Inter Mailand, 1959–64 Sampdoria Genua und SSC Palermo, 1964 Hammarby IF; 11 Länderspiele (1950–64); WM-Endrunde 1950, 1958.

Skopje, Makedonien, **1) FK Rabotnicki Skopje** (Fudbalski Klub Rabotnicki Skopje), gegr. 1937 als Volga 1937 Skopje, 1945 Fusion mit Radnicki 1938 Skopje und Sloboda 1940 Skopje zu FK Rabotnicki Skopje; Spielkleidung: Weiß/Rot/Rot; Stadion: Gradski, 30 000 Plätze. – INTERNET: www.zsdrabotnicki.com.mk

2) FK Vadar Skopje (Fudbalski Klub Vardar Skopje), gegr. 1947; Spielkleidung: Rot/Schwarz/Rot; Stadion: Gradski, 30 000 Plätze. – INTERNET: www.fkvardar.com.mk

Spieler (Auswahl): S. Ciric – D. Pancev.

Skuhravy, Tomáš, tschech. Angriffsspieler, *7. September 1965 Ceske Budejovice (dt. Budweis); 1982–84 Sparta Prag, 1984–86 Ruda Hve Cheb, 1986–90 Sparta Prag, 1990–95 Genua 1893, 1995/96 Sporting Lissabon, 1996/97 Viktoria Zizkov; 35 Länderspiele für die ČSSR, ČSFR und Tschech. Republik (13 Tore); WM-Endrunde 1990.

Slavia [slaw.], auf das Slawische bezogen; Vereins-Bez. in der Tschech. Republik (z. B. S. Prag) und in Bulgarien (z. B. S. Sofia).

SLFA, 1) Abk. für **S**t. **L**ucia **F**ootball **A**ssociation, den Fußballverband von → Saint Lucia. – **2)** Abk. für **S**ierra **L**eone **F**ootball **A**ssociation, den Fußballverband von → Sierra Leone.

»Slidingtackling« [engl., »Gleitangriff«], seitl. Blockieren oder Wegtreten des vom Gegner geführten Balles; erfolgt in der Regel mit dem »ballnahen« Bein und nicht – wie oft nachzulesen – mit beiden Beinen. Beim S. handelt es sich um ein gleitendes »Hineingrätschen« vor den ballführenden Gegner mit dem Ziel, den Ball zu treffen, nicht aber den Gegner.

Sliema Wanderers, eigtl. »Sliema Wanderers FC« (Sliema Wanderers Football Club), Malta (Sliema), gegr. 1909 als Sliema Wanderers FC, 1918/19 Sliema Amateurs FC, 1919–44 Sliema Wanderers FC (1939 Fusion mit Sliema Rangers FC), 1944/45 Sliema Athletic FC, seitdem wieder Sliema Wanderers FC; Spielkleidung: Blau/Schwarz/Blau; Stadion: Empire, 20 000 Plätze. – INTERNET: www.eswfc.com

Spieler (Auswahl): C. Busuttil.

Slomka, Mirko, dt. Trainer, *12. September 1967 Hildesheim (Niedersachsen); 1989–99 Hannover 96 (Jugend), 1999–2001 Tennis Borussia (1999/2000 Junioren, 2000/01 Cheftrainer), 2001–04 Hannover 96 (Trainerassistent), 2004–06 FC Schalke 04 (2004/05 Trainerassistent, 2006 Cheftrainer).

Slowakische Republik, kurz **Slowakei,** Republik in Mitteleuropa, östl. der March, 48 845 km², 5,430 Mio. Ew; Verband: Slovak Football Association, Abk. SFA, gegr. 1993, Sitz: Bratislava; Mitglied der FIFA 1939–46 und seit 1994, der UEFA seit 1993; Spielkleidung: Blau-Weiß/Blau-Weiß/Blau-Weiß. – INTERNET: www.futbalsfz.sk

Slowenien, Republik in Südosteuropa, 20 273 km², 1,936 Mio. Ew.; Verband: Football Association of Slovenia, Abk. FAS, gegr. 1920, Sitz: Ljubljana (dt. Laibach); Mitglied der FIFA seit 1992, der UEFA seit 1993; Spielkleidung: Weiß-Grün/Weiß/Weiß. – INTERNET: www.nzs.si

»Smart-Ball«, svw. »Chip-Ball« (→ Ball [1]).

Smederevo, FC (Football Club Smederevo), eigtl. »FK Sartid 1913 Smederevo« (Fudbalski Klub Sartid 1913 Smederovo), Serbien und Montenegro, gegr. 1924; Spielkleidung: Blau/Weiß/Weiß; Stadion: Kraj Stare Zelezare, 16 656 Plätze. – INTERNET: www.fcsartid.co.yu

Spieler: Auswahl: M. Kezman – M. Pantelic.

Smisek, Sandra, dt. Angriffsspielerin, *3. Juli 1977 Frankfurt am Main; 1984–90 FC Kalbach, 1990–92 ausgesetzt, 1992–98 FSV Frankfurt, 1998–2001 FCR Duisburg, 2001–05 FSV Frankfurt, 2005/06 1. FFc Frankfurt; 101 Länderspiele (seit 1995; 19 Tore); WM-Endrunde 1995, 1999, 2003 (Weltmeisterin); Europameisterin 1997, 2001, 2005; Bundesliga-Torschützenkönigin 1996 (29).

Smistik, Josef (»Pepi«), österr. Abwehrspieler (war Mittelläufer), *28. November 1905 Wien, †28. November 1985 ebd.; 1921–26 ESV Stadlau, 1926–37 Rapid Wien, 1938–40 ESV Stadlau, 1940/41 Floridsdorfer AC, 1941–45 Kremser SC; 39 Länderspiele (1928–36; 2 Tore); WM-Endrunde 1934; Vertreter der →»Wiener Schule« und Mitglied des →»Wunderteams«.

Smolarek, Wlodzimierz, poln. Angriffsspieler, *16. Juli 1957 Aleksandrów Lodzki (bei Lodz);1974–78 Widzew Lodz, 1978–80 Legia Warschau, 1980–86 Widzew Lodz, 1986–88 Eintracht Frankfurt, 1988–90 Feyenoord Rotterdam, 1990–96 FC Utrecht; 63 Bundesligaspiele (13 Tore); 60 Länderspiele (1980–88; 12 Tore); WM-Endrunde 1982, 1986. In Polen Fußballer des Jahres 1981, 1984, 1986. – Sein Sohn **Euzebiusz S.** (»Ebi« [*1981]) ist ebenfalls Angriffsspieler: bis 2002 Germania Groesboek und Spirit Ouderkerk, 2002–04 Feyenoord Rotterdam, 2005/06 Borussia Dortmund; 30 Bundesligaspiele (14 Tore); 10 Länderspiele (1 Tor); in Polen Fußballer des Jahres 2005.

> **»Ebi« Smolarek**
> »Man darf nie mit sich selbst zufrieden sein. Es gibt immer wieder Kleinigkeiten, die sich verbessern lassen.«

Sneijder, Wesley, niederländ. Mittelfeldspieler, *9. Juni 1984 Utrecht; 2001–06 Ajax Amsterdam; 17 Länderspiele; EM-Endrunde 2004.

Sobek, Johannes (»Hanne«), auch **Sobeck,** dt. Mittelfeldspieler (Halbstürmer), *18. März 1900 Mirow (Mecklenburg-Vorpommern), †17. Februar 1989 Berlin (West), 1914–20 Bavaria 09, 1920–25 Alemannia 90, 1925–39 Hertha BSC; 10 Länderspiele (1923–31; 2 Tore); spielte repräsentativ für Berlin. – Später Trainer: 1948–50 SC Union 06 Oberschöneweide (Berlin [Ost]), 1950/51 SC Union Oberschöneweide (Berlin [West]). – Nach ihm wurde in Berlin-Wedding das Stadion des SV Yesilyurt 73 und des BFC Meteor 06 benannt (»Hanne-Sobek-Sportanlage«).

Sobotzik, Thomas, dt. Mittelfeldspieler; *16. Oktober 1974 Gliwice (dt. Gleiwitz); 1990/91 Gornik Zabrze, 1992/93 VfB Stuttgart, 1993–95 Eintracht Frankfurt, 1995–97 FC St. Pauli, 1997–99 Eintracht Frankfurt, 1999 1. FC Kaiserslautern, 1999–2001 Eintracht Frankfurt, 2001–03 Rapid Wien, 2003/04 1. FC Union Berlin, 2004–06 SpVgg Unterhaching; 134 Bundesligaspiele (18 Tore).

Soccer [engl., aus der Mittelsilbe **soc** von **Assoc**iation], **1)** US-amerikan. Fußball (im Unterschied zum American Football, der härteren Gangart des Rugbys). Gespielt wird in der Major League S. (Abk. MLS, →NASL). – **2)** ein →Tischfußballspiel.

»Socceroos« [austral., »kickende Kängurus«], Bez. für die Nationalmannschaft Australiens.

Sochaux, FC, eigtl. »FC Sochaux-Montbéliard« (Football Club Sochaux-Montbéliard), Frankreich, gegr. 1928 als FC Sochaux, 1930 Fusion mit AS Montbéliard zu FC Sochaux-Montbéliard; Spielkleidung: Gelb-Blau/Blau/Blau; Stadion: Auguste-Bonal, 20 000 Plätze. – INTERNET: www.fcsochaux.fr

Spieler (Auswahl): A. Abegglen – E. H. Diouf – D. Ljuboja – M. Meghni – F. Remetter – Santos. – **Trainer** (Auswahl): J. Santini.

Sócrates, eigtl. »Brasileiro Sampaio de Souza Vieira de Oliveira«, brasilian. Mittelfeldspieler (Dr.-med.), *19. Februar 1954 Belém, älterer Bruder von →Rai; 1964–71 Varreu Belém, 1972–76 Botafogo Rio de Janeiro, 1976–84 Corinthians São Paulo, 1984/85 AC Florenz, 1985–88 Flamengo Rio de Janeiro, 1988–90 FC Santos; 60 Länderspiele (1979–86; 22Tore); WM-Endrunde 1982, 1986; Südamerikas Fußballer des Jahres 1983.

Sócrates

Sodingen, SV, Deutschland: →Herne [1].

Sofia, Bulgarien, **1) Levski Sofia,** eigtl. »PFK Levski Sofija« (Professional Fudbalski Klub), gegr. 1914 als CS Levski Sofija, 1949–57 Dinamo

Sofija, 1957–69 FD Levski Sofija, 1969 Fusion mit FD Spartak Sofija zu DFS Levski-Spartak Sofija, 1985 aufgelöst und als FK Vitoscha Sofija neu gegr., 1990–93 FK Levski-14 Sofija, 1993–98 Levski-14 Sofija, seitdem PFK Levski Sofija; Spielkleidung: Blau; Stadion: Georgi Asparuchov, 45 000. – INTERNET: www.cska.bg

Spieler (Auswahl): G. Asparuchov – D. Borimirov – P. Houbtchev – M. Hristov – I. Wuzow. – **Trainer** (Auswahl): R. Abramczik – G. Wassilev – I. Wuzow.

2) Slavia Sofia, eigtl. »FK Slavia Sofija« (Fudbalski Klub Slavija Sofija), gegr. 1910 als Botev Sofija, 1915 Fusion mit Christo Botev Sofija und Razvitije Sofija zu SK Slavia Sofija, 1945 Fusion mit SK Balgaria Sofija und SK Beganets Sofija zu NFD Slavia Sofija, 1949–51 DSO Strojitel Sofija, 1951/52 USS-DSO Udarnik Sofija, 1957–69 FD Slavia Sofija, 1969 Fusion mit FD Lokomotive Sofija zu ZSK Slavia Sofija, 1971 Auflösung der Fusion und Trennung in DFS Lokomotive Sofija und DFS Slavia Sofija, seit 1986 FK Slavia Sofija; Spielkleidung: Weiß; Stadion: Slavia-Stadion, 32 000 Plätze.

Spieler (Auswahl): M. Hristov. – **Trainer** (Auswahl): I. Wuzow.

3) ZSKA Sofia, eigtl. »FK CSKA Sofija« (Fudbalski Klub Centralnij Sport Klub Armija Sofija), gegr. 1948 als FD Septemvrijsko Sofija, 1948/49 CDVV Sofija, 1949/50 NV Sofija, 1950/51 NA Sofija, 1951–53 CDNA Sofija, 1953 Sofijski Garnizon, 1953–64 CDNA Sofija, 1964 Fusion mit DSO Tscherveno Zname Sofija, 1968 Fusion mit FD Septemvri CDV Sofija zu CSKA Septemvrijsko Zname Sofija, 1985 Auflösung der Fusion und als FK Sredets Sofija neu gegr., 1987–89 CFKA Sredets Sofija, 1989/90 CFKA Sofija, seitdem FK CSKA Sofija; Spielkleidung: Rot/Weiß/Rot; Stadion: Bulgarska Armija, 24 104 Plätze. – INTERNET: www.levski.bg

Spieler (Auswahl): H. Bonev – D. Berbatov – S. Boschkow – P. Dotchev – D. Jakimow – I. Kolew – E. Kostadinov – Y. Letchkov – G. Naidenow – D. und L. Penev – M. und S. Petrov – C. Stoichkov – R. Zdravkov. – **Trainer** (Auswahl): D. Penev – G. Wassilev.

»Sohlenkick«, besonders bei (indirekten) Freistößen unmittelbar vor dem gegner. Strafraum angewandte Variante, einem der beiden von hinten seitlich anlaufenden Mitspieler den Ball aus dem Stand mit der Sohle kurz zuzuspielen (unter den Körper ziehen oder antippen, jeweils seitlich zum Tor), um dem potenziellen Schützen einen gezielten Torschuss zu ermöglichen; soll die gegner. Abwehrmauer (einschließlich Torhüter) verunsichern (2 Abspielmöglichkeiten). – Seltener (nach hinten) als »Absatzkick« ausgeführt, weil die Ferse weniger Ballgefühl zulässt.

Soldo, Zvonimir, kroat. Mittelfeldspieler, * 2. November 1967 Zagreb; bis 1987 NK Zagreb, 1987–90 Dinamo Zagreb, 1990–94 Inker Zapresic, 1994–96 Dinamo Zagreb, 1996–2006 VfB Stuttgart; 284 Bundesligaspiele (15 Tore); 61 Länderspiele (1994–2002); WM-Endrunde 1998, 2002; EM-Endrunde 1996.

Solingen, Union, eigtl. » 1. FC Union Solingen« (1. Fußballclub Union Solingen von 1990), Deutschland (Nordrhein-Westfalen), entstand am 3. September 1949 als SC Union Ohligs durch Fusion von Ohligser FC, VfR 07 Ohligs und VfL Ohligs, 1973/74 OSC Ohligs, 1974–90 SG Union 97 Solingen, 1990 Konkurs und als 1. FC Union Solingen neu gegr.; Zweite Bundesliga 1981–89; Spielkleidung: Gelb-Blau/Blau/Blau; Stadion: Union-Stadion Hermann-Löns-Weg, 15 000 Plätze. – INTERNET: www.unionsolingen.de

Spieler (Auswahl): D. Hotic – D. Hupe – E. Kostedde. – **Trainer** (Auswahl): S. Demandt – M. Krafft.

Solna, AIK, Schweden: → Stockholm [1].

Solothurn, FC (Fußballclub Solothurn), Schweiz, gegr. am 1. Juli 1901; Spielkleidung: Weiß; Stadion: Stadion FC Solothurn, 6750 Plätze. – INTERNET: www.fcsolothurn.ch

Spieler (Auswahl): A. Allemann – M. Walker. – **Trainer** (Auswahl): H. Latour.

Solskjaer, Ole Gunnar, norweg. Angriffsspieler, * 26. Februar 1973 Kristiansund; bis 1994 Clausenengen FK, 1994–96 Molde FK, 1996–2006 Manchester United; 55 Länderspiele (20 Tore); WM-Endrunde 1998; EM-Endrunde 2000

Somalia, Republik in Ostafrika, 637 657 km², 8,025 Mio. Ew.; Verband: Somali Football Federation, Abk. SFF, gegr. 1951, Sitz: Mogadischu; Mitglied der FIFA seit 1960, der CAF seit 1968; Spielkleidung: Himmelblau-Weiß/Himmelblau-Weiß/Weiß-Himmelblau.

Sömmerda, FSV (Fußballsportverein Sömmerda), Deutschland (Thüringen), gegr. 1927 als VfB Sömmerda, 1945 aufgelöst und als SG Sömmerda neu gegr., 1948–50 BSG Rheinmetall Sömmerda, 1950–72 BSG Motor Sömmerda, 1972–78 BSG Zentronik Sömmerda, 1978–87 BSG Robotron Sömmerda, 1987–90 BSG Robotron Ernst Thälmann Sömmerda, 1990/91 FSV Robotron Sömmerda, 1991–93 FSV Soemtrom Sömmerda, seitdem FSV Sömmerda; Spielkleidung: Gelb-Blau/Gelb/Blau; Stadion: Fichtenstraße, 5000 Plätze. – INTERNET: www.fsv-soemmerda.de

Spieler (Auswahl): T. Linke. – **Trainer** (Auswahl): H. Nordhaus.

Sonck, Wesley, belg. Angriffsspieler, * 9. August 1978 Ninove; 1996–98 FC Brügge, 1998–2000 Beerschot VAC bzw. GB Antwerpen, 2000–03 KRC Genk, 2003/04 Ajax Amsterdam, 2005/06

Borussia Mönchengladbach; 7 Bundesligaspiele (2 Tore); 34 Länderspiele (34 Länderspiele, 19 Tore); WM-Endrunde 2002; in Belgien Fußballer des Jahres 2001.

Sonderbewachung, takt. Maßnahme (besser: »Befehl«) des Trainers für einen Deckungsspieler, sich fast ausschließlich auf die Bewachung eines (tor-)gefährl. Angriffsspielers (seltener Mittelfeldspielers) der Gegenpartei zu konzentrieren; destruktiv. Gibt es sogar 2 »Sonderbewacher« für einen gegner. Spieler, spricht man von »Doppelbewachung« oder vom »Doppeln«.

Song, Rigobert Bahanga, kamerum. Abwehrspieler, *1. Juli 1976 Nkanglicock; bis 1992 Red Star Bangou, 1992–94 Tonnerre Yaoundé, 1994–98 FC Metz, 1998/99 Salernitana Sport (Italien), 1999/2000 FC Liverpool, 2000/01 West Ham United, 2001/02 1. FC Köln, 2002–04 RC Lens, 2004–06 Galatasaray Istanbul; 16 Bundesligaspiele; 100 Länderspiele (3 Tore); WM-Endrunde 1994, 1998, 2002.

»Sonntagsschuss«, (meist) aus größerer Entfernung überraschend abgegebener Schuss, der unhaltbar für den Torhüter im Torwinkel einschlägt.

Sóos, Karoly, ungar. Trainer, *5. April 1909 Budapest, †5. August 1991 ebd.; 1947–50 Haladas Szombathely, 1951/52 Dorog Budapest, 1953 Haladas Szombathely, 1953–57 Ferencvaros Budapest, 1957–61 Kispest-Honved Budapest, 1961–67 DDR (Nationalmannschaft; olymp. Fußballturnier 1964), 1968/69 Ungarn (Nationalmannschaft).

Karoly Sóos

Sopron, Matáv, eigtl. »Matáv SC Sopron« (Matáv Sport Club Sopron), Ungarn, gegr. 1923 als Sopron SE, 1991/92 Soproni LC, 1992–95 Soproni EMDSZ LC, seitdem Matáv SC Sopron; Spielkleidung: Rot/Schwarz/Schwarz; Stadion: Sopron, 8000 Plätze. – INTERNET: www.matavsopronfutball.hu

Sörensen, Jan Derek, norweg. Angriffsspieler, *28. Dezember 1971 Oslo; bis 1992 FK Bodø-Glimt, 1992–94 Lyn Oslo, 1995–97 FK Bodø-Glimt, 1997–2000 Rosenborg BK, 2000–03 Borussia Dortmund, 2003–05 Lyn Oslo; 24 Bundesligaspiele; 6 Länderspiele.

Sosa, Rubén Ardaiz, uruguay. Angriffsspieler, *25. April 1966 Montevideo; 1984/85 Nacional Montevideo, 1985–88 Real Saragossa, 1988–92 Lazio Rom, 1992–95 Inter Mailand, 1995/96 Borussia Dortmund, 1996 CD Logroñés, 1997–2004 Nacional Montevideo; 32 Länderspiele (8 Tore); WM-Endrunde 1990.

Soskic, Milutin, serb. Torhüter, *31. Dezember 1937; 1950–66 Roter Stern Belgrad und Partizan Belgrad, 1966–71 1. FC Köln; 65 Bundesligaspiele; 49 Länderspiele für Jugoslawien (1959–66); WM-Endrunde 1962.

Sosnowiec, Zaglebie, eigtl. »GKS Zaglebie Sosnowiec« (Górniczy Klub Sportowoy Zaglebie Sosnowiec), Polen, gegr. 1906 als KS Milowice Sosnowiec, 1908–18 KS Union Sosnowiec, 1918–21 KS Sosnowiec,1921–31 KS Victoria Sosnowiec, 1931–39 KS Unia Sosnowiec, 1939–48 RKU Sosnowiec, 1948/49 Stal Sosnowiec,1949–52 KS Metal Sosnowiec,1952–63 Stal Sosnowiec, 1963–93 GKS Zaglebie Sosnowiec (1993 aufgelöst und neu gegr.); Spielkleidung: Grün/Weiß/Weiß; Stadion: Ludowy, 24 000 Plätze.

Trainer (Auswahl): W. Zmuda.

Sosnowitz, Polen: dt. für → Sosnowiec ...

»Soule« → Fußball (Geschichte).

Souness, Graeme, schott. Trainer, *6. Mai 1953 Edinburgh; war Mittelfeldspieler: 1969–73 Tottenham Hotspur, 1973–78 FC Middlesbrough, 1978–84 FC Liverpool, 1984–86 Sampdoria Genua; 54 Länderspiele (1974–86; 2 Tore); WM-Endrunde 1978, 1982, 1986. – Später Trainer: 1986–91 Glasgow Rangers (LM 1987, 19889, 1990, 1991), 1991–94 FC Liverpool (PS 1992), 1995/96 Galatasaray Istanbul (PS 1996), 1996/97 FC Southampton, 1997/98 AC Turin, 1998/99 Benfica Lissabon, 200–04 Blackburn Rovers, 2004–06 Newcastle United.

G. Souness: Erfolgsstationen (Auswahl)	
Glasgow Rangers	LM 1987, 19889, 1990, 1991
FC Liverpool	PS 1992
Galatasaray Istanbul	PS 1996

Southall, Neville, walis. Torhüter, *16. September 1958 Llandudno; 1975–80 Winsford United, 1980/81 FC Bury, 1981–83 FC Everton, 1983 FC Port Vale, 1983–97 FC Everton, 1997/98 Southend United, 1998 Stoke City; 55 Länderspiele; in England und in Wales Fußballer des Jahres 1985.

Southampton, FC, eigtl. »Southampton FC« (Southampton Football Club), England, gegr. 1885 als Southampton St Mary's YMCA, 1894–97 Southampton St Mary's (seit 1894 Profifußball), seitdem Southampton FC;– INTERNET: www.saintsfc.co.uk

Spieler (Auswahl): T. Hajto – M. Hughes – K. Keegan – K. Keller – J. Robinson – U. Rösler – A. Shearer –

P. Shilton. – **Trainer** (Auswahl): G. Hoddle – G. Souness – G. Strachan.

South Melbourne, FC, eigtl. »South Melbourne FC«, Australien (Melbourne), gegr. 1959; Spielkleidung: Blau; Stadion: Bob Jane Stadium, 18 100 Plätze. – Internationale Erfolge: Ozeanienpokal der Landesmeister 1999.
Trainer (Auswahl): F. Puskás.

Sowjetunion → UdSSR.

SP, Abk. für **S**uomen **P**alloliitto, den Fußballverband von → Finnland.

Spanien, ein Staat auf der Pyrenäenhalbinsel, 504 782 km² (einschließlich Balearen und Kanar. Inseln sowie Ceuta und Melilla), 40,217 Mio. Ew.; Verband: Real Federación Española de Fútbol, Abk. RFEF, gegr. 1905, Sitz: Madrid; Mitglied der FIFA seit 1913 (inoffiziell seit 1904), der UEFA seit 1954; Spielkleidung: Rot/Blau/Blau. – Erfolge: Europapokal der Nationen 1964, Olympiasieger 1992. – INTERNET: www.rfef.es

Spannstoß → Stoßarten.

Spartak [nach Spartakus, dem Führer des röm. Sklavenaufstandes], Klub-Bez. in Russland (z. B. S. Moskau) und Bulgarien (z. B. S. Plewen).

Sparte Fußball, DDR: svw. → Fachausschuss Fußball.

Sparwasser, Jürgen, dt. Angriffsspieler, * 4. Juni 1948 Halberstadt; 1958–64 BSG Lokomotive Halberstadt, 1965–79 SC Aufbau bzw. 1. FC Magdeburg; 271 Oberligaspiele (112 Tore); 53 Länderspiele (1969–77; 15 Tore); WM-Endrunde 1974; olymp. Fußballturnier 1972. »Republikflucht« 1988. – Später Trainer: 1988/89 Eintracht Frankfurt (Trainerassistent), 1990–92 SV Darmstadt 98.

Jürgen Sparwasser

> **J. Sparwasser**
> »Wenn man auf meinen Grabstein eines Tages nur ›Hamburg '74‹ schreibt, weiß jeder, wer da drunterliegt.«

Sperren, a) durch Dazwischenlaufen oder -stellen den Gegner daran hindern, an den Ball zu gelangen, ohne selbst den Ball spielen zu wollen; mit indirektem Freistoß geahndet; b) Decken des Balles ohne ihn zu berühren; das Bemühen, den Gegner zu hindern, den Ball zu spielen, während der Ball in Spielnähe bleibt; kein Regelverstoß.

Sperraumlinie, Abgrenzung, die den Sperraum hinter dem Tor markiert (→ Spielfeld [BILD]).

spezielle Ausdauer → Training.

Spickenagel, Karl-Heinz, dt. Torhüter, * 17. Januar 1932 Berlin; Torhüter; 1947–51 Fortuna Pankow, 1952–54 BSG Einheit Pankow, 1954/55 SC DHfK Leipzig, 1955–64 ZSK, ASK bzw. FC Vorwärts Berlin; 176 Oberligaspiele; 29 Länderspiele (1954–62).

Spiel, (Fußball-)Wettkampf mit Freundschaftsspiel-, Punkt- oder Pokalspiel- bzw. Länderspielcharakter *(Länder-S.)*.

> **Spiel**
> Football match [engl.]
> Match de football [frz.]
> Encuentro de fútbol [span.]
> Jogo de futebol [portugies.]
> Partita di calcio [italien.]

Spielabbruch, vorzeitiges Beenden des Spiels durch den Schiedsrichter bei akuter Gefährdung der regulären Weiterführung. In diesem Fall ist der zuständigen Behörde ein eingehender Bericht zu übersenden, und zwar gemäß den Bestimmungen des für die Leitung des Spieles verantwortl. Landesverbandes (bzw. des zuständigen Kontinentalverbandes).

> **Spielabbruch**
> Unwetter
> Gewitter
> einbrechende Dunkelheit
> Nebel
> Flutlichtausfall
> Zuschauerausschreitungen
> Spielerdisziplinlosigkeiten

Spielausrüstung, Ausrüstung der Spieler beim Wettkampf; besteht aus einheitl. Spielkleidung (→ Dress), Schienbeinschonern und Fußballschuhen. Das Tragen einer Strumpf- oder Gymnastikhose (unter der Sporthose) ist statthaft, jedoch muss ihre Farben mit der der Hauptfarbe der Hose übereinstimmen. Die Torhüterkleidung muss sich in der Farbe von der der Spieler und des Schiedsrichters deutlich abzeichnen. Der Torhüter darf Trainingshosen tragen. Das Tragen von Rückennummern regelt die Spielordnung des jeweiligen Verbandes. Ein Oberarmband kennzeichnet den → Spielführer.

Spielball, der → Ball [1].
»Spielbein«, a) das → »Schussbein«); b) das Bein, mit dem man den Ball spielt.
Spielbeobachter, 1) svw. → Schiedsrichterbeobachter. – **2)** svw. → Scout.
Spielberechtigung, das Recht eines Spielers, aufgrund einer vom zuständigen Landesverband erteilten Erlaubnis (entsprechend der jeweiligen Spielordnung) für einen bestimmten Klub spielen zu dürfen. Die S. beginnt mit der Erteilung der Spielerlaubnis und dokumentiert sich im Spielerpass. Die S. kann bei schweren Verstößen gegen die Satzungen des Verbandes oder die sportl. Regeln (vorübergehend) entzogen werden. Bei Klub- oder Staatswechsel kann ein (befristeter) Entzug der Spielberechtigung eintreten. (→ Nationalmannschaft)
»Spiel des Jahrhunderts«, denkwürdiges Länderspiel zw. England und Ungarn am 25. November 1953 im Londoner Wembleystadion, das die Magyaren vor 105 000 Zuschauern mit 6:3 (4:2) gewannen und damit Englands Nimbus, im eigenen Land von einer Nationalmannschaft des europ. Kontinents noch niemals bezwungen worden zu sein, zerstörten. Dies war die große Zeit der Bozsik, Hidegkuti, Puskás. – Das (Revanche-)Rückspiel in Budapest wurde für die Engländer noch demütigender; sie unterlagen am 23. Mai 1954 mit 1:7 (0:3).
Spieler, Akteur, der für einen Klub innerhalb einer Mannschaft Fußball spielt; dazu muss er eine Spielerlaubnis besitzen und einen Spielerpass nachweisen können. Im Spiel selbst unterscheidet man z. B. zw. Feld-S. und Torhüter, bei den einzelnen Reihen zw. Abwehr-, Mittelfeld- und Angriffsspieler.

Spieler
Footballer [engl.]
Footballeur [frz.]
Futbolista [span.]
Futebolista [portugies.]
Giocatore di calcio [italien.]

Spielerbank, svw. Wechselbank (→ Auswechslung).
Spielerberater, andere Bez. für → Spielervermittler.
»Spielerei«, nutz- und erfolglose Spielweise, system- und zusammenhanglos.
Spielergewerkschaft, Deutschland: → VDV.
Spielerkader → Kader.
Spielerlaubnis, vom Landesverband erteilte Spielgenehmigung für einen bestimmten Klub; erfolgt formal durch die Ausstellung des Spielerpasses.
Spielerpass, vom Landesverband ausgestellter Ausweis, der zur Teilnahme am Spielbetrieb berechtigt und in dem alle Vereine vermerkt sind, für die der Spieler seit dem 12. Lebensjahr gespielt hat. Die Kontrolle der S. erfolgt vor dem Spiel durch die Spielführer oder andere verantwortl. Offizielle in Gegenwart des Schiedsrichters. Auf Verlangen sind die S. durch die Spieler persönlich zur Kontrolle vorzulegen. Die Ausstellung des S. schließt die Spielerlaubnis ein.

Spielerpass (Inhalt)
Name und Vorname
Staatsangehörigkeit
Geburtsdatum und -ort
Beginn der Spielberechtigung
(sport-)ärztliche Untersuchung
Porträtfoto
eigenhändige Unterschrift

Spielertrainer, *Co-Trainer,* aktiver Spieler einer Mannschaft (meist älterer und erfahrener Akteur), der darüber hinaus das Training der Mannschaft leitet; insbesondere bei unterklassigen Vertretungen anzutreffen, aber auch als Interimslösung. Inhaber aller DFB-Trainerlizenzen können zugleich Spieler und Trainer einer Mannschaft sein (ab Oberliga abwärts), nicht aber im im Pflichtspielbetrieb in Lizenz- und Regionalligen.
»Spielertraube«, Bez. für mehrere Spieler, die (fast) gleichzeitig zum Kopfstoß hochsteigen, z. B. »er reckte sich in der ›S.‹ am höchsten und köpfte den Ball in die Maschen«.
Spielervermittler, Person, die regelmäßig und gegen Entgelt Spieler mit einem Verein zur Begründung eines Arbeitsverhältnisses bzw. 2 Vereine zur Begründung eines Transfervertrages zusammenführt. Für diese Tätigkeit ist eine von einem Mitgliedsverband der FIFA ausgestellte *Spielerberaterlizenz* Voraussetzung.
»Spielfaden«, der »rote Faden« einer Spielkonzeption, der im Spiel zu »finden« oder zu »knüpfen« ist. Oft reißt der »S.«, und das eigene Spiel »zerfällt«. – Bei einem »Gesteche« sucht man den »S.« ohnehin vergebens.
Spielfeld, rechtwinklige Spielfläche mit einer Länge von 90–120 m und einer Breite von 45–90 m, wobei die Länge in jedem Fall die Breite übertreffen muß. Die übl. Größe in Großstadien beträgt 105 m mal 68 bis 70 m. Die Begrenzungslinien (z. B. Strafraum-, Tor-

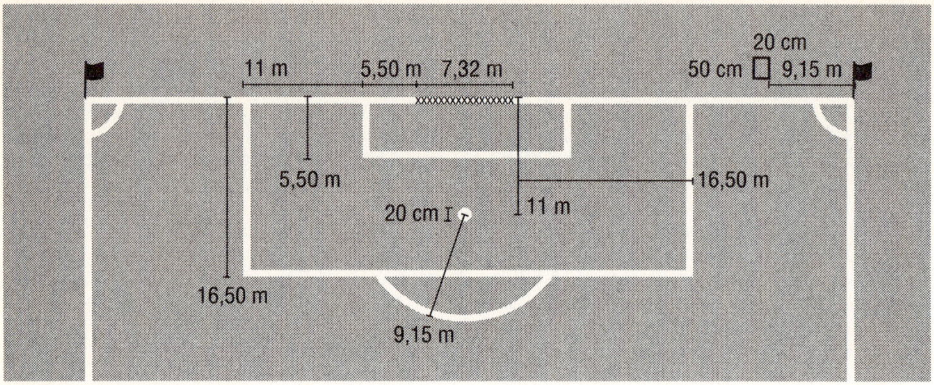

Spielfeld (Strafraumbereich)

raumlinien) müssen deutlich sichtbar sein, dürfen maximal 12 cm breit, nicht rinnenförmig und nicht erhaben (ballig) sein. Sie gehören zu denjenigen Spielfeldteilen (z. B. Straf-, Torraum), deren Flächen sie eingrenzen. An jeder Spielfeldecke ist eine Eckfahne anzubringen. Eine weitere Fahnenmarkierung kann an der Mittellinie auf jeder Seite des S. angebracht werden, jedoch mindestens 1 m von der Seitenlinie entfernt. – Bei ungekreideten bzw. ungezeichneten S. (z. B. Schneeboden) werden außer den Eckfahnen 10 Hilfsfahnen zur Verdeutlichung der Mittellinie und der Strafraumlinie aufgestellt. Sämtl. Fahnen stehen dann auf den Tor- bzw. Seitenlinien. – Bei Zulassung von Bildreportern wird hinter jeder Torlinie von Eckfahne zu Eckfahne ein *Sperrraum* markiert, der von diesem Personenkreis während des Spiels nicht betreten werden darf.

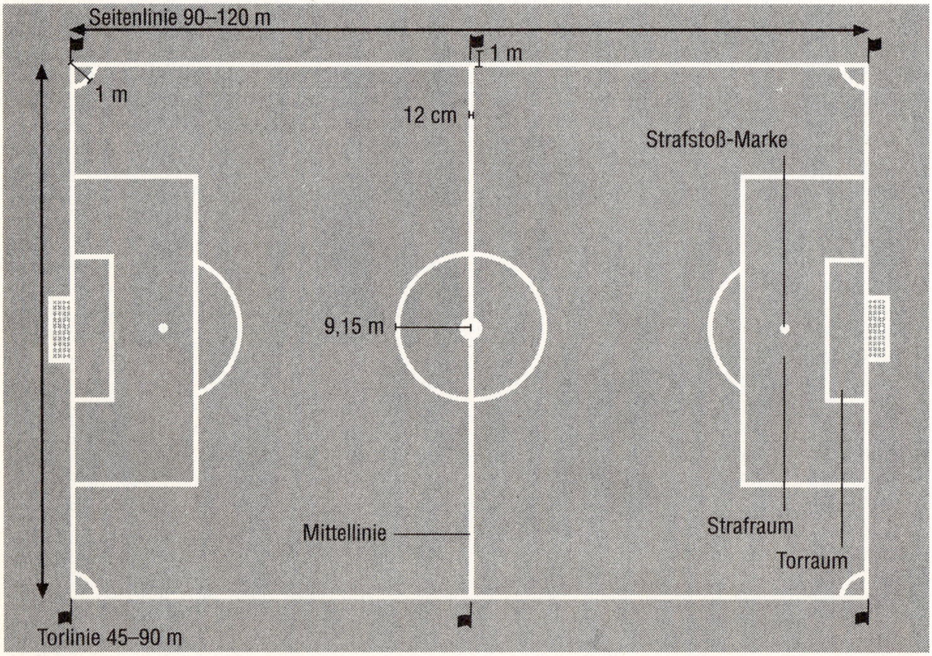

Spielfeld

Spielfeld
field of play [engl.]
Terrain de jeu [frz.]
Campo del juego [span.]
Campo del jogo [portugies.]
Campo di gioco [italien.]

»Spielfluss«, nahtloses Ineinandergreifen der einzelnen Mannschaftsteile bei Ballbesitz; gekennzeichnet durch genaues Zusammenspiel; offensiv und konstruktiv geführt.

Spielführer, von den Mannschaftsmitgliedern gewählter, aber vom Trainer (vor-)bestimmter Sprecher einer Mannschaft; vertritt die Interessen seiner Kameraden gegenüber Klub, Trainer und Schiedsrichter. Im Spiel ist der S. an der Oberarmbinde zu erkennen. Vor dem Spielbeginn begrüßt er das Schiedsrichtergespann (bei unterklassigen Spielen nur den Schiedsrichter, weil die Schiedrichterassistenten fehlen) sowie den gegner. S. und nimmt mit diesem die Seitenwahl (→ Begrüßung) vor. Nur der S. darf während des Spieles mit dem Schiedsrichter sprechen, wenn es die Situation erfordert.

Spielhälfte, 1) svw. → Halbzeit [1]. – **2)** halbiertes Spielfeld *(eigene* und *gegner. S.)*.

Spieljahr, Dauer der Wettkampfsaison; ist (meist) nicht mit dem Kalenderjahr identisch (Ausnahmen: → ÜBERSICHT), in Mitteleuropa in der Regel etwa von August bis Juni. Das S. besteht aus 2 Halbserien, der *Hinrunde* und der *Rückrunde*. Aus dem S. ergibt sich die → Spielpause.

Spieljahr: Austragung im Kalenderjahr

Armenien	Island	Russland
Estland	Kasachstan	Schweden
Färöer	Lettland	Weißrussland
Finnland	Litauen	
Irland	Norwegen	

Spielklasse, die verschiedenen Ligen, in denen die Klubs, Vereine und Gemeinschaften eingeteilt sind; in der Regel besteht nach einem abge-

Höchste europäische Spielklassen

Land	*Bezeichnung*	*Vereine*
Albanien	1. Liga	10
Andorra	1. Division	8
Armenien	1. Liga	9
Aserbaidschan	1. Liga	16
Belgien	Jupiler League	18
Bosnien und Herzegowina	Premier League	16
Bulgarien	1. Liga	16
Dänemark	Superliga	12
Deutschland	Bundesliga	18
England	Premier League	20
Estland	1. Division	10
Färöer	1. Liga	10
Finnland	Veikkausliga	14
Frankreich	Ligue 1	20
Georgien	Premier League	10
Griechenland	National Division	16
Irland	Premier Division	12
Island	Premier League	10
Israel	Premier League	12
Italien	Serie A	20
Kasachstan	Superliga	16
Kroatien	Premier Division	12
Lettland	1. Liga	8
Litauen	1. Liga	10
Luxemburg	First Division	12
Makedonien	1. Division	12
Malta	1. Division	10
Moldawien	1. Liga	8
Niederlande	Ehrendivision	18
Nordirland	Premier Division	16
Norwegen	Eliteserie	14
Österreich	Bundesliga	10
Polen	First Division	16
Portugal	Superliga	18
Rumänien	Nationalliga	16
Russland	Premier Division	16
Schottland	Premier League	12
Schweden	Allsvenskan	14
Schweiz	Super League	10
Serbien und Montenegro	1. Division	16
Slowakische Republik	1. Division	10
Slowenien	1. Division	10
Spanien	Primera División	20
Tschechische Republik	1. Liga	16
Türkei	Turkcell Superliga	18
Ukraine	Premier League	16
Ungarn	Eliteserie	16
Wales	Welsh Premier	18
Weißrussland	Premier Division	14
Zypern	1. Division	14

Spielklassen in Deutschland

I	Bundesliga
II	Zweite Bundesliga
III	Regionalliga
IV	Oberliga
V	Landes- bzw. Verbandsliga
VI	Bezirksliga
VII	Bezirksklasse
VIII	Kreisliga
IX	Kreisklasse

Spielklasse: Zuschauerschnitt in den europäischen Top-Ligen (2004/05)

1. Bundesliga (Deutschland)	37 813
2. Premier League (England)	33 900
3. Primera Division (Spanien)	28 864
4. Serie A (Italien)	25 890
5. Ligue 1 (Frankreich)	21 325

schlossenen Spieljahr die Möglichkeit, aus der jeweiligen Klasse auf- (außer der höchsten) oder abzusteigen.

Spielkleidung, svw. → Dress.

Spielkonzeption, takt. Grundkonzeption für ein bevorstehendes Spiel, das weitgehend durch das jeweilige Spielsystem und von der mannschaftl. Entwicklung bestimmt wird (Mannschaftsstruktur – takt. Reifegrad der Spieler – Erfahrungswerte). Darüber hinaus findet die Gegneranalyse in der S. Aufnahme, um zu einer optimalen Einstellung auf den Gegner zu gelangen.

Spielleiter, svw. → Schiedsrichter.

»Spielmacher«, überdurchschnittl., technisch-taktisch versierter Spieler, der weitgehendst das Spiel (Spielrhythmus, -gestaltung, -tempo) seiner Mannschaft bestimmt; von ihm gehen Ideen und Impulse aus.

»Spiel ohne Ball«, wichtiges takt. Mittel, das durch Freilaufen, Positionswechsel, Anbieten, »Zurückspringen« usw. gekennzeichnet ist; erleichtert dem Mitspieler das Zuspiel und desorganisiert die gegner. Abwehr. Es verlangt geistiges Mit- und Vorausdenken der Spieler.

Spielordnung, vom jeweiligen Landesverband erlassene Ordnung für den Spielbetrieb eines Landes. In der *DFB-S.* (Paragraph 12) z. B. ist geregelt, dass beim Pflichtspiel einer II. Mannschaft (darüber existiert eine Profimannschaft) maximal 3 Profis über 24 Jahre eingesetzt werden können. Ausgenommen hiervon sind die letzten 4 Spieltage einer Saison, Entscheidungs- und Pokalspiele.

Spielordnung (Inhalt)
Spielberechtigung
Spielklasseneinteilung
Spielplanung und -durchführung
Aufstiegs- und Abstiegsregelung
Klubwechsel
Rechtsinstanzen
Erziehungsmaßnahmen
Finanzen

Spielpause, punktspielfreie Zeit; zw. 2 Spieljahren *Sommerpause,* zw. 2 Halbserien *Winterpause;* ist in den verschiedenen Ländern ebenso unterschiedlich wie das → Spieljahr, das die S. bestimmt.

Spielregeln, offizielle, international und national verbindl. Ablaufform und Verhaltensweisen bei der Durchführung eines Spiels; herausgegeben und veröffentlicht von der FIFA in gemeinsamer Zusammenarbeit mit dem International Football Association Board, der für Regeländerungen maßgebenden Instanz. Insgesamt gibt es 17 Spielregeln.
Im gleichen Maße, wie sich der Fußball Ende des 19. Jahrhunderts, in England beginnend, ausbreitete, entwickelten und verfeinerten sich seine S. – Das Regelwerk in seiner heutigen Form wurde 1938 neu gefasst und ist bis auf kleinere, geringfügige Änderungen seit dieser Zeit im Wesentlichen konstant geblieben. 1997 erfolgte eine Überarbeitetung und Vereinfachung der Regeltexte. Die FIFA ist bestrebt, dass die S. in allen ihr angeschlossenen Verbänden einheitlich angewendet und ausgelegt werden; sie lässt demzufolge keine Abweichungen vom gültigen Regelwerk oder diesbezügl. Versuche zu.

Regel 1 – Das Spielfeld

Das Spielfeld muss rechtwinklig sein. Die Länge der Seitenlinien muss in jedem Falle die der Torlinien übertreffen.

Anweisungen des DFB

- Die Ausmaße des Spielfeldes können 90 m bis 120 m (Länge) mal 45 m mal 90 m (Breite) betragen. Die übl. Größe in Großstadien beträgt 105 m x 68–70 m.
- Der Platzverein ist für die korrekte Zeichnung des Spielfeldes und den ordnungsgemäßen Aufbau der Tore, ihre zuverlässige Befestigung und ihren unbeschädigten Zustand verantwortlich.
- Die Linien müssen vor dem Spiel gut sichtbar aufgezeichnet sein.
- Der Schiedsrichter prüft einige Zeit vor Spielbeginn das Spielfeld und den Platzaufbau, um sich davon zu überzeugen, dass alles in Ordnung ist. Sollte die Beschaffenheit des Platzes infolge

schlechten Wetters oder Nachlässigkeit so sein, dass den Spielern Gefahr droht oder eine ordnungsgemäße Durchführung des Spieles nicht gewährleistet ist, so hat der Schiedsrichter den Platzverein aufzufordern, die Mängel zu beseitigen. Ist dies innerhalb einer angemessenen Frist nicht möglich, fällt das Spiel aus.

• Ist die Zeichnung des Spielfeldes wegen Schneefalls nicht mehr erkennbar, sind zusätzlich 8 Hilfsflaggen zur Kennzeichnung der Strafräume 1 m außerhalb der Begrenzungslinien aufzustellen. Stehen keine Hilfsflaggen zur Verfügung, sind auch »Hütchen« zugelassen.

• Es ist dem Torhüter nicht gestattet, mit seinem Fuß Markierungen auf dem Spielfeld anzubringen; auch ein anderer Spieler darf dies nicht für ihn tun. Bemerkt dies der Schiedsrichter während des Spieles, soll er die Begegnung nicht unterbrechen, nur um den fehlbaren Spieler durch Zeigen der gelben Karte zu verwarnen. Die Ahndung dieses unsportl. Verhaltens muss erst geschehen, wenn das Spiel ruht. Stellt der Schiedsrichter die Verfehlung jedoch vor Beginn der Partie fest, soll er den schuldigen Spieler unverzüglich verwarnen.

• Während der Halbzeitpause dürfen Veränderungen am Spielfeld (z. B. Einbringen von Sand vor dem Tor) nur mit Zustimmung des Schiedsrichters vorgenommen werden.

• Es sind möglichst Fahnen in lebhafter Farbe zu verwenden; Torpfosten und Querlatte dürfen nicht weniger als 10 cm und höchstens 12 cm breit und tief sein.

• Die natürl. Silberfarbe bei Toren aus Metall ist zulässig.

• Die Spielfelder sollen über eine Sicherheitszone von mindestens 1 m an der Längsseite und von mindestens 2 m an der Querseite verfügen. Für den Spielbetrieb auf DFB-Ebene gelten Sonderregelungen, die in den Durchführungsbestimmungen für die Bundesspiele festgehalten sind (Fotografenlinie hinter den Toren 5,50 m und seitlich von den Torpfosten bis zu den Eckfahnen 2 m Abstand zur Torlinie). Für den Spielbetrieb der Lizenzligen gelten zusätzlich Abstände für Mannschaftsbänke von 5 m von der Seitenlinie sowie eine Absperrung des Innenraums von mindestens 2 m Höhe.

• Ein Spiel unter Flutlicht darf frühestens 30 min nach Ausfall der Beleuchtung abgebrochen werden. Kann der Schaden innerhalb dieser Zeit behoben werden, so wird das Spiel nach Instandsetzung der Beleuchtungsanlage fortgesetzt. Kann ein Schaden an der Flutlichtanlage nur teilweise behoben werden, entscheidet der Schiedsrichter über die Fortsetzung oder den Abbruch des Spiels.

Regel 2 – Der Ball

Der Ball ist regelgerecht, wenn er
- kugelförmig ist,
- aus Leder oder einem anderen geeigneten Material gefertigt ist,
- einen Umfang von 68–70 cm aufweist,
- zu Spielbeginn mindestens 410 und maximal 450 Gramm wiegt,
- sein Druck 60–110 Kilopascal (kPa) beträgt, was 6–11 Newton je Quadratzentimeter (N/cm^2) auf Meereshöhe entspricht.

Anweisungen des DFB

• Der Schiedsrichter muss den Spielball während der Halbzeitpause an sich nehmen. Nach Spielschluss gibt er ihn dem Platzverein zurück. Der Spielball und die notwendigen Ersatzbälle werden vom Platzverein bzw. Veranstalter bereitgestellt.

Regel 3 – Die Zahl der Spieler

Das Spiel wird von 2 Mannschaften bestritten, von denen jede höchstens 11 Spieler aufweisen darf; einer von ihnen ist der Torwart. Das Spiel kann nicht beginnen, wenn eine der Mannschaften aus weniger als 7 Spielern besteht.

Anweisungen des DFB

• Jeder Spieler, der nach Spielbeginn kommt, hat sich vor dem Betreten des Spielfeldes in Nähe der Mittellinie beim Schiedsrichter anzumelden und dessen zustimmendes Zeichen zum Spieleintritt abzuwarten. Es ist dem Schiedsrichter überlassen, wann er das Zeichen seines Einverständnisses gibt.

• Ein Spieler (auch Einwechselspieler), der ins Spielfeld eintritt oder wieder eintritt, ohne sich beim Schiedsrichter vorher anzumelden und dessen zustimmendes Zeichen abzuwarten, und außerdem eine weitere verwarnungswürdige Regelübertretung begeht (Handspiel, Festhalten eines Gegners usw.), erhält für das erste Vergehen »Gelb« und ist anschließend mit »Gelb-Rot« des Feldes zu verweisen. – Verhindert er dabei ein Tor oder eine offensichtl. Torchance der gegner. Mannschaft, so wird er von einer Teilnahme am Spiel ausgeschlossen bzw. als Spieler, der sich vorübergehend außerhalb des Spielfeldes befand, des Feldes verwiesen (jeweils mit der roten Karte).

• Während der Halbzeit eingewechselte Spieler gehören zum Spiel. Der Schiedsrichter soll vor Beginn der zweiten Halbzeit die Spielführer fragen, ob ausgetauscht wurde.

• Wer als Einwechselspieler während des Spiels ohne Zeichen des Schiedsrichters oder unbemerkt vom Schiedsrichter auf das Spielfeld gekommen ist, kann dadurch nicht zum Spieler werden.

• Wenn der Schiedsrichter einen Spieler aus irgendeinem Grund vom Spielfeld gewiesen hat, ist das Spiel erst fortzusetzen, wenn der Spieler das Spielfeld verlassen hat.

- Ein des Feldes verwiesener Spieler darf nicht auf der Wechselbank Platz nehmen. Er hat den Innenraum zu verlassen.
- Ein Spieler jeder Mannschaft ist der Spielführer. Er ist der Ansprechpartner des Schiedsrichters. Obwohl er für das Benehmen seiner Mannschaft verantwortlich ist, genießt er keine Sonderrechte.
- Da die Platzverhältnisse um das Spielfeld herum in jedem Stadion unterschiedlich sind, soll sich der Schiedsrichter mit den Organisatoren in Verbindung setzen, um den am besten geeigneten Ort für das Aufwärmen der Wechselspieler zu bestimmen. Dies sollte auf keinen Fall gegenüber den Schiedsrichterassistenten oder hinter dem gegner. Tor erfolgen.
- Bei weniger als 7 Spielern ist das Spiel auf Wunsch des Spielführers abzubrechen, wenn das Ergebnis für den Gegner lautet.
- Tauscht ein Torhüter ohne Zustimmung des Schiedsrichters während der Halbzeit mit einem Feldspieler seinen Platz, so sind beide Spieler bei der nächsten Spielunterbrechung zu verwarnen.
- Ein Wechselspieler gilt nach der Halbzeitpause als eingewechselt, wenn der Schiedsrichter darüber informiert wurde, er dem Wechsel zugestimmt hat und der Spieler sich auf dem Spielfeld befindet.

Regel 4 – Die Ausrüstung der Spieler

Ein Spieler darf keine Kleidungsstücke oder Ausrüstungsgegenstände tragen, die für ihn oder einen anderen Spieler gefährlich sind (einschließlich jede Form von Schmuck).

Anweisungen des DFB

- Der Schiedsrichter prüft vor dem Spiel die Ausrüstung der Spieler. Wenn er Grund zu der Annahme hat, dass etwas nicht in Ordnung ist, kann er die Ausrüstung eines Spielers auch zu jeder anderen Zeit prüfen. Falls der Schiedsrichter feststellt, dass ein Spieler Gegenstände an sich trägt, die nach den Spielregeln nicht erlaubt sind und die eine Gefahr für die anderen Spieler darstellen könnten, hat er den Spieler aufzufordern, sie zu entfernen. Wenn der Spieler der Aufforderung des Schiedsrichters nicht Folge leistet, darf er am Spiel nicht teilnehmen.
- Vor allem bei mehrfarbiger Spielkleidung prüft der Schiedsrichter vor Spielbeginn, ob eine klare Unterscheidung während des Spiels gewährleistet ist.
- Ein Spieler, der vom Schiedsrichter während des Spieles vom Spielfeld geschickt wurde, um Mängel an seiner Ausrüstung zu beseitigen, muss sich in der Nähe der Mittellinie beim Schiedsrichter anmelden.
- Wenn ein Spieler gezwungen ist, einen Gipsverband zu tragen, ist der amtierende Schiedsrichter allein befugt zu entscheiden, ob dieser Verband eine Gefahr für die anderen Spieler bedeutet und ob der betreffende Spieler am Spiel teilnehmen darf oder nicht.
- Das Spielen in normalen Schuhen ist gestattet, wenn diese keine Gefährdung für andere Spieler darstellen.
- Das Spielen ohne Schuhe ist nicht erlaubt und mit mit indirektem Freistoß zu ahnden. Verliert ein Spieler im Zusammenhang mit der Torerzielung einen Schuh, ist das Tor anzuerkennen.
- Der Spielführer muss zu seiner Kennzeichnung an einem Oberarm eine Armbinde tragen.
- Zeigt ein Spieler ein Unterhemd, auf dem Aufdrucke angebracht sind (Slogans, Bilder, Werbeaufschriften), so hat der Schiedsrichter dies im Spielbericht zu melden.

Regel 5 – Der Schiedsrichter

Jedes Spiel wird von einem Schiedsrichter geleitet, der die unbeschränkte Vollmacht hat, den Fußballregeln in dem Spiel Geltung zu verschaffen, für das er nominiert wurde.

Anweisungen des DFB

- Den Schiedsrichtern und Schiedsrichterassistenten ist für ihre Kleidung die Farbe schwarz vorbehalten. Andere Farben dürfen ebenfalls getragen werden.
- Ist der Schiedsrichter über eine Entscheidung im Zweifel, so befragt er den Schiedsrichterassistenten, ehe er die Entscheidung trifft.
- Als Zeichen des Schiedsrichters zur Spielfortsetzung können Pfiff, Handzeichen, Zuruf und Zustimmung zur Ausführung von Abstoß, Eckstoß, Freistoß und Einwurf angesehen werden.
- Spielstrafen (Freistoß, Strafstoß) können nur verhängt werden, wenn sich das Vergehen auf dem Spielfeld ereignet und der Ball im Spiel ist.
- Der Schiedsrichter kann ein Spiel wegen der Witterungsverhältnisse oder aus einem anderen Grund unterbrechen. Die Dauer der Unterbrechung soll 30 min nicht überschreiten. Ist jedoch abzusehen, dass das Spiel wenige Minuten nach dieser Zeit fortgesetzt werden kann, soll der Schiedsrichter großzügig verfahren. Ein Spielabbruch sollte nur dann erfolgen, nachdem alle zumutbaren Mittel, das Spiel fortzusetzen, erschöpft sind.
- Hat sich ein Spieler verletzt, fragt ihn der Schiedsrichter, ob eine Behandlung erforderlich ist. Wenn der Spieler eine Behandlung verlangt, erlaubt der Schiedsrichter bis zu 2 Mannschaftsbetreuern, das Spielfeld zu betreten. Zur Pflege muss der verletzte Spieler das Spielfeld verlassen (davon ausgenommen ist der Torhüter). Zu diesem Zweck kann der Schiedsrichter Sanitäter mit einer Trage anfordern. Der Spieler soll das Spielfeld aber zu Fuß verlassen, wenn er dazu in

der Lage ist, insbesondere dann, wenn er sich in der Nähe einer Begrenzungslinie befindet. Je Mannschaft dürfen außer den Trägern nur 2 Personen das Spielfeld betreten. Lediglich der Schiedsrichter ist berechtigt, die Rückkehr eines verletzten Spielers auf das Spielfeld zu erlauben. Der Eintritt kann von irgendeiner Stelle der beiden Seitenlinien erfolgen, wenn der Ball im Spiel ist, bzw. von irgendeiner Begrenzungslinie, wenn der Ball nicht im Spiel ist. Der Schiedsrichter kann die Rückkehr des Spielers erst nach Wiederaufnahme des Spiels erlauben.

• Der Schiedsrichter hat Verletzungen von Spielern, die ihm von den Vereinen gemeldet werden, im Spielbericht zu vermerken.

• Den Spielern ist es gestattet, während Spielunterbrechungen Erfrischungsgetränke zu sich zu nehmen. Sie müssen sich hierzu jedoch an die Seitenlinie begeben. Hingegen ist es untersagt, mit Wasser gefüllte Behälter auf das Spielfeld zu werfen.

• Der Platzverein ist für den Schutz des Schiedsrichters und der Schiedsrichterassistenten sowohl vor dem Spiel, während des Spieles und nach dem Spiel, als auch beim Verlassen des Platzes verantwortlich.

• Der Schiedsrichter kann persönl. Strafen (Verwarnungen mit gelber Karte, Feldverweise mit gelb-roter oder roter Karte) gegen Spieler und Wechselspieler aussprechen, nachdem er und die Spieler das Spielfeld zur Aufnahme des Spieles (Anstoß) betreten haben. Diese Strafbefugnis erstreckt sich auch auf die Halbzeitpause und endet erst mit dem Verlassen des Spielfelds nach Beendigung des Spiels. Vor dem Spiel des Feldes verwiesene Spieler können ersetzt werden. Danach ist dies nicht mehr möglich.

• Wenn der Schiedsrichter die Vorteilbestimmung anwendet und der erwartete Vorteil in jenem Moment nicht eintritt, muss er den Verstoß, der den Vorteil ausgelöst hat, bestrafen. Dies ermöglicht dem Schiedsrichter abzuwarten, wie sich die Vorteilsituation entwickelt. Wenn sich nach kurzer Zeit, d. h. nach 2–3 Sekunden, kein Vorteil zeigt, muss der Schiedsrichter das Spiel sofort unterbrechen und das anfängl. Vergehen bestrafen; vorausgesetzt, der Ball ist immer noch im Spiel.

• Eingetragene Wechselspieler können durch Zeigen der gelben Karte verwarnt bzw. durch Zeigen der gelb-roten bzw. der roten Karte von der Teilnahme am Spiel ausgeschlossen werden.

• Wechselspieler unterliegen zwar dem Entscheidungsrecht des Schiedsrichters, Spielstrafen (Frei-, Strafstoß) können aber gegen sie nicht verhängt werden.

• Tritt eine Mannschaft nicht an, so hat der andere Verein die Pflicht, 45 min zu warten. Danach ist er berechtigt, das Spiel nicht auszutragen.

Regel 6 – Die Schiedsrichterassistenten

Aufgabe der beiden Schiedsrichterassistenten ist es, vorbehaltlich der Entscheidung des Schiedsrichters anzuzeigen,

- wenn der Ball vollständig das Spielfeld verlassen hat,
- welcher Mannschaft ein Eckstoß, Abstoß oder Einwurf zugesprochen wird,
- wenn das Spiel wegen einer strafbaren Abseitsstellung unterbrochen werden muss,
- wenn eine Auswechslung gewünscht wird,
- wenn sich regelwidriges Verhalten oder ein anderer Vorfall außerhalb des Blickfeldes des Schiedsrichters ereignet haben.
- wenn bei einem Vergehen der Assistent näher am Geschehen war als der Schiedsrichter (einschließlich besondere Umstände, Vergehen im Strafraum).
- ob der Torwart sich bei einem Strafstoß nach vorne bewegt hat, bevor der Ball gestoßen wurde, und ob der Ball die Linie überquert hat.

Anweisungen des DFB

• Die Schiedsrichterassistenten sind Helfer des Schiedsrichters. Auf keinen Fall darf der Schiedsrichter dem Eingreifen eines Schiedsrichterassistenten stattgeben, wenn er selbst den Vorfall gesehen hat und aufgrund seiner Stellung im Spielfeld diesen besser beurteilen kann. Mit diesem Vorbehalt und vorausgesetzt, dass der Schiedsrichterassistent neutral ist, kann der Schiedsrichter die Meldung des Schiedsrichterassistenten berücksichtigen und, wenn sich diese auf die Spielphase unmittelbar vor Erzielung eines Tores bezieht, danach handeln und das Tor als ungültig erklären.

• Schiedsrichterassistenten haben die Pflicht, die Aufmerksamkeit des Schiedsrichters auf jegl. von ihnen festgestellte Übertretung der Spielregeln zu lenken, wenn sie glauben, dass der Schiedsrichter diese nicht sehen konnte. Es ist jedoch Sache des Schiedsrichters, endgültig zu entscheiden.

• Vor dem Spiel findet zw. Schiedsrichter und Schiedsrichterassistenten eine Absprache statt, bei der die Aufgaben und die Zeichengebung der Schiedsrichterassistenten durchgesprochen werden, um einen reibungslosen Spielablauf zu sichern.

• Die Schiedsrichterassistenten sollen bei längeren Spielunterbrechungen darauf achten, dass der Ball an der richtigen Stelle ins Spiel gebracht wird.

• Damit der Schiedsrichter gleich erkennt, in welche Richtung der Freistoß auszuführen ist,

soll der Schiedsrichterassistent sofort auch die Richtung angeben, wenn er dem Schiedsrichter ein Vergehen anzeigt.
• Die Schiedsrichterassistenten sollen dem Schiedsrichter beim Spielerwechsel behilflich sein und die ein- und ausgewechselten Spieler notieren.
• Die Schiedsrichterassistenten schreiben sich auch die Verwarnungen und Feldverweise auf.
• Wenn der Schiedsrichter die Meldung des Schiedsrichterassistenten nicht beachtet, muss dessen Zeichengebung nach Beendigung des Spielvorganges aufhören, da nur der Schiedsrichter Entscheidungen trifft.
• Wenn eine Auswechslung gewünscht wird, soll der Schiedsrichterassistent die Aufmerksamkeit des Schiedsrichters darauf lenken, indem er die Fahne mit beiden Händen quer über den Kopf hält.
• Der Schiedsrichterassistent soll dem Schiedsrichter ein Fahnenzeichen geben, wenn dieser nicht erkennt, dass der Torhüter den Ball unzulässigerweise mit den Händen berührt.
• Der Schiedsrichterassistent soll das Spielfeld nur betreten,
a) um einen Regelverstoß des Schiedsrichters zu verhindern,
b) wenn der Schiedsrichter bedroht wird,
c) wenn sich der Schiedsrichter verletzt hat,
d) bei größeren Tumulten auf dem Spielfeld und
e) zur Herstellung des Mauerabstandes in seiner Nähe.
• Eine der wichtigsten Aufgaben der Schiedsrichterassistenten ist es, auch jenen Raum zu beobachten, in dem gerade nicht gespielt wird.
• Werden bei einem Spiel keine neutralen Schiedsrichterassistenten nominiert, so stellt jeder der beteiligten Vereine einen Schiedsrichterassistenten. Die Aufgaben dieser Assistenten sind stark eingeschränkt. Normalerweise zeigen sie dem Schiedsrichter nur an, ob der Ball die Seitenlinie überschritten hat. Die Aufgaben sind vor dem Spiel abzusprechen.

Regel 7– Die Dauer des Spiels

Das Spiel besteht, wenn nicht anders zw. den teilnehmenden Mannschaften und dem Schiedsrichter vereinbart worden ist, aus 2 Spielzeithälften von je 45 min Dauer. Jede Vereinbarung, die Länge der Spielzeithälften zu ändern (z. B. die Absprache, wegen unzureichender Beleuchtung die Halbzeiten auf 40 min abzukürzen), muss vor dem Spiel getroffen werden und mit den Wettbewerbsbestimmungen in Einklang stehen.

Anweisungen des DFB

• Die Halbzeitpause rechnet vom Abpfiff der ersten bis zum Anpfiff der zweiten Halbzeit. Eine Verkürzung der Pause ist mit Zustimmung des Schiedsrichters und der Spielführer möglich.
• Verloren gegangene Zeit (z. B. Unterbrechung wegen eines Gewitters) muss nachgespielt werden. Vergeudete Zeit (z. B. Spielverzögerungen) wird unter Beachtung der Vorteilbestimmung nachgespielt.
• Will der Schiedsrichter Zeit nachspielen lassen (Vorteilbestimmung beachten), so hat er diese in der letzten Minute der jeweiligen Spielzeithälfte für alle Beteiligten deutlich sichtbar anzuzeigen. Die Dauer der Nachspielzeit kann durch besondere Vorkommnisse (z. B. weitere Verletzungen, Torerfolg) verlängert, nicht aber verkürzt werden.
• Ist bei Entscheidungs- oder Pokalspielen in der reglären Spielzeit keine Entscheidung gefallen, so wird das Spiel um zweimal 15 min verlängert, wenn die Durchführungsbestimmungen der betreffenden Wettbewerbe dies vorsehen. Zw. dem Ende eines Spieles und einer notwendig werdenden Spielverlängerung dürfen die Mannschaften das Spielfeld nicht verlassen. Die Verlängerung beginnt nach einer Pause von 5 min und erneuter Seitenwahl und wird dann ohne weitere Halbzeitpause fortgesetzt.
• Ist der Spielstand nach Beendigung der Nachspielzeit unentschieden, so wird das Spiel beendet, sofern nicht ausdrücklich eine Spielentscheidung durch Strafstoßschießen vorgeschrieben ist.
• Die Verlängerung muss voll ausgespielt werden, wobei in der Halbzeit die Seiten zu wechseln sind.

Regel 8 – Beginn und Fortsetzung des Spiels

- Der Schiedsrichter wirft eine (schwarz/rote) Wählmarke (die Gäste haben die Wahl), und die erfolgreiche Mannschaft entscheidet, in welche Richtung sie in der ersten Spielzeithälfte angreifen wird.
- Die andere Mannschaft führt den Anstoß zu Beginn des Spieles aus.
- Die Mannschaft, die das Losen gewonnen hatte, führt den Anstoß zu Beginn der zweiten Spielzeithälfte aus.
- Für die zweite Halbzeit des Spieles wechseln die Mannschaften die Seiten und spielen auf das andere Tor.

Anweisungen des DFB

• Der Schiedsrichter überprüft bei Spielbeginn und nach der Pause vor dem Anstoß die Zahl der Spieler beider Mannschaften, ebenso die Anwesenheit der beiden Torhüter.
• Die Ausführung des Anstoßes durch andere Personen als die im Spiel mitwirkenden Spieler ist verboten.
• Das Zeichen des Schiedsrichters zum Spielbeginn ist der Pfiff.

Regel 10 – Wie ein Tor erzielt wird

Ein Tor ist gültig erzielt, wenn der Ball vollständig die Torlinie zw. den Torpfosten und unter der Querlatte überschritten hat, ohne dass die Regeln vorher von der Mannschaft übertreten wurden, zu deren Gunsten das Tor erzielt wurde.

Anweisungen des DFB

• Ein Pfiff bei der Torerzielung sollte nur in unklaren Fällen erfolgen.

• Bestehen Zweifel, ob der Ball vollständig im Tor war, soll der Schiedsrichter das Spiel weiterlaufen lassen.

• Ein Tor kann auf keinen Fall anerkannt werden, wenn der Ball, bevor er die Torlinie überquert hat, durch einen äußeren Einfluss aufgehalten wurde. Wenn dies im normalen Spielverlauf geschieht – außer beim Treten eines Strafstoßes -, muss das Spiel unterbrochen und durch Schiedsrichterball an jener Stelle fortgesetzt werden, an welcher der Ball durch diesen äußeren Einfluss aufgehalten wurde.

• Wenn ein Zuschauer das Spielfeld betritt, bevor der Ball vollständig die Torlinie überschritten hat, und versucht, ein Tor zu verhindern, der Ball aber ins Tor geht, gilt dieses Tor. Ausnahme: Der Zuschauer hat den Ball berührt oder einen Spieler behindert. In diesem Falle hat der Schiedsrichter das Spiel zu unterbrechen und durch Schiedsrichterball am Ort, wo die Berührung stattfand, wieder aufzunehmen.

• Der Schiedsrichter muss die Wiederaufnahme des Spiels, nachdem ein Tor erzielt wurde, beschleunigen. Die Spieler dürfen ihre Freude nach einem Treffer zeigen, jedoch in einem vernünftigen Maß. Die Spieler werden für unsportl. Verhalten verwarnt, wenn ihr Feiern (z. B. Trikotausziehen) provokativ anmutet und sie beabsichtigen, ihre Gegner oder die gegner. Fans anzuheizen oder bloßzustellen. Spieler, die durch das Feiern ihres Tores der übermäßigen Zeitvergeudung beschuldigt werden, werden wie bislang verwarnt. Spieler dürfen grundsätzlich nicht die Zäune hinaufklettern, weil dies als provokatives Feiern gilt und daher unsportl. Verhalten ist.

Regel 11 – Abseits

Die Abseitsstellung eines Spielers stellt an sich noch keine Regelübertretung dar.

Ein Spieler befindet sich in einer Abseitsstellung,

- wenn er der gegnerischen Torlinie näher ist als der Ball und der vorletzte Abwehrspieler.
- wenn er ins Spiel eingreift, d. h. den Ball selbst spielt oder berührt, einen Gegenspieler daran hindert, den Ball spielen zu können oder einen Vorteil aus der Abseitsstellung erlangt, indem der Ball vom Pfosten, der Querlatte oder einem gegner. Spieler zu ihm prallt.

Ein Spieler befindet sich nicht in einer Abseitsstellung,

- in seiner eigenen Spielfeldhälfte,
- auf gleicher Höhe mit dem vorletzten Abwehrspieler,
- auf gleicher Höhe mit den beiden letzten Abwehrspielern.

Anweisungen des DFB

• Entscheidend für die Bewertung, ob ein Spieler sich in Abseitsstellung befindet, ist immer seine Position im Augenblick der Ballabgabe durch den Mitspieler, nicht im Moment der Ballannahme.

• Eine Abseitsstellung ist nur strafbar, wenn der Spieler auf das Spielgeschehen einwirkt oder einen Vorteil erlangt.

• Ein bei der Ballabgabe im Abseits stehender Spieler ist dann als strafbar abseits zu bewerten, wenn er ins Spiel eingreift, die Ballabgabe indirekt zu ihm gelangt und er damit aus seiner Stellung einen Vorteil zieht.

• Ein Spieler verstößt nicht gegen die Regel, wenn er in Abseitsstellung ist und über die Grenzlinien des Spielfeldes geht, um dem Schiedsrichter klar zu zeigen, dass er am Spiel nicht teilnimmt. Wenn das Verlassen des Spielfelds eines solchen Spielers einen takt. Zweck verfolgt und der Spieler unmittelbar danach wieder ins Spiel eingreift, soll der Schiedsrichter einen indirekten Freistoß verhängen, wo der Spieler ins Spielfeld zurückgekehrt ist. Der Spieler ist zu verwarnen.

• Der Schiedsrichterassistent zeigt nur strafbares Abseits an, aber erst dann, wenn der betreffende Spieler den Ball berührt.

Regel 12 – Verbotenes Spiel und unsportliches Betragen

Ein Spieler verursacht einen direkten Freistoß für die gegner. Mannschaft, wenn er einen der nachfolgend aufgeführten 6 Verstöße nach Einschätzung des Schiedsrichters fahrlässig, rücksichtslos oder mit unverhältnismäßigem Körpereinsatz begeht:

- einen Gegner tritt oder versucht, ihn zu treten,
- einem Gegner das Bein stellt oder es versucht,
- einen Gegner anspringt,
- einen Gegner rempelt,
- einen Gegner schlägt oder versucht, ihn zu schlagen,
- einen Gegner stößt

Der gegner. Mannschaft wird ebenfalls ein direkter Freistoß zugesprochen, wenn ein Spieler einen der nachfolgenden 4 Verstöße begeht:

- beim Tackling im Kampf um den Ball den Gegner vor dem Ball berührt,

- einen Gegner hält,
- einen Gegner anspuckt,
- den Ball absichtlich mit der Hand spielt (dies gilt nicht für den Torhüter in seinem eigenen Strafraum).

Der direkte Freistoß wird an der Stelle ausgeführt, wo sich der Verstoß ereignete.

Anweisungen des DFB

• Jeder Spieler, der den Schiedsrichter angreift oder beleidigt, wird des Feldes verwiesen.

• Jeder Spieler, der gegen eine Schiedsrichterentscheidung protestiert, wird verwarnt.

• Unter gewaltsamem Spiel versteht man den Angriff eines Spielers auf den Gegner, ohne dass dabei um den Ball gekämpft wird.

• Greift ein Spieler einen Mannschaftskameraden, den Schiedsrichter, einen Schiedsrichterassistenten, einen Zuschauer usw. an, so gilt dies ebenfalls als gewaltsames Spiel.

• Treten und Schlagen sind Tätlichkeiten und bedingen – ebenso wie grobe Unsportlichkeiten – einen Feldverweis mit der roten Karte ohne vorherige Verwarnung des schuldigen Spielers (grob unsportlich ist z. B. das Anwerfen eines Mitspielers).

• Wenn ein Spieler der verteidigenden Mannschaft wegen Tretens oder Schlagens eines Gegners innerhalb des Strafraumes vom Spielfeld gewiesen wird, muss der Schiedsrichter außerdem noch einen Strafstoß verhängen, wenn sich der Ball im Spiel befand.

• Wenn sich 2 Spieler außerhalb der Spielfeldgrenze befinden und einer tritt oder schlägt absichtlich den anderen, während der Ball noch im Spiel ist, hat der Schiedsrichter das Spiel zu unterbrechen und den schuldigen Spieler gemäß Regel 12 vom Spielfeld zu weisen. Das Spiel ist durch Schiedsrichterball an der Stelle fortzusetzen, an der sich der Ball zum Zeitpunkt der Spielunterbrechung befand.

• Das Anspucken eines Spielers und der Versuch sind gleich (direkter Freistoß, Feldverweis) zu bestrafen.

• Der Verstoß des Anspuckens von Offiziellen und anderen Personen oder ähnlich ungebührl. Benehmen soll als grob unsportl. Betragen im Sinne der Regel 12 betrachtet werden.

• Normalerweise wird ein Spieler wegen Haltens nicht verwarnt. Eine Verwarnung wird aber erforderlich, wenn ein Spieler einen Gegner hält, um ihn daran zu hindern, in Ballbesitz zu gelangen.

• Absichtl. Handspiel liegt vor, wenn der Ball mit der Hand oder dem Arm gehalten, gestoßen oder geschlagen wird. Wird der Ball jedoch aus kurzer Entfernung gegen den normal gehaltenen Arm geschossen, so ist dies nicht als Absicht zu werten.

• Normalerweise wird ein Spieler wegen Handspiels nicht verwarnt. Eine Verwarnung wird aber erforderlich, wenn ein angreifender Spieler versucht, mit Hilfe seiner Hände ein Tor zu erzielen, und wenn ein Spieler ein unsportl. Handspiel begeht (z. B. Verhinderung eines aussichtsreichen Angriffs).

• Jedes unsportliche Betragen ist – neben dem gegebenenfalls verschuldeten indirekten Freistoß – mit einer Verwarnung zu bestrafen. Falls der Schiedsrichter die Vorteilbestimmung anwendet, hat er eine erforderl. Verwarnung bei der nächsten Spielunterbrechung auszusprechen. Begeht ein Spieler bis dahin ein weiteres Vergehen, das »Gelb« nach sich zieht, so ist der Spieler mit »Gelb-Rot« des Feldes zu verweisen (zunächst »Gelb«, dann »Gelb-Rot«).

• Wird ein bereits verwarnter Spieler während eines Spieles in Folge einer zweiten Verwarnung des Feldes verwiesen, muss der Schiedsrichter ihm zuerst die gelbe Karte und unmittelbar danach die rote Karte zeigen. (Damit soll deutlich signalisiert werden, dass der Feldverweis aufgrund des zweiten verwarnungswürdigen Verstoßes und nicht etwa aufgrund eines Verstoßes, der einen sofortigen Ausschluss zur Folge gehabt hätte, ausgesprochen wurde.)

• Wenn ein Schiedsrichter im Begriffe ist, einen Spieler zu verwarnen, und dieser Spieler, ehe die Verwarnung ausgesprochen ist, einen weiteren Verstoß begeht, der eine Verwarnung nach sich zieht, so muss der Spieler mit »Gelb-Rot« des Feldes verwiesen werden (zunächst »Gelb«, dann »Gelb-Rot«).

• Wenn nach Meinung des Schiedsrichters ein Torhütersich länger als notwendig auf den Ball legt, macht er sich unsportl. Betragens schuldig.

• Der Torhüter ist mit der roten Karte des Feldes zu verweisen, wenn er außerhalb seines Strafraumes den Ball absichtlich mit den Händen spielt und so eine klare Tormöglichkeit zunichte macht oder einen offensichtl. Torerfolg verhindert.

• Das unabsichtl. Ablenken des Balles mit dem Fuß oder den Füßen (der Ball wird von einem Mannschaftskollegen des Torhüters ungewollt abgefälscht oder nicht richtig getroffen) ist regeltechnisch kein Rückpass.

• Situationen, in denen der Ball von einem Mannschaftskollegen zwar nicht direkt in Richtung des Torhüters, jedoch absichtlich so gespielt wird (beispielsweise neben das Tor), dass der Torhüter den Ball annehmen kann, sind im Sinne dieser Regel als absichtl. Rückpässe an den Torhüter zu werten. Berührt der Torhüter in solchen Fällen den Ball mit den Händen, ist ein indirekter Freistoß zu verhängen.

• Ein Verstoß gegen die Spielregel liegt ebenfalls vor, wenn sich ein Spieler beim Eckstoß vor den Torhüter stellt, um diesen dadurch zu behindern, bevor der Eckstoß ausgeführt und der Ball im Spiel ist.
• Ein Spieler ist in Ballbesitz, auch wenn er den Ball aus takt. Gründen deckt, ihn aber nicht berührt, er jedoch in Spielnähe bleibt. Wenn er dabei den Gegner hindert, ihn also sperrt, ist dies keine Regelübertretung. Der ballführende Spieler darf nun korrekt gerempelt werden.
• Wenn ein Spieler seine Arme ausstreckt, um einen Gegner zu stören, von einer Seite auf die andere tritt, seine Arme auf und ab bewegt, um ihn zu behindern und zu zwingen, die Richtung zu ändern, ihn dabei aber körperlich nicht berührt, hat der Schiedsrichter den Spieler wegen unsportl. Verhaltens zu verwarnen und einen indirekten Freistoß anzuordnen.
• Scherenschlag und Fallrückzieher sind erlaubt, sofern sie nach Ansicht des Schiedsrichters nicht einen Gegenspieler gefährden.
• Wenn der Spieler nach Spielbeginn in seine Mannschaft eintritt, hat er sich beim Schiedsrichter zu melden. Dies ist so zu verstehen, dass er von der Seitenlinie aus die Aufmerksamkeit des Schiedsrichters auf sich zu lenken hat. Das Zeichen des Schiedsrichters soll durch eine eindeutige Geste gegeben werden, die dem Spieler verständlich macht, dass er das Spielfeld betreten darf. Es ist nicht notwendig, dass der Schiedsrichter bis zu einer Spielunterbrechung wartet. (Diese Bestimmung ist nicht auf den in der Regel 4 vorgesehenen Fall anwendbar.) Nur ihm steht es zu, den Zeitpunkt zu bestimmen, wann er das Zeichen seines Einverständnisses geben will.
• Der Torhüter darf im Torraum nicht gerempelt werden, außer er hält den Ball oder hindert einen Gegner.
• Jegl. Angriff auf den Ball, den der Torhüter hält, ist verboten (gefährl. Spiel).Ein Verstoß liegt dann vor, wenn ein Spieler vor einem Torhüter hin und her läuft, um ihn daran zu hindern, den Ball wieder ins Spiel zu bringen.
• Hält ein Spieler z. B. mit einem Schienbeinschützer in der Hand den Ball auf, so ist auf Handspiel zu entscheiden.
• Schlägt ein Spieler einen Gegenspieler, ist der Tatort dort, wo der Spieler getroffen wurde (»Kontaktvergehen«). Wirft ein Spieler einen Gegenstand an den Körper eines Gegenspielers, ist der Tatort dort, wo der Spieler getroffen wurde oder hätte getroffen werden sollen (»Wurfvergehen«).
• Betritt ein Spieler ohne Erlaubnis des Schiedsrichters das Spielfeld und begeht ein weiteres verwarnungswürdiges Vergehen, so ist dieser Spieler mit »Gelb-Rot« des Feldes zu verweisen (erst »Gelb«, anschließend »Gelb-Rot«).
• »Kontakt-« und »Wurfvergehen« (Schlagen, Werfen) führen neben der persönl. Strafe zu einem direkten Freistoß. Die Spielfortsetzung erfolgt dort, wo getroffen wurde oder werden sollte. Richten sich solche Vergehen nicht gegen einen Gegenspieler (z. B. Mitspieler, Zuschauer, Personen in der techn. Zone), so handelt es sich um eine (grobe) Unsportlichkeit. Tatort (Freistoßort) ist der Ort des Vergehens. Das Spiel wird dabei mit indirektem Freistoß fortgesetzt.

Regel 13 – Freistöße

Es gibt direkte und indirekte Freistöße. Bei der Ausführung jedes Freistoßes muss der Ball ruhig am Boden liegen, und der den Freistoß ausführende Spieler darf den Ball erst wieder spielen, nachdem ein anderer Spieler den Ball berührt hat.

Anweisungen des DFB

• Der Schiedsrichter soll eine schnelle Ausführung des Freistoßes zulassen. Das Zeichen kann Pfiff, Wink, Ruf oder einfache Zustimmung zur Spielfortsetzung sein.
• Fordert die zum Freistoß berechtigte Mannschaft die Einhaltung der 9,15-m-Entfernung vom Ball, soll der Schiedsrichter die Entfernung feststellen, aber durch ein unmissverständl. Zeichen verhindern, dass der Freistoß vor der Freigabe des Balles ausgeführt wird. Wird der Freistoß trotzdem ausgeführt, so ist er zu wiederholen und der schuldige Spieler zu verwarnen.
• Wenn bei Ausführung eines Freistoßes irgendein Spieler, mit der Absicht, den Gegner zu verwirren, herumtanzt und gestikuliert, ist dies als unsportl. Benehmen zu betrachten, wofür der oder die schuldigen Spieler verwarnt werden müssen.
• Spieler, die sich bei der Ausführung eines Freistoßes nicht auf die vorgeschriebene Entfernung zurückziehen, müssen verwarnt werden. Insbesondere sind auch Versuche, durch Entgegenlaufen die vorgeschriebene Entfernung zu verkürzen, um so die Ausführung des Freistoßes zu behindern, Unsportlichkeiten.
• Obwohl nach den Spielregeln alle gegner. Spieler auf eine Distanz von 9,15 m zurückgehen müssen, liegt es im Ermessen des Schiedsrichters, von dieser Bedingung abzusehen, wenn dadurch eine schnelle Ausführung des Freistoßes ermöglicht wird.

Regel 14 – Strafstoß

Ein Strafstoß ist gegen eine Mannschaft zu verhängen, deren Spieler im eigenen Strafraum und während der Ball im Spiel ist, eine der 10 Regelübertretungen begeht, die mit direktem Freistoß zu bestrafen sind. Aus einem Strafstoß kann ein Tor direkt erzielt werden. Der Strafstoß muss ausgeführt werden, auch wenn die Spielzeit am Ende jeder Halbzeit (auch in einer erforderl. Verlängerung) abgelaufen ist.

Anweisungen des DFB

- Der Schütze muss für Schiedsrichter und Torhüter klar erkennbar sein. Führt ein anderer als dieser den Stoß aus, ist sofort zu unterbrechen. Der Spieler ist zu verwarnen.
- Stört ein Spieler absichtlich die Vorbereitungen zum Strafstoß, so ist er durch Zeigen der gelben Karte zu verwarnen.
- Der Schütze muss den Strafstoß in einem Zuge ausführen. Es ist z. B. nicht erlaubt, den Lauf unmittelbar vor dem Ball zu stoppen, um dadurch den Torwart zu täuschen.
- Weigert sich bei der Ausführung eines Strafstoßes der Torhüter, seinen Platz einzunehmen, so ist er zu verwarnen. Bleibt er bei der Weigerung, ist der Spielführer einzuschalten. Ein Spieler der Mannschaft hat auf jeden Fall den Torhüterposten einzunehmen.
- Wenn ein Spiel zur Halbzeit oder am Ende der Spielzeit verlängert wird, um die Ausführung oder Wiederholung eines Strafstoßes zu ermöglichen, muss diese Verlängerung der Spielzeit bis zu dem Augenblick reichen, in dem der Strafstoß abgeschlossen ist, d. h. bis der Schiedsrichter entschieden hat, ob ein Tor erzielt wurde oder nicht.
- Ein Strafstoß muss durch einen Pfiff freigegeben werden.
- Wenn Spieler der ausführenden Mannschaft gegen die Ausführungsbestimmungen verstoßen und der Torhüter den Ball ins Spielfeld abwehren kann, oder wenn der Ball von Querlatte oder Torpfosten zurückprallt, so wird das Spiel unter Beachtung der Vorteilbestimmung unterbrochen und mit einem indirekten Freistoß gegen die den Strafstoß ausführende Mannschaft fortgesetzt.
- Wenn Spieler der ausführenden Mannschaft gegen die Ausführungsbestimmungen verstoßen und der Torhüter den Ball über die Torlinie zu einem Eckstoß abwehren kann, so ist das Spiel mit Eckstoß fortzuführen

Regel 15 – Der Einwurf

Der Einwurf ist eine Spielfortsetzung. Aus einem Einwurf kann ein Tor nicht direkt erzielt werden.

Auf Einwurf wird entschieden,

- wenn der Ball in der Luft oder am Boden vollständig die Seitenlinie überschritten hat,
- an der Stelle, wo der Ball die Linien überschritten hat,
- gegen die Mannschaft, deren Spieler zuletzt den Ball berührt hat.

Anweisungen des DFB

- Zur Ausführung eines Einwurfs darf ein Spieler höchstens 1 m von der Seitenlinie entfernt stehen (anderenfalls Wiederholung durch die gleiche Mannschaft). Alle Gegenspieler müssen mindestens 2 m vom Einwerfenden entfernt sein, ansonsten gibt es »Gelb«.
- Wird von einem Spieler der Ball beim Einwurf direkt in das gegner. Tor geworfen, so ist auf Abstoß zu entscheiden; wirft er den Ball ins eigene Tor, so muss auf Eckstoß entschieden werden.
- Wird ein gegner. Spieler heftig angeworfen, so ist der einwerfende Spieler zu bestrafen (Verwarnung oder Feldverweis) und das Spiel mit einem direkten Freistoß dort fortzusetzen, wo der Spieler getroffen wurde (oder getroffen werden sollte).
- Ein Einwurf, der an einer anderen Stelle ausgeführt wird als dort wo der Ball die Seitenlinie überquerte, gilt als nicht korrekt ausgeführt.
- Gelangt der Ball bei einem Einwurf nicht ins Spielfeld, so ist der Einwurf zu wiederholen.
- Wird ein Spieler neu eingewechselt, so muss dieser zuerst das Spielfeld betreten, erst dann darf er einen Einwurf ausführen.

Regel 16 – Der Abstoß

Der Abstoß ist eine Spielfortsetzung. Aus einem Abstoß kann für die ausführende Mannschaft ein Tor direkt erzielt werden.

Ein Abstoß wird verhängt, wenn

- der Ball zuletzt von einem Spieler der angreifenden Mannschaft berührt wurde und in der Luft oder am Boden vollständig die Torlinie überschreitet, ohne dass dabei ein Tor in Übereinstimmung mit Regel 10 erzielt wurde.

Ausführung

- Der Abstoß wird von einem Spieler der verteidigenden Mannschaft von irgendeinem Punkt innerhalb des Torraumes ausgeführt.
- Die Gegner des Spielers, der den Abstoß ausführt, müssen außerhalb des Strafraumes bleiben, bis der Ball im Spiel ist.
- Der abstoßende Spieler darf den Ball nicht ein zweites Mal spielen, bevor ihn ein anderer Spieler berührt oder gespielt hat.
- Der Ball ist im Spiel, wenn er mit dem Fuß direkt aus dem Strafraum herausgestoßen wurde.

Regel 17 – Der Eckstoß

Der Eckstoß ist eine Spielfortsetzung. Aus einem Eckstoß kann für die ausführende Mannschaft ein Tor direkt erzielt werden.

Ein Eckstoß wird verhängt,

- wenn der Ball – zuletzt von einem Spieler der verteidigenden Mannschaft berührt – in der

Luft oder am Boden vollständig die Torlinie überquert, ohne dass dabei ein Tor in Übereinstimmung mit Regel 10 erzielt wurde.

Anweisungen des DFB

- Der Eckstoß ist von der Seite auszuführen, die der Stelle am nächsten liegt, an der der Ball das Spielfeld verlassen hat.
- Schiedsrichter und Schiedsrichterassistent überprüfen auf ihrer Seite die korrekte Lage des Balles. Der Schiedsrichterassistent gibt dem Schiedsrichter ein Zeichen, wenn bei einem Eckstoß auf seiner Seite alle Bestimmungen erfüllt sind.
- Zur Ausführung eines Eckstoßes wird die Spielzeit nicht verlängert.
- Beim Eckstoß darf der ausführende Spieler den Ball nicht erneut spielen, wenn er vom Torpfosten direkt zu ihm zurückspringt.
- Bei der Ausführung darf der Ball auf den Linien des Viertelkreises liegen, muss sich nicht mehr innerhalb des Viertelkreises befinden.

Spielregeln
Laws of the game [engl.]
Règles du jeu [frz.]
Reglas del juego [span.]
Reglas de jogo [portugies.]
Regolas di gioco [italien.]

Daten zum Regelwerk und Spielbetrieb (seit 1863)

1863
Ein 14 Absätze umfassendes Regelwerk der Football Association (FA) – basierend auf den wenige Wochen zuvor herausgegebenen »Cambridge-Regeln« – verankert fundamental das Spielen mit dem Fuß und das alleinige Treten nach dem Ball.– Die erste Abseitsregel besagt, dass, wie beim Rugby, jeder Spieler vor dem Ball, also zw. Ball und gegner. Tor, abseits ist.

1864
In Cambridge wird das Regelwerk modifiziert, so auch die Festlegung über die Spielkleidung. Danach müssen die Hosen der Spieler die Knie bedecken und die Aktiven Mützen mit Quasten (»Troddeln«) tragen.

1865
Zum ersten Mal werden in England Bänder oder Schnüre quer zur Torraumbreite 8 foot (2,44 m) über dem Boden gespannt.

1866
Die Abseitsregeln von Westminster und Charterhouse werden von der FA als verbindlich anerkannt. Ein Spieler ist abseits, wenn er vor dem Ball ist und nicht mindestens 3 Gegner vor sich hat.

1871
Die Spielregeln der FA werden dahingehend abgewandelt, dass dem Torhüter die Handabwehr gestattet ist; für die Feldspieler ist Handspiel verboten.

1872
Der Eckstoß wird eingeführt und der Ballumfang festgelegt.

1874
Vom engl. Fußballverband wird der Schiedsrichter eingeführt.

1875
- Ein deutschsprachiges Regelwerk erscheint in Braunschweig (zwölfseitige, aus dem Englischen übersetzte Broschüre).
- In England wird die bislang übl. Schnur oder das Band als obere Torbegrenzung durch die Querlatte ersetzt.
- Einführung des Seitenwechsels und der Halbzeitpause (England).

1877
Die Football Association (FA) führt den Feldverweis ein.

1878
Ein engl. Schiedsrichter verwendet in Nottingham die Schiedsrichter-(Triller-)Pfeife.

1880
- In Deutschland wird die Spieldauer mit 2 x 30 Minuten (außerdem Halbzeitpause) festgelegt.
- In England wird der »freie« Handeinwurf eingeführt.
- Der Freistoß wird als »Strafe« festgelegt.

1882
Der Einwurf muss mit beiden Händen ausgeführt werden.

1885
Die Leitung des Spiels durch einen Schiedsrichter wird verbindlich festgeschrieben.

1886
Gründung des International Football Association Board (kurz »Board«) in London.

1889
- Dem Schiedsrichter, der bislang lediglich die Oberaufsicht führte, ohne direkt in das Spiel einzugreifen, werden zur Unterstützung 2 Linienrichter zugeteilt, und er erhält alleinige Entscheidungsbefugnis.
- Beim Spiel zw. Wales gegen Schottland wird erstmals ein Spieler ausgewechselt.

1890
In Liverpool werden die Tore mit Tornetzen versehen.

1891
Auf Antrag Irlands wird der Strafstoß eingeführt (in Deutschland 1893).
1897
Die Begriffe »vorsätzlich« und »absichtlich« werden in die Spielregeln eingebracht.
1898
Erstmals gibt es in einem Fußballspiel Verlängerung (FA-Cup-Spiel in England).
1900
Durch den DFB-Bundestag werden am 6./7. Oktober einheitliche Spielregeln angenommen.
1902
Der Strafraum wird durch ein Rechteck markiert (bislang Halbkreis) und der Strafstoßpunkt festgelegt.
1903
Dem Torhüter wird das Handspiel nur noch innerhalb des eigenen Strafraumes gestattet.
1904
Der Begriff »gefährliches Spiel« wird präzisiert und der indirekte Freistoß eingeführt. Eine weitere Bestimmung von 1864, die besagt,dass die Hosen der Spieler die Knie bedecken müssen, wird aufgehoben.
1906
- Der DFB lehnt sich auf Verlangen der FIFA an die engl. Spielregeln an.
- Der Torhüter darf bei der Strafstoßausführung bis zum Schuss die Torlinie nicht verlassen, kann sich aber auf ihr bewegen.

1907
Die strafbare Abseitsstellung in der eigenen Spielhälfte wird aufgehoben.
1913
- Im »Board« werden 4 nicht brit. FIFA-Mitglieder aufgenommen.
- Die »10-Yard-Regel« wird eingeführt, die den Abstand des Gegners bei der Freistoßausführung festlegt (9,15 m).

1924
Aus einem Eckstoß darf direkt ein Tor erzielt werden.
1925
Die Abseitsregel wird dahingehend modifiziert, dass ein Spieler abseits ist, wenn er sich vor dem Ball befindet und nicht mindestens 2 (bislang 3) Gegenspieler vor sich hat.
1929
Der Torhüter darf sich bei der Strafstoßausführung bis zum Schuss nicht auf der Torlinie bewegen.
1933
Bei dem Cup-Finale im Londoner Wembleystadion (FC Everton – Manchester City 3:0) werden erstmals Rückennummern getragen (FC Everton 1–11, Manchester City 12–22).
1937
- Das offizielle Ballgewicht wird von 13–15 auf 14–16 Ounces (396–453 g) erhöht.
- Erstes Länderspiel mit Rückennummern (Nordirland gegen England in Belfast).

1938
Neufassung des Regelwerkes in seine (weitestgehend) heutige Form.
1939
Die Nummerierung der Spieler hat sich international durchgesetzt.
1960
Die Kontrolle des Schuhwerks vor internationalen Spielen durch den Schiedsrichter wird eingeführt.
1963
Der DFB beschließt, ab 1964/65 den Austausch eines verletzten Torhüters zu genehmigen.
1967
- Einführung der »Vier-Schritte-Regel« für Torhüter.
- Das Auswechseln von 2 Spielern wird national gestattet.

1969
Der Austausch zweier Spieler während des gesamten Spiels wird durch die FIFA legalisiert.
1970
- Zur WM-Endrunde 1970 werden die gelbe und die rote Karte eingeführt.
- Von der UEFA wird das Strafstoßschießen nach Verlängerung zur Siegerermittlung sanktioniert.

1971
Die (Vor-)Nominierung von 5 (Ein-)Wechselspielern wird von der FIFA erlaubt.
1974
Spielsperre nach mehreren gelben Karten (national unterschiedlich, international festgelegt).
1978
Im DFB-Amateurbereich wird ab 1978/79 der »Feldverweis auf Zeit« eingeführt.
1980
Ein Spieler, der ersetzt wurde, darf später nicht mehr am Spiel teilnehmen.
1986
Anlässlich des 100-jährigen Bestehens des International Football Asscociation Board proklamiert die FIFA 1986 zum »Internationalen Jahr des Fußballschiedsrichters«.
1987
Die UEFA beschließt, ab er Europameisterschaft 1988 nur noch Schiedsrichtergespanne aus jeweils einem Landesverband einzusetzen.
1988
Die FIFA weist an, dass Schienbeinschützer zu tragen sind.
1990
- »Gleiche Höhe« ist nicht mehr Abseits.

- Feldverweis bei »Notbremse«.

1991
Die »gelb-rote Karte« wird eingeführt.

1992
Von der FIFA wird die »Rückpassregel« (kontrollierte Ballabgabe – es muss nicht immer ein Rückpass sein – zum Torhüter) definiert.

1993
- In der Bundesliga tragen die Schiedsrichter farbige (zunächst grüne) Trikots.
- Der »Feldverweis auf Zeit«, seit 1978 im DFB-Amateurbereich gültig, wird – außer bei den Junioren – auf Anordnung der FIFA wieder abgeschafft.
- Das Grätschen von hinten wird mit »Rot« geahndet.

1994
- Eine Mannschaft darf 3 Spieler auswechseln, wenn der dritte Spieler als Ersatztorhüter gemeldet war und den Torhüter ersetzt.
- Beim Erklimmen der Absperrungen nach einem Torerfolg bekommt der Schütze ab sofort »Gelb« gezeigt.

1995
- Die Auswechslung von bis zu 3 Spielern je Mannschaft und Spiel wird ohne Einschränkung legalisiert.

1996
- Im Regelwerk wird die Bezeichnung »Linienrichter« durch »Schiedsrichterassistent« (erweiterte Befugnis) ersetzt.
- Erstmals wird im Männerbereich das »Golden Goal« angewandt (Europameisterschaft); bei der Junioren-EM 1992 zuvor als »Sudden Death« geführt.
- Aus Anstoß und Abstoß kann direkt ein Tor erzielt werden.

1997
- Überarbeitete und vereinfachte Regeltexte im Schiedsrichterwesen.
- Der Torhüter darf sich bei der Strafstoßausführung bis zum Schuss auf der Torlinie bewegen.

2000
Die »Vier-Schritte-Regel« für Torhüter wird von der »Sechs-Sekunden-Regel« abgelöst.

2001
Das Ausziehen des Trikots nach einem Torerfolg wird mit nicht mehr mit »Gelb« geahndet.

2002
- In der Bundesliga agiert seit dem Spieljahr 2002/03 erstmals ein »Vierter Offizieller«, der für organisator. und andere Belange zuständig ist, ohne Einflussnahme auf den Spielablauf.
- Bei »Rudelbildung« sieht der Verursacher »Rot«.
- Bei Eigentoren wird ab 2002/03 derjenige Spieler als Torschütze benannt, der den Ball ursprünglich Richtung Tor geschossen hat.

2003
- Das in der Spielverlängerung 1996 und 2000 bei der EM- sowie 1998 und 2002 bei der WM-Endrunde angewandte »Golden Goal« wird ersetzt durch das »Silver Goal«, erstmals angewendet im UEFA-Pokal-Finale FC Porto – Celtic Glasgow (3:2).
- Von der FIFA wird die Trikotwerbung für Schiedsrichter gestattet, ebenso die Werbung auf Hosen, Schuhen und Stutzen für Spieler.
- In der neu geschaffenen Junioren-Bundesliga dürfen im Spiel bis zu 4 Spieler je Mannschaft ausgewechselt werden.

2004
- Spieler, die beim Torjubel ihr Trikot ausziehen, werden wieder verwarnt.
- Bei Freundschafts-Länderspielen dürfen nur noch maximal 6 Spieler ausgewechselt werden.
- Spieler, die eine neue Staatsbürgerschaft ohne Bezug zu diesem Land annehmen, dürfen nicht für die dortige Nationalmannschaft spielen (z. B. Brasilianer für Katar).
- Die UEFA verbietet ab der EM-Endrunde, dass Trainer an der Seitenlinie rauchen.
- Auch das Hochziehen des Tikots über den Kopf bei Torjubel wird mit »Gelb« bestraft.
- Bereits ausgewechselten Spieler kann durch den Schiedsrichter bis zum Abpfiff »Rot« gezeigt werden.

2005
- Der DFB setzt im Januar eine »Sonderkommission Wett- und Spielmanipulation« ein, die den »Wett- und Manipulationsskandal« aufklären soll (ausgelöst durch den früheren [Zweitliga-]Schiedsrichter R. Hoyzer).
- Nach Morddrohungen gegen ihn und seine Familie nach dem CL-Spiel FC Chelsea gegen FC Barcelona am 8. März bendete A. Frisk seine Schiedsrichterlaufbahn.
- Ab der Saison 2005/06 dürfen nur noch 3 über 23-jährige Spieler in den zweiten Mannschaften der Lizenzklubs in den Regionalligen und tieferen Klassen mitwirken.
- Beim Confederations Cup in Deutschland durfte der Schiedsrichterassistent erst dann die Fahne heben, wenn der in Abseitsposition befindl. Spieler den Ball berührte. War dies nicht der Fall ist, lief das Spiel weiter. Untauglicher »Test«.
- Ab der Saison 2005/06 ist für die Aktiven das Tragen jegl. Schmucks (Ring, Kette usw.) verboten. Auch das Abkleben desselben ist nicht gestattet.
- Die Strafbefugnis des Schiedsrichters (»Gelb«, »Gelb-Rot«, »Rot«) endet erst mit dem Verlassen des Spielfelds nach Beendigung des Spiels.

Spielserie, svw. → Spieljahr.

Spielstation, anspielbarer (freistehender oder -gelaufener) Mitspieler.

»Spielstrafe« → Schiedsrichter.

Spielsystem, räumlich und zeitlich geprägte Grundform der Spielführung einer Mannschaft als Element der Taktik. Man kann dabei unterscheiden a) das S. als Formation der Spieler und Mannschaftsteile (Anordnung der Spieler auf dem Spielfeld) und b) das S. als Bez. für die im Spiel charakterist. Angriffs- und Abwehrverfahren (Systeme). Ein S. soll einfach, elastisch und variabel sein, muss die Abstimmung von Angriff und Abwehr gewährleisten, eine zweckmäßige Kräfteverteilung berücksichtigen sowie eine Schwerpunktbildung in den entscheidenden Angriffs- und Abwehrräumen ermöglichen. Im modernen Fußball haben die S. nicht mehr die Bedeutung früherer Jahre; sie sind flexibler geworden, d.h. weniger schematisch. Die S. werden prinzipiell von hinten nach vorn benannt.

S. und ihre Entwicklung (der Torhüter wird ab dem 4–2–4-System nicht mit erfasst): Das *1–1–9-System* war nach der Trennung des Fußballs vom Rugby in England das erste selbständige Spielsystem. Es ersetzte das unorganisierte »Kick-and-rush«, das gebräuchl. Stoß- und Laufspiel, durch die erste organisierte Mannschaftstaktik, mit einem Torhüter, einem Verteidiger und 9 Angriffsspielern. – Das *1–2–7-System* präsentierte der Engländer C. W. Alcock, einer der maßgebl. Mitbegründer der engl. Football Association, beim Wanderers FC. Die »Dribbelkünstler« formierten sich mit einem Torhüter, einem Verteidiger, 2 Läufern und 7 Stürmern. – Das *1–2–2–6-System,* auch »Passing Game« genannt, kreierte um 1870 u.a. die schott. Nationalmannschaft. Es stellte eine der ersten takt. Revolutionen mit der Einführung eines zweiten Verteidigers dar. Fortan wurde mit einem Torhüter, 2 Verteidigern, 2 Läufern und 6 Angreifern gespielt. – Das *1–2–3–5-System* oder die »schott. Furche« präsentierte sich ab 1877 mit einem Torhüter, 2 Verteidigern, 3 Läufern und 5 Stürmern. Die »schott. Furche« war ein erster Schritt vom individuellen zum kollektiven Stil, mit offensiver Grundtendenz der Abwehr- und Angriffsspieler (ohne nennenswerte Positionswechsel). Alles bewegte sich auf einer Linie oder in einer »Furche«. – Das *WM-System* entstand als Folge der modifizierten Abseitsregel. Bis 1925 legte die Regel fest, dass sich ein Spieler im Abseits befand, wenn sich im Augenblick des Zuspiels zw. ihm und der gegner. Torlinie nicht mindestens 3 Gegner befanden. Die neue Regel besagte, dass sich zw. dem angespielten Spieler und dem gegner. Tor nur noch 2 Abwehrspieler befinden müssen. Diese scheinbar geringfügige Regeländerung führte zu einer Revolution des Spiels, besonders des takt. Verhaltens. Der Spielraum wurde größer, das Spiel insgesamt schneller, interessanter und torreicher. Neue Typen bereicherten die Szene: der Mittelstürmer-»Tank« und die »Flügelflitzer«. Die Torquoten stiegen sprunghaft an. Diese Entwicklung unterbrach der Trainer vom FC Arsenal, H. Chapman, mit der Einführung des Stoppers auf Kosten eines Stürmers. Folgende Kriterien standen für ihn im Vordergrund: Safety first, Manndeckung, nach innen rückende Außenläufer, Konzentration der Verteidiger auf die gegner. Außenstürmer, der bisherige offensive Mittelläufer als raumabsichernder Stopper. Chapman und der beim FC Arsenal für die Trainingsarbeit verantwortl. C. Buchan leiteten mit dem WM-System sowie mit dem »mag. Viereck« eine neue Ära ein. – Die *Punta de Lanza* war eine von Uruguay 1930 praktizierte Angriffstaktik mit 2 Stürmern als »doppelte Lanzenspitze«. Im damals üblichen klass. System des 1–2–3–5 stellte die variable Orientierung auf 2 Stürmer – zum richtigen Zeitpunkt – eine gefährl. Waffe dar. – Das *1–2–3–2–3-System* oder »Metodo« des Italieners V. Pozzo, 1934 und 1938 mit der »Squadra Azzurra« Weltmeister in Italien und Frankreich, war eine Adaption des Konzepts von Manchester United zw. 1907 und 1911 mit betonter Offensive und der WM-Formation Chapmans, wenngleich modifiziert. Die Merkmale der »italien. Schule« von 1934: 2 Verteidiger, weit vor dem eigenen Strafraum im mittleren Längsstreifen des Spielfeldes postiert, 3 Läufer, 2 weit zurückhängend spielende Halbstürmer, mit zusätzl. Abwehraufgaben betraut, sowie 3 Vollstrecker. Gegenüber 1934 behielt Pozzo 1938 zwar die konsequente Manndeckung vor dem eigenen Strafraum bei, dehnte sie jedoch auf das ganze Spielfeld aus. Italiens Trümpfe waren Safety first, arteigene Konsequenz und vorzügl. Kondition. – Der *Schweizer Riegel* wurde von K. Rappan eingeführt. Die unterschiedlichsten Riegelformen – keine Abwandlungen des WM-Systems, sondern aus der klassischen schott. Formation entstanden – bedeuteten infolge des Zurücknehmens eines Stürmers stets eine Schwächung des Angriffs zugunsten einer zahlenmäßigen Verstärkung der Abwehr. Prinzip: Beide außendeckenden Läufer versuchten, die gegner. Flügel auszuschalten. Der Gegner wurde auf dem mittleren Längsstreifen des Spielfeldes zum Angriff verleitet. Dort trat der Riegel mit 2 zentralen Verteidigern (Stopper und Ausputzer) und einem Läufer sowie einem zurückgezogenen Halbstürmer in Aktion. Diese

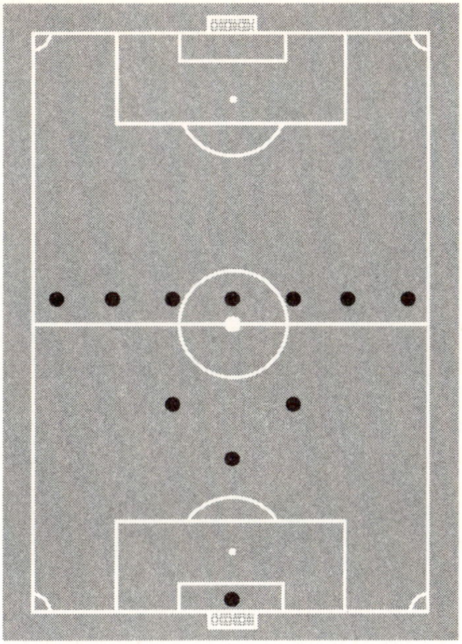

1–1–2–7–System

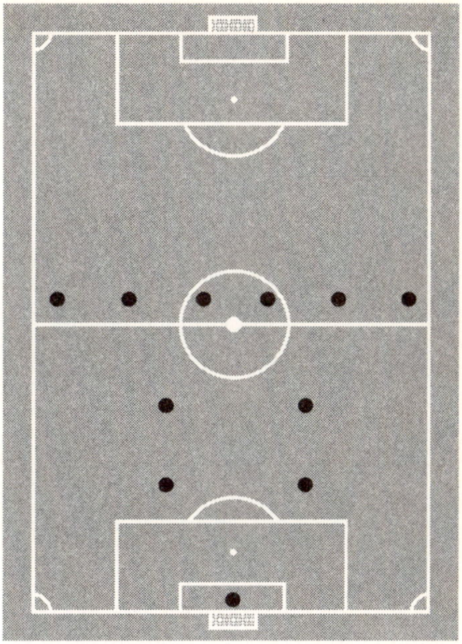

1–2–2–6–System

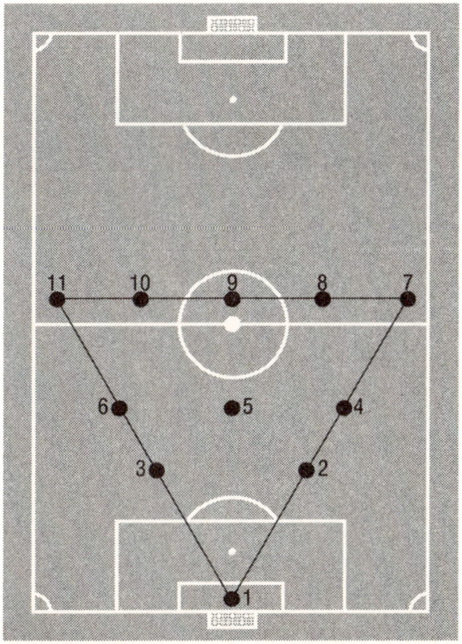

1–2–3–5–System

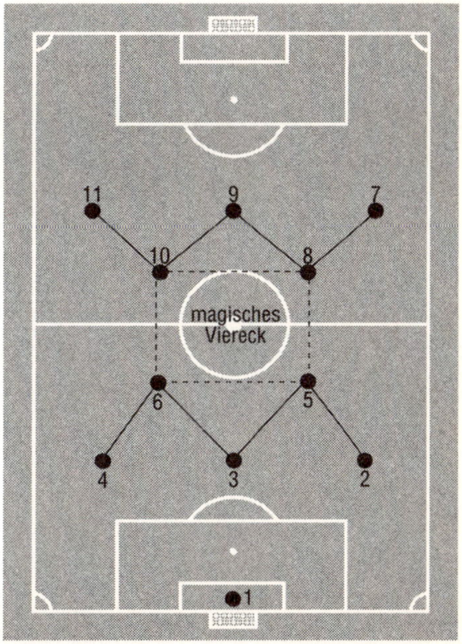

WM–System

»Punta de Lanza«

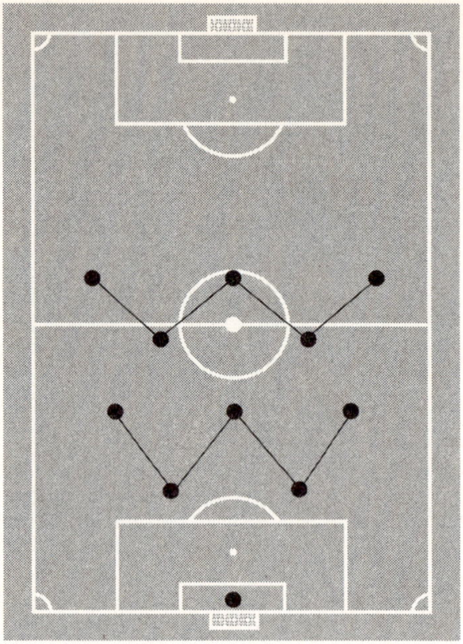

1–2–3–2–3-System

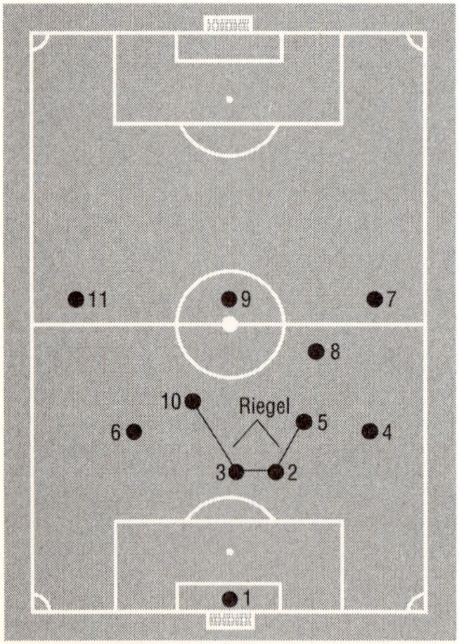

»Schweizer Riegel«

Brasilianischer Halbriegel

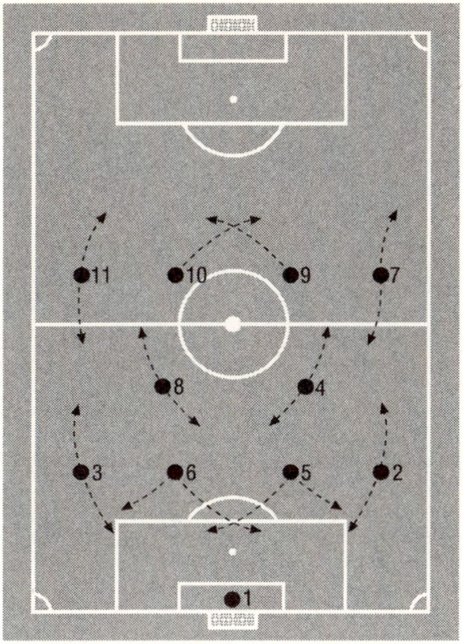

4–2–4-System

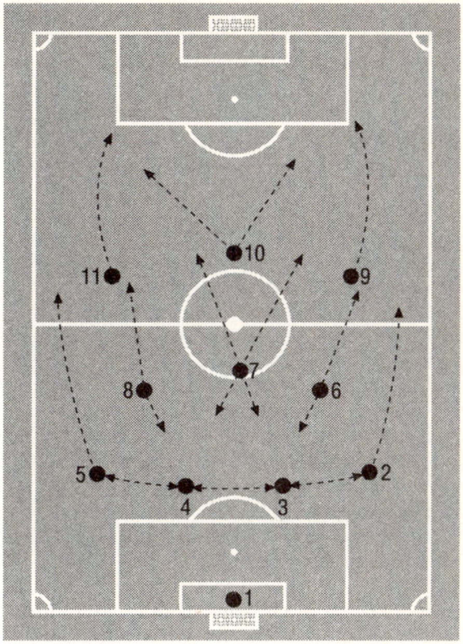

4–3–3-System

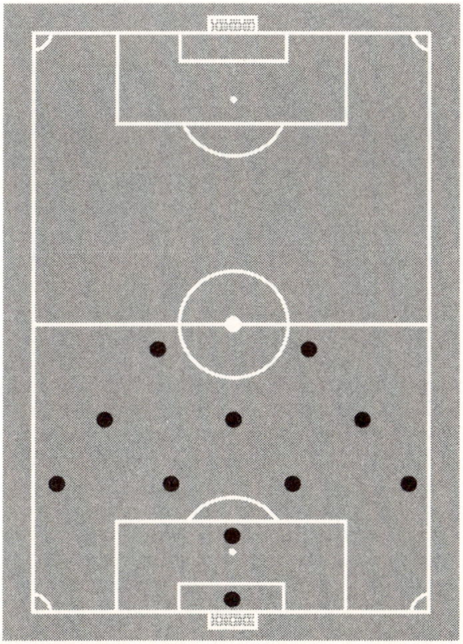

Catenaccio

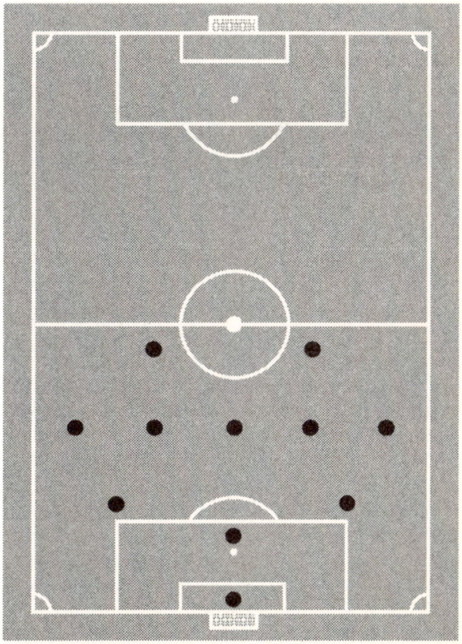

1–2–5–2-System

Abwehrmethode konsequent durchgeführt, war viele Jahre gefürchtet. Sie wirkungsvoll zu bekämpfen, setzte straffe eigene Abwehr- und Angriffsorganisation, sicheres Abspiel sowie schnellere Angriffe über den pendelnden Halbstürmer und weiter über antrittsstarke Außenstürmer voraus, um Stopper und Ausputzer aus dem Abwehrzentrum herauszulocken. – Der *brasilianische Halbriegel* sah während der WM-Endrunde 1950 und in den Jahren danach vor, bei gegner. Angriffsdruck einen Halbstürmer als Ausputzer in die eigene Deckung zurückzubeordern. Ein Teil der Abwehr praktizierte die Zonendeckung, der andere die unmittelbare Deckung der Gegenspieler. Charakteristisch war ein freier Zonenverteidiger hinter der Abwehr; der andere Verteidiger deckte den gegner. Mittelstürmer. Beide Außenläufer deckten außen, der Mittelläufer und ein Halbstürmer (Verbinder) übernahmen die gegner. Halbstürmer. Die Abwehr der Brasilianer zog sich bei gegner. Angriffen bis an den eigenen Strafraum zurück, war jedoch in der Lage, rasch auf Angriff umzuschalten. Entscheidende Akteure waren die pendelnden Halbstürmer; an beide wurden hohe konditionelle Anforderungen gestellt. – Das *4–2–4-System* wurde 1958 während der WM-Endrunde in Schweden von Weltmeister Brasilien erstmals perfekt vorgeführt. Brasiliens Trainer V. Feola vervollkommnete das System bis 1958. Grundprinzip: Der Ausputzer wurde in die engere Abwehr zurückgezogen. Auf den Schlüsselpositionen im Mittelfeld agierten hochklassige Führungsspieler. Im Spiel selbst praktizierten die Brasilianer innerhalb ihres 4–2–4 bereits die kombinierte Deckung (Mann-/Raumdeckung) und verfügten stets über je 6 Angriffsspieler oder Abwehrakteure. Auch Ungarn demonstrierte in seinen »goldenen« fünfziger Jahren das 4–2–4, wobei Trainer G. Sebes jedoch die »Magyaren« mit Hidegkuti als »hängendem« Mittelstürmer operieren ließ, d. h. die Grundformation zum offensiven 4–3-3 hin veränderte. Eine etwas defensivere Variante praktizierte die ČSSR unter Trainer R. Vytlacil 1962 bei der WM-Endrunde in Chile. – Beim *4–3–3-System* oder »engl. System« wurde erstmals auf orthodoxe Außenstürmer verzichtet. Mit diesem System führte Coach A. Ramsey 1966 England zum ersten Weltmeistertitel. Ein No-vum war darüber hinaus der Sweeper (»Feger«), ein nicht hinter, sondern vor der eigenen Ab-wehr »ausputzender« Spieler (im speziellen Fall war es N. Stiles), der, situationsbedingt, schnell zum dritten Mittelfeldspieler avancierte und die 3 Stoßstürmer (Mittelstürmertypen) zusätzlich unterstützte. Offensive Außenverteidiger, Mittelfeldspieler mit der Fähigkeit, das Spiel

Spielsysteme

a) mit Viererabwehrkette	b) mit Dreierabwehrkette
4–1–2–1–2	3–2–3–2
4–1–2–3	3–3–3–1
4–2–1–3	3–4–1–2
4–2–2–2	3–5–2
4–2–3–1	3–4–3
4–3–2–1	3–4–2–1
4–3–1–2	
4–4–2	

zu beschleunigen, und geradlinige Angriffsspitzen prägten das System. – Der italien. *Catenaccio* stellte eine berüchtigte Defensivtaktik in Anlehnung an den Schweizer Riegel dar. So versuchte bereits 1948 Triest – und danach weitere italien. Klubs –, die totale Defensive ins Spiel einzubringen. Um 1950 übernahmen auch die Groß-klubs aus Mailand und Turin diese »Betonabwehr«, bestehend aus 4 Abwehrspielern, dazu einem Libero sowie 3 defensiven Mittelfeldspielern. Die maximal 2 Sturmspitzen operierten dabei vorwiegend in der eigenen Hälfte. Die Raumverengung war somit perfekt. In den Catenaccio war als Angriffselement die Konterattacke integriert. – Das *1–2–5–2-System* ist eine Formation, bei der Abwehr und Angriff ausgewogen unterstützt werden. Bei der EM-Endrunde 1984 in Frankreich sorgte dieses System für ähnl. Aufsehen wie 1958 Brasiliens 4–2–4 in Schweden. Europameister Frankreich demonstrierte das neue System attraktiv und lehrbuchreif, zeigte »Fußball total«. Vor einem Libero spielten 2 Verteidiger. Das verstärkte Mittelfeld (5 Mittelfeldspieler) verschaffte je nach Situation sowohl eine Überzahl in der Abwehr als auch im Angriff (erleichterte auch den raschen Übergang von Abwehr auf Angriff, das Umkehrspiel). Die 2 überwiegend vorgeschobenen Stürmer fungierten dabei als »Speerspitzen«. Das frühzeitige Stören der gegnerischen Angriffsentwicklung (→ Forechecking) war ein weiterer großer Vorzug des Systems. – Bei der WM 1990 in Italien praktizierte der spätere Weltmeister BRD ein äußerst flexibles *1–4–3–2-System* mit 2 Außenverteidigern und 2 Mann-(Innen-)Deckern in der Vierer-reihe. – Brasilien wurde 1994 und 2002 Weltmeister mit einem *3–3–2–2-System,* Frankreich kreierte 1998 das 4–3–1–2. Andere in der Gegenwart häufig gespielten Varianten sind z. B. das *4–3–3-* und die kompakteren und flexibleren *4–4–2-* und *3–5–2 Systeme.*

Spielsystem
Play system [engl.]
Système de jeu [frz.]
Sistema de juego [span.]
Sistema de jogo [portugies.]
Sistema di gioco [italien.]

Spieltaktik, svw. → Taktik.
Spielübersicht, Fähigkeit eines Spielers, Aktionen der Mitspieler und Reaktionen der Gegenspieler vorauszuahnen, das Spiel der eigenen Mannschaft zu überschauen und zu leiten sowie Spielverlagerungen durchzuführen.
Spielunterbrechung, auf Regelwidrigkeiten oder Disziplinlosigkeit (von Spielern oder Zuschauern) zurückzuführende Pause im Spielablauf; auch bei Verletzungen oder Witterungseinflüssen. Die Dauer der S. sollte 30 min nicht überschreiten.

Spielunterbrechung
Break of the competition [engl.]
Interruption de la competicion [frz.]
Interrupción de la competición [span.]
Suspensão temporal de jogo [portugies.]
Interruzione della gara [italien.]

Spielverlagerung, in einer festgefahrenen Spielsituation das Spielgeschehen durch einen langgeschlagenen Diagonal- oder Querpass auf die andere Spielfeldseite verlegen (überraschend, gut getimt); bedingt Spielübersicht.
Spielverlängerung, svw. → Verlängerung.
Spielverständnis, Fähigkeit eines Spielers, auf die Aktionen der Mitspieler sowie auf den gesamten Spielverlauf ständig Einfluss zu nehmen und mögl. Verhaltensweisen der Mitspieler und des Gegners frühzeitig zu erkennen und zu durchschauen.
Spielwitz, durch Intuition, Esprit, Raffinesse und Spielfreude gekennzeichnete fußballer. Inspiration, gepaart mit überraschenden Handlungen; konstruktiv und spielbelebend.
Spielzeit, *reguläre Spielzeit,* Dauer eines Spieles, beträgt im Senioren- und Juniorenbereich 90 min (→ Nachspielen). Die Halbzeitpause teilt das Spiel in erste und zweite Halbzeit zu je 45 min ein. – Inoffiziell sind die Bezeichnungen *Brutto-S.* (S. bis zum Abpfiff, also die eigtl. S.) und *Netto-S.* (Brutto-S. abzüglich der Spielunterbrechungen, die etwa 1/4–1/3 der Brutto-S. betragen). Die Netto-S. findet z. B. im Eishockey als *effektive S.* Anwendung.

Spielzeit
Playtime [engl.]
Durée du jeu [frz.]
Duración reglementario del juego [span.]
Tempo regulamentar [portugies.]
Tempo [italien.]

Spielzug, (offensive) Ballstafette über mehrere Stationen, ohne dass dabei der Gegner in Ballbesitz gelangt und bei dessen Abschluss das gegner. Tor unmittelbar bedroht wird.
»Spiritus rector«, leitender, treibender Geist; »Seele« des Spiels, Spielmacher.
»Spitze«, Kurz-Bez. für → »Sturmspitze«.
»Spitzeln«, das Verlängern des ankommenden Balls mit der Fußspitze, z. B. ins Tor.
»Spitzenschlager«, svw. → »Schlagerspiel«.
»spitzer Winkel«, geringer Torschusswinkel zw. Schützen und gegner. Torlinie, etwa bis 45°; geht der »s. W.« fast auf Null, spricht man bei erfolgreichem Torschuss auch von einem Treffer aus »unmögl. Winkel«.
Spitznamen, bei Aktiven (Spielern, Trainern, z. T. auch Schiedsrichtern) und Funktionären häufig anzutreffende Namenswendungen, die ihnen z. B. nach einer körperl. Eigentümlichkeit, einer auffälligen Gepflogenheit oder infolge eines anekdot. Vorgangs gegeben wurden (auch als Beinamen), oft aber auch nur in einer Verdrehung oder Verkürzung (Verniedlichung: Endung ...»i«) der eigtl. (Vor- oder Nach-)Namen bestehen. Letztere sind daher allenfalls nur S. im weitesten Sinn, sondern vielmehr Rufnamen. Einige typ. S. wiederholen sich landes- und generationsweit, sind also nicht orts- oder personengebunden. S. können auch auf dem ausgeübten bzw. erlernten Beruf (oft auch des Vaters) beruhen, z. B. »Bäcker«, »Fleischer«, »Schuster«. – Bei einer Reihe von S. (z. T. von Kindheit her überliefert) ist eine inhaltl. Namens[er]klärung, auch seitens der davon Betroffenen, nicht nachvollziehbar. Darüber hinaus werden einige Wendungen »negativen« Charakters von den Namensträgern überhaupt nicht geschätzt, was den Anwendern aber ziemlich egal ist. Andere S. verlieren mit zunehmendem Alter des Namensträgers ihre Bedeutung.– Als eine verfeinerte Abart der S. kann man die »Ehrennamen« bezeichnen, einigen Großen der nationalen und internationalen Fußballszene glorifizierend zugeschrieben.
Split, Hajduk, eigtl. »HNK Hajduk Split« (Hrvatski Nogometni Klub Hajduk Split), Kroatien, gegr. 1911 als NK Hajduk, seit 1992 HNK Hajduk Split; Spielkleidung: Weiß/Blau/Blau; Stadion: Poljud, 34 301 Plätze. – INTERNET: www.hnkhajduk.hr

Spieler (Auswahl): M. Bazina – V. Beara – A. Boksic – K. Lavric – B. Oblak – A. Ristic – B. Vukas. – **Trainer** (Auswahl): V. Beara – M. Blazevic – J. Skoblar – I. Wuzow – B. Zebec.

Sponsoring, Zuwendung von Finanzmitteln durch ein Unternehmen *(Sponsor)* an einen Verein aus dem gesellschaftl. Umfeld des Unternehmens gegen Gewährung von wirtschaftl. Rechten für Zwecke des Marketing auf der Basis einer vertragl. Vereinbarung. Bekanntheitsgrad und bzw. oder positives Image eines Unternehmens bzw. seiner Markenartikel sind die wichtigsten Ziele, die man mit S. verfolgt. Die Wirksamkeit von Fußball-S. ist dabei unstrittig, zumal Fußball die beliebteste TV-Sportart darstellt.

Spörl, Harald, dt. Mittelfeldspieler, *31. Oktober 1966 Bamberg (Bayern); bis 1987 1. FC Bamberg und VfL Frohnlach, 1987–2000 Hamburger SV, 2000–02 LR Ahlen; 321 Bundesligaspiele (60 Tore). – Später Trainer: 2002 Bayern Hof, 2003/04 1. FC Hersbruck (Spielertrainer).

»Sport Billy« → FIFA Fair Play Trophy.

Sportdirektor → Manager [1].

Sportgruß → Begrüßung.

Sportmanager, der → Manager [1].

Sportmedizin/Sportverletzungen, medizin. Bereich, der sich vor allem mit der Behandlung von Sportverletzungen befasst und sich bemüht, die Unfallfolgen einer Trainingseinheit oder eines Wettkampfes zu beheben. Typ. Erscheinungsformen von Fußballverletzungen sind Meniskus- und Kreuzbandschaden, Sehnenriss, Bänderverletzung, Muskelzerrung, Muskelfaserriss und Muskelriss. Nachfolgend eine Auswahl sportmedizin. Begriffe allgemein sowie von häufig vorkommenden Verletzungen beim Fußball:

Achillessehnenverletzung, Beschädigung der Achillessehne (Sehne des dreiköpfigen Wadenmuskels); entsteht durch direkte Schlageinwirkung oder durch Fehlbelastung und äußert sich im teilweisen oder völligen Zerreißen der Sehne (oft ohne Hautverletzung) mit hörbarem Knall; erzeugt plötzl., messerstichartigen Schmerz. – *Klin. Zeichen:* Undurchführbarkeit des einbeinigen Zehenballenstandes, fühlbare Vertiefung an der Verletzungsstelle. *Therapie:* schnellstmögl. Operation. – *Prophylaxe:* ein Schienbeinschützer mit Achillessehnenschutz; bei beginnenden Beschwerden Durchblutung fördernde Maßnahmen (z. B. Fußbad) einleiten.

Adduktorensyndrom, Überbelastung des *Adduktors* (»heranziehender« Muskel – hier Muskelgruppe –, der die Oberschenkel bzw. das gesamte Knie nach innen führt bzw. stabilisiert), die Leistenschmerz mit Ausstrahlung in die Bauchdecke und bzw. oder in den Oberschenkel (Innenseite) hervorruft. Die Ursprungsstellen der Muskulatur sind druckschmerzhaft. *Ursache:* Fehlbelastung bzw. Überanstrengung oder Zerreißung des zusammengezogenen Muskels durch unerwartete einmalige Gewalteinwirkung. – *Therapie:* Durchblutung fördernde Maßnahmen, zeitweise Vermeidung des Innenseitstoßes; bei Zerreißung Operation. – *Prophylaxe:* Dehnungsgymnastik vor jedem Training.

Außenbandriss, Zerreißen eines oder mehrerer Außenbänder am Knie- oder Sprunggelenk. Isolierte Risse des Innenbands am Kniegelenk sind selten, häufig sind sie gekoppelt mit einem Kreuzbandriss oder einer Meniskusverletzung. Der A. am Sprunggelenk kommt oft vor; er entsteht meist durch Umknicken im oberen Sprunggelenk, wodurch es zur Schwellung und zu Schmerzen im Außenknöchelbereich kommt.

Bänderriss, teilweises oder vollständiges Zerreißen eines oder mehrerer Bandstrukturen, wobei sich am betroffenen Gelenk eine Schwellung mit Schmerzen und Bluterguss zeigt. Die Behandlung erfolgt durch Ruhigstellung für mehrere Wochen oder operativ durch Bandnaht bzw. Fixieren ausgerissener Knochenstücke.

Sponsoring: Umbenannte deutsche Stadien (Auswahl)

Verein	*früher*	*heute*
Arminia Bielefeld	Alm	Schüco-Arena
Borussia Dortmund	Westfalenstadion	Signal-Iduna-Park
Fortuna Düsseldorf	Rheinstadion	LTU-Arena
Eintracht Frankfurt	Waldstadion	Commerzbank-Arena
SC Freiburg	Dreisamstadion	badenova-Stadion
SpVgg Greuther Fürth	Ronhof	Playmobil-Stadion
Hamburger SV	Volksparkstadion	AOL-Arena
Hannover 96	Niedersachsenstadion	AWD-Arena
1. FC Köln	Müngersdorfer Stadion	RheinEnergieStadion
Bayer 04 Leverkusen	Ulrich-Haberland-Stadion	BayArena
FC Schalke 04	Arena AufSchalke	VELTINS-Arena
SpVgg Unterhaching	Stadion am Sportpark	Generali-Sportpark

Fraktur [latein.], vollständige Zusammenhangstrennung oder umschriebene Zerstörung der Struktur des Knochens durch äußere Gewalteinwirkung. Bei Gewaltbruch übersteigen die einwirkenden Kräfte einmalig direkt oder indirekt die Widerstandsfähigkeit des Knochens. Ermüdungsbruch (Marsch- oder schleichende Fraktur) tritt infolge ungewohnter Bewegungsbelastungen an biomechanisch überforderten Knochenabschnitten (z. B. Mittelfuß) auf. Ursachen hierfür sind z. B. harter Boden oder zu hoher Trainingsumfang im Ausdauerbereich. Von offenem Bruch spricht man, wenn die F. mit einer Weichteilwunde an der Bruchstelle verbunden ist. – *Therapie:* Alle Maßnahmen, die zur Heilung der Knochenwunde und Wiederherstellung der Funktion führen mit dem Ziel der Wiedererlangung der Berufs- und Sportfähigkeit (operative Behandlung mit Metallimplantation, konservative Behandlung mit Gipsverband, funktionelle Behandlung bei speziellen F.en (z. B. Rippenbrüchen).

Injektion [latein.], Einspritzen von Arzneimitteln in den Körper mithilfe einer Spritze und einer Hohlnadel (Kanüle). Je nach der Art des Gewebes, in das die I. erfolgt, werden verschiedene I.-Arten unterschieden. Die intramuskuläre I. erfolgt in einen Skelettmuskel (meist Gesäß-, Oberschenkel- oder Oberarmmuskulatur). Bei der intravenösen I. wird das Arzneimittel direkt in eine Vene gespritzt, um eine rasche Wirkung des Medikaments zu erreichen.

Innenbandriss, Zerreißung des inneren Gelenkbandes am Knie- oder Sprunggelenk. Isolierte Risse des Innenbands am Kniegelenk sind selten, meist gehen sie mit einem Kreuzbandriss oder einer Meniskusverletzung einher, ebenso selten ist der isolierte Riss des Sprunggelenks, der meist in Verbindung mit einem Knöchelbruch vorkommt.

Kapselriss, Zerreißen der Gelenkkapsel, die den Gelenkspalt umschließt und an ihrer Innenseite die Gelenkschmiere (Synovia) absondert; führt evtl. zu blutigen Gelenkergüssen.

Kreuzbandriss, durch Verletzung bedingte Durchtrennung eines oder der beiden Kreuzbänder am Kniegelenk; häufig auch mit Rissen der Seitenbänder oder eines Meniskus kombiniert. Hauptaufgabe des Kreuzbands ist die Stabilisierung des Gelenks; es verhindert ein »Vor- und Zurückrutschen« des Schienbeins beim Gehen. Meist erfolgt die operative Versorgung durch eine Kreuzbandnaht oder durch den Ersatz des Kreuzbandes, der aus einem Streifen einer Muskelhülle aus dem Oberschenkel hergestellt werden kann. 85 % der K. entstehen nicht durch gegner. Einwirkung.

Laktattest, Bestimmung der Ausdauerleistungsfähigkeit von Aktiven. Nach einer Belastung wird dem Spieler etwas Blut abgenommen und der darin enthaltene Anteil von Laktat (Milchsäure) bestimmt. Je höher dieser Anteil, desto erschöpfter ist der Spieler, da die beanspruchte Muskulatur nicht hinreichend Sauerstoff zur Energiefreisetzung nutzen kann und stattdessen Glukose abgebaut wird. L.aktattests werden eingesetzt, um den Fitnesszustand der Spieler zu kontrollieren und das Training darauf abzustimmen

Meniskusverletzung, Ein- oder Abriss des Meniskus (sichelförmige Knorpelstücke, die innen und außen im Kniegelenk die Inkongruenz [»Nichtübereinstimmung«] der Kniegelenkskörper ausgleichen). Der innere Meniskus ist mit dem inneren Seitenband fest verwachsen und dadurch bei Verletzungen etwa achtmal häufiger betroffen als der äußere. Verletzungsursache ist meist die Drehung des Körpers bei feststehendem Fuß (»Drehbeugemechanismus«), aber auch fehlerhafte Dauerbelastungen in Verbindung mit Abnutzungsvorgängen am Knorpel. – *Klin. Zeichen:* lokalisierte Schmerzen im Gelenkspalt mit Druckschmerz, verstärkte Schmerzen durch Drehbewegung im Kniegelenk, Fremdkörpergefühl und Bewegungssperre. – *Therapie:* chirurg. Eingriff, da es andernfalls durch den abgerissenen Meniskus zu weiteren Schädigungen des Gelenkinnenraumes kommen kann.

Muskelfaserriss, Zerreißung einzelner Muskelfasern durch Überschreiten ihrer Elastizität und Festigkeit infolge mangelhafter Erwärmung, schlechter Durchblutung, Kälte, Ermüdung, Koordinationsstörungen oder unmittelbarer Gewalteinwirkung. Muskelfaserrisse treten häufig am vermindert durchbluteten Muskel-Sehnen-Übergang auf. Auch hierbei gelten als prophylakt. Maßnahmen zur Verhütung von Muskelverletzungen die Elemente einer gezielten Dehnungsgymnastik.

Muskelkater, bei Bewegungen Schmerzen in der Muskulatur, die bis zu mehreren Tagen nach ungewohnten und intensiven sportl. Belastungen auftreten. Als Ursachen werden Muskelsäureansammlungen in der Muskelzelle, Absinken des intrazellulären pH-Wertes, entzündungsähnl. Veränderungen in der Muskulatur sowie vielfache kleinste Muskelfaserrisse angenommen. – Der M. ist keine Sportverletzung im engeren Sinn.

Muskelriss, verletzungsbedingte teilweise oder vollständige Zerreißung eines Muskels; Ursachen sind z. B. nicht aufgewärmte Muskulatur oder direkte Gewalteinwirkung (Schlag beim Zweikampf); sofortige Kühlung.

Muskelzerrung, Überdehnung der Oberschenkel- oder Wadenmuskulatur durch plötzl. unkoordinierte Bewegungen, ungenügende Erwärmung oder infolge Ermüdung; auch bei Begehen eines (fußball-)techn. Fehlers (z. B. über den Ball schlagen) oder bei Anspannung gegen einen Widerstand. Dabei wird die Grenze der Muskelelastizität erreicht, jedoch nicht überschritten. – *Klin. Zeichen:* plötzl. dumpfer Schmerz, lokaler Druckschmerz, schmerzende aktive Bewegung (kein Bluterguss, keine Schwellung). – *Therapie:* vorerst nur Kälte- und Elektrobehandlung. (Keine Massage! Die Gefahr der Bildung einer Kalkspange im Muskel ist groß.) – *Prophylaxe:* Dehnungsgymnastik als Teil jeder Erwärmung.

»Pferdekuss«, fußballtyp., kurzzeitig äußerst schmerzhafte Oberschenkelverletzung (als Muskelprellung), hervorgerufen durch eine stumpfe Gewalteinwirkung (Kniestoß des Gegners). Dabei bleibt die äußere Haut zwar unversehrt (eine spätere Verfärbung [»blauer Fleck«] ist nicht auszuschließen), aber an der betreffenden Stelle bildet sich durch Zerreißen von kleinen Blutgefäßen ein Bluterguss (Hämatom). Ein wuchtiger »P.« kann den betroffenen Spieler zum Ausscheiden zwingen und ihn für mehrere Tage trainingsuntauglich machen. – *Therapie:* sofortige Kühlung, evtl. Druckverband.

Physiotherapie [griech.], Behandlung von Verletzungen mit Wasser, Luft, Wärme, Licht, einschließlich Massagebehandlung. Dazu zählen auch Strahlen- und Elektrobehandlung.

Prellung, häufigste Form der stumpfen Verletzung infolge Quetschung der Weichteile gegen härtere Strukturen (z. B. Knochen), Quetschung der Knochenhaut, Druck auf Gelenke oder Organe (Bluterguss). Ursache ist dabei stets die indirekte Einwirkung einer stumpfen Gewalt auf den Körper. Fußballspezif. Prellungen sind die des Knie- und Sprunggelenkes sowie des Schien- und Wadenbeines (deshalb ist das Tragen von Schienbeinschützern vorgeschrieben). – *Therapie:* sofortige Kältebehandlung (und Anlegen eines Druckverbandes; Wärmebehandlung frühestens nach 24 Stunden.

Regeneration, gezielte, mit Trainings- und Wettkampfplanung abgestimmte Phasen zur Wiederherstellung der körperl., geistigen und seel. Leistungsfähigkeit nach vorheriger phys. und psych. Anspannung oder Belastung.

Vereisung, Sportmedizin. Bezeichnung für eine örtl. (Oberflächen-)Kältebehandlung zur Schmerzlinderung und Herabsetzung des Muskeltonus (Muskelspannungszustand) durch Auflegen von Eisbeuteln bzw. Aufbringen von Chlorethylenspray (»Kältespray«) auf die betroffene Körperstelle.

Verrenkung, Verschiebung der Gelenk bildenden Knochenenden gegeneinander mit Überschreitung des normalen Gelenkspiels; oft mit einer Verletzung der Gelenkkapsel kombiniert. Häufige Ursache einer Verrenkung sind direkte oder indirekte Gewalteinwirkungen; Konsultation des Arztes ist unbedingt erforderlich.

Verstauchung, Gelenkverletzung mit Zerrung oder auch Zerreißung der Gelenkbänder durch Überschreitung des normalen Bewegungsraumes eines Gelenkes. Man unterscheidet in der Praxis leichte (Bandapparat bleibt intakt) und schwere Verstauchung (Bandapparat ist stärker betroffen). Häufige Ursachen für V. sind Ermüdung, unkontrollierte Bewegungen, Unachtsamkeit, Hindernisse und äußere Gewalteinwirkung, wobei besonders Knie-, Sprung-, Hand- und Schultergelenk gefährdet sind.

Wadenkrampf, schmerzhaftes, krampfartiges Zusammenziehen des Wadenmuskels mit sohlenwärts gerichteter Beugung des Fußes. Ursache ist Überanstrengung, meist gegen Ende eines Spiels. – *Therapie:* Das Bein wird gestreckt, eine Hand drückt dabei auf das Knie, während die andere Hand den Fuß zurückbeugt.

Sportverletzung
Sports injury [engl.]
Lésion sportive [frz.]
Lesión deportiva [span.]
Ferida desportiva [portugies.]
Trauma sportivo [italien.]

Injektionsarten
in die Haut (intracutan)
unter die Haut (subcutan)
in den Muskel (intramuskulär)
in die Vene (intravenös)
in das Gelenk (intraarticulär)

Spundflasche, Heinz, dt. Mittelfeldspieler (Halbstürmer), *4. Dezember 1919 Hamburg-Altona, † 6. November 1972 ebd.; 1935–52 Polizei SV Hamburg und Hamburger SV, 1952–58 Altona 93; 269 Oberligaspiele (77 Tore); spielte repräsentativ für Norddeutschland. – Später Trainer: 1957–60 Altona 93, 1960–64 VfB Lübeck.

Spycher, Christoph, schweizer. Mittelfeldspieler, *30. März 1978; 1999–2001 FC Luzern, 2001–05 Grasshopper-Club Zürich, 2005/06 Eintracht Frankfurt; 19 Länderspiele (seit 2003); EM-Endrunde 2004.

»Squadra Azzurra«, Bez. für die Nationalmannschaft Italiens.

Sri Lanka, bis 1972 **Ceylon,** Staat vor der Südspitze Vorderindiens, auf der Insel Ceylon und 23 kleinen Inseln im Ind. Ozean, 65 610 km², 19,742 Mio. Ew.; Verband: Football Federation of Sri Lanka, Abk. FFSL, gegr. 1939, Sitz: Colombo; Mitglied der FIFA seit 1950, der AFC seit 1969; Spielkleidung: Weiß. – INTERNET: www.srilankafootball.com

St., Abk. für Saint ... (z. B. AS St.-Étienne), Sankt ... (z. B. FC St. Gallen) oder Sint ... (z. B. VV St. Truiden).

Staab, Monika, dt. Trainerin, *1. September 1957 Dietzenbach (Hessen); 1993–99 SG Praunheim, 1999–2004 1. FFC Frankfurt. – Seitdem Präsidentin des 1. FFC Frankfurt.

M. Staab: Erfolgsstationen (Auswahl)	
1. FFC Frankfurt	LM 1999, 2001, 2002, 2003 PS 1999, 2000, 2001, 2002, 2003 UEFA Women's Cup 2002

Staatsliga, Österreich: 1949–74 höchste Spielklasse, 1975–91 1. Division, seitdem → Bundesliga [2].

Stabæk IF (Stabæk Idrettsforening), Norwegen (Bekkestua, bei Oslo), gegr. 1912; Spielkleidung: Blau-Schwarz/Blau/Blau; Stadion: Nadderudstadion, 9100 Plätze. – INTERNET: www.stabak.no

Spieler (Auswahl): J.-Å. Fjørtoft.

Stabel, Josef (»Sepp«), dt. Trainer, * 21. September 1948 Pirmasens; war Torhüter: bis 1967 SG Pirmasens und VfB Pirmasens, 1967–80 1. FC Kaiserslautern; 74 Bundesligaspiele. – Später Trainer: 1980/81 1. FC Kaiserslautern (Amateure und Trainerassistent), 1981–83 Wormatia Worms, 1983–87 TuS Hohenecken, 1987–89 1. FC Kaiserslautern, 1989/90 FC Homburg, 1992/93 TuS Hohenecken.

Stábile, Guillermo, argentin. Trainer, * 17. Januar 1906, † 26. Dezember 1966; war Angriffsspieler (Mittelstürmer): Sportivo Metan, Huracán Buenos Aires, Genua 1893, AC Neapel und Red Star Paris; WM-Endrunde 1930, 1934, 1938; olymp. Fußballturnier 1928; 31 Länderspiele (1925–31). – Später Trainer: 1941–58 Argentinien (Nationalmannschaft; WM-Endrunde 1958).

Stacho, Imrich, slowak. Torhüter, * 4. November 1931 Trnava; 1947–52 ZSJ Kovosmalt Trnava, 1952/53 Tankista Prag, 1953–68 Spartak Trnava; 24 Länderspiele für die Tschechoslowakei (1953–60; 1 Tor); WM-Endrunde 1954, 1958 (nicht eingesetzt); Europapokal der Nationen 1960.

Stade de France, in Saint Denis (nördlich von Paris) anlässlich der Fußball-WM 1998 errichtetes multifunktionales Stadion, 80 000 Plätze; frz. Nationalstadion; Austragungsstätte des WM-Finales 1998, des Confed-Cup-Finales 2003 und des Champions-League-Finales 2006.

Stadion, Einrichtung für den wettkampfmäßigen Fußballbetrieb mit Tribünen bzw. mit Traversen für mindestens 5000 Zuschauer, Sanitär- und Umkleideräumen sowie physiotherapeut. Einrichtungen für die Aktiven, Trainer, Schiedsrichter und Schiedrichterassistenten, mit Räumen für Technik, Reporter und Journalisten sowie techn. Anlagen zur Ergebnisübermittlung sowie -anzeige; in der Bundesliga z. B. ausschließlich mit → Flutlichtanlage. Ein modernes (Groß-) Fußball-S. wird zunehmend als *Arena* bezeichnet. – Die S.-Kommission der UEFA vergibt als Auszeichnung für europ. S. »Gütesterne«, indem sie das Fassungsvermögen, die Spielfeldgestaltung, die Ausstattung der Umkleidekabinen für Mannschaften und Schiedsrichter sowie die Licht-, Lautsprecher- und TV-Überwachungsanlagen bewertet. Höchste Auszeichnung sind »Fünf Sterne«. In diese Kategorie wurden bisher u. a. die Stadien → Ernst-Happel-Stadion, → Old Trafford, → Stade de France und das Berliner Olympia-S. (→ Olympiastadion [1]) eingestuft.

Stadion
Stadium [engl.]
Stade [frz.]
Estadio [span.]
Estádio [portugies.]
Stadio [italien.]

Stadion am Bökelberg, Mönchengladbach: → Bökelbergstadion.

»Stadionverbot«, vom jeweiligen platzbauenden Verein ausgesprochenes, mitunter veröffentlichtes (Programm, Vereinsjournal) ausgesprochenes Besuchsverbot für »Fans« der eigenen Mannschaft, die in der Vergangenheit durch Vandalismus und gefährdendes Benehmen (z. B. Abbrennen und Werfen von Feuerwerkskörpern) die Stadionsicherheit beeinträchtigten. Diese Randalierer (oft Chaoten, in Sachen Fußball meist ahnungslos) sind der »Schrecken« der Veranstalter und mit allen demokratisch-rechtl. Mitteln (Ordnungskräfte, Polizei) zu bekämpfen, um die große Mehrheit der »echten« Fans und unbeteiligten Zuschauer vor Auswüchsen zu schützen. In einigen Landesverbänden geht man bereits dazu über, Computer gestützte »Stadionausweise« auszugeben, um die Kontrollmöglichkeiten zu erleichtern. »S.« sind zeitlich befristet (ähnlich wie »Lokalverbote« in Gaststätten), sollten aber so weit ausgedehnt werden, dass sie potenzielle »Nachahmer« von vornherein zur Einsicht bringen.

Stadtliga, bis 1963 höchste Spielklasse in Berlin (West), deren Spitzenvertreter jährlich an der Endrunde der DFB-Landesmeisterschaft teilnahmen (gemeinsam mit denen der Oberligen); 1963 durch die *Regionalliga Berlin* abgelöst, hieß sie 1974–91 *Oberliga Berlin*.

Staffel, Zusammenfassung einer bestimmten Anzahl von Mannschaften zu einem Teilnehmerfeld für den Punktspielbetrieb innerhalb einer Spielklasse, wobei Letztere oftmals aus mehreren S. besteht. Einstaffelig (oder eingleisig) sind z. B. die höchsten Spielklassen in den europ. Ländern, oft mehrstaffelig die unteren.

Stahmann, Dirk, dt. Abwehrspieler (Libero), * 23. August 1958 Magdeburg; 1967–93 1. FC Magdeburg; 278 Oberligaspiele (33 Tore); 46 Länderspiele (1982–89; 3 Tore).

Stajner, Jiri, tschech. Angriffsspieler, * 27. Mai 1976 Benesov (dt. Bensen [Südböhmen]); bis 1990 TJ Senohraby, 1990–96 Slavia Prag, 1996

SK Ceske Budejovice, 1997 FK Lounovice, 1998–2000 FC MUS Most, 2000–02 Slovan Liberec, 2002/03 Hannover 96, 2003/04 Sparta Prag, 2004–06 Hannover 96; 94 Bundesligaspiele (16 Tore); 14 Länderspiele (2 Tore).

Stalingrad, 1925–61 Name für Wolgograd (→ Wolgograd, Rotor).

Stalinstadt, 1953–60 Name für Eisenhüttenstadt (→ Eisenhüttenstädter FC Stahl).

Stalteri, Paul, kanad. Abwehrspieler, * 18. Oktober 1977 Etobecoke; bis 1995 Malton Bullets, 1996 Clemson University South Carolina, 1997 Toronto Lynx, 1997–2005 SV Werder Bremen, 2005/06 Tottenham Hotspur; 151 Bundesligaspiele (6 Tore); 50 Länderspiele (6 Tore).

Stam, Jakob (»Jaap«), niederländ. Abwehrspieler, * 17. Juli 1972 Kampen; bis 1992 DOS Kampen, 1992/93 FC Zwolle, 1993–95 SC Cambuur-Leeuwarden, 1995 Willem II Tilburg, 1996–98 PSV Eindhoven, 1998–2001 Manchester United, 2001–04 Lazio Rom, 2004–06 AC Mailand; 67 Länderspiele (bis 2004; 3 Tore); WM-Endrunde 1998; EM-Endrunde 1996 (nicht eingesetzt), 2000, 2004; in den Niederlanden Fußballer des Jahres 1997.

Stammspieler, 1) DFB: Aktiver, der zum jeweiligen Zeitpunkt in mehr als der Hälfte der bis dahin ausgetragenen Pflichtspiele (Meisterschaft und Pokal) der ersten Mannschaft seines Vereins eingesetzt worden ist. Von da an ist er nicht mehr berechtigt, an Meisterschaftsspielen der Mannschaft einer niedrigeren Spielklasse seines Vereins teilzunehmen. – **2)** allgemein: Bez. für einen Spieler, der (fast) ständig zum Stammaufgebot seiner Mannschaft gehört.

Standardsituation, sich während des Spiels häufig wiederholender Zustand im Verhältnis Spieler zum Ball. S. liegen vorwiegend bei Eck- und Freistößen vor (insofern letztere direkte oder indirekte Torgefahr bringen). Bei vielen Mannschaften gehört das Einstudieren von Freistoß- und (seltener) Eckstoßvarianten zum ständigen Trainingsprogramm, um im Wettkampf sich ergebende S. besser ausnutzen zu können.

»Standbein« → »Schussbein«.

»Stand-by-Profi« [zu englisch to stand by »sich bereithalten«], Lizenzfußball: langgedienter, eigtl. ausgemusteter Aktiver, der zeitlich befristet aufgrund vorhandener Personalnot im aktuellen Spielerkader (z. B. durch mehrere verletzte Spieler) auf Abruf bereit steht; hält sich in der Regel durch Training mit der ersten bzw. Einsätze in der zweiten Mannschaft fit.

»Standfußball«, Spiel, bei dem sich die Spieler »gemütlich« den Ball zuspielen und dabei wenig in Bewegung sind.

Stange, Bernd, dt. Trainer, * 14. März 1948 Gnaschwitz (Sachsen); 1971–78 FC Carl Zeiss Jena (1971–76 Trainerassistent, 1976–78 Cheftrainer), 1978/80 DFV der DDR (U 21), 1980–82 DDR (Nationalmannschaft [Trainerassistent]), 1982/83 DFV der DDR (Olympiaauswahl), 1983–88 DDR (Nationalmannschaft), 1989–91 FC Carl Zeiss Jena, 1991/92 Hertha BSC, 1993/94 VfB Leipzig, 1994/95 Hertha BSC (Sportdirektor), 1995/96 Dnepr Dnepropetrowsk, 1996 ZSKA Kiew und ZSKA Boristen, 1998–2001 Perth Glory SC (Australien), 2001/02 Oman (Nationalmannschaft), 2002–04 Irak (Nationalmannschaft), 2005/06 Apollon Limassol.

Bernd Stange

B. Stange
»Ich greife von Zypern aus Europa an ...«

Stapleton, Francis (»Frank«), irischer Angriffsspieler (Mittelstürmer), * 10. Juli 1956 Dublin; 1970–72 Bolton Athletic, 1972–81 FC Arsenal, 1981–87 Manchester United, 1987/88 Ajax Amsterdam, 1988–90 Derby County, 1990–93 Blackburn Rovers; 71 Länderspiele (1976–90; 19 Tore); WM-Endrunde 1990 (nicht eingesetzt); EM-Endrunde 1988.

Star, überragender Spieler (Spieler-S.) einer Mannschaft (Klub, Auswahl). Einen ehemaligen S., der aber noch aktiv ist, bezeichnet man als »Altstar«. – Analog zu den Spielern gibt es hin und wieder auch *Trainer-* und *Schiedsrichterstars.*

Starek, August (»Gustl«), österr. Trainer, * 16. Februar 1945 Wien; war Mittelfeldspieler: 1960–65 1. Simmeringer SC, 1965–67 Rapid Wien, 1967/68 1. FC Nürnberg, 1968–70 FC Bayern München, 1970/71 Rapid Wien, 1971/72 1. FC Nürnberg, 1972–76 Rapid Wien; 62 Bundesligaspiele (10 Tore); 22 Länderspiele (1968–74; 4 Tore); in Österreich Torschützenkönig 1967 (21). – Später Trainer: 1981 Casino Salzburg, 1982–84 Grazer AK, 1985/86 Österreich (Nationalmannschaft [Trainerassistent], U 21), 1986–88 Admira-Wacker Wien, 1988 Austria Wien, 1989 Sturm Graz, 1992/93 Rapid Wien, 1994–96 VfB Leipzig, 1999/2000 FC Kärnten.

Stare Mesto, Synot, eigtl. »1. FC Synot Staré Mesto« (1. Football Club Synot Staré Mesto), Tschech.

Republik (Uherské Hradiste), gegr. 1927 als SK Staré Mesto, 1948–68 Jiskra Staré Mesto, 1968–93 TJ Jiskra Staré Mesto, 1993/94 SFK Staré Mesto, 1994–99 FC Synot Staré Mesto, 1999/2000 FC Synot, seitdem 1. FC Synot Staré Mesto; Spielkleidung: Gelb/Blau/Blau; Stadion: Siruch Staré Mesto, 5500 Plätze. – INTERNET: www.fc.synot.cz

Stark, Wolfgang, dt. Schiedsrichter (Ergolding [Bayern]), *20. November 1969 Landshut (Bayern); seit 1994 Schiedsrichter, seit 1994 Zweite Bundesliga (53 Spiele), seit 1996 Bundesliga (131 Spiele), seit 1999 FIFA-Referee; 7 Länderspiele; U 17-WM 1999, U 18-EM 1999; 24 Europapokalspiele; 2001 kurzzeitig in Japan (J-League).

»starkes Bein« →»einbeinig«.

»Staubsauger«, journalist. Bez. für einen →»Abfangjäger«.

Staunton, Stephen (»Steve«), irischer Abwehrspieler, * 19. Januar 1969 Drogheda; Abwehrspieler: 1987/88 Bradford City, 1988-91 FC Liverpool, 1991–98 Aston Villa, 1998–2000 FC Liverpool, 2000 Aston Villa und Crystal Palace, 2000–03 Aston Villa, 2003–05 Coventry City, 2005 FC Walsall; 102 Länderspiele (1988–2002).

Stavanger, Viking, eigtl. »Viking FK« (Viking Fotballklubb), Norwegen, gegr. 1899 als IL Viking, seit 1986 Viking FK; Spielkleidung: Blau/Weiß/Blau-Weiß; Stadion: Stavanger, 17 000 Plätze. – INTERNET: www.viking-fk.no

Spieler (Auswahl): E. Thorstvedt. – **Trainer** (Auswahl): R. Hodgson.

Steadman, Richard, US-amerikan. Arzt (Dr. med.), *4. Juni 1937 Sherman (Texas); arbeitet seit 1990 in der S.-Hawkins-Klinik in Vail (Colorado); weltweit Spezialist für Knieverletzungen, betreibt auch Forschungen auf diesem Gebiet.

»Stechen« → Fußballjargon.

Steffens, Joachim, dt. Trainer, *24. Juli 1950 Leipzig; war Mittelfeldspieler: 1959–63 SC Lokomotive Leipzig, 1963–71 BSG Chemie Leipzig, 1971–77 BSG Chemie Böhlen, 1977–84 TSG Chemie Markkleeberg. – Später Trainer: 1986–90 BSG Chemie Böhlen, 1990–96 FC Sachsen Leipzig (bis 1994 Trainerassistent, 1994–96 Cheftrainer), 1997–2001 VfB Leipzig (1997/98 Trainerassistent, 1998–2001 Cheftrainer), 2001/02 FC Magdeburg, 2002–04 Carl Zeiss Jena, 2004–06 SV Grimma.

Stegemann, Kerstin, eine dt. Mittelfeldspielerin, *29. September 1977 Rheine-Mesum (Nordrhein-Westfalen); bis 1993 SV Germania Haunhorst, 1993–98 VfB, FC Eintracht bzw. FFC Heike Rheine, 1998–2000 FCR Duisburg, 2000/01 FFC Fläsheim, 2001–06 FFC Heike Rheine; 137 Länderspiele (seit 1995; 4 Tore); Weltmeisterin 2003; Europameisterin 1997, 2001, 2005; olymp. Fußballturnier 1996, 2000.

»Stehend-k.-o.-Gehen«, rapider Kräfteabfall einer Mannschaft in der Schlussphase eines Matches nach bis dahin verteiltem Spiel; wird in der Regel durch ein Gegentor eingeleitet, dem dann meist weitere folgen.

Steilpass, lang geschlagener Pass in den freien Raum in Richtung gegner. Tor; takt. Mittel, um die gegner. Abwehrkette zu überwinden und die eigenen Sturmspitzen erfolgversprechend in Szene zu setzen.

Steilpass
Forward pass [engl.]
La passe en profondeur [frz.]
El pase adelantado [span.]
Passe longo [portugies.]
Passagio in profondità [italien.]

Stein, 1) John (»Jock«), schott. Trainer, *5. Oktober 1922, †10. September 1985 Cardiff; war Abwehrspieler: 1939–57 Celtic Glasgow. – Später Trainer: 1957–60 Celtic Glasgow, 1960–64 Dunfermline Athletic, 1964/65 Hibernian Edinburgh, 1965–78 Celtic Glasgow, 1978 Leeds United; 1978 bis zu seinem Tod Schottland (Nationalmannschaft; WM-Endrunde 1982). 1969 CBE (Commander of the British Empire). –
2) Ulrich (»Uli«), dt. Torhüter, *23. Oktober 1954 Hamburg; 1968–76 FC Wunstorf, 1976–80 Arminia Bielefeld, 1980–87 Hamburger SV, 1987–94 Eintracht Frankfurt; 512 Bundesligaspiele; 6 Länderspiele; WM-Endrunde 1986 (nicht eingesetzt).

»Uli« Stein

J. Stein: Trainer-Erfolgsstationen (Auswahl)	
Dunfermline Athletic	PS 1961
Celtic Glasgow	LM 1966, 1967, 1968, 1969, 1970, 1971, 1972, 1973, 1974, 1977 PS 1967, 1969, 1971, 1972, 1974, 1975, 1977

Steinach, SV 08 (Sportverein 1908 Steinach), Deutschland (Thüringen), gegr. 1908 als SV 08 Steinach, 1945 aufgelöst und als SG Steinach neu gegr., 1950/51 BSG Mechanik Steinach, 1951/52

BSG Stahl Steinach, 1952–90 BSG Motor Steinach, seitdem SV 08 Steinach; DDR-Oberliga 1963–65; Spielkleidung: Weiß/Blau/Weiß; Stadion: Stadion am Fellberg, 16 000 Plätze. – INTERNET: www.sv08steinach.de

Spieler (Auswahl): W. Linß – H. Müller.

Steinbach, Wolfgang, war dt. Mittelfeldspieler, *21. September 1954 Schönebeck (Sachsen-Anhalt); 1961–68 BSG Chemie Schönebeck, 1968–87 1. FC Magdeburg, 1987/88 Motor Schönebeck, 1988–90 1. FC Magdeburg, 1990–93 VfB Oldenburg; 337 Oberligaspiele (75 Tore); 28 Länderspiele (1978–85; 1 Tor); olymp. Fußballturnier 1980. – Später Trainer: 1993 VfB Oldenburg, 2004/05 SV Wilhelmshaven.

Steinborn, Edgar, dt. Schiedsrichter (Sinzig [Rheinland-Pfalz]), *27. April 1957 Bad Neuenahr (heute: Bad Neuenahr-Ahrweiler [Rheinland-Pfalz]); seit 1985 Schiedsrichter, 1985–87 Zweite Bundesliga (89 Spiele), 1987–2004 Bundesliga (201 Spiele), 1995–2002 FIFA-Referee; 11 Länderspiele; 17 EC-Spiele; DFB-Pokalfinale 1997; 2002 kurzzeitig K-League (Südkorea).

Steiner, Paul, dt. Abwehrspieler, *23. Januar 1957 Waldbrunn (Baden-Württemberg); 1967–75 TSV Strümpfelbrunn, 1975–79 Waldhof Mannheim, 1979–81 MSV Duisburg, 1981–91 1. FC Köln; 349 Bundesligaspiele (27 Tore); 1 Länderspiel (1990); WM-Endrunde 1990 (Weltmeister [nicht eingesetzt]).

Steinhaus, Bibiana, dt. Schiedsrichterin (Hannover), *24. März 1979; Schiedsrichterin seit 1995, DFB-Schiedsrichterin seit 1999 (seitdem auch Bundesliga [Frauen]); leitet seit 2000 Regionalligaspiele (Männer), seit 2003 auch Schiedsrichterassistentin bei Spielen der Zweiten Bundesliga; seit 2005 FIFA-Schiedsrichterin.

Steinmann, Rico, dt. Mittelfeldspieler, *26. Dezember 1967 Karl-Marx-Stadt (heute: Chemnitz); 1974–91 FC Karl-Marx-Stadt bzw. Chemnitzer FC, 1991–97 1. FC Köln, 1997–2000 FC Twente; 132 (DDR-)Oberligaspiele (27 Tore); 23 Länderspiele für die DDR (1986–90; 3 Tore); 139 Bundesligaspiele (10 Tore). – Sein Vater **Rolf S.** (*1942, †2004) war Angriffsspieler: 1962–70 FC Karl-Marx-Stadt; 170 Oberligaspiele (64 Tore).

»Steinzeitfußball«, katastrophales Gekicke einer Mannschaft, von der man leistungsmäßig bedeutend mehr erwarten muss; ohne Einsatz und Engagement, lustlos und armselig. Der Trainer fühlt sich in solchen Augenblicken – auf die Ausbildung seiner Mannschaft bezogen – um Jahre zurückversetzt (deshalb »S.«), weil vergessen geglaubte Schwächen (Taktik, Technik, Angriffsverhalten usw.) schonungslos zutage treten. Derartiges »Gesteche« wird dann oft damit »begründet«, dass die Spieler nicht »frei« im Kopf waren bzw. zu sehr »unter Druck« standen.

Steirischer Fußballverband, Abk. **STFV,** einer der 9 Landesverbände des Österr. Fußball-Bundes (→ ÖFB); gegr. 1911, Sitz: Graz. – INTERNET: www.stfv.at

Stellungsspiel, geschicktes Postieren eines Mannschaftsteiles oder eines Spielers zum Bewachen des Gegners bzw. Abfangen eines gegner. Angriffs; beinhaltet richtiges Stehen zum Gegner und zum Ball. Besonders wichtig ist das S. des Torhüters (rechtzeitiges Herauslaufen, richtige Stellung beim Torschuss, bei Eck- oder bei Freistößen usw.).

Stendal, 1. FC Lok (1. Fußballclub Lok Stendal), Deutschland (Sachsen-Anhalt), gegr. als FC Victoria Stendal, 1945 aufgelöst und als SG Stendal-Nord neu gegr., 1948 SG Blau-Weiß Stendal, 1948/49 SG Eintracht Stendal, 1949 BSG Hans-Wendler Stendal (Fusion mit BSG Reichsbahn Stendal und BSG RAW Stendal), 1949–1990 BSG Lokomotive Stendal, 1990–2002 FSV Lok Altmark Stendal, seit 2002 1. FC Lok Stendal; DDR-Oberliga 1949–54, 1955–57, 1959, 1961/62, 1963–68; Spielkleidung: Rot/Schwarz/Schwarz; Stadion: Am Hölzchen, 13 000 Plätze. – INTERNET: www.fc-lok-stendal.de

Spieler (Auswahl): K. Liebrecht – E. Lindner. – **Trainer** (Auswahl): F. Bohla – O. Pfau – K. Urbanczyk.

Stendel, Daniel, dt. Angriffsspieler, *4. April 1974 Frankfurt (Oder); bis 1992 FC Viktoria '91 Frankfurt (Oder), 1992–97 Hamburger SV, 1997/98 SV Meppen, 1998/99 FC Gütersloh, 1999–2006 Hannover 96; 90 Bundesligaspiele (12 Tore).

Stepanovic, Dragoslav, serb. Trainer, *30. August 1948 Rekovac; war Mittelfeldspieler: 1962–67 Sibnica, 1967–73 OFK Belgrad, 1973–76 Roter Stern Belgrad, 1976–78 Eintracht Frankfurt, 1978/79 Wormatia Worms, 1979–81 Manchester City, 1981/82 Wormatia Worms; 49 Bundesligaspiele (3 Tore); 34 Länderspiele für Jugoslawien (1 Tor); in Jugoslawien Fußballer des Jahres 1971, 1973. – Später Trainer: 1982–85 FV Progres Frankfurt, 1985–87 FSV Frankfurt, 1988–91 Rot-Weiß Frankfurt, 1991 Eintracht Trier, 1991–93 Eintracht Frankfurt, 1993/94 Bayer 04 Leverkusen (PS 1993), 1995/96 Athletic Bilbao, 1996/97 Eintracht Frankfurt, 1998/99 AEK Athen, 1999 VfB Leipzig, 2000 Stuttgarter Kickers und Kickers Offenbach, 2001 Rot-Weiß Oberhausen, 2003 Shenyang Jinde (China), 2004 Zamalek SC Kairo.

D. Stepanovic
»Lebbe geht weida.«

Sternkopf, Michael, war dt. Mittelfeldspieler, *21. April 1970 Karlsruhe; 1975–84 FV Nordwest Karlsruhe, 1984–90 Karlsruher SC, 1990–95 FC Bayern München, 1995/96 Borussia Mönchengladbach, 1997 SC Freiburg, 1997–2003 Arminia Bielefeld, 2004 Kickers Offenbach; 210 Bundesligaspiele (15 Tore).

Stettin, Polen: dt. für → Szczecin ...

Stevens, Huub, niederländ. Trainer, *29. November 1953 Sittard; war Abwehrspieler: bis 1970 VV Sittard, 1970–75 Fortuna Sittard, 1975–86 PSV Eindhoven; 18 Länderspiele (1 Tor); EM-Endrunde 1980. – Später Trainer: 1986–93 PSV Eindhoven (Jugend), 1993–96 Roda JC Kerkrade, 1996–2002 FC Schalke 04 (PS 2001, 2002, EC III 1997), 2002/03 Hertha BSC, 2004/05 1. FC Köln, 2005/06 Roda JC Kerkrade.

> **H. Stevens**
> »Ich werde bei den Trainingseinheiten nicht selber mitmachen. Schließlich will ich nicht noch mehr Verletzte haben.«

Stevic, Miroslav, serb. Mittelfeldspieler (auch dt. Staatsbürgerschaft), *7. Januar 1970 Ljubovija; 1976–83 Bratsvo Bratunac Belgrad, 1983–90 Partizan Belgrad, 1990/91 FK Rad Belgrad, 1992 Grasshopper-Club Zürich, 1992–94 1. FC Dynamo Dresden, 1994–98 TSV München 1860, 1999–02 Borussia Dortmund, 2002/03 Fenerbahce Istanbul, 2003–05 VfL Bochum, 2005/06 SpVgg Unterhaching; 271 Bundesligaspiele (16 Tore); 6 Länderspiele für Serbien und Montenegro; WM-Endrunde 1998.

Steyr, Vorwärts, eigtl. »SK Vorwärts Steyr« (Sportklub Vorwärts Steyr), Österreich (Oberösterreich), gegr. 1919 (1934 aufgelöst und 1945 neu gegr.); Stadion: Stadion an der Volksstraße, 4000 Plätze.

Spieler (Auswahl): R. Brunmayr – O. Blokhin – I. Knoflicek – A. Manninger. – **Trainer** (Auswahl): J. Adamec – O. Barić – F. Latzke.

STFV, Österreich: Abk. für → **St**eirischer **F**ußball**v**erband.

St. Gallen, FC, Schweiz: → Sankt Gallen, FC.

Stickler, Friedrich, österreich. Funktionär, Dipl.-Ing., *18. Januar 1949 Wien; seit 1986 Vorstandsdirektor der Österr. Lotterien, seit 2002 Präsident des Österr. Fußball-Bundes (→ ÖFB); Vorgänger: B. → Mauhart.

Stiegl-Cup, eigtl. »Stiegl-Cup des Österreichischen Fußball-Bundes«, Pokalwettbewerb des Österr. Fußball-Bundes (→ ÖFB); ausgetragen seit 1919 (außer 1939–45 und 1950–58), bis

Huub Stevens

1946 als *Wiener Cup* und 1947–2002 als *Österr. Cup* geführt (seit 2003 S.-C.). Teilnehmer sind die 10 Bundesligavereine, die 10 Mannschaften der 1. Liga sowie Klubs aus den 9 Landesverbänden. Der Modus sieht 7 Runden vor, wobei zunächst die Vereine aus den Landesverbänden regionsintern eine Vorrunde bestreiten. Ab der ersten Hauptrunde kommen die Mannschaften aus der Bundesliga und der 1. Liga hinzu. Die 4 Bundesligavereine, die an der Champions League bzw. am UEFA-Pokal teilnehmen, greifen erst in der dritten Hauptrunde ein. Das Finale wird seit 2003 in der Regel im Salzburger Stadion Wals-Siezenheim ausgetragen.

Stiel, Jörg, schweizer. Torhüter, *3. März 1968 Baden (Kt. Aargau); bis 1990 FC Wettingen, 1990–93 FC St. Gallen, 1993/94 CD »Toros Neza« (Mexiko), 1994–96 FC Zürich, 1996–2001 FC St. Gallen, 2001–04 Borussia Mönchengladbach; 89 Bundesligaspiele; 21 Länderspiele (2000–04); EM-Endrunde 2004.

Stielike, Ulrich (»Uli«), dt. Trainer, *15. November 1954 Ketsch (Baden-Württemberg); war Mittelfeldspieler: 1962–73 SpVgg Ketsch, 1973–77 Borussia Mönchengladbach, 1977–85 Real Madrid, 1985–88 Xamax Neuchâtel; 109 Bundesligaspiele (12 Tore); 42 Länderspiele (1975–84; 3 Tore); WM-Endrunde 1982; EM-Endrunde 1980 (Europameister), 1984; in Spanien Fußballer des Jahres 1981. – Später Trainer: 1989–91 Schweiz (Nationalmannschaft), 1992/93 Xamax Neuchâtel, 1994/95 Waldhof Mannheim, 1996 Almeria CF, 1998–2006

»Uli« Stielike

DFB (1998–2002 Nationalmannschaft [Trainerassistent], 2002/03 »Team 2006«, 2003–04 U 21, 2004–06 U 20).

> **»Uli« Stielike**
> »Das Problem des deutschen Fußballs ist der Mangel an Quantität der Qualität.«

»Stil«, die Art zu spielen; manche Mannschaften (oder Spieler) bevorzugen den kämpfer., andere dagegen den techn. »S.«. – Es gibt »Truppen«, die haben gar keinen »S.«.

Stiles, Norbert (»Nobby«), engl. Abwehrspieler, *18. Mai 1942 Manchester; 1956–80 Manchester United, FC Middlesbrough und Preston North End; 28 Länderspiele (1965–70; 1 Tor); Weltmeister 1966. – Später Trainer: 1977–81 Preston North End.

Stilist, spielkulturell überdurchschnittl. Spieler; besticht beim Ballumgang durch Eleganz.

»Stockfehler«, vom (Eis-)Hockey übernommener Begriff für individuelle techn. Fehler bei der Ballannahme; nicht regelwidrig.

Stockholm, Schweden, **1) AIK Solna** (Allmänna Idrottsklubben Solna), gegr. 1891; Spielkleidung: Schwarz/Weiß/Gelb-Schwarz; Stadion: Råsunda, 36 000 Plätze. – INTERNET: www.aik.se
Spieler (Auswahl): O. Bergmark – J. Eriksson – K. Hamrin – S. Larsen – L. Skoglund.
2) Djurgårdens IF (Djurgårdens Idrottsförening), gegr. 1891; Spielkleidung: Gelb-Schwarz/Schwarz/Gelb; Stadion: Olympiastadion, 14 500 Plätze. – INTERNET: www.dif.se
3) Hammarby IF (Hammarby Idrottsförening), Schweden, gegr. 1897; Spielkleidung: Weiß/Grün/Weiß; Stadion: Söderstadion, 10 740 Plätze.
Spieler (Auswahl): R. Hellström – L. Skoglund. – **Trainer** (Auswahl): R. Hellström.

Stöger, Peter, österr. Mittelfeldspieler, *11. April 1966 Wien; 1987–94 Austria Wien, 1994/95 FC Tirol Innsbruck, 1997/98 LASK Linz, 1999/2000 Austria Wien, 2000–02 Admira-Wacker Mödling, 2002–04 SC Untersiebenbrunn; 63 Länderspiele (15 Tore); WM-Endrunde 1988.

Stoichkov, Christo (auch *Stoitschkow*), bulgar. Trainer, *8. Februar 1966 Plovdiv; war Angriffsspieler: 1976–84 Maritsa Plovdiv, 1984–90 ZSKA Sofia, 1990–95 FC Barcelona, 1995/96 AC Parma, 1996/97 FC Barcelona, 1998 Al-Ansar (Libanon) und ZSKA Sofia, 1999 Kashiwa Reysol, 2000–02 Chicago Fire (USA), 2002/03 Washington DC United; 84 Länderspiele (1987–97; 37 Tore); WM-Endrunde 1994, 1998; Europas Fußballer des Jahres 1994; Europas Torschützenkönig 1990 (38, mit H. Sanchez); in Bulgarien Fußballer des Jahres 1989, 1990, 1991, 1992, 1993. – Später Trainer: 2004–06 Bulgarien (Nationalmannschaft).

Stojaspal, Ernst, österr. Angriffsspieler, *14. Januar 1925 Wien, † 2. April 2002; 1940–46 Ostbahn XI Wien, 1946–54 Austria Wien, 1955–61 RC Straßburg, AS Monaco, ES Troyes und AS Béziers (Frankreich); 32 Länderspiele (1946–54; 14 Tore); WM-Endrunde 1954; in Österreich Torschützenkönig 1946 (34), 1947 (18), 1948 (24), 1952 (31), 1953 (30, mit R. Dienst).

Stojković, Dragan, serb. Angriffsspieler, *3. März 1965 Nis; 1981–86 Radniki Nis, 1986–90 Roter Stern Belgrad, 1990/91 Olympique Marseille, 1991/92 Hellas Verona, 1992–94 Olympique Marseille, 1994–2001 Nagoya Grampus Eight; 84 Länderspiele für Jugoslawien sowie für Serbien und Montenegro (1983–2001; 6 Tore); WM-Endrunde 1990, 1998; EM-Endrunde 1984, 2000; olymp. Fußballturnier 1984; in Jugoslawien Fußballer des Jahres 1988, 1989.

Stoke City, eigtl. »Stoke City FC« (Stoke City Football Club), England (Stoke-on-Trent), gegr. 1868 als Stoke Ramblers, 1875–78 Stoke FC, 1878 Anschluss von Stoke Victoria FC, seit 1925 Stoke City FC; Spielkleidung: Rot/Weiß/Rot; Stadion: Britannia Stadium, 24 054 Plätze. – INTERNET: www.stokecityfc.com
Spieler (Auswahl): G. Banks – G. E. Eastham – H. Gregg – G. Hurst – S. Matthews – S. McIlroy – P. Shilton – N. Southall – **Trainer** (Auswahl): A. Ball.

Stollenwerk, Georg, dt. Abwehrspieler, *19. Dezember 1930 Düren; Abwehrspieler; 1948–55 Schwarz-Weiß Düren 99, 1956–61 1. FC Köln; 23 Länderspiele (1951–60; 3 Tore); WM-Endrunde 1958. – Später Trainer: 1969 Alemannia Aachen, 1975/76 1. FC Köln.

Christo Stoichkov

Stoph, Kurt, dt. Funktionär, *10. September 1912, †30. April 1980; Bruder des DDR-Politikers Willi S.; 1958–61 Präsident der Sektion Fußball bzw. des DFV der DDR (Vorgänger: → H. Schöbel, Nachfolger: H. → Riedel).

Stoppen, 1) Annehmen des Balles am Boden oder in der Luft und ihn unter Kontrolle bringen, ohne dass er wegspringt. – **2)** Blockieren eines gegner. Angriffs.

Stopper, svw. → Mittelläufer.

Stoppergespann, umgangssprachlich für → Doppelstopper.

Stören, a) kompromisslose Abwehraktion eines Spielers, um den Gegner vom Ball zu trennen; b) dem Gegner den Ball abnehmen, um einen Gegenangriff einzuleiten (risikovoller als a, aber konstruktiver). – Das S. sollte möglichst vor bzw. bei Ballannahme des Gegners erfolgen.

Stoß, Weg- oder Weiterbefördern des Balles meist mit dem Fuß, seltener mit dem Kopf (→ Kopfstoß); Verb: Stoßen. In der Regel erfolgt dies beim Fuß-S. gegen den ruhenden Ball, z. B. Eck-, Frei-S., weniger gegen den sich bewegenden Ball, z. B.: den Ball über die Linie stoßen. Meist wird der jeweilige S. mit einem der Verben Schlagen, Schießen oder Treten in unmittelbarem Zusammenhang ausgedrückt, z. B. einen Frei-S. schlagen (bzw. schießen oder treten). Niemand wird dagegen sagen: einen Ab-S. »stoßen«.

Stoßarten, Varianten zum Weg- oder Weiterbefördern des Balles mit dem Fuß bzw. (dann ausschließlich zum Weiterleiten) mit dem Kopf (→ Kopfstoß). Man kann die S. nach bestimmten Merkmalen, wenn auch nicht absolut, unterscheiden: a) *(Voll-)Spannstoß;* wuchtig, bei unterschiedl. Flugbahn (flach, halbhoch, hoch) des Balles; b) *Innenspannstoß;* gefühlvoll bis kräftig, bei halbhoher bis hoher Flugbahn des Balles; *c) Außenspannstoß;* wie b, aber technisch schwieriger; *d) Innenseitstoß;* gefühlvoll, bei flacher Flugbahn oder ständigem Bodenkontakt des Balles; e) *Außenseitstoß;* schwach, bei ständigem Bodenkontakt des Balles (selten angewandt); f) *Spitzenstoß;* schnellkräftig, bei halbhoher bis hoher Flugbahn des Balles (selten angewandt); g) *Fersenstoß;* schwach bis mittelkräftig, bei ständigem Bodenkontakt oder halbhoher bis hoher Flugbahn des Balles (→ Hackentrick).

Stoßarten (Beipiele)	
(Voll-)Spannstoß	*Innenseitstoß*
Abschlag	(Direkt-)Ablage
Abstoß	Kurzpass
Abwehrschlag	Strafstoß
Freistoß	*Außenseitstoß*
Torschuss	(Kurz-)Abspiel
Innenspannstoß	Umdribbeln (nach außen)
Eckstoß	*Spitzenstoß*
Flanke	Stoß gegen den ruhenden Ball
Freistoß	Nachstoß
Langpass	
Strafstoß	
Außenspannstoß	
Eckstoß	
Flanke	
Freistoß	
Langpass	

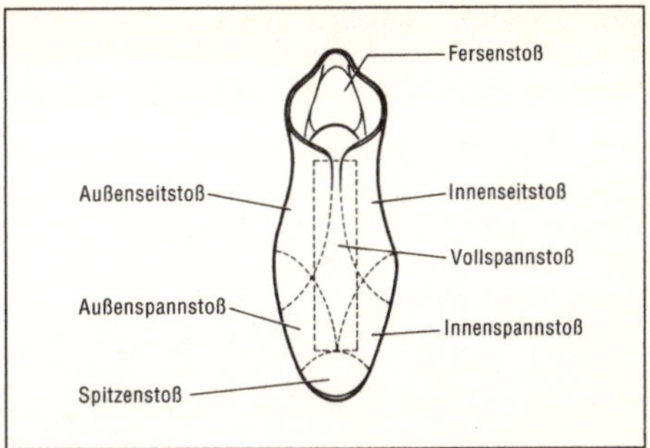

Stoßarten

»Stoßfinte«, aus dem Ballführen heraus wenige Meter von dem Gegner betontes Ausholen (deshalb auch »Ausholfinte«genannt) des Spielbeines zum Flankenschlag, Torschuss usw., ohne dabei die Stoßbewegung auszuführen, sondern mit dem Ball weiter dribbeln (Ausnutzung der Abwehr- und Schutzreaktion des Gegners); Voraussetzungen sind hierbei schnellkräftige Ausführung und täuschend »echte« Nachahmung des Schussversuchs.

Stoßstürmer, zentraler Angriffsspieler (wuchtig, energisch, entschlossen), der in die gegner. Abwehr »hineinstoßen« und die Angriffshandlungen erfolgreich abschließen soll; in der Regel der Torjäger seiner Mannschaft.

St. Patrick's Athletic, Irland: → Dublin [5].

St. Pauli, FC, Deutschland: → Hamburg [5].

Strachan, Gordon David, schott. Trainer, *9. Februar 1957 Edinburgh; war Mittelfeldspieler: 1971–77 FC Dundee, 1977–84 FC Aberdeen, 1984–89 Manchester United, 1989–95 Leeds United, 1995–97 Coventry City; 50 Länderspiele (5 Tore); WM-Endrunde 1982, 1986; in Schottland Fußballer des Jahres 1980, in England Fußballer des Jahres 1991. – Später Trainer: 1997–2001 Coventry City, 2001–04 FC Southampton, 2005/06 Celtic Glasgow.

Strafraum, ein durch Strafraumlinien begrenzter Raum vor beiden Toren des Spielfeldes. Bei Foulspiel eines abwehrenden Spielers (oder Handspiel) im S. (die Strafraumlinien zählen zum S.) wird ein Strafstoß verhängt. (→ Spielfeld [BILD])

Strafraum
Penalty area [engl.]
Surface de réparation [frz.]
Area de penal [span.]
Área de grande penalidade [portugies.]
Area di rigore [italien.]

Strafraumbeherrschung, Fähigkeit eines Torhüters, in diffizilen Strafraumsituationen richtig zu reagieren, d.h., über den 5-m-Raum hinaus erfolgreich zu operieren. »Linientorhütern« mangelt es in der Regel an S.; Klassetorhüter kennzeichnet beides: Torlinien- und Strafraumbeherrschung. Zur S. gehört auch das → Herauslaufen (im richtigen Moment).

Strafraumlinien, die den Strafraum eingrenzenden Linien außer der Torlinie (→ Spielfeld [BILD]).

Strafstoß, als Strafe für Regelverstöße innerhalb des eigenen Strafraumes der Gegenpartei zustehender unbehinderter Stoß gegen den ruhenden Ball. Dabei wird der Ball vom *S.-Punkt* aus von einem gegner. Spieler auf das nur vom Torhüter verteidigte Tor geschossen, der bis zur Ausführung des Stoßes auf der Torlinie zw. den Torpfosten bleiben muss (was oft missachtet und nicht geahndet wird). – Man unterscheidet beim S. entsprechend dem vorangegangenen Vergehen zw. *Foul-S.* (nach Zufallbringen des Gegners, Treten, Schlagen, Nachtreten, Rempeln von hinten usw.) und *Hand-S.* (bei absichtl. Handspiel). – Wegen der festgelegten Entfernung des Strafstoßpunktes von der Torlinie (11 m) werden der S. und alle seine Wortzusammensetzungen im Sprachgebrauch oft durch »Elfmeter ...« ersetzt.

Strafstoß
Penalty kick [engl.]
Coup de réparation [frz.]
Tiro penal [span.]
Grande penalidade [portugies.]
Calcio di rigore [italien.]

»Strafstoßduell«, Bez. für den Zweikampf Strafstoßschütze – Torhüter; ein ungleiches Duell zuungunsten des Letzteren, zumal der Torhüter sich nicht vor Ausführung des Stoßes von der Torlinie bewegen darf. Die Chancen für den Torhüter, einen platziertgetretenen Strafstoß zu halten, sind daher gering, wobei ihm lediglich zugute kommt, dass er deshalb – im Gegensatz zum Schützen – nervlich relativ unbelastet in das S. gehen kann. Dieser psycholog. Faktor spielt besonders bei eventuellem → Strafstoßschießen eine nicht unbedeutende Rolle, zumal sich der Torhüter dort nicht nur »Strafstoßspezialisten« gegenübersieht.

Strafstoßpunkt → Strafstoß.

»strafstoßreif« ist eine Situation, die – objektiv – die Verhängung eines Strafstoßes rechtfertigen würde, vom Schiedsrichter aber anders beurteilt wird; kein Protestgrund für die benachteiligte Mannschaft, da es sich hierbei um eine → Tatsachenentscheidung handelt.

Strafstoßschießen, offiziell *Ausführung von Torschüssen vom Strafstoßpunkt,* vom International Football Association Board 1970 angenommener Vorschlag der FIFA, bei unentschieden ausgegangenen Spielen in K.-o.-Wettbewerben anstelle des bisherigen Losentscheides künftig ein zusätzl. Schießen vom Strafstoßpunkt durchzuführen. Dabei benennt jede Mannschaft 5 Schützen, die abwechselnd zum S. antreten. Falls dann noch keine Entscheidung getroffen ist, wird das S. fortgesetzt, bis eine der Mannschaften bei der gleichen Anzahl geschossener Strafstöße im Vorteil ist. Das Spielergebnis wird z.B. wie folgt festgelegt: »4:3 im Strafstoßschießen (0:0, 1:1 n.V.)«. Dies bedeutet, dass es nach der regulären Spielzeit 0:0 und nach Verlängerung 1:1 stand; das Strafstoßschießen endete 4:3.

Strafstoßschießen
Kicks from the penalty spot [engl.]
Coups de pied du point de réparation [frz.]
Saques del lugar de penalty [span.]
Grande penalidade [portugies.]

Verkürztes Strafstoßschießen
(Beispiel)
Mannschaften A und B

	A	B	Ergebnis
1)	Tor	Tor	1:1
2)	kein Tor	Tor	1:2
3)	kein Tor	Tor	1:3
4)	Tor	Tor	2:4

Ende, da A nur noch auf 3 Treffer kommen kann

	A	B	Ergebnis
1)	Tor	kein Tor	1:0
2)	Tor	kein Tor	2:0
3)	Tor	kein Tor	3:0

Ende, da B nur noch auf 2 Treffer kommen kann

»Strafstoßspezialist«, nervenstarker (»cooler«) Aktiver, der mit hoher Erfolgsquote Strafstöße verwandelt; trägt höhere Verantwortung als der Ausführende eines Freistoßes (→»Freistoßspezialist«).

Straka, František, tschech. Trainer, *21. Mai 1958 Ceske Budejovice (dt. Budweis); war Abwehrspieler (Libero): 1966–77 Dynamo Ceske Budejovice, 1977–79 Dukla Tachov, 1979–88 Sparta Prag, 1988–91 Borussia Mönchengladbach, 1991/92 FC Hansa Rostock, 1992–95 Wuppertaler SV, 1995–97 SCB Preussen Köln; 115 Bundesligaspiele (1 Tor); 35 Länderspiele für die ČSSR (1983–90; 4 Tore); WM-Endrunde 1990. – Später Trainer: bis 1998 Wuppertaler SV (Trainerassistent), 1998/99 SV Waldsassen, 1999–2001 Wuppertaler SV, 2002–04 FK Teplice, 2004 Sparta Prag (PS 2004), 2005 LR Ahlen.

Stralsund, FC Pommern, eigtl. »FC Pommern Stralsund« (Fußballclub Pommern Stralsund), Deutschland (Mecklenburg-Vorpommern), gegr. am 29. März 1994, zuvor 1967 (aus → Rostock [4] »transferiert) bis 1989 ASG Vorwärts Stralsund, 1989 Fusion mit BSG Motor Stralsund zu TSV 1860 Stralsund, seit 1994 FC Pommern Stralsund; DDR-Oberliga 1971/72, 1974/75; Spielkleidung: Blau; Stadion: Stadion der Freundschaft, 8000 Plätze.

Spieler (Auswahl): E. Gaede.

Strampe, Hartmut, dt. Schiedsrichter (Handorf [Niedersachsen]), *3. März 1956 Bad Bevensen (Niedersachsen); 1986–2003 Schiedsrichter, 1990/91 Zweite Bundesliga, 1991–03 Bundesliga (170 Spiele), 1993–2001 FIFA-Referee; 17 Länderspiele; U 17-WM 1995; 32 Europapokalspiele; DFB-Pokalfinale 1998.

»Strandfußball«, das → Beach Soccer.

Stranzl, Martin, österr. Abwehrspieler, *16. Juni 1980 Güssing (Burgenland); bis 1997 SV Güssing, 1997–2004 TSV München 1860, 2004–06 VfB Stuttgart; 136 Bundesligaspiele (5 Tore); 29 Länderspiele (2 Tore).

Strasbourg, frz. für → Straßburg ...

Straßburg, RC, eigtl. »RC Strasbourg« (Racing Club de Strasbourg), Frankreich (Elsass), gegr. 1906 als FC Neudorf, 1908–18 1. FC Neudorf, 1918–70 RC Strasbourg (seit 1933 Profifußball), 1970 Fusion mit CS Pierrots zu Racing Pierrots Strasbourg-Meinau, seit 1976 RC Strasbourg; Spielkleidung: Blau/Weiß-Blau/Blau; Stadion: Meinau, 41 228 Plätze.

Spieler (Auswahl): T. Allofs – C. Bianchi – J. L. Chilavert – Y. Djorkaeff – R. Domenech – R. Dorn – F. Farina – G. Gress – M. Haas – O. Heisserer – V. Ismaël – R. Jonquet – R. Libuda – D. Ljuboja – A. Mostovoi – I. Osim – F. Remetter – W. Rolff – H. Schöne – E. Schwartz – D. Six – E. Stojaspal – A. Wenger – U. Zötzsche. – **Trainer** (Auswahl): G. Gress – R. Herbin – D. Jeandupeux – H. Kasperczak – R. Lemerre – O. Rohr – E. Schwartz – J. Sundermann.

»Straßenfußballer« →»Knödeln«.

Strasser, Jeff, luxemburg. Abwehrspieler, *5. Oktober 1974 Luxemburg (Stadt); 1981–88 US Luxemburg, 1988–99 FC Metz, 1999–2002 1. FC Kaiserslautern, 2002–06 Borussia Mönchengladbach; 181 Bundesligaspiele (10 Tore); 58 Länderspiele; in Luxemburg Sportler des Jahres 1999, 2001.

»Strecken« → Fußballerjargon.

Strehl, Heinz, dt. Angriffsspieler, *20. Juli 1938, † 11. August 1986; bis 1958 TSV Glaishammer, 1958–69 1. FC Nürnberg; 174 Bundesligaspiele (76 Tore); 4 Länderspiele (1962–65; 4 Tore); WM-Endrunde 1962 (nicht eingesetzt).

Streich, Joachim, dt. Trainer, *13. April 1951 Wismar; war Angriffsspieler: 1957–67 BSG Aufbau und TSG Wismar, 1967–75 FC Hansa Rostock, 1975–85 1. FC Magdeburg; 378 Oberligaspiele (229 Tore); Oberliga-Torschützenkönig 1977 (17), 1979 (23), 1981 (20), 1983 (19); 102 Länderspiele (1969–84; 55 Tore); WM-Endrundenteilnehmer 1974; olymp. Fußballturnier 1972; in der DDR Fußballer des Jahres 1979, 1983. – Später Trainer: 1985–90 1. FC Magdeburg, 1990/91 Eintracht Braunschweig, 1992/93 1. FC Magdeburg, 1996/97 FSV Zwickau.

Joachim Streich

Streller, Marco, schweizer. Angriffsspieler, *18. Juni 1981 Basel; 1988–97 FC Aesch, 1997–2000 FC Arlesheim, 2000/01 FC Basel, 2001/02 Concordia Basel, 2002–04 FC Basel, 2004/05 VfB Stuttgart, 2006 1. FC Köln; 27 Bundesligaspiele (4 Tore); 6 Länderspiele (1 Tor).

Strelzow, Eduard, russ. Angriffsspieler (war Mittelstürmer), *21. Juli 1937 Moskau, † 21. Juli 1990 ebd.; 1953–58 und 1965–70 Torpedo Moskau; 38 UdSSR-Länderspiele (25 Tore); EM-Endrunde 1968; Olympiasieger 1956; in der UdSSR Fußballer des Jahres 1967, 1968.

Eduard Strelzow

»Strich«, wuchtiger Torschuss.

»Striker« [ein Fußball spielender »Hund«], offizielles → WM-Maskottchen der WM-Endrunde 1994 in den USA.

Stroh, Josef, österr. Mittelfeldspieler (Halbstürmer), *5. März 1913 Wien, *14. Januar 1991; 1928–33 Floridsdorfer AC, 1933–49 Austria Wien und Arminia Hannover; 17 Länderspiele für Österreich (1934–37, 1946–48; 4 Tore), 4 für Deutschland (1938/39) nach Annexion Österreichs; WM-Endrunde 1934 (nicht eingesetzt), 1938.

Strömberg, Glenn Peter, schwed. Mittelfeldspieler, *5. Januar 1960 Brämaregaarden; 1976–82 IFK Göteborg, 1983/84 Benfica Lissabon, 1984–93 Atalanta Bergamo; 42 Länderspiele (6 Tore); WM-Endrunde 1990; in Schweden Fußballer des Jahres 1985.

»Strumpfschuss«, misslungener Schussversuch, wobei der Schütze den Ball nicht mit dem Fuß, sondern mit dem Schienbein (darüber der Strumpf, deshalb »S.«) trifft; Resultat: Der Ball »hoppelt« zum Torhüter, anstatt (ins Tor) zu fliegen.

St. Truiden, VV, eigtl. »K Sint-Truidense VV« (Koninklijke Sint-Truidense Voetbalvereniging), Belgien (Sint-Truiden), gegr. 1923 als Sint Truidensche VV, 1947–51 Sint Truidense VV, seitdem K Sint-Truidense VV; Spielkleidung: Gelb/Blau/Gelb; Stadion: Staaien, 12700 Plätze. – INTERNET: www.stvv.com

Spieler (Auswahl): W. van Moer. – **Trainer** (Auswahl): R. Goethals – W. van Moer – M. Wilmots.

Strunz, Thomas, dt. Mittelfeldspieler, *25. April 1968 Duisburg; 1977–81 TuRa 88 Duisburg, 1981–89 MSV Duisburg, 1989–92 FC Bayern München, 1992–95 VfB Stuttgart, 1995–2000 FC Bayern München; 235 Bundesligaspiele (33 Tore); 41 Länderspiele (1990–99; 1 Tor); WM-Endrunde 1994; Europameister 1996. – 2005 Geschäftsführer und Manager beim VfL Wolfsburg, 2006 Manager beim 1. FC Köln.

Stübner, Jörg, dt. Mittelfeldspieler, *23. Juli 1965 Freiberg (Sachsen); 1973–79 BSG Motor Halle, 1979–93 SG bzw. 1. FC Dynamo Dresden, 1993/94 FC Sachsen Leipzig; 177 (DDR-)Oberligaspiele (14 Tore); 46 Länderspiele für die DDR (1984–90; 1 Tor), 5 Bundesligaspiele.

Studener, Hans, dt. Trainer, *2. März 1919 Langenbruck (Dlouhý Most [Tschech. Republik]), †16. Februar 2001 Leipzig; war Mittelfeldspieler (Läufer): 1933–40 Hamborn 07, 1945–57 BSG Empor Wurzen. – Später Trainer: 1957–59 SC Rotation Leipzig, 1959–61 DHfK Leipzig (Fußball-Lehrer), 1961–66 DFV der DDR (Nationalmannschaft [Trainerassistent], Olympiaauswahl; olymp. Fußballturnier 1964), 1966–69 1. FC Lokomotive Leipzig.

Stuhlfauth, Heinrich (»Heiner«), dt. Torhüter, *11. Januar 1896 Nürnberg, †12. September 1966 ebd.; 1911–13 Franken Gibitzenhof-Nürnberg, 1913–16 Pfeil Nürnberg, 1916–33 1. FC Nürnberg; 21 Länderspiele (1920–30); olymp. Fußballturnier 1928; spielte repräsentativ für Nürnberg/Fürth (Städteauswahl) und Süddeutschland.

»Heiner« Stuhlfauth

H. Stuhlfauth
»Es ist eine Ehre, für diese Stadt, diesen Verein und die Bewohner Nürnbergs zu spielen. Möge all dies immer bewahrt werden und der großartige FC Nürnberg niemals untergehen.«

Stuhlweißenburg, Ungarn: dt. für → Székesfehérvár ...

»stumpfe Spitzen«, eigtl. widersprüchl., aber oft gebrauchte Wortverbindung für die (Sturm-)Spitzen einer Mannschaft, insofern sie von der gegner. Abwehr zur Wirkungslosigkeit verurteilt, d. h. konsequent und erfolgreich abgeblockt werden.

»sture Manndeckung« → konsequente Manndeckung.

Stürmer, andere Bez. für → Angriffsspieler.

»Stürmerfoul«, vom Handball übernommene Bez. für den regelwidrigen und damit strafbaren Einsatz eines Angreifers in vorderster Angriffsposition (z. B. unkorrektes Rempeln, Stoßen, Sperren). – Auch ein vorgetäuschtes Foul (z. B. eine »Schwalbe«) kann man im weitesten Sinn als »S.« bezeichnen.

Sturmführer, früher ein Mittelstürmer mit ausgeprägten strateg. Fähigkeiten.

»Sturmlauf«, beherzte individuelle Angriffsaktion, wobei der Ball mit maximaler Geschwindigkeit und geradlinig über das Mittelfeld in Richtung gegner. Tor bzw. Torlinie getrieben wird.

Sturmreihe, svw. Angriffsreihe (→ Reihe).

»Sturmspitze«, Bez. für einen vorgeschoben spielenden Angriffsspieler (Stürmer); meist wird mit 2 oder 3 »S.« gespielt.

»Sturmspitze«
»Striker« [engl.]
»Avant-centre« [frz.]
»Delantero en punta« [span.]
»Punta« [italien.]

»Sturmtank«, svw. → Center.

»Stürzen«, überhastetes Agieren in Ballnähe oder -besitz, wobei der Blick nur dem Ball, nicht aber dem freien Mitspieler gilt. – »Stürzer« sind weitestgehend fußballerisch »blind«, obwohl sie es meist nicht wahrhaben wollen.

Stuttgart, Deutschland (Baden-Württemberg), **1) Stuttgarter Kickers,** eigtl. »SV Stuttgarter Kickers« (Sport-Verein Stuttgarter Kickers), gegr. am 21. September 1899 als FC Kickers Stuttgart, seit 1933 SV Stuttgarter Kickers; Bundesliga 1988/89, 1991/92; Zweite Bundesliga 1981–88, 1989–91, 1992–94, 1996–2001; Spielkleidung: Blau-Weiß/Blau/Blau; Stadion: GAZI-Stadion auf der Waldau, 11 544 Plätze. – INTERNET: www.stuttgarter-kickers.de.
Spieler (Auswahl): J. Akpoborie – K. Allgöwer – A. Baffoe – F. Bobic – G. Buchwald – S. Dundee – U. Fuchs – R. Geiger – A.-J. Hjelm – D. Hotic – J. B. Kennedy – J. Klinsmann – M. Kischko – S. Kohn – A. Labak – T. Maric – C. Reitmaier – T. Ritter – Z. Sebescen – W. Wolf. – **Trainer** (Auswahl): H.-J. Boysen – H. Buhtz – L.-G. Köstner – M. Krafft – P. Linz – R. Schafstall – J. Sundermann – W. Wolf – R. Zobel.
2) VfB Stuttgart, eigtl. »VfB Stuttgart 1893« (Verein für Bewegungsspiele Stuttgart von 1893), gegr. am 2. April 1912 als FV 1893 Stuttgart, 1912 Fusion mit Kronenclub 1897 Cannstatt zu VfB Stuttgart 1893; Bundesliga 1963–75, 1977–2006; Spielkleidung: Weiß-Rot/Weiß/Weiß; Stadion: → Gottlieb-Daimler-Stadion (früher: Neckarstadion). – INTERNET: www.vfb-stuttgart.de.
Spieler (Auswahl): Adhemar – A. Ahanfouf – J. Akpoborie – K. Allgöwer – I. Amanatidis – K. Balakov – R. Basualdo – T. Berthold – D. Bierofka – F. Bobic – M. Bordon – T. Brdaric – G. Buchwald – Cacau – N. Claesen – E. Coordes – S. Dundee – K. Djordjevic – C. Dunga – G. Elber – W. Entenmann – T. Ernst – J. Ettmayer – F. Foda – B. und K. Förster – W. Frank – N. Frommer – M. Frontzek – I. V. Ganea – M. Gaudino – R. Geiger – H. Gerber – R. Gilewicz – G. Gress – J. Grønkjær – M. Haber – D. Heinen – H. Heldt – H. Herzog – T. Hildebrand – A. Hinkel – O. Hitzfeld – T. Hitzlsperger – A. und W. Hleb – D. Hoeneß – D. Hotic – E. Immel – S. Katanec – R. Kauf – J. Klinsmann – A. Knup – L. Kögl – H. Köppel – K. Konstantinidis – T. Kracht – A. Kruse – P. Kuka – K. Kuranyi – B. Larsson – T. Legat – K. Lisztes – D. Ljuboja – J. Löw – L. Magnin – M. Maric – R. Maurer – F. Meira – S. Meißner – D. Müller – H. Müller – H. Ohlicher – R. Pinto – H. Roleder – M. Sammer – J. Seitz – A. Sigurvinsson – D. Six – Z. Soldo – M. Sranzl – T. Strunz – E. Sverrisson – I. Szabics – P. Thiam – J. D. Tomasson – C. Tiffert – J. Todt – F. Verlaat – G. Volkert – E. Waldner – F. Walter – F. Wohlfarth – H. Yakin – M. Zeyer. – **Trainer** (Auswahl): O. Barić – H. Benthaus – A. Brehme – E. Coordes – C. Daum – W. Entenmann – H. Eppenhoff – R. Fanz – R. Fringer – R. Gutendorf – A. Haan – J. Löw – F. Magath – R. Rangnick – J. Röber – M. Sammer – W. Schäfer – A. Sing – J. Sundermann – G. Trapattoni – B. Zebec – A. Veh.

Stutzen, die Strümpfe der Spieler; Bestandteil der Spielkleidung (→ Dress).

Suárez, Luis Miramonte, span. Mittelfeldspieler (Halblinker), *3. Mai 1925 La Coruña; 1937–51 Fabril La Coruña, 1951–53 Deportivo La Coruña, 1953–61 FC Barcelona, 1961–70 Inter Mailand, 1970–72 Sampdoria Genua; 32 Länderspiele (1957–72; 14 Tore); WM-Endrunde 1962; Europapokal der Nationen 1964; Europas Fußballer des Jahres 1960. – Später Trainer: 1988–91 Spanien (Nationalmannschaft; WM-Endrunde 1990).

Luis Suárez

Subbuteo → Tischfußballspiele.

Subtraktionsverfahren, mathemat. Verfahren zur Ermittlung der Klassifizierung einer Mannschaft bei Punktgleichheit mit einem anderen Team. Dabei werden die Gegentore von den erzielten Toren abgezogen (Tordifferenz), und die größere Differenz ergibt die bessere Platzierung. Allgemein wird das S. seit 1969 angewendet. (→ Divisionsverfahren)

Südafrika, Republik im Süden Afrikas, 1,220 Mio. km², 42,769 Mio. Ew.; Verband: South Africa Football Association, Abk. SAFA, gegr. 1991, Sitz: Johannesburg; Mitglied der FIFA 1910–26, 1952–76 und seit 1992, der CAF seit 1992; Spielkleidung: Weiß-Gelb/ Weiß-Gelb/Weiß. – Erfolge: Afrikameister 1996. – INTERNET: www.safa.net

Südamerikameisterschaft, bis 1992 Bez. für die → Copa América.

Südamerikapokal der Landesmeister, svw. → Copa Libertadores de América.

Südamerikas Fußballer des Jahres, seit 1971 von führenden Sportjournalisten Mittel- und Südamerikas gewählter Spieler eines Spieljahres. Es können auch Spieler nominiert werden, die außerhalb des amerikan. Kontinents spielen; sie müssen jedoch mittel- oder südamerikan. Staatsbürger sein.

Sudan, Republik beiderseits des oberen Nils, 2,506 Mio. km², 38,114 Mio. Ew; Verband: Sudan Football Association, Abk. SFA, gegr. 1936, Sitz: Khartum; Mitglied der FIFA seit 1948, der CAF seit 1957; Spielkleidung: Rot/Weiß/Schwarz. – Erfolge: Afrikameister 1970.

Süddeutscher Fußballverband, Abk. **SFV,** ein → Regionalverband, gegr. 1897, Sitz: München. Er ist innerhalb des DFB der mitgliedsstärkste der 5 Regionalverbände. Ihm gehören 5 Landesverbände an. – INTERNET: www.sfvmuenchen.de

Südamerikas Fußballer des Jahres

1971	Tostão (Brasilien)
1972	T. Cubillas (Peru)
1973	Pelé (Brasilien)
1974	E. Figueroa (Chile)
1975	E. Figueroa (Chile)
1976	E. Figueroa (Chile)
1977	Zico (Brasilien)
1978	M. Kempes (Argentinien)
1979	D. A. Maradona (Argentinien)
1980	D. A. Maradona (Argentinien)
1981	Zico (Brasilien)
1982	Zico (Brasilien)
1983	Sócrates (Brasilien)
1984	E. Francescoli (Uruguay)
1985	J. C. Romero (Paraguay)
1986	A. Alzamendi (Uruguay)
1987	C. Valderrama (Kolumbien)
1988	R. Paz (Uruguay)
1989	Bebeto (Brasilien)
1990	R. Amarilla (Paraguay)
1991	O. Ruggeri (Argentinien)
1992	Rai (Brasilien)
1993	C. Valderrama (Kolumbien)
1994	Cafú (Brasilien)
1995	E. Francescoli (Uruguay)
1996	J. L. Chilavert (Paraguay)
1997	M. Sálas (Chile)
1998	M. Palermo (Argentinien)
1999	J. Saviola (Argentinien)
2000	Romário (Brasilien)
2001	J. R. Riquelme (Argentinien)
2002	J. S. Cardozo (Paraguay)
2003	C. Tévez (Argentinien)
2004	C. Tévez (Argentinien)
2005	C. Tévez (Argentinien)

Südkorea → Korea.

Südwestdeutscher Fußballverband, Abk. **SWFV,** ein → Regionalverband, gegr. 1950, Sitz: Ludwigshafen. Ihm gehören 3 Landesverbände an. – INTERNET: www.swfv.de

Suhl, Deutschland (Thüringen), **1. Suhler SV 06** (1. Suhler Sport-Verein 1906), gegr. 1906 als 1. Suhler SV 1906, 1945 aufgelöst und als SG Suhl neu gegr., 1949/50 BSG Fortschritt Suhl, 1950–52 ZSG Suhl, 1952–57 BSG Motor Mitte Suhl, 1957–62 BSG Motor Suhl, 1962–69 BSG Motor Ernst Thälmann Suhl, 1969 Fusion mit BSG Motor Simson Suhl zu BSG Motor Suhl, seit 1990 wieder 1. Suhler SV 06; DDR-Oberliga 1984/85; Spielkleidung: Rot/Weiß/Rot; Stadion: Auenstadion, 12 000 Plätze.

Spieler (Auswahl): H. Meyer – E. Mosert.

Suker, Davor, kroat. Angriffsspieler, *1. Januar 1968 Osijek; 1976–89 NK Osijek, 1989–91 NK Dinamo Zagreb, 1991–96 FC Sevilla, 1996–99 Real Madrid, 1999/2000 FC Arsenal, 2000/01 West Ham United, 2001–03 TSV München 1860; 2 Länderspiele für Jugoslawien (1991; 1 Tor), 69 für Kroatien (1992–2002; 45 Tore); WM-Endrunde 1990 (nicht eingesetzt), 1998, 2002; EM-Endrunde 1996; in Kroatien Fußballer des Jahres 1992, 1994, 1995, 1996, 1997, 1998.

Şükür, Hakan, türk. Angriffsspieler, *1. September 1971 Sakarya; 1987–90 Sakaryaspor, 1990–92 Bursaspor, 1992–95 Galatasaray Istanbul, 1995 Turin Calcio, 1995–2000 Galatasaray Istanbul, 2000–02 Inter Mailand, 2002 AC Parma, 2002/03 Blackburn Rovers, 2003–06 Galatasaray Istanbul; 100 Länderspiele (seit 1992; 46 Tore); WM-Endrunde 2002; EM-Endrunde 1996, 2000.

Sunderland, FC, eigtl. »Sunderland AFC« (Sun-

Hakan Sükür

derland Association Football Club), England, gegr. 1879 als Sunderland and District Teacher's AFC, seit 1881 Sunderland AFC; Spielkleidung: Rot-Weiß/Schwarz/Schwarz; Stadion: The Stadium of Leight, 48 300 Plätze. – INTERNET: www.sunderland-afc.com

Spieler (Auswahl): J. Baxter – W. Bingham – B. Clough – Émerson – J. Eriksson – T. A. Flo – B. Haas – T. Helmer – L. Laslandes – J. Macho – P. Mboma – A. McCoist – D. Revie – C. Reyna. – **Trainer** (Auswahl): G. Hardwick.

Sundermann, Jürgen, dt. Trainer, *25. Januar 1940 Mühlheim a. d. Ruhr (Nordrhein-Westfalen); war Mittelfeldspieler: 1949–57 1. FC Mülheim-Styrum, 1957–62 Rot-Weiß Oberhausen, 1962–64 Viktoria Köln, 1964–66 Hertha BSC, 1966–68 Servette Genf, 1968–71 FC Basel; 29 Bundesligaspiele; 1 Länderspiel (1960). – Später Trainer: 1975/76 Servette Genf, 1976–79 VfB Stuttgart, 1979/80 Grasshopper-Club Zürich, 1980–82 VfB Stuttgart, 1983 Stuttgarter Kickers, 1983–85 RC Straßburg, 1983 FC Schalke 04, 1985 Trabzonspor, 1986–88 Hertha BSC, 1989/90 Malatyaspor, 1990 SpVgg Unterhaching, 1991–93 VfB Leipzig, 1993/94 Waldhof Mannheim, 1994 VfB Leipzig, 1994/95 Sparta Prag, 1995 VfB Stuttgart.

Sundsvall, GIF (Gymnastik och Idrottsförening), Schweden, gegr. 1903; Spielkleidung: Blau; Stadion: Idrottsparken, 8500 Plätze. – INTERNET: www.sundsvall.nu/gifsundsvall

Spieler (Auswahl): T. Brolin – J. Eriksson – K. Zchadadse. – **Trainer** (Auswahl): R. Hellström.

Sun Wen, chines. Mittelfeldspielerin, *6. April 1973 Schanghai; bis 2001 Schanghai SVA, 2001–04 Atlanta Beat (USA); 152 Länderspiele (1991–2004); WM-Endrunde 1991, 1995, 1999, 2003; olymp. Fußballturnier 1996, 2000; Weltfußballerin des Jahres 1999.

Supercup, 1) Spiel zw. dem Landesmeister und dem Pokalsieger auf nationaler Ebene nach Abschluss eines Spieljahres (ähnlich dem engl. → Charity Chield Cup). Im DFB-Bereich wurde der DFB-S. 1987–96 (inoffiziell zuvor 1977 und 1982) ausgespielt und 1997 vom Ligapokal (→ Premiere-Ligapokal) abgelöst. – **2)** → (Europa-) Supercup.

Supercup [1]

1977	Hamburger SV
1982	FC Bayern München
1987	FC Bayern München
1988	SV Werder Bremen
1989	Borussia Dortmund
1990	FC Bayern München
1991	1. FC Kaiserslautern
1992	VfB Stuttgart
1993	SV Werder Bremen
1994	SV Werder Bremen
1995	Borussia Dortmund
1996	Borussia Dortmund

Superfund, FC (Fußballclub Superfund), Österreich (Pasching [Oberösterreich]), gegr. am 15. Juni 1946 als ATSV Pasching, 1999–2003 SV Pasching, seit Juli 2003 FC Superfund (*Superfund:* Markenname einer Produktpalette des Hedge-Fonds-Anbieters Quadriga); Spielkleidung: Weiß-Grün/Weiß/Weiß; Stadion: Waldstadion, 6000 Plätze. – INTERNET: www.fcsuperfund.at

Spieler (Auswahl): T. Flögel – R. Gilewicz – E. Glieder – M. Ketelaer – M. Kiesenebner – R. Kirchler – W. M. Mair – C. Mayrleb.

Super League, höchste Spielklasse in der Schweiz (→ Swiss Football League).

Superliga, höchste Spielklasse in Dänemark, Kasachstan und Portugal.

Surinam, Republik im Nordosten Südamerikas, 163 270 km², 435 400 Ew.; Verband: Surinaamse Voetbal Bond, Abk. SVB, gegr. 1920, Sitz: Paramaribo; Mitglied der FIFA seit 1929, der CONCACAF seit 1961; Spielkleidung: Weiß-Grün-Rot/Grün-Weiß/Grün-Weiß.

Sutter, Alain, schweizer. Mittelfeldspieler, *22. Januar 1968 Bern; 1973–85 SC Bümpliz 78, 1985–87 Grasshopper-Club Zürich, 1987/88 Young Boys Bern, 1988–93 Grasshopper-Club Zürich, 1993/94 1. FC Nürnberg, 1994/95 FC Bayern München, 1995–97 SC Freiburg, 1997/98 Dallas Burn (USA); 96 Bundesligaspiele (11 Tore); 62 Länderspiele.

Suurbier, William (»Wim«), niederländ. Abwehrspieler, *16. Januar 1945 Amsterdam; 1959–77 Amstel Amsterdam, DWS Amsterdam und Ajax Amsterdam, 1977/78 FC Schalke 04, 1978/79 FC Metz, 1979–81 Los Angeles Aztecs, 1982 San José Earthquakes (USA); 12 Bundesligaspiele; 60 Länderspiele (1966–78; 3 Tore); WM-Endrunde 1974, 1978; EM-Endrunde 1976.

SVB, Abk. für **S**urinaamse **V**oetbal **B**ond, den Fußballverband von → Surinam.

Svehla-Pokal [nach dem damaligen Ministerpräsidenten der Tschechoslowakei], 1927–53 Bez. für den → Nationenpokal.

Svenssen, Thorbjörn, norweg. Abwehrspieler (Mittelläufer), *22. April 1924 Sandar; 1936–63 Sandefjord Ballklubb; 104 Länderspiele (1947–62); olymp. Fußballturnier 1952.

Svensson, Tomas (»Tommy«), schwed. Trainer, *4. März 1945 Växjö (Mittelschweden); war Mittelfeldspieler: 1955–71 Östers Växjö, 1971–73 Standard Lüttich, 1973–77 Östers Växjö; 40 Länderspiele (1967–73); WM-Endrunde 1970; in

Schweden Fußballer des Jahres 1969. – Später Trainer: 1978–84 Östers Växjö (LM 1978, 1980, 1981), 1985/86 Alvesta GIF, 1988–90 Tromsø IL, 1991–97 Schweden (Nationalmannschaft; EM-Endrunde 1992, WM-Endrunde 1994).

Sverkos, Vaclav, tschech. Angriffsspieler, *1. November 1983 Trinec; 1990–98 VP Frydek-Mistek, 1998–2003 Banik Ostrava, 2003–06 Borussia Mönchengladbach; 68 Bundesligaspiele (16 Tore).

Sverrisson, Eyjólfur (»Jolly«), isländ. Trainer, *3. August 1968 Saudakrokur; war Abwehrspieler: !989–94 VfB Stuttgart, 1994/95 Besiktas Istanbul, 1995–2003 Hertha BSC; 250 Bundesligaspiele (30 Tore); 66 Länderspiele. – Später Trainer: 2005/06 Island (Nationalmannschaft).

Swansea City, eigtl. »Swansea City FC« (Swansea City Football Club), Wales gegr. 1912 als Swansea Town FC, seit 1970 Swansea City FC; Spielkleidung: ganz in Weiß; Stadion: Vetch Field, 11447 Plätze.

Spieler (Auswahl): D. Saunders. – **Trainer** (Auswahl): H. Gregg – J. Toshack – T. Yorath.

Swasiland, Ngwane, Königreich im östl Südafrika, 17363 km², 1,161 Mio. Ew.; Verband: National Football Association of Swaziland, Abk. NFAS, gegr. 1968, Sitz: Mbabane; Mitglied der FIFA und der CAF seit 1976; Spielkleidung: Blau/Gold/Rot. – INTERNET: www.nfas.org.sz

Sweater [engl.], der (Torhüter-)Pullover.

SWFV, Deutschland: Abk. für **S**üd**w**estdt. **F**ußball**v**erband, ein → Regionalverband.

Swift, Frank, engl. Torhüter, *24. Dezember 1914 Blackpool, † 6. Februar 1958; bis 1931 Fleetwood, 1931–50 Manchester City; 19 Länderspiele (1946–49). – Verunglückte als Journalist 1958 mit Manchester United in München-Riem tödlich.

Swindon Town, FC, eigtl. »Swindon Town FC« (Swindon Town Football Club), England (Swindon Wilshire), gegr. 1881 als Spartans Cricket Club Swindon, seit 1894 Swindon Town FC; Spielkleidung: Rot/Weiß/Rot; Stadion: County Ground, 15728 Plätze. – INTERNET: www.swindon town.fc.co.uk

Spieler (Auswahl): O. Ardiles – R. Blanchflower – J-A. Fjørtoft. – **Trainer** (Auswahl): O. Ardiles – G. Hoddle.

Swisscom Cup, Landespokal der Schweiz.

Swiss Football League, Schweiz: neu gegr. Abteilung des → SFV, die seit 2003/04 für die Organisation und Durchführung des Spielbetriebs in den beiden Nichtamateurligen *Super League* (früher: *Nationalliga A*) mit 10 Teams und *Challenge League* (früher: *Nationalliga B*) mit 18 Teams zuständig ist. Die letztplatzierte Mannschaft der Super League steigt direkt in die Challenge League ab, das zweitletzte Team spielt ein Entscheidungsspiel (so genannte »Barrage«) gegen den Zweitplatzierten der Challenge League. Am Ende der Saison steigen die letzten 2 Mannschaften der Challenge League in die 1. Liga ab.

Sydney, FC, eigtl. »Sydney FC« (Sydney Football Club), Australien, gegr. 2004; Spielkleidung: Himmelblau/Schwarz/Schwarz; Stadion: Aussie Stadium, 43000 Plätze. – INTERNET: www.syd neyfc.com

Spieler (Auswahl): D. Yorke. – **Trainer** (Auswahl): P. Littbarski.

Sychev, Dmitri, russ. Angriffsspieler, *26. Oktober 1983 Omsk; bis 2001 Spartak Tambow, 2001/02 Spartak Moskau, 2003/04 Olympique Marseille, 2004–06 Lokomotive Moskau; 15 Länderspiele (seit 2002; 3 Tore); WM-Endrunde 2002; EM-Endrunde 2004.

Sylva, Tony, senegales. Torhüter (auch frz. Staatsbürgerschaft), *17. Mai 1975 Guediawaye; 1997–2000 AS Monaco, 2000/01 AC Ajaccio, 2001–04 AS Monaco, 2004–06 OSC Lille; 50 Länderspiele für Senegal; WM-Endrunde 2002.

Syrien, Republik in Vorderasien, am Mittelmeer, 185180 km², 18,016 Mio. Ew.; Verband: Syrian Football Association, Abk. SFA, gegr. 1936, Sitz: Damaskus; Mitglied der FIFA seit 1937, der AFC seit 1969; Spielkleidung: Rot. – Klubs (Auswahl): Al-Jaish, Al-Shorta, Thowra, Al-Majd, Al-Wahda.

System, svw. → Spielsystem.

»System der Systemlosigkeit«, eines der ersten südamerikan. Spiel-»Systeme«, das anfangs der 1930er-Jahre von Uruguay und Argentinien demonstriert wurde; beinhaltete Intuition, Spielintelligenz, Individualismus und artist. Ballfertigkeit. In Wirklichkeit präsentierten Uruguay und Argentinien von der Formation her das schott. System, die 1–2–3–5-Pyramide, bewusst oder unbewusst, wobei speziell Uruguay, der erste Weltmeister der Fußballgeschichte, dieses »System« variabel und erfolgreich anzuwenden wusste. Besonders das Prinzip der »doppelten Lanzenspitze« (ähnlich unseren heutigen »Sturmspitzen«), mit teilweise 2 vorgeschobenen Stürmern, beherrschte man vorzüglich (»Punta de Lanza«; → Spielsystem).

Szabics, Imre, ungar. Angriffsspieler, *22. März 1981 Szeged; 1990–95 SC Szeged, 1995–99 Ferencvaros Budapest, 1999–2003 Sturm Graz, 2003–05 VfB Stuttgart, 2005/06 1. FC Köln; 50 Bundesligaspiele (14 Tore); 10 Länderspiele (seit 2002; 6 Tore); in Ungarn Fußballer des Jahres 2003.

Szarmach, Andrzej, poln. Angriffsspieler, *3. Oktober 1950 Gdánsk (dt. Danzig); 1966–70

Fritz Szepan (vorn) und Ernst Kuzorra

Polonia (Stoczniowiec) Gdánsk, 1970–72 Arka Gydnia, 1972–76 Górnik Zabrze, 1976–80 Stal Mielec, 1980–82 AS Valenciennes, 1982–85 AJ Auxerre, 1985–87 EA Guingamp; 61 Länderspiele (1973–82; 33 Tore); WM-Endrunde 1974, 1978, 1982; olymp. Fußballturnier 1972 (Olympiasieger), 1976.

Szczecin, Pogon, eigtl. »MKS Pogon Szczecin« (Morski Klub Sportowy Pogon Szczecin), Polen, gegr. 1948; Spielkleidung: Blau; Stadion: Pogon-Stadion, 20 000 Plätze. – INTERNET: www.pogonszczecin.pl

Székesfehérvár, Videoton, eigtl. »Videton FC Fehérvár« (Videton Futball Club Fehérvár), Ungarn, gegr. 1941 als Vadásztöltënygyári SK, 1944–48 Vadásztöltënygyári Vasas SE, 1948–50 FDSE Vadásztöltënygyár, 1950–62 Vadásztöltenygyári Vasas SK, 1962–68 Székesfehérvári VT Vasas,1968–90 Székesfehérvári Videoton SC, 1990/91 Videoton Székesfehérvár, 1991–93 Videoton FC Székesfehérvár, 1993–95 Parmalat FC Székesfehérvár, 1995/96 Fehérvár Parmalat FC, 1996 Umbenennung in Fehérvár '96 FC, Fehérvár Parmalat '96 FC und abschließend in Videoton FC Fehérvár; Spielkleidung: Blau/Rot/Blau; Stadion: Sóstói, 19 000 Plätze. – INTERNET: www.videotonfcf.hu

Trainer (Auswahl): M. Lantos.

Szepan, Fritz, dt. Mittelfeldspieler (Halbstürmer), *2. September 1907 Gelsenkirchen, † 14. Dezember 1974; 1916–50 FC Schalke 04; 34 Länderspiele (1929–39; 8 Tore), WM-Endrunde 1934, 1938; prägte mit seinem Schwager E. → Kuzorra maßgeblich den → »Schalker Kreisel«; Mitglied der → »Breslauer Elf«; spielte repräsentativ für Westdeutschland und Westfalen. – Später Trainer: Wuppertaler SV, FC Schalke 04 (1949–54), Rot-Weiss Essen (LM 1955) und VfR Marl-Hüls; 1964–67 Präsident des FC Schalke 04.

Szoltysik, Zygfryd, poln. Mittelfeldspieler, *24. Oktober 1942; 1954–63 Zryw Chorzów, 1963–74 Górnik Zabrze, 1979–84 Gornik Knurow; 52 Länderspiele (1963–72; 11 Tore); Olympiasieger 1972; in Polen Fußballer des Jahres 1971.

Szymaniak, Horst, dt. Mittelfeldspieler (Läufer), *29. August 1934 Oer-Erkenschwick (Nordrhein-Westfalen); 1948–53 SpVgg Erkenschwick, 1953–59 Wuppertaler SV, 1959–61 Karlsruher SC, 1961–64 Club Calcio Catania, 1964 Inter Mailand, 1965 US Varese, 1965/66 Tasmania 1900 Berlin, 1966/67 Chicago Spurs; 29 Bundesligaspiele (1 Tor); 43 Länderspiele (1956–66; 2 Tore); WM-Endrunde 1958, 1962.

Horst Szymaniak

Szymkowiak, Edward, poln. Torhüter, *13. Februar 1932 Mala Dabrowka, † 27. Januar 1990; 1946–50 Slask Mala Dabrowka, 1951/52 KS Unia Chorzów, 1953–56 Legia Warschau, 1957–69 Polonia Bytom; 53 Länderspiele (1952–65).

T

Tabelle, statist. Übersicht, aus der die Rangfolge der Mannschaften einer Spielklasse (auch innerhalb internationaler Meisterschaften gebräuchlich) hervorgeht. Die T. gibt Aufschluss über Tabellenstand, Anzahl der Spiele, Torverhältnis und Punktverhältnis. Detailliertere T. geben darüber hinaus Auskunft über die Anzahl der Siege, Unentschieden und Niederlagen, evtl. getrennt nach Heim- und Auswärtsbilanz. In der Bundesliga gilt bei Punktegleichstand in der T. folgende Reihenfolge bei der tabellar. Einordnung: Tordifferenz – Anzahl der erzielten Tore – direkter Vergleich Hin- und Rückspiel – Anzahl der auswärts erzielten Tore im direkten Vergleich – Anzahl aller auswärts erzielten Tore. Ist auch Letzteres gleich, findet ein Entscheidungsspiel auf →»neutralem Platz« statt (insofern nach dem letzten Spieltag 2 oder mehr Mannschaften gleich stehen und es um Abstieg oder Meisterschaft geht).

Tabelle
Table [engl.]
Tableau [frz.]
Tabla [span.]
Tabela [portugies.]
Tabella [italien.]

Taca de Ouro [portugies., »Goldcup«], 1966–86 Bez. für die Trophäe der brasilian. Landesmeisterschaft, seitdem »Copa União«.

Taça de Portugal, Landespokal von Portugal (→ Pokal [ÜBERSICHT]).

Tackling [engl.], einen gegner. Spieler robust, aber fair vom Ball trennen; Verb: Tackeln (Bekämpfen, Attackieren). → »Slidingtackling«

Tadschikistan, Republik in Zentralasien, 143 100 km², 6,864 Mio. Ew.; Verband: Tajikistan Football Federation, Abk. TFF, gegr. 1936, Sitz: Duschanbe; Mitglied der FIFA und der AFC seit 1994; Spielkleidung: Weiß.

Taffarel, Cláudio André Mergen, brasilian. Torhüter, *8. Mai 1966 Santa Rosa; 1981–84 Grêmio Pôrto Alegre, 1984–90 Internacional Pôrto Alegre, 1990–94 US Reggiano, 1994–98 Atlético Mineiro Belo Horizonte, 1998–2001 Galatasaray Istanbul, 2001–03 AC Parma; 101 Länderspiele (1987–98); WM-Endrunde 1990, 1994 (Weltmeister), 1998; in Brasilien Fußballer des Jahres 1988.

Tahiti, größte der Gesellschaftsinseln, Mittelpunkt Frz.-Polynesiens, 1042 km², 131 300 Ew.; Verband: Fédération Tahitienne de Football, Abk. FTF, gegr. 1989, Sitz: Papeete; Mitglied der FIFA und der OFC seit 1990; Spielkleidung: Rot/Weiß/Rot.

Taiwan, Republik China, Staat vor der Südküste Chinas, umfasst die Hauptinsel T. (früher: Formosa) mit kleineren Inseln, 35 980 km², 22,603 Mio. Ew.; Verband: Chinese Taipei Football Association, Abk. CTFA, gegr. 1936, Sitz: Taipeh; Mitglied der FIFA seit 1954, der AFC seit 1955; Spielkleidung: Blau/Blau/Weiß. – INTERNET: www.chinesetaipeifa.com

Takahara, Naohiro, ein japan. Angriffsspieler, *4. Juni 1979 Shizuoka; 1992–95 Tokai University, 1995–97 Shimizu Higashi Highschool, 1998–2001 Júbilo Iwata, 2001/02 Boca Juniors Buenos Aires, 2002 Júbilo Iwata, 2002–06 Hamburger SV; 83 Bundesligaspiele (12 Tore); 35 Länderspiele (seit 2000; 12 Tore); olymp. Fußballturnier 2000; in Japan Fußballer des Jahres 2002.

Taktik, die vor einem Spiel festgelegte Spielweise einer Mannschaft und das jeweilige Einstellen auf den Gegner; geplantes Handeln. T. beinhaltet den Einsatz aller verfügbaren Mittel und Kräfte, die dazu dienen, dem Gegner erfolgreich zu begegnen. Die gewählte T. ist von der Stärke des Gegners abhängig, wobei der Trainer in erster Linie die Möglichkeiten seiner Mannschaft berücksichtigen sollte. Bedingt durch

Naohiro Takahara

Spielstand, Auswechslungen usw. kann es während des Spieles zu Änderungen der T. kommen.

> **Taktik**
> Tactic [engl.]
> Tactique [frz.]
> Táctica [span., portugies.]
> Tattica [italien.]

taktische Auswechslung, Wechsel eines oder zweier Spieler durch den Trainer in den allerletzten Minuten oder Sekunden des Spiels, um den bis dahin vorteilhaften Spielstand für die eigene Mannschaft bis zum Schlusspfiff zu wahren, d. h. »Zeit zu gewinnen«. Erfolgt besonders dann, wenn man vom Gegner in der Schlussphase des Spiels nochmals in Bedrängnis gebracht wird.

taktische Linie, Einhaltung der → Spielkonzeption.

taktisches Foul, »beliebtes«, eigtl. harmloses (meist Festhalten), aber tendenziell zunehmendes Foulspiel im Mittelfeldbereich; zerstört den erfolgversprechenden Angriffsaufbau bzw. Konter des Gegners. Sollte mit »Gelb« geahndet werden.

taktisches Konzept, svw. → Spielkonzeption.

Tallin, Estland, **1) Flora Tallinn,** eigtl. »FC Flora Tallinn« (Football Club Flora Tallinn), gegr. 1990; Spielkleidung: Grün/Weiß/Weiß; Stadion: A Le Coq Arena, 15 000 Plätze. – INTERNET: www.fcflora.ee

2) Levadia Tallinn, eigtl. »FC Levadia Tallinn« (Football Club Levadia Tallinn), gegr. 1999 als FC Maardu, seit 2001 FC Levadia Tallinn (2004 Anschluss von FC Levadia Maardu); Spielkleidung: Weiß/Grün/Grün; Stadion: Viimsi, 2000 Plätze. – INTERNET: www.fclevadia.ee

Trainer (Auswahl): P. Rautiainen.

3) Tallinna VMK (Tallinna Vineerija Mööblikombinaat), gegr. 1980 als Vigri Tallinn, später Vigri-Marat Tallinn, 1991–93 Vigri Tallinn, 1993–95 FC Tevalte Tallinn, 1995/96 Tevalte-Marlekor Tallinn, 1996/97 FC Marlekor Tallinn, seitdem Tallinna VMK; Spielkleidung: Blau/Weiß/Weiß; Stadion: Kalev, 12 000 Plätze. – INTERNET: www.fctvmk.ee

Tampere United, Finnland (Tampere), gegr. 1931 als Ilves Kissat, 1975 Fusion mit TaPa zu Ilves-Tampere, 1989–98 FC Ilves, 1998 Fusion mit Tampere PV zu Tampere United; Spielkleidung: Blau-Weiß/Blau/Blau; Stadion: Ratinan, 16 000 Plätze. – INTERNET: www.tampereunited.com

Spieler (Auswahl): A.-J. Hjelm.

»Tändeln«, unproduktives Spielen (»Spielerei«); gekennzeichnet durch zu langes Ballhalten bei relativ langsamem Bewegungsablauf. – Substantiv: »Tändelei« bzw. »Getändel«.

Tanko, Ibrahim, ghanaischer Angriffsspieler, *25. Juli 1977 Kumasi; bis 1992 King Feisal Babies FC Kumasi, 1992–2000 Borussia Dortmund, 2001–06 SC Freiburg; 109 Bundesligaspiele (6 Tore); 10 Länderspiele.

Tansania, Republik in Ostafrika, 945 087 km², 35,923 Mio. Ew.; Verband: The Football Association of Tanzania, Abk. FAT, gegr. 1930, Sitz: Daressalam; Mitglied der FIFA und der CAF seit 1960; Spielkleidung: Grün-Gelb-Blau/Schwarz/Grün.

Tarantini, Alberto César, argentin. Abwehrspieler, *3. Dezember 1955 Ezeira; 1967–78 Boca Juniors Buenos Aires, 1978/79 Birmingham City, 1979 Talleres Córdoba, 1980–83 River Plate Buenos Aires, 1983/84 SEC Bastia, 1984–88 FC Toulouse, 1988/89 Urania Genf; 61 Länderspiele (1974–82, 1 Tor); WM-Endrunde 1978 (Weltmeister), 1982.

Tardelli, Marco, italien. Abwehrspieler, *24. September 1954 Capanne di Careggine; 1964–74 SC Pisa, 1974/75 AC Como, 1975–85 Juventus Turin, 1985–87 Inter Mailand, 1987/88 FC St. Gallen; 81 Länderspiele (1976–85; 6 Tore); WM-Endrunde 1978, 1982 (Weltmeister), 1986 (nicht eingesetzt); EM-Endrunde 1980, 1988 (nicht eingesetzt). – Später Trainer: 1995/96 AC Cesena, 2000/01 Inter Mailand, 2003 AS Bari.

Tare, Igli, alban. Angriffsspieler, *25. Juli 1973 Vlorë (italien. Valona); bis 1994 Partizani Tirani, 1994/95 Südwest Ludwigshafen, 1995–97 Karlsruher SC, 1997–99 Fortuna Düsseldorf, 1999/2000 1. FC Kaiserslautern, 2001–03 Brescia Calcio, 2003 FC Modena und Brescia Calcio, 2003–05 FC Bologna, 2005/06 Lazio Rom; 34 Bundesligaspiele (4 Tore); 25 Länderspiele.

Tarnat, Michael, dt. Abwehrspieler, *27. Oktober 1969 Hilden (Nordrhein-Westfalen), bis 1990 SV Hilden-Nord, 1990–94 MSV Duisburg, 1994–97 Karlsruher SC, 1997–2003 FC Bayern München, 2003/04 Manchester City, 2004–06 Hannover 96; 296 Bundesligaspiele (22 Tore); 19 Länderspiele (1996–98); WM-Endrunde 1998.

»Task-Force« [engl.], DFB/DFL: temporäre (für eine begrenzte Zeit gebildete) Arbeitsgruppe zur Lösung komplexer Probleme, bestehend aus führenden Vertretern des DFB, der Vereine und den Bundestrainern; Aufgaben: Klärung der Terminplanung und Spielerabstellung bezüglich Nationalmannschaft, Nachwuchs- und Talentförderung.

Tasmania-Gropiusstadt 73, SV, Deutschland: → Berlin [10]).

Tatabánya, LFC, eigtl. »Tatabányai LFC« (Tatabányai Lombard Futball Club), Ungarn, geg. 1910 als Tatabányai SC, 1949/50 Tatabányai Tárna, 1950–92 Tatabányai Bányász, 1992–94 Tatabányai FC, 1994–97 Tatabányai SC, seitdem Tatabányai LFC; Spielkleidung: Blau/Weiß/Weiß; Stadion: Ságvári út, 15 500 Plätze.
Spieler (Auswahl): J. Göröcs – G. Grosics.

Tätlichkeit, Sammel-Bez. für aggressive Verhaltensweisen wie Schlagen, unbeherrschtes Stoßen, Treten usw., die unmittelbar die Gesundheit des Gegenspielers gefährden; Gewalttätigkeiten, die vom Schiedsrichter mit Feldverweis zu ahnden sind.

Tätlichkeit
Assaulting [engl.]
Les voies de fait [frz.]
Acto de violencia [span.]
Acto de violência [portugies.]
Atto de violenza [italien.]

Tatsachenentscheidung, Urteil des Schiedsrichters über Situationen, die sich für ihn im Spiel im Moment der Entscheidung darstellen; es ist endgültig, soweit es um das Spielergebnis geht. T. sind daher nicht anfechtbar und nachträglich nicht korrigierbar. Sie sind als Schutz des Schiedsrichters gedacht und dienen der Vertiefung seiner Autorität auf dem Spielfeld. Auch eine »Fehlentscheidung« des Schiedsrichters (von ihm sicher anders beurteilt) zählt als T.

Täuschungsmanöver, svw. → Finte.

Taylor, 1) John Keith (»Jack«), engl. Schiedsrichter, *21. März 1930 Wolverhampton; seit 1948 Schiedsrichter, seit 1956 1. Division, seit 1962 FIFA-Referee; WM-Endrunde 1974 (Finale); EC I-Finale 1971. – **2)** Thomas, engl. Angriffsspieler (Mittelstürmer), *29. Januar 1932, † 6. Februar 1958; 1948–53 FC Barnsley, 1953–58 Manchester United; 19 Länderspiele (1953–57; 16 Tore); WM-Endrunde 1954. – T. wurde 1958 Opfer des Flugzeugunglücks in München-Riem (→ »Fußballtragödien und Katastrophen«).

Tbilissi, Georgien: amtlich für → Tiflis …

TCIFA, Abk. für **T**urks and **C**aicos **I**slands **F**ootball **A**ssociation, den Fußballverband der → Turks- und Caicos-Inseln.

Team [engl.], svw. → Mannschaft.

Teambuilding [engl.], Stabilisierung und Steigerung der mannschaftl. Geschlossenheit durch Verbesserung der Zusammenarbeit innerhalb eines (Profi-)Teams. *T.-Training* besteht aus körperl. Trainingseinheiten und solchen mit mentalen Elementen. Es ist besonders dann wichtig, wenn eine Mannschaft vor Beginn der Spielsaison viele Neuzugänge aufweist. Ziel des T.-Trainings ist auch die Erhöhung der gegenseitigen Akzeptanz sowie die Schaffung von Klarheit in Bezug auf die Rollenverteilung innerhalb des Teams. T. wird z. B. gefördert, wenn das Team in ungewohnter Umgebung campiert und außergewöhnl. Outdoor-Sportarten betreibt. So können auch »Offrad-Team-Trophy«-Wettbewerbe ausgetragen werden: Kisten stapeln, Brücken bauen, Geländewagen rangieren, Kanu fahren.

Teamchef, Trainer ohne Trainerlizenz; kann sowohl die Vereinstätigkeit als auch die bei der Nationalmannschaft beinhalten.

Teamgeist, kameradschaftl. Gesamthaltung einer Mannschaft.

Teammanager, Profifußball: **1)** Trainer und Manager in Personalunion. – **2)** Verbindungsmann zw. Managment eines Vereins und erster Mannschaft (einschließlich Trainer), der auch Transferangelegenheiten regelt.

Teamchefs der deutschen Nationalmannschaft

1984–90	F. Beckenbauer
1998–2000	E. Ribbeck
2002–04	R. Völler

Teamwork, positives spieler. und kämpfer. Zusammenwirken einer Mannschaft.

»Team 2006«, 2000 (nach dem feststand, dass die WM-Endrunde 2006 in Deutschland ausgetragen wird) vom DFB gebildete Perspektivmannschaft, die bis November 2005 (danach aufgelöst) internationale Freundschaftsspiele bestritt; Trainer: E. → Rutemöller.

TeBe, Deutschland: Abk. für **T**ennis **B**orussia Berlin (→ Berlin [11]).

Technik, Fähigkeit der Ballbeherrschung (Ballannahme, -behandlung und -weiterleitung) insgesamt, d. h. mit Fuß, Kopf und Körper, und zwar in Ruhestellung oder in Bewegung, auch in Bedrängnis. T. ist in früher Jugend antrainierbar – ein gewisses Talent vorausgesetzt –, kaum im Senioren- und schon gar nicht im Altherrenalter.

Technik
Technique [engl., frz.]
Técnica [span., portugies.]
Tecnica [italien.]

»technischer Fußball«, technisch besonders akzentuierte Spielweise, oft unter Vernachlässigung der Kampf- und Einsatzstärke. Optisch gefällig, bietet der ausgeprägte t. F. daher noch keine Gewähr für einen erfolgversprechenden Stil, da der überwiegende Teil der Spieler zur Verspieltheit neigt. Mannschaften, die den t. F. bevorzugen, haben es daher oftmals schwer, sich gegen robuste Partner durchzusetzen. (→»athletischer Fußball«)

»technisches Kabinettstückchen«, komplizierter, aber produktiver Umgang mit dem Ball, z. B. bei Hackentrick, Fallrückzieher, Seitfallzieher. – Für einen fußballerisch Unbegabten ist ein genaues Zuspiel über 5 m auch bereits ein »t. K.«.

technische Zone, svw. → Coachingzone.

Teilkreis → Spielfeld (BILD).

Teixeira, Daniel, brasilian. Angriffsspieler, *20. April 1968 Belo Horizonte; bis 1999 Cruzeiro Belo Horizonte, Nippon Denso (Japan) und Maritimo Funchal (Portugal), 1999–2001 KFC Uerdingen 05, 2001/02 1. FC Union Berlin, 2002/03 Eintracht Braunschweig, 2003/04 Holstein Kiel, 2004/05 Rot-Weiss Essen, 2005/06 1. FC Union Berlin; 31 Zweitligaspiele (6 Tore).

Tel Aviv, Israel, **1) Bnei Yehuda Tel Aviv,** gegr. 1935; Spielkleidung: Orange/Schwarz/Schwarz; Stadion: Shchunat Hatikva, 8000 Plätze. – INTERNET: www.bnei-yehoda.co.il

2) Hapoel Tel Aviv, gegr. 1927; Spielkleidung: Rot/Weiß/Weiß; Stadion: Bloomfield, 20 800 Plätze. – INTERNET: www.hapoelta.com

Spieler (Auswahl): B. Dego.

3) Maccabi Tel Aviv, gegr. 1906; Spielkleidung: Gelb; Stadion: Bloomfield, 15 400 Plätze. – INTERNET: www.maccabi-tlv.co.il

Spieler (Auswahl): B. Dego.

Temeschburg, Rumänien: dt. für → Timisoara ...

Témime, Lahzami, tunes. Angriffsspieler, *1. Januar 1949 Tunis; 1959–69 Club Sportif Hamman Lif, 1969–77 Espérance Sportive, 1977/78 Al-Ittihad (Saudi-Arabien), 1978 Olympique Marseille; 75 Länderspiele; WM-Endrunde 1978.

Tenerife, CD, eigtl. »Tenerife CD« (Tenerife Club Deportivo), Spanien (Kanar. Insel [Santa Cruz de Tenerife]), gegr. 1922; Spielkleidung: Blau/Weiß/Weiß; Stadion: Estadio »Heliodoro Rodríguez López«, 22 941 Plätze. – INTERNET: www.cdtenerife.com

Spieler (Auswahl): R. Enke – R. Makaay – O. Neuville –**Trainer** (Auswahl): U. X. Azkargorta – R. Benitez Maudes – J. Clemente – J. Heynckes – A. Jorge – E. Lienen – J. Valdano.

Teneriffa, Spanien: dt. für → Tenerife ...

Tenhagen, Franz-Josef (»Jupp«), dt. Trainer, *31. Oktober 1952 Millingen (Nordrhein-Westfalen); war Abwehrspieler: 1962–70 TuS Millingen, 1970–73 Rot-Weiß Oberhausen, 1973–81 VfL Bochum, 1981–84 Borussia Dortmund, 1984–88 VfL Bochum; 457 Bundesligaspiele (24 Tore); 3 Länderspiele (1977). – Später Trainer: 1988/89 VfL Bochum, 1989/90 Fortuna Köln, 1997–99 SG Wattenscheid 09, 2000/01 LR Ahlen, 2003–05 1. FC Bocholt.

Teningen, FC (Fußballclub Teningen), Deutschland (Baden-Württemberg), gegr. 1929 als FC Teningen, 1938 Anschluss an TuS Teningen, 1946–49 SpV Teningen, 1949–80 TuS Teningen, seitdem FC Teningen; Spielkleidung: Grün/Schwarz/Schwarz; Stadion: Friedrich-Meyer-Stadion, 3000 Plätze.

Spieler (Auswahl): F. Wormuth. – **Trainer** (Auswahl): F. Wormuth.

Tennis Borussia, Deutschland: → Berlin [11].

Teplice, FK (Fotbalový Klub Teplice), Tschech. Republik, gegr. 1945 als SK Teplice-Senov, 1948/49 Sokol Teplice, 1949–51 ZSJ Technomat Teplice, 1951/52 Vodotechna Teplice, 1952/53 Sokol Ingstav Teplice, 1953–60 DSO Tatran Teplice, 1960–66 TJ Slovan Teplice, 1966–92 TJ Sklo Union Teplice, 1992 Fusion mit VTJ Teplice zu TFK VTJ Teplice, 1993/94 FK Frydrych Teplice, seitdem FK Teplice; Spielkleidung: Blau/Gelb/Blau; Stadion: Stadión na Stinadlech, 18 500 Plätze. – INTERNET: www.fkteplice.cz

Spieler (Auswahl): P. Bicovsky – J. Masopust – L. Novák. – **Trainer** (Auswahl): J. Masopust.

Teplitz, Tschech. Republik: dt. für → Teplice ...

Terim, Fatih, türk. Trainer, *4. September 1953 Adana; war Abwehrspieler; 1970–76 Adanaspor Kulübü (Türkei), 1976–88 Galatasaray Istanbul. – Später Trainer: 1988/89 MKE Ankaragücü, 1989/90 Göztepe Izmir, 1990–96 Türkei (Nationalmannschaft; 1990–93 Trainerassistent, 1993–96 Cheftrainer; EM-Endrunde 1996), 1996–2000 Galatasaray Istanbul, 2000/01 AC Florenz, 2001/02 AC Mailand, 2002–04 Galatasaray Istanbul, 2005/06 Türkei (Nationalmannschaft).

F. Terim: Erfolgsstationen (Auswahl)	
Galatasaray Istanbul	LM 1997, 1998, 1999, 2000 PS 1999, 2000 UEFA-Pokal 2000

Ternana Calcio, Italien (Terni), gegr. 1925 als SS Ternana Terni, 1970–73 AC Ternana Terni, 1973–88 Ternana Calcio Terni, 1988–96 Ternana Calcio Polisportiva, seitdem Ternana Calcio; Spielkleidung: Rot/Grün/Rot; Stadion: Stadio »Libero Liberati«, 20 095 Plätze. – INTERNET: www.ternanacalcio.com

Trainer (Auswahl): C. Maldini.

Terry, John, engl. Abwehrspieler, *7. Dezember 1980 Barking; 1998/99 FC Chelsea, 2000 Nottingham Forest, 2000–06 FC Chelsea; 19 Länderspiele (seit 2003); EM-Endrunde 2004; in England Fußballer des Jahres 2005.

Teutonia [latinisierte Form von »Deutschland«], Vereins-Bez. aus den Anfängen des dt. Fußballs, z. T. beibehalten, z. B. T. Erfurt.

Tévez, Carlos Alberto, argentin. Angriffsspieler, *2. Mai 1984 Buenos Aires; 2001–04 Boca Juniors Buenos Aires, 2004–06 Corinthians São Paulo; Olympiasieger 2004; in Argentinien Fußballer des Jahres 2003, 2004; Südamerikas Fußballer des Jahres 2003, 2004, 2005.

TFA, Abk. für **T**onga **F**ootball **A**ssociation, den Fußballverband von → Tonga.

TFF, 1) Abk. für **T**ajikistan **F**ootball **F**ederation, den Fußballverband von → Tadschikistan. – **2)** Abk. für **T**ürkiye **F**utbol **F**ederasyonu, den Fußballverband der → Türkei.

TFV, Abk. für → **T**iroler **F**ußball**v**erband.

Thailand, bis 1939 und 1946–49 **Siam,** Königreich in Hinterindien, 514 000 km², 64,265 Mio. Ew.; Verband: The Football Association of Thailand, Abk. FAT, gegr. 1916, Sitz: Bangkok; Mitglied der FIFA seit 1925, der AFC seit 1957; Spielkleidung: Rot.

Thale, SV Stahl (Spielvereinigung Stahl Thale), Deutschland (Sachsen-Anhalt), gegr. am 12. Oktober 1904 als Thaler Fußballclub von 1904 (TFC 04), 1907 Fusion mit FC Union Thale zu Sportklub Thale, 1917 Fusion mit FC Viktoria und Askania Thale zu FC Spielvereinigung Thale 04 (1945 aufgelöst und neu gegr.), 1945/46 KWU Thale, 1946–51 EHW (»Eisenhüttenwerk«) Thale, 1951–90 BSG Stahl Thale, 1990–92 SV Stahl Thale, 1992 (Trennung von SV Stahl) bis 2001 SpVgg. 04 Thale, seitdem SV Stahl Thale (Wiedereingliederung der Fußballabteilung); DDR-Oberliga 1950–54; Spielkleidung: Weiß/Blau/Blau; Stadion: Sportpark an der Neinstedter Straße, 10 000 Plätze.

Spieler (Auswahl): W. Oberländer – H. Weber. – **Trainer** (Auswahl): U. Schulze.

»The Brown Shield«, 1891 in Neuseeland von R. Bown initiierter überregionaler Cupwettbewerb mit den anfängl. Teilnehmern Auckland, Wellington, Canterbury und Otago (in Christchurch). Eine Glasgower Industrie-Company stiftete ein Wappenschild (engl. shield) mit der Aufschrift »Browns 1891 Association Football Challenge Trophy«.

»The Football League«, England: die → Football League.

Thessaloniki, Griechenland: neugriechisch für → Saloniki ...

»The Brown Shield«

1892	Wellington
1893	Otago
1894	Canterbury
1895	Auckland
1896	Auckland
1897	Ruahine
1898	Auckland
1899	nicht ausgetragen
1900	Otago

The Strongest (Club The Strongest), Bolivien (La Paz), gegr. 1908; Spielkleidung: Gelb-Schwarz/Schwarz/Schwarz; Stadion: Rafael Mendoza Castellón, 15 000 Plätze. – INTERNET: www.clubthestrongest.com

Trainer (Auswahl): M. A. Kempes.

Theune-Meyer, Christina, dt. Trainerin, *4. November 1953 Kleve (Nordrhein-Westfalen); war Mittelfeldspielerin: 1974–86 Grün-Weiß Brauweiler (zuletzt Spielertrainerin). – Seit 1983 Trainerin des FV Mittelrhein, erwarb 1985 als erste Frau die Lizenz als Fußball-Lehrer, 1986–96 Assistenztrainerin bei G. Bisanz, seit 1990 DFB-Trainerin und 1996–2005 Trainerin der Frauennationalmannschaft (WM-Endrunde 1999, 2003 [Weltmeisterin], Europameisterin 1997, 2001, 2005, olymp. Fußballturnier 2000, 2004).

Thiam, Pablo, guineischer Mittelfeldspieler (auch dt. Staatsbürgerschaft), *3. Januar 1974 Conakry; bis 1989 MSV Bonn, 1989–98 1. FC Köln, 1998–2001 VfB Stuttgart, 2001/02 FC Bayern München, 2003–06 VfL Wolfsburg; 282 Bundesligaspiele (23 Tore); 25 Länderspiele für Guinea.

Thom, Andreas, dt. Angriffsspieler, *7. September 1965 Rüdersdorf (Brandenburg); 1971–74 TSG Herzfelde, 1974–90 Berliner FC Dynamo, 1990–95 Bayer 04 Leverkusen (erster DDR-Spieler, der mit offizieller Genehmigung in die Bundesliga wechselte), 1995–98 Celtic Glasgow, 1998–2001 Hertha BSC; 158 (DDR-) Oberligaspiele (77 Tore); Oberliga-Torschützenkönig 1988 (20); 51 Länderspiele für die DDR (1984–90; 16 Tore); in der DDR Fußballer des Jahres 1988; 212 Bundesligaspiele (42 Tore); 10 Länderspiele für

Andreas Thom

Deutschland (1990–94; 2 Tore). – Später Trainer: 2001–06 Hertha BSC (Amateure bzw. II. Mannschaft).

Thomale, Hans-Ulrich, dt. Trainer, *6. Dezember 1944 Meißen (Sachsen); war Abwehrspieler: TSG Meißen, FSV Lok Dresden und BSG Stahl Riesa; 14 Oberligaspiele (1 Tor). – Später Trainer: 1971 Hallescher FC Chemie (Nachwuchs), 1971–81 FC Carl Zeiss Jena (Nachwuchs), 1981–85 BSG Wismut Aue, 1985–90 1. FC Lokomotive Leipzig (PS 1986, 1987), 1990–92 Hessen Kassel, 1992/93 FC Homburg, 1993–96 Grazer AK, 1996/97 KFC Uerdingen 05, 1999 VfB Leipzig, 1999/2000 VFC Plauen, 2000–02 FC Rot-Weiß Erfurt, 2004 Hessen Kassel.

Thompson, Shelley, dt. Angriffsspielerin südafrikan. Herkunft, *8. Februar 1984 Langenfeld (Nordrhein-Westfalen); 1989–2001 1. FC Monheim, Fortuna 95 Düsseldorf, Garather SV, SVG Neuss-Weißenberg und SG Essen-Schönebeck, 2001–06 FCR 2001 Duisburg; Bundesliga-Torschützenkönigin 2005 (30); 2 Länderspiele für Deutschland (seit 2003; 1 Tor).

Thon, Olaf, dt. Mittelfeldspieler, *1. Mai 1966 Gelsenkirchen-Beckhausen; 1974–76 Beckhausen 05, 1976–80 Eintracht Gelsenkirchen-Horst, 1980–88 FC Schalke 04, 1988–94 FC Bayern München, 1994–2002 FC Schalke 04; 443 Bundesligaspiele (82 Tore); 52 Länderspiele (1984–98; 3 Tore); WM-Endrunde 1986 (nicht eingesetzt), 1990 (Weltmeister), 1998; EM-Endrunde 1988.

Olaf Thon

> **O. Thon**
> »In erster Linie stehe ich voll hinter dem Trainer, und in zweiter Linie hat er recht.«

Thorstvedt, Erik, norweg. Torhüter, *28. Oktober 1962 Tönsberg; 1974–77 Eik Tönsberg, 1977–85 Viking Stavanger, 1985–87 Borussia Mönchengladbach, 1988 IFK Göteborg, 1989–94 Tottenham Hotspur; 12 Bundesligaspiele; 57 Länderspiele; WM-Endrunde 1994.

Thun, FC (Fußballclub Thun), Schweiz (Kt. Bern), gegr. 1898; Spielkleidung: Rot; Stadion: Lachen, 10 500 Plätze. – INTERNET: www.fcthun.ch

Spieler (Auswahl): A. Frei – Gelson – H. Latour – M. Rama. – **Trainer** (Auswahl): G. Bregy – A. Egli.

Lilian Thuram

Thuram, Lilian, frz. Abwehrspieler, *1. Januar 1972 Pointe-à-Pitre (Guadeloupe, lebt seit 1981 in Frankreich); bis 1990 FC Fontainbleau, 1990–96 AS Monaco, 1996–2001 AC Parma, 2001–05 Juventus Turin; 110 Länderspiele (seit 1994; 2 Tore); WM-Endrunde 1998 (Weltmeister), 2002; EM-Endrunde 1996, 2000 (Europameister), 2004; in Frankreich und in Italien Fußballer des Jahres 1997.

Thurk, Michael, dt. Angriffsspieler, *28. Mai 1976 Frankfurt am Main; bis 1995 Sportfreunde Frankfurt, 1995–97 SpVgg Oberrad, 1997–99 SV Jügesheim, 1999–2004 FSV Mainz 05, 2004 FC Energie Cottbus, 2005/06 FSV Mainz 05; 27 Bundesligaspiele (9 Tore).

Thys, Guy, belg. Trainer, *6. Dezember 1922 Antwerpen, †1. August 2003 Wilrijk; war Angriffsspieler: 1939–42 R Beerschot AC, 1942/43 Daring Club Brüssel, 1943–50 R Beerschot AC, 1950–53 Standard Lüttich, 1954–58 Cercle Brügge; 2 Länderspiele. – Später Trainer: bis 1976 FC Brügge, SK Beveren-Waas, Union St. Gilloise und Antwerp FC, 1976–90 Belgien (Nationalmannschaft; WM-Endrunde 1982, 1986, 1990, EM-Endrunde 1980, 1984).

Tichy, Lájos, ungar. Angriffsspieler (Mittelstürmer), * 21. März 1935 Budapest; 1953–71 Kispest-Honved Budapest; 71 Länderspiele (1955–66; 50 Tore); WM-Endrunde 1958, 1962, 1966; Europapokal der Nationen 1964. – Später Trainer: 1972–80 Kispest-Honved Budapest (LM 1980).

»Tiefe des Raums«, svw. → »freier Raum«.

Tiffert, Christian, dt. Angriffsspieler, * 18. Februar 1982 Halle (Saale); bis 1997 Hallescher FC, 1998–2000 Tennis Borussia, 2000–06 VfB Stuttgart; 119 Bundesligaspiele (8 Tore).

Tiflis, Georgien, **Dynamo Tiflis,** eigtl. »FC Dinamo Tbilissi« (Football Club Dinamo Tbilissi), gegr. 1925 als Dinamo Tbilissi, 1988–90 FC Dinamo Tbilissi, 1990–92 FC Iberia Tbilissi, seitdem FC Dinamo Tbilissi; Spielkleidung: Weiß/Blau/Weiß; Stadion: Boris Paichadze, 70 900 Plätze. – Internationale Erfolge: Pokal der Pokalsieger 1981. – INTERNET: www.dinamo.tiflisi.com

Spieler (Auswahl): A. Iashvili – O. Khizaneishvili – L. Kobiashvili – M. Meschi – A. Tschiwadse – L. Tskitishvili – K. Zchadadse. – **Trainer** (Auswahl): G. Katschalin – D. Kipiani.

2) Georgia Tiflis, eigtl. »FC WIT Georgia Tiflis« Football Club Worlds Innovation Technologies Georgia Tiflis), gegr. 1968 als Morkinali Tbilissi, 1992–97 FC Morkinali Tbilissi, seit 1997 WIT Georgia Tiflis; Spielkleidung: Blau/Weiß/Blau; Stadion: Shevardeni, 10 000 Plätze. – INTERNET: www.witgeorgia.ge

»Tifosi«, Bez. für die Fußballfans südlich der Alpen.

Tigana, Jean Amadou, Frankreich, frz. Trainer, * 23. Juni 1955 Bamako (Mali); war Mittelfeldspieler: 1971–75 Real Bamako, 1975–82 SC Toulon, 1982–84 Olympique Lyon, 1984–90 Girondins Bordeaux, 1990–92 Olympique Marseille, 1992/93 AS Monaco; 52 Länderspiele (1980–87; 1 Tor); WM-Endrunde 1982, 1986; Europameister 1984; in Frankreich Fußballer des Jahres 1984. – Später Trainer: 1993–95 Olympique Lyon, 1995–98 AS Monaco (LM 1997), 2000–03 FC Fulham, 2005/06 Besiktas Istanbul.

Tiger-Cup, Wettbewerb der Nationalmannschaften von Brunei, Indonesien, Kambodscha, Laos, Malaysia, Philippinen, Singapur, Thailand und Vietnam; organisiert von der Asian Football Confederation (→ AFC) und seit 1996 alle 2 Jahre ausgetragen.

Tiger-Cup
1996 Thailand
1998 Singapur
2000 Thailand
2002 Thailand
2004 Singapur

Hans Tilkowski (links) und Wolfgang Fahrian

Tilkowski, Hans, war dt. Torhüter, * 12. Juli 1935 Husen (zu Dortmund); 1949–63 Husen 19, SuS Kaiserau und Westfalia Herne, 1963–67 Borussia Dortmund, 1967–70 Eintracht Frankfurt; 121 Bundesligaspiele; 39 Länderspiele (1957–67); WM-Endrunde 1962 (nicht eingesetzt), 1966; in der BRD Fußballer des Jahres 1965. – Später Trainer: 1970 SV Werder Bremen, 1970–72 TSV München 1860, 1976/77 SV Werder Bremen, 1978 1. FC Saarbrücken.

Tilburg, Willem II, eigtl. »Willem II« [nach einem früheren König der Niederlande], Niederlande, gegr. 1896 als Tilburgia, 1908–72 Willem II, 1972–74 SC Willem II, seitdem Willem II; Spielkleidung: Rot-Weiß-Schwarz/Weiß/Weiß; Stadion: Willelm II-Stadion, 14 700 Plätze. – INTERNET: www.willelm-ii.nl

Spieler (Auswahl): S. Hyypiä – J. Stam.

Timing [engl.], koordinierter Zeit- und Bewegungsablauf einer Spielhandlung, z. B. ein genau und im richtigen Augenblick abgegebener (gut »getimter«) Torschuss.

Timisoara, Poli-AEK, eigtl. »FC Politehnica AEK Timişoara« (Fotbal Club Politehnica AEK Timişoara), Rumänien, gegr. 1921 als SS Politehnica Timişoara, 1948–50 CSU Timişoara, 1950–66 CS Stiinta Timişoara, 1966–69 FC Ripensia, 1969–92 CS Politehnica Timişoara, 1992–2002 FC Politehnica Timişoara, seitdem FC Politehnica-AEK Timişoara; Spielkleidung: Violett/Weiß/Weiß; Stadion: Dan Paltinisanu, 40 000 Plätze. – INTERNET: www.poliaektimisoara.ro

Spieler (Auswahl): S. Kovács – E. Schwartz. – **Trainer** (Auswahl): G. Hagi.

Timm, Christian, dt. Mittelfeldspieler, * 27. Februar 1979 Herten (Nordrhein-Westfalen); 1984–86 SV Westerholt, 1986–92 SG Herten-

Langenbochum, 1992–99 Borussia Dortmund, 1999–2002 1. FC Köln, 2002–04 1. FC Kaiserslautern, 2005/06 SpVgg Greuther Fürth; 83 Bundesligaspiele (11 Tore).

Tipp-Kick® → Tischfußballspiele.

»Tip und Tap« [2 Fußballjungen], offizielles → WM-Maskottchen der WM-Endrunde 1974 in der BRD.

Tirana, Albanien, **1) Dinamo Tirana,** eigtl. »KS Dinamo Tiranë« (Klubi Sportiv Dinamo Tiranë), gegr. 1950 als KS Dinamo Tiranë, 1995–97 KS Olimpik, seitdem KS Dinamo Tiranë; Spielkleidung: Rot/Schwarz/Schwarz; Stadion: Dinamo-Stadion, 12 500 Plätze.

2) Partizani Tirana, eigtl. »KS Partizani« (Klubi Sportiv Partizani), gegr. 1946; Spielkleidung: Rot; Stadion: Qemal Stafa, 20 000 Plätze.

Spieler (Auswahl): I. Tare – P. Pano – S. Curri.

3) SK Tirana (Sport Klub Tiranë), gegr. 1920 als AGIMI, 1927–39 SK Tiranë, 1939–44 Shprefeja, 1944–50 KS 17. Nëntori, 1950–57 Puna Tiranë, 1957–91 KS 17. Nëntori, seitdem SK Tiranë; Spielkleidung: Blau-Weiß/Weiß/Weiß; Stadion: Qemal Stafa, 20 000 Plätze. – INTERNET: www.sktirana.net

Spieler (Auswahl): P. Pano – A. Rrakli – E. Skela.

Tiraspol, Moldawien, **1) Sheriff Tiraspol,** eigtl. »FC Sheriff Tiraspol« (Fotbal Club Sherrif Tiraspol), gegr. 1996 als Tiras Tiraspol, seit 1997 FC Sheriff Tiraspol; Spielkleidung: Schwarz-Gelb/ Schwarz-Gelb/Schwarz; Stadion: Sportcomplex »Sheriff«, 13 000 Plätze. – INTERNET: www. fc.sheriff.md

2) Tiligul Tiraspol, eigtl. »FC Tiligul Tiraspol« (Fotbal Club Tiligul Tiraspol), gegr. 1991; Spielkleidung: Blau/Rot/Blau; Stadion: Orasenesc, 3525 Plätze.

Tirol, FC Wacker, Österreich: → Innsbruck [1].

Tiroler Fußballverband, Abk. **TFV,** einer der 9 Landesverbände des Österr. Fußball-Bundes (→ ÖFB), gegr. 1946, Sitz: Innsbruck. – INTERNET: www.tfv.at

Tischfußballspiele, Gruppe von Kompaktsportspielen, die in unterschiedl. Weise – miniaturisiert – fußballähnl. Elemente aufweisen, wobei (im Turniersport) jeweils nach eigenen Regeln gespielt wird.

Das **Subbuteo** ist von den T. äußerlich und bezüglich der Spielaktionen am meisten an den eigtl. Fußball angelehnt. Gespielt wird auf einer 140 cm x 90 cm großen Filzfläche, die mit den Linien und Markierungen eines Fußballplatzes versehen ist. Die Spielfiguren (je 10 Feldspieler und 1 Torhüter) stehen auf halbkugelförmigen Sockeln. Durch Schnippen mit einem Finger gegen den Sockel bewegt sich die Figur nach vorn und kickt den Ball fort. Der Torhüter kann mit einem Hebel hinter dem Tor horizontal bewegt werden.

Beim **Tipp-Kick®** (auch in mehreren Varianten im Spielzeughandel erhältlich) beträgt die Spielfeldfläche auf dem bandenumgebenen, filztuchbespannten Tisch etwa 120 cm x 70 cm (Linien und Markierungen wie beim Subbuteo). Die Spielfigur ist mit einem frei schwingenden Schussbein ausgerüstet, das mit einem Druckknopf (auf dem Kopf der Figur) bedient wird. Eine weitere Figur ist der über eine Stange mit einem Bedienkästchen hinter dem Tor verbundene Torhüter.

Beim **Tischfußball (Soccer),** einem »Automatenspiel«, stehen sich je 11 Spielfiguren, an quer bewegl. Und drehbaren Stangen befestigt, in 4 Positionsreihen gegenüber (1 Torhüter, 2 Abwehrspieler, 3 Angriffsspieler. Die Stangen (130 cm breit) sind zur Mittellinie parallel versetzt angeordnet und werden auf den beiden Längsseiten des Tisches (143 cm x 74 cm) von je einem bzw. (beim Doppel) 2 Akteuren bedient. Ziel ist es, den Ball, nachdem er durch das Balleinwurfloch ins Spiel gebracht wurde, mittels Drehschwungs ins gegner. Tor zu befördern.

Titelaspirant, (Mit-)Favorit und potenzieller Titelanwärter einer beginnenden bzw. laufenden Landesmeisterschaft.

Titelverteidiger, Team, das einen bereits gewonnenen Meisterschafts- oder Pokaltitel beim nächsten gleichartigen Wettbewerb verteidigt; international ist z. B. der Gewinner der Champions League im Folgejahr für die Champions League gesetzt (wenn er sich national qualifiziert), nicht dagegen der Weltmeister, Europameister und Olympiasieger im darauffolgenen Wettbewerb.

Titkos, Pál, ungar. Angriffsspieler (Linksaußen), *8. Januar, *1908 Budapest, †1988; 1918–40 Budai 11., MTK Budapest bzw. Hungaria FC; 47 Länderspiele (1929–38; 13 Tore); WM-Endrunde 1938.

Tizi Ouzou, JE (Jeunesse Electronique Tizi Ouzou), Algerien, gegr. 1946; Spielkleidung: Grün/Weiß/Weiß-Grün; Stadion: Omnisport, 23 000 Plätze. – Internationale Erfolge: Afrikapokal der Landesmeister 1981.

Tjikuzu, Razundara (»Raschi), namib. Abwehrspieler, *12. Dezember 1979 Swakopmund; 1996–2003 SV Werder Bremen, 2003–05 FC Hansa Rostock, 2005/06 MSV Duisburg; 126 Bundesligaspiele (5 Tore); 29 Länderspiele.

»Todesspiel«, Ukraine: → »Fußballtragödien und Katastrophen« (1942).

»tödlicher Pass«, überraschendes Abspiel, aus dem Fußgelenk geschlagen, in die Tiefe des Raumes; bringt den Mitspieler in verheißungsvolle Torsituationen.

Todt, Jens, dt. Mittelfeldspieler, * 5. Januar 1970 Hameln (Niedersachsen); 1978–89 ASC Nienburg, 1989–91 TSV Havelse, 1991–96 SC Freiburg, 1996–99 SV Werder Bremen, 1999–2003 VfB Stuttgart; 209 Bundesligaspiele (21 Tore); 3 Länderspiele (1994/95).

Tøfting, Stig (auch **Töfting**), dän. Mittelfeldspieler, * 14. August 1969 Århus; bis 1993 Århus GF, 1993–95 Hamburger SV, 1995–97 Århus GF, 1997 Odense BK, 1998–2000 MSV Duisburg, 2000 Odense BK, 2000–02 Hamburger SV, 2002/03 Bolton Wanderers, 2003 Tianjin Teda Dingxin (China), 2004 Århus GF, 2005 BK Häcken; 125 Bundesligaspiele (6 Tore); 37 Länderspiele (1993–2002); WM-Endrunde 1998, 2002; EM-Endrunde 1996, 2000; olymp. Fußballturnier 1992.

Togo, Republik in Westafrika, am Golf von Guinea, 56 785 km², 5,429 Mio. Ew.; Verband: Fédération Togolaise de Football, Abk. FTF, gegr. 1960, Sitz: Lomé; Mitglied der FIFA seit 1962, der CAF seit 1963; Spielkleidung: Weiß/Grün/Rot-Gelb. – INTERNET: www.ftf-enligne.tg

Toldo, Francesco, italien. Torhüter, * 2. Dezember 1971 Padua; bis 1990 AC Mailand, 1990/91 Hellas Verona, 1991/92 NC Trento, 1992/93 US Ravenna, 1993–2001 AC Florenz, 2001–06 Inter Mailand; 29 Länderspiele (1995–2004); WM-Endrunde 1998 (nicht eingesetzt), 2002 (nicht eingesetzt); EM-Endrunde 1996 (nicht eingesetzt), 2000, 2004.

Francesco Toldo

Tolsa, Arto, finn. Abwehrspieler, * 9. August 1945; 1963–69 Tampere PV, 1969–79 Beerschot VAC, 1979–82 Kotka TP; 79 Länderspiele (1962–81, 10 Tore); in Finnland Fußballer des Jahres 1974, 1977.

Tomasson, Jon Dahl, dän. Angriffsspieler, * 29. August 1976 Roskilde; 1983–85 Solröd IF, 1986–94 Køge BK, 1995–97 SC Heerenveen, 1997/98 Newcastle United, 1998–2002 Feyenoord Rotterdam, 2002–05 AC Mailand, 2005/06 VfB Stuttgart; 12 Bundesligaspiele (6 Tore); 79 Länderspiele (seit 1997; 38 Tore); WM-Endrunde 2002; EM-Endrunde 2000, 2004; in Dänemark Fußballer des Jahres 2002, 2004.

Tomaszewski, Jan, poln. Torhüter, * 9. Januar 1948 Warschau; 1963–67 Gwardia Wrocław, 1967–70 Śląsk Wrocław, 1970–72 Legia Warschau, 1972–78 LKS Lodz, 1978–81 Beerschot VAC, 1981/82 Hercules Alicante, 1983/84 LKS Lodz; 65 Länderspiele (1971–81); WM-Endrunde 1974, 1978; olymp. Fußballturnier 1976.

Tonga, Königreich (Mitglied des Commonwealth) im südwestl. Pazifik, umfasst die etwa 170 Tongainseln (dt. Freundschaftsinseln), 748 km², 108 100 Ew.; Verband: Tonga Football Association, Abk. TFA, gegr.1965, Sitz: Nuku'alofa; Mitglied der FIFA und der OFC seit 1994; Spielkleidung: Rot/Weiß/Rot.

»Top« [engl., »Spitze«], in Zusammensetzungen für hervorragend gebraucht, z. B. »T.-Spieler«, »-favorit«, »-star«, »-trainer«. – Bekannt ist die Redewendung »T. oder Flop« (bzw. »Hopp oder Flop«), z. B. bei der Beurteilung von Spielereinkäufen. Nicht selten stellen sich »T.-Einkäufe« später als »Flops« heraus.

Topfavorit, Mannschaft mit größten Siegesaussichten in einer Meisterschaft, bei einem Turnier usw.

topfit [engl.], in ausgezeichneter sportl. Form (Höchstform) sein.

Topic, Marko, bosn. Angriffsspieler, * 1. Januar 1976 Ostra Luka; bis 1994 NK Orasje, 1994/95 FC Esch, 1996 FC Sion und FC Zürich, 1997 FC Wil, 1997/98 Varteks Varaždin, 1998–2000 Monza Calcio, 2001 Austria Wien, 2001–03 FC Energie Cottbus, 2003–05 VfL Wolfsburg, 2005/06 Krylia Sovetov (Russland); 107 Bundesligaspiele (16 Tore); 22 Länderspiele für Bosnien und Herzegowina (4 Tore).

»Töppen«, umgangssprachlich für (meist ältere) Fußballschuhe; sind sie »ausgelatscht« werden sie auch »Treter« genannt.

Klaus Toppmöller

Toppmöller, Klaus, dt. Tainer, *12. August 1951 Rivenich (Rheinland-Pfalz); war Angriffsspieler (Mittelstürmer): 1960–69 SV Rivenich, 1969–72 Eintracht Bad Kreuznach 05, 1972–80 1. FC Kaiserslautern, 1980 Dallas Tornado (USA), 1981–87 FSV Salmrohr; 204 Bundesligaspiele (108 Tore); 3 Länderspiele (1976–79; 1 Tor). – Später Trainer: 1987/88 FSV Salmrohr (Spielertrainer), 1988/89 SSV Ulm 1846, 1989 RSV Petersberg, 1990/91 FC Wismut Aue, 1991–93 Waldhof Mannheim, 1993/94 Eintracht Frankfurt, 1994–99 VfL Bochum, 1999/2000 1. FC Saarbrücken, 2001–03 Bayer 04 Leverkusen, 2003/04 Hamburger SV, 2006 Georgien (Nationalmannschaft); in Deutschland Trainer des Jahres 2002. – Sein Sohn **Dino T.** (*1980) ist Mittelfeldspieler: 2002/03 Eintracht Frankfurt, 2003–05 FC Erzgebirge Aue, 2005/06 Jahn Regensburg; 82 Zweitligaspiele (10 Tore).

> **K. Toppmöller**
> »Die Schwächeren haben heute die Dümmeren geschlagen.«

Topzuschlag, Lizenzfußball: bei Meisterschaftsspielen gegen Spitzen-(»Top«-)Mannschaften erhobener Zuschlag zum Eintrittspreis seitens des gastgebenden Vereins (etwa 20%).

Tor, 1) erfolgreich abgeschlossene Angriffshandlung, wobei der Ball regelrecht und vollständig die T.-Linie zw. den T.-Pfosten überschritten haben muss. »Vollständig überschritten« bedeutet, dass sich der Ball mit seinem Durchmesser hinter der T.-Linie befindet, nicht – wie oft fälschlich behauptet – mit seinem Umfang. Wenn der Ballumfang rd. 70 cm beträgt, liegt der Ball rd. 22 cm (also »vollständig«) hinter der T.-Linie, bei rd. 70 cm würde er hinten fast das T.-Netz berühren. Die Mannschaft, welche die meisten T. erzielt, hat gewonnen. – Im September 2005 wurden bei der Junioren-WM (U 17) die ersten offiziellen Tests mit einem techn. System durchgeführt, das nachweisen sollte, ob der Ball die T.-Linie vollständig überschritten hat (»Chip-Ball«).
– **2)** Zielgehäuse in der Mitte jeder T.-Linie; besteht aus 2 *T.-Pfosten*, die durch eine *Querlatte* miteinander verbunden sind. Die *T.-Netze* werden aus Hanf, Jute oder Polyamidfaserstoff hergestellt und im Allgemeinen an den T.-Pfosten, der Querlatte und am Boden hinter dem T. befestigt.

> **Tor [1]**
> Goal [engl.]
> But [frz.]
> Gol [span., italien.]
> Golo [portugies.]

Torabschlag, svw. → Abschlag.
Torabstoß, svw. → Abstoß.
Toraus, das Aus jenseits der → Torlinie neben dem Tor.
Tordifferenz, Torverhältnis beim → Subtraktionsverfahren.
Torhüter, Spieler, dessen Aufgabe darin besteht, gegner. Treffer zu verhindern, wobei er als Einziger in seinem Strafraum den Ball mit den Händen spielen und sich auf den Ball legen darf. Der T. muss eine Sportkleidung tragen, die ihn in der Farbe von den anderen Spielern und vom Schiedsrichter unterscheidet. Er darf nicht angegriffen werden, wenn er den Ball unter Kontrolle hat oder im → Torraum nach dem Ball springt. Ein T. soll über Wagemut, Reaktionsschnelligkeit, Sprungkraft, gutes Stellungsspiel, sichere Faustabwehr und Fangsicherheit verfügen.

> **Torhüter**
> Goalkeeper [engl.]
> Gardien de but [frz.]
> Portero [span.]
> Guarda redes [portugies.]
> Portiere [italien.]

Torino Football Club, Italien: → Turin [1].

»Torjäger«, Spieler, der (ständig) viele Tore erzielt und »torhungrig« ist.

Torlinie, die Begrenzungslinie an den beiden Schmalseiten des Spielfeldes. Sie umfasst die T. im engeren Sinn (die T. zw. den Torpfosten) und die *Torauslinie* (die T. außerhalb des Tores bzw. die »verlängerte T.«). Die T. muss die gleiche Breite wie die Torpfosten und die Querlatte aufweisen. (→ Spielfeld [BILD])

Torneo Clausura, höchste Spielklasse in Argentinien.

Tornetz → Tor [2].

Töröcsik, András, ungar. Angriffsspieler (Mittelstürmer), *1. Mai 1955 Budapest; 1967–85 Ujpest Budapest, 1985–87 Montpellier Pallaide SC; 39 Länderspiele (1976–84; 10 Tore); WM-Endrunde 1978, 1982.

Torpfosten → Tor [2].

Torquote, Anzahl der erfolgreichen Torschüsse einer Mannschaft dividiert durch die Torschüsse insgesamt (x100 in %). In der Regel beträgt die T. etwa 10 bis 30%, oft aber auch 0% (bei Zu-Null-Spielen), sehr selten 100% (1 Torschuss, 1 Tor). Einzige Ausnahme, um selbst bei einer T. von 0% zu gewinnen, ist ein Eigentor des Gegners.

Torquotient, Torverhältnis beim → Divisionsverfahren.

Torraum, von T.-Linien (und der Torlinie) umschlossener Raum unmittelbar vor dem Tor, in dem der Torhüter nicht angegriffen werden darf. Der T. misst 5,50 m x 18,32 m. Im T., und zwar in jener Torraumhälfte, die der Stelle am nächsten liegt, wo der Ball ausging, wird der → Abstoß ausgeführt. (→ Spielfeld [BILD])

Torraum
Goal area [engl.]
Surface e but [frz.]
Area de meta [span.]
Zona de Baliza [portugies.]
Area della porta [italien.]

Torres, José Augusto da Costa Senica, portugies. Trainer, *8. September 1938 Torres Novas; war Angriffsspieler (Mittelstürmer): 1960–73 Benfica Lissabon, 1973–75 Estoril Praia; 21 Länderspiele (14 Tore); WM-Endrunde 1966. – Später Trainer: bis 1984 Vitória Setúbal, Estoril Praia und SC Varzim, 1984–86 Portugal (Nationalmannschaft; WM-Endrunde 1986), 1987–89 Boavista Porto.

»Torschussstreuung«, das Abweichen der Schüsse vom eigtl. Ziel, dem Tor. Je größer die Streuung beim Torschuss, desto geringer die Chance, ein Tor zu erzielen (und umgekehrt).

Torschützenkönig, erfolgreichster Torschütze einer Spielserie oder eines Turniers.

Tórshavn, Färöer, **1) B36 Tórshavn** (Bóltfelag 36 Tórshavn), gegr. 1936; Spielkleidung: Weiß/Schwarz/Weiß; Stadion: Gundadalur, 5000 Plätze. – INTERNET: www.b36.fo
2) HB Tórshavn (Havnar Bóltfelag Tórshavn), gegr. 1904; Spielkleidung: Rot/Schwarz/Schwarz; Stadion: Gundadalur, 5000 Plätze. – INTERNET: www.hb.fo

Torsteher, -wart, svw. → Torhüter.

Torverhältnis, Verhältnis zw. erzielten und erhaltenen Treffern; beim früheren → Divisionsverfahren: *Torquotient,* beim heutigen → Subtraktionsverfahren: *Tordifferenz.*

Toshack, John Benjamin, walis. Trainer, *22. März 1949 Cardiff; war Angriffsspieler (Mittelstürmer): 1961–70 Cardiff City, 1970–78 FC Liverpool; 40 Länderspiele (1969–79; 13 Tore). – Später Trainer: 1978–84 Swansea City (Spielertrainer; PS 1981, 1982, 1983), 1984/85 Sporting Lissabon, 1985–89 Real Sociedad San Sebastián (PS 1987), 1989–91 Real Madrid (LM 1990), 1991–94 Real Sociedad San Sebastián, 2004/05 Wales (Nationalmannschaft), 1995–97 Deportiva La Coruña, 1997–99 Besiktas Istanbul (PS 1998), 1999 Real Madrid, 2000 AS Saint-Étienne, 2001/02 Real Sociedad San Sebastián, 2002/03 Catania Calcio, 2004 Real Murcia, 2004/05 Wales (Nationalmannschaft).

John Toshack

Tostão, eigtl. »Eduardo Gonçalves de Andrade«, brasilian. Angriffsspieler (Mittelstürmer), *25. Januar 1947 Belo Horizonte; 1959–63 América Belo Horizonte, 1963–72 Cruzeiro Belo Horizonte, 1972/73 Vasco da Gama Rio de Janeiro; 64 Länderspiele (1966–72; 32 Tore); WM-Endrunde 1966, 1970 (Weltmeister); Südamerikas Fußballer des Jahres 1971; in Brasilien Fußballer des Jahres 1967, 1972.

Tottenham Hotspur, England: → London [10].

Totti, Francesco, italien. Angriffsspieler, *27. September 1976 Rom; 1983/84 Fortitudo Rom, 1984–86 Smit Trastevere, 1886–88 Lodigiani Calcio, 1989–2006 AS Rom; 46 Länderspiele (seit 1998; 8 Tore); WM-Endrunde 2002; EM-Endrunde 2000, 2004; in Italien Fußballer des Jahres 1998.

Toulouse, FC, eigtl. »Toulouse FC« (Toulouse Football Club), Frankreich, gegr. 1937, aufgelöst 1967 und 1970 neu gegr. als US Toulouse, im gleichen Jahr Toulouse FC; Spielkleidung: Violett/Weiß/Weiß; Stadion: Stadium Municipal, 36 500 Plätze. – INTERNET: www.tfc.info

Spieler (Auswahl): L. Bálint – F. Barthez – W. Chidijatulin – D. Ginola – P. R. Rensenbrink – Santos – A. C. Tarantini. – **Trainer** (Auswahl): D. Jeandupeux – J. Santini.

Trabelsi, Hatem, tunes. Abwehrspieler, *25. Januar 1975 Ariana; 1997/98 Club Sfax (Tunesien), 1998–2006 Ajax Amsterdam; 43 Länderspiele; WM-Endrunde 1998, 2002.

Trabzonspor, eigtl. »Trabzonspor K« (Trabzonspor Kulübü), Türkei (Trabzon [früher: Trapezunt]), entstand 1967 durch Fusion von Trabzo Idman Yurdu, Idman Ocazi, Yelispor und Martispor; Spielkleidung: Blau; Stadion: Hüseyin Avni Aker, 30 000 Plätze. – INTERNET: www.trabzonspor.org.tr

Spieler (Auswahl): L. Olsen – J.-M. Pfaff – D. Vugrinec – S. Yakin. – **Trainer** (Auswahl): W. Biskup – H.-P. Briegel – J. Sundermann.

Tradition, Überlieferung, Herkommen, Brauch; bekannt sind *T.s-Spiele* (z. B. Spiele von Pokalsiegern vor ... Jahren) und *T.s-Mannschaften* (Mannschaften, die vor ... Jahren erfolgreich waren). Darüber hinaus gibt es auch *T.s-Vereine* (Vereine, die zu den Mitbegründern des Fußballs im Land zählen).

»Trainager« [Kurzwort aus aus **Trai**ner und Ma**nager**], eigenartige dt. »Wortschöpfung« für → Teammanager [1].

Trainer, sportl. Ausbilder und Betreuer (→ Manager [1]) einer Mannschaft; besitzt in der Regel einen je nach Leistungsklasse geforderten Qualifikationsnachweis (→ Trainerausbildung). Die Bez. T. kann sowohl der Beruf als auch die Funktion (bei nebenberufl. Trainertätigkeit) ausdrücken. Ihrem Aufgabenbereich und ihrer Qualifikation entsprechend werden sie z. B. als Nationalmannschafts-, Chef- oder Nachwuchs-T. bezeichnet.

Trainer
Coach [engl.]
Entraîneur [frz.]
Entrenador [span.]
Treinador [portugies.]
Allenatore [italien.]

Trainerassistent, zweiter Trainer einer Mannschaft, der dem verantwortl. Trainer bei dessen Arbeit assistiert; auch ein noch relativ junger und unerfahrener Trainer, der sich an der Seite eines »gestandenen« Trainers profilieren soll. In der Praxis kommt es aber häufig vor, dass der T. z. B. bei permanenter Erfolglosigkeit einer Mannschaft kurzfristig (»von heute auf morgen«) die alleinige Trainerverantwortung übertragen bekommt (sei es als → Interimstrainer oder für »dauernd«), während der bisherige Trainer »gefeuert« (»gegangen«) wird.

Trainerassistent
Assistant Coach [engl.]
Adjoint de l'entraîneur [frz.]
Entrenador auxiliar [span.]
Treinador assistente [portugies.]
Allenatore ausiliare [italien.]

Trainerausbildung, Lehrgang zum Erwerb einer Trainerlizenz. Hierfür gibt es 4 Ausbildungsstufen, die aufeinander aufbauen, entsprechend auch 4 Lizenzstufen: *Stufe 1* (C-Lizenz-Ausbildung und DFB-C-Lizenz [»UEFA-B-Lizenz«]), *Stufe 2* (B-Lizenz-Ausbildung und DFB-B-Lizenz), *Stufe 3* (A-Lizenz-Ausbildung und DFB-A-Lizenz [»UEFA-A-Lizenz«]) und *Stufe 4* (Fußball-Lehrer-Ausbildung und DFB-Fußball-Lehrer-Lizenz (»UEFA-PRO-Lizenz«). Die Ausbildung zum *Fußball-Lehrer* ist die höchste Stufe. Die DFB-Fußball-Lehrer-Lizenz berechtigt, Mannschaften der Lizenzligen und aller Amateurklassen zu trainieren, als DFB-, Verbandssportlehrer oder Honorartrainer eines Mitgliedverbandes des DFB sowie als Entwicklungshelfer tätig zu sein. Die Fußball-Lehrer-Ausbildung wird an der Dt. Sporthochschule Köln (DSHS Köln) durchgeführt. Seit 1947 tragen DFB, DSHS Köln und das Land Nordrhein-Westfalen (Kultus- bzw. Sportministerium) hierfür gemeinsam Verantwortung.

Trainer des Jahres, seit 2002 von den dt. Sportjournalisten jährlich durchgeführte Wahl des besten Trainers der abgelaufenen Bundesligasaison.

»Trainergespann«, umgangssprachl. Bez. für den verantwortl. Trainer einer Mannschaft und seinen (Trainer-)Assistenten, die beide gemeinsam (als »Gespann«) die sportl. Geschicke der Mannschaft leiten.

Trainer des Jahres in Deutschland

2002	K. Toppmöller	Bayer 04 Leverkusen
2003	F. Magath	VfB Stuttgart
2004	T. Schaaf	SV Werder Bremen
2005	F. Magath	FC Bayern München

»Trainerkarussell«, (zu) häufiger Wechsel der Trainer nach Abschluss eines Spieljahres (Miss-, ausbleibender Erfolg), besonders in der höchsten Spielklasse. (»Das T. beginnt sich wieder zu drehen.«) Der Trainer sitzt dabei auf einem »Schleudersitz«, um bei passender Gelegenheit »abgeschossen« zu werden. Gebräuchlich ist auch der Ausdruck, »der Trainer wurde gefeuert«.

»Trainerposse«, seltsame Verhaltensweise von Vereinsoberen und Hauptsponsoren im Umgang mit Trainern; sie vermittelt vordergründige Situations- oder Charakterkomik, in deren Mittelpunkt die »komische Person«, der Trainer, steht. Die wahren »Komischen« sind oftmals die »Oberen« selbst.

»Trainersprüche« → »Fußballsprüche«.

»Trainertriumvirat«, dreiköpfiges Trainerteam mit unterschiedl. Verantwortlichkeiten im Trainings- und Spielbetrieb einer Nationalmannschaft. Dabei wird die Kompetenzverteilung in der Regel zuvor mit dem jeweiligen Verbandspräsidium abgestimmt, das auch die Berufung der Trainer vornimmt. »T.« (früher in den osteurop. Ländern und in der DDR als »Trainerkollektiv« bezeichnet) sind in den führenden Landesverbänden kaum anzutreffen, da sie die Eigenverantwortung der Trainer einengen und die straffe Führung der Mannschaft beeinträchtigen.

»Trainerposse« (Beispiele)

1) Man verpflichtete einen Trainer für einen langen Zeitraum, ohne dass dafür Notwendigkeit bestand. Nach geraumer Zeit stellte man fest, dass der Trainer die Mannschaft nicht mehr »erreiche«, weil sich kein Erfolg einstellte. Darauf hin »feuerte« man (»einvernehmlich«) denselben, kritisierte ihn in der Öffentlichkeit aber nochmals heftigst. Ein neuer Trainer (»Hoffnungsträger«) wurde installiert, der aber auch keinen Erfolg brachte. Da erinnerten sich die Vereinsoberen daran, dass der zuvor geschasste Trainer noch auf der Gehaltsliste des Vereins stand, ergo stellte man ihn wieder ein. Die Misserfolge setzten sich unbeirrt fort, und der »Come-back-Trainer« wurde erneut »gefeuert«. Dies alles innerhalb einer Saison ...

2) Ein neu installierter Cheftrainer wird nach 7 Tagen wieder »beurlaubt«, obwohl er vom Vorstand des Vereins eben erst einen Vertrag erhalten hatte, der sich bei Klassenerhalt um ein Jahr verlängert hätte. Der Vorstandsvorsitzende des Hauptsponsors, der vor Jahren bei einem anderen Verein Zoff mit diesem Tainer hatte, drohte, aus seinem Vertrag auszusteigen, falls der vorgesehene Trainer nicht entlassen werde. Dies beeindruckte die Mitglieder des Verwaltungsrats derart, dass sie der Trennung zustimmten. Dies alles innerhalb einer Woche ...

Training, auf der Grundlage pädagog. Prinzipien organisierter Prozess der fußballer. Vervollkommnung, der durch planmäßiges und systemat. Einwirken auf das Leistungsvermögen und die Leistungsbereitschaft darauf hinzielt, die Aktiven zu Persönlichkeiten zu erziehen, die bereit und fähig sind, hohe und höchste sportl. Leistungen zu erreichen. T. dient der Herausbildung wichtiger Persönlichkeitsmerkmale wie Zielstrebigkeit, Mut, Bereitschaft zum Risiko und Beharrlichkeit. Es erzieht zur Selbständigkeit, verbunden mit Teamworkdenken und -handeln, zu diszipliniertem Verhalten sowie zur Fähigkeit, auftretende Schwierigkeiten mit Überlegung zu meistern, und zur Selbstüberwindung.

Das T. stärkt die wettkampfspezif. psychischen Eigenschaften, die konditionellen (Ausdauer – Kraft – Schnelligkeit), die koordinativen (Gewandtheit – Geschicklichkeit), die (spiel-)takt. und intellektuellen Fähigkeiten sowie die Bewegungsfertigkeiten (»sportl. Technik«). Der komplexe Charakter des Fußballspiels verlangt komplexe T.s-Methodik, wobei technisch-takt. und athlet. Ausbildung Beachtung finden. Je nach Zielstellung kann das athlet., techn. oder takt. T. besonders betont werden.

Das *athlet. T.* hat die zielgerichtete und betonte Entwicklung der konditionellen Fähigkeiten sowie die Bewegungsabläufe, die fußballtypisch sind, zum Inhalt. Im Mittelpunkt des *techn.T.* steht die Arbeit mit dem Ball (Ballgewöhnungsübungen, Spielformen, techn. Schulung usw.). Beim *takt. T.* wird die Fähigkeit geschult, alle phys. und techn. Fertigkeiten im Rahmen der gesamten Mannschaft anzuwenden (situationsbedingtes Handeln, Teamwork, Spielübersicht usw.). Darüber hinaus werden takt. Handlungen und Kombinationen geübt, d.h. takt. Fertigkeiten vermittelt. – Zum T. gehören aber auch die *Spielvorbereitung* (spezielle Einstellung auf den kommenden Gegner) und die *Spielauswertung*, sowohl die Mannschaft insgesamt als auch die Spieler einzeln betreffend. Nachfolgend einige Termini der T.-Gestaltung:

Circuittraining, eine Kombination verschiedener sportl. Übungen, die als Kraft- oder Ausdauertraining nacheinander ausgeführt und wiederholt werden.

Coopertest, nach dem US-Amerikaner K. Cooper benannter 12-min-Test; dient als Ausgangs- und Kontrolltest für ein unspezif. Ausdauertraining im Freizeit- oder Leistungssport. Die allgemeine Ausdauerleistungsfähigkeit wird danach über diejenige Streckenlänge ermittelt, die innerhalb von 12 min durchlaufen wird. Der C. ist die wissenschaftlich gesicherte Übersetzung des aufwendigen Spiroergometrietests in einen einfachen Lauftest. Es handelt sich hierbei um Werte und Relationen, die für Untrainierte, nicht aber für Leistungssportler einer bestimmten Sportart gültig sind.

Erwärmung, Vorbereitung des Organismus vor dem Wettkampf und zu Beginn einer Trainingseinheit auf die optimale Leistungsfähigkeit und -bereitschaft. Gewöhnlich wird zw. der allgemeinen und speziellen phys. Vorbereitung unterschieden. Fast jedes Vorbereitungsprogramm enthält leichte Laufübungen, verbunden mit auflockernden und dehnenden gymnast. Übungen sowie Spielformen mit dem Ball. Im speziellen Teil der E. werden die Spieler mit fußballspezif. Übungen unmittelbar auf die erste Aufgabe des Hauptteils der Trainngseinheit vorbereitet. Sie vermindert die Gefahr von Verletzungen am Stütz- und Bewegungsapparat und erfolgt sowohl individuell als auch in Gruppen.

Grundlagenausdauer, die konditionelle Fähigkeit; beinhaltet Widerstandsfähigkeit gegen Ermüdung; gekennzeichnet durch ausgeprägte Bewegungsökonomie, hohe Kapazität und hohe Ökonomie sämtlicher physiolog. Funktionen (Herz-, Kreislauf-, Stoffwechsel-, Atmungsfunktionen); Voraussetzung für die → spezielle Ausdauer.

Kondition, phys. und psych. Trainingszustand, in dem sich der Organismus eines Spielers befindet. Der Spieler ist in guter K., wenn er sowohl seine phys. Fähigkeiten (Schnelligkeit, Kraft, Ausdauer, Geschicklichkeit) als auch die psych. (Willensstärke, Kombinationsgabe, Übersichtsvermögen usw.) in hohem Grad entwickelt hat. Nur dann kann er im Spiel sein techn. und takt. Können (insoweit vorhanden) voll zur Geltung bringen.

Kraftausdauer, Ermüdungswiderstandsfähigkeit des Organismus bei lang andauernden Kraftleistungen; trainiert der Spieler zur Vorbereitung auf die Schnellkraft- und Schnelligkeitsausdauerleistungen. Deshalb muss im K.-Training eine schnellkräftige Übungsdurchführung so lange wie möglich beibehalten werden.

Leistungsdiagnostik, Ermittlung der aktuellen Leistungsfähigkeit durch Erfassung, Wertung und Beurteilung Leistung bestimmter Parameter. Im Fußball werden Tests, Verfahren und Analysen in folgenden Bereichen eingesetzt: individuelle Technik/Taktik, kollektive Taktik, techn. Koordination, Kondition und Pädagogik/Psychologie. Für die Erfassung der technisch-takt. Leistung haben sich besonders Wettkampfanalyseverfahren bewährt.

Schnellkraft, Fähigkeit des Nerv-Muskel-Systems, Widerstände mit einer hohen Kontraktionsgeschwindigkeit zu überwinden; entscheidende Grundlage für die Schuss- und Sprungkraft sowie für das Antritts- und Sprintvermögen des Spielers. Unter Beachtung der wettkampfspezif. Anforderungen liegt der Akzent bei der S.-Entwicklung auf dem Schnelligkeits- und nicht auf dem Kraftanteil. Ein sich dem S.-Training anschließendes wettkampfnahes Training in Spielform wirkt sich günstig für den Krafteinsatz in der spielspezif. Bewegung aus.

spezielle Ausdauer, Ermüdungswiderstandsfähigkeit gegen die spezif. Anforderungen des Wettkampfes. Neben der Funktionstüchtigkeit des Herz-Kreislauf-Systems, des Stoffwechsels und des Nervensystems wird ihr Niveau maßgeblich vom Beherrschungsgrad der Fußballtechnik und -taktik bestimmt, weil mit zunehmender Bewegungsökonomie der Energieverbrauch vermindert wird. Die s. A. nimmt im Bereich der physisch-konditionellen Ausbildung die zentrale Stellung ein und ist für den Fußballspieler die entscheidende spezielle Anforderung im Sinne der sportartspezif. Belastung. Voraussetzung für die s. A. ist die → Grundlagenausdauer.

Trainingsbelastung, zentrale Kategorie des Trainings; umfasst den Prozess der Auseinandersetzung des Spielers mit den an ihn durch das Training gestellten phys., psych. und intellektuellen Anforderungen mit dem Ziel einer Leistungssteigerung. Es besteht ein gesetzmäßiger Zusammenhang zw. Belastung und Leistung.

Trainingseinheit, Grundform der Erziehungs- und Bildungsarbeit im Trainingsprozess, die inhaltlich, zeitlich und organisatorisch ein in sich geschlossenes Ganzes darstellt. Sie erfordert die method. Konkretisierung des z. B. im Wochenplan vorgesehenen Trainingsinhaltes auf einen bestimmten Tag usw. Eine häufig angewendete Gliederung ist die Dreiteilung in vorbereitenden Teil, Hauptteil und Schlussteil.

Trainingslager, (meist abgeschiedener) Ort, an den sich eine Mannschaft zurückzieht, um sich dort intensiv auf das Spieljahr, die zweite Halbserie oder auf ein (wichtiges) Spiel vorzubereiten. Neben der spieltechn., spieltakt. und athlet. Vorbereitung dient das T. auch zur Stärkung der Moral und des Kollektivgeistes innerhalb der Mannschaft. Meist werden bei längerem T. Übungsspiele gegen meist unterklassige Vertretungen aus dem dortigen Einzugsgebiet vereinbart und durchgeführt. – Besonders wichtig sind T. für die Nationalmannschaft eines Landes, damit sich die aus verschiedenen Klubs kommenden Spieler (wieder) aneinander gewöhnen und kennen lernen (besonders die Länderspielneulinge), um somit die Mannschaftsharmonie zu fördern. Derartige

T. finden in der Regel in nationalen Sportschulen statt, weil dort die besten Voraussetzungen (Ausrüstung, Betreuung) gegeben sind.

Training
Training [engl.]
Entraînement [frz.]
Entrenamiento [span.]
Treino [portugies.]
Allenamento [italien.]

Trainingslager
Training camp [engl.]
Camp d'éntrainement [frz.]
Campo de entrenamiento [span.]
Campo de treino [portugies.]
Campo collegiale [italien.]

Giovanni Trapattoni

Transfer, Lizenzfußball: Vereinswechsel eines Spielers, der vom jeweiligen Landesverband vorgegebenen T.-Bestimmungen unterworfen ist. Die *T.-Liste* ist eine Einrichtung zur Regelung des Vereinswechsels der Spieler. In Deutschland gibt es 2 T.-Perioden, und zwar im August und Januar. Die Aufnahme in die T. ist für die Spielberechtigung bzw. die Freigabe eines Spielers nach erfolgtem T. vorgeschrieben. Die Aufnahme muss entweder vom Verein oder vom Spieler beantragt werden. – Von der DFL, die für die T.-Liste der Bundesliga und Zweiten Bundesliga zuständig ist, werden auf Antrag alle Nichtamateure mit Lizenz aufgenommen (auch Ausländer), die zu einem anderen Verein (auch ins Ausland) wechseln möchten. Nach Vertragsunterzeichnung erscheint der Spieler unter der Rubrik »Streichung«. Anträge und Bestimmungen auf Reamateurisierung werden ebenfalls angezeigt.

Transfersumme, svw. → Ablösesumme.

Trapattoni, Giovanni, italien. Trainer, * 17. März 1939 Cusano Milanino (bei Mailand); war Mittelfeldspieler: 1953–71 AC Mailand, 1971/72 FC Varese; 17 Länderspiele (1960–64; 1 Tor); WM-Endrunde 1962 (nicht eingesetzt); olymp. Fußballturnier 1960. – Später Trainer: 1973–76 AC Mailand (1973/74 Jugend, 1974–76 Cheftrainer), 1976–86 Juventus Turin, 1986–91 Inter Mailand, 1991–94 Juventus Turin, 1994/95 FC Bayern München, 1995/96 Cagliari Calcio, 1996–98 FC Bayern München, 1998–2000 AC Florenz, 2000–04 Italien (Nationalmannschaft; WM-Endrunde 2002), 2004/05 Benfica Lissabon, 2005/06 VfB Stuttgart.

G. Trapattoni: Erfolgsstationen (Auswahl)	
Juventus Turin	LM 1977, 1978, 1981, 1982, 1984, 1986 PS 1983 EC I 1985 EC II 1984 EC III 1993 (Europa-)Supercup 1984 Weltpokal 1985
Inter Mailand	LM 1989 EC III 1991
FC Bayern München	LM 1997 PS 1998
Benfica Lissabon	LM 2005

Trares, Bernhard, dt. Mittelfeldspieler, * 18. August 1965 Bensheim (Hessen); bis 1994 SV Kirschhausen, Eintracht Frankfurt, SV Darmstadt 98 und Alemannia Aachen, 1994–97 TSV

München 1860, 1997–2001 SV Werder Bremen, 2001/02 Waldhof Mannheim, 2002–04 Karlsruher SC; 183 Bundesligaspiele (16 Tore). – Später Trainer: 2005/06 TSV München 1860 (Trainerassistent).

»Trauerspiel«, auch »Unspiel« (abfällige Bezeichnung: »abgekartetes Spiel«); Begegnung zweifelhaften Charakters, die den Betrachter zu dem Schluss kommen lässt, dass die Mannschaften auf ein Ergebnis hinzielen, das ihnen beiden willkommen ist; sei es von Beginn an oder bei Erreichen eines bestimmten Torestandes. An derartigem »Antifußball« (»Tust du mir nichts, tue ich dir nichts«) sind nicht nur die Aktiven und Trainer schuld, sondern auch diejenigen Verantwortlichen, die Spielplan und Austragungsmodus so festlegen (z.B. bei Turnieren), dass Manipulationsmöglichkeiten bestehen. Derartige »T.« stellen natürlich sportlich eine Farce dar, benachteiligen sie doch meist Dritte und vergrämen die sich gefoppt fühlenden Zuschauer.

Ein »T.« vom »Feinsten« erlebten z.B. bei der WM-Endrunde 1982 in Spanien die Zuschauer beim abschließenden Gruppenspiel BRD – Österreich. Die Deutschen mussten gewinnen, die Österreicher durften nicht höher als 0:2 verlieren. Nach dem frühen 1:0 für Deutschland durch H. Hrubesch begann ein schäbiges »Paarlaufen mit Ball«, das ohne Torhüter hätte zu Ende geführt werden können. Die tatenlos zuschauenden Algerier (als eventuelle Nutznießer bei normalem Verlauf) waren das Opfer dieses »Nichtangriffspaktes«.

»Traumtor«, Superlativ für einen ungewöhnlich attraktiven Treffer; z.B. nach Abschlag des (eigenen) Torhüters den Ball in Höhe der Mittellinie (unmittelbar an der Seitenlinie mit Fallrückzieher in das gegner. Tor (oberes entlegenes Eck) befördern (eine echte »Traumaktion« ...).

Trautmann, 1) Andreas, dt. Abwehrspieler, *21. Mai 1959; bis 1973 BSG Empor Tabak Dresden, 1973–90 SG Dynamo Dresden, 1990 Fortuna Köln, 1990/91 FC Dynamo Dresden, 1992–94 Dresdner SC; 270 Oberligaspiele (48 Tore); 14 Länderspiele (1983–89; 1 Tor); in der DDR Fußballer des Jahres 1989. – Später Trainer: 2002–05 VfL Pirna-Copitz. – **2)** Bernd (»Bert«), dt. *Torhüter, *22. Oktober 1923 Bremen; geriet 1945 in engl. Gefangenschaft und blieb in England; 1949–64 Manchester City; 508 Ligaspiele; in England Fußballer des Jahres 1956. – Später Trainer: 1965/66 Stockport County FC (Manager), 1967–69 Preußen Münster, 1969/70 Opel Rüsselsheim, 1972–75 Birma (Nationalmannschaft), 1975–78 in Tansania, 1978–81 in Liberia, 1981–83 in Pakistan, 1981–83 in Jemen, 1987 Malta (Nationalmannschaft [Trainerassistent]). – Er wurde 2004 von Qeen Elisabeth II. in Anerkennung seiner Verdienste um die britisch-dt. Beziehungen zum »Honorary Officer of the Most Excellent Order of the British Empire« ernannt.

> **»Bert« Trautmann**
> »In der Saison bekamen wir zwölf Pfund pro Woche, aber in der Sommerpause wurde das auf neun Pfund gekürzt.«

»Trautmann Foundation«, von B. →Trautmann 2004 ins Leben gerufenes Hilfswerk, das den Fußballsport in den Dienst der britisch-dt. Verständigung stellt. Es fördert den Sportgeist, unterstützt Sozialforschungsprojekte und Austauschprogramme zw. jungen Amateurspielern aus beiden Ländern.

Traverse [frz.], stufenförmige Anordnung von Steh- und Sitzplatzreihen für Zuschauer in Stadien und auf Sportplätzen.

Trebinje, Leotar, eigtl. »FK Leotar Trebinje« (Fudbalski Klub Leotar Trebinje), Bosnien und Herzegowina, gegr. 1925; Spielkleidung: Blau/Weiß/Blau; Stadion: Police, 8000 Plätze

Treffer, svw. →Tor [1].

»Tre Kronors« [»3 Kronen«, nach dem schwed. Staatswappen], Bez. für für die Nationalmannschaft Schwedens.

Tremmel, Gerhard, dt. Torhüter, *16. November 1978 München; bis 1987 SV Lochhausen und SC Olching, 1987–90 FC Bayern München, 1990–92 TSV München 1860, 1992–2002 SpVgg Unterhaching, 2002–04 Hannover 96, 2004–06 Hertha BSC; 64 Bundesligaspiele.

Trésor, Marius, frz. Abwehrspieler (Libero), *15. Januar 1950 Sainte-Anne (Guadeloupe); 1964–69 Juventus de Sainte-Anne, 1969–72 AC Ajaccio, 1972–80 Olympique Marseille, 1980–84 Girondins Bordeaux; 65 Länderspiele (1971–83; 3 Tore); WM-Endrunde 1978, 1982; in Frankreich Fußballer des Jahres 1972.

Marius Trésor

Treten, 1) Ausführen eines Schusses, Eckstoßes, Freistoßes usw. – **2)** mit Verwarnung oder Feldverweis sowie direktem Freistoß zu bestrafendes →verbotenes Spiel.

»Treter«, 1) →»Töppen«. – **2)** Spieler, der ständig unfair spielt; einer, der gegen alles tritt, was sich bewegt.

Tretschok, René, dt. Mittelfeldspieler, *23. Dezember 1968 Wolfen; bis 1984 BSG Chemie Wolfen, 1984–92 Hallescher FC Chemie bzw. Hallescher FC, 1992/93 Borussia Dortmund, 1993/94 Tennis Borussia, 1994–97 Borussia Dortmund, 1997/98 1. FC Köln, 1998–2003 Hertha BSC, 2003 Chemnitzer FC, 2004 Hertha BSC (Amateure), 2005/06 SV Babelsberg 03; 81 (DDR-)Oberligaspiele (7 Tore); 180 Bundesligaspiele (23 Tore).

Treviso, FC (Football Club Treviso), Italien, gegr. 1909; Spielkleidung: Blau-Weiß/Weiß/Weiß; Stadion: Stadio »Omobono Tenni«, 9435 Plätze. – INTERNET: www.fbctreviso.it

Trainer (Auswahl): L. Radice.

Trézeguet, David, frz. Angriffsspieler, *15. Oktober 1977 Rouen (lebte 1979–95 in Argentinien); 1994/95 CA Platense (Argentinien), 1995–2000 AS Monaco, 2000–06 Juventus Turin; 59 Länderspiele (seit 1998; 28 Tore); WM-Endrunde 1998 (Weltmeister), 2002; EM-Endrunde 2000 (Europameister), 2004; in Italien Fußballer des Jahres 2002.

David Trézeguet

Tribüne, meist überdachte, mit Sitzplätzen ausgerüstete stufenförmige Anlage in Stadien; früher als Holz-, heute als Stahlbeton- oder Stahlkonstruktion errichtet.

> **Tribüne**
> Stand [engl.]
> Tribune [frz.]
> Tribuna [span., portugies., italien.]

Trick, die Finte; »unangekündigt« und rasch in der Ausführung. Ein wiederholt erfolgreich ausgeführter (eigtl. simpler) T. wird mitunter auch als »T. 17« (Herkunft unbekannt) bezeichnet.

»Trickkiste«, Gesamtheit der Tricks, über die ein Spieler oder eine Mannschaft verfügt, z. B. »der Weltmeister musste tief in die ›T.‹ greifen (sehr geschickt und trickreich spielen), um die gefährl. Situation zu meistern«.

»Tricksen«, Umgehen mit Tricks, sich ihrer bedienen; Substantiv: »Trickser«. – »Trickserei«: übertriebenes, nutzloses »T.«.

Trier, Eintracht, eigtl. »SV Eintracht Trier 05« (Sportverein Eintracht Trier 05), Deutschland (Rheinland-Pfalz), gegr. am 11. März 1905 als SV Trier 05, 1948 Fusion mit SV Einheit Trier 06 zu SV Eintracht Trier 05; Zweite Bundesliga 2002–05; Spielkleidung: Blau-Schwarz/Schwarz/Blau; Stadion: Moselstadion, 10 254 Plätze. – INTERNET: www.sv-eintracht-trier05.de

Spieler (Auswahl): A. da Silva – H. Koch – M. Maric – N. Patschinski – E. Schmitt. – **Trainer** (Auswahl): E. Hach – P. Linz – M. Prus – D. Stepanovic.

Triesen, FC (Fußballclub Triesen), Liechtenstein, gegr. 1932; Spielkleidung: Blau-Weiß/Weiß/Blau-Weiß; Stadion: Sportplatz Blumenau, 5250 Plätze.

Triestina, USC (Unione Sportiva Calcio Triestine), Italien (Trieste [dt. Triest]), gegr. 1918 als CS Ponziana Trieste, 1928–45 ASPE Trieste, 1945–81 US Triestine, seitdem USC Triestina; Spielkleidung: Rot; Stadion: Stadio »Nereo Rocco«, 31 350 Plätze. – INTERNET: www.triestinacalcio.it

Spieler (Auswahl): D. Baggio – F. Causio – F. Valcareggi.

Trikot, lang- oder kurzärmeliges Sporthemd in den Klubfarben; meist mit Rückennummer und vorn mit Klubemblem, evtl. auch mit T.-Werbung, in der Bundesliga z. B. mit Namen und bzw. oder Logo der *T.-Sponsoren* versehen. Über »T.-Wahl«: → Dress.

Trinidad und Tobago, ostkarib. Inselstaat, vor der Nordostküste Venezuelas, 5128 km², 1,104 Mio. Ew.; Verband: Trinidad and Tobago Football

Trikotsponsoren der Bundesligavereine (2005/06)	
Arminia Bielefeld	Krombacher (Brauerei)
SV Werder Bremen	Kik (Textildiscounter)
Borussia Dortmund	E.on (Energieunternehmen)
MSV Duisburg	ICELINE (Tiefkühlkosthersteller)
Eintracht Frankfurt	Fraport (Flughafenbetreiber)
Hamburger SV	ADIG-Investment (Fondsanlage)
Hannover 96	TUI (Touristikunternehmen)
Hertha BSC	Arcor (Telekommunikationsunternehmen)
1. FC Kaiserslautern	Dt. Vermögensberatung (Allfinanzdienstleister)
1. FC Köln	Gerling (Versicherer)
Bayer 04 Leverkusen	RWE (Energiekonzern)
FSV Mainz 05	DBV-Winterthur (Versicherungsunternehmen)
Borussia Mönchengladbach	Kyocera (Technologiekonzern)
FC Bayern München	T-com (Telekommunikationsunternehmen)
1. FC Nürnberg	mister & lady jeans (Modeunternehmen)
FC Schalke 04	Victoria (Versicherungsunternehmen)
VfB Stuttgart	EnBw (Energieunternehmen)
VfL Wolfsburg	VW (Automobilkonzern)

Federation, Abk. TTFF, gegr. 1908, Sitz: Port of Spain auf Trinidad; Mitglied der FIFA seit 1963, der CONCACAF seit 1964; Spielkleidung: Rot. – INTERNET: www.ttff.com

Triple → Double.

Tritschler, Karl-Heinz, dt. Schiedsrichter (Vörstetten), *16. September 1949 Freiburg; seit 1969 Schiedsrichter, seit 1980 FIFA-Referee, 1980–91 Bundesliga (98 Spiele); 23 Länderspiele; olymp. Fußballturnier 1988; EC I-Finale 1989. – Mitglied des DFB-Schiedsrichterstabs.

Trnava, Spartak, eigtl. »FC Spartak Trnava« (Football Club Spartak Trnava), Slowak. Republik, gegr. 1923 als TŠS Trnava durch Fusion von ŠK Čechie Trnava und 1. ČšŠk Trnava (1939 Fusion mit ŠK Rapid Trnava), 1948/49 Sokol NV Trnava, 1949 Fusion mit Kovosmalt Trnava zu ZSJ Kovosmalt Trnava, 1953–62 TJ Spartak Kovosmalt Trnava, 1962–67 TJ Spartak Trnava, 1967–88 TJ Spartak TAZ Trnava, 1988–90 TJ Spartak ZŤS Trnava, 1990–93 TJ Spartak Trnava, seitdem FC Spartak Trnava; Spielkleidung: Weiß/Rot/Rot-Weiß; Stadion: Anton Malatinský, 18 500 Plätze.

Spieler (Auswahl): J. Adamec – K. Dobiáš – M. Karhan – I. Stacho.

Trochowski, Piotr, dt. Mittelfeldspieler poln. Herkunft, *22. März 1984 Tczew (dt. Dirschau); 1994/95 SpVgg Billstedt-Horn, 1995–97 Concordia Hamburg, 1997–99 FC St. Pauli, 1999–04 FC Bayern München (Amateure), 2004–06 Hamburger SV; 30 Bundesligaspiele (3 Tore).

»trockener Schuss«, svw. → »Schuss aus dem Fußgelenk«.

»Trofeo Ricardo Zamora«, in der span. Primera División seit 1959 jährlich zu Ehren von R. → Zamora verliehener Pokal für den Torhüter, der innerhalb eines Spieljahrs die wenigsten Gegentore hinnehmen musste (unter Berücksichtigung der Spieleinsätze).

Tröger, Willy, dt. Angriffsspieler (Mittelstürmer); *2. Oktober 1928 Zwickau, †30. März 2004 Pirna-Copitz; 1946–49 Einheit Zwickau-Oberhondorf, 1949–51 BSG Mechanik Cainsdorf, 1951–62 BSG Wismut Aue bzw. SC Wismut Karl-Marx-Stadt; 224 Oberligaspiele (105 Tore); Oberliga-Torschützenkönig 1955 (22); 15 Länderspiele (1954–59; 10 Tore). – Später Trainer: 1966–71 BSG Wismut Pirna-Copitz.

Willy Tröger

Tromsø IL (Tromsø Idrettslag), Norwegen, gegr. 1920; Spielkleidung: Rot/Weiß/Weiß; Stadion: Alfheim-Stadion, 11 000 Plätze. – INTERNET: www.til.no

Spieler (Auswahl): T. A. Flo – T. Svensson.

Trondheim, Norwegen: → Rosenborg BK.

Troussier, Philippe, frz. Trainer, *21. März 1955 Paris; war Abwehrspieler: 1976/77 AS Angoulême, 1977/78 Red Star Paris, 1978–81 FC Rouen, 1981–83 Stade Reims. – Später Trainer: 1983/84 Frz. Fußballverband (Nachwuchs),

1984–87 CS Alençon, 1987–89 Red Star Paris, 1989–92 ASEC Mimosas Abidjan (Elfenbeinküste; LM 1990, 1991, 1992, PS 1990), 1993 Elfenbeinküste (Nationalmannschaft), 1994 Kaizer Chief (Südafrika), 1995 CA Rabat (Marokko), 1995–97 FUS Rabat (PS 1995), 1997 Nigeria (Nationalmannschaft), 1997/98 Burkina Faso (Nationalmannschaft), 1998 Südafrika (Nationalmannschaft), 1998–2002 Japan (Nationalmannschaft; olymp. Fußballturnier 2000, WM-Endrunde 2002), 2003/04 Katar (Nationalmannschaft), 2004/05 Olympique Marseille, 2005 Nigeria (Nationalmannschaft), 2005 Marokko (Nationalmannschaft); Asiens Trainer des Jahres 2000.

> **P. Troussier**
> »Nicht nur ich muss mich den Sitten und Gebräuchen hier anpassen, auch Japan muss sich an mich gewöhnen.«

Troyes, ES, eigtl. »ES Troyes AC« (ES Troyes Aube-Champagne), Frankreich, gegr. 1950 als Troyes Aube Football, 1979 aufgelöst und neu gegr. als ATAC Troyes, seit 1986 ES Troyes; Spielkleidung: Blau/Weiß/Weiß; Stadion: Stade de l'Aube, 20 400 Plätze. – INTERNET: www.allez troyes.com

Spieler (Auswahl): F. Celestini – E. Stojaspal.

Tschad, Republik im Inneren Nordafrikas, 1,284 Mio. km², 9,254 Mio. Ew.; Verband: Fédération Tschadienne de Football, Abk. FTF, gegr. 1962, Sitz: N'Djamena; Mitglied der FIFA seit 1988, der CAF seit 2000; Spielkleidung: Blau/Gelb/Rot.

»Tschammerpokal«, Deutschland: → DFB-Pokal [a].

Tschechische Republik, Abk. **ČR,** auch ***Tschechien,*** Republik im östl. Mitteleuropa, 78 866 km², 10,249 Mio. Ew.; Verband: Football Association of Czech Republic, Abk. FACR, gegr. 1993, Sitz: Prag; Mitglied der FIFA und der UEFA seit 1994; Spielkleidung: Rot/Weiß/Blau. – INTERNET: www.fotbal.cz

Tschechoslowakei, amtlich 1918–39 und 1945–60 ***Tschechoslowak. Republik,*** Abk. ***CSR*** ehemaliger Bundesstaat in Mitteleuropa, bestand 1918–92 aus den heute eigenständigen Republiken → Tschechische Republik und → Slowakische Republik. – Weitere Geschichte: 1960–90 Tschechoslowak. Sozialist. Republik, Abk. ČSSR, 1990–92 Tschech. und Slowak. Föderative Republik, Abk. ČSFR; Verband: Čekoslovenský Fotbalový Svaz, Abk. ČFS, gegr. 1901 als Böhm. Fußballverband (bis 1921); Mitglied der FIFA 1906–93, der UEFA 1954–93; Spielkleidung: Rot/Weiß/Blau; bis 1993 gab es noch eine gemeinsame Meisterschaft und Nationalmannschaft. – Erfolge als ČSSR: Europameister 1976, Olympiasieger 1980.

Tschenscher, Kurt, dt. Schiedsrichter (Mannheim), *5. Oktober 1928; Schiedsrichter seit 1948, 1958–75 FIFA-Referee, 1963–75 Bundesliga (125 Spiele); 32 Länderspiele; WM-Endrunde 1966, 1970, 1974; EC I-Finale 1967; zweites EC II-Finale 1962; DFB-Pokalfinale 1973.

Tschislenko, Igor, russ. Angriffsspieler (Außenstürmer), *4. Januar 1939; 1954–56 Torpedo Moskau, 1956–70 Dynamo Moskau; 53 Länderspiele (1963–69, 20 Tore); WM-Endrunde 1962, 1966; Europapokal der Nationen 1964.

Tschiwadse, Alexander, georg. Abwehrspieler (Libero), *8. April 1955 Karachaewski; 1965–67 35. Sportschule Tiflis, 1967–73 FSM Tiflis, 1974–88 Dynamo Tiflis; 48 Länderspiele für die UdSSR (1980–86; 3 Tore); WM-Endrunde 1982, 1986 (nicht eingesetzt); olymp. Fußballturnier 1980; in der UdSSR Fußballer des Jahres 1980.

Tskitishvili, Levan, georg. Mittelfeldspieler, *10. Oktober 1976 Tiflis; 1994–98 Dinamo Tiflis, 1999–2005 SC Freiburg, 2005 Metalurg Donezk, 2005/06 VfL Wolfsburg; 122 Bundesligaspiele (7 Tore); 31 Länderspiele.

»Ts'uh-küh« [Ts'uh: »mit dem Fuß stoßen«, küh: »Ball«] → Fußball (Geschichte).

TTFF, Abk. für **T**rinidad and **T**obago **F**ootball **F**ederation, den Fußballverband von → Trinidad und Tobago.

»tückisch« ist ein schwer- oder unberechenbarer Ball; meist in Verbindung mit Torhüterreaktionen gebraucht, z. B. »ein ›t.er‹ Aufsetzerball«.

Tunesien, Republik in Nordafrika, 163 610 km², 9,925 Mio. Ew.; Verband: Fédération Tunisienne de Football, Abk. FTF, gegr. 1956, Sitz: Tunis; Mitglied der FIFA und der CAF seit 1960; Spielkleidung: Rot/Weiß/Rot. – Erfolge: Afrikameister 2004. – INTERNET: www.ftf.org.tn

»Tunneln«, dem Gegenspieler im Dribbling (auch dem Torhüter beim Herauslaufen) den Ball durch die Beine schieben und ihm damit entwischen (oder ins Tor treffen); eine fußballer. »Beleidigung« für den Betroffenen. – Der oft verwendete Ausdruck »Beinschuss« ist sprachlich eigtl. unkorrekt, versucht man doch, dem Gegner den Ball durch die Beine (den »Tunnel«) zu spielen und nicht gegen das Bein (»Schuss« ist überdies weit hergeholt, handelt es sich beim »T.« doch um einen »Roller«). Anders beim Torschuss: Hier spricht man vom »Schuss durch die Beine« (z. B. des Torhüters).

Turek, Anton (»Toni«), dt. Torhüter, *18. Januar 1919 Duisburg, *11. Mai 1984 Neuss; 1941 Ulmer TSG 1846, 1945 Duisburg 1900 und Duisburg 48/99, 1946 Eintracht Frankfurt, 1947 Ulmer TSG 1846, 1950–56 Fortuna Düsseldorf, 1956/57 Borussia Mönchengladbach; 20 Länderspiele (1950–54); Weltmeister 1954.

Turgay, Seren, türk. Torhüter, *15. Mai 1932 Ankara; 1949–67 Galatasaray Istanbul; 51 Länderspiele (1950–66); WM-Endrunde 1954.

Turin, Italien, **1) FC Turin,** eigtl. »Torino FC« (Torino Football Club«), gegr. 1906 als FC Torino, 1936–58 AC Torino, 1958/59 Talmone Torino, 1959–70 AC Torino, 1970–2005 Torino Calcio; Spielkleidung: Rot/Weiß/Rot; Stadion: → Delle Alpi. – Am 4. Mai 1949 stürzte der AC Torino (dt. AC Turin) auf dem Rückflug von Lissabon ab, als die Maschine die Basilika auf dem Superga-Hügel streifte. 10 Nationalspieler befanden sich unter den 18 verunglückten AC-Spielern (keiner überlebte). – INTERNET: www.toro.it

Spieler (Auswahl): D. Baggio – V. Bearzot – H. Buhtz – W. J. Casagrande – E. Francescoli – F. Graziani – Júnior – W. Kieft – S. Kuffour – D. Law – C. Maldini – A. Manninger – V. Mazzola – Müller – A. Pele – S. Piola – A. Polster – V. Pozzo – E. Rossi – W. Schachner – V. Scifo – H. Şükür – C. Vieri – F. Wilkes. – **Trainer** (Auswahl): E. Fabbri – V. Pozzo – L. Radice.

2) Juventus Turin, eigtl. »Juventus FC« (Juventus Football Club), gegr. 1897 als SC Juventus, 1899–1929 FBC Juventus (seit 1923 unter der Finanzhoheit der Agnelli-Familie [Fiat-Konzern]), seitdem Juventus FC; Spielkleidung: Schwarz-Weiß/Weiß/Weiß; Stadion: → Delle Alpi. – Internationale Erfolge: EC I 1985, CL 1996, EC II 1984, EC III 1977, 1990, 1993, (Europa-)Supercup 1984, 1996, Weltpokal 1985, 1996, Alpenpokal 1963, 1990. – INTERNET: www.juventus.com

Spieler (Auswahl): S. Alejnikow – L. Allemandi – A. Altobelli – P. Anastasi – Athirson – D. und R. Baggio – R. Benetti – L. Bertolini – R. Bettega – A. Boksic – Z. Boniek – R. Boninsegna – G. Boniperti – L. Brady – G. Buffon – T. Burgnich – A. Cabrini – U. Caligaris – M. Camoranese – F. Cannavaro – F. Capello – F. Causio – Júlio César – J. Charles – G. Combi – E. Davids – A. Del Piero – D. Deschamps – Émerson – G. Ferrari – A. Foni – C. Gentile – H. Haller – K. Hamrin – T. Häßler – T. Henry – Z. Ibrahimović – F. Inzaghi – V. Jugovic – J. Kohler – R. Kovač – M. Laudrup – Mazzola – G. Meazza – A. Möller – L. Monti – A. Mutu – P. Nedved – S. Oliseh – R. Orsi – M. Paulo Sousa – S. Piola – M. Platini – D. Platt – P. Rava – F. Ravanelli – S. Reuter – P. Rossi – Rui Barros – I. Rush – M. Sálas – A. Savarov – S. Schillaci – G. Scirea – O. Sivori – M. Tardelli – L. Thuram – D. Trézeguet – E. van der Sar – G. Vialli – P. Vieira – C. Vieri – G. Zambrotta – Z. Zidane – D. Zoff. – **Trainer** (Auswahl): C. Ancelotti – U. Caligaris – F. Capello – H. Herrera – M. Lippi – G. Trapattoni – D. Zoff.

Turkcell Superliga, höchste Spielklasse in der Türkei.

Türkei, Republik in Kleinasien und Südosteuropa, 780 580 km², 68 110 Mio.; Verband: Türkiye Futbol Federasyonu, Abk. TFF, gegr. 1923, Sitz: Ankara; Mitglied der FIFA seit 1923, der UEFA seit 1962; Spielkleidung: Weiß. – INTERNET: www.tff.org

Türkiye Kupasi, Landespokal der Türkei (→ Pokal [ÜBERSICHT]).

Türkiyemspor Berlin, Deutschland: → Berlin [12].

Turkmenistan, Republik im Südwesten Mittelasiens, 488 100 km², 4,776 Mio. Ew.; Verband: Football Association of Turkmenistan, Abk. FAT, gegr. 1949, Sitz: Aschchabad; Mitglied der FIFA und der AFC seit 1994; Spielkeidung: Grün/Weiß/Grün.

Turks- und Caicos-Inseln, brit. Kronkolonie (seit 1793) im Bereich der Westind. Inseln, 430 km², 19 400 Ew.; Verband: Turks and Caicos Islands Football Association, Abk. TCIFA, gegr. 1996, Sitz: Cockburn; Mitglied der FIFA und der CONCACAF seit 1998; Spielkleidung: Weiß.

Türk SV München, Deutschland: → München [4].

Turku, PS, eigtl. »TPS« (Jalkapallo Turun Palloseura), Finnland, gegr. 1922; Spielkleidung: Schwarz-Weiß/Weiß/Weiß; Stadion: Kupittaa, 10 000 Plätze.

Spieler (Auswahl): L. Burjak. – **Trainer** (Auswahl): L. Burjak.

Türkyilmaz, Kubilay, schweizer. Angriffsspieler türk. Herkunft (seit 1987 schweizer. Staatsbürgerschaft), *4. März 1967 Bellinzona; 1973–82 AC Bellizona, 1982–86 FC Semine, 1986–89 AC Bellizona, 1989/90 Servette Genf, 1990–93 FC Bologna, 1993–95 Galatasaray Istanbul, 1996–99 Grasshopper-Club Zürich, 1999/2000 FC Locarno und FC Luzern, 2000/01 Brescia Calcio; 62 Länderspiele für die Schweiz (1988–2001; 34 Tore); EM-Endrunde 1996; in der Schweiz Fußballer des Jahres 1996, 1997, 1998.

Turnier, Spielbetrieb, der durch eine (relativ) große Teilnehmerzahl, besonderen Austragungsmodus und in der Regel mehrmaliges Eingreifen der Mannschaften gekennzeichnet ist. Dabei sind folgende Turnierformen üblich: a) »jeder gegen jeden«, einstaffelig, wobei die Anzahl der Spiele n x (n–1)/2 beträgt, z. B. bei 5 Mannschaften: 5 x (5–1)/2 = 10 Spiele; b) Überkreuzvergleich: Die beiden Staffelersten ermitteln die Plätze 1–4. Der Erste der Staffel 1 spielt dabei gegen den Zweiten der Staffel 2 (und umgekehrt); die Gewinner spielen dann um Platz eins, die Verlierer um Platz drei.

Turnier
Tournament [engl.]
Tournoi [frz.]
Torneo [span., italien.]
Torneio [portugies.]

»Turniermannschaft«, Bez. für eine Nationalmannschaft, die sich bei bedeutenden internationalen Turnieren (z. B. WM-, EM-Endrunde) in der Regel besonders zu steigern vermag, d. h. von Spiel zu Spiel stärker und mannschaftlich geschlossener auftritt. Traf in der Vergangenheit oft auf die dt. Nationalmannschaft zu.

Twente, FC (Football Club Twente), Niederlande (Enschede), entstand 1965 durch Fusion von SC Enschede (gegr. 1910) und Enschedese Boys (gegr. 1906); Spielkleidung: Rot/Rot/Weiß; Stadion: Arke Stadion, 13 500 Plätze. – INTERNET: www.fctwente.nl

Spieler (Auswahl): E. Achterberg – E. Cairo – R. de Boer – H. Höher – Y. Mulder – A. Nijhuis – N. Oude Kamphuis – H. Rahn – P. Schrijvers – R. Steinmann – R. und W. van de Kerkhof. – **Trainer** (Auswahl): E. Achterberg – B. Guttmann – H. Meyer – A. Nijhuis.

»Type«, Fußballer von ausgeprägter, etwas absonderl. Eigenart, der sich nicht immer – im Gegensatz zum »vorbildl. Profi« – widerspruchslos in das von Verein und Trainer vorgegebene Konzept einfügt; in der Regel ein Spieler, der zwar über überdurchschnittliche fußballer. Fähigkeiten verfügt, diese aber oftmals wegen merkwürdiger Handlungen nicht umsetzen kann. Das betrifft nicht nur den Umgang auf dem Platz, sondern auch – insbesondere – das Auftreten in der Öffentlichkeit.

Turnier (Austragungsmodus)
(z. B. 8 Mannschaften)
a) jeder gegen jeden
x Anzahl der Spiele
n Anzahl der Mannschaften
$x = n (n - 1)/2 = 28$ Spiele
b) 2 Gruppen A und B, Platzierungsspiele um die Plätze 1, 3, 5 und 7
A 4 Mannschaften = 6 Spiele
B 4 Mannschaften = 6 Spiele
A1–B1 (Finale)
A2–B2 (3. Platz)
A3–B3 (5. Platz)
– insgesamt 16 Spiele –
c) wie b, aber mit Überkreuzvergleichen und Spiel um Platz 3 und Finale
Staffeln A und B (12 Spiele)
A1–B2 (Überkreuzvergleich)
A2–B1 (Überkreuzvergleich)
A4–B4 (7. Platz)
A3–B3 (5. Platz)
Verlierer A1–B2 gegen
Verlierer A2–B1 (3. Platz)
Sieger A1–B2 gegen
Sieger A2–B1 (Finale)
– insgesamt 18 Spiele –

Tyrnau, Tschech. Republik: dt. für → Trnava ...

U

»U ...«, Abk. für »Unter ...« (bei Nachwuchs-Auswahlmannschaften), wobei sich die jeweilige Zahl auf die Altersgrenze (in Jahren) der spielberechtigten Aktiven bezieht.

UAEFA, Abk. für **U**nited **A**rab **E**mirates **F**ootball **A**ssociation,den Fußballverband der → Vereinigten Arabischen Emirate.

»Über-den-Ball-Säbeln« → Fußballerjargon.

»Über-den-Kopf-Zieher«, gehobene Bez. für → Rückzieher.

»übergebendes Decken« → kombinierte Deckung.

»Übergreifen«, Torhüter: den in einer Höhe von 1,80 bis über 2 m ankommenden Ball in den äußeren Torbereich nicht wie gewöhnlich mit der »äußeren« Hand (links oder rechts), sondern bei leichter Dehung der Körperachse nach vorn mit der »inneren« Hand abwehren, ihn z. B. über die Latte lenken.

Überkreuzvergleich, hin und wieder bei Turnieren angewandter Austragungsmodus, wobei der Zweite einer Staffel A gegen den Ersten einer Staffel B spielt (und umgekehrt), um die Finalteilnehmer zu ermitteln (z. B. beim Confederations Cup).

»Überlaufen«, mit dem Ball am Fuß bei hohem Lauftempo geradlinig – meist in der Angriffszone, aber auch aus der eigenen Hälfte heraus – einen Gegenspieler bzw. die (»gesamte«) gegner. Abwehr (richtiger: Abwehrreihe) überwinden.

»übermotiviert« wirkt ein Aktiver, der z. B. nach längerer Spielpause vom Trainer wieder eine Einsatzchance erhält und dann loslegt, als könne nur er allein das Spiel entscheiden. Von Anbeginn wie »aufgedreht« und im bedingungslosen Wollen, alles richtig zu machen, häuft sich die Fehlerquote; er verkrampft zusehends und übersieht seine Mitspieler. Wenn er vom Trainer nicht ausgewechselt wird, kommt meist noch hinzu, dass er bei einer der nächsten misslungenen Aktionen »ausrastet« und »Rot« sieht.

»Überschlagen«, Überwinden des Mittelfeldes mit einem weiten Schlag aus der Abwehr; die Mittelfeldreihe wird dabei praktisch »übergangen«. Erfolgt das »Ü.« nicht blindlings oder ständig, ist es ein probates Mittel, die gegner. Abwehr zu überraschen.

»Übersteigfinte«, Ausholbewegung mit dem ballführenden Bein, damit über den Ball »steigen« und ihn mit demselben Bein in gleicher Richtung weiterführen; bedingt rasche Ausführung und schnellen Antritt. – Die »Ü.« wurde erstmals perfekt von → Garrincha demonstriert und wird demzufolge seither auch als »Garrincha-Trick« bezeichnet.

»U ...«-Turniere
U 16-EM → Junioreneuropameisterschaft U 16/U 17
U 17-WM → Juniorenweltmeisterschaft U 17
U 19-EM → Junioreneuropameisterschaft U 18/U 19
U 20-WM → Juniorenweltmeisterschaft U 20
U 23-Nachwuchs-Europameisterschaft
→ Junioreneuropameisterschaft U 21/U 23

»übertriebener Einsatz«, unkontrollierte Zweikampfführung; ist vom Schiedsrichter zu ahnden (direkter Freistoß; Ermahnung oder Verwarnung); aus »ü. E.« resultiert übertriebene Härte, die den gesamten Spielablauf prägen kann.

Überzahlangriff, rascher (Gegen-)Angriff (→ Konter) gegen eine Abwehr, die sich nach dem abgewehrten eigenen Angriff noch nicht wieder formieren konnte und somit gegenüber den Angreifern in Unterzahl ist.

»Überzahlspiel« → »Unterzahlspiel«.

Übungsspiel, Begegnung mit inoffiziellem Charakter, meist zur Vorbereitung eines fußballer. Großereignisses (z. B. Länderspiel) für die Nationalmannschaft (z. B. gegen einen unterklassigen Verein) angesetzt; manchmal unter Ausschluss der Öffentlichkeit.

Udinese Calcio, Italien (Udine), gegr. 1896 als Societá Udinese di Ginnastica e Scherma, 1923–78 AC Udinese, seitdem Udinese Calcio; Spielkleidung: Weiß; Stadion: Friuli, 41 652 Plätze. – INTERNET: www.udinese.it

Spieler (Auswahl): M. Amoroso – D. Bertoni – O. Bierhoff – T. Burgnich – F. Causio – F. Collovati – F. Graziani – T. Helveg – V. Iaquinta – C. Jancker – R. N. Sensini – Zico – D. Zoff. – **Trainer** (Auswahl): S.Cosmi – G. De Sisti – R. Hodgson – V. Milutinović – A. Vicini – A. Zaccheroni.

UdSSR (Abk. für **U**nion **d**er **S**ozialistischen **S**owjet**r**epubliken), **Sowjetunion,** bis Ende 1991 räumlich größter Staat der Erde, in Osteuropa und Asien, einschließlich Wasserflächen 22,4 Mio. km², 284,4 Mio. Einwohner. Die Gründung der »Gemeinschaft Unabhängiger Staaten« (GUS) am 8. Dezember 1991 beendete faktisch die Existenz der UdSSR; Verband: Federazia Futbola CCCP, Abk. FF CCCP, gegr. 1934, Sitz: Moskau; Mitglied der FIFA 1946–91, der UEFA 1954–91; Spielkleidung: Rot/Weiß/Rot. – Erfolge: Europapokal der Nationen 1960, Olympiasieger 1956, 1988.

UEFA, Abk. für frz. **U**nion **E**uropéenne de **F**ootball **A**ssociation, Europ. Fußballunion, der die nationalen Verbände des europ. Kontinents so-wie Georgien, Kasachstan und Israel angehören; gegr. in Basel am 15. Juni 1954 mit 30 Verbänden. Gründungsvorbild war die seit 1916 existierende südamerikan. CONMEBOL, der älteste Kontinentalverband. – Die erste vorbereitende Besprechung fand am 27. Mai 1952 in Zürich zw. O. Barassi (Italien), J. Crahay (Belgien) und H. Delaunay (Frankreich) statt. Die Genannten sowie Dr. J. Gerö (Österreich), Sir G. Graham (Schottland), E. Schwartz (Dänemark) und G. Sebes (Ungarn) konstituierten sich am 15. Juni in Basel zu einem Ausschuss, der eine Woche später auf der ersten Sitzung in Bern E. Schwartz zum ersten UEFA-Präsidenten, Dr. J. Gerö zum Vizepräsidenten und H. Delaunay zum Generalsekretär wählte. 29 Landesverbände bestätigten während des 1. UEFA-Kongresses am 2. März 1955 in Wien den Statutenentwurf und wählten das erste Exekutivkomitee.
Legislatives Organ ist der alle 2 Jahre stattfindende Kongress, der jeweils vor dem FIFA-Kongress durchgeführt wird. Falls es das Exekutivkomitee für notwendig erachtet oder 2/3 aller Mitgliedsverbände ein schriftl. Gesuch einreichen, kann ein außerordentl. Kongress einberufen werden. Oberstes Ausführungsorgan aller organisator. Pflichten ist das *Exekutivkomitee* (10 Mitglieder), dem 20 Kommissionen und das Generalsekretariat zur Seite stehen. – Der Sitz der UEFA befand sich anfangs in der Rue de Londres in Paris, 1960 erfolgte die Umsiedlung in die Schweiz (bis 1995 Bern und seit 1995 Nyon [Kt. Waadt]). Der UEFA gehören 52 Landesverbände an. Ihr stehen 2006 14 WM-Endrundenplätze zu.

UEFA-Wettbewerbe

Europapokal der Landesmeister	seit 1956
Weltpokal (UEFA/CONMEBOL)	1960–2004
Europapokal der Pokalsieger	1961–99
Europameisterschaft	seit 1968
UEFA-Pokal	seit 1972
(Europa-)Supercup	seit 1972
Fraueneuropameisterschaft	seit 1984
UEFA Women's Cup	seit 2002

UEFA-Präsidenten

1954–62	E. Schwartz (Dänemark)
1962–72	G. Wiederkehr (Schweiz)
1973–83	A. Franchi (Italien)
1984–90	J. Georges (Frankreich)
seit 1990	L. Johannson (Schweden)

UEFA: WM-Qualifikation 2006

Deutschland ist als Veranstalter »automatisch« qualifiziert. Die 8 Gruppensieger und die 2 besten Gruppenzweiten sind direkt für die WM-Endrunde 2006 qualifiziert. Die anderen Gruppenzweiten ermitteln in Hin- und Rückspielen 3 weitere Teilnehmer. Zur Ermittlung der besten Gruppenzweiten werden die Ergebnisse gegen die Gruppensiebenten nicht berücksichtigt.

UEFA-Mitgliedsländer

Albanien
Andorra
Armenien
Aserbaidschan
Belgien
Bosnien und Herzegowina
Bulgarien
Dänemark
Deutschland
England
Estland
Färöer
Finnland
Frankreich
Georgien
Griechenland
Irland
Island
Israel
Italien
Kasachstan
Kroatien
Lettland
Liechtenstein
Litauen
Luxemburg
Malta
Makedonien
Moldawien
Niederlande
Nordirland
Norwegen
Österreich
Polen
Portugal
Rumänien
Russland
San Marino
Schottland
Schweden
Schweiz
Serbien und Montenegro
Slowakische Republik
Slowenien
Spanien
Tschechische Republik
Türkei
Ukraine
Ungarn
Wales
Weißrussland
Zypern

UEFA-Auswahl, svw. → Europaauswahl.
UEFA-Intertoto-Cup, svw. → UI-Cup.
UEFA-Juniorenturnier → Junioreneuropameisterschaft U 18/U 19.
UEFA-Pokal, seit der Saison 1971/72 ausgetragener Wettbewerb (anfangs: → Internationaler Messepokal) für europ. Vereinsmannschaften. Entscheidend für die Anzahl der festen Startplätze pro Verband und die Eingliederung in den Wettbewerb ist die Platzierung in der UEFA-Fünfjahreswertung (→ Wertkoeffizientensystem). In der ersten Runde im »neuen« UEFA-Pokal (seit 2004/05) gehen insgesamt 80 Mannschaften an den Start: 32 Mannschaften sind für die erste Runde gesetzt, 32 weitere Mannschaften kommen aus der UEFA-Pokal-Qualifikation (mit den 11 UI-Cup-Ersten) hinzu; die restl. 16 Plätze nehmen die Mannschaften ein, die in der Qualifikation zur → Champions League gescheitert sind. Die erste Runde wird im → Pokalsystem mit Hin- und Rückspiel ausgetragen. Danach werden in der → Gruppenphase die 40 qualifizierten Mannschaften in 8 Fünfergruppen aufgeteilt. Dort bestreitet jede Mannschaft in einer Einfachrunde je 2 Heim- und Auswärtsspiele. Nach Ende der Gruppenphase qualifizieren sich die jeweils 3 besten Mannschaften jeder Gruppe (einschließlich der 8 Vorrundendritten der Champions League) für die Runde der letzten 32 Mannschaften. Im Pokalsystem werden in den 4 weiteren Runden dann die beiden Finalteilnehmer ermittelt. – Seit 2002 gibt es auch einen UEFA-Wettbewerb für Frauen, den → UEFA Women's Cup).

UEFA-Pokal

1972	Tottenham Hotspur
1973	FC Liverpool
1974	Feyenoord Rotterdam
1975	Borussia Mönchengladbach
1976	FC Liverpool
1977	Juventus Turin
1978	PSV Eindhoven
1979	Borussia Mönchengladbach
1980	Eintracht Frankfurt
1981	Ipswich Town
1982	IFK Göteborg
1983	RSC Anderlecht
1984	Tottenham Hotspur
1985	Real Madrid
1986	Real Madrid
1987	IFK Göteborg
1988	Bayer 04 Leverkusen
1989	SSC Neapel
1990	Juventus Turin
1991	Inter Mailand
1992	Ajax Amsterdam
1993	Juventus Turin
1994	Inter Mailand
1995	AC Parma
1996	FC Bayern München
1997	FC Schalke 04
1998	Inter Mailand
1999	AC Parma
2000	Galatasaray Istanbul
2001	FC Liverpool
2002	Feyenoord Rotterdam
2003	FC Porto
2004	CF Valencia
2005	ZSKA Moskau

UEFA-Pokalklassement → Wertkoeffizientensystem.
UEFA-Wettbewerb U 16 → Junioreneuropameisterschaft U 16/U 17.
UEFA Women's Cup, seit 2002 jährlich ausgetragener Wettbewerb für europ. Frauenlandesmeister; 8 Gruppen (Qualifikation), Viertel-, Halbfinale und Finale. (→ Frauenfußball [ÜBERSICHT])
UEFT, Abk. für **U**nion **E**uropäischer **F**ußball-**T**rainer, Dachverband der europ. nationalen Trainerverbände, gegr. 1980, Sitz: Wien, Präsident (seit 1996): J. Vengloš. Vertreter der BRD, Österreichs, Spaniens, der Niederlande, Islands, der Schweiz, Dänemarks und Luxemburgs waren am Gründungstag zugegen. Die UEFT veranstaltet jährlich ein Symposium, wobei die jeweilige Tagesordnung die Aus- und Weiterbildung der Trainer, die Stellung des Trainers in der Gesellschaft und ähnl. Themen enthält. In der UEFT sind 35 Trainerverbände vertreten, darunter → BDFL (Deutschland), → BÖFL (Österreich) und → USFT (Schweiz).
Uerdingen 05, KFC (Krefelder Fußballclub Uerdingen von 1905), Deutschland (Krefeld, Nordrhein-Westfalen), gegr. am 17. November 1905 als FC Uerdingen 05, 1948 Fusion mit VfB Uerdingen zu SpV. 1905/10 Uerdingen (Fusion im gleichen Jahr aufgelöst), 1948–53 FC 1905 Uerdingen, 1953–95 Bayer 05 Uerdingen, seitdem KFC Uerdingen 05; Bundesliga 1975/76, 1979–81, 1983–91,1992/93, 1994–96; Zweite Bundesliga 1981–83, 1991/92 (Nord), 1992/93, 1996–99; Spielkleidung: Rot-Blau/Rot/Rot; Stadion: Grotenburg-Stadion, 34 500 Plätze. – INTERNET: www.kfc-online.de
Spieler (Auswahl): A. Bade – O. Bierhoff – R. Bommer – A. Brinkmann – M. Burgsmüller – S. Chapuisat – M. Dogan – B. Dreher – A. Edvaldsson – M. Feldhoff – H. Fach – F. und W. Funkel – S. Gorlukowitsch – J. Heintze – S. Held – M. Herget – S. Jentzsch – S. Jusufi – L.-G. Köstner – S. Kuntz – H. Laessig – B. Laudrup – M. Lesniak – J. Luhukay – E. Meijer – R. Prytz – W. Rolff – D. Teixeira – C. Vander – S. Wächter –

M. Witeczek – C.-D. Wollitz. – **Trainer** (Auswahl): W. Biskup – R. Bonhof – H. Buhtz – K. Feldkamp – F. Funkel – J. Gelsdorf – T. Konietzka – H. Köppel – E. Middendorp – R. Schafstall – H.-U. Thomale – H. Wohlers – C.-D. Wollitz.

UFF, Abk. für **U**zbekistan **F**ootball **F**ederation, den Fußballverband von → Usbekistan.

Uganda, Republik in Ostafrika, nordwestl. des Victoriasees, 236 040 km², 25 633 Mio. Ew.; Verband: Federation of Uganda Football Associations, Abk. FUFA, gegr. 1924, Sitz: Kampala; Mitglied der FIFA und der CAF seit 1959; Spielkleidung: Gelb-Rot-Weiß/Gelb-Rot-Weiß/Gelb-Rot-Weiß.

Ugi, Camillo, dt. Mittelfeldspieler (Halbstürmer), *21. Dezember 1884 Leipzig, †18. Mai 1970 Markkleeberg (bei Leipzig); 1898–1902 ATV Leipzig, 1902–05 Leipziger Ballspielklub (LBC), 1905/06 VfB Leipzig, 1906–09 Dresdner SC, 1909–11 VfB Leipzig, 1911–13 FSV Frankfurt und Olympique Marseille, 1914 Sportfreunde Breslau, 1917–19 Dresdner Fußballring, 1919–21 VfB Leipzig; 15 Länderspiele (1909–12; 1 Tor); olymp. Fußballturnier 1912; spielte repräsentativ für Mitteldeutschland.

»Uhrencup«, seit 1962 meist jährlich in der Uhrenstadt Grenchen (Schweiz) durchgeführtes internationales Turnier; zwischenzeitlich in den 1990er-Jahren nur mit nationalem bis regionalem Charakter, avancierte es seit 2002 wieder zum erfolgreichsten Fussballturnier der Schweiz.

»Uhrencup«

1962	FC Grenchen
1963	Ipswich Town
1965	Lanerossi Vicenza
1966	FC Sochaux
1968	FC Biel
1969	FC Basel
1971	FC Grenchen
1972	Xamax Neuchâtel
1975	Young Boys Bern
1977	Xamax Neuchâtel
1978	FC Basel
1980	FC Basel
1981	FC Grenchen
1983	FC Basel
1984	Servette Genf
1986	FC Basel
1987	Young Boys Bern
1989	Partizan Belgrad
1990	Gornik Zabrze
1992	FC Zürich
1993	FC Zürich
1995	FC Aarau
1996	FC Solothurn
1998	FC Solothurn
1999	FC Solothurn
2001	FC Solothurn
2002	Grasshopper-Club Zürich
2003	Servette Genf
2004	FC Basel
2005	Trabzonspor

UI-Cup, Kurz-Bez. für **U**EFA-**I**ntertoto-**Cup,** Abk. **UIC,** seit 1996 jährlich während der Sommerspielpause ausgespielter Wettbewerb für europ. und israel. Vereinsmannschaften, die sich im abgelaufenen Spieljahr in ihren nationalen Ligen nicht für den → UEFA-Pokal qualifizieren konnten. Die Sieger der 3 Finalspiele – nach Vorrunden-, Viertelfinal- und Halbfinalspielen – erreichten bis 2005 über diesen Umweg (deshalb auch »Hoffnungscup« genannt) noch die erste Runde des UEFA-Pokals. Ab 2006 wird jeder teilnehmenden Nation nur noch ein Startplatz zur Verfügung stehen, wobei die 11 siegreichen Mannschaften nach 2 UI-Cup-Runden dann an der zweiten Qualifikationsrunde des UEFA-Pokals teilnehmen.

Ujfalusi, Tomas, ein tschech. Abwehrspieler, *24. März 1978 Rymarov; 1988–91 TJ Rymarov, 1991–2000 Sigma Olomouc, 2000–04 Hamburger SV, 2004–06 AC Florenz; 105 Bundesligaspiele (2 Tore); 27 Länderspiele (2 Tore); EM-Endrunde 2004.

Újpest FC, Ungarn: → Budapest [4].

Ukraine, Republik im Südwesten Osteuropas, 603 700 km², 48,055 Mio. Ew.; Verband: Football Federation of Ukraine, Abk. FFU, gegr. 1991, Sitz: Kiew; Mitglied der FIFA und der UEFA seit 1992; Spielkleidung: Gelb-Blau/Gelb-Blau/Gelb-Blau. – INTERNET: www.ffu.org.ua

»Ulička« [tschech., »Gässchen«], seit etwa 1905 vom Slavia Prag demonstriertes flaches Direktspiel in die Lücken der gegner. Abwehr und durch die Beine der Abwehrspieler hindurch. J. Košik gilt als »Vater« der »U.«, deren Perfektion später vom langjährigen Mittelstürmer der böhm. und (nach 1918) tschechoslowak. Auswahl V. Pilát zur Vollkommenheit weiterentwickelt wurde.

Ulm 1846, SSV (Schwimm- und Sportverein Ulm 1846), Deutschland (Baden-Württemberg), gegr. 1884 als Turnerbund 1846 Ulm, 1939 Fusion mit Ulmer FV 1894, TV 1868 Ulm und SpVgg. 1889 Ulm zu Ulmer TSG 1846, 1970 Fusion mit 1. SSV 1928 Ulm zu SSV Ulm 1846; Bundesliga 1999/2000; Zweite Bundesliga

1983–85, 1986–88, 1998/99, 2000/01; Insolvenz 2001; Spielkleidung: Weiß/Blau/Weiß; Stadion: Donaustadion, 19500 Plätze. – INTERNET: www.ssvulm1846.de
Spieler (Auswahl): W. Fahrian – N. Frommer – D. und U. Hoeneß – R. Rangnick – S. Rösler – A. Sing – A. Turek – F. Walter – A. und M. Zeyer. – **Trainer** (Auswahl): M. Andermatt – J. Berger – H. Gerland – H. Kronsbein – R. Rangnick – K. Toppmöller.
Ulrich-Haberland-Stadion [nach dem damaligen Vorsitzenden der Bayer AG], eingeweiht 1958, Heimstätte von Bayer 04 Leverkusen, seit 1986 mehrmals umgebaut, seit 1998 BayArena (→ Leverkusen, Bayer 04).
Umdribbeln, Ausspielen eines Gegenspielers, ihn »umlaufen«.
Ümit, Özat, türk. Abwehrspieler, *30. Oktober 1976 Ankara; 1996–2000 Genclerbirligi Ankara, 2000/01 Bursaspor, 2001–06 Fenerbahce Istanbul; 39 Länderspiele; WM-Endrunde 2002.
Umkehrspiel, moderne Variante des einstudierten Konterspiels (→ Konter), wobei sich nach einem abgewehrten gegner. Angriff blitzschnell eine eigene, systematisch vorgetragene Attacke entwickelt. Daran beteiligen sich alle Mannschaftsreihen (untereinander abgestimmt), sodass sich die gegner. Abwehr gegenüber dem herkömml. Konter einer breiten Angriffsfront gegenübersieht, die das Deckungsverhalten der Abwehrspieler erschwert, weil nunmehr nicht nur die Angriffsspitzen, sondern auch andere Mannschaftsteile torgefährlich in Erscheinung treten. – U. setzt besten Fitnesszustand aller Akteure sowie viel Spielverständnis voraus und ist ein hochwirksames takt. Mittel.
»Umkippen« kann eine Begegnung bei klarem Spielstand noch dann, wenn der bis dahin unterlegenen Mannschaft in kürzester Zeit Torerfolge gelingen, z. B. bis hin zum Anschlusstor. In diesem Fall ist die Partie wieder »offen«.
»Umlegen« → Fußballerjargon.
»Umnieten« → Fußballerjargon.
Umspielen, svw. → Umdribbeln.
unabsichtliches Handspiel → Handspiel.
UNAM »Los Pumas«, Mexiko: → Mexiko City [3].
»unbeherrscht« ist ein Spieler, der sich laufend mit seinem Gegenspieler bzw. dem Schiedsrichter anlegt und dafür sorgt, daß das Spiel hektisch wird und möglicherweise ausartet.
»unbekümmerte Spielweise«, in einer höherklassigen oder Auswahlmannschaft als junger, unerfahrener Spieler ohne Hemmungen mit- und aufspielen, das eigene Leistungsvermögen dabei voll zur Geltung bringen.
Unbespielbarkeit des Platzes → Platzverhältnisse.
Unentschieden, Spielausgang ohne Sieger (0:0, 2:2 usw.); wird in der Tabelle mit einem Punkt für jede Mannschaft gewertet.

Unentschieden
Draw [engl.]
Match nul [frz.]
Empate [span., portugies.]
Risultato nollo [italien.]

»unerlaubtes Spiel«, DFB-Verbot für Spiele zw. Frauen- und Männermannschaften; betrifft auch den Juniorenbereich, sofern die Jugendordnungen des DFB keine anderen Regelungen vorsehen.
unfair [engl.], regelwidrig und damit unerlaubt. *Unfairness:* nicht regelgerechte Verhaltensweise im Spiel.
Ungarn, Republik im Südosten Mitteleuropas, 93030 km², 10,045 Mio. Ew.; Verband: Hungarian Football Federation, Abk. MLS, gegr. 1901, Sitz: Budapest; Mitglied der FIFA seit 1907, der UEFA seit 1954; Spielkleidung: Rot/Weiß/Grün. – Erfolge: Olympiasieger 1952, 1964, 1968. – INTERNET: www.mlsz.hu
»ungeschriebenes Gesetz« → Ehrenkodex.
»unglückliche Aktion, (völlig) missglückte (Einzel-)Handlung; in der Summierung: »glücklose Spielweise« (auswechselreif). – Auch: »eine unglückliche Entscheidung« (des Schiedsrichters), »eine unglückliche Maßnahme« (des Trainers) usw.
Union, Bund, Vereinigung; in einigen Ländern gebräuchl. Vereinsbezeichnung, z. B. 1. FC U. Berlin, U. St. Gilloise Brüssel.
Union Europäischer Fußball-Trainer → UEFT.
Union Schweizer Fußball-Trainer → USFT.
Union St. Gilloise, Belgien: → Brüssel [3].
United [engl., zu united, »vereinigt«], Vereins-Bez. in Großbritannien, z. B. Manchester U., Dundee U.
Universalspieler, svw. → Allroundspieler.
Universidad Católica, Chile: → Santiago de Chile [2].
Universidad de Chile, Chile: → Santiago de Chile [3].
»unkontrollierte Defensive«, »Abwehr-Tohuwabohu«; von einem übermächtigen Gegner aufgezwungene takt. Abwehr-»Variante«, die durch planloses Umherirren im eigenen Strafraum bzw. in Strafraumnähe (»jeder sucht jeden«) gekennzeichnet ist; chaot. Deckungsverhalten mit katastrophalen Folgen (Gegentore). – Die »u. D.« ist das Gegenstück zur → »kontrollierten Offensive«.

»unkontrollierter Befreiungsschlag«, der →»Notschlag«.

»unmotiviert«, d.h. unbegründet, ist z.B. ein riskantes Rückspiel zum Torhüter, wenn sich hierbei ein gegner. Angreifer einschalten kann.

unorthodoxe Spielweise, nicht starre Spielweise; beinhaltet keine Schablonenhaftigkeit (System, Positionen), Abgehen vom Herkömmlichen, Ausprobieren neuer (takt.) Varianten und Mut zum Risiko.

Unparteiischer, svw. → Schiedsrichter.

unsportlich, svw. → unfair.

Unterhaching, SpVgg (Spielvereinigung Unterhaching), Deutschland (Bayern), gegr. am 1. Januar 1925; Bundesliga 1999–2001; Zweite Bundesliga 1989/90, 1992/93, 1995–99, 2001/02, 2003–06; Spielkleidung: Rot/Blau/Blau; Stadion: Generali-Sportpark, 15053 Plätze (bis 2004: Stadion am Sportpark). – INTERNET: www.spvggunterhaching.de

Spieler (Auswahl): A. Ahanfouf – C. Akonnor – S. Allievi – M. Bender – D. Bierofka – T. Broich – F. Copado – S. Curri – N. Frommer – M. Haber – S. Helbig – H. Herzog – L. Kögl – M. Maric – R. Maurer – M. Oberleitner – U. Rösler – A. Rraklli – J. Seitz – L. Sippel – T. Sobotzik – M. Stevic – G. Tremmel. – **Trainer** (Auswahl): A. Brehme – H. Deutinger – W. Entenmann – W. Frank – R. Hasenhüttl – L.-G. Köstner – J. Sundermann.

unterklassig, einer niedrigen Spielklasse angehörend.

Unterlaufen, 1) Niederbücken vor dem Gegner im Zweikampf, um ihn beim Sprung zu behindern; wird mit direktem Freistoß geahndet. – **2)** U. des Balles; als Torhüter beim Sprung einen hohen Flankenball falsch berechnen und somit verfehlen (zu früher bzw. zu später Absprung, schlechtes Distanzieren); unter den Ball »tauchen«.

Unterliga, Österreich: in einigen Bundesländern untere Spielklasse: in Wien die zweite Spielklasse (nach der Wiener Liga), ebenso in Kärnten (nach der Kärntner Liga) und in der Steiermark (nach der Landesliga), in Niederösterreich die vierte Spielklasse (nach der Oberliga).

Untersiebenbrunn, SC, eigtl. »SC InterWetten.com« (Sportclub InterWetten.com), Österreich (Niederösterreich), gegr. 1932; Spielkleidung: Rot-Weiß/Weiß/Rot; Stadion: Marchfeldstadion, 4500 Plätze. – INTERNET: www.sc-interwetten.com

Spieler (Auswahl): F. Wohlfahrt. – **Trainer** (Auswahl): P. Stöger – H. Weber.

Unterverband, Fußballverband auf regionaler Ebene, der dem Landesverband unterstellt ist.

»Unterzahlspiel«, Fortsetzung des Spieles bei zahlenmäßiger Unterlegenheit einer Mannschaft in der verbleibenden Spielzeit, nachdem ein Spieler des Feldes verwiesen wurde; numerisch ist das Team von da an um 10 % geschwächt (10 Feldspieler = 100 %). Von einem »Überzahlspiel« der anderen Mannschaft sollte man dagegen nicht sprechen, da diese lediglich vollzählig weiterspielt, nicht aber mit einem zusätzl. Spieler.

Urawa Red Diamonds, Japan (Urawa [eingemeindet in Saitama]), gegr. 1950 als Mitsubishi Heavy Industries FC, 1990–92 Mitsubishi Motors FC, seitdem Urawa Red Diamonds; Spielkleidung: Rot /Weiß/Schwarz; Stadion: Urawa Komaba, 21500 Plätze bzw. Saitama Soccer Stadium, 67000 Plätze. – INTERNET: www.urawa-reds.co.jp

Spieler (Auswahl): Ö. Alpay – U. Bein – B. Boli – G. Buchwald – Edmundo –T. Maric – A. Nijhuis – S. Ono – R. Ponte – U. Rahn – M. Rummenigge – N. Zelic. – **Trainer** (Auswahl): G. Buchwald – A. de Mos – W. Jansen – H. Köppel – H. Osieck – H. Wohlers.

Urban, 1) Adolf, dt. Angriffsspieler, *9. Januar 1914, †23. Mai 1943 (gefallen); 1926–43 FC Schalke 04; 21 Länderspiele (1935–42; 11 Tore); olymp. Fußballturnier 1936; Mitglied der →»Breslauer Elf«; spielte repräsentativ für Westfalen. – **2)** Ivo, ein tschech. Halbstürmer, *7. Mai 1931 Prag; 1942–52 Slavia Prag, 1952–63 Dukla Prag, 1963/64 TJ Dynamo Prag; 4 Länderspiele für die Tschechoslowakei (1956).

Klaus Urbanczyk

Urbanczyk, Klaus, dt. Trainer, *4. Juni 1940 Halle (Saale); war Abwehrspieler: 1948–71 SV Turbine Halle, SC Chemie Halle-Leuna bzw. Hallescher FC Chemie; 250 Oberligaspiele (12 Tore); 34 Länderspiele (1961–69); olymp. Fußballturnier 1964; in der DDR Fußballer des Jahres 1964 und Sportler des Jahres 1964. – Später Trainer: 1973–75 Hallescher FC Chemie, 1975/76 FC Rot-Weiß Erfurt, 1976–82 1. FC Magdeburg (PS 1978, 1979), 1982–84 Hallescher FC Chemie, 1984/85 BSG Chemie Wolfen, 1992–94 Hallescher FC, 1994/95 FSV Lok Altmark Stendal.

Urbanek, Johann (»Hans«), österr. Mittelfeldspieler (Läufer), *10. Oktober 1910 Wien (verstorben); 1920–44 Admira Wien; 15 Länderspiele für Österreich (1931–36), eins für Deutschland (1941)

nach Annexion Österreichs; WM-Endrunde 1934.

URBSFA, Abk. für **U**nion **R**oyale **B**elge des **S**ociétés de **F**ootball **A**ssociation, den Fußballverband von → Belgien.

Uridil, Josef (»Pepi«), österr. Trainer, *24. Dezember 1895 Wien, † 20. Mai 1962 ebd.; war Angriffsspieler: 1904–12 Romania Wien, 1912–16 Blue Star Wien, 1917–25 Rapid Wien, 1925/26 Vienna Wien, 1926/27 Rapid Wien, 1927/28 Wiener AC, 1929/30 US Bari (Italien); 8 Länderspiele (1919–26; 8 Tore). – Später Trainer: 1933/34 Rumänien (Nationalmannschaft; WM-Endrunde 1934), später Rot-Weiss Essen, Jahn Regensburg und 1953/54 Rapid Wien (LM 1954).

»Pepi« Uridil
»I sog nur ans: Die san 11 Leit', ihr seid's 11 Leit', und jetzt geht's hin und haut's eahna 5 Trümmer eini!«

»Ur-Länderspiele«, Bez. für 5 Begegnungen zw. dt. und engl. Auswahlmannschaften, die vor dem ersten offiziellen dt. Länderspiel (am 5. April 1908 gegen die Schweiz) ausgetragen und jeweils überaus deutlich von den Engländern gewonnen wurden.

»Ur-Länderspiele«
23. November 1899 in Berlin: 2:13
24. November 1899 in Berlin: 2:10
28. November 1899 in Karlsruhe: 0:7
13. September 1901 in London: 0:12
15. September 1901 in London: 0:10

Uruguay, Republik an der Ostküste von Südamerika, 176 220 km², 3,413 Mio. Ew; Verband: Asociación Uruguaya de Fútbol, Abk. AUF, gegr. 1900, Sitz: Montevideo; Mitglied der FIFA seit 1923, der CONMEBOL seit 1916; Spielkleidung: Himmelblau-Schwarz/Schwarz-Himmelblau/Schwarz- Himmelblau. – Erfolge: Weltmeister 1930, 1950, Olympiasieger 1924, 1928, Südamerikameister 1916, 1917, 1920, 1924, 1926, 1935, 1942, 1956, 1959, 1967, 1983, 1987, Copa América 1995. – INTERNET: www.auf.org.uy

USA, Abk. für **U**nited **S**tates of **A**merica, Staat in Nordamerika, 9,629 Mio. km², 290 343 Mio. Ew.; Verband: US Soccer Federation, Abk. USSF, gegr. 1913, Sitz: New York; Mitglied der FIFA seit 1914, der CONCACAF seit 1961; Spielkleidung: Weiß/Blau/Weiß. – Erfolge: Weltmeister 1991 (Frauen), 1999 (Frauen), Olympiasieger 1996 (Frauen), 2004 (Frauen), CONCACAF-Meister 1991, 2002. – INTERNET: www.ussoccer.com

Usbekistan, Republik in Zentralasien, 447 400 km², 25,982 Mio. Ew.; Verband: Uzbekistan Football Federation, Abk. UFF, gegr. 1946, Sitz: Taschkent; Mitglied der FIFA und der AFC seit 1994; Spielkleidung: Weiß. – INTERNET: www.uzfootball.com

USFT, Abk. für **U**nion **S**chweizer **F**ußball-**T**rainer, gegr. 1980, Sitz: Basel. Unabhängige, politisch und konfessionell neutrale Vereinigung, die die Position ihrer Interessen und Rechte gegenüber Behörden, Verbänden und Vereinen sowie in den europ. Verbandsgremien wie UEFA und UEFT vertritt. Vorrangige Aufgaben der USFT sind Aus- und Weiterbildung der Trainer sowie der Ausbau der Arbeit im Schüler- und Juniorenbereich. – INTERNET: www.usft.ch

USSF, Abk. für **US S**occer **F**ederation, den Fußballverband der → USA.

USVISA, Abk. für **USVI S**occer **A**ssociation, den Fußballverband der Virgin Islands of the United States (→ Jungferninseln).

Utrecht, FC (Football Club), Niederlande, gegr. 1901 als Utrechste AVV DOS, 1965–70 DOS Utrecht bv, 1970 Fusion mit UVV Elinkwijk und Velox Utrecht zu FC Utrecht; Spielkleidung: Rot/Weiß/Rot; Stadion: Nieuw Galgenwaard, 21 072 Plätze. – INTERNET: www.fcutrecht.nl

Spieler (Auswahl): J. Adriaanse – D. Advocaat – W. Rijsbergen – W. Smolarek – M. van Basten – J. van Breukelen – G. M. Vanenburg – W. van Hanegem – J. Wouters. – **Trainer** (Auswahl): Z. Čajkovski – P. Schrijvers.

V

»Vabanquespiel«, letzte (verzweifelte) takt. Maßnahme des Trainers während des Spiels, die hohes Risiko bedeutet und mit der er ein Wagnis eingeht. Sie ist so zu verstehen, dass er z. B. bei eigenem Rückstand in der Schlussviertelstunde 2 Angreifer gegen 2 Abwehrspieler einwechselt, d. h. auf »totale Offensive« setzt. Dies kann sich auch (deshalb »V.«) als »Schuss nach hinten« auswirken, indem der Gegner nunmehr bei Kontern ein Übergewicht im Angriff aufweist und so relativ leicht zu weiteren Toren kommen kann.

Vaduz, FC (Fußballclub Vaduz), Liechtenstein (spielt in der schweizer. Liga), gegr. am 31. Dezember 1931; Spielkleidung: Weiß; Stadion: Rheinpark Stadion, 4548 Plätze. – INTERNET: www.fcvaduz.li

Trainer (Auswahl): M. Andermatt.

VAE, Abk. für →**V**ereinigte **A**rabische **E**mirate.

Ferruccio Valcareggi

Valcareggi, Ferruccio, italien. Trainer, * 12. Februar 1919 Triest, † 2. November 2005 Florenz; war Mittelfeldspieler (Läufer): 1934–40 ASPE Trieste, 1940–45 FC Florenz, 1945–47 FC Bologna, 1948/49 AC Vicenza, 1949–51 US Lecce, 1951/52 AC Brescia, 1952/53 US Pombino. – Später Trainer: 1954/55 US Pombino, 1956/57 AC Prato, 1959–62 Atalanta Bergamo, 1966–74 Italien (Nationalmannschaft, 1966/67 gemeinsam mit H. →Herrera; Europameister 1968, WM-Endrunde 1970, 1974), 1975–78 Hellas Verona, 1978/79 AS Rom, 1985–91 Italien. Fußballverband (Nachwuchs).

Valdano, Jorge, argentin. Trainer, * 4. Oktober 1955 Las Parejas; war Angriffsspieler: 1972–75 Newell's Old Boys, 1975–79 CD Aláves, 1979–81 Real Saragossa, 1981–86 Real Madrid; 22 Länderspiele;

WM-Endrunde 1982, 1986 (Weltmeister). – Später Trainer: 1988–92 Real Madrid (Jugend), 1992–94 CD Tenerife, 1994–96 Real Madrid (LM 1995), 1996/97 CF Valencia.

Valderrama, Carlos Alberto, kolumbian. Mittelfeldspieler, * 2. September 1961 Santa Maria; bis 1984 Millonarios Bogotá, 1985–88 Deportiva Cali, 1988–90 Montpellier Pallaide SC, 1990–92 Real Valladolid CF, 1992 Independiente Medellin, 1993/93 Nacional Medellin, 1993–96 Atlético Junior (Kolumbien), 1996/97 Tampa Bay Mutiny (USA), 1998/99 Miami Fusion, 1999–2001 Tampa Bay Mutiny, 2001/02 Colorado Rapids (USA); 38 Länderspiele; WM-Endrunde 1990, 1994, 1998; Südamerikas Fußballer des Jahres 1987.

Valdez, Nelson Haedo, paraguay. Angriffsspieler, * 28. November 1983 Caaguazú; bis 2001 Atlético Tembetary, 2001–06 SV Werder Bremen; 61 Bundesligaspiele (15 Tore); 6 Länderspiele (seit 2004; 1 Tor).

Valencia, Spanien, **1) CF Valencia**, eigtl. »Valencia CF« (Valencia Club de Fútbol), gegr. 1919 als Valencia FC, seit 1940 Valencia CF; Spielkleidung: Weiß/Schwarz/Weiß-Schwarz; Stadion: Mestalla, 49 376 Plätze. – Internationale Erfolge: EC II 1980, UEFA-Pokal 2004, Messepokal 1962, 1963, (Europa-)Supercup 1980. – INTERNET: www.valenciacf.es

Spieler (Auswahl): R. Ayala – R. Baraja – R. Bonhof – M. A. Caneira – J. Carew – D. Deschamps – K. Jara – M. Kempes – P. Kluivert – Leonardo – C. López – R. Madjer – C. Marchena – G. Mendieta – P. Mijatovic – A. Ortega – L. Penev – N. Rep – Romário – D. Villa – F. Wilkes – A. Zubizarreta Urreta. – **Trainer** (Auswahl): R. Benitez Maudes – H. Cuper – A. di Stéfano – G. Hiddink – C. Parreira – C. Ranieri – J. Valdano.

2) UD Levante, eigtl. »Levante UD« (Levante Unión Deportivo), gegr. 1909 als Levante FC, 1915 Fusion mit Gimnástico CF Valencia zu UD Levante-Gimnástico Valencia, seit 1941 Levante UD; Spielkleidung: Blau-Rot/Blau/Blau; Stadion: Estadio »Ciudad de Valencia«, 25 354 Plätze. – INTERNET: www.levanteud.es

Spieler (Auswahl): F. Celestini – J. Cruyff – P. Mijatovic. – **Trainer** (Auswahl): B. Schuster.

Valencia, Adolfo José Mosquera, kolumbian. Angriffsspieler, * 6. Februar 1968 Buenaventura; 1984–93 Independiente Santa Fé (Bogotá), 1993/94 FC Bayern München, 1994/95 Atlético Madrid, 1995/96 Independiente Santa Fé, 1996/97 AC Reggiana, 1997/98 América Cali, 1998/99 Independiente Medellin, 1999 PAOK Saloniki, 2000/01 New York MetroStars, 2002 Independiente Santa Fé, 2002 UA Maracaibo (Venezuela); 26 Bundesligaspiele (11 Tore); 27 Länderspiele; WM-Endrundenteilnehmer 1994, 1998.

Valkeakoski, Haka, eigtl. »FC Haka Valkeakoski« (Football Club Haka Valkeakoski), Finnland, gegr. 1932 als Haka Valkeakoski, seit 1991 FC Haka Valkeakoski; Spielkleidung: Weiß/Schwarz/Weiß; Stadion: Tehtaankenttä, 6400 Plätze. – INTERNET: www.fchaka.fi

Spieler (Auswahl): J. Peltonen.

Valladolid, Real, eigtl. »Real Valladolid CF« (Real Valladolid Club de Fútbol), Spanien, entstand 1928 durch Fusion von Real Unión Deportiva und CD Español Valladolid; Spielkleidung: Violett/Weiß/Violett; Stadion: Estadio »Nuevo José Zorrilla«, 26 000 Plätze. – INTERNET: www.realvalladolid.es

Spieler (Auswahl): R. Baraja – C. Blanco – F. Hierro – R. Higuita – A. Ramallets – C. Valderrama. – **Trainer** (Auswahl): R. Benitez Maudes – H. Herrera – D. F. Klimowicz – F. Maturana.

Valletta, Malta, **1) FC Floriana,** eigtl. »Floriana FC« (Floriana Football Club), gegr. 1900; Spielkleidung: Grün-Weiß/Weiß/Weiß; Stadion: Empire Stadium, 14 000 Plätze. – INTERNET: www.florianafc.com

2) FC Valletta, eigtl. »Valletta FC« (Valletta Footall Club), gegr. 1909 als Valetta United FC, 1932–39 Valetta City FC, 1939–44 Valetta Saint Paul's AFT, seitdem Valletta FC; Spielkleidung: Weiß; Stadion: Ta 'Qali, 25 000 Plätze. – INTERNET: www.vallettafc.com

van Basten, Marco, niederländ. Trainer, *31. Oktober 1964 Utrecht; war Angriffsspieler (Mittelstürmer); 1970–82 FC Utrecht, 1982–87 Ajax Amsterdam, 1987–93 AC Mailand; 58 Länderspiele (24 Tore); WM-Endrunde 1990; EM-Endrunde 1988 (Europameister), 1992; Weltfußballer des Jahres 1988, 1989, 1992; Europas Fußballer des Jahres 1988, 1989, 1992; in den Niederlanden Fußballer des Jahres 1985; Europas Torschützenkönig 1986 (37). – Später Trainer: 2002–04 Ajax Amsterdam (Jugend, Reserve), 2004–06 Niederlande (Nationalmannschaft).

Marco van Basten

van Bommel, Mark, niederländ. Mittelfeldspieler, *22. April 1972 Maasbracht; 1992–99 Fortuna Sittard, 1999–2005 PSV Eindhoven, 2005/06 FC Barcelona; 34 Länderspiele; EM-Endrunde 2004; in den Niederlanden Fußballer des Jahres 2001, 2005.

van Breukelen, Johannes (»Hans«), niederländ. Torhüter, *4. Oktober 1956 Utrecht; 1964–75 BVC De Bilt, 1975–82 FC Utrecht, 1982–84 Nottingham Forest, 1984–94 PSV Eindhoven; 73 Länderspiele (1980–92); WM-Endrunde 1990; EM-Endrunde 1980, 1988 (Europameister), 1992.

van Buyten, Daniel, belg. Abwehrspieler, *7. Februar 1978 Chimay; 1986–91 JS Froidchapelle, 1991–93 Olympic Charleroi, 1993/94 UBS Auvelais, 1994–97 FC Somzée, 1997–99 Sporting Charleroi, 1999–2001 Standard Lüttich, 2001–04 Olympique Marseille, 2004 Manchester City, 2004–06 Hamburger SV; 48 Bundesligaspiele (6 Tore); 31 Länderspiele (3 Tore); WM-Endrunde 2002.

van de Kerkhof, 1) Reinier Lambertus (»René«), niederländ. Angriffsspieler, *16. September 1951 Helmond, Zwillingsbruder von 2); 1965–71 MULO Helmond, 1971–74 FC Twente, 1974–83 PSV Eindhoven, 1983/84 Apollon Athen, 1984/85 Seiko Hongkong, 1985–89 Helmond Sport; 47 Länderspiele (1973–82; 5 Tore); WM-Endrunde 1974, 1978; EM-Endrunde 1976, 1980. – **2)** Wilhelmus Antonius (»Willy«), niederländ. Mittelfeldspieler, Zwillingsbruder von 1); Mittelfeldspieler; 1965–71 MULO Helmond, 1971–74 FC Twente, 1974–87 PSV Eindhoven; 63 Länderspiele (1974–85; 5 Tore); WM-Endrunde 1974 (nicht eingesetzt), 1978; EM-Endrunde 1976, 1980.

Vandenbergh, Erwin, belg. Angriffsspieler, *26. Januar 1959 Ramsel; 1977–82 Lierse SK, 1982–86 RSC Anderlecht, 1986–89 OSC Lille, 1990–92 AA Gent; 41 Länderspiele (13 Tore); WM-Endrunde 1982, 1986; EM-Endrunde 1980, 1984; Europas Torschützenkönig 1980 (39).

Vander, Christian, dt. Torhüter *24. Oktober 1980 Willich (Nordrhein-Westfalen); bis 1996 Borussia Mönchengladbach, 1996–2000 KFC Uerdingen, 2000–05 VfL Bochum, 2005/06 SV Werder Bremen; 19 Bundesligaspiele.

van der Elst, 1) François (»Frans«), belg. Mittelfeldspieler, *7. Dezember 1954; 1968–80 RSC Anderlecht, 1980/81 Cosmos New York, 1982/83 West Ham United, 1983–89 RSC Anderlecht; 44 Länderspiele; WM-Endrunde 1982; EM-Endrunde 1980. – **2)** Frank (»Franky«), belg. Mittelfeldspieler, *30. April 1961 Ninove; 1974–76 FC Amsterdam, 1976–84 RWD Molenbeck, 1984–99 FC Brügge; 80 Länderspiele (1984–98); WM-Endrunde 1986, 1990, 1994; in Belgien Fußballer des Jahres 1990, 1996. – Später Trainer: 2001–03 GB Antwerpen, 2003/04 SC Lokeren.

van der Sar, Edwin, niederländ. Torhüter, *29. Oktober 1970 Voorhout; 1978–88 Foreholte Voorhout, 1988–90 VV Noordwijk, 1990–99 Ajax Amsterdam, 1999–2001 Juventus Turin, 2001–05 FC Fulham, 2005/06 Manchester Unted; 105 Länderspiele (seit 1994); WM-Endrunde 1994 (nicht eingesetzt), 1998; EM-Endrunde 1996, 2000, 2004.

Rafael van der Vaart

van der Vaart, Rafael, niederländ. Mittelfeldspieler, *11. Februar 1983 Heemskerk; 1887–93 De Kennemers Beverwijk, 1993–2005 Ajax Amsterdam, 2005/06 Hamburger SV; 12 Bundesligaspiele (6 Tore); 30 Länderspiele (seit 2001; 4 Tore).

van Duijnhoven, Rein, niederländ. Torhüter, *5. September 1967 Nuenen; 1972–87 RKSV Nuenen, 1987/88 Helmond Sport, 1988–90 LONGA Tilburg, 1990–94 Helmond Sport, 1994–99 MVV Maastricht, 1999–2006 VfL Bochum; 119 Bundesligaspiele.

Vanenburg, Gerald Merwin, niederländ. Trainer, *5. März 1964 Amsterdam; war Mittelfeldspieler: 1978–86 Ajax Amsterdam, 1986–93 PSV Eindhoven, 1993–96 Júbilo Iwata, 1996/97 FC Utrecht, 1997/98 AS Cannes, 1998–2000 TSV München 1860; 43 Bundesligaspiele (2 Tore); 42 Länderspiele (1 Tor); WM-Endrunde 1990; Europameister 1988. – Später Trainer: 2000/01 PSV Eindhoven (2000 Jugend, 2001 Trainerassistent), 2004 TSV München 1860.

van Gaal, Louis, niederländ. Trainer, *8. August 1951 Amsterdam; 1987 AZ Alkmaar (Trainerassistent), 1988–91 Ajax Amsterdam (Jugend, Trainerassistent), 1991–97 Ajax Amsterdam, 1997–2000 FC Barcelona, 2000–02 Niederlande (Nationalmannschaft), 2002/03 FC Barcelona, 2003/04 Ajax Amsterdam (Sportdirektor), 2005/06 AZ Alkmaar.

L. van Gaal: Erfolgsstationen (Auswahl)	
Ajax Amsterdam	LM 1994, 1995, 1996 PS 1993 CL 1995 EC III 1992
FC Barcelona	LM 1998, 1999 PS 1998

van Galen, Barry, niederländ. Mittelfeldspieler, *4. April 1970 Haarlem; 1991–93 FC Haarlem, 1993–96 Roda JC Kerkrade, 1996/97 NAC Breda, 1997–2006 AZ Alkmaar; 1 Länderspiel (2004).

van Hanegem, Wilhelmus (»Wim«), niederländ. Trainer, *20. Februar 1944 Breskens; war Mittelfeldspieler: 1958–68 Xerxes DHC, 1968–76 Feyenoord Rotterdam, 1976–78 AZ Alkmaar, 1979 Chicago Sting, 1979 FC Utrecht, 1980–83 Feyenoord Rotterdam, 1983/84 Chicago Sting; 52 Länderspiele (1968–79; 6 Tore); WM-Endrunde 1974; EM-Endrunde 1976. – Später Trainer: 1984–86 Feyenoord Rotterdam (Trainerassistent), 1986–89 FC Utrecht (Trainerassistent), 1990/91 FC Wageningen (Trainerassistent), 1991/92 KNVB (Amateure), 1992–95 Feyenoord Rotterdam (LM 1993, PS 1994, 1995), 1995/96 Al-Hilal (Saudi-Arabien; LM 1995), 1997–99 AZ Alkmaar, 200/01 Sparta Rotterdam.

van Heel, Gerardus Henricus (»Pukk«), niederländ. Mittelfeldspieler (Läufer), *21. Januar 1904 Rotterdam, † 18. Dezember 1984; 1924–39 Feyenoord Rotterdam; 64 Länderspiele (1925–38); WM-Endrunde 1934, 1938.

van Himst, Paul, belg. Trainer, *2. Oktober 1943 St. Pieters Leeuw; war Angriffsspieler: 1953–75 RSC Anderlecht, 1975/76 RWD Molenbeek, 1976/77 Eendracht Aalst; 81 Länderspiele (1960–74; 29 Tore); WM-Endrunde 1970; EM-Endrunde 1972; in Belgien Fußballer des Jahres 1960, 1961, 1965, 1974. – Später Trainer: 1982–87 RSC Anderlecht (EC III 1983, LM 1985), 1987–89 RWD Molenbeek, 1991–96 Belgien (Nationalmannschaft; WM-Endrunde 1994).

van Himst

van Hoogdalem, Marco, niederländ. Abwehrspieler, *23. Mai 1972 Gorinchem; 1977–89 SVW Gorinchem, 1989–93 RKC Waalwijk, 1993–96 Roda JC Kerkrade, 1997–2003 FC Schalke 04, 2004 Roda JC Kerkrade, 2004–06 FC Schalke 04; 151 Bundesligaspiele (10 Tore).

van Hooijdonk, Pierre, niederländ. Angriffsspieler, *29. November 1969 Steenbergen; 1989–91 RBC Roosendaal, 1991–94 NAC Breda, 1995–97 Celtic Glasgow, 1997–99 Nottingham Forest, 1999/2000 Vitesse Arnheim, 2000/01 Benfica Lissabon, 2001–03 Feyenoord Rotterdam, 2003–05 Fenerbahce Istanbul, 2005 NAC Breda, 2006 Feyenoord Rotterdam; 42 Länderspiele (1998–2005); WM-Endrunde 1998; EM-Endrunde 2000 (nicht eingesetzt), 2004; in den Niederlanden Fußballer des Jahres 2002.

van Kerckhoven, Nicolas (»Nico«), belg. Abwehrspieler, *14. Dezember 1970 Lierse; bis 1990 FC Lint, 1990–98 Lierse SK, 1998–2004 FC Schalke 04, 2004/05 Borussia Mönchengladbach, 2005/06 KVC Westerlo; 153 Bundesligaspiele (5 Tore); 42 Länderspiele; WM-Endrunde 1998, 2002; EM-Endrunde 2000.

van Lent, Arie, dt. Angriffsspieler niederländ. Herkunft, *31. August 1970 Opheusden (Niederlande); 1990–93 SV Werder Bremen, 1993/94 VfB Oldenburg, 1994–98 SV Werder Bremen, 1998/99 SpVgg Greuther Fürth, 1999–2004 Borussia Mönchengladbach, 2004/05 Eintracht Frankfurt, 2006 Rot-Weiss Essen; 117 Bundesligaspiele (27 Tore).

van Marwijk, Bert, niederländ. Trainer, *19. Mai 1952 Deventer; war Angriffsspieler: 1969–75 Go Ahead Eagles Deventer, 1975–79 AZ'67 Alkmaar, 1979–87 MVV Maastricht, 1987/88 Fortuna Sittard, 1988 FC Assent (Belgien); 390 Ehrendivisionspiele (48 Tore); 1 Länderspiel. – Später Trainer: 1990/91 FC Herderen (Belgien), 1991–95 RKVCL Limmel (Niederlande), 1995–97 SV Meerssen (Niederlande), 1997–2001 Fortuna Sittard, 2001–04 Feyenoord Rotterdam (UEFA-Pokal 2002), 2004–06 Borussia Dortmund.

B. van Marwijk
»Aus meiner aktiven Zeit habe ich mir gemerkt, dass die Spieler verstehen müssen, dass der Trainer sie versteht.«

van Moer, Wilfried, belg. Mittelfeldspieler, *1. Februar 1945 Beveren; 1955–65 SK Beveren-Waas, 1965–68 Antwerp FC, 1968–76 Standard Lüttich, 1976–79 FC Beringen, 1979–82 SK Beveren-Waas, 1982/83 VV St. Truiden (Spielertrainer); 57 Länderspiele (1966–82; 13 Tore); WM-Endrunde 1970, 1982; EM-Endrunde 1972, 1980; in Belgien Fußballer des Jahres 1966, 1969, 1970.

van Nistelrooy, Ruud, niederländ. Angriffsspieler, *1. Juli 1976 Oss; 1982–90 Nooit Gedacht Geffen, 1990–93 RKSV Margriet, 1993–97 FC Den Bosch, 1997/98 SC Heerenveen, 1998–2001 PSV Eindhoven, 2001–06 Manchester United; 46 Länderspiele (seit 1998; 25 Tore); EM-Endrunde 2004; in den Niederlanden Fußballer des Jahres 1998, 1999, 2000.

Bert van Marwijk

Ruud van Nistelrooy

van Ravens, Laurens, niederländ. Schiedsrichter, *18. September 1922 Schiedam; seit 1966 FIFA-Referee; WM-Endrunde 1970; EC II-Finale 1969, erstes Messepokalfinale 1971, zweites EC III-Finale 1972.

Vanuatu, Republik in Ozeanien, umfasst die Neuen Hebriden, 12 220 km², 199 400 Ew.; Verband: Vanuatu Football Federation, Abk. VFF, gegr. 1934, Sitz: Vila (auf Efate); Mitglied der FIFA und der OFC seit 1988; Spielkleidung: Gold-Schwarz/Schwarz/Gold-Schwarz.

Varaždin, Varteks, eigtl. »NK Varteks Varaždin« (Nagometni Klub Varteks Varaždin), Kroatien, gegr. 1930 als SK Slavija Varaždin, seit 1991 NK Varteks Varaždin; Spielkleidung: Blau/Weiß/Weiß; Stadion: Varteksa, 10 000 Plätze.

Spieler (Auswahl): M. Topic – D. Vugrinec. – **Trainer** (Auswahl): M. Blazevic.

Varela, Gustavo Antonio Rodriguez, uruguay. Mittelfeldspieler, *14. Mai 1978 Las Flores; 1995–97 Colon Montevideo, 1998–2002 Nacional Montevideo, 2002–06 FC Schalke 04; 48 Bundesligaspiele (5 Tore); 18 Länderspiele; WM-Endrunde 2002.

Varga, Zoltán, ungar. Mittelfeldspieler, *1. Januar 1945 Val; 1961–68 Ferencvaros Budapest, 1968/69 Standard Lüttich, 1969–72 Hertha BSC, 1972/73 FC Aberdeen, 1973/74 Ajax Amsterdam, 1974–76 Borussia Dortmund, 1976/77 FC Augsburg; 34 Bundesligaspiele (9 Tore); 13 Länderspiele; WM-Endrunde 1966 (nicht eingesetzt); Europapokal der Nationen 1964 (nicht eingesetzt). – Später Trainer: 2002–04 FC ETO Györy.

Varna, Spartak, eigtl. »FK Spartak Varna« (Fudbalski Klub Spartak Varna), Bulgarien, gegr. 1918 als Bulgarski Sokol Varna, 1924 Fusion mit Schipka Varna zu Schipenski Sokol Varna, 1945 Fusion mit Levski Varna und Rakovski Varna zu Spartak Varna, 1949–56 Spartak Stalin, 1956–69 Spartak Varna, 1969 Fusion mit Lokomotiv Varna zu ZSK Spartak Varna, seit 1986 FK Spartak Varna; Spielkleidung: Blau/Weiß/Blau; Stadion: Spartak, 12 000 Plätze. – INTERNET: www.spartakvarna.com

Varzim, SC, eigtl. »Varzim SC« (Varzim Sport Clube), Portugal (Póvoa de Varzim), gegr. 1915; Spielkleidung: Weiß-Schwarz/Schwarz; Stadion: Estádio Varzim Sport Clube, 11 000 Plätze. – INTERNET: www. Varzimsportclub.com

Spieler (Auswahl): Rui Barros – Zé António. – **Trainer** (Auswahl): J. A. Torres.

Vasco da Gama, CR, Brasilien: → Rio de Janeiro [4].

Vasovic, Velibor, serb. Trainer, *3. Oktober 1939 Belgrad; war Mittelfeldspieler: 1957–63 Partizan Belgrad, 1963/64 Roter Stern Belgrad, 1964/65 Partizan Belgrad, 1966–71 Ajax Amsterdam; 31 Länderspiele für Jugoslawien (1961–66; 1 Tor). – Später Trainer: 1972–74 Partizan Belgrad, 1974/75 SCO Angers, 1975/76 und 1979–80 Paris Saint-Germain, 1981–83 Zamalek SC Kairo, 1983–86 Ethnikos Piräus, 1986–88 Roter Stern Belgrad, 1989–91 AC Bellinzona.

Vastic, Ivica, österr. Angriffsspieler kroat. Herkunft, *29. September 1969 Spalato (Kroatien); 1991/92 Vienna Wien, 1992 FCN St. Pölten, 1993 VfB Mödling, 1994 MSV Duisburg, 1994–2002 Sturm Graz, 2002/03 Nagoya Grampus Eight, 2003–05 Austria Wien, 2005/06 LASK Linz; 46 Länderspiele (seit 1996; 12 Tore); WM-Endrunde 1998; in Österreich Fußballer des Jahres 1995, 1998, 1999; in Österreich Torschützenkönig 2000 (32).

Vata, Fatmir, alban. Mittelfeldspieler, *20. September 1971 Rreshen; 1997/98 NK Samobor, 1998 FC Vukovar, 1999 Slaven Belupo Koprivnica sowie FC Vukovar, 2000/01 Waldhof Mannheim, 2001–06 Arminia Bielefeld; 65 Bundesligaspiele (5 Tore); 17 Länderspiele.

Vautrot, Michel, frz. Schiedsrichter, *23. Oktober 1945 Antorpe; seit 1970 Schiedsrichter, seit 1972 1. Division, seit 1975 FIFA-Schiedsrichter; WM-Endrunde 1982, 1990; EM-Endrunde 1984, 1988 (Finale); U 20-WM 1977 (Finale); erstes EC III-Finale 1985, EC I-Finale 1986; Weltpokal 1988; Weltschiedsrichter des Jahres 1988, 1989.

Vavá, eigtl. »Edvaldo Izidio Neto«, brasilian. Angriffsspieler (Mittelstürmer), *12. November 1934 Recife, †19. Januar 2002 Tijuca (zu Rio de Janeiro); 1949–52 EC Recife, 1952–58 Vasco da Gama Rio de Janeiro, 1958/59 FC Elche, 1959–61 Atlético Madrid, 1961–64 Palmeiras São Paulo, 1964–67 CF América, 1967 Portuguesa São Paulo, 1968 San Diego Soccers (USA), 1970; 22 Länderspiele (1955–64; 15 Tore); Weltmeister 1958, 1962.

Växjö, Schweden: → Östers Växjö.

VDV, Abk. für **V**ereinigung **d**er **V**ertragsfußballspieler, Berufsverband für (auch ehemige) Aktive der Bundesliga, Zweiten Bundesliga, Regional- und Oberliga sowie der Frauenbundesliga; Sitz: Duisburg; gegr. 1987 als Solidargemeinschaft zur Wahrnehmung der Spielerinteressen gegenüber dem Dt. Fußball-Bund (DFB) und den Vereinen. Aufgabenbereiche (u. a.): Laufbahnberatung und Berufsplanung (nach der aktiven Zeit), Transferstelle, Versorgungswerk als soziale Altersvorsorge, Nachwuchsförderung, Medienschulungen. Die VDV zählt (2006) ca. 1000 Mitglieder. Eine internationale Zusammenarbeit besteht mit der → FIFPro. – INTERNET: www.spielergewerkschaft.de

VDV
Präsident
F. Gothe (*1962)
Vizepräsidenten
C. Metzelder (Borussia Dortmund)
C. Ramelow (Bayer 04 Leverkusen)
Spielerrat
Bundesliga
M. Hain (Arminia Bielefeld)
S. Kehl (Borussia Dortmund)
J. Nowotny (Bayer 04 Leverkusen)
Zweite Bundesliga
T. Judt (Kickers Offenbach)
A. Klitzpera (Alemannia Aachen)
Regionalliga
M. Feldhoff (VfL Osnabrück)
M. Knackmuß (FC Augsburg)

Veh, Armin, dt. Trainer, *1. Februar 1961 Augsburg; war Mittelfeldspieler: 1979–83 Borussia Mönchengladbach, 1983/84 FC St. Gallen, 1984/85 Borussia Mönchengladbach, 1985–87 FC Augsburg, 1987 Schwaben Augsburg, 1987–89 SpVgg Bayreuth; 65 Bundesligaspiele (3 Tore). – Später Trainer: 1990–95 FC Augsburg, 1996/97 SpVgg Greuther Fürth, 1998–2001 SSV Reutlingen, 2002/03 FC Hansa Rostock, 2003/04 FC Augsburg, 2006 VfB Stuttgart.

A. Veh
»Ein guter Fußballer grätscht nicht.«

Veikkausliga, höchste Spielklasse in Finnland.

Vejle BK (Vejle Boldklub), Dänemark, gegr. 1891; Spielkleidung: Rot/Weiß/Rot;Stadion: Vejle Stadion, 15 332 Plätze. – INTERNET: www.vejle-boldklub.dk

Spieler (Auswahl): B. Christensen – P. Elkjaer-Larsen – J. Hansen – T. Gravesen – A. Simonsen.

Velbert, SSVg (Sport- und Spielvereinigung Velbert), Deutschland (Nordrhein-Westfalen), gegr. am 23. März 1902 als Velberter FC, 1924 Anschluss von BV Olympia Velbert, 1919 Fusion mit TV Velbert zu TSV Velbert, 1921 Beendigung der Fusion und Umbenennung in FC Velbert, 1933 Fusion mit BV Velbert zu VfB Velbert, 1964 Fusion mit SSV Velbert zu SSVg Velbert; Spielkleidung: Blau; Stadion: Zur Sonnenblume, 7500 Plätze. – INTERNET: www.ssvg-velbert-02.de

Spieler (Auswahl): M. Lesniak. – **Trainer** (Auswahl): M. Lesniak.

Vélez Sarsfield, Argentinien: → Buenos Aires [8].

VELTINS-Arena [nach der Sauerländer Brauerei C. & A. Veltins GmbH & Co], Gelsenkirchen, Heimstätte des FC Schalke 04, erbaut 1998–2001 (bis 2005 **Arena AufSchalke**); 61 524 Plätze; verschließbares Dach; WM-Stadion 2006. – Bis 2001 wurde im → Parkstadion gespielt.

Venables, Terence Frederick (»Terry«), engl. Trainer, *6. Januar 1943 Bethnal Green (zu London); war Mittelfeldspieler: 1960–66 FC Chelsea, 1966–69 Tottenham Hotspur, 1969–74 Queen's Parc Rangers, 1974/75 Crystal Palace; 2 Länderspiele (1964). – Später Trainer: 1976–80 Crystal Palace, 1980–84 Queen's Parc Rangers, 1984–87 FC Barcelona (LM 1985), 1987–93 Tottenham Hotspur (PS 1991), 1994–96 England (Nationalmannschaft; EM-Endrunde 1996).

»Terry« Venables
»Fußball ist ein Spiel, kein Krieg.«

Venedig, AC, eigtl. »AC Venezia« (Associazione Calcio Venezia), Italien, gegr. 1907 als Venezia FC, 1927 Fusion mit US Virtus Rialtina zu AC Venezia, 1928 Fusion mit Libertas AC, AFC Folgore und Ardor US Gindecca Venezia zu AC San Marco Venezia, 1930–35 SS Serenissima Veneziam, 1935–45 AFC Venezia, 1945–83 AC Venezia, 1983–87 Venezia Calcio, 1987 Fusion mit AC Mestre 1929 Venezia zu AS Venezia-Mestre Calcio, 1989 Umbenennung in AC Venezia; Spielkleidung: Blau; Stadion: Stadio »Pierluigi Penzo«, 13 370 Plätze. – INTERNET: www.veneziacalcio.it

Spieler (Auswahl): M. Konsel – V. Mazzola – G. Poschner – A. A. Recoba – C. Vieri. – **Trainer** (Auswahl): A. Foni.

Venezuela, föderative Republik im nördl. Südamerika, 912 050 km², 24,655 Mio. Ew.; Verband: Federación Venezolana de Fútbol, Abk. FVF, gegr. 1926, Sitz: Caracas; Mitglied der FIFA und der CONMEBOL seit 1952; Spielkleidung: Dunkelrot/Weiß/Weiß. – INTERNET: www.fvf.org.ve

Vengloš, Jozef, slowak. Trainer (Dr.), *18. Dezember 1936 Ružomberok; war Mittelfeldspieler (Läufer): 1950–56 Tatran Ružomberok, 1956–65 Slovan Bratislava. – Später Trainer: 1966–69 Sydney Olympic FC, 1970–72 VSS Kosice, 1973–76 und 1977/78 Slovan Bratislava (LM 1974, 1975), in Personalunion 1973–83 ČSSR (Nationalmannschaft [1973–78 mit V. → Ježek]; Europameister 1976, EM-Endrunde 1980), 1983–85 Sporting Lissabon, 1986/87 Malaysia (Nationalmannschaft), 1988–90 ČSSR (Nationalmannschaft), 1990/91 Aston Villa, 1991/92 Fenerbahce Istanbul, 1993/94 Slowak. Republik (Nationalmannschaft), 1998/99 Celtic Glasgow, 2002 JEF Ichihara Chiba. Seit 1996 Präsident der Union Europ. Fußballtrainer (→ UEFT).

Venlo, VVV (Venlose Voetbal Vereniging Venlo), Niederlande, gegr. 1903 als VVV Venlo, 1954 Fusion mit SC Venlo zu SC VVV Venlo, 1966–85 FC Venlo-VVV, seitdem VVV Venlo; Spielkleidung: Gelb/Schwarz/Schwarz; Stadion: De Koel, 5900 Plätze. – INTERNET: www.vvv-venlo.de

Spieler (Auswahl): D. Advocaat – J. Luhukay.

Verband, Föderation, Bund, Bündnis (z. B. Welt-, Kontinental-, Landes-V.).

Verband
Association, Federation [engl.]
Association, Fédération [frz.]
Asociación, Federación [span.]
Associação, Federação [portugies.]
Associazione, Federazione [italien.]

Verband Berliner Ballspielvereine → Berliner Fußball-Verband.

Verband Mitteldeutscher Ballspielvereine, Abk. **VMBV,** gegr. am 26. Dezember 1900 im Leipziger Mariengarten; 12 Gründungsvereine.

Verbandskapitän, 1) Österreich: frühere Bez. für Bundestrainer. – **2)** Ungarn: Trainer der Nationalmannschaft.

Verbandsliga, NOFV: 5. dt. Spielklasse: Berlin, Brandenburg, Mecklenburg-Vorpommern, Sachsen-Anhalt (»Radio Brocken-V.«); nächsthöhere ist die Oberliga Nordost (→ Oberliga [1b]).

Verbandstrainer, Bez. für einen Trainer, der auf Landesverbandsebene tätig ist, sei es als Trainer der Nationalmannschaft oder einer Nachwuchsvertretung bzw. als Trainerassistent. – V. sind z. B. die DFB- (Deutschland), ÖFB- (Österreich) und SFV-Trainer (Schweiz).

Verbinder, andere Bez. für den früheren → Halbstürmer.

verbotenes Spiel, absichtl. Regelverstoß eines Spielers: a) (versuchtes) Treten; b) (versuchtes) Zufallbringen; c) (versuchtes) Schlagen; Anspucken; Anspringen; Festhalten; Stoßen, heftiges oder gefährl. Rempeln; Rempeln von hinten ohne eigene Behinderung; Handspiel (ausgenommen die Torhüter im eigenen Strafraum).

Vercelli: Italien: → Pro Vercelli, US.

»verdeckter Schuss«, Torschuss aus der → »zweiten Reihe« [1], wobei dem Torhüter die Sicht versperrt ist (durch gegner. oder Mitspieler), sodass er nicht im Moment des Abschusses reagieren kann. – »Verdecktes Abspiel«: den Ball »in den Rücken« des Gegners spielen.

Verdribbeln, übertriebenes Ballhalten mit Ballverlust als Folge.

Vereinigte Arabische Emirate, Abk. **VAE,** Föderation der 7 arab. Scheichtümer Abu Dhabi, Dubai, Sharja, Ras al-Khaima, Fujaira, Umm al Kaiwain und Ajman am Pers. Golf, zusammen 83 600 km², 2,7 Mio. Ew.; Verband: United Arab Emirates Football Association, Abk. UAEFA, gegr. 1971, Sitz: Abu Dhabi; Mitglied der FIFA seit 1972, der AFC seit 1974; Spielkleidung: Weiß. – Klubs (Auswahl): Al-Ahly, Al-Ain, Al-Jazira, Al-Nasr, Al-Shabab Arabi Club, Al-Wahda, Al-Wasl, Bani Yas, Banya Abu Dhabi. – INTERNET: www.uae-football.org.ae

Vereinigung der Vertragsfußballspieler, Deutschland: → VDV.

Vereisung → Sportmedizin/Sportverletzungen.

»Verengen des Raumes«, durch geschicktes Taktieren und entsprechendes Stellungsspiel den strategisch wichtigen Abwehrbereich (besonders vor und am eigenen Strafraum) in der Weise absichern, dass die gegner. Angreifer gezwungen werden, auf die Flügel auszuweichen. Zielt darauf hinaus, dem Gegner keine »freien Räume« anzubieten, die er zu direkten torgefährl. Aktionen nutzen könnte.

»Verhängen«, Auferlegen einer Strafe, z. B. »der Schiedsrichter ›verhängte‹ einen Strafstoß«.

»Verhungern« (des Balles) → Fußballerjargon.

»verkrampfte Spielweise«, nervöses, übervorsichtiges Agieren einer Mannschaft; man traut sich nichts zu und ist sich seiner vorhandenen spieler. Mittel nicht sicher. Die Verkrampfung drückt sich in stockendem Spielfluss und in vielen individuellen Fehlern aus, ist psychologisch bedingt, kann aber durch eine gelungene Aktion (z. B. Tor) rasch abgebaut werden.

»Verkürzen«, Resultatsverbesserung durch Erzielen eines Tores, z. B. »er verkürzte auf 2:3«. (Zuvor stand es 1:3; der erzielte Treffer ist in diesem Fall das Anschlusstor, und das Spiel ist wieder »offen«.)

»Verkürzen des Schusswinkels«, Torhüter: → Schusswinkel.

Verl, SC, eigtl. »SC Verl 1924« (Sportclub Verl von 1924), Deutschland (Nordrhein-Westfalen), gegr. am 6. September 1924; Spielkleidung: Weiß/Schwarz/Weiß; Stadion: Stadion an der Poststraße, 5000 Plätze. – INTERNET: www.scverl.de

Spieler (Auswahl): A. Brinkmann – A. Friedrich – M. Gebhardt – H.-W. Moser – A. Vier. – **Trainer** (Auswahl): D. Brei – B. Dietz.

Verlaat, Frank, niederländ. Abwehrspieler, *5. März 1968 Haarlem; bis 1983 Ajax Amsterdam, 1989–92 Lausanne-Sports, 1992–95 AJ Auxerre, 1995–99 VfB Stuttgart, 1999/2000 Ajax Amsterdam, 2000–03 SV Werder Bremen, 2003/04 Austria Wien, 2004–06 Sturm Graz; 185 Bundesligaspiele (11 Tore); 1 Länderspiel (1995).

Verlängern, direktes Weiterleiten des Balles zum Mitspieler oder ins gegner. Tor (ungewollt ins eigene).

»verlängerte Torlinie«, andere Bez. *Torauslinie* (→ Torlinie).

Verlängerung, zusätzl. Spielzeit bei unentschiedenem Ausgang von Pokalspielen und Entscheidungsspielen; beträgt 2 x 15 min (mit Seitenwechsel, ohne Halbzeitpause). Wird auch hierbei kein Sieger ermittelt, folgt in der Regel ein Strafstoßschießen (bis zur Entscheidung).

Verlängerung
Extra period [engl.]
Prolongation [frz.]
Prolongación [span.]
Prolongamento [portugies.]
Prolungamento [italien.]

»Verlegenheitself«, Notlösung, -aufstellung; z. B. bei gehäuften Verletzungs- oder Krankheitsausfällen von Stammspielern erforderlich, wobei der Trainer Spieler zum Einsatz bringen muss, die normalerweise – leistungsmäßig – (noch) nicht in die Mannschaft gehören.

Verletzung, im Spiel auftretender körperl. Schaden eines Spielers infolge gegner. Fouls, aber auch ohne gegner. Beeinflussung (z. B. Zerrung). Der Schiedsrichter hat das Spiel zu unterbrechen, wenn er einen Spieler für ernsthaft verletzt hält, und zu veranlassen, dass er vom Spielfeld gebracht wird. Dieser Spieler darf erst auf das Feld zurückkehren, wenn das Spiel wieder aufgenommen wurde.

Vermant, Sven, belg. Mittelfeldspieler, * 4. April 1973 Lierse; 1981–89 VK Hooikt, 1989/90 KV Mechelen, 1990/91 VK Hooikt, 1991–93 KV Mechelen, 1993–2001 FC Brügge, 2001–05 FC Schalke 04, 2005/06 FC Brügge; 96 Bundesligaspiele (6 Tore); 18 Länderspiele; WM-Endrunde 2002.

Verón, Juan Sebastián, argentin. Mittelfeldspieler, * 9. März 1975 Buenos Aires; bis 1995 Estudiantes de La Plata, 1996 Boca Juniors Buenos Aires, 1996–98 Sampdoria Genua, 1998/99 AC Parma, 1999–2001 Lazio Rom, 2001–03 Manchester United, 2003/04 FC Chelsea, 2004–06 Inter Mailand; 56 Länderspiele (seit 1996; 8 Tore); WM-Endrunde 1998, 2002.

Verona, Italien, **1) Chievo Verona,** eigtl. »AC Chievo Verona (Associazione Calcio Chievo Verona), gegr. 1929; Spielkleidung: Gelb-Blau/Gelb/Gelb-Blau; Stadion: Stadio »Marc Antonio Bentegodi«, 44758 Plätze. – INTERNET: www.chievoverona.it

Spieler (Auswahl): O. Bierhoff.

2) Hellas Verona, eigtl. »Hellas Verona FC« (Hellas Verona Football Club), gegr. 1903 als Hellas Verona, 1919–28 Hellas AC Verona, 1928 Fusion mit Bentegodi SC und Scaligera AC zu AC Verona, 1959–87 Hellas Verona AC, 1987–91 Hellas Verona, 1991 aufgelöst und als Hellas Verona FC neu gegr.; Spielkleidung: Weiß; Stadion: Marc' Antonio Bentegodi, 44758 Plätze. – INTERNET: www.hellasverona.it

Spieler (Auswahl): T. Berthold – H.-P. Briegel – M. Camoranese – C. Caniggia – P. Cannavaro – G. J. Dirceu – P. Elkjaer-Larsen – S. Frey – A. Mutu – R. Prytz – P. Rossi – D. Stojković – F. Toldo – W. Zmuda. – **Trainer** (Auswahl): E. Fabbri – N. Liedholm – F. Valcareggi.

Verpakovskis, Maris, lett. Angriffsspieler, * 15. Oktober 1979 Liepaja (dt. Libau); 1993–2000 Metalurgs Liepaja, 2001–03 Skonto Riga, 2004–06 Dynamo Kiew; 35 Länderspiele (seit 1999; 12 Tore); EM-Endrunde 2004; in Lettland Fußballer des Jahres 2003.

Verrenkung → Sportmedizin/Sportverletzungen.

»Verschenken«, leichtfertiges Vergeben eines Sieges oder zumindest Unentschiedens infolge legerer Spielweise (»den Sieg ›verschenken‹«, »einen Punkt ›verschenken‹«).

»Verschlagen« svw. → »Verziehen«.

»Versetzen«, Ausmanövrieren des Gegenspielers (Austricksen, Umspielen), ihn »ins Leere« laufen lassen.

»»Versieben«, eine Torchance leichtfertig vergeben.

»versöhnliche Geste«, entschuldigendes Verhalten nach einem unbeabsichtigten Foul am Gegenspieler; trägt zur Wahrung des sportl. Anstandes auf dem Spielfeld und den Zuschauerrängen bei.

»verspielt« ist ein Akteur, der sich vornehmlich auf den Ballumgang orientiert (unproduktiv und destruktiv) und oft zu Tändeleien neigt.

Verstauchung → Sportmedizin/Sportverletzungen.

»verstecktes Foul«, Vergehen im Rücken des Schiedsrichters, deshalb von diesem nicht zu erkennen; auch bei unübersichtl. Situationen (z. B. Spieleransammlungen) praktiziert. – Äußerst unsportl. Verhalten.

»verstolpern«, unglücklich einen sicheren Ball verlieren (»sich ›verstolpern‹«) bzw. eine Torchance vergeben.

»Vertändeln«, leichtfertige Aktion mit daraus resultierendem Ballverlust.

Verteidiger, 1) svw. → Abwehrspieler. – **2)** frühere Bez. für → Außenverteidiger.

Verteidigung, svw. → Abwehr [2].

Verteidigungsreihe, andere Bez. für *Abwehrreihe* (→ Reihe).

»verteiltes Spiel«, ausgeglichener Spielverlauf ohne nennenswerte Spiel- und Chancenvorteile für eine der beiden Mannschaften; müsste »theoretisch« unentschieden ausgehen, kann aber z. B. durch eine Einzelaktion entschieden werden.

Vertragsspieler → Nichtamateur [b].

»Verwandeln«, Erzielen eines Tores (meist aus der Ruhestellung des Balles heraus), z. B. »er ›verwandelte‹ den Strafstoß«.

Verwarnung, Aufforderung zur Fairness durch den Schiedsrichter nach grobem Foul, nach unsportl. Betragen usw. Während des Spieles kann ein Spieler nur einmal verwarnt werden; dabei wird ihm die *gelbe Karte* (»Gelb«) gezeigt. Bei erneutem verwarnungsreifem Vergehen durch denselben Spieler erfolgt → Feldverweis (»Gelb-Rot«, d. h. »Matchstrafe«). – Im nationalen und internationalen Fußball ist es im Interesse der zu erhöhenden Fairness zudem üblich, die V. im jeweiligen Wettbewerb (Meisterschaft, Europapokal, Weltmeisterschaft, Europameisterschaft usw.) fortlaufend zu addieren und den betreffenden Spieler nach mehreren V. (z. B. in der Bundesliga nach 5, im Europapokal nach 3 und bei WM- sowie EM-Endrunden nach 2) für das folgende Spiel von der Teilnahme auszuschließen. Im Falle eines Feldverweises, auch eines Feldverweises nach 2 V. (→ »gelbe und rote Karte«), gilt eine im gleichen Spiel ausgesprochene V. als verbraucht und wird nicht registriert. Die Vorstufe der V. ist die → Ermahnung.

Verwarnung
Admonishment [engl.]
Avertissement [frz.]
Amonestación [span.]
Admoestação [portugies.]
Avvertimento [italien.]

»Verziehen«, neben oder über das Tor schießen, z. B. »er ›verzog‹ zum wiederholten Mal in aussichtsreicher Position«.

Vestmannæyjar, IB, eigtl. »IBV« (Ithróttrottabandalag Vestmannæyjar), Island, entstand 1945 durch Fusion von Thór Vestmannæyjar und Tyr Vestmannæyjar; Spielkleidung: Weiß; Stadion: Vestmannaeyjarvöllur, 3500 Plätze.

VFF, 1) Abk. für **V**anuatu **F**ootball **F**ederation, den Fußballverband von → Vanuatu. – **2)** Abk. für **V**ietnam **F**ootball **F**ederation, den Fußballverband von → Vietnam.

VFV, Österreich: Abk. für → **V**orarlberger **F**ußball**v**erband.

VGFF, Abk. für St. **V**incent and the **G**renadines **F**ootball **F**ederation, den Fußballverband von → Saint Vincent and the Grenadines.

Gianluca Vialli

Vialli, Gianluca, italien. Angriffsspieler, *9. Juli 1964 Cremona; 1980–84 US Cremonese, 1984–91 Sampdoria Genua, 1991–96 Juventus Turin, 1996–98 FC Chelsea; 59 Länderspiele (16 Tore); WM-Endrunde 1986, 1990; EM-Endrunde 1988; in Italien Fußballer des Jahres 1990. – Später Trainer: 1998–2000 FC Chelsea (1998/99 Spielertrainer, 1999/2000 Cheftrainer; EC II und [Europa-]Supercup 1998, PS 2000), 2001/02 FC Watford.

Viborg FF (Viborg Fodsports Forening), Dänemark, gegr. 1896; Spielkleidung: Grün/Weiß/Weiß; Stadion: Viborg-Stadion, 9694 Plätze. – INTERNET: www.vff.dk

Vicenza Calcio, Italien (Vicenza), gegr. 1902 als AC Vicenza, 1922–45 Associazione Fascista Calcio Vicenza, 1945–53 AC Vicenza, 1953 Fusion mit Lanerossi Schio Vicenza zu Lanerossi AC Vicenza, 1971–90 SS Lanerossi Vicenza, seitdem Vicenza Calcio; Spielkleidung: Rot-Weiß/Weiß/Weiß; Stadion: Stadio »Romeo Menti«, 21784 Plätze. – INTERNET: www.vicenzacalcio.it

Spieler (Auswahl): R. Baggio – P. Rossi – N. Scala – F. Valcareggi. – **Trainer** (Auswahl): F. Bernardini – T. Burgnich – B. Guttmann – A. Vicini.

Vicini, Azeglio, italien. Trainer, *20. März 1933 Cesena; war Mittelfeldspieler: 1951–53 AC Cesena, 1953/54 Lanerossi AC Vicenza, 1954–61 Sampdoria Genua, 1961–63 Brescia Calcio. – Später Trainer: 1969–86 FIGC (u. a. 1976–86 U 21), 1986–91 Italien (Nationalmannschaft; EM-Endrunde 1988, WM-Endrunde 1990), 1992/93 AC Cesena, 1993/94 Udinese Calcio.

Victor, eigtl. »Múñoz Victor Manrique«, span. Mittelfeldspieler, *15. März 1957 Saragossa; 1976–81 Real Saragossa, 1981–88 FC Barcelona, 1988–91 Sampdoria Genua, 1991/92 FC St. Mirren (Schottland); 60 Länderspiele (3 Tore); WM-Endrunde 1986; EM-Endrunde 1984, 1988. –

Später Manager (1992/93) und Trainer (2004–06) bei Real Saragossa (PS 2004).

Viduka, Mark, austral. Angriffsspieler, *9. Oktober 1975 Melbourne; bis 1995 Melbourne Knights, 1995–98 Dinamo Zagreb, 1998–2000 Celtic Glasgow, 2000–04 Leeds United, 2004–06 FC Middlesbrough; 24 Länderspiele (3 Tore); Ozeaniens Fußballer des Jahres 2000.

> **M. Viduka**
> »Mich würde es nicht stören, alle Spiele zu verlieren, wenn wir die Meisterschaft gewinnen.«

Vieira, Patrick, frz. Mittelfeldspieler senegales. Herkunft, *23. Juni 1976 Dakar; bis 1993 FC Tour, 1993–95 AS Cannes, 1995/96 AC Mailand, 1996–2005 FC Arsenal, 2005/06 Juventus Turin; 78 Länderspiele (4 Tore); WM-Endrunde 1998 (Weltmeister), 2002; EM-Endrunde 2000 (Europameister), 2004; olymp. Fußballturnier 1996; in Frankreich Fußballer des Jahres 2001.

Patrick Vieira

Vier, Angelo, dt. Angriffsspieler, *23. April 1972 Berlin (Ost); bis 1994 Berliner FC Dynamo, BSV Brandenburg, EA Gueugnon und SA Epinal, 1994/95 SC Verl, 1995 SV Werder Bremen, 1996 Arminia Bielefeld, 1996/97 Rot-Weiss Essen, 1997/98 FC Gütersloh, 1998 Rot-Weiß Oberhausen, 1998/99 Rapid Wien, 1999–2002 Rot-Weiß Oberhausen, 2002–04 VfL Osnabrück, 2004–06 SC Verl; 11 Bundesligaspiele (1 Tor); Zweitliga-Torschützenkönig 1997 (18), 1998 (18).

Viererkette, moderne Abwehrformation mit je 2 Innen- und Außendeckern, also ohne den früher übl. Libero (meist als »letzter Mann«) und ohne Manndecker.

Vieri, Christian, italien. Angriffsspieler, *12. Juli 1973 Bologna; 1989/90 AC Prato, 1990–92 Turin Calcio, 1992/93 SC Calcio, 1993/94 AC Ravenna, 1994/95 AC Venedig, 1995/96 Atalanta Bergamo,1996/97 Juventus Turin, 1997/98 Atlético Madrid, 1998/99 Lazio Rom, 1999–2005 Inter Mailand, 2005 AC Mailand, 2006 AS Monaco; 46 Länderspiele (seit 1997; 22 Tore); WM-Endrunde 1998, 2002; EM-Endrunde 2004.

»Vier-Schritte-Regel«, 1967 bis 2000 bestandene Regelung, wonach der Torhüter den Ball nur 4 Schritte tragen durfte, ehe er ihn abschlug. Es war ihm auch nur innerhalb dieser 4 Schritte gestattet, den Ball aufzuprallen, aber dabei nur einmal festzuhalten und dann freizugeben. Verstöße wurden mit indirektem Freistoß geahndet. (→»Sechs-Sekunden-Regel«)

Viertelfinale, die drittletzte Runde eines im K.-o.-System ausgetragenen Turnier- oder Pokalwettbewerbs, an dem noch 8 Mannschaften (= 4 Spiele) beteiligt sind; setzt sich aus den Siegern des →Achtelfinales zusammen. Die Gewinner des V. erreichen das →Halbfinale.

> **Viertelfinale**
> Quarter finals [engl.]
> Quart de finale [frz.]
> Quarto de final [span., portugies.]
> Quarto di finale [italien.]

»vierter Offizieller«, *»Vierter Mann«,* Bundesliga: Helfer (ebenfalls ein Schiedsrichter) des Unparteiischen und der Schiedsrichterassistenten. Er unterstützt den Schiedsrichter nach dessen Anweisung bei allen Verwaltungsaufgaben vor, während und nach dem Spiel. Er ist zuständig für die Auswechslungsvorgänge und hat die Ausrüstung der Einwechselspieler zu kontrollieren (sonst Aufgabe der Schiedsrichterassistenten). Außerdem informiert er den Schiedsrichter, fall sich eine oder mehrere Personen in der → Coachingzone ungebührlich benehmen. Auf den Spielablauf kann er nicht einwirken. – Bei (Pflicht-)Länderspielen schon länger üblich, werden in der Bundesliga seit der Saison 2002/03 »v. O.« eingesetzt.

Viertl, Rudolf, österr. Angriffsspieler, *12. November 1902 Wien-Schwechat; 1921–26 ASC Neukettenhof, 1926–28 1. Simmeringer SC, 1928–38 Austria Wien; 16 Länderspiele (1925–37; 4 Tore); WM-Endrunde 1934.

4-2-4-System → Spielsystem.

Vietnam, Staat im Südosten Asiens, an der Ostküste Hinterindiens, 329 560 km², 81,625 Mio. Ew.; Verband: Vietnam Football Federation, Abk. VFF, gegr. 1962, Sitz: Hanoi; Mitglied der FIFA und der AFC seit 1964; Spielkleidung: Rot.

Vigo, Celta, eigtl. »RC Celta Vigo« (Real Club Celta Vigo), Spanien, entstand 1923 durch Fusion von Real Fortuna FC und Vigo Sporting zu Real Celto Vigo FC, seit 1940 Real Club Celta Vigo; Spielkleidung: Blau/Weiß/Blau; Stadion: Balaidos, 31 800 Plätze. – INTERNET: www.celta vigo.net

Spieler (Auswahl): F. Baiano – Z. Boban – A. Hossam – C. Makelele – B. McCarthy – M. Muñoz – M. Pantelic – D. Placente – M. Salgado. – **Trainer** (Auswahl): R. Antic – M. R. Zamora.

Viktor, Ivo, tschech. Torhüter, *21. Mai 1942 Krelov; 1956–60 Spartak Sternberk, 1960/61 Zelezarny Prostejov, 1961/62 Ruda Hvezda Brno, 1962/63 Spartak Brno, 1963–78 Dukla Prag; 63 Länderspiele für die ČSSR (1966–77); WM-Endrunde 1970; Europameister 1976; in der ČSSR Fußballer des Jahres 1968, 1972, 1973, 1975, 1976. – Später Torhütertrainer: 1993–2006 Tschech. Republik (Nationalmannschaft; 2000–06 in Personalunion auch Spartak Prag).

Viktoria [latein., »Sieg«], **1)** Vereins-Bez. aus den Anfängen des dt. Fußballs, z. B. V. 1889 Berlin. – **2)** 1903–44 jährlich an den Dt. Meister verliehene 1 m hohe Wandertrophäe, ursprünglich von dem Bildhauer Christian Daniel Rauch (*1777, †1857) geschaffen; eine bronzene Jungfrau, auf einem Felsen sitzend, mit ausgebreiteten Engelsflügeln, die in der rechten Hand einen Lorbeerkranz trägt. – Die V. galt seit Ende des Zweiten Weltkrieges als verschollen, tauchte aber im April 1990 in Berlin (Ost) wieder auf.

Villa, David, span. Angriffsspieler, *3. Dezember 1981 Langreo; 2000–03 Sporting Gijon, 2003–05 Real Saragossa, 2005/06 CF Valencia; 2 Länderspiele (seit 2004).

Villarreal, CF, eigtl. »Villarreal CF« (Villarreal Club de Fútbol), Spanien (Villarreal de los Infantes), gegr. 1923; Spielkleidung: Gelb/Blau/Blau; Stadion: Estadio »B Madrigal«, 23 000 Plätze. – INTERNET: www.villarrealcf.es

Spieler (Auswahl): T. Christiansen – D. Forlán – J. R. Riquelme.

Vilnius, Žalgiris, eigtl. »FK Žalgiris Vilnius« (Futbolo Klubas Žalgiris Vilnius), Litauen, gegr. 1947 als Dinamo Vilnius, 1948–62 Spartak Vilnius, 1962–90 Žalgiris Vilnius, 1990–93 FK Žalgiris Vilnius, 1993–96 FK Žalgiris-EBSW Vilnius, seitdem FK Žalgiris Vilnius; Spielkleidung: Grün/Weiß/Wiß; Stadion: Zalgiris, 13 000 Plätze. – INTERNET: www.zalgiris-vilnius.net

Spieler (Auswahl): V. Ivanauskas – E. Jankauskas.

Vincent, Jean, frz. Angriffsspieler (Linksaußen), *29. November 1930 Laboeuvriere; 1949–57 OSC Lille, 1957–63 Stade Reims; 45 Länderspiele (1953–60); WM-Endrunde 1954, 1958; Europapokal der Nationen 1960. – Später Trainer: SEC Bastia, Lorient, FC Nantes und Kamerun (Nationalmannschaft; WM-Endrunde 1982).

Vincze, Otto, ungar. Mittelfeldspieler, *29. August 1974 Ózd; bis 1993 Magyar Labdarugo, Ferencvaros Budapest und Servette Genf, 1993–95 Vasas Budapest, 1995 Ferencvaros Budapest, 1996 FC Barcelona (Amateure), 1996/97 FC Sion, 1997–99 Ferencvaros Budapest, 1999–2001 Waldhof Mannheim, 2001/02 FC Energie Cottbus, 2002–04 Zalaegerszegi TE, 2004–06 FC ETO Györ; 9 Bundesligaspiele; 5 Länderspiele.

VIP-Raum [von engl. **v**ery **i**mportant **p**erson, »wichtige Persönlichkeit«], Lizenzfußball: meist im Tribünentrakt befindl. Aufenthaltsraum für privilegierte Personen (z. B. Präsidium, Sponsoren, geladene Gäste); komfortabel ausgestattet, einschließlich kaltem Büfett und Getränkeservice. – Zunehmend geht man dazu über, auf den Tribünen separate *VIP-Logen* zu installieren, um sie dann langfristig an zahlungskräftige Interessenten zu vermieten (verglast, optimale Sicht, umfassende Serviceleistungen); erbringt zusätzl. finanzielle Einnahmen für den Verein.

Virgin Islands, die → Jungferninseln.

Vitória [portugies., »Sieg«], Vereins-Bez. in portugiesisch sprechenden Ländern, z. B. Vitória Sétubal.

Vittek, Robert, slowak. Angriffsspieler, *1. April 1982 Bratislava; 2002/03 Slovan Bratislava, 2003–06 1. FC Nürnberg; 36 Bundesligaspiele (5 Tore); 31 Länderspiele (7 Tore).

Vizek, Ladislav, tschech. Angriffsspieler, *22. Januar 1955 Chlumec nad Cidlinou; bis 1973 SK Hlusice, Jiska Nový Bydžov und Spartak Hradec Králové, 1973/74 Dukla Žatec, 1975–86 Dukla

Prag, 1986–89 FC Le Havre; 55 Länderspiele für die ČSSR (17 Tore); WM-Endrunde 1982; EM-Endrunde 1980; Olympiasieger 1980; in der ČSSR Fußballer des Jahres 1983, 1985.

Vlorë, Albanien → Flamurtari, KS.

Vogel, 1) Eberhard, dt. Trainer, *8. April 1943 Altenhain (Kreis Föha [Sachsen]); war Angriffsspieler (Linksaußen): 1952–59 BSG Traktor Niederwiesa, 1959–70 FC Karl-Marx-Stadt, 1970–82 FC Carl Zeiss Jena; 440 Oberligaspiele (188 Tore); 74 Länderspiele (1962–76; 25 Tore); WM-Endrunde 1974; olymp. Fußballturnier 1964, 1972; in der DDR Fußballer des Jahres 1969. – Später Trainer: 1983–89 DFV der DDR (Jugend, Junioren; U 19- Europameister 1986), 1989/90 DDR (Nationalmannschaft [Trainerassistent]), 1990/91 Borussia Mönchengladbach (A-Jugend), 1991/92 1. FC Köln (Amateure),1992/93 Hannover 96, 1994–97 FC Carl Zeiss Jena, 1997 VfB Pößneck, 1997/98 Togo (Nationalmannschaft), 2002/03 Dresdner SC. – Sein Sohn **Tino V.** (*1969) war Mittelfeldspieler: 1992–94 SV Schott Jenaer Glas, 1994–-96 1. SV Gera, 1996–2000 VfB Pößneck; später Trainer: 2002/03 VfB Pößneck, 2003–06 VFC Plauen. – **2)** Johann, schweizer. Mittelfeldspieler, *8. März 1977 Genf; bis 1992 FC Meyrin, 1992–99 Grasshopper-Club Zürich, 1999–2005 PSV Eindhoven, 2005/06 AC Mailand; 80 Länderspiele (2 Tore); EM-Endrunde 1996, 2004.

Eberhard Vogel

Vogl, Adolf, österr. Angriffsspieler (Linksaußen), *14. Juni 1911 Wien, † April 1993 Kristiansand (Schweden); 1920–30 Floridsdorfer AC, 1930–36 Admira Wien, 1949/50 BSG Schott Jena; 20 Länderspiele (1931–36; 7 Tore); WM-Endrunde 1934 (nicht eingesetzt). – Spielte nach dem Zweiten Weltkrieg vorübergehend in der Landesauswahl Thüringen.

Vogts, Hans-Hubert (»Berti«), ein dt. Trainer, *30. Dezember 1946 Büttgen (zu Kaarst [Nordrhein-Westfalen]; war Abwehrspieler: 1956–65 VfR Büttgen, 1965–79 Borussia Mönchengladbach; 419 Bundesligaspiele (33 Tore); 96 Länderspiele (1967–78; 1 Tor); WM-Endrunde 1970, 1974 (Weltmeister), 1978; EM-Endrunde 1976; in der BRD Fußballer des Jahres 1971, 1979. – Später Trainer: 1979–98 DFB (1979–90 U 16 [Europameister 1984], U 21, 1990–98 Nationalmannschaft; WM-Endrunde 1994, 1998, Europameister 1996), 2000/01 Bayer 04 Leverkusen, 2001/02 Kuwait (Nationalmannschaft), 2002–04 Schottland (Nationalmannschaft); Welt-Nationaltrainer des Jahres 1996. Sein Vorgänger als Teamchef der dt. Nationalmannschaft war F. → Beckenbauer, sein Nachfolger als Teamchef wurde E. → Ribbeck.

»Berti« Vogts

> **»Berti« Vogts**
> »Wenn ich über's Wasser laufe, dann sagen meine Kritiker, nicht mal schwimmen kann er.«

Volendam, FC (Football Club Volendam), Niederlande, gegr. 1920 als RKSV Volendam, 1977 Ausgliederung der Fußballabteilung als FC Volendam; Spielkleidung: Orange-Schwarz/Schwarz/Orange; Stadion: Veronica-Stadion, 6000 Plätze. – INTERNET: www.fcvolendam.nl

Trainer (Auswahl): L. Beenhakker.

Volkert, Georg (»Schorsch«), dt. Angriffsspieler, *28. November 1945 Ansbach (Bayern); 1965–69 1. FC Nürnberg, 1969–71 FC Zürich, 1971–78 Hamburger SV, 1978–80 VfB Stuttgart, 1980/81 1. FC Nürnberg; 410 Bundesligaspiele (125 Tore); 12 Länderspiele (1968–77; 2 Tore). – Später Manager: 1996–98 1. FC Nürnberg.

Völklingen, Röchling, eigtl. »SV Röchling Völklingen 06« (Sportverein Röchling Völklingen von 1906), Deutschland (Saarland), gegr.am 26. April 1906 als FC Völklingen 06, 1912–16 SV Völklingen 06, 1916 aufgelöst und 1919 als VfB Völklingen neu gegr., im gleichen Jahr Umbenennung in SV Völklingen 06, 1945 aufgelöst und neu gegr. als SuSG Völklingen, 1951–66 SV Völklingen 06, seit 1966 SV Röchling Völklingen 06; Spielkleidung: Rot/Schwarz/Schwarz; Stadion: Hermann-Neuberger-Stadion, 15 602 Plätze. – INTERNET: www.svroechlingvoelklingen06.de

Spieler (Auswahl): H. Eckel. – **Trainer** (Auswahl): H. Eckel – H. Johannsen.

Volksparkstadion, Hamburg: → AOL-Arena.

Vollborn, Rüdiger, dt. Torhüter, *12. Februar 1963 Berlin (West); bis 1981 Traber FC Berlin und Blau-Weiß 90 Berlin, 1981–99 Bayer 04 Leverkusen; 401 Bundesligaspiele. – Später Torhütertrainer: 2000–06 Bayer 04 Leverkusen (2000–03 Jugend, Amateure, 2003–06 Profis).

Völler, Rudolf (»Rudi«), dt. Funktionär, * 13. April 1960 Hanau (Hessen); war Angriffsspieler: 1968–75 TSV 1860 Hanau, 1975–80 Kickers Offenbach, 1980–82 TSV München 1860, 1982–87 SV Werder Bremen, 1987–92 AS Rom, 1992–94 Olympique Marseille, 1994–96 Bayer 04 Leverkusen; 232 Bundesligaspiele (132 Tore); Bundesliga-Torschützenkönig 1983 (23); Zweitliga-Torschützenkönig 1982 (37); 90 Länderspiele (1982–94; 47 Tore); WM-Endrunde 1986, 1990 (Weltmeister), 1994; EM-Endrunde 1984, 1988, 1992; in der BRD Fußballer des Jahres 1983. – Später Sportdirektor (1996–2001 und seit 2005) bei Bayer 04 Leverkusen (2005 kurzzeitig Interimstrainer). Von Juli 2000 (nach der EM-Endrunde) bis 2004 (nach der EM-Endrunde) Teamchef der dt. Nationalmannschaft (Vizeweltmeister 2002); Vorgänger als Teamchef: E. → Ribbeck, Nachfolger als Bundestrainer: J. → Klinsmann. Im September 2004 Teamchef des AS Rom.

»Rudi« Völler

»Rudi« Völler
»Ich habe früher auf der Straße das Fußball spielen gelernt. Dort habe ich mir alle Tricks abgeschaut und dann nachgemacht.«

volley [engl.], den (Flug-)Ball vor Aufsprung auf dem Boden aus der Luft annehmend.

Volleyschuss, direktes Weiterschlagen des anfliegenden Balles in Richtung gegner. Tor; ein kräftiger (meist Vollspann-)Schlag, der ausgeprägte Schusstechnik erfordert.

Vollmar, Heinz, dt. Angriffsspieler (Linksaußen), * 26. April 1936, † 12. Oktober 1987; 1950–61 SV St. Ingbert, 1961–64 1. FC Saarbrücken; 23 Bundesligaspiele (3 Tore); 4 Länderspiele für das Saarland (4 Tore), 12 für die BRD (1956–61; 3 Tore); WM-Endrunde 1962 (nicht eingesetzt).

Vollspannstoß → Stoßarten.

Volz, Moritz, dt. Abwehrspieler, * 21. Januar 1983 Siegen; bis 2000 SpVgg Burbach, Sportfreunde Siegen und FC Schalke 04, 2000–02 FC Arsenal, 2003 FC Wimbledon, 2003–06 FC Fulham; 45 Premiere-League-Spiele.

vom Bruch, Gerd, dt. Trainer, * 19. August 1941; 1971–76 SpVgg Olpe, 1976–80 SSV Dillenburg, 1980–85 Rot-Weiß Lüdenscheid, 1985/86 Eintracht Haiger, 1986/87 TSV Siegen, 1987–91 Borussia Mönchengladbach (1987–89 Trainerassistent, 1989–91 Cheftrainer), 1992/93 Wuppertaler SV, 1994–96 Alemannia Aachen, 1998/99 Rot-Weiß Oberhausen.

von Heesen, Thomas, dt. Manager, * 1. Oktober 1961 Höxter-Albaxen (Nordrhein-Westfalen); war Mittelfeldspieler: 1967–76 DJK Albaxen, 1976–78 VfL Höxter, 1978–80 1. FC Paderborn, 1980–94 Hamburger SV, 1994–97 Arminia Bielefeld; 378 Bundesligaspiele (100 Tore). – Später Manager: 1997–99 Arminia Bielefeld (1997/98 Teammanager, 1998/99 Teamchef), 1999 Hannover 96 (Sportdirektor), 2000–02 1. FC Saarbrücken (Teamchef), 2002–06 Arminia Bielefeld (2002/03 Sportdirektor, 2004 Interimsteamchef, 2004/05 Geschäftsführer Sport, 2005/06 Teamchef).

Vonlanthen, 1) Johan, schweizer. Angriffsspieler kolumbian. Herkunft, * 1. Februar 1986 Santa

Maria (Kolumbien); 2002/03 Young Boys Bern, 2003–05 PSV Eindhoven, 2005 Brescia Calcio, 2005/06 NAC Breda; 15 Länderspiele (5 Tore); EM-Endrunde 2004. – **2)** Roger, schweizer. Angriffsspieler, *5. Dezember 1930; Grasshopper-Club Zürich und Lausanne-Sports; 27 Länderspiele (1951–62, 8 Tore); WM-Endrunde 1954, 1962. – 1977 Trainer der schweizer. Nationalmannschaft.

Vorarlberger Fußballverband, Abk. **VFV,** einer der 9 Landesverbände des Österr. Fußball-Bundes (→ÖFB), gegr. 1920, Sitz: Hohenems. – INTERNET: www.vfv.at

Vorarlberger Fußballverband
(Gründungsjahre der ältesten Vereine)

FC Lustenau	1907
FC Dornbirn	1913
Turnerbund Dornbirn	1914
SC Austria Lustenau	1914
FC Schwarz-Weiß Bregenz	1919
FC Bludenz	1919
Fußballabteilung des Turnerbundes »Jahn« Lustenau	1919

»Vorentscheidung«, Erzielung eines Torvorsprungs, mit dem sich die endgültige Entscheidung bereits abzeichnet. Es passiert jedoch nicht selten, dass das Spiel noch »kippt«. Die »V.« ist meist die Vorstufe zur →»endgültigen Entscheidung«.

Vorlage, svw. →Pass.

Voronin, 1) Andrey, ukrain. Angriffsspieler, *21. Juli 1979 Odessa; bis 1995 Tschernomorez Odesa, 1995–2000 Borussia Mönchengladbach, 2000–03 FSV Mainz 05, 2003/04 1. FC Köln, 2004–06 Bayer 04 Leverkusen; 72 Bundesligaspiele (24 Tore); Zweitliga-Torschützenkönig 2003 (20); 24 Länderspiele (2 Tore). – **2)** Valerie, russ. Mittelfeldspieler (Läufer), *17. Juli 1939 Moskau, †22. Mai 1984 ebd.; 1952–54 Torpedo Moskau, 1954/55 FSM Moskau, 1955–69 Torpedo Moskau; 65 Länderspiele für die UdSSR (5 Tore); WM-Endrunde 1962, 1966; Europapokal der Nationen 1964, EM-Endrunde 1968; in der UdSSR Fußballer des Jahres 1964, 1965.

Vorprellen, aus der hinteren (Abwehr-)Reihe in den eigenen Angriff aufschließen, um Überraschungsmomente zu schaffen bzw. Überzahl zu erreichen.

Vorrunde, svw. Hinrunde (→Spieljahr).

vorsätzliches Foul, absichtlich begangenes Foul (Treten, Stoßen, Schlagen), das neben der Freistoß- oder Strafstoßentscheidung aufgrund des verbotenen Spieles eine Erziehungsstrafe nach sich zieht (Verwarnung oder Feldverweis).

Vorschlussrunde, svw. →Halbfinale.

Vorspiel, 1) Spiel, das unmittelbar vor dem Hauptspiel ausgetragen wird (Reserve-, Jugend-, Schülermannschaften usw.), um den Zuschauern die Wartezeit vor dem Hauptspiel zu überbrücken (z. B. bei Länderspielen). – **2)** Hinspiel einer Meisterschaftsrunde.

Vorstopper, früher der vor dem Ausputzer oder Libero postierte Abwehrspieler, der den gegner. Mittelstürmer zu bewachen hat; später durch die »Innendecker« bzw. den »Manndecker« abgelöst.

Vorstoß, einen →Konter inszenieren.

Vorteil, Bestimmung, die dem Schiedsrichter gestattet, das Spiel nach seinem Ermessen bei einem Regelverstoß nicht zu unterbrechen, wenn er der Auffassung ist, dass die Unterbrechung derjenigen Mannschaft, gegen deren Spieler der Regelverstoß begangen wurde, einen augenscheinl. V. nimmt (*V.s-Regel*). Der Schiedsrichter kann den V. durch (nach vorn) ausgestreckten Arm (bzw. beide Arme) optisch anzeigen.

Vorteil
Advantage [engl.]
Avantage [frz.]
La »ley« de la ventaja [span.]
Lei da vantagem [portugies.]
Vantaggio [italien.]

Beispiel für Vorteilsauslegung
Ein ballführender Angreifer wird vor dem gegner. Strafraum unfair attackiert, bleibt aber in Ballbesitz und gelangt dadurch in günstige Torschussposition innerhalb des Strafraums. Hierbei würde eine Spielunterbrechung dem Angreifer diesen Vorteil nehmen, da es dann lediglich zu einem Freistoß außerhalb des Strafraums käme. Hat der Schiedsrichter sich einmal zur Anwendung der Vorteilsregel entschlossen, kann er seine Entscheidung nicht wieder rückgängig machen. Wenn also im genannten Beispiel der gewährte Vorteil vom Angreifer nicht genutzt wird, muss das Spiel ohne nachträgliche Freistoßentscheidung fortgesetzt werden. Dies darf den Schiedsrichter jedoch nicht hindern, sich mit dem fehlbaren Gegenspieler zu befassen (evtl. »persönliche Strafe«).

Vorwarnung → Ermahnung.

Voss, Martina, dt. Angriffsspielerin, *22. Dezember 1967 Duisburg; 1983–87 KBC Duisburg, 1987–94 TSV Siegen, 1994–2003 FC Rumeln-Kaldenhausen bzw. FCR 2001 Duisburg; 125 Länderspiele (1984–2000; 27 Tore); WM-Endrunde 1991, 1995; EM-Endrunde 1989 (Europameisterin), 1991 (Europameisterin), 1993, 1995 (Europameisterin), 1997 (Europameisterin); olymp. Fußballturnier 1996; in Deutschland Fußballerin des Jahres 1996, 2000.

Votava, Miroslav (»Mirko«), dt. Trainer tschech. Herkunft (seit 1978 dt. Staatsbürgerschaft), *25. April 1956 Prag; war Mittelfeldspieler: 1965–68 Dukla Prag, 1974–82 Borussia Dortmund, 1982–85 Atlético Madrid, 1985–96 SV Werder Bremen, 1996/97 VfB Oldenburg; 546 Bundesligaspiele (43 Tore); 5 Länderspiele (1979–81). – Später Trainer: 1998/99 SV Meppen, 2002–04 1. FC Union Berlin.

Vugrinec, Davor, kroat. Mittelfeldspieler, *24. März 1975 Varaždin; 1992–97 Varteks Varaždin, 1997–2000 Trabzonspor, 2000–03 US Lecce, 2003/04 Atalanta Bergamo, 2004/05 Catania Calcio; 26 Länderspiele; WM-Endrunde 2002.

Vukas, Bernard, kroat. Angriffsspieler, *1. Mai 1927 Zagreb, † 3. April 1984; 1939–44 Concordia Zagreb, 1944/45 Amateure Zagreb, 1946/47 NK Zagreb, 1947–57 Hajduk Split, 1957–59 FC Bologna, 1959–62 Hajduk Split, 1962–64 Grazer AK, 1965/66 Kapfenberger SV; 59 Länderspiele für Jugoslawien (1948–57; 22 Tore); WM-Endrunde 1950, 1954; olymp. Fußballturnier 1948, 1952

Vytlacil, Rudolf, tschech. Trainer österr. Herkunft, *9. Februar 1912 Wien, † 1. Juni 1977; war Angriffsspieler (Linksaußen): 1927/28 Phönix Schwechat, 1928/29 Slovan Wien, 1929–33 Rapid Wien, 1933/34 Wiener AC, 1934 Favoritner AC, 1935–44 Slavia Prag, 1944 SK Nusle; 1 Länderspiel für die Tschechoslowakei (1936). – Später Trainer: u. a. ČSSR (Nationalmannschaft; Europapokal der Nationen 1960, WM-Endrunde 1962, olymp. Fußballturnier 1964), Bulgarien (Nationalmannschaft; WM-Endrunde 1966), 1966–69 Rapid Wien (LM 1967, 1968, PS 1968, 1969).

W

Waalwijk, RKC (Rooms Katholieke Combinatie Waalwijk), Niederlande, gegr. 1940; Spielkleidung: Gelb/Blau/Blau; Stadion: Mandemakers Stadion, 7500 Plätze. – INTERNET: www.rkcwaalwijk.nl

Spieler (Auswahl): K. Boulahrouz – J. Luhukay – D. Rommedahl – M. van Hoogdalem. – **Trainer** (Auswahl): E. Koeman.

Waas, Herbert, dt. Angriffsspieler, * 8. September 1963 Passau (Bayern); 1973–78 VfB Passau-Grubweg, 1978–82 TSV München 1860, 1982–89 Bayer 04 Leverkusen, 1989–91 FC Bologna, 1991/92 Hamburger SV, 1992/93 FC Zürich, 1994/95 1. FC Dynamo Dresden; 247 Bundesligaspiele (47 Tore); 11 Länderspiele (1983–88; 1 Tor).

Wache, Dimo, dt. Torhüter, * 1. November 1973 Brake (Niedersachsen); bis 1986 SC Ovelgönne, 1986–88 VfL Brake, 1988–90 VfB Oldenburg, 1990–92 Bayer 04 Leverkusen, 1992–95 Borussia Mönchengladbach, 1995–2006 FSV Mainz 05; 42 Bundesligaspiele.

Wächter, Stefan, dt. Torhüter, * 20. April 1978 Herne; bis 1994 Westfalia Herne, 1994–2000 VfL Bochum, 2000/01 KFC Uerdingen 05, 2001–06 Hamburger SV; 48 Bundesligaspiele.

Wack, Franz-Xaver, dt. Schiedsrichter (Biberbach [Bayern]), Dr. (Zahnarzt), * 5. März 1965 München; seit 1993 Schiedsrichter, seit 1995 Zweite Bundesliga (47 Spiele), seit 1996 Bundesliga (131 Spiele), seit 2000 FIFA-Referee; 4 Länderspiele, 14 Europapokalspiele, U 21-WM 2002, DFB-Pokalfinale 2002.

Wacker [zu »wach«, »rechtschaffen«], Vereins-Bez. aus den Anfängen des dt. (z. B. FC W. Leipzig) und österr. Fußballs (z. B. W. Wien).

Waddle, Christopher Roland (»Chris«), engl. Angriffsspieler, * 14. Dezember 1960 Hepworth; 1977–81 Tow Law Town, 1981–85 Newcastle United, 1985–89 Tottenham Hotspur, 1989–92 Olympique Marseille, 1992/93 Sheffield Wednesday; 63 Länderspiele; WM-Endrunde 1986, 1990; EM-Endrunde 1988; in England Fußballer des Jahres 1993.

Wadenkrampf → Sportmedizin/Sportverletzungen.

Wagefeld, Maik, dt. Mittelfeldspieler, * 25. Februar 1981 Riesa; bis 1995 BSG Lokomotive Riesa und Riesaer SV, 1995–2004 1. FC Dynamo Dresden, 2004/05 1. FC Nürnberg, 2006 Dynamo Dresden; 24 Bundesligaspiele (2 Tore).

Wagner, 1) Franz, österr. Angriffsspieler, * 23. September 1911, † 8. Dezember 1974; 1931–49 Rapid Wien; 19 Länderspiele für Österreich (1933–36), 3 für Deutschland (1938–42) nach Annexion Österreichs. – Später Trainer: 1955/56 Rapid Wien (LM 1956). – **2)** Lutz, dt. Schiedsrichter (Kriftel [Hessen]), * 27. Mai 1963 Hofheim am Taunus (Hessen), seit 1991 Schiedsrichter, seit 1992 Zweite Bundesliga (67 Spiele), seit 1994 Bundesliga (133 Spiele). – **3)** Martin, dt. Mittelfeldspieler, * 24. Februar 1968 Offenburg (Baden-Württemberg), bis 1968 FV Kehl und FV Offenburg, 1988–92 1. FC Nürnberg, 1992–2000 1. FC Kaiserslautern, 2000/01 VfL Wolfsburg; 271 Bundesligaspiele (37 Tore); 6 Länderspiele (1992–94); WM-Endrunde 1994. – **4)** Theodor (»Turl«), österr. Angriffsspieler, * 6. August 1927 Wien; 1941–57 Wacker Wien, 1957/58 SSV Linz; 45 Länderspiele (1946–57; 22 Tore); WM-Endrunde 1954.

Wald-Michelbach, Eintracht, eigtl. »SV Eintracht Wald-Michelbach« (Sportverein Eintracht Wald-Michelbach), Deutschland (Hessen), gegr. 1956; Spielkleidung: Rot/Schwarz/Schwarz; Stadion: Sportplatz an der Rudi-Wünzer-Straße, 1500 Plätze. – INTERNET: www.sveintracht-wald-michelbach.de

Spieler (Auswahl): M. Gaudino.

Waldner, Erwin, dt. Angriffsspieler, * 24. Januar 1933 Edingen-Neckarhausen (Baden-Württemberg); 1943–52 TB Neckarhausen, 1952–60 VfB Stuttgart, 1960/61 FC Zürich, 1961–63 Spal Ferrara (Italien), 1963–67 VfB Stuttgart; 63 Bundesligaspiele (12 Tore); 13 Länderspiele (1954–58; 2 Tore).

Waldoch, Tomasz, ein poln. Abwehrspieler, * 10. Mai 1971 Gdansk (dt. Danzig); bis 1988 Stoczniowiec Gdánsk, 1988–94 Górnik Zabrze, 1994–99 VfL Bochum, 1999–2006 FC Schalke 04; 247 Bundesligaspiele (18 Tore); 74 Länderspiele; WM-Endrunde 2002; olymp. Fußballturnier 1992.

Waldstadion, Frankfurt am Main: → Commerzbank-Arena.

Wales, Halbinsel im Südwesten Großbritanniens, 20761 km², 2,49 Mio.; Verband: The Football Association of Wales, Ltd, Abk. FAW, gegr. 1876, Sitz: Wrexham; Mitglied der FIFA 1910–20, 1924–28 und seit 1946, der UEFA seit 1954; Spielkleidung: Rot. – INTERNET: www.faw.org.uk

Walker, 1) Ian, engl. Torhüter, * 31. Oktober 1971 Watford; 1989–2001 Tottenham Hotspur, 1990 Oxford United und Ipswich Town, 2001–05 Leicester City, 2005/06 Bolton Wanderers; 4 Länderspiele; EM-Endrunde 1996 (nicht eingesetzt), 2004 (nicht eingesetzt). – **2)** Marco, schweizer. Abwehrspieler, * 2. Mai 1970 Solothurn; 1978–82 FC Ballach, 1982–87 FC Solothurn, 1987/88 FC Bettlach, 1988–90 FC Grenchen, 1990–92 FC Lugano, 1992–96 FC Basel, 1996–98 TSV München 1860, 1998–2000 Tennis Borussia, 2000–02 FC St. Gallen, 2002/03 FC Aarau, 2003–05 FSV Mainz 05, 2005/06 Old Boys Basel; 53 Bundesligaspiele (3 Tore); 10 Länderspiele.

Wallner, Roman, österr. Angriffsspieler, *4. Februar 1982 Graz; bis 1999 Sturm Graz, 1999–2004 Rapid Wien, 2004/05 Hannover 96, 2005/06 Admira-Wacker Mödling; 10 Bundesligaspiele; 20 Länderspiele (seit 2001; 5 Tor).

Walter, 1) Fritz, dt. Mittelfeldspieler (Halbstürmer), *31. Oktober 1920 Kaiserslautern, †17. Juni 2002 Enkenbach-Alsenborn (Landkreis Kaiserslautern), Bruder von 4), nicht verwandt mit 2); 1930–59 1. FC Kaiserslautern (1945–48 Spielertrainer); 320 (Südwest-) Oberligaspiele (273 Tore); 61 Länderspiele (1940–58; 33 Tore); WM-Endrunde 1954 (Weltmeister), 1958; erster Ehrenspielführer der der dt. Nationalmannschaft. – Später Trainer (1960 VfR Neustadt-Coburg) bzw. Berater (1962–68 SV Alsenborn [Regionalligameister 1967/68]). Ihm zu Ehren wurde 1985 das Stadion »Betzenberg« in → Fritz-Walter-Stadion umbenannt.– **2)** Fritz, dt. Angriffsspieler, *21. Juli 1960 Hohensachsen (Baden-Württemberg), nicht verwandt mit 1); 1965–76 SG Hohensachsen, 1976–81 FV 09 Weinheim, 1981–87 Waldof Mannheim, 1987–94 VfB Stuttgart, 1994–97 Arminia Bielefeld, 1997–99 SSV Ulm 1846; 348 Bundesligaspiele (157 Tore); Bundesliga-Torschützenkönig 1992 (22), Zweitliga-Torschützenkönig 1996 (21); olymp. Fußballturnier 1988. – **3)** Manfred, dt. Abwehrspieler (Libero), *31. Juli 1937 Wurzen; 1946–51 SG Nischwitz bzw. BSG Traktor Nischwitz, 1952–60 BSG Empor Wurzen, 1960–63 SC Lokomotive Leipzig, 1963–72 BSG Chemie Leipzig; 243 Oberligaspiele (9 Tore); 16 Länderspiele (1965–67); olymp. Fußballturnier 1964. – Später Trainer: 1980–85 BSG Chemie Leipzig. – **4)** Ottmar, dt. Angriffsspieler (Mittelstürmer), *6. Februar 1924 Kaiserslautern, Bruder von 1); 1938–58 1. FC Kaiserslautern; 21 Länderspiele (1950–56; 10 Tore); 275 (Südwest-)Oberligaspiele (295 Tore); Weltmeister 1954.

Fritz Walter

F. Walter [1]
»Um Szepan und Kuzorra spielen zu sehen, bin ich sogar auf Bäume geklettert.«

Wanderers Football Club, England: → London [11].

Wankdorfstadion, Bern, bis 2001 Heimstätte von Young Boys Bern, 60 000 Plätze, 1954 Austragungsstätte des WM-Finales BRD – Ungarn (3:2). Das W. wurde 2001 abgerissen; ein neues Stadion (»Stade de Suisse«) wurde an gleicher Stelle im Juli 2005 eröffnet (32 000 Plätze; Kunstrasen).

Waregem, Belgien: → Zulte-Waregem, SV.

Warnemünde, SV, Deutschland → Rostock [3].

Warschau, Polen, **1) Gwardia Warschau,** eigtl. »KS Gwardia Warszawa« (Klub Sportowy Gwardia Warszawa), gegr. 1948; Spielkleidung: Blau-Rot/Weiß/Blau-Rot; Stadion: WKS-Stadion, 12 000 Plätze.

Spieler (Auswahl): W. Zmuda.

2) Legia Warschau, eigtl. »Legia-Daewoo Warszawa«, gegr. 1916 als WKS Legia Warszawa, 1920–22 WKS Warszawa, 1922–45 WKS Legia Warszawa, 1945–50 WKS Warszawa, 1950–57 CWKS Warszawa, 1967–90 CWKS Legia Warszawa, 1990–96 WWKS Warszawa, seitdem Legia-Daewoo Warszawa; Spielkleidung: Weiß.

Heimstadion: Wojska Polskiego, 15 000 Plätze. – INTERNET: www.legia.pl

Spieler (Auswahl): L. Brychczy – A. Buncol – K. Deyna – R. Gadocha – J. Gmoch – P. Janas – H. Kasperczak – K. Nowak – M. Okonski – A. Piechniczek – E. Pol – W. Smolarek – E. Szymkowiak – J. Tomaszewski. – **Trainer** (Auswahl): K. Górski – P. Janas.

3) Polonia Warschau, eigtl. »KSP Polonia Warschau« (Klub Sportowy Piłkarski Polonia Warschau), gegr. 1911 als KKS Polonia Warszawa, 1948–56 KS Kolejarz Warszawa, 1956–96 KKS Polonia Warszawa, seit 1996 KSP Polonia Warszawa; Spielkleidung: Schwarz/Weiß/Weiß; Stadion: Konwiktorska 6, 5970 Plätze. – INTERNET: www.ksppolonia.com

Spieler (Auswahl): E. Olisadebe.

Waseige, Robert (»Rob«), Belgien, belg. Trainer, * 26. August 1939 Rocourt; war Mittelfeldspieler: 1947–63 FC Lüttich, 1963–70 Racing White Molenbeek, 1970/71 KFC Winterslag. – Später Trainer: 1971–76 KFC Winterslag, 1976–79 Standard Lüttich, 1979–81 KFC Winterslag, 1981–83 SC Lokeren, 1983–92 FC Lüttich (PS 1990), 1992–94 Sporting Charleroi, 1994–96 Standard Lüttich, 1996/97 Sporting Lissabon, 1997–99 Sporting Charleroi, 1999–2002 Belgien (Nationalmannschaft; EM-Endrunde 2000, WM-Endrunde 2002), 2002 Standard Lüttich, 2003/04 Sporting Charleroi, 2004 Algerien (Nationalmannschaft).

»Wasserträger«, vom Radsport übernommene Bez. für einen Aktiven, der sich dem oder den Leistungsträgern der Mannschaft unterordnet und für sie »Hilfsdienste« verrichtet, z. B. Ballschleppen, zusätzl. Deckungsarbeit, Absichern. – Die eigtl. abwertende Bez. ist insofern nicht gerechtfertigt, da die betreffenden Akteure eine wichtige Funktion innerhalb der Mannschaft einnehmen und dem oder den spielgestaltenden Kräften in der Offensive weitestgehend den »Rücken frei halten«.

Wassilev, Georgi, bulgar. Trainer, * 9. August 1946; bis 1993 Etar Veliko Tarnovo, 1993–95 Levski Sofia, 1995–98 ZSKA Sofia, 1998/99 Lokomotive Sofia, 1999–2002 1. FC Union Berlin, 2003/04 Levski Sofia, 2005/06 1. FC Berlin.

Waterford United, eigtl. »Waterford United FC« (Waterford United Football Club), Irland (Waterford), gegr. 1930 als FC Waterford, seit 1982 Waterford United FC; Spielkleidung: Blau; Stadion: Kilcohan Park, 10 000 Plätze.

Watford, FC, England: → London [7].

Wattenscheid 09, Deutschland: → Bochum [1].

Wätzlich, Siegmar, dt. Abwehrspieler (Linksverteidiger), * 16. November 1947 Rammenau (Sachsen); 1967–75 SG Dynamo Dresden; 139 Oberligaspiele (10 Tore); 24 Länderspiele (1972–75); WM-Endrunde 1974; olymp. Fußballturnier 1972.

George Weah

Weah, George, liberian. Angriffsspieler, * 1. Oktober 1966 Monrovia; 1980–87 Invincible Eleven Monrovia, 1987–92 AS Monaco, 1992–95 Paris Saint-Germain, 1995–2000 AC Mailand, 2000 FC Chelsea und Manchester United, 2000/01 Olympique Marseille, 2002/03 Al-Jazira (VAE); 18 Länderspiele (4 Tore); Weltfußballer des Jahres 1995; Afrikas Fußballer des Jahres 1889, 1995; Europas Fußballer des Jahres 1995.

Weber, 1) Gerd, dt. Mittelfeldspieler, * 31. Mai 1956 Dresden; 1966–70 FSV Lok Dresden, 1970–80 SG Dynamo Dresden, im Januar 1981 (nach Aufdeckung eines Fluchtplans) verhaftet und zu einer Haftstrafe verurteilt, 1989–92 (nach Flucht über Ungarn 1988) SV Oberweiler (Baden-Württemberg); 37 Länderspiele (1975–80; 5 Tore); Olympiasieger 1976. – **2)** Heiko, dt. Trainer, * 26. Juni 1965 Thale; war Angriffsspieler: bis 1988 BSG Stahl Thale, 1988–98 FC Carl Zeiss Jena, 1998/99 Preußen Münster; 67 (DDR-)Oberligaspiele (16 Tore). – Später Trainer: 1999/2000 FC Carl Zeiss Jena (Trainerassistent), 2000–03 FC Thüringen Weida, 2004–06 FC Carl Zeiss Jena. – **3)** Heribert, österr. Abwehrspieler, * 28. Juni 1955 Pöls (Steiermark); 1973–78 Sturm Graz, 1978–89 Rapid Wien, 1989–94 Casino Salzburg; 68 Länderspiele (1976–89; 1 Tor); WM-Endrunde 1978, 1982; in Österreich Fußballer des Jahres 1987. – Später Trainer: 1994/95 FC Puch, 1995 Österreich (U 20), 1996–98 Casino bzw. Wüstenrot Salzburg (LM 1997), 1998–2000 Rapid Wien, 2001/02 1. FC Saarbrücken, 2003/04 SC Untersiebenbrunn. – **4)** Wolfgang, dt. Mittelfeldspieler (Läufer), * 26. Juni 1944 Porz (zu Köln); 1954–63 SpVg. Porz, 1963–77 1. FC Köln; 356 Bundesligaspiele (21 Tore); 53 Länderspiele (1964–74; 2 Tore); WM-Endrunde 1966, 1970. – Später Trainer: 1977/78 1. FC Köln (Trainerassistent), 1978/79 SV Werder Bremen.

Wechselspieler → Auswechslung.

Wedaustadion, Duisburg, gebaut 1921; seit 1963 Heimstätte des Meidericher SV, des späteren (1966) MSV Duisburg, 2003/04 schrittweiser Abriss und Neuaufbau an gleicher Stelle, seitdem MSV-Arena (→ Duisburg [3]).

Wehen, SV, eigtl. »SV Wehen 1926 – Taunusstein« (Spielvereinigung Wehen 1926 – Taunusstein), Deutschland (Hessen), gegr. am 1. Januar 1926 (aufgelöst 1933, neu gegr. 1946); Spielkleidung: Weiß/Schwarz/Schwarz; Stadion: Am Halberg, 5000 Plätze. – INTERNET: www.svwehen.de

Spieler (Auswahl): A. da Silva – O. Mokhtari.

Weichert, Florian, dt. Angriffsspieler, *28. Januar 1968 Rostock; 1975–88 FC Hansa Rostock, 1988/89 KorrSchifffahrt/Hafen Rostock, 1989–92 FC Hansa Rostock, 1992/93 Hamburger SV, 1993/94 VfB Leipzig, 1994/95 1. FC Dynamo Dresden, 1995–97 VfB Leipzig; 47 (DDR-)Oberligaspiele (13 Tore); 86 Bundesligaspiele (14 Tore).

Weidemann, Uwe, dt. Trainer, *14. Juni 1963 Weißensee (Thüringen); war Mittelfeldspieler: 1970–77 BSG Traktor Weißensee, 1977–87 FC Rot-Weiß Erfurt, 1987/88 1. FC Lokomotive Leipzig (4 Oberligaspiele), 1988–90 FC Rot-Weiß Erfurt, 1990–92 1. FC Nürnberg, 1992/93 Waldhof Mannheim, 1993–95 MSV Duisburg, 1995–97 FC Schalke 04, 1997 Hertha BSC, 1997/98 FC Gütersloh, 1998 FC Schalke 04; 90 (DDR-)Oberligaspiele (21 Tore); 10 Länderspiele für die DDR (1985–90); 102 Bundesligaspiele (14 Tore). – Später Trainer: 2002–06 Fortuna Düsseldorf (2002–04 Amateure, 2004–06 Cheftrainer).

Weiden, SpVgg (Spielvereinigung Weiden), Deutschland (Bayern), gegr. am 19. Januar 1924 als SpVgg Weiden, 1929–34 SpVgg Weiden-Windischeschenbach, 1934–39 SpVgg Weiden, 1939–45 Reichsbahn SSVg Weiden, seitdem SpVgg Weiden; Spielkleidung: Blau-Schwarz/Schwarz/Blau; Stadion: Wasserwerkstadion, 15 000 Plätze. – INTERNET: www.spvggweiden.de

Spieler (Auswahl): M. Reichel.

Weidenfeller, Roman, dt. Torhüter, *6. August 1980 Diez (Rheinland-Pfalz); bis 1996 Eisbachtaler Sportfreunde, 1996–2002 1. FC Kaiserslautern, 2002–06 Borussia Dortmund; 75 Bundesligaspiele.

Weigang, Horst, dt. Torhüter, *30. September 1940 Langenbielau (poln. Bielawa [Oberschlesien]); 1952–54 BSG Medizin Leipzig-Mitte, 1954–60 SC Lokomotive Leipzig, 1961/62 SC Turbine Erfurt, 1962–67 SC Rotation Leipzig, SC Leipzig bzw. 1. FC Lokomotive Leipzig, 1967–73 FC Rot-Weiß Erfurt; 234 Oberligaspiele; 12 Länderspiele (1962–67); olymp. Fußballturnier 1964; in der DDR Fußballer des Jahres 1965. – Sein Sohn **Sven W.** (*1964) war ebenfalls Torhüter: 1985/86 BSG Stahl Riesa (2 Oberligaspiele).

Weiler, 1) Max, schweizer. Mittelfeldspieler, *25. September 1909, † 1. September 1969, Bruder von 2); Grasshopper-Club Zürich; 38 Länderspiele (1924–36). – **2)** Walter, schweizer. Abwehrspieler, *4. Dezember 1903, † 4. Mai 1945, Bruder von 1); Grasshopper-Club Zürich; 25 Länderspiele (1926–42); WM-Endrunde 1934.

Weimar 03, SC, eigtl. »Sport-Club Weimar 1903«, Deutschland (Thüringen), gegr. 1903 als Fußballclub Weimar, 1904–45 Sport-Club Weimar 1903 (1945 aufgelöst und neu gegr.), 1945–48 SG Weimar Ost, 1948/49 SG Eintracht Weimar, 1949/50 BSG KWU (»Kommunales Wirtschaftsunternehmen«) Weimar, 1950–54 BSG Turbine Weimar, 1954/55 BSG Lokomotive Mitte Weimar, 1955–61 BSG Lokomotive Weimar, 1961–90 (nach Übernahme der Fußballsektion durch das Mähdrescherwerk) BSG Motor Weimar, 1990/91 SV Motor Weimar, seitdem SC Weimar 03; DDR-Oberliga 1950/51; Spielkleidung: Blau; Stadion: Sportpark Lindenberg, 8000 Plätze.

Spieler (Auswahl): D. Bärwolf – P. Pömpner. – **Trainer** (Auswahl): A. Kunze.

Weiner, Michael, dt. Schiedsrichter (Hasede [Niedersachsen]), *21. März 1969 Hameln (Niedersachsen); seit 1993 Schiedsrichter, seit 1995 Zweite Bundesliga (93 Spiele), seit 2000 Bundesliga (77 Spiele), seit 2002 FIFA-Referee; 5 Europapokalspiele.

Weinheim, TSG 1862, eigtl. »TSG 62/09 Weinheim« (Turn- und Sportgemeinschaft 1862/1909 Weinheim), Deutschland (Baden-Württemberg), gegr. am 20. August 1862 als TV Weinheim, 1946 Fusion mit TG Jahn 1878 Weinheim und DJK Schwarz-Weiß Weinheim zu TSG 1862 Weinheim, 1998 Anschluss von FV 09 Weinheim und Umbenennung in TSG 62/09 Weinheim; Spielkleidung: Blau/Schwarz/Blau; Stadion: Sepp-Herberger-Stadion, 13 000 Plätze. – INTERNET: www.tsg-weinheim.de

Spieler (Auswahl): H.-J. Boysen – F. Walter. – **Trainer** (Auswahl): R. Fanz.

Weise, 1) Dietrich, dt. Trainer, *21. November 1934 Gröben (Sachsen-Anhalt); war Mittelfeldspieler (Läufer): bis 1958 BSG Traktor Teuchern und BSG Fortschritt Weißenfels, 1958–60 VfR Neckarsulm (Spielertrainer), 1960–67 VfR Heilbronn (Spielertrainer). – Später Trainer: 1967–73 1. FC Kaiserslautern, 1973–76 Eintracht Frankfurt, 1976–78 Fortuna Düsseldorf, 1978–83 DFB, 1983 1. FC Kaiserslautern, 1983–

86 Eintracht Frankfurt, 1988–90 Al-Ahly Kairo, 1991 Ägypten (Nationalmannschaft), 1993 Liechtenstein (Nationalmannschaft). – **2)** Konrad, dt. Trainer, *17. August 1951 Greiz (Thüringen); war Abwehrspieler; 1961–66 BSG Fortschritt bzw. BSG Greika Greiz, 1966–86 FC Carl Zeiss Jena; 310 Oberligaspiele (17 Tore); 86 Länderspiele (1970–81; 2 Tore); WM-Endrunde 1974; olymp. Fußballturnier 1972, 1976 (Olympiasieger). – Später Trainer: 1986–98 FC Carl Zeiss (Jugend, Trainerassistent), 1998–2002 FSV Zwickau (1998–99 Trainerassistent, 1999–2002 Cheftrainer).

Weissenberger, Markus, österr. Mittelfeldspieler, *8. März 1975 Lauterach (Vorarlberg); bis 1999 BNZ Dornbirn, FC Hard, SV Spittal und LASK Linz, 1999/2000 Arminia Bielefeld, 2001–04 TSV München, 2004–06 Eintracht Frankfurt; 111 Bundesligaspiele (16 Tore); 22 Länderspiele (seit 1999; 1 Tor).

Weißenfels, 1. FC (1. Fußballclub Weißenfels), Deutschland (Sachsen-Anhalt), hervorgegangen aus dem 1900 gegr. Weißenfelser FC Preußen 1900, 1920–45 TuR 1861 Weißenfels (1945 aufgelöst und neu gegr.), 1945–48 SG Langendorf, 1948/49 SG Weißenfels-Süd, 1949–51 ZSG Schuhmetro Weißenfels, 1951–54 BSG Schuhmetro Weißenfels, 1954–60 SC Fortschritt Weißenfels, 1960–90 BSG Fortschritt Weißenfels, 1990–92 1. SC 1861 Weißenfels, seitdem 1. FC Weißenfels; DDR-Oberliga 1955–60; Spielkleidung: Gelb/Blau/Blau; Stadion: Otto-Müller-Kampfbahn, 16 500 Plätze. – INTERNET: www.fc-weißenfels.de

Spieler (Auswahl): P. Pömpner – D. Weise.

»Weiße Teufel« [nach der Trikotfarbe], Bez. für die Nationalmannschaft Belgiens.

Weißflog, Jörg, dt. Torhüter, *12. Oktober 1956 Stollberg (Sachsen); 1962–73 BSG Traktor Niederdorf, 1973/74 TSG Stollberg, 1974–96 BSG Wismut Aue, FC Wismut Aue bzw. FC Erzgebirge Aue, 1996–98 Chemnitzer FC; 200 Oberligaspiele (2 Tore); 15 Länderspiele (1984–88).

Weißhaupt, Marco, dt. Mittelfeldspieler, *24. Juni 1972 Erfurt; 1978–86 BSG Motor Nordhausen, 1986–88 FC Rot-Weiß Erfurt, 1989–92 BSG Motor Nordhausen bzw. FSV Wacker 90 Nordhausen, 1992–94 FC Rot-Weiß Erfurt, 1994/95 Hamburger SV, 1996 FSV Mainz 05, 1996/97 FC Rot-Weiß Erfurt, 1997–2001 SC Freiburg, 2001/02 FC Hansa Rostock, 2002/03 VfB Lübeck, 2004 Sportfreunde Siegen, 2004/05 FC Teningen; 101 Bundesligaspiele (9 Tore); 71 Zweitligaspiele (22 Tore). – Sein Vater **Jörg. W.** (*1948), Mittelfeldspieler (82 Oberligaspiele, 18 Tore) und dessen Zwillingsbruder **Horst W.,** Angriffsspieler (114 Oberligaspiele, 45 Tore), spielten auch bei Motor Nordhausen und Rot-Weiß Erfurt.

Weißrussland, amtlich ***Belarus,*** Republik in Osteuropa, 207 600 km², 10,32 Mio. Ew.; Verband: Belarus Football Federation, Abk. BFF, gegr. 1989, Sitz: Minsk; Mitglied der FIFA und der UEFA seit 1992; Spielkleidung: Rot/Grün/Rot. – INTERNET: www.bff.by

Weisweiler, Hans (»Hennes«), dt. Trainer, *5. Dezember 1919 Lechenich (heute: Erftstadt [Nordrhein-Westfalen]), †5. Juli 1983 Aesch bei Birmensdorf (Kt. Zürich); war Mittelfeldspieler (Läufer): SC Lechenich, 1. FC Köln und Wacker München. – Später Trainer: 1954/55 Nationalmannschaft (Trainerassistent), 1955–58 1. FC Köln, 1965–75 Borussia Mönchengladbach (→»Fohlenelf«), 1975/76 FC Barcelona, 1976–80 1. FC Köln, 1980/81 Cosmos New York, 1981–83 Grasshopper-Club Zürich. – Seit 2005 wird die Trainerausbildungsstätte der Dt. Sporthochschule (DSHS) Köln – 1954 bis 1969 fungierte W. hier als Trainerausbilder – als »Hennes-Weisweiler-Akademie« geführt.

»Hennes« Weisweiler

H. Weisweiler: Erfolgsstationen (Auswahl)	
Borussia Mönchengladbach	LM 1970, 1971, 1975 PS 1973 EC III 1975
1. FC Köln	LM 1978 PS 1977, 1978
Cosmos New York	LM 1981
Grasshopper-Club Zürich	LM 1982, 1983 PS 1983

weiträumiges Spiel, ein auseinandergezogenes, die gesamte Spielfeldbreite einbeziehendes Spiel; gekennzeichnet durch spielverlagernde Pässe und weiträumige Flugbälle. – Gegensatz: engmaschiges Spiel.

Weltauswahl, svw. → FIFA-Auswahl.

Welt-Clubtrainer des Jahres, seit 1996 von der → IFFHS durchgeführte Wahl, des weltbesten Clubtrainers. Potenzielle Kandidten sind die Trainer der Sieger aller kontinentalen Clubwettbewerbe, die Trainer der unterlegenen Finalisten

Welt-Clubtrainer des Jahres (Nation/Verein)	
1996	M. Lippi (Italien/Juventus Turin)
1997	O. Hitzfeld (Deutschland/Borussia Dortmund)
1998	M. Lippi (Italien/Juventus Turin)
1999	A. Ferguson (Schottland/Manchester United
2000	C. Bianchi (Argentinien/Boca Juniors Buenos Aires)
2001	O. Hitzfeld (Deutschland/FC Bayern München)
2002	V. Del Bosque (Spanien/Real Madrid)
2003	C. Bianchi (Argentinien/Boca Juniors Buenos Aires)
2004	J. Mourinho (Portugal/FC Chelsea)
2005	J. Mourinho (Portugal/FC Chelsea)

der Copa Libertadores de América und des UEFA-Pokals, die Trainer der 4 Semifinalisten der (europ.) Champions League und weitere Trainer der 20 erstplatzierten Mannschaften in der Clubweltrangliste.

Weltfußballer des Jahres		
1982	P. Rossi	Italien
1983	Zico	Brasilien
1984	M. Platini	Frankreich
1985	M. Platini	Frankreich
1986	D. A. Maradona	Argentinien
1987	R. Gullit	Niederlande
1988	M. van Basten	Niederlande
1989	R. Gullit	Niederlande
1990	L. Matthäus	BRD
1991	L. Matthäus	BRD
1992	M. van Basten	Niederlande
1993	R. Baggio	Italien
1994	Romário	Brasilien
1995	G. Weah	Liberia
1996	Ronaldo	Brasilien
1997	Ronaldo	Brasilien
1998	Z. Zidane	Frankreich
1999	Rivaldo	Brasilien
2000	Z. Zidane	Frankreich
2001	L. Figo	Portugal
2002	Ronaldo	Brasilien
2003	Z. Zidane	Frankreich
2004	Ronaldinho	Brasilien
2005	Ronaldinho	Brasilien

Weltfußballer des Jahres, seit 1982 jährlich durchgeführte Umfrage nach dem besten Spieler des abgelaufenen Kalenderjahres (bis 1990 inoffiziell); seit 1991 organisiert von der FIFA und von European Sports Magazines (→ ESM). Die Abstimmung erfolgt in der Regel durch die aktuellen Trainer der Nationalmannschaften: Platz eins 5 Punkte, Platz zwei 3 Punkte, Platz drei einen Punkt. Zum »Weltfußballer des (20.) Jahrhunderts« wurde Pelé gewählt.

Weltmeisterschaft, Abk. **WM,** wichtigster internationaler, von der FIFA im jeweiligen Ausrichterland veranstalteter fußballsportl. Wettbewerb, der wie die Olymp. Sommerspiele (→ olympisches Fußballturnier) alle 4 Jahre stattfindet, und zwar jeweils zw. diesen. Die W. wird seit 1930 (Qualifikationsspiele ab 1934) ausgetragen, wobei wegen des Zweiten Weltkrieges die WM-Endrundenturniere 1942 und 1946 ausfielen. Im Gegensatz zu den Olymp. Spielen werden die ausgefallenen W. nicht mitgezählt, d.h., die vierte W. fand (nach 1938) 1950 statt. – Im engeren Sinn versteht man unter W. die → WM-Endrunde.

1. Weltmeisterschaft 1930 in Uruguay

Teilnehmer: Argentinien – Belgien – Bolivien – Brasilien – Chile – Frankreich – Jugoslawien – Mexiko – Paraguay – Peru – Rumänien – Uruguay – USA

Die WM wurde Uruguay in Anerkennung der 2 Olympiasiege (1924, 1928) sowie anlässlich seiner hundertjjährigen polit. Unabhängigkeit übertragen. Die 13 Mannschaften spielten zuerst in 4 Gruppen, deren Sieger dann das Halbfinale bestritten. Jugoslawien verzichtete auf das Spiel um Platz drei, damit wurden die USA kampflos Dritter.

2. Weltmeisterschaft 1934 in Italien

Teilnehmer: Ägypten – Argentinien – Belgien – Brasilien – Deutschland – Frankreich – Italien – Niederlande – Österreich – Rumänien – Schweden – Schweiz – Spanien – Tschechoslowakei – Ungarn – USA

Die 16 Mannschaften spielten von Beginn an nach dem K.-o.-System, sodass die Verlierer bereits nach dem ersten Spiel wieder die Heimreise antreten durften. Insgesamt hatten 32 Länder für die WM gemeldet; erstmals mussten Qualifikationsspiele angesetzt werden. – Im Spiel um den 3. Platz gewann Deutschland gegen Österreich 3:2.

3. Weltmeisterschaft 1938 in Frankreich

Teilnehmer: Belgien – Brasilien – Deutschland (mit Spielern des annektierten Österreich) – Frankreich –

Italien – Kuba – Niederlande – Niederländische Antillen – Norwegen – Polen – Rumänien – Schweden – Schweiz – Tschechoslowakei – Ungarn

Deutschland, seit dem 12. Mai 1938 von J. Herberger betreut, vertrug die Verschmelzung mit dem »Wiener-Walzer-Fußball« (Österreichs M. Sindelar hatte es ohnehin abgelehnt, in dieser »dt.« Auswahl zu spielen) offensichtlich nicht und unterlag bereits im Auftaktspiel mit 2:4 (nach Wiederholung, zuvor 1:1) gegen die Schweiz. Im Spiel um den 3. Platz gewann Brasilien 4:2 gegen Schweden.

4. Weltmeisterschaft 1950 in Brasilien

Teilnehmer: Bolivien – Brasilien – Chile – England – Italien – Jugoslawien – Mexiko – Paraguay – Schweden – Schweiz – Spanien – Uruguay – USA

Die Endrundenteilnehmer (nach Querelen und nachfolgenden Verzichten verblieben 13) wurden in 4 Gruppen aufgeteilt. In jeder Gruppe wurde eine Mannschaft durch das Organisationskomitee »gesetzt« und die anderen durch Los bestimmt. Die Gruppensieger erreichten die zweite, d. h. die Endrunde. In beiden Runden spielte jede Mannschaft gegen jede andere der Gruppe. Diejenige Mannschaft, die in der Endrunde die größte Anzahl von Punkten aufwies, gewann den Titel. Für die Endrunde der Gruppensieger qualifizierten sich Uruguay, Brasilien, Schweden und Spanien, wobei es aufgrund der Ansetzungen und vorherigen Spielausgänge zu einem »echten« Finale kam. – Die BRD und die DDR – beide noch nicht Mitglieder der FIFA – durften nicht an der WM teilnehmen.

5. Weltmeisterschaft 1954 in der Schweiz

Teilnehmer: Belgien – Brasilien – BRD–– England – Frankreich – Italien – Jugoslawien – Mexiko – Österreich – Schottland – Schweiz – Südkorea – Tschechoslowakei – Türkei – Ungarn – Uruguay

8 Mannschaften aus 4 Gruppen qualifizierten sich für das Viertelfinale, wobei man sich auf eine Mischung des K.-o.-Systems und der zuletzt 1950 in Brasilien praktizierten Punktwertung geeinigt hatte, um die letzten 8 zu ermitteln. An den Qualifikationsspielen war der DFV der DDR noch nicht beteiligt. Österreich schaltete im Viertelfinale die Schweiz mit 7:5 aus und scheiterte dann im Halbfinale am späteren Weltmeister BRD(1:6). – Im Spiel um den 3. Platz gewann Österreich gegen Uruguay 3:1.

6. Weltmeisterschaft 1958 in Schweden

Teilnehmer: Argentinien – Brasilien – Budesrepublik Deutschland – England – Frankreich – Jugoslawien – Mexiko – Nordirland – Österreich – Schottland – Schweden – Schweiz – Tschechoslowakei – UdSSR – Ungarn – Wales

Die DDR wurde in ihrer Qualifikationsgruppe Dritter und damit Letzter (hinter der Tschechoslowakei und Wales), ebenso die Schweiz, die in der Qualifikation nach Schottland und Spanien einkam. Die BRD scheiterte im Halbfinale an Schweden (1:3), und Österreich schied in der ersten Runde aus (Vierter hinter Brasilien, UdSSR und England). Im Spiel um den 3. Platz gewann Österreich gegen Uruguay 3:1. – Im Spiel um den 3. Platz gewann Frankreich gegen die Bundesrepublik Deutschland 6:3.

7. Weltmeisterschaft 1962 in Chile

Teilnehmer: Argentinien – Brasilien –Bulgarien – Chile – ČSSR – BRD – England – Italien – Jugoslawien – Kolumbien – Mexiko – Schweiz – Spanien – UdSSR – Ungarn – Uruguay

Die DDR belegte in ihrer Qualifikationsgruppe hinter Ungarn und vor den Niederlanden den 2. Platz. Die Schweiz schied in der ersten Runde aus (Letzter in Gruppe 2 hinter der BRD, Chile und Italien), die BRD im Viertelfinale gegen Jugoslawien (0:1). Österreich verzichtete auf eine Teilnahme. – Im Spiel um den 3. Platz gewann Chile gegen Jugoslawien 1:0.

8. Weltmeisterschaft 1966 in England

Teilnehmer: Argentinien – Brasilien –Bulgarien – Chile – BRD – England – Frankreich – Italien – Mexiko – Nordkorea – Portugal – Schweiz – Spanien – UdSSR – Ungarn – Uruguay

Die DDR belegte in ihrer Qualifikationsgruppe den 2. Platz (hinter Ungarn und vor Österreich). Die Schweiz schied wiederum in der ersten Runde aus (Letzter in Gruppe B hinter der BRD, Argentinien und Spanien). Bemerkenswertestes Ergebnis: Italien unterlag in Gruppe D Nordkorea mit 0:1 und wurde somit als Gruppendritter aus dem weiteren WM-Geschehen »entlassen«. Nordkorea konnte im Viertelfinale dieses Husarenstück gegen Portugal fast wiederholen, unterlag aber nach einer 3:0-Führung noch mit 3:5 (vierfacher Torschütze: Eusebio). – Im Spiel um den 3. Platz gewann Portugal gegen die UdSSR 2:1.

9. Weltmeisterschaft 1970 in Mexiko

Teilnehmer: Belgien – Brasilien –Bulgarien – ČSSR – BRD – El Salvador – England – Israel – Italien – Mexiko – Marokko – Peru – Rumänien – Schweden – UdSSR – Uruguay

Die DDR kam in ihrer Qualifikationsgruppe hinter Italien und vor Wales wiederum nur auf den 2. Platz. Österreich scheiterte in seiner Gruppe am Gruppenersten BRD und wurde hinter Schottland und vor Zypern Gruppendritter, ebenso die Schweiz, die in ihrer Qualifikationsgruppe Rumänien den Vortritt lassen musste. In die Fußballannalen ging das Halbfinalspiel Italien gegen die BRD ein, das an Dramatik kaum zu überbieten war und die Italiener mit 4:3 (n. V.) siegreich sah. Im Spiel um den 3. Platz gewann Deutschland gegen Uruguay 1:0.

10. Weltmeisterschaft 1974 in der BRD

Teilnehmer: Argentinien – Australien – Brasilien – Bulgarien – Chile – DDR – BRD – Haiti – Italien – Jugoslawien – Niederlande – Polen – Schottland – Schweden – Uruguay – Zaire

Erstmals wurde die Endrunde in erste und zweite Finalrunde unterteilt. Die Ersten und Zweiten aus den 4 Gruppen der ersten Finalrunde wurden in 2 Gruppen der zweiten Finalrunde zugeteilt, wobei dann die jeweils Ersten um den WM-Titel und die Zweiten um den 3. Platz spielten. Bemerkenswert war das 1:0 der DDR gegen die favorisierte BRD in der ersten Finalrunde, was diese für die weiteren Spiele in der zweiten Finalrunde eher stimulierte denn schockierte, wie der spätere WM-Sieg bewies. Die DDR belegte in der zweiten Finalrunde (Gruppe A) hinter den Niederlanden und Brasilien den 3. Platz vor Argentinien. – Im Spiel um den 3. Platz gewann Polen gegen Brasilien 1:0.

11. Weltmeisterschaft 1978 in Argentinien

Teilnehmer: Argentinien – Brasilien – BRD – Frankreich – Italien – Iran – Mexiko – Niederlande – Österreich – Peru – Polen – Schottland – Schweden – Spanien – Tunesien – Ungarn

Die DDR wurde (Qualifikations-)Gruppenzweiter (hinter Österreich, vor Türkei und Malta) mit einem Punkt Rückstand zu Österreich. Die BRD »patzte« in der zweiten Finalrunde gegen Österreich (2:3) und schied aus. – Im Spiel um den 3. Platz gewann Brasilien gegen Italien 2:1.

12. Weltmeisterschaft 1982 in Spanien

Teilnehmer: Algerien – Argentinien – Belgien – Brasilien –Chile – ČSSR – BRD – El Salvador – England – Frankreich – Honduras – Italien – Jugoslawien – Kamerun – Kuwait – Neuseeland – Nordirland – Österreich – Peru – Polen – Schottland – Spanien – UdSSR – Ungarn

Die DDR scheiterte in der (Dreier-)Qualifikationsgruppe an Polen (rangierte aber vor Malta). Die Schweiz blieb ihrer seit 1966 andauernden WM-Abstinenz treu und reihte sich in der Qualifikationsgruppe 4 auf eben diesem Rang ein (hinter Ungarn, England und Rumänien, vor Norwegen). Erstmals nahmen dann an der Endrunde 24 Mannschaften teil, die nach 2 Finalrunden (erste: 6 Gruppen mit je 4 Mannschaften, zweite: 4 Gruppen mit je 3 Mannschaften) und dem Halbfinale der Gruppensieger der zweiten Finalrunde die Finalteilnehmer ermittelten. – Im Spiel um den 3. Platz gewann Polen gegen Frankreich 3:2.

13. Weltmeisterschaft 1986 in Mexiko

Teilnehmer: Algerien – Argentinien – Belgien – Brasilien –Bulgarien – Dänemark – BRD – England – Frankreich – Irak – Italien – Kanada – Marokko – Mexiko – Nordirland – Paraguay – Polen – Portugal – Schottland – Spanien – Südkorea – UdSSR – Ungarn – Uruguay

Nach den Vorrundengruppenspielen wurde im K.-o.-System weitergespielt, und zwar unter Beteiligung der Gruppensieger, -zweiten und der 4 besten Gruppendritten (nach Punkten und Toren). Die DDR strauchelte in ihrer Qualifikationsgruppe an Frankreich und Bulgarien – trotz spektakulärer Siege in der Rückrunde (gegen Frankreich 2:0, Jugoslawien 2:1 und Bulgarien 2:1) – und kam vor Jugoslawien und Luxemburg auf Platz 3 ein. Die Schweiz belegte in ihrer Qualifikationsgruppe ebenfalls den 3. Platz (hinter Dänemark und UdSSR), wie auch Österreich (hinter Ungarn und den Niederlanden). – Im Spiel um den 3. Platz gewann Frankreich gegen Belgien 4:2 (n. V., zuvor 2:2).

14. Weltmeisterschaft 1990 in Italien

Teilnehmer: Ägypten – Argentinien – Belgien – Brasilien – Costa Rica – ČSFR – BRD – England – Irland –Italien – Jugoslawien – Kamerun – Kolumbien – Niederlande – Österreich – Rumänien – Schottland – Schweden – Spanien – Südkorea – UdSSR – Uruguay – USA – VAE

Die DDR und die Schweiz verpassten nach dürftigen Leistungen in ihren Vorrundengruppen (à 5 Mannschaften, wobei die ersten beiden die WM-Endrunde erreichten) wiederum die Qualifikation. Dabei scheiterte die DDR im letzten und entscheidenden Gruppenspiel völlig entnervt an Österreich (0:3), während die BRD nach einem mühevollen 2:1 gegen Wales im Abschlussspiel gerade noch glimpflich davonkam (2. Platz in einer Vierergruppe hinter den Niederlanden). – Im Spiel um den 3. Platz gewann Italien gegen England 2:1.

15. Weltmeisterschaft 1994 in den USA

Teilnehmer: Argentinien – Belgien – Bolivien – Brasilien – Bulgarien – Deutschland – Griechenland – Irland – Italien –Kamerun – Kolumbien – Marokko – Mexiko – Niederlande – Nigeria – Norwegen – Rumänien – Russland – Saudi-Arabien – Schweden – Schweiz – Spanien – Südkorea – USA

Mit der Austragung in den USA wollte man »Soccer« in den USA fördern, und die Wiedereinführung einer Soccer-Liga unterstützen Der Spielmodus wurde beibehalten, erstmals wurden jedoch für einen Sieg in den Gruppenspielen 3 Punkte vergeben. Die dt. Vertretung wurde mit mäßigen Leistungen Tabellenerster nach

Siegen gegen Bolivien (1:0) und Südkorea (3:2) sowie einem Unentschieden gegen Spanien (1:1). Im Achtelfinale folgte ein 3:2 gegen Belgien, im Viertelfinale war Endstation (1:2 gegen Bulgarien). Österreich musste sich bereits in der Qualifikation Schweden und Bulgarien geschlagen geben. Die Schweiz erreichte das Achtelfinale, verlor dort aber 0:3 gegen Spanien.). – Im Spiel um den 3. Platz gewann Schweden gegen Bulgarien 2:1.

16. Weltmeisterschaft 1998 in Frankreich

Teilnehmer: Argentinien – Belgien – Brasilien – Bulgarien – Chile – Dänemark – Deutschland – England – Frankreich – Iran – Italien – Jamaika – Japan – Jugoslawien – Kamerun – Kolumbien – Kroatien – Marokko – Mexiko – Niederlande – Nigeria – Norwegen – Österreich – Paraguay – Rumänien – Saudi-Arabien –Schottland – Spanien – Südafrika – Südkorea – Tunesien – USA

Nach Änderung des Austragungsmodus nahmen erstmals 32 Mannschaften bei einem Weltmeisterschaftsturnier teil, die in 8 Gruppen zu je 4 Mannschaften eingeteilt wurden. Die Gruppenersten und die Gruppenzweiten erreichten die Hauptrunde. Die dt. Mannschaft erreichte in der Gruppe F mit zwei 2:0-Siegen über die USA und den Iran sowie einem 2:2 gegen Jugoslawien als Gruppenerster die Hauptrunde, ohne spielerisch überzeugen zu können. Die österr. Mannschaft konnte sich nach zwei 1:1-Unentschieden gegen Kamerun und Chile sowie einer 1:2-Niederlage gegen Italien nicht für das Achtelfinale qualifizieren.

17. Weltmeisterschaft 2002 in Japan/Südkorea

Teilnehmer: Argentinien – Belgien – Brasilien – China – Costa Rica – Dänemark – Deutschland – Ecuador – England – Frankreich – Irland – Italien – Japan – Kamerun – Kroatien – Mexiko – Nigeria – Paraguay – Polen – Portugal – Russland – Saudi-Arabien – Schweden – Senegal – Slowenien – Spanien – Südafrika –Südkorea – Tunesien – Türkei – Uruguay – USA

Japan und Südkorea konkurrierten ursprünglich um die Austragung der Weltmeisterschaft, und erst eine von UEFA-Präsident L. Johansson vorgeschlagene Änderung der FIFA-Regeln machte es möglich, eine Weltmeisterschaft an 2 Länder zu vergeben. Trotz eines Angebots durch Südkorea beteiligte sich Nordkorea nicht an der Ausrichtung der WM. Der Modus des vorangegangenen WM-Turniers in Frankreich wurde beibehalten. Gemäß der Kontingentierung der Startplätze nach Kontinenten kamen 15 Teams aus Europa, 5 aus Südamerika, 5 aus Afrika, 3 aus Nord- und Mittelamerika sowie 4 aus Asien. Titelverteidiger Frankreich sowie die Gastgeber Japan und Südkorea waren direkt qualifiziert.

18. Weltmeisterschaft 2006 in Deutschland

Teilnehmer: Angola – Argentinien – Australien – Brasilien – Costa Rica – Deutschland – Ecuador – Elfenbeinküste – England – Frankreich – Ghana – Iran – Italien – Japan – Kroatien – Mexiko – Niederlande – Paraguay – Polen – Portugal – Saudi-Arabien – Schweden – Schweiz – Serbien und Montenegro – Spanien – Südkorea – Togo – Trinidad und Tobago – Tschech. Republik – Tunesien – Ukraine – USA

Bei der Bewerbung setzte sich Deutschland am 6. Juli 2000 in Zürich gegen Brasilien, Marokko, England und zuletzt im Finale mit 12 zu 11 Stimmen gegen Südafrika durch. Am 5. Dezember 2003 erfolgte die Auslosung der WM-Qualifikation in Frankfurt am Main, am 9. Dezember 2005 die Auslosung der WM-Endrunde in Leipzig. Erstmals musste sich auch der Titelverteidiger qualifizieren, in diesem Fall Brasilien, Weltmeister 2002.

Weltmeisterschaft
World Championship [engl.]
Championnat du monde [frz.]
Campeonato mundial [span.]
Campeonato du mundo [portugies.]
Campionato mondiale [italien.]

WM-Endrunde 2006

	Gruppe A	Gruppe B	Gruppe C	Gruppe D
1	Deutschland	England	Argentinien	Mexiko
2	Costa Rica	Paraguay	Elfenbeinküste	Iran
3	Polen	Trinidad & Tobago	Serbien/Montenegro	Angola
4	Ecuador	Schweden	Niederlande	Portugal
	Gruppe E	*Gruppe F*	*Gruppe G*	*Gruppe H*
1	Italien	Brasilien	Frankreich	Spanien
2	Ghana	Kroatien	Schweiz	Ukraine
3	USA	Australien	Südkorea	Tunesien
4	Tschech. Republik	Japan	Togo	Saudi-Arabien

Weltmeisterschaft: Finalspiele

Jahr	*Austragungsland*	*Ort*	*Datum*	*Schiedsrichter*	*Weltmeister*	*Vizeweltmeister*	*Ergebnis*
1930	Uruguay	Montevideo	30. Juli	J. Langenus (Belgien)	Uruguay	Argentinien	4:2
1934	Italien	Rom	10. Juni	I. H. Eklind (Schweden)	Italien	Tschechoslowakei	1:1 (2:1 nach Verlängerung)
1938	Frankreich	Paris	19. Juni	G. Capdeville (Frankreich)	Italien	Ungarn	4:2
1950	Brasilien	Rio de Janeiro	16. Juli	G. Reader (England)	Uruguay	Brasilien	2:1*
1954	Schweiz	Bern	4. Juli	W. Ling (England)	Bundesrepublik Deutschland	Ungarn	3:2
1958	Schweden	Stockholm	29. Juni	M. Guigue (Frankreich)	Brasilien	Schweden	5:2
1962	Chile	Santiago de Chile	17. Juni	N. Latyschew (UdSSR)	Brasilien	ČSSR	3:1
1966	England	London	30. Juli	G. Dienst (Schweiz)	England	Bundesrepublik Deutschland	2:2 (4:2 nach Verlängerung)
1970	Mexiko	Mexiko City	21. Juni	R. Glöckner (DDR)	Brasilien	Italien	4:1
1974	Bundesrepublik Deutschland	München	7. Juli	J. K. Taylor (England)	Bundesrepublik Deutschland	Niederlande	2:1
1978	Argentinien	Buenos Aires	25. Juni	S. Gonella (Italien)	Argentinien	Niederlande	1:1 (3:1 nach Verlängerung)
1982	Spanien	Madrid	11. Juli	A. Coelho (Brasilien)	Italien	Bundesrepublik Deutschland	3:1
1986	Mexiko	Mexiko City	29. Juni	R. Arppi Filho (Brasilien)	Argentinien	Bundesrepublik Deutschland	3:2
1990	Italien	Rom	8. Juli	E. Codesal Méndez (Mexiko)	Bundesrepublik Deutschland	Argentinien	1:0
1994	USA	Pasadena (Los Angeles)	17. Juli	S. Puhl (Ungarn)	Brasilien	Italien	0:0 (3:2 im Strafstoßschießen)
1998	Frankreich	Saint Denis (bei Paris)	12. Juli	S. Belqola (Marokko)	Frankreich	Brasilien	3:0
2002	Japan/Südkorea	Yokohama	30. Juni	G. Collina (Italien)	Brasilien	Deutschland	2:0
2006	Deutschland	Berlin	9. Juli	–	–	–	–

***Es gab kein Endspiel, aber es war das entscheidende Spiel in der Endrunde der Gruppensieger*

Welt-Nationaltrainer des Jahres, seit 1996 von der → IFFHS durchgeführte Wahl des weltbesten Nationaltrainers. Potenzielle Kandidaten sind die Trainer der beiden Finalisten der im jeweiligen Jahr beendeten kontinentalen Meisterschaften und des olymp. Fußballturniers, der 4 Semifinalisten einer Weltmeisterschaft sowie die Trainer der 20 erstplatzierten Nationalteams in der FIFA-Weltrangliste.

Welt-Nationaltrainer des Jahres	
1996	H.-H. Vogts (Deutschland)
1997	M. J. L. Zagalo (Brasilien)
1998	A. Jacquet (Frankreich)
1999	V. Luxemburgo (Brasilien)
2000	R. Lemerre (Frankreich)
2001	M. Bielsa (Argentinien)
2002	L. F. Scolari (Brasilien)
2003	J. Santini (Frankreich)
2004	O. Rehhagel (Griechenland)
2005	C. Parreira (Brasilien)

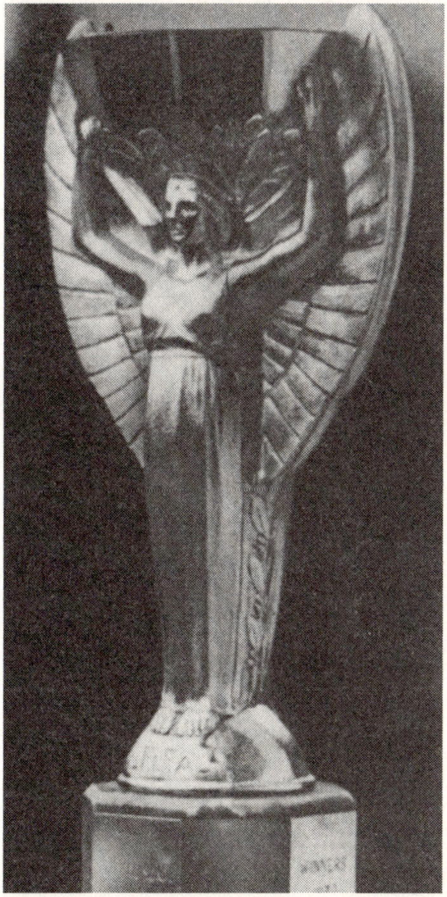

Weltpokal 2): »Goldene Göttin«

Weltpokal, 1) 1960 bis 2004 offizieller Pokalwettbewerb zw. dem Sieger der → Champions

Weltpokal [1]	
1960	Real Madrid
1961	Peñarol Montevideo
1962	FC Santos
1963	FC Santos
1964	Inter Mailand
1965	Inter Mailand
1966	Peñarol Montevideo
1967	Racing Club Buenos Aires
1968	Estudiantes de La Plata
1969	AC Mailand
1970	Feyenoord Rotterdam
1971	Nacional Montevideo
1972	Ajax Amsterdam
1973	Independiente Buenos Aires
1974	Atlético Madrid
1975	nicht ausgetragen
1976	FC Bayern München
1977	Boca Juniors Buenos Aires
1978	nicht ausgetragen
1979	Olimpia Asunción
1980	Nacional Montevideo
1981	Flamengo Rio de Janeiro
1982	Peñarol Montevideo
1983	Grémio Pôrto
1984	Independiente Buenos Aires
1985	Juventus Turin
1986	River Plate Buenos Aires
1987	FC Porto
1988	Nacional Montevideo
1989	AC Mailand
1990	AC Mailand
1991	Roter Stern Belgrad
1992	FC São Paulo
1993	FC São Paulo
1994	Vélez Sarsfield
1995	Ajax Amsterdam
1996	Juventus Turin
1997	Borussia Dortmund
1998	Real Madrid
1999	Manchester United
2000	Boca Juniors Buenos Aires
2001	FC Bayern München
2002	Real Madrid
2003	Boca Juniors Buenos Aires
2004	FC Porto

League (bis 1992 dem Gewinner des Europapokals der Landesmeister) und dem Sieger der →Copa Libertadores de América, durch UEFA und CONMEBOL als (inoffizielle) Klubweltmeisterschaft sanktioniert. Bis 1969 wurde auf Siegbasis (mit Hin- und Rückspiel, ohne Berücksichtigung der Ergebnishöhe) gespielt, wenn notwendig, gab es bei je einem Sieg für beide Klubs ein Entscheidungsspiel. 1980 bis 2004 wurde das Finale im W. jährlich in Tokio (ein Spiel) ausgetragen (2003 und 2004 in Yokohama). Seit 2005 findet stattdessen jährlich in Japan eine offizielle →Klubweltmeisterschaft mit den Meistern der 6 Kontinentalverbände statt. – **2)** Trophäe für den jeweiligen Weltmeister seit 1930 (erste Weltmeisterschaft), die 1928 von der FIFA dem frz. Bildhauer Abel Lafleur in Auftrag gegeben wurde. Dabei handelte es sich um eine Siegesgöttin, die mit hocherhobenen Händen ein achteckiges Gefäß hielt. Dies alles wurde aus Gold gefertigt (deshalb auch die Bez. »Goldene Göttin«), der Sockel aus Halbedelsteinen. – 1946 wurde der W. zu Ehren von J. Rimet – seit 25 Jahren FIFA-Präsident – in »Coupe Jules Rimet« umbenannt. 1966 vor der WM-Endrunde aus einer Ausstellung in London gestohlen, konnte die unter einem Baum vergrabene Trophäe von dem Hund »Pickles« (später geadelt: »Sir Pickles«) wieder aufgespürt werden. 1970 gelangte der Pokal nach dreimaligem WM-Gewinn endgültig in den Besitz Brasiliens Seit 1974 gibt es den →FIFA World Cup [2].

Weltschiedsrichter des Jahres, seit 1987 von der →IFFHS jährlich durchgeführte Wahl des weltbesten Referees, ausgewählte Fachredaktionen und Experten aller Kontinente fungieren als Juroren.

Welttorhüter des Jahres, seit 1987 von der →IFFHS durchgeführte jährl. Wahl des weltbesten Torhüters, als Juroren agieren ausgewählte Fachredaktionen und Experten aller Kontinente.

Weltturnier U 16-Junioren →Juniorenweltmeisterschaft U 17.

Wembleystadion, London, 1923 eingeweiht, 100 000 Plätze; Austragungsstätte des WM-Finales 1966. – Nach dem Länderspiel am 7. Oktober 2000 (England – Deutschland 0:1) begann man mit dem Abriss des baufälligen Stadions. Bis März 2006 wird das W. an gleicher Stelle neu errichtet, eine überdachte Mehrzweckkonstruktion aus Glas und Metall für 90 000 Besucher. Die histor. Zwillingstürme (engl. Twin Towers) werden durch einen stählernen »Triumphbogen« ersetzt.

»Wembley-Tor«, bis heute geläufige Bez. für das strittige, vorentscheidendes Tor im WM-Finale 1966 in England. In der elften Minute der Verlängerung (Stand: 2:2) schießt der Engländer G. Hurst aufs Tor. Der Ball prallt unter die Latte und danach senkrecht senkrecht zu Boden, bevor er von W. Weber über das Tor geköpft wird. Schiedsrichter G. Dienst entscheidet zunächst auf »kein Tor«, befragt aber auf Drängen der Engländer Linienrichter T. Bachramov, der den

Weltschiedsrichter des Jahres

1987	R. A. Filho (Brasilien)
1988	M. Vautrot (Frankreich)
1989	M. Vautrot (Frankreich)
1990	J. R. Ramiz Wright (Brasilien)
1991	P. Mikkelsen (Dänemark)
1992	A. Schmidhuber (Deutschland)
1993	P. Mikkelsen (Dänemark)
1994	S. Puhl (Ungarn)
1995	S. Puhl (Ungarn)
1996	S. Puhl (Ungarn)
1997	S. Puhl (Ungarn)
1998	P. Collina (Italien)
1999	P. Collina (Italien)
2000	P. Collina (Italien)
2001	P. Collina (Italien)
2002	P. Collina (Italien)
2003	P. Collina (Italien)
2004	M. Merk (Deutschland)
2005	M. Merk (Deutschland)

Welttorhüter des Jahres

1987	J.-M. Pfaff (Belgien)
1988	R. Dassajew (UdSSR)
1989	W. Zenga (Italien)
1990	W. Zenga (Italien)
1991	W. Zenga (Italien)
1992	P. Schmeichel (Dänemark)
1993	P. Schmeichel (Dänemark)
1994	M. Preud'homme (Belgien)
1995	J. L. Cilavert (Paraguay)
1996	A. Köpcke (Deutschland)
1997	J. L. Cilavert (Paraguay)
1998	J. L. Cilavert (Paraguay)
1999	O. Kahn (Deutschland)
2000	F. Barthez (Frankreich)
2001	O. Kahn (Deutschland)
2002	O. Kahn (Deutschland)
2003	G. Buffon (Italien)
2004	G. Buffon (Italien)
2005	P. Cech (Tschech. Republik)

Arséne Wenger

Ball hinter der Linie gesehen haben will. Von diesem Tor erholte sich die dt. Mannschaft nicht mehr und musste in der Schlussminute noch das 2:4 hinnehmen.

Wenger, Arséne, frz. Trainer, * 22. Oktober 1949 Straßburg; war Abwehrspieler: 1978–81 RC Straßburg. – Später Trainer: 1981–83 RC Straßburg (Jugend), 1983/84 AS Cannes (Trainerassistent), 1984–87 AS Nancy Lorraine, 1987–94 AS Monaco, 1995/96 Nagoya Grampus Eight, 1996–2006 FC Arsenal.

A. Wenger: Erfolgsstationen (Auswahl)	
AS Monaco	LM 1988
	PS 1991
Nagoya Grampus Eight	PS 1995
FC Arsenal	LM 1998, 2002, 2004
	PS 1998, 2002, 2003, 2005

Werkmeister, Otto, dt. Trainer, * 3. Mai 1918 Halle (Saale), † 1. Februar 2001 ebd.; war Abwehrspieler (Stopper): 1930/31 FSV Halle (Arbeitersport), 1931–39 VfL Halle 96, 1948–56 SG Freiimfelde Halle, ZSG Union Halle, SV Turbine Halle bzw. SC Chemie Halle-Leuna; 161 Oberligaspiele (1 Tor); spielte repräsentativ für Sachsen-Anhalt. – Später Trainer: 1957–59 BSG Chemie Bitterfeld, 1959–66 SC Chemie Halle-Leuna bzw. Hallescher FC Chemie (Trainerassistent bzw. II. Mannschaft), 1966–68 BSG Chemie Leuna, 1968–73 SG Dynamo Eisleben.

Werner, 1) Heinz, dt. Trainer, * 27. Dezember 1935 Ünglingen (Sachsen-Anhalt); 1966–68 BSG Motor Schwerin, 1968–70 KKW Greifswald, 1970–75 FC Hansa Rostock, 1976–82 1. FC Union Berlin, 1983–85 BSG Stahl Brandenburg, 1985–88 FC Karl-Marx-Stadt, 1988–90 DFV der DDR, 1992 Vorsitzender des NOFV-Trainerbundes, 1992 1. FC Union Berlin. – **2)** Jürgen, dt. Mittelfeldspieler (Läufer), * 15. August 1935 Hamburg, † 27. Mai 2002 ebd.; 1947–63 Hamburger SV; 169 (Nord-)Oberligaspiele (14 Tore); 4 Länderspiele (1961–63). – Später Funktionär: 1986–92 Vorsitzender des DFB-Spielausschusses, 1987–92 Mitglied der UEFA-Wettbewerbskommission, 1996–2000 Stellvertretender Vorsitzender des HSV-Aufsichtsrates. – **3)** Wolf, dt. Trainer, * 8. April 1942 Posen (poln. Poznán); 1979–89 Borussia Mönchengladbach (1979–87 Trainerassistent, 1987–89 Cheftrainer), 1990–92 FC Bayern München (Amateure, Scout), 1992–96 SV Wilhelmshaven, 1996–2003 SV Werder Bremen (1996–2002 Jugendkoordinator, 2002/03 Amateure).

Wertkoeffizientensystem, von der UEFA 1978 eingeführtes System, das auf der leistungsorientierten Startberechtigung (UEFA-[Pokal-]Klassement) der europ. Fußballverbände im UEFA-Pokal basiert. Der (Wert-)Koeffizient je Verband wird alljährlich nach Abschluss der UEFA-Klubwettbewerbe (Champions League, UEFA-Pokal) rechnerisch ermittelt, indem die erreichten Punkte (ohne eventuelles Strafstoßschießen zu berücksichtigen) in den beiden Wettbewerben durch die Teilnehmerzahl des jeweiligen Verbandes dividiert werden. Ergebnisse des UI-Cups werden nicht berücksichtigt. – Der Koeffizient des abgelaufenen Spieljahres (zum Beispiel: 2004/05), addiert mit denjenigen der zurückliegenden 5 Jahre (im Beispiel ab 2000/01), ergibt für jeden Verband die Ausgangsposition für das übernächste Spieljahr (im Beispiel 2006/07). Deshalb wird das System auch als »Fünfjahreswertung« bezeichnet.

Wertkoeffizientensystem: Verteilung der Europapokalplätze

Platz	*CL-Vorrunde*	*CL-Qualifikation*	*UEFA-Pokal*
1–3	2	2	2
4–6	2	1	2
7–8	1	1	3
9–10	1	1	1
11–15	0	2	1
16–21	0	1	2
über 21	0	1	1

Hinzu kommt in jeder Kategorie beim UEFA-Pokal noch je ein Vertreter des nationalen Pokalwettbewerbs

Wessels, 1) Andreas, dt. Torhüter, * 6. Juli 1964; bis 1986 SV Uedem, SC Kleve und Viktoria Goch, 1986–95 VfL Bochum, 1995–98 Fortuna Köln; 121 Bundesligaspiele. – **2)** Stefan, dt. Torhüter, * 28. Februar 1979 Rahden (Nordrhein-Westfalen); 1985–92 Eintracht Schepsdorf, 1992–98 TuS Lingen, 1998–2003 FC Bayern München, 2003–06 1. FC Köln; 52 Bundesligaspiele.

West, Taribo, nigerian. Abwehrspieler, * 26. März 1974 Port Harcourt; bis 1993 Julius Berger Lagos, 1993–97 AJ Auxerre, 1997–99 Inter Mailand, 2000 AC Mailand, 2001 Derby County und AC Mailand, 2001/02 1. FC Kaiserslautern, 2002–03 Partizan Belgrad, 2003–05 Al-Arabi (Katar), 2005 Plymouth Argyle (England); 10 Bundesligaspiele; 41 Länderspiele; WM-Endrunde 1998, 2002; Olympiasieger 1996.

West Bromwich Albion, England: → Birmingham [3].

Westdeutscher Fußballverband, Abk. **WFV,** ein Regionalverband, gegr. 1898 (neu gegr. 1948), Sitz: Duisburg. Das Gebiet des WFV deckt sich exakt mit dem Bundesland Nordrhein-Westfalen. Dem WFV gehören 3 Landesverbände an, deren Grenzen sich in etwa mit den polit. Regierungsbezirken decken. Detmold, Münster und Arnsberg bilden Westfalen, Düsseldorf bildet den Niederrhein und Köln den Mittelrhein. – INTERNET: wfv-online.de

Westerlo, KVC (Koninklijke Voetbalclub Westerlo), Belgien, gegr. 1933 als Westerlo Sport, 1942–2003 VC Westerlo, seitdem KVC Westerlo; Spielkleidung: Blau; Stadion: 't Kuipke, 10 278 Plätze. – INTERNET: kvcwesterlo.be

Spieler (Auswahl): N. van Kerckhoven. – **Trainer** (Auswahl): J. Ceulemans.

Westeuropaauswahl, Mannschaft, die sich aus Spielern der Landesverbände Westeuropas zusammensetzte und nur einmal – unter der Leitung der FIFA – gegen eine Zentraleuropaauswahl spielte (1937 in Amsterdam 1:3). Dabei waren Spieler aus Deutschland (L. Goldbrunner, H. Jakob, A. Kitzinger, E. Lehner), Belgien (4), Niederlande (3) und Frankreich (1).

Westfalenstadion, Dortmund: → Signal Iduna Park.

West Ham United, England: → London [12].

Westsamoa, bis 1996 Bez. für → Samoa.

»Wett- und Manipulationsskandal«, DFB: im Januar 2005 bekannt gewordene Manipulation von Punkt- und Pokalspielen der Zweiten Bundesliga und Regionalliga während der ersten Serie des Spieljahrs 2004/05; hervorgerufen durch den Berliner Schiedsrichter Robert Hoyzer (* 1979), der den Ausgang von 5 Spielen beeinflusste (später Haftstrafe). Als weitere Unregelmäßigkeiten bei anderen Schiedsrichtern und Spielern aufgedeckt wurden, bildete der DFB eine eine »Sonderkommission Wett- und

Spielmanipulation«, mit dem Ergebnis, dass die betroffenen Personen aus dem Spielverkehr gezogen wurden.

Wettspielordnung, svw. → Spielordnung.

WFV, 1) Abk. für → **W**iener **F**ußball**v**erband. – **2)** Abk. für → **W**estdeutscher **F**ußball**v**erband.

Whiteside, Norman John, nordir. Angriffsspieler, *7. Mai 1965 Belfast; 1982–89 Manchester United, 1989–93 FC Everton; 38 Länderspiele (9 Tore); WM-Endrunde 1982, 1986.

Wiblishauser, Frank, dt. Abwehrspieler, *18. Oktober 1977 Memmingen; 1982–94 FC Memmingen, 1994–2000 FC Bayern München, 2000–05 1. FC Nürnberg, 2005/06 FC St. Gallen; 32 Bundesligaspiele (1 Tor).

Wichniarek, Artur, poln. Angriffsspieler, *28. Februar 1977 Poznan; bis 1993 SKS Poznan, 1993–95 Lech Poznan, 1996 Gornik Konin, 1996/97 Lech Poznan, 1998/99 Widzew Lodz, 2000–03 Arminia Bielefeld, 2003–05 Hertha BSC, 2006 Arminia Bielefeld; 91 Bundesligaspiele (16 Tore); Zweitliga-Torschützenkönig 2001 (18, mit O. Djappa [SSV Reutlingen]), 2002 (20); 16 Länderspiele (4 Tore).

Wicky, Raphaël, schweizer. Mittelfeldspieler, *27. April 1977 Leuggern (Oberwallis); 1984–90 FC Steg, 1990–97 FC Sion, 1997–2000 SV Werder Bremen, 2001 Atlético Madrid, 2001–06 Hamburger SV; 196 Bundesligaspiele (5 Tore); 63 Länderspiele (seit 1996; 1 Tor); EM-Endrunde 1996, 2004.

Widmayer, Herbert, dt. Trainer, *17. November 1913 Kiel, †31. Juli 1998; war Mittelfeldspieler (Außenläufer): 1923–33 KSV Holstein Kiel, 1933/34 TSV München 1860, 1934–38 Eintracht Braunschweig. – Später Trainer: 1948–50 VfL Osnabrück, 1950–54 Westfalen (Verbandstrainer), 1954/55 Hessen (Verbandstrainer), 1955/56 SV Sodingen, 1956–60 VfL Bochum, 1960–63 1. FC Nürnberg (LM 1961, PS 1962), 1964–66 Hessen Kassel, 1966/67 Baden (Verbandstrainer), 1967–69 Karlsruher SC, 1970–79 DFB (Jugend). – 1957 Gründungsmitglied und 1978–94 Präsident des Bundes Dt. Fußball-Lehrer (→ BDFL). – Sein Bruder **Werner W.** (*1909, †1942 [gefallen in Russland]) war Mittelfeldspieler (Halbstürmer): Holstein Kiel (2 Länderspiele (1931).

Wieder, Ludwig, dt. Trainer, *22. März 1900 Schweinau (Thüringen), †2. Dezember 1977; war Mittelfeldspieler (Halbstürmer): 1912–19 TV Schweinau, 1919–34 1. FC Nürnberg; 6 Länderspiele (1923–26; 2 Tore). – Später Trainer: bis 1950 Wuppertaler SV, Alemannia Aachen und VfL Neustadt, 1950/51 BSG Turbine Erfurt, 1951–55 BSG Rotation Babelsberg.

»Wiederholungstäter«, Aktiver, der innerhalb eines Spieljahrs zum zweiten bzw. wiederholten Mal wegen groben Foulspiels einen Platzverweis erhält; er kann mit verschärfter Bestrafung rechnen. – Auch bei Trainern gebraucht, insofern sie wegen heftigen Reklamierens, Beschimpfens oder abfälligen Äußerungen gegenüber dem Schiedsrichter zuvor schon einmal auf die Tribüne geschickt wurden.

Wiederkehr, Gustav, schweizer. Funktionär, *2. Oktober 1905, †7. Juli 1972; 1954–64 Zentralpräsident des Schweizer. Fußballverbandes, 1962 zum (zweiten) UEFA-Präsidenten gewählt (damit auch FIFA-Vizepräsident); bekleidete diese Funktion bis zu seinem Tode (Vorgänger: E. → Schwartz, Nachfolger: A. → Franchi).

Wiegmann, Bettina, dt. Mittelfeldspielerin, *7. Oktober 1971 Euskirchen (Nordrhein-Westfalen); 1978–82 TSV Feytal, 1982–84 TuS Mechernich, 1984–88 SpVgg Bleibuir-Voissel, 1988–98 Grün-Weiß Brauweiler, 1998/99 Sportfreunde

Bettina Wiegmann

Siegen, 1999–2003 Grün-Weiß bzw. FFC Brauweiler-Pulheim (2001/02 Gastspielerin bei Boston Breakers, USA); 154 Länderspiele (1989–2003; 45 Tore); WM-Endrunde 1995, 1999, 2003 (Weltmeisterin); EM-Endrunde 1991 (Europameisterin), 1993, 1995 (Europameisterin), 1997 (Europameisterin), 2001 (Europameisterin); olymp. Fußballturnier 1996, 2000; in Deutschland Fußballerin des Jahres 1997. – Seit 2004 Ehrenspielführerin der dt. (Frauen-)Nationalmannschaft.

Wien, Österreich, **1) Admira-Wacker Wien,** eigtl. »SCN Admira-Wacker« (Sport Club Niederösterreich Admira-Wacker Wien), Maria Enzersdorf, gegr. 1971 durch Fusion von ESV Admira-NÖ Energie (gegr. 1905) und SC Wacker Wien (gegr. 1908) zu FC Admira-Wacker Wien, 1996/97 SCN Admira-Wacker Wien, 1997 aufgelöst durch Fusion mit VfB Mödling zu VfB Admira-Wacker Mödling (→ Mödling, VfB Admira-Wacker); Spielkleidung: Blau; Stadion: Bundesstadion Südstadt (Maria-Enzersdorf), 15 600 Plätze.

Spieler (Auswahl): J. Bican – H. Cerny – J. Frühwirth – W. Glechner – W. Hahnemann – F. Hasil – A. Herzog – G. Kaltenbrunner – A. Körner – D. Kühbauer – R. Linz – O. Marschall – A. Ogris – J. Pesser – P. Platzer – A. Schall – J. Urbanek – A. Vogl. – **Trainer** (Auswahl): S. Held – E. Ocwirk – J. Pesser – H. Senekowitsch – G. Starek.

2) Austria Wien, eigtl. »FK Austria Magna« (Fußball Klub Austria Magna), gegr. am 15. März 1911 als Wiener Amateur SV, 1926–38 Austria Wien, 1938 SC Ostmark Wien, 1938–69 Austria Wien, 1973 Fusion mit Wiener AC (→ Wien [6]) zu FK Austria-WAC, 1973–77 FK Austria-WAC Elementar, 1977 Austria Wien, 1977–99 Austria Wien, seitdem FK Austria Magna; Spielkleidung: Violett/Weiß/Violett; Stadion: Franz-Horr-Stadion, 11 800 Plätze. – Internationale Erfolge: Mitropapokal 1933, 1936. – INTERNET: www.fk-austria.at

Spieler (Auswahl): V. Astafjevs – R. Brunmayr – J. Buzek – E. Dospel – S. Dundee – T. Flögel – K. Gall – R. Gilewicz – R. Hasenhüttl – T. Helstad – J. Hickersberger – M. Hiden – E. Hof – V. Ivanauskas – M. Kiesenebner – F. Koncilia – R. Linz – T. Mandl – C. Mayrleb – H. Mock – W. Nausch – T. Nyilasi – E. Ocwirk – A. Ogris – P. Pacult – A. Polster – H. Prohaska – K. Rappan – W. Schachner – A. Schaffer – K. Sesta – P. Stöger – E. Stojaspal – J. Stroh – M. Topic – I. Vastic – F. Verlaat – R. Viertl – F. Wohlfarth. – **Trainer** (Auswahl): J. Blum – E. Coordes – C. Daum – R. Dienst – W. Frank – E. Frühwirth – B. Gutmann – A. Haan – J. Hickersberger – E. Hof – H. Hrubesch – J. Löw – H. Meisl – E. Ocwirk – H. Prohaska – W. Schachner – A. Starek.

3) Floridsdorfer AC (Floridsdorfer Athletik-Sportclub), gegr. 1904 als Floridsdorfer AC, 1990 Fusion mit Groß Viktoria Wien zu FAC Viktoria Wien, 1994 Auflösung der Fusion und Rückbenennung in Floridsdorfer AC; Spielkleidung: Blau/Weiß/Blau; Stadion: FAC-Platz, 3000 Plätze. – INTERNET: www.fac.at

Spieler (Auswahl): R. Dienst – J. Frühwirth – A. Ogris – J. Smistik. – **Trainer** (Auswahl): E. Frühwirth – R. Dienst.

4) Rapid Wien, eigtl. »SK Rapid Wien« (Sport Klub Rapid Wien), gegr. am 16. September 1899; Spielkleidung: Grün-Weiß/Grün/Weiß; Stadion: Gerhard-Hanappi-Stadion, 19 600 Plätze. – Internationale Erfolge: Mitropapokal 1930, 1951 (inoffiziell). – INTERNET: www.skrapid.at

Spieler (Auswahl): E. Bauer – M. Bazina – J. Bican – F. Binder – F. und J. Brandstätter – J. Buzek – R. Dienst – M. Dollinger – J. Dowe – F. Feldhofer – J.-Å Fjørtoft – R. Flögel – E. und J. Frühwirth – W. Glechner – G. Hanappi – E. Happel – A. Herzog – M. Hiden – S. Hofmann – A. Ivanschitz – C. Jancker – M. Kaburek – G. Kaltenbrunner – M. Katzer – M. Konsel – A. und R. Körner – J. Krankl – D. Kühbauer – M. Merkel – P. Pacult – A. Panenka – H. Payer – J. Pesser – H. Pfeifenberger – E. Probst – R. Raftl – G. Rodax – D. Savicevic – J. Smistik – T. Sobotzik – A. Starek – J. Uridil – A. Vier – R. Vytlacil – R. Wallner – H. Weber. – **Trainer** (Auswahl): O. Barić – E. Bauer – F. Binder – C. Decker – R. Dienst – W. Gebhardt – E. Happel – J. Hickersberger – R. Körner – J. Krankl – B. Krauss – L. Matthäus – M. Merkel – L. Nitsch – K. Rappan – A. Starek – J. Uridil – R. Vytlacil – H. Weber.

5) Vienna Wien, eigtl. »First Vienna FC« (First Vienna Football Club), gegr. am 22. August 1894 als First Vienna FC, 1940–45 FC Vienna, 1945–83 First Vienna FC, 1983–86 Vienna Wien Portas, 1986/87 First Vienna FC Emco, 1987–91 First Vienna FC Rank Xerox, 1991–93 First Vienna FC McDonald's, 1993–98 Honda Havelka Vienna, 1998/99 Casino First Vienna FC, seitdem First Vienna FC; Spielkleidung: Gelb/Blau/Gelb-Blau; Stadion: Casino-Stadion Hohe Warte, 6100 Plätze. – Internationale Erfolge: Mitropapokal 1931. – INTERNET: www.wien-vienna.at

Spieler (Auswahl): J. Blum – J. Buzek – K. Decker – F. Gschweidl – B. Guttmann – F. Hasil – A. Herzog –

J. Horvath – M. Kempes – K. Koller – M. Konsel – J. Krankl – G. Orth Wirth – E. Probst – R. Raftl – W. Schmaus – V. Schrojf – H. Senekowitsch – K. Senekowitsch – K. Sesta. – **Trainer** (Auswahl): K. Decker – W. Hahnemann.

6) Wiener AC (Wiener Athletiksportclub), gegr. 1896 als Wiener AC, 1936–39 Wiener AC Schwarz-Rot, seit 1939 wieder Wiener AC (1973 aufgelöst nach Fusion mit Austria Wien zu FK Austria-WAC [→ Wien [2]).

Spieler (Auswahl): G. Braun – E. Frühwirth – G. Kaltenbrunner – J. Krankl – W. Nausch – J. Popluhár – I. Schlosser – K. Sesta – J. Uridil – R. Vytlacil. – **Trainer** (Auswahl): W. Hahnemann.

7) Wiener SK (Wiener Sportklub), gegr. am 24. Februar 1883 als Wiener Cyclisten Club, 1907 Fusion mit Wiener SV zu Wiener SC, 1970–75 Creditanstalt Wiener SC, 1975 Fusion mit Post SV Wien zu Wiener SC-Post, 1976 Auflösung der Fusion und Trennung in Post SV Wien und und Wiener SC, 1980/81 Wiener SC-Postsparkasse, 1981–85 Avanti Wiener SC, 1985–93 Wiener SC, 1993/94 Wiener SC-Der Clou, 1994 Fusion mit SV Gerasdorf zu WSC SV Gerasdorf, 1998 Beendigung der Fusion und Trennung in SV Gerasdorf und Wiener SK; Spielkleidung: Schwarz/Weiß/Schwarz; Stadion: Sportklub-Platz, 8700 Plätze. – INTERNET: www. wienersportklub.at

Spieler (Auswahl): J. Adamec – J. Buzek – J. Krankl – J. Macho – M. Merkel. – **Trainer** (Auswahl): E. Hof – J. Krankl.

Wiener Fußballverband, Abk. **WFV,** einer der 9 Landesverbände des Österr. Fußball-Bundes (→ ÖFB); gegr. 1923 nach Abspaltung vom → Niederösterreichischen Fußballverband, Sitz: Wien. – INTERNET: www. wfv.at

Wiener Fußballverband (Gründungsjahre der ältesten Vereine)	
Wiener Athletiksport-Club	1896
ASK Liesing	1898
Rennweger SV	1900
Gehörlosen SV	1901
AC Slovan, Phönix XII, Rudolfshügel	1902
Brigittenauer AC, Fortuna 05	1905
Columbia XXI, Vorwärts 06	1906
Nußdorfer AC, Ober-St. Veit	1907

»Wiener Schule«, Bez. für das in Österreich etwa Mitte der 1920er-Jahre aufgekommene »Scheiberlspiel«, das besonders auf Überraschungseffekten beruhte, die der Gegner nicht erwartete; ein mit »Wiener Schmäh« angereicherter, von Spielwitz durchdrungener Fußball. Lehrmeister der »W. S.« waren die Ungarn K. Konrad und A. Schaffer, spätere Vertreter z. B. M. Kaburek, J. Bican, F. Binder, W. Nausch und M. Sindelar, weiterhin E. Ocwirk und G. Hanappi. – Die Exponenten der »W. S.« nannte man in Wien »Brieskicker«.

Wiese, Tim, dt. Torhüter, * 17. Dezember 1981 Bergisch Gladbach; 1987–91 DJK Dürscheid, 1991–99 Bayer 04 Leverkusen, 1999–2001 Fortuna Köln, 2002–05 1. FC Kaiserslautern, 2005/06 SV Werder Bremen; 65 Bundesligaspiele.

Wiesinger, Michael, dt. Mittelfeldspieler, * 27. Dezember 1972 Burghausen (Bayern); bis 1990 SV/DJK Emmerting und SV Gendorf, 1990/91 TSV München 1860, 1991–93 FC Stamberg, 1993–99 1. FC Nürnberg, 1999–2001 FC Bayern München, 2001–03 TSV München 1860, 2003–06 SV Burghausen; 116 Bundesligaspiele (6 Tore).

Wigan Athletic, FC, eigt. »Wigan Athletic FC« (Wigan Athletic Football Club), England (Wigan), gegr. 1932; Spielkleidung: Blau/Weiß/Weiß; Stadion: JJB Stadium, 25 000 Plätze. – INTERNET: www.wiganlatics.premiumtv.co.uk

Trainer (Auswahl): R. Charlton.

Wil, FC (Fußballclub Wil), Schweiz (Kt. Sankt Gallen), gegr. 1900 als SC Stella, 1902–07 FC Fors, seitdem FC Wil; Spielkleidung: Weiß/Blau/Weiß; Stadion: Bergholz, 7000 Plätze. – INTERNET: www.fcwil.ch

Spieler (Auswahl): C. Gross – M. Topic. – **Trainer** (Auswahl): M. Andermatt – C. Gross – M. Koller – H. Latour.

Wilhelmshaven, SV, eigtl. »SV Wilhelmshaven '92« (Sportverein Wilhelmshaven von 1992), Deutschland (Niedersachsen), gegr. 1905 als FC Deutschland Wilhelmshaven, 1912 Anschluss von Heppenser BSV, 1924 Fusion mit VfB Wilhelmshaven zu Wilhelmshavener SV 1906, 1939 Fusion mit VfL 1905 Rüstringen zu SpVgg. 1905 Wilhelmshaven, 1945 aufgelöst und 1952 neu gegr. als SpVgg. 1905 Wilhelmshaven, 1972 Fusion mit TSV Germania 1905 Wilhelmshaven zu SV 1972 Wilhelmshaven, 1992 Fusion mit TSR Olympia Wilhelmshaven zu Wilhelmshaven '92, seit 1993 SV Wilhelmshaven '92; Lizenzentzug 2001; Spielkleidung: Gelb/Rot/Rot; Stadion: Jadestadion, 7500 Plätze. – INTERNET: www.svwilhelmshaven.de

Spieler (Auswahl): M. Bender – H. Bonan – D. Schuster. – **Trainer** (Auswahl): H.-W. Moors – W. Steinbach – W. Werner.

Wilkes, Faas, niederländ. Angriffsspieler, * 23. Oktober 1923 Rotterdam; 1941–49 Xerxes DHC, 1949–53 Inter Mailand, 1953/54 AC Turin,

1954–56 CF Valencia, 1956–58 MVV Maastricht, 1958/59 UD Levante, 1959–62 Fortuna 54 Geleen, 1962–64 Xerxes DHC; 38 Länderspiele (1946–61; 35 Tore).

Wilkins, Colin Raymond (»Ray«), engl. Mittelfeldspieler, *14. September 1956 Hillingdon; 1973–79 FC Chelsea, 1979–84 Manchester United, 1984–87 AC Mailand, 1987 Paris Saint-Germain, 1987–90 Glasgow Rangers, 1990–92 Queen's Parc Rangers; 84 Länderspiele (1976–86; 3 Tore); WM-Endrunde 1982, 1986; EM-Endrunde 1980.

Willem II, Niederlande: → Tilburg, Willem II.

Willi, Tobias, dt. Mittelfeldspieler, *14. Dezember 1979 Freiburg im Breisgau; bis 1992 VfR Pfaffenweiler, 1992–2004 SC Freiburg, 2005 RB Salzburg, 2005/06 MSV Duisburg; 114 Bundesligaspiele.

Willimowski, Ernst, dt. Angriffsspieler (Mittelstürmer), *23. Juni 1916 Kattowitz (polnisch seit 1922: Katowice), †30. August 1997; 1927–34 1. FC Katowice, 1934–39 Ruch Chorzów, 1939–40 Polizei Chemnitz, 1940–44 TSV München 1860, 1945–47 Chemnitz-West, 1947 Hameln 07, 1948–50 FC Augsburg, 1950–52 FV Offenburg, 1952/53 FC Singen 04, 1953–55 VfR Kaiserslautern; 25 Länderspiele für Polen (1934–39; 21 Tore), 8 für Deutschland (1941/42; 13 Tore) nach Annexion Polens; WM-Endrunde 1938.

Wilmots, Marc, belg. Mittelfeldspieler, *22. Februar 1969 Dongelberg; 1988–91 KV Mechelen, 1991–96 Standard Lüttich, 1996–2000 FC Schalke 04, 2000/01 Girondins Bordeaux, 2001–03 FC Schalke 04; 70 Länderspiele (28 Tore); WM-Endrunde 1990, 1994, 1998, 2002; EM-Endrunde 2002. – Später Trainer: 2003 FC Schalke 04 (Teamchef, April/Mai), 2004/05 VV St. Truiden.

Wilna, Lettland: dt. für → Vilnius ...

Wilson, Frederick Peter, austral. Abwehrspieler (Libero), *15. September 1947 Felling (Grafschaft Durham, England); 1964–68 FC Middlesbrough, 1969–74 South Coast United (Australien), 1974–78 Western Suburbs Sydney, 1979–82 Leichhardt Sydney; 64 Länderspiele (1970–79; 5 Tore); WM-Endrunde 1974.

Wiltord, Sylvain, frz. Angriffsspieler, *10. Mai 1974 Neuilly-sur-Mame; 1992–97 Stade Rennes, 1997–2000 Girondins Bordeaux, 2000–04 FC Arsenal, 2004–06 Olympique Lyon; 71 Länderspiele; WM-Endrunde 2002; EM-Endrunde 2000 (Europameister), 2004.

Wimbledon, FC, England: → London [8].

Wimmer, Herbert, dt. Mittelfeldspieler, *19. November 1944 Eupen (Belgien); 1954–66 Borussia Brand (Aachen), 1966–78 Borussia Mönchengladbach; 366 Bundesligaspiele (51 Tore); 36 Länderspiele (1968–76; 4 Tore); Weltmeister 1974; EM-Endrunde 1972 (Europameister), 1976.

»Winkel«, Kurz-Bez. für den Torwinkel (→ »oberes Toreck«).

Winkler, Bernhard, dt. Angriffsspieler, *24. Juni 1966 Würzburg; bis 1988 SV Veitshöchheim, Würzburger Kickers, SV Heidingsfeld, FC Eibelstädt und Türk Gücü München, 1988–90 1. FC Schweinfurt 05, 1990/91 1. FC Kaiserslautern, 1992 SG Wattenscheid 09 und 1. FC Kaiserslautern, 1993 Fortuna Köln, 1993–2002 TSV München 1860; 190 Bundesligaspiele (67 Tore); 43 Zweitligaspiele (17 Tore). – Später Trainer: 2005 FC Ismaning.

Winterbottom, Walter, Sir (seit 1978), engl. Trainer, *31. März 1913 Oldham, †16 Februar 2002 Guildford; war Mittelfeldspieler (Läufer): Manchester United und FC Chelsea. – Später Trainer: 1946–62 England (Nationalmannschaft; WM-Endrunde 1950, 1954, 1958, 1962).

Winterpause → Spielpause.

Winterthur, FC (Winterthur Fußballclub, »The Fight Club«), Schweiz (Kt. Zürich), gegr. am 1. Juli 1896 als Excelsior FC Winterthur, 1896–1915 FC Winterthur, 1915 Fusion mit FC Veltheim zu Vereingter FC Winterthur-Veltheim, 1920 Neugründung als FC Winterthur (1927 Anschluss des Vereinigten FC Winterthur-Veltheim); Spielkleidung: Rot-Weiß/Schwarz/Rot-Weiß; Stadion: Schützenwiese, 14 987 Plätze. – INTERNET: www.fcwinterthur.ch

Spieler (Auswahl): D. Eckstein – D. Gygax – F. Konietzka – J. Löw – U. Rapolder. – **Trainer** (Auswahl): W. Frank.

»Wirbeln«, mit hoher Laufbereitschaft und ständigen Positionswechseln sowie mit rascher Passfolge in die gegner. Spielhälfte eindringen; dabei wird die Abwehr des Gegners verunsichert. – Auch für einen einzelnen Spieler gebraucht, z. B. »er ›wirbelte‹ durch die gegner. Abwehrreihe«.

Wirth, Günther, dt. Angriffsspieler (Linksaußen), *9. Januar 1933 Dresden; 1943–45 Guts-Muths Dresden, 1945–51 SG Johannstadt bzw. BSG Turbine Dresden, 1951 BSG Tabak Dresden, HSG Wissenschaft Karlshorst, 1951–54 BSG Motor Oberschöneweide, 1954–65 ASK Vorwärts Berlin; 243 Oberligaspiele (59 Tore); 28 Länderspiele (1954–62; 11 Tore).

»Wischen«, den Ball nach einer hohen Eingabe mit der Stirn – am kurzen Pfosten stehend – (bei »sanfter« Ballberührung) in die lange Ecke abfälschen.

Wismar, Anker, eigtl. »FC Anker Wismar 1997« (Fußballclub Anker Wismar von 1997), Deutschland (Mecklenburg-Vorpommern), gegr. am 12. Juni 1997 durch Fusion mit SV Schifffahrt/Hafen Wismar; Vorgänger: bis 1945 Wismarer TSV, 1945/46 Sport-Frei Wismar, 1946/47 SG Blau-Weiß Wismar, 1947–49 SG Wismar Süd, 1949–51 ZSG Anker Wismar, 1951–61 BSG Motor Wismar, 1961 Fusion mit BSG Aufbau Wismar zu TSG Wismar, seit 1997 FC Anker Wismar 1997; DDR-Oberliga 1949–51; Spielkleidung: Weiß-Rot/Rot/Rot; Stadion: Kurt-Bürger-Stadion, 6500 Plätze.

Spieler (Auswahl): C. Jancker – H. Kleiminger – T. Lange – J. Streich – A. Zachhuber.

Witeczek, Marcel, dt. Mittelfeldspieler, * 18. Oktober 1968 Katowice (dt. Kattowitz [Polen]); 1980/81 Post SV Oberhausen, 1981–85 Rot-Weiß Oberhausen, 1985–91 Bayer 05 Uerdingen, 1991–93 1. FC Kaiserslautern, 1993–97 FC Bayern München, 1997–2003 Borussia Mönchengladbach, 2004/05 SG Wattenscheid 09; 410 Bundesligaspiele (50 Tore).

Wladikawkas, Alania, eigtl. »FC Alania Vladikavkaz« (Futbolnyj Club Alanija Vladikavkaz), Russland, gegr. 1961 als Spartak Ordschonikidse, 1990–95 Spartak-Alania Vladikavkaz, 1996–2003 FK Alania Vladikavkaz, 2003/04 Spartak-Alania Vladikavkaz, seit 2004 FC Alania Vladikavkaz; Spielkleidung: Rot-Gelb/Weiß/Gelb; Stadion: Spartak, 36 000 Plätze. – INTERNET: www.fc-alania. ru

Spieler (Auswahl): W. Chidijatulin – L. Kobiashvili – K. Zchadadse.

WM, Abk. für → **Weltmeisterschaft**.

WM-Endrunde, Finalwettbewerb der Weltmeisterschaft, bei dem diejenigen Nationalmannschaften der FIFA-Landesverbände, die die vorangegangene Qualifikation geschafft haben, den Weltmeister ermitteln. Die Austragung war bislang recht unterschiedlich, nicht zuletzt aufgrund der Anzahl der jeweils beteiligten Mannschaften (bis 1982 16, seit 1986 24, seit 1998 32) und des Austragungsmodus. Bei den W. wurden Veranstalterland und amtierender Weltmeister seit 1938 gesetzt, d. h., beide nahmen ohne vorherige Qualifikationsspiele »automatisch« an der W. teil. Bei der WM-Endrunde 2002 wurde letztmals der Titelverteidiger (Frankreich 1998) für die WM-Endrunde gesetzt. Seitdem muss sich der Titelverteidiger ebenfalls qualifizieren. – Von

WM-Endrunde (Austragungsmodus)

1930 (Punkt-/K.-o.-System)
4 Vorrundengruppen (4, 3, 3 und 3 Mannschaften)
Halbfinale
Spiel um den 3. Platz
Finale

1934 (K.-o.-System)
Achtelfinale
Viertelfinale
Halbfinale
Spiel um den 3. Platz
Finale

1938 (wie 1934)

1950 (Punktsystem)
4 Vorrundengruppen (4, 4, 3, 2)
Finalgruppe (4)

1954 (Punkt-/K.-o.-System)
4 Vorrundengruppen (à 4) mit je 2 gesetzten Mannschaften
Viertelfinale
Halbfinale
Spiel um den 3. Platz
Finale

1958 (Punkt-/K.-o.-System)
4 Vorrundengruppen (à 4)
Viertelfinale
Halbfinale
Spiel um den 3. Platz
Finale

1962 (wie 1958)

1966 (wie 1958)

1970 (wie 1958)

1974 (Punktsystem)
erste Finalrunde (4 Gruppen à 4)
zweite Finalrunde (2 Gruppen à 4)
Spiel um den 3. Platz
Finale

1978 (wie 1974)

1982 (Punkt-/K.-o.-System)
erste Finalrunde (6 Gruppen à 4)
zweite Finalrunde (4 Gruppen à 3)
Halbfinale
Spiel um den 3. Platz
Finale

1986 (Punkt-/K.-o.-System)
6 Vorrundengruppen (à 4)
Achtelfinale
Viertelfinale
Halbfinale
Spiel um den 3. Platz
Finale

1990 (wie 1986)

1994 (wie 1986)

1998
1. Finalrunde (8 Gruppen à 4)
Achtelfinale
Viertelfinale
Spiel um den dritten Platz
Finale

2002 (wie 1998)

2006 (wie 1998

WM-Endrunde: Torschützenkönige

1930	G. Stábile (Argentinien)	8
1934	O. Nejedlý (Tschechoslowakei)	5
1938	Leonidas (Brasilien)	8
1950	Ademir (Brasilien)	9
1954	S. Kocsis (Ungarn)	11
1958	J. Fontaine (Frankreich)	13
1962	Garrincha (Brasilien)	4
	Vava (Brasilien)	4
	L. Sanchez (Chile)	4
	V. Iwanow (UdSSR)	4
1966	Eusebio (Portugal)	9
1970	G. Müller (BRD)	10
1974	G. Lato (Polen)	7
1978	M. Kempes (Argentinien)	6
1982	P. Rossi (Italien)	6
1986	G. Lineker (England)	6
1990	S. Schillaci (Italien)	6
1994	O. Salenko (Russland)	6
	H. Stoichkov (Bulgarien)	6
1998	D. Suker (Kroatien)	6
2002	Ronaldo (Brasilien)	8

einer W. im engeren Sinn kann man eigtl. erst seit 1934 sprechen, als erstmals zuvor Qualifikationsspiele ausgetragen wurden.

WM-Maskottchen, offiziell von der FIFA genehmigter Talisman der jeweiligen Ausrichter der WM-Endrunden, womit entsprechende Reklame betrieben wird; erstmals 1966 praktiziert. (→ EM-Maskottchen)

WM-Stadion, Kurz-Bez. für *WM-Endrunden-Stadion*, d. h. für eine Arena, in der Spiele um die Weltmeisterschaft, nicht aber WM-Qualifikationsspiele ausgetragen werden.

WM-System → Spielsystem.

Wohlen, FC (Fußballclub Wohlen), Schweiz (Kt. Aargau), gegr. am 21. Mai 1904; Spielkleidung: Weiß; Stadion: Paul-Walser-Stiftung, 3315 Plätze. – INTERNET: www.fcwohlen.ch

Spieler (Auswahl): C. Sforza.

Wohlers, Horst, dt. Trainer, *6. August 1949 Brunsbüttel (Schleswig-Holstein); war Mittelfeldspieler: 1965–70 SC Brunsbüttelkoog, 1970–75 FC St. Pauli, 1975–79 Borussia Mönchengladbach, 1979–81 TSV München 1860, 1982–86 Arminia Bielefeld; 232 Bundesligaspiele (22 Tore). – Später Trainer: 1986/87 TuS Paderborn-Neuhaus, 1987–90 Bayer 05 Uerdingen (1987–89 Trainerassistent, 1989/90 Cheftrainer), 1991 FC St. Pauli, 1992/93 SV Lurup, 1997/98 Urawa Red Diamonds, 2004–06 Borussia Mönchengladbach (2004/05 Junioren, 2005/06 Borussia Mönchengladbach II).

WM-Maskottchen

1966	»World-Cup Willie«
1970	»Juanito«
1974	»Tip und Tap«
1978	»Gauchito«
1982	»Naranjito«
1986	»Pique«
1990	»Ciao«
1994	»Striker«
1998	»Footix«
2002	»Ato, Nik und Kaz«
2006	»Goleo«

Wohlfarth, 1) Franz, österr. Torhüter, *1. Juli 1964 St. Veit an der Glahn (Kärnten); 1972–81 SV St. Veit, 1981–96 Austria Wien, 1996–2000 VfB Stuttgart, 2000–02 Austria Wien, 2003–05 SC Untersiebenbrunn; 118 Bundesligaspiele; 59 Länderspiele; WM-Endrunde 1998; in Österreich Fußballer des Jahres 1993. – **2)** Roland, dt. Angriffsspieler, *11. Januar 1963 Bocholt; 1973–79 Borussia Bocholt, 1979–84 MSV Duisburg, 1984–93 FC Bayern München, 1993/94 AS St. Etienne, 1995–97 VfL Bochum, 1998 VfB Leipzig, 1998–2000 Wuppertaler SV ; 287 Bundesligaspiele (120 Tore); 2 Länderspiele (1986, 1989); Bundesliga-Torschützenkönig 1989 (17, mit T. Allofs), 1991 (21); Zweitliga-Torschützenkönig 1984 (30, mit E. Günther [Karlsruher SC]).

Wöhrer, Franz, österr. Schiedsrichter, *5. Juni 1939 Wien; seit 1957 Schiedsrichter, seit 1964 1. Liga, seit 1967 FIFA-Referee; WM-Endrunde 1982; über 30 Länderspiele.

Wolf, 1) Karl, dt. Mittelfeldspieler (Läufer), *27. Mai 1924 Bernsbach (Sachsen), Bruder von 2); 1934–42 Saxonia Bernsbach, 1942–44 WSV Celle, 1950–62 BSG Wismut Aue; 216 Oberligaspiele (33 Tore); 10 Länderspiele (1954–57). – Später Trainer: 1961–70 BSG Wismut Aue (Trainerassistent). – **2)** Siegfried, dt. Mittelfeldspieler (Läufer), *5. Januar 1926 Bernsbach (Sachsen), Bruder von 1); 1938–45 Saxonia Bernsbach, 1945–49 BSG Aufbau Bernsbach, 1950–66 BSG Wismut Aue; 298 Oberligaspiele (53 Tore); 17 Länderspiele (1955–59). – Später Trainer: 1967–

Karl Wolf

81 BSG Wismut Aue (Nachwuchs). – **3)** Werner, dt. Trainer, *22. Februar 1925 Dresden; war Mittelfeldspieler (Halbstürmer): 1936–51 SV Blau-Weiß Dresden-Zschachwitz, 1951–53 KVP Vorwärts Leipzig, 1953–58 ASK Vorwärts Berlin. – Später Trainer: 1959–63 ASK Vorwärts Berlin, 1963/64 Vorwärts Cottbus, 1964–76 DFV der DDR (Nachwuchs), 1976–78 FC Vorwärts Frankfurt (Oder), 1980–82 Kongo (Traineraustausch). – **4)** Wolfgang, dt. Trainer, *24. September 1957 Tiefenthal (Rheinland-Pfalz); war Abwehrspieler: bis 1976 VfR Hettenleidelheim, 1976–88 1. FC Kaiserslautern, 1988–92 Stuttgarter Kickers, 1992/93 VfR Mannheim; 308 Bundesligaspiele (16 Tore). – Später Trainer: 1993–98 Stuttgarter Kickers (1993/94 Manager, 1994–98 Cheftrainer), 1998–2003 VfL Wolfsburg, 2003–05 1. FC Nürnberg, 2005/06 1. FC Kaiserslautern.

Wolfen, Grün-Weiß, eigtl. »FC Grün-Weiß Wolfen« (Fußballclub Grün-Weiß Wolfen), Deutschland (Sachsen-Anhalt), gegr. 1919 als Wolfener Ballspielclub, später VfL Wolfen und IG Farben Sporverein, 1945–48 AGFA Wolfen, 1948–52 BSG Chemie AGFA Wolfen, 1952–90 BSG Chemie Wolfen, 1990–94 SG Chemie Wolfen, seitdem (Ausgliederung der Fußballabteilung) FC Grün-Weiß Wolfen; Spielkleidung: Grün/Weiß/Weiß; Stadion: Jahnstadion, 5000 Plätze.

Trainer (Auswahl): R. Tretschok – K. Urbanczyk.

Wolfsburg, VfL (Verein für Leibesübungen Wolfsburg), Deutschland (Niedersachsen, gegr. am 12. September 1945 als VSK Wolfsburg, seit Dezember 1945 VfL Wolfsburg, im Mai 2001 (mit Wirkung vom Juli 2000) Ausgliederung der Lizenzspielerabteilung in die VfL Wolfsburg-Fußball GmbH; Bundesliga 1997–2006; Zweite Bundesliga 1992–97; Spielkleidung: Weiß/Grün/Grün; Stadion: Volkswagen-Arena, 30 000 Plätze. – INTERNET: www.vfl-wolfsburg.de

Spieler (Auswahl): C. Akonnor – J. Akpoborie – B. Akrapovic – F. Baiano – S. Baumgart – T. Brdaric – A. D'Alessandro – D. Dammeier – S. Effenberg – M. Feldhoff – M. Hanke – M. Hristov – V. Ivanauskas – S. Jentzsch – A. Juskowiak – M. Karhan – J. B. Kennedy – D. Klimowicz – D. Kühbauer – F. Lieberam – P. Madsen – M. Maltritz – S. Marlet – T. Maric – D. Munteanu – K. Nowak – M. Petrov – R. Ponte – R. Präger – F. H. Quiroga – T. Rau – C. Reitmaier – C. Reyna – S. Schnoor – Z. Sebescen – J. Sievers – P. Thiam – M. Topic – L. Tskitishvili – M. Wagner – C.-D. Wollitz. – **Trainer** (Auswahl): K. Augenthaler – U. Erkenbrecher – H. Fach – E. Gerets – H. Hrubesch – E. Krautzun – M. Krüger – W. Reimann – J. Röber – G. Roggensack – W. Wolf.

Frauenfußball (seit 2003): bis dahin VfR Eintracht Wolfsburg und WSV Wolfsburg; Bundesliga 1998–2003 (WSV Wolfsburg), 2003–05; Zweite Bundesliga 2005/06; Spielkleidung: Grün/Weiß/Grün; Stadion: VfL-Stadion am Berliner Ring, 17 500 Plätze.

Spielerinnen (Auswahl): D. Fitschen – M. Müller.

Wolgograd, Rotor, eigtl. »SK Rotor Wolgograd« (Sportivnyi Klub Rotor Wolgograd), Russland, gegr. 1933 als Traktor Stalingrad, 1948–57 Torpedo Stalingrad, 1957–61 Traktor Stalingrad, 1961–70 Traktor Wolgograd, 1970–72 Stal Wolgograd, 1972–75 Barrikadi Wolgograd, seit 1975 SK Rotor Wolgograd; Spielkleidung: (Hell-)Blau/Blau/Blau; Stadion: Central 20 000 Plätze. – INTERNET: www.rotor-volgograd.ru

Wollitz, Claus-Dieter, dt. Trainer, *19. Juli 1965 Brakel (Nordrhein-Westfalen); war Mittelfeldspieler: 1987/88 FC Schalke 04, 1988/89 Bayer 04 Leverkusen, 1989–93 VfL Osnabrück, 1993/94 Hertha BSC, 1994/95 VfL Wolfsburg, 1995/96 1. FC Kaiserslautern, 1996–98 KFC Uerdingen 05, 1998–2001 1. FC Köln; 64 Bundesligaspiele (5 Tore). – Später Trainer: 2002–04 KFC Uerdingen 05, 2004–06 VfL Osnabrück.

Wolter, 1) Horst, dt. Torhüter, *8. Juni 1942 Berlin; bis 1959 SC Charlottenburg, 1959–72 Eintracht Braunschweig, 1972–77 Hertha BSC; 243 Bundesligaspiele; 13 Länderspiele (1967–70); WM-Endrunde 1970 (nicht eigesetzt). – **2)** Thomas, dt. Abwehrspieler, *4. Oktober 1963 Hamburg; bis 1984 TuS Ottensen und HEBC Hamburg, 1984–98 SV Werder Bremen; 312 Bundesligaspiele (12 Tore); 1 Länderspiel (1992). – Später Trainer: 1998–2006 SV Werder Bremen (1998–05 Amateure, 2005/06 SV Werder Bremen II).

Wolters, Carsten, dt. Mittelfeldspieler, *25. Juli 1969 Gelsenkirchen; bis 1989 SV Erle 08, 1990–95 SG Wattenscheid 09, 1995/96 Borussia Dortmund, 1996–2006 MSV Duisburg; 170 Bundesligaspiele (13 Tore).

Wolverhampton Wanderers, eigtl. »Wolverhampton Wanderers FC« (Wolverhampton Wanderers Football Club), England (Wolverhampton), gegr. 1877 als St Luke's Blackenhall, 1884 Fusion mit Blackenhall Wanderers zu The Wanderers Wolverhampton (seit 1888 Profifußball), seit 1923 Wolverhampton Wanderers FC; Spielkleidung: Gelb/Schwarz/Gelb; Stadion: Molineux Ground, 28 525 Plätze. – INTERNET: www.wolves.co.uk

Spieler (Auswahl): S. A. Al-Jaber – S. Cullis – J. Dowe – E. Hughes – R. Keane – W. A. Wright. – **Trainer** (Auswahl): T. Docherty – G. Hoddle.

Anthony Woodcock

Woodcock, Anthony Stewart (»Tony«), engl. Trainer, *6. Dezember 1955 Eastwood; war Angriffsspieler: 1965–72 Nottingham Forest, 1972–76 Lincoln City und Doncaster Rovers, 1976–79 Nottingham Forest, 1979–82 1. FC Köln, 1982–86 FC Arsenal, 1986–88 1. FC Köln, 1988–90 Fortuna Köln; 131 Bundesligaspiele (39 Tore); 42 Länderspiele (1978–86; 16 Tore); WM-Endrunde 1982; EM-Endrunde 1980. – Später Trainer: 1990/91 Fortuna Köln (Sportdirektor), 1992 SC Brück (Niederrhein), 1994/95 VfB Leipzig, 1995/96 Preußen Köln.

Woolfall, Daniel Burley, engl. Funktionär, *15. Juni 1852, †24. Oktober 1918; am 4. Juni 1906 in Bern zum (zweiten) FIFA-Präsidenten gewählt; amtierte bis zu seinem Ableben (Vorgänger: R. → Guérin, Nachfolger: J. → Rimet).

D. B. Woolfall: Präsidialzeit
1908 olympisches Fußballturnier
1912 olympisches Fußballturnier

Wörgl, SV, eigtl. »SV Bio Perlinger Wörgl« (Sportverein Bio Perlinger Wörgl), Österreich (Tirol), gegr. 1952; Spielkleidung: Rot; Stadion: Sportzentrum Wörgl, 4500 Plätze. – INTERNET: www.sv-woergl.at

»World Cup Willie« [ein »Löwe«], offizielles → WM-Maskottchen der WM-Endrunde 1966 in England.

Worm, Ronald, dt. Angriffsspieler, *7. Oktober 1953 Duisburg; 1971–79 MSV Duisburg, 1979–85 Eintracht Braunschweig; 380 Bundesligaspiele (119 Tore); 7 Länderspiele (1975–78; 5 Tore); WM-Endrunde 1978 (nicht eingesetzt); EM-Endrunde 1976; olymp. Fußballturnuer 1972. – Später Trainer: 1996/97 FC Sachsen Leipzig (Trainerassistent), 2000/01 TSV Havelse.

Worms, Wormatia, eigtl. »VfR Wormatia 1908 Worms« (Verein für Rasenspiele Wormatia Worms von 1908), Rheinland-Pfalz, gegr. am 23. Mai 1908 als SC Wormatia 1908 Worms, 1921/22 Wormatia VfL Worms, 1922 Fusion mit VfR 1908 Worms zu VfR Wormatia 1908 Worms, 1938 Fusion mit Reichsbahn TuSV Worms zu Reichsbahn TSV Wormatia Worms (bis 1945); Spielkleidung: Rot; Stadion: Wormatia Stadion, 21 000 Plätze. – INTERNET: www.wormatia.de

Spieler (Auswahl): R. Abramczik – J. Fath – R. Kargus – J. Pirrung – P. Radenkovic – D. Stepanovic. – **Trainer** (Auswahl): J. Stabel.

Wormuth, Frank, dt. Trainer, *13. September 1960 Berlin (West); war Abwehrspieler: Offenburger FV, SC Freiburg (1982/83), Hertha BSC (1983–86), Freiburger FC, FC Denzlingen, FV Nimburg und FC Teningen; 71 Zweitligaspiele. – Später Trainer: 1993–95 FV Nimburg (Spielertrainer), 1995–98 FC Teningen (Spielertrainer), 1998/99 Fenerbahce Istanbul (Trainerassistent), 1999–2001 SC Pfullendorf, 2002/03 SSV Reutlingen, 2004 1. FC Union Berlin, 2005/06 VfR Aalen.

Wörns, Christian, dt. Abwehrspieler, *10. Mai 1972 Mannheim; 1980–85 Phönix Mannheim, 1985–91 Waldhof Mannheim, 1991–98 Bayer 04 Leverkusen, 1998/99 Paris Saint-Germain, 1999–2006 Borussia Dortmund; 410 Bundesligaspiele (22 Tore); 66 Länderspiele (seit 1992); WM-Endrunde 1998; EM-Endrunde 1992 (nicht eingesetzt), 2004.

Woronin, Russland: andere Schreibweise für → Voronin.

Wosz, Dariusz, dt. Mittelfeldspieler, *8. Juni 1969 Piekary Slaskie (dt. Piekarm [Polen]), seit 1980 dt. Staatsbürgerschaft; 1980/81 BSG Motor Halle, 1981–84 BSG Empor Halle und BTZ (Bezirkstrainingszentrum) Halle, 1984–91 Hallescher FC Chemie bzw. Hallescher FC, 1992–98 VfL Bochum, 1998–2001 Hertha BSC, 2002–06 VfL Bochum; 93 (DDR-)Oberligaspiele (15 Tore), 7 Länderspiele für die DDR (1989/90); 323 Bundesligaspiele (38 Tore); 17 Länderspiele für Deutschland (1997–2000; 1 Tor).

D. Wosz
»Alles hat gestimmt: Das Wetter war gut, die Stimmung war gut, der Platz war gut – nur wir waren schlecht.«

Wouters, Jan, niederländ. Mittelfeldspieler, *17. Juli 1960 Utrecht; 1974–86 FC Utrecht, 1986–91 Ajax Amsterdam, 1992/93 FC Bayern München, 1994–96 PSV Eindhoven; 66 Bundesligaspiele (6 Tore); 70 Länderspiele (4 Tore); WM-Endrunde 1990, 1994; EM-Endrunde 1988 (Europameister), 1992; in den Niederlanden Fußballer des Jahres 1991. – Später Trainer: 1999/2000 Ajax Amsterdam.

Wrexham, AFC, eigtl. »Wrexham AFC« (Wrexham Association Club), Wales, gegr. 1873 (ältester walis. Klub) als Wrexham FC, 1881 Fusion mit Wrexham Civil Service und Grosvenor Wrexham, 1884 aufgelöst und als Wrexham Olympic neu gegr., seit 1888 Wrexham AFC; seit 1912 Profifußball; Spielkleidung: Rot-Weiß/Weiß/Rot; Stadion: Racecourse Ground, 15 500 Plätze. – INTERNET: www.wrexhamafc.co.uk

Trainer (Auswahl): I. Rush.

Wright, 1) Ian, engl. Angriffsspieler, * 3. November 1963 Woolwich (zu London); bis 1985 Ten-Em-Bee und Greenwich Borough, 1985–91 Crystal Palace, 1991–98 FC Arsenal (221 Ligaspiele, 128 Tore), 1998–2000 Westham United; 27 Länderspiele. – **2)** William Ambrose (»Billy«), engl. Abwehrspieler (Stopper), * 6. Februar 1924 Ironbridge, † September 1994; 1938–59 Wolverhampton Wanderers; 490 Ligaspiele; 105 Länderspiele (1946–59); WM-Endrunde 1950, 1954, 1958; in England Fußballer des Jahres 1952; 1959 CBE (Commander of the British Empire). – Später Trainer: 1962–65 FC Arsenal.

Wright-Phillips, Shaun, engl. Angriffsspieler, * 25. Oktober 1981 London; 1997/98 Nottingham Forest, 1998–2005 Manchester City, 2005/06 FC Chelsea; 6 Länderspiele (seit 2004; 1 Tor).

Wroclaw, Slask, eigtl. »WKS Slask Wrocław« (Wrocławski Klub Sportowy Slask Wrocław), Polen, gegr. 1947 als OWKS Wrocław, 1956–98 Wojskowy KS Slask Wrocław, seitdem WKS Slask Wrocław; Spielkleidung: Weiß; Stadion: Slask, 18 000 Plätze.

(Auswahl): J. Tomaszewski – W. Zmuda.

Wronki, Amica, eigtl. »KS Amica Wronki« (Kub Sportowy Amica Wronki), Polen, gegr. 1992; Spielkleidung: Rot/Weiß/Rot-Weiß; Stadion: Amica, 6000 Plätze. – INTERNET: www.amica.com

Trainer (Auswahl): P. Janas – G. Lato.

»Wuchten« → Fußballerjargon.

»Wühlen« → Fußballerjargon.

»Wumme« → Fußballerjargon.

Wunder, Klaus, dt. Angriffsspieler, * 13. September 1950; bis 1971 Hannover 74 und Arminia Hannover, 1971–74 MSV Duisburg, 1974/75 FC Bayern München, 1975–78 Hannover 96, 1978–80 SV Werder Bremen; 209 Bundesligaspiele (52 Tore); 1 Länderspiel (1973).

Wunderlich, Pia, dt. Mittelfeldspielerin, * 26. Januar 1975 Bad Berleburg (Nordrhein-Westfalen), Schwester von 2); 1982–87 TuS Schwarzenau, 1987–93 TSV Battenberg, 1993–2006 SG Praunheim bzw. 1. FFC Frankfurt; 101 Länderspiele (seit 1993; 21 Tore); WM-Endrunde 1995, 1999, 2003 (Weltmeisterin); Europameisterin 1997, 2001, 2005; olymp. Fußballturnier 1996. – **2)** Tina, dt. Abwehrspielerin, * 10. Oktober 1977 Bad Berleburg (Nordrhein-Westfalen), Schwester von 1); 1983–90 TuS Schwarzenau, 1990–94 TSV Battenberg, 1994–2005 SG Praunheim bzw. 1. FFC Frankfurt; 34 Länderspiele (1994–2004); WM-Endrunde 1995, 1999; Europameisterin 1995, 2001 (nicht eingesetzt); olymp. Fußballturnier 1996, 2000.

»Billy« Wright (links) und Ernst Ocwirk, (Mitte) Schiedsrichter Griffiths (Wales)

»Wunderteam«, Bez. für Österreichs Nationalmannschaft der Jahre 1931/32, als man in 12 Spielen hintereinander ungeschlagen blieb. Tragende Kräfte des »W.« waren M. Sindelar, J. Smistik, F. Gschweidl und R. Hiden; als Verbandskapitän fungierte H. Meisl. Erst am 7. Dezember 1932 gab es für das »W.« mit 3:4 gegen England in London die erste Niederlage. Nachdem Frankreich in Paris am 12. Februar 1933 noch 4:0 geschlagen wurde, siegte am 9. April 1933 in Wien die Tschechoslowakei mit 2:1. Damit war die Epoche des »W.« endgültig beendet. (BILD S. 578)

Wuppertaler SV Borussia (Wuppertaler Sportverein Borussia), Deutschland (Wuppertal [Nordrhein-Westfalen]); entstand am 8. Juli 1954 als Wuppertaler SV durch Fusion von TSG 80 Vohwinkel und SSV 04 Wuppertal, 2004 Fusion mit Borussia Wuppertal zu Wuppertaler SV Borussia; Bundesliga 1972–75; Zweite Bundesliga 1992–94; Spielkleidung: Blau/Rot/Blau; Sta-

»Wunderteam«; oben von links: Nausch – Zischek – Sindelar –Gschweidl – Rainer – Schall – Vogel – Mock, unten von links: Sesta – Hiden – Smistik

dion: Stadion am Zoo, 28300 Plätze. – INTERNET: www.wuppertalersv.de

Spieler (Auswahl): H. Buhtz – H. Fach – M. Feinbier – K. Hutwelker – E. Juskowiak – W. Neuberger – F. Straka – H. Szymaniak – R. Wohlfahrt. – **Trainer** (Auswahl): H. Burdenski – D. Ferner – U. Fuchs – R. Gebhardt – K. Klötzer – W. Kreß – A. Preißler – E. Probst – F. Straka – F. Szepan – G. vom Bruch – L. Wieder.

»Wurfvergehen«, Regelwerk: Werfen eines Gegenstandes (meist der Ball) an den Körper eines Gegenspielers; Tatort ist die Stelle, wo der Spieler getroffen wurde bzw. getroffen werden sollte. (→ »Kontaktvergehen«)

Wurtz, Robert, frz. Schiedsrichter, *16 Dezember 1941 Straßburg; seit 1962 Schiedsrichter, seit 1966 1. Division, seit 1972 FIFA-Referee; WM-Endrunde 1978; EC II-Finale 1976, EC I-Finale 1977.

Würzburg, Bayern, **1) Kickers Würzburg,** eigtl. »FC Kickers Würzburg«, gegr. 1907; Spielkleidung: Rot; Stadion: Kickers-Stadion am Dallenberg, 14500 Plätze. – INTERNET: www.wuerzburger-kickers.de

Spieler (Auswahl): B. Hollerbach – B. Winkler.

2) Würzburger FV (Würzburger Fußballverein), Deutschland (Würzburg [Bayern]), gegr. am 24. April 1904 als 1. Würzburger FV 1904, seit 1981 Würzburger FV; Spielkleidung: Blau/Weiß/Weiß; Stadion: Sepp-Endres-Sportanlage, 3500 Plätze. – INTERNET: www.wuerzburgerfv.de

Spieler (Auswahl): L. Emmerich – S. Hofmann – C. Reitmaier.

Wurzen, ATSV, eigtl. »ATSV »Frisch Auf« Wurzen« (Arbeiter Turn-und Sportverein »Frisch Auf« Wurzen), Sachsen, gegr. am 1. September 1898, 1948–90 BSG Empor Wurzen, 1990/91 1. FSV Wurzen, seitdem ATSV »Frisch Auf« Wurzen; Spielkleidung: Weiß/Blau/Blau; Stadion: Frisch-Auf-Stadion, 8000 Plätze. – INTERNET: www.atsv-wurzen.de

Spieler (Auswahl): H. Studener – M. Walter.

WUSA, Abk. für **W**omen's **U**nited **S**occer **A**ssociation, USA: 2001 bis 2003 Profiliga im Frauenfußball, Saison: April–August; bestand aus 8 Teams, die viele Ausländerinnen unter Vertrag nahmen, u.a. aus Deutschland D. Fitschen (Philadelphia Charge), B. Wiegmann und M. Meinert (beide Boston Breakers), S. Jones und S. Minnert (Washington Freedom), B. Prinz (Carolina Courage).

Wuttke, Wolfram, dt. Mittelfeldspieler, *17. November 1961 Castrop-Rauxel (Nordrhein-Westfalen); 1967–76 SG Castrop, 1976–80 FC Schalke 04, 1980–82 Borussia Mönchengladbach, 1982/83 FC Schalke 04, 1983–85 Hamburger SV, 1985–90 1. FC Kaiserslautern, 1990–92 Español Barcelona, 1992/93 1. FC Saarbrücken; 299 Bundesligaspiele (66 Tore); 4 Länderspiele (1986–88; 1 Tor); EM-Endrunde 1988.

W. Wuttke
»Immer, wenn ich breit bin, werde ich spitz.«

Wuzow, Iwan, bulgar. Trainer, * 14. Dezember 1939 Gabrovo; war Abwehrspieler: 1953–69 Levski Sofia; 16 Länderspiele (1962–66); WM-Endrunde 1966. – Später Trainer: 1983–86 Bulgarien (Nationalmannschaft; WM-Endrunde 1986), 1987–89 Hajduk Split, 1989 Slavia Sofia, 1989/90 Bulgarien (Nationalmannschaft).

Wynalda, Eric Boswell, US-amerikan. Mittelfeldspieler, * 9. Juni 1969 Westlake Village (Kalifornien); 1974–86 Calabasas Shooting Stars, 1986/87 San Diego Sattle University, 1987–90 San Diego Nomades, 1990 USSF (als vereinsloser Spieler beim US-Verband unter Vertrag), 1990–92 San Francisco Bay Blackhawks, 1992–94 1. FC Saarbrücken, 1994–96 VfL Bochum, 1996–99 San José Earthquakes (USA), 1999/2000 Miami Fusion, 2000/01 New England Revolution (USA), 2001 Chicaga Fire; 54 Bundesligaspiele (9 Tore); 46 Länderspiele (12 Tore); WM-Endrunde 1990, 1994, 1998; in den USA Fußballer des Jahres 1996.

X

Xabi Alonso (eigtl. »Xabi Alonso Olano«), span. Mittelfeldspieler, *25 November 1981 Tolosa; 1999/2000 Real Sociedad San Sebastián, 2000/01 SD Eibar (Spanien), 2001–04 Real Sociedad San Sebastián, 2004/05 FC Liverpool; 8 Länderspiele; EM-Endrunde 2004.

Xanthi, Skoda éigtl. »Skoda Xanthi FC« (Skoda Xanthi Football Club), Griechenland, gegr. 1967 als AO Xanthi, seit 1993 Skoda Xanthi FC; Spielkleidung: Rot-Blau/Rot/Rot; Stadion: Xanthi, 15 000 Plätze. – INTERNET: www.skodaxanthifc.gr

Spieler (Auswahl): V. Jonocko. – **Trainer** (Auswahl): K. Jara.

»X-Beine« → Fußballerbeine.

Xerez, CD, eigtl. »Xerez CD« (Xerez Club Deportivo), Spanien (Jerez de la Frontera), gegr. 1947; Spielkleidung: Blau/Weiß/Weiß; Stadion: Estadio Municipal de Chapín, 20 522 Plätze. – INTERNET: www.xerezcd.com

Trainer (Auswahl): B. Schuster.

Y

Yakin, 1) Hakan, schweizer. Mittelfeldspieler türk. Herkunft, *22. Februar 1977 Basel, Bruder von 2); 1984–94 Concordia Basel, 1994–97 FC Basel, 1997 Grasshopper-Club Zürich, 1998/99 FC St. Gallen, 1999/2000 Grasshopper-Club Zürich, 2001–03 FC Basel, 2003 Paris Saint-Germain, 2003 FC Basel, 2004 VfB Stuttgart, 2005 Galatasaray Istanbul, 2005/06 Young Boys Bern; 9 Bundesligaspiele; 42 Länderspiele (seit 2002; 14 Tore); EM-Endrunde 2004; in der Schweiz Fußballer des Jahres 2003. – **2)** Murat, schweizer. Abwehrspieler türk. Herkunft, *15. September 1974 Basel, Bruder von 1); bis 1992 Concordia Basel, 1992–97 Grasshopper-Club Zürich, 1997/98 VfB Stuttgart, 1998/99 Fenerbahce Istanbul, 2000 FC Basel, 2000/01 1. FC Kaiserslautern, 2001–06 FC Basel; 32 Bundesligaspiele (3 Tore); 47 Länderspiele (seit 1994; 4 Tore); EM-Endrunde 2004; in der Schweiz Fußballer des Jahres 2002.

Yalcin, Sergen, eigtl. »Ali Rizan Sergen Yalcin«, türk. Mittelfeldspieler, *10. Mai 1972 Istanbul; 1991–1996 Fenerbahce Istanbul, 2000/01 Galatasaray Istanbul, 2001/02 Trabzonspor, 2002/03 Galatasaray Istanbul, 2003–06 Besiktas Istanbul; 35 Länderspiele; EM-Endrunde 1996, 2000.

Yaoundé, Canon (Canon Sportive Yaoundé), Kamerun (Yaoundé), gegr. 1930; Spielkleidung: Grün; Stadion: Stade Ahmadou Ahidjo, 40 000 Plätze. – Internationale Erfolge: Afrikapokal der Landesmeister 1971, 1978, 1980, Afrikapokal der Pokalgewinner 1979.

Spieler (Auswahl): M.-V. Foé – R. Kalla – T. N'Kono – F. Omam Biyik.

Yazalde, Héctor Casimiro, argentin. Angriffsspieler, *29. Mai 1946; 1967–71 Independiente Buenos Aires, 1971–75 Sporting Lissabon, 1975–77 Olympique Marseille, 1977–80 Newell's Old Boys, 1980–82 Independiente Buenos Aires; 25 Länderspiele (1968–74); WM-Endrunde 1974; Europas Torschützenkönig 1974 (46); in Argentinien Fußballer des Jahres 1970.

Yeboah, Anthony, ghanaischer Angriffsspieler, *6. Juni 1966 Kumasi; 1983–86 Cornerstones Kumasi, 1986–88 Okwahu Stores United Nkawkaw, 1988–90 1. FC Saarbrücken, 1990–94 Eintracht Frankfurt, 1994–97 Leeds United, 1997–2002 Hamburger SV, 2002/03 Al-Ittihad (Katar); 223 Bundesligaspiele (96 Tore); 16 Länderspiele (8 Tore); Bundesliga-Torschützenkönig 1993 (20, mit U. Kirsten), 1994 (18, mit S. Kuntz).

> **A. Yeboah**
> »Ich wollte den Ball treffen, aber der Ball war nicht da.«

Yekini, Rashidi, war nigerian. Angriffsspieler, *23. Oktober 1963 Kaduna; 1983/84 Shooting Stars (Nigeria), 1985–87 Abiola Babes Mashood (Nigeria), 1988–90 Africa Sport Abidjan (Elfenbeinküste), 1990–94 Vitória Setúbal, 1995/96 Sporting Gijon, 1997 Vitória Setúbal, 1997/98 FC Zürich, 1998 CR Bizertem (Tunesien), 1999 Al-Shabab (Saudi-Arabien), 1999–2002 Africa Sport Abidjan, 2003 Julius Berger (Nigeria), 2004 Al-Shahab; 50 Länderspiele; WM-Endrunde 1994, 1998; olymp. Fußballturnier 1988; Afrikas Fußballer 1993.

YFA, Abk. für **Y**emen **F**ootball **A**ssociation. den Fußballverband von → Jemen.

Yokohama Marinos, Japan (Yokohama), gegr. 1979 als Nissan FC Yokohama, seit 1999 (Fusion mit Yokohama Flügels [gegr. 1976, bis 1992 All Nippon Airway]) Yokohama Marinos; Spielkleidung: Weiß/Rot/Rot; Stadion: Nissan-Stadium, 72327 Plätze. – Internationale Erfolge: Asienpokal der Pokalsieger 1992, 1993, 1995. – INTERNET: www.marinos.co.jp

Spieler (Auswahl): J. O. Bernardini – Cafú – N. R. Gorosito – P. Futre – S. Nakamura. – **Trainer** (Auswahl): S. B. Lazaroni – P. Littbarski.

Yorath, Terry, walis. Mittelfeldspieler, *27. März 1950 Cardiff; 1970–76 Leeds United, 1976–79 Coventry City, 1979–81 Tottenham Hotspur, 1981/82 Vancouver Whitecaps, 1982/83 Bradford City; 59 Länderspiele (1969–81; 2 Tore). – Später Trainer: 1986–89 Swansea City (PS 1989), 1989/90 FC Bradford City, 1990/91 Swansea City (PS 1991); 1988–93 Wales (Nationalmannschaft).

Yorke, Dwight, Angriffsspieler aus Trinidad und Tobago, *3. November 1971 Canaan (Tobago); bis 1989 Signal Hill (Tobago), 1989–98 Aston Villa, 1998–2002 Manchester United, 2002–04 Blackburn Rovers, 2004/05 Birmingham City, 2005/06 FC Sydney; 22 Länderspiele.

Youngster [engl.], Nachwuchsspieler; Neuling in einer (ersten) Männermannschaft.

Yverdon-Sports, FC, eigtl. »Yverdons-Sport FC« (Yverdons-Sport Football Club), Schweiz (Yverdon-les-Bains [Kt. Waadt]), gegr. 1948; Spielkleidung: Weiß; Stadion: Stade Municipal, 6600 Plätze. – INTERNET: www.yverdon-sport.ch

Spieler (Auswahl): P. Agostino – L. Favre – M. Pantelic – R. Nunweiler.

Z

Zabrze, Górnik, eigtl. »KS Górnik Zabrze« (Klub Sportowy Górnik Zabrze), Polen, entstand 1948 durch Fusion von RKS Concordia Zabrze, KS Pogon Zabrze, RKS Iskra Zabrze, KS Zjednoczenie Zabrze, TFMG Zabrze und Scaley Zabrze; Spielkleidung: Weiß; Stadion: Gornik, 20000 Plätze. – INTERNET: www.gornik.pai.com.pl

Spieler (Auswahl): J. Gorgon – T. Hajto – A. Iwan – H. Kasperczak – W. Lubánski – S. Oslizlo – E. Pol – A. Szarmach – Z. Szoltysik – T. Waldoch. – **Trainer** (Auswahl): A. Piechniczek – W. Zmuda.

Zaccheroni, Alberto, italien. Trainer, *1. April 1953 Meldola; 1995–98 Udinese Calcio, 1998–2001 AC Mailand (LM 1999), 2001/02 Lazio Rom, 2003/04 Inter Mailand.

Zachhuber, Andreas, dt. Trainer, *29. Mai 1962 Wismar; war Mittelfeldspieler: 1969–75 TSG Wismar, 1975–86 FC Hansa Rostock, 1986–88 KKW Greifswald, 1988–91 SG Dynamo Rostock. – Später Trainer: 1991/92 FC Hansa Rostock (Nachwuchs), 1992–94 Mecklenburg-Vorpommern (Landesjugend), 1994–2004 FC Hansa Rostock (1994–99 Trainerassistent, 1999/2000 Cheftrainer, 2001 Jugend, 2002–04 Amateure), 2005 Greifswalder SV 04, 2006 MSV Duisburg (Trainerassistent).

Zaczyk, Klaus, dt. Angriffsspieler (Rechtsaußen), *25. Mai 1945; bis 1963 FSV Sterzhausen und VfL Marburg, 1963–68 Karlsruher SC, 1968/69 1. FC Nürnberg, 1969–78 Hamburger SV, 1978–82 Hessen Kassel; 400 Bundesligaspiele (61 Tore); 1 Länderspiel (1967).

Zadar, NK (Nagometni Klub Zadar), Kroatien, gegr. 1949 als NK Zadar, 1996–2000 NK Zadarkomerc Zadar, seitdem wieder NK Zadar; Spielkleidung: Gelb/Blau/Blau; Stadion: Stanovi, 8000 Plätze.

Spieler (Auswahl): J. Skoblar.

Zagalo, Mário Jorge Jose Lôbo (auch **Zagallo**), brasilian. Trainer, *9. August 1931 Macéio; war Angriffsspieler (Linksaußen); 1946–50 América Rio de Janeiro, 1951–57 Flamengo Rio de Janeiro, 1958–65 Botafogo Rio de Janeiro; 37 Länderspiele (1958–64; 4 Tore); WM-Endrunde 1958 (Weltmeister), 1962 (Weltmeister), 1966. – Später Trainer: 1966–70 Botafogo Rio de Janeiro, 1970–74 Brasilien (Nationalmannschaft [in Personalunion]; Weltmeister 1970), 1971/72 Fluminense Rio de Janeiro, 1972/73 Flamengo Rio de Janeiro, 1976–78 Kuwait (Nationalmannschaft), 1978/79 Botafogo Rio de Janeiro, 1979 Al-Hilal (Saudi-Arabien; LM 1979), 1980 Al-Nasr

Mário Zagalo

(Saudi-Arabien), 1980/81 Vasco da Gama, 1981–84 Saudi-Arabien (Nationalmannschaft), 1984/85 Flamengo Rio de Janeiro, 1986/87 Botafogo Rio de Janeiro (LM 1986), 1989/90 VAE (Nationalmannschaft), 1990/91 Vasco da Gama, 1993–98 Brasilien (1993/94 Sportdirektor, 1994 Trainerassistent [Weltmeister 1994], 1994–98 Cheftrainer; WM-Endrunde 1998), 2000 Portuguesa São Paulo, 2000/01 Flamengo Rio de Janeiro; Welt-Nationaltrainer des Jahres 1997; FIFA-Orden 1992.

Zagorakis, Theodoros, griech. Mittelfeldspieler, *27. Oktober 1971 Kavala; 1989–92 FC Kavala, 1992–98 PAOK Saloniki, 1998–2000 Leicester City, 2000–04 AEK Athen, 2004/05 FC Bologna, 2005/06 PAOK Saloniki; 104 Länderspiele (seit 1994); Europameister 2004 (»Spieler des Turniers«).

Theodoros Zagorakis

Zagreb, Kroatien, **1) Dinamo Zagreb,** eigtl. »NK Dinamo Zagreb« (Nagometni Klub Dinamo Zagreb), gegr. 1945, 1991–93 HASK Gradanski Zagreb, 1993–2000 NK Croatia Zagreb, seitdem Dinamo Zagreb; Spielkleidung: Blau; Stadion: Maksimir, 45 000 Plätze. – Internationale Erfolge: Messepokal 1967. – INTERNET: www.nk-dinamo.hr

Spieler (Auswahl): B. Balaban – O. Barić – M. Bazina – Z. Boban – I. Horvat – S. Katanec – K. Miura – R. Prosinecki – Z. Soldo – D. Suker – M. Viduka. – **Trainer** (Auswahl): O. Ardiles – O. Barić – M. Blazevic – J. Kuze – J. Skoblar – M. Viduka – B. Zebec.

2) NK Zagreb (Nogometni Klub Zagreb), gegr. 1903 als RSK Proleter Zagreb, 1921–29 RSK Amateur Zagreb, 1929–46 HSK Sava Zagreb, 1946 Fusion mit Sloboda Zagreb, Graficar Zagreb und Tekstilac Zagreb zu FD Milicioner Zagreb, später Umbenennung in NK Borac Zagreb, seit 1952 NK Zagreb; Spielkleidung: Blau/Weiß/Blau; Stadion: U Kranjcevicevoj, 17 000 Plätze.

Spieler (Auswahl): T. Piplica – B. Vukas.

Zaire, 1971 bis 1997 Name der Demokrat. Republik Kongo (→ Kongo [1]).

Zalaegerszegi TE (Zalaegerszegi Torna Egyesület), Ungarn (Zalaegerszeg), gegr. 1920 als Zalaegerszegi TE, 1939 aufgelöst und 1957 als Zalaegerszegi Vörös Lobogó neu gegr., 1958/59 Ruhagyár Zalaegerszeg, 1959–78 Zalaegerszegi TE, 1978 Anschluss von Zalaegerszeg Épitökkel, 1996/97 Zalaegerszegi TE FC, 1997/98 Zalahús Zalaegerszegi TE FC, seitdem wieder Zalaegerszegi TE; Spielkleidung: Blau/Weiß/Weiß; Stadion: Sómógy Bacso Tér, 15 000 Plätze. – INTERNET: www.ztefc.hu

Spieler (Auswahl): O. Vincze.

Zambrotta, Gianluca, italien. Mittelfeldspieler, * 19. Februar 1977 Como; 1994–97 Como Calcio,

Gianluca Zambrotta

1997–99 AS Bari, 1999–2006 Juventus Turin; 47 Länderspiele (seit 1999; 1 Tor); WM-Endrunde 2002; EM-Endrunde 2000, 2004; olymp. Fußballturnier 2000.

Zamora, Martinez Ricardo, span. Torhüter, * 21. Januar 1901 Barcelona, † 18. September 1978 ebd.; 1915–19 Español Barcelona, 1919–22 FC Barcelona, 1922–30 Español Barcelona, 1931–36 Real Madrid, 1936–38 OGC Nizza; 46 Länderspiele (1920–36); WM-Endrunde 1934; olymp. Fußballturnier 1920, 1924. – Später Trainer: 1939–44 Atlético Madrid, 1946–49 Celta Vigo, 1952 Spanien (Nationalmannschaft; 2 Spiele). → »Trofeo Ricardo Zamora«

Zamorano, Iván, chilen. Angriffsspieler, * 18. Januar 1967 Maipú; 1988/89 FC St. Gallen, 1990–92 FC Sevilla, 1992–96 Real Madrid, 1996–2001 Inter Mailand, 2001/02 CF América, 2003 Colo Colo Santiago de Chile; 69 Länderspiele (34 Tore); WM-Endrunde 1998; olymp. Fußballturnier 2000.

Ricardo Zamora

Zandi, Ferydoon, iran. Mittelfeldspieler dt. Herkunft (Mutter), * 26. April 1979 Emden; 1985–88 Blau-Weiß Borssum, 1988–92 Kickers Emden, 1992/93 SV Werder Bremen, 1993–95 TuS Esens (Niedersachsen), 1995–2000 SV Meppen, 2000–02 SC Freiburg, 2002–04 VfB Lübeck, 2004–06 1. FC Kaiserslautern; 46 Bundesligaspiele (6 Tore); 5 Länderspiele (seit 2005).

Zanetti, Javier, ein argentin. Abwehrspieler, * 10. August 1973 Buenos Aires; 1992/93 Talleres Córdoba, 1993–95 CA Banfield, 1995–2006 Inter Mailand; 101 Länderspiele (5 Tore); WM-Endrunde 1998, 2002.

Zapf, 1) Kurt, dt. Abwehrspieler (Stopper), * 16. August 1929 Plauen; 1940–45 VFC Plauen, 1945–48 SG Plauen Süd, 1948/49 BSG Sachsenverlag Plauen, 1949/50 BSG Sachsenverlag/ZSG Zellwolle Plauen, 1951/52 BSG Rotation Plauen, 1952/53 BSG Empor Lauter, 1954–68 SC Empor bzw. FC Hansa Rostock; 231 Oberligaspiele (2 Tore); 4 Länderspiele (1957/58). – **2)** Manfred, dt. Abwehrspieler, * 24. August 1946 Stapelburg (Sachsen-Anhalt); 1955–62 SG Dynamo Stapelburg, 1962–79 SC Aufbau bzw. 1. FC Magdeburg; 328 Oberligaspiele (29 Tore); 16 Länderspiele (1969–75);

olymp. Fußballturnier 1972. – Später Trainer: 1986–89 DFV der DDR (1986–88 Chefverbandstrainer, 1988/89 Nationalmannschaft).

Zapresic, Inter, eigtl. »NK Inter Zapresic« (Nogometni Klub Inter Zapresic), Kroatien, gegr.1929 als Jugokeramika Zapresic, 1991–2003 NK Inker Zapresic, seitdem NK Inter Zabresic; Spielkleidung: Gelb/Blau/Blau; Stadion: NK Inter Zapresic, 8000 Plätze. – INTERNET: www.nk-inter.com

Spieler (Auswahl): K. Lavric – Z. Soldo.

Zaraté, Sergio Fabian, argentin. Angriffsspieler, *14. Januar 1969 Buenos Aires; bis 1978 Bernardino Rivadavia (Buenos Aires), 1978–91 Vélez Sarsfield, 1991/92 1. FC Nürnberg, 1992/93 Ancona Calcio, 1993 Vélez Sarsfield, 1993/94 1. FC Nürnberg, 1994/95 Hamburger SV, 1996/97 Vélez Sarsfield, 1998 CD Logroñés; 80 Bundesligaspiele (23 Tore); 1 Länderspiel (1992).

»zaubern«, begeisternd (auf-)spielen; die gegner. Mannschaft (oder den Gegenspieler) nach allen Regeln der spieler. (Fußball-)Kunst »vorführen« bzw. »auseinandernehmen«, ohne dabei den Drang zum gegner. Tor vermissen zu lassen.

Zchadadse, Kachaber, georg. Abwehrspieler *7. September 1968; bis 1986 Sametredia Rustawi, 1986–91 Dynamo Tiflis, 1991 GIF Sundsvall, 1992 Spartak Moskau und Dynamo Moskau, 1993–97 Eintracht Frankfurt, 1997–2000 Alania Wladikawkas; 64 Bundesligaspiele (1 Tor); 6 Länderspiele für die GUS; EM-Endrunde 1992.

Zdebel, Tomasz, ein poln. Mittelfeldspieler, *25. Mai 1973 Rybnik (Oberschlesien), kam 1988 in die BRD (seit 1990 auch dt. Staatsbürgerschaft); bis 1988 GKS Katowice, 1988–90 Fortuna Düsseldorf, 1990–92 Rot-Weiss Essen, 1992–97 1.FC Köln, 1997–2000 Lierse SK, 2000–03 Genclerbirligi Ankara, 2003–06 VfL Bochum; 119 Bundesligaspiele (5 Tore); 14 Länderspiele für Polen.

Zdravkov, Radoslav, bulgar. Mittelfeldspieler, *30. Juli 1956 Sofia; 1968–80 Lokomotve Sofia, 1980–87 ZSKA Sofia, 1987–89 GD Chaves (Portugal); 68 Länderspiele (10 Tore); WM-Endrunde 1986; in Bulgarien Fußballer des Jahres 1982.

Zé António, eigtl. » José António dos Santos Silva«, portugies. Abwehrspieler, *14. März 1977 Torres Vedras; bis 1998 SC União Torreense (Portugal), 1998/99 Leca de Palmeira (Portugal), 1999–2001 FC Alverca (Portugal), 2001 Desportivo Aves (Portugal), 2001/02 FC Alverca, 2003 SC Varzim, 2003–05 Académica Coimbra, 2005/06 Borussia Mönchengladbach; 15 Bundesligaspiele (2 Tore).

»Branko« Zebec

Zebec, Branislav (»Branko«), kroat. Trainer, *17. Mai 1929 Zagreb, †26. September 1988 ebd.; war Angriffsspieler: 1945–53 Milicionar und Metalas Zagreb, 1953–59 Partizan Belgrad, 1959–61 Roter Stern Belgrad, 1961–64 Alemannia Aachen; 65 Länderspiele für Jugoslawien (1951–61; 17 Tore); WM-Endrunde 1954, 1958; olymp. Fußballturnier 1952, 1956. – Später Trainer: 1968–70 FC Bayern München, 1970–72 VfB Stuttgart, 1972–74 Hajduk Split, 1974–78 Eintracht Braunschweig, 1978–80 Hamburger SV, 1981/82 Borussia Dortmund, 1982/83 Eintracht Frankfurt.

B. Zebec: Erfolgsstationen (Auswahl)	
FC Bayern München	LM 1969
	PS 1969
Hajduk Split	LM 1974
	PS 1973, 1974
Hamburger SV	LM 1979

Zehlendorf 03, Hertha, Deutschland: → Berlin [6].

»Zeitschinden«, umgangssprachlich für → Auf-Zeit-Spielen.

»Zeitstrafe«, svw. → »Feldverweis auf Zeit«.

Zeitz, 1. FC (1. Fußballclub Zeitz), Deutschland (Sachsen-Anhalt), gegr. 1910 als SpVgg. Zeitz 1910, aufgelöst 1945 und neu gegr. als SG Rot-Weiß Zeitz, 1948/49 ZSG Gasolin Zeitz, 1949/50 ZSG Hydrierwerk Zeitz, 1950–90 BSG Chemie Zeitz, 1990–94 SG Chemie Zeitz, seitdem 1. FC Zeitz; DDR-Oberliga 1959/60; Spielkleidung: Weiß/Grün/Grün; Stadion: Ernst-Thälmann-Stadion, 20 000 Plätze. – INTERNET: www.fc-zeitz.de

Spieler (Auswahl): B. Bauchspieß – J. Böhme – F. Gödicke – M. Kaiser. – **Trainer** (Auswahl): M. Kaiser – R. Krause.

Zelic, Nedijeljko (»Ned«), austral. Abwehrspieler kroat. Herkunft, *4. Juli 1971 Sydney; 1980–87 Croatia Deakin Canberra, 1987/88 Australian Instituteo of Sport, 1988–90 Sydney Croatia, 1990–92 Sydney Olympic, 1992–95 Borussia Dortmund, 1995 Queen's Parc Rangers, 1995/96 Eintracht Frankfurt, 1996/97 AJ Auxerre, 1997–2002 TSV München 1860, 2002/03 Urawa Red Diamonds, 2004/05 FC Wacker Tirol, 2005/06 Newcastle Jets (Australien); 160 Bundesligaspiele (5 Tore); 32 Länderspiele für Australien (1991–99); olymp. Fußballturnier 1992; in Australien Fußballer des Jahres 1992.

Zeman, 1) Walter, österr. Torhüter, *1. Mai 1927 Wien, †8. August 1991 ebd.; 1942–44 FC Wien, 1945–60 Rapid Wien Wien, 1961/62 Salzburger AK; 41 Länderspiele (1945–60); WM-Endrunde 1954. – **2)** Zdenek, tschech. Trainer, *12. Mai 1947 Prag (1969 Flucht aus der ČSSR); 1981–83 US Palermo (Jugend), 1983–86 Polisportiva Licata, 1986/87 Foggia Calcio, 1987/88 AC Parma, 1988/89 FC Messina, 1989–94 Foggia Calcio, 1994–97 Lazio Rom, 1997–99 AS Rom, 1999/2000 Fenerbahce Istanbul, 2000/01 SSC Neapel, 2001–03 Salernitana Sport, 2003/04 US Avellino, 2004/05 US Lecce.

Zenden, Boudewijn, niederländ. Mittelfeldspieler, *15. August 1976 Maastricht; 1994–98 PSV Eindhoven, 1998–2001 FC Barcelona, 2001–03 FC Chelsea, 2003–05 FC Middlesbrough, 2005/06 FC Liverpool; 54 Länderspiele (seit 1997); WM-Endrunde 1998; EM-Endrunde 2000, 2004.

Zenga, Walter, italien. Torhüter, *28. April 1960 Mailand; 1976–78 Inter Mailand, 1978/79 Salernitana Sport Salerno, 1979/80 FBC Savona, 1980–82 San Benedo del Tronto, 1982–93 Inter

Walter Zeman

Mailand, 1993–96 Sampdoria Genua, 1996/97 AC Padua, 1997/98 New England Revolution (Boston); 58 Länderspiele; WM-Endrunde 1986 (nicht eingesetzt), 1990; EM-Endrunde 1988; olymp. Fußballturnier 1984; Welttorhüter des Jahres 1989, 1990, 1991; in Italien Fußballer des Jahres 1987. – Später Trainer: 1998/99 New England Revolution, 2000 Brescia Calcio, 2002–04 National Bukarest, 2004/05 Steaua Bukarest (LM 2005), 2005/06 Roter Stern Belgrad.

Zenica, Čelik, eigtl. »NK Čelik Zenica« (Nogometni Klub Čelik Zenica), Bosnien und Herzegowina, gegr. 1945; Spielkleidung: Rot/Schwarz/Schwarz; Stadion: Bilino Polje, 12 500 Plätze. – INTERNET: www.nkcelik.co.ba

Spieler (Auswahl): B. Akrapovic – M. Krstajic.

Zentralafrikanische Republik, Republik in Äquatorialafrika, 622984 km², 3,684 Mio. Ew.; Verband: Fédération Centrafricaine de Football, Abk. FCF, gegr. 1961, Sitz: Bangui; Mitglied der FIFA seit 1963, der CAF seit 1965; Spielkleidung: Blau-Weiß/Weiß/Blau.

Zentralamerikanisch-Karibische Spiele, erstmals 1926 in Mexiko City ausgetragene Spiele der zentralamerikan. Länder mit Fußballturnier für Ländermannschaften, seit 1930 in Havanna durchgeführt. Die Organisation lag zunächst bei der 1924 gegründeten ODCC (Organización Deportiva Centroamericana y del Caribe). Nach Gründung der CCFC (Centralamerican and Caribbean Football Confederation) 1938 führte diese das Turnier im Rahmen der Spiele durch. – Nach Einführung der → CONCACAF-Meisterschaft 1973 endete das Fußballturnier 1982.

Zentralamerikanisch-Karibische Spiele

1930	Kuba
1935	Mexiko
1938	Mexiko
1946	Kolumbien
1950	Niederländische Antillen
1954	El Salvador
1958	Mexiko
1962	Niederländische Antillen
1966	Mexiko
1970	Kuba
1974	Kuba
1978	Mexiko
1982	Venezuela

Zentrale Informationsstelle Sporteinsätze, Abk. **ZIS,** → Hooligans.

Zentraleuropaauswahl, Mannschaft, die sich aus Spielern der Landesverbände Zentraleuropas zusammensetzte und nur einmal – unter der Leitung der FIFA – gegen eine → Westeuropaauswahl spielte (am 20. Juni 1937 in Amsterdam 3:1): 5 Spieler aus Italien, 3 aus Ungarn, 2 aus Österreich und einer aus der Tschechoslowakei.

Zentralstadion, Leipzig, ehemaliges Nationalstadion der DDR, ursprünglich 95000 Plätze, 1956 eröffnet, in den 1970er-Jahren umgebaut; 2000–04 Neubau einer modernen Arena innerhalb des alten Stadionovals, 44199 Plätze; WM-Stadion 2006.

Zentropacup, Bez. für den 1951 ausgetragenen inoffiziellen Mitropapokalwettbewerb (Sieger: Rapid Wien Wien); offizielle Durchführung: → Mitropapokal.

Zé Roberto

Zé Roberto, eigtl. »José Roberto da Silva Júnior«, brasilian. Mittelfeldspieler, *6. Juli 1974 Ipiranga (zu São Paulo); 1981–93 Pequeninos Joquey, 1994–97 FC Portuguesa São Paulo, 1997 Real Madrid, 1998 Flamengo Rio de Janeiro, 1998–2002 Bayer 04 Leverkusen, 2002–06 FC Bayern München; 208 Bundesligaspiele (22 Tore); 75 Länderspiele (seit 1995; 4 Tore); WM-Endrunde 1998.

»Zerpfeifen des Spiels«, ständiges Unterbrechen des Spielablaufs durch den Schiedsrichter, indem dieser auch die kleinsten Vergehen (»Bagatelldelikte«) bei beiden Mannschaften gleichermaßen bestraft und somit dazu beiträgt, daß das Spiel zusehends »zerfahrener« wird. Folgeerscheinungen seines »Gepfeifes« sind dann meist aufkommende Hektik und – daraus resultierend – übertriebene Härte sowie lautstarke Unmutsäußerungen der Zuschauer. – Nicht zu verwechseln mit *energischer Spielleitung,* bei der sich der Schiedsrichter von Anbeginn durch konsequente Entscheidungen in diffizilen Situationen für den »Rest« des Spiels Respekt verschafft und dieses dann im Rahmen des Regelwerks weitestgehend »laufen« lassen kann (oder auch nicht ...).

Zeugwart, Lizenzfußball: Angestellter eines Vereins, der die Profimannschaft betreut; Aufgaben sind u. a. Verwaltung, Reinigung und Bereitstellung der Dresse, Schuhe und Bälle, Bedrucken der Trikots und Trainingsanzüge, Aufstellen von Trainingsgeräten. Der Z. besitzt in der Regel einen engen Kontakt zur Mannschaft und stellt für diese eine Vertrauensperson dar. – Z. im Amateurfußball arbeiten meist ehrenamtlich (evtl. mit Aufwandsentschädigung).

Zewe, Gerd, dt. Abwehrspieler (Libero), *13. Juni 1950 Steinweiler (Rheinland-Pfalz); 1964–70 SV Zennweiler, 1970–72 Borussia Neunkirchen, 1972–87 Fortuna Düsseldorf; 440 Bundesligaspiele (41 Tore); 4 Länderspiele (1978/79); WM-Endrunde 1978 (nicht eingesetzt). – Später Trainer: 1993–98 Fortuna Düsseldorf (Amateure).

Zeyer, 1) Andreas, dt. Mittelfeldspieler, *9. Juni 1968 Neresheim (Baden-Württemberg), Zwillingsbruder von 2); 1987–89 SSV Ulm 1846, 1989–97 SC Freiburg, 1997/98 Hamburger SV, 1998 Karlsruher SC, 1999 VfL Bochum, 1999–2004 SC Freiburg; 276 Bundesligaspiele (31 Tore). – **2)** Michael, dt. Mittelfeldspieler, Zwillingsbruder von 1); 1987/88 SSV Ulm, 1989–92 SC Freiburg, 1992–94 1. FC Kaiserslautern, 1994–96 Waldhof Mannheim, 1996–98 MSV Duisburg, 1998/99 VfB Stuttgart, 1999–2003 MSV Duisburg, 2003/04 Fortuna Düsseldorf; 146 Bundesligaspiele (14 Tore).

Zickler, Alexander, dt. Angriffsspieler, *28. Februar 1974 Bad Salzungen (Thüringen); 1980–93 SG bzw. 1. FC Dynamo Dresden, 1993–2005 FC Bayern München, 2005/06 RB Salzburg; 232 Bundesligaspiele (54 Tore); 12 Länderspiele (1998–2001; 2 Tore).

Zico, eigtl. »Arthur Antunes Coimbra«, brasilian. Trainer, *3. März 1953 Rio de Janeiro; war Mittelfeldspieler (Halbstürmer): 1963–67 Piedade, 1967–83 Flamengo Rio de Janeiro, 1983–85 Udinese Calcio, 1985–90 Flamengo Rio de Janeiro, 1991/92 Sumitomo Metal Industries Kinozoku (Japan), 1992–94 Kashima Antlers; 72 Länderspiele (1971–89; 52 Tore); WM-Endrunde 1978, 1982, 1986; Südamerikas Fußballer des Jahres 1977, 1981, 1982 ; in Brasilien Fußballer des Jahres 1974, 1982. – 1990/91 Sportminister Brasiliens, später Trainer: 1998 Brasilien (WM-Endrunde 1998 [Trainerassistent]), 2002–05 Japan (Nationalmannschaft; Asienmeister 2004).

Zidan, Mohamed, ägypt. Angriffsspieler, *11. Dezember 1981 Port Said; 1989–99 Al-Masry Port Said, 1999–2003 AB Kopenhagen, 2003–05 FC Midtjylland, 2005 SV Werder Bremen, 2005/06 FSV Mainz 05; 18 Bundesligaspiele (3 Tore); 3 Länderspiele.

Zinedine Zidane

Zidane, Zinedine, ein frz. Mittelfeldspieler, *23. Juni 1972 Marseille; bis 1986 US Saint-Henri Sport Olympique Septème, 1986–92 AS Cannes, 1992–96 Girondins Bordeaux, 1996–2001 Juventus Turin 2001–06 Real Madrid; 93 Länderspiele (seit 1994; 26 Tore); WM-Endrunde 1998 (Weltmeister), 2002; EM-Endrunde 1996, 2000 (Europameister), 2004; Weltfußballer des Jahres 1998, 2000, 2003; Europas Fußballer des Jahres 1998; in Frankreich Fußballer des Jahres 1998, 2002.

Ziege, Christian, dt. Abwehrspieler, *1. Februar 1972 Berlin (West); 1978–81 NSC Südstern 08, 1981–85 TSV Rudow, 1985–90 Hertha 03 Zeh-

Christian Ziege

lendorf, 1990–97 FC Bayern München, 1997–99 AC Mailand, 1999/2000 FC Middlesbrough, 2000/01 FC Liverpool, 2001–04 Tottenham Hotspur, 2004/05 Borussia Mönchengladbach; 198 Bundesligaspiele (38 Tore); 72 Länderspiele (1993–2004; 9 Tore); WM-Endrunde 1998, 2002; EM-Endrunde 1996 (Europameister), 2000, 2004 (nicht eingesetzt).

Ziegler, Reto, schweizer. Abwehrspieler, *16. Januar 1986; 1993–95 FC Gland, 1995–97 Servette Genf, 1997/98 US Terre Sainte, 1998/99 Servette Genf, 1999/2000 Lausanne-Sports, 2000–04 Grasshopper-Club Zürich, 2004/05 Tottenham Hotspur, 2005 Hamburger SV, 2006 Tottenham Hotspur; 7 Bundesligaspiele; 3 Länderspiele (2005).

ZIFA, Abk. für **Zi**mbabwe **F**ootball **A**ssociation, den Fußballverband von → Zimbabwe.

Zilina, MSK, eigtl. »MŠK Žilina« (Mestský Športový Klub Žilina), Slowak. Republik, gegr. 1908 als ZsTK Žilina, 1909–19 ZTS Žilina, 1919–48 SK Žilina, 1948–53 Sokol Slovena Žilina, 1953–56 Jiskra Slovena Žilina, 1956–63 DSO Dynamo Žilina, 1963–67 Jednota Žilina, 1967–90 TJ ZVL Žilina, 1990–95 SK Žilina, seitdem MŠK Žilina; Spielkleidung: Grün/Gelb/Gelb; Stadion: Pod Dubnom, 6311 Plätze. – INTERNET: www.mskzilina.sk

Spieler (Auswahl): S. Čambal – M. Mintál – S. Pluskal. – **Trainer** (Auswahl): K. Brückner – V. Jurkemik.

Zimmermann, Herbert, dt. Sportjournalist und (legendärer) Rundfunkreporter, *29. November 1917 Alsdorf (Nordrhein-Westfalen), †16. Dezember 1966 Hamburg (an den Folgen eines Verkehrsunfalls); erste Fußballübertragung 1947: Hamburger SV – Fortuna Düsseldorf. Unvergessen bleibt seine Reportage vom WM-Finale 1954 in Bern, als die dt. Mannschaft gegen die favorisierten Ungarn 3:2 gewann.

H. Zimmermann
» Toni, du bist ein Fußballgott.«
»... Aus – aus – aus, das Spiel ist aus! Deutschland ist Weltmeister!«

»Zirkeln«, aus Standardsituationen (Freistößen) den Ball »um etwas herum« bzw. »über etwas hinweg« ins Tor treffen, z. B. »der Mittelfeldspieler ›zirkelte‹ den Ball an der Mauer vorbei in die äußerste Torecke«; meist eine Aufgabe für → »Freistoßspezialisten«.

Zischek, Karl, österr. Angriffsspieler (Rechtsaußen), *28. August 1910, †6. Oktober 1985; 1926–46 Wacker Wien; 41 Länderspiele (1931–45; 24 Tore); WM-Endrunde 1934; Mitglied des → »Wunderteams«.

Zito, eigtl. »José Ely de Miranda«, brasilian. Mittelfeldspieler (Läufer), *8. August 1932 Roseira (Bundesstaat São Paulo); 1946–57 AC Bangu, 1957–66 FC São Paulo, Audax Italiano und FC Santos; 55 Länderspiele (1955–66; 3 Tore); WM-Endrunde 1958 (Weltmeister), 1962 (Weltmeister), 1966 (nicht eingesetzt).

Zittau, VfB (Verein für Ballspiele Zittau), Deutschland (Sachsen), gegr. 1945 als SG Zittau, 1950 ZSG Zittau, im gleichen Jahr BSG Textil Zittau, 1951/52 BSG Fortschritt Mitte Zittau, 1952–54 BSG Fortschritt Zittau, 1954 Anschluss an BSG Lokomotive Zittau, 1971–80 BSG Motor Robur Zittau, 1980–90 BSG Robur Zittau, seitdem VfB Zittau; Spielkleidung: Gelb-Blau/Blau/Blau; Stadion: Weinaustadion, 10 000 Plätze. – INTERNET: www.vfb-zittau.de

Trainer (Auswahl): F. Bohla.

»Zitterspiel«, Spiel, dessen Ausgang bis zum Abpfiff ungewiss ist. In der Regel ist es für diejenige Mannschaft ein »Z.«, die in (knapper) Führung liegt und mit allen Mitteln versucht, diesen Vorsprung zu halten.

Zivkovic, Boris, kroat. Abwehrspieler bosn. Abstammung, *15. November 1975 Zivinice (Bosnien und Herzegowina); bis 1995 FK Sarajevo, 1995/96 Marsonia Slavonski Brod, 1996/97 Hrvatski Dragovoljac, 1997–2003 Bayer 04 Leverkusen, 2003 FC Portsmouth, 2004/05 VfB Stuttgart, 2006 1. FC Köln; 167 Bundesligaspiele (9 Tore); 39 Länderspiele für Kroatien (seit 1999; 2 Tore); WM-Endrunde 2002; EM-Endrunde 2004.

Zizinho, eigtl. »Tomaz Soares da Silva«, brasilian. Mittelfeldspieler (Halbstürmer), *14. September 1921 São Goncalo (Bundesstaat Rio de Janeiro), †8. Februar 2002; 1936–50 Flamengo Rio de Janeiro, 1950–57 AC Bangu; 52 Länderspiele (1942–57; 31 Tore); WM-Endrunde 1950.

Zizkov, Viktoria, Tschech. Republik: → Prag [5].

Zmuda, Wladyslaw, poln. Trainer, *6. Juni 1954 Lublin; war Abwehrspieler: 1967–73 Zaglebie Lublin, 1973–78 Gwardia Warschau, 1978/79 Słask Wrocław, 1979–82 Widzew Lodz, 1982–84 Hellas Verona, 1984/85 Cosmos New York, 1985–88 US Cremonese; 92 Länderspiele (1973–86); WM-Endrunde 1974, 1978, 1982, 1986; olymp. Fußballturnier 1976. – Später Trainer: 1988/89 GKS Kattowitz, 1989–91 Górnik Zabrze, 1991–93 Widzew Lodz, 1993/94 Zaglebie Sosnowiec.

Zobel, Rainer, dt. Trainer, *3. November 1948 Wrestedt (Niedersachsen); war Mittelfeldspieler: 1967–70 Hannover 96, 1970–76 FC Bayern München, 1976–82 Lüneburger SK; 246 Bundesligaspiele (22 Tore). – Später Trainer; 1982–85 Teutonia Uelzen, 1986/87 Lüneburger SK, 1987–90 Eintracht Braunschweig (Trainerassistent), 1990–92 Stuttgarter Kickers, 1992/93 1. FC Kaiserslautern, 1994 1. FC Nürnberg, 1995/96 Tennis Borussia, 1998–2000 Al-Ahly Kairo (LM 1998, 1999, 2000), 2000/01 Stuttgarter Kickers, 2002 Bani Yas (VAE), 2004/05 Persepolis Teheran (Iran).

> **R. Zobel**
> »Ohne Ball kann man nicht spielen, also muss man ihn erst mal erkämpfen.«

Zoff, Dino, italien Trainer, *28. Februar 1942 Mariano del Friuli (Dr. h. c. [seit 2003]); war Torhüter: 1957–63 US Udinese, 1963–67 AC Mantova, 1967–72 AC bzw. SSC Neapel, 1972–83 Juventus Turin; 112 Länderspiele (1968–83); WM-Endrunde 1970 (nicht eingesetzt), 1974, 1978, 1982 (Weltmeister); EM-Endrunde 1968 (Europameister), 1980. – Später Trainer: 1984–88 Italien (1984–86 Nationalmannschaft [Trainerassistent], 1986–88 Olympiaauswahl), 1989/90 Juventus Turin, 1990–94 und 1997 Lazio Rom, 1998–2000 Italien (Nationalmannschaft; EM-Endrunde 2000), 2001 Lazio Rom, 2005 AC Florenz.

Dino Zoff

> **D. Dino Zoff**
> »Es ist das Schicksal aller Trainer, früher oder später mit Tomaten beworfen zu werden.«

Zola, Gianfranco, war italien. Mittelfeldspieler, *5. Juli 1966 Oliena; 1984–86 Nuorese Calcio, 1986–89 Torres Terra Sarda FC (Sardinien), 1989–93 SSC Neapel, 1993–96 AC Parma, 1996–2003 FC Chelsea, 2003–05 Cagliari Calcio; 35 Länderspiele (8 Tore); WM-Endrunde 1994; EM-Endrunde 1996; in England Fußballer des Jahres 1997.

Zorc, Michael, dt. Manager, *25. August 1962 Dortmund; war Mittelfeldspieler: 1970–78 TuS Eving-Lindenhorst, 1978–98 Borussia Dortmund; 463 Bundesligaspiele (131 Tore); 7 Länderspiele (1992/93). – Später Manager: 1998–2006 Borussia Dortmund.

Zötzsche, Uwe, dt. Abwehrspieler, *15. September 1960 Zwenkau (bei Leipzig); 1968–70 BSG Motor Eythra, 1970–73 BSG Chemie Leipzig, 1974–90 1. FC Lokomotive Leipzig, 1990/91 RC Straßburg, 1991/92 Hessen Kassel, 1992/93 1. FC Markkleeberg, 1993–2002 VfB Zwenkau; 243 Oberligaspiele; 38 Länderspiele (1982–88; 5 Tore).

Zsengellér, Gyula, ungar. Angriffsspieler, *27. Dezember 1915 Budapest; 1930–47 Ujpest Budapest und UTE Budapest, 1947–50 AS Rom; 39 Länderspiele (1936–47; 31 Tore); WM-Endrunde 1938; spielte 1938 in der FIFA-Europa-Auswahl gegen England (0:3) in London.

Zsolt, István, ungar. Schiedsrichter, *21. Juni 1921, †14. Mai 1991 Budapest; WM-Endrunde 1958, 1962, 1966; 4 olymp. Fußballturniere; EC II-Finale 1965; erstes Messepokalfinale 1966; 1978–84 Präsident der ungar. Schiedsrichterkommission.

Zuberbühler, Pascal (»Zubi«), schweizer. Torhüter, *8. Januar 1971 Frauenfeld (Kt. Thurgau); bis 2000 FC Frauenfeld, Grasshopper-Club Zürich und FC Basel, 2000/01 Bayer 04 Leverkusen, 2001 FC Aarau, 2001–06 FC Basel; 13 Bundesligaspiele; 36 Länderspiele; EM-Endrunde 2004.

Zubizarreta Urreta, Andoni, span. Torhüter, * 23. Oktober 1961 Vitória -Gasteiz; 1978/79 UD Aretxabaleta, 1979–81 Deportivo Alavés, 1981–86 Athletic Bilbao, 1986–94 FC Barcelona, 1994–98 CF Valencia; 126 Länderspiele (1985–96); WM-Endrunde 1986, 1990, 1994; EM-Endrunde 1984 (nicht eingesetzt), 1988, 1996; in Spanien Fußballer des Jahres 1987; erhielt 1987 die →»Trofeo Ricardo Zamora«.

Zug, FC (Fußballclub Zug), Schweiz, gegr. 1945, seit 2001 FC Siemens Zug; Spielkleidung: Weiß/Blau/Blau; Stadion: Herti, 6780 Plätze. – INTERNET: www.siemenszug.ch

Spieler (Auswahl): M. Andermatt – J. J. Neeskens. – **Trainer** (Auswahl): O. Hitzfeld – J. J. Neeskens.

Zulte-Waregem, SV (Sporting Vereniging Zulte-Waregem), Belgien (Waregem), entstand 2001 durch Fusion von Zultse VV (gegr. 1976) mit KSV Waregem (gegr. 1925) zu SV Zulte-Waregem; Spielkleidung: Grün-Gelb/Gelb/Grün; Stadion: Regenboogstadion, 8500 Plätze. – INTERNET: www.svzw.be

Spieler (Auswahl): F. Farina.

Zuma, Sibusiso, südafrikan. Angriffsspieler, * 23. Juni 1975 Mpumalanga; bis 1994 African Wanderers Durban, 1994–99 Orlando Pirates Johannesburg, 2000–05 FC Kopenhagen, 2005/06 Arminia Bielefeld; 15 Bundesligaspiele (4 Tore); 48 Länderspiele (6 Tore); WM-Endrunde 2002.

Zumdick, Ralf, dt. Torhüter, * 10. Mai 1958 Münster; 1976–81 Preußen Münster, 1981–96 VfL Bochum; 282 Bundesligaspiele (1 Tor). – Später Trainer: 1999–2001 VfL Bochum, 2002 Asante Kotoko (Ghana), 2004–06 Hamburger SV (Trainerassistent).

Zürich, Schweiz, **1) FC Zürich** (Fußballclub Zürich), gegr. am 1. August 1896 als Sport und Spiel Zürich; Spielkleidung: Weiß, Stadion: Letziggrund, 30 000 Plätze (EM-Stadion 2008). – INTERNET: www.fcz.ch

Spieler (Auswahl): J. Andersen – J. Berger – A. und T. Bickel – F. Borer – R. Botteron – T. Brolin – R. Brunnenmaier – P.-A. Chapuisat – N. Eder – R. Elsener – D. Gygax – J. Hügi – D. Jeandupeux – F. Konietzka – L. Kubala – J. Kuhn – S. Minelli – M. Raducanu – W. Rufer – J. Stiel – M. Topic – G. Volkert – H. Waas – E. Waldner – R. Yekini. – **Trainer** (Auswahl): H. Bongartz – G. Bregy – Z. Čajkovski – L. Favre – G. Gawliczek – G. Gress – K. Jara – D. Jeandupeux – V. Ježek – F. Konietzka – L. Kubala – J. Kuhn – E. Probst – K. Rappan – A. Sing.

2) Grasshopper-Club Zürich, gegr. am 1. Juli 1886; Spielkleidung: Blau-Weiß/Weiß/Blau-Weiß; Stadion: Hardturm, 17 666 Plätze. – INTERNET: www.gcz.ch

Spieler (Auswahl): A. und M. Abegglen – A. Allemann – L. Amadó – M. Andermatt – R. Ballaman – U. Barberis – B. Berner – A. und T. Bickel – R. Cabanas – M. Cantaluppi – S. Chapuisat – A. Egli – G. Elber – R. Elsener – O. Grahn – C. Gross – B. Haas – H. Hermann – K. Jara – M. Koller – P. Közle – S. Minelli – P. Müller – G. Netzer – O. Rohr – W. Rufer – C. Sforza – C. Spycher – M. Stevic – J. Stiel – A. Sutter – K. Türkyilmaz – J. Vogel – R. Vonlanthen – M. und W. Weiler – H. und M. Yakin – R. Ziegler – P. Zuberbühler. – **Trainer** (Auswahl): K. Balakov – L. Beenhakker – M. Blazevic – R. Fringer – C. Gross – W. Hahnemann – O. Hitzfeld – R. Hodgson – K. Jara – H. Johannsen – M. Koller – F. Konietzka – H. Latour – K. Rappan – H. Weisweiler.

zurückhängender Stürmer, früher ein Spieler, der nominell der Angriffsreihe angehörte, aber meist in der »zweiten Reihe« agierte; konnte nominell Außen- oder Halb-, aber auch Mittelstürmer sein. In der Regel waren die z. S. gleichzeitig die Spielmacher ihrer Mannschaften. Heute ist diese takt. Variante praktisch bedeutungslos, da meist mit einem verstärkten Mittelfeld und (2 oder 3) Angriffsspitzen gespielt wird.

Theo Zwanziger

Zurückziehfinte, svw. → Rückziehfinte.

»Zurückpfeifen«, Annullieren der Spielfortsetzung nach Spielunterbrechung durch den Schiedsrichter, indem dieser mehrmals gebieterisch die Pfeife betätigt; angewendet bei nicht regelgerechtem Spielfortgang und ohne Bestrafung des Verursachers.

Zuspiel, svw. → Abspiel.

»Zustellen«, Verengen des gefährdeten Raums in der eigenen Spielhälfte (im Halbfeld), indem die freien Räume geschickt (»versetzt«) abgedeckt werden; wird angewendet, um die Abwehr zu stabilisieren.

Zwanziger, Theo, dt. Funktionär (Dr. [Jurist]), *6. Juni 1945 Altendiez (Rheinland-Pfalz); 1992–2001 Beauftragter für soziale Integration und Mitglied des DFB-Vorstands, 2001–04 DFB-Schatzmeister, seit 2004 Geschäftsführender DFB-Präsident. (→ Mayer-Vorfelder)

»Zweckfußball«, versachlichte und nüchterne Spielweise, ausschließlich zweck- und damit erfolgsorientiert (»der Zweck heiligt die Mittel«). Stellvertretend für den »Z.« standen in der Vergangenheit z. B. der Catenaccio (→ Spielsystem) und später der → »Kraftfußball«.

Zweikampf, körperl. Einsatz mit allen erlaubten Mitteln (»Kampf um den Ball«), um in Ballbesitz zu gelangen bzw. den Ball zu behaupten, aber auch um den Gegner lediglich vom Ball zu trennen (z. B. durch Tackling).

> **Zweikampf**
> Duel [engl., frz.]
> Duelo [span., portugies.]
> Duello [italien.]

Zweite Bundesliga, DFB: 1981 bis 1991 zweithöchste eingleisige Spielklasse (20 Vereine) nach der Bundesliga (Vorläuferin: → Zweite Liga). Die beiden Ersten stiegen am Ende eines Spieljahres in die Bundesliga auf. Der Dritte der Z. B. und der Drittletzte der Bundesliga bestritten (mit Hin- und Rückspiel) Relegationsspiele, deren Ergebnisse darüber entschieden, wer als dritter Verein ab- bzw. aufstieg. Aus der Z. B. stiegen 4 Vereine in die Oberliga ab (und umgekehrt). – Nach Beitritt des NOFV zum DFB gab es 1991/92 2 Staffeln (Nord und Süd) mit je 12 Mannschaften (je 1 Aufsteiger in die Bundesliga nach Play-off-Runden der ersten 6 Teams; die je 3 Absteiger wurden in Relegationsrunden der letzten 6 Teams ermittelt); seit 1992/93 wieder eingleisig (24 Mannschaften), 1993/94 mit 20, seit 1994/95 mit 18 Teams (3 Aufsteiger in die Bundes-, 4 Absteiger in die Regionalliga). – Bei den *Frauen* gibt es seit 2004 eine Z. B., und zwar mit jeweils 12 Mannschaften in den Gruppen Nord und Süd (je 1 Aufsteiger).

zweite Hälfte, umgangssprachlich für zweite Halbzeit (→ Halbzeit [1]).

Zweite Liga, 1) DFV der DDR: 1971–84 zweithöchste Spielklasse (2. Liga oder kurz »Liga«), wobei in 5 Staffeln (A – E) zu je 12 Mannschaften gespielt wurde. Die Staffelersten bestritten nach Beendigung des Spieljahres eine Aufstiegsrunde (mit Hin- und Rückspiel), und die beiden Erstplatzierten stiegen in die → Oberliga auf. – **2)** DFB: 1974–81 zweithöchste Spielklasse; gespielt wurde in 2 Staffeln (2. Liga Süd, 2. Liga Nord). Aus 17 Vertretern der 2. Liga und aus den 3 Absteigern der Bundesliga wurde 1981 die einstaffelige Zweite Bundesliga geschaffen. Die nicht qualifizierten Mannschaften der 2. Liga mussten in die Oberliga absteigen. – **3)** ÖFB: zweithöchste Spielklasse im Burgenländ. Fußballverband.

»zweite Reihe«, 1) eine aus Mittelfeld und aufgerückten Abwehrspielern formierte Reihe, die hinter der eigtl. Angriffsreihe agiert; gebraucht z. B. in der Wendung »einen Schuss aus der ›z. R.‹ abgeben«. – **2)** die einsatzfähigen, aber nicht zum eigtl. Stammaufgebot zählenden Aktiven einer Mannschaft.

»zweiter Frühling«, Erfolgserlebnis im hohen (Fußballer-)Alter (z. B. weit über 30 Jahre), wobei der betreffende Aktive nochmals zu stabiler Leistung findet, nachdem er vom Verein bereits »abgeschrieben« war. – Unfertige, d. h. seit jeher schwache (fußballerisch »blinde«) Spieler beenden dagegen ihre Laufbahn, ohne überhaupt den »ersten Frühling« erlebt zu haben.

zweitklassig, der höchsten Spielklasse nächstniedrig.

Zweitliga, DFB: svw. → Zweite Bundesliga.

Zwickau, FSV (Fußballsportverein Zwickau), Deutschland (Sachsen), gegr. 1912 als Planitzer FC (1945 aufgelöst und neu gegr.), 1945–49 SG Planitz, 1949/50 ZSG Horch Zwickau, 1950 BSG Horch Zwickau, 1950–68 BSG Motor Zwickau, 1968–90 BSG Sachsenring Zwickau, seitdem FSV Zwickau; Oberliga 1949–86; Zweite Bundesliga 1994–98; Spielkleidung: Weiß/Rot/Rot; Stadion: Westsachsenstadion, 11 200 Plätze (DDR: Georgi-Dimitroff-Stadion, 35 000 Plätze). – INTERNET: www.fsv-zwickau.de

Spieler (Auswahl): J. Croy – A. Glaubitz – L. Hermel – H. Irmscher – H.-U. Pilz – H. Satrapa – G. Schneider – D. Schuster. – **Trainer** (Auswahl): J. Croy – H.-J. Dörner – H. Irmscher – K.-H. Körbel – H.-U. Pilz – G. Schädlich – H. Scherbaum – J. Streich – K. Weise.

Zwolle, FC (Football Club Zwolle), Niederlande, gegr. 1910 als VV PEC Zwolle, 1971–82 PEC Zwolle, 1982–91 PEC Zwolle '82, seitdem FC Zwolle; Spielkleidung: Blau-Weiß/Weiß/Weiß-Blau; Stadion: Oosterenk Stadion, 6834 Plätze. – INTERNET: www.fczwolle.nl

Spieler (Auswahl): G. Berhalter – M. Israel – I. Osim – N. Rep – W. G. Rijsbergen – P. Schrijvers – J. Stam. – **Trainer** (Auswahl): J. Adriaanse – G. Kessler – P. Schrijvers.

»zwölfter Mann«, 1) begeisterungsfähiger und stimmgewaltiger Anhang, der seine Mannschaft ständig nach vorn treibt und zusätzl. Kräfte frei setzt. – **2)** übertrieben einseitig entscheidender Schiedsrichter; er stellt für die von ihm bevorteilte (meist Heim-)Mannschaft den »z. M.« dar; in der Praxis kaum anzutreffen, höherklassig schon gar nicht.

Zwyssig, Marco, schweizer. Abwehrspieler, *24. Oktober 1971 St. Gallen; 1991/92 FC St. Gallen, 1992–96 FC Gossau, 1996–2001 FC St. Gallen, 2001 FC Tirol Milch Innsbruck, 2002–05 FC Basel; 19 Länderspiele (1 Tor); EM-Endrunde 2004.

Zypern, Republik auf der gleichnamigen Insel, der nach Sizilien und Sardinien drittgrößten Insel des Mittelmeers, nahe der Südküste Kleinasiens, 9250 km², 771700 Ew.; Verband: Cyprus Football Association, Abk. CFA, gegr. 1934, Sitz: Nikosia; Mitglied der FIFA seit 1948, der UEFA seit 1962; Spielkleidung: Blau/Weiß/Blau.

Ronaldinho, Welt- und Europas Fußballer des Jahres 2005

Anhang

Landesmeister / Pokalsieger der UEFA-Mitgliedsländer
*(*Spieljahr = Kalenderjahr)*

Albanien
Landesmeister / Pokalsieger
1930 SK Tirana / –
1931 SK Tirana / –
1932 SK Tirana / –
1933 Scanderbeu Korca / –
1934 SK Tirana / –
1936 SK Tirana / –
1945 KS Vllaznia Shkodër / –
1946 KS Vllaznia Shkodër / –
1947 KS Partizan / –
1948 KS Partizan / KS Partizan
1949 KS Partizan / KS Partizan
1950 Dinamo Tirana / Dinamo Tirana
1951 Dinamo Tirana / Dinamo Tirana
1952 Dinamo Tirana / Dinamo Tirana
1953 Dinamo Tirana / Dinamo Tirana
1954 Partizani Tirani / Dinamo Tirana
1955 Dinamo Tirana / –
1956 Dinamo Tirana / –
1957 Partizani Tirani / Partizani Tirani
1958 Partizani Tirani / Partizani Tirani
1959 Partizani Tirani / –
1960 Dinamo Tirana / Dinamo Tirana
1961 Partizani Tirani / Partizani Tirani
1963 Partizani Tirani / KS 17. Nëntori
1964 Partizani Tirani / Partizani Tirani
1965 KS 17. Nëntori / KS Vllaznia Shkodër
1966 KS 17. Nëntori / Partizani Tirani
1967 Dinamo Tirana / –
1968 KS 17. Nëntori / Partizani Tirani
1969 KS 17. Nëntori / –
1970 KS 17. Nëntori / Partizani Tirani
1971 Partizani Tirani / Dinamo Tirana
1972 KS Vllaznia Shkodër / FC Besa Kavaja
1973 Dinamo Tirana / Partizani Tirani
1974 KS Vllaznia Shkodër / Dinamo Tirana
1975 Dinamo Tirana / Labinoti Elbasan
1976 Dinamo Tirana / KS 17. Nëntori
1977 Dinamo Tirana / 17. Nândori Tirana
1978 KS Vllaznia Shkodër / Partizani Tirani
1979 Partizani Tirani / KS Vllaznia Shkodër
1980 Dinamo Tirana / Partizani Tirani
1981 Partizani Tirani / KS Vllaznia Shkodër
1982 KS 17. Nëntori / Dinamo Tirana
1983 KS Vllaznia Shkodër / KS 17. Nëntori
1984 Labinoti Elbasan / KS 17. Nëntori
1985 KS 17. Nëntori / KS Flamurtari Vlora
1986 Dinamo Tirana / KS 17. Nëntori
1987 Partizani Tirani / KS Vllaznia Shkodër
1988 KS 17. Nëntori / KS Flamurtari Vlora
1989 KS 17. Nëntori / Dinamo Tirana
1990 Dinamo Tirana / Dinamo Tirana
1991 KS Flamurtari Vlora / Partizani Tirani
1992 KS Vllaznia Shkodër / SK Elbasan
1993 Partizani Tirani / Partizani Tirani
1994 KS Teuta Durrës/SK Tirana
1995 SK Tirana / Partizani Tirani
1996 SK Tirana / SK Tirana
1997 SK Tirana / Partizani Tirani
1998 KS Vllaznia Shkodër / Apolonia Fier
1999 SK Tirana / SK Tirana /
2000 SK Tirana / KS Teuta Durrës
2001 KS Vllaznia Shkodër / SK Tirana
2002 Dinamo Tirana / SK Tirana
2003 SK Tirana / Dinamo Tirana
2004 SK Tirana / Partizani Tirani
2005 SK Tirana/KS Teuta Durrës

Andorra
Landesmeister / Pokalsieger
1996 FC Encamp / CE Principat
1997 CE Principat / CE Principat
1998 CE Principat / CE Principat
1999 CE Principat / CE Principat
2000 Constelacio Esportiva / Constelacio Esportiva
2001 FC Santa Coloma / FC Santa Coloma
2002 FC Encamp / FC Lusitans
2003 FC Santa Coloma / FC Santa Coloma
2004 FC Santa Coloma / FC Santa Coloma
2005 UE Sant Juliá / FC Santa Coloma

Armenien*
Landesmeister / Pokalsieger
1992 Tsement Ararat und Homenetmen Jerewan / FC Banants
1993 Ararat Jerewan / Ararat Jerewan
1994 Shirak Gyumri / Ararat Jerewan
1995 Übergangsrunde / Ararat Jerewan
1996 Piunik Jerewan / Piunik Jerewan
1997 Piunik Jerewan / FC Arat Jerewan
1998 Tsement Ararat / Tsement Ararat
1999 Tsement Ararat / Tsement Ararat
2000 Araks Jerewan / MIKA Ashtarak

2001 Piunik Jerewan / MIKA Ashtarak
2002 Piunik Jerewan / Piunik Jerewan
2003 Piunik Jerewan / Piunik Jerewan
2004 Piunik Jerewan / MIKA Ashtarak
2005 Piunik Jerewan / MIKA Ashtarak

Aserbaidschan
Landesmeister / Pokalsieger
1992 Neftschi Baku / Inschaatschi Baku
1993 Karabach Agdam / Karabach Agdam
1994 Turan Tauz / Kapaz Ganja
1995 Kapaz Ganja / Neftschi Baku
1996 Neftschi Baku / Neftschi Baku
1997 Neftschi Baku / Kapaz Ganja
1998 Kapaz Ganja / Kapaz Ganja
1999 Kapaz Ganja / Neftschi Baku
2000 Kapaz Ganja / Kapaz Ganja
2001 Kapaz Ganja / Schafa Baku
2002 Neftschi Baku / Neftschi Baku
2003 keine Austragung
2004 Neftschi Baku / Neftschi Baku
2005 Neftschi Baku / FK Baku

Belgien
Landesmeister / Pokalsieger
1896 FC Lüttich / –
1897 RC Brüssel / –
1898 FC Lüttich / –
1899 FC Lüttich / –
1900 RC Brüssel / –
1901 RC Brüssel / –
1902 RC Brüssel / –
1903 RC Brüssel / –
1904 Union St. Gilloise / –
1905 Union St. Gilloise / –
1906 Union St. Gilloise / –
1907 Union St. Gilloise / –
1908 RC Brüssel / –
1909 Union St. Gilloise / –
1910 Union St. Gilloise / –
1911 CS Brügge / –
1912 Daring Club Brüssel / RC Brüssel
1913 Union St. Gilloise / Union St. Gilloise
1914 Daring Club Brüssel / Union St. Gilloise
1920 FC Brugeois / –
1921 Daring Club Brüssel / –
1922 Beerschot AC / –
1923 Union St. Gilloise / –
1924 Beerschot AC / –
1925 Beerschot AC / –
1926 R Beerschot AC / –
1927 CS Brügge / CS Brügge / –
1928 R Beerschot AC / –
1929 Antwerp FC / –
1930 CS Brügge / –
1931 Antwerp FC / –

Über viele Jahre Dirigent in der belgischen Nationalmannschaft und beim RSC Anderlecht: Enzo Scifo

1932 Lierse SK / –
1933 Union St. Gilloise / –
1934 Union St. Gilloise / –
1935 Union St. Gilloise / –
1936 Daring Club Brüssel / –
1937 Daring Club Brüssel / –
1938 R Beerschot AC / –
1939 R Beerschot AC / –
1941 Lierse SK / –
1942 Lierse SK / –
1943 RFC Malinois / –
1944 Antwerp FC / –
1946 RFC Malinois / –
1947 RSC Anderlecht / –
1948 RFC Malinois / –
1949 RSC Anderlecht / –
1950 RSC Anderlecht / –
1951 RSC Anderlecht / –
1952 FC Lüttich / –
1953 FC Lüttich / –
1954 RSC Anderlecht / Standard Lüttich
1955 RSC Anderlecht / Antwerp FC
1956 RSC Anderlecht / Racing Doornik
1957 Antwerp FC / –
1958 Standard Lüttich / –
1959 RSC Anderlecht / –

1960 Lierse SK / –
1961 Standard Lüttich / –
1962 RSC Anderlecht / –
1963 Standard Lüttich / –
1964 RSC Anderlecht / AA Gent
1965 RSC Anderlecht / RSC Anderlecht
1966 RSC Anderlecht / Standard Lüttich
1967 RSC Anderlecht / Standard Lüttich
1968 RSC Anderlecht / FC Brügge
1969 Standard Lüttich / Lierse SK
1970 Standard Lüttich / FC Brügge
1971 Standard Lüttich / Beerschot VAC
1972 RSC Anderlecht / RSC Anderlecht
1973 FC Brügge / RSC Anderlecht
1974 RSC Anderlecht / FC Waregem
1975 RWD Molenbeek / RSC Anderlecht
1976 FC Brügge / RSC Anderlecht
1977 FC Brügge / FC Brügge
1978 FC Brügge / SK Beveren-Waas
1979 SK Beveren / Beerschot VAC
1980 FC Brügge / FC Thor Waterschei
1981 RSC Anderlecht / Standard Lüttich
1982 Standard Lüttich / FC Thor Waterschei
1983 Standard Lüttich / SK Beveren
1984 SK Beveren / AA Gent
1985 RSC Anderlecht / Cercle Brügge
1986 RSC Anderlecht / FC Brügge
1987 RSC Anderlecht / KV Mechelen
1988 FC Brügge / RSC Anderlecht
1989 KV Mechelen / RSC Anderlecht
1990 FC Brügge / FC Lüttich
1991 RSC Anderlecht / FC Brügge
1992 FC Brügge / Antwerp FC
1993 RSC Anderlecht / Standard Lüttich
1994 RSC Anderlecht / RSC Anderlecht
1995 RSC Anderlecht / FC Brügge
1996 FC Brügge / FC Brügge
1997 Lierse SK / KFC Germinal Ekeren
1998 FC Brügge / KRC Gent
1999 KRC Gent / Lierse SK
2000 RSC Anderlecht / KRC Genk
2001 RSC Anderlecht / VC Westerlo
2002 KRC Gent / FC Brügge
2003 FC Brügge / RAA La Louvière
2004 RSC Anderlecht / FC Brügge
2005 FC Brügge / GB Antwerpen

Bosnien und Herzegowina

Landesmeister / Pokalsieger

1998 Zeljeznicar Sarajevo / FK Sarajevo
2000 Brotnjo Citluk / Zeljeznicar Sarajevo
2001 Zeljeznicar Sarajevo / Zeljeznicar Sarajevo
2002 Zeljeznicar Sarajevo / FK Sarajevo
2003 Leotar Trebinje / Zeljeznicar Sarajevo
2004 Široki Brijeg / Modrica Maksima
2005 Zrinjski Mostar / Široki Brijeg

Bulgarien

Landesmeister / Pokalsieger

1925 Vladislav Varna / –
1926 Vladislav Varna / –
1928 Slavia Sofia / –
1929 Botev Plovdiv / –
1930 Slavia Sofia / –
1931 AC 23 Sofia / –
1932 Schipenski Sokol Varna / –
1933 Levski Sofia / –
1934 Vladislav Varna / –
1935 SC 1919 Sofia / –
1936 Slavia Sofia / –
1937 Levski Sofia / –
1938 Titscha Varna / FK 13 Sofia
1939 Slavia Sofia / Schipka Sofia
1940 ZhSK Sofia / FK 13 Sofia
1941 Slavia Sofia / AC 23 Sofia
1942 Levski Sofia / Levski Sofia
1943 Slavia Sofia / –
1945 Lokomotive Sofia / –
1946 Levski Sofia / Levski Sofia
1947 Levski Sofia / Levski Sofia
1948 CDNV Sofia / Lokomotive Sofia
1949 Levski Sofia / Levski Sofia
1950 Levski Sofia / Levski Sofia
1951 CDNA Sofia / CDNA Sofia
1952 CDNA Sofia / Slavia Sofia
1953 Levski Sofia / Lokomotive Sofia
1954 CDNA Sofia / CDNA Sofia
1955 CDNA Sofia / CDNA Sofia
1956 CDNA Sofia / Levski Sofia
1957 CDNA Sofia / Levski Sofia
1958 CDNA Sofia / Spartak Plovdiv
1959 CDNA Sofia / Levski Sofia
1960 CDNA Sofia / CDNA Sofia
1961 CDNA Sofia / CDNA Sofia
1962 CDNA Sofia / Botev Plovdiv
1963 Spartak Plovdiv / Slavia Sofia
1964 Lokomotive Sofia / Slavia Sofia
1965 Levski Sofia / ZSKA Sofia
1966 ZSKA Sofia / Slavia Sofia
1967 Botev Plovdiv / Levski Sofia
1968 Levski Sofia / Spartak Sofia
1969 ZSKA Sofia / ZSKA Sofia
1970 Levski-Spartak Sofia / Levski-Spartak Sofia
1971 ZSKA Sofia / Levski-Spartak Sofia
1972 ZSKA Sofia / ZSKA Sofia
1973 ZSKA Sofia / ZSKA Sofia
1974 Levski-Spartak Sofia / ZSKA Sofia
1975 ZSKA Sofia / Slavia Sofia
1976 ZSKA Sofia / Levski-Spartak Sofia
1977 Levski-Spartak Sofia / Levski-Spartak Sofia
1978 Lokomotive Sofia / Marek Stanke Dimitrov
1979 Levski-Spartak Sofia / Levski-Spartak Sofia
1980 ZSKA Sofia / Slavia Sofia

1981 ZSKA Sofia / ZSKA Sofia
1982 ZSKA Sofia / Levski Sofia
1983 ZSKA Sofia / ZSKA Sofia
1984 Levski-Spartak Sofia / Levski-Spartak Sofia
1985 Trakia Plovdiv / annulliert
1986 Beroe Stara Zagora / Vitoscha Sofia
1987 Sredez Sofia / Sredez Sofia
1988 Vitoscha Sofia / Sredez Sofia
1989 ZSKA Sofia / Sredez Sofia
1990 ZSKA Sofia / FC Sliven
1991 Etar Veliko Tarnovo / Levski Sofia
1992 ZSKA Sofia / Levski Sofia
1993 Levski Sofia / ZSKA Sofia
1994 Levski Sofia / Levski Sofia
1995 Levski Sofia / Lokomotive Sofia
1996 Slavia Sofia / Slavia Sofia
1997 ZSKA Sofia / ZSKA Sofia
1998 Litex Lovetsch / Levski Sofia
1999 Litex Lovetsch / ZSKA Sofia
2000 Levski Sofia / Levski Sofia
2001 Levski Sofia / Litex Lovetsch
2002 Levski Sofia / Levski Sofia
2003 ZSKA Sofia / Levski Sofia
2004 Lokomotive Plovdiv / Litex Lovetsch
2005 ZSKA Sofia / Levski Sofia

ČSFR und ČSSR → Tschechoslowakei

Dänemark
Landesmeister / Pokalsieger
1910 – / B 1893 Kopenhagen
1911 – / Velo Hellerup
1912 – / KB Kopenhagen
1913 KB Kopenhagen / KB Kopenhagen
1914 KB Kopenhagen / KB Kopenhagen
1915 – / B 1893 Kopenhagen
1916 B 1893 Kopenhagen / KB Kopenhagen
1917 KB Kopenhagen / B 1903 Kopenhagen
1918 KB Kopenhagen / B 1893 Kopenhagen
1919 AB Kopenhagen / B 1903 Kopenhagen
1920 B 1903 Kopenhagen / B 1903 Kopenhagen
1921 AB Kopenhagen / –
1922 KB Kopenhagen / –
1923 Frem Kopenhagen / –
1924 B 1903 Kopenhagen / –
1925 KB Kopenhagen / –
1926 B 1903 Kopenhagen / –
1927 B 1893 Kopenhagen / –
1929 B 1893 Kopenhagen / –
1930 B 1893 Kopenhagen / –
1931 Frem Kopenhagen / –
1932 KB Kopenhagen / –
1933 Frem Kopenhagen / –
1934 B 1893 Kopenhagen / –
1935 B 1893 Kopenhagen / –
1936 Frem Kopenhagen / –
1937 AB Kopenhagen / –
1938 B 1903 Kopenhagen / –
1939 B 1893 Kopenhagen / –
1940 KB Kopenhagen / –
1941 Frem Kopenhagen / –
1942 B 1893 Kopenhagen / –
1943 AB Kopenhagen / –
1944 Frem Kopenhagen / –
1945 AB Kopenhagen / –
1946 B 1893 Kopenhagen / –
1947 AB Kopenhagen / –
1948 KB Kopenhagen / –
1949 KB Kopenhagen / –
1950 KB Kopenhagen / –
1951 AB Kopenhagen / –
1952 AB Kopenhagen / –
1953 KB Kopenhagen / –
1954 Køge BK / –
1955 Århus GF / Århus GF
1956 Århus GF / FremKopenhagen
1957 Århus GF / Århus GF
1958 Vejle BK / Vejle BK
1959 Odense 1909 / Vejle BK
1960 Århus GF / Århus GF
1961 Esbjerg fB / Århus GF
1962 Esbjerg fB / Odense 1909
1963 Esbjerg fB / Odense 1913
1964 Odense 1909 / Esbjerg fB
1965 Esbjerg fB / Århus GF
1966 Hvidovre Kopenhagen / Ålborg BK
1967 AB Kopenhagen / SK Freja Randers
1968 KB Kopenhagen / SK Freja Randers
1969 B 1903 Kopenhagen / KB Kopenhagen
1970 B 1903 Kopenhagen / Ålborg BK
1971 Vejle BK / Odense 1909
1972 Vejle BK / Vejle BK
1973 Hvidovre Kopenhagen / SK Freja Randers
1974 KB Kopenhagen / Vanlose IF
1975 Køge BK / Vejle BK
1976 B 1903 Kopenhagen / Esbjerg fB
1977 Odense BK / Vejle BK
1978 Vejle BK / Frem Kopenhagen
1979 Esbjerg fB / B 1903 Kopenhagen
1980 KB Kopenhagen / Hvidovre Kopenhagen
1981 Hvidovre Kopenhagen / Vejle BK
1982 Odense BK / B 1893 Kopenhagen
1983 B 1903 Lyngby / Odense BK
1984 Vejle BK / B 1903 Lyngby
1985 Brøndby IF / B 1893 Kopenhagen
1986 Århus GF / B 1903 Kopenhagen
1987 Brøndby IF / Århus GF
1988 Brøndby IF / Århus GF
1989 Odense BK / Brøndby IF
1990 Brøndby IF / Lyngby BK
1991 Brøndby IF / Odense BK
1992 Lyngby BK / Århus GF

1993 FC Kopenhagen/Odense BK
1994 Silkeborg IF/Brøndby IF
1995 Ålborg BK/FC Kopenhagen
1996 Brøndby IF/Århus GF
1997 Brøndby IF/FC Kopenhagen
1998 Brøndby IF/Brøndby IF
1999 Ålborg BK/Akademisk/AB Kopenhagen
2000 Herfølge BK/Viborg FF
2001 FC Kopenhagen/Silkeborg IF
2002 Brøndby IF/Odense BK
2003 FC Kopenhagen/Brøndby IF
2004 FC Kopenhagen/FC Kopenhagen
2005 Brøndby IF/Brøndby IF

Deutschland bis 1944
Landesmeister/Pokalsieger
1903 VfB Leipzig/–
1905 Union 92 Berlin/–
1906 VfB Leipzig/–
1907 Freiburger FC/–
1908 Viktoria 89 Berlin/–
1909 Phönix Karlsruhe/–
1910 Karlsruher FV/–
1911 Viktoria 89 Berlin/–
1912 Holstein Kiel/–
1913 VfB Leipzig/–
1914 SpVgg Fürth/–
1920 1. FC Nürnberg/–
1921 1. FC Nürnberg/–
1923 Hamburger SV/–
1924 1. FC Nürnberg/–
1925 1. FC Nürnberg/–
1926 SpVgg Fürth/–
1927 1. FC Nürnberg/–
1928 Hamburger SV/–
1929 SpVgg Fürth/–
1930 Hertha BSC/–
1931 Hertha BSC/–
1932 FC Bayern München/–
1933 Fortuna Düsseldorf/–
1934 FC Schalke 04/–
1935 FC Schalke 04/1. FC Nürnberg
1936 1. FC Nürnberg/VfB Leipzig
1937 FC Schalke 04/FC Schalke 04
1938 Hannover 96/Rapid Wien
1939 FC Schalke 04/1. FC Nürnberg
1940 FC Schalke 04/Dresdner SC
1941 Rapid Wien/Dresdner SC
1942 FC Schalke 04/TSV München 1860
1943 Dresdner SC/First Vienna FC
1944 Dresdner SC/–

DDR
1948 SG Planitz (Ostzone)/–
1949 ZSG Union Halle (Ostzone)/BSG Waggongbau Dessau

Spielte ausschließlich für den Hamburger SV: Uwe Seeler

1950 ZSG Horch Zwickau/EHW Thale
1951 BSG Chemie Leipzig/–
1952 SV Turbine Halle/VP Dresden
1953 SG Dynamo Dresden/–
1954 SC Turbine Erfurt/ASK Vorwärts Berlin
1955 SC Turbine Erfurt/SC Wismut Karl-Marx-Stadt
1956 SC Wismut Karl-Marx-Stadt/SC Chemie Halle-Leuna
1957 SC Wismut Karl-Marx-Stadt/SC Lokomotive Leipzig
1958 ASK Vorwärts Berlin/SC Einheit Dresden
1959 SC Wismut Karl-Marx-Stadt/SC Dynamo Berlin
1960 ASK Vorwärts Berlin/SC Motor Jena
1962 ASK Vorwärts Berlin/SC Chemie Halle
1963 SC Motor Jena/BSG Motor Zwickau
1964 BSG Chemie Leipzig/SC Aufbau Magdeburg
1965 ASK Vorwärts Berlin/SC Aufbau Magdeburg
1966 FC Vorwärts Berlin/BSG Chemie Leipzig
1967 FC Karl-Marx-Stadt/BSG Motor Zwickau
1968 FC Carl Zeiss Jena/1. FC Union Berlin
1969 FC Vorwärts Berlin/1. FC Magdeburg
1970 FC Carl Zeiss Jena/FC Vorwärts Berlin
1971 SG Dynamo Dresden/SG Dynamo Dresden
1972 1. FC Magdeburg/FC Carl Zeiss Jena
1973 SG Dynamo Dresden/1. FC Magdeburg
1974 1. FC Magdeburg/FC Carl Zeiss Jena
1975 1. FC Magdeburg/BSG Sachsenring Zwickau
1976 SG Dynamo Dresden/1. FC Lokomotive Leipzig
1977 SG Dynamo Dresden/SG Dynamo Dresden
1978 SG Dynamo Dresden/1. FC Magdeburg
1979 Berliner FC Dynamo/1. FC Magdeburg
1980 Berliner FC Dynamo/FC Carl Zeiss Jena
1981 Berliner FC Dynamo/1. FC Lokomotive Leipzig

1982 Berliner FC Dynamo / SG Dynamo Dresden
1983 Berliner FC Dynamo / 1. FC Magdeburg
1984 Berliner FC Dynamo / SG Dynamo Dresden
1985 Berliner FC Dynamo / SG Dynamo Dresden
1986 Berliner FC Dynamo / 1. FC Lokomotive Leipzig
1987 Berliner FC Dynamo / 1. FC Lokomotive Leipzig
1988 Berliner FC Dynamo / Berliner FC Dynamo
1989 SG Dynamo Dresden / Berliner FC Dynamo
1990 1. FC Dynamo Dresden / 1. FC Dynamo Dresden
NOFV-Bereich
1991 FC Hansa Rostock / FC Hansa Rostock

BRD

Landesmeister / Pokalsieger

1948 1. FC Nürnberg (Westzonen)
1949 VfR Mannheim / –
1950 VfB Stuttgart / –
1951 1. FC Kaiserslautern / –
1952 VfB Stuttgart / –
1953 1. FC Kaiserslautern / Rot-Weiss Essen
1954 Hannover 96 / VfB Stuttgart
1955 Rot-Weiss Essen / Karlsruher SC
1956 Borussia Dortmund / Karslruher SC
1957 Borussia Dortmund / FC Bayern München
1958 FC Schalke 04 / VfB Stuttgart
1959 Eintracht Frankfurt / Schwarz-Weiß Essen
1960 Hamburger SV / Borussia Mönchengladbach
1961 1. FC Nürnberg / SV Werder Bremen
1962 1. FC Köln / 1. FC Nürnberg

Zweimal Landesmeister mit Borussia Dortmund: Matthias Sammer

1963 Borussia Dortmund / Hamburger SV
1964 1. FC Köln / TSV München 1860
1965 SV Werder Bremen / Borussia Dortmund
1966 TSV München 1860 / FC Bayern München
1967 Eintracht Braunschweig / FC Bayern München
1968 1. FC Nürnberg / 1. FC Köln
1969 FC Bayern München / FC Bayern München
1970 Borussia Mönchengladbach / Kickers Offenbach
1971 Borussia Mönchengladbach / FC Bayern München
1972 FC Bayern München / FC Schalke 04
1973 FC Bayern München / Borussia Mönchengladbach
1974 FC Bayern München / Eintracht Frankfurt
1975 Borussia Mönchengladbach / Eintracht Frankfurt
1976 Borussia Mönchengladbach / Hamburger SV
1977 Borussia Mönchengladbach / 1. FC Köln
1978 1. FC Köln / 1. FC Köln
1979 Hamburger SV / Fortuna Düsseldorf
1980 FC Bayern München / Fortuna Düsseldorf
1981 FC Bayern München / Eintracht Frankfurt
1982 Hamburger SV / FC Bayern München
1983 Hamburger SV / 1. FC Köln
1984 VfB Stuttgart / FC Bayern München
1985 FC Bayern München / Bayer 05 Uerdingen
1986 FC Bayern München / FC Bayern München
1987 FC Bayern München / Hamburger SV
1988 SV Werder Bremen / Eintracht Frankfurt
1989 FC Bayern München / Borussia Dortmund
1990 FC Bayern München / 1. FC Kaiserslautern
1991 1. FC Kaiserslautern / SV Werder Bremen

Deutschland seit 1991 / 92

Landesmeister / Pokalsieger

1992 VfB Stuttgart / Hannover 96
1993 SV Werder Bremen / Bayer 04 Leverkusen
1994 FC Bayern München / SV Werder Bremen
1995 Borussia Dortmund / Borussia Mönchengladbach
1996 Borussia Dortmund / 1. FC Kaiserslautern
1997 FC Bayern München / VfB Stuttgart
1998 1. FC Kaiserslautern / FC Bayern München
1999 FC Bayern München / SV Werder Bremen
2000 FC Bayern München / FC Bayern München
2001 FC Bayern München / FC Schalke 04
2002 Borussia Dortmund / FC Schalke 04
2003 FC Bayern München / FC Bayern München
2004 SV Werder Bremen / SV Werder Bremen
2005 FC Bayern München / FC Bayern München

England

Landesmeister / Pokalsieger

1872 – / Wanderers FC
1873 – / Wanderers FC
1874 – / Oxford University

1875 – / Royal Engineers
1876 – / Wanderers FC
1877 – / Wanderers FC
1878 – / Wanderers FC
1879 – / Old Etonians
1880 – / Clapham Rovers
1881 – / Old Carthusians
1882 – / Old Etonians
1883 – / Blackburn Olympic
1884 – / Blackburn Rovers
1885 – / Blackburn Rovers
1886 – / Blackburn Rovers
1887 – / Aston Villa
1888 – / West Bromwich Albion
1889 Preston North End / Preston North End
1890 Preston North End / Blackburn Rovers
1891 FC Everton / Blackburn Rovers
1892 FC Sunderland / West Bromwich Albion
1893 FC Sunderland / Wolverhampdon Wanderers
1894 Aston Villa / Notts County
1895 FC Sunderland / Aston Villa
1896 Aston Villa / SheffieldWednesday
1897 Aston Villa / Aston Villa
1898 Sheffield United / Nottingham Forest
1899 Aston Villa / Sheffield United
1900 Aston Villa / FC Bury
1901 FC Liverpool / Tottenham Hotspur
1902 FC Sunderland / Sheffield United
1903 Sheffield Wednesday / FC Bury
1904 Sheffield Wednesday / Manchester City
1905 Newcastle United / Aston Villa
1906 FC Liverpool / FC Everton
1907 Newcastle United / Sheffield Wednesday
1908 Manchester United / Wolverhampton Wanderers
1909 Newcastle United / Manchester United
1910 Aston Villa / Newcastle United
1911 Manchester United / Bradford City
1912 Blackburn Rovers / FC Barnsley
1913 FC Sunderland / Aston Villa
1914 Blackburn Rovers / FC Burnley
1915 FC Everton / Sheffield United
1920 West Bromwich Albion / Aston Villa
1921 FC Burnley / Tottenham Hotspur
1922 FC Liverpool / Huddersfield Town
1923 FC Liverpool / Bolton Wanderers
1924 Huddersfield Town / Newcastle United
1925 Huddersfield Town / Sheffield United
1926 Huddersfield Town / Bolton Wanderers
1927 Newcastle United / Cardiff City
1928 FC Everton / Blackburn Rovers
1929 Sheffield Wednesday / Bolton Wanderers
1930 Sheffield Wednesday / FC Arsenal
1931 FC Arsenal / West Bromwich Albion
1932 FC Everton / Newcastle United
1933 FC Arsenal / FC Everton

Bei Tottenham Hotspur Englands Fußballer des Jahres 1995: Jürgen Klinsmann

1934 FC Arsenal / Manchester City
1935 FC Arsenal / Sheffield Wednesday
1936 FC Sunderland / FC Arsenal
1937 Manchester City / FC Sunderland
1938 FC Arsenal / Preston North End
1939 FC Everton / FC Portsmouth
1946 – / Derby County
1947 FC Liverpool / Charlton Athletic
1948 FC Arsenal / Manchester United
1949 FC Portsmouth / Wolverhampton Wanderers
1950 FC Portsmouth / FC Arsenal
1951 Tottenham Hotspur / Newcastle United
1952 Manchester United / Newcastle United
1953 FC Arsenal / FC Blackpool
1954 Wolverhampton Wanderers / West Bromwich Albion
1955 FC Chelsea / Newcastle United
1956 Manchester United / Manchester City
1957 Manchester United / Aston Villa
1958 Wolverhampton Wanderers / Bolton Wanderers
1959 Wolverhampton Wanderers / Nottingham Forest
1960 FC Burnley / Wolverhampton Wanderers
1961 Tottenham Hotspur / Tottenham Hotspur
1962 Ipswich Town / Tottenham Hotspur
1963 FC Everton / Manchester United

War erfolgreich mit ManU: David Beckham

1964 FC Liverpool / West Ham United
1965 Manchester United / FC Liverpool
1966 FC Liverpool / FC Everton
1967 Manchester United / Tottenham Hotspur
1968 Manchester City / West Bromwich Albion
1969 Leeds United / Manchester City
1970 FC Everton / FC Chelsea
1971 FC Arsenal / FC Arsenal
1972 Derby County / Leeds United
1973 FC Liverpool / FC Sunderland
1974 Leeds United / FC Liverpool
1975 Derby County / West Ham United
1976 FC Liverpool / FC Southampton
1977 FC Liverpool / Manchester United
1978 Nottingham Forest / Ipswich Town
1979 FC Liverpool / FC Arsenal
1980 FC Liverpool / West Ham United
1981 Aston Villa / Tottenham Hotspur
1982 FC Liverpool / Tottenham Hotspur
1983 FC Liverpool / Manchester United
1984 FC Liverpool / FC Everton
1985 FC Everton / Manchester United
1986 FC Liverpool / FC Liverpool
1987 FC Everton / Conventry City
1988 FC Liverpool / FC Wimbledon
1989 FC Arsenal / FC Liverpool
1990 FC Liverpool / Manchester United
1991 FC Arsenal London / Tottenham Hotspur
1992 Leeds United / FC Liverpool
1993 Manchester United / FC Arsenal
1994 Manchester United / Manchester United
1995 Blackburn Rovers / FC Everton
1996 Manchester United / Manchester United
1997 Manchester United / FC Chelsea
1998 FC Arsenal London / FC Arsenal
1999 Manchester United / Manchester United
2000 Manchester United / FC Chelsea
2001 Manchester United / FC Liverpool
2002 FC Arsenal / FC Arsenal
2003 Manchester United / FC Arsenal
2004 FC Arsenal / Manchester United
2005 FC Chelsea / FC Arsenal

Estland*

Landesmeister / Pokalsieger

1921 Sport Tallinnn / –
1922 Sport Tallinn / –
1923 Kalev Tallinn / –
1924 Sport Tallinn / –
1925 Sport Tallinn / –
1926 Tallinna JK / –
1927 Sport Tallinn / –
1928 Tallinna JK / –
1929 Sport Tallinn / –
1930 Kalev Tallinn / –
1931 Sport Tallinn / –
1932 Sport Tallinn / –
1933 Sport Tallinn / –
1934 Estonia Tallinn / –
1935 Estonia Tallinn / –
1936 Estonia Tallinn / –
1937 Estonia Tallinn / –
1938 Estonia Tallinn / Sport Tallinn
1939 Estonia Tallinn / Tallinna JK
1940 Olümpia Tartu / Tallinna JK
1992 Norma Tallinn / –
1993 Norma Tallinn / Nikol Tallinn
1994 Flora Tallinn / Norma Tallinn
1995 Flora Tallinn / Flora Tallinn
1996 Lantana Tallinn / Tallinna Sadam
1997 Lantana Tallinn / Tallinna Sadam
1998 Flora Tallinn / Flora Tallinn
1999 Levadia Maardu / Levadia Maardu
2000 Levadia Maardu / Levadia Maardu
2001 Flora Tallinn / Trans Narva
2002 Flora Tallinn / Levadia Tallinn
2003 Flora Tallinn / Levadia Tallinn
2004 Levadia Tallinn / Levadia Tallinn
2005 Tallina VMK / Levadia Tallinn

Färöer*

Landesmeister / Pokalsieger

1942 KI Klaksvsik / –
1943 TB Tvöroyri / –
1944 nicht ausgetragen
1945 TB Tvöroyri / –
1946 B36 Tórshavn / –

1947 SI Sörvagur/–
1948 B36 Tórshavn/–
1949 TB Tvöroyri/–
1950 B36 Tórshavn/–
1951 TB Tvöroyri/–
1952 KI Klaksvsik/–
1953 KI Klaksvsik/–
1954 KI Klaksvsik/–
1955 HB Tórshavn/–
1956 KI Klaksvsik/–
1957 KI Klaksvsik/–
1958 KI Klaksvsik/–
1959 B36 Tórshavn/–
1960 HB Tórshavn/–
1961 KI Klaksvsik/–
1962 B36 Tórshavn/–
1963 HB Tórshavn/–
1964 HB Tórshavn/–
1965 HB Tórshavn/–
1966 KI Klaksvsik/–
1967 KI Klaksvsik/KI Klaksvsik
1968 KI Klaksvsik/HB Tórshavn
1969 KI Klaksvsik/–
1970 KI Klaksvsik/–
1971 HB Tórshavn/–
1972 KI Klaksvsik/–
1973 HB Tórshavn/HB Tórshavn
1974 HB Tórshavn/VB Vagur
1975 HB Tórshavn/HB Tórshavn
1976 TB Tvöroyri/HB Tórshavn
1977 TB Tvöroyri/TB Tvöroyri
1978 HB Tórshavn/TB Tvöroyri
1979 IF Fuglafjördur/TB Tvöroyri
1980 TB Tvöroyri/TB Tvöroyri
1981 HB Tórshavn/HB Tórshavn
1982 HB Tórshavn/HB Tórshavn
1983 GI Göta/GI Göta
1984 B68 Toftir/HB Tórshavn
1985 B68 Toftir/GI Göta
1986 GI Göta/NSI Runavik
1987 TB Tvöroyri/HB Tórshavn
1988 HB Tórshavn/HB Tórshavn
1989 B`71 Sandur/HB Tórshavn
1990 HB Tórshavn/KI Klaksvsik
1991 KI Klaksvsik/B36 Tórshavn
1992 B68 Toftir/HB Tórshavn
1993 GI Göta/B 71 Sandur
1994 GI Göta/KI Klaksvsik
1995 GI Göta/HB Tórshavn
1996 GI Göta/GI Göta
1997 B36 Tórshavn/GI Göta
1998 HB Tórshavn/HB Tórshavn
1999 KI Klaksvsik/KI Klaksvsik
2000 VB Vagur/GI Göta
2001 B36 Tórshavn/B36 Tórshavn
2002 HB Tórshavn/NSI Runavik
2003 HB Tórshavn/B36 Tórshavn
2004 HB Tórshavn/HB Tórshavn
2005 B36 Tórshavn/GI Göta

Finnland*

Landesmeister/Pokalsieger

1908 Unitas Helsinki/–
1909 PUS Helsinki/–
1910 IFK Abo/–
1911 HJK Helsinki/–
1912 HJK Helsinki/–
1913 KJF Turku/–
1915 KJF Helsinki/–
1916 KJF Helsinki/–
1917 HJK Helsinki/–
1918 HJK Helsinki/–
1919 HJK Helsinki/–
1920 IFK Abo/–
1921 PS Helsinki/–
1922 PS Helsinki/–
1923 HJK Helsinki/–
1924 IFK Abo/–
1925 HJK Helsinki/–
1926 PS Helsinki/–
1927 PS Helsinki/–
1928 PS Turku/–
1929 PS Helsinki/–
1930 IFK Helsinki/–
1931 IFK Helsinki/–
1932 PS Helsinki/–
1933 IFK Helsinki/–
1934 PS Helsinki/–
1935 PS Helsinki/–
1936 HJK Helsinki/–
1937 IFK Helsinki/–
1938 HJK Helsinki/–
1939 Abo TPS/–
1940 Sudet Helsinki/–
1941 Abo TPS/–
1942 HT Helsinki/–
1944 IFK Vaasa/–
1945 PS Turku/–
1946 IFK Vaasa/–
1947 IFK Helsinki/–
1948 Vaasa PS/–
1949 PS Turku/–
1950 Ikissat Tampere/–
1951 Kotka TP/–
1952 Kotka TP/–
1953 IFK Vaasa/–
1954 Pyrkivä Turku/–
1955 KIF Helsinki/Haka Valkeakoski
1956 Kuopio PS/Pallo-Pojat
1957 HPS Helsinki/Drott Pietarsaari
1958 Kuopio PS/Kotka TP
1959 IFK Helsinki/Haka Valkeakoski

1960 Haka Valkeakoski / Haka Valkeakoski
1961 IFK Helsinki / Kotka TP
1962 Haka Valkeakoski / PS Helsinki
1963 Reipas Lahti / Haka Valkeakoski
1964 HJK Helsinki / Reipas Lahti
1965 Haka Valkeakoski / AIFK Turku
1966 Kuopio PS / HJK Helsinki
1967 Reipas Lahti / Kotka TP
1968 PS Turku / Kuopio PS
1969 PV Kokkola / Haka Valkeakoski
1970 Reipas Lahti / MP Mikkeli
1971 PS Turku / MP Mikkeli
1972 PS Turku / Reipas Lahti
1973 HJK Helsinki / Reipas Lahti
1974 Kuopio PS / Reipas Lahti
1975 PS Turku / Reipas Lahti
1976 Kuopio PS / Reipas Lahti
1977 Haka Valkeakoski / Haka Valkeakoski
1978 HJK Helsinki / Reipas Lahti
1979 Oulu PS / Ilves Tampere
1980 Oulu PS / Kotka TP
1981 HJK Helsinki / HJK Helsinki
1982 Kuusysi Lahti / Haka Valkeakoski
1983 Ilves Tampere / Kuusysi Lahti
1984 Kuusysi Lahti / HJK Helsinki
1985 HJK Helsinki / Haka Valkeakoski
1986 Kuusysi Lahti / Rovaniemi PS
1987 HJK Helsinki / Haka Valkeakoski
1988 HJK Helsinki / Haka Valkeakoski
1989 Kuusysi Lahti / Kuopio PS
1990 HJK Helsinki / Ilves Tampere
1991 Kuusysi Lahti / Turku PS
1992 HSK Helsinki / MyPa Anjalankoski
1993 FC Jazz Pori / HJK Helsinki
1994 Tampere PV / Turku PS
1995 Haka Valkeakoski / MyPa Anjalankoski
1996 FC Jazz Pori / HJK Helsinki
1997 HJK Helsinki / Haka Valkeakoski
1998 Haka Valkeakoski / HJK Helsinki
1999 Haka Valkeakoski / Jokerit Helsinki
2000 Haka Valkeakoski / HJK Helsinki
2001 Tampere United / Atlantis Helsinki
2002 HJK Helsinki / Haka Valkeakoski
2003 HJK Helsinki / HJK Helsinki
2004 Haka Valkeakoski / MyPa Anjalankoski
2005 MyPa Anjalankoski / Haka Valkeakoski

Frankreich

Landesmeister / Pokalsieger

1918 – / Olympique Pantin
1919 – / CAS Généraux Paris
1920 – / CA Paris
1921 – / Red Star Paris
1922 – / Red Star Paris
1923 – / Red Star Paris
1924 – / Olympique Marseille
1925 – / CAS Généraux Paris
1926 – / Olympique Marseille
1927 – / Olympique Marseille
1928 – / Red Star Paris
1929 – / SO Montpellier
1930 – / FC Sète
1931 – / Club Français Paris
1932 – / AS Cannes
1933 OSC Lille / Excelsior Roubaix
1934 FC Sète / FC Sète
1935 FC Sochaux / Olympique Marseille
1936 Racing Club de Paris / Racing Club de Paris
1937 Olympique Marseille / FC Sochaux
1938 FC Souchaux / Olympique Marseille
1939 FC Sète / Racing Club de Paris
1944 Lens-Artois / FC Nancy
1945 FC Rouen / Racing Club de Paris
1946 OSC Lille / OSC Lille
1947 Excelsior Roubaix / OSC Lille
1948 Olympique Marseille / OSC Lille
1949 Stade Reims / Racing Club de Paris
1950 Girondins Bordeaux / Stade Reims
1951 OGC Nizza / RC Straßburg
1952 OGC Nizza / OGC Nizza
1953 Stade Reims / OSC Lille
1954 OSC Lille / OGC Nizza
1955 Stade Reims / OSC Lille
1956 OGC Nizza / Union Athletic Sedan-Torcy
1957 AS St.-Étienne / FC Toulouse
1958 Stade Reims / Stade Reims
1959 OGC Nizza / AC Le Havre
1960 Stade Reims / AS Monaco
1961 AS Monaco / UA Sedan-Torcy
1962 Stade Reims / AS St.-Étienne
1963 AS Monaco / AS Monaco
1964 AS St.-Étienne / Olympique Lyon
1965 FC Nantes / Stade Rennes
1966 FC Nantes / RC Straßburg
1967 AS St.-Étienne / Olympique Lyon
1968 AS St.-Étienne / AS St.-Étienne
1969 AS St.-Étienne / Olympique Marseille
1970 AS St.-Étienne / AS St.-Étienne
1971 Olympique Marseille / Stade Rennes
1972 Olympique Marseille / Olympique Marseille
1973 FC Nantes / Olympique Lyon
1974 AS St.-Étienne / AS St.-Étienne
1975 AS St.-Étienne / AS St.-Étienne
1976 AS St.-Étienne / Olympique Marseille
1977 FC Nantes / AS St.-Étienne
1978 AS Monaco / AS Nancy-Lorraine
1979 RC Straßburg / FC Nantes
1980 FC Nantes / AS Monaco
1981 AS St.-Étienne / SEC Bastia
1982 AS Monaco / Paris Saint-Germain
1983 FC Nantes / Paris Saint-Germain
1984 Girondins Bordeaux / FC Metz

Stürmte in Frankreich für Olympique Marseille: Rudi Völler (rechts)

1985 Girondins Bordeaux / AS Monaco
1986 Paris Saint-Germain / Girondins Bordeaux
1987 Girondins Bordeaux / Girondins Bordeaux
1988 AS Monaco / FC Metz
1989 Olympique Marseille / Olympique Marseille
1990 Olympique Marseille / Montpellier Pallaide SC
1991 Olympique Marseille / AS Monaco
1992 Olympique Marseille / –
1993 – / Paris Saint-Germain
1994 Paris Saint-Germain / AJ Auxerre
1995 FC Nantes / Paris Saint-Germain
1996 AJ Auxerre / AJ Auxerre
1997 AS Monaco / OGC Nizza
1998 RC Lens / Paris Saint-Germain
1999 Girondins Bordeaux / FC Nantes
2000 AS Monaco / FC Nantes
2001 FC Nantes / RC Straßburg
2002 Olympique Lyon / FC Lorient
2003 Olympique Lyon / AJ Auxerre
2004 Olympique Lyon / Paris Saint-Germain
2005 Olympique Lyon / AJ Auxerre

Georgien

Landesmeister / Pokalsieger

1990 FC Iberia Tiflis / Guria Lantschchuti
1991 FC Iberia Tiflis / FC Iberia Tiflis
1992 FC Iberia Tiflis / FC Iberia Tiflis
1993 Dynamo Tiflis / Dynamo Tiflis
1994 Dynamo Tiflis / Dynamo Tiflis
1995 Dynamo Tiflis / Dynamo Tiflis
1996 Dynamo Tiflis / Dynamo Tiflis
1997 Dynamo Tiflis / Dynamo Tiflis
1998 Dynamo Tiflis / Dynamo Batumi
1999 Dynamo Tiflis / Torpedo Kutaissi
2000 Torpedo Kutaissi / Lokomotivi Tiflis
2001 Torpedo Kutaissi / Torpedo Kutaissi
2002 Torpedo Kutaissi / Lokomotivi Tiflis
2003 Dynamo Tiflis / Dynamo Tiflis
2004 Georgia Tiflis / Dynamo Tiflis
2005 Dynamo Tiflis / Lokomotivi Tiflis

Griechenland

Landesmeister / Pokalsieger

1928 Aris Saloniki / –
1930 Panathinaikos Athen / –
1931 Olympiakos Piräus / –
1932 Aris Saloniki / AEK Athen
1933 Olympiakos Piräus / Ethnikos Piräus
1934 Olympiakos Piräus / –
1936 Olympiakos Piräus / –
1937 Olympiakos Piräus / –
1938 Olympiakos Piräus / –
1939 AEK Athen / AEK Athen
1940 AEK Athen / Panathinaikos Athen
1946 Aris Saloniki / –
1947 Olympiakos Piräus / Olympiakos Piräus
1948 Olympiakos Piräus / Panathinaikos Athen
1949 – / AEK Athen
1950 Panathinaikos Athen / AEK Athen
1951 Olympiakos Piräus / Olympiakos Piräus
1952 – / Olympiakos Piräus
1953 Panathinaikos Athen / Olympiakos Piräus

Spielte für Panathinaikos Athen: Paulo Sousa

1954 Olympiakos Piräus / Olympiakos Piräus
1955 Olympiakos Piräus / Panathinaikos Athen
1956 Olympiakos Piräus / AEK Athen
1957 Olympiakos Piräus / Olympiakos Piräus
1958 Olympiakos Piräus / Olympiakos Piräus
1959 Olympiakos Piräus / Olympiakos Piräus
1960 Panathinaikos Athen / Olympiakos Piräus
1961 Panathinaikos Athen / Olympiakos Piräus
1962 Panathinaikos Athen / Olympiakos Piräus
1963 AEK Athen / Olympiakos Piräus
1964 Panathinaikos Athen / AEK Athen
1965 Panathinaikos Athen / Olympiakos Piräus
1966 Olympiakos Piräus / AEK Athen
1967 Olympiakos Piräus / Panathinaikos Athen
1968 AEK Athen / Olympiakos Piräus
1969 Panathinaikos Athen / Panathinaikos Athen
1970 Panathinaikos Athen / Aris Saloniki
1971 AEK Athen / Olympiakos Piräus
1972 Panathinaikos Athen / PAOK Saloniki
1973 Olympiakos Piräus / Olympiakos Piräus
1974 Olympiakos Piräus / PAOK Saloniki
1975 Olympiakos Piräus / Olympiakos Piräus
1976 PAOK Saloniki / Iraklis Saloniki
1977 Panathinaikos Athen / Panathinaikos Athen
1978 AEK Athen / AEK Athen
1979 AEK Athen / Panionios Athen
1980 Olympiakos Piräus / Kastoria
1981 Olympiakos Piräus / Olympiakos Piräus
1982 Olympiakos Piräus / Panathinaikos Athen
1983 Olympiakos Piräus / AEK Athen
1984 Panathinaikos Athen / Panathinaikos Athen
1985 PAOK Saloniki / PAE Larissa
1986 Panathinaikos Athen / Panathinaikos Athen
1987 Olympiakos Piräus / OFI Kreta
1988 PAE Larissa / Panathinaikos Athen
1989 AEK Athen / Panathinaikos Athen
1990 Panathinaikos Athen / Olympiakos Piräus
1991 Panathinaikos Athen / Panathinaikos Athen
1992 AEK Athen / Olympiakos Piräus
1993 AEK Athen / Panathinaikos Athen
1994 AEK Athen / Panathinaikos Athen
1995 Panathinaikos Athen / Panathinaikos Athen
1996 Panathinaikos Athen / AEK Athen
1997 Olympiakos Piräus / AEK Athen
1998 Olympiakos Piräus / Panionios Athen
1999 Olympiakos Piräus / Olympiakos Piräus
2000 Olympiakos Piräus / AEK Athen
2001 Olympiakos Piräus / PAOK Saloniki
2002 Olympiakos Piräus / AEK Athen
2003 Olympiakos Piräus / PAOK Saloniki
2004 Panathinaikos Athen / Panathinaikos Athen
2005 Olympiakos Piräus / Olympiakos Piräus

Irland (* seit 2003)
Landesmeister / Pokalsieger
1922 St. James' Gate / St. James' Gate
1923 Shamrock Rovers / Alton United
1924 Bohemians Dublin / Athlone Town
1925 Shamrock Rovers / Shamrock Rovers
1926 FC Shelbourne / Fordsons United Cork
1927 Shamrock Rovers / Drumcondra Dublin
1928 Bohemians Dublin / Bohemians Dublin
1929 FC Shelbourne / Shamrock Rovers
1930 Bohemians Dublin / Shamrock Rovers
1931 FC Shelbourne / Shamrock Rovers
1932 Shamrock Rovers / Shamrock Rovers
1933 FC Dundalk / Shamrock Rovers
1934 Bohemians Dublin / Celtic Cork
1935 Dolphin Dublin / Bohemians Dublin
1936 Bohemians Dublin / Shamrock Rovers
1937 Sligo Rovers / FC Waterford
1938 Shamrock Rovers / St. James' Gate
1939 Shamrock Rovers / FC Shelbourne
1940 St. James' Gates / Shamrock Rovers
1941 Cork United / Cork United
1942 Cork United / FC Dundalk
1943 Cork United / Drumcondra Dublin
1944 FC Shelbourne / Shamrock Rovers
1945 Cork United / Shamrock Rovers
1946 Cork United / Drumcondra Dublin
1947 FC Shelbourne / Cork United
1948 Drumcondra Dublin / Shamrock Rovers
1949 Drumcondra Dublin / FC Dundalk
1950 Cork Athletic / Transport Dublin
1951 Cork Athletic / Cork Athletic
1952 St. Patricks Athletic / FC Dundalk
1953 FC Shelbourne / Cork Athletic
1954 Shamrock Rovers / Drumcondra Dublin
1955 St. Patricks Athletic / Shamrock Rovers
1956 St. Patricks Athletic / Shamrock Rovers
1957 Shamrock Rovers / Drumcondra Dublin
1958 Drumcondra Dublin / FC Dundalk
1959 Shamrock Rovers / St. Patricks Athletic
1960 FC Limerick / FC Shelbourne
1961 Drumcondra Dublin / St. Patricks Athletic
1962 FC Shelbourne / Shamrock Rovers

1963 FC Dundalk/FC Shelbourne
1964 Shamrock Rovers/Shamrock Rovers
1965 Drumcondra Dublin/Shamrock Rovers
1966 FC Waterford/Shamrock Rovers
1967 FC Dundalk/Shamrock Rovers
1968 FC Waterford/Shamrock Rovers
1969 FC Waterford/Shamrock Rovers
1970 FC Waterford/Bohemians Dublin
1971 Hibernians Cork/FC Limerick
1972 FC Waterford/Hibernians Cork
1973 FC Waterford/Hibernians Cork
1974 Celtic Cork/Finn Harps Ballybofey
1975 Bohemians Dublin/Home Farm Dublin
1976 FC Dundalk/Bohemians Dublin
1977 Sligo Rovers/FC Dundalk
1978 Bohemians Dublin/Shamrock Rovers
1979 FC Dundalk/FC Dundalk
1980 FC Limerick/FC Waterford
1981 Athlone Town/FC Dundalk
1982 FC Dundalk/FC Limerick
1983 Athlone Town/Sligo Rovers
1984 Shamrock Rovers/University College Dublin
1985 Shamrock Rovers/Shamrock Rovers
1986 Shamrock Rovers/Shamrock Rovers
1987 Shamrock Rovers/Shamrock Rovers
1988 FC Dundalk/FC Dundalk
1989 Derry City/Derry City
1990 St. Patrick's Athletic/Bray Wanderers
1991 FC Dundalk/Galway United
1992 FC Shelbourne/Bohemians Dublin
1993 Cork City/FC Shelbourne
1994 Shamrock Rovers/Sligo Rovers
1995 FC Dundalk/Derry City
1996 St. Patrick's Athletic/FC Shelbourne/
1997 Derry City/FC Shelbourne/
1998 St. Patrick's Athletic/Cork City
1999 St. Patrick's Athletic/Bray Wanderers
2000 FC Shelbourne/FC Shelbourne
2001 Bohemians Dublin/Bohemians Dublin
2002 FC Shelbourne/FC Dundalk
2003 Bohemians Dublin/Derry City
FC Shelbourne/Longford Town
2004 FC Shelbourne/Longford Town
2005 Cork City/Drogheda United

Island*

Landesmeister/Pokalsieger

1912 KR Reykjavik/–
1914 Fram Reykjavik/–
1915 Fram Reykjavik/–
1916 Fram Reykjavik/–
1917 Fram Reykjavik/–
1918 Fram Reykjavik/–
1919 KR Reykjavik/–
1920 Vikingur Reykjavik/–
1921 Fram Reykjavik/–
1922 Fram Reykjavik/–
1923 Fram Reykjavik/–
1924 Vikingur Reykjavik/–
1925 Fram Reykjavik/–
1926 KR Reykjavik/–
1927 KR Reykjavik/–
1928 KR Reykjavik/–
1929 KR Reykjavik/–
1930 Valur Reykjavik/–
1931 KR Reykjavik/–
1932 KR Reykjavik/–
1933 Valur Reykjavik/–
1934 KR Reykjavik/–
1935 Valur Reykjavik/–
1936 Valur Reykjavik/–
1937 Valur Reykjavik/–
1938 Valur Reykjavik/–
1939 Fram Reykjavik/–
1940 Valur Reykjavik/–
1941 KR Reykjavik/–
1942 Valur Reykjavik/–
1943 Valur Reykjavik/–
1944 Valur Reykjavik/–
1945 Valur Reykjavik/–
1946 Fram Reykjavik/–
1947 Fram Reykjavik/–
1948 KR Reykjavik/–
1949 KR Reykjavik/–
1950 KR Reykjavik/–
1951 IA Akranes/–
1952 KR Reykjavik/–
1953 IA Akranes/–
1954 IA Akranes/–
1955 KR Reykjavik/–
1956 Valur Reykjavik/–
1957 IA Akranes/–
1958 IA Akranes/–
1959 KR Reykjavik/–
1960 IA Akranes/KR Reykjavik
1961 KR Reykjavik/KR Reykjavik
1962 Fram Reykjavik/KR Reykjavik
1963 KR Reykjavik/KR Reykjavik
1964 IBK Keflavik/KR Reykjavik
1965 KR Reykjavik/Valur Reykjavik
1966 Valur Reykjavik/KR Reykjavik
1967 Valur Reykjavik/KR Reykjavik
1968 KR Reykjavik/IB Vestmannæyjar
1969 IBK Keflavik/IBV Akureyri
1970 IA Akranes/Fram Reykjavik
1971 IBV/Vikingur Reykjavik
1972 Fram Reykjavik/IB Vestmannæyjar
1973 IBK Keflavik/Fram Reykjavik
1974 IA Akranes/Valur Reykjavik
1975 IA Akranes/IBV Keflavik
1976 Valur Reykjavik/Valur Reykjavik
1977 IA Akranes/Valur Reykjavik

1978 Valur Reykjavik / IA Akranes
1979 IBV / Fram Reykjavik
1980 Valur Reykjavik / Fram Reykjavik
1981 Vikingur Reykjavik / IB Vestmannæyjar
1982 Vikingur Reykjavik / IA Akranes
1983 IA Akranes / IA Akranes
1984 IA Akranes / IA Akranes
1985 Valur Reykjavik / Fram Reykjavik
1986 Fram Reykjavik / IA Akranes
1987 Valur Reykjavik / Fram Reykjavik
1988 Fram Reykjavik / Valur Reykjavik
1989 KA Akureyri / Fram Reykjavik
1990 Fram Reykjavik / Valur Reykjavik
1991 Vikingur Reykjavik / Valur Reykjavik
1992 IA Akranes / Valur Reykjavik
1993 IA Akranes / IA Akranes
1994 IA Akranes / KR Reykjavik
1995 IA Akranes / KR Reykjavik
1996 IA Akranes / IA Akranes
1997 IB Vestmannæyjar / IB Keflavik
1998 IB Vestmannæyjar / IB Vestmannæyjar
1999 KR Reykjavik / KR Reykjavik
2000 KR Reykjavik / IA Akranes
2001 IA Akranes / Fylkir Reykjavik
2002 KR Reykjavik / Fylkir Reykjavik
2003 KR Reykjavik / IA Akranes
2004 FH Hafnarfjördur / IB Keflavik
2005 FH Hafnarfjördur/Valur Reykjavik

Israel

Landesmeister / Pokalsieger

1950 Maccabi Tel Aviv / –
1952 Maccabi Tel Aviv / Maccabi Petach Tikva
1954 Maccabi Tel Aviv / Maccabi Tel Aviv
1955 Hapoel Petach Tikva / Hapoel Petach Tikva
1956 Maccabi Tel Aviv / –
1957 Hapoel Tel Aviv / Hapoel Petach Tikva
1958 Maccabi Tel Aviv / Maccabi Tel Aviv
1959 Hapoel Petach Tikva / Maccabi Tel Aviv
1960 Hapoel Petach Tikva / Hapoel Tel Aviv
1961 Hapoel Petach Tikva / –
1962 Hapoel Petach Tikva / Maccabi Haifa
1963 Hapoel Petach Tikva / Hapoel Haifa
1964 Hapoel Ramat-Gan / Maccabi Tel Aviv
1965 Hakoah Maccabi Ramat-Gan / Maccabi Tel Aviv
1966 Hapoel Tel Aviv / Hapoel Haifa
1967 – / Maccabi Tel Aviv
1968 Maccabi Tel Aviv / Bnei-Yehuda Tel Aviv
1969 Hapoel Tel Aviv / Hakoah Maccabi Ramat-Gan
1970 Hakoah Maccabi Ramat-Gan / Maccabi Tel Aviv
1971 Maccabi Nethanya / Hakoah Maccabi Ramat-Gan
1972 Hakoah Maccabi Ramat-Gan / Hapoel Tel Aviv
1973 Hakoah Maccabi Ramat-Gan / Hapoel Jerusalem
1974 Maccabi Nethanya / Hapoel Haifa
1975 Hapoel Beer-Sheva / Hapoel Kfar-Saba
1976 Hapoel Beer-Sheva / Beitar Jerusalem
1977 Maccabi Tel Aviv / Maccabi Tel Aviv
1978 Maccabi Nethanya / Maccabi Nethanya
1979 Maccabi Tel Aviv / Beitar Jerusalem
1980 Maccabi Nethanya / Hapoel Kfar-Saba
1981 Hapoel Tel Aviv / Bnei Yehuda Tel Aviv
1982 Hapoel Kfar-Saba / Hapoel Yehuda
1983 Maccabi Nethanya / Hapoel Tel Aviv
1984 Maccabi Haifa / Hapoel Lod
1985 Maccabi Haifa / Beitar Jerusalem
1986 Hapoel Tel Aviv / Beitar Jerusalem
1987 Beitar Jerusalem / Maccabi Tel Aviv
1988 Hapoel Tel Aviv / Maccabi Tel Aviv
1989 Hapoel Kfar-Saba / Beitar Jerusalem
1990 Bnei Yehuda Tel Aviv / Hapoel Kfar-Saba
1991 Maccabi Haifa / Maccabi Haifa
1992 Maccabi Tel Aviv / Hapoel Petach Tikva
1993 Beitar Jerusalem / Maccabi Haifa
1994 Maccabi Haifa / Maccabi Tel Aviv
1995 Maccabi Tel Aviv / Maccabi Haifa
1996 Maccabi Tel Aviv / Maccabi Tel Aviv
1997 Beitar Jerusalem / Hapoel Beer-Sheva
1998 Beitar Jerusalem / Maccabi Haifa
1999 Hapoel Haifa / Hapoel Tel Aviv /
2000 Hapoel Tel Aviv / Hapoel Tel Aviv /
2001 Maccabi Haifa / Maccabi Tel Aviv
2002 Maccabi Haifa / Maccabi Tel Aviv
2003 Maccabi Tel Aviv / Hapoel Ramat-Gan
2004 Maccabi Haifa / Hapoel Bnei Sachnin
2005 Maccabi Haifa / Maccabi Tel Aviv

Italien

Landesmeister / Pokalsieger

1898 Genua 1893 / –
1899 Genua 1893 / –
1900 Genua 1893 / –
1901 AC Mailand / –

Feierte Triumphe mit dem AC Milan: Paulo Maldini

Prestigeduell der italienischen Serie A: AC Mailand gegen Juventus Turin

1902 Genua 1893 / –
1903 Genua 1893 / –
1904 Genua 1893 / –
1905 Juventus Turin / –
1906 AC Mailand / –
1907 AC Mailand / –
1908 US Pro Vercelli / –
1909 US Pro Vercelli / –
1910 Inter Mailand / –
1911 US Pro Vercelli / –
1912 US Pro Vercelli / –
1913 US Pro Vercelli / –
1914 FBC Casale Monferrato / –
1915 Genua 1893 / –
1920 Inter Mailand / –
1921 US Pro Vercelli / –
1922 US Pro Vercelli und US Novese / AC Vado Ligure / –
1923 Genua 1893 / –
1924 Genua 1893 / –
1925 FBC Bologna / –
1926 Juventus Turin / –
1927 Turin FBC (aberkannt) / –
1928 Turin FBC / –
1929 AGC Bologna / –
1930 Ambrosiana-Inter Mailand / –
1931 Juventus Turin / –
1932 Juventus Turin / –
1933 Juventus Turin / –
1934 Juventus Turin / –
1935 Juventus Turin / –
1936 AGC Bologna / AC Turin
1937 AGC Bologna / Genua 1893
1938 Ambrosiana-Inter Mailand / Juventus Turin
1939 AGC Bologna / Ambrosiana-Inter Mailand
1940 Ambrosiana-Inter Mailand / AC Florenz
1941 AGC Bologna / AC Venedig
1942 AS Rom / Juventus Turin
1943 AC Turin / AC Turin
1946 AC Turin / –
1947 AC Turin / –
1948 AC Turin / –
1949 AC Turin / –
1950 Juventus Turin / –
1951 AC Mailand / –
1952 Juventus Turin / –
1953 Inter Mailand / –
1954 Inter Mailand / –
1955 AC Mailand / –
1956 AC Florenz / –
1957 AC Mailand / –
1958 Juventus Turin / Lazio Rom
1959 AC Mailand / Juventus Turin
1960 Juventus Turin / Juventus Turin
1961 Juventus Turin / AC Florenz
1962 AC Mailand / AC Neapel
1963 Inter Mailand / Atalanta Bergamo
1964 FC Bologna / AS Rom
1965 Inter Mailand / Juventus Turin
1966 Inter Mailand / AC Florenz

1967 Juventus Turin / AC Mailand
1968 AC Mailand / AC Turin
1969 AC Florenz / AS Rom
1970 US Cagliari / FC Bologna
1971 Inter Mailand / AC Turin
1972 Juventus Turin / AC Mailand
1973 Juventus Turin / AC Mailand
1974 Lazio Rom / FC Bologna
1975 Juventus Turin / AC Florenz
1976 AC Turin / SSC Neapel
1977 Juventus Turin / AC Mailand
1978 Juventus Turin / Inter Mailand
1979 AC Mailand / Juventus Turin
1980 Inter Mailand / AS Rom
1981 Juventus Turin / AS Rom
1982 Juventus Turin / Inter Mailand
1983 AS Rom / Juventus Turin
1984 Juventus Turin / AS Rom
1985 Hellas Verona / Sampdoria Genua
1986 Juventus Turin / AS Rom
1987 SSC Neapel / SSC Neapel
1988 AC Mailand / Sampdoria Genua
1989 Inter Mailand / Sampdoria Genua
1990 SSC Neapel / Juventus Turin
1991 Sampdoria Genua / AS Rom
1992 AC Mailand / AC Parma
1993 AC Mailand / AC Turin
1994 AC Mailand / Sampdoria Genua
1995 Juventus Turin / Juventus Turin
1996 AC Mailand / AC Florenz
1997 Juventus Turin / Vicenza Calcio
1998 Juventus Turin / Lazio Rom
1999 AC Mailand / AC Parma
2000 Lazio Rom / Lazio Ro
2001 AS Rom / AC Florenz
2002 Juventus Turin / AC Parma
2003 Juventus Turin / AC Mailand
2004 AC Mailand / Lazio Rom
2005 Juventus Turin / Inter Mailand

Jugoslawien

Landesmeister / Pokalsieger

1923 Gradanski Zagreb / –
1924 Jugoslavija Belgrad / –
1925 Jugoslavija Belgrad / –
1926 Gradanski Zagreb / –
1927 HajdukSplit / –
1928 Gradanski Zagreb / –
1929 Hajduk Split / –
1930 Concordia Zagreb / –
1931 Belgrader SK / –
1932 Concordia Zagreb / –
1933 Belgrader SK / –
1935 Belgrader SK / –
1936 Belgrader SK / –
1937 Gradanski Zagreb / –
1938 HSK Sava Zagreb / –
1939 Belgrader SK / –
1940 Gradanski Zagreb / –
1947 Partizan Belgrad / Partizan Belgrad
1948 Dinamo Zagreb / Roter Stern Belgrad
1949 Partizan Belgrad / Roter Stern Belgrad
1950 Hajduk Split / Roter Stern Belgrad
1951 Roter Stern Belgrad / Dinamo Zagreb
1952 Hajduk Split / Partizan Belgrad
1953 Roter Stern Belgrad / Belgrader SK
1954 Dinamo Zagreb / PartizanBelgrad
1955 Hajduk Split / Belgrader SK
1956 Roter Stern Belgrad / –
1957 Roter Stern Belgrad / PartizanBelgrad
1958 Dinamo Zagreb / Roter Stern Belgrad
1959 Roter Stern Belgrad / Roter Stern Belgrad
1960 Roter Stern Belgrad / Dinamo Zagreb
1961 Partizan Belgrad / Vardar Skopje
1962 Partizan Belgrad / OFK Belgrad
1963 Partizan Belgrad / Dinamo Zagreb
1964 Roter Stern Belgrad / Roter Stern Belgrad
1965 Partizan Belgrad / Dinamo Zagreb
1966 Vojvodina Novi Sad / OFK Belgrad
1967 FC Sarajevo / Hajduk Split
1968 Roter Stern Belgrad / Roter Stern Belgrad
1969 Roter Stern Belgrad / Dinamo Zagreb
1970 Roter Stern Belgrad / Roter Stern Belgrad
1971 Hajduk Split / Roter Stern Belgrad
1972 Zeljeznicar Sarajevo / Hajduk Split
1973 Roter Stern Belgrad / Hajduk Split
1974 Hajduk Split / Hajduk Split
1975 Hajduk Split / Hajduk Split
1976 Partizan Belgrad / Hajduk Split
1977 Roter Stern Belgrad / Hajduk Split
1978 Partizan Belgrad / NK Rijeka
1979 Hajduk Split / NK Rijeka
1980 Roter Stern Belgrad / Dinamo Zagreb
1981 Roter Stern Belgrad / Velez Mostar
1982 Dinamo Zagreb / Roter Stern Belgrad
1983 Partizan Belgrad / Dinamo Zagreb
1984 Roter Stern Belgrad / Hajduk Split
1985 FC Sarajevo / Roter Stern Belgrad
1986 Roter Stern Belgrad / Velez Mostar
1987 Vardar Skopje / Hajduk Split
1988 Roter Stern Belgrad / Borac Banja Luka
1989 Vojvodina Novi Sad / Partizan Belgrad
1990 Roter Stern Belgrad / Roter Stern Belgrad
1991 Roter Stern Belgrad / Hajduk Split
1992 Roter Stern Belgrad / Partizan Belgrad

Serbien

1993 Partizan Belgrad / Roter Stern Belgrad
1994 Partizan Belgrad / Partizan Belgrad
1995 Roter Stern Belgrad / Roter Stern Belgrad
1996 Partizan Belgrad / Partizan Belgrad
1997 Partizan Belgrad / Partizan Belgrad
1998 FK Obilic Belgrad / Partizan Belgrad

1999 Partizan Belgrad / Roter Stern Belgrad
2000 Roter Stern Belgrad / Roter Stern Belgrad
2001 Roter Stern Belgrad / Partizan Belgrad
2002 Partizan Belgrad / Roter Stern Belgrad
Serbien und Montenegro
2003 Partizan Belgrad / Sartid Smederovo
2004 Roter Stern Belgrad / Roter Stern Belgrad
2005 Partizan Belgrad / Zeleznik Belgrad

Kasachstan*
Landesmeister / Pokalsieger
1992 Kairat Almaty / Kairat Almaty
1993 Ansat Pawlodar / Dostyk Almaty
1994 Yelimai Semipalatinsk / Wostok Usk-Kamenogorsk
1995 Yelimai Semipalatinsk / Irtysh Bastau Pawlodar
1996 Taraz Jambul / Kairat Almaty
1997 Irtysh Almaty / –
1998 Yelimai Semipalatinsk / Irtysh Pawlodar
1999 Irtysh Pawlodar / Kaisar Kysyl-Orda
2000 Zhenis Astana / Zhenis Astana
2001 Zhenis Astana / Zhenis Astana
2002 Irtysch Pawlodar / Zhenis Astana
2003 Irtysch Pawlodar / Kairat Almaty
2004 Kairat Almaty / FK Taraz
2005 FK Aktobe-Lento /Zhenis Astana

Kroatien
Landesmeister / Pokalsieger
1941 Gradjanski Zagreb / Gradjanski Zagreb
1942 Concordia Zagreb / –
1943 Gradjanski Zagreb / –
1992 Hajduk Split / Inker Zapresic
1993 Croatia Zagreb / Hajduk Split
1994 Hajduk Split / Croatia Zagreb /
1995 Hajduk Split / Hajduk Split
1996 Croatia Zagreb / Croatia Zagreb
1997 Croatia Zagreb / Croatia Zagreb
1998 Croatia Zagreb / Croatia Zagreb
1999 Croatia Zagreb / NK Osijek
2000 Hajduk Split / Hajduk Split
2001 Hajduk Split / Dinamo Zagreb
2002 NK Zagreb / Dinamo Zagreb
2003 Dinamo Zagreb / Hajduk Split
2004 Hajduk Split / Dinamo Zagreb
2005 Hajduk Split / NK Rijeka

Lettland*
Landesmeister / Pokalsieger
1921 1. MC Riga / –
1922 Kaiserwald Riga / –
1923 Kaiserwald Riga / –
1924 RFK Riga / –
1925 RFK Riga / –
1926 RFK Riga / –
1927 Olympija Liepaja / –
1928 Olimpija Liepaja / –
1929 Olimpija Liepaja / –
1930 RFK Riga / –
1931 RFK Riga / –
1932 ASK Riga / –
1933 Olimpija Liepaja / –
1934 RFK Riga / –
1935 RFK Riga / –
1936 Olimpija Liepaja / –
1937 – / RFK Riga
1938 Olimpija Liepaja / Rigas Vilki
1939 Olimpija Liepaja / RFK Riga
1940 RFK Riga / –
1991 Skonto Riga / Celtnieks Daugavpils
1992 Skonto Riga / Skonto Riga
1993 Skonto Riga / RAF Jelgava
1994 Skonto Riga / Olimpija Riga
1995 Skonto Riga / Skonto Riga
1996 Skonto Riga / RAF Jelgava
1997 Skonto Riga / Skonto Riga
1998 Skonto Riga / Skonto Riga
1999 Skonto Riga / Skonto Riga
2000 Skonto Riga / Skonto Riga
2001 Skonto Riga / Skonto Riga
2002 Skonto Riga / Skonto Riga /
2003 Skonto Riga / FK Ventspils
2004 Skonto Riga / FK Ventspils
2005 Metalurgs Liepaja / FK Ventspils

Liechtenstein
Pokalsieger
1946 FC Triesen
1947 FC Triesen
1948 FC Triesen
1949 FC Vaduz
1950 FC Triesen
1951 FC Triesen
1952 FC Vaduz
1953 FC Vaduz
1954 FC Vaduz
1955 FC Schaan
1956 FC Vaduz
1957 FC Vaduz
1958 FC Vaduz
1959 FC Vaduz
1960 FC Vaduz
1961 FC Vaduz
1962 FC Vaduz
1963 FC Schaan
1964 FC Balzers
1965 FC Triesen
1966 FC Vaduz
1967 FC Vaduz
1968 FC Vaduz
1969 FC Vaduz

1970 FC Vaduz
1971 FC Vaduz
1972 FC Triesen
1973 FC Balzers
1974 FC Vaduz
1975 FC Triesen
1976 USV Eschen/Mauren
1977 USV Eschen/Mauren
1978 USV Eschen/Mauren
1979 FC Balzers
1980 Unterländer FV
1981 FC Balzers
1982 FC Balzers
1983 FC Balzers
1984 FC Balzers
1985 FC Vaduz
1986 FC Vaduz
1987 USV Eschen/Mauren
1988 FC Vaduz
1989 FC Balzers
1990 FC Vaduz
1991 FC Balzers
1992 FC Vaduz
1993 FC Balzers
1994 FC Schaan
1995 FC Vaduz
1996 FC Vaduz
1997 FC Balzers
1998 FC Vaduz
1999 FC Vaduz
2000 FC Vaduz
2001 FC Vaduz
2002 FC Vaduz
2003 FC Vaduz
2004 FC Vaduz
2005 FC Vaduz

Litauen*

Landesmeister/Pokalsieger

1922 LFLS Kaunas/–
1923 LFLS Kaunas/–
1924 Kovas Kaunas/–
1925 Kovas/–
1926 Kovas Kaunas/–
1927 LFLS Kaunas/–
1928 KSS Klaipeda/–
1929 KSS Klaipeda/–
1930 KSS Klaipeda/–
1931 KSS Klaipeda/–
1932 LFLS Kaunas/–
1933 Kovas Kaunas/–
1934 MSK Kaunas/–
1935 Kovas Kaunas/–
1936 Kovas Kaunas/–
1937 KSS Kaunas/–
1938 KSS Kaunas/–
1939 LGSF Kaunas/–
1990 Sirijus Klaipeda/Sirijus Klaipeda
1991 Žalgiris Vilnius/Žalgiris Vilnius
1992 Žalgiris Vilnius/Lietuvos Makabi Vilnius
1993 Ekranas Panevezys/Žalgiris Vilnius
1994 ROMAR Mazeikiai/Žalgiris Vilnius
1995 Inkaras Kaunas/Inkaras Kaunas
1996 Inkaras Kaunas/Kareda Sakalas Siauliai
1997 Kareda Siauliai/Žalgiris Vilnius
1998 Kareda Siauliai/Kareda Siauliai
1999 Žalgiris Vilnius/Kareda Siauliai
2000 FBK Kaunas/Kareda Siauliai
2001 FBK Kaunas/Atlantas Klaipeda
2002 FBK Kaunas/FBK Kaunas
2003 FBK Kaunas/Žalgiris Vilnius
2004 FBK Kaunas/FBK Kaunas
2005 Ekranas Panevezys/FBK Kaunas

Luxemburg

Landesmeister/Pokalsieger

1910 Racing Club Luxemburg/–
1911 SC (Sporting)Luxemburg/–
1912 US Hollerich/Bonnevoie/–
1914 US Hollerich/Bonnevoie/–
1915 US Hollerich/Bonnevoie/–
1916 US Hollerich/Bonnevoie/–
1917 US Hollerich/Bonnevoie/–
1918 Fola Esch/–
1919 SC Luxemburg/–
1920 Fola Esch/–
1921 Jeunesse Esch/–
1922 Fola Esch/Racing Luxemburg
1923 Red Boys Differdingen/Fola Esch
1924 Fola Esch/Fola Esch
1925 Spora Luxemburg/Red Boys Differdingen
1926 Red Boys Differdingen/Red Boys Differdingen
1927 US Hollerich Bonnevoie/Red Boys Differdingen
1928 Spora Luxemburg/Spora Luxemburg
1929 Spora Luxemburg/Red Boys Differdingen
1930 Fola Esch/Red Boys Differdingen
1931 Red Boys Differdingen/Red Boys Differdingen
1932 Red Boys Differdingen/Spora Luxemburg
1933 Red Boys Differdingen/Progres Niederkorn
1934 Spora Luxemburg/Red Boys Differdingen
1935 Spora Luxemburg/Jeunesse Esch
1936 Spora Luxemburg/Red Boys Differdingen
1937 Progres Niederkorn/Jeunesse Esch
1938 Spora Luxemburg/Stade Düdelingen
1939 Stade Düdelingen/Stade Düdelingen
1940 FSV Stadt Düdelingen/Spora Luxemburg
1941 –/FK 07 Differdingen
1945 –/Progres Niederkorn
1946 Stade Düdelingen/Jeunesse Esch
1947 Stade Düdelingen/US Luxemburg
1948 Stade Düdelingen/Stade Düdelingen

1949 Spora Luxemburg / Stade Düdelingen
1950 Stade Düdelingen / Spora Luxemburg
1951 Jeunesse Esch / SC Tetingen
1952 The National Schifflingen / Red Boys Differdingen
1953 Progres Niederkorn / Red Boys Differdingen
1954 Jeunesse Esch / Jeunesse Esch
1955 Stade Düdelingen / Fola Esch
1956 Spora Luxemburg / Stade Düdelingen
1957 Stade Düdelingen / Spora Luxemburg
1958 Jeunesse Esch / Red Boys Differdingen
1959 Jeunesse Esch / US Luxemburg
1960 Jeunesse Esch / The National Schifflingen
1961 Spora Luxemburg / Alliance Düdelingen
1962 US Luxemburg / Alliance Düdelingen
1963 Jeunesse Esch / US Luxemburg
1964 Aris Bonnevoie / US Luxemburg
1965 Stade Düdelingen / Spora Luxemburg
1966 Aris Bonnevoie / Spora Luxemburg
1967 Jeunesse Esch / Aris Bonnevoie
1968 Jeunesse Esch / US Rümelingen
1969 Avenir Beggen / US Luxemburg
1970 Jeunesse Esch / US Luxemburg
1971 US Luxemburg / Jeunesse Hautcharage
1972 Aris Bonnevoie / Red Boys Differdiange
1973 Jeunesse Esch / Jeunesse Esch
1974 Jeunesse Esch / Jeunesse Esch
1975 Jeunesse Esch / US Rümelingen
1976 Jeunesse Esch / Jeunesse Esch
1977 Jeunesse Esch / Progres Niederkorn
1978 Progres Niederkorn / Progres Niederkorn
1979 Red Boys Differdingen / Red Boys Differdingen
1980 Jeunesse Esch / Spora Luxemburg
1981 Progres Niederkorn / Jeunesse Esch
1982 Avenir Beggen / Red Boys Differdingen
1983 Jeunesse Esch / Avenir Beggen
1984 Avenir Beggen / Avenir Beggen
1985 Jeunesse Esch / Red Boys Differdingen
1986 Avenir Beggen / US Luxemburg
1987 Jeunesse Esch / Avenir Beggen
1988 Jeunesse Esch / Jeunesse Esch
1989 Avenir Beggen / US Luxemburg
1990 US Luxemburg / Swift Hesperingen
1991 US Luxemburg / US Luxemburg
1992 US Luxemburg / Avenir Beggen
1993 Avenir Beggen / Avenir Beggen
1994 Avenir Beggen / Avenir Beggen
1995 Jeunesse Esch / CS Grevenmacher
1996 Jeunesse Esch / US Luxemburg
1997 Jeunesse Esch / Jeunesse Esch
1998 Jeunesse Esch / CS Grevenmacher
1999 Jeunesse Esch / Jeunesse Esch
2000 F91 Düdelingen / Jeunesse Esch
2001 F91 Düdelingen / Etzella Ettelbrück
2002 F91 Düdelingen / Avenir Beggen
2003 CS Grevenmacher / CS Grevenmacher
2004 Jeunesse Esch / F91 Düdelingen
2005 F91 Düdelingen / CS Petingen

Makedonien

Landesmeister / Pokalsieger

1993 Vardar Skopje / Vardar Skopje
1994 Vardar Skopje / Sileks Kratovo
1995 Vardar Skopje / Vardar Skopje
1996 Sileks Kratovo / Sloga Skopje
1997 Sileks Kratovo / Sileks Kratovo
1998 Sileks Kratovo / Vardar Skopje
1999 Sloga Skopje / Vardar Skopje
2000 Sloga Skopje / Sloga Skopje
2001 Sloga Skopje / Pelister Bitola
2002 Vardar Skopje / Popeda Prilep
2003 Vardar Skopje / Cementamica Skopje
2004 Popeda Prilep / Sloga Skopje
2005 Rabotnicki Skopje / Bashkimi Kumanovo

Malta

Landesmeister / Pokalsieger

1910 Floriana La Valetta / –
1912 Floriana La Valetta / –
1913 Floriana La Valetta / –
1914 Hamrun Spartans FC / –
1915 Valetta United / –
1917 St. Georges FC / –
1918 Hamrun Spartans FC / –
1919 K. O. M. R. Milizia / –
1920 Sliema Wanderers FC / –
1921 Floriana La Valetta / –
1922 Floriana La Valetta / –
1923 Sliema Wanderers FC / –
1924 Sliema Wanderers FC / –
1925 Floriana La Valetta / –
1926 Sliema Wanderers FC / –
1927 Floriana La Valetta / –
1928 Floriana La Valetta / –
1929 Floriana La Valetta / –
1930 Sliema Wanderers FC / –
1931 Floriana La Valetta / –
1932 FC La Valetta / –
1933 Sliema Wanderers FC / –
1934 Sliema Wanderers FC / –
1935 Floriana La Valetta / Sliema Wanderers
1936 Sliema Wanderers / Sliema Wanderers
1937 Floriana La Valetta / Sliema Wanderers
1938 Sliema Wanderers / Floriana La Valetta
1939 Sliema Wanderers / FC Melita
1940 Sliema Wanderers / Sliema Wanderers
1945 FC La Valetta / Floriana La Valetta
1946 FC La Valetta / Sliema Wanderers
1947 Hamrun Spartans FC / Floriana La Valetta
1948 FC La Valetta / Sliema Wanderers
1949 Sliema Wanderers / Floriana La Valetta

1950 Floriana La Valetta / Floriana La Valetta
1951 Floriana La Valetta / Sliema Wanderers
1952 Floriana La Valetta / Sliema Wanderers
1953 Floriana La Valetta / Floriana La Valetta
1954 Sliema Wanderers / Floriana La Valetta
1955 Floriana La Valetta / Floriana La Valetta
1956 Sliema Wanderers / Sliema Wanderers
1957 Sliema Wanderers / Floriana La Valetta
1958 Floriana La Valetta / Floriana La Valetta
1959 FC La Valetta / Sliema Wanderers
1960 FC La Valetta / FC La Valetta
1961 Hibernians Paola / Floriana La Valetta
1962 Floriana La Valetta / Hibernians Paola
1963 FC La Valetta / Sliema Wanderers
1964 Sliema Wanderers / FC La Valetta
1965 Sliema Wanderers / Sliema Wanderers
1966 Sliema Wanderers / Floriana La Valetta
1967 Hibernians Paola / Floriana La Valetta
1968 FC Floriana / Sliema Wanderers
1969 Hibernians Paola / Sliema Wanderers
1970 FC Floriana / Hibernians Paola
1971 Sliema Wanderers / Hibernians Paola
1972 Sliema Wanderers / FC Floriana
1973 FC Floriana / Gzira United
1974 FC Valletta / Sliema Wanderers
1975 FC Floriana / FC Valletta
1976 Sliema Wanderers / FC Floriana
1977 FC Floriana / FC Valletta
1978 FC Valletta / FC Valletta
1979 Hibernians Paola / Sliema Wanderers
1980 FC Valletta / Hibernians Paola
1981 Hibernians Paola / FC Floriana
1982 Hibernians Paola / Hibernians Paola
1983 Hamrun Spartans FC / Hamrun Spartans FC
1984 FC Valletta / Hamrun Spartans FC
1985 FC Ajax Rabat / FC Zurrieg
1986 FC Ajax Rabat / FC Ajax Rabat
1987 Hamrun Spartans / Hamrun Spartans
1988 Hamrun Spartans / Hamrun Spartans
1989 Sliema Wanderers / Hamrun Spartans
1990 FC Valletta / Sliema Wanderers
1991 Hamrun Spartans / FC Valletta
1992 FC Valletta / Hamrun Spartans
1993 FC Floriana / FC Floriana
1994 Hibernians Paola / FC Floriana
1995 Hibernians Paola / FC Valletta
1996 Sliema Wanderers / FC Valletta
1997 FC Valletta / FC Valletta
1998 FC Valletta / Hibernians Paola
1999 FC Valletta / FC Valletta
2000 FC Birkirkara / Sliema Wanderers
2001 FC Valletta / FC Valletta
2002 Hibernians Paola / FC Birkirkara
2003 Sliema Wanderers / FC Birkirkara
2004 Sliema Wanderers / Sliema Wanderers
2005 Sliema Wanderers / FC Birkirkara

Moldawien

Landesmeister / Pokalsieger

1992 Zimbru Chişinau / Bugeac Comrat
1993 Zimbru Chişinau / Tiligul Tiraspol
1994 Zimbru Chişinau / Tiligul Tiraspol
1995 Zimbru Chişinau / Tiligul Tiraspol
1996 Zimbru Chişinau / Constructorul Chişinau
1997 Zimbru Chişinau / Zimbru Chişinau
1998 Zimbru Chişinau / Zimbru Chişinau
1999 Zimbru Chişinau / Sheriff Tiraspol
2000 Zimbru Chişinau / Zimbru Chişinau
2001 Sheriff Tiraspol / Sheriff Tiraspol
2002 Sheriff Tiraspol / Sheriff Tiraspol
2003 Sheriff Tiraspol / Zimbru Chişinau
2004 Sheriff Tiraspol / Zimbru Chişinau
2005 Sheriff Tiraspol/Nistru Otaci

Niederlande

Landesmeister / Pokalsieger

1898 RAP Amsterdam / –
1899 RAP Amsterdam / RAP Amsterdam
1900 VV Den Haag / Velocitas Breda
1901 VV Den Haag / HBS Den Haag
1902 VV Den Haag / RC Harlem
1903 VV Den Haag / HVV Den Haag
1904 HBS Den Haag / FC Haarlem

Juventus Turin (mit G. Vialli) gewinnt 1996 das Finale der Champions League gegen Ajax Amsterdam

1905 VV Den Haag / VOC Rotterdam
1906 HBS Den Haag / Concordia Delft
1907 VV Den Haag / VOC
1908 Quick Den Haag / HBS II Den Haag
1909 Sparta Rotterdam / Quick II Den Haag
1910 VV Den Haag / Quick II Den Haag
1911 Sparta Rotterdam / Quick II Den Haag
1912 Sparta Rotterdam / FC Haarlem
1913 Sparta Rotterdam / HFC Den Haag
1914 VV Den Haag / DFC Dordrecht
1915 Sparta Rotterdam / FC Haarlem
1916 Willem II Tilburg / Quick Den Haag
1917 Go Ahead Deventer / Ajax Amsterdam
1918 Ajax Amsterdam / RCH Haarlem
1919 Ajax Amsterdam / –
1920 Quick Groningen / CVV Rotterdam
1921 NAC Breda / Schoten Haarlem
1922 Go Ahead Deventer / –
1923 RCH Haarlem / –
1924 Feyenoord Rotterdam / –
1925 HBS Den Haag / Zaandamsche FC
1926 VC Enschede / LongaTilburg
1927 Heracles Almelo / VUC Den Haag
1928 Feyenoord Rotterdam / RCH Haarlem
1929 PSV Eindhoven / –
1930 Go Ahead Deventer / Feyenoord Rotterdam
1931 Ajax Amsterdam / –
1932 Ajax Amsterdam / DFC Dordrecht
1933 Go Ahead Deventer / –
1934 Ajax Amsterdam / Velocitas Groningen
1935 PSV Eindhoven / Feyenoord Rotterdam
1936 Feyenoord Rotterdam / Roermond
1937 Ajax Amsterdam / PSV Eindhoven
1938 Feyenoord Rotterdam / VSV Velsen
1939 Ajax Amsterdam / Wageningen
1940 Feyenoord Rotterdam / –
1941 Heracles Almelo / –
1942 ADO Den Haag / –
1943 ADO Den Haag / Ajax Amsterdam
1944 de Volewijckers Amsterdam / Willem II Tilburg
1946 FC Haarlem / –
1947 Ajax Amsterdam / –
1948 BVV Schiedam / WVV Wageningen
1949 SVV Schiedam / Quick Nimwegen
1950 Limburgia Brunssum / PSV Eindhoven
1951 PSV Eindhoven / –
1952 Willem II Tilburg / –
1953 RCH Haarlem / –
1954 PSV Eindhoven / –
1955 Willem II Tilburg / –
1956 Rapid JC Haarlem / –
1957 Ajax Amsterdam / Fortuna '54 Geleen
1958 DOS Utrecht / Sparta Rotterdam
1959 Sparta Rotterdam / VVV Venlo
1960 Ajax Amsterdam / –
1961 Feyenoord Rotterdam / Ajax Amsterdam

Feyenoord Rotterdams Spielführer nach dem Sieg im UEFA-Pokalfinale 2002 über Borussia Dortmund: Paul Bosvelt

1962 Feyenoord Rotterdam / Sparta Rotterdam
1963 PSV Eindhoven / Willem II Tilburg
1964 DWS Amsterdam / Fortuna '54 Geleen
1965 Feyenoord Rotterdam / Feyenoord Rotterdam
1966 Ajax Amsterdam / Sparta Rotterdam
1967 Ajax Amsterdam / Ajax Amsterdam
1968 Ajax Amsterdam / ADO Den Haag
1969 Feyenoord Rotterdam / Feyenoord Rotterdam
1970 Ajax Amsterdam / Ajax Amsterdam
1971 Feyenoord Rotterdam / Ajax Amsterdam
1972 Ajax Amsterdam / Ajax Amsterdam
1973 Ajax Amsterdam / NAC Breda
1974 Feyenoord Rotterdam / PSV Eindhoven
1975 PSV Eindhoven / FC Den Haag
1976 PSV Eindhoven / PSV Eindhoven
1977 Ajax Amsterdam / FC Twente 65 Enschede
1978 PSV Eindhoven / AZ Alkmaar
1979 Ajax Amsterdam / Ajax Amsterdam
1980 Ajax Amsterdam / Feyenoord Rotterdam
1981 AZ 67 Alkmaar / AZ Alkmaar
1982 Ajax Amsterdam / AZ Alkmaar
1983 Ajax Amsterdam / Ajax Amsterdam
1984 Feyenoord Rotterdam / Feyenoord Rotterdam
1985 Ajax Amsterdam / FC Utrecht
1986 PSV Eindhoven / Ajax Amsterdam
1987 PSV Eindhoven / Ajax Amsterdam
1988 PSV Eindhoven / PSV Eindhoven
1989 PSV Eindhoven / PSV Eindhoven
1990 Ajax Amsterdam / PSV Eindhoven

1991 PSV Eindhoven / Feyenoord Rotterdam
1992 PSV Eindhoven / Feyenoord Rotterdam
1993 Feyenoord Rotterdam / Ajax Amsterdam
1994 Ajax Amsterdam / Feyenoord Rotterdam
1995 Ajax Amsterdam / Feyenoord Rotterdam
1996 Ajax Amsterdam / PSV Eindhoven
1997 PSV Eindhoven / Roda JC Kerkrade
1998 Ajax Amsterdam / Ajax Amsterda
1999 Feyenoord Rotterdam / Ajax Amsterda
2000 PSV Eindhoven / Roda JC Kerkrade
2001 PSV Eindhoven / FC Twente
2002 Ajax Amsterdam / Ajax Amsterdam
2003 PSV Eindhoven / FC Utrecht
2004 Ajax Amsterdam / FC Utrecht
2005 PSV Eindhoven / PSV Eindhoven

Nordirland

Landesmeister / Pokalsieger

1881 – / Moyala Park
1882 Queens Island
1883 – / FC Cliftonville
1884 – / FC Distillery
1885 – / FC Distillery
1886 – / FC Distillery
1887 – / Ulster
1888 – / FC Cliftonville
1889 – / FC Distillery
1890 – / Gordon Highlanders
1891 FC Lienfield / FC Lienfield
1892 FC Lienfield / FC Lienfield
1893 FC Lienfield / FC Lienfield
1894 FC Glentoran / FC Distillery
1895 FC Lienfield / FC Lienfield
1896 FC Distillery / FC Distillery
1897 FC Glentoran / FC Cliftonville
1898 FC Lienfield / FC Lienfield
1899 FC Distillery / FC Lienfield
1900 Celtic Belfast / FC Cliftonville
1901 FC Distillery / FC Cliftonville
1902 FC Lienfield / FC Lienfield
1903 FC Distillery / FC Distillery
1904 FC Lienfield / FC Lienfield
1905 FC Glentoran / FC Distillery
1906 FC Cliftonville und FC Distillery / Shelbourne FC
1907 FC Lienfield / FC Cliftonville
1908 FC Lienfield / Bohemians Belfast
1909 FC Lienfield / FC Cliftonville
1910 FC Cliftonville / FC Distillery
1911 FC Lienfield / SC Shelbourne
1912 FC Glentoran / FC Lienfield
1913 FC Glentoran / FC Lienfield
1914 FC Lienfield / FC Glentoran
1915 Celtic Belfast / FC Lienfield
1916 – / FC Lienfield
1917 – / FC Glentoran
1918 – / Celtic Belfast
1919 – / FC Lienfield
1920 Celtic Belfast / SC Shelbourne
1921 FC Glentoran / FC Glentoran
1922 FC Lienfield / FC Lienfield
1923 FC Lienfield / FC Lienfield
1924 Queens Island / Queens Island
1925 FC Glentoran / FC Distillery
1926 Celtic Belfast / Celtic Belfast
1927 Celtic Belfast / Newton Ards
1928 Celtic Belfast / Willowfield
1929 Celtic Belfast / Ballymena United
1930 FC Lienfield / FC Lienfield
1931 FC Glentoran / FC Lienfield
1932 FC Lienfield / FC Glentoran
1933 Celtic Belfast / FC Glentoran
1934 FC Lienfield / FC Lienfield
1935 FC Lienfield / FC Glentoran
1936 Celtic Belfast / FC Lienfield
1937 Celtic Belfast / Celtic Belfast
1938 Celtic Belfast / Celtic Belfast
1939 Celtic Belfast / FC Lienfield
1940 Celtic Belfast / Ballymena United
1941 – / Celtic Belfast
1942 – / FC Lienfield
1943 – / Celtic Belfast
1944 – / Celtic Belfast
1945 – / FC Lienfield
1946 – / FC Lienfield
1947 – / Celtic Belfast
1948 Celtic Belfast / FC Lienfield
1949 FC Lienfield / Derry City
1950 FC Lienfield / FC Lienfield
1951 FC Glentoran / FC Glentoran
1952 FC Glenavon / Newton Ards
1953 FC Glentoran / FC Lienfield
1954 FC Lienfield / Derry City
1955 FC Lienfield / Dundela
1956 FC Lienfield / FC Distillery
1957 FC Glentoran / FC Glenavon
1958 Newton Ards / Ballymena United
1959 FC Lienfield / FC Glenavon
1960 FC Glentoran / FC Lienfield
1961 FC Lienfield / FC Glenavon
1962 FC Lienfield / FC Lienfield
1963 FC Distillery / FC Lienfield
1964 FC Glentoran / Derry City
1965 Derry City / Coleraine FC
1966 FC Lienfield / FC Glentoran
1967 FC Glentoran / FC Crusaders
1968 FC Glentoran / FC Crusaders
1969 FC Lienfield / Newton Ards
1970 FC Glentoran / FC Lienfield
1971 FC Lienfield / FC Distillery
1972 FC Glentoran / Coleraine FC
1973 FC Crusaders / FC Glentoran
1974 Coleraine FC / Newton Ards

1975 FC Lienfield / Coleraine FC
1976 FC Crusaders / Carrick Rangers
1977 FC Glentoran / Coleraine FC
1978 FC Lienfield / FC Lienfield
1979 FC Lienfield / FC Cliftonville
1980 FC Lienfield / FC Lienfield
1981 FC Glentoran / FC Ballymena United
1982 FC Lienfield / FC Lienfield
1983 FC Lienfield / FC Glentoran
1984 FC Lienfield / FC Ballymena United
1985 FC Lienfield / FC Glentoran
1986 FC Lienfield / FC Glentoran
1987 FC Lienfield / FC Glentoran
1988 FC Glentoran / FC Glentoran
1989 FC Lienfield / FC Ballymena United
1990 FC Portadown / FC Glentoran
1991 FC Portadown / FC Portadown
1992 FC Glentoran / FC Glenavon
1993 FC Lienfield / FC Bangor
1994 FC Lienfield / FC Lienfield
1995 FC Crusaders / FC Lienfield
1996 FC Portadown / FC Glentoran
1997 FC Crusaders / FC Glenavon
1998 FC Cliftonville / FC Glentoran
1999 FC Cliftonville / FC Portadown
2000 FC Lienfield / FC Glentoran
2001 FC Lienfield / FC Glentoran
2002 FC Portadown / FC Lienfield
2003 FC Glentoran / Coleraine FC
2004 FC Lienfield / FC Glentoran
2005 FC Glentoran / FC Portadown

Norwegen*

Landesmeister / Pokalsieger

1902 – / IK Grane Arendal
1903 – / Odd BK Skien
1904 – / Odd BK Skien
1905 – / Odd BK Skien
1906 – / Odd BK Skien
1907 – / Mercantile Oslo
1908 – / Lyn Oslo
1909 – / Lyn Oslo
1910 – / Lyn Oslo
1911 – / Lyn Oslo
1912 – / Mercantile Oslo
1913 – / Odd BK Skien
1914 – / Frigg Oslo
1915 – / Odd BK Skien
1916 – / Frigg Oslo
1917 – / Sarpsborg FK
1918 – / Kvik Halden
1919 – / Odd BK Skien
1920 – / Oern Horten
1921 – / Frigg Oslo
1922 – / Odd BK Skien
1923 – / Brann Bergen
1924 – / Odd BK Skien
1925 – / Brann Bergen
1926 – / Odd BK Skien
1927 – / Oern Horten
1928 – / Oern Horten
1929 – / Sarpsborg FK
1930 – / Oern Horten
1931 – / Odd BK Skien
1932 – / FK Fredrikstad
1933 – / Mjöndalen Drammen
1934 – / Mjöndalen Drammen
1935 – / FK Fredrikstad
1936 – / FK Fredrikstad
1937 – / Mjöndalen Drammen
1938 FK Fredrikstad / FK Fredrikstad
1939 FK Fredrikstad / Sarpsborg FK
1940 – / FK Fredrikstad
1945 – / Lyn Oslo
1946 – / Lyn Oslo
1947 – / Skeid SK
1948 SK Freidig / Sarpsborg FK
1949 FK Fredrikstad / Sarpsborg FK
1950 IF Fram Larvik / FK Fredrikstad
1951 FK Fredrikstad / Sarpsborg FK
1952 FK Fredrikstad / Sparta Sarpsborg
1953 Larvik Turn / Viking Stavanger
1954 FK Fredrikstad / Skeid SK
1955 Larvik Turn / Skeid SK
1956 Larvik Turn / Skeid SK
1957 FK Fredrikstad / FK Fredrikstad
1958 Viking Stavanger / Skeid SK
1959 Lillestrøm SK / Viking Stavanger
1960 FK Fredrikstad / Rosenborg BK
1961 FK Fredrikstad / FK Fredrikstad
1962 Brann Bergen / Gjövik Lyn Oslo
1963 Brann Bergen / Skeid SK
1964 Lyn Oslo / Rosenborg BK
1965 Vålerenga Oslo / Skeid SK
1966 Skeid SK / FK Fredrikstad
1967 Rosenborg BK / Lyn Oslo
1968 Lyn Oslo / Lyn Oslo
1969 Rosenborg BK / Strömsgodset Drammen
1970 Strömsgodset Drammen / Strömsgodset Drammen
1971 Rosenborg BK / Rosenborg BK
1972 Viking Stavanger / Brann Bergen
1973 Viking Stavanger / Strömsgodset Drammen
1974 Viking St. / Skeid SK
1975 Viking St. / SFK Bodø-Glimt
1976 Lillestrøm SK / Brann Bergen
1977 Lillestrøm SK / Lillestrøm SK
1978 IK Start Kristiansand / Lillestrøm SK
1979 Viking Stavanger / Lillestrøm SK
1980 Start Kristiansand / Vålerenga Oslo
1981 Vålerenga Oslo / Lillestrøm SK
1982 Viking Stavanger / Brann Bergen

1983 Vålerenga Oslo / FK Moos
1984 Vålerenga Oslo / FK Fredrikstad
1985 Rosenborg BK / Lillestrøm SK
1986 Lillestrøm SK / Tromsø IL
1987 FK Moss / Bryne IL
1988 Rosenborg BK / Rosenborg BK
1989 Lillestrøm SK / Viking Stavanger
1990 Rosenborg BK / Rosenborg BK
1991 Viking Stavanger / Strömsgodset Drammen
1992 Rosenborg BK / Rosenborg BK
1993 Rosenborg BK / FK Bodø-Glimt
1994 Rosenborg BK / Molde FK
1995 Rosenborg BK / Rosenborg BK
1996 Rosenborg BK / Tromsø IL
1997 Rosenborg BK / Vålerenga Oslo
1998 Rosenborg BK / Stabæck IF
1999 Rosenborg BK / Rosenborg BK
2000 Rosenborg BK / Odd Grenland
2001 Rosenborg BK / Viking Stavanger
2002 Rosenborg BK / Vålerenga Oslo
2003 Rosenborg BK / Rosenborg BK
2004 Rosenborg BK / Brann Bergen
2005 Vålerenga Oslo / Molde FK

Österreich
Landesmeister / Pokalsieger
1897 Wiener Cricketer / –
1898 Wiener Cricketer / –
1899 Vienna Wien / –
1900 Vienna Wien / –
1901 Wiener AC / –
1902 Wiener Cricketer / –
1903 Wiener AC / –
1904 Wiener AC / –
1905 Wiener Sportclub / –
1909 Ferencvaros Budapest / –
1911 Wiener Sportclub / –
1912 Rapid Wien / –
1913 Rapid Wien / –
1914 Wiener AF / –
1915 Wiener AC / –
1916 Rapid Wien / –
1917 Rapid Wien / –
1918 Floridsdorfer AC / –
1919 Rapid Wien / Rapid Wien
1920 Rapid Wien / Rapid Wien
1921 Rapid Wien / Amateure Wien
1922 Wiener Sportklub / Wiener AF
1923 Rapid Wien / Wiener Sportklub
1924 Amateure Wien / Amateure Wien
1925 Hakoah Wien / Amateure Wien
1926 Austria Wien / Austria Wien
1927 Admira Wien / Rapid Wien
1928 Admira Wien / AdmiraWien
1929 Rapid Wien / Vienna Wien
1930 Rapid Wien / Vienna Wien

Erste Trainerstation bei Rapid Wien: Lothar Matthäus

1931 First Vienna FC / Wiener AC
1932 Admira Wien / AdmiraWien
1933 First Vienna FC / Austria Wien
1934 Admira Wien / Admira Wien
1935 Rapid Wien / Austria Wien
1936 Admira Wien / Austria Wien
1937 Admira Wien / First Vienna FC
1938 Rapid Wien / Wiener AC Schwarz-Rot
1939 Admira Wien / –
1940 Rapid Wien / –
1941 Rapid Wien / –
1942 Vienna Wien / –
1943 Vienna Wien / –
1944 Vienna Wien / –
1946 Rapid Wien / Rapid Wien
1947 Wacker Wien / WackerWien
1948 Rapid Wien / Austria Wien
1949 Austria Wien / Austria Wien
1950 Austria Wien / –
1951 Rapid Wien / –
1952 Rapid Wien / –
1953 Austria Wien / –
1954 Rapid Wien / –
1955 First Vienna FC / –
1956 Rapid Wien / –
1957 Rapid Wien / –
1958 Wiener Sportklub / –
1959 Wiener Sportklub / Wiener AC
1960 Rapid Wien / Austria Wien
1961 Austria Wien / Rapid Wien
1962 Austria Wien / AustriaWien
1963 Austria Wien / AustriaWien
1964 Rapid Wien / Admira Wien
1965 Linzer ASK / Linzer ASK
1966 Admira Wien / Admira Wien
1967 Rapid Wien / Austria Wien

1968 Rapid Wien/Rapid Wien
1969 Austria Wien/Rapid Wien
1970 Austria Wien/Wacker Innsbruck
1971 Wacker Innsbruck/Austria Wien
1972 Wacker Innsbruck/Rapid Wien
1973 Wacker Innsbruck/Wacker Innsbruck
1974 VÖEST Linz/AustriaWien
1975 Wacker Innsbruck/Wacker Innsbruck
1976 Austria Wien/Rapid Wien
1977 Wacker Innsbruck/Austria Wien
1978 Austria Wien/Wacker Innsbruck
1979 Austria Wien/Wacker Innsbruck
1980 Austria Wien/Austria Wien
1981 Austria Wien/Grazer AK
1982 Rapid Wien/Austria Wien
1983 Rapid Wien/Rapid Wien
1984 Austria Wien/Rapid Wien
1985 Austria Wien/Rapid Wien
1986 Austria Wien/AustriaWien
1987 Rapid Wien/Rapid Wien
1988 Rapid Wien/Kremser SC
1989 FC Tirol Innsbruck/FC Tirol Innsbruck
1990 FC Tirol Innsbruck/Austria Wien
1991 Austria Wien/SV Stockerau
1992 Austria Wien/Austria Wien
1993 Austria Wien/Wacker Innsbruck
1994 Casino Salzburg/AustriaWien
1995 Casino Salzburg/Rapid Wien
1996 Rapid Wien/Sturm Graz
1997 Casino Salzburg/Sturm Graz
1998 Sturm Graz/SV Ried
1999 Sturm Graz/Sturm Graz
2000 FC Tirol Innsbruck/Grazer AK
2001 FC Tirol Innsbruck/FC Kärnten
2002 FC Tirol Innsbruck/Grazer AK
2003 Austria Wien/Austria Wien
2004 Grazer AK/Grazer AK
2005 Rapid Wien/Austria Wien

Polen

Landesmeister/Pokalsieger

1921 Cracovia Kraków/–
1922 Pogon Lemberg/–
1923 Pogon Lemberg/–
1925 Pogon Lemberg/–
1926 Pogon Lemberg/Wisla Kraków
1927 Wisla Kraków/–
1928 Wisla Kraków/–
1929 Warta Posen/–
1930 Cracovia Kraków/–
1931 Garbania Kraków/–
1932 Cracovia Kraków/–
1933 Ruch Chorzów/–
1934 Ruch Chorzów/–
1935 Ruch Chorzów/–
1936 Ruch Chorzów/–
1937 Cracovia Kraków/–
1938 Ruch Chorzów/–
1946 Polonia Warschau/–
1947 Warta Posen/–
1948 Cracovia Kraków/–
1949 Wisla Kraków/–
1950 Wisla Kraków/–
1951 Ruch Chorzów/Ruch Chorzów
1952 Ruch Chorzów/Polonia Warschau
1953 Ruch Chorzów/–
1954 Polonia Bytom/Gwardia Warschau
1955 Legia Warschau/Legia Warschau
1956 LegiaWarschau/Legia Warschau
1957 Górnik Zabrze/LKS Lodz
1958 LKS Lodz/–
1959 Górnik Zabrze/–
1960 Ruch Chorzów/–
1961 Górnik Zabrze/–
1962 Polonia Bytom/Stal Sosnowiec
1963 Górnik Zabrze/Stal Sosnowiec
1964 Górnik Zabrze/Legia Warschau
1965 Górnik Zabrze/Górnik Zabrze
1966 Górnik Zabrze/Legia Warschau
1967 Górnik Zabrze/Wisla Kraków
1968 Ruch Chorzów/Górnik Zabrze
1969 Legia Warschau/Górnik Zabrze
1970 Legia Warschau/Górnik Zabrze
1971 Górnik Zabrze/Górnik Zabrze
1972 Górnik Zabrze/Górnik Zabrze
1973 Stal Mielec/Legia Warschau
1974 Ruch Chorzów/Ruch Chorzów
1975 Ruch Chorzów/Stal Rzeszów
1976 Stal Mielec/Slask Wrocław
1977 Slask Wrocław/GKS Zaglebie Sosnowiec
1978 Wisla Kraków/GKS Zaglebie Sosnowiec
1979 Wisla Kraków/Arka Gdynia
1980 Szombierki Bytom/Legia Warschau
1981 Widzew Lodz/Legia Warschau
1982 Widzew Lodz/Lech Poznan
1983 Lech Poznan/Lechia Gdánsk
1984 Lech Poznan/Lech Poznan
1985 Górnik Zabrze/Widzew Lodz
1986 Górnik Zabrze/GKS Kattowitz
1987 Górnik Zabrze/Slask Wrocław
1988 Górnik Zabrze/Lech Pozna_
1989 Ruch Chorzów/Legia Warschau
1990 Lech Poznan/Legia Warschau
1991 Zaglebie Lubin/GKS Kattowitz
1992 Lech Poznan/Miedz Liegnitz
1993 Lech Poznan/GKS Kattowitz
1994 Legia Warschau/Legia Warschau
1995 Legia Warschau/Legia Warschau
1996 Widzew Lodz/Ruch Chorzów
1997 Widzew Lodz/Legia Warschau
1998 LKS Lodz/Amica Wronki
1999 Wisla Kraków/Amica Wronki

2000 Polonia Warschau / Amica Wronki
2001 Wisla Kraków / Polonia Warschau
2002 Legia Warschau / Wisla Kraków
2003 Wisla Kraków / Wisla Kraków
2004 Wisla Kraków / Lech Poznan
2005 Wisla Kraków / Dyskobolia Groclin Grodzisk

Portugal
Landesmeister / Pokalsieger
1922 – / FC Porto
1923 – / Sporting Lissabon
1924 – / Olhanense
1925 – / FC Porto
1926 – / SC Marítimo
1927 – / Belenenses Lissabon
1928 – / Carcavelinhos
1929 – / Belenenses Lissabon
1930 – / Benfica Lissabon
1931 – / Benfica Lissabon
1932 – / FC Porto
1933 – / Belenenses Lissabon
1934 – / Sporting Lissabon
1935 FC Porto / Benfica Lissabon
1936 Benfica Lissabon / Sporting Lissabon
1937 Benfica Lissabon / FC Porto
1938 Benfica Lissabon / Sporting Lissabon
1939 FC Porto / Académica Coimbra
1940 FC Porto / Benfica Lissabon
1941 Sporting Lissabon / Sporting Lissabon
1942 Benfica Lissabon / Belenenses Lissabon
1943 Benfica Lissabon / Benfica Lissabon
1944 Sporting Lissabon / Benfica Lissabon
1945 Benfica Lissabon / Sporting Lissabon
1946 Belenenses Lissabon / Sporting Lissabon

Portugals Fußball-»Legende«: Eusebio

1947 Sporting Lissabon / –
1948 Sporting Lissabon / Sporting Lissabon
1949 Sporting Lissabon / Benfica Lissabon
1950 Benfica Lissabon / –
1951 Sporting Lissabon / Benfica Lissabon
1952 Sporting Lissabon / Benfica Lissabon
1953 Sporting Lissabon / Benfica Lissabon
1954 Sporting Lissabon / Sporting Lissabon
1955 Benfica Lissabon / Benfica Lissabon
1956 FC Porto / FC Porto
1957 Benfica Lissabon / Benfica Lissabon
1958 Sporting Lissabon / FC Porto
1959 FC Porto / Benfica Lissabon
1960 Benfica Lissabon / Belenenses Lissabon
1961 Benfica Lissabon / Leixões Porto
1962 Sporting Lissabon / Benfica Lissabon
1963 Benfica Lissabon / Sporting Lissabon
1964 Benfica Lissabon / Benfica Lissabon
1965 Benfica Lissabon / Vitória Setúbal
1966 Sporting Lissabon / SC Braga
1967 Benfica Lissabon / Vitória Setúbal
1968 Benfica Lissabon / FC Porto
1969 Benfica Lissabon / Benfica Lissabon
1970 Sporting Lissabon / Benfica Lissabon
1971 Benfica Lissabon / Sporting Lissabon
1972 Benfica Lissabon / Benfica Lissabon
1973 Benfica Lissabon / Sporting Lissabon
1974 Sporting Lissabon / Sporting Lissabon
1975 Benfica Lissabon / Boavista Porto
1976 Benfica Lissabon / Boavista Porto
1977 Benfica Lissabon / FC Porto
1978 FC Porto / Sporting Lissabon
1979 FC Porto / Boavista Porto
1980 Sporting Lissabon / Benfica Lissabon
1981 Benfica Lissabon / Benfica Lissabon
1982 Sporting Lissabon / Sporting Lissabon
1983 Benfica Lissabon / FC Porto
1984 Benfica Lissabon / FC Porto
1985 FC Porto / Benfica Lissabon
1986 FC Porto / Benfica Lissabon
1987 Benfica Lissabon / Benfica Lissabon
1988 FC Porto / FC Porto
1989 Benfica Lissabon / Belenenses Lissabon
1990 FC Porto / Estrela Amadora
1991 Benfica Lissabon / FC Porto
1992 FC Porto / Boavista Porto
1993 FC Porto / Benfica Lissabon
1994 Benfica Lissabon / FC Porto
1995 FC Porto / Sporting Lissabon
1996 FC Porto / Benfica Lissabon
1997 FC Porto / Boavista Porto
1998 FC Porto / FC Porto
1999 FC Porto / SC Beira-Mar
2000 Sporting Lissabon / FC Porto
2001 Boavista Porto / FC Porto
2002 Sporting Lissabon / Sporting Lissabon

2003 FC Porto/FC Porto
2004 FC Porto/Benfica Lissabon
2005 Benfica Lissabon/Vitória Setúbal

Rumänien
Landesmeister/Pokalsieger
1910 Olimpia Bukarest/–
1911 Olimpia Bukarest/–
1912 United Ploiesti/–
1913 Colentina Bukarest/–
1914 Colentina Bukarest/–
1915 Romano-Americana Bukarest/–
1916 Prahova Ploiesti/–
1920 Venus Bukarest/–
1921 Venus Bukarest/–
1922 Chinezul Timisoara/–
1923 Chinezul Timisoara/–
1924 Chinezul Timisoara/–
1925 Chinezul Timisoara/–
1926 Chinezul Timisoara/–
1927 Chinezul Timisoara/–
1928 Coltea Brasov/–
1929 Venus Bukarest/–
1930 Juventus Bukarest/–
1931 UDR Resita/–
1932 Venus Bukarest/–
1933 Ripensia Timisoara/–
1934 Venus Bukarest/Ripensia Timisoara
1935 Ripensia Timisoara/Rapid Bukarest
1936 Ripensia Timisoara/Ripensia Timisoara
1937 Venus Bukarest/Rapid Bukarest
1938 Ripensia Timisoara/Rapid Bukarest
1939 Venus Bukarest/Rapid Bukarest
1940 Venus Bukarest/Rapid Bukarest
1941 Unirea Tricolor Bukarest/Rapid Bukarest
1942 Rapid Bukarest/Rapid Bukarest
1943 Universitatea Craiova/Turnu Severin
1947 Flacara Rosie Arad/–
1948 Flacara Rosie Arad/Flacara Rosie Arad
1949 ICO Oradea/CCA Bukarest
1950 Flamura Roşie IT Arad/CCA Bukarest
1951 CCA Bukarest/CCA Bukarest
1952 CCA. Bukarest/CCA Bukarest
1953 CCA Bukarest/Flamura Roşie IT Arad
1954 Flamura Roşie IT Arad/Metalul Resita
1955 Dinamo Bukarest/CCA Bukarest
1956 CCA Bukarest/Progresul Oradea
1958 Petrolul Ploiesti/Stiinta Timisoara
1959 Petrolul Ploiesti/Dinamo Bukarest
1960 CCA Bukarest/Progresul Bukarest
1961 CCA Bukarest/Ariesul Turda
1962 Dinamo Bukarest/Steaua Bukarest
1963 Dinamo Bukarest/Petrolul Ploiesti
1964 Dinamo Bukarest/Dinamo Bukarest
1965 Dinamo Bukarest/Stiinta Cluj
1966 Petrolul Ploiesti/Steaua Bukarest

125 Länderspiele für Rumänien: Gheorghe Hagi

1967 Rapid Bukarest/Steaua Bukarest
1968 Steaua Bukarest/Dinamo Bukarest
1969 UT Arad/Steaua Bukarest
1970 UT Arad/Steaua Bukarest
1971 Dinamo Bukarest/Steaua Bukarest
1972 Arges Pitesti/Rapid Bukarest
1973 Dinamo Bukarest/Chimia Rimnicu Vilcea
1974 Universitatea Craiova/Jiul Petroseni
1975 Dinamo Bukarest/Rapid Bukarest
1976 Steaua Bukarest/Steaua Bukarest
1977 Dinamo Bukarest/Universitatea Craiova
1978 Steaua Bukarest/Universitatea Craiova
1979 Arges Pitesti/Steaua Bukarest
1980 Universitatea Craiova/Politehnica Timisoara
1981 Universitatea Craiova/Universitatea Craiova
1982 Dinamo Bukarest/Dinamo Bukarest
1983 Dinamo Bukarest/Universitatea Craiova
1984 Dinamo Bukarest/Dinamo Bukarest
1985 Steaua Bukarest/Steaua Bukarest
1986 Steaua Bukarest/Dinamo Bukarest
1987 Steaua Bukarest/Steaua Bukarest
1988 Steaua Bukarest/Steaua Bukarest
1989 Steaua Bukarest/Steaua Bukarest
1990 Dinamo Bukarest/Dinamo Bukarest
1991 Universitatea Craiova/Universitatea Craiova
1992 Dinamo Bukarest/Steaua Bukarest
1993 Steaua Bukarest/Universitatea Craiova
1994 Steaua Bukarest/Gloria Bistrita
1995 Steaua Bukarest/Petrolul Ploiesti
1996 Steaua Bukarest/Steaua Bukarest
1997 Steaua Bukarest/Rapid Bukarest

1998 Steaua Bukarest / Rapid Bukarest
1999 Rapid Bukarest / Rapid Bukarest
2000 Dinamo Bukarest / Dinamo Bukarest
2001 Steaua Bukarest / Dinamo Bukarest
2002 Dinamo Bukarest / Rapid Bukarest
2003 Rapid Bukarest / Dinamo Bukarest
2004 Dinamo Bukarest / Dinamo Bukarest
2005 Steaua Bukarest / Dinamo Bukarest

Russland* → UdSSR

San Marino

Landesmeister / Pokalsieger

1937 – / Libertas Borgo Maggiore
1950 – / Libertas Borgo Maggiore
1954 – / Libertas Borgo Maggiore
1958 – / Libertas Borgo Maggiore
1959 – / Libertas Borgo Maggiore
1961 – / Libertas Borgo Maggiore
1965 – / Juvenes Serravalle
1966 – / Tre Fiori Fiorentino
1967 – / Tre Penne Galazzano
1968 – / Juvenes Serravalle
1970 – / Tre Penne Galazzano
1971 – / Tre Fiori Fiorentino
1972 – / SP Domagnano
1974 – / Tre Fiori Fiorentino
1975 – / Tre Fiori Fiorentino
1976 – / Juvenes Serravalle
1977 – / GS Dogana
1978 – / Juvenes Serravalle
1979 – / GS Dogana
1980 – / Cosmos Seravalle
1981 – / Cosmos Seravalle
1982 – / Tre Penne Galazzano
1983 – / Tre Penne Galazzano
1984 – / Juvenes Serravalle
1985 – / Tre Fiori Fiorentino
1986 SC Faetano / La Fiorita Montegiardino
1987 La Fiorita Montegiardino / Libertas Borgo Maggiore
1988 Tre Fiori Fiorentino / SP Domagnano
1999 SP Domagnano / Libertas Borgo Maggiore
1990 La Fiorita Montegiardino / SP Domagnano
1991 SC Faetano / Libertas Borgo Maggiore
1992 Montevido Fiorentino / SP Domagnano
1993 Tre Fiori Fiorentino / SC Faetano
1994 Tre Fiori Fiorentino / SC Faetano
1995 Tre Fiori Fiorentino / SP Domagnano
1996 Libertas Borgo Maggiore / SP Domagnano
1997 Folgore Falciano / SS Murata
1998 Folgore Falciano / SC Faetano
1999 SC Faetano / Cosmos Seravalle
2000 Folgore Falciano / Tre Penne Galazzano
2001 SP Domagnano / SP Domagnano
2002 SP Domagnano / SP Domagnano
2003 SP Domagnano / SP Domagnano
2004 SS Pennarossa / SS Pennarossa
2005 SP Domagnano / SS Pennarossa

Schottland

Landesmeister / Pokalsieger

1874 – / Queens Park Glasgow
1875 – / Queens Park Glasgow
1876 – / Queens Park Glasgow
1877 – / Vale of Leven
1878 – / Vale of Leven
1879 – / Vale of Leven
1880 – / Queens Park Glasgow
1881 – / Queens Park Glasgow
1882 – / Queens Park Glasgow
1883 – / Dumbarton
1884 – / Queens Park Glasgow
1885 – / Renton
1886 – / Queens Park Glasgow
1887 – / Hibernian FC
1888 – / Renton
1889 – / Third Lanark
1890 – / Queens Park Glasgow
1891 Dumbarton und Glasgow Rangers / Heart of Midlothian
1892 Dumbarton / Celtic Glasgow
1893 Celtic Glasgow / Queens Park Glasgow
1894 Celtic Glasgow / Glasgow Rangers
1895 Heart of Midlothian / St. Bernards
1896 Celtic Glasgow / Heart of Midlothian
1897 Heart of Midlothian / Glasgow Rangers
1898 Celtic Glasgow / Glasgow Rangers
1899 Glasgow Rangers / Celtic Glasgow
1900 Glasgow Rangers / Celtic Glasgow
1901 Glasgow Rangers / Heart of Midlothian
1902 Glasgow Rangers / Hibernian FC
1903 Hibernian FC / Glasgow Rangers
1904 Third Lanark / Celtic Glasgow
1905 Celtic Glasgow / Third Lanark
1906 Celtic Glasgow / Heart of Midlothian
1907 Celtic Glasgow / Celtic Glasgow
1908 Celtic Glasgow / Celtic Glasgow
1909 Celtic Glasgow / –
1910 Celtic Glasgow / FC Dundee
1911 Glasgow Rangers / Celtic Glasgow
1912 Glasgow Rangers / Celtic Glasgow
1913 Glasgow Rangers / FC Falkirk
1914 Celtic Glasgow / Celtic Glasgow
1915 Celtic Glasgow / –
1916 Celtic Glasgow / –
1917 Celtic Glasgow / –
1918 Glasgow Rangers / –
1919 Celtic Glasgow / –
1920 Glasgow Rangers / Kilmarnock FC
1921 Celtic Glasgow / Partick Thistle
1922 Celtic Glasgow / Morton Greenock

Wurde Torjäger bei Celtic Glasgow: der Niederländer Pierre van Hoojdonk

1923 Glasgow Rangers/Celtic Glasgow
1924 Glasgow Rangers/Airdrionians Airdrie
1925 Glasgow Rangers/Celtic Glasgow
1926 Celtic Glasgow/St. Mirren
1927 Glasgow Rangers/Celtic Glasgow
1928 Glasgow Rangers/Glasgow Rangers
1929 Glasgow Rangers/Kilmarnock FC
1930 Glasgow Rangers/Glasgow Rangers
1931 Glasgow Rangers/Celtic Glasgow
1932 FC Motherwell/Glasgow Rangers
1933 Glasgow Rangers/Celtic Glasgow
1934 Glasgow Rangers/Glasgow Rangers
1935 Glasgow Rangers/Glasgow Rangers
1936 Celtic Glasgow/Glasgow Rangers
1937 Glasgow Rangers/Celtic Glasgow
1938 Celtic Glasgow/East Fife
1939 Glasgow Rangers/Clyde Glasgow
1947 Glasgow Rangers/FC Aberdeen
1948 Hibernian FC/Glasgow Rangers
1949 Glasgow Rangers/Glasgow Rangers
1950 Glasgow Rangers/Glasgow Rangers
1951 Hibernian FC/Celtic Glasgow
1952 Hibernian FC/FC Motherwell
1953 Glasgow Rangers/Glasgow Rangers
1954 Celtic Glasgow/Celtic Glasgow
1955 FC Aberdeen/Clyde Glasgow
1956 Glasgow Rangers/Heart of Midlothian
1957 Glasgow Rangers/FC Falkirk
1958 Heart of Midlothian/Clyde Glasgow
1959 Glasgow Rangers/St. Mirren
1960 Heart of Midlothian/Glasgow Rangers
1961 Glasgow Rangers/Dunfermline Athletic
1962 FC Dundee/Glasgow Rangers
1963 Glasgow Rangers/Glasgow Rangers
1964 Glasgow Rangers/Glasgow Rangers
1965 Kilmarnock FC/Celtic Glasgow
1966 Celtic Glasgow/Glasgow Rangers
1967 Celtic Glasgow/Celtic Glasgow
1968 Celtic Glasgow/Dunfermline Athletic
1969 Celtic Glasgow/Celtic Glasgow
1970 Celtic Glasgow/FC Aberdeen
1971 Celtic Glasgow/Celtic Glasgow
1972 Celtic Glasgow/Celtic Glasgow
1973 Celtic Glasgow/Glasgow Rangers
1974 Celtic Glasgow/Celtic Glasgow
1975 Glasgow Rangers/Celtic Glasgow
1976 Glasgow Rangers/Glasgow Rangers
1977 Celtic Glasgow/Celtic Glasgow
1978 Glasgow Rangers/Glasgow Rangers
1979 Celtic Glasgow/Glasgow Rangers
1980 FC Aberdeen/Celtic Glasgow
1981 Celtic Glasgow/Glasgow Rangers
1982 Celtic Glasgow/FC Aberdeen
1983 Dundee United FC/FC Aberdeen
1984 FC Aberdeen/FC Aberdeen
1985 FC Aberdeen/Celtic Glasgow
1986 Celtic Glasgow/FC Aberdeen
1987 Glasgow Rangers/FC St. Mirren
1988 Celtic Glasgow/Celtic Glasgow
1989 Glasgow Rangers/Celtic Glasgow
1990 Glasgow Rangers/FC Aberdeen
1991 Glasgow Rangers/FC Motherwell
1992 Glasgow Rangers/Glasgow Rangers
1993 Glasgow Rangers/Glasgow Rangers
1994 Glasgow Rangers/Dundee United FC
1995 Glasgow Rangers/Celtic Glasgow
1996 Glasgow Rangers/Glasgow Rangers
1997 Glasgow Rangers/Kilmarnock FC
1998 Celtic Glasgow/Heart of Midlothian
1999 Glasgow Rangers/Glasgow Rangers
2000 Glasgow Rangers/Glasgow Rangers
2001 Celtic Glasgow/Celtic Glasgow
2002 Celtic Glasgow/Glasgow Rangers
2003 Glasgow Rangers/Glasgow Rangers
2004 Celtic Glasgow/Celtic Glasgow
2005 Glasgow Rangers/Celtic Glasgow

Schweden*

Landesmeister/Pokalsieger

Bis 1925 wurde der Landesmeister nach dem Pokalmodus ermittelt, seit 1925 nach der Punktwertung; deshalb 1925 zwei Landesmeister.

1896 Örgryte IS/–
1897 Örgryte IS/–
1898 Örgryte IS/–
1899 Örgryte IS/–
1900 AIK Solna/–
1901 AIK Solna/–
1902 Örgryte IS/–
1903 IFK Göteborg/–
1904 Örgryte IS/–

Holt sich 1987 nach 1982 zum zweiten Mal den UEFA-Pokal: IFK Göteborg

1905	Örgryte IS/–
1906	Örgryte IS/–
1907	Örgryte IS/–
1908	IFK Göteborg/–
1909	Örgryte IS/–
1910	IFK Göteborg/–
1911	AIK Solna/–
1912	Djurgårdens IF/–
1913	Örgryte IS/–
1914	AIK Solna/–
1915	Djurgårdens IF/–
1916	AIK Solna/–
1917	Djurgårdens IF/–
1918	IFK Göteborg/–
1919	GAIS Göteborg/–
1920	Djurgårdens IF/–
1921	IFK Eskilstuna/–
1922	GAIS Göteborg/–
1923	AIK Solna/–
1924	Fässbergs IF/–
1925	Brynas IF und GAIS Göteborg/–
1926	Örgryte IS/–
1927	GAIS Göteborg/–
1928	Örgryte IS/–
1929	Hälsingborg IF/–
1930	Hälsingborg IF/–
1931	GAIS Göteborg/–
1932	AIK Solna/–
1933	Hälsingborg IF/–
1934	Hälsingborg IF/–
1935	IFK Göteborg/–
1936	Elfsborg Borås/–
1937	AIK Solna/–
1938	IK Sleipner Norrköping/–
1939	Elfsborg Borås/–
1940	Elfsborg Borås/–
1941	Hälsingborg IF/Hälsingborg IF
1942	IFK Göteborg/GAIS Göteborg
1943	IFK Norrköping/IFK Norrköping
1944	Malmö FF/Malmö FF
1945	IFK Norrköping/IFK Norrköping
1946	IFK Norrköping/Malmö FF
1947	IFK Norrköping/Malmö FF
1948	IFK Norrköping/IF Raa Hälsingborg
1949	Malmö FF/AIK Solna
1950	Malmö FF/AIK Solna
1951	Malmö FF/Malmö FF
1952	IFK Norrköping/–
1953	Malmö FF/Malmö FF
1954	GAIS Göteborg/–
1955	Djurgårdens IF/–
1956	IFK Norrköping/–
1957	IFK Norrköping/–
1958	IFK Göteborg/–
1959	Djurgardens Stockholm/–
1960	IFK Norrköping/–
1961	Elfsborg Borås/–
1962	IFK Norrköping/–
1963	IFK Norrköping/–
1964	Djurgårdens IF/–

1965 Malmö FF / –
1966 Djurgårdens IF / –
1967 Malmö FF / Malmö FF
1968 Östers Växjö / –
1969 IFK Göteborg / IFK Norrköping
1970 Malmö FF / Åtvidabergs FF
1971 Malmö FF / Åtvidabergs FF
1972 Åtvidabergs FF / Landskrona BoIS
1973 Åtvidabergs FF / Malmö FF
1974 Malmö FF / Malmö FF
1975 Malmö FF / Malmö FF
1976 Halmstads BK / AIK Solna
1977 Malmö FF / Östers Växjö
1978 Östers Växjö / Malmö FF
1979 Halmstads BK / IFK Göteborg
1980 Östers Växjö / Malmö FF
1981 Östers Växjö / Kalmar FF
1982 IFK Göteborg / IFK Göteborg
1983 IFK Göteborg / IFK Göteborg
1984 IFK Göteborg / Malmö FF
1985 Örgryte IS / AIK Solna
1986 Malmö FF / Malmö FF
1987 IFK Göteborg / Kalmar FF
1988 Malmö FF / Malmö FF
1989 Malmö FF / Malmö FF

Europas Torschützenkönig 2001 aus Schweden: Henrik Larsson

1990 IFK Göteborg / Djurgårdens IF
1991 IFK Göteborg / IFK Norrköping
1992 IFK Göteborg / IFK Göteborg
1993 AIK Solna / Degerfors IF
1994 IFK Göteborg / IFK Norrköping
1995 IFK Göteborg / Halmstads BK
1996 IFK Göteborg / AIK Solna
1997 Halmstads BK / AIK Solna
1998 AIK Solna / Helsingborgs IF
1999 Helsingborgs IF / AIK Solna
2000 Halmstads BK / Örgryte IS IS
2001 Hammarby IF / Elfsborg Borås
2002 Djurgårdens IF / Djurgårdens IF
2003 Djurgårdens IF / Elfsborg Borås
2004 Malmö FF / Djurgårdens IF
2005 Djurgårdens IF / Djurgårdens IF

Schweiz

Landesmeister / Pokalsieger

1898 Grasshopper-Club Zürich / –
1899 Anglo-Americans FC Zürich / –
1900 Grasshopper-Club Zürich / –
1901 Grasshopper-Club Zürich / –
1902 FC Zürich / –
1903 Young Boys Bern / –
1904 FC St. Gallen / –
1905 Grasshopper-Club Zürich / –
1906 FC Winterthur / –
1907 Servette Genf / –
1908 FC Winterthur / –
1909 Young Boys Bern / –
1910 Young Boys Bern / –
1911 Young Boys Bern / –
1912 FC Aarau / –
1913 Montriond-Sports FC / –
1914 FC Aarau / –
1915 SC Brühl-St. Gallen / –
1916 FC Cantonal-Neuchâtel / –
1917 FC Winterthur-Veltheim / –
1918 Servette Genf / –
1919 FC Etoile La Chaux-de-Fonds / –
1920 Young Boys Bern / –
1921 Grasshopper-Club Zürich / –
1922 Servette Genf / –
1924 FC Zürich / –
1925 Servette Genf / –
1926 Servette Genf / Grasshopper-Club Zürich
1927 Grasshopper-Club Zürich / Grasshopper-Club Zürich
1928 Grasshopper-Club Zürich / Servette Genf
1929 Young Boys Bern / Urania Sport Genf
1930 Servette Genf / Young Boys Bern
1931 Grasshopper-Club Zürich / FC Lugano
1932 Lausanne-Sports / Grasshopper-Club Zürich
1933 Servette Genf / FC Basel
1934 Servette Genf / Grasshopper-Club Zürich

1935 Lausanne-Sports / Lausanne-Sports
1936 Lausanne-Sports / Young Fellows Zürich
1937 Grasshopper-Club Zürich / Grasshopper-Club Zürich
1938 FC Lugano / Grasshopper-Club Zürich
1939 Grasshopper-Club Zürich / Lausanne-Sports
1940 Servette Genf / Grasshopper-Club Zürich
1941 FC Lugano / Grasshopper-Club Zürich
1942 Grasshopper-Club Zürich / Grasshopper-Club Zürich
1943 Grasshopper-Club Zürich / Grasshopper-Club Zürich
1944 Lausanne-Sports / Lausanne-Sports
1945 Grasshopper-Club Zürich / Young Boys Bern
1946 Servette Genf / Grasshopper-Club Zürich
1947 FC Biel / FC Basel
1948 AC Bellinzona / FC La Chaux-de-Fonds
1949 FC Lugano / Servette Genf
1950 Servette Genf / Lausanne-Sports
1951 Lausanne-Sports / FC La Chaux-de-Fonds
1952 Grasshopper-Club Zürich / Grasshopper-Club Zürich
1953 FC Basel / Young Boys Bern
1954 FC La Chaux-de-Fonds / FC La Chaux-de-Fonds
1955 FC La Chaux-de-Fonds / FC La Chaux-de-Fonds

Karriereausklang bei den »Hoppers«: Günter Netzer

1956 Grasshopper-Club Zürich / Grasshopper-Club Zürich
1957 Young Boys Bern / FC La Chaux-de-Fonds
1958 Young Boys Bern / Young Boys Bern
1959 Young Boys Bern / FC Grenchen
1960 Young Boys Bern / FC Luzern
1961 Servette Genf / FC La Chaux-de-Fonds
1962 Servette Genf / Lausanne-Sports
1963 FC Zürich / FC Basel
1964 FC La Chaux-de-Fonds / Lausanne Sports
1965 Lausanne-Sports / FC Sion
1966 FC Zürich / FC Zürich
1967 FC Basel / FC Basel
1968 FC Zürich / FC Lugano
1969 FC Basel / FC St. Gallen
1970 FC Basel / FC Zürich
1971 Grasshopper-Club Zürich / Servette Genf
1972 FC Basel / FC Zürich
1973 FC Basel / FC Zürich
1974 FC Zürich / FC Sion
1975 FC Zürich / FC Basel
1976 FC Zürich / FC Zürich
1977 FC Basel / Young Boys Bern
1978 Grasshopper-Club Zürich / Servette Genf
1979 Servette Genf / Servette Genf
1980 FC Basel / FC Sion
1981 FC Zürich / Lausanne-Sports
1982 Grasshopper-Club Zürich / FC Lion
1983 Grasshopper-Club Zürich / Grasshopper-Club Zürich
1984 Grasshopper-Club Zürich / Servette Genf
1985 Servette Genf / FC Aarau
1986 Young Boys Bern / FC Sion
1987 Xamax Neuchâtel / Young Boys Bern
1988 Xamax Neuchâtel / Grasshopper-Club Zürich
1989 FC Luzern / Grasshopper-Club Zürich
1990 Grasshopper-Club Zürich / Grasshopper-Club Zürich
1991 Grasshopper-Club Zürich / FC Sion
1992 FC Sion / FC Luzern
1993 FC Aarau / FC Lugano
1994 Servette Genf / Grasshopper-Club Zürich
1995 Grasshopper-Club Zürich / FC Sion
1996 Grasshopper-Club Zürich / FC Sion
1997 FC Sion / FC Sion
1998 Grasshopper-Club Zürich / Lausanne-Sports
1999 Servette Genf / Lausanne-Sports
2000 FC St. Gallen / FC Zürich
2001 Grasshopper-Club Zürich / Servette Genf
2002 FC Basel / FC Basel
2003 Grasshopper-Club Zürich / FC Basel
2004 FC Basel / FC Wil
2005 FC Basel / FC Zürich

Serbien bzw. Serbien und Montenegro
→ Jugoslawien

Slowakische Republik

Landesmeister / Pokalsieger

1939 Sparta Povazska Bystrica / –
1940 ŠK Bratislava / –
1941 ŠK Bratislava / –
1942 ŠK Bratislava / –
1943 OAP Bratislava / –
1944 ŠK Bratislava / –
1994 Slovan Bratislava / Slovan Bratislava
1995 Slovan Bratislava / Inter Bratislava
1996 Slovan Bratislava / Chemion Humenne
1997 1. FC Kosice / Slovan Bratislava
1998 1. FC Kosice / Spartak Trnava
1999 Slovan Bratislava / Slovan Bratislava
2000 Inter Bratislava / Inter Bratislava
2001 Inter Bratislava / Inter Bratislava
2002 MSK Zilina / Koba Senec
2003 MSK Zilina / Matador Puchov
2004 MSK Zilina / Artmedia Bratislava
2005 Artmedia Bratislava / Dukla Banska Bystrica

Slowenien

Landesmeister / Pokalsieger

1992 Olimpija Ljubljana / NK Maribor
1993 Olimpija Ljubljana / Olimpija Ljubljana
1994 Olimpija Ljubljana / NK Maribor
1995 Olimpija Ljubljana / Olimpija Ljubljana
1996 ND Gorica / Olimpija Ljubljana
1997 NK Maribor / NK Maribor
1998 NK Maribor / Rudar Velenje
1999 NK Maribor / NK Maribor
2000 NK Maribor / Olimpija Ljubljana
2001 NK Maribor / ND Gorica
2002 NK Maribor / ND Gorica
2003 NK Maribor / Olimpija Ljubljana
2004 ND Gorica / NK Maribor
2005 ND Gorica / Publikum Celje

Spanien

Landesmeister / Pokalsieger

1902 – / Vizcaya Bilbao
1903 – / Athletic Bilbao
1904 – / Athletic Bilbao
1905 – / Real Madrid
1906 – / Real Madrid
1907 – / Real Madrid
1908 – / Real Madrid
1909 – / Ciclista San Sebastián
1910 – / Athletic Bilbao
1911 – / Athletic Bilbao
1912 – / FC Barcelona
1913 – / FC Barcelona
1914 – / Athletic Bilbao
1915 – / Athletic Bilbao
1916 – / Athletic Bilbao
1917 – / Real Madrid

War langjähriger Mittelfeldregisseur beim CF Valencia: Gaizka Zabala Mendieta

1918 – / Real Unión Iruna
1919 – / Arenas de Guecho Bilbao
1920 – / FC Barcelona
1921 – / Athletic Bilbao
1922 – / FC Barcelona
1923 – / Athletic Bilbao
1924 – / Real Unión Iruna
1925 – / FC Barcelona
1926 – / FC Barcelona
1927 – / Real Unión Iruna
1928 – / FC Barcelona
1929 FC Barcelona / Español Barcelona
1930 Athletic Bilbao / Athletic Bilbao
1931 Athletic Bilbao / Athletic Bilbao
1932 Real FC Madrid / Athletic Bilbao
1933 Real FC Madrid / Athletic Bilbao
1934 Athletic Bilbao / Real Madrid
1935 Real Betis Sevilla / FC Sevilla
1936 Athletic Bilbao / Real Madrid
1939 – / FC Sevilla
1940 Atlético Aviación Madrid / Español Barcelona
1941 Atlético Aviación Madrid / CF Valencia
1942 CF Valencia / FC Barcelona
1943 Atlético Bilbao / Atlético Bilbao
1944 CF Valencia / Atlético Bilbao
1945 FC Barcelona / Atlético Bilbao
1946 FC Sevilla / Real Madrid

Der damals weltbeste Fußballer im Madrider Trikot beim Torschuss: Zinedine Zidane

1947	CF Valencia / Real Madrid
1948	FC Barcelona / FC Sevilla
1949	FC Barcelona / CF Valencia
1950	Atlético Madrid / Atlético Bilbao
1951	Atlético Madrid / FC Barcelona
1952	FC Barcelona / FC Barcelona
1953	FC Barcelona / FC Barcelona
1954	Real Madrid / CF Valencia
1955	Real Madrid / Atlético Bilbao
1956	Atlético Bilbao / Atlético Bilbao
1957	Real Madrid / FC Barcelona
1958	Real Madrid / Atlético Bilbao
1959	FC Barcelona / FC Barcelona
1960	FC Barcelona / Atlético Madrid
1961	Real Madrid / Atlético Madrid
1962	Real Madrid / Real Madrid
1963	Real Madrid / FC Barcelona
1964	Real Madrid / Real Saragossa
1965	Real Madrid / Atlético Madrid
1966	Atlético Madrid / Real Saragossa
1967	Real Madrid / CF Valencia
1968	Real Madrid / FC Barcelona
1969	Real Madrid / Atlético Bilbao
1970	Atlético Madrid / Real Madrid
1971	CF Valencia / FC Barcelona
1972	Real Madrid / Atlético Madrid
1973	Atlético Madrid / Athletic Bilbao
1974	FC Barcelona / Real Madrid
1975	Real Madrid / Real Madrid
1976	Real Madrid / Atlético Madrid
1977	Real Madrid / / Real Betis Sevilla
1978	Real Madrid / FC Barcelona
1979	Real Madrid / CF Valencia
1980	Real Madrid / Real Madrid
1981	Real Sociedad San Sebastián / FC Barcelona
1982	Real Sociedad San Sebastián / Real Madrid
1983	Athletic Bilbao / FC Barcelona
1984	Athletic Bilbao / Athletic Bilbao
1985	FC Barcelona / Atlético Madrid
1986	Real Madrid / Real Saragossa
1987	Real Madrid / Real Sociedad San Sebastián
1988	Real Madrid / FC Barcelona
1989	Real Madrid / Real Madrid
1990	Real Madrid / FC Barcelona
1991	FC Barcelona / Atlético Madrid
1992	FC Barcelona / Atlético Madrid
1993	FC Barcelona / Real Madrid
1994	FC Barcelona / Real Saragossa
1995	Real Madrid / Deportivo La Coruña
1996	Real Madrid / Atlético Madrid
1997	Real Madrid / FC Barcelona
1998	FC Barcelona / FC Barcelona
1999	FC Barcelona / CF Valencia
2000	Deportivo La Coruña / Espanyol Barcelona
2001	Real Madrid / Atlético Madrid
2002	CF Valencia / Deportivo La Coruña
2003	Real Madrid / RCD Mallorca
2004	CF Valencia / Real Saragossa
2005	FC Barcelona / Real Betis Sevilla

Tschechoslowakei

Landesmeister / Pokalsieger

1912	Sparta Prag / –
1913	Slavia Prag / –
1919	Sparta Prag / –
1920	Sparta Prag / –
1921	Sparta Prag / –
1922	Sparta Prag / –
1923	Sparta Prag / –
1924	Slavia Prag / –
1925	Sparta Prag / –
1926	Sparta Prag / –
1927	Sparta Prag / –
1928	Viktoria Zizkov / –
1929	Slavia Prag / –
1930	Slavia Prag / –
1931	Slavia Prag / –
1932	Sparta Prag / –
1933	Slavia Prag / –
1934	Slavia Prag / –
1935	Slavia Prag / –
1936	Sparta Prag / –
1937	Slavia Prag / –
1938	Sparta Prag / –
1939	Sparta Prag / –
1940	Slavia Prag / –
1941	Slavia Prag / –
1942	Slavia Prag / –
1943	Slavia Prag / –
1944	Sparta Prag / –

1946 Sparta Prag/–
1947 Slavia Prag/–
1948 Sparta Prag/–
1949 Sokol NV Bratislava/–
1950 Sokol NV Bratislava/–
1951 Sokol NV Bratislava/–
1952 Sparta CKD Sokolovo Prag/–
1953 UDA (Dukla) Prag/–
1954 Sparta Sokolovo Prag/–
1955 TJ Slovan Bratislava UNV/–
1956 Dukla Prag/–
1958 Dukla Prag/–
1959 Roter Stern Bratislava

ČSSR

1960 Spartak Hradec Králové
1961 Dukla Prag/Dukla Prag
1962 Dukla Prag/TJ Slovan CHZJD Bratislava
1963 Dukla Prag/TJ Slovan CHZJD Bratislava
1964 Dukla Prag/Spartak Sokolova Prag
1965 Spartak Sokolova Prag/Dukla Prag
1966 Dukla Prag/Dukla Prag
1967 TJ Sparta ČKD Prag/Spartak Trnava
1968 TJ Spartak TAZ Trnava/TJ Slovan CHZJD Bratislava
1969 TJ Spartak TAZ Trnava/Dukla Prag
1970 TJ Slovan CHZJD Bratislava/TJ Gottwaldov
1971 TJ Spartak TAZ Trnava/TJ Spartak TAZ Trnava
1972 TJ Spartak TAZ Trnava/TJ Sparta ČKD Prag
1973 TJ Spartak TAZ Trnava/TJ Banik Ostrava OKD
1974 TJ Slovan CHZJD Bratislava/TJ Slovan CHZJD Bratislava
1975 TJ Slovan CHZJD Bratislava/TJ Spartak TAZ Trnava

Tschechischer Exportschlager aus Prag: Tomás Rosicky

1976 TJ Banik Ostrava OKD/TJ Sparta ČKD Prag
1977 Dukla Prag/Lokomotive Kosice
1978 TJ Zbrojovka Brno/TJ Banik Ostrava OKD
1979 Dukla Prag/Lokomotive Kosice
1980 TJ Banik Ostrava OKD/TJ Sparta ČKD Prag
1981 TJ Banik Ostrava OKD/Dukla Prag
1982 Dukla Prag/TJ Slovan CHZJD Bratislava
1983 TJ Bohemians ČKD Prag/Dukla Prag
1984 TJ Sparta ČKD Prag/TJ Sparta ČKD Prag
1985 TJ Sparta ČKD Prag/Dukla Prag
1986 TJ Vitkovice/TJ Spartak TAZ Trnava
1987 TJ Sparta ČKD Prag/Dunajska Streda
1988 TJ Sparta ČKD Prag/TJ Sparta ČKD Prag
1989 TJ Sparta ČKD Prag/TJ Sparta ČKD Prag

ČSFR

1990 TJ Sparta ČKD Prag/Dukla Prag
1991 TJ Sparta ČKD Prag/FC Banik Ostrava
1992 Slovan Bratislava/Sparta Prag
1993 Sparta Prag/FC Kosice

Tschechische Republik

1994 Sparta Prag/Viktoria Zizkov
1995 Sparta Prag/SK Hradec Králové
1996 Slavia Prag/Sparta Prag
1997 Sparta Prag/Slavia Prag
1998 Sparta Prag/FK Jablonec
1999 Sparta Prag/Slavia Prag
2000 Sparta Prag/Slovan Liberec
2001 Sparta Prag/Viktoria Zizkov
2002 SC Slovan Liberec/Slavia Prag
2003 Sparta Prag/FK Teplice
2004 Banik Ostrava/Sparta Prag
2005 Sparta Prag/Banik Ostrava

Türkei

Landesmeister/Pokalsieger

1959 Fenerbahce Istanbul/–
1960 Besiktas Istanbul/–
1961 Fenerbahce Istanbul/–
1962 Galatasaray Istanbul/–
1963 Galatasaray Istanbul/Galatasaray Istanbul
1964 Fenerbahce Istanbul/Galatasaray Istanbul
1965 Fenerbahce Istanbul/Galatasaray Istanbul
1966 Besiktas Istanbul/Galatasaray Istanbul
1967 Besiktas Istanbul/Altay Izmir
1968 Fenerbahce Istanbul/Fenerbahce Istanbul
1969 Galatasaray Istanbul/Göztepe Izmir
1970 Fenerbahce Istanbul/Göztepe Izmir
1971 Galatasaray Istanbul/Eskisehirspor
1972 Galatasaray Istanbul/Ankaragücü
1973 Galatasaray Istanbul/Galatasaray Istanbul
1974 Fenerbahce Istanbul/Fenerbahce Istanbul
1975 Fenerbahce Istanbul/Besiktas Istanbul
1976 Trabzonspor/Galatasaray Istanbul
1977 Trabzonspor/Trabzonspor
1978 Fenerbahce Istanbul/Trabzonspor
1979 Trabzonspor/Fenerbahce Istanbul

»Der Bulle vom Bosporus«: Hakan Sükür

1980 Trabzonspor / Altay Izmir
1981 Trabzonspor / MKE Ankaragücü
1982 Besiktas Istanbul / Galatasaray Istanbul
1983 Fenerbahce Istanbul / Mersin Idmanyurdu
1984 Trabzonspor / Trabzonspor
1985 Fenerbahce Istanbul / Galatasaray Istanbul
1986 Besiktas Istanbul / Bursaspor
1987 Galatasaray Istanbul / Genclerbirligi Ankara
1988 Galatasaray Istanbul / Sakaryaspor
1989 Fenerbahce Istanbul / Besiktas Istanbul
1990 Besiktas Istanbul / Besiktas Istanbul

Ukrainischer Star beim AC Mailand: Andrij Shevchenko

1991 Besiktas Istanbul / Galatasaray Istanbul
1992 Besiktas Istanbul / Trabzonspor
1993 Galatasaray Istanbul / Galatasaray Istanbul
1994 Galatasaray Istanbul / Besiktas Istanbul
1995 Besiktas Istanbul / Trabzonspor
1996 Fenerbahce Istanbul / Galatasaray Istanbul
1997 Galatasaray Istanbul / Kocaelispor
1998 Galatasaray Istanbul / Besiktas Istanbul
1999 Galatasaray Istanbul / Galatasaray Istanbul
2000 Galatasaray Istanbul / Galatasaray Istanbul
2001 Fenerbahce Istanbul / Genclerbirligi Ankara
2002 Galatasaray Istanbul / Kocaelispor
2003 Besiktas Istanbul / Trabzonspor
2004 Fenerbahce Istanbul / Trabzonspor
2005 Fenerbahce Istanbul / Galatasaray Istanbul

UdSSR*

Landesmeister / Pokalsieger

1936 Dynamo Moskau (Frühjahr), Spartak Moskau(Herbst) / Lokomotive Moskau
1937 Dynamo Moskau / Dynamo Moskau
1938 Spartak Moskau / Spartak Moskau
1939 Spartak Moskau / Spartak Moskau
1940 Dynamo Moskau / –
1944 – / Zenit Leningrad
1945 Dynamo Moskau / ZDKA Moskau
1946 ZDKA Moskau / Spartak Moskau
1947 ZDKA Moskau / Spartak Moskau
1948 ZDKA Moskau / ZDKA Moskau
1949 Dynamo Moskau / Torpedo Moskau
1950 ZDSA Moskau / Spartak Moskau
1951 ZDSA Moskau / ZDSA Moskau
1952 Spartak Moskau / Torpedo Moskau
1953 Spartak Moskau / Dynamo Moskau
1954 Dynamo Moskau / Dynamo Kiew
1955 Dynamo Moskau / ZDSA Moskau
1956 Spartak Moskau / –
1957 Dynamo Moskau / Lokomotive Moskau
1958 Spartak Moskau / Spartak Moskau
1959 Dynamo Moskau / –
1960 Torpedo Moskau / Torpedo Moskau
1961 Dynamo Kiew / Schachtjor Stalino
1962 Spartak Moskau / Schachtjor Donezk
1963 Dynamo Moskau / Spartak Moskau
1964 Dynamo Tiflis / Dynamo Kiew
1965 Torpedo Moskau / Spartak Moskau
1966 Dynamo Kiew / Dynamo Kiew
1967 Dynamo Kiew / Dynamo Moskau
1968 Dynamo Kiew / Torpedo Moskau
1969 Spartak Moskau / Karpaty Lemberg
1970 CSK Moskau / Dynamo Moskau
1971 Dynamo Kiew / Spartak Moskau
1972 Sarja Woroschilowgrad / Torpedo Moskau
1973 Ararat Jerewan / Ararat Jerewan
1974 Dynamo Kiew / Dynamo Kiew
1975 Dynamo Kiew / Ararat Jerewan

1976 Dynamo Moskau (Frühjahr), Torpedo Moskau (Herbst) / Dynamo Tiflis
1977 Dynamo Kiew / Dynamo Moskau
1978 Dynamo Tiflis / Dynamo Kiew
1979 Spartak Moskau / Dynamo Tiflis
1980 Dynamo Kiew / Schachtjor Donezk
1981 Dynamo Kiew / Rostselmash Rostow
1982 Dynamo Minsk / Torpedo Moskau
1983 Dnepr Dnepropetrowsk / Schachtjor Donezk
1984 Zenit Leningrad / Dynamo Moskau
1985 Dynamo Kiew / Dynamo Kiew
1986 Dynamo Kiew / Torpedo Moskau
1987 Spartak Moskau / Dynamo Kiew
1988 Dnepr Dnepropetrowsk / Metallist Charkow
1989 Spartak Moskau / Dnepr Dnepropetrowsk
1990 Dynamo Kiew / Dynamo Kiew
1991 ZSKA Moskau / ZSKA Moskau

Russland

1992 ZSKA Moskau / Spartak Moskau
1993 Spartak Moskau / Torpedo Moskau
1994 Spartak Moskau / Spartak Moskau
1995 Alania Wladikawkas / Dynamo Moskau
1996 Spartak Moskau / Lokomotive Moskau
1997 Spartak Moskau / Lokomotive Moskau
1998 Spartak Moskau / Spartak Moskau
1999 Spartak Moskau / Zenit St. Petersburg
2000 Spartak Moskau / Lokomotive Moskau
2001 Spartak Moskau / Lokomotive Moskau
2002 Lokomotive Moskau / ZSKA Moskau
2003 ZSKA Moskau / Spartak Moskau
2004 Lokomotive Moskau / Spartak Moskau
2005 ZSKA Moskau / ZSKA Moskau

Ukraine

Landesmeister / Pokalsieger

1992 Tavria Simferopol / Tschernomorez Odessa
1993 Dynamo Kiew / Dynamo Kiew
1994 Dynamo Kiew / Tschernomorez Odessa
1995 Dynamo Kiew / Schachtjor Donezk
1996 Dynamo Kiew / Dynamo Kiew
1997 Dynamo Kiew / Schachtjor Donezk
1998 Dynamo Kiew / Dynamo Kiew

Nationaler Seriensieger und wiederholt Champions-League-Teilnehmer: Spartak Moskau (hier gegen Bayern München)

1999 Dynamo Kiew / Dynamo Kiew
2000 Dynamo Kiew / Dynamo Kiew
2001 Dynamo Kiew / Schachtjor Donezk
2002 Schachtjor Donezk / Schachtjor Donezk
2003 Dynamo Kiew / Dynamo Kiew
2004 Dynamo Kiew / Schachtjor Donezk
2005 Schachtjor Donezk / Dynamo Kiew

Ungarn

Landesmeister / Pokalsieger

1901 Budapesti TC / –
1902 Budapesti TC / –
1903 Ferencvaros Budapest / –
1904 MTK Budapest / –
1905 Ferencvaros Budapest / –
1907 Ferencvaros Budapest / –
1908 MTK Budapest / –
1909 Ferencvaros Budapest / –
1910 Ferencvaros Budapest / MTK Budapest
1911 Ferencvaros Budapest / MTK Budapest
1912 Ferencvaros Budapest / MTK Budapest
1913 Ferencvaros Budapest / Ferencvaros Budapest
1914 MTK Budapest / MTK Budapest
1920 MTK Budapest / –
1921 MTK Budapest / –
1922 MTK Budapest / Ferencvaros Budapest
1923 MTK Budapest / MTK Budapest
1924 MTK Budapest / –
1925 MTK Budapest / MTK Budapest
1926 Ferencváros FC / Kispest AC
1927 Ferencváros FC / Ferencváros FC
1928 Ferencváros FC / Ferencváros FC
1929 Hungaria FC / –
1930 Ujpest Budapest / Bokskai Debrecen
1931 Ujpest Budapest / III. ker FC Budapest
1932 Ferencváros FC / Hungaria FC
1934 Ferencváros FC / Soroksar AC
1935 Ujpest Budapest / Ferencváros FC
1936 Hungaria FC / –
1937 Hungaria FC / –
1938 Ferencváros FC / –
1939 Ujpest Budapest / –
1940 Ferencváros FC / –
1941 Ferencváros FC / Szolnoki MAV
1942 SC Csepel / Ferencváros FC
1943 SC Csepel / Ferencváros FC
1944 Nagyvaradi AC / Ferencváros FC
1945 Ujpest Budapest / –
1946 Ujpest Budapest / Vasas SC Budapest
1947 Ujpest Budapest / –
1948 SC Csepel / –
1949 Ferencváros TC / –
1950 Budapesti Honvéd FC / –
1951 Bastya Budapest / –
1952 Budapesti Honvéd FC / Bastya Budapest
1953 Vörös Lobogó Budapest / –
1954 Budapesti Honvéd FC / –
1955 Budapesti Honvéd FC / Budapesti Vasas
1956 – / Budapesti Kinizsi
1957 Budapesti Vasas SC (Frühjahr) / Ferencvaros Budapest
1958 MTK Budapest / Ferencvaros Budapest
1959 SC Csepel / –
1960 Újpesti Dósza / –
1961 Budapesti Vasas SC / –
1962 Budapesti Vasas SC / –
1963 Ferencvaros Budapest / –
1964 Ferencvaros Budapest / Budapesti Honvéd FC
1965 Budapesti Vasas SC / Rába ETO Györ
1966 Budapesti Vasas SC / Rába ETO Györ
1967 Ferencvaros Budapest / Rába ETO Györ
1968 Ferencvaros Budapest / MTK Budapest
1969 Újpesti Dósza / Újpesti Dósza
1970 Újpesti Dósza / Újpesti Dósza
1971 Újpesti Dósza / Újpesti Dósza
1972 Újpesti Dósza / Ferencvaros Budapest
1973 Újpesti Dósza / Budapesti Vasas SC
1974 Újpesti Dósza / Ferencvaros Budapest
1975 Újpesti Dósza / Újpesti Dósza
1976 Ferencvaros Budapest / Ferencvaros Budapest
1977 Budapesti Vasas SC / VTK Diosgyör
1978 Újpesti Dósza / Ferencvaros Budapest
1979 Újpesti Dósza / Rába ETO FC
1980 Budapesti Honvéd FC / VTK Diosgyör
1981 Ferencvaros Budapest / Budapesti Vasas SC
1982 Rába ETO FC / Újpesti Dósza
1983 Rába ETO FC / Újpesti Dósza
1984 Budapesti Honvéd FC / Banyasz Siofok
1985 Budapesti Honvéd FC / Budapesti Honvéd FC
1986 Budapesti Honvéd FC / Budapesti Vasas SC
1987 MTK / VM Budapest / Újpesti Dósza
1988 Budapesti Honvéd FC / ESSC Spartakus Bekescsaba
1989 Budapesti Honvéd FC / Budapesti Honvéd FC
1990 Újpesti Dósza / MSC Pécs
1991 Budapesti Honvéd FC / Ferencvaros Budapest
1992 Ferencvaros Budapest / Újpesti TE
1993 Kispest-Honved Budapest / Ferencvaros Budapest
1994 FC Vac / Ferencvaros Budapest
1995 Ferencvaros Budapest / Ferencvaros Budapest
1996 Ferencvaros Budapest / Kispest-Honved FC
1997 MTK FC Budapest / MTK FC Budapest
1998 Újpesti TE / MTK FC Budapest
1999 MTK FC Budapest / VSC Debrecen
2000 Dunaferr Dunaujvaros / MTK Hungaria Budapest
2001 Ferencvaros Budapest / VSC Debrecen
2002 Zalaegerszegi / Ujpest Budapest
2003 MTK Hungaria Budapest / Ferencvaros Budapest
2004 Ferencvaros Budapest / Ferencvaros Budapest
2005 VSC Debrecen / Matav Sopron

Wales

Landesmeister/Pokalsieger

1878 – / FC Wrexham
1879 – / Newton FC
1880 – / Druids
1881 – / Druids
1882 – / Druids
1883 – / FC Wrexham
1884 – / Oswestry Town FC
1885 – / Druids
1886 – / Druids
1887 – / Chirk AAA
1888 – / Chirk AAA
1889 – / Bangor City
1890 – / Chirk AAA
1891 – / Shrewsbury Town
1892 – / Chirk AAA
1893 – / AFC Wrexham
1894 – / Chirk AAA
1895 – / Newton FC
1896 – / Bangor City
1897 – / AFC Wrexham
1898 – / Druids
1899 – / Druids
1900 – / Aberystwyth Town
1901 – / Oswestry Town FC
1902 – / Wellington FC
1903 – / AFC Wrexham
1904 – / Druids
1905 – / AFC Wrexham
1906 – / Wellington FC
1907 – / Oswestry Town FC
1908 – / Chester City
1909 – / AFC Wrexham
1910 – / AFC Wrexham
1911 – / AFC Wrexham
1912 – / Cardiff City AFC
1913 – / Swansea Town
1914 – / AFC Wrexham
1915 – / AFC Wrexham
1920 – / Cardiff City AFC
1921 – / AFC Wrexham
1922 – / Cardiff City AFC
1923 – / Cardiff City AFC
1924 – / AFC Wrexham
1925 – / AFC Wrexham
1926 – / Ebbw Vale
1927 – / Cardiff City AFC
1928 – / Cardiff City AFC
1929 – / Connahs Quai
1930 – / Cardiff City AFC
1931 – / AFC Wrexham
1932 – / Swansea Town
1933 – / Chester City
1934 – / Bristol City
1935 – / Tranmere Rovers
1936 – / Crew Alexandra
1937 – / Crew Alexandra
1938 – / Shewsbury Town
1939 – / South Liverpool
1940 – / Wellington FC
1947 – / Chester FC
1948 – / Lovells Athletico Newton
1949 – / Merthyr Tydfil
1950 – / Swansea Town
1951 – / Merthyr Tydfil
1952 – / Rhyl FC
1953 – / Rhyl FC
1954 – / Flint Town United
1955 – / Barry Town
1956 – / Cardiff City AFC
1957 – / AFC Wrexham
1958 – / AFC Wrexham
1959 – / Cardiff City AFC
1960 – / AFC Wrexham
1961 – / Swansea Town
1962 – / Bangor City
1963 – / Borough United
1964 – / Cardiff City AFC
1965 – / Cardiff City AFC
1966 – / Swansea Town
1967 – / Cardiff City AFC
1968 – / Cardiff City AFC
1969 – / Cardiff City AFC
1970 – / Cardiff City AFC
1971 – / Cardiff City AFC
1972 – / AFC Wrexham
1973 – / Cardiff City AFC
1974 – / Cardiff City AFC
1975 – / AFC Wrexham
1976 – / Cardiff City AFC
1977 – / Shrewsbury Town
1978 – / AFC Wrexham
1979 – / Shrewsbury Town
1980 – / Newport County
1981 – / Swansea City
1982 – / Swansea City
1983 – / Swansea City
1984 – / Shrewsbury Town
1985 – / Shrewsbury Town
1986 – / AFC Wrexham
1987 – / Merthyr Tydfil
1988 – / Cardiff City AFC
1989 – / Swansea City
1990 – / Hereford United
1991 – / Swansea City
1992 – / Cardiff City AFC
1993 Cwmbrân Town / Cardiff City
1994 Bangor City / Barry Town
1995 Bangor City / AFC Wrexham
1996 Barry Town / Llansantffraid FC
1997 Barry Town / Barry Town

1998 Barry Town / Bangor City
1999 Barry Town / Inter Cardiff
2000 TNS Llansantffraid / Bangor City
2001 Barry Town / Barry Town
2002 Barry Town / Barry Town
2003 Barry Town / Barry Town
2004 Rhyl FC / Rhyl FC
2005 TNS Llansantffraid / TNS Llansantffraid

Weißrussland*
Landesmeister / Pokalsieger
1992 Dynamo Minsk / Dynamo Minsk
1993 Dynamo Minsk / Neman Grodno
1994 Dynamo Minsk / Dynamo Minsk
1995 Dynamo Minsk / Dynamo Minsk
1996 MPKZ Mosyr / MPKZ Mosyr
1997 Dynamo Minsk / Belschina Bobruisk
1998 Dnjepr Mogilew / Lok-96 Witebsk
1999 BATE Borissow / Belschina Bobruisk
2000 Slavia Mosyr / Slavia Mosyr
2001 Belschina Bobruisk / Belschina Bobruisk
2002 BATE Borissow / FK Gomel
2003 FK Gomel / Dynamo Minsk
2004 Dynamo Minsk / Schachtjor Saligorsk
2005 Schachtjor Saligorsk / MTZ-RIPA Minsk

Zypern
Landesmeister / Pokalsieger
1935 Trast Nikosia / Trast Nikosia
1936 APOEL Nikosia / Trast Nikosia
1937 APOEL Nikosia / APOEL Nikosia
1938 APOEL Nikosia / Trast Nikosia
1939 APOEL Nikosia / AEL Limassol
1940 APOEL Nikosia / AEL Limassol
1941 AEL Limassol / APOEL Nikosia
1945 EPA Larnaka / EPA Larnaka
1946 EPA Larnaka / EPA Larnaka
1947 APOEL Nikosia / APOEL Nikosia
1948 APOEL Nikosia / AEL Limassol
1949 APOEL Nikosia / Anorthosis Famagusta
1950 Anorthosis Famagusta / EPA Larnaka
1951 Chetin Kaya TSC Nikosia / APOEL Nikosia
1952 APOEL Nikosia / Chetin Kaya TSC Nikosia
1953 AEL Limassol / EPA Larnaka
1954 Pezoporikos Larnaka / Chetin Kaya TSC Nikosia
1955 AEL Limassol / EPA Larnaka
1956 AEL Limassol Limassol / –
1957 Anorthosis Famagusta / –
1958 Anorthosis Famagusta / –
1960 Anorthosis Famagusta / –
1961 Omonia Nikosia / –
1962 Anorthosis Famagusta / Anorthosis Famagusta
1963 Anorthosis Famagusta / APOEL Nikosia
1965 APOEL Nikosia / Omonia Nikosia
1966 Omonia Nikosia / Apollon Limassol

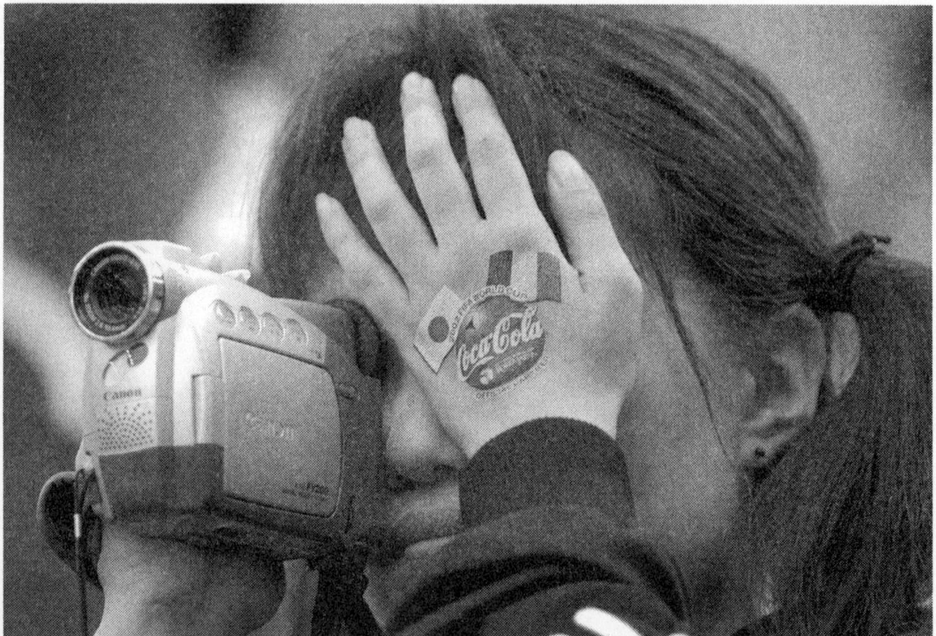

1967 Olympiakos Nikosia / Apollon Limassol
1968 AEL Limassol / APOEL Nikosia
1969 Olympiakos Nikosia / APOEL Nikosia
1970 EPA Larnaka / Pezoporikos Larnaka
1971 Olympiakos Nikosia / Anorthosis Famagusta
1972 Omonia Nikosia / Omonia Nikosia
1973 APOEL Nikosia / Pezoporikos Larnaka
1974 Omonia Nikosia / Paralimni Famagusta
1975 Omonia Nikosia / Anorthosis Famagusta
1976 Omonia Nikosia / APOEL Nikosia
1977 Omonia Nikosia / Olympiakos Nikosia
1978 Omonia Nikosia / APOEL Nikosia
1979 Omonia Nikosia / APOEL Nikosia
1980 APOEL Nikosia / Omonia Nikosia
1981 Omonia Nikosia / Paralimni Famagusta
1982 Omonia Nikosia / Omonia Nikosia
1983 Omonia Nikosia / Omonia Nikosia
1984 Omonia Nikosia / APOEL Nikosia
1985 Omonia Nikosia / AEL Limassol
1986 APOEL Nikosia / Apollon Limassol
1987 Omonia Nikosia / AEL Limassol
1988 Pezoporikos Larnaka / Omonia Nikosia
1989 Omonia Nikosia / AEL Limassol
1990 APOEL Nikosia / Nea Salamis
1991 Apollon Limassol / Omonia Nikosia
1992 APOEL Nikosia / Apollon Limassol
1993 Omonia Nikosia / APOEL Nikosia
1994 Apollon Limassol / Omonia Nikosia
1995 Anorthosis Famagusta / APOEL Nikosia
1996 APOEL Nikosia / APOEL Nikosia
1997 Anorthosis Famagusta / APOEL Nikosia
1998 Anorthosis Famagusta / Anorthosis Famagusta
1999 Anorthosis Famagusta / APOEL Nikosia
2000 Anorthosis Famagusta / Omonia Nikosia
2001 Apollon Limassol / Apollon Limassol
2002 APOEL Nikosia / Anorthosis Famagusta
2003 Omonia Nikosia / Omonia Nikosia
2004 APOEL Nikosia / AEK Larnaca
2005 Anorthosis Famagusta / Omonia Nikosia

192 Seiten, ca. 280 Abbildungen
Format: 23,0 x 30,5 cm, fester Einband
ca. € 16,90 [D] · € 17,40 [A] · SFR 30,10
ISBN 3-7679-0671-6; lieferbar ab 14. Juli 2006

THOMAS ROTH • SVEN SIMON
FUSSBALL
WELTELF
DIE TOP-STARS DER WM 2006
COPRESS
SPORT

ca. 640 Seiten, 8 Abbildungen
Format: 12,5 x 18,6 cm, Broschur
€ 12,90 [D] · € 13,30 [A] · SFR 23,50
ISBN 3-7679-0903-0; lieferbar ab August 2006

kicker
2006/2007
Fußball Jahrbuch
1. und 2. Bundesliga / Europapokal / DFB-Pokal
Europas Top-Ligen / WM 2006 / Frauen
Vorwort und Fachkommentare auf DVD von Rainer Holzschuh
SPORTSCHAU
kicker
Spieldauer ca. 180 Minuten
DVD VIDEO
DVD zur neuen Saison 06/07
Bundesliga
COPRESS SPORT
COPRESS SPORT

TONY CARR
FUSSBALL
COACHING
perfekt
• Techniktraining
• Aufwärmprogramme
• Taktikschulung
• Wettkampf-Coaching
• Problemlösungen
• Trainingspläne
Mit vielen Info-Grafiken
COPRESS
SPORT